1325 | 1350 | 1375 | 1400

1309-1377
교황 클레멘스 5세가 교황청을 아비뇽으로 옮김: 아비뇽 유수

니파시오 8세가 희년을 선포

1337-1360
백년전쟁 초기

1364-1380
샤를 5세가 프랑스 왕으로 등극

1311
룩셈부르크의 하인리히 7세가 밀라노에서
황제로 등극

1347
리엔초의 콜라가 로마에 공화정 정부를 설립

1348
유럽에 흑사병 발생

1378-1402
밀라노의 시뇨리아 세력이 확대

1356
푸아티에에서 잉글랜드가
프랑스에 승리

1378-1414
교회 대분열

1328
발루아의 필리프가
프랑스 왕으로 등극

1378
피렌체에서 치옴피의 난 발생

298-1311
크하르트가 「삼부작」 저술

1325
오컴의 윌리엄이 「논리학 대전」 저술

바의 아르노가 「젊음의 유지」 저술

약 1350
요하네스 부리다누스가 추동력 이론을 발전

1391
제프리 초서가
「아스트롤라베에
관한 소고」 저술

1305
요하네스 둔스 스코투스가
「옥스퍼드 강의록」 저술

1316
리우치의 몬디노가 「해부학」 저술

1350
유럽에서 종이가 양피지를 대체

9-1314
오의 아르놀포가 베키오 궁전(피렌체) 건축

1330-약 1350
글로스터 대성당의 남쪽 수랑과 성가대석 재구성

1364
알카사르(세비야) 건축 개시

1370
페터 파를러가 오니산티 교회(성) 건축(프라하) 개시

03-1304
토가 스크로베니 예배당(파도바)에
리스도와 성모의 일생〉 제작

1338-약 1339
암브로조 로렌체티가 〈좋은 정부와 나쁜 정부의
알레고리〉(시에나) 제작

약 1384
알티키에로가 〈성 조르조의
일생〉(파도바) 제작

약 1330
시모네 마르티니가 〈폴리아노의 귀도리초〉(시에나) 제작

1349-1351
조반니 보카치오가 「데카메론」 저술

1306-약 1321
단테 알리기에리가 「신곡」 저술

1381
콜루초 살루타티가 「세계와
종교에 관하여」 저술

1346-1371
프란체스코 페트라르카가 「고독한 삶에 관하여」 저술

1300
케오의 요하네스가
악 연구서」 저술

1321
무리스의 요하네스가 「음악 예술에 관한
지식」에서 프랑스 아르스 노바의
표기법을 주장

1341
마쇼의 기욤이 「행운의 약」 저술

1365
마쇼의 기욤이 〈노트르담 미사곡〉 저술

약 1320
최초의 다성 음악 미사곡 〈투르네의 미사〉

중세
III

성, 상인, 시인의 시대

중세 III

1200~1400

움베르토 에코 기획

김정하 옮김

차용구 · 박승찬 감수

시공사

일러두기

1. 옮긴이 주는 *로 표시했다.
2. 인명, 지명, 도서명, 용어 등의 원어는 사용 당시의 표기에 따랐으나 확인이 안 되는 경우에는 이탈리아어나 영어 등 통용되는 대로 표기했다.
3. 성경 구절, 성경에 나오는 인명, 지명 등은 새번역 성경에 따라 표기했다.
4. 책의 번역 명칭은 한국어판이 출간된 경우에 그 제목에 따르는 것을 원칙으로 했으나 명칭의 통일성 문제가 발생할 경우에는 예외로 했다.
5. 자료나 문헌의 출처 표기는 원어로 했다.

차례

역사

사건들 28

국가들 95

철학

지식의 순환과 대학들 323

철학과 신학 383

지식과 전통의 비교 457

과학과 기술

수학 541

물리학 563

유럽의 연금술과 금속학 575

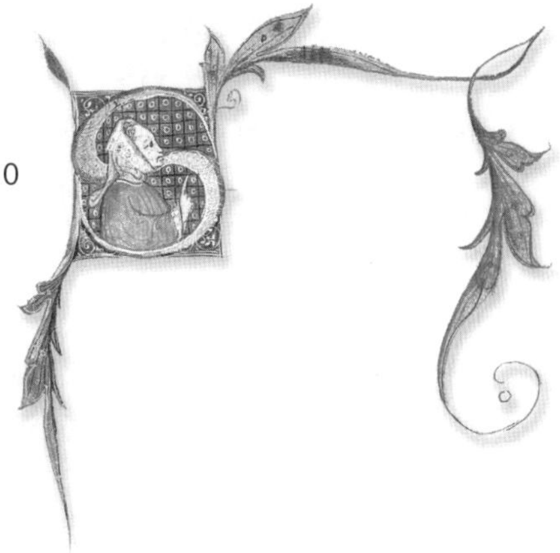

시의 승리 684

서술의 취향 738

산문의 형태들 773

연극 783

시각예술

유럽의 성당들 799

이탈리아 조각 823

"라틴어로 그리스를 그리다" 849

다양한 주제와 주인공들 885

중세에 대한 향수 937

음악

중세 후기의 음악과 사회 951

음악적 관습 962

역사

Storia

역사 서문

| 라우라 바를레타Laura Barletta |

1204년 4월 13일, 지난해 7월 십자군에 의해 함락된 콘스탄티노플이 또다시 공격을 받았다. 콘스탄티누스 대제Constantinus I(약 285-337, 306년부터 황제) 시대 이후 황제 발렌스(328-378, 364년부터 황제)의 아드리아노플Adrianople 전투 대패에도 불구하고 모든 위기를 극복했으며, 페르시아, 아랍, 아바르족, 불가르족의 침입에도 살아남았던 이 도시가 다른 그리스도교인들에게 정복되고 약탈당한 것이다. 이러한 방식으로는 훗날 오토 3세Otto III(980-1002, 983년부터 황제)가 열망하던 로마 제국 재통일은 이루어지지 않는다. 종종 정복을 위한 계획들이 표면화되었음에도 13세기를 거치면서 11-12세기에 유럽이 십자가를 앞세우며 드러냈던 세력 팽창의 욕망은 전혀 예상치 못한 방식으로 실현되었다. 1212년에 이베리아 반도 군주들은 십자가를 앞세워 라스 나바스 데 톨로사Las Navas de Tolosa 전투에서 아랍-무슬림을 몰아냈고, 1270년에 국토회복운동을 통하여 그라나다를 제외한 반도 전 지역을 회복했다. 튜턴 기사단(독일 기사단이라고도 함*)은 한자Hansa 동맹 도시들이 해상 활동을 독점하고 있던 발칸 반도에서 팽창 정책을 추진했다. 반면 발칸 반도와 달마티아Dalmatia, 유럽 중동부 지역 주민들은 점차 그리스도교 세계의 더 큰 정치적-종교적 영향에 놓였다. 지중해 지역 중 에스파냐 남부를 비롯한 발레아레스Baleares 제도와 시칠리아 재정복은 11-12세기에 아라곤Aragon 가문의 지배를 강화시켰고, 또한 13세기의 발칸 반도 정복은 그리스도교 세력의 입지를 강화시켰다. 피사와 제노바는 지중해 동부 지역으로 진출하여 이미 이 지역에 대한 지배권을 선점하고 있던 베네치아와 경쟁 관계에 돌입하며 한층 적극적으로 상업 활동을 병행하기 시작했다. 지중해 동부 지역에 대한 통제권을 장악하기 위해 제5차와 제6차, 제7차 십자군(1217, 1248-1254, 1270)이 이집트 정복을 시도한 것은 이러한 정세와 결코 무관하지 않았다.

십자가를 앞세우고

정복에 대한 욕구는 무엇보다 계속되는 귀금속 공급 부족으로 야기된 중세 전반기의 오랜 침체를 벗어나 13세기 초반의 급속한 인구 증가와 통화 경제 성립을 촉진한 농업, 수공업, 상업 활동의 발전으로 새로운 전기를 맞이했다. 13세기 초반에 아프리카와 교역을 통해 해당 지역의 광산들로부터 금이 유입되자 베네치아, 피렌체, 이후에는 제노바, 프랑스, 잉글랜드, 그리고 헝가리를 중심으로 새로운 은화와 금화가 주조되었다. 통화 유통의 확대, 새로운 지불 수단의 등장, 빈번히 열리는 시장, 교통로 개선은 피렌체의 페루치Peruzzi와 바르디Bardi 가문의 활동을 통해서도 알 수 있듯(하지만 이들의 왕성한 활동은 14세기 중반을 고비로 몰락하기 시작한다) 상업 활동, 여행, 해상 원정을 지원하는 부유한 부르주아 계층의 형성, 시뇨리아signoria 체제(자치 도시의 전권을 한 사람이 장악하는 제도*)의 출현, 그리고 왕국의 성립과 전쟁을 불러왔다.

교회와 유럽의 정치

십자군 정신과 다양한 신앙의 종족들이 그리스도교로 개종해야 할 필요성은 팽창을 자극하는 이념적 접착제 역할을 했다. 교회는 10세기부터 타락한 풍속, 사제들 사이에 만연하던 내연 관계, 성직 매매에 대한 비난을 서슴지 않았다. 다른 한편으로는 교황의 지상(절대)권 확립과 '교회의 자유libertas ecclesiae'를 보장해 주었던 개혁 압력으로부터 벗어나 승리자 입장으로 돌아섰다. 1122년에 교황이 보름스 협약을 통해 세속 임명권과 성직 임명권의 구분 기준이었던 황제의 주교 임명권을 빼앗아 오는 데 성공하자 교회는 교황 선출에 대한 외부의 모든 영향을 영구 배제시켰다. 또 교황 특사의 수를 늘려 유럽사의 한 기준점으로 작용한 군주국의 중앙집권 체제를 확립하는 것으로 정치적 영향력을 더욱 확대했다. 도시에 있는 성당들의 학교 설립, 당시 모든 학문의 종합으로 여겨졌던 (대학에서의) 신학 강의, 이성적 인식과 신비 체험의 반목을 중재하려는 노력, 교회법의 발전, 그리고 자선 활동 및 집단에 대한 감찰을 통해 당시 진행 중이던 문화적 부흥에 적극적으로 동참했던 것이 교회의 정치적 영향력 확대에 기여했음은 자명하다. 학교와 대학

교황 인노첸시오 3세Innocentius III(1160-1216, 1198년부터 교황)는 과거 두 세기를 거치는 동안 축적된 교황령의 정치적-종교적 경험을 통합했다. 그는 베드로의 대리인이기보다는 명실공히 그리스도를 대리했고 시칠리아, 잉글랜드, 포르투갈이 교회의 공식 영지며, 교황이 그리스도교 유럽 동맹 체제의 중심 역할을 수행한다는 종속 논

리를 확립했다. 대표적으로 프랑스의 필리프 2세 존엄왕Philippe II Auguste(1165-1223, 1180년부터 왕)과 연합한 그는 오토 4세Otto IV(1175/1176-1218년, 1209-1215년에 황제), 잉글랜드 무지왕 존John Lackland(1167-1216), 그리고 프랑스 대봉건 영주들에 대항하여 1214년 7월 27일에 플랑드르의 부빈Bouvines 다리 근처에서 승리(프랑스 왕국의 성립을 가져온 사건 중 하나)를 쟁취했다.

프랑스, 잉글랜드, 그리고 신성로마 제국

교황청과의 동맹 교황의 승리와 교황청과의 동맹에 따른 결과로 프랑스 군주국(에 대해 교황 인노첸시오 3세는 유럽의 군주국들 중 가장 먼저 제국으로부터의 독립을 공식적으로 인정했다)은 루이 8세Louis VIII(1187-1226, 1223년부터 왕)의 재임 기간에 잉글랜드로부터 빼앗은 루아르Loire 북부 지역인 프로방스, 푸아투Poitou, 생통주Saintonge, 랑그도크와 루이 9세Louis IX(1214-1270, 1226년부터 왕)의 통치 기간에 레몽 7세가 차지한 툴루즈에 대한 군주권을 회복했다. 또한 1259년에는 파리 평화 협정에 따라 잉글랜드 왕 헨리 3세Henry III(1207-1272, 1216년부터 왕)로부터 노르망디, 멘Maine, 앙주Anjou, 푸아투에 대한 영구 포기권을 획득했다. 그리고 기엔Guyenne 공국(아키텐Aquitaine)을 자신의 봉건 지배하에 두고, 루이 9세의 아들인 부르고뉴 공작 필리프 2세 용담공Philippe II le Hardi(1342-1404) 시절에는 왕국의 영토를 툴루즈, 샹파뉴Champagne까지 확대했다. 프랑스의 왕권 확립과 프랑스 왕국이 유럽 무대에서 차지한 역할은 루이 9세의 동생이자 1261년에 비잔티움인들이 재정복한 콘스탄티노플에 대한 군사 원정에 실패했던 앙주의 샤를 1세Charles I(1226-1285년, 1266-1282년에 시칠리아의 왕, 1266년부터 나폴리의 왕, '카를로 1세Carlo I'라고도함*)의 시칠리아 왕국 정복에 대한 교황 우르바노 4세Urbanus IV(약 1200-1264, 1261년부터 교황)의 승인을 이끌어 낸 견인차였다.

반면 잉글랜드 군주국은 부빈 전투에서의 굴욕적 패배와 함께 13세기의 오랜 관습들 중 특히 귀족들과 성직자들이 의회가 승인하지 않은 세금은 거두지 못하는 것, 대헌장 의회의 결정이 왕의 그것과 동등한 효력을 가진다는 점을 존중하도록 하는 대헌장Magna Charta Libertatum(1215)을 무지왕 존(1167-1216)에게 강요했고, 왕은 귀족에게 여러 특권을 제공하는 굴욕으로 말미암아 전혀 다른 운명에 직면했다. 옥스퍼드 법령에서 이단인 알비파Albigenses에 대항한 십자군(1258)에 승리한 몽포르의 시몽Simon de Montfort(약 1150-1218)의 아들은 헨리 3세에게 15명의 봉건 영주를 자문위원과 행정통제관으로 임명해 줄 것을 요구했다. 1264년에는 잉글랜드에 섭정위원회가 구성되었고, 각각의 도시를 대표하는 두 명의 인물과 각각의 백작령을 대표하는 두 명의 기사로 구성된 의회 소집이 강요되었다.

서유럽에 대한 교황령의 정치적 계획을 불신했던 오토 4세에 대항하여 인노첸시오 3세가 신성로마 제국의 새 황제 후보로 지지했던 프리드리히 2세Friedrich II(1194-1250, 1220년부터 황제)의 궁정이 큰 번영을 누렸던 것은 슈바벤Schwaben의 호엔슈타우펜 왕조의 몰락과 시기적으로 일치했다. 의심 많고 열정적인 성격의 프리드리히 2세는 아들 하인리히 7세에게 시칠리아 왕위를 물려주고, 자신은 1212년 12월 9일에 독일 왕으로 등극했다. 이듬해에는 에게르Eger의 교황 칙서에 근거하여 과거 보름스 협약에서 황제에게 부여되었던 주교와 수도원장 임명권을 교황에게 양도했다. 이 때문에 오토 황제는 프리드리히 2세를 '신부들의 왕'이라고 불렀다. 프리드리히 2세는 교황의 죽음과 후임 교황 호노리오 3세Honorius III(?-1226, 1216년부터 교황)의 나약한 성격 때문에 (약속을 지키지 않았음에도) 1220년 12월 22일에 로마 성 베드로 대성당에서 황제로 등극했다. 독일에서 그의 정책이 봉건 권력과 황제 권력의 균형을 조율하는 것이었다면 시칠리아 왕국에서의 정책은 왕권을 강화하고 적대 관계에 있던 이탈리아 북부의 자치 도시들에까지 자신의 영향력을 확대하는 것이었다. 결국 황제는 코르테누오바 전투(1238)에서 자치 도시들의 군대를 격파하고 승리를 거두었다. 대부분의 통치 기간 동안 그는 교황의 적대적인 태도에 직면(이미 두 번의 파문을 당한 바 있다)했음에도 체프라노 평화 협정(1230)을 통해 주교 선출에 대한 모든 형태의 권리를 포기하고 이탈리아 남부의 성직자들에게 사법 면책권과 세금 면제권을 인정하는 내용의 중요 권리들을 양도했다. 반면 로마법에 근거하여 교회의 영향에서 벗어나는 동시에 자신의 독자적 권력을 유지하고 입법을 재정리하려는 의도에 따라 황궁의 학자들과 법학자들의 도움을 받아서 1231년 멜피Melfi 헌법을, 1235년에는 마인츠에서 제국 평화 헌장을 제정했다. 프리드리히 2세는 말년에 가서야 일련의 패배에 직면했는데, 그가 사망하자(1250) 호엔슈타우펜 왕조는 물론 독일과 이탈리아의 통일을 위한 신성로마 제국의 계획도 전부 물거품이 되고 말았다. 그의 상속자인 아들 만프레트Manfred(1231-1266)와 콘라딘(1252-1268)은 각각 이탈리아의 베네벤토Benevento와 탈리아코초Tagliacozzo에서 패하면서 비극적인 최후를 맞이했다.

체프라노 평화 협정

새로운 사회적-문화적 불안 요인: 카타리파

이탈리아의 자치 도시들

교황이 자신의 정치적, 종교적 우월권을 장악하기 위해 최대로 이용했던 경제, 사회, 문화의 불안 요인은 특히 이탈리아 자치 도시들에서 분명하게 드러나고 있던 사회 분화의 원동력으로 작용했다. 당시 이탈리아 자치 도시들에서는 농촌으로부터 노동자들이 유입되는 한편 직업별 조합들이 조직을 갖추면서 각 조합 대표들이 도시의 정치 분야에서 큰 비중을 차지했기 때문이다. 상인들은 자신들의 활동 영역을 확대했고 시민들은 각종 단체를 결성했다. 대가문들은 주도권 장악을 위한 투쟁에 돌입했다. 시민법과 교회법은 보다 자유로워진 삶의 새로운 방식을 저지하기 위해 다방면에서 여성을 권력으로부터 배제시키려 했다. 그럼에도 여성들은 종교 교육을 포함한 세련된 풍속들 덕분에 가문의 일상은 물론 공적 활동에도 개입할 기회를 점차 확대했다. 놀이, 오락, 축제를 위한 공간도 더욱 넓어졌다. 게다가 당대의 시대정신과 일치한다 해도 과언이 아닌 도박을 위해 교회에 나가지 않는 사람들도 속출했다. 문학과 회화의 세계에서도 보고 느낄 수 있는 변화의 여정, 즉 12-13세기의 궁정 문학과 기사 문학, 그리고 강력한 정신적 함의에 의해 우화적이고 성스러운 차원에서 서술된 모험, 전쟁, 사랑의 주제는 조반니 보카치오Giovann Boccaccio(1313-1375)의 단편 소설과 제프리 초서Geoffrey Chaucer(1340/1345-1400)의 『캔터베리 이야기Canterbury Tales』, 『여우 이야기Roman de Renard』, 그리고 시민과 상인의 일상을 보여 주는 파블리오Fabliaux(익살시*)를 통해 표출되었다.

대부호

본도네의 조토Giotto di Bondone(1267-1337)는 종교 주제의 그림에서 (귀족 칭호는 없지만) 봉건 계급과 대비된 삶을 사는 대부호의 일상을 표현하고자 선험적인 황금 배경을 포기했다. 한편 가난을 그리스도의 이미지와 부자들을 위한 구원 수단으로 간주하기보다는 돈과 부의 축적을 성공의 척도로 여기는 방향으로 빠르게 변하는 사회를 추종하고 저항하는 새로운 방식이 확산되고 있는 와중에 빈자들의 현실은 더욱 곤궁해졌다. 이렇게 해서 탁발 수도회Ordines mendicantium와 순례가 보편화되었으며, 동참자들은 한시적으로 빈자의 삶을 살며 구걸을 생활화했다. 그럼에도 같은 기간에 선한 자들과 불만이 가득한 빈자들은 노동의 기회조차 갖지 못한 채 전적으로 외부의 도움에 의존해야만 했다. 기회가 주어지자 사회를 위해 유익한 일을 할 사람과 (처벌받고 제거되어야 할) 태만하고 방탕한 생활에 빠진 자들을 구분하려는 경향이 대두되었다.

이와 같은 사회적 변화는 문화의 활력과 표현의 자유를 가져왔다. 호기심과 함께 설교, 예식, 관용, 파문으로는 쉽게 통제될 수 없는 종교적 불안감이 조성되었다. 이러한 이유로 라테라노 공의회(1215)에서 이단을 처벌하기 위한 주교 법정이 마련되었고, 결국 교황 그레고리오 9세Gregorius IX(약 1170-1241, 1227년부터 교황)의 재임 기간인 1231-1235년에 교황청 종교 재판소가 설치되었다. 1184년에 교황 루치오 3세Lucius III(?-1185, 1181년부터 교황)가 파문했던 이단 발도파Waldenses(또는 리옹의 빈자들)처럼 프랑스 남부, 독일, 이탈리아로 확대 중이던 종교 운동은 교회의 전위 세력(예를 들어 프란체스코 수도회)과 이단(예를 들어 프란체스코 수도회에서 분리된 집단인 프라티첼리fraticelli)의 중간에 위치했다. 그중에서 새신심운동Devotio moderna(공동체적인 삶을 추구*)을 추구했던 프라티첼리 같은 종교 집단들은 종교적 혁신에서도 중요한 역할을 했다. 반면에 재산 공유와 성서에 대한 자유 해석, 그리고 성서 거부에 근거하여 1350년에 설립되었을 것으로 보이는 자유정신운동 같은 단체들은 별다른 영향력을 발휘하지 못했다. 어쨌든 이들 모두는 훗날 종교 개혁을 위한 토양이 되었으며, 교황권의 이념이 공고해지는 상황에서 믿음에 이르는 다른 길을 안내하는 자들이 아니라 (특별히 교회의 위계질서에 도전할 때) 파괴되어야 할 적들로 여겨졌다.

마니교의 이원론과 결합하면서 가능한 빨리 완전한 자들의 왕국에 들어가고자 청빈과 금욕의 삶을 고수하고 물질적인 삶을 경계했던 카타리Cathari파가 특히 위험 대상으로 여겨졌다. 이 집단은 세속과 종교의 두 세계를 가리지 않고 모든 고압적인 권력에 저항하는 것이 특징으로 근본적으로 파괴적인 성향을 지녔다. 또한 제도권 조직과 다른 종교 조직을 가지고 있었으며 프랑스 왕들의 간섭에서 벗어나 사실상 자치권을 누리고 있던 툴루즈 백작령에 많았다. 1208년에 인노첸시오 3세는 십자군을 일으켜 1229년까지 (특히 알비 시에 밀집되어 있었기에 알비파로도 불린) 카타리파를 탄압했다. 아직까지는 상당한 자치권을 누리던 프랑스 봉건 영주들의 영토에 대한 패권을 노리던 필리프 2세 존엄왕은 교황과의 결탁을 강화한 후 프로방스와 베지에Béziers 공략을 위해 십자군 원정을 결심했다. 필리프 2세는 적들을 전멸시킨다는 십자군의 이념으로 이집트 왕과 조약을 체결하여 잠시나마 예루살렘의 왕이 되지만 십자군 원정을 단행하지 않았다는 이유로 프리드리히 2세를 파문한 교황 그레고리오 9세의 태도에서 상황은 명백하게 드러났다. 이단 탄압에는 새로운 탁발 수도회(프란체스코 수도회, 도미니쿠스 수도회, 카르멜Carmel 수도회, 아우구스티누스 수도회)들의 역

인노첸시오 3세의 십자군

할도 적지 않았다. 이들은 교황에 대한 복종을 수용했다. 특히 도미니쿠스회는 교황의 이단 재판을 관장했다. 같은 시기에 한껏 고무된 교회는 유대인 박해를 강화했으며, 1215년에는 그들에게 가슴에 노란색 식별 표식을 달 것을 강요했다. 로마에서는 축제를 통해 유대인을 조롱하고 재산을 몰수한 후 결국 추방했다.

터키와 몽골의 세력 확장

13세기 중반 유럽 사회의 팽창은 북부의 한자 동맹과 지중해 해상 세력들의 무역 활동에 큰 영향을 줄 정도는 아니었지만 적어도 동방으로의 모든 정복 활동을 좌절시키기에는 충분한 군사적 패배로 완화되기 시작했다. 몽골의 군사적 압박에 의한 투르키스탄 주민들의 서부 지역 이주는 이미 비잔티움의 지배하에 있던 아나톨리아 지역과 그리스에 대한 오스만 터키-무슬림 왕조의 정복욕을 자극했다. 이들의 공세는 티무르Timur(1336-1405)에게 패하여 잠시 주춤하기는 했지만 14세기 말경의 아드리아노플 함락, 1389년 코소보 전투 승리와 세르비아의 몰락, 그리고 무슬림에 의한 발칸 반도 공략으로 이어졌다. 14-15세기의 터키 중흥은 그리스도교인의 지중해 독점을 와해시켰다. 그 결과 그리스도교인들은 자신들의 세력을 대서양으로 돌렸고, 유럽 대륙의 영토 판도를 결정하는 영향력을 행사하게 되었다. 한편 몽골은 레그니차Legnica에서 독일-폴란드 기마대를 격파하고 소요Sojo 근처에서는 헝가리 군대를 패퇴시켰지만 이후에는 이미 로마 교회에 복속되어 있던 폴란드와 헝가리 왕국의 영토에 별다른 피해를 입히지 않은 채로 퇴각했다. 반면에 튜턴 기사단은 리보니아 검의 형제 기사단과 통합된 후에 리보니아와 쿠를란트Courland를 획득했다. 하지만 1236년에 리투아니아인들에, 특히 1242년에 노브고르드 군주국에 심각한 패배를 당해 발트 해 주변의 영토와 도시로 규모가 축소되었다. 튜턴 기사단의 운명은 같은 시기 서유럽 팽창에서 킵차크 한국Kipchak Khanate을 세운 타타르 세력이 넘볼 수 없는 장벽을 구축하고 있었다는 사실을 통해서도 짐작할 수 있다. 한편 비잔티움은 1261년에 콘스탄티노플을 재정복하고 동방의 라틴 제국을 멸망시켰다.

발칸인의 등장

비잔티움 제국과 제노바

당시 비잔티움은 그리스 크레타 섬을 비롯한 여러 섬에 대한 지배권과 에게 해와 동부 지역 섬들을 장악하고 있던 베네치아와 정치적-외교적 합의를 통해 거의 한 세기 동안 이탈리아 해상 도시들의 역할을 견제했다. 또 흑해에서 독점적인 무역 활동을 전개했고, 동방에서 중요한 무역 거점들을 차지하던 제노바와 조약을 맺었다. 맘루크Memluks(이슬람교로 개종한 중앙아시아 출신의 투르크 노예들로 구성된 군인*)의 공세에 안티오키아(현재 안타키아*) 군주국은 1268년, 트리폴리 백국은 1289년, 계속해서 티로Tiro, 베이루트, 시돈Sidone, 아크레Acre(현재 이스라엘 아코Akko*)의 산 조반니가 정복되었다. 이제 그리스도교인들에게는 키프로스(1489년까지 루시그나노 가문에게 통치됨), 로디Lodi(1523년까지 산 조반니의 카발리에리 가문의 지배를 받음), 그리고 (1375년까지) 소小아르메니아 왕국만 남게 되었다.

새로운 균형과 정치적 판도

마르코 폴로Marco Polo(1254-1324) 시대에는 그 수가 많았을 뿐만 아니라 여러 차례 중국까지 진출했던 선교사와 상인 집단의 동방 여행도 점차 줄어들었다. 대양 탐험에 대한 욕구는 달랐다. 비발디 형제가 동방과의 교통로를 확보해야 할 필요성에 따라 지브롤터 해협을 통과한 이후, 14세기 후반에 접어들면서 대양 탐험이 한층 강화되었다. 14세기 초반에 교황 보니파시오 8세Bonifacius VIII(약 1235-1303, 1294년부터 교황)가 로마로 성지순례하는 사람들의 모든 죄를 사면하는 희년을 제도적으로 추진한 후에, 영원의 도시 로마는 (당시까지만 해도 예루살렘의 몫이었던 역할을 대신하면서) 그리스도교 세계의 중심에 위치한 가장 안전하고 성스러운 도시가 되었다.

13세기 말경에 프랑스 왕 루이 9세의 마지막 십자군이 튀니지에서 패배한 후 왕은 사망하고, 앙주의 샤를 1세의 콘스탄티노플 원정도 불발에 그쳤다. 그리스도교 세계는 새로운 균형을 모색하고 급진적 영토 재편을 통해 유럽의 판도를 정착시키는 일에 집중했다. 1278년 오스트리아의 슈타이어마르크, 케른텐 또는 14세기 초반의 보헤미아와 모라비아 같은 지역들은 신성로마 제국으로 편입되었다. 카를 4세Karl IV(1316-1378, 1355년부터 황제)는 독일의 인구와 문화를 동부 지역의 국경으로 확장하려는 의도를 확실히 하는 차원에서 수도를 프라하로 옮겼고, 루사티아Lusatia와 브란덴부르크를 획득하여 보헤미아를 제국의 새로운 중심지로 삼았다. 하지만 동부 지역에서는 폴란드-리투아니아 대왕국이 형성되어 동부 지방의 독일 영토화에 제동을 걸었다. 동부와 서부 지역에서는 크로아티아와 보스니아의 일부를 흡수한 헝가리, 불가리아, 그리스에 승리한 세르비아가 유럽의 국경을 제한했다. 이베리아 반도와 잉글랜드의 군주국들은 프랑스 군주국들과 대등한 차원에서 효율적인 사법과 행정 기구들을 조직하여 봉건 제후들을 견제하면서 자신들의 권력을 강화하려고 노력

독일의 팽창

했다.

14세기 전반에 이탈리아 남부는 앙주의 로베르Robert of Anjou(1278-1343, 1309년부터 왕)의 통치로 전성기를 맞이했고 계속하여 건재했다. 반도 북부에서는 한층 활발해지는 사회적-경제적 활동을 배경으로 자치 도시의 지배 체제가 진화하면서 콘술consul이라 불리는 집정관(자치 도시를 통치하면서 법과 행정의 전문가로 기술적 장점을 발휘했고, 대립 관계에 있는 분파들 사이에서는 정치적 중립을 유지했다*) 체제를 형성했다. 자치 도시는 도시의 영토를 콘타도contado라 불리는 주변 지역과 인접한 자치 도시들로 확대하려는 정책에 따라 (유럽 대군주국들의 그것과 유사한) 시뇨리아 체제를 구축했다. 자치 도시들의 영토 확장은 12세기 말경의 과두 지배 체제 형성과 더불어 강화되었다. 하지만 다른 지역의 세력들도 운신의 여지를 발견했다. 베네치아는 1297년에 대평의회를 통해 과두 지배 체제를 강화했고, 이탈리아-프랑스 사보이아Savoia 봉건 왕조의 배후지까지 영토를 확장하기 위한 정책을 추진했다. 이것이 교황의 권위를 지지하는 교황파와 황제의 권위를 지지하는 황제파의 대립이라는 심각한 분쟁을 연출하고 말았다. 친황제파의 패권을 쟁취하려는 의도로 나폴리 왕국도 반도에 자주 모습을 드러냈고, 여러 군주를 옮기는 용병의 활약이 이와 같은 시대의 판도 변화에 결정적이었다.

집정관 체제

새로운 전쟁 기술은 대군주국들에 유리한 상황을 제공했다. 기마전이나 포위 작전 또는 제한된 기간의 분쟁을 대신하여, 때로는 이탈리아 남부를 배경으로 1282년 4월에 시작되어 대략 90년이나 이어진 시칠리아의 만종 사건에서 보듯 용병 부대에 의해 도입된 게릴라전 성격을 띠는 일련의 전투와 소규모 충돌로 전개되는 국지전의 중요성이 강조되었다. 해적들에 약탈자들까지 준동하는 바다에서도 비슷한 현상이 나타났다. 잉글랜드 왕 헨리 3세 시대에 만들어진 해적 활동을 위한 허가제에 따르면 공식적으로 인정된 한 권력가의 허가를 전제로 밀사들은 적의 배를 공격하여 해적들과 전리품을 나누어 가질 수 있었다. 반대로 다른 지역에서는 지역 세력가들의 비호를 받고 있던 식료품 전사들Vitalienbrüder 같은 약탈자들이 한자 동맹 도시들 같은 사회적-정치적인 조직들에게 패퇴당했다.

세속 권력과 교황령

사회 변화는 이전에 비해 군주와 교회의 강제권이 느슨해지고 있는 상황에서 종교적 측면보다 외교적 노력을 강화하려는 교황령의 관계에서도 나타났다. 1238년 로마에서 거행된 독일 왕 루트비히 4세Ludwig IV(약 1281-1347, 1314년부터 왕, '바이에른의 루트비히'라고도 함*)의 대관식은 교황이 아니라 로마 민중의 대표인 시아라 콜론나Sciarra Colonna(?-1329)가 주관했다. 이는 정치와 종교 권력이 하느님으로부터 기원한다는 파도바의 마르실리우스(약 1275-약 1343)의 이론에 근거한 것이다. 그는 교회에서 공의회로 상징되는 신자들의 공동체universitas fidelium가 교황을 대리하듯 군주에게는 민중의 동의에 해당하는 세속적 보편성universitas civium이라는 특권을 부여했다. 독일 군주들은 렌스 선거 연합에서 황제가 아리스토텔레스(기원전 384-기원전 322)가 말하는 정부의 '자연성' 원칙에 근거하여 교황에 의한 어떤 정당화 절차도 필요하지 않다고 선언했다. 1356년에 카를 4세가 황제의 인장 칙서를 통해 새로운 독일 왕으로 선출되었고, 아헨에서 대관식을 거행한 자가 황제의 권위를 획득하며 황제를 선출할 권리가 7명의 선거 제후에게 속한다는 것을 엄숙하게 선언했다. 7명은 쾰른, 트리어Trier 대주교, 4명의 대봉건 영주(보헤미아의 왕, 작센의 공작, 팔츠 선제후령選諸候領과 브란덴부르크의 변경백邊境伯)였다. 렌스 선거 연합

두 보편 권력은 상호 의존적이면서도 빈번히 충돌했다. 프랑스 군주국에서는 세수 증가를 이용해 왕국을 재편하려는 필리프 4세 미남왕Philippe IV le Bel(1268-1314, 1285년부터 왕)의 총체적 노력이 성직자의 세금 면책권에 대한 교황의 요구와 분쟁을 일으켰다. 1302년에 「거룩한 하나의 교회Unam Sanctam」 공표로 야기된 분쟁은 로마 귀족들의 지지를 받으면서 교황을 프랑스 법정에 세우려는 필리프 4세의 의도로 구체화되었다. 이를 위해 1303년에 프랑스인들은 교황을 아나니Anagni 궁에서 끌어내려 했지만 실패했다. 교황 베네딕토 11세Benedictus XI(1240-1304, 1303년부터 교황)의 짧은 재임 기간 중에 '아나니의 모욕'의 주동자로 지목당한 노가레의 기욤Guillaume de Nogaret(약 1260-1313)과 시아라 콜론나가 파문당한 후 새 교황으로 선출될 보르도의 대주교 클레멘스 5세Clemens V(1260-1314, 1305년부터 교황)는 불과 몇 년 후에 교황의 궁정 전체가 옮겨 갈 아비뇽에 주로 머물렀다. 그러나 아비뇽 기간(1309-1377)에 교황들은 교황청의 관료 조직과 외교 조직을 강화하려고 할 때마다 프랑스 군주국의 강력한 정치적 영향력을 피할 수 없음을 반복적으로 확인했다. 교황이 템플 기사단을 이단으로 몰아 탄압한 것이 대표 사례로, 기사단의 재산을 차지해 왕국의 재정 문제를 해결하려는 필리프 4세의 의도에 굴복한 결과였다. 교황청은 그레고리오 11세 교황에 대한 재판

Gregorius XI(1329-1378, 1370년부터 교황)가 로마로 돌아온 직후부터 심각한 위기에 빠졌다. 프랑스인 추기경들의 수가 지배적으로 많았던 1378년 추기경 회의는 이탈리아인 추기경인 (어쩌면 로마 민중의 압력으로) 우르바노 6세Urbanus VI(약 1320-1389)의 선출 5개월 후, 교황 선출 무효화를 선언하며 프랑스인 추기경으로 또 다른 교황인 클레멘스 7세(1342-1394, 1378년부터 대립 교황)를 선출했고, 그 결과 한 명의 교황은 로마에 다른 한 명은 아비뇽에 있는 교회 대분열이 시작되었다. 이후에는 심지어 세 명의 교황이 공존하는 상황마저 연출되었다. 게다가 로마 귀족들에 의한 루트비히 4세의 황제 임명과 비록 기간은 짧았음에도 1347년에 리엔초의 콜라Cola di Rienzo(약 1313-1354)의 로마 공화국 선포는 에지디오 알보르노즈Egidio Albornoz(1310-1367) 추기경이 콜론나 가문과 오르시니 가문을 중재하면서, 그리고 1816년까지 교황청을 재조직하는 일에 활용된 『에지디우스 법령집Constitutiones Aegidianae』을 선포하면서 교황의 권위를 재건하기 이전까지 로마에서의 교황권 약화를 확인시켜 주었다.

기근, 전쟁, 봉기, 그리고 전염병

유럽 민중들은 14세기부터 15세기 중반까지 정체 상태와 (10세기경부터 수많은 지역에서 나타나기 시작한 퇴보 조짐을 보여 주는) 기근, 전쟁, 전염병으로 얼룩진 극적인 기간을 맞이했다. 지역에 따라 두 배에 이르며, 어떤 지역에서는 이후의 3세기 동안 세 배로 불어난 인구의 극적 증가는 불행히도 이에 상응하는 식량 자원의 양적 증가를 가져오지는 못했다. 14세기 중반 유럽은 기후 악화만으로도 기근이나 흑사병 같은 전염병 발생 조건을 충족시켰다. 첫 발병 이후 1천 년이 지난 다음 다시 유럽에 상륙한 흑사병은 흑해 지역을 항해한 제노바의 상선들을 통해 유입되었다. 유럽에 대재앙을 불러온 흑사병은 유럽 전체 인구의 약 30%를 감소시키며 경제, 생산, 사회와 정치 조직들에 심각한 영향을 미쳤다.

백년전쟁과 농민 반란

프랑스와 잉글랜드 간에는 공식적으로는 1337년부터 1453년까지로 정의된 '백년전쟁'이 시작되었다. 이 용어는 실제로는 더 오래 지속된 분쟁에 대한 표현이었다. 백년전쟁이 두 국가에 각각의 군주국 강화로 종식되었다면 민중에게는 신의 의지가 아니라 인간들의 의지에 원인이 있다고 할 수 있는 전염병에 의한 대재앙의 의미로 해석되었다. 이처럼 프랑스에서는 크레시Crécy(1346)와 푸아티에Poitiers에서 패배한 직후인 1358년에 에티엔 마르셀Étienne Marcel(약 1316-1358)을 주동 인물로, 귀족들의 권력과 특권을 폐지하기 위해 폭력적인 농민 봉기가 일어났다. 멸시적인 표현으로 '자크리Jacquerie의 난'이라 불렸다. 20년이 지난 후인 1381년 잉글랜드에서도 전쟁 비용 충당을 위해 부과된 과중한 세금으로 농민들 외에 상공인들까지 가담한 봉기가 발생했으나 전쟁이 아니라 인구 증가와 자원 및 생산 활동의 불충분한 증가 사이의 불균형이 보다 근본적인 이유였다. 독일에서는 14세기 후반에 두 차례 농민 봉기가 일어났다. 이후 카탈루냐에서는 1462년에도 하급 귀족들과 시민 귀족들에 저항하는 봉기가 발생했다. 1470-1480년대에 터키인들의 움직임은 랑그도크로부터 피에몬테로 확대되었다. 부류가 다르기는 하지만 이탈리아 남부에서는 농민들의 도적 활동이 극성을 부렸다. 긴장감과 반란은 수공업 분야에서도 구체적으로 발생했다. 14세기 전반에 플랑드르의 직조공들이 봉기를 일으킨 데 이어 1371년에는 페루자와 시에나에서 봉급쟁이들이, 1378년 여름 피렌체에서는 양모 조합의 봉급쟁이들인 (결과적으로 1382년 염색 직공 조합과 셔츠 직공 조합 철폐, 정부에 의한 군소 조합들의 철폐, 1434년 메디치의 코시모[1389-1464]의 시뇨리아가 출현하기 전까지 50여 년 동안 지속된 과두 정권의 형성을 초래한 정치 계획을 가지고 있던) 치옴피ciompi(하층 노동자*)들이 난을 일으켰다. 봉기의 근간에는 양모 생산 급감과 그 결과에 따른 일자리와 임금 감소가 있었다. 반면 14세기의 유럽이 지난 몇 세기 동안 축적했던 동력을 모두 상실한 것은 아니라는 것에서도 알 수 있는 것처럼 견직물, 제련업, 조선업 등의 분야들은 실질적인 생산 증가를 기록했다.

사건들

STORIA

동방을 향한 독일의 팽창

| 줄리오 소다노Giulio Sodano |

11세기의 종교 투쟁에 고취된 잘리에르 가문의 군주들은 슬라브인들로부터 영토를 빼앗으며 유럽 동부 지역을 향해 군사 원정을 단행했다. 훗날 독일 주민들이 이들이 정복한 영토에 정착한다. 12세기에는 슬라브인을 몰아내고 자신들의 토지를 확대하려는 지역 영주들의 노력이 경주되었다. 13~14세기에 생활 공동체, 기술, 독일의 제도를 도입하여 동부 지역을 유럽에 편입시킨 농민과 부르주아들의 이주가 시작되었다.

군주들의 적극적인 활동

11세기 이전의 유럽 북동부 지역에서는 게르만 주민들의 흔적이 발견되지 않았다. 독일인의 존재는 5세기가 더 지난 후에서야 베르겐Bergen에서 모스크바까지, 뤼베크에서 핀란드에 이르는 넓은 지역에서 찾아볼 수 있다. 이들의 확산은 마치 하나의 단일한 의지에 의해 추진된 것으로 해석되었다. 실제로 독일인은 아무런 공동의 계획을 가지고 있지 않았으며, 오히려 때때로 양립 불가능한 목표를 추구했다. 이들은 지역 주민들과 협력했지만 이로 인해 서로의 경제적 피해에 직면했다. 진정한 이익을 얻은 자들은 서유럽 상인들이었다. 한자 동맹 도시들이 상업 활동의 핵심 주체로, 주변 모두에 대항하여 주기적으로 전쟁을 벌였다. 슬라브인들의 이주에 이은 게르만 이동은 동유럽 전 지역에서의 영향력에서 가장 중요한 사건이었고, 이를 통해 동유럽은 대대적인 변화를 겪는데, 새로운 여건을 수용한 이념과 제도의 도입 덕에 때로 그리스도교 확산에 비교되기도 했다.

10세기 이후 게르만 주민들은 슬라브인들과 비교해 적극적인 활동을 전개하면서 방어적인 태도에서 공격적인 성향으로 돌아섰다. 이에 대한 첫 단계에서의 노력은 황제들이 시작했다. 11세기 잘리에르Salier 가문 군주들은 종종 종교적 투쟁에 고취되어 동부 지역을 향한 일련의 군사 원정을 단행했다. 하인리히 2세Heinrich II(973-1024, 1014년부터 황제)는 슬라브인들로부터 오베르마인-쥐라Obermain-Jura 지역을 빼앗은 후 밤베르크에 주교구를 설치했다. 하인리히 3세Heinrich III(1017-1056, 1046년부터 황제)는 헝가리인들과 투쟁을 벌였다. 정복 지역에는 후에 게르만계 주민들이 거주하나 12세기까지는 영토가 엘베Elbe 강을 넘지 않았다. 로타르 3세Lothar III(1073-1137, 1133년부터 황제)와 이후의 호엔슈타우펜 가문 군주들은 이 방대한 지역을 게르만 식민지로 만들기 시작했다. 그들은 성지를 향한 십자군과 더불어 이교도인 슬라브인들에 대한 군사 원정을 반복했으나 그 과정은 일관되지도, 그렇다고 항상 승리로 이어지지도 않았다. 팽창 시기에 이어 굴복의 현실이 나타났다. 예를 들어 슬라브인들은 자신들의 잃어버린 영토를 재정복하기 위해 황제파와 교황파의 싸움을 이용했고, 여러 차례 독일인들로부터 슬라브인들 또 슬라브인들로부터 독일인들에게 지배권이 넘어간 작센 지역은 결국 게르만에 귀속되었다.

봉건 영주들의 적극적인 활동

독일 군주들에 이어 지역 영주들도 슬라브인들에게 영토를 빼앗아 자신들의 지배를 확대하려 했다. 권위 행사와 전쟁 벌이기에 고취된 기사와 영주들, 군주들이 두 번째 단계의 주역이다. 수많은 독일 영주가 프리드리히 1세 바르바로사Friedrich I Barbarossa(약 1125-1190, '붉은수염왕'이라고도 함)를 따라 억지로 이탈리아 원정에 참가했는데, 그들이 유럽 동부 지역의 정복에 관심 있었기 때문이다. 12세기 중반의 작센 기사들은 게르만이 점령한 슬라브 지역에서 봉토를 확보했다. 그들은 홀슈타인Holstein 동부 지역에서 슬라브인들의 영토를 정복한 다음 북동부 지역으로 진출했고, 새로운 정착지에 봉토, 봉건법, 기사단의 제도를 도입했다. 이러한 노력에 관련

프리드리히 1세 바르바로사

하여 작센 공작들과 하인리히 사자공Heinrich der Löwe(1129-1195), 마그데부르크의 대주교 비흐만Wichmann과 마이센 주교들은 적극성을 보였고, 덕분에 독일의 식민지는 메클렌부르크, 브란덴부르크, 포메라니아로 확대되었다. 브레멘의 참사회參事會 회원이자 주교인 알브레히트는 성지로 보낼 기사들을 모집하여 검의 형제 기사단을 조직한 후 이교도들과 전투를 벌였다. 튜턴 기사단의 우두머리 살차의 헤르만Hermann von Salza(약 1209-1239)은 사실상 빼앗긴 지역인 팔레스타인이 아니라 유럽 동부 정복을 택해야 한다고 생각했다. 그는 교황령 너머의 프로이센을 봉토로 하사받았다. 그들은 1232년에는 토룬Thorun과 쿨름Kulm, 이듬해에는 마리엔베르더Marienwerder와 엘블롱크Elbląg를 건설했다. 1250년에 포메라니아 지방의 봉건 영주 대부분은 작센인이었지만 이들의 프로이센 진출은 튜턴 기사단에 의해 저지당했다. 14세기 초반 킬Kiel에 이르는 핀란드 만灣 지역은 융커Junker(프로이센의 지배 계급을 형성한 보수적인 토지 귀족*)로 불리던 독일 귀족들이 점령했다.

동쪽으로의 진출

발트 해 연안 지역은 이제 독일의 심장부로 여겨지지 않았다. 대신에 게르만의 여러 지역에서 온 소작인들coloni이 모여 마을과 도시를 건설했다. 독일 상인들은 농민들과 함께 발트 해에 시장을 만들었다. 소작농들과 게르만 선교사들의 동부를 향한 이주는 발트 해 해안을 따라 이어졌고, 짧은 시간에 방대한 상업망이 건설되었다. 유럽 동부 지역 영주들의 노력 덕분에 중계무역을 위한 인력도 증가했다.

부르주아와 농민들

13세기에 접어들자 북동부 지역의 주요 통로들을 장악하고 발트 해를 통과하는 상인들에 비해 우월한 지위를 누리던 뤼베크의 부르주아 상인들이 영주로 전환되었고, 독일인들은 도시 발전에 하나의 모범을 제공했다. 공동의 법이 없으면 시민들이 정착을 꺼려 했기 때문에 지방 영주들은 이들의 정착을 위해 도시 규정의 제정을 허가했다. 헝가리와 폴란드의 도시들에서는, 독일과 특히 마그데부르크의 법령들을 모방한 도시 정부 형태가 도입되었다. 브로츠와프Wrocław(1242), 부다Buda(1244), 크라쿠프Krakow(1257), 그리고 다른 도시들이 독일 법률에 의해 지배되었고, 이 지역들은 독일 상인들로 넘쳐 났다.

독일 주민의 이주 촉진에는, 특히 13세기부터 버려진 지역의 거주민을 늘리기 위해서는 독일 주민의 이주가 필요하다고 할 정도로 폴란드와 헝가리의 인구를 급감시킨 몽골의 침입(1241-1242)이 이주의 주된 원인이었다. 이번에는 농민들이 주로 동부를 차지했는데, 이 지역 군주들은 자신들의 문제를 해결하기 위해 이들을 끌어들이는 데 적극적인 자세를 보였다. 지역 군주들은 새로운 이주민들에게 토지를 비롯한 많은 특권을 제공했다. 독일 농민들의 이주는 새로운 농업 기술과 새로운 형태의 정착이 함께 도입됨을 뜻했다. 게르만에 의한 식민지화의 확실한 표시는 도로나 공터를 따라 주택이 길게 건설된 것과 집 뒤편에 농작물 경작을 위한 텃밭이 마련된 것을 들 수 있다. 이는 주변의 슬라브 마을들과 대조를 보였다. 토지 소유주들은 세를 받는 대가로 마을 내부에서의 개별적인 자유와 거주상의 안전, 재산 소유권과 적정 수준의 세금을 보장받았다.

독일인 도시민과 농민들의 이주에 따른 효과는 매우 컸다. 독일 주민들의 지원으로 몽골군이 파괴한 도시들이 재건축되었다. 이 지역들의 경제 발전은 독일 주민들의 이주와 불가분의 관계였다. 식민지 주민들은 새로운 직업, 새로운 생산 기술, 새로운 상업 기술을 도입했다. 주목할 점은 광산과 관련된 문제였다. 독일인들은 유능한 광부들이었으며, 10세기부터 은과 구리 광맥을 찾고 있었다. 13세기 이후 이들은 슐레지엔, 보헤미아, 모라비아를 거쳐 헝가리에 진출했다. 13세기 중반에는 세르비아에 진출한 후 한 세대가 더 지나기 전에 보스니아와 불가리아에, 궁극적으로는 테살로니키로 진출했다. 수세기 동안 이들은 '작센인'으로 불렸으며, 기술뿐 아니라 용어와 노동 조직 형태, 게다가 본래는 구전의 관습법이었던 광산법을 그대로 유지했다. 그리고 가치 높은 광물들의 채굴을 독점하면서 철에만 집중되어 있던 슬라브의 광산 전통을 사라지게 만들었다. 몽골의 침략

상반된 역사적 판단

독일 주민의 이주는 다양한 역사적 판단에 여지를 남겼다. 독일의 역사 연구는 독일 식민지를 통해 슬라브 세계에 선진 문명을 전해 준 공로를 강조하는 것에 집중되었다. 20세기의 독일 민족주의는 이러한 주제를 자신의 팽창주의 정책을 정당화하는 데 활용했다. 독일인들은 서유럽으로부터 유래된 문명 요인들의 유입을 경험했으며, 이러한 요인들의 유입 자체는 동질적인 현상이 아니라 이탈리아인과 벨기에 남부에 위치한 왈롱 지역 주민들의 참여가 있었다는 점을 배제한 해석의 결과다. 독일은 제2차 세계대전이 끝난 후에야 비로소 과장된 민족주의적 입장을 포기한 역사 연

구의 관점을 확립했다. 폴란드나 체코의 역사 연구는, 특히 튜턴 기사단의 역할 평가에서 식민지화에 대한 해석을 문제점으로 지적했다.

| 다음을 참고하라 |

역사 호엔슈타우펜 가문의 프리드리히 2세와 이탈리아 호엔슈타우펜 가문의 몰락(41쪽); 선거 제후국과 합스부르크 왕가(67쪽); 독일의 신성로마 제국(114쪽); 왕국, 군주정, 공국, 주교구, 독일의 도시들(118쪽)

십자군과 동방 라틴 제국

| 프랑코 카르디니Franco Cardini |

제4차 십자군은 여러 군주가 지휘했던 이전의 십자군 원정들이 실패한 이후로 로마 교황청의 교황 인노첸시오 3세가 원하던 신정 정치적인 계획을 충실하게 반영한 군사 원정이 되었다. 하지만 상황은 교황의 의도와는 전혀 다른, 예상치 못한 방향으로 전개되었다. 베네치아는 자다르의 달마티아 도시들의 반란을 진압하는 데 도움을 받는 대가로 십자군에 배를 제공했다. 그리고 십자군은 여러 차례 콘스탄티노플을 공략했다. 그 결과 비잔티움 제국이 멸망하고 일시적으로 라틴 제국이 세워졌다. 반면에 과거 비잔티움 제국이 통치했던 영토의 대부분은 베네치아가 장악했다. 이와 같은 여정은 1261년에 콘스탄티노플이 재정복되면서 막을 내리게 된다.

세니의 로타리오 데이 콘티Lotario dei conti di Segni, 교황 인노첸시오 3세

1198년에 대귀족 가문 출신의 세련된 법학자이자 많은 금욕주의 저술을 남긴 한 인물이 인노첸시오 3세(1160-1216)의 법명으로 교황에 선출되었다. 당시는 매우 어려운 시기였다. 신성로마 제국의 제위는 비어 있었고, 유럽은 전쟁에 휘말렸다. 그리스도교는 이단인 카타리파의 위협을 받고 있었다. 인노첸시오 3세의 업적은 이전 세기들을 거치면서 성숙된 요인들을 교회가 최종적으로 완성했다는 데에서 찾을 수 있을 것이다. 다시 말해 그의 계획에서 최우선 순위는 예루살렘 수복과 (십자군 전쟁 당시) 아크레로 수도를 옮겼던 예루살렘 왕국 강화였다.

클레르보의 베르나르두스Bernardus Claravalensis(1090-1153)와 마찬가지로 로타리오도 예루살렘을 무력행사의 표적보다 하늘의 왕국으로 간주했다. 베르나르두스가 생각했던 것처럼 교황 역시 군주들의 십자군 원정 실패가 그들의 세속적인 이해관계와 탐욕에 기인한다고 확신했다. 그는 냉철하고 일관된 생각으로 이러한 전제들을 전개하면서 새로운 십자군을 주창하고 이끄는 것이 교황과 자신만이 할 수 있는 일이며, 십자군은 교회의 인도로 그리스도교 세계의 미래를 보장하는 방대한 계획의 일부에 지나지 않는다고 생각했다. 그가 교황으로 임명된 직후에 결정한 성지로의 군사 원정에는 알모하드에 대한 카스티야의 공세와 12세기 초반에 유럽 동부 지역을 향한 진출을 계속하던 독일의 검의 형제 기사단의 리보니아 공세가 더해졌다. 이들은 인노첸시오 3세가 이단을 제거하고 군주국들을 교황청에 굴복시키고 그리스도교 세계가 세상에 질서를 부여하는 것으로 구성된, 세 방면의 외부 국경에 해당했다. 여왕 자격으로 (오토 4세[1175/1176-1218, 1209-1215년에 황제]가 슈바벤의 필립Philipp von Schwaben[1177-1208, 1198년부터 왕]에게 주려 했던) 독일 왕위의 실질적 결정권자였던 오트빌의 콘스탄차Costanza(1154-1198)의 사망 후에 어린 왕 프리드리히 2세의 보호자가 된 인노첸시오 3세는 때로는 진정한 군신 관계를 명분으로, 때로는 종교적-세속적인 패권을 명분으로 내세워 포르투갈에서 아라곤, 프랑스, 노르웨이, 헝가리, 폴란드에 이르는 유럽의 모든 왕이 자신에게 머리 숙이는 것을 경험했다.

십자군의 원정 계획

십자군에 대한 로마 교황청의 입장은 1198년까지 상당히 중앙 집중적인 개념을 유지했다. 왕들에게 아무것도 위임하지 않았고 세속 군주들에게도 단순히 임무 수행 역할만 부여했다. 교황의 지도력은 그의 대리인을 통해 왕에게 전달되었던 반면, 군주들이 그것을 얼마나 충실하게 수행했는가에 대해서는 이와 관계된 모든 지역의 재속 성직자와 교회 성직자들뿐 아니라 템플 기사단, 병원 수도회 기사단들까지 감시했다는 것에서 알 수 있다. 십자군 원정을 위한 십일조는 당시 '살라딘 십일조'로 불리던 과중한 과세와 더불어 정확하게 거두어졌지만 왕들의 국고에 어떤 이득도 주어지지 않았다.

중앙 집중화의 개념화

중앙 집중화 성향, 다른 말로 인노첸시오의 십자군 '계획'은 십자군을 위해 군중에게 행한 설교에서도 잘 드러났다. 교황은 1198년 11월 5일에 설교자인 뇌이의 풀크Foulques de Neuilly(?-1202)에게 보낸 서한 「살루티페룸Salutiferum」에서 공동체의 정신적 세대 보장을 전제로 고리대금업 철폐와 창녀들의 회개, 사치의 악습으로부터 사회를 해방시키는 것 등의 다른 목적을 위해 십자군을 주창했다. 새로운 십자군 원정에 고취된 풀크는 1199년 초기, 샹파뉴 지방의 에크리에서 기마 시합이 열리는 동안 (전통에 따라 조직된) 자원 원정대를 이끌었다. 하지만 실제로 그는 시합에 참가하지 않았고, 설령 그곳에 갔다 할지라도 참가하지 않았을 것이다. 교회는 기마 시합을 처벌했을 것이며 교황 역시 타협적 성격이 아니었다. 아마도 참가자들은 새로운 원정 계획에 대해 이야기했을 것이고, 풀크는 미천한 대중에게 설교를 하면서 오래전부터 이곳에 머물고 있었을 것이다. 교황 사절 자격으로 프랑스에 온 추기경 카푸아의 로베르토는 교황이 십자군에 제공한 사면을 선포했다. 이것은 모든 공격으로부터 (자기) 사람과, 가족, 재산에 대한 안전을 보장했다. 또한 에크리에서 십자군 참가를 결심한 봉건 영주들인 샹파뉴의 티보Thibaut de Champagne(1179-1201), 블루아와 샤르트르의 백작 루이(1172-1205)는 자신들을 보호해 줄 누군가를 간절히 필요로 했다. 이들은 잉글랜드의 사자심왕 리처드Richard the Lionheart(1157-1199)와 프랑스의 필리프 2세 존엄왕(1165-1223, 1180년부터 왕)이 벌이고 있던 전쟁에서 플랑드르의 보두앵 9세Baudouin IX(1171-1205, 1204년부터 황제)와 함께 잉글랜드 편에 가담했다. 따라서 교황의 압력으로 두 권력의 평화 조약이 체결되고 있을 무렵, 자신들의 합법적 군주인 프랑스 왕의 보복을 두려워했다. 그 외에도 필리프 2세의 권력 집중화 정책은 프랑스에서 봉건적 반무정부주의 시대가 저물고 있음을 확실히 보여 주었다.

위기의 봉건 제도

어쨌든 바다 건너로 시선을 돌리기로 결정한 것은 위기에 빠진 봉건 체제 때문이었다. 이미 제1차 십자군 당시에 조짐이 보였던 이 현상은 당시에 비해 정신적 자극이 훨씬 적었던 환경에서 다시 반복되었다. 제4차 십자군에서 여러 봉건 영주가 자신들의 행동을 그리스도교 세계에 대한 봉사보다 프랑스 군주국을 위한 것으로 포장했는데, 이것은 보다 근대적인 정치 체제를 갖추어 가고 있던 지역으로부터의 도주를 나타냈다.

보두앵 9세도 유사한 이유로 십자군에 참가했다. 그는 예루살렘 왕이자 샹파뉴의 앙리의 동생인 티보 백작에게 원정군 지휘권을 위임했다. 그리고 그가 죽은 이후인 1201년 3월에는 몬페라토의 보니파초 1세Bonifacio I(약 1150-1207)를 후임자로 임명했다. 그는 가문의 권리 또는 동방에서 지켜야 할 몇 가지 전통을 고수했다. 반면 서유럽에서는 지근거리에서 자신의 군주국을 압박하는 자치 도시들 탓에 상황은 계속

어려워졌다.

제4차 십자군

봉건 영주들은 이동에 필요한 선박을 확보하기 위해 베네치아에 도움을 청했지만 베네치아는 피사와 제노바가 해안 지역 상권을 장악하고 있는 시리아에 대한 군사 원정에 관심을 보이지 않았다. 게다가 시리아 상인들과 가격 경쟁을 하던 값비싼 동방 후추가 나일 강을 통해 홍해로부터 도착하는 이집트 항구들과의 교역 유지에 모든 노력을 경주하는 중이었다.

출발 준비를 마친 원정대는 1202년 6월부터 11월까지 기다려야 했다. 이유의 일부는 충분한 선박이 준비되지 않았기 때문이며, 배 대여에 필요한 자금도 부족했다. 결국 선박 대여를 위한 조건으로 그리스도교 도시 베네치아에 반기를 들었으며 헝가리 왕이 아드리아 해로 진출하기 위해 눈독을 들이고 있던 자다르Zadar를 정복하기로 합의했다.

자다르는 11월 15일에 함락되었다. 인노첸시오 3세는 베네치아를 파문했지만 이를 십자군까지 확대하지는 않았다. 그는 자다르 정복이 십자군이 성지로 갈 목적으로 단순히 배를 임대하는 데 필요한 비용을 지불하기 위한 것이었다고 믿는 듯이 행동했다. 자다르 점령

1203년 4월에 독일에서 온 알렉시우스 4세 앙겔로스(1183-1204)는 전령을 보낸 후 십자군이 겨울을 보내고 있는 자다르에 도착했다. 그는 부당하게 쫓겨났던 부친 이사키오스 2세 앙겔로스(약 1155-1204)를 콘스탄티노플 황제로 복원시키기 위해 서유럽 세력에 도움을 청하며 십자군에 대한 전폭적인 지원을 약속했다. 찬탈자인 (아버지의 형이자 자신의 삼촌인) 알렉시우스 3세 앙겔로스(?-1210년 이후)를 비잔티움으로부터 추방하는 것은 (그의 친제노바 정책을 고려할 때) 베네치아에게도 이득이었다. 그 결과 1203년 7월에 콘스탄티노플을 재탈환했고, 이사키오스 2세는 아들과 함께 권력을 회복했다. 하지만 이후 일련의 민중 봉기가 일어나 이사키오스 2세는 살해되었고, 1204년 4월에 십자군은 콘스탄티노플을 재점령하여 약탈의 희생물로 삼았다.

이로써 과거 이슬람에게 방대한 영토를 빼앗긴 비잔티움 제국의 옛 영토에 라틴 제국이 탄생한다. 이후 라틴 제국은 4개 지역으로 분할되었다. 한 지역만 군주가 직 콘스탄티노플의 라틴 제국

접 통치했고 절반은 이를 봉토로 나누어 가진 봉건 영주들이, 다른 나머지 절반은 베네치아가 지배했다. 그 외의 많은 지역은 몰락을 피해 도망친 비잔티움의 군소 세력으로 남았다(에피로스, 니케아, 트라브존).

반면에 베네치아는 무역 활동에 중요한 이오니아 해와 에게 해의 섬들, 메시나 만과 펠로폰네소스 남부 서쪽에 위치한 모레아와 키티라 섬을 포함하는 지역의 지배권을 확실히 했다. 이번 십자군 원정의 가장 큰 수혜자는 베네치아였다. 황제의 제위는 보두앵 9세에게 주어졌다. 프랑스의 봉건 영주들과 베네치아인들의 적대적 태도로 인해, 아울러 자신에 대한 교황의 불신으로 황제 후보에서 제외된 보니파초 1세는 테살로니키 왕국을 차지했다.

교회의 통일은 이루어졌지만 매우 허약한 상태였다. 교황 인노첸시오 3세도 곧 현실을 직시했다. 교회 대분열은 신학 논쟁이 열의를 보일뿐 아니라 문화적-철학적이며 그리스 정교의 모든 예식을 보존하는 일에 자긍심을 가졌던 비잔티움 민중의 마음속에서 기정사실이 되었다. 그리스인들은 수도승과 밀접한 관계를 형성하면서 서방의 야만적인 그리스도교 교회, 탐욕스런 성직자들, 학문과 기도보다는 무기를 선호하는 성향, 정복자들이 도입한 외국의 관습들을 멸시하고 증오하는 것을 학습했다. 모든 그리스도교 세계는 반복적인 분열과 60년간 지속된 라틴 제국과의 지속적인 불통으로 톡톡한 대가를 치렀다. 결국 라틴 제국은 쿠르트네Courtenay 왕조에게 넘어간 이후 1261년에 해체되었다.

| 다음을 참고하라 |

역사 호엔슈타우펜 가문의 프리드리히 2세와 이탈리아 호엔슈타우펜 가문의 몰락(41쪽); 종교-군사 기사단(46쪽); 선거 제후국과 합스부르크 왕가(67쪽); 독일의 신성로마 제국(114쪽); 왕국, 군주정, 공국, 주교구, 독일의 도시들(118쪽)

해상 공화국들의 경쟁

| 카티아 디 지롤라모Catia Di Girolamo |

13-15세기에 해상 도시의 시대가 열렸다. 피사는 전쟁의 패배로 회복 불능의 쇠퇴기에 접어들었고, 베네치아와 제노바는 자신들의 세력을 바탕으로 13-14세기 내내 대치했다. 제노바가 먼저 몰락의 길로 향했다. 동방과 서방 모두에 있어 진정한 승자는 해상 도시가 아니라 방대한 정치 권력을 형성한 세력 중에서 등장했다.

피사 공화국의 최후

13세기 전 기간 동안 피사와 제노바는 치열한 경쟁 관계였다. 두 해상 세력은 자신들의 교역 활동을 확대하고자 했다(티레니아 해, 프랑스 남부 해안, 이베리아 남동부 해안, 마그레브Maghreb, 중동). 피사는 티레니아 해 주변 지역에 대한 지배력을 더욱 강화하여 코르시카 섬 대부분에 영향력을 행사했는데, 제노바와의 경쟁과 지역 주민들과의 오랜 긴장 관계로 인한 불안정한 정세에도 불구하고 사르데냐 섬에도 진출했다. 짧은 기간이었지만 13세기 중반에는 시칠리아에서도 피사에게 유리한 상황이 전개되었다. 당시 교황과 대립하던 프리드리히 2세(1194-1250, 1220년부터 황제)와의 동맹에 따른 결과였다.

피사의 상인들은 제노바와의 지속적인 경쟁 탓에 자신들의 입지를 충분히 활용하지 못했다. 피사는 제노바의 방해 전략 때문에 본국과의 연락에 많은 어려움을 겪어야 했다. 1284년에 두 자치 도시는 멜로리아Meloria에서 해전을 벌였고, 여기서 패배한 피사는 긴 몰락의 길에 빠져들었다. 피사는 패전 이후에도 한동안은 해상 무역의 주요 통로를 유지했지만 이전에 비해 활동은 눈에 띄게 줄었다. 멜로리아 해전

피사의 몰락은 일련의 부정적 정황에 따른 결과로, 제노바와의 경쟁은 몰락의 한 원인이었다. 토스카나의 해상 공화국인 피사의 몰락에는 대부분의 콘타도(도시의 주변 지역)에 창궐한 말라리아와 주민들의 사르데냐 이주로 인한 인구 감소도 주된 원인으로 작용했다. 베네치아와의 동맹도 도움이 되지 못했다. 베네치아는 자신의 직접적인 이해관계가 걸린 바다에서만 도움을 제공했을 뿐이지 제노바의 세력 확장에는 별다른 반응을 보이지 않았다. 같은 기간 황제파 도시였던 피사가 피렌체를 비롯

한 교황파 도시들과 대립각을 세운 순간부터 바다는 물론 육지에서도 소모적인 분쟁이 시작되었다.

이와 같이 힘의 관계가 재설정되자 두 도시는 협력 가능성을 회복했다. 14세기에 티레니아 해에서 극성을 부리던 해적 활동은 (10-11세기처럼) 피사와 제노바의 협력을 자극했다. 이후의 시기에 시뇨리아 체제로의 제도 변화가 나타났다. 잔 갈레아초 비스콘티Gian Galeazzo Visconti(1351-1402)는 피사를 복속시키고(1399) 피렌체에 피사를 넘겼다. 마침내 피렌체는 오랜 포위 끝에 피사를 정복했다(1406).

13-14세기의 두 해상 세력의 격돌

피사가 군소 세력으로 몰락하는 동안 제노바는 점차 베네치아를 의식했다. 베네치아는 13세기 초반에 동지중해에서 강력한 영향력을 장악했다. 세속적 차원의 경제적 이해관계뿐 아니라 제4차 십자군에 의한 결실도 있었다. 베네치아는 십자군에 참가하여 자신의 역할을 수행했지만 재정적 어려움에 처한 십자군은 헝가리에게 자다르를 빼앗아 자신의 어려움을 타개했다. 게다가 교황이 주도하는 신정 정치적인 계획의 복합적인 음모, 동로마 제국 내부의 위기, 경제적 이해관계와 같은 이후의 이탈적 행위들을 통하여 막대한 이익을 얻고자 노력했다. 십자군이 예루살렘이 아니라

콘스탄티노플을 향하여

콘스탄티노플로 진격한 것이 대표 사례였다. 비잔티움 제국의 수도는 함락되어 약탈당했고, 그 자리에 라틴 제국이 세워졌다. 베네치아는 대가로 중요 무역 거점들에 대한 통제권을 얻었다(1204).

지난 몇십 년간 꾸준히 교역량을 확대하던 지역들에서 거의 독점적인 지위를 누렸던 제네바는 새로운 경쟁자를 맞이했다. 따라서 13세기에 제노바의 목적은 베네치아의 독점을 견제하는 것이었을 것이다.

적어도 초기의 위기는 제노바가 1255년에 점령한 아크레의 산 조반니와 산 사바 수도원을 중심으로 시작되었고, 베네치아인들의 구역에 대한 적대감으로 표출되었다. 이후 벌어진 전쟁은 베네치아와 피사의 연합군에 의한 제노바의 패배로 끝났다(1258).

패배의 충격을 회복하기 위한 제노바의 신속한 노력은 콘스탄티노플을 재정복하여 다시금 제국의 수도로 삼으려는 미카엘 8세 팔라이올로고스Michael VIII Palaiologos(1224-1282)의 계획과 이해를 같이 하는 것처럼 보였다. 제노바는 지원을

제공하는 대가로 무역에서 베네치아인들을 배제한다는 막대한 특권을 요구했다(닌페오Ninfeo 조약, 1261). 하지만 콘스탄티노플은 제노바 함대가 도착하기 이전에 함락되었고, 라틴 제국이 멸망하면서 미카엘 8세는 제노바인들에 대한 의무로부터 자유로워졌다.

베네치아와 제노바는 또다시 충돌했다(1263, 1266). 베네치아가 라틴 제국 재건을 위해 앙주 가문과 협력하려 하자 미카엘 8세는 당시의 불안정한 상황을 고려하여 베네치아의 특권을 인정하면서 제노바로부터 흑해의 주요 무역 거점들을 빼앗고 수도로부터 추방한다는 결정을 내렸다. 1270년에 휴전이 성립되지만 두 도시는 때로는 해적 활동을 반복했고 때로는 치열한 외교 전쟁을 통해 노골적인 적대감을 드러내면서 팽팽한 긴장 관계를 지속했다. 해적 활동과 외교

그동안 서유럽 무역 활동의 경계는 인구 증가와 생산성 향상에 의한 팽창 압력 속에서 (몽골 제국이 중국에서 소아시아에 이르는 지역으로 영토를 확장 중인) 동방을 향해 진출하며, 교역량 증가와 더불어 자신들의 활동을 위한 보다 안전한 여건을 조성해 나갔다.

결론: 코르출라에서 키오자까지

분쟁은 13세기 말에 다시 시작되었다. 베네치아는 달마티아 지역의 코르출라Curzola 근처에서 패배를 경험했다. 동방의 균형 중심이 바뀌자 베네치아가 난처한 상황에 처했다. 1297년에 개최된 대평의회에서는 패배의 여파로 정치적-제도적 긴장감이 고조되었는데, (베네치아와 경쟁 관계에 있던) 제노바는 아라곤 왕국과 접촉했고 헝가리는 달마티아를 장악했다. 또 흑사병의 초기 여파와 더불어 베네토 지방의 다른 시뇨리아들과 밀라노의 비스콘티 가문의 세력 확장으로 긴장감이 높아졌다.

제노바는 새로운 전환점을 맞이했다. 제노바 선원들은 아프리카 해안을 탐험하고 북해까지 진출했다. 상인들은 지중해 전역에 무역 거점을 마련했으며, 군인들과 외교관들은 앙주의 샤를 1세로 하여금 친황제파 도시인 제노바에 대항하여 시칠리아로부터 자신들을 추방하려는 조치를 포기하도록 압력을 가했다(1276). 제노바 자치 도시의 정부는 개인들이 조직한 회사들의 모험적인 무역 활동을 보호하고자 했다. 또한 회계와 금융 분야의 기술을 개선하고 학교도 설립했다.

14세기는 여러 가문의 분파 충돌로 얼룩졌다. 이로 인해 밀라노의 공작(1353) 조

조반니 비스콘티의 시뇨리아

반니 비스콘티Giovanni Visconti(약 1290~1354)의 시뇨리아가 등장하게 된 것은 제노바 정치사의 매우 불안한 순간들 중 하나였다. 이외에도 베네치아와 아라곤의 협정, 두 세력이 연합 함대를 조직하여 1353년에 사르데냐의 포르토 콘테Porto Conte 근처에서 제노바 함대를 격파한 것도 제노바에게 불리한 요인으로 작용했다. 제노바의 정치적 위기는 베네치아가 동방의 시장들에 대한 지배권을 둘러싸고 지중해 전역에서 전개된 키오자Chioggia 전쟁(1378~1381)에서 패한 후 더욱 심각해졌다. 이것은 제노바 몰락의 서막을 알리는 것이었다. 얼마 후 제노바는 프랑스에 의해 점령당했는데, 터키의 팽창으로 제노바가 동방 식민지 대부분을 상실하게 될 때 상황은 또다시 반복되었다.

베네치아 역시 유사한 운명에서 벗어나지 못했다. 오스만 제국 확장으로 이탈리아 반도의 해상 도시들은 새로운 길을 찾아야 했다. 베네치아는 내륙으로의 확장에 눈을 돌렸고, 제노바는 국제 금융의 지배적인 역할을 상실했다.

| 다음을 참고하라 |

역사 자치 도시로부터 시뇨리아로(72쪽); 베네치아와 다른 해상 도시들(142쪽)

호엔슈타우펜 가문의 프리드리히 2세와 이탈리아 호엔슈타우펜 가문의 몰락

| 마리아테레사 푸마갈리 베오니오 브로키에리Mariateresa Fumagalli Beonio Brocchieri |

시칠리아의 왕이자 신성로마 제국의 황제였던 프리드리히 2세의 삶 가운데 수십 년은 자치 도시, 교황들과의 전쟁으로 점철되었다. 시칠리아 궁정을 중심으로 입법과 문화 분야에서 추진한 업적이 그의 정권에서 가장 중요한 부분이었다. 프리드리히 2세는 멜피 헌법을 제정하여 중앙집권의 견고한 관료 정치 체제를 구축하고 다양한 인종과 종교에 관용을 베푸는 왕국을 구상했다. 자연 철학과 속어로 쓰인 시들은 새롭고 독창적인 것이었다.

생애

호엔슈타우펜 가문의 프리드리히 2세는 1194년 12월 26일에 안코나Ancona의 마르카Marca에 있는 제시Jesi에서 출생했다. 모친 오트빌의 콘스탄차(1154-1198)는 시칠리아를 정복한 노르만의 왕비며, 부친 하인리히 6세(1165-1197)는 4년 전 그의 부친인 프리드리히 1세 바르바로사(1125-1190)가 사망한 후 신성로마 제국의 황제가 되었다.

그가 크리스마스 몇 시간 후에 출생한 것은 '지상의 하느님 이미지'라는 운명을 드러내는 것 같은 각별한 특징으로, 어린 시절부터 여러 차례 미래의 황제로 지목되었다. 젊지 않은 왕비가 기적적으로 출산한 '축복의 자식'이기도 했다.

프리드리히 2세는 모친 사망 후 불과 4세의 나이에 노르만인과 독일인들이 내분을 겪고 있던 시칠리아의 왕으로 등극했다. 18세에는 독일 왕으로, 1215년에는 독일 군주들로부터 아헨에서 오토 황제(1175/1176-1218, 1209-1215년에 황제)의 후임 황제로 추대되었다. 초기에는 교황 인노첸시오 3세(1160-1216, 1198년부터 교황)의 도움을 받지만 이후에는 파문을 당한다. 1220년에 로마에서 인노첸시오 3세 후임으로 선출된 호노리오 3세(?-1226, 1216년부터 교황)가 그의 대관식을 거행했다.

8년 후 프리드리히 2세는 성지 회복을 위한 십자군을 지휘하겠다는 교황과의 약속을 지키지만 그가 자신이 왕으로 추대된 예루살렘을 정복한 과정은 로마의 교황에게는 불명예스러운 것이나 다름없었다. 예루살렘은 무력으로 정복한 것이 아니라 이집트의 술탄 알-카밀al-Kamil(1180-1238, 1218년부터 술탄)과의 선린 외교 덕분이었다. 또 오래전부터 시칠리아 궁정에 꽃피웠던 무슬림 문화에 대한 황제의 존경심도 한 요소였다.

무슬림 문화에 대한 찬사

호노리오 3세의 후임 교황 그레고리오 9세(약 1170-1241, 1227년부터 교황)는 이탈리아로 돌아온 프리드리히 2세를 상대로 군대를 일으켰지만 이듬해인 1230년에 아나니에서 어느덧 30대로 접어든 그와 화해했다. 그리고 '무함마드의 추종자'라는 비난을 철회하고 '교회의 사랑하는 아들'이라 불렀다.

이후 이탈리아는 수많은 전쟁으로 얼룩졌으며 왕국에는 소요가 일어났지만 프리드리히 2세는 읽고 기록해야 할 문화와 서책을 위한 여지를 발견했다. 게다가 이를 군주의 최우선 임무로 인식했고, 종교인이 아닌 식자들의 공동체에 대한 찬사를 일깨웠다.

프리드리히 2세는 1224년에 영향력을 가지고 있던 콘실리어리consigliere(조언자, 충고자, 상담역, 고문 등을 가리킨다*)이자 훗날 제국의 대리인vicario으로 임명될 비녜의 피에르Pier delle Vigne(1190-1249)의 도움으로 나폴리에 대학을 설립했다. 우수한 지식인들을 자신의 왕국으로 불러들이고 뛰어난 교수들을 초빙하기 위해 많은 서적을 보유한 도서관도 건립했다. 나폴리에서는 자유학예와 신학 외에도 왕의 관료와 협력자들을 형성하는 데 필수인 법학 교육을 실시했다.

1231년에는 '왕국의 안정과 힘'의 근본으로 간주된 법학을 기본으로 하여 여러 학자가 시칠리아 선조들의 법학과 입법 강령의 완성으로 정의한 멜피 헌법을 제정했다. 이는 로마법과 교회법에 기준한 것이었으나 봉건법 외에도 게르만과 노르만의 법 전통에 근거한 관습법을 참고했다. 참고 자료의 다양함으로 종종 일관성이 결여되기는 했지만 프리드리히 2세는 신의 기능과 유사한 입법가의 기능을 드러냈다. 또한 "(프리드리히 2세의) 왕국의 법정에서는 신하들이 서유럽인, 롬바르디아인, 로마인, 사라센인, 유대인에 상관없이 어떤 차별도 받지 않는다"는 원칙을 확립했다. 왕국의 평화는 오직 정의에 의해서만 유지될 수 있으며, 출생과 종교의 차이를 초월해야 했다. 이러한 관점에서 프리드리히 2세의 법에 반영된 국가의 정의는 기존의 봉건 왕국과는 전혀 다른 것이었다.

장남 하인리히 7세

이탈리아 자치 도시들과의 전쟁은 장남 하인리히 7세Heinrich VII(1211-1242, 1222-1235년에 독일의 왕)가 1234년에 부친에 반기를 들고 호엔슈타우펜 가문의 적인 롬바르디아 자치 도시들과 연합한 것에서 발발했다. 프리드리히 2세는 교황에게 아들에 대한 파문을 요청하고 봉기를 진압하기 위해 아들의 추종자들이 있는 독일로의 원정을 단행했다. 황제는 하인리히 7세가 용서를 구함에도 본보기 삼아 처벌을 단행하며 아들의 지지 세력을 붕괴시켰다. 하인리히 7세는 6년의 수감 끝에 절벽에서 몸을 던져 자살했다.

황제는 사망 1년 전인 1249년에 (단테 알리기에리Dante Alighieri[1265-1321]가 『신곡La Divina Commedia』「지옥편Infermo」13장에서 부패와 반역의 죄를 물어 비난했던) 비녜의 피에르가 자신의 무죄를 주장하며 감옥에서 스스로 목숨을 끊은 사건으로 큰 충격을 받았다. 어째서 자신이 그토록 아끼던 신하를 처벌했는지에 대해서는 오늘날에도 의견이 분분하다. 황제의 최후의 1년은 (1234년 이후 계속된 전쟁 와중에서도) 행운이 교차했다. 당시 그는 로마노의 에첼리노Ezzelino da Romano(1194-1259)의 강력한 지배하에 있는 크레모나와 베로나와의 동맹에 큰 기대를 걸었지만 밀라노에 이어 피아첸차와 볼로냐의 저항에도 직면했다. 교황은 분쟁의 저변에서 애매한 행동을 취하기도 했지만 그럼에도 항상 중요한 역할을 했다.

1237년에는 크레모나와 에첼리노의 지원으로 코르테누오바에서 밀라노를 상대로 대승을 거두고 자치 도시의 상징인 카로치오carroccio(중세 이탈리아 도시 국가에서 이용한 소가 이끄는 전차*)를 파괴했다. 베네치아 도제의 아들인 집정관 티에폴로도 수많은 군인과 함께 포로로 잡혔다.

프리드리히 2세의 삶에서 가장 충격적인 패배는 1248년 파르마에서 일어났다. 파르마의 패배

그는 권력의 상징인 왕관과 왕홀, 여행에 동반한 첩들과 사냥매, 애완동물들은 물론이고 아끼는 서책들과 여러 보물까지 빼앗기고 말았다. 포위된 도시에서 뛰쳐나온 파르마 시민들은 도시의 성문 밖에 위치한 (황제 자신이 '승리'라고 부른) 제국 군대 주둔지를 약탈, 파괴했다. 이듬해에는 그의 아들이자 제국의 통치 대리인이었던 엔초Enzo(1220-1272)가 볼로냐 군대에게 포로로 잡혀 엄청난 돈을 대가로 빼내려는 부친의 노력에도 불구하고 23년 후에 볼로냐 감옥에서 죽음을 맞았다.

프리드리히 2세의 군대는 1250년 시칠리아와 마르케Marche에서 교황의 군대에 여러 차례 의미 있는 승리를 거두었지만 같은 해 12월 12일 황제는 사냥을 마친 후 높은 고열에 시달리다 카스텔 피오렌티노Castel Fiorentino에서 생을 마감했다.

장남 하인리히 7세는 10여 년 전에 사망했기에 둘째 아들 콘라트 4세Konrad

IV(1228-1254, 1237년부터 왕)가 시칠리아 왕(1237)과 신성로마 제국의 황제(1250)로 추대되었다. 셋째 아들 하인리히(1238-1253)는 예루살렘 왕으로 예정되었지만 (1250) 1253년에 사망했다. 프리드리히 2세의 사생아인 만프레트(1231-1266)는 타란토Taranto의 군주이자 형제인 콘라트가 부재할 경우를 대비하여 시칠리아 왕국의 통치 대리인으로 임명되었다.

두 권력의 충돌

이전의 두 교황인 인노첸시오 3세와 호노리오 3세와 마찬가지로 게르만 제국의 황제이며 시칠리아 왕인 프리드리히 2세가 상속한 막강한 권력의 집중을 두려워하던 그레고리오 9세와 인노첸시오 4세Innocentius IV(약 1200-1254, 1243년부터 교황)에 의해 두 차례 파문당했던 프리드리히 2세는 여러 교황청 문서를 통해 불신앙, 비도덕성, 신성 모독의 죄로 고발당했다.

프리드리히 2세의 제국 권력과 교회 권력이 대립한 것은 근본적으로 전자가 자신의 보편주의에 교황의 권력을 이용하려고 한 철학적-정치적 이유 때문이었다. 교황청이 주장하는 교황의 완전권plenitudo potestatis 이론은 로마 교황의 절대적-보편적 권력을 주장하며 황제 또는 모든 군주의 군주성이 교회의 정신적-세속적 권력의 테두리 안에서만 합법성을 가진다는 교황 그레고리오 7세Gregorius VII(약 1030-1085, 1073년부터 교황)의 교황 훈령Dictatus papae으로 확실하게 언급된 바 있다.

프리드리히 2세의 가장 강력한 적인 인노첸시오 4세는 젊은 시절 볼로냐에서 왕국regnum은 사제sacerdotium에 복속된다고 주장하던 교회법 대가들 밑에서 수학했던 법학 전문가다. 1245년에 리옹 공의회에서 그가 세속적인 수단으로 황제를 파문한 것은, 신하들을 충성의 의무로부터 면제시키는 충격적인 조치를 통해 전례를 찾아볼 수 없을 만큼 심각한 정치적 폭력의 충돌을 불렀다.

파문

1250년 12월에 프리드리히 2세의 죽음을 접한 인노첸시오 4세는 모든 그리스도교인에게 "하늘과 땅이 그의 죽음에 즐거워한다"고 선언했다.

프리드리히 2세의 궁정 문화

대부분의 학자들은 프리드리히 2세가 자신의 왕국에 남긴 가장 중요한 흔적이 문화에 대한 폭넓고 새로운 전망을 개척한 것이라는 데에 동의한다. 논리학에서 자연 철학, 형이상학에서 천문학, 그리고 의학에서 윤리학에 이르는 당대 학문의 여러 분야에 대한 황제의 관심은 얼마 전부터 그리스, 아랍, 유대의 다양한 문화 전통이 교차하던 시칠리아 문화의 전반적인 구도를 관통했다.

시칠리아는 에스파냐와 함께 12세기부터 아랍어 번역을 통해 고대 그리스 학문과 철학의 유산을 서유럽에 소개한 문화 혁명의 주요 중심지의 하나로 자리했다. 그의 궁정에 속한 여러 지식인 중에는 마이클 스콧Michael Scot(약 1175-약 1235)도 있었다. 그는 황제의 간곡한 부탁을 받아 천문학과 자연 철학의 글들과 아베로에스Averroes(이븐 루시드Ibn Rushd, 1126-1198)의 연구 업적을 번역해 헌정했다. 또한 자코베 아나톨리Giacobbe Anatoli(1194-1256)는 다른 유대 학자들과 더불어 '천체와 세계의 영혼……, 그리고 세계에 존재하는 창조물, 식물, 그리고 동물'을 주제로 황제와 토론을 벌이기도 했다.

프리드리히 2세는 저자의 입장에 서서 사냥에 이용되는 새들에 대한 연구를 높이 평가했는데, 자신을 '진리를 추구하는 자veritatis inquisitor'로 소개했다. 총 여섯 권으로 이루어진 그의 저술 『새와 사냥하는 기술De arte venandi cum avibus』은 전통적으로 왕에게 적합한 활동으로 여겨졌던 매사냥과 사냥에 대한 내용이 아니라 아리스토텔레스(기원전 384-기원전 322)의 권위에 대해 지적하는 자연 철학 분야의 저술로, 수준 높은 방식으로 경험의 주제를 다루었다. 황제는 자신의 글에서 아리스토텔레스가 위의 주제들을 직접적으로 알지 못했다는 점을 지적했다. 반면에 황제 자신은 어릴 때부터 사냥을 해 왔기 때문에 관련 연구를 잘 알고 있었다. 자연 철학의 저서

황제는 궁정의 많은 사람이나 가족들과 마찬가지로 라틴어, 그리스어, 프랑스어, 아랍어, 시칠리아 속어에 능통했다. 렌티니의 자코모, 아퀴노의 리날도Rinaldo, 비녜의 피에르 같은 관료들과 궁정의 조력자들처럼 다양한 언어로 직접 사랑의 시를 쓰기도 했다. 단테 역시 이를 칭송했다. "프리드리히와 그의 아들 만프레트 같은 위대하고 저명한 인물들은 귀족적인 품성과 공명정대한 정신을 표현할 줄 알고 있었다. 당시 숭고한 이탈리아인들이 생산한 모든 것은 뛰어난 군주들의 왕궁에서 가장 먼저 소개되었다. 이들이 속어로 집필한 모든 것은 시칠리아의 작품이다."

| 다음을 참고하라 |
문학과 연극 이탈리아의 서정시(695쪽)

시각예술 프리드리히 2세의 왕국(828쪽)

종교-군사 기사단

| 바르바라 프랄레Barbara Frale |

1187년에 하틴의 코르니Corni에서 그리스도교 군대가 술탄 살라딘에 참패당하면서 예루살렘과 성묘는 영원히 이슬람의 손에 남게 되었다. 이는 무력으로 성지를 방어하고자 설립되었던 종교-군사 기사단에게 큰 영향을 주었으며, 이들의 존재에 대한 수많은 논쟁을 야기시켰다. 13세기에 상황은 더욱 악화되었다. 1260-1270년에 술탄 바이바르스는 그리스도교 왕국의 영토를 해안 지역으로 크게 후퇴시켰다. 1291년에는 그리스도교 세계의 마지막 보루인 아크레마저 함락되었다. 십자군의 종말은 종교 기사단들의 심각한 위기를 가져왔다. 템플 기사단은 프랑스의 필리프 2세 존엄왕에 의해 재판에 회부되었고, 결국 해체되었다(1312). 다른 기사단들은 살아남아 새로운 역사의 필요성에 적응하는 데 성공했다.

전성기의 몰락

종교-군사 기사단들은 십자군의 성지에 대한 원정과 이베리아 지역에서 이슬람과 대치하고 있던 그리스도교 세계를 무력으로 수호하는 것에 대한 민감한 반응을 배경으로 성립했다. 그리고 이것이 기사단들의 발전에 기여했다면 몰락은 십자군 정책이 위기에 빠져들며 시작되었다고 할 수 있다. 1170년경의 템플 기사단은 초국가적인 거대 조직이었다. 주둔지는 시칠리아에서 스코틀랜드, 포르투갈에서 아르메니아에 이르는 방대한 지역으로, 수백 개에 이르렀다. 기사단의 지도자(기사단장 또는 그랜드 마스터)는 동료들이 사용하는 주요 언어를 모두 알아야 했다. 이들은 십자군의 지원 임무를 수행하는 다국적 군대였으며, 서유럽의 수많은 주둔지는 동방에 보내야 할 전쟁 비용 등의 자원을 생산하는 일종의 공장에 해당했다. 병원 수도회 기사단과 연합한 템플 기사단은 성지에 만들어진 십자군 교두보의 핵심을 구성했다. 템플 기사단은 근대적 방식에 따라 성립된 첫 군대 조직이었다. 세속 기사들은 무질서를 야기하고 군대의 계통을 무너뜨리기도 했지만 개인의 용기와 노력에 근거하여 전투를 벌였다. 반면에 템플 기사단은 엄격한 규율을 따르고 뛰어난 협력 체계를 가졌다. 교황은 기사단의 영웅주의와 자기희생을 칭송했고, 기사단은 뛰어난 전투 능력을 증명했다.

템플 기사단은 성지에서 성전聖戰을 벌이면서도 성숙한 중재 능력을 발휘함으로써 상당한 신뢰를 받았다. 유럽의 군주국들과 교황은 이들을 외교 임무에 적극 활용했다. 덕분에 뛰어난 군사적 자질 외에도 종교와 정신 분야에서도 특권을 누렸는데, 이를테면 기사단 구성원들은 성인의 유골을 확인하는 일에서도 권위를 인정받음은 물론 예루살렘에 보관되어 있는 십자가와 성물함을 종교 행렬 중 감시하고 호위하는 업무를 맡는 명예를 누렸다. 또 이러한 역할들을 수행하며 보여 준 재정 능력을 통해 마침내 내정에도 활용되었다. 대표적인 예는 파리의 템플 기사단 본부로, 훗날 기사단의 본거지는 프랑스 재무성이 된다. 템플 기사단이 그리스도교의 중심 세계에서 누렸던 많은 특권이 그러하듯, 그들이 축적한 부는 기사단의 성장을 보장했던 잠정적 균형 상태를 불균형으로 돌려놓았다. 그리스도교를 위해 봉사하는 숭고한 임무에 자부심을 느끼는 (증거 자료를 통해 전승된) 기사의 영광스러운 표상은 클레르보의 베르나르두스가 당시의 서유럽에 도입하려던 계획, 수치심과 자신의 죄를 용서받기 위한 겸손함으로 전투에 임하는 누더기를 입은 전사의 그것과 일치하지 않았다.

십자군에 대한 다국적 지원

템플 기사단의 표상

통합의 가설과 예루살렘 왕국의 종말

예루살렘 왕국은 12세기 대부분 동안 국경을 맞댄 여러 이슬람 군소 권력의 우두머리들과의 개별 동맹을 유지함으로써 생존했지만 1187년에 살라딘Saladin(1138-1193)은 이를 하나의 거대한 세력으로 재통일한 후, 허약한 그리스도교 왕국을 포위하고 하틴Hattin 전투에서 대승을 거두었다. 그렇게 예루살렘 성지는 정복되었다. 예수의 무덤이 이슬람의 손에 넘어간 것은 실지 회복이 더 이상 불가능함을 명백히 보여 주었다. 이번 패배는 군사 기사단의 몰락을 알리는 서막이었다. 살라딘은 수많은 기사를 참수했으며 수많은 요새와 재물이 그의 손에 들어갔다. 템플 기사단, 병원 기사단, 튜턴 기사단은 그리스도교 사회의 성지 수호를 위한 헌금 덕분에 세력을 크게 확장했었지만 이들의 임무가 참담한 실패로 끝나자 서유럽은 계속해서 이들에게 수많은 특권을 주어야 하는가에 대해 고민했다. 튜턴 기사단의 지도자였던 살차의 헤르만(약 1209-1239)은 13세기 초반부터 (템플 기사단과 병원 기사단이 우월한 입지를 선점했기에) 튜턴 기사단이 중요한 역할을 할 수 없음을 직감했다. 그러나 유럽 대륙과 비그리스도교인들이 거주하고 있는 국경 지역에서는 아직 그리스도교 신앙을 수호하는 임무를 수행할 수 있음에 주목했다. 그는 쿠만-킵차크족의 침입으로부터 왕국의 국경을 방어하려는 헝가리 왕 언드라시 2세András II(약 1176-1235, 1205년부터 왕)의 도움 요청을 받아들였다. 새로운 변화의 시작이었다. 어떤 의미에서는 다른 기사단들의 임무에 대한 차선책인 정치적 정복을 모방하여 동유럽으로 영토를 확장하는 그리스도교 세계를 무력으로 방어함을 뜻했다. 그의 결정은 또한 얼마 지나지 않아 템플 기사단과 병원 기사단도 직면할 임무 실패에 대한 비난으로부터 기사단을 구하는 것이기도 했다.

1260년대에 술탄 바이바르스Baibars(1223-1277)의 예루살렘 재정복은 시리아-팔레스타인 그리스도교 왕국을 아크레를 수도로 하는 해안 지역으로 몰아냈다. 그

아크레의 산 조반니

리고 1291년에 아크레마저 함락되자 템플 기사단과 다른 기사단들은 엄청난 인적-물적 피해와 심각한 도덕적 충격에 휩싸였다. 템플 기사단의 지도자인 보주의 기욤Guillaume de Beaujeu(1233-1291)이 아크레를 방어하다 장렬히 전사했고, 템플 기사단도 최후까지 화염에 휩싸인 아크레에 남아 사력을 다했지만 거듭된 패배는 서방 전체에서 차지하는 템플 기사단의 지위를 한없이 떨어뜨리고 말았다.

템플 기사단과 병원 기사단은 자신들이 오래전부터 상주하고 있었으며 짧은 기간이나마 직접 통치했던 치프로Cipro에 새로운 주둔지를 구축했다. 예루살렘 왕국의 종말은 교황 니콜라오 4세Nicholaus IV(1227-1292, 1288년부터 교황)가 강력히 주장하던 개혁에 대한 논쟁을 불렀다. 이미 10여 년 전부터 템플 기사단과 병원 기사단을 하나

통합의 가설

의 효율적 단체로 통합하자는 논의가 있었다. 교황 클레멘스 5세(1260-1314, 1305년부터 교황)의 견해는 급물살을 탔고, 1305년에 두 기사단 지도자들도 통합을 수용했다. 병원 기사단의 지도자인 빌라레의 풀크Foulques(?-약 1327)는 이 제안을 수용했지만 아크레 함락 직후 템플 기사단의 새 지도자로 선출된 수도승 몰레의 자크Jacques de Molay(1243-1314)는 강력하게 반발했다. 자크는 두 기사단의 통합은 결국 당시 서유럽의 가장 막강한 군주국이자 통합 기사단을 통제하고 그들을 자신의 정치적 이해관계에 이용하려는 프랑스 왕의 지배하에 놓이게 할 것이라 주장했다. 1306년이 끝나 갈 무렵에 두 기사단은 이 문제를 논의하자는 교황의 초대를 받아들여 서유럽으로 향했다. 빌라레의 풀크는 로도스 섬에서의 다른 군사 작전을 이유로 여행을 연기

한 반면 몰레의 자크는 1307년 초반 프랑스에 상륙한 직후 교황이 머물던 로마 교황청으로 향했다.

템플 기사단에 대한 재판과 기사단들의 몰락

1307년 10월 13일에 프랑스 템플 기사단의 모든 구성원은 이단의 죄목 등 여러 종교적 위반 사례를 들어 이들을 고발한 프랑스의 필리프 4세 미남왕의 불법적이고 은밀한 명령에 따라 체포당했다. 필리프 4세는 속임수를 동원하여 왕국 이단 재판소의 지지를 얻어 낸 후 템플 기사단의 모든 재산을 몰수하고 체포된 자들을 고문하여 수백 가지 죄목에 대한 자백을 받아 그것을 이단에 대한 확실한 증거로 교황에게 제시했다. 즉 템플 기사단은 신앙을 수호하는 본연의 임무를 저버리고 반그리스도적 숭배에 가담하여 여러 의식을 거행한 죄로 고발되었다. 노가레의 기욤(약 1260~1313)이 서명한 고발문에 의하면 필리프 4세를 위해 교황 보니파시오 8세와의 정치 투쟁에서 역할을 수행한 바 있는 법학자들은 템플 기사단이 가입 의식을 거행하는 동안 그리스도를 부정하고 십자가에 침을 뱉으며 음탕한 입맞춤을 교환하고 또 동료들과 동성애를 하겠다는 서약을 했다고 증언했다. 더구나 여기에는, 예를 들어 미사 중에 성체를 축원하지 않고 형태가 남자 머리와 비슷한 이상한 우상을 숭배하는 관습 같은 많은 죄목이 추가되었다. 가장 최근의 연구에 따르면 기욤에 대한 고발은 효율적이었던 것으로 밝혀졌다. 이것이 템플 기사단에 스파이를 잠입시키는 등, 오래전부터 계획했던 전략이었기 때문이다. 기사단의 스파이들

실제로 기사단 가입 의식은 하나였다. 새로운 가입자들에게 직접 폭력을 가하면서 일종의 쇼크를 일으키는 것으로, 포로가 되어 죽음의 위협을 당하면서 그리스도를 부정하고 십자가에 침 뱉기를 강요당할 때를 대비하기 위한 것이었다. 기사단 가입자에게 속되고 장난스런 행위를 강요하는 것도 있었다. 예를 들면 신입자의 충성을 이끌고 존경심을 가지도록 만들고자 상급자의 엉덩이에 키스하는 것(특별한 경우가 아니면 거행되지 않았지만)과 동료들에게 자신의 육체를 허락하는 것 등이었다. 모든 것은 연출이었지만 템플 기사단의 군사 의식은 그리스도교 신앙에 위배되는 측면도 있었다. 하지만 엉뚱하게도 고문을 통해 이단에 가입했다는 고백을 유도하면서 그들을 의도적으로 함정에 빠뜨리는 계략에 매우 유용하게 이용되었다. 교황 클레멘스 5세는 템플 기사단이 오직 교황에 의해서만 심판받을 수 있으며 이 모든 것이

프랑스 왕의 세속 권력과는 무관하다는 점을 언급하면서, 온통 불법적인 방식으로 전개된 탄압에 대한 반대 의사를 분명히 했다. 재판은 1312년에 빈 공의회가 템플 기사단의 해체를 공식화하고, 1318년 3월 18일에 필리프 4세 미남왕이 교황의 반대를 무릅쓰고 독단적 결정에 따라 몰레의 자크와 그의 가정 교사인 샤르니의 제프리 Geoffrey de Charny(약 1260-1314)를 교수형에 처하기까지 대략 5년간 이어졌다.

클레멘스 5세의 심문회

2001년에 바티칸 비밀 기록물 보존소에서 교황 클레멘스 5세가 시농Chinon 성에서 템플 기사단 지도자들을 대상으로 심문회를 개최했으며, 이후 교황이 이단으로 고발된 이들의 죄목을 무죄로 선언하고 다시 그리스도교 공동체로 받아들였다는 내용이 적힌 양피지 원본 문서가 발견되었다. 이 문서는 오래전부터 역사가들이 의심하던 템플 기사단의 해체가 프랑스 왕권이 교황(당시 정치적으로 매우 약했으며 사실상 무력으로 아비뇽에 잡혀 있던)을 위협한 결과였다는 사실을 확인시켰다. 여러 역사 연구자가 프랑스 왕의 음모가 본래는 병원 기사단을 탄압하려는 것이었다고 확신하며, 그 이유로 프랑스가 도산 위기에 처해 있는 상황에서 이를 통해 두 번째로 규모가 큰 기사단의 재산을 몰수할 수 있었다는 점을 지적한다. 빌라레의 풀크를 체포하는 데에는 실패했지만 재판 과정에서 병원 기사단이 보여 준 신중한 태도는 스스로를 구원하는 계기가 되었다. 1312년에 클레멘스 5세는 템플 기사단으로부터 몰수한 재산 일부를 확보하는 데 성공했다. 교황은 프랑스 왕이 아직 완전히 장악하지 못한 틈을 이용해 기사단의 재산을 훗날 십자군의 임무에 헌신하도록 병원 기사단에게 반환했다.

십자군 시대의 몰락에 따라 그 규모는 축소되었지만 병원 기사단은 병자에 대한 동정이 구체적인 역사적 맥락과 무관한 보편 가치라는 사실 덕분에 그리스도교 사회의 높은 평판을 받으며 존속할 수 있었다. 1530년에 지휘부를 몰타로 옮긴 후에는 이름을 몰타의 군왕 기사단으로 개칭하고 활동을 계속했다. 포르투갈에서는 왕 디니스D. Dinis(1261-1325)가 템플 기사단을 대신하여 왕권에 협력하는 그리스도 기사단을 설립했다. 성 라자로 기사단과 산토 세폴크로 기사단은 교황 인노첸시오 8세 Innocentius VIII(1432-1492, 1484년부터 교황)에 의해 통합되었다. 반면 튜턴 기사단은 프랑스 혁명 기간에 탄압을 금지시킨 합스부르크 가문의 도움으로 오늘날까지도 동유럽과 알토 아디제Alto Adige(볼차노*)에서 명맥을 잇고 있다.

| 다음을 참고하라 |
역사 십자군과 동방 라틴 제국(32쪽)

보니파시오 8세와 교회의 우월권

| 에리코 쿠오초Errico Cuozzo |

1295년 초반, 짧은 기간 동안 개최된 교황 선거 추기경 회의에서 교황으로 선출된 보니파시오 8세는 강인한 성격의 소유자로, 외교와 타협에 거의 의존하지 않는 인물이었다. 교황은 권력과 고집을 앞세워 국제 정치에서 자신의 입지를 지켜 냈다. 그의 성향은 황제와의 관계에서나 프랑스와 잉글랜드의 왕들과의 관계에서나 한결같았다. 완전권에 반영된 교황의 정치는 교황 교서를 통해 드러났으며, 교황 교서인 「거룩한 하나의 교회」에서 절정에 도달했다. 이 문서에서 교황은 신성과 교회(지상의 모든 정신적이고 세속 권력에 대한 상위의 권력을 가진)의 신적 기원에 대한 절대적인 믿음을 표출했다.

베네데토 카이타니, 미래의 보니파시오 8세

1295년 초반에 전년도 말 나폴리에서 개최된 교황 선거 추기경 회의를 통해 캄파냐 지역의 아나니에서 소귀족의 아들로 출생한 베네데토 카이타니Benedetto Caetani가 보니파시오 8세의 법명으로 교황에 선출되었다. 그는 1303년 10월 11일에 사망할 때까지 믿기 힘들 정도의 놀라운 열정으로 자신의 정책을 추진했다.

강한 성격의 소유자였던 그는 외교나 타협에는 거의 의존하지 않고 권력과 때로는 도가 지나칠 정도의 고집을 앞세워 친구와 적을 분명하게 구분하며 자신의 입지를 지켰다. 교황은 로마 교회의 권력 신장이 자신의 명성에 반영된다는 사실을 인식하고 있었고, '르네상스 이전 시대'의 정신으로 무장한 채 교황청의 재정을 (과거 그 누구도 수행하지 못했으며 이후의 아비뇽 기간에도 결코 실현되지 않을) 세속과 종교의 영역에 걸친 임무를 위해 사용하며 교황청, 이탈리아, 유럽에서 복합적이고 야심찬 계획들을 추구했다. 프리드리히 베티겐Friedrich Baethgen(1890-1972)을 비롯한 여러 학자가 그가 추구했던 재정 정책이 동시대를 살았던 수많은 인물의 증오심과 고독을 동반했음을 지적하기도 했다.

법률 연구 보니파시오 8세는 법을 전공한 후 30대의 나이에 로마 교황청에서 일을 시작하며 저명한 교회법 전문가로 성장하는 방법을 터득했다. 교황 사절단의 일원으로 추기경 브리의 시몬Simon(미래의 마르티노 4세Martinus IV[1210-1285, 1281년부터 교황])과 함께 파리에 가기도 했다. 잉글랜드에서는 미래의 하드리아노 5세Hadrianus V(?-1276, 1276년부터 교황)인 오토보노 피에스키를 수행했다. 그리고 프랑스에서는 십자군을 위한 십일조 거두는 일을 감독하는, 다소 민감한 임무를 담당했다. 계속해서 교황 니콜라오 3세Nicholaus III(1210-1280, 1277년부터 교황)로부터 임무를 부여받고 합스부르크가 최초의 황제 루돌프 1세Rudolf I(1218-1291)와 샤를 1세(1226-1285년, 1266-1281년에 시칠리아의 왕, 1266년부터 나폴리의 왕)의 협상을 중재했다. 1281년에 마르티노 4세로부터 추기경에 서품된 후에는 만종 학살로 야기된 시칠리아의 심각한 상황을 경험했다. 그가 시칠리아에서 얻은 값진 경험은 훗날 교황이 되었을 때 시칠리아를 재정복하여 로마 교황청에 복종하게 만들고, 앙주 가문에 대한 지원을 최우선 과제로 삼는 데 영향을 주었다. 1295년 6월에는 아라곤의 하이메 2세Jaime II(약 1267-1327, '공정왕 하이메'라고도 함*)와 샤를 2세Charles II(1252-1309, 1285년부터 나폴리의 왕)의 아나니 조약을 지지했다. 얼마 후에는 시칠리아의 페데리코 2세Federico II(1272-1337, 1296년부터 트리나크리아Trinacria[시칠리아의 별칭*]의 왕) 선출과 시칠리아와 나폴리 왕국의 분리를 승인하도록 압력을 받았다. 그의 반대에도 불구하고 칼타벨로타Caltabellotta 평화 조약(1302)에 따라 시칠리아의 앙주 가문은 시칠리아를 잃게 되었다.

교황과 국제 정치

교황은 시칠리아 문제 말고도 국제 정치의 다른 두 문제에 특별히 몰두했는데, 교황과 황제의 관계, 프랑스와 잉글랜드의 왕과의 관계가 그것이었다. 1295년에는 나사우의 아돌프Adolf von Nassau(약 1250-1298, 1292년부터 황제)가 프랑스와 싸우지 않는 것에 불만을 토로하면서 비난과 함께 그에게 신랄한 질책을 가했다. 1298년에 황제가 폐위되었을 때, 교황은 이러한 결정이 자신의 동의를 전제하지 않았다는 이유로 법적 차원에서 독단적 행위라고 주장하면서도 기꺼이 승인해 주었다. 보니파시오 8세는 자신의 막강한 권력을 바탕으로 일종의 '황제권 이전translatio imperii'을 추진하는 과정에서 프랑스 왕의 동생인 발루아의 샤를Charles de Valois(1270–1325)을 황제로 임명할 생각을 가지고 있었다.

군주들과의 대립

보니파시오 8세의 태도는 프랑스의 필리프 4세 미남왕(1268–1314, 1285년부터 왕)과 잉글랜드 왕 에드워드 1세Edward I(1239–1307, 1272년부터 왕)와의 관계에서 '전권plenitudo potestatis'을 주장했을 때에도 반복되었다. 하지만 두 군주의 반목은 교황이 그토록 바라던 십자군 실현을 불가능하게 만들었다. 이들의 대립 상황에서 두 군주는 무엇보다 군사 원정에 필요한 물자를 조달하고 성직자들도 포함된 모든 신하에게 세금을 부과했다. 로마와의 반목은 캔터베리 대주교가 왕에게 성직자에게 세금을 부과할 권리가 없다고 공개적으로 주장하며 교황에게 도움을 요청하는 것으로 표면화되었다. 프랑스의 성직자들로부터도 같은 불만을 들은 보니파시오 8세는 1296년 2월 24일 인장 교서 「성직자에게서 평신도를Clericis laicos」(인장 교서란 가톨릭 교회의 교황이 교리나 도덕 또는 사회 문제와 관련하여 교회 주교들과 이들을 통해 모든 신도들에게 보내는 서신을 가리킨다*)을 보내 파문의 위협을 가하면서 모든 성직자에게 교황청의 허락 없이 세속 권력에게 어떤 종류의 세금도 납부하지 말 것과 함께 세속 권력에게 세금을 부과시키는 행동을 금지시켰다. 또한 세속 권력이 교회의 재산을 몰수하거나 점유하는 것까지 금했다.

하지만 보니파시오 8세가 유럽 군주들과의 관계가 악화되는 것을 원치는 않았을 것이다. 물론 그는 결과에 대해서 충분히 고려하지 않았다. 교황은 성직자에 대한 세금을 금지하고 모든 경우에 교황의 허가를 받도록 지시한 순간, 스스로 세금 부과에 대한 정당성을 감독함으로써 왕의 세속적 권력에 타격을 주었다.

같은 해 7월 캔터베리 대주교는 잉글랜드의 에드워드 1세를 파문했고, 프랑스 왕 필리프 4세는 강력히 반발했다. 필리프 4세는 8월에 왕국으로부터의 수출을 금지하고 외국인들이 프랑스에 거주하거나 무역 활동에 종사하는 것을 금지했다. 이러한 방법으로 필리프 4세는 '프랑스의 교회들로부터 돈을 징수한 후에 토스카나의 대금융업자들을 통해 교황청으로 돈을 보내는 체계'에 타격을 입혔다. 물론 토스카나의 금융업자들은 교황에게 이러한 상황에 대한 불안감을 생생히 전달했다(Eugenio Duprè Theseider, "보니파시오 8세" in *Enciclopedia dei Papi*, 2000). 이에 대해 교황은 1296년 9월 20일에 프랑스 군주와 벌인 논쟁과 관련하여 인장 교서 「형언할 수 없는 사랑에 관하여Ineffabilis amoris」를 발표했다. 보니파시오 8세는 프랑스 왕과의 관계를 단절 위기로 몰아가지 않으면서도 교회의 자유와 교회에 대한 모든 공격은 신에 대한 모욕이라는 원칙을 강력히 주장했다.

교황 인장 교서 「거룩한 하나의 교회」

교황 보니파시오 8세가 자신의 인장 교서인 「성직자에게서 평신도를」에 대한 답변으로 프랑스에서 작성된 논쟁적 성격의 글들에 대해 알고 있었는지의 여부는 확실하지 않다. 그러나 교황은 몇 달 후에 필리프 4세 미남왕에게 서신을 보내 자신의 의도가 잘못 해석되었다고 주장하면서 이전에 보냈던 인장 교서의 분명한 의도를 설명했다. 곧이어 (과거 인노첸시오 4세[약 1200-1254, 1243년부터 교황]가 프리드리히 2세[1194-1250]와의 분쟁에서 로마 교황에게 필요하다고 주장했던) '세상 모든 것의 재판관' 역할을 자처하면서, 프랑스와 잉글랜드의 대립 관계에서 심판관 역할을 자처했다. 그의 신정 정치에 대한 확신은 별다른 반대 없이 확산되었다. 보니파시오 8세는 교회의 권력은 영적인 것이며, 판결하고 중재하는 자신의 역할이 의미하는 세속 권력을 확신하며 자신이 양날의 칼을 소유하고 있음을 주장했다. 보니파시오 8세의 중재는 두 군주에 의해 수용되었고, 프랑스에게 명백하게 유리한 '영구적인 평화'의 체결을 지원했다. 이를 계기로 교황은 필리프 4세와의 우호 관계를 모색하면서 성 루이의 성례식(1297년 8월 11일)을 추진했다.

교황의 재판권

1300년의 희년은 보니파시오 8세가 유럽 그리스도교 세계의 확고한 심판자가 되었음을 확신하게 해 주는 커다란 영광을 의미했다. 그러나 프랑스 왕과의 돈독한 관계는 1301년 말에 필리프 4세가 교황의 친구 자격으로 보호받고 있던 수도원장 베르나르 세세Bernard Saisset를 체포하면서 회복 불능 상태로 빠졌다. 보니파시오 8세는 주저 없이 하루 만에 잉글랜드 왕과의 분쟁 발생 시 프랑스 왕과 합의했던 특권들을 중지하겠다는 3개의 인장 교서(「합리적인 원인의 변경Nuper ex rationalibus causis」, 「우리들의 승격에 앞서Ante promotionem nostram」, 「들을지어다, 아들아Ausculta fili」)로 대응하면서 프랑스의 국내 문제에 개입하겠다는 의지를 표명하고, 그리스도교 세계의 군주로서 의무를 다할 것이라는 자신의 의지를 필리프 4세에게 전했다. 이로써 둘의 관계 파기가 불가피해졌다. 필리프 4세는 유능한 관료들의 지원을 받으며 유럽 전역을 대상으로 프랑스 군주국에 유리하고 교황에게 불리한 분위기를 조성하려는 선전 활동에 착수했다. 특히 인장 교서 「들을지어다, 아들아」의 파괴를 지시하고, 이를 위조한 다른 문서를 퍼뜨렸다(「우리는 당신이 알기를 바란다Scire te volumus」). 그는 계속해서 교황에게 보낸 것처럼 조작된 서한에 대한 소문을 확산시켰는데, 내용에 "교황께서도 세속의 일에 있어서는 우리가 그 누구에게도 예속되지 않는다는 사실에 대한 그대의 황당한 착각을 아실 것입니다"라는 구절이 있다. 그리고 마지막 부분에 이르러서는 정치적-제도적 성격의 몇 가지 충격적인 결정을 채택했다. 왕은 1302년 3월에 루브르 정원에서 귀족들과 고위 승려들, 그리고 노가레의 기욤(약 1260-1313)이 참석한 가운데 교황을 이단으로 고발하고 교황을 심판하기 위한 공의회 소집을 요구했다. 같은 해 4월 10일 노트르담 사원에서는 최초로 국민 회의가 개최되었는데, 프랑스 영주들과 성직자들이 충성을 맹세하는 문서를 채택했다. 이단으로 고발된 교황

보니파시오 8세도 공의회를 소집하고 참석자 전원의 동의를 얻어 자신의 신정 정치적이고 정치적인 이론에 대한 가장 확고한 증언으로 여겨졌던 인장 교서 「거룩한 하나의 교회」를 (11월 18일로 추정되는 날에) 낭독하게 했다. 교황은 교회의 신성함과 신적 기원에 대한 절대적인 믿음을 드러내며 (교회를 의인화하면서) 자신이 지상의 모든 권력 위에 군림한다고 확신했다. 하지만 교황은 전권plenitudo potestatis에 대한 절대적 요구와는 별도로 교회의 이중적 성격에 대한 다소 유연한 태도를 견지했다. 그의 신념은 그리스도의 신비한 육신, 그만큼 신적이고 세속적인 성격이 전 인류에 영향을 미쳤다는 사실에 모아졌다. 보니파시오 8세는 전혀 새로운 개념인 그리스도교 세계-교회의 이원론을 극복하는 '신비한 육신'이라는 개념을 도입하여 정치적 인간은 그리스도교인인 만큼 그리스도의 신비한 육신의 일부라고 주장했다.

관계의 단절이 확실하다고 판단한 보니파시오 8세는 오스트리아의 알브레히트 1세Albrecht I(약 1255-1308, 1303년부터 황제)에게 도움을 요청하면서 대가로 프랑스 왕이 제국의 세속권in temporalibus에 속한다는 황제의 권리를 지지했다. 그럼에도 필리프 4세의 저항은 여전히 단호했다. 이번에는 노가레의 기욤과 로마의 콜론나가 인물들이 루브르에 모여 새로운 위원회를 소집하고 이탈리아에서 교황에 대항하여 직접적인 행동에 나섰다. 이들의 집단행동은 1303년 9월 7일에 아나니에서 성취되었다. 무방비 상태에 처한 보니파시오 8세는 교황 법의를 입고 손에 십자가를 든 채 노가레의 기욤의 개입에도 불구하고 시아라 콜론나에게 따귀를 맞고 폭행당했다. 보니파시오 8세는 9월 18일 로마로 끌려와 10월 11일 이곳에서 사망했다. 로마로의 귀환

교회의 권력

보니파시오 8세는 중세 교회의 가장 중요한 인물들 중 한 명이다. 그는 자신이 지상의 모든 영적-세속적인 권력 위에 군림하는 최고의 권력이 속하는 교회의 수장 자격을 수행하기 위해 소명되었다는 숭고한 개념을 지녔다. 타협 없이 강력한 저항에 직면하거나 거짓된 고발, 심지어 아무 근거도 없이 이단으로 비난받을 정도로 모든 수단을 동원하여 자신의 임무를 추진했다.

위대한 법학자로서 자신의 모든 문서를 교서 모음집인 『리베르 섹스투스Liber Sextus』에 수록했고, 서론으로 인장 교서 「신성불가침의Sacrosancte」를 작성했다. 여기서 법의 기원에 관한 가설을 서술했는데, 그가 쓴 글의 대부분과 심지어 신학적-정치적인 내용이 지배적인 글들에서도 법적 관점이 관통하고 있었다. 보니파시오 8세는 세상 모두와 모든 것에 대한 재판권을 요구했다(심판자iudex omnium). 교회의 자유를 위한 그의 행동과 자신의 패권에 대한 확신은 이탈리아(루카, 피사, 오르비에토)와 유럽(프랑스, 잉글랜드, 헝가리, 폴란드, 시칠리아, 독일)에도 영향을 미쳤다. 그럼에도 세상이 바뀌었고, 세속 권력의 유럽이 현실과 동떨어진 자신의 신정 정치적인 이론들을 수용하고 받아들일 수 없다는 것을 이해하지 못했다. 보니파시오 8세가 추진한 신정 정치 이론은 한편으로는 이탈리아와 유럽을 위기로 몰아가고, 다른 한편으로는 제국의 몰락과 새로운 유럽의 세속적 정신의 등장을 촉진시킬 뿐이었다.

| 다음을 참고하라 |
철학 철학자 단테(435쪽); 정치적 성찰(526쪽)
과학과 기술 이탈리아와 유럽의 의학 교육 기관과 대가들(595쪽)
문학과 연극 토디의 자코포네와 종교시(670쪽); 단테 알리기에리(712쪽); 프란체스코 페트라르카(726쪽)
시각예술 권력의 중심지: 성과 자치 도시의 시청사들(904쪽)

아비뇽의 교황청

| 안나 마리아 보치Anna Maria Voci |

1305-1376년의, 교황과 교황청이 프랑스로 옮겨 1309년부터 아비뇽에 머물렀던 교회의 역사는 '아비뇽 유폐'라는 표현으로 정의할 수 있다. 동시대와 이후 시대 인물들은 거의 70년에 해당하는 이 기간을 정의하는 것에 '아비뇽 유폐' 또는 '아비뇽 유수'라는 말을 자주 사용한다. 클레멘스 5세를 제외한 모든 교황이 다른 어떤 군주들보다 프랑스 군주들을 지지했고 교황청에 프랑스 인사의 비중을 높였던 것이 사실이다. 그러나 이는 프랑스 왕들과의 관계에서 근본적으로 자유를 누리고 있었다는 역사적 진실을 이스라엘 민족이 바빌로니아에 의해 잡혀 있을 때와 혼동한 결과다. 어쨌든 교황청의 역사에서 아비뇽에 머물던 기간은 교황이 로마를 벗어나 있었기 때문이 아니라 이탈리아를 벗어나 있던 기간이 지나치게 길었다는 점을 고려할 때, 결코 평범하지 않은 사건이었다.

첫 번째 프랑스인 교황: 클레멘스 5세

아비뇽 교황들의 정책은 다음의 세 가지 목표를 추구했다. 첫째는 그리스도교 세계를 중재하는 역할을 수행하면서 기존에 존재했거나 유럽 이곳저곳에서 발생하고 있는 분쟁을 해결하는 것이었다. 둘째는 십자군, 셋째는 교황령의 실지를 회복하는 일이었다. 이들의 교권 활동은 거주지에서의 성무와 재물 축적 금지, 임무에 대한 반복적인 집착과 더불어 이단과의 투쟁과 종교적 이견, 종교 교단과 성직자들에 대한 개혁과 선교 활동에 초점이 맞추어졌다. 교황들은 아비뇽에 머물던 기간에 개혁을 단행했고, 교황청의 행정 및 사법 조직(교황청 상서국, 교황청 대법원, 교황청 내사원)을 강화하며 교황청의 확대된 조직들을 가동시키고, 유럽 차원에서 교황청의 종교적-정치적 목표를 추진하는 데 필요한 자원을 마련하는 유일한 수단인 세금 증액과 성당 참사회 부서와 직원의 임명권을 교황청에 이양하는 노력을 통해 자선적인 관행 전부를 교황청에 집중했다.

1303년 9월 7일에 시아라 콜론나(?-1329)와 프랑스의 필리프 4세 미남왕(1268-1314, 1285년부터 왕)이 파견한 노가레의 기욤(약 1260-1313)이 교황 개인에게 폭력을 행사한 지 불과 몇 주 후에 보니파시오 8세(약 1235-1303, 1294년부터 교황)가 아나니에서 사망했다. 이를 계기로 교황청과 프랑스 왕국의 관계는 급속히 냉각되었다.

후임 교황 베네딕토 11세(1240-1304, 1303년부터 교황)는 자신의 짧은 재임 기간에 이탈리아 안에서 프랑스의 영향력이 확대되는 것을 우려하여 필리프 4세와 부분적인 화해를 모색하지만 1304년 7월 7일에 페루자에서 사망하고 말았다. 교황 선출 추기경 회의는 무려 11달 동안 계속된 끝에 1305년 6월 5일 결국 추기경들에 대한 프랑스의 강력한 압력으로 페루자가 아니라 파리에 머물고 있던 보르도 대주교 고트의 베르트랑Bertrand de Got을 클레멘스 5세(1260-1314, 1305년부터 교황)의 법명으로 교황으로 선출했다. 1305년 11월 14일에 클레멘스 5세는 필리프 4세가 참석한 가운데 리옹에서 교황으로 임명되었다. 이후 교황은 처음에는 고향인 프랑스 영토 가스코뉴, 1309년부터는 교회에 충성하는 프로방스의 백작들(나폴리 앙주 가문)의 영지 내, 교황청 소유였던 콩타브네생에서 가까운 아비뇽에 머물렀다. 교황청의 진정한 거처가 로마였음에도 새 교황이 프랑스에 머물게 된 이유는 다른 데서 찾을 수 있다. 우선 전임 교황 보니파시오 8세를 이단으로 처벌하는 것, 즉 프랑스 왕에게 사후 처벌post mortem을 포기하도록 설득한다는 헛된 희망을 지적할 수 있다. 어쨌든 신임 교황은 자신의 건강 문제와 로마의 불안한 치안을 내세워 간신히 로마로 돌아가지 않는 것에 성공했다.

클레멘스 5세가 프랑스인 추기경을 9명이나 임명한 관행을 후임 교황들도 답습했다. 클레멘스 6세Clemens VI(1291-1352, 1342년부터 교황)는 자신의 조카와 친척들까지 추기경에 임명했고, 이로 인해 프랑스인들은 오랫동안 추기경 회의의 다수를 차지하며, 교황청이 이탈리아로 돌아가는 것에 반대하면서 교황이 프랑스에 머무는 기간을 연장하려는 정파의 결속을 강화시켜 주었다. 박식하고 훌륭한 교회법학자지만 허약한 성격이었던 클레멘스 6세는 빈 공의회에서 거짓되고 불명예스러운 고발을 통해, 템플 수도회를 심하게 박해하고 아예 폐지하려는 필리프 4세의 주장에 동의함으로써 다시금 왕의 의지에 굴복했다(1311-1312). 독일 왕 하인리히 7세Heinrich VII(약 1278-1313, 1308년부터 왕, 1312년부터 황제, 프리드리히 2세의 아들을 고려하여 '하인리히 8세'라고도 함*)가 로마로 향하면서 이탈리아에서 발생한 소요와 이후의 질병은 그가 아비뇽에 머물 수밖에 없게 만들었다.

추기경 회의의 다수

국제 정치의 중심으로

클레멘스 5세는 아비뇽에 있는 도미니쿠스회 소속의 한 수도원에 거처를 마련했다.

6명의 후임 교황들도 아비뇽에 머물렀다. 오랜 기간 치열하게 전개된 교황 선출 추기경 회의에서 마침내 후임자로 선출된 요한 22세Joannes XXII(약 1245-1334, 1316년부터 교황)는 (아비뇽 시내에 위치하며 주교 시절 거처했던) 주교 저택을 확장하고 내부를 새롭게 단장한 후 머물렀다. 그는 거만하고 의지가 강하며 의욕적이고 금욕적이며 또 성스러움을 추구했지만 자신의 종교적 목표를 추구함에서는 잔혹하고 비타협적이며 고집불통의 성격을 드러냈다. 훌륭한 교회법 학자이자 행정의 귀재기도 했다. 루트비히 4세(약 1281-1347, 1314년부터 왕, 1328년부터 황제)와 오스트리아 합스부르크 가문의 프리드리히 미남왕Friedrich der Schöne(1286-1330) 사이에서 독일 왕위를 둘러싼 불협화음이 발생하자 그는 왕 선출 승인권과 (교황청이 교황파-프랑스의 주도권을 세우려 노력하던 이탈리아에서) '황제의 대리자' 지위를 요구했다. 교황은 상대보다 우월한 입장을 이용하여 자신의 주장이 합법적이지 않다는 견해를 피력한 루트비히 4세에 맞대응하면서 1324년에 그를 파문하고 폐위시켰다. 이에 루트비히 4세는 공의회를 소집한 다음 예수와 그 제자들의 절대 빈곤 문제와 관련하여 프란체스코회와 프라티첼리의 영성 운동 확신에 반대하던 교황의 입장을 트집 잡아 교황을 이단으로 고발했다. 이는 당대의 주요 지식인들이 참가한 적극적인 선전 활동을 통해 드러난 제국imperium과 교회sacerdotium의 마지막 충돌이었다.

1327년에 루트비히 4세는 로마로 내려와 시아라 콜론나로 하여금 자신을 황제로 등극하게 만든 직후 요한 22세를 폐위시키고 대립 교황 니콜라오 5세(1260-1333, 1328-1330년에 대립 교황)를 선출했으나 그는 1330년에 아비뇽의 교황에 스스로 머리를 숙였다. 마지막 순간까지 독일 왕권에 간섭하고 미래의 심각한 반란과 더불어 레노Reno 강 동부의 모든 지역에서 교회의 특권에 심각한 손상을 입힌 요한 22세의 비타협적인 태도 때문에 분쟁은 그가 죽을 때까지 계속되었다. 그리스도교계가 최고 세속 권력과 극단적으로 대치하던 상황에서 교황의 아비뇽 거처는 교황령의 그 어떤 장소보다, 심지어 로마 이상의 확실한 안전을 제공했다. 그럼에도 요한 22세의 재임 동안 교황들의 아비뇽 거처는 임시적인 성격에 머물렀다. 재임 마지막 기간에 그는 이탈리아로 돌아갈 계획을 구체적으로 마련했다. 안전이 확실치 않다고 여겨지는 로마가 아니더라도, 적어도 볼로냐로 교황청을 옮기려 했으나 교황파와 황제파 모두의 반대로 실현되지 못했다. 후임 교황 베네딕토 12세Benedictus XII(1280/1285-1342, 1334년부터 교황)는 짧은 시간 내에 이탈리아로 돌아가는 것은 불가능하다고

대립 교황 니콜라오 5세

판단했기에 아비뇽 주교좌를 확장하고, 이곳을 후임 교황들과 여러 교황청 조직의 집무를 위한 장기 거처로 삼으려 했다.

교황으로 선출되기 이전의 베네딕토 12세는 시토 수도회 소속의 금욕적이고 성스러운 면모를 지닌 인물이었다. 그리고 교황 재임 동안 그의 주된 활동은 여러 교단을 개혁하는 것이었다(시토 수도회와 베네딕투스 수도회). 또한 후임 교황들인 클레멘스 6세와 인노첸시오 6세Innocentius VI(?-1362, 1352년부터 교황)도 노력했던 것처럼 교황청과 루트비히 4세의 분쟁을 종식시키려 했다. 그러나 발루아 왕조의 필리프 6세 Philippe VI(1293-1350, 1328년부터 왕)의 반대로 실현하지 못했으며, 프란체스코회와 프라티첼리들과도 껄끄러운 관계에 직면했다.

그의 후임이자 전통적인 베네딕투스회 수도사였던 클레멘스 6세는 뛰어난 설교가이자 신학자였지만 목자보다는 정치적 자질이 확실한 인물이었다. 열정적인 성격에 외교 능력도 지니고 있었으며, 관대하면서도 원대한 포부를 바탕으로 예술과 인문 분야에 후원 활동을 전개했다. 1348년에는 나폴리의 여왕 조반나 1세Giovanna I(1326-1382, 134-1381년에 여왕)에게 아비뇽을 구입하고, 기존의 교황 저택을 증축하고 새롭게 단장했다. 이제 아비뇽의 교황 저택은 매우 거대한 건물이 되었으며 문학가들과 예술가들의 관심을 집중시켰다. 또한 지속적으로 확대 중이던 행정 업무를 모두 수용할 만큼 훌륭한 궁전으로 거듭났다. 그러나 그는 전임자들 중 몇몇이 분쟁 시 자처했던 중재자 역할을 감당하지 못했다. 특히 1337년에 시작된 프랑스와 잉글랜드의 전쟁을 종식시키기 위한 중재에 실패했다. 클레멘스 6세는 루트비히 4세와의 불편한 관계에 집착했다. 루트비히 4세에 대한 선전 포고를 다시 한 번 반복한 후 1346년에 룩셈부르크 가문의 카를 4세(1316-1378, 1355년부터 황제)가 독일의 새 왕으로 선출될 수 있도록 지원했고, 그 결과 카를 4세가 루트비히 4세를 압도했다. 그러나 루트비히는 이듬해에 사망했다. 그리고 1347년 12월에는 로마로부터 추방된 귀족들의 도움으로 몇 달 전 쿠데타를 일으켜 자치 도시 로마의 행정을 장악했던 리엔초의 콜라(약 1313-1354)를 도시에서 추방시키는 데 성공했다. 클레멘스 6세는 과거 보니파시오 8세가 1백 년 주기로 했던 희년 주기를 50년으로 축소시켰고, 1350년에는 두 번째 희년jubilaeum anni sancti을 선포했다.

로마 귀환

아비뇽 교황청에는 인노첸시오 6세, 우르바노 5세Urbanus V(약 1310-1370, 1362년부터 교황), 그레고리오 11세(1329-1378, 1370년부터 교황)가 거처했다. 인노첸시오 6세는 강인하고 소박하며 개혁적인 성품이었지만 문벌주의를 탈피하지 못했으며 무엇보다 자국 인물을 선호했다. 그는 카를 4세와 우호 관계를 유지하며 1355년에는 로마로 내려와 자신의 대리인으로 하여금 카를 4세를 황제로 추대하게 했다. 카를 4세가 독일의 왕 선출 방식을 재조정하기 위해 선포한 인장 교서에서 독일 왕의 선출을 승인했다. 이탈리아에서 황제를 대리하는 총독의 임명에 대한 교황의 권리를 언급하지 않았다는 것에서도 알 수 있듯, 그는 이의를 제기하지 않았다. 반면 잉글랜드와 프랑스 사이의 백년전쟁에서는 전쟁 당사국들을 중재하여 브레티니Brétigny 평화 조약(1360)을 성사시켰다.

교황청과 프랑스의 관계는 교황이 프랑스 영토에 머무는 기간이 길어짐에 따라 긴밀해졌다. 프랑스의 군주들은 교황청을 계속 프랑스에 두고자 모든 노력을 기울이며 교황들의 거처의 안전을 보장하는 것은 물론 세속적-정신적 목표를 추진하는 일에 있어서도 교황청이 필요로 하는 정치적 지원을 아끼지 않았다. 그럼에도 교황은 원래 거처인 로마로 돌아가려는 생각을 포기하지 않았다. 요한 22세의 계획이 실패로 돌아간 이후인 1353년부터 인노첸시오 6세는 추기경 에지디오 알보르노즈(1310-1367)에게 수십 년 전에 상실한 로마 수복 임무를 위임했다. 알보르노즈 추기경은 1357년부터 이듬해인 1358년까지 수복한 영토를 대상으로 하여 통일적이고 권력이 집중된 행정 활동을 위한 법률적 근거를 제공하는 『에지디우스 법령집』을 재정함으로써 자신의 임무를 완수했다. 이로써 정치적 안전 상황에서 교황이 로마로 귀환할 수 있는 여지가 마련되었다. 교황령 영토의 수복

로마로의 귀환은 우르바노 5세가 추진했다. 원래 베네딕투스회 수도승이었던 그는 정직하고 순수하며 성스러운 성품으로 아비뇽 교황들 중 최고의 인물로 평가받는다. 또한 교회 개혁에 관한 원대한 뜻을 가지고 과학과 대학을 장려하는 일에도 노력했다. 그가 로마로 귀환하는 데에는 이탈리아적 정서와 기억에 고무된 유명 지식인들의 인문적 암시와 당대의 정신적 흐름도 작용했다. 다른 한편으로는 1360년대에 들어 초반의 로마로 귀화하려는 의지가 구체화되었으며, 국제 상황도 이 흐름을 촉진시키는 계기로 작용했다. 프랑스 군주국은 수십 년 전부터 잉글랜드와의 백년

전쟁으로 약화되는 중이었고, 1360년에 브레티니 평화 조약이 체결됨에 따라 해고된 용병들의 지속적인 공격을 받음으로써 더 이상 안전하지도 않았기에 이것이 공격에 방어할 수도 없는 거처로 전락한 아비뇽에 대한 압력을 경감시키는 계기로 작용했다. 우르바노 5세는 프랑스 왕의 저항에도 추기경들과 1367년 4월 30일에 아비뇽을 출발하여 1367년 10월 16일 로마에 입성했다. 1369년 10월 18일에는 로마 교황청에서 동로마 제국 황제 요한네스 5세 팔라이올로고스(1332-1391, 1341-1376년에 황제, 1379년부터 왕)를 영접했다. 하지만 이는 서방 가톨릭 교회와 동로마 교회의 공식 만남으로 발전하지는 못했다. 그래도 교황은 로마에서의 지속적인 소요, 페루자의 반란, 밀라노 군주인 베르나보 비스콘티Bernabò Visconti(1323-1385)의 노골적인 적대감, 그리고 프랑스와 잉글랜드 사이에서 재개된 분쟁을 중재할 목적으로 1370년 9월에 3년이 조금 못 되는 기간 동안의 로마 체류를 마감하고 다시 아비뇽으로 돌아왔으며 얼마 후인 1370년 12월 9일에 죽음을 맞이했다.

우르바노 5세의 노력은 뛰어난 교회법 전문가며 성스럽고 순수한 성격의 그레고리오 11세가 계승했다. 새로운 교황은 프랑스와 잉글랜드의 전쟁을 종식시키려 했지만 성공하지 못했다. 우르바노 5세가 아비뇽으로 돌아온 것은 이탈리아에서 프랑스 교황청에 반대하는 정서가 확산되는 계기를 제공했다. 1375년에 피렌체 주도로 프랑스 교황청에 반대하는 집회가 열렸는데, 이는 그레고리오 11세가 로마로 돌아오지 않을 경우 교회 분열의 조짐, 즉 이탈리아인 교황 선출로 이어질 것이라는 위협으로 작용했다. 더불어 시에나의 가타리나Sancta Catharina Senensis(1347-1380)의 위압적인 요구에 고무된 교황은 아비뇽을 떠날 것을 결정하고, 1376년 9월 13일에 아비뇽을 떠나 로마로의 긴 여행 끝에 이듬해인 1월 17일 로마에 입성했다. 반면 추기경 제네바의 로베르토Roberto(1342-1394, 1378년부터 '클레멘스 7세'의 법명으로 대립 교황)는 이탈리아 중북부 지역에서 발생한 봉기들을 무력으로 진압했다. 이 사건은 알프스 이북 지역에 대한 이탈리아인들의 적대 정서를 키우는 것은 물론 이듬해 그레고리오 11세의 후임으로 우르바노 6세(약 1318-1389, 1378년부터 교황)를 선출하는 데 협력하게 만들었다. 이를 계기로 몇 달 후에는 서양의 교회 대분열을 위한 서막이 시작되었다.

교회 분열의 범주

| **다음을 참고하라** |
역사 교회 대분열(63쪽)
문학과 연극 프란체스코 페트라르카(726쪽)
시각예술 교황의 도시들: 로마와 아비뇽(907쪽)

교회 대분열

| 마르첼라 라이올라Marcella Raiola |

14-15세기의 로마 교회는 사실상 무정부주의에 빠져든 보편주의와 빠르게 확산되고 있던 '국민' 군주국으로의 전환 사이에서, 그리고 정치적-외교적 활동 강화와 (복음주의적 청빈을 앞세운 비극적이면서 동시에 관용적인) 노력 사이에서 방황했다. 그에 앞서 1379년의 교회 대분열은 유럽과 서방 교회를 르네상스 시대로 이어 줄 정신적-제도적 위기 신호였다.

보편주의의 몰락

12-13세기에 권력의 보편주의적 개념에 국민 군주국의 개념이 보태졌다. 이와 같은 성향은 이후에 제국과 교황청이라는 두 보편 권력이 쇠퇴하면서 한층 강화되었다. 1302년에 교황 보니파시오 8세(약 1235-1303, 1294년부터 교황)가 세속 권력이 종교 권력에 복속되는 것이 자연스러운 것이라 주장하며 교황 교서 「거룩한 하나의 교회」를 공표한 이후, 프랑스의 필리프 4세 미남왕(1268-1314, 1285년부터 왕)이 통치하는 프랑스 군주국과의 긴장 수위는 교황청이 프로방스 지역의 아비뇽으로 옮기게 된 계기인 아나니의 능욕이 발생하면서 최고조에 도달했다(1309). 교황청이 프랑스 영토에 장기간 머물게 된 것을 '아비뇽 유폐'라고 부르는 것은 이 사건을 (프랑스가 교황을 거의 인질이나 다름없는 상태로 보호 조치하는) 정치적 행위로 인식하던 당대 지식인들(대표적으로 단테)의 판단에 신빙성을 부여하고 또 신뢰하게 만들었다. 아비뇽 유폐

아비뇽 유폐 기간 중의 교황들은 사실상 모두 프랑스인이었다. 역설적이게도 이 시대의 교회는 귀족 가문들과 지방 및 개인들의 교회들로부터 권력을 빼앗고 주교와 수도원 고위직의 임명권을 교황에게 집중시키면서 자신들의 조직을 점진적으로 개

편했다. 이는 수도원 사제회와 주교들이 항상 자신들의 사법권에 복속시키려 했던 재산을 이제는 아예 빼앗으려 했음을 의미했다. 교황청 상서국과 교황청 궁무처는 유럽에서 가장 기능적이고 관료적인 재정 기구를 조직했고, 관료 부서들의 직위 매매를 문서로 작성하거나 직위 이전을 공증(이를 위해서는 공증인, 약어문 작성인, 궁무위원들이 필요하다)할 목적으로 많은 문서를 생산했다.

청빈 운동의 압력과 교회 분열의 시작

아비뇽 교황청의 적극적인 정치적-외교적 활동은 그리스도교 세계(시에나의 가타리나)와 문화계의 저명인사들(단테, 콜루초 살루타티Coluccio Salutati[1331-1406])이 반복적으로 추진했던 교회의 정신적 개혁에 대한 요구를 잠재우고 있었다. 복음 청빈주의로의 회귀를 주장하는 설교를 통해 추진된 운동은 심각한 타격을 입었다. 1260년에 게라르도 세가렐리Gherardo Segarelli(?-1300)가 설립한 사도 형제파ordo Apostolorum는 교회가 이단으로 여겨 탄압했던 개혁 운동 중 가장 오래 지속된 단체였다.

돌치노 수사와 청빈주의

교황 클레멘스 5세에 의해 1307년 산 채로 화형당한 설립자의 죽음 이후에 새로운 지도자로 등장한 돌치노 수사Fra' Dolcino는 진정한 신화 창조의 주인공이라 할 수 있을 것이다. 초기 교회의 자비로운 정신을 회복시키는 정화 행위에 대한 요구는 교황청을 다시 로마로 옮겨 간 후 효율적으로 새로운 변화를 추진하려는 열망을 가져왔다. 우르바노 5세(약 1310-1370, 1362년부터 교황)는 1367년 다시금 로마에 첫 발을 디딘 교황이었지만, 최종적으로 교황청을 로마로 옮긴 인물은 그레고리오 11세(1329-1378, 1370년부터 교황)다. 그러나 그의 사망 후 프랑스인들이 선호하는 교황이 선출되었고, 이로 인한 위협을 우려한 로마인들은 광장에 모여서 "로마인들은 이탈리아인 교황을 원한다!Romano lo volemo o almanco (almeno) italiano!"는 구호를 외쳤다. 이러한 분위기에서 바리Bari 대주교이자 불안정한 성격의 바르톨로메오 프리냐노Bartolomeo Prignano가 우르바노 6세(약 1320-1389, 1378년부터 교황)의 법명으로 교황에 선출되었다. 하지만 교회를 신자들의 공동체universitas fidelium에 대한 의지의 적법하고 '민주적'이고 진정한 보장책이며, 동시에 실행의 주체로서 (폰디Fondi로 칩거한 주교 회의와 동일시되는 공회 우월주의 이론이 확산되면서 새로운 권위로 무장한) 추기경 회의는 5개월 전 선출된 교황을 폐위시키고 추기경이었던 로베르토를 클레멘스 7세(1342-1394, 1378년부터 대립 교황)의 법명으로 교황으로 추대하면서, 1379년에는 아비농에 거처마저 마련했다. 이로써 합법적으로 선출된 2명의 교황, 2개의 독립적인 교회 조직, 2곳의 교황청, 신자들을 위한 동일한 2개의 권위가 공존을 시작했다.

분열의 종식과 공회 우월주의

다른 시대였다면 교회는 중복 교황 선출로 빠르게 붕괴되었을 것이다. 그러나 각자 다른 교황과 결탁한 유럽 궁정들의 정치적-경제적 이해관계는 정상 상태로의 복귀를 저해했다. 심지어 나폴리 왕국에서는 클레멘스 7세를 지지하는 여왕 조반나 1세(1326-1382, 1343-1381년에 여왕)와 우르바노 6세를 지지하는 민중 사이에 이견이 발생하기도 했다. 분열은 1417년까지 지속되었다. 한 측의 교황 직위가 공석일 때마다 새로운 교황 선출은 교회의 음란함을 고발하는 심각한 이단 추문을 동반했다. 대부분의 경우 위계질서를 초월하는 정신, 소위 그리스도의 사례를 모방한 새로운 정신의 탄생을 예고했다. 대표적인 것이 유럽 북부 전 지역에 확산되었으며 토마스 아 켐피스Thomas à Kempis(약 1380-1471)의 『그리스도를 본받아Imitatio Christi』(준주성범)를 통해 성문화된 '새신심운동'이라는 네덜란드 운동이다.

1409년에는 추문과 교회 대분열로 인한 도덕적-정치적 혼란이 더해지면서 피사에서 열린 공의회에서 두 교황을 이단으로 간주하며 밀라노 대주교를 제3의 교황인 알렉산데르 5세Alexander V(약 1340-1410, 1409년부터 대립 교황)로 선출했다. 하지만 기존의 두 교황인 그레고리오 12세Gregorius XII(약 1325-1417, 1406-1415년에 교황)와 베네딕토 13세Benedictus XIII(1329-1422, 1394-1417년에 대립 교황)가 인정하지 않았다. 그 결과 무려 3명의 교황이 난립하는 상황이 전개되었다. 위기의 해답은 신학자들과 교회법 학자들이 열렬히 지지한 공의회의 결정에 위임되었다. 1415년에 콘스탄츠에 모인 신부들은 공의회의 우월론을 지지하는 자들의 지원으로 「헥 상타Haec Sancta」라는 문서를 작성했다. 이에 따르면 보편 공의회는 그리스도로부터 직접적으로 권력을 받으며, 이를 교황을 포함한 신자들 모두에 행사해야 했다. 독일의 왕과 함께 콘스탄츠 공의회를 지지하던 교황 요한 23세Joannes XXIII(약 1370-1419, 1410-1415년에 대립 교황)는 베네딕토 13세와 마찬가지로 폐위된 반면에 그레고리오 12세는 자진해 물러났다. 그리고 교황 선출 회의가 시작된 지 며칠 만에 마르티노 5세Martinus V(1368-1431, 1417년부터 교황)가 새 교황으로 선출되었다.

교황 비오 2세의 교황 칙서 「교황은 교회를 의미한다il papa ecclesiam significans」

강력한 세속적 수위권을 가진 공의회는 교회의 개혁에 관한 주제도 다루려 했을 것이다. 하지만 이러한 의도로 한계와 더불어 성당 참사회와 유사한 부속 교회들이 누리던 특권의 불합리에 봉착했다. 마르티노 5세는 5년 후(프레퀜스Frequens 법령, 1417)와 7년 후에 공의회를 소집했다. 특히 베드로 세습령patrimonium Petri(교황령*)의 재산 운영과 관련하여 자신의 권력이 축소되는 상황에 직면했다. 바실레아에서 공의회가 개최되는 동안 새로이 선출된 교황 에우제니오 4세Eugenius IV(1383-1447, 1431년부터 교황)는 신학자들과 고위 성직자들이 참석한 가운데 서방 교회와 동방 교회의 재통일이 이루어질 수도 있었던 이탈리아로 공의회 장소를 옮기도록 지시했다. 하지만 공의회에 참석한 주교들은 바실레아에 머무르면서 얼마 전부터 은둔 중인 전前 사보이아 공작 아메데오를 펠리체 5세(1383-1451, 1440년부터 대립 교황)의 법명으로 새로운 대립 교황으로 추대했다. 그럼에도 새로운 교회 대분열은 이전의 중요성에 미치지 못했는데, 주교들이 개혁을 위한 공동 노선을 구축하지 못한 채 로마 교황인 니콜라오 5세Nicolaus V(1397-1455, 1447년부터 교황)가 부과한 규율에 굴복한 것이 이유였다. 게다가 유럽의 궁정들은 교회 권력의 통합을 지지하면서 교황의 수직적인 상하 관계를 간접적으로나마 자극했다. 여기에 민감한 경제적 이해관계와 권력 가문의 특권이 크게 작용했다. 교황이 군주들에게 하급 성직자를 임명하는 권리를 위임하는 것을 수용했다면 교회 재산에는 세금이 부과되지 않았을 것이다. 유럽 군주국들은 로마가 단일 창구가 되기를 바랐다. 이 가운데 교황은 공의회의 우월주의에 대항하여 문화적 공세를 취했다. 그리고 1460년에 교황 비오 2세Pius II의 칙서 「엑세크라빌리스Execrabilis」('가증스러운'이라는 뜻으로 교회의 지상권을 주장하는 교서다*)를 통해 공식적으로 추기경 회의의 주장을 일축하면서, 이론적으로나마 실제적인 차원에서 자신의 군주권을 회복했다. 「엑세크라빌리스」는 공의회를 자문 기구로 격하하면서 교황에게 그리스도교 세계 최고의 지위와 우선적 역할을 반환했다. 하지만 얼마 있지 않아 문벌주의 현상이 나타났는데, 이는 각 교황의 가문과 이들의 사적 권력을 더욱 강화시켰다(로베레Rovere 가문의 교황 식스토 4세Sixtus IV[1414-1484, 1471년부터 교황]는 추기경-조카의 전형을 제도권으로 끌어들이며 6명의 조카와 인척을 추기경으로 임명했다).

| 다음을 참고하라 |
역사 아비뇽의 교황청(57쪽)
시각예술 교황의 도시들: 로마와 아비뇽(907쪽)

선거 제후국과 합스부르크 왕가

| 카티아 디 지롤라모 |

합스부르크 가문의 장자가 제국의 황제로 등극하면서 독일 제후국은 이후 두 세기를 거치면서 1356년의 인장 교서로 법적 정의를 확보하게 된 전통적인 선거 원칙에 지배당했다. 이로 인해 합스부르크 가문은 짧은 기간이나마 제국을 통치했다. 한 세기 반이란 시간이 지나는 동안 오스트리아의 공작들은 느리지만 지속적인 저항을 전개하며 제국의 통치권 회복에 강력한 수단으로 작용하게 될 영토 확장에 노력했다.

독일 제후국을 위한 선거 원칙의 명분과 결과

카롤링거 이후의 시대에 제국의 영내에서는 이미 선거 제후국의 관습이 확립되었다. 이는 13세기에 제도화 기간을 거친 후, 1356년에 인장 교서를 통해 공식화되었다. 이에 따르면 독일의 왕과 신성로마 제국Sacrum Imperium의 황제는 4명의 세속 군주(라인팔츠 공작, 작센 공작, 브란덴부르크 변경백작, 1257년부터 보헤미아 왕)와 3명의 성직자(트리어, 마인츠, 쾰른 대주교 대선거인단)이 선출한다.

이러한 의미에서 제국의 변천에는 수많은 요인이 작용했다. 로마 교황청으로부터 임명권을 빼앗아 이를 독일 고유의 권리로 만들려는 의지가 작용한 것이었다. 결과적으로 (무력 충돌에도 불구하고) 초기에 정착 능력을 발휘했던 여러 왕조의 몰락이 없었던 것은 아니다(10-11세기에 작센 가문, 12세기 초반에 슈바벤 가문). 하지만 독일, 이탈리아 같은 신성로마 제국의 영토에서는 정치적 자주독립주의(또는 정치적 배타주의)가 결정적인 역할을 했다. 이러한 경향은 도시 주변 지역인 콘타도로 자신들의 사법권을 확대하면서 정치적 복속의 압력에 저항하기 위해 협력했던 이탈리아 자치 도시들의 사례에서 잘 드러났다. 이들은 제국의 정치가 혼란에 빠진 상황에서 세력을 강화했으며, 이탈리아 원정 당시 신성로마 제국의 재산과 권리에 대한 침해를 의미하는 권리, 면책 특권과 다른 특권들을 대가로 지원을 보장받기 위해 노력하거나 자신들의 자치권 축소를 감수했던 독일 대귀족의 자치적인 성향에서 가장 여실히 드러났다.

그것의 복합적인 결과는 13세기부터 분명하게 나타났다. 제국은 군주의 이미지를 정점으로 하는 권력 구조라기보다는 이중적 유형의 조직이며, 이를 통해 대귀족들은 자신들의 영토에 실질적인 권력을 행사했던 반면 황제들은 사법적-정치적인 성격보다는 도덕적-제도적인 성격의 실체였다.

제국의 균형

체제의 극단들 간에 형성된 균형과 황제들이 자신의 공식적인 우월권을 유지하는 것의 다소 본질적인 특징은 실제로는 당대의 우발적인 상황들과 연결되어 있었다. 그중 가장 먼저 지적할 수 있는 요인은 독일의 사정과 관련 있는 비독일권 세력들인 교황청, 이탈리아의 자치 도시들, 서유럽의 다른 군주국들, 동유럽의 주민들, 비잔티움 제국과 이슬람 세력들과의 균형이었다.

'제위 공백 기간'으로부터 합스부르크 가문의 루돌프 1세까지

제국의 명백한 허약성을 보여 주는 순간은 슈바벤의 콘라트 4세(1228-1254, 1237년부터 왕)가 사망한 이후 발생한 소위 정치적 '제위의 공백 기간'이었다. 1254-1273년에 독일 왕위는 공석이었다. 그리고 제국의 변방 지역을 세력권으로 하는 부차 세력들 사이에서 왕위 계승을 둘러싼 투쟁이 벌어졌으며, 어쩌면 여러 군주국의 권력 균형을 침식할 정도는 아니었다는 이유로 그것이 용이했을지도 모른다.

제위 공백 기간을 종식시킨 인물은 합스부르크가의 네 번째 백작이며, 독일의 왕이자 1273년부터 로마인들의 왕Rex Romanorum으로 등극하는 루돌프 1세(1218-1291)다. 그의 특권은 초기에는 이전과 크게 다르지 않아 보였다.

루돌프 1세는 취리히 근교의 하비히츠부르크Habichtsburg 성에서 그 명칭을 따왔으며, 10세기에 처음 등장한 이후 11세기 후반 백작령으로 발전한 합스부르크 왕조에 속한 인물이다. 12-13세기에 합스부르크가의 초기 백작들은 자신들의 권위를 취리히로 또 스위스와 알자스Alsace 주변 지역으로 확대하는 데 노력했다. 하지만 가문의 진정한 번영은 초기에도 제위 공백 기간에도 독일 군주들 사이에서 자신의 지배력과 중요성을 확대하기 위해 호엔슈타우펜 가문에 충성을 맹세한 루돌프 1세의 등장으로 시작되었다.

루돌프는 교황 인노첸시오 4세(약 1200-1254, 1243년부터 교황)의 파문과 (카스티야의 알폰소 10세 현명왕Alfonso X el Sabio[1221-1284, 1252년부터 왕]을 지지하면서 그에게 자신은 물론 선출권을 가진 대성직자들의 지지를 약속한) 교황 그레고리오 10세(약 1210-1276, 1271년부터 교황)에 굴복하는 사건으로 말미암아 뒤늦게 제국의 제위 경쟁에 합류했다. 물론 왕의 임명에는 그만한 대가가 따랐다. 루돌프 1세는 과거 제국이 교황령과 마찰을 불사하면서까지 추구했던 목표들을 포기해야 했고, 이에 따라 그가 가장 먼저 취한 조치는 독일 왕권과 이탈리아 왕권을 통일하려던 노력을 중단한 것과 시칠리아 왕국에 대한 자신의 권리를 더 이상 주장하지 않은 것이었다. 제국의 권위에 근접한 대귀족의 구성원들에게 항상 그러했듯이 루돌프 1세도 제위 공백 기간에 찬탈되었던 제국 영토의 회복과 지역 간의 평화 협정 체결들을 발판으로 왕조의 재력을 키우는 일에 전력을 기울였다.

이러한 관점에서 매우 중요한 결과가 도출되었다. 루돌프 1세는 오스트리아 최초로 왕국을 설립한 바 있는 바벤베르크Babenberg 왕조의 대가 끊긴 것과 제위 공백 기간의 무질서를 틈타 오스트리아, 슈타이어마르크, 크란스카, 그리고 케른텐을 점령했던 보헤미아 왕 오타카르 2세Otakar II(약 1233-1278)와 전쟁을 벌였다. 그리고 뒤른크루트Dürnkrut 전투(1278)에서 승리한 후에는 보헤미아의 왕위를 오타카르 2세의 아들인 바츨라프 2세Václav II(1271-1305, 1278년부터 왕)에게 양도했다. 하지만 오스트리아의 영토는 자신의 아들들에게 나누어 주었다. 이후에도 유사한 성공을 거두지만 그 결과는 오래가지 않았다. 결국 루돌프 1세는 소기의 성과들을 튀링겐, 사보이아, 부르고뉴로 합병했다.

합스부르크 가문의 행운

알브레히트 1세: 제국의 황제권 상실과 왕조 확장의 문제점

루돌프 1세의 장남 알브레히트 1세(약 1255-1308, 1298년부터 왕)는 부친의 왕권을 바로 이어받지 못했다. 그는 1298년에 선거 제후들이 선출한 나사우의 아돌프(약 1250-1298, 1292년부터 왕)를 패배시킨 후에야 비로소 왕이 되었다. 1303년에서야 제국 황제권을 장악하지만 이탈리아에서 제국의 영향력을 제한받는 조건으로 보니파시오 8세(약 1235-1303, 1294년부터 교황)의 승인을 받는 데 성공했다. 이후에도 알브레히트 1세의 황제 임명에 대한 승인은 수많은 반목을 동반했다. 예를 들어 튀링겐과 다른 독일 지역들에서 귀족들의 반란에 직면했고, 1308년에는 결국 자신의 권리를 부정하던 조카에게 살해당했다. 그 결과 왕조는 한 세기 이상이란 장기간 동안 계승자를 배출하지 못하게 되었다.

알브레히트 1세의 통치 기간에 합스부르크 가문의 권력 확대와 관련된 여러 문제 중 하나가 쟁점으로 부각되었는데, 오토 황제의 통치 기간에 제국의 권위에 복속되었던 보헤미아 왕국에 관한 문제가 그것이다. 1306년에 프르제미슬로브치 왕조에 속한 바츨라프 2세의 사망으로 보헤미아의 왕위가 공석이 되자 알브레히트 1세는 장남 루돌프를 바츨라프 2세의 미망인과 혼인시켜 왕위를 차지했다. 그러나 얼마 후 루돌프가 사망했고 자신도 죽음을 맞이했다. 새 황제로 선출된 하인리히 7세(약 1278-1313, 1312년부터 황제)는 보헤미아의 왕위를 아들 보헤미아의 요한(1296-1346)에게 넘겨주었으나 13세기 후반부터 보헤미아 왕국에서 게르만에 동화되는 것에 관한 저항 조짐이 나타나면서 진정한 의미의 자치를 주장하는 목소리도 커져 갔다. 이는 15세기 전반에 합스부르크 가문이 제국을 되찾은 후에도, 그리고 1526년에 보헤미아 왕국이 자신의 상속권을 공고히 한 이후에도 지속되었다.

보헤미아의 왕위 양도

14세기 오스트리아의 공국들

하인리히 7세의 사망 이후 알브레히트 1세의 둘째 아들 프리드리히 미남왕(1286-1330)은 아비뇽 교황과의 투쟁과 이탈리아 친교황파와의 대결로 지위가 약화되어 있던 루트비히 4세(약 1281-1347, 1314년부터 독일의 왕, 1328년부터 황제)와 장기간 투쟁을 전개했다. 두 세력의 분쟁은 1313년 루트비히 4세가 황제로 등극하기 이전부터 시작되었으며, 1322년에 프리드리히의 패배로 끝났다. 대립 교황의 몰락에 즈음하여 루트비히 4세가 적대 세력과 화해하면서 프리드리히 미남왕을 제국의 협력자로 공표하자, 후자는 이에 굴복하여 오스트리아 지배에 자족했다. 반면에 루트비히 4세의 외사촌으로 왕조 계보에서 복잡다단한 변화의 중심에 있던 또 다른 계보인 스위스 가문을 대표하는 하인리히 7세에 의해 공작의 권위에 오른 레오폴트 1세Leopold I(약 1290-1326)는 루트비히 4세와의 협정에 동의하지 않았다.

스위스를 향한 합스부르크 가문의 확장은 13세기 후반에 시작된 바 있으며, 1291년에는 슈비츠Schwyz, 우리Uri, 운터발덴Unterwalden의 공동 방어를 위한 연방 기구의 필요성을 구체화시키는 원인으로 작용했다. 레오폴트 1세는 1315년에 이들로부터 패배당했다. 그 결과 이들에 대한 루트비히 4세의 자치권 인정은 후에 루체른(1332),

취리히(1351), 베른(1353)이 추가로 가담한 스위스 동맹을 더욱 강화시키는 결과를 가져왔다.

스위스를 국가 형태로 만들기 위해 노력한 합스부르크가의 알브레히트 2세Albrecht II(약 1298-1358)는 알브레히트 1세의 여러 자식 중 넷째 아들이었으나 가문의 전권을 물려받았다. 또한 1351-1355년에 스위스 연방과 대립하면서 몇 개의 주를 자신에게 복속시키는 데 성공했다. 그러나 대결 상황은 종식 기미를 보이지 않았으며 그의 자식들이 공국의 지배자로 있던 기간인 1386-1388년에 두 차례의 심각한 패배를 당했고, 스위스 군인-산악인의 명성이 전 유럽에 확산되는 계기를 제공했다.

그동안 알브레히트 2세의 아들인 루돌프 4세Rodolf IV(1339-1365), 알브레히트 3세Albrecht III(약 1349-1395), 레오폴트 3세Leopold III(1351-1386)가 성인으로 성장했고, 이들을 통해 과거 수많은 역경에 고전했던 왕조는 비로소 전성기를 맞이했다.

1363년에 루돌프 4세는 티롤Tirol을 장악하고 룩셈부르크 왕조와 앙주 가문이 협정을 체결함에 따라 합스부르크 왕조를 보헤미아와 헝가리의 왕위 계승권 후보에 올려놓았는데, 그 결실은 14세기 말에 얻어졌다. 루돌프 4세가 죽자 형제들은 공국에 대한 공동 통치라는 모양새를 형성했지만 1379년의 노이베르크Neuberg 협정을 계기로 하여 이후 60여 년간 알브레히트 가문은 합스부르크 왕조의 계승권에서 제외되었다. 그 결과 오스트리아 영토에 대한 알브레히트 가문의 지배와 슈타이어마르크, 케른텐, 크란스카, 티롤에 대한 레오폴트 가문의 지배가 양립했다. 레오폴트 3세는 1382년에 트리에스테Trieste에 대한 군주권을 새로이 추가했다.

알브레히트 가문과 레오폴트 가문의 왕위 계승

레오폴트 3세의 사망 이후 알브레히트 가문은 짧은 기간이나마 왕권과 제국에 대한 통치권을 회복하지만(알브레히트 5세Albrecht V[1397-1439, 1438년부터 왕]) 후계자를 내지 못해 오래가지 못한 반면에 레오폴트 가문은 프리드리히 3세Friedrich III(1415-1493, 1440년부터 왕, 1452년부터 황제)의 등장을 계기로, 1440년부터 합스부르크 왕조의 세속적 발전을 주도했다.

| 다음을 참고하라 |

역사 동방을 향한 독일의 팽창(28쪽); 호엔슈타우펜 가문의 프리드리히 2세와 이탈리아 호엔슈타우펜 가문의 몰락(41쪽); 독일의 신성로마 제국(114쪽); 이베리아 반도(129쪽)

자치 도시로부터 시뇨리아로

| 안드레아 초르치Andrea Zorzi |

자치 도시 정부들은 13~14세기에 사회적 기반을 확대하는 도중에 빚어진 여러 분쟁에 맞서는 과정에서 안정된 제도적 틀을 갖추지 못했다. 그 결과는 여러 측면에서 드러났다. 정치 권력에서 호족 가문을 배제한 것, 시뇨리아 체제의 확립, 과두 지배 체제로의 몰락이 그것이었다. 이러한 방식으로 이탈리아 내의 권력 그룹들은 (자치 도시의 시대나 시뇨리아 체제에서) 권력의 축을 향해 경쟁적으로 모여들었다.

이탈리아 도시들의 권력 불안정

13세기 후반부터 이탈리아 도시들에서 나타난 정치 권력들의 발전은 자치 도시들의 제도적 위기에서 원인을 찾을 수 있다. 자치 도시들은 지배 그룹 내부에서 발생한 분쟁 해결 과정에서 제도상의 한계를 드러냈다. '민중' 정권의 확립은 정치의 평화적 진행을 보장하는 데 실패했다. 일부 도시의 대귀족 가문에 대항하기 위한 조치로, 정치적 충돌은 더욱 첨예화되었다. 몇 가지 사례를 보면 민중 세력이 낡은 도시, 군사, 귀족 정치 세력들과 최근 대귀족 가문을 형성했지만 정치적으로 중요한 직위에서는 배제된 자들과 대립하는 사태가 빚어졌다. 분쟁은 도시 귀족들과 동료들, 친척들, 이웃들의 내적 분열에 의해서도 발생했다. 분파들 간의 대립은 주변의 자치 도시들까지 휘말리게 되는 친교황파와 친황제파의 분열과 맞물리면서 더욱 복잡하게 엮여 갔다. 이들의 대결 구도는 많은 도시에서 분쟁을 종식시킬 능력을 갖춘 한 인물에게 전권을 위임하는 과정으로 이어졌고, 그 결과 이 인물이 자치 도시의 정부와 자문위원회, 즉 자치 도시의 재정과 자원을 통제하는 역할의 주체로 등장했다.

위기는 정치를 평화적으로 이끌고 제도를 보다 안정적으로 유지시킬 능력을 갖춘 새로운 권력의 축을 모색하는 것으로 이어졌다. 13세기 말부터 14세기 초반까지 도시 권력의 선별과 교체를 위한 과정이 구체적으로 드러났다. 이는 구성원들을 배제시키거나 다른 구성원을 합의에 따라 영입하는 절차를 통하여 정치적 공간을 과두 지배 체제로 좁혀 감을 의미했다. 이와 같은 변화의 여정은 주도권을 추구하는 (대부분 전통 가문이나 최근의 상업 활동으로 부를 축적한 가문들로 구성된) 사회 그룹들의 결속을 가져왔다. 또한 다양한 제도적 변화를 동반했다. 시뇨리아 권력의 확립은 많은 도

귀족 가문들

시에서 이들을 정치적으로 지지하는 세력들이 자치 도시의 요직을 선점할 수 있게 해 주었고, 다른 한편에서는 부호 세력을 제한하는 규정들을 이용해 이들을 정권으로부터 배제시켰다. 어떤 도시들에서는 정치적인 관직들이 좁은 범위의 그룹들에게만 허용되었다. 이러한 변화의 일반적인 결과는 과거 일정한 기간 동안 '민중' 정권의 명분으로 몇몇 자치 도시의 정치적 삶을 특징했던 다양한 사회 그룹의 폭넓은 참여를 차단한 것이었다.

자치 도시와 시뇨리아가 공존하는 이탈리아

피렌체를 보면 시민 정부들이 표방할 수 있는 형태의 다양성을 가장 잘 알 수 있다. 피렌체
13-14세기 피렌체에서는 민중 정권, 대부호 세력의 배제, 시뇨리아에 의한 통치, 그리고 지배 그룹에 의한 과두 정치의 폐쇄성이 반복되었다. 이는 다양한 형태의 제도가 일시적인 우월함과 적절한 상황에 따라 어떻게 정치 현실의 변화를 가져온 자원들을 구성하는지를 보여 주었다. 피렌체는 1267년부터 1343년까지의 26년간 시뇨리아 형태를 빌어 앙주 가문 군주들에게 도시에 대한 통치를 위임했고, 그들은 합의된 기간 동안 자신들의 통치 대리인과 관료들을 피렌체에 파견했다. 조합들의 민중 정부는 1282년에 성립되었으며, 반부호 세력의 의지를 강하게 표방하는 입법(147개 가문의 공직 진출을 금지한다)이 1293-1295년에 공포되었다. 체르키와 도나티 가문의 분쟁으로 시작된 분파들의 권력 투쟁은 1302년에 도시로부터 친황제파의 세력을 추방하는 (이 와중에서 단테[1265-1321] 역시 피해자로 전락한) 조치로 이어졌다. 그 결과 상인들을 중심으로 친교황파와 친앙주 가문의 인물들 중에서 지도 세력이 선별되었으며, 이를 계기로 상인 세력은 1328-1332년에 자치 도시의 자문회와 정부 요직에 진출하는 데 유리한 선거 체제를 더욱 강화시켰다.

당시 정권 교체는 흔한 일로, 다른 도시들의 사정도 마찬가지였다. 모데나의 경우 '민중' 정부는 1249-1307년에 시뇨리아 형태의 지배 세력으로 발전했다. 1306년에 모데나에서 '부호'라 칭해진 시민은 80명에 이르렀다. 1297년 파르마에서는 반부호 세력의 강력한 입법을 제정한 민중 정권에 이어 1303년부터는 코레지오의 기베르토(14세기)가 시뇨리아로, 1316년부터는 혁신된 형태의 민중 정부가, 1328년에는 로시Rossi 가문의 인물들이 시뇨리아로 선출되었다. 볼로냐에서는 지배 그룹 선별이 반부호 세력들과 이들을 정치적으로 배제하는 조치들을 통해 추진되었다. 민중의 지

지로 인하여 1274년에 제레메이Geremei 가문의 친교황파 세력은 수천 명을 추방하거나 유배시키는 조치를 반복하면서 람베르타치Lambertazzi 가문의 친황제파 제압에 성공했다. 이후 강력한 공증인 조합이 이끄는 민중 세력은 1282-1284년에 부호 세력에 반대하는 법적 조치를 마련하여(40개 가문의 92명을 권력에서 배제시켰다) 제레메이 가문의 지도자들을 권력에서 몰아냈다. 1292년에는 법적 조치를 개정하고 추방자 목록을 수정하는 등의 추방 조치에 대한 복합적 재검토가 이루어졌다. 그 결과 수많은 인물이 추방당했는데, 이들은 후에 소구의 권력 그룹에 재진입하기 위해 협상을 벌였다.

시뇨리아 체제의 확산

파다나 지역의 제도적 발전

시뇨리아 권력의 확립은 중부 이탈리아보다 파다나 지역 도시들에서 일찍 시작되었다. 제국 임명권과 막강한 재력, 그리고 여러 도시와 분파의 분쟁을 틈타 도시 주변 지역과 농촌 지역에 대한 지배권을 형성할 능력을 갖춘 소수의 군주들이 등장한 때문이었다. 1226-1259년에 트레비소Treviso에 국한되었던 자신의 봉건 영지를 베로나, 비첸차, 파도바까지 확대시킨 로마노의 에첼리노(1194-1259)가 대표적이다. 팔라비치니 가문의 오베르토(?-1269)의 사례도 유사했다. 그는 프리드리히 2세의 통치 대리인 자격으로 1249-1269년에 에밀리아와 롬바르디아의 여러 도시(크레모나, 파비아, 피아첸차, 브레시아, 밀라노 등)를 직접적인 시뇨리아 통치로 전환시켰다. 몽페라토 후작 가문의 굴리엘모 7세(1240-1292)가 피에몬테의 여러 자치 도시를 대상으로 실현한 유사한 형태의 시뇨리아 체제는 1290년부터 1292년까지 사보이아와 비스콘티 가문의 저항으로 해체되었다. 초기의 시뇨리아 체제는 도시 제도들이 독재 권력에 적용되었음에도 불구하고 몇몇 도시에는 도입되지 않은 영토 전체에 대한 지배의 취약성으로 오래 지속되지 못했다.

반면 각 도시의 내부에서 발전된 시뇨리아는 영향력 있는 가문들의 노력 덕에 보다 안정적이고 지속적으로 유지되었다. 이들의 사회적 이력은 상당히 다를 수 있었다. 예를 들어 1240년부터 페라라에서 지배를 확립한 에스테 가문은 로마노 가문이나 몽페라토 가문과 유사하며, 이들의 권력은 봉건적 관계에 상당 부분 의존했다. 밀라노의 경우 토레Torre 백작 가문은 1259년부터 시뇨리아 체제를 확고히 하기 위해 민중 조직들에 의존했다. 봉건 기사가 아닌 시민 가문었던 스칼라 가문은 1259-

시민 시뇨리아 체제

1262년에 민중 운동으로 상인 조합들과 결탁하면서 베로나에서 자신의 권위를 확립하기 시작했던 반면 주교구와 밀접한 관계에 있던 비스콘티 귀족 가문은 1277년에 밀라노에서 토레 가문을 대신하여 시뇨리아의 권력을 행사했다. 시뇨리아들이 14세기 초반에 와서야 안정 단계에 들어선 토스카나 지역에서 피사의 도노라티코 가문은 1317-1347년에 도시에 대한 시뇨리아 체제를, 아레초의 군주인 타를라티 주교 가문은 1321-1337년에 지배권을 확립했다.

시뇨리아 권력의 합법적인 형태

제도 측면에서 한 명의 군주인 시뇨리아에게 권력을 부여하는 시뇨리아 체제의 특징은 밀라노의 토레 가문의 마르티노 또는 1259년 베로나의 스칼라 가문의 사례에서 보듯, 민중 대장이나 원로의 임무를 연장하는 방식이거나 1267년에 피렌체의 앙주의 샤를 1세(1226-1285년, 1266-1281년에 시칠리아의 왕, 1266년부터 나폴리의 왕)의 경우처럼 제한된 기간 동안 권력을 행사는 방식을 통해 드러났다. 이들의 후손들은 보통 종신 군주 자격으로 권력을 유지했다. 1264년에 페라라의 에스테 가문의 아초네 7세(1205-1264)나 1299년에 만토바Mantova의 귀도 보나콜시(?-1309)가 대표적이다. 하지만 공식적으로는 자치 도시의 조직들에게 인정받아야 비로소 후계자 지명 권한을 획득했다. 상속 원칙

1387년까지 스칼라가와 1447년까지 비스콘티가 또는 1328-1707년에 만토바의 곤차가Gonzaga가에서 보듯이 상속 원칙의 도입은 진정한 시뇨리아 출신 왕조의 성립에 기여했다. 어떤 군주는 황제가 부여한 '통치 대리인'의 칭호를 통해 자신의 권력을 합법화하자고 노력했다. 1294년 비스콘티 가문과 1311년에 스칼라 가문의 경우를 예로 들 수 있다. 제국의 적법화는 자치 도시 정치 전통과의 단절을 의미했다.

제도적으로는 다르지만 시뇨리아 정권들은 자치 도시 제도의 가장 전형적인 특징을 완전히 배제하지 않았다. 자치 도시의 상속권은 시뇨리아 권력에 이어 후에는 영토 국가들이 채택했던 특징적 형태의 하나였다. 시뇨리아 정권들에게 정치적 참여는 엄격함을 상실하고 거의 자문 역할로 전환되었지만, 자치 도시에 기원하는 제도들은 지속적으로 유지되었다. 조합 체제는 거의 모든 도시들에서 살아남았고 상인 조직도 견고하게 유지되었다. 법령의 규정들은 수정되기는 했지만 폐지되지는 않았으며, 행정 기구들은 문서의 생산과 보존이라는 관행과 연관되어 폭넓게 발전할 수

있었다.

과두 지배 체제의 공화국들

14세기 중반에 접어들며 시뇨리아 정권들은 거의 모든 도시에서 안정적으로 확립되었다. 소수의 도시들은 공화제를 유지했으며, 과두 지배 체제 차원에서 재구성되는 과정을 경험하면서도 여전히 살아남았다. 시에나는 상업과 금융에서 공통점을 가진 소수의 귀족들과 민중 가문들이 입지를 공고히 했다. 정점은 강력한 선전용 강령을 발전시킬 능력을 가진 9인 정부 기간인 1287-1355년에 실현되었다. 베네치아 자치 선별적 수용 도시는 도제에 의해 유지되었으며, 대상인 가문들은 1323년부터 선별적 수용을 추진할 목적으로 1297년에 대평의회의 규모를 확대하면서 귀족 가문들의 분파적이고 음모적인 투쟁 확산에 저항했다. 이렇게 경제적 이해관계에 민감하게 반응하며 귀족과 민중 가문들의 참여에 배타적인 엘리트 집단이 만들어졌다. 제노바의 정치적 균형은 매우 불안정했다. 1339년에 상인-금융의 비공식적인 과두 지배 체제는 귀족들을 중요한 요직에서 배제한 채 베네치아를 원형으로 부유한 상인인 시몬 보카네그라Simon Boccanegra(약 1301-1363)를 종신 도제로 선출하고, 민중들 중에서 선발된 장로들에게 자문 역할을 위임했다.

14세기 후반 과두 지배 체제의 공화국들은 폭력적인 도시 봉기에 타격을 받았다. 민중 계층이 일으킨 소요들은 루카(1369), 시에나와 페루자(1371), 피렌체(1378), 제노바(1383, 1399), 그리고 베로나(1399)로 확산되었다. 봉기를 주도한 수공업자들과 임금 노동자들은 도시 정부의 합법성을 문제 삼지는 않았으나 조합들이 도시 정치에 참여하는 것에는 결사적으로 반대했다. 가장 대표적인 소요는 질 낮은 노동과 나태함을 빗대어 멸시적 의미에서 '치옴피'로 불린 양모 노동자들이 1378년 피렌체에서 일으켰다. 그들의 요구는 다음과 같았다. 독자적인 조합을 결성하여 자치 도시의 정부에 참여하는 것, 임금 인상, 사법적인 탄압으로부터 양모 조합을 보호하는 것이다. 봉기에 참여한 수천 명의 치옴피들은 초기에는 정부의 직위 1/3에 자신들의 대표를 진출시키는 데 성공했지만 다른 여러 봉기에서처럼 상인들의 저항에 부딪혀 철저히 탄압당했다.

| 다음을 참고하라 |
역사 해상 공화국들의 경쟁(37쪽); 베네치아와 다른 해상 도시들(142쪽); 도시들(213쪽)

백년전쟁

| 레나타 필라티Renata Pilati |

봉건 사회의 상속 명분에 따라 프랑스와 잉글랜드 사이에서 시작된 전쟁은 흔히 백년전쟁으로 정의되는데, 프랑스 왕의 봉신封臣인 잉글랜드 왕이 프랑스 왕위를 노린 것이 원인이었다. 수많은 변화를 거듭한 군사 작전은 도시와 농촌의 봉기와 시민전쟁에 이어 흑사병마저 확산됨에 따라 심각한 피해를 입은 프랑스에게 상당한 위기를 초래했다. 그 결과 14세기 말에 프랑스 군주국은 백년전쟁의 결과로 매우 허약한 상태가 되었다.

전쟁의 원인

프랑스와 잉글랜드가 한 세기가 넘는 기간 동안 일련의 분쟁과 휴전을 통해 대립했던 백년전쟁은 처음에는 봉건 전쟁으로 시작했으나 종식 때에는 확고한 정치적-사회적 기틀을 갖춘 두 국민 군주국을 탄생시켰다.

1328년에 프랑스 왕 필리프 4세 미남왕(1268-1314, 1285년부터 왕)의 막내아들이자 카페 왕조의 마지막 인물인 샤를 4세Charles IV(1294-1328, 1322년부터 왕)가 후사 없이 사망했다. 미망인 왕비의 임신이 봉건 영주들과 주교들로 구성된 위원회에게 왕권 계승자가 태어날 수도 있다는 기대감을 주었음에도 왕위 계승권 분쟁은 시작되었다. 프랑스 왕권을 주장한 인물은 필리프 4세 미남왕의 형인 필리프 3세Philippe III(1245-1285, 1270년부터 왕)의 막내아들인 발루아의 샤를(1270-1325)의 아들이자 죽은 왕과는 사촌이 되는 발루아의 필리프 6세(1293-1350, 1328년부터 왕), 그리고 당시 프랑스의 봉신이었던 잉글랜드의 에드워드 2세Edward II(1284-1327, 1307년부터 잉글랜드의 왕)와 (필리프 4세 미남왕의 딸이자 샤를 4세의의 여동생인) 프랑스의 이사벨라Isabella of France(약 1295-1358, 1308-1330년에 여왕) 사이에서 출생한 아들이며, 샤를 4세의 조카가 되는 플랜태저넷Plantagenet 왕가의 에드워드 3세Edward III(1312-1377,

프랑스의 왕위 계승

1327년부터 잉글랜드의 왕), 마지막으로 루이 10세Louis X le Hutin(1289-1316, 1316년부터 왕)의 딸로 (남자 형제인 샤를 4세가 일찍 사망하자) 왕위에 오른 나바라 왕국의 후아나 2세Juana II(1311-1349)의 아들로, 샤를 4세의 손자가 되는 나바라 왕국의 카를로스 2세Carlos II (1331-1387)까지 셋이었다.

(왕비의 출산을 기다리는 상황에서) 필리프 6세를 섭정으로 임명한 봉건 영주와 주교들로 구성된 위원회에서 에드워드 3세와 필리프 6세는 충돌했다. 왕비는 딸을 출산했고, 필리프 6세는 자신을 프랑스의 왕으로 선언했다(1328-1350). 어머니 쪽의 후계자 계승권으로 불리해진 에드워드 3세가 봉건법에 따른 충성 맹세를 거부하고 노르망디 공국에 대한 잉글랜드의 권리를 주장했다. 이에 수도승 레스코는 잉글랜드의 주장에 반대하여 두 가지 조치를 단행했다. 하나는 역사적 성격이었고, 다른 하나는 모계 계승권에 반대하는 것이었다. 잉글랜드의 요구에 대처하기 위한 일종의 살리카Salica 법(여성의 상속권을 부정한 프랑크족 형법)에 대한 모방으로, 한 세기 후에야 공식화되었다.

프랑스 땅에 있는 자신의 봉건 재산이 몰수당할 위협에 처한 에드워드 3세는 1329년 프랑스에 충성을 서약하고 1331년 3월에는 스스로 프랑스 왕의 봉신임을 인정했다. 그러나 필리프 6세가 부유한 도시인 바욘Bayonne과, 플랜태저넷 왕가의 헨리 2세Henry II(1133-1189)와 아키텐의 엘레오노르Eléonore d'Aquitaine(1122-1204)의 혼인으로 1152년부터 잉글랜드 왕의 소유가 된 보르도와 함께 아키텐을 병합하려고 하면서 새로운 충돌 위기가 고조되었다. 에드워드 3세는 노르망디 공국에 대한 요구를 계속 주장하면서 프랑스가 잉글랜드의 팽창주의적 야욕에 반대하여 스코틀랜드에 도움을 제공하는 것에 반대하고, 잉글랜드산 양모를 수입하지만 프랑스 영토인 강Gand, 브뤼헤, 이프르Ypres, 카셀Cassel 같은 플랑드르의 수공업 도시들을 장악하려는 의도를 드러냈다. 프랑스 왕이자 플랑드르 지역의 군주였던 필리프 4세는 이미 북부 지역과 동부 지역으로 영토를 확장하여 제국을 위협하려는 계획을 수립했었으며, 당피에르의 기Guy(1226-1305)와 아베느의 장(1218-1257)의 플랑드르 지역을 둘러싼 내분을 최대한 이용했다. 그는 에노의 백작이자 황제인 합스부르크가의 루돌프 1세(1218-1291)의 신하였던 장에 대항하여 플랑드르의 백작이자 자신의 신하인 당피에르의 기(1226-1305)에 대한 지지를 표방했다. 하지만 1293년에는 당피에르에 대항하면서 직물업자들을 지지하는 강, 브뤼헤, 이프르, 릴Lille, 두에Douai 같은 거대

프랑스의 필리프 4세

도시들의 귀족 출신 행정가들에 대한 적대적인 정책을 추진함으로써 입지가 약화된 아베느의 장의 지원 요청을 받아들였다. 이들은 대大부르주아를 지지하는 귀족 신분의 봉토 재판관들을 비난하면서 파업과 음모를 획책했다. 1280년에 시작된 봉기에서 봉토 재판관들은 당피에르의 기에 대항하여 이 분쟁에 프랑스 왕을 끌어들이는 데 성공했다. 이렇게 해서 필리프 4세 미남왕은 플랑드르 지역에 대한 자신의 권력을 공고히 할 수 있었다.

동맹

에드워드 3세는 필리프 6세로부터 독립하려는 플랑드르와 브르타뉴의 수공업 도시들을 지원했고, 1340년 1월에는 스스로를 프랑스의 왕으로 선포했다. 에드워드 3세는 적들을 제압하기 위해 황제 루트비히 4세(약 1281-1350, 1328년부터 황제), 브라반트의 공작, 에노와 헬데를란트, 윌리히의 백작들과 동맹을 맺으려 했다. 이러한 노력의 일환으로 그는 베네치아에 도미니쿠스회의 수도승 프란체스코를 대사로 임명하고 그를 비사차Bisaccia의 주교, 앙주의 로베르(1278-1343, 1309년부터 왕)의 예배당 신부와 함께 파견하여 베네치아의 지원을 촉구했고, 제노바와도 화해할 것을 권고했다. 프란체스코 수사는 1340년 4월 27일에 베네치아 도제의 면전에서 '위대한 군주 에드워드 3세'가 프랑스의 왕으로 자처하는 발루아의 필리프에게 서면으로 문제를 해결하기 위해 자유로이 선택할 수 있는 세 가지 방안을 제시하면서 무고한 그리스도교인들의 대학살을 피하기 위한 모든 노력을 다했다고 주장했다. 세 가지 방안은 첫째 결투, 둘째 6-8명의 군인들로 구성된 두 분대의 전투 혹은 대결, 셋째 굶주린 사자들의 우리에 던져지거나 병자들을 치유하는 기적을 행하는 것이었다. 시험 결과는 필리프 6세의 프랑스 왕위 요구가 정당한 것인지를 증명해 줄 수 있는 것이었다. 하지만 필리프는 '자신의 거만함으로 인해' 제안을 받아들이지 않았다. 베네치아인들은 중립을 표명했고, 자신들의 해상 무역 활동을 유리하게 이끌기 위해 에드워드 3세를 지원하지 않기로 결정했다. 게다가 그는 그토록 바라던 제국의 지원을 받는 데도 실패했다.

베네치아에 파견된 프란체스코 수사

휴전과 평화 조약을 반복했던 군사 작전들

잉글랜드로 돌아온 에드워드 3세는 군대를 재조직하고 슬로이스Sluys 해전에서 프랑스 함대를 격파함으로써 두 권력의 해상 대결에 종지부를 찍고 잉글랜드를 향한 프랑스의 침략을 좌절시켰다. 그러나 자신의 전제 정치로 의회와 충돌하고 재정 위기에도 봉착하자 필리프 6세와 휴전해야 했다. 휴전은 오래가지 못하고 많은 소모적 전투가 행해졌다. 전쟁은 1345년에 재개되었다.

잉글랜드는 전쟁 초기에 랭커스터의 헨리(약 1299-1361)의 활약으로 일련의 승리를 거두었다. 에드워드 3세는 노르망디를 초토화시키고 파리로 진격했지만 필리프 6세에게 격퇴되었다. 당시에는 모든 전투에서 의식이 선행되었다. 크레시 전투에서는 시작에 앞서 4명의 프랑스 기사가 앞으로 나가 적들의 전열을 통제했다. 필리프 6세가 그들 중 한 명에게 말할 것을 명령할 때까지 그들은 기사의 명예 관례에 따라 침묵par honneur을 준수했다. 1346년 8월 26일에 프랑스 군대는 크레시에서 잉글랜드의 석궁 부대에 패했다. 1347년 잉글랜드 군대는 칼레Calais 요새를 점령하고 프랑스를 향한 진격로를 확보했다. 이후 여러 차례 협정이 반복되었다. 한편으로 프랑스에서는 흑사병과 전염병을 퍼뜨린 죄로 고발된 유대인에 대한 분노가 들끓었다. 군사 작전은 1355년에 재개되었는데, 웨일스의 군주이자 아키텐의 공작인 흑태자 에드워드Edward, the Black Prince(1330-1376)는 부친 에드워드 3세를 지원하기 위해 노르망디로 진격하여 1356년 9월 19일에 푸아티에에서 프랑스의 장 2세 선량왕Jean II le Bon(1319-1364, 1350년부터 왕)과 전투를 벌였으며 전술 능력과 뛰어난 기동력을 발휘하며 프랑스를 격파했다. 잉글랜드의 석궁 부대는 다시 한 번 프랑스의 중무장한 부대를 완파했다. 보병 부대는 기사들에 대한 우위를 입증했다. 장 2세와 그의 아들 부르고뉴 공작 필리프 2세 용담공(1342-1404)은 포로로 잡혔고 장 2세는 잉글랜드로 호송당했다.

잉글랜드의 승리

장 프루아사르Jean Froissart(1337-약 1404)가 『연대기Croniques』에 기술한 바와 같이 프랑스는 과중한 세금과 전쟁의 심각한 피해에 반대하면서 자크리Jacquerie들이 일으킨 난으로 극심한 혼란에 시달렸다. 프랑스 입장에서는 전쟁 중 또 다른 전쟁을 벌이는 것이나 다름없었다. 귀족들은 플랑드르, 에노, 브라반트, 에스베Hesbaye의 동료들에게 도움을 요청했다. 나바라에서는 하루 만에 3천 명의 농민이 학살당했고, 파리에서는 에티엔 마르셀(약 1316-1358)이 소요를 일으켰으나 샤를 5세 현왕Charles V le Sage(1338-1380, 1364년부터 왕, 1349년부터 프랑스 황태자로 불림)의 지시로 1358년에 암살되었다.

자크리의 난

1359년 3월 24일 런던에서 열린 예비 회담을 통해 잉글랜드와 프랑스의 두 군주는 프랑스 북부에서 남부에 이르는 거의 절반에 해당하는 영토를 잉글랜드에 넘기는 것에 관한 합의를 시도했다. 프랑스의 도시들은 이에 대항하여 대규모 징집을 단행했다. 프랑스의 황태자 샤를 5세는 왕권을 노리며 잉글랜드에 동조한 나바라의 카를로스를 격파한 후에 잉글랜드에 빼앗긴 많은 영토를 회복할 수 있었다.

교황 사절단은 브레티니 평화 조약(1360년 5월 8일)을 중재했다. 에드워드 3세는 프랑스 왕위와 노르망디, 브르타뉴, 멘, 앙주, 플랑드르에 대한 권리를 포기하는 대가로 (조약에 따라) 프랑스 서부의 소유지를 3배로 확대하고 칼레에 대한 지배권을 유지할 수 있었다. 장 2세(1319-1364, 1350년부터 왕)는 3천 스쿠디scudi(19세기까지의 이탈리아 은화*)라는 몸값과 몇 명의 귀족, 아들 앙주 공작 루이를 인질로 런던에 후송한다는 조건으로 풀려났다. 하지만 인질로 보내진 아들이 도주하자 치욕을 느낀 그는 기사의 위엄을 갖춘 모습으로 런던으로 돌아가 1364년 4월 8일에 죽음을 맞이했다. 평화 협정

장 2세의 사망 후 왕위를 계상한 샤를 5세 통치의 프랑스 군대는 1369년부터 1375까지 실지失地 대부분을 탈환했다. 샤를 5세는 흑태자 에드워드에 대항하여 아키텐의 봉기를 획책하고, 적에 대한 공세를 강화하고자 용병 대장으로 잉글랜드와의 전투를 통해 프랑스군 총사령관 직위에 오른 베르트랑 게클랭(1320-1380)을 파견했다. 흑태자 에드워드는 1371년에 잉글랜드로 돌아갔다. 랭커스터의 공작이며 흑태자 에드워드의 동생으로, 1371년에 기엔 총독에 임명된 곤트의 존John of Gaunt(1340-1399)도 일련의 전투에서 패배를 거듭한 끝에 칼레, 셰르부르Cherbourg, 브레스트Brest, 보르도, 바욘에 대한 잉글랜드의 지배권만을 겨우 유지할 수 있었다. 잉글랜드 함대는 프랑스-카탈루냐의 연합 함대에 패배했다. 에드워드 3세는 1375년 6월에 새로운 휴전 협정을 강요받았다. 잉글랜드는 군사적 실패에 대한 책임을 둘러싼 공방과 궁전 내부의 암투에 휩싸였다.

프랑스에서는 군주에 의한 통치 방식이 큰 반향을 불러일으키지 못했다. 샤를 6세Charles VI(1368-1422, 1380년부터 왕)의 어린 나이로 왕의 삼촌들 중 한 명인 앙주 공작 루이가 왕을 대신하여 섭정을 시작했기 때문이다. 반면 다른 두 명의 삼촌인 필리프 2세 용담공과 베리Berry 공작은 지방 행정을 감독하면서 봉기에 원인을 제공한 부정을 일삼았다. 1378-1382년의 봉기와 소요로 프랑스와 플랑드르, 특히 브뤼헤와 강 내전

은 심각한 타격을 입었고, 봉기를 주도한 플랑드르의 부르주아들은 1382년에 루즈베크Roosebeke 전투에서 패배했다.

왕의 기능과 역할은 공적 예식들에 의해 보장되었다. 샤를 6세는 채 12세가 안 된 1380년 9월 16일에 파리로 입성했다. 2천 명의 환영단이 푸른색과 흰색이 절반씩 들어간 의상을 입고 왕을 맞이했다. 1389년에는 그리스도교 성체 축일Corpus Domini의 순례 의식에서 가장 성스러운 재단에게만 허용되었던 것과 유사한 금실 무늬 비단을 몸에 두르고 리옹에 입성했다. 그는 1년 전에 권좌에 오른 상태였지만 왕의 정신병으로 다시금 위기가 도래했고, 봉건 귀족들은 그들의 권력을 주장했다. 부르고뉴 공작 필리프 2세 용담공도 프랑스의 안정을 위협했다.

부르고뉴 공국은 내부 위기로 1363년에 장 2세에게 넘어갔고, 이후에는 그의 아들 필리프 2세 용담공의 봉토가 되었다. 필리프 2세 용담공은 결혼 지참금으로 플랑드르, 아르투아Artois, 프랑슈콩테Franca-Conté를 가져온 플랑드르의 마가렛(1350-1405)과 혼인하여 새로운 통치 가문의 시조가 되었다. 그의 장남 부르고뉴의 용맹공 장(1371-1419), 부르고뉴의 필리프 3세(1396-1467), 용담공 샤를(1433-1477)은 부르고뉴 공국(부르고뉴, 프랑슈콩테, 플랑드르, 그리고 네덜란드, 디종 궁전)을 형성하여 프랑스의 새로운 위협으로 떠올랐다.

1392년에 왕의 동생인 오를레앙의 공작 발루아의 루이 1세(1372-1407)를 지지한 아르마냑의 베르나르 7세(약 1360-1418)와 왕의 삼촌으로 잉글랜드와 연합한 필리프 2세 용담공이 이끄는 (부르고뉴파로 상징되는 아르마냑파로 분열된) 귀족들 사이에서 내전이 발발했다.

랭커스터 공작으로 기옌의 부관(1388)이었으며, 동시에 아키텐 공작(1390)이었던 곤트의 존은 1392-1394년에 프랑스와 일련의 휴전 협정을 체결했다.

| **다음을 참고하라** |
역사 프랑스(100쪽); 잉글랜드: 군주국과의 전쟁과 점령지 양도(107쪽)
문학과 연극 제프리 초서(766쪽)

흑사병과 14세기의 위기

| 카티아 디 지롤라모 |

11세기부터 13세기까지 불규칙적인 방식으로 증가한 인구, 생산, 소비는 14세기의 활력적 성장에 기여했다. 생산 체제의 구조적 한계, 기후 악화, 질병과 전염병 확산, 지진, 전쟁, 봉기 또한 이 기간에 대한 지극히 비판적인 평가에 기여한다. 오랜 기간에 걸쳐 진행될 재구성의 신호들 또한 찾아볼 수 있다.

위기의 징후

중세의 핵심 기간은 인구 증가와 도시 발전, 그리고 생산 증가가 있었던 기간이다. 그러나 14-15세기에 그 속도가 완화되며 정체 상태를 지난 후에는 침체의 늪에 빠져들었다. 자료에 따르면 인구 증가를 통해 이와 같은 상황이 곧바로 드러났다. 13세기 말에 7천에서 8천 만 명에 이르렀던 인구는 50년 후에는 5천-5천500만 명으로, 반세기가 지난 후에는 3천500만 명으로 줄었다. 인구 감소에 따른 공백은 지역에 따라 100년에서 400년 후에야 회복되었다. 독일, 프랑스, 잉글랜드, 그리고 에스파냐와 이탈리아에서조차 수백 개의 마을이 방치되었다.

인구 감소는 수요 감소는 물론 식료품과 수공업 제품의 가격 하락, 그리고 토지, 주택, 상점의 임대 침체로 인한 소득과 이윤의 감소로 이어졌다. 수요 감소는 생산 체계에 대한 전면적인 수정을 불렀으며, 이로 인해 일자리가 부족해지면서 소비에 부정적으로 작용했다. 경제 위기가 도화선이 되었는데 이를 극복하는 데에는 한 세기 이상이 소요되었다.

기근

인구 감소의 주요 원인은 기근과 전염병의 반복적인 확산이었다. 이탈리아에서는 1271-1347년에 적어도 14번의 기근이 반복되었으며 그중에는 지역 규모를 초월하는 사례도 있었다. 유사 관련 자료에 따르면 중세 전성기의 발전은 농업에 집중되었다. 당시에는 농업과 목축이 병행되거나 다양화되지 못했을 뿐만 아니라 비료 부족으로 인한 구조적 약점도 드러났다. 농지의 확대는 비료 확보의 가능성을 축소시키면서 목축에 필요한 목초지 확대를 불가능하게 했고, 생산성이 낮은 토지까지도 개

인구 감소와 기후 악화

간하게 만들었다. 하지만 비료를 사용하지 못해 토지 비옥도가 낮아지자 토지 생산성이 떨어졌다. 이것이 생존 위기를 부추겼다. 인구 감소에 따른 결과는 13세기부터 14세기 초반까지의 기후 악화로 가속화되었다. 몇 년간 지속된 궂은 날씨는 수확물의 급격한 감소를 불렀다. 이로 인해 삶의 수준이 낮은 농촌이나 생산이 공급의 어려움에 따라 민감한 결과를 초래하는 도시에서 매우 심각한 결과가 나타났다.

전염병

그럼에도 도시는 식량 관리 정책의 혜택을 기대하는 많은 주민들의 피신처로 작용했고 그것이 식량 조달과 공중위생 차원에서 도시 상황을 심각하게 만드는 결과를 불렀다. 1348년의 흑사병으로 최고조에 달할 때까지, 전염병은 영양 상태와 위생 상태가 열악한 좁은 공간에 대규모로 몰려든 주민들 때문에 반복적으로 발생했다. 1348년에 시작된 흑사병은 그 절정기가 지났음에도 18세기까지 반복적으로 등장하는 (이른바 피부에 침투하는) 풍토병으로 정착하게 될 전국적인 규모의 유행병으로 맹위를 떨쳤다.

쥐가 너무 많을 때 2차 숙주로 인간을 공격하는 벼룩이 인간에게 옮기는 박테리아의 일종인 페스트균Yersinia pestis이 흑사병의 원인이었다. 최초 진원지는 히말라야 지역으로 추정된다. 이로부터 몽골 제국 성립으로 인한 아시아의 여러 지역, 아시아와 유럽의 접촉이 빈번해지는 상황에서 새로운 변화의 물결을 따라 점차 확산되기 시작했다. 1347년에 제노바의 식민지인 카파를 포위한 타타르족은 흑사병에 전염된 시체들을 석궁에 매달아 도시 내부로 날려 버렸다. 포위를 피해 탈출한 자들은 자신들의 몸을 통해 병원균을 콘스탄티노플과 해안 도시들을 통하여, 서유럽 전역에 옮겼다.

흑사병이 휩쓸고 지나간 이후에도 유럽 인구는 계속 감소했다. 이전의 확산 과정에서 전염을 피하는 방법을 찾지 못했던 만큼 이후 발생한 수많은 전염병으로 인구가 크게 줄었다(1363-1364년에 잉글랜드에서 발생한 '어린아이들'의 흑사병이 대표적이다). 풍요의 시대를 맞이하려는 상황에서 유럽이 직면한 인구 급감은 회복 속도를 상당 부분 늦추었다.

이 시대의 증언 자료들에 따르자면 흑사병을 신의 재앙 또는 비그리스도교 신자들의 범죄 행위로 해석했음을 알 수 있다. 당시 사람들은 흑사병으로부터 자신을 보호하기 위해 종교 행사, 순례, 채찍질을 서슴지 않으며 집단 히스테리와 유대인 집단 학살pogrom도 자행했다. 그럼에도 불구하고 다른 한편에서는 과학적인 설명을 위한 노력(독에 대한 이론이나 점성술 이론)과 예방적 차원의 지침들(금식, 출혈, 전염 지역들로부터의 피신)도 찾아볼 수 있다.

지진, 전쟁, 사회적 분쟁 확산, 재정 악화

14세기에는 질병이나 전염병과 상호작용하는 다른 요인들의 출현으로 보다 극적인 상황이 연출되었다. 먼저 지진을 들 수 있다. 흑사병이 맹위를 떨치던 1348년에 오스트리아 남부 케른텐 지역은 반경 600킬로미터가 넘는 방대한 지역을 강타한 지진에 의해 파괴되었다. 지진에 의한 지표면의 흔들림은 거의 두 달간 지속되었다. 이듬해에는 아펜니노 산맥 중앙에 위치한 두 진원지인 몰리세Molise와 라퀼라L'Aquila에서 또다시 지진이 발생했다. 다른 요인은 전쟁이다. 14세기 이후 전쟁은 유럽 대부분에서 거의 지속적으로 일어났다. 백년전쟁(1337-1453), 장미전쟁(1455-1485), 이베리아 반도의 왕조 전쟁, 앙주-아라곤의 세속적 대립, 이탈리아 지역 국가들 간의 크고 작은 분쟁들이 그것이었다. 전쟁과 빈곤

이탈리아에서는 일찍부터 시뇨리아 체제가 성립되었고 군주와 그의 부대가 활동을 개시했다. 이들은 여러 방식으로, 즉 전쟁 비용을 마련하고자 과중한 과세를 부과했고 돈을 늦게 받는 경우 감행되는 약탈, 약탈의 위협을 동반한 강탈을 통해 유럽 주민들을 빈곤하게 만들었다. 분쟁에 휘말리지 않은 주민들도 위험을 피하지는 못했다. 여러 이탈리아 도시는 이와 같은 과중한 비용 마련을 위해 심지어는 자치권 상실까지도 무릅썼다.

14세기 후반에는 농촌과 도시에서 과거보다 방대하고 빈번하게 일련의 봉기가 발생했다. 봉기는 위기의 직접적인 영향으로 인한 주민들의 심각한 빈곤화의 대답인 동시에 위기의 간접적인 결과에 대한 저항의 표시였다. 지주와 상인들은 소득과 이윤의 감소로 타격을 받은 상태에서 농민에게 새로운 부담을 지우고 폐기된 특권을 부활시켰다. 또한 직업 조합 형태로 자신들의 이권을 지켜 내려는 임금 노동자들의 시도에 맞서면서 그간의 손실을 만회하려 했다. 14세기에 발생한 숱한 봉기들은 이러한 시도에 저항하는 것이었다. 프랑스에서는 1358년부터 주모자인 '촌뜨기'라는 뜻의 자크 보놈Jacques Bonhomme의 이름에서 유래된 자크리jacquerie라는 용어가 당시 농민 봉기

빈번했던 농민 봉기를 지적하는 공통 명칭으로 정착되었다. 조합 결성에 대한 요구는 피렌체의 도시 노동자들이 일으킨 치옴피들의 봉기(1378)에서 정치적 사항을 동반했다. 잉글랜드에서 일어난 세금 관련 봉기들에서 도시와 농촌의 구성원들이 토로한 불만은 이들의 행동을 결속시키는 결과를 불렀다. 모든 경우에 봉기 참가자들이 종종 얻어 낸 양도는 머잖아 취소되었으며 잔인한 탄압으로 묵살되었다.

세금 부과에 저항하는 봉기들은 14세기 후반의 전반적 상황에서 공권력을 재조직하는 중요 요인으로 여겨졌다. 당시의 공권력은 과거 지방 귀족들이 누리던 권한을 상속한 상태였다. 복합적인 관료 정치에 대한 요구는 전문적인 군대의 경우에서처럼 값비싼 대가를 필요로 했다. 이 모두는 중세 사회의 다양한 수준에 맞게 작용하고 분쟁의 소지를 확대하면서 자체로 세금 압력을 증가시키는 결과를 불렀다. 그리고 위기를 심화시키는 원인으로 작용했다.

긍정적인 결과

위기의 암울하고 파괴적 측면을 강조하는 탄압의 논리들은 최근 다른 관점에서 고려되고 있다. 그에 따르면 인구 압력의 감소로 인구와 자원의 재균형이 모색되었고, 삶의 질 또한 전반적으로 향상되었을 것이라 한다. 중-단기적으로 볼 때 위기는 긍정적인 결과를 가져왔을지 모른다. 나대지 방치에 따른 농지 효율성 증가, 노동력 감소에 따른 임금 증가, 경작지 축소에 따른 방목지 확대, 농업과 목축의 개선, 단순한 파괴와 함께 반도의 전쟁을 통해 드러난 부의 재분배 없이는 감지되지 않았을 이탈리아 군주들의 르네상스 예술 후원이 그것들이다.

부의 재분배

새로운 해석 모델 역시 세부 사항들을 전체적으로 분석하지 못했다. 예를 들면 소득 감소에 대한 군주들의 반응이 민중에 미친 부정적 결과가 있다. 논쟁을 통해서는 특히 다음과 같은 하나의 결론을 도출할 수 있을 것이다. 이에 관한 부정적이거나 긍정적인 판단은 14세기에 대한 비평적 성격의 회의, 14세기 이후 유럽의 재편이 그 자체로도 평가될 수 있음을 보여 주었다. 역사적 상황에 대한 관찰의 핵심 열쇠는 경우에 따라 또는 지역적인 전망에 따라 달라질 수 있었다.

| **다음을 참고하라** |
과학과 기술 흑사병(605쪽)

시각예술 피렌체, 1348년의 흑사병(928쪽)

농민 봉기

| 조반니 비톨로Giovanni Vitolo |

유럽의 14세기는 농민 봉기가 폭발했던 시기다. 몇 가지는 도시에 밀어닥친 사회적-경제적 긴장 상황, 여러 지역에서 벌어지던 정치적 긴장과 밀접한 관련을 가졌다. 가장 유명한 농민 봉기는 플랑드르 서부 지역, 파리, 잉글랜드를 무대로 발생했다. 이탈리아의 경우, 특히 도적단이 극성을 부리던 남부 지역에 봉기가 집중되었다.

원인들

전쟁, 기근, 그리고 용병을 확보하거나 한층 방대한 관료 조직을 갖추기 위해 가능한 많은 재정을 필요로 했던 군주국들의 과중한 세금 압박은 전염병으로 인한 인구 감소, 농산물 가격 하락과 연결되었다. 이는 14세기 초기부터 유럽의 모든 지역에서 농민의 항의와 봉기가 일어나는 주요 원인이었으며, 농촌 주민의 삶에도 직접적인 영향을 미쳤다. 그러나 역사가들은 농민 봉기가 14세기 중반에 나타난 급작스러운 가속화와 해당 지역의 방대함 때문이었다고 해석하는 데 동의하지 않는다.

여러 관점은 근본적으로 다음의 두 가지로 해석할 수 있다. 첫째를 주장하는 학자들은 농민 봉기를 확실한 전모가 드러나는 사건과 관련된 우발적인 사실로 해석한다. 둘째의 관점을 주장하는 학자들은 농민들이 직면한 삶의 현실과 관련된 봉기의 사회적-경제적 전제를 강조한다. 그들은 항상 불안정한 삶에 허덕였지만 14세기를 지나면서 경제적 침체에 대처하고 삶의 수준을 유지하는 데 필요한 수단을 확보하기 위해 농민들에게 새로운 부담을 강요하려는 지역 영주들의 세금 압력 때문에 더욱 열악해졌다는 것이다. 이러한 주장의 관점에서 볼 때 전쟁, 기근, 과중해진 세금 부담, 과잉 생산의 위기와 같은 요인들은 (이러한 해석을 주장하는 학자들에게) 단지 심화 요인에 불과했을지도 모른다. 분명한 것은 모든 봉기가 그것이 발생된 시기 및 동원 방식과 관련하여 농민들을 괴롭힌 사회 계층들에 의해 각기 다른 의미로 받아들여졌

새로운 부담

다는 것이다.

주요 봉기들

14세기에 있었던 가장 유명한 봉기는 플랑드르 서부 지역(1323-1328), 파리 지역(1358), 잉글랜드(1381)에서 발생했다. 농촌 주민들의 불만은 상대적으로 단발적이고 덜 충격적인 형태로 나타나기는 했지만 한층 방대한 지역에서 폭발했다. 방대한 지역을 배경으로 발생한 첫 번째 봉기는 플랑드르 서부 지역에서 시작되었다. 해석이 쉽지 않은 동기들이 원인으로 작용했다. 실제로 4천여 명의 봉기 가담자들이 살해되거나 도망쳤다. 그들의 신원도 모두 확인 가능한데, 1/4만이 헐벗은 농민이었고 대부분은 프랑스 왕에게 바쳐야 할 엄청난 돈을 마련하기 위한 플랑드르 백작의 과중한 세금 징수에 관련해서 귀족과 귀족 계층, 이들과 결탁한 상인 계층에 저항했던 직물 분야의 농민과 수공인이었다. 따라서 이것은 결코 단순하고 순수한 성격의 농민 봉기가 아니었다.

장 프루아사르(1337-약 1404)의 『연대기』를 봤을 때 가장 유명한 사건은 1358년 5월에 발생하여 2-3주 정도 지속된 프랑스 자크리들의 난이었다. 농민들의 폭력은 일드프랑스에서 시작되었다. 그들은 성을 포위하고 수많은 귀족을 살해했다. 농민들은 자신들에게 소작료와 무상 노동을 강요하는 근거로 활용된 문서들을 파괴했고, 봉기는 방대한 지역들(피카르디, 노르망디, 샹파뉴)로 빠르게 확산되었다. 여기에 파리 상인층들의 정치적 요구가 추가되었다. 그 중심에는 봉기의 핵심 인물인 에티엔 마르셀(약 1316-1358)이 있었다. 그는 상인들이 조직한 한자 동맹에서 활동하면서 귀족의 특권과 정치 권력을 약화시키기 위한 계획을 추진했다. 하지만 귀족들은 장 2세(1319-1364, 1350년부터 프랑스의 왕)의 지원을 받으면서 불과 며칠 만에 봉기 세력에 대한 우위를 회복했다. 『연대기』에 따르면 이때 무려 2만 명이 살해되었다고 한다. 과장된 숫자겠지만 봉기가 얼마나 확산되었는지, 이 봉기에 가담한 자들이 얼마나 많았는지를 짐작하게 한다. 봉기가 진압된 지 얼마 지나지 않아 에티엔 마르셀도 살해되었다.

자크리들의 봉기

1381년 잉글랜드에서 일어난 봉기도 폭발적인 요인을 지녔다. 봉기가 확대되면서 임금 노동자들과 수공업자들도 가담했다. 한편으로는 당시 교회에 널리 확산되어 있던 여러 악습과 부자들의 이기주의를 격렬하게 비난하는 하급 성직자 계층을 통해 이념적인 명분까지 드러났다. 수십 년 전부터 농촌에 만연되어 있던 오랜 종속 관계와 1351년의 임금 인상을 금지하는 노동자 법령 공포에 따른 영향으로 말미암아 폭발 직전이던 불만이 1381년의 프랑스와의 전쟁을 계기로 하여 1377년에 두당 1실링이었던 인두세poll-tax(소득과는 무관하게 14세 이상의 모든 남녀에게 무차별적으로 부과했다)에 비해 3배로 증가한 과중한 세금 압박을 계기로 드디어 폭발했다. 그러나 결과는 프랑스와 달랐다. 리처드 2세Richard II(1367-1400, 1377-1399년에 왕)와 귀족들은 봉기 가담자의 요구 대부분을 수용하고 사면을 베풀었다. 다만 무장을 해제하지 않은 주동자들은 전부 학살당했다. 인두세

봉기의 이면도 존재한다. 이는 농민 봉기의 기원과 결과가 어떻게 농민들이 처한 정치적 맥락과 밀접한 관련이 있는지를 명확하게 보여 준다. 카탈루냐의 농민 봉기가 대표적이다. 12-13세기에는 농민 인구의 약 1/4이 농노 상태로 경작지에 묶여 있었기에 토지를 포기하는 자들은 농노의 몸값payeses de remensa을 지불해야 했다. 14세기에 들며 더욱 악화된 상황은 하급 귀족과 (특권층들의 특권적인 자유libertates를 지키기 위해 의회cortes에 자신들의 요새를 구축하고 있던) 도시 귀족과 세력 분쟁을 벌이던 군주국의 지원으로, 1462년에 농민 봉기revuelta general campesina를 통해 폭발했다. 최종 결과는 농민에게 우호적으로 전개되었다. 가톨릭교도인 페르난도 2세Fernando II(1452-1516, 1479년부터 왕)는 이들에게 자유뿐 아니라 영주가 독단적으로 부과했던 의무에서 벗어날 수 있는 권리도 제공했다. 농민 봉기

자신의 고유한 특징을 드러낸 대표 사례는 14세기 말에 알프스 계곡 인근에서 벌어진 납세자 반란Tuchin Revolt이다. 농민과 기술자들이 일으킨 봉기는 1370년부터 1380년대에 랑그도크로부터 프랑스, 피에몬테Piemonte로 확산되었다. 봉기 가담자들은 당시 사보이아 가문의 백작들과 몬페라토의 후작들, 그리고 대봉건 영주들 간의 전쟁 당시 인력과 물품에 대한 지속적인 징발로 심한 고통을 겪고 있던 농민들에게 과중한 세금을 부과한 봉건 영주에 대한 적대감을 드러냈다. 피에몬테의 경우 진원지는 카나베세Canavese였는데, 주민의 결속력에 의지하여 토리노까지 위협했다. 하지만 정치적인 강령과 협력하지 못했기에 초기의 성과를 지키지 못하고 1387년 봄에 사보이아 백작의 군대에게 패배했다.

이탈리아 남부의 농민 봉기와 도적단

이탈리아 남부의 농민들이 직면한 불행은 이 지역 고유의 상황을 보여 주었다. 14세기 초반에 여러 지역에서 농민이 경작지를 떠나는 현상이 나타났다. 이들은 왕의 신하들, 세속 영주들, 교회 영주들에 대항하여 봉기를 일으켰다. 교회 영주들에 대항한 봉기는 항상 단발적-국지적인 성격을 드러냈다. 매우 독특한 현상은 도적단의 활동이다. 내륙과 해안을 포함한 방대한 지역에서 발생했으나 수많은 이들의 가담에도 인구 밀도가 최저점에 도달하면서 이들을 괴롭히던 빈곤과 가난의 정도가 완화되는 15세기 초에 이르러 빠르게 줄기 시작했다.

봉기의 완화

그럼에도 세금과 봉건 영주에 저항하여 봉기에 가담한 농민, 경작지에서 도망가는 농민, 도적단을 자신들의 불행으로부터 벗어나기 위한 피신처로 간주하던 농민들은(자신의 행동에 따른 결과가 없었던 것은 아니었으나) 당시의 사회 구조를 바꾸려고 하거나 자신들의 힘을 연합하려는 움직임을 보이지 않았다. 이탈리아 남부 농촌에서는 지역 상황의 특수성을 떠나 전반적으로 15세기 전반기에 이미 농민 봉기의 원인이 반복되지 않았는데 여기에는 여러 요인이 존재했다. 예를 들어 완만한 인구 증가, 군주국의 약화로 농민 봉기를 탄압하는 데 (봉건 영주들이) 왕권에 의지할 수 없었던 현실, 노동력 부족으로 토지 개간에 필요한 인력을 확보하기 힘들었던 상황 등이 복합적으로 작용했다. 하지만 봉건 영주들은 농민들의 분노 폭발과 과거의 토지 방치에 대한 기억 때문에 비교적 온건한 정책을 선호했다. 왕의 재판정에는 분쟁 사례가 끊이지 않았다. 일반적으로는 영주들과 이들에 종속된 농민들의 관계를 보다 분명하게 규정할 뿐만 아니라 왕국의 모든 영토에 일률적으로 적용되는 법령이나 성문화된 규정들을 도입하려는 성향이 두드러졌다.

| 다음을 참고하라 |
역사 농촌(190쪽)

지중해의 앙주 가문

| 프란체스코 파올로 토코Francesco Paolo Tocco |

앙주 가문이 지중해 동부 지역에 출현한 것은 교황의 권유로 시칠리아 왕국을 정복한 후에 1266년부터 이곳을 통치했던 샤를 1세처럼 확고한 의지와 큰 야심을 가진 군주가 의도적으로 추구했던 두 가지 서로 다른 정치 성향의 결과였다. 샤를 1세는 새로운 왕국에 오랫동안 적용될 대외 정책을 도입했다. 동지중해로의 진출이 그것으로 로베르 기스카르의 시대에 이미 조짐을 나타냈다. 이것은 훗날 샤를 1세가 참가한 보다 복합적인 십자군 운동과도 맥을 같이 한다.

교묘한 정치적 합의

1266년에 앙주의 샤를 1세(1226-1285년, 1266-1281년에 시칠리아의 왕, 1266년부터 나폴리의 왕)는 알바니아와 에피로스 일부 지역을 통치하던 만프레트(1231-1266)가 미카일 2세(?-1278)의 딸 에피로스의 헬레나(?-1266년 이후)와의 혼인을 통해 얻은 그리스 지역의 영토와 통치권을 차지했다. 샤를 1세가 차지한 영토는 케르키라 섬과 두러스의 항구를 포함한 알바니아 지역이었다. 그는 1267년 2월에 아카이아 공국의 군주 빌라르두앵의 윌리엄 2세William II(?-1278)와 비잔티움 제국, 트라키아 재정복으로 이어질 비잔티움 봉기 이후 완연한 위기에 직면 중이었던 라틴 제국 황제 보두앵 2세Baudouin II(1217-1272/1274)와 동맹을 체결했다. 샤를 1세는 라틴 제국 정복을 위해 1년간 2천 명의 기사를 제공하는 것 말고도 이전에 빼앗았던 헬레나의 영토와 아카이아의 군주권(오늘날의 펠로폰네소스에 해당한다), 군도의 여러 섬과 정복할 영토의 1/3을 선택적으로 차지할 수 있는 권리를 대가로 약속했다. 협약은 그의 딸 베아트리스Beatrice(?-1275)와 보두앵 2세의 (샤를 1세나 그 후손이 후계자를 남기지 못할 경우 황제권을 상속받게 될) 상속자인 아들과의 결혼으로 더욱 강화되었다. 샤를 1세

콘스탄티노플을 직접 공격할 수 있음을 직감한 샤를 1세는 외교 노력과 효과적인 결혼 정책을 병행하여 (아드리아 해와 발칸 반도로 진출하려는 자신의 의도를 실현함에) 정치적으로 파편화되어 있던 유럽 남동부와 에게 해 진출에 필수인 헝가리 왕국의 앙주 가문과 교두보를 마련하기 위해 노력했다. 1271년에 샤를 1세와 빌라르두앵의 윌리엄 2세와의 관계는 앙주 가문의 둘째 아들인 필리프(약 1256-1277)와 윌리엄

2세의 장녀인 이사벨라의 결혼을 통해 더욱 공고해진다. 몇 달 후 에피로스의 독재자가 사망하자 샤를 1세가 알바니아의 실질적인 주인이 되며, 이를 계기로 1272년에는 왕권을 차지했다. 왕국 전체에 대한 앙주 가문의 권위는 이후 급속하게 약화될 것이었지만 샤를 1세는 발칸 반도의 군주로 군림하며 이 지역의 모든 세력에 직접적인 영향력을 행사했다.

앙주 가문의 왕권은 베네치아, 파트라스의 공작, 테살리아의 군주, 세르비아의 왕 스테판 우로쉬 4세 두산Stefan Uros IV Dusan(약 1308-1355, 부인 엘레나는 보두앵 2세의 딸이다), 봉건 영주들, 불가리아 제국의 차르인 게오르기 테르테르(?-1309)와 동맹을 체결하는 것으로 비잔티움 제국 정복을 위한 사전 준비와 (그 영향력을 프로방스에서 이탈리아 남부로, 그리스로부터 시리아의 해안 지역으로 확대하는) 앙주 가문의 지중해 패권을 구축하기 위한 준비에 착수했다. 샤를 1세는 1277년에 예루살렘 왕국의 왕권을 차지하면서 자신의 계획을 실행에 옮겼고, 이후 시대의 앙주 가문 왕들은 (얼마 후에 명예직으로 전락하지만) 통치권을 유지할 수 있었다. 앙주 가문의 예루살렘 왕권 장악은 프랑스인들의 십자군 정책에서 시칠리아 왕국의 유산을 단단히 하는 결과를 가져왔다. 이제 예루살렘의 왕이 된 샤를 1세는 영토를 조금 확장한 제국을 통치하기 위해 시리아에 산세베리노가 이끄는 7척의 함대를 파견하면서 시리아의 운명이 이 지역에 대한 서유럽 세력의 지배에 매우 중요하다는 인식을 드러냈으나 곧 실패로 돌아갔다. 그것은 그리스도교 세력의 마지막 보루인 아크레의 산 조반니가 1291년에 함락되었기 때문이다.

예루살렘 왕국의 왕권

야심의 종말

1282년에 앙주 가문의 헛된 팽창주의를 저지하는 중대 사건으로, 어쩌면 샤를 1세의 수많은 적이 사전에 계획했거나 은근히 추진한 결과였을지 모르는 만종 사건이 발생했다. 이 사건의 대표 인물인 아라곤의 페드로 3세Pedro III(1240-1285, 1282년부터 왕)는 황제파의 적자로 슈바벤 가문의 정통성을 지녔고, 앙주 가문의 막강한 권력과 더불어 비잔티움 제국의 황제 미카엘 8세 팔라이올로고스(1224-1282)에게 적대적인 로마 원로원의 일부 세력에게 일정한 영향력을 행사했다. 한편 비잔티움 황제는 확고한 전통이 말해 주듯 전혀 유사하지 않은 세력들을 돈으로 매수하여 하나로 응집시키는 데 성공했다. 메시나 주민들이 만종 사건에 가담한 이후 샤를 1세가 파견한 거대 규모의 함대는 정박지에서 모두 파괴되었다. 반란 이후 20년간 샤를 1세와 후계자인 샤를 2세(1252-1309, 1285년부터 왕)는 칼타벨로타 조약(1302)으로 일시적이나마 섬에 대한 통치권을 상실했다. 이제 시칠리아의 지배권은 앙주 가문에 적대적인 아라곤 가문이 차지했다. 이를 계기로 앙주 가문의 동지중해 정책은 일련의 사건과 왕국 봉건 영주들이 시도한 개인적인 노력에 의지하는 정책을 추구하게 되었다.

통합을 위한 노력

예루살렘 왕국을 상실한 상황에서 부친 샤를 1세에 이어 나폴리 왕이 된 샤를 2세는 십자군 주창이 현실성 없는 것임을 인식하고 튜턴 기사단, 병원 기사단, 템플 기사단, 칼라트라바Calatrava 기사단과 론세스바예스Roncesvalles 기사단, 프레몬트레 수도회Premonstratensian와 다른 기사단들을 자신의 휘하에 끌어들여 시리아 정복을 시도했다. 이번에도 실패했으나 그는 왕국에 대한 앙주 가문의 권리 유지를 위해 노력을 계속했다. 발칸 반도의 경우 아들 앙주-타란토의 필리프(1278-1332)에게 군사 작전을 위임하며 1294년 2월에는 아예 타란토 군주국을 넘겨주었고, 아들을 에피로스의 니체포로 두카스Niceforo Ducas(?-1296)의 딸 타마르Thamar(1277-1311)와 결혼시켰다. 이 결혼을 통해 필리프는 그리스에 있는 앙주 가문의 모든 재산 외에도 아카이아 군주국과 아테네 공국, 알바니아 왕국과 왈라키아Walachia에 있는 가문의 재산을 모두 물려받았다. 타마르는 부친으로부터 결혼 지참금으로 받은 지로카스터르와 에피로스 주변의 영토를 남편에게 제공했다. 계승권 절반은 부친의 사망 시에, 나머지 절반은 모친의 사망 시에 받게 될 것이었다.

니체포로의 미망인이 협정을 어기고 아들에게 재산을 물려주려고 했음에도, 타란토 영주들은 그의 아들에게 일정 금액의 연간 수입을 제공하고 군주 필리프가 전쟁을 벌일 경우 군사적 지원을 하겠다는 봉건적 권리를 제공함으로써 약속을 지켰다. 그러나 1309년에 타마르는 사실상 상속권을 박탈당한 상태에서 버림받았다. 1313년에 필리프가 모계를 통해 라틴 제국의 모든 권리를 상속받은 발루아-쿠르트네의 카테리나Caterina(1303-1346)와의 동방 정책에 유리한 조건을 제공하는 혼인을 결정했기 때문이었다. 그 결과 필리프는 알바니아와 아카이아에 대한 자신의 지배권 외에도 라틴 제국에 대한 공식적인 군주권을 추가로 확보할 수 있었다. 하지만 얼마 후에 필리프는 남동생과 아카이아 군주국에 대한 권리를 둘러싸고 분쟁에 휘말렸고,이것은 1332년에야 겨우 해결되었다. 샤를 2세를 계승한 앙주의 로베르(1278-1343, 1309년부터 왕)는 필리프의 남동생 조반니가 아카이아에 대한 권리를 필리프의 상속인들에게 넘겨주며 그 대가로 알바니아를 영구 소유한다는 타협안을 근거로 하여 두 가문 사이의 합의를 이끌어 내는 데 성공했다. 이렇게 형성된 앙주-두러스 계보는 얼마 후 알바니아의 영토를 장악했다. 그리스에서조차 상황은 개선되지 않았다. 비잔티움과 터키의 위협은 더욱 심각해졌고, 아테네 공국은 이미 카탈루냐 용병 부대의 손에 넘어갔다.

나폴리 궁정 제한된 규모의 군대와 보급품을 보내는 것으로 자신의 역할을 제한했던 나폴리 궁정은 1338년에 발루아-쿠르트네의 카테리나가 아들들과 함께 아카이아로 거처를 옮긴 것을 계기로, 특히 피렌체 상인이자 그들의 보호자 자격으로 신임받고 있던 니콜로 아치아이우올리Niccolò Acciaiuoli(1310-1365)의 지원 덕에 대대적인 노력을 경주하여 일시적으로 군주국에 대한 권위를 확보하게 되었다. 앙주-타란토 가문은 1374년까지 군주국의 공식적인 권위를 유지했으며, 1383년까지는 보Baux 가문이 권위를 계승했다. 하지만 영토에 대한 통제권의 관점에서 볼 때 이오니아 섬에서 아카이아 군주국을 포함해 아테네에 이르는 그리스 지역에 대한 통제권은 앙주의 두 가문이 나누어 가지게 되었다. 먼저 케팔로니아 백작들로 이오니아 섬들을 지배하던 토코 가문과, 군주국의 다른 여러 지역을 지배하던 가문의 선조 니콜로가 1365년에 죽을 때까지 확고하게 추진하던 팽창 정책과 안정화 정책을 바탕으로 한 아치아이우올리 가문이다. 후자는 베네치아에 복종하는 것과 (14세기 말에 티무르의 정복 이후 1420년부터 절대적인 지배자로 군림하던) 터키 제국에 복종하는 것 사이에서 권모술수를 모색하던 카탈루냐인들과 그 후손들인 안토니오Antonio(?-1435), 네리 2세Neri II(?-1451), 그리고 (프랑코Franco(?-1463)로부터 1394년에 아테네를 빼앗은) 니콜로의 조카이자 양자인 네리 아치아이우올리(?-1394)의 균형 잡힌 노력 덕에 15세기 중반까지 세력을 유지했다.

| 다음을 참고하라 |
역사 호엔슈타우펜 가문의 프리드리히 2세와 이탈리아 호엔슈타우펜 가문의 몰락(41쪽); 프랑스(100쪽); 시칠리아의 앙주 왕국(135쪽); 시칠리아의 아라곤 왕국(139쪽)

국가들

STORIA

교황령

| 에리코 쿠오초 |

교황령은 특히 인노첸시오 3세의 노력 덕에 중세 전 기간에 걸쳐 행정적-영토적 실체로서 힘을 유지할 수 있었다. 또한 교황청이 아비뇽 유폐 중 민감하게 반응했던 핵심 이해관계의 하나는 이탈리아 영지에서 자신의 지위를 다지는 것이었다.

교황 인노첸시오 3세의 개혁

1198년에 황제 하인리히 6세(1165-1198, 1191년부터 황제)의 죽음과 교황 인노첸시오 3세(1160-1216)의 선출은 중세 교황령 형성의 마지막 단계가 시작되었음을 알리는 사건이었다.

12세기 내내 교황의 영토에 자신의 권리를 부여하려는 황제들의 모든 시도는 실패로 돌아갔다. 안코나의 마르카와 스폴레토 공국으로 교황의 권위를 확대하려는 교황 알렉산데르 3세Alexander III(약 1110-1181, 1159년부터 교황)와 첼레스티노 3세Caelestinus III(?-1198, 1191년부터 교황)의 노력은 실패했던 반면에 인노첸시오 3세는 효율적인 행정 활동과 오토 4세(1175/1176-1218, 1209-1215년에 황제)와 프리드리히 2세(1194-1250, 1220년부터 황제)의 몇 가지 제국의 특권 덕에 성공을 거두었다. 이는 역사 연구자들(피커Ficker와 마카로네Maccarrone)이 '회복(정책)'으로 정의한 정책의 실현을 의미한다.

인노첸시오 3세는 중세 전 기간 내내 유지될 영토적 실체, 다시 말해 북쪽의 라디코파니Radicofani에서 남쪽의 체프라노에 이르는 옛 로마 공국과 사비나, 스폴레토 공국, 안코나의 마르카, 베네벤토로 대표되는 고립된 영토enclave의 이미지를 교황령에 부여했다. 이 목록은 호엔슈타우펜 가문의 프리드리히 2세가 각각 1213년과 1219년에 작성한 두 장의 외교 문서에 등장하는데, 인노첸시오 3세는 로마냐(이탈리아 동북부에 있던 예전의 교황령*)에 대한 권리를 주장했지만 이를 얻어 내는 데에는 실패했다.

교황청의 13세기 초까지의 요구는 12세기 말에 이미 작성되었던 것으로, 교황령 전 지역을 대상으로 교황청이 주장하는 토지들에 대한 권리의 합법성을 증명하는 모든 문서를 공식적으로 모아 놓은 납입금 대장Liber Censuum이 언급하듯 로마 교회의 재산(성 베드로의 세습 영지patrimonium Sancti Petri)에 속하는 지역들에 대한 군주권 행사와 관련 있었다.

행정적 질서가 도입된 것은 인노첸시오 3세의 공로로 그의 후임자들이 강화할 것이었다. 그것은 교회의 영토를 직접 지배지immediatae subiectae와 지역 영주들이 자치적으로 지배하는 간접 지배지mediatae subiectae로 양분한 것에 기초했다.

교회의 토지와 영주의 토지

교황은 간접 지배지에 대해서는 어떠한 중요한 요구도 하지 않았으며 그것을 봉건적 틀에 예속시키지도 않았다. 지역 영주들은 매년 정기적인 세금 납부와 교황령의 권위에 대한 공식적인 인정만을 요구하는 교황의 조치를 환영했다. 반면 직접 지배지는 실질적으로 통제하려 했다. 모든 지역에 분산되어 있는 직접 지배지는 상당한 자유를 누리는 성주와 영주에게 위임되었다. 이후 주교구와 대규모 수도원들의 성직록을 구성하는 토지가 때때로 상당히 확산되었으며 교회의 규정 덕에 교황의 직접적이고 즉각적인 통제에서 벗어난 상태로 유지될 수 있었다.

인노첸시오 3세는 직접 지배지의 토지들을 큰 규모의 행정 구역들로 구분하는 개혁을 단행했다. 각 행정 구역은 교황의 대리인이 책임자 자격으로 관리했다. 구성된 조직의 수와 규모는 13세기를 지나며 자주 변했다. 교황의 행정 책임자는 고위 성직자나 로마냐 귀족 가문 대표자들 중에서 선출되었다. 이들은 토지를 관리하고 교회의 각종 세금을 징수하며, 재판관들과 관리들이 참여하는 순회 재판소를 통해 사법 재판에도 개입했다. 13세기 중반부터는 행정 책임자 말고도 회계를 담당하는 재무관이 등장했다. 그들은 교황청 궁무처를 대표하는 만큼 행정 책임자로부터 수입금 관리에 대한 권리를 넘겨받았다.

행정 책임자의 권위에 예속된 직접 지배지의 토지들은 교황령 소속의 자치 도시들을 포함했다. 교황은 이들의 행정적 관리를 위해 노르만 시대에 시칠리아 왕국에 적용되었던 도시 규정을 채택했다. 그러나 과거의 사례와는 반대로 자치 도시 내 행정 조직의 수장으로서 교황의 대리인과 자치 도시의 대표자가 공존하는 양두 정치의 공식을 포기했다. 교황은 대학의 수장으로 교황청이 지명한 사법관을 임명했다. 실제로는 매우 드물었던 방식으로, 후임 교황들의 경우에서 보듯(호노리오 3세, 그레고리오 9세, 인노첸시오 4세) 공식적으로 권리를 인정받는 것에 자족했다.

인노첸시오 3세는 지방 의회를 설립하는 것으로 세속적인 제도 체계를 완성했다. 13세기를 거치면서 지역 영주와 교회의 고위 성직자들, 각 지방 행정 관청에 위치한 교황령 자치 도시들의 대표들이 지방 의회를 구성했다. 이들은 지역의 관습을 보호하고 분쟁을 해결하며 새로운 법령의 선포를 통해ordinamenta 현행 입법을 개혁했고, 지방 행정관들이 영토를 방어하기 위해tallia militum 요청한 특별 지원의 합법성을 판단하는 임무를 수행했다. 지방 의회의 설립

이것은 여러 지역의 수많은 기존 조직에 우선했으며 교황의 세속적 우월권에 대한 궁극적인 승인을 뜻했다. 또 새로운 조직은 권력을 보다 효율적으로 행사하는 것 외에도 교황령 소유지의 수입금과 사법부 수입으로 구성되는 정규 세금을 정확하고 세심하게 징수하는 데 도움을 주었다. 이후 직접적 지배지의 영주들이 교황청에 지불하는 인구세가 정규 세금으로 추가되었다.

웨일리Waley와 콜리바Colliva 같은 학자들은 13세기 전 기간에 걸쳐 이와 같은 체제가 상당히 허약한 모습을 노출했음에도 이것이 획일적인 조직이 아니라 지역적 다양성, 다시 말해 지역 조직이라는 점에서 매우 특징적이라 주장했다. 교황은 자신이 기대할 수 있는 영토상의 실질적 군주권을 가지고 있지 않았기에 교황령 소유지에 대한 권리를 행사했고, 특히 직접 지배지를 관리하는 데 자신의 존재감을 드러내기 위해 지역 조직에 의존해야 했다. 자치권을 누리는 시뇨리아들의 경우 교황은 황제 프리드리히 2세가 추진한 바 있는 방식에 근거하여 봉건 영주들을 교황의 대리인으로 임명하고 이들의 현실을 인정했다. 사실상 분리를 인정하는 것이란 점에도 불구하 지역 조직

고 교황은 이후의 시대에 폭넓게 활용될 모델에 근거하여 자신에 대한 공식적인 충성을 이끌고 자신의 권위를 인정하게 만들었다.

교회의 역사와 아비뇽의 교황들

1309년에 프랑스 출신 교황 클레멘스 5세(1260-1314, 1305년부터 교황)는 교황청을 로마에서 프로방스 아비뇽으로 옮겼다. 이후 교황청은 1377년까지 아비뇽에 머물렀다. 오늘날 성경에 비유하여 '아비뇽 유폐'로 정의한 기간 동안 아비뇽 교황들이 이탈리아의 교회 영지에 대한 행정에 무관심했다는 학자들의 주장은 이제 유효하지 않다. 대부분의 연구자들은 이탈리아의 교회 영지가 아비뇽 교황들의 무거운 걱정거리 중 하나였다는 것에 동의한다. 수많은 논쟁에도 불구하고 아비뇽의 교황들은 이탈리아에서 자신들의 지위를 유지하기 위해 수입의 상당 부분을 지출하며 지속적으로 교황청의 행정 조직을 발전시키려고 노력했다. 그 결과 교회의 행정 조직은 14세기 전반기에 자유 도시들의 몰락과 새로운 시뇨리아 체제의 등장을 목격하게 되었다.

이탈리아의 교회 영지에 대한 관심

교황 영지 내에 위치한 자치 도시들은 그 중요성을 빠르게 상실했다. 주요 자치 도시 중 하나인 로마는 자치 정부를 상실한 채 교황 베네딕토 12세(1280/1285-1342, 1334년부터 교황)의 권위에 예속되었다. 1347년에 벌어졌던 리엔초의 콜라(약 1313-1354)의 반란은 얼마 가지 못했고, 교황청의 지배권을 물리치는 데 실패했다. 반대로 시뇨리아의 권력자들에 대한 통제는 사실상 불가능하다고 할 수 있을 만큼 힘들어졌다. 이들은 출현 초기부터 교황의 권력을 위협했으며 몇 가지 사례에서 보듯이 정치적 혼란을 일으켰다. 로마냐와 안코나의 마르카의 통치자들이 일으킨 반란이 예다. 시뇨리아의 시대는 교황령에게 결실도 가져왔다. 그것이 때로는 통치권을 결속시키는 예상치 못한 성과를 가져왔기 때문이다.

한 도시가 한 명의 통치자에 의한 지배로부터 교회의 직접적인 통치로 옮겨 갈 때 과거 대학universitas이 누렸던 권리를 인정하는 않는 관행이 강화되었다. 교황청의 행정은 과거 시뇨리아의 통치자가 행사하던 모든 권력을 일거에 대체하며 시뇨리아들의 관습인 자치 도시의 법령을 무효화했다. 이외에도 새로운 유형의 통치 대리인 또는 도시의 교황청 행정 대리인을 임명하여 시뇨리아의 고유 방식과 형태로 권력을 행사하는 임무를 수행하게 했다.

로마 원로원들에게 당시의 정치와 외교상의 중요 문제는 시뇨리아의 통치자 또는 자신들이 권좌에서 쫓아내지 못한 독재자들과 만족스러운 협상을 진행하는 것이었다. 통치 도시에 이들이 매년 실시하는 조사census를 대가로 교황청 통치 대리인의 칭호를 부여하는 방안이 최종적으로 선택되었다. 이는 교황청에게 자신의 권위를 확립하는 동시에 가능한 많은 것을 얻을 수 있게 하는 해결책이었다. 시뇨리아의 통치자들은 교황청 통치 대리인으로 임명되는 순간에 함께 부과되는 의무의 일부만 이행했고, 이로 인해 이들의 존재는 정부에게 위협으로 작용했다. 교회는 독재자들을 군사적으로 제지하지 못하는 상황에서 일종의 타협안을 수용해야 했다. 교황청 대사이자 추기경인 에지디오 알보르노즈(1310-1367, 1353-1357년, 1358-1363년에 교황청 특사)가 이러한 타협안을 로마냐에서 시작하여 교황청 영토의 많은 지역으로 확산시켰다. 교황청 통치 대리인

교황청 행정의 모든 구조는 지속적으로 확대되며 한층 효율적으로 변해 갔다. 교황청 지방행정위원회curia rectoris 조직의 대부분은 알보르노즈 시대에 이미 실행에 옮겨졌던 반면 자신의 집정관을 선출하는 자치 도시의 수는 빠르게 감소했다. 알보르노즈는 이전 시대에 지방 행정관들과 교황들이 선포한 수많은 법령을 『에지디우스 법령집』으로 성문화했다. 이것이 교황령 공법의 출발점이 되었다. 통치의 급속한 발전에도 불구하고 교황청의 무질서에 대한 문제는 여전히 남아 있었다. 각 지역의 사정은 일상적인 것으로 여겨졌다. 교황청은 군사적인 힘도 이를 키우는 데 필요한 자금도 없는 상황에서 지역주의와 타협해야 할 필요에 직면했다.

자유 도시들은 몰락 과정에 들어섰지만 자신들의 영향력과 통치권을 주변 지역(종사제comitatus)으로 확대하려 애썼고, 그 결과 모든 도시는 관리가 힘들어졌다. 교황 우르바노 5세(약 1310-1370, 1362년부터 교황)와 그레고리오 11세(1329-1378, 1370년부터 교황)의 시대에 교황청이 이탈리아로 돌아온 것도 상황을 호전시키지 못했다. 오히려 1376년에는 심각한 대규모 반란에 직면했다. 1378년에 이탈리아인 교황이 선출되면서 지역주의 외에도 과거 교황청의 족벌주의가 새로운 문제로 등장하여 지역적 이해관계 문제가 고개를 들었고, 교황청의 정치적 행동에 적지 않은 위협으로 작용했다.

지역주의와 지역적 무질서가 중세의 권력이 직면해야 했던 (지방 고유의) 심각한 문제였음은 사실이다. 그럼에도 종종 짧은 기간 동안만 직무를 수행하는 성직자들

교황령의 취약성 이 통치하는 '국가'라는 특수한 구조는 교황령을 다른 권력들의 그것에 비해 더욱 약화시키는 작용을 했다. 교회의 세속적인 지배는 다른 세속 권력들이 누리는 지속성을 가지고 있지 않았다. 한편 지역적 이해관계는 그 뿌리가 매우 깊을 뿐더러 오직 교황들이 여유 있고 자신들의 영적 권리에 대한 공격으로부터 안전할 때만 적절하게 대처할 수 있는 것이었다. 1378년의 교황 선출을 계기로 시작된 교회 대분열이 교황령에 심각한 타격을 주기는 했지만 관리들officiales의 계급 질서와 교황의 절대 권력에 기초한 유형에 근거하여 교회의 중앙 권력에 영토를 복속시키려는 (이미 더 이상 어쩔 수 없는 상태로 확산된) 경향은 계속되었다.

| 다음을 참고하라 |
역사 아비뇽의 교황청(57쪽); 교회 대분열(63쪽); 프랑스(100쪽)

프랑스

| 파우스토 코제토Fausto Cozzetto |

13-14세기에 프랑스는 대규모 봉건 국가로 성장하며 군주의 권위를 강화하는 방식으로 내부 조직에 대한 개편을 추진했다. 프랑스 군주국은 국제적 차원에서 신성로마 제국에 대항하여 교황을 지지했다. 또 앙주 가문의 시칠리아 왕국 정복으로 이탈리아 내에서 권력을 수단으로 활용하는 정책을 전개했다. 그 결과 새로운 국가의 지위에 대한 가치를 확립했고, 교황청은 개편 과정에 직면하게 되었다. 카페 왕조의 몰락과 백년전쟁의 시작은 군사적 패배와 새로운 왕조 문제의 결과로 프랑스 군주국의 역할을 재구성하는 계기를 제공했다.

위대한 프랑스

13세기 초반에 카페 왕조는 필리프 2세 존엄왕(1165-1223, 1180년부터 왕)의 통치로 프랑스의 자연 국경에 도달하여 남부 지역과 봉건적 충성 관계에 예속된 대봉건 영지를 장악했다. 프랑스 군주들은 내부적으로도 정치적 공간의 여지를 확보하는 데 성공했다. 군주국을 약화시켰던 배타주의의 발전은 봉건 제도마저 약화시켰다. 같은 시기의 종교적 개혁은 봉건적 배타주의로부터, 즉 군주국으로부터 주교구와 수도원에 대한 통제권을 빼앗았다. 이외에도 교회는 군주국의 신성함에 의지하고 이를 강화시키며 폭력과 귀족들에 의해 야기된 분쟁을 금지했다.

파리 대학 교수였던 브라반트의 시제루스Sigerus(약 1235-1282)의 주장에 따르면 13세기 후반의 프랑스 군주들은 대봉건 영주들에 맞서 중앙 행정의 밑그림을 그리고 단순한 봉건 영주의 이미지와 군주의 그것을 구분하며 군주국의 정치적 성향을 합리적으로 다듬었다. 영토에 대해서는 11-12세기에 사법과 군사의 폭넓은 권한을 가졌던 지방 행정관과 궁정 집사를 통해 초기의 핵심 요인을 갖춘 왕의 행정을 강조했다.

필리프 2세 존엄왕은 국제 관계 관점에서 교황이 원하는 제국의 황제 후보를 지지하여 인노첸시오 3세(1160-1216, 1198년부터 교황)에게 제국으로부터의 독립된 지위를 인정받았다. 이는 서유럽과 카롤링거 전통을 직접적으로 상속한 군주국에 대한 국제적 차원에서의 궁극적인 승인을 의미했다. 또한 봉건 세력 대부분을 자신의 통제하에 두고자 했던 왕의 행정 권력을 강화시켜 주었다. 그 결과 루이 8세(1187-1226, 1223년부터 왕)는 1224년에는 라로셸La Rochelle과 이후에는 가스코뉴가 관심을 이어 간 정복 활동을 지속했지만 이것은 실패했다. 보르도 지역이 프랑스 북부에서 확고한 지위를 유지하고 있던 앵글로-노르만에 대한 충성을 그대로 유지한 것이 주된 이유였다.

성왕 루이 9세

루이 8세의 이른 사망으로 왕위를 계승한 루이 9세(1214-1270, 1226년부터 왕)의 어린 나이로 왕국은 루이 8세의 모친인 카스티야의 블랑슈Blanche(1188-1252)의 섭정에 들어갔다. 그녀는 뛰어난 정치 능력을 발휘하여 카페 왕조의 영토 정복을 위협하는 대봉건 영주들의 연합군을 격파했다. 하지만 루이 9세가 모친에 반기를 들고 왕위에 오르면서 새로운 국면에 접어들었다. 평화적 공존으로의 회귀는 루이 9세가 남부 지역에 취한 태도의 결과였다. 그 배경에는 해당 지역에 확산되어 있던 군주국에 대한 빈번한 음모가 있었다. 이러한 이유로 국왕 루이 9세는 툴루즈 백작의 딸 마르그리트(1221-1295)와 혼인하고 장인이 죽은 후에 그의 봉토를 상속한 아내의 어린 남동생이 장악하고 있던 푸아티에 백작령에 자치권을 부여했다. 백작령은 가족의

불만의 조짐들

긴밀한 유대 관계 덕에 군주국의 영향권에 안주했다.

모친의 섭정이 끝나자 루이 9세는 여러 지방을 조직화하고 평화와 정의의 정치를 위한 지침을 준비했다. 그리고 왕권을 교두보로 봉건 제도의 프랑스를 정리할 수 있는 군주 모델을 추가로 마련했다. 이것은 2개의 권위, 즉 봉건 질서의 최정상에 위치한 권위와 신으로부터 군주가 부여받은 권위의 통합을 의미했다. 새롭게 혁신된 군주국의 특징과 의미는 카롤링거 제국의 그것과는 달랐다. 군주는 ('모든 외적인 것의 경우 주교처럼 자처하고', 완전히 그리스도교화되지 않은 제국이나 그리스도교화될 수 있는 제국에서는 신앙의 지지자로 행동하는) 콘스탄티누스 1세의 모델과 다르며, (그리스도교 세계에서는 세속적 신분의 가부장으로, 그리스도교 민중을 통치하는 데에서는 교황의 협력자로 자처하는) 카롤링거 황제의 모델과도 다른 감찰 역할을 수행했다.

그의 후임자들이 그러했듯이 루이 9세 역시 신권으로 통치하는 것과 상속권의 원칙에 근거하여 자신의 국가를 상속하는 것, 그리고 (자신이 군주 자격으로 군사력과 재력을 동원해 국가의 사회 계층들과 봉건 제도를 통제하는) 영토를 통치하는 데 국가 형태의 구조가 필요하다는 점을 분명하게 의식했다. 1262년에 그는 자치 도시의 통치자를 교체하고, 주요 중심지에서 활동하는 왕의 관리들에게는 매년 자치 도시의 수입과 지출 상태를 보고하는 의무를 부과했다. 루이 9세의 정치적 계획은 여러 도시들과의 관계에 중요한 사안으로 등장했다. 상당히 혁신적인 조치에 해당하는데, 이것이 봉건적 질서가 지배하는 농촌에서 도망친 사람들의 관심이 집중된 도시에서 시민적 질서를 규정하고 유지하는 데 필요했기 때문이었다. 파리는 특별한 경우에 해당

도시들의 시민 제도

했다. 노르만인, 브르타뉴인, 툴루즈인, 프로방스인들이 모여들었고, 그중에는 왕의 행정 조직에 참여하는 이들도 있었다. 당시 파리 인구는 왕국의 다른 도시들에 비해 꽤 많았다. 13세기에 이미 상당 인구 규모를 이루었고, 여기에다 대학과 왕의 행정 조직이 보태지면서 활발한 무역 활동을 전개했다. 따라서 파리는 프랑스의 다른 모든 지역을 지배하며 군주국의 상징으로 부상할 수 있었다. 루이 9세는 '성인'으로 추대되었고, 그의 정치 업적이 결정의 중요 동기로 작용했다. 후계자들에도 그 업적이 계승되었다.

프랑스의 군주국 재건은 1273년에 스스로를 그리스도교 세계 전체의 수호자로 자처하면서 신성로마 제국의 황위를 위한 후보를 자처할 만큼 정치 야심과 활력을 동반했다. 수십 년 전에 루이 8세와 루이 9세는 잉글랜드의 왕위를 차지하려는 야심

을 구체적으로 드러낸 바 있었다. 실제로 1215년에 루이 8세는 자신에 충성하는 영국의 봉건 영주들에 의해 왕으로 선포되었다. 이듬해에는 잉글랜드에 입성하여 수많은 고위 관료로부터 충성을 맹세하는 서약을 받았다. 그러나 유럽의 정치와 왕조 변화에 대해서도 두 손 놓고 있지만은 않았다. 잉글랜드의 국내 지지 세력은 물론 교황과 유럽 동맹 세력의 지원으로 무지왕 존의 후계자였던 헨리 3세(1207~1272, 1216년부터 왕)는 상실했던 왕권을 다시 회복했다. 이에 부친의 왕권을 계승한 루이 9세는 잉글랜드 군주가 노르망디, 앙주, 그리고 튀렌Turenne처럼 아직 공식적으로 잉글랜드 소유인 지역들을 포기하는 조건으로 잉글랜드 왕권에 대한 주장을 포기했다. 잉글랜드의 왕은 유럽 대륙의 여러 지역에 대한 권리를 유지했지만 프랑스 군주의 신하임을 인정한다는 조건을 달았다. 루이 9세는 플랑드르의 영토와 관련하여 비슷한 내용에 합의했다. 아라곤 왕과도 (아라곤 왕국이 랑그도크를 포기하는 것을 조건으로) 유사한 협약을 체결했다. 한편 앙주 가문의 샤를 1세(1226~1285년, 1266~1281년에 시칠리아의 왕, 1266년부터 나폴리의 왕)는 교황의 권유를 받아들여 나폴리 왕국으로의 군사 원정을 단행했다. 카페 왕조의 군주들이 유럽에 새로운 프랑스의 강력한 힘을 과시한 것이 결정적인 역할을 했다.

유럽은 좌시하지 않는다

프랑스의 이탈리아에 대한 야심은 만종 사건(1282)으로 시칠리아를 상실한 것을 계기로 재조정되었다. 14세기 초반에 필리프 4세 미남왕(1268~1314, 1285년부터 왕)의 동생인 발루아의 샤를(1270~1325)은 토스카나에서 자치 도시들 간의 평화를 위한 정책을 추진한다는 명분을 앞세워 포위 작전을 시도했다. 20년 후에는 롬바르디아를 상대로 이탈리아 정복 계획을 추진했다.

아나니의 치욕

프랑스 군주국은 필리프 4세 미남왕의 치하에서 정치적 입장을 새롭게 정리했다. 중세에 기원할 뿐만 아니라 많은 인종의 공존과 공동의 종교적-정치적인 원칙에 근거하여 유럽 공동체를 건설한다는 이념의 실패에 따른 신성로마 제국의 몰락과 밀접하게 관련되어 있던 황제의 보편주의가 위기에 처했기 때문인 이유도 있었다. 여기에서 살아남은 것은 단지 교회의 보편적 우월함을 주장했던 교황의 이념으로, 유럽 국가들이 자신들을 위한 공동의 가치를 재발견할 수 있던 유일한 집적 요인에 해당했다. 이에 반反하여 필리프 4세는 14세기 초반 세속 권력과 영적 권력을 명확하게 구분하는 정책에 입각하여 로마법과 군주국 절대주의에 대한 (유럽 차원에서 본격적으로 등장하는) 새로운 이론을 재정리하며 행동을 개시했다. 1296-1303년에 교황과의 대립에 관련하여 여러 상황이 벌어졌다. 교황 보니파시오 8세(약 1235-1303, 1294년부터 교황)의 굴욕은 '아나니의 따귀 사건'으로 절정에 달했다. 그리스도교 세계의 최고 권위에 적대감을 보인 핵심에는 프랑스 군주가 유럽의 정치와 사회를 통제하고자 했던 야심이 자리했다. 보니파시오 8세의 사망 이후 (굴욕 사건이 벌어진 같은 해에) 필리프 4세는 프랑스인을 클레멘스 5세(1260-1314, 1305년부터 교황)의 법명을 가진 새로운 교황으로 선출하게 했다. 클레멘스 5세는 몇 년 후 프랑스 군주의 모든 제안을 수용해야 하며, 교황의 전통적 거처인 로마를 포기하고 프랑스 군주와 고위 성직자들의 영향권에 예속되었다(1309). 성공을 거둔 프랑스 군주는 피에르 뒤부아Pierre Dubois(약 1250-약 1321)의 제안에 따라 (프랑스의 권위에 복속될) 유럽 연맹을 건설한다는 이념을 내세우며 유럽 내에서 새로운 팽창주의 정책을 추진했다.

카페 왕조의 위기

유럽사에서 프랑스의 패권주의적 역할은 필리프 4세의 죽음으로 시작된 카페 왕조의 위기로 점차 수그러들었다. 국가 통치와 관련하여 드러난 불연속적인 상황으로 프랑스는 1314-1328년에 3명의 후계자를 거치면서 불안정과 잘못된 통치로 인한 항의와 소요를 경험했다. 3명의 군주 전부 아들 후계자가 없었던 관계로 봉토에서 왕권 계승에 이르기까지 모든 것을 규정할 수 있도록 확대된 관습이 채택되었다. 1358년부터는 성문화된 왕위 계승권에 변화가 나타나면서 여성을 프랑스 왕위 계승권에서 배제시켰다. 위기를 부채질한 요인 중 하나는 세금이었다. 국가는 내외적인 임무를 위해 새로운 자금을 필요로 했고, 이로 인해 사회 그룹들이 수행하는 역할과 특권들에 따라 구분된 위원회들을 통해 신하들을 소집했다. 이것은 최초의 회합 이후 국민 전체 회의로 정착되었다.

발루아 왕조

샤를 4세(1294-1328, 1322년부터 왕)의 사망으로 카페 왕조가 끊어지고 1328년에 왕좌는 툴루즈 백작령을 통치하고 있던 발루아 가문이 차지했다. 왕권 계승에 가장 근접한 가계는 왕의 여동생의 아들이자 왕의 조카가 되는 (자연 상속인에 해당하는) 잉글랜드 왕 에드워드 3세였다. 그러나 오래전부터 양국 간의 지속적인 군사 분쟁으로 잉글랜드인에 적대적이었던 프랑스인들에게 잉글랜드인이 자신들의 왕이 된다는 것은 받아들일 수 없는 일이었다. 이러한 이유로 프랑스 왕위는 샤를 4세의 사촌인 필리프 6세(1293-1350, 1328년부터 왕)가 차지했다.

발루아 왕조가 통치를 시작한 프랑스는 서유럽의 정치, 경제, 그리고 사회의 분야들에서 매우 중요한 권력의 실세로 등장했다. 프랑스의 인구는 2천 만 명을 넘어섰고 활발한 경제 활동은 국가의 부를 상당한 수준에 도달시켰다. 급격한 변화는 농촌 환경을 바꾸어 놓았으며 수많은 생산 활동을 혁신시켰다. 프랑스의 농촌은 16세기에 마키아벨리가 '놀라움 그 자체로' 묘사할 것이었으며, '아름다운 프랑스douce France'의 신화를 거듭나게 했다. 생산 활동을 담당하고 부를 지켜 내는 도시들과 사회 그룹들의 발전은 적지 않은 중요성을 획득했다. 농촌의 변화

그럼에도 14세기 중반에 프랑스와 유럽 전역에 심각한 사회적-경제적 위기가 확산되었다. 꾸준히 늘던 인구 증가가 멈추었고, 1348년의 흑사병 같은 질병과 다른 파괴적 성격의 전염병들이 급격한 인구 감소를 동반했다. 수많은 마을과 작은 동네가 버려졌다. 농촌 지역의 빈곤은 심각한 탈도시화를 야기했다. 농업은 물론 당대의 가장 부유하고 발전된 수공업도 쇠퇴를 피하지 못했다. 유럽인의 1/3이 사망했으며 사회적 긴장 상태가 고조되면서 프랑스 도시와 농촌에서 봉기가 발생했다. 이러한 맥락에서 프랑스와 잉글랜드 사이에 벌어질 새로운 대규모 분쟁의 명분이 조성되었다.

에드워드 3세(1312-1377, 1327년부터 왕)가 왕위 계승권에서 배제되자 프랑스의 팽창주의적 야심에 분노한 잉글랜드와 (유럽 국가들의 간섭으로부터 독립성을 지키려는) 프랑스 사이에 궁극적인 분쟁 여건이 조성되었다. 결국 9년이 지난 1337년에 두 국가는 새로운 전쟁에 돌입했다. 이는 '백년전쟁'이라 불릴 정도로 오래 이어졌다. 군사 기술의 관점에서 볼 때 이 전쟁은 당시까지, 그리고 수세기 전부터 전투에서 가장 중요한 역할을 했던 프랑스 봉건 기사들에 대한 잉글랜드 보병의 승리를 확인시켜 주었다. 군사적 우세로 잉글랜드는 전쟁 초기부터 확실한 우위를 차지했고, 반대로 프랑스 군주국은 생존 자체가 위기에 처했다. 1346년의 크레시 전투에서, 1347년의 잉글랜드의 칼레 점령에서, 푸아티에 전투에서 프랑스는 연패했다. 발루아 왕조의 필리프 6세의 왕위를 계승한 장 2세(1319-1364, 1350년부터 왕)는 푸아티에 전투 후 포로로 잡혀 잉글랜드로 압송되었다. 새로운 분쟁 원인

부르주아와 농민들

당시 프랑스 왕국의 국왕 대행으로, 미래의 샤를 5세(1338-1380, 1364년부터 왕)가 될 샤를은 정치적-군사적 비상 상황에 대처하기 위해 국민 회의를 소집했다. 하지만 파리는 이에 반대하여 봉기를 일으켰고 도시 부르주아들은 1258년에 상인 에티엔 마르셀(약 1316-1358)에게 권력을 넘겼다. 그는 이미 상인 조합을 이끌고 있던 상황이었으며 국민 회의에서 왕의 자문위원으로 임명되었다. 마르셀은 군주국 정치에 반대하여 도시에 보다 많은 자유를 제공하고 샤를과 그를 지지하는 귀족에 대항하는 정책을 추진했다. 또 파리로부터 피신한 후 국민 회의를 소집하고 자신의 군대로 도시를 포위한 끝에 항복을 받아 냈으나 결국 살해되었고 도시는 정치적 목표를 달성하는 데 실패했다. 프랑스 군대와 잉글랜드 군대에 의한 파괴와 빈곤 상황이 맞물린 프랑스의 경제적 불행은 농민들로 하여금 콩피에뉴Compiègne 지역으로부터 시작해 전쟁 지지자들로 지목된 봉건 영주들의 성을 공격하게 만들었다. 마르셀 자신도 파리 혁명을 농촌으로 확산되는 봉기들과 연결하려 했다. 농민 군대는 늙은 군인인 샤를 기욤Charles Guillaume이 지휘했지만 농민들은 봉건 영주에게 패배했고 우두머리들은 참수형을 당했다.

에티엔 마르셀

샤를 5세의 반격

샤를 5세의 왕명으로 프랑스 왕위를 계승한 샤를의 정책적 핵심 목표는 군사적 패배와 (프랑스가 과거 카페 왕조의 옛 선조들이 정복했던 프랑스 남서부의 주요 지역들을 잉글랜드에 넘긴다는 내용의) 브레티니 평화 조약으로 상실했던 영토를 재정복하는 것이었다. 샤를 5세는 발루아 왕조의 특권을 명분으로 부르고뉴, 노르망디 같은 프랑스의 통제권에서 벗어나 있던 방대한 지역과, 나아가 카스티야 왕조의 소유지에 대한 야심을 드러내면서 이들에 대한 소유권을 요구했다. 그는 의미 있는 정치적 성공을 거두었는데, 1374년에 파리를 방문했고 얼마 후에는 마르세유가 있는 아를 지역을 프랑스 군주의 소유로 인정한 황제 카를 4세(1316-1378, 1355년부터 황제)와의 관계를 돈독히 하는 데 성공한 것이 크게 작용했다. 1380년에 샤를 5세의 사망으로 미래에 샤를 6세(1368-1422, 1380년부터 왕)가 될 어린 아들이 왕위에 오르지만 심각한 정신 질환에 시달려 통치 능력을 상실했고, 그 결과 대봉건 영주들인 왕가의 다른 군주들이 권력을 잡게 되어 군주국의 권위가 위협받았다.

| 다음을 참고하라 |
역사 백년전쟁(77쪽); 지중해의 앙주 가문(91쪽); 교황령(95쪽); 잉글랜드: 군주국과의 전쟁과 점령지 양도(107쪽); 프랑스와 신성로마 제국의 경계에 위치한 군주국들(122쪽); 시칠리아의 앙주 왕국(135쪽)

잉글랜드: 군주국과의 전쟁과 점령지 양도

| 레나타 필라티 |

군사적 패배와 국내의 혼란으로 약화된 잉글랜드 군주국은 13세기에는 성직자와 봉건 영주, 그리고 도시에 자유를 제공해야만 했으며, 14세기에는 군주들을 통제하는 데 실패한 의회에 정치 권력을 제공했다. 권력의 봉건적-계약적 성격은 신정 정치에 우선했다. 경제 성장은 전염병과 기근 때문에 둔해졌지만 사회는 또다시 발생한 봉기로 혼란에 빠졌다.

무지왕 존의 왕국: 대헌장

헨리 2세(1133-1189)와 아키텐의 엘레오노르(1122-1204)의 다섯 번째 아들로 태어난 무지왕 존(1167-1216)은 지지 세력이 없는 상황에서 부용의 고드프루아Godefroy de Bouillon의 아들인 조카 아르투로Arturo로부터 부르고뉴를 빼앗았다. 이후 형 사자심왕 리처드(1157-1199)의 사망으로 왕위를 계승한 존은 성직자들과 봉건 영주들, 기사들, 쌍무 관계의 봉건법에 따라 자유 권리를 주장하던 도시 계층들의 반란을 무릅쓰며 새로운 세금 부과와 강탈을 통해 신정 정치의 군주국을 세우려 했다. 당시에는 런던과 잉글랜드 남해안에 위치한 5개의 특별 항구들(후에 2개 항구가 추가된다)만이 자치 도시의 법 규정을 보유하고 있었다. 여기에 1202-1206년에 프랑스의 필리프 2세 존엄왕(1165-1223, 1180년부터 왕)에게 노르망디를 빼앗겼고 캔터베리 대주교의 임명을 거부한 왕에게 잉글랜드에 대한 인적(장소적) 성무 정지령(1208)과 파문(1212)을 선포한 교황 인노첸시오 3세(1160-1216, 1198년부터 교황)와 껄끄러운 관계에 직면했다. 결과적으로 무지왕 존은 교황에 복종해야 했으며, 잉글랜드를 교회의 봉건 영지로 인정하고 매년 세금을 지불하게 되었다(1213년 5월 15일). 또한 1208년부터 시칠리아 왕이자 1212년부터 독일 왕이었던 프리드리히 2세(1194-1250, 1220년부터 황제)와 1209년부터 황제였던 오토 4세(1175/1176-1218) 사이에서 벌어진 황제 서임권 투쟁에 개입했다. 무지왕 존은 프랑스 왕과 동맹을 체결한 프리드리히 2세에 대항하여 1210년에 교황에게 파문당한 오토 4세를 지지했다. 그러나 부빈에서 벌어진 대규모 전투에서(플랑드르, 1214년 7월 27일) 무지왕 존과 오토 황제는 패배했다. 이것은 잉글랜드-프랑스 거대 왕국을 건설하려 했던 무지왕 존의 야심찬 계획의 좌절이었으며, '자유헌장'에 대한 세력들의 요구를 더욱 거세게 만들었다. 이에 성직자들은 1214년 11월 21일에, 런던은 1215년 5월 9일에 자유헌장을 획득하게 되었다. 왕은 크리스마스부터 헨리 1세Henry I(1068-1135, 1100년부터 왕)의 문서에 성문화된 자유를 요구했다. 곧이어 봉건 영주들의 봉기에도 직면했다. 러니미드Runnymede 회담(6월 15-19일)은 실패로 끝났고, 봉기에 가담한 봉건 영주들은 잉글랜드 왕으로 필리프 2세 존엄왕의 아들이자 1223년에 프랑스 왕이 될 루이 8세를 선출했다. 고위 성직자들과 런던의 부유 계층들은 반대 세력으로 돌아섰다. 결국 무지왕 존은 대헌장을 허락했다. 두 달 후에 인노첸시오 3세로부터 그 내용을 지킬 필요가 없다는 통보를 받기는 했지만 세금 부과 시에는 대의회로부터 승인을 받아야 했다. 한편 웨일스 군주국은 잉글랜드 내의 혼란을 틈타 독립을 유지했고 더 이상 스코틀랜드 왕에게 봉건 신하로서의 의무를 지키지 않았다.

헨리 3세: 의회의 봉건 영주들과 부르주아

부친 무지왕 존의 사망으로 왕위에 오른 플랜태저넷 왕가의 헨리 3세(1207-1272, 1216년부터 왕)는 아홉 살의 어린 나이로 인하여 펨브로크Pembroke 백작의 섭정을 받았다. 1232년부터 권력을 장악한 백작은 성직자, 봉건 영주, 도시, 기사의 간섭을 배제시키려 했다. 이들은 몽포르의 시몽(약 1150-1218)의 아들의 지휘로 1236년에 헨리 3세와 결혼한 프로방스의 엘레아노르Eleanor(1222-1291, 1236년부터 여왕)의 측근들을 관료로 임명하는 방식과 세금 부과 문제를 놓고 군주와 대립했다. 결국 왕으로부터 옥스퍼드 조례Provisions of Oxford(1258)를 통해 의회로도 불리는 국민의회에서 선택된 15명을 국가자문회의 구성원으로 선출하는 권리를 획득하며 대헌장이 보장하는 자유에 대한 영구적인 승인을 받는 데 성공했다. 왕은 잉글랜드 교회와 왕국의 자유민들, 런던과 다른 도시들에게 자유를 부여하면서 행정 장관들이 다음의 사항을 존중할 것과 또 존중되도록 할 의무를 요구했다.

국민의회로부터 의회로

- 동산이나 신원 보증인으로 부채를 변제할 수 있는 신하와 채무자의 재산
- 개인의 자유
- 상업에서 '과거의 좋은 관습'을 따르고, 전쟁 시에만 또는 잉글랜드와 전쟁을 벌이고 있는 국가의 외국인 상인에 대해 면세권 제공

왕은 매년 3회에 걸쳐 의회를 소집해야 할 의무도 졌지만 단 한 차례도 이행하지는 않았다. 이후 루이 9세(1214-1270, 1226년부터 왕)와 자신의 봉토를 방어하기 위해 전쟁을 벌였으나 패배하여 파리 협정(1259)을 맺었고, 노르망디, 멘, 앙주, 푸아투를 넘겨주었음은 물론 기엔 공작처럼 프랑스 왕의 신하라는 조건을 수용했다. 1259년에는 소귀족과 부르주아에게 사회 기반을 확대하는 차원에서 의회 정치에 참여할 권리를 제공했다. 아들 에드워드 1세(1239-1307, 1272년부터 왕)는 의회의 특권을 수용했다. 1261년에는 프랑스와 교황이 연합하여 옥스퍼드 조례를 거부했으나 봉건 영주들이 반란을 일으켜서 루이스Lewes 전투(1264)에서 왕을 포로로 잡고 왕좌에 레스터의 6대 백작 몽포르의 시몽을 추대했다. 헨리 3세는 케닐워스Kenilworth와 이브샴Evesham에서 반란군을 격파하고 몽포르의 시몽을 살해한 에드워드 1세에게 구출되었다(1265). 자신의 권리를 되찾은 왕은 1272년 사망했다. 1264년 옥스퍼드에 머튼 컬리지Merton College가 설립되었는데, 잉글랜드 최초의 대학이다.

에드워드 1세와 스코틀랜드 정복

'잉글랜드의 유스티니아누스 황제'로 알려진 에드워드 1세는 의회의 공격으로부터 군주국을 지키려 했지만 행정 개혁을 튼튼히 하기 위하여 기능 확대를 통한 정부 조직으로 정착된 의회의 협력을 필요로 했다.

1284년에 그는 웨일스를 잉글랜드에 병합했는데, 이를 계기로 웨일스는 1301년부터 왕권 상속자에 제공되는 칭호를 가진 자치적 군주국이 된다. 왕조의 위기에 직면한 스코틀랜드도 스코틀랜드인들의 반대에도 불구하고 여기에 개입하여 충성서약을 조건으로 가신 관계를 인정함으로써 존 발리올John Balliol(약 1249-약 1314, 1252년부터 왕)은 왕권을 부여받는다. 1292년에 전쟁이 발발했다. 존 발리올은 아키텐을 병합하려는 프랑스에 도움을 청했다. 에드워드 1세는 자신의 전력을 발리올에게 집중시키고자 아키텐에 방어적 입장을 취했다. 그러나 발리올은 던바Dunbar에서

패하여 포로로 잡히고, 스코틀랜드는 정복되었다.

에드워드 1세는 프랑스의 팽창주의에 맞서 제국의 영토를 수호하려는 황제 나사우의 아돌프(약 1250-1298, 1292년부터 황제)와, 자신의 군주 필리프 4세 미남왕에게 1297년 1월 9일에 전쟁을 선포한 플랑드르의 백작 당피에르의 기(1226-1305)의 지원을 등에 업고 다시 프랑스와 전쟁을 벌였다. 군사 작전은 6월에 시작되었지만 황제는 연합 세력에서 빠져나갔다. 스코틀랜드의 봉기에 직면한 에드워드는 1세는 7월 22일에 폴커크Falkirk에서 윌리엄 월리스William Wallace(1270-1305)에 승리를 거두었다. 10월 9일에는 프랑스 왕과 평화 협정을 체결했는데, 이 협정은 1299년 평화조약으로 갱신되었다.

스코틀랜드 재정복

홀로 남은 기는 결국 필리프 4세(1268-1314, 1285년부터 왕)와 수공업 도시 귀족들의 지지로 플랑드르 정복을 인정했다. 에드워드 1세가 아키텐을 차지했고 분쟁 기간 동안 세금 부과에 대한 의회의 승인권을 인정했다(1297).

에드워드는 교황 보니파시오 8세(약 1235-1303, 1294년부터 교황)에게 양측의 주장에 대한 최고 심판자 역할을 요청한 스코틀랜드인들에 대항하여 2개의 결혼, 스코틀랜드 왕의 여동생인 마가렛과 자신의 결혼, 필리프 4세의 딸 이사벨라와 자신의 아들 에드워드 2세의 결혼을 통해 프랑스 왕과 연합했다. 왕은 의회의 지지를 호소했고, 1301년에 의회는 군주가 폴커크에서 스코틀랜드인들에 거둔 승리의 합법성을 인정했다.

의회에 의한 에드워드 2세의 폐위

에드워드 1세와 카스티야의 엘레아노르 사이에서 출생한 에드워드 2세(1284-1327, 1307년부터 왕)는 사적 방식으로 통치하면서 세금 부과에 대한 의회의 승인권을 무용지물로 만들었다. 봉건 영주들은 헨리 3세 시대와 마찬가지로 봉기를 계획했고, 왕에 대항하여 다른 계층들을 소집했다. 대귀족들은 1311년에 행정 권력에 대한 통제권을 장악했다. 에드워드 2세는 배녹번Bannockburn에서 스코틀랜드인 데이비드 브루스에게 패한 후(1314년 6월 24일) 신뢰와 권위를 상실하고 만다.

스코틀랜드의 패전

소귀족과 도시들은 의회에서 자신의 권리를 지키려 하면서 1322년에 소집된 행정위원회와 대치했다. 의회는 자신의 권위를 지키는 데 성공한 이후 궁정의 지지자들에만 의존하려는 군주에 대항하여 계속하여 봉기를 일으켰다. 1326년에는 자격

없는 왕을 폐위시킬 수 있다는 권리를 주장하기도 했다. 궁정 세력은 이사벨라 여왕과 궁정의 왕자들에게 도움을 요청했지만 의회는 1327년 1월 7일에 에드워드 2세를 폐위시켰다. 군주는 자작농인 '요먼Yeomen'에게 웨일스에서 장궁長弓을 도입하는 것으로 궁사들을 훈련시키고 조직하는 데 공을 세웠다.

에드워드 3세: 프랑스와의 정치-왕조 분쟁

에드워드 2세와 프랑스의 이사벨라 사이에서 태어난 에드워드 3세(1312-1377, 1327년부터 왕)는 군주국의 정책에 다시 활력을 불어넣었다. 1330년에 왕은 자신에 대항하여 음모를 계획한 로저 모티머Roger Mortimer(1287-1330)의 암살을 지시했고 해군과 육군을 조직하여 1333년에 버릭Berwick 근처 핼러든 힐Halidon Hill에서 스코틀랜드인들을 격파했다. 그리고 로저 모티머를 암묵적으로 처단하지 않기 위해 재판에 회부하라는 의회의 요구를 반대했다(1341). 상원(봉건 영주와 고위 성직자)과 하원(기사와 부르주아)은 저항했다. 에드워드 3세는 이들의 주장을 받아들여 고위 관리들이 왕권자문회의와 상원의 승인을 받아야 하고 의회에서 서약을 해야 하며, 임기가 종료된 후에는 그동안 수행한 일들에 대한 감찰을 받도록 했다. 그러나 몇 달 지나자 왕권의 권리와 왕국의 법에 위배된다는 판단으로 이전의 사항을 무효화했다. 의회는 2년간 열리지 않았다. 새로운 의회는 1341년의 법령을 폐지하고 행정부의 권력을 통제하라는 결정을 내렸다. 의회는 군사적으로는 프랑스에서의 전투에 개입하고 의회와 좋은 관계를 유지하기 위해 노력한 결과 입법 기관의 동의를 얻어 세금을 승인했다. 계속해서 왕은 행정 부패 척결을 위해 행정을 통제했다. 14세기 중반의 위기는 잉글랜드에도 심각한 영향을 주었다. 한때 370만 명에 달했던 인구는 1349년에 발발한 흑사병으로 급감했기에 인구 증가와 경제 발전을 기대할 수 없는 상황이었다. 1350년 의회에서 귀족들은 가격과 임금 상승을 이유로 육체 노동자의 임금을 1347년 수준에 맞춰 달라고 요구했고 노동자 법령statut of labourers은 귀족들의 요구를 수용했다. 봉건 영주들은 농노 집단을 다시 부활시킬 목적으로 영주들의 옛 권리였으나 더 이상 사용되지 않던 몇 가지의 부역corvées을 부활시키고자 했지만 격렬한 반대에 직면했다.

양원의 저항

필리프 4세 미남왕의 아들 샤를 4세(1294-1328, 1322년부터 프랑스의 왕)가 상속자 없이 사망함에 따라 시작된 프랑스 왕조의 위기로, 에드워드 3세는 모친 가계로 따지면 왕의 조카라는 사실을 주장하며 프랑스의 왕권을 요구했다. 그는 필리프 4세의 형제인 필리프 3세의 막내아들인 발루아의 샤를의 아들인 필리프 6세(1293-1305, 1328년부터 왕)와 경쟁 관계를 형성했다. 그러나 주교들과 봉건 영주들로 구성된 위원회에서 필리프 6세가 프랑스의 왕으로 선포되었다. 이에 에드워드 3세는 스스로를 프랑스 왕으로 자처하며 베네치아와 제노바를 자신의 동맹 세력으로 끌어들이고자 했다. 앙주의 로베르(1278-1343, 1309년부터 왕)의 예배당 사제인 비사차 주교의

실패로 끝난 연합

임무는 실패로 돌아갔고, 에드워드는 프랑스와의 전쟁을 승리로 이끌면서 많은 영토를 점령할 수 있었다(브레티니 평화 조약, 1360년). 하지만 전쟁, 기근, 전염병은 농민과 도시민의 소요를 자극했다. 세금 징수 대리인들과 군주국은 1275년에 결정되었지만 1363년에 실현된 수출 양모와 가죽에 대한 세금 징수를 통해 막대한 수입을 얻었다. 당시 세금을 부과하는 명분은 대륙에 대한 수출이 1347년에 잉글랜드가 정복한 칼레 항구를 거쳤음을 의미했다.

1347년에 국왕과 의회는 신학자며 옥스퍼드의 교수, 국왕의 자문위원인 존 위클리프John Wycliffe(약 1320-1384)의 주장을 받아들여 무지왕 존이 합의했던 공납을 받으려는 교황 그레고리오 11세(1329-1378, 1370년부터 교황)의 요구를 거부했으나 이후 양자 간 타협에 도달했다. 이러한 문화적-정치적 환경에서 의회는 10여 명의 자문위원회를 두어 국왕의 독단 행동을 제한하려 했다. 국왕은 자신에게 우호적인 의회를 통해 자신의 권리를 회복했다. 에드워드 3세는 에노의 필리파Philippa(1314-1369)와의 사이에서 무려 12명의 자식을 얻었고 이들 중 9명이 성인으로 성장했지만 전부 부친에 앞서 사망했다. 이로 인해 잉글랜드의 왕권은 에드워드 3세의 아들인 흑태자 에드워드의 아들이자 칼레의 군주며 아키텐의 공작인 리처드 2세가 계승했다.

리처드 2세: 플랜태저넷 왕조의 종말

리처드 2세(1367-1400, 1399년부터 왕)는 11세라는 어린 나이에 자신의 왕좌를 노리는 삼촌 글로스터Gloucester 공작에게 맡겨졌다. 이에 대한 반대도 적지 않았다. 의회는 왕의 자문위원회, 장관, 고위 관리의 임명을 원했으며 예산을 통제하고 중요 결정에 개입하려고 했다. 프랑스와 전쟁을 벌이고 있던 잉글랜드는 1378년에 폰디Fondi에서 프랑스인 교황 클레멘스 7세(1342-1394, 1378년부터 대립 교황)를 대립 교황으

로 선출한 프랑스 추기경들의 반대를 물리치고 교황으로 임명된 우르바노 6세(약 1320-1389, 1378년부터 교황)를 지지했다. 서방 세계의 분열이 시작된 것이다. 성인 이 된 리처드 2세는 자신의 섭정자를 죽이고자 했다. 세속 및 교회 영주들의 반대와 과중한 세금, 프랑스와의 전쟁에 동원할 군대 징집은 교회 및 세속 영주들의 권력에 대한 민중의 불만을 자극했다. 1381년에 런던을 위협하던 봉기는 직접적인 관계를 가지고 있지는 않았지만 존 위클리프의 이론에 영향을 받은 성직자 존 볼John Ball(?-1381)에 의해 조직되었다. 신학적 충돌은 종교적-사회적인 저항으로 발전했다. 위클리프는 로마와 아비뇽 교황들의 공존에 따른 교회의 부패와 복음주의적 단순성에 대한 포기와 관련하여 권력의 이론적 근거에 대한 재검토가 필요하다고 확신했다. 위클리프는 성체 전질 변화, 고해성사, 파문, 십일조, 관용, 수도회를 전부 악마의 작품으로 간주하여 거부했으며, 신에 귀의한 자들의 개인 소유물과 지배는 (죄로 인해 인간들로부터 멀어졌다는 선언을 통해) 평등 추구와 재산의 공동 소유일 경우에만 정당한 것으로 여겼다.

서방 세계의 분열

농민 봉기는 교회와 세속 재산가의 이해관계를 옹호하는 의회에 의해 철저히 진압되었다. 훗날 서퍽Suffolk 백작이 되었으며 서기장을 지낸 부르주아 마이클 드 라 폴Michael de la Pole(?-1389)이 이끄는 왕의 관료들은 정치적 균형을 모색하기 위해 의회의 과도한 권력에 반대했으나 (왕의 지지에도 불구하고 몰락했고) 결국 1388년 의회에서 죽임을 당했다. 의회는 리처드 2세를 감독위원회의 권한에 복속시켰고 장관 임명에도 개입했다. 의회 구성원들의 권력 남용에 대한 불만에 대항하여 왕은 (1389년에 의회의 의견을 묻는 절차에도 불구하고) 자문위원과 장관을 임명하고, 자신의 권한을 재확립했다. 또 1388년 의회의 봉기 책임자들을 1397년에 모두 처벌했다. 그러나 1399년에는 의회로부터 법과 관습에 위배되는 자신의 이념에 따라 통치했다는 비난 속에 왕권 포기를 강요받았다. 의회는 왕의 모든 특권을 위원회로 이전시켰고, 왕권 포기의 모양새를 갖추어 국왕을 폐위시켰다(1399). 이후 에드워드 3세의 조카이자 곤트의 존의 아들인 랭커스터 가문의 헨리 4세Henry IV(1367-1413)를 왕으로 추대했다.

의회 봉기

글랑빌Granville과 브랙턴Bracton의 경우에서처럼 13-14세기에 왕의 사법권은 문서로 수집된 법원의 판결에 기초한 관습법common law에 의해 행사되었다. 이 문서는 판결문에 대한 수정 보고서와 더불어 (연보) 영장 장부와 변호사 장부, 그리고 최고위 법정 변호사serjeants at law 조합에 관한 장부들로 구성되었다.

| 다음을 참고하라 |
역사 백년전쟁(77쪽); 프랑스(100쪽)
과학과 기술 로저 베이컨과 실험 과학(615쪽)
문학과 연극 제프리 초서(766쪽)

독일의 신성로마 제국

| 줄리오 소다노 |

중세 후기의 독일 제국은 여러 왕국 중 가장 특권적인 지위를 누렸다. 그레고리오 7세와 헨리 4세는 성직 임명권을 둘러싸고 투쟁을 벌였으나 타협으로 해결을 모색했다. 작센 왕조가 끊어지면서 한동안 왕권 장악을 위한 투쟁이 이어졌으나 호엔슈타우펜 가문이 등극하며 끝났다. 이 가문의 왕들은 독일 공국들과 롬바르디아 자치 도시들의 성향을 적대시했다. 하지만 붉은수염왕 프리드리히 1세 바르바로사가 거둔 진정한 성공은 아들 하인리히 6세와 노르만-시칠리아 왕국의 상속자인 콘스탄체와의 혼인이었다.

프리드리히 2세와 이탈리아

프리드리히 2세(1194-1250)는 보편주의를 추구한 신성로마 제국의 마지막 군주에 해당한다. 시칠리아 왕국을 상속받은 그는 1215년에 황제로 선출되었고 1220년에 대관식을 거행했다. 그는 다른 모든 것에 지나치게 소홀하다는 비난을 받을 정도로 시칠리아 왕국에 모든 관심을 집중했는데, 로마 제국을 계승한 절대 보편 제국을 계획하고 있었지만 상당한 다양성에 근거했던 만큼 정치적 허약함을 노출하기도 했다. 독일은 봉건적 군신 관계의 정치-행정 조직이었으나 시칠리아는 상당히 중앙 집중식 성격의 군주국이었다. 이탈리아 중북부에는 사실상 자치권을 누리는 자치 도시들이 자리했던 것이다.

프리드리히 2세는 교황 인노첸시오 3세(1160-1216, 1198년부터 교황)의 죽음으로 시칠리아를 제국과 분리하겠다는 약속을 철회했다. 그는 대관식 거행 후 교황령 영토에 의해 분단된 방대한 지역을 통치했다. 시칠리아 왕국에 대한 재조직을 완료한 프리드리히 2세는 이탈리아 왕국에서 제국의 권위를 충분히 확립하고 자신의 영토를 양분하게 만든 교황령 통제권을 요구했다. 이탈리아 북부의 경우에는 왕국을 통치 대리인들이 통치하는 지역으로 나누어 자신이 신임하는 인물들을 통해 통치하기를 희망했다. 그래서 1226년 크레모나에서 열린 집회에서 이탈리아 자치 도시들이 통치 대리인들에 복속되어야 한다고 단호히 주장했다.

그 결과는 롬바르디아 동맹 결성으로 나타났다. 1227년에 교황으로 선출된 그레고리오 9세(약 1170-1241)는 황제가 십자군에 참가하지 않았다는 이유로 파문을 결정했다. 프리드리히 2세는 전투를 피하면서 성지로 출발하지만 1229년에 이집트 술탄과 외교 협정을 체결하는 것으로 제국의 적대 세력에 새로운 명분을 제공했다. 이탈리아 북부에서는 친교황파 자치 도시들과 친황제파 자치 도시들의 전쟁이 확산되었다. 황제는 1237년에 코르테누오바에서 친교황파 도시들의 연합군을 격파했으나 1239년에는 교황의 두 번째 파문에 직면했다. 이번 파문은 황제를 이단으로 규정했다. 1245년에 프랑스 리옹에서 열린 공의회는 황제 폐위 결정을 내렸으며, 독일에서는 새로운 왕이 선출되는 상황이 벌어졌다. 프리드리히 2세는 1250년에 사망했다. 파문

프리드리히 2세 시대의 독일과 제국의 권위

프리드리히 2세의 이탈리아에 대한 계획은 독일 신성로마 제국의 권력에 심각한 결과를 초래했다. 그는 슈바벤의 필립(1177-1208, 1198년부터 왕)에 대항하여 하인리히 사자공의 아들인 오토 4세(1175/1176-1218, 1209-1215년에 황제)를 지지한 독일의 봉건 영주들이 20여 년에 걸쳐 벌인 전쟁이 끝난 후 황제가 되었다. 오토 4세가 필립의 사망 후 이탈리아에 대한 지배를 요구할 때, 교황은 오토 4세보다 프리드리히 2세를 선호했다. 그 결과 오토 4세는 1214년에 벌어진 부빈 전투에서 프랑스 군대에 패하여 투옥되었으며, 프리드리히 2세는 독일 왕권을 보장받았다. 프리드리히 2세와 이탈리아 도시들, 그리고 교황과의 반목은 훗날 독일과도 결코 무관하지 않다. 황제는 많은 것을 양도한 채 불확실한 통치를 이어 가야만 했다. 프리드리히 2세는 대성직자들의 지지를 유지하기 위해 독일 교회에 자유헌장과 보장책을 제공했다(1220). 1222년에는 재정과 세금에 관한 수많은 권리를 포기했다. 그 결과로 아들 하인리히 7세가 로마인들의 왕으로 선출되었다. 그러나 독일 왕국과 부르고뉴 왕국의 통치 독일의 질서 유지를 위한 조치들

는 하인리히 7세의 어린 나이 때문에 초기에는 쾰른 대주교에 이어 후에는 루트비히 4세에게 맡겨졌다. 이탈리아에서 분쟁이 발생하자 그레고리오 9세는 독일인들 사이에서 수많은 적을 만들었다. 프리드리히 2세는 자신의 지지 유지를 위해 하인리히 7세에게 1231년 보름스 국회에서 군주들에게 주교의 특권을 확대statutum in favorem principum하는 내용의 법령을 선포할 것을 지시했다. 그 외에도 통화 주조와 요새 건설 등의 권리가 제한되며 영주들에게 무역을 통제할 권한이 허용되었다. 반면에 도시에서는 동맹 결성을 금지했다. 동부 지역, 특히 십자군의 동료며 튜턴 기사단의 첫 번째 위대한 지도자인 살차의 헤르만(약 1209-1239)에게 많은 자유가 주어졌다. 그는 황제와 교황 사이의 중재에 힘썼다. 프리드리히 2세는 시민의 자치권이 이탈리아에도 동일한 문제를 발생시킬 수 있음을 우려하여 도시들의 독일이 아니라 군주들의 독일을 택했다. 1235년에는 하인리히 7세보다 어린 아들인 콘라트 4세(1228-1254)를 후계자로 택했다. 1250년의 프리드리히 2세 사망 후에 왕권은 교황과 여러 도시가 지지하는 네덜란드의 빌렘을 제거해야 할 숙명에 처한 콘라트 4세에게 계승되지만 콘라트 4세, 빌렘, 인노첸시오 4세(약 1200-1254)가 거의 같은 시기에 사망하자 1254년부터 12773년까지 왕권은 오랫동안 공석으로 남았다. 이 기간은 왕권 투쟁에 의해 야기된 무정부 상태에 해당하는데 호엔슈타우펜 왕가의 마지막 인물인 콘라트 4세의 아들 콘라딘(1252-1268)은 시칠리아 왕국을 재정복하려는 헛된 시도를 끝으로 1268년에 나폴리에서 죽음을 맞이했다.

합스부르크 가문의 등장과 이탈리아 정책

프리드리히 2세 이후 실질적인 황제의 권력을 장악하려는 노력은 점차 감소했다. 베네벤토와 탈리아코초에서의 패배로 시칠리아를 상실한 만프레트(1231-1266)는 독일의 정치 활동을 국내로 제한했고, 제국 자체를 국가화하면서 왕국과 제국을 하나로 만들고자 했다. 이러한 과정이 보여 주는 긍정적인 몇 가지 결과들 중 하나는 독일에 대한 침략과 외국 후보들에 대한 강력한 저항이다. 14세기 초반에 필리프 4세 미남왕(1268-1314, 1285년부터 왕)은 두 차례에 걸쳐 제국에 대한 프랑스의 권리를 주장했으나 전부 거부당했다.

합스부르크가의 루돌프 1세

왕권 부재 기간은 1273년에 합스부르크 가문의 루돌프 1세(1218-1291)가 등장하며 마감되었다. 그는 제국의 권위를 재확립하고 독일에 평화를 정착시키려 노력했다. 그럼에도 평범한 봉건 영주로서 얼마 남지 않은 제국의 권력을 자신의 아들 알브레히트를 후보로 내세우며 가문을 강화시키기 위해 이용하는 데 몰두했다.

14세기 초반에는 제국의 존재뿐 아니라 독일 왕국 자체마저 불확실한 상황에 빠졌다. 루돌프 1세로부터 룩셈부르크 왕조의 지기스문트Sigismund(1368-1437, 1433년부터 황제)에 이르기까지 무려 9명의 황제가 등장했지만 3명만이 정식으로 제국의 권위를 차지했다. 1298년에 나사우의 아돌프(약 1250-1298, 1292년부터 황제), 1400년에 룩셈부르크 가문의 바츨라프 4세(1361-1419, 1378-1400년에 황제)가 폐위되었다. 제국 정치의 정상에는 모두 4개 가문이 등장했다. 바이에른을 소유한 비텔스바흐Wittelsbach 가문, 1310년부터 룩셈부르크와 브라반트, 보헤미아, 1333년부터 슐레지엔, 1415년부터 루사티아와 브란덴부르크를 통치한 룩셈부르크 가문, 작센의 빌팅Wetting 가문, 오스트리아 남부에 위치한 영지들을 지배한 합스부르크 가문이다. 왕국 계승은 군주국 강화보다는 자신의 가문을 확립하려는 군주들의 손에 들어갔다. 룩셈부르크가의 하인리히 7세(약 1278-1313, 1308년부터 왕)가 선출된 이유는 가문의 지배 영토가 크지 않다는 점 때문이었다. 프랑스의 필리프 4세로부터 정치적 위협을 느낀 그는 자신의 세력 강화를 위한 이탈리아 점유를 재가동하지만 스스로의 허약한 입지만 노출했다. 그러나 1310년에 이탈리아로 내려와 밀라노 왕으로, 1312년에는 로마에서 황제로 등극했다. 그의 여행은 1313년의 갑작스런 죽음으로 중단되었다. 후임자인 루트비히 4세(약 1281-1347, 1328년부터 황제)는 대관식을 교황이 아니라 콜론나 가문의 한 인물이 거행하게 함으로써 제국의 황제권을 교황의 승인에서 자유롭게 했다. 1338년에는 독일의 군주들과 합의하여 황제 선출에 교황의 대관식 거행이 필요하지 않음을 확실히 보여 주었다. 교황과의 마찰은 또 다른 왕인 룩셈부르크 가문의 카를 4세(1316-1378, 1355년부터 황제) 선출이라는 결과를 불렀다. 그는 루트비히 4세 사망 후 황제로 선출되었고 역시 보헤미아에서 자신의 권력을 강화하는 데 제국을 이용했다. 1356년에 인장 교서가 선포되며 선거 체제를 최종 확정했는데, 이에 따르면 황제는 메노Meno 근처의 프랑크푸르트에서 7명의 선거인단 회의인 마인츠, 트리어, 쾰른 대주교와 팔츠 선제후령, 작센, 브란덴부르크(1257년부터) 보헤미아의 세속 군주들로 구성된 회의에서 선출되었다. 카를 4세는 인장 교서를 공포하여 현실에 굴복했다. 선거인단은 오래전부터 권력이나 특권에서 황제의 편이었다. 이제 신성로마 제국은 군주들의 연맹이자 보편주의를 표방하지 않는, 독일 왕국이 된 것이나 다름없게 되었다. 인장 교서로 황제는 서기국과 왕국의 국고를 통제했지만 실질 권력을 상실한 존재로 전락하고 말았다.

| **다음을 참고하라** |
역사 동방을 향한 독일의 팽창(28쪽); 십자군과 동방 라틴 제국(32쪽); 호엔슈타우펜 가문의 프리드리히 2세와 이탈리아 호엔슈타우펜 가문의 몰락(41쪽); 선거 제후국과 합스부르크 왕가(67쪽); 프랑스와 신성로마 제국의 경계에 위치한 군주국들(122쪽)
시각예술 프리드리히 2세의 왕국(828쪽)

왕국, 군주정, 공국, 주교구, 독일의 도시들

| 줄리오 소다노 |

13-14세기 도시들에서는 도시 중심지를 복속시키려는 군주들의 노력에 저항하여 종종 연합하려는 성향이 나타났다. 이러한 분쟁에도 독일의 경제적-사회적 발전은 별다른 영향을 받지 않았다. 왕국 권력의 공백 상태는 도시 동맹 형성을 더욱 가속화했다. 프로이센과 포메라니아 지역의 중요성이 커지면서 유럽 동부의 슈바벤 지역을 향한 독일의 정치적 야심이 노골적으로 표출되었다. 반면에 흑사병은 농촌 인구를 급감시키고 유대인에 대한 첫 박해를 야기했다.

독일의 도시들

13-14세기의 독일 신성로마 제국의 도시들은 주로 호엔슈타우펜 가문의 오랜 지배를 받았으며, 많은 도시가 주교의 지배로부터 자유롭던 독일 남서부 지역에 집중되었다. 반면에 북부 지역(아헨, 쾰른, 도르트문트Dortmund)과 중부 지역, 남동부 지역(뉘른베르크, 레겐스부르크)에는 도시가 거의 없었다. 제국은 이들이 시뇨리아의 영토에 위치한 도시로 전락할 위험을 막기에 충분한 힘이 없었다. 예를 들어 빈은 1237년에는 제국의 도시였지만 14세기에는 합스부르크 가문의 영토 도시로 전락했다.

13세기 독일에서는 도시들 간의 연합 경향이 두드러졌다. 그러나 이것이 12세기의 전형처럼 단순히 모체 도시로부터 파생되는 것을 의미하지 않는다. 13.세기의 새로움은 진정한 연맹을 형성하려는 경향에 있다. 여러 도시의 상인이 시도한 연맹은 정치적-경제적 목적을 가진 조직체인 도시 동맹에 활력을 제공했다. 아우구스타 Augusta, 레겐스부르크, 파사우, 울름, 뉘른베르크 같은 주요 도시들이 여기에 가담했다. 강력한 힘을 배경으로 외부의 위협을 받지 않은 상태에서 평화롭게 무역 활동을 전개하던 도시들이다. 반면에 독일의 서부와 북부에 위치한 도시들은 모두 시뇨리아의 간섭을 받는 도시들로, 봉건 영주로부터 자신을 방어하기 위해 자발적으로 협력할 필요성을 가졌다. 13세기 중반의 라인 강 대동맹은 스위스로부터 라인 강 남단에 이르는 지역들의 도시들을 규합하고 슈바벤 동맹과의 합의에 노력했다. 이들은 몇 가지 경우에서 제국 선거에 영향력을 행사할 정도로 효율적인 행동을 전개하여 약탈자들을 격퇴했고, 도로와 강들을 확보했다. 가장 강력하고 잘 알려진 동맹체는 한자Hansa 동맹으로, 중세에는 비교 대상이 없을 정도로 강력한 도시 그룹을 형성했다. 발트 해와 북해 항구에 정착한 대부분의 독일 상인들은 안전을 이유로 연합했다. 한자 동맹의 초기 조직은 1161년에 고틀란드Gotland 섬 근처의 비스뷔Visby에서 결성되었다. 한 세기만에 대서양에서 핀란드 만에 이르는 대규모 자유 해양 도시들의 동맹이 실현되었다. 동맹 대표자들은 정기적으로 모임을 가지며 공동의 정치 현안을 논의했다. 이러한 동맹은 법령도 중앙 정부도 가지고 있지 않았지만 법안과 관습을 보유했다. 1373년 뤼베크에 상소심 재판소가 설치되며 3년마다 동맹 대위원회를 개최했다. 초기의 한자 동맹은 정박, 창고, 자신의 무역 활동을 수행하는 데 필요한 면책 특권과 거주지에 대한 권리를 강화하는 일에 노력했으며 이후에는 정치적 영향력도 키워 나갔다.

한자 동맹

동맹은 세금을 부과하고 해적의 공격을 차단하고 왕국들, 특히 덴마크의 정책에 대처하는 데 필요한 해상 방어 구축에 주력했다. 1370년 한자 동맹에 패배한 덴마크는 슈트랄준트 조약을 통해 동맹의 특권과 새로운 왕들의 대관식을 승인하는 동맹의 권리를 인정할 것을 강요받았다. 제국의 도시들과 영토 도시들은 세기를 거치면서 부르주아 상인과 수공업 조합의 분쟁 같은 심각한 내부 분열을 경험했다. 이들의 투쟁은 다양한 결과를 양산했다. 몇 가지 경우에 시민 생활의 보다 발전된 민주화가 나타났고, 수공업 계층들의 희생에 따른 과두 지배 체제도 등장했다.

덴마크의 패배

독일의 군주들

독일의 군주들은 13세기를 거치면서 영토를 조직화하는 급진적인 변화를 경험했는데, 강력한 군주들이 등장하여 진정한 군주 국가를 형성함으로써 세력이 약한 영주들과의 관계에서 자신들의 권력을 확립하는 결과를 가져왔다. 또한 자신들의 영토를 배경으로 한층 체계화된 정부를 구성했다. 합스부르크 가문은 영토를 안정시켰지만 브란덴부르크 지역의 경우 아스카니어Askanier 가문의 후손들은 선조들처럼 행정에서 뛰어난 능력을 발휘했다. 반면에 군주들이 통치에 어려움을 겪고 있던 지역의 도시들은 이러한 특권을 장악하여 제국의 도시들에 못지않은 성공을 거두었다.

왕권이 부재한 기간(1254-1273)에 귀족들의 권력이 강화되면서 치안 문제가 심각한 수준으로 악화되었다. 동시대의 연대기 작가들은 왕권이 약화되면 그 결과로 약탈자, 기사, 영주의 권력 증대로 농촌과 도시 공동체 주민들이 심각한 피해를 입는다는 점을 지적했다. 폭력은 도시들과 영주들의 분쟁 이외에도 도시의 사회 계층들 사이의 긴장을 고조시켰다. 그럼에도 독일의 사회적-경제적 발전은 별다른 영향을 받지 않았고, 왕권 부재는 오히려 도시 동맹 형성에 결정적인 동력을 제공했다.

유럽 동부로의 진출

13세기 말부터 발트 해에는 서방에서 온 십자군이 모습을 드러냈다. 이들은 처음에는 팔레스타인에 근거지를 두었지만 1230년부터 1309년까지 베네치아에 머물다 용병 대장이 머무는 마리엔베르크Marienberg 성으로 점차 옮겨 갔다. 이 시기에 튜턴 교단 기사 수도회의 징집 활동이 절정에 달했다. 이때 이후 튜턴 기사단에서 독일의 고위 귀족 출신들이 활동을 시작했으며, 기사들은 자신들의 행위와 예절의 고유 형태를 발전시켜 나갔다. 그리고 14세기에는 성전의 개념을 리투아니아 이교도들과 연합한 세력으로 고려되었던 러시아와 폴란드의 그리스도교인들에 대한 군사 원정으로 확대했다.

프로이센은 모두 수도승과 전사들로 구성된 행정 장관들이 통치하는 정치-행정 구역들로 정비되었다. 그단스크Gdańsk, 엘블롱크, 토룬과 칼리닌그라드의 도시들은 자치적으로 운영되는 도시의 통치 형태를 갖추는 데 성공했다. 프로이센과 포메라니아의 중요성이 증가하면서 얼마 전부터 쇠퇴의 길을 걷고 있던 슈바벤 가문이 희생되었고, 유럽 동부 지역으로 진출하는 데 따른 독일의 정치적 입지도 함께 강화되었다. 바이에른은 여전히 정치적 영향력을 행사하고 있었으나 동서부의 국경 지역은 이전보다 더욱 강력해진 합스부르크가의 지배 흔적들이 나타나기 시작했다.

14세기의 위기와 분쟁

흑사병

14세기의 독일은 여러 관점에서 이탈리아 자치 도시들과 유사해 보이는 영토 군주들과 도시들로 구성된 모습을 형성했다. 지역 정치는 탐욕스럽고 전권을 행사하는 고위 성직자, 강력한 제국 도시들 또는 많은 수의 하급 기사가 장악했다. 도둑질을 일삼던 도적 기사들Raubritter과 자위권Faustrecht의 시대에는 '무력의 법'이 만연했다. 기사들은 왕의 정책에 활용되기에는 너무 폭력적일 뿐만 아니라 사회적으로도 안정되지 못한 무리였다. 13세기 말에 오면 기사가 요새나 성을 소유하는 것은 어려운 일이 아니었기에 중앙 권력에게 골칫거리가 될 수 있었다. 이 때문에 중앙 권력은 환상으로 존재할 뿐이며, 영주 권력에 포위되어 있던 도시들의 정치 활동은 더욱 어려워졌다. 그럼에도 도시에서는 문화가 발전하고 수공업자와 중소 부르주아들은 번영과 지적 발전을 계속했다. 그러나 이는 흑사병 창궐로 급작스레 중단되었는데, 유럽의 다른 지역들처럼 전염병은 1348-1351년에 크게 확산되었다. 독일 인구는 1천500만 명에서 800만 명으로 급감했다. 피해는 주로 농촌 지역에 집중되었고 상대적으로 도시의 피해는 적었기에 15세기에는 본격적인 경제 발전을 시도할 수 있었다. 전염병이 가져온 가장 심각한 피해 중에는 독일 농촌 지역을 중심으로 재앙처럼 휩쓸어 버린 유대인 박해가 포함되어 있다.

스위스 연방

카를 4세(1316-1378, 1355년부터 황제)가 공포한 인장 교서의 정치적 결과는 독일의 낡은 조직들이 청산된 것이었다. 독일은 어떤 경우에는 세력을 확대하고 어떤 경우에는 규모가 축소되면서, 사실상 영주들이 장악한 수많은 도시들의 총합으로 전락했다. 도시와 소규모 귀족들은 계속해서 대립했고 군주들은 부유한 도시를 장악하기 위해 후자를 지원했다. 인장 교서에 의해 동맹이 금지되었음에도 슈바벤 가문의 통치 지역 도시들과 라인 강의 도시들은 동맹을 결성했고 서로의 일시적인 동맹도 무릅쓰면서 한자 동맹에 참여하려고 노력했다. 이에 대항하여 기사와 소귀족들도 동맹을 시도했다. 1370년부터 1378년에 카를 4세가 사망한 이후 독일 전 지역에서 군주들과 도시들 간의 전쟁이 끊임없이 일어나던 당시에 걷잡을 수 없는 규모로 동맹이 확대되었다. 14세기 말은 휴전 기간이었다. 이어서 스위스가 분리를 선언했다. 우리 주와 슈비츠 주는 자신들의 영토의 영주인 합스부르크가에 대항하여 황제의 보호를 받았으며 이러한 이유로 제국의 영향권에 안주했다. 하지만 1315년에는 스위스 군대가 모르가르텐Morgarten 전투에서 레오폴트 1세(약 1290-1326)를 격파하는 사건이 벌어졌다. 승리의 영향은, 스위스 주민들이 자신들의 안전을 확보하려는 의식을 가지게 된 만큼 상당한 것이었다. 젬파흐Sempach(1386)와 네펠스Näfels(1388) 전투에서 패한 합스부르크가는 스위스 연방을 승인했다.

| **다음을 참고하라** |
역사 동방을 향한 독일의 팽창(28쪽); 한자 동맹의 도시들(153쪽)

프랑스와 신성로마 제국의 경계에 위치한 군주국들

| 파우스토 코제토 |

부르고뉴 공국을 기반으로 14세기와 15세기 유럽 심장부에 로타링기아 왕조의 탄생을 가져온 전반적인 변화들은 이전의 두 세기를 거치면서 탄력을 받았다. 이러한 과정의 필수 요인들은 카페 왕조의 (1328년에 계승자가 끊어지며 발루아 왕조의 필리프 6세로 교체된) 한 계보를 형성하는 공국을 통해 알 수 있다. 반면에 플랑드르와 네덜란드에서는 왕조들이 급진적으로 몰락하면서 자유를 요구하고 무역과 생산에 대한 이해관계를 지켜 내려는 도시-국가들이 행보를 시작한다.

플랑드르 백작령

12세기 대부분의 기간에 플랑드르 백작령은 포르투갈과 에스파냐에서 이슬람을 몰아내기 위한, 이른바 재정복Reconquista을 위한 십자군에 참가하며 국제 무대에서 중요한 역할을 수행했다. 백작령은 동쪽으로는 제국의 영향력이 미치는 플랑드르, 서쪽으로는 릴, 두에, 아라스로 확대되었다. 백작령은 알자스의 티에리Thierry(1100-1168)와 그의 아들 필리프Philipe(1142-1191)의 통치 기간에 잉글랜드와 에스파냐의 양모 수입과 관련 있었으며, 이프르, 강, 브뤼헤 외에도 두에와 아라스 같은 직물 산업 중심지들과 긴밀한 관계를 맺고 있던 활발한 상업 경제를 통해 막대한 경제적 부를 창출하는 지역을 지배했다.

하지만 필리프가 후계자 없이 사망하자 백작령이 프랑스의 필리프 2세 존엄왕(1165-1223, 1180년부터 왕) 소유로 넘어가는 것을 방지하기 위해 후계자로 에노의 백작이자 필리프의 사촌 보두앵이 지명되었고, 그는 에노와 플랑드르 2개 백작령을 자신의 지배지로 통합하여 3년 후에는 아들 보두앵 9세(1171-약 1205, 1204년부터 황제)에게 물려주었다. 영토 군주국의 특권과 권력은 영토 군주국의 군주가 유럽 역사에서 수행한 역할을 통해 확인할 수 있다. 제4차 십자군이 베네치아인들의 의지에 따라 비잔티움 제국을 정복한 후 일시적으로 라틴 제국을 세운 사건이 벌어졌다. 이때 십자군을 이끈 인물이 보두앵 9세였고 그에게 황제의 제위가 주어졌다.

보두앵 9세의 사망 후 백작령은 그의 딸 요한나(약 1199-1244)가 계승했다. 그녀는 프랑스 군주의 바람대로 포르투갈의 페르디난도Ferdinando(1188-1233)와 혼인했다. 페르디난도는 백작령의 정치 노선을 바꾸어 플랑드르 백작령의 봉건 영주인 프랑스에 대항하여 잉글랜드의 무지왕 존(1167-1216)과 황제 오토 4세(1175/1176-1218, 1209-1215년에 황제)와의 동맹을 체결했다. 하지만 필리프 2세 존엄왕은 부빈 전투에서 적들을 물리쳤고, 페르디난도를 포로로 잡았다. 그럼에도 요한나는 백작령을 통치했으며 죽은 후에는 여동생에게 통치권을 넘겼다. 두 여성의 결혼은 플랑드르와 에노가 다시금 분리되는 (루이 9세[1214-1270]의 중재로 두 지역을 당피에르와 아베느 가문에게 양도하게 되는) 전제를 제공했다.

두 백작령의 통치권 계승에 따른 복합적인 변화는 유럽의 부의 중심 중 하나를 구성하는 플랑드르의 산업 도시와 상업 도시들이 수행해 오던 역할에 비하면 별로 중요치 않다. 사회적 계층화는 두 백작령의 내부에서 복합적인 현상으로 드러났으며, 동시대의 이탈리아 자치 도시들과 마찬가지로 확고한 사회적 변증법의 시작을 알렸음에도 정치적 역할은 약화되지 않았다. 그 증거는 1301년부터 1382년에 플랑드르 백작들의 지배력에 따른 결과로, 프랑스 필리프 4세 미남왕(1268-1314, 1285년부터 왕)이 백작령을 프랑스 왕국에 흡수했을 당시 코르트리크Kortrijk 전투에서 프랑스 기사들을 패퇴시킨 지역 시민 군대의 강력한 저항에서 볼 수 있다(1302년 7월). 유럽의 생산 중심지

플랑드르는 프랑스와의 봉신 관계에서 벗어났음에도 프랑스와 잉글랜드의 오랜 전쟁에 휘말리지 않으려고 노력했다. 강력한 지역 경제를 유지시켜 주는 양모 공급을 확보하는 데 잉글랜드가 꼭 필요했기 때문이다. 하지만 플랑드르의 잉글랜드 지지로 여러 도시가 봉기를 일으켰다. 특히 강은 1337년부터 1379년까지 봉기를 일으켰다. 아르테벨더의 야코프Jacob van Artevelde(약 1290-1345)는 플랑드르 공화국을 건설하여 죽을 때까지 정치적으로 이끌었다(1345). 플랑드르의 허약한 백작들 중 마지

막 인물인 루이지 디 말Luigi di Mâle(1330–1384)은 프랑스 군대의 도움으로 루즈베크 전투(1382년 11월)에서 승리하여 강의 두 번째 봉기로 인한 위기를 간신히 극복했다. 부르고뉴 공작 필리프 3세와 혼인한 요한나의 여동생 마가렛(1202–1280)의 통치권 계승으로 플랑드르는 이제 강력하고 새로운 통치 조직의 일부로 편입되었다.

네덜란드

메르센Mersen 조약(870)과 베르됭-리브몽Verdun-Ribemont(879) 조약의 결과 플랑드르는 프랑스의 봉신이 된 반면 스헬더 강의 하구로부터 스위스까지 세력을 넓힌 로타링기아는 플랑드르를 독일에 편입했다. 10세기 중반에 플랑드르는 높은 로타링기아 또는 로레나Lorena와 낮은 로타링기아 또는 로티에르Lothier(현재 벨기에)로 분리되었다. 11–12세기를 거치면서 이 지역은 40여 개의 작은 봉건 영지들로 파편화되었는데, 가장 중요한 지역은 브라반테 공국, 림부르흐Limburg 공국, 룩셈부르크 공국, 에노와 나무르Namur 백작령, 말린Malines 시뇨리아, 리에주 주교구다. 이와 같은 극단적인 봉건적 파편화는 도시들과 이들의 자치적 통치 능력에 큰 도움을 주었다. 13세기에 브라반테는 보링겐Worringgen 전투에서 승리하여 림부르흐를 차지했다. 로티에르의 전통을 계승한 정치 조직과 플랑드르의 내부에서 드러난 정치 조직이 유사해지는 과정은 1339년의 협정을 통해 보다 확실해졌다. 또한 새로운 정치 조직 형태를 형성하지 않고 (스위스의 여러 주들에서 볼 수 있듯이) 플랑드르, 브라반테-림부르흐, 에노 사이에 우호적 이웃 관계를 안정시켰다.

봉건제 붕괴와 도시들의 발전

부르고뉴 공작령

카롤링거 왕국이 해체되면서 부르군트족이 차지하던 영토에는 9세기 말에 론 강, 쥐라, 라인 강 지역을 포함한 부르고뉴 공국이 형성되었다. 남부 지역의 쥐라 산맥 지역에는 부르고뉴 상上공국과 부르고뉴 하下공국이 세워졌는데, 이들은 1347년에 제국에 병합되기 전까지 오랫동안 아를Arles 왕국이란 이름으로 유지되었다. 부르고뉴 공국은 카롤링거 가문이 통치한 이후에 11세기 초에는 (몇 차례 중단되기는 했지만) 카페 왕조에 예속되어 장 2세(1319–1364, 1350년부터 왕)를 마지막으로 가문의 명맥이 끊어질 때(1361)까지 지속되었다. 그 결과 공국은 프랑스에 편입되었으며 1328년부터는 발루아 왕조의 통치를 받았다.

장 2세가 봉건 자치권을 부여하다

부르고뉴에 봉건적 자치권을 인정한 장 2세는 1384년에 플랑드르의 공작 부인인 플랑드르의 마가렛(1350-1405)과 혼인하여 아르투아와 프랑스 백작령을 차지한 아들 필리프에게 통치권을 넘겨주었다. 그의 대내 정치는 새로이 장악한 지역들을 신속하게 안정시키는 데 상당한 효과를 발휘했다. 투르네 평화 조약(1385)으로 군주와 강Gand 도시들의 관계가 정착되었는데, 전자는 후자들에게 전통적인 자치권을 제공했다. 이외에도 왕은 자신의 아들을 에노 백작령의 상속녀와 혼인시킴으로써 로타링기아와 유기적 관계를 조성했다.

| 다음을 참고하라 |
역사 프랑스(100쪽); 독일의 신성로마 제국(114쪽)

스위스 연방

| 파우스토 코체토 |

1291년 뤼틀리 서약으로 스위스 인접 지역의 여러 공동체가 연합하면서 스위스 연방의 첫 밑그림이 그려졌다. 이들은 정치적으로 선린 관계 이웃 이상의 합의체를 구축했다. 그리고 스위스 지역에 자신의 영토 군주국을 건설하려는 합스부르크 봉건 세력이 스위스의 다른 칸톤들에도 심각한 위협으로 다가오자 이들의 결속력은 더욱 강화되었다.

합스부르크가와 영토 군주국

스위스는 호수에 인접한 지역을 중심으로 여러 개의 칸톤canton(주州)으로 형성되었다. 여기에는 슈비츠, 우리, 운터발덴 등이 위치했지만 오늘날에 비하면 그 규모가 작았다. 또 평야가 아니라 이전 시대에 식민지화된 산악 계곡으로, 특히 생 고타르St. Gotthard 고개의 통로가 국제 무역에서 상당한 중요성을 차지하게 된 순간부터 본격적으로 성장했다. 이 모든 것은 13세기, 그러니까 이탈리아의 자치 도시들과 독일 사이에서 이동 무역이 시작되면서 여실히 드러났다. 무역은 프리드리히 1세 바르바로사(약 1125-1190)와 이후 호엔슈타우펜 황가의 프리드리히 2세(1194-1250, 1220년부터 황제) 같은 독일 황제들의 이탈리아 군사 원정으로 발생한 정치적 변화로 촉진되었다. 프리드리히 2세의 아들 하인리히 7세는 1231년에 합스부르크 가문의 루돌프 1세(1218-1291)로부터 우리 주를 빼앗아 봉토로 삼았다. 거의 같은 시기에 슈비츠는 당시 파엔차Faenza를 군사적으로 포위했던 프리드리히 2세로부터 특권을 부여받았다. 프리드리히 가문의 종말은 교황 지지자들에게 그만큼의 여지를 제공했다. 특히 합스부르크가는 호수 근교의 칸톤으로 축소된 자신들의 소유지 외에도, 1273년에 루돌프 1세가 신성로마 제국의 새로운 황제로 선출된 것을 계기로 본격적으로 정치적 역할을 시작했다. 따라서 오스트리아의 합스부르크 가문이 알프스 주변의 스위스 지역들에서 강력한 영토 군주국을 형성하는 것은 필연처럼 여겨졌다. 합스부르크가의 야심은 1291년 루돌프 1세의 죽음으로 변화에 직면했다.

뤼틀리 서약

스위스 연방(스위스의 라틴어 이름인 헬베티아Helvetia 연방이라고도 한다*)의 성립은 뤼틀리Rütli 서약으로 이루어졌다. 이를 통해 이미 산림 지역으로 잘 알려져 있던 슈비츠, 우리, 운터발덴은 공격을 받으면 서로 도움을 제공하기로 합의했다. 또 자신들의 계곡을 벗어난 지역으로부터는 사법관을 받아들이지 않기로 함은 물론, 세 공동체 사이에서 발생하는 분쟁의 평화적 해결에 노력하면서 분쟁의 결정을 심판관의 판단

1291년 8월 1일

에 위임할 것을 맹세했다. 스위스 연방은 1291년 8월 1일에 이러한 협정에 기초하여 탄생했다. 세 도시의 대표자들은 정치적 의미를 분명하게 각인했다. 13세기 말부터는 다른 세속 및 교회의 봉건 가문과의 경쟁을 통해 당시 스위스의 많은 지역을 확보하고 있던 합스부르크가의 권위에 의도적-지속적으로 저항했다. 봉건적 권위에 항거하는 힘의 원천은 위 도시들에 상당한 영향을 주었으며, 생 고타르 고개 주변 지역은 이탈리아 자치 도시들의 경험에 대한 일종의 모방 심리에서 유래했다. 그중에서도 이탈리아 중북부 자치 도시들이 콘타도로 세력을 확대시킨 것을 가리켰다.

도시와 콘타도

스위스 연방의 주변 지역 장악은 도시들이 보여 주었던 군사적-경제적으로 자신의 구역을 확대하고 통제하는 능력과 관련 있어 보였다. 중요한 것은 세력 확장의 방식

이다. 군사력 이외에도 공동체들과 교회 조직들에게 시민권을 제공했는데, 여기에 자유민과 중소 토지 소유자들 외에 농노들도 포함했다.

베른

1299년에 베른은 튜턴 수도회와 분리된 교회 조직과 시토회 수도원에게 군사적 보호권을 부과하고 이들의 영토에 도시 사법권을 적용시키기 위한 조약을 추진했다. 하지만 콘타도를 확대하기 위한 효과적인 수단은 마을 공동체만이 아니라 합스부르크가의 모든 봉신에게도 시민권을 부여한 것이었다. 15세기 초반에 합스부르크가의 지배에서 벗어나 베른에 연합하게 될 아르가우Aargau 주가 대표적이다. 이는 14세기 후반에 취리히가 주변의 콘타도를 대상으로 추진한 정책과 다소 유사해 보인다. 취리히 시장 루돌프 브룬Rudolf Brun(약 1290-1360)은 1336년에 주변 시장들로 통하는 교통로를 장악하는 정책을 추진했다. 그의 아들이 계획한 방식은 여러 재정 수단을 보유한 도시의 전형이었다. 예를 들어 채무를 가진 시뇨리아들에게 대출을 제공하고 이들이 채무를 이행하지 못할 경우에는 토지 소유권을 이전하는 것으로, 상당히 효율적인 과세 체계를 동원한 재정적 취득 외에도 중요한 의미를 가지는 시민권 부여가 그것이었다. 그럼에도 스위스 도시들에서 콘타도 장악을 위한 수단이 일률적으로 적용되지는 않았다. 베른의 경우 지배 도시는 콘타도의 주민들에게 사적인 성격의 주민세를 징수한 반면에 취리히는 지배 도시와 주변 작은 마을들의 이중 시민권 원칙을 유지하면서 특별한 경우가 아니면 콘타도에 세금을 부과하지 않았으며, 자유민과 소봉건 영주들에게 선별적으로 시민권을 부여했다. 이렇게 해서 윌리엄 텔과 관련한 스위스 정치 신화의 전통을 배경으로 도시와 농촌의 근본적 합병이 실현되었다.

윌리엄 텔

전통에 따르면 우리 주 산악 지역에 살던 윌리엄 텔은 도시 광장에 전시된 오스트리아 총독의 모자에 존경을 표하지 않았다는 이유로 활을 쏘아 아들의 머리 위에 놓인 사과를 맞추는 벌을 받았다고 한다. 이야기의 확산과 이를 오스트리아에 저항하기 위한 수단으로 삼은 것은 도시와 농촌을 가리지 않고 오스트리아 공작의 행정 관료들이 봉건법에 따라 부과한 과도한 세금에 저항하는 스위스 공동체의 자유를 위한 투쟁이란 이념적 가치를 지녔다. 따라서 스위스 지역 콘타도의 계곡과 산악 지역 주민들이 공동체의식을 가질 수 있게 만들었다. 도시와 농촌의 관계는 구체적인 공동의 정치적 이해관계에 근거하는 산악과 평야 지역 간의 강력한 협력 관계를 설정하는 것인 만큼 현대의 스위스 형성에 상당히 긍정적인 요인으로 작용했다. 한편 스위스나 유럽의 다른 지역들의 경우, 예를 들어 동시대의 이탈리아 자치 도시들처럼 도시들만의 동맹과 농촌 공동체들만의 연합은 짧은 기간에 중요한 정치적 성과를 획득했지만 얼마 지나지 않아 붕괴되거나 성공 직후 곧바로 해체되었으며, 군사적으로도 미미한 성과를 거두었을 뿐이었다.

칸톤과 황제의 권력

제국을 통치하던 호엔슈타우펜 가문과의 관계에서도 그러했듯이 스위스인들은 직접 독립을 선언하면서 황제의 권력에 대한 실질적인 저항을 전개했다. 반대로 합스부르크가의 루돌프 1세가 황제로 등극한 사건은 세 칸톤의 자치 정책을 위기에 빠뜨렸다. 스위스 연방은 룩셈부르크가의 하인리히 7세(약 1278–1313, 1312년부터 황제)가 신성로마 제국의 황제로 선출된 이후에 제국으로부터의 직접적인 독립을 선언했고, 1399년에는 이를 운터발덴까지 확대했다. 이 사건은 합스부르크가와 스위스 간의 새로운 군사 충돌을 예고했다. 여기에 오스트리아의 레오폴트 1세(약 1290–1326)가 슈비츠 주민들을 처벌하기 위해 개입하자 주민들은 아인지델른Einsiedeln 수도원을 공격했다. 레오폴트 공작은 스위스의 칸톤들을 공격했지만 1315년 모르가르텐Morgarten에서 또다시 패배했다. 이 승리는 스위스 연방 역사에 상당히 중요한 정치적 의미를 가진다. 얼마 지나지 않아 스위스의 칸톤들은 부룬넨Brunnen에서 새로운 동맹을 체결했다. 이 문서에서 따르면 연방의 모든 시민들은 시민위원회에서 주기적으로 자신들의 서약을 반복하고 갱신할 의무를 가지며, 이를 통해 서약의 동지가 된다고 규정했다. 이 사건은 도시들과 스위스를 둘러싸고 있는 자연 지형이 만든 마을 주민 대부분의 선택에 영향을 미쳤다. 실제로 라인 강 지역, 알프스, 쥐라 세 칸톤이 연방 가입을 결정했다. 루체른(1332), 취리히(1351), 글라루스Glarus와 추크Zug(1352), 베른(1353)도 영구적인 연합을 결성하여 연방에 참가했다. 이렇게 해서 4개 칸톤으로 구성된 스위스 연방이 탄생했다. 그러나 중앙 정부가 존재하지 않았기에 연방 체제를 갖춘 국가라고는 할 수 없었다. 모든 칸톤은 자신의 자치를 유지하며 자신의 정부와 입법을 보유할 수 있었다. 연방 세력의 권력 강화는 합스부르크가의 새로운 저항을 불러일으켰다.

합스부르크가와의 충돌

젬파흐 전쟁

스위스 연방의 루체른은 1386–1393년에 젬파흐에서 벌어졌던 새로운 분쟁의 와중에 다시금 오스트리아의 공작 레오폴트 3세(1351–1386)를 공격했는데, 이 전투에서 레오폴트 3세가 전사했다. 이듬해 연방 세력은 네펠스에서 글라루스를 공격하려는 오스트리아 기병대를 격파했다. 이 승리로 스위스의 8개 칸톤은 전쟁 시 연방을 방어하기 위한 공동의 군대에 동참한다는 규정을 마련했다. 이들 사이의 정치적 관계는 국민 군대 창설과 같이 매우 중요한 한 요인에 의해 강화되었다.

| **다음을 참고하라** |

역사 독일의 신성로마 제국(114쪽)

이베리아 반도

| 로산나 시칠리아Rossana Sicilia |

13-14세기의 그리스도교 세계의 국토회복운동(레콘키스타)는 인노첸시오 3세가 주창한 십자군 원정으로 실현되었다. 십자군 원정은 한편으로는 무어인들을 이베리아 반도 남부에 위치한 그라나다 왕국에 모여들게 했다. 다른 한편으로 그리스도교 세계의 세력들이 크게 성장했다. 이를 통해 포르투갈 왕국, 카스티야-레온 왕국, 카탈루냐-아라곤 군주국은 근대 유럽까지 지속될 특징들을 갖추게 된다. 특히 포르투갈과 카탈루냐에서는 시민 세력과 상인들의 이해관계가 우세해지면서 각 왕조의 선택에 중요한 결과들이 도출되었다.

국토회복운동

12세기 초반 무렵, 지난 세기들을 거치며 이베리아 반도의 발전된 무슬림 문명과 상당히 후퇴된 그리스도교 문명의 만남을 주선한 새로운 그리스도교 왕국들과 통합된 무라비트 왕조의 무슬림들은 반복적인 국토회복운동(레콘키스타Reconquista)에 새로운 이슬람 그룹들로 교체되었다. 이들은 무슬림 개혁주의자로 12세기 전반에 무슬림의 에스파냐 지배를 강화했고, 1195년에는 알라르코스Alarcos 전투에서 그리스도교 왕국의 군대를 격파했다.

13세기 초반에 인노첸시오 3세(1160-1216, 1198년부터 교황)는 에스파냐의 무어인들을 대상으로 (제4차 십자군으로 알려졌으며 인노첸시오 3세가 이집트의 이슬람 세력에 대항하여 일으켰지만 최종 목표가 비잔티움 제국 정복으로 변질된 군사 원정과 같은 시기에) 또 다른 십자군을 주창했다. 이베리아 반도에 대한 군사 원정의 경우에도 (부르고뉴, 프로방스, 그리고 프랑스의 다른 지역들에서 온) 초보 기사들로 구성된 군대는 그리스도교-무슬림 전쟁에 깊숙이 개입하여 때로는 이베리아의 그리스도교 군주들과 무슬림 군주들이 벌이는 기습 공격과 음모, 술수에 휘말렸다.

십자군 군대는 3명의 군주가 조직했다. 나바라의 산초 7세Sancho VII(1154-1234), 아라곤의 페드로 2세Pedro II(1178-1213), 카스티야의 알폰소 8세Alfonso VIII(1155-1214)였다. 그리스도교 군대는 라스 나바스 데 톨로사 전투(1212)에서 무라비트 군대를 격파했다. 이후 카스티야-레온 왕 페르난도 3세Fernando III(1201-1252, 1213년부터 왕)는 안두하르Andújar, 코르도바Cordova를 정복하고 무르시아Murcia 왕국, 카르모나Carmona, 세비야Sevilla, 그리고 메디나시도니아Medina-Sidonia를 복속시킨 데에 이어 아르코스Arcos, 카디스Cádiz, 산루카르Sanlúcar까지 지배했다. 같은 기간 아라곤의 하이메 1세Jaime I(1208-1276, 1213년부터 아라곤의 왕, 1230년부터 레온의 왕)는 발레아레스 군도를 장악하고 이어서 발렌시아 왕국의 수도를 함락시켰다. 모든 정복은 1228-1238년에 이루어졌다.

결국 1270년경 무라비트의 군대는 아르호나Arjona 출신의 나스르Nasrid 왕조가 통치하는 그라나다 왕국과 국경을 접하게 되었다. 이들은 그리스도교도들의 공격을 막기 위해 페르난도 3세에게 도움을 청했고, 후에는 레콘키스타의 군사 작전에도 참가했다. 그라나다 왕국은 이 동맹의 결과로 이슬람의 교두보가 되면서 이베리아 반도를 포기하지 않기 위한 목적으로 많은 사람이 이주했고, 13세기에는 인구 300만 명을 넘어섰다.

그리스도교의 깃발

그리스도교의 깃발로 시작된 레콘키스타 군사 작전에서 드러난 저력은 에스파냐 주민들의 정체성 형성에 중대한 영향을 남겼다. 일련의 변천 과정에서 자신의 독자성과 특수성에 자부심을 느끼며 이를 지키려 했던 전사 계급, 경제적 자원이 결여된 상태에서 주로 전쟁에만 몰두하는 다른 사회 그룹, 정복된 지역들에서 특권을 누리고(또는 자치법fueros) 새로운 그리스도교계 전초 부대 건설 임무를 수행하면서 기존의 무슬림 공동체를 추방하고 이들의 개종이나 이베리아 반도에서 떠날 것을 강요하는 그리스도교 공동체의 특징을 드러내는 봉건 세계의 모습이 재구성되었다. 여러 지역에 방대하게 퍼져 있던 그리스도교 공동체는 무력을 동원하여 자신들의 영토적-법적 특권들을 지키려 하면서 스스로 도시 동맹hermandades과 협력-연합하고 중요한 정치적 권력을 계승했다.

이들의 종교적 정체성은 이베리아 반도 주민들에게 공동의 감성과 사회적 통일성을 보장한 반면 영토적-정치적으로 드러난 큰 차이들은 이베리아의 단체들을 차별화하고 분류했다. 실제로 13세기 중반에 반도의 서부 지역에서는 포르투갈 왕국이 성립되었고, 거의 같은 시기에 반도의 북동부와 지중해 지역에서 아라곤과 카탈루냐 왕조의 영토적 연합이 등장했다(1137). 한 세기 후에(1230) 카스티야의 넓은 고원지대가 반도의 서북 지역과 합해지면서 카스티야-레온 왕국이 탄생했다.

포르투갈

카스티야의 알폰소 6세Alfonso VI(1040-1109, 1072년부터 왕)는 11세기 말에 사위 부르고뉴 공작 앙리(1066-1112)와 그의 아들 알폰소 1세(1107/1111-1185)에게 포르투갈 백작령을 양도했는데, 1129년에는 공국으로 자립했으며 1139년에는 카스티야 왕국으로부터 포르투갈 공국의 독립을 선포했다. 이것은 포르투갈 영토에서 거둔 무슬림에 대한 승리와 백작령이 확장된 것에 따른 결과기도 했다. 포르투갈은 독립과 자치를 강화하기 위해 자진하여 교황의 직접적인 보호를 요청했고, 신하의 의무로 매년 세금을 바쳤다. 알폰소 2세Alfonso II(1185-1223, 1211년부터 왕)는 그리스도교 군대의 깃발을 앞세워 라스 나바스 데 톨로사 전투에 참가했다. 후임자 알폰소 3세Alfonso III(1210-1279, 1248년부터 왕)는 13세기 중반에 알가르베Algarve 지역을 정복하고 포르투갈 남부 지역을 병합하여 오늘날의 국경 형성에 원인을 제공했다. 이와 같은 영토 획득으로 인하여 카스티야와 새로운 분쟁이 야기되자 알폰소 3세는 국경을 접한 카스티야 왕국의 알폰소 10세 현명왕(1221-1284, 1252년부터 왕)의 적대감을 잠재우기 위해 그의 딸 베아트리스(1242-1303)와 혼인했다. 하지만 그는 이미 결혼한 상태였기에 중혼죄로 고발되어 가톨릭 교회와의 관계 청산을 강요받게 되었다. 이에 도시 부르주아들 사이에서 새로운 지원 세력을 찾아야 하는 상황에 처하자 이들을 의회에 가입시켜(1254) 봉건 영주들과 성직자들과 마찬가지로 새로운 사회 특권 세력으로 간주했다.

교황의 보호

군주국의 역할은 13세기 전반에 걸쳐 포르투갈 도시들의 상업과 산업 활동을 장려할 목적으로 추진되었던 특권 양도와 빈번한 개입을 통해 드러났다. 이러한 의도에서 왕 디니스(1261-1325)는 도시의 복합적 활동을 위한 출구를 마련하고 보호와 방어를 위해 함대 건조를 추진했으며, 제노바 출신의 항해 전문가들을 지원했다. 1291년에는 리스본 대학을 설립했다. 14세기에 포르투갈 군주국은 봉건 세력과 성직자들이 국내 정치에 개입하는 것을 차단했다. 예를 들어 동 페드로 1세D. Pedro I(1320-1367, 1357년부터 왕) 같은 군주는 적법성 준수를 보장하기 위한 의도에 따라 엄격한 입장을 견지했다.

루시타니족의 대외 정책은 특히 14세기 중반에 국경을 접한 국가들과 장기간 대립 중이던 페드로 1세의 아들 동 페르난도D. Fernando(1345-1383, 1367년부터 왕) 치하에서 카스티야에 방어적인 태도를 취했다. 그의 사후에 왕조의 유일한 상속권은 잉글랜드와의 전쟁에서 프랑스와 연합 세력을 구축했던 카스티야의 후안 1세Juan I(1358-1390, 1379년부터 왕)와 결혼한 동 페르난두의 딸 베아트리스Beatrice가 가졌다. 카스티야 군주국에 대한 역사적 적대감은 차후로 하더라도 포르투갈은 백년전쟁 중에는 루시타니족이 14세기에 구축한 해상 세력의 역할 때문에 잉글랜드에 접근하려는 성향을 드러냈다. 그 결과 왕위 계승을 둘러싸고 카스티야의 왕권 계승에 우호적인 봉건 세력과의 심각한 분쟁이 발생했다. 반면에 도시들과 부르주아 계층은 국가적 차원의 해결을 모색하기 위해 아비스Aviz 기사단의 메스트리(지도자)이자 동 페드로 1세의 서자로 1385년에 코임브라Coimbra에서 개최된 의회에서 왕으로 임명된 아비스의 주앙 1세João I(1357-1433)를 지지했고, 얼마 후 그가 왕위에 오르자 왕의 군대는 누노 알바레스 페레이라Nuño Alvarez Pereira의 지휘 아래 잉글랜드의 궁술 부대와 연합하여 알주바로타Aljubarrota 전투에서(1385) 카스티야의 강력한 군대를 격파했다. 포르투갈과 잉글랜드의 견고하고 새로운 관계는 윈저 조약으로 승인되었다(1386).

잉글랜드에 접근

카스티야

포르투갈과 국경을 접한 카스티야는 그 성립이 한층 복잡했다. 카스티야는 이미 레온 왕국에 복속된 북부의 구舊카스티야(부르고스Burgos, 산탄데르Santander, 세고비아Segovia)와 사라센과의 오랜 전쟁 덕분에 정복이 가능했던 남부의 신新카스티야로 나뉘어졌다. 특히 신카스티야는 구카스티야가 1035년에 아들 페르난도 1세Fernando I(1016/1018-1065, 1035년부터 왕)에게 왕권을 물려준 나바라 대왕 산초 3세Sancho

III(990-1035, 1000년부터 왕)의 치하에서 카스티야 왕국으로 발전하면서 마드리드, 톨레도, 쿠엥카Cuenca를 획득했다. 무어인들과의 싸움은 카스티야와 레온이 통일 상태를 회복한 이후에도 지속되었으며, 봉건 지도층의 레콘키스타 정신을 발휘하여 코르도바, 세비야, 카디스 같은 도시들을 점령하면서 영토를 확대했다.

일련의 군사적 성공에 따른 봉건 세력의 확장은 왕국에 확산 중이던 무정부 상태가 1350-1369년에 페드로 1세 잔혹왕Pedro I el Cruel(1334-1369, 1350년부터 왕)과 카스티야의 트라스타마라Trastamara 왕조의 엔리케 2세Enrique II(1333-1379, 1369년부터 왕) 사이에 벌어진 내전을 정점으로 14세기 초까지 계속됐다. 이어 카스티야 군주국은 여러 가지 어려움에 직면했다. 오랜 내전의 흔적들은 무엇보다 무어인들과의 전쟁에 몰두했던 사이에 카스티야 군주국이 허약해지면서 복잡해지고 통제할 수 없게 된 내정을 통제해야 하는 상황에 직면한 만큼, 레콘키스타 시대가 끝난 것에 따른 결과였다. 군주국의 허약함

이는 국가의 체계적 통제로부터 벗어난 봉건 계층이 왜 통제되지 않았는지를 설명해 준다. 히달고스hidalgos(하급 귀족*)도 같은 방식으로 행동했는데, 평화가 옴으로써 경제적 생존 수단을 상실했기 때문이다. 카스티야에 병합된 여러 지역의 서로 다른 성격들도 같은 결과를 초래했다. 이 지역들은 과거 방대한 자치권을 누리던 무어인들의 통치 아래 자치적인 사법권을 확보하고 있었다. 군주국 약화의 궁극적인 요인으로는 도시와 콘타도 사이에 결성된 단체들로, 도적단 외에도 봉건 귀족들의 탄압과 부패, 영토 연합이 스스로의 생존과 자신들에게 제공된 (에스파냐 도시의 특권을 보장한) 자치법fueros의 위험에 대항하여 스스로를 방어하던 시기에 형성된 도시 동맹을 지적할 수 있다.

카탈루냐-아라곤 군주국

이베리아 반도 동부 해안 지역의 카탈루냐-아라곤 군주국도 레콘키스타 이후의 전쟁에 따른 결과와 동일한 이유로 내전에 휘말렸다. 아라곤의 귀족 정치는 카스티야에 비해 효율적인 조직을 구축했다. 하이메 1세는 아들들에게 권력을 나누어 주는 것으로 그 성격이 서로 다를 뿐만 아니라 반목 관계를 형성하는 두 군주국이 성립되는 데에 원인을 제공했다. 첫 번째 군주국은 아라곤, 카탈루냐, 발렌시아를, 두 번째 군주국은 마요르카와 발레아레스를 차지했다. 아라곤 왕조가 보유하던 프랑스 영토

는 후자에 복속되었다. 1343년에 왕조를 구성하는 두 가계의 통일이 다시금 실현되었을 때, 프랑스 영토는 영원히 상실되었다.

재통일된 왕국은 지중해에서 자신의 존재를 강력하게 유지기 위한 정치 강령을 시도했다. 하이메 1세의 아들 페드로 3세(1240-1285, 1282년부터 왕)는 지배 세력인 프랑스 앙주 가문에 대항한 만종 사건의 반란 세력이 자치권을 위한 투쟁을 전개하고 있던 시칠리아의 소유권을 유지하기 위해 전쟁을 불사했으나 재정적 압박에 몰려 의회 봉건 세력들의 요구에 굴복하고 일반 유치권Privilegio general을 공포하여 여러 지방에 (이미 과거에 주어졌던) 특권을 인정했다. 그 결과 질서는 강화되고 결속되었다.

연합의 특권

이를 근거로 연합의 특권Privilegio de la Unión, 즉 군주가 구성원의 반대를 무릅쓰고 통일을 추진하지 말 것을 군주국에 요구할 수 있는 권리를 쟁취했다.

아라곤과 발렌시아 연합은 대략 50년간 국가의 운명을 위험에 빠뜨렸다. 1348년이 되어서야 페드로 4세Pedro IV(1319-1387, 1336년부터 왕)가 비로소 두 연합의 군대를 해산시키는 데 성공했다. 그는 봉건 제도와의 투쟁에서, 특히 상업과·산업에 종사하는 부르주아 계층이 통치하는 카탈루냐 지역 도시들의 도움을 받았다. 그중 가장 강력한 세력은 바르셀로나로 방대한 지역을 지배하며 화폐 주조 권리를 포함한 수많은 특권과 해외에 자신의 대리인을 임명할 수 있는 권리, 자신의 군대를 조직할 권리를 누렸다. 아울러 두 명의 해양 콘술(집정관)을 통해 해상 무역 활동에 대한 사법권을 행사하는 권리마저 보유했다.

14세기 말부터 15세기 초반까지 카탈루냐-아라곤 군주국의 여러 구성원들은 다시 반목 관계에 직면했다. 그 원인은 왕조와 정치적 전망에 기인했다. 시칠리아의 왕 마르티노 1세Martino I(1376-1409)가 사망하자 카탈루냐의 군주가 아라곤의 왕위에 오르는 것으로 왕조의 위기가 해결되었다. 바르셀로나와 카탈루냐가 아라곤 군주국이 한 세기 이전부터 깊숙이 개입하고 있던 시칠리아-나폴리의 문제에 자신의 재정적 지원을 거절한 것이 결정적이었는데, 이로 인해 아라곤의 의회는 카스티야 왕조를 선택했다.

| 다음을 참고하라 |
역사 선거 제후국과 합스부르크 왕가(67쪽)

시칠리아의 앙주 왕국

| 프란체스코 파올로 토코 |

1266년 2월 26일에 프랑스 왕 루이 9세의 막내 동생 샤를 1세는 베네벤토 전투에서 프리드리히 2세의 친아들 만프레트를 물리치고 시칠리아 왕으로 등극했으며, 우르바노 4세의 봉건 권리에 대한 요구를 받아들여 질서를 개편했다. 교황은 두 가지 성과를 위해 노력했다. 첫째는 시칠리아 왕국이 교회에 대한 봉건적 충성을 서약하게 하는 것, 둘째는 이탈리아 중-북부의 친교황파 세력을 교황의 동맹 세력으로 끌어들이는 것이었다. 그러나 얼마 지나지 않아 교황과 샤를 1세의 의도는 만종 사건에 따른 국제 정세 변화로 수정이 불가피해졌다.

정복과 프랑스화

교황 우르바노 4세(약 1200-1264, 1261년부터 교황)는 앙주의 샤를 1세(1226-1285년, 1266-1281년에 시칠리아의 왕, 1266년부터 나폴리의 왕)가 베네벤토 전투에서 만프레트에 승리한 직후 교회에 충성할 것을 표했으나 이탈리아와 지중해 동부 지역에서 완전한 자치권을 누리던 방대한 지역에 대한 지배를 포기하지 않는다는 것에 불만을 토로했다. 샤를 1세는 지중해 동부 지역에서 콘스탄티노플과 예루살렘 정복 의도를 공개적으로 드러냈으며, 명목상이기는 하지만 1277년에는 예루살렘 왕으로 등극했다. 하지만 그가 속한 앙주 가문은 왕국 통치에 따른 어려움에 직면했다. 특히 1267년부터 1270년에 그러했다. 1268년 8월 23일 탈리아코초 전투에서 패배하고 한 봉건 영주의 배신으로 붙잡혀 나폴리에서 참수당한 호엔슈타우펜 황가의 마지막 인물인 콘라딘(1252-1268)이 단행했던 군사 원정이 실패로 끝나면서 남겨진 이 가문의 잔당 세력들이 반란을 진압했다. 1270년에 샤를 1세는 탄압 정책을 추진하여 봉건 영주들과 도시들에 심각한 타격을 입히고 알프스 이북의 수많은 기사를 영입하여 나폴리 왕국의 귀족들을 프랑스인으로 교체하는 계획을 추진했다. 또한 왕국의 고관 요직, 고위 행정직, 고위 성직도 프랑스인과 프로방스인들로 교체했다. 이와 같은 조치는 세금 징수의 압박을 동반한 채, 근본 동기들이 프리드리히 2세(1194-1250, 1220년부터 황제) 시대로 거슬러 올라가는 사회적 긴장을 고조시켰다. 결국 1282년 부활절 월요일에 시작된 팔레르모의 만종 사건에 원인을 제공했다.

탄압 정책

만종 사건이 앙주 가문 세력의 공격을 우려한 비잔티움 제국의 황제 미카엘 8세 팔라이올로고스(1224-1282)가 샤를 1세에 대항하여 꾸민 국제적인 음모라고는 할 수 없겠으나 (만프레트의 딸인 코스탄차〔1249-1300〕의 남편이자 호엔슈타우펜 가문을 지지하는 잔당 세력의 보호자로 앙주 가문과 지중해로의 경제 활동의 확대를 경쟁하던) 아라곤의 페드로 3세(1240-1285, 1276년부터 왕)와 샤를 1세의 막강한 권력을 경계하는 교황청의 일부 세력들과 비잔티움의 바실레우스basileus(비잔티움 황제를 부르는 칭호*)가 반란을 부추기는 데 일정 부분 역할을 한 것은 사실이었다. 반란자들은 처음부터 페드로 3세에게 도움을 요청했다. 당시 튀니지에서 십자군 원정 중이던 그는 시칠리아로 가서 왕국의 왕위를 접수했다. 교황 우르바노 4세는 반란 세력과 이들의 비합법적인 군주에 대항하여 십자군을 일으킨 다음에 지휘권을 프랑스 왕 필리프 3세(1245-1285, 1270년부터 왕)에게 위임하고 전쟁 범위를 카탈루냐와 현 프랑스 남부 지역으로 옮겨 가면서 페드로 3세를 위기에 빠뜨렸다. 하지만 앙주 가문은 시칠리아를 재정복하지 않았고 칼라브리아Calabria마저 빼앗겼다. 1284년에 샤를 1세의 아들 샤를 2세(1252-1309, 1285년부터 왕)는 프랑스 통치에만 집중하던 부친의 노선과 달리 시칠리아-아라곤의 군대에 대항하여 나폴리 만에서 해전을 벌였지만 큰 피해를 입고 포로가 되어 왕국이 정복당할 정도의 심각한 위기에 몰렸다. 나폴리는 앙주 가문에 대항하여 반란을 일으켰으나 왕의 신속한 개입으로 곧 진압되었다.

1295년 샤를 2세의 통치하에 있던 시칠리아는 교황 보니파시오 8세(약 1235-1303, 1294년부터 교황)의 외교적 노력의 결실인 아나니 조약의 결과에 따라 앙주 가문으로의 반환을 눈앞에 두고 있었다. 아라곤의 새로운 왕 하이메 2세(약 1267-1327)는 사르데냐와 코르시카 왕국의 왕위를 차지하는 대가로 시칠리아를 앙주 가문에 반환했다. 하지만 시칠리아의 주민들은 섬에 머물던 왕의 막내 동생이자 부관인 페데리코(1272-1337, 1296년부터 왕)에게 왕위를 바쳤다. 그는 시칠리아 섬의 두 번째 왕으로 '프리드리히 2세의 제국 정책을 계승한다'는 차원에서 스스로 이름을 지어 칭했다. 하이메 2세가 동생과 싸우고 있던(또는 싸우는 척하고 있던) 몇 년간 상황은 전혀 바뀌지 않았다. 1302년 8월에 앙주와 아라곤 가문은 보니파시오 8세의 반대에도 시아카Sciacca 근처의 칼타벨로타에서 평화 조약을 체결했다. 교황은 이를 수용했지만 몇 가지 탄압적인 조건을 제기했는데, 시칠리아의 페데리코 2세를 시칠리아가 아닌 트리나크리아의 왕으로 두고, 샤를 2세만을 시칠리아 왕국의 합법적 왕으로 해야

칼타벨로타 평화 조약

한다는 예상 외의 내용이 있었다.

이탈리아화 과정

앙주 왕국은 이탈리아 남부 전 지역으로 확대되었다. 이탈리아화 과정은 특히 샤를 2세의 후임자이자 1309년부터 이탈리아 중-북부 지역에서 성공과 실패를 반복하던 친교황파 동맹을 이끌었지만 시칠리아 재정복을 위한 전쟁에서 패전을 거듭함으로써 왕국의 재정을 탕진한 앙주의 로베르(1278-1343)의 통치 기간에 진행되었다. 그의 왕국은 문화적으로는 전성기를 누렸지만 정치적으로는, 특히 왕위를 계승할 유일한 상속자인 샤를(1298-1328)의 사망 이후 심각한 위기에 봉착했다. 로베르는 그들의 아들들이 왕으로 임명된 군주를 대체하거나 적어도 보필할 수 있기를 희망하는 몰락 가문들인 타란토의 앙주, 두러스의 앙주, 헝가리의 앙주의 음모에도 굴하지 않고 사망한 아들의 장녀인 조반나 1세(1326-1382)가 나폴리의 왕권을 계승하게 했다. 그녀는 1343년에 왕위에 올랐고, 자신을 보호하기 위해 교황이 지목한 통치-자문위원회의 도움을 받았다. 조반나 1세와 통치-자문위원회

그녀는 1382년까지 왕위에 머물며 4명의 남편을 두었다. 첫 번째 남편은 헝가리의 러요시 1세Lajos I(1326-1382)의 막내 동생인 헝가리의 언드라시(1327-1345, 1344년부터 왕)였다. 러요시는 1348년부터 1352년까지 왕국을 공격했는데 이 시기는 나폴리 왕국의 역사에 가장 힘든 기간이었으나 피렌체 대상인 가문 출신의 니콜로 아치아이우올리(1310-1365)의 정치적 능력과 재정적 지원으로 위기를 모면할 수 있었다. 한편 니콜로는 앙주-타란토의 필리프(1278-1332)의 미망인인 발루아-쿠르트네의 카테리나(1303-1346)의 둘째 아들 앙주-타란토의 루이(1320-1362)의 후견인 자격으로 그를 조반나 1세와 결혼시켰고, 헝가리인들로부터 왕국을 방어하고자 노력하며 1365년에 사망할 때까지 앙주 가문의 정치적 지주이자 궁정 집사로 활약했다. 1354-1357년에는 시칠리아를 거의 정복하는 공로를 세우기도 했다(하지만 메시나는 1364년까지 앙주 가문의 통치를 받았다).

어쨌든 평화가 거의 성사되어 가던 1372년에 최종 합의가 이루어졌다. 이제 시칠리아는 아라곤 왕가의 봉토로 전락했다. 조반나 1세의 통치 말년은 1378년부터 로마 교황의 추종자들과 아비뇽 교황의 지지자들로 그리스도교계가 양분되는 교회 대분열로 큰 혼란에 빠졌다. 조반나 1세는 우르바노 6세(약 1320-1389, 1378년부터 교

아비뇽 교황에 대한 지원

황)가 나폴리 출신이라는 데 따른 나폴리 주민들의 공개적인 지지에도 아비뇽 교황 지지 노선을 유지했으나 이는 신하들의 심각한 저항을 불러일으켰다. 이들은 여왕의 조카며 앙주-두러스 가계에 속한 인물을 시칠리아의 왕으로 추대하고, 종교 분열을 부추겼다는 죄로 조반나 1세를 포로로 잡아 처형했다. 이러한 변화와 맞물리는 시기에 여왕은 프랑스 왕의 동생인 앙주의 루이 1세Louis I(1339-1384)를 왕위 계승자로 지목했으나 그 전에 급작스런 죽음을 맞이했다.

왕국에 평화가 정착되는 와중에 신하들이 지목한 앙주-두러스 가문의 나폴리의 카를로 3세(약 1345-1386)가 왕이 되었다. 모험심 강한 군주였던 그는 헝가리 왕으로도 등극했지만 1386년에 대관식 거행을 위해 헝가리로 향하던 도중 자신에게 적대적이던 귀족들에게 살해되었고, 왕국은 시련을 맞이했다. 그 와중에 나폴리에 머물고 있던 앙주의 루이 2세Louis II(1377-1417)와 카를로 3세의 미망인으로, 아들 두러스-앙주의 라디슬라오Ladislao(약 1377-1414)와 딸 조반나(1370-1435)의 후견인 자격으로 가에타Gaeta에 피신해 있던 두러스의 마르게리타Margherita(1348-1412)가 긴장 관계에 돌입했다. 라디슬라오는 1398년경이 되어서야 강력한 세력을 형성했는데, 언제든 자신들의 깃발을 바꿀 준비를 하고 있던 귀족들의 저항을 극복하는 동시에 두 왕이 공존하는 상황을 이용하여 왕국의 실질적 주인으로 등장했다. 그리고 이탈리아 반도에서 공격적인 팽창 정책을 본격화하는 것으로 피렌체와 심각한 대립을 초래했다. 그러나 1414년에 갑자기 사망하고 후계자로 여동생이 조반나 2세의 이름으로 왕위에 올랐다. 그녀는 1435년까지는 간신히 지배권을 유지했으나 1420년에 아라곤의 알폰소 5세Alfonso V(1396-1458, 1416년부터 왕)를 양자로 선택하여 왕국에 심각한 파장이 일었다. 조반나 2세가 마지막에 알폰소 5세가 아니라 앙주의 루이 3세Louis III(1403-1434)를 양자로 택했기 때문이다. 이것으로 알폰소 5세는 루이 3세의 후계자인 앙주의 레나토Renato(1409-1480)로부터 왕국을 빼앗는 일의 정당성을 확보하게 되었다. 1442년에 알폰소는 5세는 승리에 이어 나폴리에 입성하여 아라곤 가문의 지배하에 이탈리아 남부 전체를 복속시키게 되었고, 200년에 걸친 앙주 가문의 지배에 종지부를 찍었다.

| 다음을 참고하라 |
역사 지중해의 앙주 가문(91쪽); 프랑스(100쪽); 시칠리아의 아라곤 왕국(139쪽)
문학과 연극 조반니 보카치오(757쪽)

시칠리아의 아라곤 왕국

| 프란체스코 파올로 토코 |

1282년 부활절 월요일에 팔레르모에서 샤를 1세에 저항하는 반란이 일어났다. 반란 세력은 친황제파 잔당들과 시칠리아 왕국의 호엔슈타우펜 가문을 후원하는 페드로 3세에게 시칠리아의 왕권을 제공했다. 만프레트의 딸 코스탄차의 남편인 페드로 3세가 왕국의 법을 존중할 것을 서약하고 아라곤과 시칠리아의 왕권을 계승했기 때문이다. 독립적인 아라곤 왕조가 100년이 조금 넘는 기간 동안 시칠리아 섬을 통치하면서 15세기 초반 아라곤 왕국에 통합된 이후에도 이 지역의 지배 세력들 사이에는 자치에 대한 열망이 유지되고 있었다.

저항 세력

아라곤의 페드로 3세(1240-1285, 1282년부터 왕)가 시칠리아의 왕위를 차지한 방식과 왕권 후계자들이 앙주 가문의 재정복 시도를 막아 내야만 했던 이후의 변천 과정은 지배층 간의 특별한 관계에 영향을 주었다. 페드로 3세는 정복자가 아니라 시칠리아 귀족들이 선출한 왕이었기에 귀족들은 왕과 그 후계자들에게 직접적인 대화자 역할을 요구했다. 그러나 페드로 3세는 교황 우르바노 4세(약 1200-1264, 1261년부터 교황)에게 파문당했으며, 시칠리아 민병대와 카탈루냐 함대가 거둔 승리와 비교되는 상황에서 프랑스 왕국의 강력한 지원을 받는 앙주 가문과 대결해야만 했다. 앙주 가문과의 충돌

1285년에 페드로 3세의 장자 알폰소(1265-1291)가 왕위를 계승했으나 그의 사망 후에 왕위를 계승한 페드로 3세의 둘째 아들 하이메 2세(약 1267-1327)는 평화 조약에도 불구하고 시칠리아 왕위를 포기하지 않았고, 부관 자격으로 시칠리아에 파견된 동생 페데리코 2세에게 왕의 임무를 부여했다. 이에 교황과 앙주 가문은 강력히 항의했다. 시칠리아의 왕 페데리코 2세 자신이 지나치게 상황을 악화시켰음을 깨달은 왕은 교황 보니파시오 8세(약 1235-1303, 1294년부터 교황)가 양측에 제안한 평화 조약을 받아들였다. 교황은 아나니 조약(1295)에 근거하여 시칠리아는 앙주 가문이 차지하고 하이메 2세는 교황에 의해 사르데냐와 코르시카의 왕으로 추대될 것을 주장했다. 그러나 시칠리아의 지도층이 이에 반대했고, 왕권은 결국 형제 간의 분쟁도 불사하면서 1296년부터 스스로를 시칠리아의 왕으로 선언한 페데리코 2세에게 넘어갔다. 호전적인 세력들

은 1302년에 일시적인 휴전을 선포(칼타벨로타 평화 조약)했으나 교황청의 극심한 반대에 봉착했고, 보니파시오 8세는 결국 평화 조약에 승인했다. 이에 따라 페데리코 2세는 사실상 시칠리아 왕국에 복속되어 있던 칼라브리아 지역을 앙주 가문에 돌려주고 트리나크리아 왕이라는 칭호로 시칠리아 섬을 통치했다. 이 칭호는 페데리코 2세가 사망하면 시칠리아를 반환받게 될 앙주 가문이 계승할 것이었다. 시칠리아 궁정은 즉시 반발했다. 페데리코 2세는 계속 시칠리아 왕으로 군림하면서 왕국 전체에 대한 권리를 주장했고, 1321년에는 아들 피에트로Pietro(약 1305-?)와 공동으로 통치권을 행사하며 칼타벨로타 평화 조약을 위반했다. 이것은 실질적으로 독립적인 아라곤 왕조가 통치하는 시칠리아 왕국이 존재했다는 뜻이며, 여러 번에 걸쳐 시칠리아 재정복을 시도한 앙주 가문의 노력은 아무런 결실도 거두지 못했다.

앙주 왕국은 피에트로의 왕국에 비해 명백한 합의에 근거한다는 특징을 가졌다. 시칠리아의 왕위는 지난 세월 정적이었던 앙주 가문에 무력 저항을 전개한 주민 반란 세력을 통해서 페데리코 2세에게 바쳐진 것이었다. 적극적인 군사 지원의 대가로 페데리코의 선출을 약속한 세력들은 시칠리아 섬의 여러 지역에서 많은 권력과 봉건 영지와 특권을 획득했다. 이외에도 왕국의 주요 직위를 독점하고 국유지의 상당 부분을 불법으로 점유했다.

귀족들의 분파: '라티니'와 '카탈라니'

1337년에 페데리코 2세를 계승한 피에트로 역시 얼마 후 사망했다(1342). 이후의 군주들은 시칠리아에 대한 정치적 야심을 실현하지 못한 채 단명했다. 이러한 환경은 '라티니Latini'와 '카탈라니Catalani'라는 추방자의 명칭들로 양분된 채(민족주의적 의미보다는 아라곤 왕위와 연결된 크고 작은 노선들이다), 특히 여러 분파의 균형을 유지할 수 있는 궁정의 유일한 인물인 란다초Randazzo 공작 조반니Giovanni(1317-1348)가 사망한 이후에 왕국의 정치 무대에 주역으로 등장하게 될 귀족 계층의 분파 간 대립을 야기했다. 위기가 지난 직후 1354-1357년에 시칠리아의 대부분이 앙주 가문의 지배에 들어간 것은 우연이 아니었다. 하지만 1362년에 체결된 카스트로누오보 평화 조약으로 분파들은 다양한 차원에서 30여 년간 지속될 균형을 발견했다. 이 기간에 키아로몬테Chiaromonte, 벤티밀리아Ventimiglia, 아라고나Alagona, 페랄타Peralta, 몬카다Moncada, 로소-스파타포라Rosso-Spatafora 같은 시칠리아의 여러 귀족 가문은 백작 작위의 상속과 막대한 재산, 때로는 선박을 보유한 병사를 거느린 채 왕국의 방대한 지역에 대한 영향력을 행사하며 공직 상속을 보장받았다. 귀족 가문들은 도시들의 자치 정부가 발전할 수 있는 가능성을 차단했다. 그럼에도 다른 한편에서는 기사들과 더불어 법률가, 지주, (리구리아와 토스카나의 도시들에서 기원하는) 상인 및 금융업자들로 구성된 견고한 지도층이 형성되고 있었다.

아라곤 왕국에의 흡수

1377년 페데리코 3세(1342-1377, 1355년부터 왕)가 어린 딸 마리아Maria(1367-1402)를 남긴 채 사망하자 시칠리아 왕국의 사법 행정관 아라곤의 아르탈레Artale(?-1389)는 고위직의 직분에 따라 다른 특권 귀족 가문(키아로몬테, 벤티밀리아, 페랄타) 대표자들과 함께 왕권 상속인의 후견인을 자처했다. 이렇게 통치 대리인의 통치가 시작되었다. 같은 기간에 4개의 주요 가문은 시칠리아 섬의 거의 모든 지역에 대한 영향력을 배경으로, 페랄타 가문의 경우에는 통화 주조와 더불어 독자적 통치권을 행사했다. 하지만 아라곤의 군주들은 계속해서 시칠리아를 자신들의 지배지로 여겼고, 적당한 순간에 자신들의 요구가 보다 용이하게 관철될 수 있게 해 줄 일련의 혼인을 통해 왕조와의 관계를 강화했다. 페드로 4세(1319-1387, 1336년부터 왕)는 마리아의 후계자 계승을 인정하지 않았고 그녀를 납치하여 자신의 동생인 몽블랑 공작 마르티노Martino(1356-1410)와 동명이인인 마르티노 1세(1376-1409)와 혼인시켰다. 1392년에 몽블랑의 마르티노는 강력한 함대를 상륙시키고 자신의 아들 마르티노를 시칠리아 왕으로 선포한 후에 아들을 '젊은 마르티노'라고 칭했다. 마르티노는 1392년 6월 1일에 팔레르모에 있는 자신의 거처에서 참수형을 당한 정적 안드레아 키아로몬테의 죽음에 충격을 받았다. 젊은 마르티노는 실질적인 권력을 잡기 위한 6년간의 치열한 내전을 겪었다. 시칠리아 귀족 대부분은 14세기를 거치면서 많은 특권을 상실했다. 키아로몬테 등 여러 귀족 가문이 종적을 감추었고, 다른 가문들도 재산의 상당 부분을 빼앗겼다. 이러한 상황에서 젊은 마르티노를 추종하는 카탈루냐의 귀족들과 얼마 전까지만 해도 권력을 차지할 가능성이 전혀 없어 보였던 도시 지도층이 지지하는 군주국을 위해 봉사하는 많은 시칠리아 주민들은 상대적으로 큰 이득을 얻게 되었다. 통치 대리인의 권력

1398년에 젊은 마르티노는 시라쿠사Siracusa에서 의회를 소집하여 이베리아 반도와 시칠리아의 왕권 연합을 희망하며 왕권 복원을 선언했다. 하지만 그는 1409년 사르데냐 왕국의 반란 세력을 진압하기 위한 군사 원정 중 사망했다. 왕권은 부친이 계

승하지만 그가 사망한 후에는 나바라의 블랑카 1세Blanca I(1385-1441)가 통치 대리인 자격으로 시칠리아의 새 여왕으로 등극했다. 마르티노의 사망으로 시칠리아와 아라곤 왕권이 공석 상태로 남았는데, 카스페Caspe에서 이베리아 왕국들의 대표자들로 구성된 의회를 개최해야 한다는 주장이 제기되었다. 아라곤 왕좌는 카스티야-레온 왕의 둘째 아들 트라스타마라 왕가의 페르난도 1세Fernando I(1380-1416)가 차지했다. 왕은 마르티노 1세로부터 시칠리아의 왕권도 계승했고, 이를 계기로 두 왕국은 한 명의 왕이 통치하고 시칠리아 섬은 총독, 즉 통치 대리인이 통치하게 되었다.

| 다음을 참고하라 |
역사 지중해의 앙주 가문(91쪽); 시칠리아의 앙주 왕국(135쪽)

베네치아와 다른 해상 도시들

| 카티아 디 지롤라모 |

이탈리아 해상 도시들 간의 치열한 경쟁은 지중해의 복합적 상황과 주요 도시들의 정치적-사회적 균형의 상호 관계를 보여 주는 도시들 내부 상황의 변화 과정과 맞물렸다. 이탈리아 반도 남부에 위치하며 다른 정치 제도를 가지고 있던 해안 도시들이 몰락하는 것과 달리 피사, 제노바, 베네치아는 여전히 활발한 활동을 전개했다. 그럼에도 13-14세기에는 오직 베네치아만이 충분한 정치적 독립과 항구적 제도, 지속적인 경제적 경쟁력에 필요한 여건을 갖추었다.

이탈리아 남부의 해안 도시들: 자치권과 구심력 상실

이탈리아 남부의 해안 도시들은 반도 내륙과 아랍, 그리고 비잔티움 제국 간의 무역 활동을 통해 번영을 누렸지만 12세기가 지나며 쇠퇴 기운이 역력하게 드러났다. 몰락의 근원적 요인으로는 특히 (경제적으로 크게 발전하고 있던) 유럽 대륙의 항구들에 비해 지리적으로 변두리에 위치하고 있다는 것과 상업 활동에 대한 지역 지배 계층들의 제한된 관심과 노르만 정복 이후의 정치적 독립성의 상실, 티레니아 해의 도시들인 피사, 제노바, 그리고 특히 아드리아 해에 위치한 베네치아 공화국과의 경쟁을 이유로 지적할 수 있다.

실제로도 13세기 초반에 이탈리아 남부 도시들의 상업 활동은 상당히 위축되었다. 동방에서의 지위 상실과 도시 내부의 변화는 초기에는 노르만-슈바벤 왕국의 형성, 이후에는 지중해에서 영토를 확장하고 세력을 확대하려는 앙주와 아라곤 가문의 지배와 맞물려 전개되었다. 당시 이탈리아 반도의 전통적인 해안 도시들은 프랑스와 에스파냐의 야심이 반도의 내부로 밀려 들어오는 상황에서도 무력함을 드러냈다.

피사: 분쟁 구도와 정치적 실험

피사는 12세기에 접어들면서 11세기 말부터 공식화되었던 사법과 행정 체제를 완성하고 콘타도를 재편했으며 해양 활동을 위해 항구를 조직화했다. 이렇게 12세기 말에는 13세기 전체에 영향을 미칠 긴장 관계가 조성되었다. 도시 지도층은 분열되었다. 대부호 가문들도 저마다 분파를 형성했고, 상인들과 신흥 수공업자들이 권력 쟁탈전에 가세했다. 그 결과 콘술 지배와 집정관 체제가 반복되었고 주요 가문들은 치열한 경쟁을 전개했다. 이러한 상황은 1254년에 민중을 대표하는 관리들인 민중 원로, 민중위원회, 민중 대장의 봉기로 종료되었다.

도시 내부의 상황은 교황파와 황제파의 분쟁으로 야기된 반도의 혼란과 맞물렸다. 피사는 프리드리히 2세(1194-1250, 1220년부터 황제) 시대에 형성된 친황제파 노선을 오랫동안 유지했다. 그러나 그가 사망하자 정치적-경제적으로 몰락해 갔고, 아드리아 해 패권의 상당 부분은 이미 베네치아에 넘어간 상황이었다. 피렌체는 피사의 몰락을 틈타 토스카나에서 상업적 우위를 차지하는 데 성공했다. 제노바와 아라곤은 피사의 오랜 이해관계가 집중되어 있던 지중해에서 세력을 확장했다. 피사는 제노바와 대결하지만 멜로리아 해전에서 참패했다(1284). 또한 동맹 세력인 자치 도시 아레초가 캄팔디노Campaldino 전투에서 패하자 1289년에 단독으로 육지에서는 토스카나의 친교황파(피렌체, 루카)를, 바다에서는 제노바를 상대하게 되었다. 결국 피사는 제노바에 코르시카를 넘겨주었다. 아라곤은 1324-1326년에 피사로부터 사르데냐를 빼앗으면서 티레니아 해로부터 피사를 추출하고 피렌체와 본격적인 경쟁에 돌입했다.

반도 내에서도 변화가 나타났다. 13세기 말에 피사는 도시 지배권을 몬테펠트로 가문, 파지올라 가문의 우구치오네Uguccione della Faggiola(1250-1319) 같은 외부 인물들과 도노라티코Donoratico 백작들, 아녤로Agnello나 감바코르타Gambacorta 같은 시민 세력에게 권력을 위임하는, 이른바 시뇨리아 통치 체제를 받아들였다. 하지만 시뇨리아 체제로의 전환은 피사의 몰락을 저지하기에는 부족했다. 얼마 후 페루자, 시에나, 아시시, 그리고 1399년에 피사는 황제가 밀라노 공작으로 임명한 잔 갈레아초 비스콘티(1351-1402)의 팽창주의에 굴복했다. 비스콘티 공작은 피사를 피렌체에게 넘겼고 피사 주민들은 오랜 포위를 견디지 못하고 1406년에 항복했다.

피사의 몰락과 피렌체의 지배

14세기에 피사의 제도 변화는 '위기 대응책'에 불과한 것이 아니라 사회 변화에 적절히 대처하고 시민 관료들과 시뇨리아의 권력 형태 사이의 특별한 균형감을 유지한 것이었다. 그리고 상업과 금융 분야에서 강력한 영향력을 가진 아글리아타Agliata와 본콘티Bonconti 가문처럼 부를 축적한 가문들에게 관직을 보장하면서 사회적 변화에 적절히 적응하는 (오랜 번영을 누리거나 누리게 될 도시들이 보여 준 것과 다르지 않은) 능력을 발휘했다.

제노바: 자치권을 향한 간헐적이고 힘겨운 여정

피사에 승리한 제노바 또한 도시 내에서 시민 분파의 알력에 의한 내분을 피하지 못했다. 다른 도시들에서와 마찬가지로 집정관 체제 단계를 거치는 자치 도시로의 제도적 발전은 대가문들 사이의 경쟁 관계를 극복하지 못했다. 여기에 교황파와 황제파의 대결 구도가 추가되면서 제노바는 더욱 복잡한 상황으로 빠져들었다. 1257년에 민중 대장인 굴리엘모 보카네그라Guglielmo Boccanegra(?-1274년 이전)는 민중 봉기를 이용해 전권을 장악했다. 하지만 얼마 후에 귀족들의 음모에 굴복하여 권력을 상실했다. 친황제파인 스피놀라Spinola 가문과 도리아Doria 가문은 1270년부터 제노바의 권력을 양분했지만 친교황파인 피에스키Fieschi 가문과 그리말디Grimaldi 가문에 권력을 넘겨주어야 했다. 새로운 민중 봉기가 일어난 1339년에는 시몬 보카네그라(약 1301-1363)가 권력을 장악하고 종신 총독(도제)의 자리에 올랐다.

보카네그라 가문

도시 내분이 확대되면서 도시 구역의 한계를 벗어나 분쟁은 더욱 가속화되었다. 반면에 베네치아와의 오랜 경쟁 관계는 키오자 전투(1378-1381)에서 베네치아-아라곤 동맹 세력에게 패배당한 후에 더욱 복잡해졌다. 이제 제노바의 권력은 도시 가문들과, 1353년에 시뇨리아로 도시를 통치한 조반니 비스콘티에 의해 밀라노의 비스콘티 가문에게 넘어갔다. 이렇게 제노바는 이탈리아 영토를 벗어난 세력들의 권력 싸움에 휘말리게 되었다. 1396-1409년에 제노바는 프랑스에게 점령당했다. 당시 세력을 팽창 중이던 투르크는 동방에서 제노바가 누리던 영향력을 상당 부분 지웠다. 15세기 후반에 제노바는 밀라노 공국에 이어 다시 프랑스에게 점령당했다. 1528년에 가서야 해군 제독 안드레아 도리아Andrea Doria(1466-1560)가 에스파냐와 프랑스의 동맹 관계에 변화가 생긴 틈을 이용해 과두 지배 체제의 공화국 재건에 성공했다. 당시 제노바를 통치하던 2년 임기의 도제들은 근대의 전 기간 동안 도시의 독립을 지키는 데 성공했다.

과두 지배 체제의 공화국

베네치아: 과두 지배 체제의 종식과 팽창 정책의 변화

13세기 초반의 제4차 십자군 당시 베네치아는 제노바와 치열하게 경쟁하던 동지중해에서 자신의 세력을 다졌다. 1298년에 코르출라 섬 근처에서 제노바에 패배하기 이전까지 외교전과 무력 충돌은 계속되었다. 그러나 이것은 동방에서의 세력 균형에는 별다른 영향을 미치지 않았다. 코르출라 섬에서 당한 패배로 어려움에 직면한 베네치아는 도시의 통치 제도에 대한 재조직을 단행했다.

베네치아는 13세기 후반까지 다른 자치 도시들과 달리 당시의 불안정한 상황으로부터 별다른 영향을 받지 않았다. 강력한 귀족 가문도 없었고 지도층 또한 시민 대표들을 정부 조직에 참여시키는 데 반대하지 않았기 때문이었다. 도제와 그의 재판관들iudices로 구성된 장원 재판소Curia ducis는 12세기 중반부터 시민들로부터 기원한 원로 자문회의Concilium sapientium를 받아들였다. 이후 시대에는 대위원회와 소위원회를 구성했다. 또한 일반적으로 신-구 제도들은 13세기 초반에 성문화된 균형을 유지했다. 하지만 신-구 가문들 사이에 형성된 경제적 공감대를 통해 실현된 상대적 균형은 13세기 말의 어려움으로 붕괴되었고, 이로 인한 내분은 과두 지배 체제의 종식으로 이어졌다. 이는 13-14세기에 이탈리아 반도 중북부 지역에 위치한 다른 도시들의 권력 지향성을 포함하는 다양한 성격과 기원의 문제들과 별반 다르지 않았다.

사회 계층들 간의 균형과 조화

이것이 베네치아 대위원회의 성립 배경이었다(1297). 공권력을 장악하고 있던 대위원회는 시민 출신의 여러 가문이 참여하는 동시에 선거 방식을 통해 미래의 신흥 가문들이 참여할 수 있는 가능성을 사실상 제한했다. 민중 세력의 허약함으로 인해 1299년에 과두 지배 체제를 붕괴시키려는 시도가 실패로 끝나고 1323년에 특권층

대위원회

이 대평의회와 다른 권력 조직들에서 자신들의 권력을 유지하게 되면서 사실상 폐지되었다.

베네치아는 다시 대외적 팽창 정책을 추진했지만 방향은 이전과 달랐다. 제노바와의 경쟁 관계(1378-1381년의 키오자 전투에서 베네치아는 위기에 직면한다)에 이어 이번에는 아라곤과도 새로운 경쟁 관계에 돌입했다. 당시 헝가리가 달마티아를 차지했고, 흑사병이 그 위세를 떨치면서 베네토 지역의 다른 시뇨리아 군주들과 밀라노의 비스콘티 가문의 시뇨리아에 의한 압력이 가중되었다. 동지중해는 오스만 제국의 팽창으로 긴장감에 휩싸였다. 이러한 복합적인 상황에서 베네치아는 내륙으로의 방향 전환을 결심했다. 트레비소와 그 주변 지역은 14세기 말에 이미 베네치아에 복속되었다(1389). 25년이 지나기도 전인 1405-1428년에는 베네토, 프리울리 Friuli, 베르가모, 브레시아에 대한 강력한 영토적 지배를 구축했다. 이 지역들은 15세기 전 기간 동안 브뤼헤와 더불어 세계 무역의 중심지로 등장했으며, 로디 평화 조약(1454)이 체결된 후에는 지역의 강력한 세력으로 부상했다. 근대에 유럽 정치의 주인공들이 이탈리아 반도가 아닌 다른 지역들에서 출현한 것이 사실이라면 베네치아 공화국이 나폴레옹 전쟁이 시작되기 이전까지 역사의 중심에 위치하고 있었던 것도 엄연한 사실이다.

| 다음을 참고하라 |
역사 해상 공화국들의 경쟁(37쪽); 자치 도시로부터 시뇨리아로(72쪽); 도시들(213쪽)

스칸디나비아 지역

| 레나타 필라티 |

시민의 투쟁, 군주와 귀족, 그리고 그리스도교 성직자들의 대립이 스칸디나비아 지역의 군주국이 강화되는 계기를 제공했다. 대표적인 사례가 혼인 동맹을 통해 형성된 칼마르 동맹(1397), 즉 덴마크를 중심으로 하는 정치-경제 연합체다.

노르웨이

1184년 노르웨이 군주로 인정받은 스베레 시구르손Sverre Sigurdsson(1145/1151-1202)과 고위 성직자들의 지원을 받은 반란 세력 바글러Bagler(성직자와 그리스도교 신앙을 가진 귀족들로 이루어진 파벌*)가 13세기에 충돌했다. 시구르손은 반란 세력을 진압하는 데 성공했지만 베스틀란데트Vestlandet와 트뢰넬라그Trøndelag 지역의 저항은 계속되었다.

부친 시구르손의 사망으로 왕에 등극한 스베레 왕가의 호콘 3세Håkon III(1182-1204, 1202년부터 왕)는 시민 반란 세력을 진압하려 했지만 2년 후에 독살당했다. 이후 벌어진 왕위 계승 전쟁에서 그의 동생 잉에 2세Inge II Bårdsson(1185-1217)는 이복형제에게 승리를 거두었고, 왕권은 잉에 2세의 조카이자 선대왕 호콘 3세의 아들인 호콘 4세Håkon IV Håkonsson den Gamle(1204-1263, 1217년부터 왕)가 차지했다. 하지만 새 왕은 당시 13세에 불과했기에 후견인 스쿨레 보르드손Skule Bårdsson 공작의 보호를 받았고 그의 딸과 혼인했다. 어린 왕의 통치 기간 중에 재발된 시민전쟁은 1240년 보르드손의 사망 때까지 계속되었다. 이외에도 호콘 4세는 잉글랜드, 한자동맹의 중심지인 뤼베크, 러시아, 덴마크, 그리고 스웨덴과의 외교를 통해 상업 활동을 장려했고, 프랑스 왕 루이 9세(1214-1270, 1226년부터 왕)의 권유로 제7차 십자군의 이집트 원정에 동참했다. 1261년에는 그린란드와 아이슬란드 점령에 착수하여 1264년까지 노르웨이 주민들을 지배했다. 그의 사망으로 왕위를 계승한 아들 망누스 6세Magnus VI Lagaböter(1238-1280, 1263년부터 왕)는 헤브리디스Hebrides 제도를 왕권에 복속시키려 했던 부친 호콘 4세의 의지와 달리 스코틀랜드에 넘겼다. 그는 행정과 사법을 개편하여 영토 내의 모든 시민들의 권리 보장을 위한 법안을 제정했으며 도시에 상당한 특권을 부여하여 상업 활동을 촉진시켰다. 이 기간에 인구 증가에 대처하기 위해 새로운 도시들이 건설되었다. 대규모 개간 사업도 병행되어 1267년에 '쟁기plog'란 용어가 법전에 공식적으로 등장했다. 법과 상업

하지만 망누스의 재임 중 과거 덴마크의 공주 잉게보르그와의 혼인으로 강화되었던 덴마크와의 동맹 관계를 준수하지 않아 전쟁 위험이 발생했다. 이러한 상황에서 망누스 6세가 사망하자 왕권은 열두 살의 어린 아들 에리크 3세Erik III Prästhatare(1268-1299)가 계승했다. 이 기간에 고위 성직자들과 심각한 대립이 생겼고, 왕권은 다시 에리크 3세보다 두 살이 더 어린 나이에다 오슬로에 정착하여(1285)

노르웨이 동부 지역을 장악한 그의 동생 호콘 5세Håkon V Hålägg(1270–1319, 1299년부터 왕)의 등장으로 양분되었다. 에리크 3세는 모친의 결혼 지참금 문제로 덴마크와 싸움을 벌인 끝에 1295년에 욀란드Öland 북부 지역 양도에 관한 약속을 받아 냈지만 실제로 차지하지는 못했다. 호콘 5세는 1309년까지 덴마크와 전쟁을 벌였지만 그 역시 욀란드를 차지하는 데는 실패했다. 이어 그는 스웨덴과도 전쟁을 했고, 국가 방어를 위해 많은 요새를 건설하여 전문 군인들로 구성된 부대를 주둔시켰다. 그의 딸 잉게보르그는 스웨덴 공작과 혼인했는데, 이 결혼으로 노르웨이와 스웨덴의 통일을 위한 기초가 마련되었다.

호콘 5세의 사망(1319)은 스베레 왕가의 대가 끊긴 것을 의미했다. 후임자 망누스 7세Magnus VII Eriksson(1316–1374, 1319–1355년에 노르웨이의 왕, 1319–1363년에 스웨덴의 왕)는 호콘 5세의 손자이자, 잉게보르그의 아들이었다. 이미 스웨덴 왕위를 차지하고 있던 망누스 7세는 선대 통치자들이 분리했던 두 왕국의 통일을 위해 노력했지만 노르웨이는 1344년에 당시 세 살에 불과했던 호콘 6세Håkon VI Magnusson(1339–1380)를 왕으로 추대하고 후견인 위원회를 조직했다. 1359년에 망누스 7세는 덴마크 왕 발데마르 4세Valdemar IV Atterdag(약 1320–1375, 1340년부터 왕)와 중요한 동맹을 체결했고, 아들 호콘 6세와 발데마르 4세의 딸 덴마크의 마르그레테Margarete(1353–1412)의 혼인을 성사시켜 두 나라의 관계를 더욱 강화시켰다. 이 결혼식은 1370년에 거행되었다.

유럽의 다른 국가들처럼 노르웨이에서도 1349–1350년에 흑사병이 확산되어 인구와 경제에 타격을 입었다. 특히 호콘 6세의 통치 기간에 심각한 상황으로 치달았다. 부친의 왕위를 계승한 울라브 5세Olav V(1370–1387)는 할아버지 발데마르 4세의 사망 후 '마르그레테의 아들'이라는 명분에 따라 1376년에 덴마크 왕으로도 등극했다. 그는 사상 두 번째로 국가의 독립을 해체하면서 덴마크와 노르웨이 왕권을 통합했다. 이후 노르웨이는 1814년까지 덴마크에 통합된 상태로 남았다. 울라브 5세가 사망하자 마르그레테는 자신의 조카인 포메라니아 출신의 에리크 4세Erik IV(약 1382–1459)를 왕으로 임명하지만 실질적으로는 죽을 때(1412)까지 통치권을 쥐고 있었다. 1389년에 그녀가 스웨덴을 정복한 후에 에리크 4세는 명목상 덴마크 왕권도 차지하면서 덴마크의 에리크 7세 겸 스웨덴의 에리크 13세가 되었다.

왕권 통합

스웨덴

공동 통화 체계를 도입했던 크누트 1세Knut I가 사망하자(1195) 경쟁자였던 스베르케르 2세Sverker II Karlsson(?-1210, 1198-1208년에 왕)가 왕권을 계승했다. 그러나 산토의 에리크Erik il Santo의 조카 에리크 10세Erik X Knutsson(1180-1216)가 왕권에 대한 권리를 주장했다. 그 결과 스베르케르 왕가와 에리크 왕가 사이에 내전이 벌어졌다. 에리크 10세는 노르웨이로 도주하나 다시 스웨덴으로 돌아와 어린 스베르케르 2세를 격파하고 왕권을 차지하여 1208년부터 1216년까지 통치했다. 그가 죽은 후 귀족들은 스베르케르 2세의 아들 요한 1세Johan I(1201-1222)를 왕으로 추대했다. 그는 재임 기간에 에스토니아에 가톨릭 신앙을 전파시켰다. 요한 1세가 사망하자 에리크 10세의 추종자들은 그의 아들인 에리크 11세Erik XI(1216-1250)를 왕으로 추대하여 그가 6세의 나이로 왕위에 올랐다. 하지만 1229년에 사촌 크누트 롱에Kunt Långe(?-1234)의 반란으로 폐위되었다. 겨우 목숨을 구한 에리크 11세는 덴마크로 피신하여 찬탈자 롱에가 죽을 때까지 이곳에 머물렀다. 이 시기에 왕권은 울프Ulf 공작과 비르예르Birger 공작이 대행했다. 비르예르 공작은 울프 공작의 아들이 모의한 반란을 진압하고 왕의 여동생인 잉게보르그와 혼인하여 왕권과의 결속을 강화했다. 이 결혼으로 상속자 없이 사망한 에리크 11세의 뒤를 이어 왕권을 계승할 발데마르 비르예르손Valdemar Birgersson(1243-1302, 1257년부터 왕)이 탄생했다.

스베르케르 왕조와 에리크 왕조

발데마르는 폴쿵아Folkunga 왕조의 첫 번째 왕으로 스웨덴 주민과 가톨릭으로 개종한 고트족의 인종 혼합을 실현시켰다. 스웨덴이 국가로 탄생하자 왕은 스톡홀름을 건설했다. 발데마르가 사망하자 동생 망누스 1세Magnus I(1240-1290)가 왕권을 계승했다. 그는 귀족 신분의 상속이라는 전통을 세우고 1248년에 성직자의 결혼 금지와 십일조 권리를 결정한 섀닝에Skenninge 종교회의를 통해 권력을 강화했던 성직자의 권력을 더욱 확대시켰고, 아들 비르예르 2세Birger II(1280-1321)의 보호인인 토르길스 크누트손Torgils Kuntsson의 뛰어난 전략으로 핀란드 남동부 지역을 정복할 수 있었다. 하지만 통치 중에 형제들이 일으킨 분파 싸움에 휘말려 포로로 잡혔다(1306). 이 때문에 스웨덴은 분열되었다. 반란을 일으킨 형제 중 한 명은 서부 지역을 통치하고 노르웨이를 상속한 공주와의 혼인을 통해 두 왕국의 통일을 위한 기반을 마련했으나 다시 자유의 몸이 된 비르예르 2세가 권력을 되찾아 전쟁을 벌인 끝에 그들을 포로로 잡아 1317년에 처형시켰다. 이 행위는 민중의 분노를 샀고, 왕은 덴마크로

하나의 수도와 하나의 종교를 가진 국가의 탄생

도망쳤다.

스웨덴인들은 노르웨이의 망누스 7세에게 왕권을 양도했다. 새 왕은 스웨덴과 (모친의 가계로 상속받은) 노르웨이의 첫 번째 왕이 된다. 대토지를 소유한 귀족 가문들은 특권을 인정받고 왕국위원회를 설립한 후에 왕의 통치에 대한 그들의 참여를 정당화했다. 하지만 왕은 그동안 정복했던 영토를 스코네Skåne, 욀란드, 고틀란드에 넘겨주었다. 그는 나무르의 비앙카Bianca di Namur와의 사이에서 얻은 아들들과 왕권을 공유했다. 당시 11세의 어린 나이였던 에리크 12세Erik XII Magnusson(1339-1359)에게는 1344년부터 스웨덴 왕권을, 호콘 6세Håkan VI Magnusson에게는 노르웨이 왕권을 양도했다. 귀족들의 지원을 받은 에리크 12세가 1356년에 반란을 일으켜 권력을 쟁취하려 들었고, 왕은 그에게 스코네와 스웨덴 전체를 넘겨주었다. 이후 에리크 12세는 덴마크의 발데마르 3세Valdemar III(1314-1364, 1326-1330년에 왕)와 전쟁을 벌여 승리했다. 하지만 에리크 12세는 1359년에 부인, 아들들과 함께 사망했다. 원인은 독살로 추정되었다. 이후 부친이 통일 국법Landslag과 도시법Stadslag을 이용하여 권력을 다시 장악하고 절대권을 확립하려 했으나 결국 귀족들에게 추방당했다. 이렇게 하여 1250년에 시작된 폴쿵아 가문은 1363년에 종식되었다.

스웨덴 귀족들은 부르주아의 지원 덕에 메클렌부르크 출신 알브레크트Albrekt(약 1340-1412)를 왕으로 추대하여 독립을 유지하려 했으나 이것이 호콘 6세의 권리를 침해하는 결과를 초래했다. 자신을 선출한 자들에게 포로로 잡힌 알브레크트는 왕의 모친이자 노르웨이 왕 호콘 6세의 미망인이며 스웨덴 왕권에 대한 상속권을 주장하는 덴마크의 마르그레테가 전쟁을 일으키자 지지자들로부터도 버림받는다. 알브레크트는 팔셰핑Falköping(1389)에서 패하고 목숨을 구하고자 굴복했다. 이후 그녀는 권력을 장악하고 1397년에 칼마르 동맹을 공포하여 스웨덴, 노르웨이, 덴마크를 통일했다.

덴마크

덴마크는 발데마르 1세Valdemar I(1131-1182, 1157년부터 왕)와 그의 아들 크누트 6세Knut VI(1162/1163-1202, 1182년부터 왕)의 통치 기간에 룬드Lund 대주교이며 장관인 압살론Absalon의 자문과 지원으로 스웨덴, 노르웨이와 더불어 정치적-군사적으로 강력해졌다. 항구 건축은 코펜하겐의 기원이 되었다. 크누트 6세가 하인리히 사자공

(1129-1195)의 딸이자 부인인 게르트루트와의 사이에서 아들을 얻지 못하자 동생인 발데마르 2세Valdemar II(1170-1241, 1202년부터 왕)를 후계자로 삼아 왕권을 공유했다. 크누트 6세의 사망 후인 1202년에 발데마르 2세는 정식 왕으로 선포되었다. 이러한 변화는 룬드 대주교인 압살론과 그의 보좌관이자 뛰어난 역사가이며 발데마르 1세와 발데마르 2세의 보호를 받고 있던 삭소 그라마티쿠스Saxo Grammaticus(약 1140-약 1210)가 쓴『데인인의 사적Gesta Danorum』에 반영되었다.

동부 지역으로의 영토 확장과 복음화

1219년에 발데마르 2세는 복음화를 위한 십자군을 조직하여 발트 해와 에스토니아 동부와 남부를 정복하여 크누트 6세의 오랜 숙원을 해결했다. 그 외에도 노르웨이에게 공납을 요구하고 유틀란트 법에 서명할 것을 강요했다. 1223년에 사냥에 나선 발데마르 2세는 아들과 함께 슈베린의 하인리히 백작의 포로로 잡혀 독일로 압송되었다. 프리드리히 2세(1194-1250, 1220년부터 황제)와 호노리오 3세(?-1226, 1216년부터 교황)의 중재는 실패로 돌아갔고, 발데마르 2세는 자유의 몸이 되는 대가로 매우 불리한 조건을 수용해야만 했다. 뤼겐Rügen을 제외한 독일 북부의 영토 포기, 상당한 몸값 지불, 아들을 포로로 넘기기, 끝으로 덴마크로 귀환한 후에는 다시 전쟁을 일으키지 않는다는 것이었다. 하지만 약속을 어기고 자신을 납치한 하인리히 백작을 상대로 전쟁을 일으켰으나 초기 전투의 승리에도 불구하고 1227년에 보른회베트Bornhöved 전투에서 패하여 많은 영토를 상실했다. 그래도 덴마크, 에스토니아, 뤼겐, 프로이센 영토에 대한 지배 유지에는 성공했다. 1231년에 그의 아들 에리크 4세Erik IV Plogpenning(1216-1250, 1241년부터 왕)가 왕으로 선출되지만 왕권은 부친의 사망 후 계승했다. 1241년에 그는 형제인 아벨Abel(1218-1250) 공작의 공격으로 방어에 필요한 재원 마련을 위해 농부들에게 세금을 부과했지만 결국 패배하고 포로가 되었다가 1250년에 참수형을 당했다. 아벨은 2년간 왕국을 통치했고, 그가 죽은 후엔 동생이자 발데마르 2세의 셋째 아들인 크리스토페르 1세Kristoffer I(1219-1259)가 왕권을 계승했다. 새 왕은 왕국 주교들에 대항하여 투쟁을 벌였지만 리베Ribe 성당 참사회 회원인 야코브 에를란센에게 포로로 붙잡혀 사망했다. 그 결과 아들 에리크 5세Erik V Klipping(약 1249-약 1286, 1241년부터 왕)는 불과 10세의 나이로 왕위에 오른다. 통치권은 성직자와 귀족들에게 적대적이었던 에리크 5세의 모친이 장악했다. 성년이 된 에리크 5세는 귀족과 성직자들의 요구에 굴복하여 1282년에 귀족들에게 매년 위원회 소집을 약속했다. 그럼에도 왕은 귀족들이 계획한 음모에 희생당했다(1286). 이후 그의 아들 에리크 6세Erik VI Menved(1274-1319, 1286년부터 왕)의 12세라는 어린 나이로 모친 브란덴부르크의 아그네스가 아들을 대신하여 섭정했다. 에리크 5세의 살해 책임자들은 1287년에 처벌받았으나 일부는 노르웨이로 도망치는 데 성공하여 1310년까지 덴마크로의 군사 원정을 계획했다. 에리크 6세는 자신의 최대 정적이며 한때 자신을 지지한 바 있던 교황 보니파시오 8세(약 1235-1303, 1294년부터 교황)의 강력한 후원을 받고 있던 룬드 대주교 옌스 그란Jens Grand으로부터 심한 견제를 받았지만 팽창 정책을 실행에 옮겼다. 그리하여 로스토크Rostock를 차지한 데 이어 뤼베크를 정복하여 자신을 군주로 받아들이게 만들고 엘바 북쪽 지역을 병합했다. 그리고 1304년에 황제 알브레히트 1세(약 1255-1308)는 에리크 6세의 정복을 수용하여 그를 정복 지역의 군주로 인정하고 자신의 봉건 신하로 선포했다. 하지만 에리크 6세의 팽창 정책은 세금 부과 의무를 동반했다. 1319년 11월 13일에 왕은 덴마크 경제를 심각한 지경에 빠뜨린 채 사망했고, 후계자인 크리스토페르 2세Kristoffer II(1276-1322)는 귀족들에게 방대한 내용의 특권을 제공한 데 이어 홀슈타인 백작 게르하르트 3세Gerhard III(약 1292-1340)를 통치자로 임명했다. 게르하르트는 군주와 귀족, 성직자들의 불화에 종지부를 찍고 크리스토페르 2세의 군대를 격파했다. 전투에서 패배한 왕은 아들 발데마르 4세와 함께 독일의 황제 루트비히 4세(약 1281-1347)에게 피신했다. 1326년에 게르하르트 3세는 슐레스비히Schleswig 공작의 아들 발데마르 3세(1314-1364, 1326-1330년에 왕)를 왕으로 선포했지만 스웨덴의 에리크 12세에 패했으며, 게르하르트는 1340년에 암살당했다.

크리스토페르 2세의 아들 발데마르 4세(약 1320-1375, 1340년부터 왕)는 덴마크로 귀환하여 스스로 왕위에 올라 평화를 가져왔으며, 왕국을 재통일하고 재정을 튼튼히 하고자 노력했다. 하지만 윌란드와 고틀란드에 대항한 왕의 팽창 정책은 한자 동맹의 저항에 봉착했고, 그 결과 한자 동맹과의 전쟁(1361-1370)이 시작되었다. 하지만 강력한 경제력을 보유한 한자 동맹에게 패배하여 망명했다. 1370년에 굴욕적인 슈트랄준트 평화 조약을 체결하여 한자 동맹에게 발트 해에 대한 경제적 지배권을 넘겨주는 조건으로 간신히 왕권을 유지할 수 있었다. 스웨덴의 망누스 7세와는 외동딸 마르그레테와 왕권 상속자며 동시에 이미 노르웨이의 왕인 호콘 6세의 결혼에 합의했다. 이후 호콘 6세의 미망인이 된 그녀는 스웨덴 왕권 찬탈자인 메클렌부르크의 알브레크트를 격파한 데 이어 1397년에는 스칸디나비아 왕국들의 연합을 실현하는

한자 동맹의 승리

능력을 발휘했다.

| 다음을 참고하라 |
역사 한자 동맹의 도시들(153쪽)

한자 동맹의 도시들

| 파브리치오 마스트로마르티노Fabrizio Mastromartino |

독일 북부와 라인 강 지역의 도시들은 일련의 동맹 세력을 형성하고 대외 무역에서 독일 상인들의 이해관계를 보호하고자 강력한 지역 권력이 부재한 상황을 활용했다. 얼마 후 한자 동맹의 도시들은 자신들만의 경제적 지배권을 형성했다. 그러나 동맹 전체를 위한 법안이 허술했기에 14세기부터는 장기적인 지배권 장악을 위한 힘겨운 과정을 겪어야 했다.

한자 동맹

그 기원이 매우 오래된 '한자Hansa'라는 용어는 12세기 전반기부터 해외 무역에 종사하면서 공동의 이해관계를 보호하고 확대하려 했던 독일 상인 연합체를 가리킨다. 개괄적으로 볼 때 이 용어는 롬바르디아 상인 협회나 프랑스의 토스카나 상인 협회처럼 해외에서 상업 활동을 수행하는 상인들의 단체, 협회 또는 조합을 의미한다. 그럼에도 얼마 지나지 않아 한자 동맹으로 알려진 독일 북부의 상인들이 형성한 조직을 가리키는 표현으로 정착되었다. 한자 동맹의 특성은 동시대 다른 조직들과의 비교에서, 정치적으로나 상인들 사이의 관계에서나 이들의 고향 도시들 사이의 동맹 관계 변화에 따라 그것이 급진적으로 바뀔 때마다 나타났던 경제적 상황들에 따라 구분되었다는 것이다.

한자 동맹의 기원과 발전

한자 동맹이 언제 결성되었는지는 불확실하다. 하지만 14세기를 거치면서 드러난 동맹의 형성과 지속적 발전의 기원이 런던, 브뤼헤, 비스뷔, 러시아의 노브고로드 Novgorod, 그리고 그 이후의 노르웨이의 베르겐처럼 북부 유럽에 위치한 독일 상인들의 활동 근거지에서 시작되었음은 분명하다. 이미 12세기 말경에 독일 북부와 라인 강 지역 도시의 상인들은 상업 중심지에서의 물품 수출과 관련하여 세율상의 혜택과 부분적인 조세 감면(특별한 경우에는 전액 감면 혜택)은 물론 지역 사법부로부터의 면세와 같은 많은 무역상의 특권을 확보했다.

독일 북부의 도시 발전과 동맹의 등장

14세기 중반의 한 문서를 통해 한자 동맹의 존재가 처음 언급되었다고는 하나 한자의 탄생은 12세기 후반의 도시 발전과 13세기 독일 북부 도시들이 결성한 동맹 관계와 밀접한 연관성을 가진다. 프리드리히 2세(1194-1250, 1220년부터 황제)가 오랫동안 시칠리아에 머물고 있던 상황에서 1241년에 뤼베크와 함부르크는 발트 해와 북해에서의 해외 무역과 관련 있는 자신들의 이해관계를 보호하고자 연합을 시도했다. 한편 뤼베크와 함부르크가 몇십 년 후에 로스토크, 비스마르, 슈트랄준트 같은 다른 해안 도시들과 동맹을 체결하고, 1270년에 라인 강 지역과 그 중심지인 쾰른으로 영향력을 확대한 것이 중요한 의미를 가졌다.

상인들의 은덕

이미 50개가 넘는 도시가 참여한 동맹 형성을 부추긴 핵심 요인은 동맹의 발전에 맞서거나 동맹을 형성한 계층들의 이해관계를 옹호해 줄 수 있는 영토 권력이 없었다는 점이다. 유럽 대륙에서는 제국이 내부 분열로 인해 세력이 약화되었다. 인접한 바다의 항로들을 통제하기보다는 군주들과 봉건 세력들 간의 분쟁으로 영향력이 축소된 스칸디나비아 국가들도 상당히 수동적 역할만을 담당한 채 독일 상인들의 간섭을 부추겼다. 이들은 출신 도시들의 부를 증대시키는 결과를 가속화시켰다. 게다가 때로는 스칸디나비아 지역의 왕국 군주들이 귀족들에 대한 자신의 우월함을 유지하는 데 필요한 보다 많은 자금을 확보할 목적으로 외국 상인들, 특히 독일 북부의 해안 도시들로부터 막대한 자금을 지원받으면서 자발적으로 그들의 상업 발전을 촉진했다.

한자 동맹이 축적한 부의 대부분은 발트 해의 수출 무역을 독점적으로 수행하던 과정에서 유래되었다. 14세기에는 이 우월한 지위를 수단으로 하여 스칸디나비아의 군주들과 귀족들의 대표들과 동일한 지위를 얻게 되었다. 그 결과 한자 동맹은 지역의 정치적 활력에 강력한 영향력을 행사하는 중요한 경제 세력으로 급부상했다.

동맹, 강력한 지역 경제 세력

동맹의 지속적인 성격과 방대한 영토적 배경 덕분에 한자 동맹은 자신들의 이권을 지켜 내기 위한 경제적 보복 행위와, 때로는 전쟁까지 불사하는 치열한 외교를 통해서 유럽 북부에 위치한 대규모 상업 도시들의 정치에 상당한 영향력을 행사할 수 있었다.

1303년에는 외교를 통해 잉글랜드의 에드워드 1세(1239-1307, 1272년부터 왕)가 선포한 그 유명한 상인법Charta mercatoria을 독일 상인들에게 매우 유리하게 수정하는 데 성공했다. 1307년에 브뤼헤에서 결성된 무역권은 13세기 중반 독일 조합들에게 제공되었던 특권과 상치된다는 이유로 도시 권력들을 위해 낡은 특권을 폐지하고 이를 대신하여 독일 상인들의 활동을 저해하는 모든 법적 장애를 그들의 관습에 근거하여 조정될 수 있도록 하는 것과 같은 새로운 특권을 마련하도록 요청했다. 한자 동맹은 1360년에 브뤼헤에 대항하여 플랑드르가 백년전쟁 시기에 직면했던 난처한 상황 때문에 무역 특권들에 대한 심각한 위반이 발생했던 당시에 무역권의 위력을 또 다시 성공적이고 효율적으로 이용하는 데 성공했다. 무역권을 결성한 결정은 바로 이러한 시대 상황을 배경으로 하여 1356년에 뤼베크에서 최초로 개최된 국회에서 선포되었다. 무역권의 무기화

한자 동맹은 초기에는 스웨덴, 노르웨이, 그리고 튜턴 기사단과 협력 관계를 형성했으나 1361년에는 동맹의 전략적 근거지인 상업 도시 비스뷔를 약탈하고 스웨덴 지배하에 있던 스코네 지역에서 청어 무역을 통제하기 위한 과중한 조건을 부과했던 덴마크의 발데마르 4세(약 1320-1375, 1340년부터 왕)와 전쟁을 벌였다. 4년간 지속된 전쟁은 한자 동맹에게 유리하게 종식되었다. 한자 동맹의 우월권을 최종적으로 승인한 슈트랄준트 조약 체결(1370)이 이를 확인해 준다.

슈트랄준트 조약

슈트랄준트 조약은 한자 동맹에게 유리한 수많은 특권을 포함했다. 조약으로 이들은 덴마크 영토에서 자유로운 무역 활동을 보장받았으며 조난에 관한 법률 적용을 면제받았고, 자신들의 사법관을 임명할 상인들의 권리, 아직도 상당히 유리한 관세 규정, 몇 가지의 경우에 적용되는 세금 완전 면제와 스코네의 상인 중심지와 주요 요새들의 소유권, 이윤의 2/3에 대한 권리를 획득했다. 여기에는 한자 동맹이 덴마크

의 군주 선출에 반대할 수 있는 권리를 가진다는 중요한 조항도 들어 있었다. 이에 따르면 한자 동맹에서 반대할 경우 덴마크 군주는 왕위에 오를 수 없었다. 이 시기가 한자 동맹의 전성기였다. 이후에는 노르웨이 왕국에서도 이와 유사한 특권을 얻었다. 노르웨이와 슈틀랄준트 조약과 유사한 협약을 체결했고, 1392년에는 러시아로부터 한자 동맹이 1388년에 결성한 무역권에 대한 승인을 얻어 냈다.

한자 동맹의 법률적 취약성

한자 동맹은 강력한 권력에도 불구하고 그에 상응하는 조직 구조를 갖추지 못했다. 그 어떤 법적인 개성도 갖지 못한 채 (비록 국회 모임이 한자 동맹의 기록물이 보존되어 있는 뤼베크에서 개최되고 있었지만) 안정적인 본거지나 관료도 거느리지 못했다. 자신만의 재산이나 함대, 군대도 보유하지 않았다. 이 같은 사실이 한자 동맹의 한계를 보여 준다고 할 수 있다.

잉글랜드 상인들과의 경쟁

시간이 흘러 강력한 무역 경쟁자들이 출현하자 한자 동맹의 우월한 지위는 위협받았다. 첫 번째 사례는 스스로 독일 상인이 잉글랜드에서 누리던 것들과 유사한 특권을 선포한 잉글랜드 상인들이었다. 하지만 한자 동맹의 운명에 가장 위협적인 요인은 스칸디나비아 반도와 발트 해, 그리고 플랑드르 지역의 군주국들의 세력이 강화된 것이었다. 그 결과 이들과 동맹 관계에 있던 한자 동맹은 조직과 정치의 약점을 드러내면서 세력을 빠르게 상실해 갔다.

| 다음을 참고하라 |
역사 왕국, 군주정, 공국, 주교구, 독일의 도시들(118쪽); 스칸디나비아 지역(146쪽)

폴란드

| 줄리오 소다노 |

한 세기 이상 지속된 봉건 세력들의 대립이 종식되고 브와디스와프 1세 워키에테크가 폴란드의 통일을 실현했다. 독일은 폴란드의 혼란을 틈타 튜턴 기사단과 연합하여 많은 영토를 차지하고자 노력했다. 브와디스와프 1세의 아들인 카시미로는 왕위에 오르는 피아스트 가문의 마지막 인물로, 동부를 향한 팽창 정책을 수행하면서 국가의 개혁에 심혈을 기울였다. 한때 앙주 가문과 인척 관계를 맺었던 폴란드는 리투아니아를 중심으로 연합을 결성하여 동부로 진출하며 동부 유럽 지역에서 방대한 영토를 보유한 국가의 탄생에 기여했다.

몽골 제국의 침입과 결과

동유럽의 다른 지역들처럼 폴란드도 13세기에 몽골의 침입을 받았다. 칭기즈 칸Chingiz Khan(1167~1227)의 손자인 바투 칸Batu Khan(약 1205~1255)은 1241년에 갈리치아Galicia를 약탈하고 크라쿠프를 파괴했다. 1241년 4월 9일 레그니차 전투에서는 헨리크 2세Henryk II(?~1241)의 폴란드 주력 부대를 전멸시켰다.

몽골의 침입으로 인한 심각한 파괴에도 불구하고 13세기에 폴란드는 민간 생활 영역에서 의미 있는 발전이 나타났다. 서로 불화 관계에 있던 군주들, 대농장의 주인들, 수많은 특권을 누리던 교회 권력들, 그리고 타타르족의 침입에도 보다 일관된 질서와 동질적인 입법안, 보다 큰 독립성이 확립되었던 것이다. 첫째, 침입에 따른 주민 학살은 도시 인구를 보충하고 부족한 일손을 필요로 하던 폴란드 영주들의 바람에 따라 독일 주민의 대대적인 이주에 길을 터 주었다. 폴란드에는 게르만족의 출현이 긍정적으로 작용했다. 독일인은 문화적으로 발전되었고, 경제적으로도 근면하여 도시들에 활력을 불어넣었기 때문이다. 14세기에 크라쿠프와 리보프L'vov에서는 마그데부르크의 법령에 기초하여 자치 도시법이 만들어졌다. 그럼에도 독일인들의 등장은 얼마 지나지 않아 게르만의 등장을 과도한 침입으로 바라보던 슬라브인들과의 불화에 원인을 제공했다.

폴란드 왕 브와디스와프 1세 워키에테크

한 세기 이상 지속된 봉건 세력들 사이의 투쟁이 끝나고 브와디스와프 1세 워키에테크Władysław I Łokietek(약 1259-1333, 1320년부터 왕)가 폴란드를 통일했다. 주민 대부분이 게르만에 동화된 것 때문에 폴란드인들이 별로 좋아하지 않았던 피아스트Piast 가문 출신이지만 다른 가문들의 대가 끊어졌기에 왕위 계승권을 차지할 수 있었다. 또한 그는 로마에서 열렸던 첫 번째 희년 행사에서 만난 바 있는 교황 보니파시오 8세

교황의 지원 (약 1235-1303, 1294년부터 교황)의 지지를 받았다. 1306년에는 소小폴란드, 크라쿠프, 그리고 포메라니아가 대영주의 칭호를 획득했다. 내부적으로는 강력한 군주가 독일계 주민들을 누르고 폴란드 정신을 세울 수 있음을 직감한 독일계 신하들의 반발이 시작되었다. 대외적으로는 보헤미아의 요한(1296-1346)과 더불어 폴란드의 왕권을 주장하면서 폴란드에서 방대한 영토를 차지하고 있던 튜턴 기사단의 지원으로 보헤미아의 룩셈부르크 가문이 적대적인 태도를 드러냈다. 결국 독일인들은 작센 동부 지역을 차지하기 위해 폴란드의 몰락을 이용했지만 서부 지역에서 많은 영토를 상실했다. 브와디스와프 1세는 사위이자 헝가리 왕이었던 앙주 가문의 카로이 로베르트Káry Róbert(1288-1342, 1308년부터 왕, '헝가리의 샤를 1세'라고도 함*), 스칸디나비아의 봉건 영주들, 그리고 리투아니아의 게디미나스Gediminas(?-1341, 1316년부터 왕)와 동맹하여 왕국 재건을 추진했다. 그는 내부 권력을 단속하고 튜턴 기사단의 공격을 적절히 막아 내면서 1320년에는 교황의 지원과 더불어 보헤미아의 요한의 항의를 무릅쓰고 결국 자신의 이름으로 크라쿠프의 왕좌에 올랐다. 브와디스와프 1세는 소귀족들의 지원에 의지하면서 독일인들에 대항하여 모든 세력을 규합했다. 폴란드 기사단은 리투아니아의 기사단과 연합하여 튜턴 기사단의 영토인 브란덴부르크 평원을 차지했다. 또 황제와 보헤미아의 요한, 튜턴 기사단의 동시다발적 공격을 막았

프워브체 전투 고, 1331년에 프워브체Płowce 전투에서 대승을 거두었다. 이 전쟁에서 폴란드는 한편의 이익과 다른 한편의 손실에 직면했다. 사실 왕은 귀족들의 도움에 대한 대가를 권력과 특권으로 보상해야만 했던 반면에 거의 모두가 독일인들이었던 부르주아층은 이번 전쟁을 통해 정치 활동에서 배제되는 심각한 피해를 감수하게 되었다.

피아스트 가문의 마지막 왕의 황금시대: 카지미에시 대왕의 왕국

브와디스와프 1세의 아들 카지미에시 3세Kazimierz III Wielki(1310-1370, 1333년부터 왕)

는 피아스트 가문 출신으로 왕위에 오른 마지막 인물이다. 부친의 통치 기간에 있었던 성공과 변화를 배경으로 왕위 계승은 평화적으로 진행되었다. 그는 현대식 교육을 폭넓게 받은 인물로 헝가리의 앙주 가문과 긴밀한 관계를 유지하면서 친게르만 노선에 치우침 없이 서방에 접근하려 했다. 또한 룩셈부르크 가문과 튜턴 기사단과의 대립에서 형평성을 유지하고 보헤미아의 요한에게 슐레지엔에 대한 권리를 인정하고, 대신에 폴란드의 왕위에 대한 요구가 철회되는 조건으로 평화 조약 체결에 노력했다. 1343년에 교황의 중재로 포메라니아에 대한 폴란드의 요구를 철회하는 조건으로 튜턴 기사단과도 기나긴 협상을 마무리했다. 이와 같은 카지미에시의 일련의 노력에 따른 대가는 상당한 양보로 나타났는데, 그것은 폴란드가 바다로 진출하는 출구를 상실했기 때문이다. 그는 독일인이 차지한 포메라니아와 보헤미아가 차지한 슐레지엔의 상실을 보상받기 위해 동부로의 진출을 모색했고, 루테니아Rutenia 동부로의 확장
와 볼히니아를 침입하여 왕국의 영토를 확장했다. 이후에는 비옥하고 방대한 영토인 갈리치아를 획득했다. 1349년의 리보프 정복은 그의 팽창 정책의 첫 번째 중요한 결실에 해당했다. 같은 해 카지미에시 3세는 독일로부터의 유대인 유입을 허용하여 유럽에서 가장 큰 유대인 공동체 형성에 기여했다. 그가 죽었을 때 폴란드는 포즈난Poznań부터 프리페트Pripet까지 영토를 확장했고, 헝가리와 리투아니아와 긴밀한 관계를 형성하여 가장 강력하고 방대한 영토를 가진 국가로 탈바꿈했다. 독일 제국과 튜턴 기사단과 비교할 때 카지미에시 3세의 왕국 통치는 사실상 영토 확장의 끝을 의미했다. 그의 왕국은 러시아를 향한 대대적인 확장과 성장을 실현했다.

국내 정치 관점에서 보자면 카지미에시 3세는 폴란드의 통일에 대한 무관심 때문에 여러 난관에 직면했다. 가장 심각한 것은 각 부족의 분열 성향이 계속해서 두드러지게 나타났다는 점이다. 그는 스스로를 통일 국가인 폴란드의 왕이 아니라 대大폴란드의 군주, 소폴란드의 군주, 마조프셰의 군주로 여겼다. 또한 보다 효율적인 행정 제도를 정비하고 각 지방에 왕권의 영향력을 강화하며 왕의 재정을 항상 풍족하게 유지하려고 노력했다. 왕이 개선을 위해 노력한 다른 문제는 동질적인 법을 제정하는 것이었다. 폴란드는 각 지역별로 자신들만의 관습법을 보유하고 있어 분열이 조장되었을 당시 군주들의 입법적 혼란을 가중시킨 바 있었다. 이에 그는 위원회를 조직하여 폴란드 전체를 위한 공동의 법률을 제정하는 데 노력했다. 카지미에시 3세의 시대는 폴란드의 역사에서 최고 번영기였으며, 농민들은 법에 따른 삶을 보장받고

도시 주민들은 강력한 활력을 회복하면서 무역 활동을 통해 부를 축적할 수 있었다.

앙주 가문으로부터 야기에우워 왕조의 등장까지: 리투아니아와의 연합

1370년에 카지미에시 3세가 사망하면서 피아스트 가문의 운명도 마감되었다. 아들이 없던 그는 고심한 끝에 여동생이 헝가리 왕 카로이 로베르트와 혼인하여 낳은 아들인 헝가리의 러요시 1세(1326–1382, '루이 1세'라고도 함*)를 자신의 후계자로 선택했다. 이를 계기로 폴란드 궁정에 헝가리 앙주 가문의 인사들이 등용되기 시작했다. 이미 헝가리 왕이었던 러요시의 왕국은 1374년에 폴란드 귀족들에게 헝가리 귀족들과 동일한 권리를 부여하는 코시체Košice 법령을 공포했다. 새 왕은 이러한 방식으로 귀족 계층들에게 폴란드를 세우는 과정에서 카지미에시 3세에게 큰 도움이 되었던 역할들을 부여했다. 동시에 대귀족들에게도 군주국의 권력을 약화시켜 더 이상 대귀족 가문들에게 세금을 부과할 수 없게 되는 것도 무릅쓰면서도 지원을 아끼지 않았다.

야드비가와 리투아니아 대공 요가일라의 혼인

러요시는 1382년에 딸들만 남긴 채 사망했다. 미래의 폴란드에게 딸 야드비가Jadwiga(1372–1399, 1384년부터 여왕)와 리투아니아 대공 요가일라Jogaila(약 1351–1434, 1386년부터 왕, 개종하여 브와디스와프 2세가 됨)의 혼인은 매우 중요한 의미를 가진다. 이 결혼의 결실은 폴란드와 리투아니아의 특별한 관계 형성으로 나타났다. 양국 모두 새로운 국가 탄생에 기반을 제공했다. 연합의 보다 직접적인 이유는 튜턴 기사단이 크라쿠프와 빌뉴스Vilnius 모두를 위협하고 있다는 점이었다. 두 국가의 연합으로 통일된 두 왕국의 국경은 가톨릭 신앙의 경계를 초월하여 확장되었고, 폴란드–리투아니아는 유럽에서 가장 방대한 영토를 가진 국가로 등장했다. '브와디스와프 야기에우워'의 이름으로 세례를 받은 요가일라가 1386년에 폴란드 왕권도 차지하자 왕국은 대대적인 변화를 맞이했다. 리보프 같은 대도시들이 건설되었고, 크라쿠프에는 대학이 설립되었다. 튜턴 기사단의 수도인 마리엔부르크는 공격을 받아 1412년에 벌어진 타넨베르크Tannenberg 전투에서 패했는데, 이는 튜턴 기사단의 몰락을 의미했다.

| 다음을 참고하라 |
역사 동방을 향한 독일의 팽창(28쪽); 리투아니아 대공국(165쪽)

헝가리

| 줄리오 소다노 |

몽골의 침입은 헝가리 인구의 절반이 희생당하는 매우 심각한 피해를 주었다. 헝가리는 인구의 빈 공간을 채우기 위해 주민 이주에 힘을 쏟았다. 1222년에 언드라시 2세는 칙서를 선포하여 헝가리 귀족들의 헌법적 권리를 보장함으로써 이들이 상당한 특권을 누릴 수 있게 해 주었다. 1301년에 아르파드 왕조가 마감되었고, 헝가리는 카로이 로베르트와 그의 아들 러요시 1세의 등극으로 나폴리 앙주 가문의 지배에 들어갔다. 앙주 가문 왕들의 등장으로 헝가리 왕국은 유럽 정치계에 적극 참여하게 되었다.

몽골의 침입과 결과

13세기에 헝가리의 국제 정치는 비잔티움 제국의 영토 확장을 지원할 수 있을 정도로 과거에 비해 강화되었음을 보여 준 반면에 비잔티움 제국은 제4차 십자군 이후 헝가리에 도움을 요청해야 하는 상황에 직면했다. 헝가리 군주들은 비잔티움 제국의 팔라이올로고스 왕가가 1261년에 콘스탄티노플을 재정복하여 비잔티움 제국을 재건하는 데 많은 도움을 제공했다.

하지만 헝가리도 13세기에 몽골의 침입으로 심각한 피해를 입었다. 1240년경에 바투 칸(약 1205-1255)의 군대가 러시아를 파괴한 데 이어 헝가리에 침입하여 벨라 4세Béla IV(1206?-1270)가 이끄는 헝가리 영주들의 군대를 사조Sajo 강 근처에서 격파했다. 왕은 나라를 버리고 달마티아로 도주했다. 이어 몽골의 군대가 1241-1242년에 헝가리에 침입하여 주민들을 대량 학살하는 만행을 저질렀다. 이로 인해 헝가리의 인구가 급감하자 새로운 주민들의 유입이 시작되었는데, 이주민 대부분이 서유럽에서 왔다. 이것은 13세기 헝가리의 가장 중요한 현상들 중 하나로 마자르족(중앙아시아 출신 헝가리의 기간基幹 주민*) 영주들은 나라를 재건하기 위해 적극적으로 이주민을 수용했다. 특별히 중요한 것은 수공업자와 상인들을 기존의 주민 거주지와 요새화된 지역, 그리고 크고 작은 중심지들로 인도하는 식민 정책이었다. 국적이 다양한 식민지인들은 헝가리에 새로운 직업과 생산 및 상업 기술을 들여왔다. 다뉴브 강 근처에서 여러 인종의 공존이 시작되었다. 왈롱 사람들, 이탈리아 사람들, 특히 독일인들은 헝가리 영토에 대한 서유럽의 영향을 강화했다. 또한 독일 도시들에 의해 다소 변형된 형태의 시민 정부들이 출현했다. 예를 들어 1244년에 벨라 4세는 페스트 Pest 시에 자치 법령을 허용하여 이 도시가 마그데부르크의 법령에 근거하여 통치되도록 했다.

아르파드 왕가의 약화와 대귀족 권력의 형성

1301년 아르파드 왕조가 종식되자 헝가리는 카로이 로베르트(1288-1342, 1308년부터 왕)와 그의 아들 러요시 1세(1326-1382)를 통해 나폴리 앙주 가문의 지배에 들어갔다. 아르파드 가문의 지방 왕가가 종식된 것에 따른 결과는 자신의 목적 달성을 위해 왕조의 인척 관계를 이용할 수 있기에 마자르족에게 도움을 요청하지 않아도 되는 앙주 가문의 새로운 군주들에게 유리하게 작용했다. 반면에 특히 헝가리에는 권력 약화의 원인으로 작용했다. 하지만 헝가리 왕국은 앙주 가문 군주들의 결혼을 통해 유럽 정치에 적극적으로 가담할 수 있었다. 앙주 가문은 왕국이 수행하는 국가의 역할을 특별히 강화시켰다. 귀족들은 아르파드 가문의 마지막 왕들이 통치하던 때에 군주의 권력에 개입하여 국가의 통일 자체를 위험에 빠뜨린 바 있었다. 13세기에는 과거 왕권에 속했던 막대한 자원을 개인들에게 이전시키고 봉건 질서에 따라 사회를 조직하기 시작했다. 1222년에 언드라시 2세(약 1176-1235, 1205년부터 왕)는 칙서를 선포하여 헝가리의 크고 작은 귀족들에게 헌법상의 권리를 보장했다. 마자르 귀족과 고위 성직자의 세금 면제 같은 면책 특권을 포함한 수는 매우 많았다. 이 칙서는 강력한 족장 군주국이 무질서한 귀족들의 지배로 전환됨을 의미했다. 어린 군주 라슬로 4세László IV(1262-1290, 1272년부터 왕)의 통치 기간에 헝가리 왕국은 완전한 무정부 상태에 빠져들었다. 13세기 말이 되자 토지 주인들은 정부의 권력을 조종한 반면, 대귀족들은 공권력을 마치 개인의 소유인 양 남용했다.

귀족들을 위한 헌법적 권리

왕가가 몰락하던 당시에 왕위를 노리던 여러 세력은 아르파드 왕가의 모계에 근거하여 자신들의 권리를 요구할 수 있었다. 나폴리의 앙주의 샤를 2세(1252-1309, 1285년부터 왕)의 손자인 카로이 로베르트와 헝가리의 마리어(1257-1323)의 왕권 요구가 가장 큰 설득력을 가졌으나 아르파드 왕가의 마지막 왕의 장인인 보헤미아의 바츨라프 2세(1271-1305, 1278년부터 왕)를 지지하는 자들의 저항에 직면했다. 대귀족들은 교황청 사절들이 승인한 로베르트의 선출에 강력하게 저항했지만 실패로 끝나면서 카로이 로베르트는 1308년에 합법적인 헝가리의 왕으로 선포되었다.

앙주 가문의 번영: 군주국 강화와 팽창주의

앙주 가문은 군주의 권력을 재건했다. 카로이 로베르트와 러요시 1세는 도시들과 상업, 학문을 장려했다. 또한 식자들을 모아 의회 역할을 축소시키려 노력하는 한편 대폴란드의 외교 정책을 가동시켰고, 다른 한편으로는 아드리아 해로 진출하기 위해 군사력 강화에 주력했다. 그리고 부다를 점령했다.

앙주 가문 출신의 로베르트는 무정부 상태를 조장했던 대귀족들의 권력을 굴복시켰다. 하지만 현명하게도 아르파드 왕조의 낡은 체계로 돌아가는 것이 불가능함을 인식하고 과거로의 회귀보다는 새로운 제도를 구축하는 데 노력했고, 필요한 재원을 확보했으며 이전에 비해 넓지는 않지만 많은 영지도 차지했다. 세금 압박을 야기하지 않으면서도 국고의 건전성을 회복하기 위해 주민 이주를 통한 인구 증가도 추진했다. 또한 새로운 광산법을 제정하여 중세 후반기에 유럽에서 가장 매장량이 많은 헝가리 금광 채굴에 노력했다.

국고를 위한 새로운 조치들

러요시 1세는 비잔티움 제국과 몽골 제국이 완전히 몰락한 국제 정세를 틈타 팽창 정책을 재추진했다. 당시 폴란드, 보헤미아, 세르비아 정도가 그나마 어느 정도 영향력을 행사하고 있을 뿐이었다. 왕은 폴란드의 경우에 선린 관계와 인척 관계를 맺는 것 말고도 이미 왕위 계승권자를 인정한 바 있었다. 또한 장차 황제가 될 카를 4세(1316-1378, 1355년부터 황제)와 사적인 친분을 유지하고 북부 국경이 안전함을 확인한 후 움직이기 시작했다. 가장 먼저는 무정부 상태에 있던 크로아티아의 봉건 영주들을 굴복시켰고 계속해서 달마티아를 재정복했는데, 두브로브니크는 헝가리의 군주권을 인정했다. 이후에도 왕은 세르비아 북부의 봉건 영주들에게 충성을 강요하는 데 성공했다. 1356-1358년에 벌어진 전쟁에서 베네치아는 헝가리에 패하여 달마티아의 많은 도시를 상실했다. 헝가리 군주에 충성하는 봉건 영주들의 영토는 발라키아로까지 확대되었다. 1370년부터는 폴란드 왕권도 차지했다. 그의 딸 야드비가는 리투아니아 공작 요가일라와 혼인했다.

요가일라는 폴란드 왕으로 등극했다. 보다 많은 왕권을 장악하려는 그의 정책은 근대에 합스부르크 왕가의 정책으로 반복되었다. 러요시 1세는 비잔티움 제국의 황제인 요한네스 5세 팔라이올로고스(1332-1391, 1341-1376년에 황제, 1379년부터 왕)

합스부르크가를 위한 선례

가 서방 세계에 투르크의 공세를 막기 위한 지원을 요청하기 위해 직접 방문할 정도로 막강한 영향력을 행사했다. 이에 그는 보다 야심찬 계획을 추진하는데, 나폴리와 헝가리의 왕권을 통합하여 나폴리에서 폴란드에 이르는 방대한 영토에 대한 앙주 가문의 지배를 실현하는 것이었다. 이러한 이유로 1350년경 동생이자 살레르노의 군주였던 언드라시(1327-1345, 1344년부터 나폴리의 왕)가 살해된 것에 대한 책임을 묻기 위해 나폴리에 여러 차례 군사적 개입을 시도한 데 이어 짧은 기간 동안 점령하기도 했다. 그러나 이러한 계획은 카를 4세, 교황, 그리고 프랑스 왕의 지원을 얻는 데 실패함으로써 좌절되고 말았다.

국내 정치에서도 상당한 성과를 거두었는데, 능력과 카리스마를 바탕으로 확고한 권위를 장악했다. 또 대귀족 가문들의 반란을 사전에 차단했고 기사도를 도입하고 확산시킴으로써 사회적 관계를 부드럽게 유도했다. 중세의 역사에서 헝가리는 상당히 서유럽 지향적인 삶을 추구했다. 그러나 1382년에 왕이 사망하자 통치 체제는 약점을 드러내며 빠르게 붕괴하기 시작했다. 권력의 핵심부에서도 왕권 상속자인 러요시 1세의 딸인 마리어의 남편 지기스문트(1368-1437, 1433년부터 황제)와 왕국 내의 정적들 사이에서와 이웃 지역들 사이에서도 심각한 분란이 발생했다. 같은 시기에 오스만 제국은 발칸 반도로 진출하여 그리스도교 세력들을 몰아내고 세력을 확대했다.

| **다음을 참고하라** |

역사 폴란드(157쪽); 리투아니아 대공국(165쪽); 킵차크 한국(176쪽); 비잔티움 제국과 팔라이올로고스 왕조의 몰락과 내전(182쪽)

리투아니아 대공국

| 줄리오 소다노 |

타타르족의 몰락에 따른 결과의 하나는 리투아니아 대공국의 등장이었다. 리투아니아는 유럽에 건설된 최후의 이교도 왕국이다. 튜턴 기사단과 리보니아 기사단의 압력은 리투아니아 영주들을 하나의 단일 권력을 중심으로 모여들게 하여 마침내 대규모 연합을 출범시켰다. 14세기에는 키예프 군주국의 서쪽과 남쪽 지역을 차지했다. 1386년에 리투아니아 지도 계급들은 가톨릭으로 개종하고 폴란드에 흡수되었다.

리투아니아 대공국의 통일

14세기 후반에 시작된 타타르족의 정치적 몰락에 따른 결과 중 하나는 유럽 동부 지역에 리투아니아 대공국이 등장한 것이다. 리투아니아인들은 유목민들과 동부 지역의 슬라브인들 사이에 형성된 권력 공백을 틈타 이 지역에 정착했다. 리투아니아는 그리스도교 국가가 아니었다. 그들은 중세 말의 유럽에 남은 마지막 이교도였다. 이들의 존재는 튜턴 기사단의 존재를 정당화시켰다. 그들이 튜턴 기사단과 몽골의 공격을 피해 발트 해의 울창한 숲속으로 피신했으며 키예프 공국이 해체되면서 팽창의 호기를 기다리고 있던 군주들에 의해 통치되고 있었기 때문이다. 리투아니아는 민다우가스Mindaugas(?-1263)를 통해 영토 팽창의 첫 단계에 돌입하지만 금방 쇠퇴하고 말았다. 13세기 말에는 튜턴 기사단과 리보니아 기사단의 압력으로 리투아니아 영주들이 하나의 권력을 중심으로 모여들었다. 반면 모스크바는 키예프 공국의 북부와 동부 지역에 대한 지배를 공고히 했고, 리투아니아인들은 남부와 서부의 지역을 차지했다.

14세기에는 세 명의 위대한 지도자가 등장했는데, 이들은 대공작 게디미나스(?-1341, 1316년부터 왕), 그의 아들 알기르다스Algirdas(?-1377), 그리고 요가일라(약 1351-1434, 1386년부터 폴란드의 왕)였다. 요가일라는 폴란드 통일의 역사를 시작한 인물이었다. 리투아니아인들은 13세기 말부터 14세기 초반까지 소규모 공격을 일삼았지만 나중에는 부족들을 규합하여 성들을 건축하기 시작했다. 그들이 드러낸 전사로서의 특징은 오랜 약탈 활동과 전쟁의 산물이었으나, 이제는 프로이센에서 도주한 주민들이 튜턴 기사단에 의해 추방당하면서 품어 왔던 강력한 복수 정신까지도 일깨웠다.

새로운 수도 빌뉴스

빌뉴스가 새로운 수도로 결정되었다. 게디미나스는 폴란드인들이 튜턴 기사단과 적대 관계에 있는 만큼 이들과의 동맹이 갖는 중요성을 간파했다. 그 결과 혼인을 통해 폴란드의 브와디스와프 1세(1259-1333, 1320년부터 왕)와 최초의 협정을 강화했다. 딸 알도나와 브와디스와프 1세의 아들 카지미에시 3세(1310-1370, 1333년부터 왕)를 결혼시킨 것이다. 리투아니아인들은 백白루테니아(또는 벨라루스)를 정복한데 이어 1349년에는 폴란드와 적赤루테니아(또는 갈리치아)를 분할했다. 1362년 알기르다스가 드네프르Dnepr 근처에서 벌어진 전투에서 승리하여 몽골 세력을 몰아낸 후 키예프를 함락시켰다. 1375년에는 폴로츠크Polotsk를 정복했다. 모스크바는 세 차례나 포위당했지만(1368, 1370, 1372) 끝내 정복되지 않았다. 남부와 서부 지역에서 거둔 승리와는 반대로 북부 지역에서는 튜턴 기사단에 의해 심각한 문제들이 발생했다. 튜턴 기사단은 1346년에 에스토니아를 정복한 후 최고의 권력을 누리면서 리투아니아인들을 잔인하게 탄압했다.

14세기 말에 리투아니아는 발트 해에서 흑해로 영토를 확장했다. 대공국의 성공은 리투아니아인들의 지배 영토를 축소시키는 원인이 되었다. 동부 지역의 슬라브인들은 수적-문화적 우월성을 내세워 대공국의 지배권을 장악했는데, 이는 백루테니아어가 리투아니아 대공국의 공식 언어가 되고, 이 언어로 리투아니아 법전이 작성되었기 때문이었다.

가톨릭 개종

보다 궁극적인 전환은 1386년에 리투아니아 지도층이 가톨릭으로 개종한 시기에 시작되었다. 반면에 리투아니아와 우크라이나 인구의 대부분은 그리스 정교를 믿는 슬라브인들이었다. 리투아니아의 개종은 라틴 그리스도교와 그리스 정교를 오가는 30여 년의 기간을 겪은 후에야 비로소 이루어졌다. 알기르다스는 자신의 개종을 앞두고 아비뇽과 콘스탄티노플 모두를 만족시키는 균형 정책을 추진했다. 같은 13세기지만 1370년대에는 그리스 정교 쪽으로 기우는 성향을 보였다. 이러한 선택을 통해 모스크바가 그리스 정교를 믿는 슬라브인들의 구심점이 되지 못하도록 할 수 있다고 믿었기 때문이다. 1375년에는 콘스탄티노플의 총대주교를 설득하여 이 지역의 가장 오래된 대도시인 '키예프와 모든 루스(족)'의 명칭에 반대하면서 대도시 '키예프, 루스, 그리고 리투아니아'로 바꾸어 부르도록 했다. 아들 요가일라도 그리스 정교에 우호적으로 행동하면서 1382년 모스크바에 접근한 반면 정적인 사촌은 튜턴 기사단과 협정을 체결했다. 그 결과 짧지만 치열한 전쟁이 벌어졌다. 1384년 직후에 요가일라의 그리스도교인 모친인 트베리의 율리아나는 임시 협약을 체결했는데, 요가일라가 모스크바 공주와 혼인하고 리투아니아를 그리스 정교로 개종시켜야 한다는 내용이었다. 이 계획은 실현되지 않았다. 동맹에 별다른 흥미를 보이지 않던 타타르가 모스크바를 파괴한 것이 주된 원인이었을 것으로 보인다. 가톨릭 신앙의 폴란드와의 통합은 전혀 예상하지 못한 상황에서 갑작스럽게 이루졌다. 튜턴 기사단의 압력은 리투아니아를 폴란드에 더욱 밀착되도록 만들며 14세기 말에 이르러 게디미나스와 브와디스와프 1세 사이에 첫 번째 동맹이 체결되었다. 1385년에 크레바Kreva 조약이 체결되었고, 리투아니아의 가톨릭 개종과 폴란드와의 통합이 결정되었다. 요가일라는 1386년 2월 15일에 크라쿠프에서 세례를 받고 그리스도교식 이름인 '브와디스와프'를 수여받았다. 3일 후에는 헝가리의 러요시 1세의 딸로, 당시 열두 살이었던 야드비가와 혼인했다. 3월 4일에는 폴란드 왕으로 등극해 이중의 군주국이 탄생했다. 이로써 동유럽 패권을 장악한 주변 지역에서 가장 강력한 왕국이 탄생했다. 14-15세기에 리투아니아 영주들의 권력을 기반으로 한 백러시아와 우크라이나가 세워졌다.

리투아니아의 대도시

왕은 리투아니아인들의 개종에 착수하여 빌뉴스 주교를 정점으로 하는 그리스도교 중심의 계급 제도에 활력을 불어넣었다. 그러나 그리스도교로의 개종은 순조롭게 진행되지 않았다. 다수의 리투아니아인들, 특히 내륙 지역에 거주하는 사람들은 이교도로 남았고, 러시아인들은 여전히 그리스 정교와 밀착 관계를 유지했기 때문이다.

총독 비타우타스

지기스문트(1368-1437, 1433년부터 황제)로 인하여 리투아니아 내에 긴장이 조성되었다. 요가일라는 폴란드를 방문하는 동안 통치권을 동생 스키르가일라Skirgaila(1352-1396)에게 맡겼다. 이 상황에서 지기스문트는 리투아니아의 알기르다스 휘하의 유능한 장군이자 리투아니아인들의 사랑을 받고 있던 비타우타스

Vytautas(1340-1430)에게 반란을 일으키도록 획책했다. 반란 세력은 스키르가일라가 맡고 있던 대리 통치를 격파하고, 부총독으로 비타우타스를 임명하도록 압력을 가했다. 이 시점에서 비타우타스는 자신이 일으킨 반란을 진압한 후 권력을 차지하기 위한 군사적 성공을 모색하면서 스스로 리투아니아 군주로 선포할 순간이 왔다고 확신했다. 이어서 몽골군을 대파하는 것이 결정적인 기회가 될 것이라 생각하면서 리투아니아, 러시아, 폴란드 군인들로 연합된 강력한 군대를 조직했다. 하지만 보르스클라Vorskla 언덕에서 벌어진 전투의 패배로 리투아니아와 러시아의 영주들이 전사했고, 리투아니아의 확장 정책은 실패로 끝났다. 비타우타스는 자신의 정치적 계획을 수정하고 이제는 요가일라와 타협해야 함을 인식했다. 1401년에 개최된 빌뉴스 회의에서 그는 자신이 사망하면 리투아니아를 요가일라의 가문에서 갈라져 나온 크라쿠프의 야기에우워에게 넘긴다는 조건으로 리투아니아 대군주로 임명되었다. 폴란드인들은 리투아니아인들의 의지를 충분히 고려하는 차원에서 요가일라의 후계자를 선출하는 데 전념했다. 이것은 적어도 국제 정치에서 폴란드와 리투아니아가 실질적 통합국으로 여겨지며 공동의 적인 튜턴 기사단과의 투쟁에서 중요한 결실을 가져다 줄 최초의 협약이었다. 튜턴 기사단은 15세기 초반에 타넨베르크에서 리투아니아-폴란드 연합군에 크게 패배했다.

| **다음을 참고하라** |
역사 폴란드(157쪽); 킵차크 한국(176쪽)

발칸 반도

| 파브리치오 마스트로마르티노 |

비잔티움 제국에 대한 약탈은 발칸 반도가 모자이크 조각처럼 분열되는 결과를 불렀다. 권력의 공백 상태는 불가리아와 세르비아 왕조의 후손들로, 이 지역에서 확고한 주도권을 장악하고 있던 세력들로 채워졌다. 스테판 우로쉬 4세 두샨의 대大세르비아가 힘들게 얻은 최고 권력은 얼마 지속되지 못했다. 14세기 후반에 오스만 제국이 발칸 반도의 독립을 달성했다.

비잔티움 제국의 붕괴

1204년에 비잔티움의 고대 수도가 십자군에게 파괴되고 약탈당한 것은 발칸 반도의 불균형을 초래했다. 반세기 이상이 지난 1261년이 되서야 미카엘 8세 팔라이올로고스(1224-1282)에 의해 다시 권력을 회복하게 될 비잔티움 제국의 붕괴는, 이 지역의 정치 판도에서 제국의 모든 영향력을 완전히 사라지게 만들었다. 수세기 전부터 반도의 많은 종족들에게 지도자 역할을 해 왔음에도 늘 화려하지만은 않았던 비잔티움 제국의 유산은 인접 세력들, 특히 베네치아와 헝가리 왕국에게 상속되었다. 하지만 이 지역이 수많은 군소 세력들로 분해되는 것은 불가피한 일이었다. 특히 세르비아와 불가리아의 왕조들인 네마냐Nemanja와 아센Asen 왕조의 후예들에 해당하는 발칸 군주들이 빠르게 세력을 강화하는 것을 막지 못했다.

불가리아 왕국의 등장과 몰락

1204년에 불가리아 군주 칼로얀 로마녹토노스(1168-1207, 1197년부터 차르, '이반 1세'라고도 함*)는 불가리아의 수도로 당대의 가장 부유한 문화와 예술의 중심지가 될 터르노보Tarnovo(현재 벨리코터르노보*)에서 교황 인노첸시오 3세에 의해 차르로 등극했다. 그는 수도를 약탈당하고 무정부 상태와 빈곤의 깊은 수렁에 빠져든 비잔티움 제국과, 과거 자신이 통치했던 주변 지역들을 정복하는 데 자신의 새로운 제국인 제2차 불가리아 제국의 모든 자원을 집중했다. 1205년에 아드리아노플에서 보두앵 9세(1171-약 1205, 1204년부터 황제)를 상대로 거둔 승리에 도취되어 야심을 더욱 노골적으로 드러냈으나 결국 엄청난 군비를 사용함으로써 왕국을 약화시키는 결과를 초래했다. 칼로얀 사후에 왕위 계승을 둘러싼 치열한 암투와 1211년에 터르노보 종교회의에서 이단으로 지목받은 반反봉건 성격의 보고밀 운동으로 왕국은 심하게 요동쳤다.

왕권 쟁탈전

왕국을 재건한 인물은 전임자의 영토 팽창 정책을 계승하여 왕국의 국경을 마케도니아 중부와 남부로 넓히고, 알바니아의 지역 일부를 정복한 아센 왕가의 이반 2세(?-1241)였다. 이 시기가 불가리아 왕국의 전성기에 해당하며, 발칸 반도 대부분을 장악했다. 하지만 왕국의 운명은 그가 죽은 지 불과 몇 년 만에 기울기 시작했다. 1241-1242년의 몽골의 침입과 파괴, 1257년 왕가의 몰락은 왕권 계승을 둘러싼 분쟁 와중에서 제국이 여러 개의 군소 세력으로 분열되는 결과를 낳았다.

대세르비아 건설

세르비아 지역은 비잔티움 제국과 그 영토를 정복하기 위한 전쟁터와 지리적으로 떨어져 있었다. 또한 제국의 붕괴로 인한 권력 공백기에 왕국이 접경 지역에 위치하고 있었다는 점은 세르비아의 젊은 군주에게 14세기 초반 스테판 네마냐Stefan Nemanja(1117-1199)의 양위로 발생한 오랜 혼란을 극복할 여지를 제공했다. 왕국의 조직을 강화하는 과정은 14세기 말까지 점진적으로 진행되었다. 1217년에 스테판 프르보벤차니Stefan Prvovencani(1176-1228)는 교황 호노리오 3세(?-1226, 1216년부터 교황)에 의해 세르비아와 달마티아 왕으로 등극한 바 있다. 또한 왕국의 국경을 마케도니아와 알바니아 방향으로 확장하여 세르비아의 권력을 다졌다. 스코페는 1282년부터 왕국의 수도로 번영하기 시작했다. 스테판 우로쉬 2세 밀루틴Stepan Uros II Milutin(1253-1321)은 보스니아와 아드리아 해에 인접한 알바니아 해안 지역을 정복하여 국경을 더욱 확장했다. 1330년 발칸 반도에서 왕국의 주도권을 위협하던 불가리아 군대를 상대로 큐스텐딜에서 거둔 승리는 세르비아의 권력 확립에 결정적인 계기가 되었다. 부와 유능한 용병 부대를 보유할 수 있게 해 준 풍부한 자원, 그리고 광산업의 놀라운 발전은 전투에서 승리하는 데 중요한 원인으로 작용했다.

아드리아 해 진출

불가리아가 지방 권력자들의 지속적인 분쟁으로 약화된 틈을 이용하여 세력을 회복한 세르비아는 14세기 후반에 전성기를 맞이했다. 스테판 우로쉬 4세 두샨(약 1308-1355)은 마케도니아를 완전히 정복하고 그리스의 테살로니키 지역과 오늘날의 몬테네그로에 해당하는 에피로스를 병합했다. 그는 1346년에 스코페에서 황제로 등극한 다음에는 비잔티움 정복에 대한 야심을 노골적으로 드러냈다. 1349년에는 세르비아인들의 관습과 비잔티움 제국의 위대한 법적 전통을 계승한 법전을 공포하면서 비잔티움 제국에 대한 높은 존경심을 드러낸 바 있었다.

비잔티움으로의 진출

그럼에도 대세르비아의 급작스런 출현은 그만큼 빠른 몰락으로 이어졌다. 스테판의 사망으로 왕국은 붕괴되었고, 고위 귀족들의 이해관계에 따라 상호 독립적으로 통치되는 여러 군주들의 세력으로 분열되었다. 지역의 정치적 분열을 틈타 1180년부터 독립적인 지위를 누리고 있던 소小보스니아 왕국이 세력 확장을 꾀했다. 14세기 전반에 스트예판 2세 코트로마니치Stjepan II Kotromanic(?-1353)는 당시 보스니아에서도 크게 성행하던 광산업으로 축적한 부를 이용하여 전략 요충지를 정복하는 데 성공했다. 반도에서 세르비아의 우월권이 상실되면서 스트예판의 후계자인 트브르트코 1세 코트로마니치Tvrtko I Kotromanic(1338-1391)가 세르비아, 크로아티아, 달마티아를 병합하여 왕국의 국경을 확장했다. 하지만 이러한 지역들을 통일하려는 시도는 왕의 사망과, 특히 반도를 향한 오스만 제국의 세력 팽창으로 좌절되었다.

오스만 제국의 발칸 반도 점령

불과 수십 년 만에 실현된 오스만의 정복으로 "발칸 반도 주민들은 다시 한 번 외부의 통일적 정치 조직에 복속되었다"(Edgar Hosch, *Storia dei Paesi balcanici*, 2005). 오스만 제국의 발칸 정복이 그처럼 빠르게 성공한 것은 세르비아 왕국의 붕괴와 비잔티움 권력의 약화에서 원인을 찾을 수 있다. 1354년에 갈리폴리를 정복하고 다르다넬스 해협을 통과하여 유럽에 교두보를 확보한 오스만 제국은 이후 수십 년 간 이어진 유럽 정복 과정에서 어떤 저항도 받지 않았다.

1361-1362년에 오스만 제국의 군대가 트라키아와 아드리아노플을 정복하자 무라드 1세Murad I(약 1326-1389)는 제국의 수도를 아드리아노플로 옮겼다. 발칸 반도의 세르비아인들과 불가리아인들이 세르비아 남부 지역 군주인 부카신Vukašhin(약 1320-약 1371)의 지휘하에 전개한 첫 번째 저항은 10년 후에 마리차 강 주변 지역을 중심으로 오랫동안 계속되었음에도 오스만투르크는 마케도니아까지 점령했다. 발칸 반도의 주민들이 침략자들에 맞서 일으킨 최후의 저항은 1389년의 전설적인 코소보Kosovo 전투(문자적으로는 '검은 새들의 평원'을 의미한다)에서 아무런 성과 없이 실패로 돌아갔다. 불가리아, 보스니아, 알바니아, 세르비아인들로 구성된 연합군은 이 전투에서 전사한 술탄 무라드 1세에 대항하여 전세를 만회하고자 최선을 다했으나 결국 패배했다.

'검은 새들의 평원' 에서의 패전

코소보 전투에서 패배한 결정적인 원인은 전투가 시작되기 1년 전에 오스만 제국에 대항하여 봉기했던 불가리아 왕국이 항복했기 때문이다. 제2차 불가리아 제국의 수도는 1393년에 오스만 제국의 군대에 의해 함락되었고, 1396년에는 헝가리의 지기스문트(1368-1437, 1433년부터 황제)가 조직한 십자군의 공격에도 불구하고 니코폴Nikopol이 정복되었다. 15세기 전반기가 지나기도 전에 발칸 반도의 여러 지역들이 차례로 오스만 제국에 함락되었다. 1453년에는 동로마 제국의 수도 콘스탄티노플마저 함락되었다.

| 다음을 참고하라 |
역사 비잔티움 제국과 팔라이올로고스 왕조의 몰락과 내전(182쪽)

러시아의 군주국들

| 줄리오 소다노 |

몽골의 침입은 러시아를 유럽으로부터 분리시키는 결과를 초래했다. 러시아 일부는 이후 두 세기 동안 몽골 제국의 변방으로 남은 반면 다른 일부는 지속적인 약탈과 공납에 시달렸다. 14세기에 러시아 북동부 지역은 새로운 활력을 모색하기 시작했다. 트베리와 모스크바의 경쟁 관계는 몽골과 전략적 동맹 관계를 체결한 모스크바의 승리로 끝났다. 1364년에 모스크바 군주들은 블라디미르 대공의 칭호를 계승하여 모든 러시아인을 통일시키려는 원대한 계획을 추진했다.

지역들의 차별화

13세기 초반에 러시아는 오늘날의 지역적 다양성에 앞서 지역의 차별화 현상에 먼저 직면했다. 키예프는 1169년과 1203년의 약탈로 우월한 지위를 상실했던 반면 다른 인구 밀집 지역들, 특히 북부 도시인 블라디미르가 그 공백을 대신했다. 그러나 적어도 몽골의 침입 이전까지는 키예프가 러시아 그리스 정교의 문화 중심지로 크게 번창했다.

우크라이나와 갈리치아 남서부 지역은 군주국을 형성했고, 크라쿠프와 레겐스부르크의 육로와 그단스크로 이어진 수로를 통해 오래전부터 서유럽을 향한 관문 역할을 했다. 서유럽의 영향은 로마 양식의 건축과 권력 형태의 표출, 군주의 영향을 제한하는 대농장제의 귀족들에게서 잘 드러났다. 1216~1234년에 헝가리의 아르파드 왕조의 두 번째 아들이 희생된 것을 계기로 갈리치아 군주국에 대한 권리를 두고 폴란드와 헝가리는 협력과 적대 관계를 반복했다.

1241년 몽골 침입 당시의 군주인 다닐로Danilo(1221~1264년에 왕)는 서유럽에 도움을 요청했다. 교황 인노첸시오 4세(약 1200~1254, 1243년부터 교황)는 그를 러시아의 왕Rex Russiae으로 삼아 자신의 보호하에 둔 데 이어, 1254년에는 대리인을 통해 왕으로 임명했다. 하지만 우크라이나는 별다른 이익을 얻지 못했다. 유일한 이득은 가톨릭을 믿는 우크라이나인들의 성립이었다. 왕은 몽골의 요구에 굴복하여 신하 자격으로 유목민의 군사 원정에 동참했다.

북동부 지역의 러시아는 볼가 강 상류로 세력을 확장했다. 중심지는 로스토프Rostov, 수즈달Suzdal인데 군주들의 거처로 사용되었다. 하지만 몽골의 통치하에 완전히 파괴되었다가 재건된 모스크바가 이 지역의 중심지로 대체되었다. 비옥한 토지는 경제적으로 풍요를 가져왔다. 노브고로드는 13세기 전반기에 블라디미르의 군주들이 통제하는 도로들을 통해 제공되었던 밀 공급에 더 이상 의존하지 않게 되었으며, 독립성 강화에 성공했다. 갈리치아 군주국과는 달리 토지 귀족들의 영향을 제한하려는 이 지역 군주들의 절대 권력에 대한 욕구가 매우 일찍부터 강력하게 표면화되었다. 모스크바의 재건

몽골의 침입

13세기 초반에 몽골 유목민들이 동유럽을 침공했다. 중세 말기의 대재앙이 러시아 전체를 강타한 것이다. 몽골 제국은 아시아로부터 모든 방향으로 영토를 확장하면서, 처음에는 초원 유목민들을 초토화시킨 데 이어 계속해서 남부 지역 평야로 진격했다. 1207년에 칭기즈 칸(1167-1227)의 아들 주치Jochi(1185-약 1227)가 시베리아를 복속시킨 데 이어 1223년에는 칼카Kalka 강 근처에서 러시아와 쿠만인으로 구성된 연합 군대를 대파했다. 칭기즈 칸의 손자 바투 칸(약 1205-1255)은 1236-1237년에 재차 우랄 산맥으로 원정군을 이끌어 1238-1241년에 랴잔Ryazan 남동부에 위치한 군주국을 시작으로 중국 기술자들의 도움을 받아 여러 도시를 함락시킨 끝에 마침내 러시아를 정복했다. 모스크바를 파괴한 후에 키예프를 포위하여(1240) 함락시킨 다음 철저히 파괴했다. 러시아 정복 당시 러시아 군주들은 분열되어 있었기에 공동 방어에 실패했고, 몽골은 규모가 약화된 저항군을 상대했다. 모든 도시가 불타고 주민들은 학살당했다. 노브고로드만이 유일하게 파괴를 면할 수 있었는데, 1238년의 유독 추운 겨울 때문이었다. 숲으로 피신한 주민들만이 목숨을 건졌다. 1236-1241년에 단행된 군사 원정으로 러시아 남부가 정복되었다. 바투 칸은 볼가 강 중류에 정착하여 오늘날의 아스트라한Astrakhan에 해당하는 사라이Sarai를 수도로 결정하고, 매년 세금을 거두는 방식으로 러시아 영토에서 군주권을 행사했다.

몽골 침입과 같은 시기에 블라디미르와 노브고로드의 군주였던 알렉산드르 네프스키Aleksandr Nevsky(1220-1263)는 몽골에 대항하여 함께 싸우자는 교황의 제안을 거절했다. 서유럽인들과의 관계에서 1204년의 제4차 십자군과 게르만의 발트 해 진출은 비잔티움과 러시아 사이에 강력한 유대감이 형성되는 계기가 되었다. 한편 네프스키는 몽골에 대항한 서방 세계의 연합군에 참여하는 것은 러시아를 유럽과 아시아의 전쟁터로 만들 수 있다고 주장했다. 그는 몽골에 굴복하는 정책을 선택하여 서유럽의 공격에 대비했다. 1240년에 네바에서 스웨덴과 전투를 벌이고(네바 전투) 1241년에는 페이푸스 호수의 얼음 위에서 튜턴 기사단과 대결했다. 네프스키는 이들 사이에 확산되어 있는 그리스도교 네스토리우스파가 이슬람교를 대체할 수 있다고 확신한 몽골로부터 종교적 관용 정책을 기대했으나 그의 예상은 빗나갔다. 그리스도교는 몽골인 사이에서 전혀 확산되지 못했고, 몽골은 동유럽의 기대감을 침략으로 배신했다.

유럽으로부터의 이탈

몽골은 거의 두 세기간 러시아를 유럽으로부터 분리시키면서 유럽 사회에서 고립시켰다. 동슬라브인들에게 13세기는 재앙이자 암울한 세기였다. 도시 주민들이 사라지면서 금은세공업, 고급 직물업 같은 높은 기술을 보유한 수공업 활동도 사라졌다. 반면 볼가 강과 돈 강 주변 지역에는 아시아 주민이 몰리면서 오늘날 타타르족의 근대적 정착지를 형성했다. 타타르족은 강력한 왕국을 건설했는데, 수세기에 걸친 침입에도 살아남았다. 단지 노브고로드에서 갈리치아에 이르는 러시아 서부 지역의 중심지만이 서유럽과의 교역을 통해 타타르족의 지배에서 벗어나 발전을 지속했다. 그러나 러시아의 독립 군주국들도 때때로 과중한 세금과 잦은 약탈에 시달렸다. 반면에 러시아 동부의 군주국들은 곧바로 타타르의 신하가 되었다. 몽골 제국이 통치하는 지역들과 마찬가지로 이들도 매우 엄격한 통치를 받았다. 러시아는 아시아 제국 서부에 위치한 변방으로 전락했고, 콘스탄티노플과의 종교적 접촉과 발트 해를 통한 무역 교류만이 이 지역을 유럽과 연결할 뿐이었다. 군주들은 칸의 주둔지에서 개최되는 정기 회합에 소집되었으며, 두 줄의 불길 사이를 걸어 멍에의 밑을 통과한 후에 스스로 채찍질할 것을 강요받았다. 공납은 이 지역에 상주하는 몽골인 통치자들에게 바쳐졌다. 몽골인들은 재산, 주민 등 이들의 모든 것의 10%를 요구했다.

모스크바 권력의 성립

14세기에 트베리 군주국들이 지배하는 북동부 러시아와 모스크바, 블라디미르에서의 몽골 침입으로 인한 인명 손실은 외부 주민의 유입으로 상당 부분 빠르게 회복되었다. 비옥한 조건은 아니었지만 농업도 재개되었다. 흑사병도 다른 유럽 지역에 비해 큰 타격을 주지 않았다. 주민이 많지도 않았을 뿐더러 전염 확산에 부적절한 날씨 때문이었다.

트베리와 모스크바 군주들의 충돌

러시아 북부 지역에서는 트베리와 모스크바 군주들의 패권 경쟁이 벌어졌다. 몽골은 류리크Ryurik 왕조 인물이 블라디미르 대군주가 되어야 한다고 했는데, 당시에 그들이 자체적으로 몽골을 위한 세금을 징수했기 때문이다. 세금 징수인의 지위는 군사력과 부를 보장했던 반면 트베리 군주들은 타타르족에 노골적인 적대감을 드러냈다 결국 무거운 처벌을 감수해야만 했다. 모스크바의 군주들은 용기와 이상을 적절히 섞어 가면서 몽골인들과의 동맹 정책을 추진한 덕분에 그들로부터 이 지역의 다른 세력가들보다 우월한 지위를 보장받았다. 이들은 자신들이 마치 몽골인 세금 징수 책임자들인 것처럼 행동하면서 타타르족을 위한 세금을 징수하여 막대한 부를 축적했다. 1327년에는 몽골인들을 도와 트베리의 반란 세력을 진압하고 모스크바와 경쟁 관계에 있던 트베리를 파괴했다. 다른 군소 군주국들은 점진적으로 모스크바에게 자신들의 정치적인 권리와 영토를 넘겨주었다. 1364년에 모스크바 군주들은 블라디미르 대군주의 상속권을 독차지했고, 이렇게 해서 모스크바 군주들이 자신들의 임무처럼 여겼던 '러시아 영토의 회합'이 시작되었다.

모스크바는 일종의 사유재산 같은 군주국으로, 군주는 신하들과 그들의 재산 전부를 자신의 것처럼 간주했다. 군주국들의 자원에 대한 통제는 모스크바의 주도권을 강화시켰다. 1380-1382년에 드미트리 돈스코이Dmitri Donskoy(1350-1389, 1362년부터 모스크바의 대군주)는 공개적으로 몽골에 맞설 순간이 왔다고 생각했다. 호라즘Khorezm과 캅카스Kavkaz는 무역상의 전략적 위치로 15세기 초반까지 몽골 세력들의 지속적인 공격을 받았다.

모스크바는 14세기 후반의 잦은 내부 분란으로 폴란드-리투아니아 세력(키예프는 1363년에 리투아니아가 된다)과 1395년에 타타르 군대를 격파하고 심각한 위기에 빠지게 만든 티무르(1336-1405)와의 관계에서 뒤처졌다. 모스크바 공국 주민은 1380년 9월 8일, 타타르에 대한 새로운 공세를 시작하여 쿨리코보Kulikovo에서 대승

쿨리코보에서의 승리

을 거두었지만 2년 후에 반격을 받고 모스크바가 파괴되는 위기에 봉착했다. 14세기 말에 모스크바 공국의 주민들은 여전히 타타르의 신하로 있었으나 실질적으로는 이 지역의 가장 강력한 세력으로 등장하게 되었다.

몽골 통치 시대의 러시아 교회

13-14세기에 러시아 정교는 몽골의 위협을 견디면서 러시아인들의 통일을 강화하고 그들을 지켜 낼 수 있는 유일한 세력으로 남았다. 특히 러시아가 아시아 사회로 전환되는 것을 막아 내는 데에는 수도원의 역할이 결정적이었다. 거의 두 세기 동안의 이 역할 덕분에 러시아 정교는 러시아 사회로 침투해 들어가 철저하게 그들을 개종시키는 데 강력한 능력을 발휘했다. 1240년에 키예프가 파괴되자 지도자는 북쪽으로 도주했다. 1299년에 마시모Massimo(1283-1305년에 키예프, 블라디미르, 모든 루스족의 그리스 정교 대사교)는 블라디미르를 자신의 거주지로 삼았다. 트베리와 모스크바 사이에 충돌이 발생하자 러시아 정교는 모스크바를 지지했다. 이반 1세Ivan I를 비롯한 모스크바의 군주들은 성직자에게 상당히 관대했으며, 대가로 교회로부터 전폭적인 지지를 이끌어 냈다. 그 결과 러시아 교회는 정치 권력에 대한 종교적 카리스마를 행사했고, 1328년에 피에트로 1세Pietro I(?-1336)가 모스크바에 정착했다. 1336년에 사망한 그는 크렘린 내부에 안장되었으며 도시의 수호성인으로 추대되었다.

모스크바 공국을 지지하는 러시아 정교

| 다음을 참고하라 |
역사 킵차크 한국(176쪽)

킵차크 한국

| 마리 프랜신 파브로Marie Francine Favereau |

킵차크 한국은 몽골 제국에 의해 성립된 왕국 중 하나로, 13세기 후반에 독립적인 지위를 쟁취했다. 이 시기의 영토는 다뉴브 지역의 불가리아, 크림 반도, 캅카스, 러시아 군주국들, 볼가 강 계곡 지역, 시베리아 남부 지역, 그리고 카자흐스탄 서쪽의 스텝 지역에 이르는 최대 판도에 도달했다.

몽골 제국이 건설한 왕국

칭기즈 칸과 '세계 정복'

12세기 말에 몽골의 지도자 '칭기즈 칸'(1167-1227) 또는 '보편 황제'는 알타이 지역(시베리아 남부)과 바이칼 호수 지역의 몽골인들, 터키 유목민 부족들을 복속시키는 데 성공했다. 그는 자신의 전사들에게 북쪽의 중국, 중앙아시아, 페르시아 북동부 지역에 대한 정복을 독려했다. 그가 사망한 1227년에 몽골 제국의 영토는 중국 해로부터 카스피 해까지 이르렀다. 몽골에게 정복당한 주민들의 고통을 잘 묘사한 외국의 연구들은 몽골 초원의 황폐화에 대해 강조했다. 그럼에도 몽골의 등장은 13세기 아시아의 정치 판도를 바꾸고, 몽골과 터키의 비호 아래 새로워진 문명의 영향을 받은 이슬람에 자극을 주었다.

정복으로 성립된 왕국들 중 하나인 킵차크 한국은 빠르게 자신의 독립을 쟁취했다. 킵차크 한국의 영토는 다뉴브 강과 이르티시 강 사이에 위치한 관계로 몽골 제국의 심장부로부터는 무려 4천 킬로미터나 떨어져 있었다(몽골의 초기 수도 카라코룸과 이후 계속해서 중국의 베이징). 장남은 부친 소유의 토지 중 가장 변방 지역을 물려받는다는 전통에 따라서 주치(약 1185-1227)는 이르티시 강 동쪽에 위치한 모든 영토ulus를 물려받았다. 그 결과 킵차크 한국은 몽골 제국 서쪽 끝에 위치하게 되었다. 모든 영토는 두 차례의 정복 전쟁을 통해 획득되었다. 첫 번째는 칭기즈 칸 시대에 주치가, 두 번째는 칭기즈 칸의 후계자이자 셋째 아들인 오고타이 칸Ogotai Khan(1186-1241) 시대에 주치의 아들인 바투(약 1205-1255)가 이끌었다.

주치의 후손들

이렇게 해서 킵차크 한국은 주치의 단일 가계에 의해 형성되었다. 그리고 바투 칸 시대부터 최대 판도를 실현하면서 다뉴브 근처의 불가리아, 크림 반도, 캅카스, 러시아 군주국들, 볼가 강 계곡, 이르티시에 이르는 시베리아 남부, 그리고 시르다리야Syr Darya에 이르는 카자흐스탄 서쪽의 스텝 지역을 차지했다. 바투의 통치하에서 왕국의 심장부는 호라즘으로부터 왕조의 가장 중요한 지역에 해당하는 볼가 강 계곡으로 완전히 옮겨 갔다. 나머지 영토는 통치 가문의 여러 인물에 의해 분할되었다. 칸이라고 불리는 군주는 절대 권력의 보유자라기보다는 '친척들 중 첫 번째' 정도로 인식되었다. 칸은 권력의 분할과 여러 지역의 권력을 대표하는 자들의 존재에도 불구하고 적어도 15세기 후반까지는 왕국 대부분의 지역에 강력한 영향력을 행사했다. 그 이외에도 호라즘과 캅카스 두 지역은 무역을 위한 전략적인 위치로 인해 인근의 몽골 왕국들로부터 견제를 받게 되며, 15세기 초반에 가면 우월한 지위를 완전히 상실했다.

터키-몽골 왕국과 무슬림 왕국의 형성

몽골의 칸들은 유럽에 접한 제국의 국경을 확대하기 위해 자신들의 정치 계획을 신속하게 추진했다. 1250년을 전후한 기간에는 이슬람을 모델로 사실상 몽골 제국 최초의 무슬림 국가인 일 한국을 건설했다. 행정 조직은 매우 오래된 관행을 부활시키면서(특히 위구르족) 페르시아어와 아랍어의 행정 제도를 선호하던 무슬림 세계의 다른 권력들과는 대조적으로 터키어 서기국을 모방했다. 몽골 제국의 다른 통치 조직들과 비교할 때 킵차크 한국은 1250년부터 1550년에 이르는 3세기에 걸쳐 오랫동안 권력을 유지했다. 일 한국의 군주들은 14세기 전반에 몰락했다. 중국의 유안 왕조를 세운 대칸들이 1368년에 왕좌에서 물러나자 15세기 초반 중앙아시아에서 세력을 형성한 티무르(1336-1405)의 권력에 복속되었다.

장기 권력

심각한 정치적 무질서, 특히 14세기 후반에 흑사병으로 지도층이 심각한 타격을 입은 상황에서도 킵차크 한국은 어느 정도 정치적 안정을 유지했다. 칭기즈 칸의 손자인 바투 후손의 왕가는 1360년까지 권좌를 유지했다. 또다른 왕가인 티무르는 100년이 조금 넘는 기간 동안, 즉 14세기 말까지 권좌를 지켰다. 상대적 안정성을 바탕으로 칸들은 정치적-경제적 계획들을 지속적으로 추진했다. 효과는 외교 분야에서도 나타났다. 일례로 200년 이상 이집트와 시리아의 술탄들과도 외교 관계를 유지했다. 특히 무역과 수공업 발전에 주력하여 예술과 슬라브, 페르시아, 터키, 이탈리아 수공업의 경쟁력을 조화시켜 독창적인 문화를 촉진시켰다. 이는 크림 반도와 볼가 강 유역에서 발견되는 수많은 귀금속 공예 작품의 높은 수준과 검 제작 기술, 버클, 거울, 도예품을 통해 확인된다.

정치적 안정

칸들은 유목민 주민들의 정착과 왕국 중심 지역의 도시화를 지원했다. 그들은 크림 반도에 도시들을 건설하기 위해 제노바, 베네치아와 협약을 맺고, 능력 있는 노예들과 전사들인 맘루크를 공급받은 이집트와 시리아의 술탄들과도 협력했다. 끝으로 상인들의 자유로운 통행과 말을 이용한 우편 체제, 대사들의 왕래를 자유롭게 보장하는 것 외에도 문인들과 종교인들의 보호자 역할을 자처했다.

300년의 역사

킵차크 한국은 여러 종족의 혼합체도, 도시와 마을들의 연합체도, 그렇다고 한 명의 권력자에 의해 통치되지도 않았다. 다만 300년 동안 발전한 왕국이었다. 이에 대해 몇 가지 공식적인 흔적(법적 문서, 외교 문서)이 발견되었는데 15세기까지 킵차크 한국이 전개한 활발한 활동과 이들이 터키-몽골, 이슬람의 여러 문화를 지배했던 능력이다. 하지만 칸들의 정책이 연속성을 가지고 있었음에도 왕국은 300년의 역사를 지나며 상당한 변화를 경험했다.

13세기에 킵차크 한국은 불가리아(볼가 강 북부에 위치한 투르크 왕국으로 지리상 타타르스탄Tatarstan에 해당한다)로부터 계승한 행정 조직과 몽골의 유목민 전통을 가진 통치 계급을 갖추고 있었다. 따라서 볼가 강 계곡을 따라 길게 늘어선 지역(특히 수도로 명성을 누렸던 사라이의 두 도시들)과, 카스피 해를 향해 흑해까지 연결되는 스텝 지역을 관통하는 실크로드 외에도 비잔티움, 이탈리아, 이집트에 인접한 지역을 따라 건설된 일련의 도시가 경제적으로 번영했다. 투르크에 동화되면서 이슬람으로 개종하는 14세기와는 매우 달랐다. 강력한 권력을 갖게 되며 칸의 궁전은 무슬림 세계의 문인들과 식자들, 종교인들을 위한 문화 중심지가 된 몽골 왕국들과 독립적인 관계를 유지했다. 강력한 권력과 번영의 중심이 된 킵차크 한국은 군주들의 권력이 크림 반도의 몇 개 도시와 (사라이 지역의 도시들이 몰락한) 볼가 강 계곡 외곽으로 위축된 15-16세기와는 비교할 수 없다. 맘루크 술탄국과의 관계를 보여 주는 사료는 더 이상 남아 있지 않으며, 외교 활동은 주변 왕국들(오스만 제국, 모스크바 군주국, 폴란드-리투아니아 대공국)과의 교역으로 축소되었다. 15세기 중반부터 군사 지도자들과 문인들, 무슬림 법학자들이 칸의 궁전을 떠났고, 상인들은 제 기능을 상실한 전통 교역로에서 철수했다.

슬라브 문헌에 따르면 공포의 이반 4세Ivan IV(1530-1584)가 볼가 강 근처의 가장 중요한 두 도시인 카잔Kazan(1552)과 아스트라한(1556)을 정복한 시기인 1550년대에는 '유목민의 차르'가 존재했다고 한다. 당시 볼가 강 유역이 칸들이 지배하던 마지막 영토였다는 점을 고려한다면 킵차크 한국이 더 이상 존재하지 않았음을 추측할 수 있다. 크림 반도는 15세기 말부터 오스만 제국에게 정복된 상태였다. 주치의 후손들이 중앙아시아 영토를 지배하고는 있었지만 국경의 지도가 바뀌면서 새로운 왕국들이 건설되었고, 이들이 과거의 칸보다는 이슬람에 의해 정당성을 인정받았다는 견해도 있다.

명칭들: 킵차크인가 타타르인가, 왕국인가 술탄국인가

킵차크 한국을 단일 왕국처럼 설명하는 것은, 이에 대한 방대한 역사 연구에도 불구하고 그 역사 전체가 여전히 미지의 상태로 남아 있음을 고려할 때 정확한 것 같지 않다. 킵차크 한국이 이처럼 잘 알려지지 않은 상태로 남아 있게 된 주된 원인들에는 칸들에 대한 기록물이 남아 있지 않다는 점과 지역의 복잡한 변화가 포함된다. 외국 문헌을 통해 복원된 킵차크 한국의 역사가 이를 반증한다. 다시 말해 통치 체제의 복잡한 메커니즘은 물론이고 이질적이고 대규모이며 (무슬림, 그리스도교인, 유대인, 유목민과 토착민들로 구성된) 여러 종교의 종족들로 형성된 공동체를 결속시켜 주는 장치에 대한 이해가 충분치 않은 것이 사실이다. 민족이나 왕국을 부르는 명칭이 대체로 비슷한 이유도 이에 대한 역사 연구가 불충분하기 때문이다. 예를 들어 '타타르'는 타타르족 주민들을 가리키는 데 사용되는데, 이 용어는 12세기 바이칼 호수 근처와 몽골 북쪽 지방에 살던 어느 강력한 부족의 이름에서 유래했다. 그러나 정복 이후에도 같은 용어가 몽골 제국 권력자를 가리키는 일반 용어로 사용되었다. 사실 이 용어는 인종과 관련된 어떤 의미도 가지고 있지 않다. 지금은 사용되지 않은 타르타로 tartaro는 그리스어 타르타로스tartaros(지옥의 가장 깊은 심연이며 확장된 의미로는 지옥 그 자체를 가리킨다)를 생각나게 하는 타타르의 발음에서 유래했을 것으로 추정된다. 또한 이 용어는 칭기즈 칸의 (무無에서 출현한 악마들인) 유목민 전사들에 대한 끔찍한 이미지와도 완벽하게 일치했다.

유목민 연방체

또한 대장 칸국, 타타르 칸 왕국, 주치의 우랄스크, 북쪽 지방 또는 북쪽 왕국 등의 다양한 명칭으로 불렸다. 이 많은 명칭은 단순히 무의미한 용어로 간주될 것은 아닌데, 동시대 사람에 의해 전승된 사실들에 기인하기 때문이다. 이슬람 자료에 따르면 가장 보편적인 명칭은 볼가 강에서 카스피 해와 흑해 지역에 이르는 지역으로, 일부는 그리스도교로 개종한 투르크 주민들로 (쿠만으로도 알려진) 킵차크족이 살고 있는 킵차크 평원과 관련된 '킵차크 칸 왕국'이다.

이 종족은 러시아와 동맹을 맺고 몽골과 전쟁을 했지만 1223년에 칼카 전투에서 재기가 불가능할 정도로 심각한 패배를 당했다. 독립을 유지하는 대가로 조공을 바치던 러시아인들과 달리 킵차크족은 어떤 독립도 지키지 못한 채 일부는 칸 군대의 전사들로, 일부는 크림 반도나 이집트 시장에서 노예로 팔리면서 빠르게 킵차크 한국에 흡수되었다. 왕국의 빠른 성장은 당대의 무슬림 정신에서 투르크 정체성이 얼

투르크의 정체성

마나 중요했는지를 보여 준다. 비록 이들이 최고 권력을 장악하고는 있었지만 몽골의 특징은 비중이 크지 않았다. 반면 킵차크의 투르크적인 요인은 처음에는 지배를 받고 있었지만 이후 영향력을 회복했다. 오늘날 대부분의 역사가들에 따르면 '황금의 유목민zolotaia Orda'이라는 이름은 러시아 연대기를 통해 뒤늦게(16세기 이후) 출현한 것으로 보인다. 이 용어는 투르크의 서사시들과 동시대 타타르스탄 역사에도 등장한다. 명칭에 대해서는 많은 유사 용어가 존재하는데, 모두 연대기에서 가장 중요한 순간들을 가리키기 위해 관습적으로 사용되었다. '백장 한국Ak Orda'과 '청장 한국Kök Orda'은 킵차크 한국의 동부와 서부 지역을 구분하며(13세기 후반부터 14세기 전반까지), 백장 한국의 마지막 칸이었던 토크타미시 칸Toktamish Khan에 의하여 재통합되기도 했다. 대장 한국의 명칭은 왕국이 몰락하던 15세기 후반부터 16세기 전반까지 사용되었다. 이 모든 명칭은 왕국의 실체 자체를 나타내기 위해 별다른 구분 없이 사용될 수 있다. 라틴어와 러시아어의 오르다orda에 영향을 준 몽골어 오르두ordu에 뿌리를 두고 있기 때문이다. 오르두는 유목민 지도자의 천막에서 그 의미가 확장되어 유목민 주둔지 또는 칸의 천막을 지칭했다. 스텝 지역 문화에서 '실제의'라는 의미로 사용되는 '황금의d'oro'는 거대한 천막과 칸의 금장식 옥좌를 나타낸다. 따라서 타타르의 용어는 유목민 권력의 중심을 가리키는 '이동식' 장소를 가리켰다.

칸의 천막

항상 이동하는 칸은 왕국의 심장이었다. 여행자들은 칸의 천막을 마치 이동하는 거대한 도시로 묘사했다. 칸의 도시적인 이미지는 실제로는 주둔지의 모습이었다(이로부터 사라이의 명칭이 유래했는데, 이는 페르시아어로 '궁정-실제 주둔지'를 의미한다). 공식 문서들에서 칸은 자신의 왕국을 대민족, 즉 옥좌로 지칭하며 많은 경우 한국 또는 대장 한국으로 불렀다. 외에도 주변국들의 문헌에서 칸의 왕국으로도 불린 타타르는 술탄 왕국과 동일한 의미로 통용되었다. 무슬림 세계의 모든 군주처럼 칸은 술탄이라고 불렀다.

| 다음을 참고하라 |

역사 헝가리(161쪽); 러시아의 군주국들(172쪽)

비잔티움 제국과 팔라이올로고스 왕조의 몰락과 내전

| 토마소 브라치니Tommaso Braccini |

1261년의 콘스탄티노플 재정복은 비잔티움 제국의 재탄생을 가리킨다. 그러나 비잔티움 제국은 곧바로 경제적으로 심각한 위기에 직면해야 했다. 14세기 전 기간 동안에 헤시카즘 분쟁이 이어지면서 왕조의 갈등과 후에 종교적 문제에서 기인한 불화와 대립으로 혼란에 빠져들었다. 이러한 상황에서 비잔티움 제국은 활발한 정복 활동을 벌이던 오스만 제국의 공격을 받았다.

미카엘 8세 팔라이올로고스와 앙주 가문의 위협

팔라이올로고스 왕조의 미카엘 8세(1224-1282, 1258년부터 황제)는 1261년에 콘스탄티노플을 재정복함으로써 50여 년 전부터 니케아에 피신 중이던 비잔티움의 숙원을 달성하지만 얼마 지나지 않아 승리의 대가를 지불한다. 라틴인들이 비잔티움 점령 기간 내내 약탈을 자행했기에 한편으로는 방대한 규모의 복원과 재건을 위한 계획도 필요했다. 수도를 재탈환한 것은 제국 궁정의 악습을 철폐하려는 의지와 더불어 과도한 세금 압박을 동반했다. 이로 인해 니케아 발전의 원동력이었던 풍요로운 아시아 지방은 심각한 타격을 받았고, 통화도 평가 절하되었다. 권력을 되찾은 황제는 1266년에 만프레트(1231-1266)를 제거하고 나폴리와 시칠리아의 왕국을 차지한 데 이어 콘스탄티노플 정복 야심을 드러내면서 강력한 경쟁자로 등장한 샤를 1세(1226-1285)의 야심 때문에 위협을 받았다. 황제는 군사 작전보다 치밀한 외교 활동을 통해 유리한 입장을 선점하는 데 성공했다. 가장 먼저 교황과의 대화를 통해 가톨릭과 그리스 정교의 재통일을 위한 협상을 벌였고, 1274년 리옹 공의회에서 (제국 내의 강력한 반발을 물리치고) 통합 선언에 도달하면서 적들의 행동을 불법적인 것으로 만들려 했다. 계속해서 1282년에는 많은 자금을 들여 시칠리아의 만종 학살을 자극하는 것으로 샤를 1세의 입장을 결정적으로 흔들어 놓는 데 성공했다. 이를 계기로 샤를 1세는 더 이상 콘스탄티노플 문제에 영향력을 행사하지 못하게 되었다.

가톨릭 교회와 그리스 정교의 재통일

외교적 수완과 몇 차례에 걸친 성과에도 팔라이올로고스 황가는 통치 기간 초기부터 일련의 구조적 문제에 봉착했다. 미카엘 8세와 그의 후계자들이 직면했던 가장 핵심적인 문제는 서유럽, 특히 제노바와 베네치아가 경제와 무역 활동에서 강력한 압박을 가해 온 것이었다. 비잔티움 제국은 프로노이아pronoia(귀족들에게 토지를 주고 대신 군사적 봉사를 요구하는 것*)의 관행이 더욱 확대되면서 쇠락의 길에 접어들었다. 이것은 사실상 여러 유형의 관리나 군인을 일정 지역의 세금 징수권으로 임명한 것이었는데, 관리들은 이를 이용해 자신의 임금을 국고를 거치지 않고 세금 납부자들로부터 직접 거두었다. 이러한 관행은 이미 콤네노스 왕조 시대에 확산되어 있었지만 팔라이올로고스 황가의 통치하에 상속제로 전환되면서 소위 말하는 '비잔티움 봉건주의'로 발전했다.

안드로니코스 2세와 안드로니코스 3세: 몰락과 내전

부친 미카엘 8세를 계승한 안드로니코스 2세Andronikos II(약 1259-1332, 1282년부터 황제)는 겉으로 드러난 일련의 성과에도 불구하고 회복 불능의 상태로 빠져들고 있던 비잔티움 제국을 물려받았다. 사회 조직(면세권 상속이 더욱 확대되는 틈을 이용해 소수의 대농장 소유주들이 등장한다)과 경제 조직이 와해되는 상황에서 황제는 어떤 방식으로건 예산을 확보하기 위해 군사 조직마저 축소했다. 하지만 그의 군비 축소 정책은 아시아 지역에 심각한 재앙을 초래했다. 아나톨리아를 약탈하고 이곳에 정착을 시도하는 투르크족의 지속적인 공격을 막기 위해 카탈루냐 용병들에게 도움을 청했으나 그들은 통제 불능 집단으로, 트라키아를 파괴한 데 이어 1311년에는 아테네를 점령하고 70년 넘게 통치했다. 상황은 안드로니코스 2세의 손자이자 타락을 일삼았으나 비잔티움 신흥 귀족들의 비호로 세금 감면을 선동하면서 민중들에게도 지지를 받고 있던 안드로니코스 3세Andronikos III(1296-1341, 1328년부터 황제)의 반란으로 더욱 심각해졌다. 1328년 수년간 내전을 겪은 끝에 그는 제국의 모든 적들을 이용하여 할아버지에게 제위를 포기하도록 만드는 데 성공했다. 새 황제는 자신의 대리인 요한네스 6세 칸타쿠제노스(약 1295-1383)와 함께 확대일로의 사회적 긴장 상태를 완화하기 위한 조치로 사법 개혁을 시도하지만 전쟁으로 잃은 것을 되찾는 데는 실패했다.

카탈루냐 용병들

요한네스 6세 칸타쿠제노스와 비잔티움 제국의 몰락

안드로니코스 3세가 사망하자 제국 군대의 총사령관megas domestikos이었던 칸타쿠제노스는 어린 요한네스 5세 팔라이올로고스(1332-1391, 1341년부터 황제)를 위한 섭정을 시작했다. 내부에서는 과도한 섭정에 반대하는 움직임이 일어났고, 칸타쿠제노스의 적들이 수도를 장악했다. 이에 그는 요한네스 5세의 권리를 인정하면서도 스스로 황제의 제위에 올라 자신의 적들을 물리치기 위해 트라키아의 귀족들에게 도움을 요청했다. 이미 오래전부터 쇠락해 가고 있던 비잔티움 제국에 다시금 길고 파괴적인 내전의 위험이 무르익는 가운데 종교, 정치, 사회의 긴장 상황이 고조되었다. 정치적 불화는 종교적 폭력 사태와 맞물리면서 더욱 악화되었다. 이번에는 그리스 정교의 신비주의적인 관행인 헤시카즘hesychasm(비잔티움 동방 교회의 영성 운동으로, 전적으로 심신을 몰입하여 행하는 지적인 기도 또는 순수한 분쟁*)이 문제의 중심에 자리했다. 헤시키아hesychia, 즉 '정적 혹은 고요함'에서 유래하는 헤시카즘의 추종자들은 정신을 집중한 상황에서 '예수의 기도'(하느님의 아들인 예수 그리스도여, 저에게 자비를 베풀어 주소서)를 계속해서 반복하는 관습을 지지했다. 이것은 그리스도의 변모 당시에 타보르Tabor 산에서 제자들에게 모습을 드러낸, 스스로 존재하는 신의 빛을 명상하게 하는 것이었다. 그러나 14세기에 수도원들을 중심으로 크게 확대되면서 이를 미신적 관행으로 여기는 칼라브리아 출신의 바를람Barlaam 같은 반대파의 강력한 저항에 직면했다. 대립 초기에는 종교회의 내부에서 시작되었지만 위대한 신학자이자 헤시카즘 추종자들의 지도자인 그레고리오 팔라마스Gregorius Palamas(약 1296-1359)가 그리스 정교회의 대주교로서 칸타쿠제노스에 반대하는 정치 세력과 연합한 콘스탄티노플 대주교 요한네스 칼레카스(1283-1347)에게 포로로 잡힌 것을 계기로 상황은 더욱 악화되었다.

확실한 물증은 없지만 과거에는 칸타쿠제노스의 지지자들이 헤시카즘 추종자들에 반대하는 주요 정적인 알렉시오스 아포카브코스Alexios Apokaukos(?-1345)의 세력들이었을지도 모른다는 주장이 제기된 적이 있었다. 그 구분이 항상 분명한 것은 아니지만 종교적-철학적인 불화(팔라마스와 그의 추종자들은 신플라톤주의자에 가까우며, 그의 적들은 아리스토텔레스주의자들이다)가 궁극적으로는 분위기를 흐리면서 결국 분노를 폭발하게 만든 것이 사실이었다. 반면에 두 분파들과 사회의 두 대립 세력들의 관계는 더욱 분명하게 드러났다. 아포카브코스는 토지 귀족들에게 심한 적대감을 가지고 있었으며, 과거 7년간 유대인들의 정치-종교 세력이었던 열심당Zealot 추종자(들은 토지 귀족들과 헤시카즘 추종자들에게 노골적으로 적대적인 태도를 드러내고 있었다)로 불린 세력이 주도하던 테살로니키 봉기 같은 민중 봉기를 노골적으로 부추겼다.

종교적 불화

이들은 여러 차례 '붉은 코뮌commune'에 비유된 정부 형태를 통해 테살로니키를 지배했다. 이미 몰락의 징후들이 노골적으로 드러나고, 내부의 불화와 긴장이 팽배해 있던 비잔티움 제국에게 외부 세력에게 도움을 요청하는 것은 상황을 더욱 악화시킴을 의미했다. 만약 칸타쿠제노스가 투르크, 특히 트라키아를 정복하여 파괴한 오스만의 술탄과 연합했다면 아포카브코스와 콘스탄티노플의 궁정은 지원을 대가로 방대한 영토를 요구하는 세르비아와 불가리아에 도움의 손길을 내밀었어야 했을 것이다. 아포카브코스의 사망 이후 콘스탄티노플 세력은 빠르게 몰락하기 시작했고 (통제가 되지 않는 투르크 용병들을 고용한 것과 갑작스럽게 팔라미즘Palamism을 받아들인 것), 몇 차례의 저항에도 불구하고 칸타쿠제노스의 수도 입성을 막지 못하여 어린 요한네스 5세 팔라이올로고스와 그가 공동 황제로 등장하는 것을 바라만 봐야 했다.

얼마 후에 두 통치자들 사이에서 새로운 분쟁이 발생했고 (오스만 제국이 갈리폴리에 주둔한 것을 포함하여) 그 결과가 제국의 불행을 가중시킨 것은 이미 예상된 수순이었다. 요한네스 5세는 1354년이 되어서야 비잔티움 제국이 보유한 가장 큰 섬인 레스보스Lesbos를 대가로 획득한 제노바인들의 도움으로 쿠데타에 성공하여 칸타쿠제노스를 폐위시켰다. 쇠약해진 제국과 위대한 세르비아 군주였던 스테판 우로쉬 4세 두샨(약 1308-1355) 사망 이후 분열된 발칸 지역은 오스만 제국의 공세를 막지 못했다. 1371년 마리차 강 근처의 케르노멘Chernomen에서 벌어진 역사적 전투에서 오스만 제국의 무라드 1세(약 1326-1389)의 군대가 세르비아 군대를 대파하고 마케도니아를 점령한 이후 비잔티움 제국도 생존을 위해 항복과 더불어 매년 조공을 바치고 많은 군비를 제공할 것을 강요받았다.

오스만 제국의 공격

| 다음을 참고하라 |

역사 발칸 반도(168쪽); 오스만 제국(186쪽)

오스만 제국

| 파브리치오 마스트로마르티노 |

오스만 군주국의 국경이 동방과 서방의 중간에 위치하고 있다는 것은 투르크가 아나톨리아와 동부 유럽으로 세력을 확장하는 데 유리한 조건을 제공했다. 영토 정복의 결과로 작은 군주국은 얼마 지나지 않아 구조를 갖춘 행정 조직과 전 그리스도교 세계에 강력한 압박으로 작용한 강력한 군대를 갖춘 제국으로 발전했다.

제국의 기원

그리스도교 군대의 콘스탄티노플 약탈로 야기된 비잔티움 제국의 쇠퇴는 1204년에 이미 수십 년 전부터 소아시아에서 영향력을 확대하고 있던 투르크의 중흥을 촉진하는 결과를 불렀다. 셀주크는 비잔티움 제국의 분열을 이용해 아나톨리아 서부의 룸Rum(현재 앙카라*)에 왕국을 세운 후 몽골이 페르시아와 시리아를 침공하면서 소아시아로 피신한 투르크와 투르크메니스탄 주민들의 정착을 지원했다. 주민들은 부족 단위로 조직되어 유목민 생활을 했으며, 강력한 전사 기질을 발휘하여 비잔티움 제국의 많은 영토를 점령하는 것으로 셀주크 제국의 빠른 성장에 기여했다.

1240년대에 몽골의 침입이 반복되자 룸은 일 한국의 보호령으로 전락했고, 아나톨리아의 투르크 주민들은 이슬람 신앙을 받아들이면서 아히르Akhir(종말)로 불린 신비적이고 금욕적인 성향의 종교 집단을 형성했다. 이러한 단체들은 셀주크 제국의 해체와 몽골 제국의 무관심을 틈타 사회적-행정적 기능과 영토에 대한 통제권을 직접 행사하며 도시들에 대한 통제권을 장악했다.

이를 통해 13세기 후반부터 형제애 집단의 군사력을 바탕으로 견고한 조직을 갖춘 작은 군주국들이 탄생했다. 그중 하나인 가지ghāzi는 오스만 군주국 건설의 주역이었다. 오스만 제국이란 명칭은 1281년에 부친 에르토그룰Ertoghrul(1231-1280)을 계승한 후 1260년부터 비잔티움 군대를 막아 내고 영토를 확장하기 위해 셀주크 제국으로부터 사카리아Sakarya 지역에 대한 통치권을 위임받은 군주 오스만Osman(1259-1326)의 이름에서 유래했다.

형제 공동체 가지

오스만 왕국의 첫 번째 세력 확장

오스만 왕국은 비잔티움 제국이 지배하던 영토와 국경을 접하고 있다는 지리적 위치 때문에 아나톨리아 서부에 존재했던 다른 군주국들과 차이가 있었다. 서유럽을 향한 영토 팽창은 얼마 후에 좌절되었지만 이슬람교의 확산과 이교도들에 대한 투쟁을 고취시키는 가지 형제 공동체의 정신적 열정에는 부응했다.

오스만 왕국은 14세기의 첫 20년 동안 영토를 흑해와 마르마라Marmara 해 연안까지 확장했다. 동방으로부터 콘스탄티노플을 포위하는 데 성공한 것이다. 군주국의 국경을 확장한 것은, 특히 후임자인 오르한 1세Orhan I(1288-1362, 1326년부터 술탄)의 업적이었다. 그는 1326년 부르사Bursa를 병합하여 새로운 수도로 정하고, 비잔티움 제국으로부터 처음에는 니케아(1331)를, 나중에는 니코메디아Nicomedia(1337, 현재 이즈미트*)를 빼앗는 데 성공했다.

오르한 1세는 계속해서 당시까지만 해도 모두 유목민 전사로 구성된 자신의 군대를 구조적으로 개혁했고, 그 결과 일부 용병을 포함한 정규 부대를 조직하여 투르크 귀족의 지휘하에 두고 셀주크투르크의 전통을 계승하여 군사적-종교적 성격의 권력에 근거한 통치 행정을 유지했다. 당시 군주는 아직 부족의 부족장으로, 그의 권위는 자신이 쟁취한 군사적 승리에 기초했다. 하지만 군주국의 조직에서 군주의 권력은 절대적이었다. 왕국은 통치 가문의 소유물로 여겨졌다. 부족 영토의 행정은 군주의 아들들에게 위임되었는데, 이들은 자신들의 영토를 소유한 군사 계층들과 긴밀한 관계를 유지했다. 오스만 왕국은 이와 같은 분할 통치 기반의 권력 구조의 정상에서 카라시의 투르크 부족을 평화적으로 병합하여 해군 함대를 보유하게 되었다(1345). 오르한 1세는 1353년에 다르다넬스 해협을 통과했고, 이듬해에는 갈리폴리를 점령하여 유럽 대륙으로의 후속적인 군사 원정을 위한 거점을 확보했다.

정규 부대 창설

제국의 건설: 무라드 1세

13세기 후반부터 시작된 오스만 왕국의 권력 확장은 왕권을 계승한 무라드 1세(약 1326-1389)의 정치적-군사적 능력 덕분이었다. 기록에 따르면 그는 술탄의 칭호를 받은 첫 번째 오스만 왕으로, 이슬람을 믿지 않는 사람들에 대한 성전을 추진하여 콘스탄티노플 서쪽 지역 전체를 정복했다. 비잔티움 제국의 두 번째 도시인 아드리아노플은 1361년 그에게 정복되었다. 10년 후에 그의 군대는 트라키아 중부에 위치한 마리차 강 근처에서 불가리아와 세르비아 연합 부대와 전투를 벌여 승리했다. 1389년에 코소보 전투에서 발칸 주민의 치열한 저항을 완전히 물리친 후, 마침내 유럽 동남부 지역을 향한 진격로를 확보했다.

비잔티움 제국은 오스만 제국의 군대가 아직 도시 포위에 필요한 함대와 장비를 갖추지 못한 것 때문에 겨우 살아남을 수 있었다. 술탄은 동방으로 눈을 돌려 화평 정책을 통해 아나톨리아에 대한 오스만의 지배권을 강화했다. 오스만 제국은 뛰어난 외교술을 발휘하여 아히르 형제애 조직으로부터 앙카라를 빼앗고 지중해의 항구인 안탈리아에 대한 통제권을 확보했다.

영토가 확장되면서 오스만의 수도 부르사가 국경에서 멀어지게 되었고, 통치 체계를 조직하는 조치도 절실해지자 비잔티움 제국의 힘이 더욱 필요하게 되었다. 제국의 중앙 집중식 행정은 부족 기원의 성격에서 벗어나 복합적 권한과 추밀원인 디

통치위원회

반divan(또는 페르시아어로 디완diwan)을 정상으로 하면서 그 밑에 술탄이 직접 임명한 장관들의 지원을 받는 다양한 행정 부서들이 함께 연동되는 통치 체제로 대체되어야 할 순간에 직면했다. 그 이외에도 티마르timar(군사 영지 제도*)의 봉건 기구와 밀접한 관계에서 효율성을 발휘했고 대부분 용병으로 구성된 제국의 군대를 유지하는 데 필요한 막대한 비용을 제공하는 체계적인 세금 징수 체계도 갖추었다.

군대가 거둔 군사적 승리를 통해 막대한 부를 축적한 무라드 1세는 귀족들의 권력을 견제하기 위해 정규 부대 외에도 전쟁 포로와 그리스도교에서 이슬람교로 개종한 발칸 반도 주민들로 구성된 무장 집단으로, 오스만 제국 통치 지역들에서 세금 징수

예니체리

임무를 수행하는 오스만 최고의 정예 부대 예니체리Janissary를 보유했다. 이렇게 하여 조밀한 하부 조직들을 거느린 행정 조직이 갖추어졌다. 이를 기준으로 오스만 제국 영토들을 매년 세금을 바치고 제국 군대에 군사적 지원을 제공하는 신하들의 관리로 재편성했다. 제국의 지방 정부 대부분은 영토 운영에 폭넓은 자치를 누리면서 자신의 지도하에 주민들을 통치하는 원주민 행정 권력들이 장악했다. 오스만 제국에 병합된 영토들의 지방 분권화는 복속된 종족들의 반란을 부추겼고, 오스만 제국에게는 재정이 막대하게 소요될지 모르는 새로운 행정 조직을 갖추지 않고서도 권위를 세울 수 있게 해 주었다.

서유럽에 대한 공세

무라드 1세의 두 아들 중 한 명인 바예지드 1세Bayezid I(약 1354-1403, 1389-1402년에 술탄)는 부친이 사망하자 동생을 제거하고 권력을 독차지했으며, 이후 오스만 제국의 엄격한 상속 관행에 선례를 남겼다. 그는 부친보다 비잔티움 문화의 영향에 더욱 민감한 반응을 보였는데, 제국에 궁정 매너를 도입한 서방 궁정의 세련됨과 사치스러움을 멀리하는 형제애 조직 가지를 탄압했다.

바예지드 1세는 집권 초기부터 부친보다 더욱 공격적인 군사 정책을 추진했다. 결과는 동유럽의 그리스도교 왕국들에 대한 오스만 제국의 우월함으로 나타났다. 1393년에는 불가리아 왕국의 터르노보를 점령하고 오스만이 직접 통치하는 행정 체제를 구축했다. 계속해서 제국의 권위를 아나톨리아로 확대하면서 전쟁을 벌여 1391-1397년에는 카라만 공국을 병합하고, 오스만 군주들이 무슬림 왕국들에 대해 취해 왔던 외교 정책을 파기하면서 인종과 종교를 고려하지 않는 무차별적인 팽창 전략을 추진했다.

동유럽의 그리스도교 왕국들에 대한 오스만 제국의 우월성

1395년에는 헝가리 왕국을 공격했다. 같은 해에는 콘스탄티노플에 대한 포위를 시작하여 헝가리의 지기스문트(1368-1437, 1433년부터 황제)를 중심으로 연합한 서유럽 그리스도교 왕국들의 저항에 직면했다. 바예지드 1세의 끝없는 야심에 대항하여 서유럽 세계는 그리스도교 왕국들의 모든 기사가 참가하는 강력한 십자군을 조직했으나 오스만 제국의 진격을 막지 못했다. 1396년 9월 22일에 십자군은 다뉴브 강 근처의 니코폴에서 전례 없는 대패를 당했는데, 이를 계기로 서유럽 왕국들은 제국의 강력한 힘을 확인했다.

| 다음을 참고하라 |
역사 발칸 반도(168쪽); 비잔티움 제국과 팔라이올로고스 왕조의 몰락과 내전(182쪽)

경제

STORIA

농촌

| 카티아 디 지롤라모 |

도시의 활력에도 중세는 아직 농촌 중심의 세계였다. 변화는 매우 느리게 진행되었으며, 특히 농업 기술과 경작 활동이 그러했다. 그럼에도 13-14세기에 생산 조직과 소유 구조, 그리고 농촌 노동자들의 여건은 근대의 전 기간에 영향을 미칠 정도의 심오한 변화에 직면했다. 다만 부분적으로 14세기의 위기는 진정한 변화의 계기에 해당했다.

쟁점

13-14세기에 유럽의 생산 현황은 활력적인 무역, 금융, 산업 활동으로 전기를 맞이했다. 하지만 아직도 농업이 경제 활동에서 지배적이었으며, 유럽 인구의 거의 대부분은 농촌에서 생활에 필요한 것들을 직접 구해야 했다. 무역과 수공업은 경작과 가축 사육에 의존했다. 인구 측면에서 볼 때 이 시기는 최대 팽창기에 해당한다. 그 명확한 증거는 당대 주요 도시들에서 볼 수 있다. 하지만 도시의 성장은 농촌의 성장을 동반하지 못했다. 이미 12-13세기에 도시들은 제한적인 조치를 마련하여 농촌으로부터의 인구 유입을 통제하기 시작했다.

생산 조직, 수확, 상업화

두 세기를 넘는 기간 동안의 인구 증가는 오래전부터 중세 전반기까지의 농촌에 상당히 확산되어 있던 구획화와 경작의 형태들, 즉 10세기 말까지 유일하지도 않고 내부 조직에 어떤 동질성도 가지고 있지 않은 상태로 매우 보편화되어 있던 궁정curtis을 변화시켰다.

인구가 폭발적으로 증가하면서 만수스mansus(한 농민 가구가 경작하고 생활하는 기본 단위의 농민 보유지*)는 대부분의 지역에서 분할되었고, 영주의 직영지는 상속, 찬탈, 기증으로 인해 더욱 작아졌다. 같은 시기에 세속과 교회 대소유주들의 결속력이 강화되는 재구성 과정도 진행되었다. 아울러 이러한 토지들을 활용하는 방식도 예속 노동의 감소와 노동력 부족으로 변화했다(이러한 방식은 이탈리아, 카탈루냐, 그리고 과거에도 별로 활성화되지 않고 있었던 프랑스 남부에서 강화된 반면 잉글랜드와 독일의 지역들에서는 큰 변화를 동반하지 않았다).

가격도 비쌌고 널리 퍼지지 않았음에도 경작 도구 개선으로 농산물 수확이 증가했고 안정되었다(같은 시기에 수확물과 씨앗의 관계는 2-3 대 1, 사정이 좀 나은 지역에서는 5-6 대 1로 바뀐다). 13-14세기에 농업 서적들이 확산되면서 농작물 경작에 대한 실험적 관심도 증가한 것으로 보인다. 하지만 연구서들은 실제의 보편화된 관행을 보여 준다기보다 라틴 고전들에 대한 새로운 관심에 지나지 않았다. 노동의 변화

주요 농작물은 당연히 곡물이었다. 특별 작물은 매우 드물었다. 인구 밀집 지역이나 근교를 중심으로 채소가 재배되었는데, 특히 농기구 사용이 용이하고 기온이 적당한 지역들(예를 들어 리구리아)이 그 대상이었다. 프랑스에서는 포도와 올리브를 재배했다. 지중해 지역의 작물은 알맞은 기온과 아랍 세계의 영향으로 매우 다양했는데, 대표 작물은 감귤류, 무화과, 야자, 자두 등으로 식용으로 소비되거나 과자류와 향수 산업의 재료로 사용되었다.

변화에 직면한 지주와 농민들

도시 시장의 다양한 요구에 부응하는 차원에서 지주와 농민들은 당시의 변화에 적응하기 시작했다. 지주들은 상속과 기증으로 이전보다 줄어든 재산을 새로운 토지 개간을 통해 만회하려고 했던 반면에 농민들은 직접 토지를 개간하는 자들로, 자신들에게 유리한 조건을 얻어 내거나 때로는 예속 신분에서 벗어나고자 힘든 노역을 견 새로운 개간지

됐다.

지주들은 새로운 노역 봉사와 현물이나 돈으로 바치는 새로운 세금을 얻으려고 토지 시뇨리아 시대에 그 수가 증가한 주민들을 강제하는 데 자신의 권력을 동원했다. 이에 농민들은 자신들의 노역을 관습법에 따라 문서로 작성할 것을 요구했다.

지주들은 보다 자유로운 노동 시장의 형성을 촉진하여 자신의 이득을 챙기려 했다. 인구 증가 덕분에 예속 신분의 농노보다 비용이 적게 드는 임금 노동자에 대한 의존이 더욱 확대되었다. 다른 곳에 비해 더 많은 돈을 벌 수 있는 기회가 제공되는 한 농민 일부도 노동 고용을 더욱 자유롭게 해 주는 변화를 긍정적으로 수용했다. 변화의 가장 결정적인 부분은 중세 전반기의 특징에 해당하는 장기 임대가 (13~14세기에 농촌 노동의 가장 대표적인 특징에 해당하는) 일정 기간의 계약으로 대체된 것이었다. 새로운 유형의 계약들은 노동 고용주와의 사적인 성격의 관계가 빠르게 해체되면서 나타난 농민 계층의 필요에 부응했다. 다른 한편으로는 이들은 특별히 농민 출신이 많았으며, 자신의 재산을 경영하는 데 신중하면서 토지와 사람을 중세 전기의 영주들처럼 권력 수단으로 여기기보다는 특히 경제적 자원으로 여기는 새로운 지주들에게 유리하게 작용했다.

위기의 도래

이러한 성향은 농지의 확장이 끝나 가던 시기에 급속하게 강화되었다. 중세 중기의 농업 발전에도 불구하고 아직까지는 생산성이 낮았던 관계로 14세기 초반에는 생존마저 위협하는 위기가 고개를 들기 시작했다.

상속에 의한 농지의 파편화로 농민들의 재산이 계속 줄어들면서 가족의 생계가 뒷받침되지 못했다. 게다가 12세기 말부터 곡물 가격이 오르기 시작하여 13세기 말에는 거의 3배로 뛰었다. 임금은 비교적 안정적인 수준을 유지했으나 농민들은 토지 값 상승, 씨앗, 가축, 농기구, 그리고 증가하는 세금 때문에 전보다 자주 돈을 빌려야만 했다. 이런 이유로 많은 농민들이 자기 소유의 토지를 상실했고, 결국 임금 노동자로 전락했다. 가난해진 농민들은 당대의 변화를 틈타 재산을 늘리는 데 성공한 농민들이나 파산한 농민들의 토지를 사들여 더욱 넓은 농토를 보유한 부르주아 출신의 새로운 지주들을 위한 육체 노동자가 되었다. 장기 임대 계약에 의해 더 이상 보호받지 못하게 된 농민들도 소작인에서 단순 육체 노동자로 전락했다. 이처럼 유럽의 농촌은 13세기 중반부터 14세기 초반을 지나면서 14세기 중반의 위기로 인한 경제 침체에 빠져들었다.

외형적 숨 고르기인가

겉으로는 위기를 통해 농촌이 많은 변화를 겪은 듯이 보인다. 인구 감소는 농산물의 가격 상승, 임금 인상, 토지 사용 기회를 확대하며 삶의 질 개선으로 이어졌다. 이러한 흐름은 오래 지속되지 않았다. 수십 년이 지나자 대지주들은 자신들의 정치력을 동원해 농민에 대한 강제권을 폭넓게 행사했다. 그리고 과거의 전례에 따라 임차인의 의무를 더욱 세밀하게 기술하는 방식으로 짧은 기간의 임대 계약을 활용하여 농민들에 대한 지배를 다시금 강화했다.

하지만 유럽 중서부 지역에서는 소유 구조가 바뀌었고, 전통적인 시뇨리아 계층들이 토지를 잃으면서 새로운 사회 주체들의 출현을 유리하게 만들었다. 즉 중세 후기에 농촌에서 다시 출현한 지주들은 시뇨리아 출신들뿐 아니라 상업 활동으로 재산을 모은 가문들에서, 그리고 같은 농촌 지역에서 또는 지역 경제의 차별화 과정을 통해서도 출현했다.

그럼에도 어떤 지역에서는(일반적으로 공권력이 취약하거나 사회적 차별화가 제한된 지역) 이와 같은 변화가 구체적으로 드러나지 않았다. 이베리아 반도와 이탈리아 남부의 대지주들은 부를 축적하고 주민들에 대한 권리를 강화했다. 영주들은 버려진 토지를 차지하고 농민들을 자신의 영지에서 일하도록 만드는 데 그 어떤 공권력의 방해도 받지 않았다. 서유럽의 다른 지역들에서 농노가 거의 사라지고 있던 반면에 새로운 농노의 노동 형태를 갖추어 가고 있던 독일 동부 지역에서는 이러한 현상이 더욱 두드러졌다.

| **다음을 참고하라** |
역사 농민 봉기(87쪽); 도시들(213쪽); 일상생활(310쪽)

제조업

| 디에고 다비데Diego Davide |

중세 후기의 유럽 경제는 생산 지역들의 전문화와 이들의 강력한 상호 의존성을 보여 주었다. 무역은 전반적으로 성장했고 교역량도 증가했다. 대표 상품은 식량과 직물이었다. 플랑드르, 이탈리아 중북부, 잉글랜드에서 크게 발전한 모직물 생산이 가장 많은 이윤을 제공했다. 양모업에 종사하는 상인들은 자신이 활동하는 도시를 중심으로 경제적-정치적 권력을 차지한 조직을 결성하여 도시 정치를 장악했다. 그리고 강력한 힘을 바탕으로 단순 노동자들에게 상당히 불리한 노동 여건을 강요했다.

유럽의 상품 유통

13-14세기에 유럽은 농산품, 광물, 제조업 분야에서 생산이 증가하고 상품 유통도 확대되는 경제적 재흥 기간, 다시 말해 역사가들이 '상업혁명'으로 정의하는 시기를 맞이했다. 상인들이 유럽 남부와 북부에서 가져온 상품들은 매우 다양했지만 어떤 측면에서는 부수적 수준에 불과했다. 북부의 무역이 생필품에서 원료에 이르는 일상품에 기초했다면 남부에서는 사치품과 장식품이 주로 거래되었다. 하지만 실제로 차이는 거의 느낄 수 없었는데, 중세 국제 무역의 다음과 같은 두 가지 특징 때문이었다. 첫째는 주로 농산품을 중심으로 하는 부르고뉴, 아키텐, 이탈리아 남부와 플랑드르, 이탈리아 북부, 그리고 잉글랜드처럼 제조업 활동이 발전하고 있는 지역에서 나타나던 생산 지역의 전문화였다. 둘째는 노동의 국제적 분할에서 유래하는 경제적 상호 의존성으로, 이로 인해 각 지역은 다른 지역의 생산품을 필요로 할 수밖에 없었다. 예를 들어 전적으로 포도주 생산에 주력했던 가스코뉴는 필요한 식료품 대부분을 수입에 의존했다. 플랑드르와 브라반트는 산업 인구가 해당 지역의 농업 생산품만으로는 충분하지 않을 정도로 많았기에 프랑스 북부에서 생산된 후 스헬더Schelde 강과 솜Somme 강을 거쳐 수입되는 밀로 부족한 식료품을 충당했다.

식료품과 직물

제조업을 위한 원료 외에도 식료품과 직물 역시 주거래 상품이었는데 그 하나가 포도주였다. 교역이 얼마나 활발했는지는 바릴레barile(나무로 만든 통*)가 배 용적의 측정 단위로 쓰인 것을 봐도 알 수 있다. 생산품은 상당히 전문화된 지역들로 점차 좁혀졌다. 부르고뉴에서 생산된 포도주의 주요 수입국은 잉글랜드로, 14세기 초반에 잉글랜드로 수출된 양은 연간 8만에서 10만 바릴레로 추정되었다. 가장 많이 수출된 포도주는 프랑스에서 생산된 것이었다. 아울러 에스파냐에서 생산된 몇 가지 종류의 포도주도 호평을 받았으며 그리스와 키프로스, 그리고 라인 강 계곡에서 생산된 포도주도 대량 수출되었다. 이후의 시기에는 독일 북서부와 네덜란드에서 생산된 맥주 수출도 활발해졌다.

낙농 산업은 특히 잉글랜드의 랭커스터와 요크셔에서 발달했다. 이곳에서 생산되는 치즈, 특히 버터의 상당량이 수출되었는데, 입스위치Ipswich에서 생산되는 연기에 그을린 돼지기름의 경우와 마찬가지로 그것이 올리브 대용품으로 소비될 수 있기 때문이었다. 중세 전 기간 동안에는 생선 소비가 매우 높았으며, 장어 양식장도 매우 많았다. 훈제 또는 소금에 절인 청어는 특히 노르웨이, 스코네, 그리고 네덜란드 북부 지역에서 생산되었던 반면에 아이슬란드로부터 수입되는 말린 대구의 수량도 상당했다.

직조 산업: 모직물

중세 유럽의 직물 생산품은 면사, 아마(리넨), 대마, 실크에 이르기까지 다양했으며, 모두 실로 만들어 직물을 짜는 데 사용되었다. 면사는 몰타, 그리스, 키프로스, 에스파냐, 시칠리아, 풀리아, 칼라브리아 등지에서 생산되었다. 최고 품질의 면사는 시리아에서 만들어진 것으로, 베니스와 제노바 상인들이 대량 구입했다. 특히 시리아산 면사는 벨벳 종류인 퍼스티언fustian으로, 적정한 가격으로 소비가 많았던 두껍고 질긴 모직물을 생산하는 이탈리아 산업에 주요 원료가 되었다. 퍼스티언 직물은 처음에는 콘스탄티노플과 지중해 지역으로 확산되었으나 14세기부터는 유럽 중부, 플랑드르, 그리고 잉글랜드까지 수출되었다. 리넨으로 직조한 천은 주로 프랑스 북부, 스위스, 독일 남부에서 생산되었던 반면에 돛으로 만들어지는 천은 브르타뉴와 발트 해에서 생산되었다. 루카를 중심으로 발전한 이탈리아 실크 산업은 볼로냐, 피렌체, 제노바, 베네치아로 확산되었다. 이탈리아의 대유럽 수출

절대 우위를 차지한 것은 모직물로, 그 중요성은 사회 계층 전체의 소비는 물론이고 그것이 레반트와 아프리카로 수출되는 주요 상품이었다는 사실로 알 수 있다. 모직물은 유럽 전역에 걸쳐 생산되었지만 특히 플랑드르, 이탈리아, 잉글랜드가 방대한 규모의 주요 생산지로 꼽혔다. 11세기에는 플랑드르의 인구가 증가해 더 이상 자

체 생산만으로는 부족했을 정도였는데, 직접 생산한 직물을 식료품이나 생필품과 교환하기도 했다. 모직물 분야는 12세기에 크게 발전했다. 프랑스가 장악하고 있는 플랑드르의 생산 도시는 아라스Arras, 생토메르Saint-Omer, 두에, 릴, 그리고 투르네였으며, 플랑드르 지역의 도시들로는 이퍼르, 강, 그리고 브뤼헤가 대표적이었다.

해당 지역의 발전은 인접 분야에도 우호적인 영향을 미쳤다. 12-13세기에 브라반트도 모직물 생산으로 유명했고 한자 동맹의 17개 (그 이상의) 도시들이 경제 그룹을 대표하는 샹파뉴 지역의 시장들에 물품을 공급했다. 조합은 공동의 수출 정책을 추진하며 회원 도시들의 이해관계를 보호했다. 잉글랜드의 양모 원료를 가장 많이 수입한 런던의 플랑드르 한자 동맹 상인들은 출신 지역이 같았다. 13세기 후반부터 플랑드르 지방은 특별한 정치적 상황을 맞이했다. 잉글랜드로부터의 양모 수입이 줄어든 것과 관련한 어려움에 이어 프랑스 군주와의 불편한 관계와 상인 계층들에 대항한 봉급 노동자들의 봉기가 발생했던 것이다. 모직물 생산자들은 전문 노동력이 필요했기 때문에 완제품 수출 관세와 원료 수입 관세를 면제해 주는 이탈리아의 도시들로 이주를 시작했다.

한자 동맹

이탈리아 상인층은 플랑드르 상인들을 대신하여 잉글랜드 양모를 수입하며 플랑드르 한자 동맹에 영향력을 행사했다. 또한 유럽에서 가장 품질 좋은 양모, 동방과 지중해의 염색 능력, 선진 기술 도입, 그리고 자신들의 자본을 앞세워 14세기 전반에 이탈리아 직물업을 유럽 최고의 자리에 올려놓았다. 그 중심에는 밀라노, 브레시아, 베로나, 파르마, 파도바, 코모, 몬차, 베르가모, 비첸차, 트레비소, 만토바, 그리고 이탈리아 북부의 크레모나가 있었다. 토스카나 지역에서는 피렌체가 연간 8만 롤을 생산한 데에 이어 피사와 루카, 로마냐 주에서는 볼로냐가, 움브리아 주에서는 페루자가 그 뒤를 따랐다.

이탈리아 직조 산업의 발전

이 지역들의 생산량이 증가한 것의 일부분은 오래전부터 동방에서 사용하던 전달기어를 통해 (양모 실을 꼬아 주는) 방추를 회전시키는 거대한 수동 바퀴가 장착된 방적기가 도입된 결과였다. 이렇게 생산된 실을 더욱 얇고 질기게 만들기 위해 바퀴에서 다시 한 번 작업 과정을 거쳤다. 15세기에는 바퀴를 움직이기 위한 페달이 추가되었고, 방추 주변에 'U'자 형태의 추들이 장착된 방직기가 등장했다. 이로써 한 번의 작업으로 방적 작업과 실을 실타래에 감는 작업을 동시에 할 수 있었다.

잉글랜드의 성장

잉글랜드의 성장은 수천 마리의 양과 꽃, 목서초처럼 염색 과정에서 사용되는 식물들을 재배하는 데 적합한 토양 때문이었다. 그 결과 12세기에는 잉글랜드 전체, 특히 링컨, 스탐퍼드, 요크, 비버리, 라우스Louth, 노샘프턴Northampton, 레스터Leicester 같은 도시를 중심으로 직모 산업이 발전했다. 다만 플랑드르에 비해서는 다소 질이 떨어졌으며, 전체적으로 양모 원료의 수출이 완제품보다 더 큰 비중을 차지했다.

플랑드르와 마찬가지로 잉글랜드에서도 1230년대 말에 상인들과 수공업 조합의 직공들이 대립하는 상황이 발생했다. 게다가 가장 오래된 양모 생산 중심지들인 이탈리아의 자치 도시들과의 경쟁에 직면했다. 반목은 기술 발전에 따른 불가피한 것이었다. 특히 전통적 중심지들에서 생산된 직물의 수량이 줄어든 것은 직조 분야에 천을 축융縮絨하기 위해 물레를 도입한 농촌 지역의 생산을 통해 충당되었다. 물레의 날개들에 흔적을 남길 정도로 물의 빠른 흐름을 확보해야 할 필요성은 방직 작업을 도시 밖으로 옮겨 가는 결과를 부르면서 당시까지만 해도 관련 작업이 전무한 지역들에 새로운 발전 가능성을 제공했다.

노동 여건

모직물 생산을 위한 직조 작업은 변화가 일어나고 있던 지역에서 자체적으로 충당되지 않는 원료들과 작업에 동원된 다수의 전문 작업자에게 원료를 구입하고 이를 수공업자에게 넘겨 생산한 후 완제품을 판매하는 기업가와 더불어, 역사가들이 자본주의적인 유형이라고 정의할 정도의 규모 있는 노동 조직이 필요했다. 이러한 의미에서 양모 생산 구조가 수많은 작업들로 구분되어 있던 이탈리아, 플랑드르, 잉글랜드 지역의 양모 생산 구조는 자본주의적 형태로 발전했다.

이탈리아, 잉글랜드의 포목상draper, 플랑드르의 포목상drapier의 양모 직인들은 임금 노동자, 방적공, 축융공, 옷감을 건조시키는 노동자(지배층과의 치열한 투쟁을 통해 임금을 기준으로 품삯을 받는), 가위로 옷감을 자르는 자들과 염색 작업자들을 거느렸다. 그 아래 단계에는 수준이 떨어지는 수공업자, 양털 털기 작업자, 털을 깎는 노동자, 빗질하는 노동자, 아무 노동 수단도 가지고 있지 못해 계약상 어떠한 권리(종교적 목적을 위한 경우에서조차 서로 협력할 일말의 가능성)도 행사할 수 없는 노동자들이 위치했다. 길드를 중심으로 협력 체제를 구축한 기업주들은 경제력을 장악하고, 임금 수준, 노동 여건을 통제했다. 또 조합 결성의 권리를 부여하는 도시 정부에서 핵심 권력을 차지했다. 따라서 임금과 자신들의 대표 선출은 이처럼 미천한 그룹이

정치 권력과 경제 권력

상인 조합에 대항할 때 요구하는 핵심 항목이었다.

1280년에 플랑드르에서 발생한 봉기는 불과 며칠 만에 브뤼헤, 이프르, 두에, 투르네로 확산되면서 이들이 생산 지역으로서의 힘을 상실하는 데 원인을 제공했다. 이러한 도시들은 양모 부족과 프랑스 군주와의 불편한 관계로 재흥에 성공하지 못했다. 대략 한 세기가 지난 후인 1378년 6월에 피렌체의 양모 가공업 분야에 종사하는 제일 미천한 노동자들이자 사회에서 계층적으로도 가장 천대받던 소모공 치옴피들은 조합을 결성하고 공적 활동에 참여할 권리를 요구하며 소요를 일으켰다. 란도의 미켈레Michele di Lando(1343-1401)가 이끄는 노동자 무리는 초반에는 세력을 크게 확장했지만 강력한 상인 세력에게 진압되었다.

| 다음을 참고하라 |
역사 광산과 제련업(198쪽); 시장, 박람회, 무역로(208쪽); 채권과 통화(226쪽)

광산과 제련업

| 디에고 다비데 |

금속은 중세 전 기간 동안 매우 귀중한 재산이었음에도 금속 추출 기술이 로마 시대와 엇비슷한 수준이었기에 언제나 수요를 감당하기에 부족했다. 하지만 12-13세기의 수요 증가와 비교적 쉽게 채굴이 가능한 광맥이 발견됨에 따라 채굴 활동이 활발해지면서 어느 정도 수요에 부응했다. 봉건 영주부터 농노에 이르기까지, 당시의 사회는 혁신적인 산업 발전의 영향을 받았다. 그럼에도 이러한 발전은 경제적-정치적 여건들의 변화와 기술적 한계를 극복하지 못한 채, 14세기에는 일시적인 정체 상태에 빠져들었다.

12-14세기의 유럽: 광산업과 제련업의 발전

1170년경에 독일 작센 주 프라이베르크 근처에서 은이 발견됨으로써 서유럽 광산업의 역사가 처음으로 큰 전환기를 맞이했다. 이후 14세기까지 유럽에서는 지하자원의 발굴을 위한 탐사 활동이 활발히 진행되었다. 새로운 은광과 금광 외에도 구리 광산, 철광산, 주석 광산, 납 광산이 발견되었다. 금속 생산량이 많아지자 금화 주조가 촉진되었고 값싼 금속들은 산업용 원료의 증가를 가능하게 했다. 작센, 보헤미아, 슐레지엔, 헝가리, 그리고 슈바르츠발트와 알프스 동부 지역은 은과 소량의 금, (스웨덴에 다량으로 매장되어 있는) 동을 전 유럽에 공급했다. 은 광맥은 잉글랜드의 데번Devon과 콘월Cornwall 주에서도 발견되었다. 잉글랜드는 주석과 납을 가장 많이 생산하고 수출했다. 독일에서 금과 은을 가장 많이 채굴했다면 철은 전 유럽, 특히 슈타이어마르크 주, 케른텐 주, 비스카야 주와 기푸스코아Guipuzcoa 주에서, 그리고 적은 양이지만 헝가리와 베스트팔렌에서도 생산되었다.

이러한 지역들에서 광산업과 제련업은 풍부한 지하자원과 (각각 기계 작동과 용해 과정에 필수인) 풍부한 땔감과 수량 덕분으로 발전을 거듭했다. 철은 말의 편자, 마차의 바퀴, 운반선과 선박에 사용된 데 반하여 이탈리아와 프랑스 북부, 네덜란드에서는 자체적인 철재 생산에도 불구하고 지역 수요 때문에 수입이 불가피했다. 철은 무기와 갑옷을 제작하는 데 필수였고 농기구와 선박 건조, 장식용 건축에도 사용되었다. 지하자원과 강

제일 중요한 광물은 육류와 생선 보존에 필요한 소금이었다. 9세기에 염전이 활성화되면서 베네치아는 부를 축적할 수 있었다. 염전과 소금 광산은 유럽 전역에 퍼졌다. 특히 중요한 소금 생산지는 알프스 동부 지역의 지층, 잉글랜드의 우스터셔Worcestershire, 작센 주 남부의 뤼네부르크Lüneburg, 낭트 남서부 부르뇌프Bourgneuf 만에 위치한 프랑스 염전이었다.

기술

12~13세기의 광물 채굴은 저급한 기술, 심지어 로마 시대의 그것에 비교하여 단순한 기술 수준에 근거했다. 광물에 도달하기 위해 파 들어가는 깊이도 깊지 않았다. 은광은 배수 체계가 적절치 못해 물이 차면 더 이상 채굴하지 못했다. 게다가 대부분 운반할 때 가죽으로 만든 주머니를 사용했다. 보헤미아, 작센, 바이에른에서는 다른 지역들에 앞선 13~14세기에 말을 이용한 수압 장치 또는 긴 관을 이용한 배수 체계가 등장했다. 같은 기간에 당시까지만 해도 저급한 수준이던 금속 제련 기술이 혁신되었다. 수력 장치들

수력 에너지는 큰 망치와 풀무 이외에 광물을 쪼개 잘게 부수는 작업, 철을 쉽게 다루기 위해 화덕을 개발하는 데 크게 기여했다. 14세기에 적용된 유형은 다음의 세

가지였다. 에스파냐와 프랑스에서 널리 사용된 카탈루냐 용광로, 스칸디나비아 반도의 오스문트Osmund 화덕, 그리고 가장 효율적이며 특히 중부 유럽에서 널리 활용되었던 스투코펜Stückofen 화덕은 연간 40톤에서 50톤의 철을 생산했는데, 이는 전통적인 유형의 제철소가 생산하는 양의 3배에 달했다. 그럼에도 지속적으로 도시나 주변 마을의 수요에 부응하던 이전 시대의 작은 용광로들을 새로운 장치들이 전부 대체하지는 못했다.

법과 관습: 광산 공동체

많은 이들이 광물 찾는 일에 종사했다. 광부들은 일종의 모험가들이었으며, 작센과 슐레지엔에서는 광물 채굴을 위해 다른 지역에서 이주한 사람들을 특별히 손님hospites이라고 불렀다. 작센에는 왈롱과 플랑드르 지역의 주민이, 라인 강 지역에는 프랑스인이 다수 거주했다. 광산업 분야에서 가장 앞서가던 독일인들은 중부 유럽 전체에 퍼져 있었으며, 심지어는 슬라브와 마자르 지역까지 진출했다. 보다 높은 소득을 원하는 봉건 영주들은 금은을 포함한 광물을 제공받는 조건으로 그들에게 광물 탐사권을 제공했고 자신의 사법권에 속하는 지역에서 채굴된 주석이나 구리에 대해서도 일정한 양을 요구했다.

광물 탐사권 양도

채굴 활동은 13세기에 더욱 본격화되었다. 광산을 자체적이고 체계적으로 통제하는 것이 불가능하다고 느낀 토지 주인들은 봉신들에게 자신의 권리를 제공했다. 만약 채굴할 광물이 개인 소유지에서 발견된다면 땅 주인은 채굴업자들에게 지층 탐사, 물과 목재의 사용을 허가하고, 그 대가와 종종 발생하는 피해에 대한 보상을 제공받았다. 한편 군주와 영주들은 가치가 높은 광물이 발견된 경우에 채굴을 본격화하기 위한 목적으로 도시 거주자들에게 주어진 것과 같은 정도의 유리한 조건을 제공하기도 했다. 당시 도시 유입이 농노 신분에서 벗어나기 위한 방법이었다는 논리는 광물 채굴업에 종사하는 자들에게도 동일하게 적용되었다.

광산의 채굴 활동이 활발한 지역에는 많은 인력이 필요했던 만큼 여러 사람이 모여들었다. 이들은 농업과 목축업의 지역 공동체와는 분리된 광산 공동체를 형성했다. 광산 공동체는 12세기 말에서 13세기 사이의 중부 유럽에 빠르게 확산되면서 세금 면제, 행정 자치권, 재판권, 가축 도살권, 빵과 맥주 제조권, 그리고 영주들이 성문화시킨 각종 특권을 누렸다. 유럽의 지리적-사회적 여건과 노동 상황을 고려할 때, 이러한 규정들 사이에는 일정한 동질성이 존재했다. 대표 사례로 1185년에 마련된 트렌토Trento의 규정은 알려진 것들 중 가장 오래된 하나였다. 1249년 보헤미아에서 선포된 이흘라바Jihlava의 규정은 13-14세기 보헤미아 광산법의 기초가 되었다. 프라이베르크의 경우 은맥이 발견된 시대에 설립된 광산 공동체는 도시로 발전했으며, 이들이 당대의 도시법과 광산법 발전을 이끌었다.

트렌토와 이흘라바의 관련 규정

쇠퇴

12-13세기의 놀라운 성장은 14세기의 정치적-경제적 변화로 인한 급작스런 몰락으로 이어졌다. 금은의 생산이 줄었고 주석과 구리, 철 생산도 침체에 직면했다. 그 원인을 알기 위해서는 왜 중세에 금속 발견, 즉 제련 작업과 밀접하게 관련되지 않은 사회적-경제적 삶의 영역이 없었는지를 먼저 살펴볼 필요가 있다. 과거보다 느린 속도의 인구 증가와 14세기 전반기의 흑사병으로 경제 활동이 가능한 인구가 줄었고, 그 결과 노동 도구를 제작하기 위한 금속에 대한 수요도 급감했다. 분쟁이 잦아지면서 거래에도 많은 어려움이 발생했다. 광산업자와 토지 주인들은 종종 우물을 메워버렸고, 용광로를 파괴하는 난폭한 군인들에게 희생당했다. 대대적인 광산 자원 채굴은 접근이 용이한 지역들의 자원을 고갈시켰으며 새로운 광물을 찾기 위한 비용은 광산업자들이 감당하기 힘들 정도로 커져만 갔다. 여러 광물의 고갈은 생산 대부분을 담당하던 군주와 영주들, 여러 종교 기관의 수입을 급감시키는 결과를 가져왔다.

| **다음을 참고하라** |
역사 제조업(194쪽); 채권과 통화(226쪽)

상업

| 마리아 엘리사 솔다니Maria Elisa Soldani |

13-14세기에 상업은 놀라운 성장과 확대, 그리고 많은 지역의 통합을 가져왔다. 상선이 발트 해의 항구들과 흑해를 연결한 반면에 상업 종사자들은 여러 해외 시장을 출입하면서 더욱 복잡해져 가는 조합을 결성했다.

중세 전성기의 상업 특징

8세기 말 이후로 오랜 기간 지속된 경제 변화의 여정은 11-12세기에 질적 성장을 가져오면서 13-14세기에는 양적 팽창과 지리적 확장까지 경험했다. 인구 증가와 인구의 도시 집중, 정치 제도의 안정, 농업 및 채굴 분야의 발전, 전문 수공업 확산과 육로와 수로의 재확보는 상업을 활성화시키고 신용 거래의 발전을 도모했다. 눈부신 상업 발전의 원인이자 결과는 은의 사용과 서양에서의 금의 재출현이었다. 특히 금은 13세기 후반부터 사하라 사막을 가로질러 북아프리카로부터 유입되었다.

박람회와 시장

롬바르디아, 잉글랜드, 플랑드르, 독일은 수요와 공급이 교차하는 장소였던 만큼 상업 거래에 매우 중요한 역할을 수행하는 박람회와 시장이 확산되었다. 13세기의 샹파뉴 박람회는 프로뱅Provins, 트루아Troyes, 라니Lagny, 그리고 바르-쉬르-오브Bar-sur-Aube에서 거의 1년 내내 큰 번영을 누렸다. 외국 상인들은 박람회를 운영하는 정치 권력들로부터 특별한 조건들을 획득했고, 지중해와 북부 유럽을 연결하기 위해 조직적으로 운송 체계를 구축했다. 제노바의 갤리선은 13세기 말부터 지중해 서부 지역과 레반트의 물품들과 함께 브뤼헤, 안트베르펜, 샌드위치, 사우샘프턴Southampton 생산품들이 유입되는 레반트 항구들과 직접 접촉했다. 곧이어 피사, 베네치아, 카탈루냐가 자신들의 선박을 이용해 대서양 항로에 정기적으로 빈번하게 출입하면서 본격적으로 경쟁에 합류했다.

지중해 항로와 항구들

이 시기에 지중해는 항구와 무역망을 조밀히 형성했다. 동부 지역과 아드리아 해 지역은 티레니아 해의 무역 항로와 이베리아 반도의 동부 해안, 그리고 아프리카 북부를 포함하는 서부 지역과 긴밀히 연결되었다. 범선의 활동으로 지역 거래와 지역 간 거래, 국제 거래가 통합되었다. 사람과 물품을 운반하는 데에는 다양한 특징을 가진 범선이 이용되었다. 길고 폭이 좁은 갤리선들은 돛과 노를 사용해 항해했고 무장도 갖추었다. 비교적 둥근 형태의 상업에 적합한 배들은 속도보다는 물품 운반에 중점을 두었기에 상대적으로 많은 장비가 필요하지 않았다. 14세기부터는 3개의 돛을 장착한 대형 범선이 등장했는데, 돛의 표면을 빠르게 펼 수 있고 쉽게 다룰 수 있는 한두 개의 사각 돛을 장착했다. 수로를 이용한 운송은 신속한 이동을 가능하게 했고, 14세기의 상품 유형에 따른 차별화된 요금 체계가 도입되면서 운송료도 저렴했다. 하지만 육로와 수로가 연결되고 도로의 안전을 유지하기 위한 영주, 시민, 교회의 노력이 보태지면서 통행료가 높아졌다.

상인들이 멀리 있는 주요 시장들에서도 활동할 수 있게 해 주는 중요 상업 기술 중에는 교환 증서가 있었다. 아랍 숫자의 도입과 회계와 당좌 계좌의 발전을 통해 이 증서는 더욱 완벽해졌다. 해운 협회의 조직도 업무를 중심으로 빠르게 변했다. 중세 지중해의 기업 형태로는 코멘다commenda(자본가와 기업가의 결합으로, 단 한 번의 거래를 위해 한쪽이 자본을 투자하고 다른 한쪽이 노동을 투자하여 성립된다*) 또는 피사와 제노바의 소키에타스 마리스societas maris가 확산되었다. 일회성 무역을 위해 만들어진 이런 협회들은 거래 완수의 임무를 수행하는 한 명 이상의 여행자들과 한 명 이상의 재정적 후원자가 존재했음을 말해 준다. 유사한 방식으로 연안 항해 무역에 활용된 임대 계약도 있는데, 배의 모든 선원이 일시적인 협회에 참가했음을 의미하는 배의 서기관이 작성한 문건을 통해 알 수 있다.

해운 협회

자치 도시를 중심으로 하는 상업 활동은 상당한 부를 축적하고 사회적 신분 상승을 촉진시킬 수 있는 유일한 방편이었다. 상업 활동은 지속적으로 복합적 단계로 발전하는 전문 직종이기는 했지만 전혀 예측 불가능한 것도 아니었다. 그 생리를 잘 알고 있던 보카치오(1313-1375)는 『데카메론』에서 원래 아말피 해안을 무대로 활동하던 작은 상인이었으나 국제 무역에 뛰어들었다가 결국 해적이 된 상인 란돌포 루폴로를 언급했다(조반니 보카치오, 『데카메론』, II. 4).

지중해 서부 지역의 상업 세력

12세기에 베네치아, 제노바, 피사는 그 중요성과 부에 있어 고전 시대의 상업 도시 규모를 벗어나 지중해 동서를 관통하는 전 지역을 지배했다. 피사는 사르데냐와 섬 내의 광산들에 대한 통제와 마그레브의 상업 회관들을 통해서 주로 지중해 서부 지역에서 상업 활동을 전개했다. 그러나 멜로리아 전투(1284)에서 패하여 제노바에게

베네치아, 제노바, 피사

티레니아 해에 대한 해상권을 넘겨주었으며, 사르데냐를 카탈루냐-아라곤에게 빼앗긴 후(1323) 급격히 몰락했다. 13세기에 제노바는 레반트 외에도 북아프리카의 베자이아, 보나, 알제리, 오랑, 세우타Ceuta와 대서양 연안의 사피Safi, 살레Sale, 마라케시Marrakesh, 그리고 에스파냐의 남부 지역으로 세력을 확대했다.

13세기 후반에 앙주 가문이 지중해 무역의 패권을 장악하려 했다. 그러나 13세기 말에 등장한 아라곤 왕조가 시칠리아인들이 앙주 가문에 대항하여 일으킨 만종 사건(1282)을 틈타 앙주 가문의 야심을 물리치고 사르데냐를 차지했다(1323). 아라곤 왕조의 정치적 팽창으로 이 지역의 주요 항구들에는 카탈루냐 상인들과 이들을 보호하려는 세력이 증가했다. 베네치아인들과의 동맹 관계는 카탈루냐인들이 강력한 해상세력으로 등장하는 데 크게 기여했으며, 지중해 서부 지역에 대한 이권은 제노바인들과의 이권 분쟁에 원인을 제공했다.

아라곤 세력

상업 활동은 생산과 상업의 주요 도시들에서 크게 번창했다. 재분배를 위한 요충지 역할은 크고 인구가 많을 뿐 아니라 여러 지역을 연결하는 전략적 위치를 차지하고 있던 여러 도시의 발전에 크게 기여했다. 14세기 후반에 지중해의 가장 중요한 항구들은 제노바, 베네치아, 바르셀로나, 피사, 마르세유, 에그모르트Aigues-Mortes, 라구사, 안코나였다. 상업혁명은 바르셀로나로부터 타라고나, 발렌시아, 토르토사, 세비야에 이르는 이베리아 해안 거점 도시들의 발전을 자극했다. 더불어 중소 규모의 수많은 거점과 북아프리카와의 무역에서 발레아레스 제도도 나름의 역할을 수행했다. 14세기에 바르셀로나는 카탈루냐 해안과 프로방스, 마그레브를 이어 주었고, 사르데냐와 피사, 제노바를 연결하는 주요 교차점이었다. 레반트 지역 항구들은 시칠리아를 비롯한 이탈리아 남부의 주요 거점인 메시나, 팔레르모, 가에타, 풀리아 주의 바를레타, 칼라브리아 주의 트로페아Tropea와 스칼레아Scalea를 연결했다.

에스파냐의 항구들

동방 무역 지배권을 위한 제노바와 베네치아의 대결

베네치아와 제노바 이후 카탈루냐가 지중해 동부 지역에 관심을 집중했다. 콘스탄티노플은 가장 활력적인 지역들 중 하나였다. 실크, 무기, 금, 유약, 상아와 직물을 생산하는 것 외에도 아시아와 라틴 유럽의 통로를 중재하는 기능을 전개했기 때문이다. 향료의 대부분은 인도, 스리랑카, 자바 섬, 말루쿠Maluku, 그리고 중국에서 공급되었다. 아랍인들은 이러한 물품들을 육로와 해로를 통해 거래를 중재하여 레반트의 주요 항구들인 야파Jaffa, 아크레, 베이루트, 알렉산드리아, 트리폴리, 안티오키아에 공급했다. 13세기 초반 이후 대략 1340년까지 몽골 제국의 패권으로 아시아에 평화가 찾아왔다. 소위 몽골식 평화Pax mongolica는 실크로드의 경제적 공간을 확대시켰다. 이 시기에 베네치아 출신 마르코 폴로(1254-1324)와 같은 서방 세계 상인들은 아랍 상인들의 중재에 의존하지 않고 아시아 주요 지역들에 진출하여 실크와 향료를 직접 구입하기 시작했다. 몽골 제국

베네치아는 아드리아 해의 오랜 강자로서, 향료와 독일 퍼스티언 면직물 산업에 필요한 목화 거래의 독점권을 장기간 제공해 온 비잔티움 제국과의 관계에서 특권을 누렸다. 베네치아 제국은 아드리아 해에서 시작하여 나중에는 동지중해 북부 지역, 루마니아, 그리고 콘스탄티노플과 흑해에 건설된 식민지와 전초 기지들, 일련의 해군 기지로 구성되었다. 동방 무역은 예루살렘 왕국의 소유지와 아크레의 산 조반니가 함락될 때까지(1291) 병원 기사단과의 합의를 통해 활동했던 서방 상인들의 여러 식민지에서 이루어졌다. 그럼에도 베네치아와 비잔티움 황제들은 종종 긴장 관계를 조성했다. 베네치아는 1172년에 콘스탄티노플에서 추방당했다. 초기에는 성지 탈환을 목표로 삼았으나 결국에는 콘스탄티노플을 약탈하고 비잔티움 영토를 분할한 제4차 십자군은 양측의 관계를 심각한 상황으로 몰아갔다. 베네치아인들은 십자군에 해상 운송 수단을 제공하는 대가로 비잔티움 제국의 영토 일부인 그리스의 펠로폰네소스 반도, 낙소스, 안드로스 섬, 에비아 섬, 갈리폴리 반도, 아드리아노플, 그리고 트라키아와 마르마라 해의 여러 항구 외에도 베네치아의 영향력 확대를 가능하게 해 줄 유리한 무역 조건을 약속받았다.

동방에서 강력한 세력을 구축한 베네치아는 점차 세력을 확대하고 있던 제노바와 대립 관계에 돌입했다. 제노바는 미카엘 8세 팔라이올로고스(1224-1282)에게 도움을 제공하여 그가 비잔티움 영토를 재정복하는 데 성공한 다음에 과거 베네치아가 누렸던 동일한 특권을 제공받았다. 콘스탄티노플에 거주 구역을 마련하는 것 외에도 키프로스, 흑해 근처의 트라브존, 타나Tana와 페오도시야, 그리고 에게 해 근처의 키오스Chios 섬, 크레타와 로디, 터키 해안의 이즈미르, 에페수스(에페소스, 에베소, 에페소라고도 함*)와 포카이아Phokaia(이오니아의 고대 도시*)에 상업 식민지를 구축했다. 제노바는 페라Pera와 키오스 섬을 밀, 포도주, 노예, 목재, 실크, 면화, 명반 거래의 거점으로 활용했다. 또한 제노바와 베네치아는 아조프Azov 해와 흑해를 무역 식민지

로 독점하면서 우크라이나, 러시아, 그리고 다뉴브 강 근처에서 수입된 상품들을 거래했다. 제노바는 레반트에서 무역 거점들을 확보한 직후인 13세기 후반부터 베네치아와 지속적인 분쟁 관계에 돌입하여 키오자에서 전쟁을 벌였지만 결국 베네치아에 패했다(1381).

키오자 전쟁

북유럽과 지중해의 연결 통로

독일 상인들은 12세기부터 한자 동맹을 조직하여 브뤼헤와 노브고로드 중간에 위치한 지역에서 스칸디나비아와 러시아에서 생산된 흰담비, 검은담비, 수달 또는 곰 가죽과 목재, 철, 그리고 역청瀝青을 거래했다. 발트 해의 가장 중요한 항구는 하이타부Haithabu(하데비Haddeby의 과거 명칭*)와 슐레스비히Schleswig, 그리고 북해를 연결하는 뤼베크였다. 쾰른은 라인 강 지역에 대한 지배권을 확보하고 모사 계곡의 생산품을 위한 시장 역할을 수행했다. 런던, 파리, 툴루즈 같은 도시들은 각기 상업 활동의 요충지로서 내륙의 육로와 강을 통해 운반된 물품들이 집중되는 곳들이었다. 보르도, 루앙Rouen 같은 항구는 카스티야와 잉글랜드를 연결했다.

브뤼헤 항구

플랑드르 지역 가운데 주민 수도 많고 생산성도 높은 곳들 중 하나였던 브뤼헤 시의 항구는 국제 무역에서도 중요했다. 13세기부터 전 유럽에는 아라스, 생토메르 같은 아르투아 지역 도시들과 두에, 릴, 투르네 같은 플랑드르 남부 중심지들이 이프르, 강, 브뤼헤 같은 도시들과 함께 플랑드르의 모직물이 지중해의 동부와 서부 지역을 연결하는 무역 항로에서 가장 많이 거래된 물품이었던 만큼, 직물 생산의 중심지로 성장할 수 있었다. 이 지역에서 거래된 물품에는 리넨, 잉글랜드 양모, 직물, 목서초 꽃과 꼭두서니 꽃 같은 염료, 은이나 구리 같은 금속, 주석과 납, 잉글랜드와 독일에서 생산된 수공품들이 있었다.

13세기부터 대부업을 전문으로 하는 아스티자니Astigiani와 피아첸티니Piacentini 같은 이탈리아 북부 지역 출신 상인 가문들이 유럽 전 지역에서 활동했다. 해외에서는 '롬바르디아인'으로 더 잘 알려진 이들은 『데카메론』의 한 에피소드의 주인공인 프라토의 체페렐로 이야기에서도 알 수 있듯이, 고리대금업자에 대한 사회적 인식 탓에 항상 우호적으로 받아들여지지는 않았다. "교회는 롬바르디아의 개들을 받아들이려 하지 않았으며 더 이상 도와주려고도 하지 않았다"(조반니 보카치오, 『데카메론』, I, 1). 13세기의 플랑드르와 잉글랜드에는 오를란도 본시뇨리Orlando Bonsignori 가문의 그란 타볼라Gran Tavola, 피콜로미니Piccolomini 가문, 톨로메이Tolomei 가문, 살림베니Salimbeni 가문 같은 시에나의 금융업자들이 루카의 리치아르디Ricciardi 가문과 바토시Battosi 가문, 그리고 교황과 유럽 주요 군주국을 위한 금융업자로 활동한 피렌체의 프레스코발디Frescobaldi 가문과 모치Mozzi 가문과 함께 진출했다.

14세기 말의 위기와 변화

샹파뉴 박람회는 13세기 말에서 14세기 초반 사이에 상업 활동의 큰 변화로 말미암아 쇠퇴의 길에 접어들었다. 상인들은 상품과 함께 여행하거나 박람회를 비롯한 다른 여러 시장에 주기적으로 참가하는 상업 활동을 전개하는 것보다 유럽의 대규모 상업 도시들에 설치된 지점을 통한 경영을 선호했다. 상업 활동은 이제 여러 상업 활동지에서 수집된 정보를 분석하고 연구하는 것에 근거했다. 피렌체에는 일시적인 성격의 협회들 외에도 바르디, 페루치, 아치아이우올리 가문과 알베르티 가문의 대규모 상단이 조직되었다. 즉 가족적 기반에 근거하여 사회 자본과 회원들의 투자로 운영되고 성장하는 조직이 구성되었다. 그 놀라운 규모는 초기에는 여러 상업 중심지에 설치된 지점들을 거느린 기업과 같았으며, 점원, 직원 등으로 활동했던 지점장들이 운영을 책임졌다. 1343-1345년에 바르디, 페루치, 아치아이우올리 가문은 잉글랜드 왕 에드워드 2세(1284-1327, 1307년부터 왕)에게 빌려준 막대한 자금을 회수하는 데 실패하고 심각한 타격을 받았다.

대규모 가족 기업

14세기는 전염병, 기근, 전쟁, 봉기, 그리고 피렌체 상사들의 몰락에 의한 상업 활동의 퇴보와 함께 막을 내렸다. 그 외에도 몽골식 평화의 종말, 플랑드르와 피렌체 직물 산업의 위기, 통화에 함유된 금 함량 미달, 백년전쟁(1337-1453) 등이 14세기의 경제적 몰락을 재촉했다. 하지만 이는 고작 몇 개 지역들에 영향을 미쳤을 뿐, 다른 지역들에서는 새로운 생산과 교역로의 개척으로 새로운 출발 조짐이 나타났다.

| 다음을 참고하라 |

역사 시장, 박람회, 무역로(208쪽); 도시들(213쪽); 항해의 발전, 대서양 탐험과 지리상의 발견(217쪽); 채권과 통화(226쪽)

시장, 박람회, 무역로

| 디에고 다비데 |

13-14세기에 도시의 발전과 병행되어 상업혁명을 의미하는 상업 활동의 재흥이 시작되었다. 이 시기에 이탈리아는 동방과 유럽 북서부를 연결하는 축의 중심에서 중요한 역할을 수행했다. 이탈리아의 중추적 기능은 지리적 위치에 따른 것이었지만 한편으로는 반도의 상인들이 극동을 향한 모험과 여행을 통해 적대 지역에 무역 거점을 구축하면서 보여 준 열정의 결과기도 했다. 그러나 이 시대의 이탈리아 상인들에 대한 보다 근본적인 평가는 무역의 필요성에 부합하는 재정 수단을 마련했던 그들의 능력에서 찾을 수 있을 것이다.

중세 상업의 번영과 위기

13세기의 중세 유럽은 상업과 수공업 활동의 최고 전성기를 누렸다. 역사가들은 이를 '상업혁명'으로 정의하는 데에 주저하지 않는다. 이전 시대와는 달리 부는 다른 부를 창출할 목적으로 투자되었고, 교역의 증가는 봉건 체제를 약화시키면서 새로운 사회적 신분 상승의 기회를 조성했다. 상인들이 귀족 계층의 수준을 넘어서는 것이 아니라 아예 초월할 정도였다. 시민들은 수공업자 또는 작은 규모의 상점 주인이 될 수 있었고, 농노들도 신분 해방의 가능성을 보다 크게 기대할 수 있었다.

도시는 자유와 부를 창조하는 공간이었다. 놀라운 성장과 더불어 영주에 대한 의무에서 자유로워진 상태에서 상업 활동에 전념할 수 있는 상인과 수공업자의 특권적 공간으로 변모했다. 도시의 번영, 주민 수의 증가, 박람회 체제의 발전은 봉건적 권리와 관습에서 벗어나 교류의 필요성에 보다 적극적인 법적, 기술적, 과학적인 문화 확산을 동반했다. 이렇게 상업(활동을 할 수 있는) 권리ius mercatorum가 성립했고, 초기 상인 법원이 설립되었다. 봉건적 예속 관계로부터 벗어나는 데 여지를 제공한 도시 법령과 경제 활동에 필수인 시민적 자유도 중요한 역할을 했다. 또한 군소 규모의 마을들도 지리적 요충지나 하천의 지류나 광산 소재지로의 전반적인 발전을 경험했다. 그중에는 지역이나 국제 규모의 시장들과 관련하여 산업 지역으로 성장한 곳도 있다. 이렇게 해서 13세기 말에 유럽의 상업 활동은 대륙 전 지역으로 확대되었다.

14-15세기에 유럽의 전반적인 발전은 유기적 관계의 여러 요인으로 인해 급작스

레 후퇴했다. 부분적으로 기후 변화에 기인하는 일련의 전염병이 유럽을 강타했다. 예를 들어 1348년부터 50여 년에 걸쳐 대륙 전체에서 매우 높은 사망률을 기록했던 흑사병은 면역력이 약한 주민들에게 심각한 피해를 입혔다. 게다가 인구 증가는 정치적-군사적 대립 관계에 의해서도 타격을 받았다. 백년전쟁이 대표적이다. 반면에 사회적 관점에서는 프랑스, 카탈루냐, 플랑드르, 그리고 1378년에 피렌체에서 발생한 치옴피의 난 같은 이탈리아 중북부 도시에서 발생한 봉기들도 일정 부분 인구 감소에 기여했다. 경제 분야에 미친 영향은 실로 막대했다. 농산물과 수공업 품목의 생산 감소는 빈번한 가격 변동과 더불어 피렌체의 금융업자들이 해 오던 신용 대부의 심각한 위기로 이어졌다.

기근과 전염병

새로운 무역로

몽골의 아시아 정복은 이집트와 시리아의 항구들을 독점하던 무슬림의 중계무역에 의존하지 않으면서도 실크, 향료 생산지와 연결된 바그다드, 테헤란, 사마르칸트를 지나는 새로운 무역로 개척을 자극했다. 몽골의 군주들은 선교사나 서양 상인에게 항구를 개방했다. 마르코 폴로(1254-1324)의 부친과 삼촌은 새로운 육로를 통해 1260년에서 1268년에 칸이 살고 있는 몽골의 수도에 도착했다.

몽골 점령지를 향하여

규모가 큰 상업 도시들의 무역과 교통로에서 예루살렘, 야파, 팔레스타인의 체사레아, 베이루트, 트리폴리, 안티오키아, 알렉산드리아, 그리고 아프리카 북부 해안들에 설치한 식민지의 역할은 매우 중요했다. 단순 상인 거주지만이 아니라 화덕, 욕탕, 상업 중심지, 예배당 등의 각종 시설을 갖춘 이들 식민지는 다양한 치외법권을 누렸다. 또한 강력한 행정적-사법적 권한을 행사하는 콘술이 통치했다. 14세기부터는 서방 세계의 도시인 브뤼헤, 런던에도 이탈리아 식민지들이 건설되었다. 레반트 지역의 그것들보다는 규모나 인구 밀집이 작았지만 이곳 주민들은 콘술을 직접 선출했다.

유럽 대륙에서는 지중해와 북해, 그리고 발트 해 해안에서 런던과 브뤼헤로 이어지는 긴 대서양 해안이 가장 활발한 교역이 이루어지던 지역이었다. 이후 플랑드르, 브라반트, 샹파뉴의 인구 밀집 지역에서는 13세기 내내 상품과 재정 분야에서 가장 중요한 의미를 가지는 순환 구조의 박람회가 열렸다. 이탈리아 상인들의 활발한 활동은 반도와 독일과 프랑스 접경 지역을 이어 주는 새로운 통로 개척을 촉진시켰다. 가장 많은 이들이 통로로 이용했던 곳은 플랑드르를 향해 뻗어 있는 몬체니시오 와 산 베르나르디노의 계곡 통로, 그리고 토스카나 지역과 롬바르디아를 독일 남부의 직물 생산 지역들과 연결하는 (보다 동부 지역에 위치한) 고타르 고개였다. 그 외에 베네치아와 뉘른베르크를 연결하는 알프스 통로도 당시의 주요 교통로였다. 반면에 동서 방향의 통로는 도르트문트와 마그데부르크를 연결하는 통로와 뤼베크와 슈체친Szczecin을 연결하는 통로, 그리고 보다 남부의 남프랑스와 보헤미아를 연결하는 도로였다.

산악 통로

금융 기술

이탈리아 상인들의 공로는 교역량 증가를 가능하게 해 준 새로운 금융 기술의 성립과 발전에 있었다. 샹파뉴 박람회에 진출한 롬바르디아 상인들은 보상 체계를 만들고 이에 기초하여 시장 마감 때 각 거래자별로 채무와 채권, 대차 잔고 차이를 계산하여 그 금액을 다음번 만날 때 지불했다. 많은 돈을 가지고 여행하는 불편과 위험을 막기 위해 공식 문서인 교환 증서instrumentum ex causa cambii를 작성한 후에 공증인의 공증을 받는 방식을 채택했다. 이 계약서는 서명자가 자신이 서명한 장소와 다른 곳에서 채권자를 위한 보상도 포함한 금액을 이전에 합의된 환율에 따라 다른 통화로 지불할 채무를 의미했다. 곧이어 공증인의 공증 행위는 사적인 계약서로 대체되었는데, 교환 증서가 그것이었다. 교환 증서의 원본 계약서에 대해서는 장소 차이distantia loci와 통화 환전permutatio pecuniae의 효력을 유지했다. 문서 작성에는 다음 네 가지가 필요했다. 경리인은 다른 도시의 사람에게 대금을 지불하는 주체며, 상인 또는 금융업자는 이에 대한 교환 증서를 발급했다. 그리고 수취인의 도시에 거주하는 대리인과 접촉하여 수취인에게 대금을 지급케 했다.

무역 상사와 금융 활동

다양한 유형의 상거래를 수행하는 조합 형태의 상사들은 유럽의 주요 시장인 제노바, 브뤼헤, 파리, 런던, 마르세유의 지점을 통해 확산되었다. 상사들은 그 대가로 고정 이율을 제공하거나 주주로 참여할 것을 제시하면서 개인 재산가들의 투자를 촉진했다. 이들은 진정한 의미의 금융 활동을 전개하면서 군주와 교황들에게 재정 지원을 할 수 있는 금융 기관으로 발전했다. 현존하는 문서들은 피렌체의 가장 중요한 두 상사, 즉 페루치 가문과 바르디 가문이 운영하던 두 상사의 조직이 어떤 성격이었는지를 분명하게 보여 준다. 가문의 가장이 대표 직위를 수행했으며 가문의 이름으로 불리며 유럽에 여러 지점을 개설했다. 각 지점은 모든 상거래에서 무한 책임을 졌다. 군주국들, 특히 잉글랜드의 에드워드 3세(1312-1377, 1327년부터 왕)에게 막대한 자금을 대부한 사례는 (위의 상사의 경우) 1343년의 파산에 원인을 제공했다.

북유럽의 상업

이탈리아의 앞선 기술은 뤼베크(1158)와 고틀란드 섬의 행정 수도 비스뷔(1160)를 설립하고, 이후에도 슈트랄준트와 그단스크, 그리고 리가를 세운 독일 상인들이 장악하고 있던 북해와 발트 해의 상업 지역으로 확산되었다. 12-13세기에 경제적 이해관계를 지키기 위해 연합한 독일 도시들이 구축한 상업 활동의 축은 노브고로드에서 탈린, 그단스크, 뤼베크, 브뤼헤를 지나 런던에 이르렀다. 브뤼헤 항구에는 제노바와 베네치아의 갤리선 외에도 독일 한자 동맹의 갑판이 좁고 배의 중앙 부분이 불룩한 유선 형태의 선박인 코그Cog 선박들도 출입했으며, 14세기에는 유럽 대륙의 상업 중심지로 성장했다. 비스카야Vizcaya 만의 소금과 보르도와 라로셸의 포도주, 그리고 스카니아 지역의 소금에 절인 생선, 베르겐의 말린 대구, 잉글랜드의 모직물, 밀, 목재, 칼륨, 그리고 발트 해의 꿀은 레반트의 향료와 염료, 퍼스티언 면직물, 그리고 이탈리아의 명반, 에스파냐의 흑색 비누와 다른 사치품들이 거래되었다. 모든 종류의 상품

지중해보다는 늦었지만 이 지역의 무역 체계는 지역의 수요를 충족시키기에 충분했다. 바르디, 페루치, 다티니 가문 같은 상인 가문들 외에도 (규모에는 미치지 못하지만) 일부 상인들이 독립적으로 상거래에 종사했다. 센데베sendeve, 베더레긴제wederlegginge와 같이 코멘다와 유사한 협회들도 이곳에서 활동했다. 하지만 한자 동맹의 상업 활동에서 가장 큰 특징은 두 사람이 서로를 대표하는 협약을 맺었다는 것이었다. 이는 한 지역의 한 명과 다른 지역의 한 명이 각각의 물품 대장에 적힌 물품들을 판매하는 것으로, 자본이나 공동의 행정은 존재하지 않는 일종의 공동 대리인 제도였다. 이와 같은 계약은 신용을 근거하기 때문에 서로에 대한 통제 수단이 부재하여 쌍방 중 어느 한쪽의 사기 행위로 종종 분쟁이 발생할 수 있던 반면에 지중해 지역의 상인들은 더 이상 정기적으로 옮겨 다니지 않으면서 자신의 거처에서 상업 통신문을 수단으로 업무를 처리하고 또 지사의 근무자를 통해 구입한 물품의 운송을 운송업자 협회에 위임했다. 북유럽 상인들은 빈번한 여행을 했다. 이탈리아와 북유럽 상인들이 함께 활동하는 브뤼헤는 또 달랐다. 이탈리아 상인들이 해당 지역의 삶 북유럽 상인들

에 참여하여 자신들의 애정을 키워 나갔던 반면에 북유럽 상인들은 단기간 동안 거주하며 자신들의 출신 지역과 왕래하는 것을 선호했다. 상인들이 이동 기간 중에 여인숙에 머무는 것은 좋은 거래를 매듭짓기 위한 기회였다(실제로 여관 주인은 거래를 중재하거나 돈을 보관하는 역할을 했다).

고향을 떠난 독일 상인들은 이탈리아인들이 설립한 식민지들과 유사한 거주지에 활력을 불어넣었다. 노브고로드의 페테르고프Peterhof는 러시아 영토에 세워진 무역 전초 기지로, 13세기 초반에 설립되었는데 혹시 있을지 모르는 적대적인 주민들의 공격을 막기 위해 기지를 성곽으로 둘러쌓았다. 하지만 어떤 상인도 이곳에 정착하지 않았으며 상업은 물물 교환 형태로 진행되었다. 베르겐의 테데스키Tedeschi 교는 부두와 창고, 상인들의 거처를 갖춘 주거 구역이었다. 템즈 강 언덕에 위치한 런던의 스틸야드Steelyard(13세기 이후 발트 해 연안에 한자 동맹 상인들이 건설한 거류지*)는 지역 상인들의 활동 구역으로, 거주민들이 선출한 한 명의 의장과 위원회를 통해 운영되었다. 그리고 브뤼헤의 식민지는 도시 내에서 자유롭게 살아가는 특별 구역을 차지하기보다는 주민들과의 우호 관계와 권위를 바탕으로 사법권과 감찰권을 행사하는 자체적인 위원회를 통해 직접 운영되었다. 이러한 콘토르kontor(베르겐, 런던, 노브고로드 등의 비非독일 도시에서 운영하던 집무실*)들이 출신 지역이나 다른 군소 지역에 건설된 일련의 다른 전초 기지들과 자발적으로 체결한 경제적 협력으로, 공동의 이해관계와 경제적 특권을 지키기 위해 독일 상업 도시들이 결성한 한자 동맹이 성립했다. 13세기 말경에는 발트 해와 라인 강 지역의 (예를 들면 크라쿠프, 그단스크, 리가, 스톡홀름 같은) 200여 개 도시들이 연합한 뤼베크에 본부를 둔 한자 동맹은 상품들에 대한 불매 운동을 벌일 정도로 강력한 권력을 행사했다.

상업 식민지

하지만 이탈리아인들이나 한자 동맹의 상인들은 1380년에 같은 이름의 도시에 설립된 라벤스부르크Ravensburg의 대규모 무역 협회Grosse Ravensburger Gesellschaft 같은 대규모 무역 상사들이 이미 활동 중이던 독일 남부에는 진출하지 못했다. 그것의 크기는 사회 자본의 규모뿐 아니라 한때는 대부분이 무역 활동에 종사한 80명에 달한 회원 수에서도 알 수 있다. 무역 상사의 특징 중 하나는 금융 활동이나 재정 목적의 투기가 아니라 대부분이 상품 무역에 집중되었다는 점이다. 이들의 상업망은 보헤미아, 오스트리아, 네덜란드, 그리고 동방과 베네치아에까지 진출했다. 한편 한자 동맹 상인들은 베네치아에서 자신들의 지역에서 생산된 물품들만을 수입하면서 총

독일 남부의 폐쇄 시장

독이 직접 운영하는 숙박업소인 독일인들의 거주지에 머물렀다.

| 다음을 참고하라 |
역사 제조업(194쪽); 상업(202쪽); 도시들(213쪽); 채권과 통화(226쪽)

도시들

| 아우렐리오 무시Aurelio Musi |

13-14세기에 유럽의 주거지는 여전히 마을 규모를 벗어나지 못했고, 프랑스 혁명 이전 시기 내내 유지되었다. 하지만 인구 구성과, 경제력, 법령에서 다양한 차이를 드러냈던 도시들의 기능과 다양한 유형, 그리고 주변 농촌들로 영향력을 확대하는 도시 생산 계층의 능력은 유럽 도시들의 발전을 촉진시켰다. 이후 유럽의 도시들은 유럽 대륙의 풍부한 정체성 형성에 중요한 요인으로 작용했다. 14세기의 위기 자체는 도시의 몰락보다는 새로운 계급의 성립을 가져왔다.

도시의 번영과 기능

중세 후반에 있었던 도시의 번영은 이들의 여러 기능과 다양성을 통해서도 드러났다. 상업 도시들(강, 브뤼헤, 시에나), 대학 도시들, 요새 도시들, 파리 같은 수도, 정치와 행정의 중심지, 상업 중심지, 대학 중심지의 혼합형 도시들, 나폴리처럼 군주국의 수도로 발전한 도시들, 영주 도시 등이 그것이었다.

대부분 매우 폭넓게 자치 도시의 자치권을 누리는 데 성공했지만 정작 자치권은 정치적 긴장이 미미하고 정부 구조가 허약한 상황에서 실현되었다. 중세 후기의 도시 대부분은 사법적 관점에서 말하는 도시였을 뿐, 인구 밀도와 경제력은 높지 않았다. 14세기 중반경에 독일 제국의 도시들은 3천 개에 이르렀을 정도다. 그중 200여 개의 도시만이 인구 1천 명이 넘었고, 20개 도시만이 인구 1만-1만 5천 명을 초과했다. 잉글랜드, 프랑스, 이베리아 반도의 경우도 거의 비슷했다.

중세는 이미 거대 도시 현상을 경험했다. 도시화가 집중적으로 나타났던 지역들인 이탈리아 중북부 지역과 플랑드르 도시의 크기가 아니라 많은 도시 수가 그러했다. 최대 주민 수와 넓이는 14세기에 초반에 실현되었다. 밀라노, 피렌체, 파리는 세 번째 성곽을 구축했다. 앞선 두 차례의 성곽 확장이 주민 수 증가로 인해 한계에 도달했기 때문이었다. 세 도시의 주민들은 450(파리)과 600(피렌체)헥타르 사이의 넓이에 살고 있었으며, 그 수는 대략 10만 명에 달했다. 가장 인구가 조밀한 도시들은 밀라노, 피렌체, 파리 외에도 베네치아와 제노바, 그 다음으로는 6만 명 규모의 강과 브뤼헤였다. 이탈리아와 플랑드르 지역 대부분의 도시 주민 수는 3만-5만 명 정도였다. 여기에는 쾰른, 런던, 무슬림의 지배하에서 세비야, 그라나다, 코르도바와 그리고 그리스도교화된 이후 바르셀로나, 발렌시아와 같은 여러 에스파냐 도시가 포함되었다. 중소 규모의 도시가 가장 많았는데, 주민 수는 1만 5천-3만 명 사이였다. 끝으로 이탈리아, 플랑드르, 독일, 네덜란드, 잉글랜드의 소규모 도시의 수는 무수히 많았다.

인구 밀도가 높은 밀라노, 피렌체, 파리

도시 외곽 지역의 산업 활동

도시들은 성곽 외부에 거주하는 주민들을 도시 계층으로 인식했다. 즉 이탈리아 중북부 도시들의 생산 계층은 농촌으로의 놀라운 침투력을 발휘했다. 이들은 도시 외곽 지역에 목수와 직물 산업 같은 산업 활동을 정착시켰고, 특히 물의 흐름을 동력으로 활용했다. 빈곤층으로 전락한 이후에는 생존을 위해 자신들의 토지를 팔아야 했던 농민들의 노동력을 활용할 수 있다는 것이 매력적이었다. 새로운 산업 조직 대부분이 대량으로 수출용 모직물을 생산하는 데 목적을 두었다. 피렌체의 모직 조합은 14세기의 첫 20년을 전후하여 60만 피오리니fiorini(중세 피렌체에서 통용되던 금화*)에 해당하는 미가공 상태의 양모 10만 롤 이상을 생산했다. 토스카나 지역의 농촌에서도 도시 계층은 소작인 제도와 같은 새로운 유형의 계약을 확산시켰다. 이와 같은 유형의 계약은 토지 주인과 농민이 농지를 공동으로 경영하고 위기와 이익을 절반으로 나누어 가지며 소작인들에게 지주의 동의 없이 수확을 시작하지 못하게 했다. 또 그것을 나누기 전까지 소작인들에게 수확물을 잘 관리할 의무를 부과했다.

삶의 장소로서의 중세 도시

지금까지의 내용은 어떤 의미에서 중세 도시가 삶의 장소였는지를 잘 이해할 수 있게 한다. 베버가 인용한 것처럼 '도시의 공기가 인간을 자유롭게 한다'는 원칙을 살펴보자.

도시의 법적 지위가 서약을 통한 의형제 맺기에서 유래했고, 권력의 기초가 귀족 정치적인 성격에 근거했으며, 도시에 왕과 왕의 법정이 지닌 권력이 증여와 특권 제공의 원천이라 할지라도 중세의 도시는 마치 외부 권력에 대해 지속적으로 자치적인 성향을 강화시켜 나가는 정치 공동체와 같았다.

모든 시민은 도시 공동체civilitas에서 시민권을 인정받았다. 공동체의 삶은 여기에 속한 이들의 소속감에 근거했다. 따라서 시민들은 자신이 특권적 환경에 속해 있다는 의식을 가졌으며, 도시가 외부 세계와는 달리 집단주의적 성격을 가진다는 점에도 동의했다. 또한 시민들이 서로 간의 투쟁을 끝없이 전개한 원인이기도 했다. 주민들 간의 상호 비교와 분쟁, 그리고 권력 관계는 모두가 수용하고 이해하는 형태를 통해 전개되었다. 이것은 하나의 도시를 구성하는 모든 개별 요인 중에 도시 전체를 규정하는 가장 특별한 관계였다. 중세 도시는 마치 공식적인 평등을 요구하고 이를 확인하기 위해 각자의 다양성과 특수성을 집요하게 드러내려는 집단과 개인 사이에서 자신을 확립하려고 노력하는 인간적 관계의 공간처럼 보였다.

도시 정체성의 요인들

그러나 이러한 지적에도 불구하고 도시와 도시 주변의 농촌 지역이 명확하게 구분되었던 것은 아니다. 물론 중세 후기인 13-14세기에 경제적 행위와 사고방식, 삶의 방식에서 도시 주변 지역의 주민들과 대조적인 성격의 부르주아 계층이 형성되었다. 신흥 부르주아 계층은 중계무역과 교역, 지불 체계와 수단들을 관리하며, 과거와는 다른 새로운 활동 정신을 도입했다. 유럽 도시의 특징은 금융, 근대적 회계, 그리고 교환 증서, 대상인, 군주, 글 쓰는 사람(작가), 대학 도시에 있었다. 유럽의 도시와 함께 세속 정신이 발현되기 시작했으며 자본주의, 근대 과학, 기술이 태동했다.

도시와 주변 지역의 교역은 매우 빈번했다. 농민들은 도시에서 자신들의 농산품을 판매하고 시장이나 수공업자들의 상점에서 물품을 구입했다. 상인, 수공업자, 전문 직업인 같은 도시 계층들도 당시 형성 과정에 있던 부르주아들이었으며, 그들은 주변 농촌 지역에 관심을 기울였다. 농촌 지역에 자본을 투자하여 별장과 토지를 보유했던 것이다. 부르주아들의 자산 관리는 상업 활동과 대부 활동을 추구하는 합리성과 효율성의 기준에 근거했다. 그 외에도 수공업 직물이 생산되었다. 농민들은 상인 기업가들이 제공한 원료를 받아 자신의 집에서 직물 작업을 했다.

전근대적 자본주의

성곽은 도시에 대한 소속감을 농촌과 주변 마을들에 대한 소속감과 구분하는 장벽 역할을 유지했다. 도시들로부터는 새로운 분위기, 즉 전근대적 자본주의로 정의되는 새로운 관계 시스템이 확산되었다. 특히 당대의 경제 발전이 보다 활발하고 근대적인 지역과 분야들에서 설득력을 가지게 했다. 새로운 관계 시스템을 특징짓는 요인들 중 하나는 상인들의 활동을 재정적으로 지원하는 중요성이 매우 컸다는 점이다. 이러한 관점에서 유럽의 많은 도시가 재정 지원의 결정적인 역할과 더불어 14세기 이후에도 두 세기 동안 더 지속되는 국제 박람회의 교역 중심지 역할을 했다. 재정 활동은 상업의 중심일 뿐만 아니라 신흥 국가들, 공적 재정과의 새로운 관계 수단이었다. 사실상 은행들과 지점들을 거느린 거대한 무역 상사, 그리고 여러 지역에 퍼져 있는 지점들은 아직 실현되지 않은 먼 미래의 다국적이고 다분야적인 대규모 그룹들의 전신을 형성했다. 이제 도시로부터 유럽의 새로운 정신, 즉 물질적 가치와 시간 측정 단위로서의 돈을 통해 '시간이 돈이다'라는 의식이 발현되기 시작했다. "종교적이고 예식적인 운율을 통해 느끼는 시간, 태양과 달의 주기로 측정되는 시간, 작물 재배의 변화에서는 한낮의 빛으로 모래시계의 제한적인 작동 또는 다른 어떤 저급 도구들에 의존하지 않는 시계라는 기계 장치의 움직임으로 측정되는 중립적인 시간이 추가되었다. 이로써 상인의 시간이 확립된 것이다"(Giuseppa Galasso, *Storia d'Europa*, 1996).

위기와 변화

14세기의 위기는 유럽의 농촌과 마을 외에도 도시에 영향을 미쳤다. 성장은 둔화되었고, 인구는 감소했으며, 기근이 창궐했고, 사망률이 올라갔고, 이상 저온 현상이 있었다. 이와 같은 요소들이 1348년의 흑사병으로 이어지는 전염병의 확산, 1348-1349년의 지진, 많은 비용을 필요로 하는 도시와 주변 농촌 지역의 삶을 더욱 힘들게 했던 긴장과 분쟁, 봉기에 원인을 제공했다. 농민들의 삶이 피폐해지자 인구 감소와 수요 감소로 이어졌고 도시의 산업 활동도 과잉 생산에 따른 심각한 후유증에 시달리게 되었다. 유럽 대륙의 여러 지역에서 도시 반란이 발생했는데, 특히 이탈리아 중북부 지역이 직물 산업을 중심으로 하는 페루자와 시에나에서 발생한 소요로 인해 심각한 타격을 입었다. 14세기에 도시에서 발생한 가장 대표적인 봉기는 피렌체에서 일어난 치옴피의 난이다. 주동자들은 직물 조합의 임금 노동자들이었다. 봉기는 1378년에 일어났는데, 여기에 가담한 자들은 임금 인상 외에도 도시에서의 자신들의 권력과 삶의 여건 개선을 요구했다. 또한 양모 조합이 자신들에게 행사하던 사법 권력 폐지, 직물 노동자 조합 설립, 시민 정부에의 참여를 요구했다. 하지만 직물

치옴피의 난

노동자 조합을 결성하려는 노력은 초기에 발각되어 실패로 돌아가고 말았다. 치옴피들의 패배로 피렌체는 다른 이탈리아 도시들처럼 정치 발의를 위한 여지를 축소했고, 과두 지배 체제의 정권을 형성하여 메디치 왕조가 출현할 때까지 유지했다.

14세기의 위기는 경제적 몰락을 나타낼 뿐만 아니라 생산의 새로운 전기가 마련되었음을 의미했다. 실크 산업, 금속 산업, 선박 건조 산업은 14-15세기에 발전의 리듬을 탔다. 이탈리아 남부의 지역들에서처럼 유럽의 여러 지역에서 인구 밀집 지역의 계층에 큰 변화를 안겨 준 인구 위기는 여러 지역에서 인구가 재분배되는 현상을 불렀다. **인구 위기**

| 다음을 참고하라 |
역사 자치 도시로부터 시뇨리아로(72쪽); 베네치아와 다른 해상 도시들(142쪽); 농촌(190쪽); 상업(202쪽); 시장, 박람회, 무역로(208쪽); 귀족과 부르주아(230쪽); 자선단체들(234쪽); 정치 제도(241쪽); 일상생활(310쪽)
시각예술 교황의 도시들: 로마와 아비뇽(907쪽)

항해의 발전, 대서양 탐험과 지리상의 발견

| 이바나 아이트Ivana Ait |

상업혁명은 동방과 서방에 바다로 더욱 밀접하게 연결된 거대한 단일 시장을 만들어 냈다. 그 지리적 중심에 위치한 이탈리아는 자연적으로 연결 고리를 형성했다. 지역 간의 상업 교역 확대, 시장의 수적 증가와 상품에 대한 차별적인 수요는 더 이상 지역 차원의 소비에 머물지 않고, 멀리 떨어진 지역들과 자신의 물품을 교역하기를 원하는 다양한 부류의 많은 생산자를 양산했다. 위험과 이윤은 점진적으로 형성 과정에 있던 경제 체계와 사고방식의 일부로 자리 잡았다.

기술 혁신

상업 교역의 확대는 노동자 수의 증가와 경쟁을 가져왔다. 이 과정은 가능하면 세금 면제와 다양한 유형의 법적-경제적 특권을 확보하려는 노력과 병행되면서 보다 활발한 교역을 추진하고 보다 많은 이윤을 확보하기 위한 더 좋은 해결책을 찾으려는

상업 활동을 위한 수단들

새로운 사고에 일조했다. 상업 기술 관점에서 볼 때 복식 부기, 교환 증서, 초기 형태의 해상 보험이 등장한 것은 해상 무역의 필요, 특히 가장 중요하게 고려되어야 할 요인인 위험 분산에 대처하는 보다 개선된 조합 조직을 가능하게 해 주었다. 계약의 가장 보편적 형태들에는 13세기 전체와 14세기 초반에 행해졌던 코멘다 계약이 있었다. 베네치아에서는 초기 형태의 주식 회사를 의미하는 콜레간차colleganza로도 불렸다.

다른 중요한 발전은 대양 항해였다. 최고의 항해는 나침반, 항해 안내서, 그리고 축이 이중으로 고정된 방향타 등의 항해 기술 발전 덕분에 가능하게 되었다. 11세기 말부터 알려진 바 있는 나침반 바늘은 13세기 말경에 진정한 의미의 나침반으로 발전했다. 바늘은 고정된 상자의 내부에서 사각형으로 구분된 나침반과 결합된 형태로 작동했다. 나침반 발명의 즉각적이고 실질적인 결과는 겨울철에도 지중해 항해가 빈번해졌고, 잉글랜드와 네덜란드를 향한 항해가 보다 안전해졌음을 의미했다.

항해 도구들

해안들, 항구, 피신처들, 그리고 지그재그의 항로를 직선으로 측정할 수 있는 항해도를 세밀하게 설명한 항해 안내서는 항해자들의 대양 항해에 안전을 보장해 주었다. 거리와 방향 계산은 당시의 항해자들이 가장 우려하던 것이었다. 1275년에 피사의 지도로 불린 첫 번째 지도가 새로운 항해 기술의 필수 자료를 제공할 목적으로 제작되었다.

배의 중앙선에 위치한 방향타는 북해에서 처음으로 사용된 이후 발트 해 항해를 통해 개선되었다. 13세기 말기에는 에스파냐 칸타브리아에서 사용되었던 반면에 지중해 선박들에는 14세기에 도입되었다. 역사가 프레데릭 레인Frederic Lane은 이러한 발전의 중요성과 관련하여 보다 완벽한 조종 시스템을 통하여 과거에 사용되었던 2개의 거대한 봉을 대체한 새로운 유형의 방향타가 정말 궁극적으로 우월한 성능을 발휘했는지에 의문을 제기했다(프레데릭 레인, *Storia di Venezia*, 1978).

북유럽 범선들에 사용되던 전형적인 사각형 모양의 돛이 등장함으로써 지중해 항해는 더욱 용이해졌다. 사각형 돛은 작동에 위험과 어려움이 따르는 삼각형의 라틴 돛과는 반대로 바람의 방향을 타는 데 매우 수월했다. 항해 분야에서 나타난 새로운 발명과 보다 기능적인 수단들의 확산으로 항해는 한층 쉬워졌으며, 3개의 돛을 장착한 대형 범선, 갤리선, 대형 갤리선 같은 새로운 형태의 범선이 제작되었다.

선박과 정기 무역 루트

지중해 선박들은 갤리선과 범선이 기본이었다. 갤리선은 배 길이에 비해 상대적으로 폭이 좁으며 높이가 낮았다. 주로 사람의 힘으로 추진력을 발휘하며 돛을 장착했다. 이와 같은 선박 형태는 속도를 내기에는 유리하지만 적재량이 많지 않아 화물 운송에 한계가 있었는데, 방어에 유리한 만큼 상업 목적의 여행에는 활용되지 않았다. 갤리선의 의자는 모든 열에 한 줄로 길게 배치되었고 중앙에는 좁은 복도가 있었다. 13세기에는 모든 자리마다 노 젓는 사람을 두 명씩 배치했지만 13세기 말에 가면 추진력을 위해 갤리선을 건조하면서 모든 줄마다 세 명이 노를 저었다. 갤리선과 범선

이후에 범선, 15-16세기의 소형 쾌속 범선인 캐러벨, 그리고 갤리선과 달리 비교적 둥글고 수면에서 높으며 바람만 이용해 항해하는 선박이 출현했다. 13세기 초반에 등장한 범선은 두세 개의 선교船橋를 갖춘 거대한 규모로, 선미의 갑판과 이물(뱃머리), 그리고 전투용 장루(배의 꼭대기에 있는 둥근 대*)를 장착했다. 포르투갈의 나우스naus 선박과 유사하고 들보가 더 넓은 갤리선은 속도는 느리지만 보다 많은 화물을 적재했다(Carlo M. Cipolla, *Guns, Sails and Empire*, 1966). 북유럽 배인 대형 범선은 14세기 전반 지중해에서 첫 모습을 드러냈다. 규모가 매우 크고 배수량이 많았으며, 높은 사각형 돛을 장착했다.

이 기간에 베네치아와 제노바의 항해 루트가 체계적으로 조직되었다. 안전을 위해 무장하거나 또는 무장 선박의 호위를 받으며 화물을 운반하는 갤리선들은 선단을 구성해 항해했다. 정기 출항은 정해진 일자에 정해진 항로를 따라 이루어졌다. 주요 목적지는 콘스탄티노플, 키프로스, 시리아, 이집트, 잉글랜드, 플랑드르였다. 특별한 공조 항해를 제외하면 매년 두 차례 출발했다. 베네치아로는 2월에 출항하여 여름 초엽에 귀환했고, 두 번째는 7-8월 사이에 출발하여 크리스마스에 맞추어 귀환했다. 지역이나 선박에 따라 날짜는 조금씩 차이가 있었다. 지노 루차토의 연구에 따르면 13세기에는 1번의 항해로 3-5천 톤의 화물을 운반했고, 14세기에는 배들에 실을 수 있는 화물량이 증가하여 7천-1만 톤의 화물을 적재했다고 한다. 이 수치는 정기적인 루트 외에도 "어떤 방식으로도 국가에 의해 조직된 항해에 포함되지 않은 모든 항해 활동"을 고려할 경우 더 크게 증가될 수 있었다(지노 루차토, *Storia economica di Venezia dall'XI al XVI secolo*, 1961). 무장 함대의 호위를 받는 갤리선 선단

주로 사람이 노를 저어 추진력을 얻으며, 지중해와 해안을 항해하는 데 적합한 갤

리선은 많은 돛대와 사각형 또는 삼각형 돛대를 갖추었다. 그리고 점차 돛의 양 끝에 달아 놓은 밧줄로 항해하며 바람의 방향으로 배를 나아가게 해 주는 중앙 후미의 방향타를 장착한 갤리 선박으로 대체되었다. 선박은 한층 커지고 부피도 확대되어 사람보다 많은 화물을 운반할 수 있게 되었다. 이들은 가까운 장래에 식민지 정복을 위한 전쟁의 주요 수단으로 활용된다.

신천지를 향해

카나리아 군도의 역할

식민지 시대의 초기 상황은 거의 알려지지 않았다. 1351년의 메디치가의 포르톨라노Portolano Mediceo 지도와 항해 안내서를 통해 카나리아 군도 혹은 카리브 해의 앤틸리스Antilles 제도가 세상에 소개되었다. 1380년부터 또는 적어도 에스파냐의 왕이 세비야를 수도로 했을 때부터 (얼마 후 카나리아로 불릴) 앤틸리스 제도의 일부 지역에 대한 탐험과 정복이 본격화되었을 것으로 보인다. 디에고 오르티즈 데 주니가에 의하면 바스크와 안달루시아 주민들은 이윤을 얻기 위해 이곳을 정복하거나 교역하기 위해 배를 무장했을 것이다(Errique Otte에서 인용, *"Los Sopranis y los Lugo"*, in Coloquio de Historia Canario-Americana, 1977). 자크 히어는 이러한 초기의 발견 또는 '재발견'이, 특히 13세기를 지나면서 동방과 북아프리카로 수출되기도 했던 최고급 품질의 사치스러운 직물에 대한 수요에 부응하기 위해 염료 수요가 증가한 데에 따른 결과라 주장한다. 아울러 멀리 인도에서 생산되었던 염색 재료에 대한 요구가 증가한 것도 같은 이유였다(자크 히어, *Les produits tinctoriaux et l'exploitation des îles atlantiques au Xve siècle*, in "Oriente e Occidente tra Medioevo ed Età Moderna", 1997).

지브롤터 해협을 넘어

고대에는 별로 적합하지 않던 여정과 방식으로 신대륙 탐험과 정복이 추진되었다. 항해자들은 영광에 대한 욕망과 모험에 대한 목마름 또는 새로운 무역 루트를 발견하려는 의지를 불태우며 아직도 두려움으로 가득한 미지의 대서양으로 진출했다. 1291년 5월에 우골리노와 귀도 비발디(13세기) 형제는 두 척의 국제 갤리선을 이끌고 지브롤터 해협을 통과하고 태평양을 가로질러 인도에 도달하기 위한 항해를 시작했다ad partes Indiae per mare Oceanum. 베네치아가 홍해를 통과하여 향료 무역을 독점적으로 추진하던 당시에 제노바 출신의 두 형제는 지브롤터를 통과해 인도에 도달하는 새로운 항로를 모색했던 것이다. 원정의 명백한 목적은 국제 교역으로, 인도 혹은 금이 생산되는 아프리카 남부 지역에 도달하는 것이었다. 당시까지만 해도 미지의 지역이었던 카나리아 군도와 마주하며 길게 펼쳐진 해안을 따라 나아간 형제의 항해에 대해서는 알려진 것이 없다. 몇 년 후인 1312년에 다른 제노바 사람인 란체로토 말로첼로(13-14세기)가 카나리아 군도에서 섬 하나를 발견하고 자신의 이름으로 명명했다. 반면에 이름이 알려지지 않은 다른 탐험가들은 마데이라 제도(1330)와 아조레스Azores 제도(1351)를 발견했다.

제노바 갤리선들의 출현에 대한 소식들이 증명하듯이, 지브롤터 해협을 지나 플랑드르와 잉글랜드 북부를 통과하는 해로와 모로코의 긴 해안을 따라 내려오는 노선은 수많은 해로의 일부에 불과했다. 일련의 정복은 교역을 쉽게 하고 더 큰 이윤을 확보하기 위한 새로운 수단과 항로를 찾으려는 이탈리아 상인들의 능력과 진취적인 성향에 의해 가능해졌다.

| **다음을 참고하라** |
역사 상업(202쪽); 위대한 항해가들과 동방의 발견(221쪽)

위대한 항해가들과 동방의 발견

| 조성균Cho Sunggyun |

극동을 이야기할 때마다 사람들은 머릿속으로 유럽에서 완전히 분리된, 매우 먼 곳에 위치하며 유럽의 발전된 문화와 어떤 형태의 접촉도 한 바 없는 외딴 지역을 상상한다. 반면 아시아 국가들의 역사를 볼 때 서방과 동방, 유럽과 아시아 사이에는 특히 칭기즈 칸의 몽골 제국이 형성되었던 13세기에 이들이 매우 빈번히 접촉했음을 보여 주는 많은 문헌이 존재한다. 동방의 부에 매료된 상인들은 흔히 실크로드로 알려진 고대의 길을 따라 '카타이'를 향해 나아갔다.

초기의 선교사들

가장 먼저 동양으로 진출한 계층인 상인들이나 몽골의 종교적 관용에 용기를 얻은 선교사들은 모두 대륙의 육로를 따라 몽골로 여행했다. 그리스도교 전파에 힘쓴 프란체스코회 소속의 피안 델 카르피네의 조반니Giovanni da Pian del Carpine(약 1190-

1252)는 신앙의 열정을 품고 수천 킬로미터를 여행하여 당시 미지의 세계였던 대륙에 들어섰다. 그는 1245년 봄에 리옹에서 출발하여 이듬해 여름에 당시 울란바토르에 머물고 있던 칭기즈 칸의 제국에 도착했다. 그리스도교를 전파하려는 초기의 의도는 실패했으나 아시아 심장부를 향한 여행은 생생하고 풍부한 경험을 담은 저서 『몽골인의 역사Historia Mongolarum』를 통해 전해졌다. 이 책은 내용의 부정확성과 종종 드러나는 동화적 묘사에도 불구하고 서양이 접한 미지의 세계에 대한 최초의 문헌으로 여겨진다.

중국으로의 그리스도교 전파

프란체스코회의 선교사이자 모험가 뤼브룩의 기욤Guillaume de Rubrouck(1215/1220–약 1270)은 몽골에 들어가 그리스도교를 선교하려 노력했지만 성과를 거두지 못했다. 대신 여행기 『몽골 제국 여행기Itinerarium』에서 기욤은 조반니보다 구체적이고 현실적인 사실을 기술했다. 이 책은 몽골의 역사를 재구성하는 데 매우 중요한 문헌이다. 역시 프란체스코회 소속의 몬테코르비노의 조반니Giovanni da Monte corvino(1246–1328)는 예수회 소속 신부들이 도착하기 수세기 전에 이미 중국에 그리스도교를 확산시킨 인물로서 최초의 베이징 대주교가 되었다. 포르데노네의 오도리쿠스Odoricus da Pordenone(약 1265–1331, '오도리코Odorico'라고도 함*)는 프란체스코회 소속 신부로 인도의 해안을 따라 긴 여행을 하며 자바, 보르네오, 티베트에 도착했고 마침내 달라이 라마의 옛 거처인 라싸Lhasa를 방문한 최초의 서양인이었다.

상인들에게 개방된 새로운 중국

수많은 유럽 상인이 몽골식 평화의 기간에 부를 찾아 중국으로 진출하여 매우 조밀하고 또 자신들에게 유리한 무역망을 구축했다. 하지만 이에 대해서는 중국 역사학자들의 연구만이 알려져 있을 뿐, 당시 상인들의 여행에 대한 어떤 정보도 남아 있지 않다. 그렇다면 몽골식 평화란 무엇인가? 아시아 동부 지역들의 정치적 균형은 몽골 세력의 등장으로 위기에 빠졌다. 1206년에 칭기즈 칸(1167–1227)은 모든 몽골족의 족장으로 선출되었고, 그의 군대는 13세기에 금나라와 송나라를 정복했다. 제일 먼저 몽골의 공격을 받은 진나라는 어떤 저항도 하지 못했다. 몽골은 1215년에 베이징을 함락시키고 이후 서하西夏(티베트 계통의 탕구트족이 세운 나라)를 정복했는데, 이 시기에 칭기즈 칸도 사망했다. 칸의 권력을 계승한 오고타이(1186–1241)는 당시 무정부 상태에 있던 동아시아의 정복 지역을 조직화하려 했다. 몽골의 통치자들은 독단

몽골 제국

적으로 상품과 노예를 징발했고, 경작지를 목초지로 전환시켜 주민들의 생계를 위험에 빠뜨렸다. 그는 과거 금나라의 관리였던 한 인물의 도움을 받아 (비록 부분적이기는 해도) 점령 지역들을 철저히 통제하는 방식으로 무차별적인 착취와 무질서에 대처했다.

1260년에는 칭기즈 칸의 손자 쿠빌라이 칸Kubilai Khan(1215-1294)이 몽골의 패권을 잡았다. 1268-1279년에 그는 몽골 세력에게 몰락당하고 있던 송나라의 모든 영토를 정복했다. 이제 중국은 몽골에 완전히 정복되었고, 송 왕조는 최후를 맞이했다. 쿠빌라이는 원元 왕조를 세워 원이 1280년부터 1368년까지 중국을 통치했으며, 금나라와 무슬림 관료들의 보필로 송을 원형으로 자신의 권력을 확립했다. 그리고 수도를 베이징으로 옮기면서(칸의 수도 또는 대도大都를 의미하는 칸발릭Khanbaliq[한팔리汗八里]) 제국의 행정 수도에 어울리는 새로운 구조 개편과 근대화에 노력했다. 행정과 통치는 주로 송나라인들을 제외한 관리들이 담당했다. 그들은 공직 재개를 목적으로 국시 제도를 폐지했는데, 이것으로 송나라 시대의 몇 가지 특징적 요인들이 사라졌다.

원나라의 주민은 4개의 사회 계층으로 구분되었고, 각각은 서로 다른 권리를 누렸다. 최상위의 몽골인 계층은 (당시 6천 만 명의 주민들 중) 수십만 명으로 모두 세금 면제의 특권을 누리던 지주와 소수의 관리들이었다. 두 번째 계층인 '특별한 등급' 계층은 거의 중앙아시아와 서아시아 출신의 주민들(터키인, 페르시아인, 시리아인)로 주로 행정과 상업 분야에 종사했다. 다음으로 중국인 또는 중국 북부의 주민들로 구성된 계층(한족, 거란, 고려인)은 소부르주아에 속했다. 가장 낮은 계급인 남부의 야만족 또는 송 왕조의 주민들은 모든 상업 활동과 공직에서 배제되었다. 4개의 사회 계층

몽골이 구축한 새로운 사회 조직에서 송나라 시대 때 핵심 역할을 담당했던 관리와 문인 계층은 어떠한 정치적 권력도 누리지 못했다. 이전부터 유지하고 있던 토지에 대한 소유권을 바탕으로 부분적으로나마 경제적 권력을 유지할 뿐이었다. 반면에 대륙 간 무역과 해안 무역이 활성화되면서 막대한 부를 축적한 상인들은 상당한 특권을 누렸다.

마르코 폴로

쿠빌라이 칸이 통치하던 중국의 활발한 상업 활동과 관련하여 1275년에 베네치아의 칸에 대한 봉사

상인 마르코 폴로(1254-1324)가 베이징에 도착했다. 그의 여행은 상당한 의미를 지녔다. 1271년 11월 예전에 베이징을 여행한 바 있는 부친, 삼촌과 함께 베네치아에서 출발한 그는 아나톨리아 고원, 아르메니아 산맥, 이란의 고원들을 통과하여 페르시아 만의 호르무즈Hormuz 해협에 도착했다. 여기서부터 아시아까지는 바닷길을 이용했지만 해로는 너무 위험했기에 일행은 다시 육로를 택했다. 호라산Khorāsān(이란 동북부를 중심으로 아프가니스탄, 투르크메니스탄에 걸쳐 있는 지역*)을 통해 북쪽으로 우회한 후에는 동방을 향해 여행하여 만리장성을 넘고 황하에 접근했다. 다시 이곳에서 쿠빌라이 칸의 여름 거처가 있는 상두上都에 도착했다. 1275년부터 1291년 말까지 일행은 당시까지도 지나Cina로 불리던 키타이Qitay(거란, 예수회 신부들은 거란, 즉 몽골인들이 유목민 부족들을 복속시키고 군사적 승리를 쟁취할 때까지 이것이 해당 지역을 통치했던 부족의 이름이었다고 생각했다)에 머물렀다.

대략 20년 동안 중국에 머문 마르코 폴로 일행은 조국으로 돌아갈 것을 결심했다. 그들은 중국, 인도차이나, 말레이시아의 남부 해안을 따라 항해했고, 스리랑카와 인도 반도의 남부를 통과하여 호르무즈 해협에 도착하는 바닷길을 택했다. 흑해 근처의 트라브존까지는 육로를 선택했다. 여기부터는 3년이 조금 넘는 오랜 여행을 마감하는 마지막 여정으로 바닷길을 택해 1295년에 드디어 베네치아로 귀환했다.

1298년에 제노바에서 포로로 잡힌 마르코 폴로는 루스티첼로Rustichello(13세기)에게 자신의 여행에 대한 기억을 전했는데, 이를 계기로 『동방견문록Libro delle Meraviglie 또는 Milione』이 집필되었다. 동양과 서양의 역사 모두에 중요한 문헌(베이징에 마르코 폴로의 이름으로 불리는 오래된 다리가 있는 것으로도 알 수 있다)이며, 마르코 폴로의 여행기를 읽고 동방을 향한 모험을 시작한 선교사와 상인들 사이에서 이 문헌이 크게 확산되었다.

동방의 그리스도교

몽골은 종교적 측면에서 관용 정책을 펼쳤다. 불교, 유교, 도교가 다양한 차원에서 세력을 확장하는 동안 네스토리우스파 그리스도교, 유대교, 이슬람교도 외부 종교였다(모든 종교의 종교인들은 거의 모든 세금을 면제받았다). 예수회 신부들의 서신을 보면 중국에 그리스도교가 소개된 것이 이들보다 몇 세기 앞선다는 점을 알 수 있다. 서신들에서는 16세기 선교사들의 지식이 13세기 선교사들의 지리에 대한 감각에 미치지 못함이 드러난다. 포르투갈과 에스파냐 상인들은 고대 카타이Cathay(중국)의 지리적 위치에 대한 정확한 지식이 없었다. 다만 마테오 리치Matteo Ricci(1552-1610) 같은 몇 명의 선교사들의 세심한 연구를 통해 마르코 폴로가 말한 카타이가 당시의 명나라를 의미함을 알게 되었다.

예수회의 선교 활동

중국에서의 네스토리우스파 그리스도교에 대한 예수회 신부들의 연구는 매우 흥미롭다. 신부들은 오래전 그리스도교인들이 겪은 일들을 재구성하면서 이들이 사라질 때까지의 역사를 기술했다. 실질적으로 예수회 신부들은 중국에 도착했을 때 수많은 교회와 유적, 그리고 예식을 주관하던 자들의 일기와 숭배에 관한 관습들을 발견했다(4세기 중반-약 451년). 이러한 숭배는 431년의 에페수스 공의회 이후 비잔티움 제국의 황제 테오도시우스 2세Theodosius II(401-450, 408년부터 황제)의 통치 기간에 로마 제국에서 추방된 바 있으며, 당나라(618-907) 시대에 동방에서 세력을 확대한 것으로 추정된다. 다른 문헌들에 따르면 네스토리우스파의 그리스도교가 그 이전 시기인 5세기 초반에 셀레우치아Seleucia-크테시폰Ctesiphon의 대주교 또는 아시리아Assyria 교회 일파에 의해 확산되었을 가능성이 제기되었다.

네스토리우스파(경교)의 신도들은 이 단체의 중국어 명칭에 따르면 대략 유대교 기원이며, 상인들의 통로를 따라 빠르게 확산된 것으로 보인다. 이에 대해서는 재커바이트Jacobite 기원의 그리스도교인들이 남긴 증언들을 통해서도 알 수 있다. 네스토리우스파 추종자들은 당 왕조 전 기간 동안 강력한 무리를 유지했다. 고대의 수도 장안(현재 시안)에 있는 네스토리우스의 비석을 통해서 이 종교가 얼마나 확산되었는지를 짐작할 수 있다. 몽골의 지배하에서 네스토리우스파 교회는 특히 중동아시아에서 크게 세력을 확대했다. 과거 네스토리우스파는 터키인, 위구르족, 몽골인들 사이에서 세력을 확대했고, 원의 지배하에서 당 왕조 당시의 전성기를 회복하여 크게 번창했다.

16-17세기에 중국에 도착한 그리스도교 선교사들은 이 교회에 대해서는 무엇도 발견하지 못했다. 원나라를 정복한 명 왕조는 외국인들에게 배타적인 정책을 채택했다. 이러한 이유로 외국인 네스토리우스파 신자들은 18개 주의 명나라 영토를 벗어나 피신했다. 예수회 신부들은 로마 최초의 주교에 대한 소식도 거의 발견하지 못했다. 몽골 제국이 붕괴되고 이를 계승한 명나라 초기 황제들이 취한 고립 정책으로 두 세계는 실질적으로 멀어지게 되었으며, 몇 세기가 더 지나서야 비로소 다시 조우

할 수 있었기 때문이다.

| 다음을 참고하라 |
역사 오스만 제국(186쪽); 항해의 발전, 대서양 탐험과 지리상의 발견(217쪽)
문학과 연극 백과사전주의, 과학과 여행 문학(773쪽)

채권과 통화

| 발도 다리엔초Valdo d'Arienzo |

상업혁명으로 서유럽에서는 상인과 금융업자가 보다 중요한 역할로 부상했다. 박람회와 거래를 위한 신용 수단들이 성장을 보여 주는 명백한 증거였다. 프랑스의 루이 11세가 원하던 통화 개혁과 초기 이탈리아 도시들에서 시작된 금화 주조 과정은 이와 같은 흐름을 촉진하는 데 매우 적절한 수단으로 작용했다.

상업혁명

이전 시대의 통화 유통이 비교적 소규모에 머물렀다면 13-14세기에는 '상업혁명'으로 정의될 정도로 크게 발전했다. 상업혁명은 이전 시대의 경제 성장을 급진적으로 수정했으며, 대규모 통화 유통과 새로운 형태의 신용(거래를 위한) 수단들 덕분으로 자본 축적의 상황, 즉 전근대적 자본주의 체제로 이행되는 결정적인 순간을 맞이했다. 봉건 체제의 확립은 유럽 대부분의 지역에서 사회적-정치적 안정을 제공했다. 그 즉각적인 결과로 적어도 14세기 중반에 흑사병 확산으로 중단될 때까지의 지속적인 인구 증가, 농업의 활성화, 높은 생산성 향상이 있었다. 농산물을 포함한 과잉surplus 생산은 시장에 영향을 미치면서 교환을 촉진했다. 변화는 금융업자들의 한층 활발하고 구체적인 활동에 의해서도 탄력을 받았다. 이러한 움직임의 중심에 위치한 도시들은 새로운 경제적-상업적 활력을 필요로 하는 신도시 계획의 기준을 기반으로 성장과 발전을 거듭했다. 아름다움pulchritúdo, 합리성, 효율성, 공간적 기능, 모임 장소로서의 광장이 가지는 개념들이 도시 정권의 개혁을 위한 결정과 계획에 영향을 주었고, 도시 정부는 변화된 현실에서 개혁을 실현하기 위해 많은 재정적인 노

도시의 변화

력을 기울였다. 시장은 상인들이 모이는 외랑外廊이나 광장에서 공동의 정체성과 가치가 반영된 이상적인 공간을 발견했다. 경제적 중흥과 이해관계가 최우선적으로 작용하는 공간인 공동체에 대한 새로운 소속감이 재차 강조되었다. 박람회는 군주와 시민 권력의 특권 정치와 면세 덕분에 지방뿐 아니라 점차 국제적 차원에서도 상업 교역의 확대로 이어졌다. 무역로, 특히 유럽 대륙의 수로들은 보다 안전해졌고, 서로 멀리 떨어진 지역들 간의 신속하고 편리한 상품 운송도 가능하게 해 주었다. 샹파뉴와 브리, 프랑스 중북부 지역에서는 이미 12세기 중반부터 10여 년의 과정을 통해 정확하고 구체적인 달력에 따라 순차적으로 박람회가 열렸다. 처음에는 유럽 각 지역, 잉글랜드, 플랑드르로부터 계속해서 이탈리아 반도와 (이러한 지역들에서 가장 가까이 위치한) 롬바르디아로부터 상인들을 끌어모으려는 계획이 구체화되었다. 바르-쉬르-오브, 라니, 프로뱅, 트루아(특히 후자의 도시들에서는 두 차례 박람회가 열렸는데, 첫 번째 박람회는 '냉冷 박람회'라고 불렸다)와 같은 도시들은 상업 활동을 위한 만남의 고전적인 주기가 자리 잡았는데, 한 달 반이 그 주기였다.

상인과 금융업자의 관계

상업 활동이 확장되는 시기에 상인들은 상업 교역과 매매를 강화하는 데 소요되는 막대한 자금을 확보해야 할 필요로 금융업자들과 통화 환전가 또는 환전업자들과 더욱 긴밀한 관계를 맺으려 노력했다. 그 외에도 주요 금융 활동에 저축과 대부가 도입되어 고리대금에 관한 교회의 잡음이 줄어들자 신용 거래가 확산되었고, 상인과 금융업자의 형성이 촉진되었다. 특히 금융업자는 얼마 있지 않아 역사적 전개의 주역으로 등장했다. 금융업자들이 보장하는 신용 거래 확산이 가장 확실한 성장을 지원했다. 쉽게 거래가 가능한 상업 문서, 신용 증서, 교환 증서는 지불 방법을 다양하게 해 주었고, 동시에 교역 규모의 확대에도 기여했다. 유명한 프랑스 박람회들의 경우 상인들의 계약이 박람회 초기 몇 주보다 금융 활동이 집중된 마지막 기간에 보다 활발했던 것은 우연이 아니었다. 이를 배경으로 이후 몇 세기 동안 제네바의 그것들과 같은 성격의 박람회들이 주 국제 금융 거래의 중심지로 부상하면서 상업 활동이라는 본래의 특징을 상실했다.

이전 세기들의 불확실성이 종식되면서 주로 자금과 성공, 사회적 특권을 바탕으로 측정 가능한 성장에 대한 확고한 의지와 신뢰가 사회를 지배했다. 부르주아는 적어도 도시 내부의 주인공으로 등장했고, 이후의 세기들에서 더욱 강화될 가치와 이상을 확립했다. 도시 발전은 주변 지역들과의 순환 교역을 촉진시켰다. 주변 지역들이 주로 도심에 식료품을 조달하고 공급하는 기능을 담당했던 반면에 도시에서는 수공업 활동과 전근대적인 산업이 확산되면서 노동 도구와 의류 등, 주로 주변 지역이 필요로 하는 물품들을 공급하는 임무를 맡았다. 비록 속도는 느렸지만 도시 주변 지역들은 후진적인 자급자족 형태에서 벗어났다.

통화

은화 서유럽에서 통용되었던 대부분의 통화는 은화였다. 은화의 순도는 시간이 지나면서 최저 수준까지 떨어져, 그 수가 빠르게 증가했음에도 통화 수요 증가를 자극하는 요인인 이전에 비하여 많은 임금을 받는 주민들의 수요에 상대적으로 대응하지 못했다. 이것은 통화의 평가 절하로 정의될 수 있는데, 당시 경제의 새로운 요구와는 정확히 반대로 진행되었다. 다시 말해 교역 증가와 상업망 확대는 이제 유럽의 대금융업자들과 대상인들의 요구에 부응할 '강력한 통화'를 필요로 했다. 최고의 상업 도시이자 경제 흐름과 변화를 매우 세심히 주시했던 베네치아는 13세기 초반 주조 당시 피콜로piccolo라는 이름으로 불린 통화보다 12.33의 가치가 높은 2.18그램의 은화 마타판matapan을 주조했다. 이후 제노바와 피렌체 같은 이탈리아의 다른 대도시들도 유사한 기준을 마련했다. 알프스 이북 지역에서는 프랑스 왕 루이 9세(1214-1270, 1226년부터 왕)가 투르에서 4.22그램짜리 동전 그로소 토르네세grosso tornese를 주조했고, 계속해서 에스파냐, 독일, 잉글랜드, 네덜란드가 비슷한 가치의 통화를 주조했다. 그럼에도 그로소 토르네세가 여러 이유로 국제 통화로 남게 되었으며, 이후 수십 년간 전 유럽에서 모여든 상인들이 함께 경제 활동을 수행했던 샹파뉴와 브리의 박람회에서도 통용되었다.

금화 항상 높은 가치를 유지하는 통화가 필요해짐에 따라 13세기 중엽에는 금화가 다시 주조되었다. 역시 이탈리아 도시들이 가장 먼저 주조를 시작했다. 1252년에 제노바는 3.53그램의 동전 제노비노genovino를 주조했고, 피렌체는 이보다 조금 더 무게가 나가는 3.54그램짜리 피오리노fiorino를 주조했다. 1284년에 베네치아가 3.56그램의 금화 두카토ducato를 주조했는데, 제키노zecchino라고도 불렸다. 모두 순도 24K로 거의 같은 무게였으며 대륙 전체에서 거의 동일한 가치를 유지했다. 그리고 가장 수요가 많은 국제 통화로 발전했다. 그로소 토르네세나 과거에 주조된 은화에 비해 높은 가치를 인정받았기 때문이다. 하지만 이후에 주조된 통화들은 순도가 떨어지고 사실상de facto의 가치 절하에도 불구하고 가장 오랜 기간 가치를 유지했다. 군주국들은 경제, 국제 상업 교역, 유럽 군주국들에 강력한 영향을 미치는 금융 매매를 강력하게 지탱해 주는 금화들에 의존하기보다 이들의 가치를 축소하려 했다.

13세기 후반에서 14세기 초반까지 통화는 군주들의 정치적 수단으로 작용했다. 잉글랜드와 나폴리 왕국, 프랑스는 특히 일련의 법 규정을 통해 왕권을 위한 통화 주조의 독점권을 차지하여 사실상의 독점을 실현했다. 각 통화의 무게 표준과 단위를 보장할 목적에서의 통화 유통을 위한 새로운 질서의 필요성은 실질 통화가 영토와 실질적 지배의 영내에서 독점적으로 통용되는 것을 보장하려는 노력으로 이어졌다. 이러한 정책은 보다 방대한 필요성에 상응했으며, 통화는 초기 근대 국가 형성에 유용하고 기능적인 의미의 수단이 되었다. 다른 측면에서 볼 때 이것은 유럽 통화 시장이 중세의 고유 경계를 벗어나 국제 수준에 도달했음을 증명했다. 즉 상업 교역의 영역 확대, 통화 유통의 증가, 환율의 역할 증대는 통화를 각 국가가 마련한 규정들로 통제하고 조율하는 것이 거의 불가능한, 초국가적인 상품으로 만들었다.

| 다음을 참고하라 |

역사 제조업(194쪽); 광산과 제련업(198쪽); 상업(202쪽); 시장, 박람회, 무역로(208쪽)

사회

STORIA

귀족과 부르주아

| 카티아 디 지롤라모 |

부동산 집중화와 군사적 성향이 여전히 중세 후반기의 귀족 사회를 상징했으나
이 기간에 귀족들은 성문화된 사법 규정을 마련했다. 그럼에도 정치 권력을 공유하려는
시민 부르주아들이 상위 계층으로 흡수될 가능성은 여전했다.

지도층 신분의 지속성과 불안정성

13-14세기의 귀족들은 오랜 변화 과정에도 중세 전반기의 귀족들이 가지고 있던 몇 가지 특징을 유지했다. 첫 번째는 토지를 재산의 핵심으로 간주하고 토지 소득을 삶의 근거로 여긴 것이었다. 부분적으로는 고대 로마 말기의 특징에 해당했다. 두 번째는 중세 전반기와 게르만 사회에서 보다 직접적으로 유래한 것인데, 중세가 지나간 후에도 장기간 귀족의 상징으로 남은 군사적 성향이었다. 반대로 11-12세기에 귀족의 이력을 바꾼 활력적 요인은 이념적 정당성이었다.

이를 통해 그리스도교 군인의 기사도 윤리ethos와 그리스도교의 전사miles christianus, 그리고 오랫동안 강력하고 실용적이고 공격적이며 동시에 방어적인 태도를 유지했던 중세 전반기 지배층의 특징은 더 이상 찾아볼 수 없게 되었다. 대신에

예술과 문화에 대한 관심이 더욱 증가했다.

다른 한편으로 귀족과 토지의 결속에서도 모든 것이 연속적인 흐름을 보이지는 않았다. 중세 전기의 소유 관계와 봉신-봉토 체계로부터 중세 중기의 봉건 영주 또는 성 또는 사용세, 12세기 말부터 시작해 군주의 권위에 의해 정당화된 봉건 계급에의 예속에 이르기까지, 중세의 권력자들이 어떻게 자신의 통치 기능을 구체적인 방식으로 강화시켜 나갔으며 또한 왕조에 대한 진정한 의식의 초기 요인들이 형성되는 데 기여한 토지에 어떻게 더욱 결속되어 갔는지를 명확히 보여 주었다.

특권의 성문화

성문화 과정의 마지막 단계는 진정한 귀족 계층의 탄생과 직접적인 관련이 있었다. 공권력이 봉건 군주국과 지역 국가 형태로 느리게 재조직되고 있을 당시인 12세기 말에 봉건 영주들은 왕권에 빠르게 복속되기 시작했다. 봉건 영주들은 13세기에 군주가 권위의 중심으로 구축된 계급 구조에 편입되었다. 왕국 내 권력자들은 자신의 재산권을 행사할 수는 있었으나 군주들은 그들의 재산 행사권이 자신의 권위로부터 유래한다는 원칙을 확립했다. 이 과정을 통해서 귀족들의 정치적 복속을 위한 최초의princeps 요인도 모색되었다. 실질적인 권력은 이전 시대에 이미 구축되었으며, 군주들은 귀족 계층의 지속적인 정치적 역할을 상징하는 영토적-사회적 질서 체계를 통합하고, 이를 자신들에 유리하게 이용했다. 공권력의 재조직

이러한 상황에서 진정한 귀족이 등장했다. 1231년에 프리드리히 2세(1194-1250, 1220년부터 황제)가 선포한 멜피 헌법에서도 알 수 있듯("귀족 가문 출신이 아니면 군사적 명예를 허용하지 않는다sancimus ut ad militarem honorem nullus accedat qui non sit de generi militum"), 로마의 법적 유산을 찾아내고 지방 권력들과의 관계를 조율하며 특권을 성문화하고 상속을 조정하며 친족의 최고 권력을 군사적 기능에 접목하면서 이에 정당성을 부여하는 주체가 정부 권력이었기 때문이다. 이후로 기사 수도회ordo militaris는 법적 제한을 받았다. 군주들은 새로운 기사들을 무장시킬 수 있는 유일한 세력으로 등장했지만, 무력 행사가 귀족만의 것이며 기사의 가치는 귀족들의 정신에 자리 잡은 반면에 특권 상속은 왕조에 대한 의식을 구체화시키고 실질적인 무력 행사 위에 군림하는 왕조의 가계들에 집중되었다. 이러한 사실은 군사적 전통을 가진 지방 귀족들과 상업 및 금융 활동으로 강력한 경제력을 갖춘 가문들이 가세한 혼합 권력이

종종 최고의 정치 권력이 된 이탈리아 지역 국가들에서 확실히 드러났다.

이탈리아에서도 13세기는 변화의 시기였다. 시민 과두 지배 체제가 등장하여 가문을 기반으로 주요 관직에 진출하는 일들을 제한하기 시작할 때, 유사한 법적 폐쇄성이 나타나면서 지역 귀족이 출현했다(볼로냐에서는 1282년, 피렌체에서는 1293년, 그리고 베네치아에서는 1297년).

지역 귀족

사회적 유동성의 몰락인가

중세 귀족들의 폐쇄적 성향에도 불구하고 그들은 자신의 경제력과 사회적 특권을 이용해 상당한 변화 적응 능력을 유지했다. 이를 위해 장자 상속제로 스스로를 통제하는 것은 물론이고 계속된 전쟁으로 세력이 약화된 계층을 재통합할 필요도 요구되었다. 사회적 신분 상승의 열쇠는 부의 소유나 왕의 고위 관료가 되거나 지역 국가의 정치 관직에 적극적으로 진출하는 것이었다. 반대로 귀족들의 특권 상실dérogeance은 빈곤화(그럼에도 가난해진 귀족을 보호할 수 있는 능력을 갖춘 있는 가계들의 사례가 없었던 것은 아니다)나 고위 권력의 상실과 관련 있었다. 이러한 이유로 중세 귀족을 재구성하는 것의 핵심은 14세기가 직면한 위기의 경제적-정치적 대변화와 관련 있었다.

부르주아와 부르주아들

귀족층에 대한 특별한 함의를 인정할 수 있게 해 주는 여러 조건 중 하나는 다른 사회 그룹과의 비교를 통해 드러났다. 오늘날에는 이 그룹에 속한 사람들을 '부르주아'로 부르지만 이 용어는 19세기의 역사 연구와 사회학 연구에 따른 계층화를 떠올리게 한다. 중세의 부르주아는 이 용어의 근대적 개념과 무관하다. 당시의 부르주아는 생산 수단을 소유하지도 않았고 귀족과 무산자 계층에 적대적이지도 않았다. 오히려 도시 밖 마을, 그러니까 중세 중기의 도시 발전을 가장 극명하게 보여 주는 '성곽 밖'의 과수정過受精에 거주하던 사람들을 지칭한다.

마을에 거주하는 자들

부르주아는 농부나 지주, 수공업자, 여관 주인, 공증인, 상인, 금융업자, 그리고 상당히 이질적인 어떤 것들의 복합체일 수도 있다. 농업에 종사하지도 그렇다고 노동자이거나 육체 노동의 소득으로 살아가지도 않았지만 단지 도시에 거주지를 가지고 있다는 것을 기준으로 구별되었다. 아담의 살림베네Salimbene(1221-1288)는 『연대기Cronica』에서 "귀족은 농촌과 자신의 소유지에 살지만 부르주아는 도시에 거주한다"고 했다. 이러한 이유로 중세의 부르주아를 말할 때는 복수 형태bourgeois를 사용하는 것이 보다 정확하다.

중세 부르주아의 법적 특징은 이탈리아 도시들에서 매우 일찍 드러났다. 자치 도시들의 법령(해당 도시 출신 사회 계층만의 노력으로 얻어진 것은 아니다)은 시민 정부에 적극적으로 참여하는 시민과 부르주아들cives et burgenses의 특권과 의무를 구체적으로 규정하면서, 이들에게 직접세와 도시에 건축물과 방어 시설을 설치, 보호하기 위한 특별세를 부과했다. 중세 전성기의 경제적 부흥은 토지 소유와 도시 정부의 여러 제도에 깊숙이 관여하는 부유한 부르주아가 등장했고 부르주아 그룹들 간의 차별을 통해 두드러졌다.

이러한 목적에 따라 대大부르주아들은 다양한 환경에서 많지 않은 재산과 특권을 가진 사회 그룹인 중간 부르주아 또는 민중과 연합을 시도했으나 그들의 정치적 신분 상승을 위한 모든 요구는 탄압했다. 즉 귀족과 대부르주아의 대립이 중세 중반과 후반에 있었던 도시 역사의 많은 부분을 차지했다. 대부르주아는 귀족들의 삶과 행동을 모방하며 그들을 대신하여 귀족 반열에 오르고자 노력했다. 게다가 점차 재력과 생산 능력, 노동, 관용의 새로운 가치, 이상적인 귀족의 그것과는 무관한 존경심과 신용에 대한 새로운 자긍심을 키워 나갔다.

사회적 연합

귀족들의 관습에 따라 보다 귀족적으로more nobilium 살고자 하는 대부르주아들의 노력은 여러 방식으로 실현되었다. 다양한 형태로 발전했던 결혼 전략도 여기에 포함되었다. 귀족적 삶의 방식을 모방하려는 가장 흔한 노력은 정치 권력(은 경제적인 성공도 보장한다)을 획득하고 이를 귀족과 공유하려는 집요한 노력과 토지 소유에 대한 집착(아직도 향후 수세기 동안 실질적이고 안전하며 명예로운 유일한 부로 여겨졌다), 그리고 자신을 보편적 행동 규범의 기준으로 채택하는 것이었다. '도시의 현실'과 '문명'이 다양한 사회 부르주아 그룹의 수많은 부속 규범에 편입되면서 그들은 농촌 사람들에 대한 우위를 차지할 수 있었다. 또 오랜 기간 귀족의 예절과 귀족의 기사도까지도 흡수할 수 있는 말과 행동의 형식주의적인 규범이 되었다. 중세 후기의 도시 귀족들 사이에서 그들이 소小부르주아들과 거리를 두려 했던 오만한 성향은 이처럼 명백하게 드러났다. 한편 당시의 소부르주아를 가리키는 용어는 '소민중' 또는 '무식한 주민들', '평민', '오합지졸', 심지어 '파괴적인 무리들pestilens multitudo' 등 다소 경멸적인 의미를 내포했다.

토지 소유

| 다음을 참고하라 |
역사 도시들(213쪽); 자선단체들(234쪽)

자선단체들

| 엘레나 산체스 데 마다리아가Elena Sanchez de Madariaga |

13-14세기에 종교적인 목적에 따라 세속인들이 자발적으로 형성한 자선단체들이 서유럽의 그리스도교 세계에 확산되었다. 이들이 동원한 재정 수단은 그 목적과 구성 조직이 매우 다양했다. 구성원들 사이에서 자비의 실천과 미래에 대한 기원, 구원에 대한 욕구, 숭배 의식의 고양, 조직의 결속력은 여러 계층의 개인이 가담한 자선단체의 수를 크게 증가시켰고, 종교적-사회적 삶에서도 중대한 역할을 했다. 13세기에는 고행자들(속죄를 위한 자선단체들)이 조직되었다. 그리고 14세기 말에는 백의의 자선단체들이 사형 집행 과정에 전문적으로 참여했다.

중세 후기의 확산

중세 후기에 자선단체의 출현과 관련하여 성직자들이 큰 역할을 한 것은 사실이었으나 자선단체들은 12세기부터 남녀 세속인 신자들의 조직으로 출현한 바 있다. 그들은 자발적 형제애에 근거하여 공동체를 형성한 세속인들의 종교적-사회적 삶의 중심으로 자리 잡았다. 13-14세기에 이들은 서방 세계에서, 특히 도시를 중심으로 그리스도교를 전파했다. 그리고 교구, 교회, 수도원, 기도실 등 은둔자의 거처 또는 예배당을 세우고 영원한 구원을 열망하며 숭배를 독려했다. 자선단체들은 구성원들로 하여금 서약을 하거나 공동체에서 살 것을 강요하지 않았으며, 단지 형제들 사이에서 미래를 위해 자비를 실천했다. 이는 중세 후기에 이들의 세력이 크게 확장되는 데 큰 영향을 주었다. 탁발 수도회 교단들과 회개 운동도 1260년부터 이들이 세력을 키우는 것에 일조했다. 이후 흑사병이 창궐했던 기간에도 전 유럽에서 그 수가 크게 늘었다. 당시의 문서를 통해서도 잘 알 수 있듯이, 자선단체들은 도시에서 시작되었지만 농촌 지역에서도 교구와 긴밀한 관계를 형성했다. 조직들은 법령을 갖추었고, 원칙적으로는 교회의 권위와 세속 권력에 예속되었지만 상당한 유연성을 갖추면서 다

사회에서의 특징과 뿌리 내리기

양한 사회 그룹과 여기에 소속된 세속인들이 자발적으로 참여할 수 있는 공간을 제공했다. 중세 말기에는 목적 수행과 참여 방식들, 그리고 공적 활동의 내부 조직에서 상당한 자치를 누렸다. 또 사회적-종교적 규모가 꽤나 다양하고 유동적이었기에 사회 깊숙이 침투할 수 있었다.

종교 축제와 공동 만찬

중세의 자선단체들이 주관했던, 매해 수호성인을 기념하여 연 축제는 중대한 의미를 지녔다. (빈곤의, 자비의, 은혜의) 성 처녀 마리아, 성신, 삼위일체, 성 십자가, 구원자, 성 니콜라스, 성 야고보(산티아고), 성 요한, 성 세바스티아노, 성 로코, 성 바르톨로메오, 성녀 가타리나, 성녀 아녜스, 성 루카, 성녀 아가타 등이 대표적인 사례였다. 축제는 예식과 예배, 죽은 형제에 대한 기억, 모두가 참여하는 만찬, 사회적 공무를 위한 선거를 목적으로 개최되는 구성원들의 위원회와 더불어 공동체의 내적 관계들을 강화시키기 위한 좋은 기회였다. 중세의 자선단체들에게 공동 만찬은 종교 예식과 불가분의 관계였다. 이는 정신적-세속적 측면 외에도 신성하면서도 동시에 자선단체의 세계를 가장 상징적으로 보여 주는 이단적인 측면도 대변했다.

신구 숭배(헌신)

중세의 전통 자선단체들은 이미 폭넓게 확산되어 있었다. 이들은 근본적으로 기도와 숭배를 통해 긴밀히 연결되어 있는 자선단체의 죽었거나 살아 있는 형제들을 위한 수호성인의 중재 촉구에 기초했다. 노르망디의 자선 병원들Charités은 죽은 자들에 대한 기념인 성인들의 성체에 기초한 전통을 추구했다. 동시에 보다 근대적이고 세련된 헌신의 형태를 대변하는 다른 유형의 자선단체도 등장했다. 이탈리아 중북부 지역 자선단체들의 움직임은 보다 빠르게 새로워졌다. 13-14세기에는 중세 찬미 작가들의 단체가 전성기를 누렸는데, 이들은 페루자로부터 움부리아와 토스카나, 그리고 비교적 제한적이었으나 북부 도시들(볼로냐, 이몰라Imola)로 확산되었다. 탁발 수도회에서 시작된 정체성 문제는 성모 마리아와 지방의 다른 수호성인들에 대한 칭송가를 통해서도 잘 드러난다. 이들의 노력은 세속인들에게 종교 의식을 좀 더 잘 이해하고 참여할 수 있는 기회로 작용했다. 1260년 페루자에서 고행자들의 운동이 시작된 이후 이탈리아의 다른 지역들에서도 고행자들의 자선단체들이 조직되었다. 리 이탈리아의 혁신구리아에서 시작된 백의白衣의 자선단체들의 운동은 1399년에 세속 형제애 단체들에게 새로운 자극을 제공했다. 그리스도에 대한 회개와 헌신에 기초한 고행자들의 단체는 한참이 지난 15세기 말부터 유럽 남부의 다른 지역들로 확산되었다.

자선

모든 자선단체는 형제애를 기초로 한 자비심, 구성원들 간의 구호성 대출, 설교, 예배, 자비의 작품들, 죽은 자를 위한 장례식을 거행했다. 일부 형제들의 노력에도 불구하고 어려움에 처한 형제에게 도움을 제공하는 것은 상대적으로 중요성이 떨어졌다. 외부에 진출하여 구호 활동에 몰두했던 자선단체도 있었다. 빈자나 빈자로 전락했기에 공개적으로 자신의 가난을 드러내는 것을 부끄럽게 생각하면서도 은밀하게 도움을 받는 사람들(특권층이었으나 빈곤해진 사람들), 병자들, 순례자들, 사형 선고를 받은 자들에 대한 물질적-정신적 지원은 자비를 실천하는 한 가지 방편이었다. 자선단체들의 행위는 매우 다양했다. 도움을 필요로 하는 특별한 무리에 물질적 지원이나 식사 또는 의복을 제공하는 단체들도 있었다. 카스티야에서 활동했던 사모라Zamora의 산타 마리아, 산 줄리아노와 같은 단체들은 중소 규모의 병원을 운영하면서 14개의 침대를 준비하여 순례자들과 병자들을 보살폈다. 프랑스 파리의 생자크Saint-Jacques의 순례자들은 산티아고 데 콤포스텔라로 향하는 가난한 순례자들을 위한 구호소를 운영했고, 초기의 정의 자선단체 중 하나인 볼로냐의 모르테Morte의 산타 마리아는 사형 선고를 받은 자들의 마지막을 동행했다. 또한 베네치아의 스쿠올레 그란디Scuole grandi, 피렌체의 오르산미켈레의 마돈나 또는 베르가모의 더 큰 자비Misericordia maggiore는 상당한 규모의 구호 시설을 운영했다. 중세 후기의 여러 도시에서는 많은 수의 빈자와 다방면의 도움을 필요로 하는 자들을 돕는, 적어도 1개 이상의 자선단체가 활동했다.

빈자 구호

자선단체와 직업

12-13세기부터 자선단체나 조합을 본보기로 하는 여러 직업이 성립했다. 종교적-사회적 목적에 따라 수공업자들과 다양한 유형의 상인으로 구성된 자선단체들은 경제적으로나 직업적으로나 조합으로의 이해관계를 통합했다. 이들의 활동을 위한 규정들은 회원들과 시민 권력에 의해 만들어졌다. 이윽고 하나의 직업을 중심으로 조직

된 자선단체들이 전 유럽에 출현했다(네덜란드, 잉글랜드, 포르투갈, 나바라, 아라곤 왕국, 프랑스, 이탈리아와 특히 유럽 중부와 북부, 보헤미아 등).

사회 구성

자선단체에 소속된 남녀 형제들은 다양한 사회 계층에서 유래했다. 사회적 관점에서 볼 때 많은 자선단체가 이질적인 특징을 가지고 있었다는 점은 관심을 끄는 요인 중 하나다. 다른 단체들은 직업(직업별 자선단체들), 예를 들어 이탈리아의 자선단체들과 아비뇽의 독일인 단체들처럼 외국인들을 받아들이는 자선단체들의 경우 출신 국가(지역), 사회적 신분(귀족 자선단체들) 등의 기준에 따라 가입을 제한했다. 주로 여성들로 구성된 자선단체도 있었다. 성직자 신분의 구성원은 자선단체를 조직하거나 세속인들의 자선단체에 가입했다. 따라서 특히 자선단체의 세계가 가장 다양하게 발전했던 도시들에서는 종종 한 인물이 하나 이상의 자선단체에 가입하는 경우가 발견되었다. 결국 14세기의 자선단체들은 도시 사회의 많은 부분에 영향을 주었으며, 중세 후기의 조합 공동체에 적극 통합되었다.

| **다음을 참고하라** |
역사 도시들(213쪽); 귀족과 부르주아(230쪽)

형사 재판

| 다리오 이폴리토Dario Ippolito |

군주제 강화, 법 이론의 실질적인 영향, 교회 입법의 영향력은 중세 후반에 등장한 형법 체계의 근대화에서 가장 주목할 만한 요인이었다. 반면 잉글랜드에서는 12세기부터 기소 형태로 3인 배심원 제도가 등장했다. 13세기의 유럽 대륙에서는 로마-교회 재판(소)의 이단 재판을 위한 범례가 확립되었다.

신의 심판을 뛰어넘어

정치 제도의 발전, 새로운 법학의 확립, 로마 교회의 활력적인 규정은 중세 후반의 사법 구조와 활동 변화에 기여하며 타성과 저항 사이에서 점진적으로 근대 유럽을 특징짓게 될 사법적 범례를 형성했다. 그것은 집단적 사고 차원에 속하는 보다 심오한 변화를 보여 주는 역사적-제도적 과정이었다. 사법적 논쟁들을 해결하는 수단으로서의 신명 재판이 점차 사라지며 게르만족의 전형인 세계관Weltanschauung의 위기가 명백히 드러났고, 새로운 이성이 등장했다.

중세 후반기의 문명은 증거에 기초하는 공적 재판 형태에 대한 신뢰를 상실했다. 과거에는 재판 결과가 신의 심판과도 관련 있었다. 책임을 밝히려는 노력은 (이후에도 오랫동안 지속되는) 심판의 결투와 연옥의 맹세, 그리고 심판이 무시무시한 도전에 임한 자의 육신에 자연 요인이 미치는 결과를 통해 드러난다는 끓는 물과 불타는 석탄, 뜨겁게 달구어진 쇠의 신명 심판과는 또 다른 방향으로 발전했다. 1215년에 인노첸시오 3세(1160-1216, 1198년부터 교황)가 신성 의식 승인을 불허했다. 신의 비이성적 심판으로부터 심문에 근거하는 인간적 심판의 이성적 재판으로 전환되었으며, 종교인들 사이에서도 비이성적인 심판에 대한 불신이 크게 확산되었다.

인노첸시오 3세가 교회의 사법 재판 방식을 비난하다

처벌에 대한 정의

중세 전반기와 후반기 사이에 이루어진 심판 절차의 근대화는 중세 초기에 사법적 환경의 다양화가 가져온 결과였다. 12세기 이전에는 민사 재판과 형사 재판이 구분되지 않았고, 각 재판의 전형도 만들어지지 않았다. 사법 재판의 차원에서 볼 때 봉건 영주들과 지방 영주들 사이에서만이 아니라 왕의 사법 기구들에서도 (오늘날의 관점에서는 민사와 형사로 구분할 수 있는) 다양한 유형의 분쟁이 별다른 구분 없이 신명 재판에 의존하여 해결되었다.

사법 정의의 형성은 프랑스와 잉글랜드의 대봉건 왕국들에서 조기에 등장한 군주권의 제도적-이념적 성립과 밀접한 관계를 가졌다. 특히 잉글랜드에서는 12-13세기에 왕이 보장하는 공적 평화pax와 관련된 금지 사항과 전통적인 금전적 배상 기준으로 축소될 수 없는 처벌 사항들이 등장했다. 이렇게 잉글랜드의 재판권은 형사 소송pleas of the crown을 확대하려는 경향의 목록들을 통해 당사자들이 해결할 수 없고, 왕의 사법권만이 처벌할 수 있는 폭력을 규정했다. 이와 같은 맥락에서 왕의 평화king's peace를 방해하는 자들을 처벌하고 처벌 책임을 확실하게 밝히는 데 목적을 둔 사법 재판이 구체적인 형태를 갖추었다. 왕의 사법적 차원

잉글랜드 형사 재판의 시작

왕의 재판에서 사회 통제 기능과 공적 질서 유지 같은 특징적인 요인은 헨리 2세(1133-1189, 1154년부터 왕)의 통치 기간부터 시작된 중세 신명 재판의 전형인 사적 고발에 대한 대안으로 등장한 체계적 심문 재판이었다. 심문의 다양한 유형은 대륙에도 확산되었지만 잉글랜드의 중재인제recognitio는 이단 심문의 가혹한 특징들이 포함되지 않은 상당히 특이한 제도였다.

사법 권위에 의해 선정된 12명의 레코그니터recognitor(대배심자*)는 재판을 위한 중요 사실을 판사에게 제공했다. 초기에 순회 재판관의 활동을 중심으로 구축된 왕의 사법 제도에서 이후 대배심원제로 정착되었다. 1166년에 클라렌든Clarendon의 중죄 재판소들은 각 부락의 보안관이 임명하는 배심원들에게 범죄자들과 협의자들의 명단을 순회 재판관들에게 제출하는 임무를 부여했다. 증언이 아니라 고발의 의미로 채택된 이들의 진술은 전통적 호소라는 위험한 결점을 피하면서 잉글랜드의 재판 관례에 고발의 흔적을 남기는 기소indictment 절차의 기초를 구성했다. 12명의 대배심원

기소 후속 과정에서의 절차 변화는 그다지 구체적이지 못했다. 배심원들의 진술을 통해 재판에 회부된 혐의자들은 신명 재판의 관습적인 증거들(대표적으로 서약)을 제시해야만 했다. 하지만 각 재판마다 피고들이 군주의 사면을 탄원하는 다른 재판 방식, 즉 재판 결과가 평결을 수행하는 배심원의 판단에 의존하는 방식이 등장했다. 진술 재판jury of presentment과 소배심petty jury 제도를 계기로 신의 심판이 궁극적으로

사용되지 않게 된 이후로 잉글랜드 사법부의 순회 재판은 해체 수순iter을 밟았다.

유럽의 사법 재판에 남아 있는 이단 재판의 흔적

비록 유럽 대륙에서 잉글랜드의 심사recognitio와 유사한 심문이 없었던 것은 아니었으나 다른 모든 유형에 우선하여 13세기에 사법 재판의 핵심으로 정착된 일종의 사법적 예심은 그 성질이 상당히 이질적이었고 매우 권위적인 성격을 가졌다. 이것의 역사적 모체는 가톨릭 교회가 이단자들을 탄압하는 데 사용했던 전략들에서 찾을 수 있다. 이들을 급하게 사용했어야만 했던 맥락에서, 과거 공적 처벌 행위의 시스템을 구축했던 그룹의 증언과 공식적인 조사의 상관관계는 더 이상 유지되지 못했다.

투르 종교회의(1163)에서 제정된 이후 교황 루치오 3세(?-1185, 1181년부터 교황)의 법령에 의해 폐지된 재판 절차를 개혁하고(1184), 교회의 이단 심문관들에게 사실에 근거한fama facti 단순한 추정에 대한 막강한 조사 권한을 부여한 교황 인노첸시오 3세의 역할이 결정적이었다. 이렇게 해서 아직도 증언자들testes synodales의 증언에 의존하던 과거 주교들의 심문은 내적으로 상당히 임의적인 이단 심문의 절차로 대체되었고, 그 주체적 역할은 프란체스코회와 도미니쿠스회가 담당했다. 이와 같은 위험한 사법적 환경에서 이후 피고를 공격적으로 다루는 요인들, 즉 증언자들의 이름을 비밀로 하는 것이나 고문을 가하거나 또는 특별한 형벌을 가하는 등의 요인들이 도입되었다.

사실에 근거한 재판

세속 재판소들은 이와 같은 사례를 추종하면서 사악한 이단자 심문 지침에 따라 죄질이 무거운 범죄자들의 처벌을 결정했다. 사법 이론은 사법적 변형을 후원하면서 고대 로마법의 재판 절차ordo in procedendo로부터 시작해 연구된 재판들에서 새로운 이단 심문 기구들을 수용했다. 법에 대한 연구와 법 규정에 집중하는 성향을 통해 사법 재판의 법정에서는 소위 말하는 로마-교회 재판이 등장했다. 형법 영역에서 이 유형은 18세기 혁명의 시대까지 오랜 기간 유지되었다.

로마-교회 재판

위와 같은 유형의 근본적 함의는 증거 심사의 비밀, 피고의 사전적 구금, 증거 요인들의 사전 등급, 고발에 비해 상대적으로 불리한 방어의 입장, 검찰 조직과 사법 조직의 혼란이었다.

이단 심문관은 재판을 진행하고 심문을 하고 판결을 내렸다. 자유를 상실한 피고는 은밀하게 진행되는 고발(밀고indicia), 증거documenta, 그리고 증언 문서의 작성과 수집이 이루어지는 예심 단계가 모두 종료된 다음에야 비로소 고발 사유와 자신에 관련된 증거를 통보받았다. 반복적인 증언에 협조한 후에 변호인의 도움을 받을 수 있는 피고의 방어와 예외들도 기록으로 남았다. **변호인 제도**

판결문은 신명 재판의 비합리적인 증거들에 더 이상 얽매이지 않고, 각 증거들에 일정한 효력을 부여하는 사법 이론의 철저한 합리성에 근거하는 매우 복잡한 심문 체제를 따랐다. 그럼에도 이러한 '법적 증거' 체계의 실질적인 등장은 역설적인 의미를 가졌다. 공정한 판결이란 이름으로 재판관들이 행사하던 자유 재량권을 억제한다는 의미에서 이 체계는 충분한 증거를 확보하는 데 한계가 있었다. 이 때문에 관련 규정들에 기초하여 피고의 자백을 받아 내고 처벌 절차를 진행하기 위해 고문을 부추기면서 재판의 공격적이고 독단적인 측면들을 확대시키는 결과를 초래했다.

심문 수단으로서의 고문을 거부하고 고백의 증거적 가치를 비판하는 것은 이단 심문에 대한 논쟁의 주된 주제였다. 논쟁은 로마-교회의 전형에 대치되는 처벌 절차에 대한 계몽주의적 관점을 통해 최고조에 이르게 될 것이었다. 즉 결백을 추정하는 원칙을 고수하고 양측의 형평성과 대립 구도, 재판의 공개성과 구두 진행, 재판관의 제3자적 입장과 공평성에 근거하는 보장성 유형이었다. 이 유형은 잉글랜드의 형사 재판에서도 중요한 경험주의적 관점을 가지게 될 것이었으며, 이후 유럽의 주요 국가들에서 사법 개혁을 가져왔다.

| **다음을 참고하라** |

역사 주교의 이단 재판과 교황청의 이단 재판(258쪽); 가난한 자들, 순례자들, 자선(262쪽); 유대인 박해(266쪽)

정치 제도

| 파브리치오 마스트로마르티노 |

중세 중반과 후반의 전형인 정치적 다중성은 당대 재판에서의 확고한 다원주의를

반영했다. 여기에 군주 권력과 새롭게 형성된 자치 도시들, 제국과 교황청의 보편
권력이 여전히 당대의 정치적-사회적 활력을 형성하던 구체제에서
새롭게 출현했다.

제도적 다원주의

이 책에서 '제도'라는 용어는 시사적이고 법적이며 또한 정치학적인 견고한 전통과 관련하여 다음과 같이 정의되었다. 이에 따르면 제도는 어떤 구체적인 정치적 목표를 위해 만들어졌으며 여기에 속하는 기관들이 자신을 포함한 권력 관계 전체를 대상으로 하는 규정에 의해 정의된 사법적 관계의 구도에서, 일시적이지 않은 구체적인 입지를 차지하는 인위적 기구들까지 포함한다고 했다.

여러 제도의 구도는 과장된 법률적 다원주의가 지배하는 역사적 맥락에서 불가피하게도 상당히 개별적으로 드러났다. 게다가 중세 중반기와 말기는 아직 계층적 질서가 잡히지 않은 상태에서 상호 경쟁 관계를 형성한 복수의 조직이 공존하는 안정적인 정치적 다원주의의 특징을 가졌다.

사회적 측면에서 볼 때에 차별화된 법률 시스템들 간의 분쟁은 그 내부에 포함되어 있는 권력들의 경쟁을 동반했다. 다시 말해 분쟁은 정치적으로 경쟁 관계에 있는 제도들과 현행 권력과의 관계들이 드러내는 상황을 말했다. 이를 통해 중세 제도들의 다원적 형태들이 나타났으며, 조직에서는 이들 모두가 정도에 따라 다양하게 관여된 사회적-문화적 틀인 봉건 법 체제가 배경으로 작용했다. 당대의 가장 경쟁력 있는 유형인 봉건 질서는 제도들의 주축에 합류하여 유연한 통치 수단, 즉 신구 권력들의 견고함을 드러내면서 당대의 시민적이고 행정적인 삶에 안착했다.

권력들의 경쟁

봉건 군주국

봉건적 요인의 전파는 영토 내에서 정치 권력을 행사하기 위한 필수 조건이었으며, 영주의 재산 소유를 전제했다. 구조적으로 농업이 주류인 사회에서 신흥 권력의 확립은 부동산 소유, 토지에 대한 통제와 불가분의 관계를 맺기 때문이다. 확고하면서도 복잡한 구조를 가진 강력한 봉건적 특수성에 직면한 신흥 군주들은 군주와 봉건 권력의 협력을 위한 수단인, 13세기 초반의 왕을 정점으로 하는 관계 구조에 봉건 영주들이 소속되어 있는 사회 통제의 명분을 내세워 봉건 영주들을 굴복시켰다.

토지에 대한 통제

군주는 봉토를 매개로 하는 관계들이 왕권에 위협이 될 가능성을 제거하면서 봉건 세계에서 자신의 최고 권력을 요구했다. 그들은 봉건 계층을 왕국의 사회 조직을 위한 기반으로 삼은 후에 이를 자신이 합법적으로 소유한 구체적인 영토를 배경으로 자신의 권력을 행사하는 통치의 효율적인 수단으로 삼았다. 그들이 주군dominus이며, 봉신들은 그에게 충성을 서약해야 했다. 봉건 군주들은 이와 같은 불균형적이고 비대칭적인 관계의 틀 속에서 자신의 권력을 행사했고, 자신의 영토를 확대하고 효율적인 행정 기관을 설립하면서, 특히 세금과 사법 분야에서 더욱 세밀하게 왕권을 발전시켰다.

12세기에 카페 왕조가 통치했던 프랑스에서는 이미 영토 팽창 정책에 왕국의 봉건 권력을 통제하려는 일반적 성격의 입법이 동반된 사례가 있었다. 필리프 2세 존엄왕(1165-1223, 1180년부터 왕)의 통치는 공공 제도 강화에 결정적인 역할을 했다. 그는 자신의 왕국에 왕 직속 기구들을 설치하고, 사법과 조세 분야에 대한 왕권의 독점을 실현했다. 그러면서도 장차 봉신들의 의무를 성문화하는 절차를 통해 군주제에 더욱 철저하게 통합될 뿌리 깊은 봉건적 구조를 제거하지 않았으며, 행정적이고 관료 정치적인 행정 기구를 발전시키는 데에도 기여했다. 왕국의 견고한 뼈대는 왕 직속 기구들의 활동을 보장하기 위한 국정 조사 체계를 도입하고 왕의 봉신들에게 서약을 강요하면서 더욱 철저히 법적 질서를 합리화했다. 그리고 행정 기구의 중앙 집중화를 추진한 루이 9세(1214-1270, 1226년부터 왕)에 의해 더욱 세련되어졌다.

프랑스와 잉글랜드의 권력 균형

왕권과 봉건 세력과의 관계가 민감하지만 지속적인 균형 상태로 지속되던 대륙의 경우와 달리 노르만에 의해 정복된 잉글랜드에서는 봉건 권력이 왕권에 더욱 예속되었다. 군주는 섬을 정복한 순간부터 스스로를 정복 지역의 주군으로 자처했다. 1085-1086년에 왕권의 재산 목록을 위해 재산과 주민을 대상으로 한 토지 대장Domesday book이 완성되었다.

이렇게 왕국의 봉신들과 군주에 대한 길고 양립적인 비교가 시작되었다. 한편으로 군주는 봉신들에게 과거의 특권들을 보장하는 입장을 자처했으나 자신의 개혁 조치들에서는 (전통 기구들을 계속 자신의 기반으로 유지했음에도) 봉건 법의 관습들을 공개적으로 폐지하여 봉신들의 격렬한 저항에 직면했다. 잉글랜드의 무지왕 존(1167-1216)은 특별세를 거두려 했지만 실패하고, 사실상 왕의 권한을 제한하면서 전통적으로 발전해 온 특별한 통치 질서를 확인하는 대헌장을 승인하게 되어 많은 특권을 양도했다. 결국 13세기 후반에 왕국의 관료 정치는 세금 재조정과 봉신들과 왕권의 관계에 대한 보다 명확한 정의를 통해 정착되었다. 군주의 직속 봉신들은 최고의 사법 조직이자 왕국 입법의 모든 것이었던 왕의 궁정curia regis(중세 유럽에서 입법과 행정이 분리되기 이전의 궁정*)에 편입되었다. 왕의 봉신들이 의회 구성원의 자격으로 잉글랜드 최초의 사법부로 불리는 기구에 참여한 것은 14세기 초반에 옥스퍼드 법령을 통해 재확인되었다.

자치 도시들

자치 도시가, 특히 이탈리아에서 가장 길게 지속된 제도적 경험으로 인하여 중세 중반과 후반의 정치 상황에서 가장 의미 있는 새로운 변화라 할지라도 도시들의 자치 정부를 향한 의지를 봉토에 결속된 힘의 관계와 연결하는 원천적인 관계 역시 충분히 고려되어야 할 가치에 해당했다. 초기의 자치 도시는 봉건적 모체에 가장 근접한 그룹과 계층들이 당시 봉건 체제의 새로운 조직으로 정의되는 공적 구조와 기능을 통하여 자신들의 특권과 권력을 행사하던 제도적 공간에 해당했다. 새로운 변화 요인은 민주적인 구조를 통해 복잡한 정치적 흐름에 영향을 주는 제도의 조직들을 대표하는 집단적 성격을 가졌다. 하지만 얼마 지나지 않아 기원적으로는 존재하지 않지만 경제와 문화, 사회에서 실현된 놀라운 발전의 주역인 도시의 발전을 통해 잉태된 다양한 이해관계 사이에서 등장한 새로운 반목 관계로 일련의 갈등을 경험한 바 있는 자치 도시들에서 권력을 경쟁하는 집단들의 영향력 확대로 이런저런 문제들이 나타났다.

제도적 조직들의 대표적 성격

집정관이 통치하던 자치 도시는 얼마간 지도 계층을 분열시켰으며, 이들과 신흥 세력들을 대립 관계로 몰아가는 냉전 관계를 부추기는 것으로 시민 생활의 균형을 보장했다. 하지만 얼마 후 집정관의 제도적 구조와 거의 유사한 조직을 갖춘 민중들의 자치 도시와 대립 관계에 빠져들었다. 역시 집정관의 자치 도시도 공적 조직들을 빠르게 위협하는 반복적 요인들의 도전에 직면했다. 통치 조직들의 우월성은 사실상 도시 기능의 필수 기반을 구성하는 조합들의 자치권에 대한 의지를 노골적으로 드러내 결국 심각한 도전에 직면했다.

상호 경쟁 관계에 있는 권력들의 공존은 지속적이고 야만적인 투쟁 무대로 변한 시민 생활을 더욱 뜨겁게 만들었다. 이에 자치 도시의 운명에 변화를 가져오는 구조적인 반목 관계가 형성되었다. 자치 도시들의 제도들은 (적어도 겉으로는) 봉건 권력의 전형인 사적 사고와 양립하기 힘든 통일적인 정신에 따라서 시민 사회를 구성하는 여러 세력의 이해관계를 중재하려는 목표를 추구했다. 반면에 자치 도시의 구도를 양분하는 거대 조직들은 노골적으로 지배 세력들의 정치적 의지를 드러내며 자신의 특권을 동원하여 경쟁 관계에 있는 다른 권력에 대한 지배권을 장악하려 했다. 이해관계들의 중재

이렇게 새로운 정치적 안정은 계층화되었고 과두 지배 체제를 추구하는 권력의 틀 속에서 실현되었으며, 형평성과 평화를 보장하려는 실질적인 권력인 군주의 등장으로 집중되었다. 시민 사회는 폭력과 강제성을 띤 재산 몰수에 대항하여 이들의 보호에 의지했다. 자치 도시의 제도들은 형식적으로는 지속되었지만 불과 얼마 후에 자치 도시의 모든 조직이 정상적으로 행사하는 권력들 위에서 무한의 권력자로 군림하는 군주에 의해 변화를 겪었다.

보편 권력들

시민 자치 도시에 의해 성립된 새로운 제도는 보편 권력들이 자신들의 영향력 아래에 있던 분야에서 겨우 유지하던 입지를 더욱 약화시켰다. 지역들의 자치 권력은 한편으로는 제국의 권력을 시기의 눈으로 응시했고, 다른 한편으로는 교황령 국경 너머의 지역으로까지 정치적 야심을 확대하는 데 몰두하면서 실질적인 지배력을 상실하고 있던 교황의 지배하에 있는 토지에서도 교회의 세속적인 권력을 위협했다.

황제와 교황은 공동의 도전에 직면하자 각자의 고유 목적을 위해 봉건 권력의 도구를 동원했다. 제국은 공적 권리들을 재조정하기 위해 상당한 노력의 대가를 지불해야 할지도 모르는, 사실상 불가능한 시도보다는 봉건 특권을 양도하는 전략과, 폭넓은 행정적 자치권을 허용하는 대가로 지방 권력들을 구체적인 충성 관계로 확보하려는 전략을 통하여 그들을 자신의 주변으로 끌어들이려 했다. 로마 교회는 자신이 지배하는 영토를 재조직하려는 교황 인노첸시오 3세(1161-1216, 1198년부터 교황)의 노력을 통해 세속 권력을 재정비했다. 개혁을 위한 교회의 노력은 영토에 대한 교황의 권리를 재인정하는 기능적인 기준들로, 비록 지속적인 결과에는 도달하지 못했지만 교회 재산 경영 방식과 세금 징수 체계를 개선하는 소정의 목적을 달성했다. 제국과 교회의 위기

자치 도시에 대한 제국의 전략은 별다른 성과를 거두지 못했다. 도시의 경우 충성 관계로 묶기 위한 도구로 활용했던 봉건적 특권은 이를 통해 제공된 권리와 권력을

콘스탄츠 평화 조약 자치 도시가 사실상 이미 누리고 있었기 때문이었다. 결국 콘스탄츠 평화 조약을 통해 자치 도시의 요구에 굴복했다. 제국의 권력은 프리드리히 2세(1194-1250, 1220년부터 황제)의 사망 후 교회와 마찬가지로 몰락의 길로 들어섰다. 따라서 두 보편 권력 모두는 자신들의 영토 내에 위치한 자치 도시들의 제도적 추이를 수용하게 되었다. 이는 (황제와 교황의) 대리인 자격을 허용하면서 자치 도시들과 이들의 주변 지역에서 시뇨리아 권력이 등장하는 것을 수동적으로 승인하는 것이었으며, 이후 이탈리아의 중부와 북부의 군주국 출현을 암시했다.

| 다음을 참고하라 |
역사 도시들(213쪽)

교회의 종교적 개혁에 대한 열망과 이단

| 치로 디 피오레Ciro Di Fiore |

그리스도교와 교회의 역사에서 13-14세기는 대개혁의 기간이었다. 개혁(이단 현상은 이러한 개혁의 맥락에서 이해할 필요가 있다)은 세속인들과 여성들의 지속적인 참여 증가, 종교 단체들과 회개 운동의 성립을 통해 확인할 수 있으며, 프란체스코회나 도미니쿠스회 같은 새로운 교단의 설립과 발전으로 이어졌다. 교회의 제도적 위기는 교황청의 아비뇽에서의 시간과 교회 대분열, 그리고 대립 교황이 존재했던 기간에 예언적-공상적 성격의 여성적인 그리스도교에 직면했다. 그리스도교에 귀의한 세속인들의 운동과 (특히 네덜란드에서 발전한 근대적인 새신심운동) 예언주의는 신자들을 위한 신성 모델에도 혁신을 가져왔다.

개혁 운동, 이단 운동, 공동의 기원

정교 차원에서, 그리고 규정과 위계질서에서 인정받지 못했던 13-14세기 종교 운동들의 한계 속에서도 교회의 혁신을 추구하는 운동들 간의 연결고리 발견은 어렵지 않다. 반면에 우리가 '세상에 대한 경멸de contemptu mundi'로 부를 수 있는 회의주의의 시대를 마감하며 이런저런 운동의 기반으로 작용했던 변화의 원인이 무엇인지를 이해하기란 쉽지 않다. 개혁은 오래전부터 우선 교회의 변화에 관심이 집중되어 있었기에 13-14세기의 특징 중 하나가 될 구성원들의 변화를 불렀다. 이러한 이유로 교회 전체, 즉 재속 성직자(특히 수도 사제를 비롯한 성직자 계층들)와 보통의 남녀 세속인들로 구성된 하느님의 모든 자녀들은 이 기간 동안 가장 진지한 발전의 하나를 경험했다. 게다가 이러한 개혁은 관점에 따라 12세기와 샤르트르 학파의 시대로, 좀 더 보편적으로는 비토리니Vittorini의 철학과 피오레의 요아킴Joachim de Fiore(약 1130-1202)의 시대로 거슬러 올라간다. 그 외에도 몇 명의 대가들을 지적할 수 있는데, 그들이 13세기에 가장 성숙된 성과를 거둘 것이기 때문이다.

지식인들의 유입

당시의 지식인들은 예언적이고 계시적인 측면에서 상당히 오래 영향력을 유지했다. 그리고 '지상에서'의 개혁에 대한 요구라는 면에서 볼 때에 그리스도의 부활과 인성이 지닌 가치를 더욱 드러내는 방향으로 그리스도교를 인도하는 데 매우 구체적으로 기여했다. 몇 가지 이단적인 선택만이 아니라, 특히 13-14세기의 가장 정통적인 정신을 특징짓게 될 다른 많은 새로운 변화인 새로운 성모 마리아 숭배, 기적의 유물과 성상 숭배, 제4차 십자군 당시 서유럽에 들어온 성상과 유물의 확산, 도시 공간에 설립된 새로운 수도원의 형태로 진화하고 정기적인 설교를 더욱 중요시하는 교단들의 개혁, 자선단체들, 청빈과 회개와 영성의 가치화, 그리고 여성들이 담당하게 될 새로운 역할의 중요성을 암시했다.

개혁을 위한 운동은 매우 다양한 측면으로 전개되었다. 하지만 교회는 그중에서 당시부터 이후까지 사회에 큰 영향을 미치게 될 한 가지 요인만 수용했다. 그것은 오랜 세월이 지난 후에 비로소 평가받게 될 엘리트 사제들, 즉 대부분이 수공업자와 상인 계층으로 구성된 세속인들의 세계였다. 역사적이고 정치적인 성격의 다양한 이유들 외에도 수도원의 명상만이 완전한 그리스도교인이 되는 유일한 길도 최선도 아니며, 남자와 여자의 운명이 세상을 홀로 수행하는 고독한 여정이 아니라 새로운 형제애 속에서 풀어야 할 사명이라는 새로운 의식에서 세속인들의 활발한 참여 이유를 찾을 수 있었다. 이것은 이후 세기의 유럽과 가톨릭 세계 안팎에서 전개될 개혁에 물려줄 오랫동안 지속될 유산이기도 했다.

지상의 임무

다양한 기원, 단순한 일상생활과 관련하여 이들을 특징짓는 비교적 명확한 이론적 측면들, 그리고 이 모두에 의해 공통으로 선택된 청빈은 이단과 정통의 차별이 이론적으로 명백한 척도에 의한 것인지에 대한 확신을 생략한 채 판결을 내리고 처벌하는 의무만 수행했던 사람들에게처럼, 우리에게도 다소 이해하기 어려운 복합적인 상황을 연출했다. 때로는 베가르도Beghard(13세기부터 가톨릭 세계의 계급적 구조 밖에서 조직되어 수도원 생활을 통해 정신의 재탄생을 위해 노력하는 종교 단체의 구성원을 지칭하는 용어*)들처럼 혹은 프란체스코, 특히 청빈한 삶을 고집했던 프라티첼리(형제를 의미하는 용어인 '프라텔리Fratelli'에서 유래했다. 예수와 사도의 청빈을 강조하여 프란체스코회에서 이반하고, 온건파를 승인한 교황과도 대립해 이단시된 종파를 가리킨다*)들처럼 이들의 운명을 결정하는 교황의 권위에 복종할지 아니면 반대할지만을 선택할 뿐이었다. 이들은 때로는 보호와 후원을 받기도 했지만 균형을 잃어 부정적인 결과가 발생할 때에는 사회적 차원에서 '혁명적인' 선택이 취해지는 경우도 적지 않았다. 그 한 가지 사례로 프라티첼리를 들 수 있다. 당시 교황이었던 클레멘스 5세(1260-1314, 1305년부터 교황)는 1311년에 교황 칙서 「딜렉투스 도미니Dilectus Domini」를 발표하여 이단을 처벌했다. 하지만 박해의 가장 대표적인 사례는 요한 22세(약 1245-1334, 1316년부터 교황)가 이들 대부분을 처벌한 일이었다.

성인들의 청빈, 새로운 교단들의 청빈, 이단들의 청빈

13세기 초반에 인노첸시오 3세는 전임자의 입장을 고수하면서 법적 근거를 마련한 이후 교황청을 떠나 가족과 지내면서도 종교적인 삶을 추구했다. 그는 '순교자의 행동을 포기하고 그 원인을 비난하며 가톨릭 신앙을 위해 투쟁하던' 세속인들의 운동을 승인했다. 그들은 롬바르디아 지역 출신의 겸손파Humiliati로, 초기에는 주로 수공업에 종사하면서 강력한 종교적 삶을 추종하던 세속인들로 구성된 집단이었다. 1201년에 작성된 한 문건에 따르면 3개 교단의 존재가 공식 승인되었다. 성직자들은 한 수도원에 모여 수도원 공동체를 형성했으며, 세 번째 세속 집단은 세속 사회에 살며 규칙에 복종하기보다는 단순한 계획propositum(A. Vauchez, *I laici nel Medioevo*)을 추종했다. 인노첸시오 3세는 이보다 한두 해 전에 처음으로 세속인 신분의 상인이며 기혼자인 신심과 자비가 넘치는 인물인 크레모나의 호모보누스Homobonus(?-1197)에게 제단에 오를 수 있는 영광을 부여한 바 있다. 자치 도시의 새로운 계층들 중에서 선택된 남성들과 여성들도 (주교나 수도승도 순수한 기혼자나 수도회 회원도 아니며, 13-14세기에 교회의 변화를 강력하게 주장한 프란체스코회나 도미니쿠스회의 인물도 아니면서) 이후 시대에 성인으로 추대되었다.

다른 운동들은 '회개의 회Ordo poenitentiae'로 불린 회개자들의 그것과 유사한 유형을 추구했다. 1221년에 교황이 승인한 우골리노 회칙 생활 지침Memoriale propositi은 이들의 의무와 규정에 대해 기술했다. 서약을 거부하고 무기를 소지할 수 없는 관계자들은 매년 세 차례 고해성사를 행했고, 무색의 수수한 의복을 착용했다. 이들은 단순 신자들보다 엄격히 금식을 지키며 수도승들처럼 7시간 동안 성례를 거행했다. 개혁 운동들과 프란체스코회 소속 작은 형제회들의 운동과의 유사점은 초기에 교단의 설립자 자신이 회개자들의 형제단을 설립한 것으로도 설명할 수 있다. 한편 작은 형제회들과 성녀 키아라(약 1194-1253)가 속해 있던 주님의 빈자 공동체Pauperes dominae는 인노첸시오 3세의 승인 직후 공식 단체로 인정받았다. 회개자들

청빈에 대한 논쟁은 새로운 수도승들과 성인들의 수가 어떠한 사회적 맥락에서 증가했는지를 이해하는 데 큰 도움이 된다. 논쟁은 모든 부와 마찬가지로 모든 청빈이 신이 원하는 것이며, 모든 사회적 계급 질서가 문자 그대로 진정 신성한 질서라는 확신이 점차 확산되었던 도시들의 새로운 사회적 변화를 배경으로 전개된 것이었다. 새로운 직업을 통해 수입에 대한 새로운 윤리로 발전하게 될 고전적인 노동 윤리의 다의성에서, 새로운 인물들의 새로운 질문들에 더욱 자주 인용되었던 성서는 해석의 모든 가능성을 제시했다. 「마태오 복음서」 19장 21절(가서 너의 재산을 팔아 가난한 이들에게 주어라. 그러면 네가 하늘에서 보물을 차지하게 될 것이다. 그리고 와서 나를 따라라)은 상인 중 처음 성인이 된 크레모나의 호모보누스가 부친의 뜻에 따르지 않은 (상인의 아들인) 성 프란체스코, 향후 수많은 폭력 사태에 휘말릴 발도파의 이단 운동을 시작한 프랑스 출신의 상인 페트뤼스 발데스Petrus Valdes(1140-1218)의 개종을 생각나게 한다.

아시시의 성 프란체스코Sanctus Franciscus Assisiensis(1181/1182-1226)는 회개, 금식, 기도에 자신의 삶을 바치기로 결정하고, 비유적인 의미에서 자신의 모든 재산을 포기했다. 인노첸시오 3세는 1210년 새로운 교단의 규정을 구두로 승인했다. 1219년에 프란체스코는 이집트에서 술탄을 접견하고 그리스도교로 개종할 것을 설득하나 실패했다. 그리고 성지순례를 마치고 귀환하는 길에 수도승들 간의 심각한 분쟁을 목격했는데, 이로 인해 그의 말년은 우울한 날들로 점철되었다. 얼마 후에는 새로운 규정을 만들었는데, 초기 참여자가 소수였음에도 갑작스러운 성공을 거두었다. 여기에 참여한 수백 명의 인물에 대한 교황 호노리오 3세(?-1226, 1216년부터 교황)의 프란체스코회의 규정

통제가 항상 잘 이루어지지는 않았지만 개혁 운동의 높은 효율성을 고려하여 새로운 단체의 규율은 승인되었다. 사실 교황의 결정은 반목, 분열, 단절에 직면했을 것이다. 중요한 것은 청빈의 의미를 해석하고 살아가는 방법과 관련 있었다. 결국 가장 실용적이고 로마 교회가 선호하던 수도원 방식을 고집하는 자들과, 예수와 사도들의 선례를 따라 재산 소유에 대한 금지 규정을 엄격히 지키려 했지만 이단으로 간주될 수 있을 정도로 급진적 입장을 고집하는 정신적 비타협주의자들의 분열이 공식화되었다.

신자들은 이단으로 심판받을 많은 사람들, 특히 발데스를 추종하는 자들(발도파)처럼 불명예까지는 아니더라도 부유하고 방탕하고 세속적이었다. 또 초기의 가난하고 겸손하며 정신적으로 검소함을 유지하던 원시 그리스도교 공동체의 정신과는 상당히 달라진 로마 교회를 불만의 눈으로 바라봤다. 심지어는 중세의 건축적 허영을 상징하는 거대한 고딕 성당과 마찬가지로, 숭배를 위한 건축물과 장식이 논쟁의 핵심으로 등장했다. 이와 관련하여 13세기에 클레르보의 베르나르두스(1090-1153)와 클뤼니회 수도승들 사이에 벌어진 논쟁이 확산되어 시토회 소속의 모든 교회가 단순함의 상징성을 수용하고 방식을 개혁하는 데 여지를 제공한 「테오도리키의 수도원장 기욤에게 보낸 편지Apologia ad Guillelmum」는 매우 유명한 사례였다.

교황 요한 22세가 그리스도의 청빈에 대한 주장을 처벌하다

1318년에 요한 22세는 공식적으로 그리스도와 사도들의 청빈과 관련된 (청빈에 대한 모든 비난의 기원에 해당하는) 성서를 언급하는 것을 이단으로 처벌했다. 당시 프란체스코회의 지도자였던 체세나의 미켈레Michele(1270-1342)는 이에 대해 폭력적으로 저항하며 노골적으로 항의했으나 자리에서 쫓겨난다. 이후 그는 모나코로 피신하여 『평화의 수호자Defensor pacis』를 통해서 권력의 세속적 기원설을 주장했던 파도바의 마르실리우스에게도 피난처를 제공한 루트비히 4세(약 1281-1347, 1314년부터 왕)의 저택에 머물렀다.

실제로 청빈 운동은 반역사적이었다. 수세기를 거치며 효율적인 통치 체계로 조직되고 성장한 로마 교회는 위의 항의자들이 과거 회귀의 이름으로 불가능한 주장을 했듯이 창조된 이 세상과 분리할 수도, 분리될 수도 없었다.

사도들

1292년에 청빈한 삶을 고집하던 프라티첼리들은 첼레스티노 5세Caelestinus V(1209/1210-1296, 1294년 5-12월에 교황)로부터 안젤로 클라레노Angelo Clareno(약 1245-1337)가 이끄는 영성 운동을 구성하는 하나의 거대한 흐름으로 인정받았다. 하지만 이들은 계급 질서를 별로 존중하지 않았기에 신학자이자 사상가였던 바뇨레조의 보나벤투라Bonaventura(약 1221-1274)의 강력한 반대에 직면했다. 그 결과 청빈을 주장하는 단체들의 급진주의적인 성향에 동조하게 되었고, 결국에는 교회의 테두리를 벗어난extra ecclesiam 자들과 별다르지 않게 되었다. 대표적으로 게라르도 세가렐리(?-1300)가 있다. 그는 파르마에서 프란체스코회에 입회하려 했으나 실패하자 자신의 모든 재산을 팔아 가난한 자들에게 나누어 준 후에 초기의 원시 그리스도교 삶을 원형으로 하여 1260년경에는 이미 다른 운동들이 주장하던 대부분의 요구 사항을 공유하는 사도들의 운동을 시작하고 있었다. 이들은 "서약을 거부하고, 모든 세속적인 재산을 포기하고, 동냥으로 살아가며, 미래에 대해 걱정하지 않으며, 간단한 튜닉 옷과 거친 망토만 입고 다니며, 정해진 거처 없이, 회개에 노력하면서, 세속인의 신분에도 불구하고 스스로의 삶의 규정을 설교를 통해 전파했다"(Cinzio Violante, "Eresie nelle città e nel contado in Italia dall'XI al XIII secolo", in *Studi sulla cristianità medievale*, 1972). 그는 1300년경에 기둥에 묶여 화형을 당했지만 그의 행적은 제자인 노바라의 돌치노(약 1250-1307) 수사가 계승했다. 돌치노는 자신의 스승이기도 한 피오레의 요아킴(약 1130-1202)의 묵시록적 예언을 추종하고 자신이 기대한 (훗날 새로운 수도원 교단을 설립한 주스티Giusti의 설교를 통해 세상에 알려지며 다른 종파의 많은 사람이 동조하게 될) 영원한 복음 왕국 건설과 더불어 성신 출현을 예언하며 사회적-종교적 혁신 운동을 추진했다. 무장 단체로 조직된 돌치노파 세력은 이탈리아 북부를 무대로 부자들의 재산을 공격하는 것은 물론이고 무차별적인 약탈과 범죄를 저질렀다. 이들이 노바레세Novarese의 파레테 칼바Parete Calva 산에 머물고 있을 당시에 그 수는 적어도 4천 명에 이르렀다. 하지만 이들은 베르첼리와 노바라의 주교가 고용한 용병의 공격을 받아 거의 전멸했다. 극소수만이 목숨을 구해 루벨로Rubello 산 근처의 비엘레세Biellese로 피신했으나 운명은 최후를 향해 치달았다(1307). 처절한 저항에도 불구하고 잔존 세력은 모두 체포되었고, 지도자 돌치노 수사는 심한 고통 속에 사망했다.

설교를 통한 교회 개혁과 압력에 의한 교회 개혁: 카타리파와의 전쟁

카스티야 출신인 도미니쿠스(약 1170-1221)의 삶 역시 이단들의 그것과 긴밀한 관계에 있었다. 그는 카타리파의 설득 능력, 즉 설교의 단순함과 생활 속 사례들을 제시하는 능력, 청빈의 선택, 미래에 대한 무관심하고 자발적인 사랑 등, 한마디로 그들이 '신뢰감'을 얻고 있음을 알게 되었다. 따라서 도미니쿠스는 카타리파의 성공에 기여한 동일한 수단을 이용하여 이단 운동을 탄압할 것을 결심하고, 인노첸시오 3세를 설득하여 도미니쿠스회를 세우려는 자신의 계획을 받아들이게 하는 데 성공했다. 새로운 교단은 당시의 목회 활동에서는 찾아볼 수 없었으며, 추상적이고 어려운 언어들이나 라틴어처럼 대부분의 신자들이 알아듣지 못하는 언어를 사용했을 경우에 설교가 불가능할 수도 있다는 현실적인 문제들을 반영했다. 1216년에 교황 호노리오 3세가 공식 수용할 이 새로운 교단은 정통 교리의 가장 충실한 수호자로 성장했다. 성 도미니쿠스의 추종자들은 초기부터 주님의 충견Domini canes으로 성장했다. 이들의 명칭은 확신보다는 엄격함과 탄압 수단으로 사회를 개혁하기를 원하는 자들, 즉 이단 재판관들 대부분이 도미니쿠스회, 즉 설교자들의 수도회ordo Praedicatorum에서 배출되었다는 것을 통해서도 암시되었다. 그들 중 가장 알려진 베로나의 성 베드로(1203-1252)는 카타리파 부모 밑에서 성장했지만 이단을 척결하는 데 앞장선 인물이었다. 그는 세베소Seveso 근처의 바를라시나Barlassina에서 살해되었으며, 훗날 모든 이단 재판관들의 수호성인으로 추대되었다. 또한 1631년에 볼로냐의 엘리세오 마시니가 집필한 이후 수차례 반복 출판된 『이단 심문자들의 지침서Manuale degli Inquisitori』(『교황청 이단 재판소의 지침Pratica dell'Officio della Santa Inquisizione』)에서 '무적의 상징이며 열렬한 가톨릭 신앙의 수호자인 위대한 순교자 베드로'로 추앙되었다.

프란체스코회와는 반대로 도미니쿠스회는 근본적으로 일치단결의 모습을 유지했다. 인노첸시오 3세는 교황으로 선출된 해에 제4차 십자군 주창과 함께 카타리파에 대한 공세를 주장했는데, 알비파 대학살로 절정에 이르렀다. 카타리파 세력은 프랑스 남부와 이탈리아 북부 지역을 배경으로 우려할 만한 규모로 성장했다. 이단 재판관인 라니에로 사코니에 따르면 1250년 한 해에 이탈리아 북부에만 해도 완전한 자들로도 불리며, 각자 어느 정도 가입자를 갖춘 공동체 성격의 카타리파 지도자만 무려 4천 명에 달했다고 한다(오늘날의 관점에서 볼 때 13세기 초반에 이단이 당시의 여러 문헌이 언급했던 것처럼 정말로 그토록 방대하게 확산되어 있었는지는 의문이다). 진정한 그리스도교인이며 선량한 사람들이라 알려진 카타리파가 여러 측면에서 성직자를 가장 중요한 역할을 수행하는 사람이라 여겼던 봉건 사회의 탄압 세력에게 희생당했다는 불만을 촉발시킨 것이 사실이라면, 다른 한편으로는 카타리파가 교황의 권위

이단 카타리파

를 부정할 뿐만이 아니라 (훗날 통치 기구의 일부를 구성하게 될) 무자격의 부패하고 내연 관계로 얽혀 있는 신부들이 거행하던 모든 성사를 무가치한 것으로 여긴 것도 사실이었다. 그 외에도 동방과 마니교에서 기원하는 여러 교리가 가세했다. 이들에 따르면 이단들은 그리스도의 이성론二性論으로 분류되었다. 당시 교리들은 육류, 계란, 치즈를 금지했다. 또 세례와 미사, 성체성사를 부정하며 결혼에 따른 성관계를 포함하여 모든 성교를 멀리했다. 많은 사람이 원시 그리스도교로 회귀하기를 원하는 공동체의 삶이 추구하는 소박함과 신성함에 이끌렸다. 그리고 탄압에 희생된 자들은 공동체의 삶을 통해 동료를 발견하고 삶의 안식을 얻었다. 특히 귀족들은 주교들과 수도원장들의 재산을 빼앗을 수 있다는 생각으로 카타리파를 지원했다.

로마 교회의 이중적 공세

로마 교회는 카타리파에 대해 이중적 대책을 강구했다. 이론적 차원에서는 가장 비타협적인 태도를 견지하고 질서에 순종하는 원칙을 고수했으며, 다른 한편에서는 성직자에 대한 개혁 요구를 조심스럽게 수용했다. 이러한 맥락에서 인노첸시오 3세는 참회자들의 회와 가톨릭 빈민들, 회개한 빈민들 같은 발도파의 일부 세력도 수용했다. 후임 교황 호노리오 3세도 인노첸시오 3세의 노선을 유지했다. 그 결과 인노첸시오 3세의 노력은 탁발 수도회 설립을 지원하면서 동시에 카타리파를 매우 철저히 탄압하는 결과를 불렀다.

1209년에 프랑스 남부 베지에에서 연대기 작가이자 시토회 소속의 하이스터바흐의 케사리우스Caesavius von Heisterbach(약 1180-약 1240)가 『기적의 대화Dialogus miraculorum』에서 언급했던 바와 같이 비극적인 사건이 발생했다. 가톨릭 신자들과 함께 도시 교회로 피신한 카타리파 신도들을 색출하는 일에 허락을 요청하는 자리에서 교황 사절 아르노 아모리(?-1225)는 다음과 같은 고통스러운 표현으로 승낙했다. "그들을 모두 죽여라, 주님께서 그들이 누구인지 아실 것이다Caedite omnes! Novit enim Dominus qui sunt eius." 13세기 중반에 프랑스에서 이단이 철저히 탄압되었다고 한다면 이탈리아에서는 적어도 1277년까지 탄압이 본격화되지 않았다(Y. Stoyanov, *L'altro Dio. Religioni dualistiche dall'antichità all'eresia catara*, 2007).

세속인, 신구新舊의 근행

회개자들의 운동에서 중세의 영성에 대한 의미심장한 표현 중 하나를 찾아볼 수 있는데, '수도원이나 교회의 엄격함을 피하면서 보다 강렬한 종교적 삶을 추구하려는'

남녀 세속인들이었다(앙드레 보셰André Vauchez, *I laici nel Medioevo. Pratiche ed esperienze religiose*, 1987). 그럼에도 이들은 자신들의 요청에 대해 승인 또는 교회로부터의 암묵적 동의조차 받지 못했다. 우골리노 회칙에 언급된 회개자들의 교단 강령은 1221년에 교황청에 의해 승인되었다. 이제 (적어도 초기에는) 세속인들도 아무 절차 없이 회개자 무리에 속할 수 있게 되었다. 이들은 무색의 허름한 의복을 입어야 하며 빈번하게 금식을 실천하고 매일 법정 시간경(로마 가톨릭 교회들에서는 시간전례時間典禮라는 용어를, 성공회에서는 성무일과聖務日課라는 용어를 사용한다*) 또는 일정 횟수의 우리의 하느님 아버지Pater Noster 또는 아베 마리아Ave Maria를 소명했다. 또한 매년 3회에 걸쳐 고해성사를 해야 하며(1215년의 제4차 라테라노 공의회에서 결정된 판공성사 규정「모든 남녀 교우Omnis utriusque sexus」는 모든 신자들에게 1년에 적어도 한 차례 이상의 고해성사를 의무화한 바 있다), 성적 금욕을 해야 했다(이러한 의미에서 회개자들도 극기를 행하는 자들로 불렸다).

회개자들의 규율

회개 운동은 평화로운 분위기에서 아무 불안 요소도 드러내지 않았다. 1260년에 요아킴의 신봉자들에 의해 성령의 시대가 출현했다. 많은 관점에서 천년왕국의 상징으로 인식된 이 기간에 페루자 출신의 회개자 파사니는 성모 마리아가 자신과 주민들에게 서한을 보내 죄를 씻어 내고 새로운 종교적 삶을 살도록 했다고 말했다. 집단적 열광 상태에서 죄의식과 죄를 씻으려는 욕망에 사로잡힌 일단의 신자들은 도시의 거리로 나와 스스로를 채찍질하며 피를 흘렸다. 이런 광경은 이탈리아와 유럽 여러 지역으로 확산되었고, 오랜 세월이 지난 후인 아비뇽 유수 기간에도 반복되었다.

1335년에 회개자들과 태형 참회자들 무리는 도미니쿠스회 소속의 베르가모의 벤투리노Venturino(1304-1346)를 따라 로마에 도착한 후 교황이 아비뇽에서 돌아올 것을 촉구했다. 동냥으로 성스러움을 모방하는 자들도 등장했다. 1483년에 테세오 피니가 쓴『체레타노룸의 거울Speculum cerretanorum』은 이들을 부랑자를 의미하는 '아파르판티Affarfanti' (*Il libro dei Vagabondi*, Piero Camporesi 감수, 2003)로 지칭하며, 자세히 기술했다.

종교 집단들

다른 거대한 종교 집단들과 마찬가지로 이단 집단들도 변화를 거듭했고, 자신들만의 고유한 종교 운동은 잔존 세력들을 통해 생존할 수 있었다. 대표적인 사례는 피에몬테와 칼라브리아의 발도파였다. 이들은 14세기의 자유 운동 단체나 빈자들과 대중들 사이에서 성립된 프라티첼리와 같은 새로운 이단들이 만들어지는 데 영향을 주었다. 로마 가톨릭이 사회 개혁에 대한 의도와 종교적 변화에 대한 욕망과의 밀접한 관계를 끊으려고 했듯이 이단 운동의 내부에서도 비슷한 시도가 있었다. 하지만 로마 교회나 이단 모두 교회와 사회를 구체적으로 또 긍정적으로 혁신하려는 노력을 경주하지는 않았다(조반니 미콜리, *La storia religiosa, in Storia d'Italia*, II, 1974).

세속 단체들 중에서도 변화를 지향하는 움직임이 있었으며, 부분적으로는 중요한 의미로 평가되기도 했다. 그중 공동생활의 형제회Brethren of the Common Life의 창설자인 네덜란드의 그로테 게르트Gerard de Groote(1340-1384), 그리고 상인의 아들로서 놀라운 열정으로 설교 활동을 전개하면서 초기의 종교 단체들을 자신을 중심으로 집결시켰던 성 프란체스코 등이 대표 사례다.

중요하면서도 새로운 유형의 세속적 종교성을 반영하는 '데보티오모데르나Devotio moderna'(근대적 경건을 의미한다. 14세기 말부터 16세기 사이에 가톨릭 내에서 일어난 종교 운동으로 명상과 내면 생활을 강조하고 의례적이고 형식적인 일을 경시하며, 13-14세기의 영성적인 경향을 비판했다*)가 탄생했다. 이 또한 수차례 이단으로 고발되었으나 결국 교황청의 인정을 받는 데 성공했다. 그로테 게르트 사망 후인 1384년에 플로렌시우스 라데빈스(약 1350-약 1400)가 후임자로 결정되었다. 정신적 혁신 운동에 대한 가장 대표적인 표현은 토마스 아 켐피스(약 1380-1471)가 쓴 저술로, 큰 영향력을 발휘한 『그리스도를 본받아』에서 찾을 수 있다. 새로운 형태의 남성적이고 여성적인 세속적 종교성은 지금까지 기술한 많은 운동의 요구를 대변하며 청빈, 노동, 성서의 중재에 근거했다. 근대적 경건

베긴회, 여성 성인, 여성 이단자들과 여성 예언자들: 여성과 13-14세기의 교회 개혁에 대한 요구

13-14세기에 출현한 교회의 종교적 개혁에 대한 주제들을 새로운 관점으로 바라볼 수 있게 하는 시각은 세속인들의 새로운 종교성이라는 대주제 차원에서 볼 때에 일반적인 성격을 벗어나지 못했다. 여성의 관점에서 볼 때 우리는 이 시기의 여성들이 수행한 역할과 그것이 가져온 사회 변화가 13-14세기의 그리스도교에서 얼마나 방대하고 중요했는지를 알 수 있다. 교황 그레고리오 11세(1329-1378, 1370년부터 교황)가 언급했던 것을 참고한다면 교황청 또한 여성의 역할에 대해 잘 알고 있었음을 유추할 수 있다. 실제로 임종 순간에 그는 여성에게 너무 많은 활동 여지를 제공한

것을 후회했다고 한다.

시에나의 가타리나와 스웨덴의 비르지타

교황이 언급한 여성들은 누구인가? 그는 특히 시에나의 가타리나(1347-1380)와 스웨덴의 비르지타Bridget of Sweden(약 1303-1373)를 언급했다. 이들은 교황청이 로마로 돌아오게 하는 데 기여하면서 자신의 영성을 통해 그리스도교에 큰 공헌을 했다. 이미 결혼을 하고 자식들도 둔 어머니로서 구원자의 여성 교단을 설립한 비르지타의 경우에 예수의 탄생과 수난에 대한 종교적 성화의 변화를, 가타리나의 경우 그녀의 생각 속에 드러난 신비의 형상들이 세상을 위한 임무와 역사적 활동에 얼마나 중요했는가를 생각해 보면 중요성을 잘 알 수 있다(조반니 미콜리, *"La storia religiosa", in Storia d'Italia*, 1974; 알바로 비치카리, *"Linguaggio e stile delle Lettere di Caterina da Siena"*, in Italica, 53/3, 1976).

13-14세기에 영향력을 발휘한 여성들은 정통 교리를 벗어난 영역에서도 매우 인상적인 흔적을 남겼다. 그들 대부분은 카타리파와 다양한 입장의 여러 이단 그룹에 가입했다. 대표 사례가 마르게리트 포레트Marguerite Porete(?-1310)였다. 그녀는 중세 정적주의靜寂主義에 대한 연구의 대가인 주세페 데 루카가 정확히 지적한 바와 같이, 당대에 가장 권위 있는 종교 기관들의 변호를 받았음에도 결국 처형되었다. 그녀는 화형 직전에 라틴어가 아닌 이탈리아어 속어로 『소박한 영혼의 거울Specchio delle anime semplici』을 썼다(Luisa Muraro, *Lingua materna, scienza divina. Scritti sulla filosofia mistica di Margherita Porete*, 1995). 이후에는 베긴회가 특히 프랑스, 독일, 플랑드르 지역에 널리 확산되었다. 이들은 근대에 접어들어 많은 종교 기관들을 불안하게 만들면서 여성들이 근행과 특히 연옥의 영혼들의 근행에 참여하는 것, 다시 말해 여성이 수도원 교단에 속하지 않으면서도 금욕적-종교적인 삶을 부활시키는 금욕주의적인 삶을 통해 극도의 청빈을 실천하는 여성들의 집단 형성에 기원을 제공했다.

마르게리트 포레트

여성 교단들은 13세기부터 클라라, 도미니쿠스, 아우구스티누스회의 여성 교단 등을 통해 등장했다. 그녀들은 결혼한 상태에서도 부부 사이의 정조를 지키거나 과부의 삶을 통해 기도와 세상에 대한 임무에 전념하는 새로운 신성 모델을 추구했다. 20세 때 3명의 아들을 둔 과부였던 헝가리의 엘리사벳Elizabeth(1207-1231)과 6명의 자녀를 두었으나 남편과 합의하여 결혼 생활을 포기한 실레시아의 헤드비지스Hedwig of Silesia(1174-1243)가 대표적이다. 더 급진적인 경우로는 엘제아리오(1285-1323)와 델피나(1283-1360)가 있다. 두 젊은 귀족은 각자 1299년에 혼인했지만 동

여성 신성 모델

정을 지키며 결혼 생활을 지속할 것을 결심하고 종교적인 삶을 살았다(앙드레 보셰, *I laici nel Medioevo*, 1989). 코르토나의 마르가리타Margaret(1249-1297)는 혼인하지는 않았지만 자식을 둔 어머니로서 자발적인 회개의 삶 또는 14세기에 확산된 시민적 종교성을 대표하는 '무덤과 같이' 밀폐된 작은 밀실에서의 삶을 추구했다. 한편 몬테팔코의 클라라Clara(1268-1308)는 자신의 유골에 대한 이야기에서 여성들이 그리스도의 수난의 상징을 육신에 간직하려는 것과 같은 '육체성 상징fisicità'의 전형을 보여 주었다(안나 벤베누티, *"In Castro poenitentiae." Santità e società femminile nell'Italia medievale*, Roma, 1990).

그녀들은 우리가 1350년에서 1450년까지라고 정의하는 여성 예언주의 시대의 예언적이고 공상적인 흐름을 대표한다. 여성 예언주의는 교회가 아비뇽 유수, 흑사병, 대립 교황, 그리고 대분열 시대에 겪었던 불행과 상실에 대한 여성들의 반계급적인 답변이라 할 것이다. 어쨌든 여성은 교단들, 세속적 근행, 성인들, 이단들 사이에서 관심의 중심으로 자리했고, 이는 새로운 모든 구성 요인들의 기여를 통해 근대성의 고통스러운 산고를 준비하는 변화의 의미를 심도 있게 이해할 수 있게 했다. **반계급적인 답변**

| 다음을 참고하라 |
역사 자선단체들(234쪽)
철학 오컴의 윌리엄(424쪽); 에크하르트와 라인 강 신비주의(442쪽); 13-14세기의 무한에 대한 논쟁(514쪽)

주교의 이단 재판과 교황청의 이단 재판

| 줄리오 소다노 |

중세의 이단 재판은 이단, 특히 카타리파의 등장 이후 시작되었다. 로마 교회는 이단 탄압이 자신들의 중요 업적이며, 시민 권력이 그들의 처벌에 앞장서야 한다고 주장했다. 13세기 초반에 이단은 악마의 무리로 규정되었다. 1230년대에는 교황청의 이단 재판이 시작되었고, 주로 도미니쿠스회에 그 임무가 집중되었다. 교황청은 이후 이단 재판에 대한 보다 구체적인 규정을 마련했다.

이단과 종교 재판

이단 재판의 성립은 이단들의 활동이 절정에 도달한 중세 후반기로 거슬러 올라간다. 11세기부터 비정통 교리를 따르는 무리들이 거의 같은 시기에 프랑스, 이탈리아, 독일에 출현하여 로마 교회와 그 권력을 비판했다. 중세 이단들은 다음의 세 부류로 구분된다. 첫째는 피오레의 요아킴(약 1130-1202)의 천년지복설을 추종하는 자들이다. 이들이 주장하던 새로운 시대에 대한 예언은 교회 계급 제도의 종말을 포함하고 있는 만큼 매우 위험한 것으로 인식되었다. 둘째는 발도파와 프란체스코회의 영성 운동으로 확산된 청빈 운동, 셋째는 카타리파의 움직임이었다.

정통 교리의 방어

가톨릭 신학자들과 논쟁주의자들은 이단의 확산을 우려하여 이들에 대한 처벌을 허용하는 가톨릭 사상을 연구했으며 정통 교리를 방어하는 것이 가톨릭 위계질서 사수의 주요 임무로 인식되었다. 이러한 임무는 교황 군주제 확립과 더불어 교황들의 최우선 임무로 받아들여졌다. 정통 교리를 강제하는 규정들이 마련되고 있던 12세기 말에서 13세기 초반의 이단 재판의 지원 덕에 이단 논쟁과 홍보 노력은 교리를 달리하는 그룹들에 대한 진정한 의미의 박해로 전환되었다.

이단 박해

중세 교회의 역사에서 이단 재판은 두 가지로 구분되었다. 첫 번째는 주교들이 주도하는 이단 재판, 두 번째는 교황의 이단 재판이다. 1184년에 교황 루치오 3세(?-1185, 1181년부터 교황)가 프리드리히 1세 바르바로사와의 합의로 베로나에서 공포한 '폐지에 대하여'라는 의미의 칙서 「아드 아볼렌담Ad Abolendam」은 주교들에게 이단에 대한 탄압을 지시했고, 시민 권력에게는 이들에 대한 처벌을 요구했다. 교황의 조치는 이단과의 투쟁에서 종교 권력과 시민 권력의 협력을 적극 유도했다. 로마 교회는 이단들을 무작정 탄압하기보다는 특별위원회를 조직하여 이단으로 의심되는 자들을 체계적으로 색출하고 처벌한 반면 시민 권력은 판결을 내리고 형벌의 정도를 결정했다. 하지만 주교들의 활동이 철저하지 못한 관계로 큰 성과를 내지 못하자 교회는 보다 적극적인 개입을 요청했다. 전환의 계기는 1199년에 교서 「베르젠티스 인 세니움Vergentis in senium」을 공포하여 이단을 신에 대한 반역과 범죄로 규정한 인노첸시오 3세(1160-1216, 1198년부터 교황)로부터 비롯되었다. 이단자들은 이제 범죄자로 낙인찍혔다. 게다가 교황의 칙령은 시민 권력보다 한층 우월한 입장에서 교황청의 의지를 부과했다. 이후의 이단 탄압은 그동안 이단자들에 대한 박해에 적극적이지 않아 정당성을 갖지 못했던 정치 권력의 임무가 되었다. 그 이외에도 정통 교리를 방어하려는 의도에 따라 이단들의 악마적 성향에 대한 전형을 구축하려는 문화적인 노력이 경주되었고, 그 결과 13세기 초반에 이단들은 악마의 추종자들로 여겨졌다. 그들은 암암리에 위협적이고 사악하며 악마적으로 행동하는 자들로 인식되었다.

인노첸시오 3세의 목적은 특히 랑그도크 지역의 카타리파를 탄압하는 데 집중되었다. 교황은 프랑스 남부의 정치 권력이 드러낸 우유부단함에 단호히 대처하여 1208년에 교황 사절단 살해 사건을 계기로 알비파에 대한 십자군을 주창했고, 1225년 이후에는 프랑스 왕의 군대도 이 전투에 참여했다. 이들은 매년 비타협적인 카타리파를 전멸시킬 목적으로 거의 모든 마을들을 파괴했다.

인노첸시오 3세는 알비파에 대한 십자군 경험을 바탕으로 무력만으로는 이단을 완전히 척결할 수 없으며 사람들의 인식을 구체적으로 통제하는 작업이 필요하다는 점에 주목했다. 그 결과 1215년의 제4차 라테라노 공의회에서 매년 고해성사의 의무를 규정했다. 그의 노력 이후로 이단 재판은 체계적 조직을 갖추었다. 재판관은 양측을 중재하지 않고 대신에 죄의 증거들을 찾아 제시하며 피고발자에 대한 직권 기소를 행사하는 만큼 로마법에 근거한 고발 절차와는 구분되는 특별 이단 재판를 운영했다.

교황청 이단 재판의 성립과 발전

1227-1231년에 그레고리오 9세(약 1170-1241, 1227년부터 교황)의 주장에 따라 교황청이 파견한 이단 재판관이 등장하여 이단 척결의 구체적인 임무를 수행했다. 학자들은 교황이 추진한 이단 재판이 이단과의 투쟁에서 신성로마 제국과 경쟁하지 않으

프리드리히 2세의 권리 요구

려는 의지를 반영한다고 주장한다. 프리드리히 2세(1194-1250, 1220년부터 황제)는 1220년에 성 베드로 성당 헌장Constitutio in basilica Sancti Petri을 발표하여 이단과의 투쟁을 선포했다. 황제의 입장은 정치적 계산에 따른 것이 아니라 이단에 대한 탄압이 자신이 수행하는 제국의 임무에 해당한다고 확신한 결과였다.

주교들의 이단 재판이 로마 교회의 이단 재판으로 옮겨 간 변화에 대해서는 거의 알려진 바 없다. 다만 초기에는 로마 교회가 파견한 이단 재판관들이 카타리파에 어떻게 대처해야 하는지를 잘 알지 못했을 주교들에 협력한 것으로 추정할 뿐이다. 1227년에 그레고리오 9세는 주교들에게는 이단 재판을 추진하고 시민 권력에게는 그들을 처벌할 것을 촉구하면서, 마르부르크의 콘라트Konrad(?-1233)에게 이단을 색출하여 처벌할 임무를 위임했다. 1231년에 카타리파와의 전쟁에서 전권을 부여받은 그는 이듬해인 1232년에는 탁발 수도회 교단, 특히 도미니쿠스회에 이단 재판을 위임하며 교단들의 이단 재판관들을 프랑스, 이탈리아, 아라곤, 나바라 등의 지역에 파견했다.

도미니쿠스회와 이단 재판에 대한 소명

1235년에 불가리아의 로베르토Roberto(13세기)는 프랑스 전역의 이단 재판 총괄 책임자로 임명되었다. 1206년에 도미니쿠스회의 수도승들은 구즈만의 도미니쿠스(약 1170-1221)가 알비파에 대한 탄압에서 교황의 대리인들을 지원했을 당시, 프랑스 남부에서 이미 이단 재판의 필요성을 주장한 바 있었다. 도미니쿠스회는 교황이 이단 재판 체계를 합리적으로 구축하려고 결정했을 당시인 1230년대에 이단 재판에 가장 앞장섰다. 교황의 이단 재판관들은 잔인하고 과도한 방식으로 유명세를 타고 이단 또는 가짜 이단들의 재산을 몰수함으로써 개인적으로 부를 축적한 무수한 전례를 양산했다. 이와 관련하여 여러 지역에서 이단 재판관들의 출현에 저항하는 반란이 발생했다.

최근의 역사가들은 이단을 탄압하는 로마 교황청 소속 이단 재판관들의 출현이 교회의 위기, 비정통 교리를 추종하는 자들의 위기, 즉 이단들이 거의 흔적을 남기지 않은 채 몰락해 가던 것과 시기적으로 일치한다고 주장한다. 사실 교회와 이단의 투쟁은 교황청이 보여 준 힘과 분명한 목표 의식, 그리고 동원 수단과 심각한 불균형을 이루었다. 교황청의 승리는 이단들의 문화와 비교하여 성직자 문화가 지닌 절대적인 우월성 덕분이었다. 이미 1230년대부터 이단을 위한 공적 공간은 급속히 줄어들었고, 이때부터 이단들은 불법이라는 현실에 직면하게 되었다. 이윽고 이단 재판에 따른 공식적인 처벌 장면들이 연출되었다.

13-14세기: 교리와 법의 체계화와 종교 재판

13세기 후반부터 14세기까지 교황은 좀 더 구체적인 규정들을 마련했고, 이단 탄압 활동은 교회법의 규정에 따라 진행되었다. 이에 세부적인 법적 근거가 마련되었고, 그 결과 재판에서 준수되어야 할 규정들의 지침서가 작성되었다. 첫 번째 지침서는 1241-1242년의 것이다. 가장 유명한 것은 도미니쿠스회 소속의 툴루즈의 베르나르 기Bernard Gui(약 1261-1331)가 쓴 것이다. 1252년에 교황 인노첸시오 4세(약 1200-1254, 1243년부터 교황)는 이단들의 자백을 받아 내기 위한 고문을 허용하는 교서 「근절시키기 위해Ad extirpanda」를 발표했다. 재판 지침서

13세기 후반에도 교황들은 유대인들에게 이단 재판의 법 조항들을 적용시켰다. 히브리어로 쓴 『탈무드』에 대한 의심과 불신이 증가하고 있는 동안 유대교로 개종한 그리스도교인들과 이러한 개종에 책임이 있는 유대인들은 1267년에 교황 클레멘스 4세의 교황 칙서인 「투르바토 코르데Turbato corde」에 근거하여 이단 재판에 회부되었다. 1274년부터 이단 재판관들은 개종 후 유대 의식을 거행한다는 의심을 받아 온 유대인들에게 모든 관심을 집중했다.

카타리파는 14세기에 접어들어 그 세력이 급속하게 약화되었으며 마침내 수배자로 전락했다. 이단 재판은 교황들의 새로운 거처인 아비뇽과 인접 지역들, 예를 들어 랑그도크, 프로방스, 알프스 서부 지역에서 보다 활발히 전개되었다. 이제 이단 재판의 열풍은 과거 브란덴부르크, 포메라니아, 보헤미아처럼 그동안 이단에 대한 탄압에서 제외되었던 지역들로 확산되었다. 14세기에 교황청은 정치적 목적에서도 이단 재판에 몰두했다. 밀라노의 비스콘티 가문과 이탈리아의 친황제파 세력은 별로 신빙성이 없는 이유들에 근거하여 이단 재판에 회부당했다. 이전 세기들에서와 마찬가지로 이단 재판관들의 불법적 재산 축적의 사례가 빈번하게 발생했다. 교황 클레멘스 5세(1260-1314, 1305년부터 교황)의 재임 기간에 실제로는 재산을 빼앗고자 하는 프랑스의 필리프 4세 미남왕(1268-1314, 1285년부터 왕)의 의도가 저변에 깔린 고발에 근거하여, 특히 템플 기사단에 대한 탄압이 강화되었다. 1307년에 기사단의 지도자가 수많은 동료와 함께 이단의 죄목으로 체포되었고, 1312년의 빈 공의회는 템플 기사단의 해체를 결정했다. 정치적 목적

결국 교황 요한 22세(약 1245-1334, 1316년부터 교황)의 재임 기간에 종교 교단들에 대한 탄압이 재개되었다. 교황이 아비뇽에 머물던 시대에 교회의 고위 계층들에 대한 공개 비판이 시작되었으며, 청빈의 복음주의를 주장하는 새로운 흐름이 등장했다. 프란체스코회 소속 작은 형제회들의 청빈주의 성향을 배경으로 부패한 교회에 대한 인식이 형성되었고, 혁신을 위한 투쟁이 시작되었다. 14세기는 돌치노파에 대한 십자군과 1307년 교수형을 당한 돌치노 수사의 죽음으로 시작되었다. 1322년에 요한 22세는 교황 교서 「쿰 인테르 논눌로스Cum inter nonnullos」를 발표하여 그리스도와 그의 제자들이 아무런 재산을 소유하지 않았다는 모든 주장을 이단으로 규정했다.

| **다음을 참고하라** |
역사 교회의 종교적 개혁에 대한 열망과 이단(246쪽)
과학과 기술 이탈리아와 유럽의 의학 교육 기관과 대가들(595쪽)

가난한 자들, 순례자들, 자선

| 줄리아노 보카다모Giuliano Boccadamo |

아시시의 프란체스코와 구즈만의 도미니쿠스의 행적은 청빈에 대한 새로운 방식의 이해를 가져왔다. 극빈자들에 대한 탁발 수도회의 노력에도 불구하고 14세기에 접어들면서 이들의 처지는 더욱 악화되었다. 14세기 말에는 더욱 심각한 봉기들이 연이어 발생했다.

아시시의 프란체스코와 구즈만의 도미니쿠스

13세기는 아시시의 프란체스코(1181/1182-1226)와 구즈만의 도미니쿠스(약 1170-1221)의 행적으로 시작된다. 경험의 차이는 존재하나 두 인물 모두 빈자와 청빈에 대해 새로운 방식으로 대처했다. 또한 그리스도의 살아 있는 이미지를 가지고 있다는 점을 들어서 가난한 자들을 높이 평가했다. 비참하고 빈곤한 자들의 삶을 실천하려 했다는 사실에 새로운 메시지가 있다. 그들은 빈자들과 함께 존재의 불확실성과 유동성을 공유하려 했다. 그러나 쾰른 주교 브루노Bruno(11세기)의 말에 따르면 카르투지오회의 은둔적 청빈과는 거리가 있으며, 몰렘의 로베르투스Robertus de Molesme(약 1028-1111)의 규정에 따르면 시토회의 은둔적 청빈과도 많은 차이를 보였다.

도미니쿠스회는 12세기에 시작된 교회 개혁의 흐름 속에서 여러 가지 성과에 도달했다. 도미니쿠스는 구성원들의 주된 활동인 설교를 고려하여 도미니쿠스 수도회를 설립하고, 동료들과 함께 아무것도 소유하지 않고 살기로 했다. 설교를 위해서는 학문과 교리가 필요했지만 그것을 내용의 틀로 삼기보다는 전달을 위한 수단으로 여겼다.

'학문'과 차별화된 관계

아시시의 프란체스코는 한층 급진적인 사고를 가진 인물로, 학문 또한 재산으로 여겨 거부하며 스스로를 무지한 위선자로 정의했다. 그는 청빈의 삶을 살며 회개의 의미가 아니라 형제애, 즉 청빈을 통해 가난한 자들과 우정을 모색하는 차원에서 의복마저 거부했다. 청빈은 여제자인 키아라(약 1194-1253)에게도 많은 영향을 주었다. 삶의 마지막 순간까지 그는 자신을 위해, 그리고 같은 수도회의 수녀들을 위해 청빈의 특권privilegium paupertatis을 유지했다. 그의 의미 있는 행동은 다음과 같다. 시장경제가 시작되고 돈의 흐름이 점차 확산되고 있던 사회에서 프란체스코는 자발적으로 경제 단계의 가장 저급한 수준에 머물렀고, 개인적으로나 전체적으로 부와 재산을 거부하며, 그리스도와 사도들을 완전히 모방하려 노력했다.

탁발 수도회 교단들(도미니쿠스 교단, 프란체스코 교단, 아우구스티누스 교단의 은둔자들, 가르멜 교단, 예수 그리스도의 회개자 형제들)이 빠르게 확산된 것은 이들의 목적과 이상이 당대의 불안감에 부응한다는 사실을 말해 주었다. 교단의 필요성과 사도의 포교 활동에 전적으로 부합하는 청빈에 대한 그 어떤 비난도 (프란체스코회가 엄격파와 온건파로 분열된 것에서도 보듯) 거대한 두 교단의 발전을 방해하지 못했다.

도시 활동

14세기 초반에 프란체스코회는 유럽 안에서 적어도 1천400여 개, 도미니쿠스회는 500여 개의 수도원을 거느렸다. 두 교단 소속 수도승들이 도시에 무관심하여 초기에는 주로 도시 주변 지역과 도시로부터 멀리 떨어진 지역을 중심으로 활동했지만 이후에는 교단을 도시 중심지들로 옮겨 왔다. 그곳에 더욱 심각한 가난이 상주하며, 겉으로 쉽게 드러나지 않지만 힘겨운 삶을 인내하는 자들이 존재했기 때문이다. 또한 두 교단은 도시들에서 정신적 개혁에 몰두하고 성스러움을 향해 자발적 청빈을 실천하는 많은 세속인들이 거주하고 있음을 알게 되었다.

이것은 탁발 수도회 교단의 절대적인 권위에 영향을 받은 제3의 교단들과, 특히 유럽 북서부 지역에 확산되었고 비록 공동의 규정을 형성하는 단계로 발전하지 못했지만 자선 활동을 통해 영향력을 확대한 베긴회가 어떻게 성공했는지를 설명해 주었다.

자선, 복지, 순례

복지는 13세기에 자선과 새로운 발전을 맞이했다. 종교적 시물施物을 담당하는 기능은 많은 교구에서 제도화되었다. 교황도 아비뇽 시대에 빈자들에게 나누어 주던 작은 크기의 빵에서 유래된 유사한 기능을 수행했다. 과거 베네딕투스회가 수도원의 문 앞에 빵을 놓아두었던 것처럼 생필품과 의복, 신발을 나누어 주었다. 루이 9세(1214-1270, 1226년부터 왕)도 군주나 왕의 시물을 담당할 관리를 임명하고, 카스티야에서도 같은 기능이 신설되었다.

시물과 자선단체

짧은 설교와 함께 제공되었던 시물은 자선의 가장 중요한 역할을 담당했다. 시물은 죄를 씻어 내는 수단이며 가난한 자는 자선을 베푸는 자를 위한 구원의 수단이었다. 시물은 자유롭게 제공될 수 있고 삶의 특별한 변화며 서약의 일부였다. 때로는 금전을 사용했는데, 이는 상업 발전으로 성장한 사회에서 볼 수 있는 전형이었다. 선행을 계획하고 교회 의연금을 모금하여 사용하는 형제단들은 직업 조합과 장인들의 추진으로 시신을 매장하는 일부터 사형 선고자의 사형 집행에 동반하는 일까지, 이런저런 필요들에 부응할 준비가 된 탁발 수도회들에 의해 개혁되거나 혹은 잘 조직된 형태로 등장했다. 그리스도교 성지들로 여행하는 순례자들을 도우려는 목적으로 조직된 자선단체들도 존재했다. 11세기에는 예루살렘이 성지순례의 주된 종착지였다면 12세기는 9세기 중반 야곱의 것으로 추정되는 무덤이 발견된 산티아고 데 콤포스텔라가 주목받았다. 반면 13세기는 로마를 향한 성지순례가 재개되었다. 국가적-지역적 분열로 인하여 순례가 보다 세분화되고 구체화되었던 것에서 그 이유를 찾을 수 있다. 14세기는 희년의 시작을 알렸다. 1300년에 교황 보니파시오 8세(약 1235-1303, 1294년부터 교황)가 선포한 첫 번째 희년에 이어, 1350년에는 두 번째 희년이 단행되었다. 여기에는 역시 같은 교황에 의해 초기에 계획된 100년 주기가 적절하지 못하다는 판단이 작용했다. 당시 교황은 모든 그리스도교인들에게 그들의 생애에 적어도 한 번은 희년에 참여할 수 있는 기회를 주려 했던 것으로 생각할 수 있다. 실

첫 번째 희년

제로 그 다음 희년은 원래는 1390년으로 예정되었으나 불과 10년 후에 또 다른 희년이 선포되었다.

14세기의 가난한 자들

13세기의 첫 30년이 비폭력적 기간으로, 프랑스의 성왕 루이 9세(1214-1270, 1226년부터 왕)나 에스파냐의 알폰소 10세 현명왕(1221-1284, 1252년부터 왕) 또는 이탈리아 아시시의 청빈주의자 프란체스코에 의한 평화로운 기간이었다면, 13세기 후반부터는 모든 상황이 급변했다. 자연재해와 질병은 가격 상승과 통화 불안정, 급작스런 경제 침체와 맞물려 취약 계층의 삶을 더욱 어렵게 만들었고, 이들의 불만을 고조시키며 공개적인 봉기들을 촉발했다. 자선-복지 체계는 청빈의 효과를 경감시켰지만 청빈 자체에 따른 원인들에는 별다른 효과를 주지 못했다. 1348년에 흑사병이 발생하기 전까지 적어도 7번의 혹독한 추위와 1315-1317년에 유럽 대서양 지역을 강타한 심각한 이상 저온 현상, 1332-1333년에 이탈리아에서 발생한 홍수, 몇 년 후 프로방스에 심각한 피해를 입힌 폭풍과 흉작, 가난, 질병 등이 이어졌다. 에스파냐는 1302년에 심각한 타격을 입었고, 10여 년 후에는 유럽 여러 지역이, 그리고 이탈리아와 포르투갈은 1320-1330년대에 피해를 입었다. 흑사병도 극에 달했다. 1338년의 식량 위기를 겨우 넘긴 피렌체는 1340년에는 흑사병에 이어 기근에 직면했다. 시민의 삶과 관련하여서는 1251-1255년에 리에주와 1280년경에 센 강 주변인 센 현과 리노의 중간 지역에서, 그리고 1347년에 시에나 봉기에 이르기까지 지도 계층을 몰아내고 그 자리를 차지하려 사회적 불안정을 조성하려 했던 중간 계층들에 의해 암암리에 계획된 민중 봉기가 빈번하게 발생했다.

자선-복지 체계

가난한 자는 누구인가? 가난의 발단은 무엇인가? 무슨 이유로 도시의 성장과 상업의 발전은 가난한 자의 수를 증가시켰는가? 일거리 부족, 다양한 사고나 전쟁으로 인한 전통적인 빈자들과 지주의 횡포에서 벗어나기 위해 농토를 떠나야만 했던 농민들, 그리고 결국 노숙과 떠돌이로 전락한 자들 외에도 새로운 유형의 빈자로, 힘든 노동을 강요받는 자들이 등장했다. 그들은 도시의 조합이나 장인 조합의 내부에서 대표자도 없이 가장 저급한 수준에서 일하던 수공업자들인 고용 수공인, 건축 노동자, 일일 노동자, 자신은 물론 가족의 생계를 유지하는 데 충분치 못한 농토를 경작함에 따라 육체 노동자나 임금 노동자로 전락하여 고리대금업자들에게 희생되거나

새로운 가난

도시 노동의 불확실성에 노출된 농민들이었다. 따라서 가난한 자들의 범위는 겉으로만 14세기의 경제 발전에 기여하는 것처럼 보였으며, 결국 과도한 경기 후퇴로 인해 희생당하는 부류들로 확대되었다.

흑사병은 1347-1350년에, 1360-1362년에, 1374-1375년에 다시 창궐하며 유럽 인구의 1/3을 사망에 이르게 했다. 하지만 토지 문제는 오랫동안 변하지 않았다. 전염병 확산에 따른 즉각적 결과로 그나마 노동력을 유지하고 있던 소수 노동자의 평균 임금 상승이 있었지만 이 또한 얼마 후에 불가피한 생계비 증가를 자극했다. 이러한 상황에서 임금 증가에 제동을 거는 조치들이 마련되었다. 1349년에는 아라곤, 계속해서 잉글랜드와 프랑스가 이와 같은 조치에 동참했다. 이는 태만한 자들에게 노동 의무를 부과하고 그 수가 크게 증가하고 있는 부랑자들에게 편의를 제공하는 것으로 이어졌다. 프랑스의 문제는 잉글랜드나 피렌체의 그것과는 달랐다. 하지만 임금을 감축하려는 조치는 흑사병 직후 한참 일할 나이의 근면한 빈자들이 처한 여건을 악화시키는 결과를 초래했다. 1378-1383년에 처음으로 일련의 봉기가 유럽을 강타했다. 예를 들어 1382년에 잉글랜드와 프랑스에서는 과중한 세금에 대한 불만이 확산되면서 도시 봉기들이 발생했다. 같은 해 피렌체에서는 대규모 조합들과 전통 부르주아 세력으로 구성된 부유한 상인과 장인들이 천한 신분으로 박봉에 시달리는 단순 노동자들에 승리하면서 치옴피의 난이 진압되었다. 이제 가난한 자들까지 더욱 위협적인 방식으로 자신들의 목소리를 내기 시작했다.

임금 감축

| 다음을 참고하라 |

역사 자선단체들(234쪽); 교회의 종교적 개혁에 대한 열망과 이단(246쪽); 선교사들과 개종(275쪽)

유대인 박해

| 잔카를로 라체렌차Giancarlo Lacerenza |

13-14세기는 그리스도교와 유대인들의 관계에서 가장 핵심적인 기간이었다. 불과 수십 년 만에 유럽 사회에서 유대인들을 결정적으로 소외시키게 만든 사회적, 종교적,

그리고 이념적 전제들이 성숙했기 때문이다. 유대인들은 자신의 옷에 표식을 달아야 했고 제한된 구역에 머물러야 했으며, 고리대금업 같은 그리스도교인들에게 적합하지 않다고 여겨진 활동에만 종사할 수 있었다. 수공업 분야에서는 아무 활동도 할 수 없게 되었다. 특히 1348년의 흑사병 창궐에 따른 박해 이후 유럽에서 유대인의 심각한 위기를 불러온 첫 번째 대대적인 추방의 시대가 정의되었다.

추방 과정

12세기에 유대인들이 방대한 분야에서 법적 자격을 누렸던 것과는 달리 13-14세기에는 신학적 개념화, 사회적 접근, 경제적 기능 측면에서 동시적으로 시작된 회복 불능의 점진적인 여정에서 수많은 생산 활동과 (그리스도교 사회에서 새로이 등장하는 계층들이 대신 차지하게 될) 무역 활동을 직접 수행하거나 참여할 수 있는 기회를 빠르게 잃어 갔다. 이런 기능들이 다른 계층들로 옮겨 간 것은 유럽이 물리적으로 유대인들을 자신의 경계 밖으로 더욱 강력히 밀어내기 시작했음을 보여 주는 대표적인 사례였다. 이러한 경향은 유럽 대륙에 군주국이 등장하면서 한층 강화되었다. 한편으로 군주국의 확립은 그 내부에서 문화적으로나 사회적으로나 보편적 이념에 포함될 수 없는 한 요인의 출현을 강력한 위험으로 해석할 수 있는 견고한 사회를 필요로 했다. 또한 적어도 유대인에 대한 태도와 관련하여 유럽 세속 세계와 교회 권력이 빠르게 변화하고 있는 가운데 이들과 가능한 균형 관계를 유지해야 할 필요성도 이와 같은 흐름을 부추겼다. 12세기의 일부 헬레니즘적이었던 사회의 흔적과 더불어, 적어도 13세기 중반부터 유대인들은 완전한 자유는 아닐지라도 충분한 시민권을 행사하며 복합 문화의 성격을 유지했던 에게 해와 비잔티움 지역, 북아프리카, 그리고 일반적 의미에서 동방과의 문화와 경제 교류의 그늘로부터 사실상 멀어졌다. 심지어 도시의 다양한 계층이 공유하는 거주 공간과 경제 공간이 재분배되는 도시의 형태에서조차 구성 요인들의 분리가 두드러지게 나타났다. 비록 연대기적으로나 유형의 방식이 변형된 것이기는 하지만 이러한 맥락에서 적어도 유럽 전역에서 유대인들이 그리스도교인 거주지 근처의 제한된 공간에서나마 계속해서 머물 수 있는 가능성이 타진되었다. 이는 유대인 거주지를 의미하는 '게토ghetto'라는 상징적인 이념이며, 이것의 적법하고 공식적-기능적인 발전은 16세기 중반에 완성될 것이나 그럼에도 근대 유럽의 모든 역사에서 알려지게 될 구체적 형태들은 13-14세기에 이미 여러 경우를 통

초기의 유대인 거주지

해 나타났다. 시작은 프랑스 필리프 4세 미남왕(1268-1314) 시대로 거슬러 올라간다(1294). 하지만 다른 지역, 특히 에스파냐에서 그 이전의 사례들이 발견되었다. 대표적으로 1243년에 타라고나Tarragona에서 또는 1274년에 아스투리아스Asturias 지방의 오비에도Oviedo에서였다. 이와 유사한 규정들은 유럽 전 지역에서 마련되었기에 언제 시작되었는지 구체적인 날짜를 획일적으로 설정하는 것은 불가능해 보인다. 적어도 11세기 말로 거슬러 올라가야 하는 가장 오래된 기록에 따르자면 하나의 길을 따라 또는 하나의 특별한 구역에 정착하거나 어떤 방식으로건 주변 환경과 물리적으로 분리되어야 할 필요성은 외부로부터 부과된 것이 아니라, 유대인 공동체가 방어를 위해 내부적으로 취한 조치라는 사실에서도 드러나기 때문이다. 프랑스-게르만 지역의 경우 폭력과 십자군 기간 내내 벌어진 살육에 대처하고, 특히 산제물 의식(과 우물에 독약을 집어넣는 것)에 대한 고발과 이에 대한 복수가 보편화되었던 기간이 있었기에 어렵지 않게 이해된다. 1298년 뢰팅엔Röttingen의 귀족이 프랑켄, 바이에른, 오스트리아의 140여 개 유대인 공동체에 대하여 대대적인 학살을 이어 간 것에 대한 재판이 대표적이다. 비극은 이후 수십 년간 간헐적으로 계속되었다. 흑사병 확산과 더불어, 예를 들어 프로방스와 카탈루냐에서는 심지어 전염이 본격적으로 확산되기 이전에도 약탈과 학살이 이어졌다. 이와 같은 비극적인 사례와 환경에서도 보듯이 적어도 11세기부터 그리스도교인들의 폭력에 대한 유대인들의 대응은, 특히 아슈케나지Ashkenazi 유대인 지역(유럽 중부와 동부의 유대인 지역*)에서는 키두시 하셈qiddush ha-Shem의 관습 또는 폭력에 폭력으로 대응하거나 배교를 강요했는데(하느님에 대한 신성 모독chillul ha-Shem) 이것은 굴복보다 순교를 강조하는 '신의 이름의 신성 모독'을 통해 구체화되었다. 유대인들이 필요에 따라 폐쇄될 수 있는 도로를 중심으로 거주지를 마련하거나 벽으로 둘러싸인 작은 구역에 살았던 것은 생존에 필요한 요건에 해당했다. 하지만 그리스도교인들에게는 이것이 궁극적으로 격리를 암시했던 반면에 유대인들에게는 작은 크기의 영토가 상대적 독립성을 가짐을 의미했다. 이러한 정착 방식은 빠르게, 그리고 모든 지역에서 (유대인들이 도시 내 일부 지역에서 자유롭게 거주하도록 허락된 지역들에서도) 굳어졌다. 아직 게토의 이름이 등장하기에는 시기적으로 이르지만 중세의 지명들에 대한 연구는 유대인들에 대한 표현(쥬데카iudeca, 쥬다이카iudaica, 알하마aljama, 쥬비브레iuiverie, 쥬덴스트라세iudenstrasse 등)이 다양했다는 사실을 말해 준다.

차별 표식

교회는 그리스도교의 역사적 진실에 대한 '살아 있는 증언'이라는 고대의 정의에 따라 자신이 필요로 하는 유대 민족의 존재를 계속해서 보호했다. 그렇다고 신자들 사이에서 확산되고 있던 감정의 변화에 무관심하지 않았다. 이러한 의미에서 제3차 라테라노 공의회(1179)와 제4차 라테라노 공의회(1215)부터는, 적어도 유대인 거주지들을 물리적으로 분리하려는 조치가 취해졌다. 하지만 그것은 언제나 일반적인 도움으로 작용하지만은 않았으며, 유대인 격리 구역은 보통 유대 공동체 자체의 요청에 따라 보다 쉽게 구체화되었다. 반면에 유대인들의 의복에 표적 달기를 의무화시킨 것은 오랜 기간 성공을 거두었다. 이러한 조치는 이미 12세기에 여러 지역에서 시작되었지만 제4차 라테라노 공의회의 승인으로 실효를 거둔 이후에 모든 지역으로 확산되었다. '표식'은 지역과 시기에 따라 다양했다. 키파kippah는 중부 유럽에 거주하는 유대인의 전형으로 자리 잡은 반면에 다른 지역들에서는 '로타rota' 또는 '로텔라rotella'로 불리는 다양한 크기의 모직 천으로 만든 노란색이나 붉은색의 원 모양의 모자가 더 자주 등장했다. 때로는 두 가지 색의 사선이나 하나의 선으로 나뉘었는데, 형태는 그리스어의 여덟 번째 문자인 세타theta와 유사했다. 여성들에게는 다른 요인들이 적용되었는데, 이 경우에도 유대인과 그리스도교인 거주지를 공식적으로 구분할 필요가 없었다. 남성들의 경우 고대 후기에 시작된 것으로 짐작되는 머리를 덮는 관습이나, 일반적이긴 해도 의무는 아니었던(게다가 11세기 이전에는 언급되지 않은) 수염 기르기, 관자놀이 주변에 곱슬머리를 길게 늘어트리고,이교도 세계와 차별화할 목적으로 고대의 풍속을 도입했다(「레위기」 19장 27절). 이러한 요인들은 13세기 말부터 보편화되기 시작했으며, 그리스도교 세계의 회화에서 유대인을 쉽게 구분하는 하나의 전형으로 등장했다.

유대인의 의복

유대인과 고리대금업의 관계도 바뀌었다. 그것은 생존한 유대인들이 다른 모든 노동 분야로부터 일제히 배제된 것을 의미했다. 게다가 여러 이유 때문에 부적절한 상황이 연출되었다. 이를테면 의약품들의 경우 유대인의 역할은 그들의 명성으로 관습topos을 유지하도록 허가되었으나 크고 작은 금액의 대부에 (예를 들어 프리드리히 2세가 승인한 바와 같이) 이자를 10%로 제한하는 경우에만 합법으로 허용되었다. 유대인들에게 대부 활동이나마 독점적으로 부여한 것은 자신의 제국에 외국인 금융업자들이 유입되는 것을 막으려는 프리드리히 2세(1194-1250, 1220년부터 황제)의 의지 때문이었다. 그러나 이러한 노력은 수포로 돌아갔다. 어쨌든 1231년의 멜피 헌법으로 인하여 황제 자신도 유대인과 직물 산업, (특히 카푸아와 나폴리의) 염색 산업과 더불어 (특히 트라니 공동체의) 유대인들이 독점하고 있던 실크 산업의 관계를 재확인했다. 이는 수세기 전부터 남부 유럽의 유대인들이 종교 권력에 납부하던 염색 관련 세금을 황제의 국고로 돌릴 수 있는 기회를 의미했다. 교황을 지지하는 앙주 가문은 이러한 술수를 놓치지 않았다. 호엔슈타우펜 황가의 프리드리히 2세는 원칙을 매우 엄격히 고수했는데, 프리드리히 1세 바르바로사(약 1125-1190)가 이미 승인한 바 있었다. 이에 따르면 황제는 유대인들에게 (훗날 여러 군주국에 의해 계승될) '왕권 신하 servi regiae camerae의 신분status'를 인정했다. 비록 황제가 개별적으로 인정하는 방식이었지만 긍정적인 영향이 없었던 것은 아니었다. 유대인들은 빈번하지는 않았지만 시민과 교회의 부패 사례가 발생하는 경우에 왕권이나 황제의 권력에 호소할 수 있는 기회를 획득했다.

노동 활동과 사회적 역할

박해, 추방, 위기

1492년에 이베리아 반도에서 유대인들이 추방된 근본적인 이유로 12세기 말부터 13세기에 서유럽 전 지역에 반유대주의 문화가 정착된 것을 지적할 수 있다. 이 기간은 반유대주의 문화가 사고와 행동의 유형인 공적 논쟁, 강제적 설교, 『탈무드』 금지, 구분을 위한 표식 부착 의무, 분리된 거주지 건설, 직업 제한, 그리고 그리스도교 세계와의 접촉 제한들을 통해 정착되던 시기였다. 1290년에 유대인들은 불과 두 세기 전에 정착해서 살아가던 잉글랜드로부터 추방되었다. 거주 당시부터 이들의 여건은 빠르게 악화되면서 상업 활동의 거의 모든 면에서 제한을 받고, 결국 고리대금업자 신분으로 전락했다. 귀족과 기사들에게 빌려주었던 채권 명의도 왕에게 빼앗겼다. 귀족과 기사들은 유대인 추방을 통해 모든 채무를 일시에 해결했고 동시에 왕권과 국고도 많은 수입을 확보할 수 있었다. 크게 다르지 않은 이유로 그들은 프랑스 왕의 국유지에서도 추방되었다(주로 1306년과 1322년, 최종적으로는 1394년). 관련 문서들에 사건들의 전개와 주요 주동자들의 신원은 밝혀지지 않았으나 여기에 종교적 이유는 없었을 것이 분명했다. 반면 14세기 중반에 프랑스와 독일 지역에서 벌어진 온갖 학살과 탄압은 이상하게도 독일 지역의 경우에는 대대적인 추방으로 이어지지 않았다. 프랑스와 잉글랜드에서 유대인들을 추방하는 데 동원된 명분들은, 적어도

잉글랜드와 프랑스의 유대인 추방

겉으로는 종교적 동기들이 매우 중요해 보였다.

그리고 이것은 개종자들, 특히 반유대주의에 열광하는 자들을 지원한 에스파냐에서 한층 첨예화되었다. 실제로 에스파냐에서 유대인들에 대한 불만이 지속적으로 증대되고, 산제물 의식과 제물 희생 의식 같은 신성 모독에 대한 고발이 이어졌다. 이에 1370년대부터 주요 지역에 심각한 피해를 입힌 경제 위기에 대한 속죄양을 찾으려는 노력이 경주되었다. 이미 10여 년을 넘긴 긴장 상황의 정점인 1391년 여름에 강제 개종과 학살의 만행이 자행되었다. 이러한 폭력 사태들을 저지하려는 공권력 개입도 별다른 효과를 거두지 못했다. 세비야, 코르도바, 톨레도, 바르셀로나에서는 수천 명의 주민이 학살당했다. 도시들은 잔인함의 현장이었고 공동체 전체에 세례를 강요하는 것과 같은 새로운 조치들을 강행했다. 이러한 상황에서 조직되어 많은 구성원을 자랑하던 '새로운 그리스도교인들cristianos nuevos'은 그 전망과 달리 유럽 전체에서, 적어도 17세기까지는 불안과 무질서를 야기하는 주요 원인 중 하나가 되었다. 이들은 조직된 지 얼마 지나지 않아서부터 유대인들에 부과된 표식에서 벗어난 덕에 에스파냐 경제 조직에 빠르게 적응했고, 과거부터 유대인들이 배제되어 왔던 분야들에서도 활동을 재개했다. 이들이 은밀하게 유대주의를 유지하고 있었다는 의심은 충분한 근거를 가지고 있었고, 가족과 후손들에게 심각한 압박으로 작용하면서 후에 마라노스Marranos의 이름으로 더 잘 알려진 유다 계통 위장 개종자들을 사냥하는 이단 탄압을 위한 개입 근거들을 지속적으로 제공했다. 1391년 이후에는 '사악한 그리스도교인malos cristianos'이라는 이름으로 기억될 개종자들에게 관심이 집중되었던 만큼, 유대인이라는 사실 자체만으로 박해를 받지는 않았다. 얼마 지나지 않아 유대주의가 박해의 핵심적인 사안으로 등장하게 될 주제인 비밀 유대주의 관습의 존재로 인해 부각되었다는 주장이 제기되었다.

에스파냐의 유대인 추방

| 다음을 참고하라 |

역사 형사 재판(238쪽)

도적들과 해적들

| 카롤리나 벨리Carolina Belli |

13-14세기에도 해적과 도적의 활동은 줄어들지 않았다. 오히려 당시의 불안정한 여건들은 놀라운 경제 발전과 병행되어 그들의 활동을 더욱 부추겼다. 군주들은 통제된 상태의 전쟁을 통하여 야만적인 해적 활동을 축소시키려 노력했다.

바다의 탄생: 세계를 연결하는 통로

11-12세기에 일어난 지중해에서의 근본적인 변화는 그 주변 지역에 거주하는 모든 주민의 사회적이고 경제적인 삶 전반에 영향을 주었다. 군사적, 상업적, 경제적, 법적 이해관계의 복잡성은 가난과 탄압으로 얼룩진 지역만이 아니라 바다 또한 위험과 혼란에 지배되는 상황을 만들었다. 불순한 날씨와 태풍, 해안에서 가까운 연안만 항해하고, 항해 도구가 있어야만 항해가 가능했던 상황에서도 안전한 전리품을 획득하여 부를 챙기려는 욕망에 사로잡힌 해적들은 강제로 배를 접수하고 납치 행위로 자신들의 존재를 드러냄으로써 바다를 지배했다. 이 시기 여러 지역 국가가 겪고 있던 지역적 한계는 전 유럽에서의 인구 증가와 유럽 군주국들과 이탈리아의 자유 자치 도시들의 성립을 가져온 정치적-종교적 변화, 그리고 십자군 운동에 의한 교역량 증가로 이미 극복된 상태였다. 13-14세기에 이탈리아 반도는 지중해와의 관계를 더욱 강화했다. 특히 경제와 사회 구조 발전에 힘입어 상업적이고 군사적인 관점에서 레반트와 아프리카 해안과의 무역을 위한 거점 역할을 했다.

바다, 상업, 미지의 세계

이 시대의 개인적이고 문학적인 상상 속에 등장하던 바다는 상당히 애매모호한 요인을 대변했다. 바다는 지역의 전통적 한계가 극복된 만큼 노예 무역처럼 종종 금지되기도 했지만 당연시되어 온 교역 덕에 귀중한 물품들과 부를 가져왔다. 또한 범선, 바닷길을 선택한 선원들과 상인들, 그리고 순례자들에게 위험과 수많은 문제들에 대한 무지도 드러냈다. 이탈리아 해상 공화국들의 경우에 아말피는 이미 몰락의 길을 걷고 있었던 반면에 피사와 제노바는 티레니아 해에서, 특히 베네치아는 아드리아 해에서, 또 지중해 서부 지역에서는 카탈루냐가 활발한 움직임을 보이면서 이전 세기들에 지중해를 독점하던 사라센인들의 우리들의 바다Mare nostrum에 도전장을 내밀었다. 인과관계의 측면에서 십자군 역시 모든 항구에서 군인과 배들의 거대한 움직임을 경험했고 동방, 그리스, 콘스탄티노플, 이집트의 모든 해안에 건설된 이탈리아 상인들의 식민지와 상관들을 통해 바닷길을 개척했다. 이것이 13-14세기에 유럽 경제의 비상을 가져온 상품 교역의 거대한 시장을 여는 데 기여했다.

해적 활동: 상업의 병리학적 측면

사라센인들이 항해 중인 그리스도교인들의 배를 기다렸다가 포획하여 상품을 빼앗고 승객들을 노예로 팔거나 해안 지역에 침입하여 약탈하는 것이 해적의 전통적 이미지였다. 그리스도교인들에 대한 무슬림의 공격은 중세 후반기 전 기간에 모든 바다와 육지에서 쉼 없이 이어지며 잔인하고 끔찍한 수많은 사건을 만들어 냈다. 정상적인 생활 방편으로 해적 활동을 전개했던 서방 세계의 해양 세력들 역시 (큰 성과를 거두지는 못했지만) 그리스도교인이나 이교도들을 대상으로 이와 유사한 활동을 했다. 해적 활동은 바다를 무대로 자유롭고 방대하게 전개된 일종의 도적 행위였다. 그럼에도 법에 따라 효과적으로 저지되거나 처벌되지 않았다. 그리스도교와 이슬람이 대립하던 바다에서 폭력이 종교적으로 정당화되었던 것은 합법과 불법의 경계가 무의미했음을 의미했다. 예를 들어 중세의 모든 문학 전통에서 그리스도교인과 이슬람교도 간의 대치는 가장 우선시되었다. 사라센인들에 대한 투쟁은 기사도적 의미 이상의 최종 목표, 즉 이들에 대한 모든 공격 행위를 정당화했다. 십자군 운동은 엄청난 수의 귀족, 군인, 상업인, 평범한 사람들의 이동과 더불어 당시 사람들이 갖고 있던 삶의 모든 동기들, 즉 바닷사람들에 의한 라틴 군대의 해상 운송과 식민지에 대한 군사적 정복, 해안 지역에 건설된 상관商館들을 통해 (결국에는 얻어 낸) 부를 축적할 기회를 증가시켰으며, 거의 모든 상업 루트에 끼어든 해적들의 약탈에 따른 위험들에 무뎌지게 만들었다.

법도 처벌도 없는 현실

바다에 사는 주민들 모두에게 '바다의 행운fortuna de mar'은 종교이자 감성적 요인으로, 자신의 삶 혹은 자신의 행운을 바다에 맡기려는 사람들의 모든 계약이나 유언을 통해 회상되었다. 현실에서와 마찬가지로 집단적 상상 속에서의 해적들의 모습은 보다 분명했다. 그럼에도 바닷사람들은 양면적인 이미지였다. 한편으로는 재산, 삶, 자유를 잃고 결국 노예가 되어 이교도나 악마로 전락하기도 했으나 다른 한편으로는 해적 활동을 통해 빠르게 많은 전리품을 획득하는 법을 포착하고 또 끝없이 부를 추종했다. 상인들은 별다른 어려움 없이 해적이 되기도 했다. 이 경우에 바다의

부의 쉬운 축적

전리품은 상업적 이윤의 일부를 구성했는데, 대부분 귀족이나 기사들의 배를 공격하여 빼앗고자 바다를 항해하기도 했다. 이는 해적 활동을 비열한 행동을 일삼는 최악의 인간 군상의 소굴과 대조적인 모습으로 보이게 했다. 전쟁에서 해적 활동, 약탈 행위, 상업 활동 사이에 얽혀 있는 복합적 관계를 풀어내는 것은 쉽지 않았다. 군사 정복, 불법적 이윤 추구, 바다에서의 약탈은 실제로 도둑질이나 다름없었다. 이는 개인의 난폭한 시도가 때로는 공적인 시도를 대체하기도 했던 십자군 운동과 성지에서 벌어진 전쟁의 수많은 사례들에서도 목격되었다. 보카치오(1313-1375)의 『데카메론』에 등장하는 란돌포 루폴로, 마르투치오 고미토의 이야기가 대표적이다. 여기서 주인공들은 위험과 모험심에 사로잡히며 동시에 바다에서 정복하기도 또 잃어버리기도 쉬운 부에 대한 열망에 빠져 있었다.

군주들의 태도

유럽의 상업 활동이 본격화되자 해적 활동은 정치적-상업적 경쟁으로, 마치 진행 중인 전쟁처럼 합법화되었다. 바다의 열강은 수없이 많아졌고, 모두가 각종 수단을 동원하여 해상권을 장악하고 유지하려 했다. 티레니아 해에서는 제노바와 피사가 해상권을 두고 경쟁했다. 이들 두 세력은 상업 활동을 위한 공간과 사르데냐, 코르시카, 시칠리아, 그리고 동로마 제국에 이르는 거점들을 정복하고자 했다. 두 도시의 무차별적 공격과 각 도시민들의 지속적인 방해 전략은 멜로리아 전투로까지 이어졌다. 발레아레스 바다에서는 제노바와 카탈루냐가 모든 합법과 불법의 수단들을 동원해 대치했다. 베네치아는 아드리아 해에서 모든 힘을 동원하여 강력한 영향력을 유지했고, 베네치아 시민들에게만 노예 무역이나 동방의 국가들에 필요한 목재와 역청 교역처럼 별로 합법적이지 않은 무역 활동도 할 수 있게 했다. 상황이 걷잡을 수 없을 정도로 확산되자 규정을 마련하고 야만적인 해적 행위와 규칙에 따른 전쟁 간의 차이를 밝혀 줄 필요성이 제기되었다. 선박들은 어디에서든 무장 군인의 호위를 받은 상태로 출항하기 시작했고, 여러 항구에 표류와 해적의 공격에 대한 문제를 전담하는 영사관이 설립되었다. 대표적으로 카탈루냐의 베렌가리오 4세(?-1162)는 왕국 국고에 필요한 자금을 충당하고 상품을 위한 접안의 권리를 결정하고 또한 선원들 간의 전리품 분배를 위한 규정을 신설하면서, 자신의 신하들이 수행하는 전쟁에 일정한 규정을 부여했다.

| 다음을 참고하라 |
역사 항해의 발전, 대서양 탐험과 지리상의 발견(217쪽); 전쟁: 기사, 용병, 시민들(295쪽)

선교사들과 개종

| 제노베파 팔룸보Genoveffa Palumbo |

13-14세기의 선교 활동은 유럽의 그리스도교화를 완수하고 정통 그리스도교인들 간의 어려운 화해를 위해 노력했다. 한편 동방에서는 봉기들이 발생했다. 유럽의 마지막 그리스도교화는 그리스도교 군사 기사단들을 통해서, 특히 십자군의 폭력 정신을 동반했다. 동방 선교는 프란체스코회와 도미니쿠스회의 노력으로 보다 외교적인 차원에서 전개되었다. 선교 활동의 이해를 돕기 위해서 성인 전기도 확산되었다. 우리가 지도에서도 찾아볼 수 있는 세상의 모습을 재구성해야 할 필요성도 제기되었다.

신화와 선교: 초기 그리스도교화의 신화와 선교의 상상적 지평

선교에 대한 생각은 13-14세기에 유럽이 세상에 대해 갖고 있던 인식이 서서히 변화된 것과 맞물려서 바뀌기 시작했다. 유럽의 시야는 세상 전체를 향했으나 특별히 아시아 지역에 많은 관심을 가졌다. 가장 먼저 고찰해야 할 점은 다음과 같다. 적어도 초기의 선교 활동은 아직 그리스도교화가 되지 않은 북유럽의 극한 지역에 집중되었던 것이 사실이나 당시 제작된 지도들을 참고할 때, 이후에는 유럽의 상인들과 카라반들의 왕래가 더욱 빈번해지고 있던 동방 교역로 주변 지역들로 옮겨 왔다.

이들의 여정에 대한 정보를 제공하는 가장 흥미로운 자료 중 하나는 고대의 지도들이다. 북쪽에 치우친 통로들과 보다 동쪽에 위치한 통로들의 주변에 위치한 강, 호수, 숲, 도시들은 신비한 전경과 야만적인 형상의 우상들로 묘사되었다. 동방의 지도는 특정 지역의 신비로움에 대한 표현으로 가득했다. 이를 모르면 중세 후기의 선교 활동이 어떻게 조직되었는지를 보여 주는 방식과 형태를 이해할 수 없다. 근대 초기에 이르기까지 서양의 지도 제작자들이 만든 지도에는 아직 세상에 알려지지 않은 환상적인 이야기가 많이 등장했다. 지도에서는 중세의 백과사전들과 당대의 전설적인 성인들에 대한 내용을 찾아볼 수 있다. 괴물과 불가사의들에 대한 기술만이 아니

환상적인 내용으로 제작된 지도들

라 더욱 흥미로운 고대의 그리스도교화에 대해서도 언급되었다.

중세 선교사들이 출처지만 직접de visu 확인되지는 않은 소식들은 누구의 이야기에 근거하는가? 여러 텍스트들이 미지의 세계에서 수행된 초기 그리스도교화에 대해 언급했다. 그 예로 오리게네스(약 185-약 253)는 성 토마스 사도가 파르티아Parthia(현재 이란 북동부*)에서 우연히 경험한 전통을 인용했다. 반면 다른 자료들은 성 토마스가 파르티아, 메디아, 이란의 페르시스Persis 주와 히르카니아(cfr. *Propyleum ad acta sanctorum Decembris: XII kal. Ian.*: S. Sorge, *L'India di san Tommaso. Ricerche storiche sulla Chiesa Malabarica*, 1983)에서 설교했다고 전한다. 이러한 내용은 라바누스 마우루스Rabanus Maurus(약 780-856)의 『우주론De universo』에서도 볼 수 있으며, 이 책을 통해서는 『복음서』의 저자인 마가가 갠지스 강 근처와 티그리스 강 근처의 루카에서 설교했다는 것을 알 수 있다. 찬란한 채색 세밀화로 장식된 리에바나의 베아투스Beatus of Liébana(?-798)의 『요한 묵시록 주해서Commento all'Apocalisse』에 등장하는 코덱스들, 예를 들어 에스파냐의 부르고 데 오스마Burgo de Osma(11세기) 성당의 코덱스는 개체화의 원리principium individuationis 선교를 위해 이곳에 왔었을 사도의 모습들로 구성되었다. 이러한 자료들에 따르면 성 안드레아는 스키타이에서 선교 활동을 했으며 4세기의 작가 루피노는 바르톨로메오가 인도에서 벌인 선교 활동에 대한 이야기를 전한다. 『성 토마스의 서Atti di san Tommaso』에 따르면 인도는 멀리까지 진출했을 사도들에 대한 보다 회의적인 이야기의 배경이었다. 성서 외전의 복음서들은 세밀한 묘사를 통해서 성 토마스가 인도의 한 왕이 다스리는 지역을 그리스도교화하며 그를 위해 신비의 궁전을 건축했고, 자신에 의해 복음화된 고대 민중의 상속인들이 그곳에 수세기 동안 생존했다고 기술했다. 이 전설에 따르면 그는 벽돌공과 건축가들의 수호성인으로 추대되었다. 이것은 유명 성당들이 건축되었던 시기에 나름의 중요한 의미를 가졌다. 성 토마스가 전하는 그리스도교에 대한 정보는 근대에 접어든 1578년에 인도로부터 예수회로 보내졌다. 포르데노네Pordenone에 있는 선교사 오데리쿠스의 성화들은 주로 그가 인도인들에게 설교하는 모습을 담고 있는데, 그는 프랑스 출신이지만 14세기 말경에 중국에서 활동했다. 그의 여행기는 1513년에 『미지의 것들에 관하여De rebus incognitis』라는 제목으로 출간되었다. 여기서 저자는 예멘의 마바르Ma'bar 왕국에 대한 이야기를 했는데, 이곳에 성 토마스의 시신이 묻혀 있다고 했다. 오늘날에조차 유사한 전통에 따르자면 그 무덤은 인도의 밀라포르Mylapore(현재

인도 마드라스*)에 있었다고 한다.

13-14세기에 활동한 선교사들 사이에서 민간신앙과 더불어 가장 보편화된 이야기를 재구성하기 위해서는 다음과 같은 당대의 가장 대중적인 작품들을 고려해야 한다. 보베의 뱅상Vincent de Beauvais(약 1190-1264)은 사도의 그리스도교화에 대한 전통을 기술했다(『역사 거울Speculum historiale』, t. 4, lib. VII, 64-66장, 그리고 lib. IX, *De ultima dispersione apostolorum*, 61장, ed. 1591). 야코부스 데 보라지네Jacobus de Voragine(약 1228-1298)의 『황금 전설Legenda aurea』은 모든 사도의 선교 활동을 서술하고 있다(야코부스 데 보라지네, 『황금 전설』, A. and L. A. Vitale Brovarone 감수, 1995). 여기에는 선교 활동에 대한 다음과 같은 이야기들이 나온다. "아시아에 가서 그곳에 많은 교회를 세운" 복음사가 요한의 선교 활동과 아시아, 정확히는 히에라폴리스에 가서 설교하고 이단인 에비온주의Ebionism(그리스도를 신격화된 인간이라고 보는 주의*)를 물리친 그리스도의 열두 사제 중 한 명인 사도 필립보의 선교 활동, '미르미돈' 지역에서의 선교 활동, 특히 마태오가 에티오피아에서 수행한 선교 활동과 안드레아의 스키타이 지역 선교 활동, 관련 기록에 의하면 인도에서 설교했으며 복음서를 이 지역 언어로 번역한 후에 아르메니아의 도시 알바나Albana에서 죽음을 맞이한 바르톨로메오의 선교 활동, 시몬이 이집트에 가 있는 동안 메소포타미아와 바다에서 설교를 한 유다의 선교 활동, 한편으로 시몬과 유다 모두 페르시아에도 왔었으며, 끝으로 성 토마스는 인도에 진출했다. 따라서 14세기의 지도에는 자신의 여행에서 돌아오는 길에 선교 활동을 수행한 최초의 선교사들이었을 것으로 여겨지는 동방박사들과, 나일 강, 티그리스 강, 갠지스 강, 그리고 유프라테스 강이 둘러싸고 있는 지상 천국(은 이러한 강들의 수원지다)의 모습이 등장했다. 13세기의 떠돌이 작가인 틸베리의 거베이스Gervase of Tilbury(약 1155-약 1234)의 사전식 저서 『황제를 위한 오락Otia Imperialia』에서 천국의 위치가 동방이라고 주장하면서 비밀스런 지역에 서양인들이 거주하고 있다고 주장했다. 외에도 14세기의 지도들 중에는 사도 성 토마스를 계승했다고 전해지는 사제왕 요한Presbyter Johannes('프레스터 존Prester John'이라고도 함*)이 통치하는 신비의 왕국도 등장한다.

보베의 뱅상과 야코부스 데 보라지네

이상의 전설들에 근거하면, 신비한 세상에 선교사를 파견했던 교황과 군주들은 성 토마스의 인도나 다른 사도들의 그리스도교화를 위한 노력과는 아무 관계없던 지역의 주민들도 그리스도교 신앙을 가지고 있었다고 생각했다. 이러한 맥락은 당시 몽골 또는 타타르족으로 불리던 주민들과의 관계에서도 볼 수 있다. 유럽이 고대 그리스도교화의 보편적 상황과 접하는 동안 아프리카의 동부와 북부, 그리고 특히 아시아는 역사, 지리, 그리스도교 전설, 괴물과 불가사의의 전통들이 불가분의 관계로 합쳐진 지역이 되어 갔다. 아브라함 크레스크Abraham Cresques(?-1387)와 그의 아들 자푸다Jafuda(약 1350-약 1427)가 1375년경에 저술했을 것으로 추정되는 『카탈루냐 대지도Atlante Catalano』를 주목해야 한다. 여기에 12세기 후반의 신비의 인물인 사제왕 요한의 왕국이 등장한다. 그러나 집필 시기를 16세기로 보기도 한다. 아시아의 심장부에 살고 있었으며 엄청난 부의 주인공이었고, 마르코 폴로(1254-1324) 같은 저자들과 여러 사람이 13-14세기에 가장 중요한 선교 활동을 전개한 선교사로 지목한 사제왕 요한은 사라센 격파를 다짐했다. 전설 신봉자의 시각에서 본다면 그들은 사도들의 노력 덕에 그리스도교로 개종한 인물에 불과했다. 사제왕 요한은 서신에서 자신의 궁전이 성 토마스가 인도인들의 왕을 위해 건축한 것과 유사하다고 기술했다(*La lettera del Prete Gianni*, Gioia Zaganelli 감수, 1990).

아시아의 복음화에 영향을 미친 중세 사전들에 기술된 사도들의 선교 활동에 신비로운 부분만 존재하는 것은 아니다. 근대에 들어서도 다른 신앙에 대한 내용을 확인할 수 있다. 그것은 네스토리우스파 그리스도교 확산에 관한 것으로, 사제왕 요한 역시 인도 북부 지역을 통치한 네스토리우스교파의 군주였을 것으로 본다. 1625년 산시陝西 현에서 중국어와 (성 토마스의 그리스도교인들도 예식 언어로 사용했던) 고대 시리아어의 비문이 적힌 비석이 발견된 것을 참조할 때, 네스토리우스파 그리스도교는 근대에 매우 확산되었을 것으로 추정 가능하다. 비문에는 그리스도교 교리의 핵심인 창조, 육신으로 오신 예수, '미셰보miscēbō'(메시아의 시리아어 표현*)의 죽음과 부활이 새겨져 있다. 이는 동방의 그리스도교화에 대한 고대 믿음의 증거로서 중세 전 기간 동안 여행자들과 선교사들이 이를 확인시켜 주었다. 다시 말하면 가톨릭의 아시아 선교 정책에 대한 수많은 결정에 영향을 끼쳤을 뿐만 아니라 신세계를 향한 개혁된 선교의 방향을 결정한 고대의 믿음이었던 셈이다. 제작 연도가 781년으로 거슬러 올라가는 이 비석은 사도들의 그리스도교화보다는 431년에 개최된 에페수스 공의회에서 이단으로 판결받은 콘스탄티노플 대주교 네스토리우스를 추종하는 자들인 네스토리우스파의 선교 활동을 보여 주는 증거였다. 동방으로 피신한 네스토리우스파 추종자들은 이곳에 그리스도교를 확산시켰다. 그리고 다른 기원의 여러 공동체가 계속 추가되었다. 아시아의 다양한 지역에서 활동한 선교사들의 기록에 따르자면 13-14세기 중국에서 확산된 고대 그리스도교에 대한 별다른 소식은 전해지지 않았다. 10세기 말에 네스토리우스파의 대주교에게 보내진 한 서신에 따르면 이 지역에 세워진 그리스도교 교회는 이미 사라졌으며, 인도의 그리스도교인들은 이런저런 방식으로 흩어졌다고 한다(G. Di Fiore, *Chiesa cattolica e impero cinese tra Sei e Settecento*, 2003). 중세 후기의 서방 그리스도교가 직면한 다양한 변화와 많은 연구를 통해 빈번하게 강조된 수많은 요인 외에도 (예를 들어 1219년의 제5차 십자군 기간에 술탄을 개종시키려 했던 프란체스코[1191/1182-1226]의 그것처럼) 선교 활동의 중요한 의미를 곧바로 알아차린 탁발 수도회들의 설립은 그리스도교를 아시아의 넓은 지역으로 확산시키려는 열성적이고 지속적인 노력에 동기를 제공했다. 이 기간의 주요 선교 활동들이 어떤 변수를 통해 발전되었는지를 이해하기 위해서는 가장 먼저 아시아의 복음화에 주목해야 한다.

십자군과 선교: '북유럽의 십자군'과 유럽의 마지막 그리스도교화

북유럽에서는 그리스도교화를 통해 추진되던 동화同化 과정이 매우 느리게 전개되었다. 다만 환상적인 내용을 담은 지도 제작의 흐름은 오래 이어졌다. 핀란드인, 에스토니아인, 발트 해 연안에 거주하는 주민들은 오랫동안 이교도로 문명의 국경 지역에 머물렀다. 유럽의 관점에서 본다면 그리스도교화의 경계에 위치하고 있는 셈이었다. 핀란드가 그리스도교화되었을 때, 편견의 경계는 이 지역을 양분한 채로 오랫동안 '괴물, 여장부, 개의 머리를 한 인간, 남자가 없어도 아이를 낳을 수 있는 능력을 가진 여인' 등의 환상적이고 우화적이며 관습적인 놀라운 대상들이 존재하는 지역으로 남겼다(M. Serena Mazzi, *Oltre l'orizzonte. In viaggio nel Medioevo*, 1997). 역사적이고 환상적인 지식의 방대함이 동방에 확산된 선교 활동의 강도를 설명할 수 있다면 유럽의 마지막 그리스도교화에 대한 이야기는 한층 복합적이었다. 경이로운 대상들만으로는 유럽 북쪽에 치우친 지역들에서도 어떤 정신적인 차원에서 동화의 노력이 작용했는지를 충분히 설명하지 못한다.

이러한 지역에서 13-14세기의 선교 활동 정신이 무엇인지를 이해하기 위해서는 악화되어 가고 있던 중동 지역의 상황과 그리스도교와 비그리스도교인의 관계가 충돌하며 생긴 변화 요인에 주목할 필요가 있다. 이슬람 세계와의 무력 대결이 잦았던 **북부의 저항**

이곳에서 12세기 말의 가장 유명한 종교-군사 단체 중 하나인 튜턴 기사단이 등장했다. 초기에 튜턴 기사단은 성지에서 그리스도교를 방어하는 임무를 수행했으나 주둔지를 비그리스도교 지역으로 옮긴 후에는 선교와 함께 십자군의 일시적인 경계를 바꾸는 데 크게 기여했다. 하지만 사람들은(대표적으로 클레르보의 베르나르두스[1090-1153]) 경계의 존재를 인정하지 않았다. 어떤 경우건 중요한 것은 에릭 리드의 말처럼 아직도 유럽의 이교도 지역으로 남아 있는 북부 지역을 복음화하는 임무를 "이 무장 선교 단체가 수행하게 될 것"이라는 사실이었다(에릭 리드, *Per mare e per terra. Viaggi, missioni, spedizioni alla scoperta del mondo*, 1996).

새로운 선교 기사단

13세기 초반에는 특별히 북드비나 강 하구 지역과 핀란드 만 중간에 위치한 리보니아에서 선교를 목적으로 두 교단이 설립되었다. 검의 형제 기사단Livonian Brothers of the Sword으로도 알려졌으며 리가 주교에게 직속된 리보니아의 그리스도 기사 수도회(이름이 곧 운명이다nomen est omen)와, 시토회 주교인 올리바의 크리스티안(?-1245)을 추종하는 프로이센들을 대적하기 위해 성립된 도브리진 기사단Order of Dobrzyń이다. 그들은 이 지역의 선교사로 활동하고 있던 리보니아(라트비아 및 에스토니아의 옛 호칭*)의 하인리히Heinrich(13세기)가 『연대기Cronaca』 끝부분에서 말한 바와 같이, 1227년 리가 만灣의 외젤Ösel 섬을 정복하고 주민들에게 집단으로 세례식을 거행하여 그리스도교화를 신속하게 추진했다. 리보니아의 개종은 예수의 모친이자 1220년에 이 지역의 공식 수호성녀로 선포된 성모 마리아에게 헌정되었다. 튜턴 기사단은 처음에는 헝가리 동부 국경으로 이동했으나 다시 발트 해로 옮겨 갔다. 1309년에 프로이센의 마리엔부르크로 이전한 후에는 군사 집단의 관습에 따라 도브리진 기사단과 검의 형제 기사단의 선교 임무를 상속받았다(Robert Bartlett, *The Making of Europe. Colonization and Cultural Change – 950-1350*, 1993). 이들은 리가 대주교와 동맹하여 리보니아로 진출했다. 에스토니아에서는 덴마크의 발데마르 2세(1170-1241)와 룬드의 안드레아Andrea 대주교의 주도로 십자군을 결성하여 이 지역에 주교구를 설치하는 개가를 올렸다. 그리스도 기사단이 저지르는 폭력은 "검이 우리의 교황이다"라는 주장을 뒷받침했다(Richard Fletcher, *La conversione dell'Europa*, 1997).

핀란드에서의 반란

이미 그리스도교화를 일부 경험한 바 있는 핀란드에서는 도미니쿠스회의 토마스가 주교 자격으로 1245년까지 투르쿠Turku(스웨덴명은 오보Åbo)의 주교구를 차지했다. 하지만 강제로 추진된 그리스도교화는 금방 약점을 드러냈다. 13세기 말에 어느 무명작가가 쓴 『리보니아 연대기Cronaca livoniana』는 반란 세력의 폭력에 대해 기술했다. 또한 에스토니아 지역에 거주하던 외셀리안öselian의 "젊은이와 늙은이들은 자신들의 땅에 한 명의 그리스도교인도 남겨 두지 않았다"(*The Livonian Rhymed Chronichle*, J. C. Smith와 W. L. Urban 번역, 1977, vv. 6113-6114)는 표현을 통해서도 짐작해 볼 수 있다. 그럼에도 발트 해 연안에 주둔한 튜턴 기사단은 자신들의 본거지를 중심으로 14-15세기에도 이 지역들에 대한 통치를 계속했다. 게다가 경제적으로 세력을 팽창하는 중이었던 리투아니아인들은 대공 민다우가스(?-1263)의 경우에서 보듯이 빌뉴스에 건설된 고딕 양식의 성당을 파괴하면서 자신들의 신앙을 고수하거나 본래의 믿음으로 돌아갔다.

그리스도교 상인들과의 접촉과 결혼이 빈번했음에도 불구하고 1316-1341년에 리투아니아를 통치한 대공 게디미나스(?-1341)는 고립된 삶을 고집했다. 그는 교황의 초대에는 상대주의적인 관용으로 일관하고 다양한 의식에 대응하며 "그리스도교인들은 자신들의 관습에 따라 자신들의 신을 숭배하고, 러시아인들은 자신들의 의식에 따르며, 폴란드인들은 자신들의 신앙을 유지하고, 우리는 우리의 전통에 따라 신을 숭배한다. 우리 모두는 하나의 신을 숭배한다"고 주장했다. 대가 지불과 입장 표명이 잘못될 것에 대한 두려움 속에서 비잔티움과 로마의 대립이 심각해지자 동유럽의 수많은 군주들이 그랬던 것처럼 리투아니아 주민들도 가능한 한 개종 시기를 늦추려 했다. 요가일라(약 1351-1434, 1386년부터 왕)는 자신의 왕국과 오래전부터 그리스도교 신앙을 가지고 있던 폴란드 왕국을 통합했고, 폴란드 왕국의 유일한 상속녀인 야드비가와 혼인하기 위해 그리스도교로 개종했다. 이렇게 1385년 2월 15일에 크라쿠프에서 유럽의 마지막 이교도 왕이 세례를 받았다. 그는 3일 후 혼인했으며 3월 4일에 폴란드 왕으로 등극했다. 그럼에도 얼마 후 라플란드의 주민들이 거주하게 되는 보다 북부의 평야 지역들 중에서 (지도에서 볼 수 있듯) 여전히 여행객들에게 공포심을 불러일으키는 거대한 숲으로 포위된 지역에서는 피안 델 카르피네의 조반니(약 1190-1252)가 중국의 지역들에 대해 기술한, 긴 창에 세워진 신비한 토테미즘 우상들을 볼 수 있었다.

프란체스코회와 도미니쿠스회의 동방 선교: 뤼브룩의 기욤, 피안 델 카르피네의 조반니, 몬테코르비노의 조반니

이 기간에 북유럽의 그리스도교화가 기사단의 결정적인 도움을 받았다면 동방 선교의 주인공들은 지금까지 기술한 모든 이미지와 별 관계없는 프란체스코회와 도미니쿠스회였으며 창설자들은 선교 문제에 직면했다. 아시시의 프란체스코는 1221년에 독일인들을 그리스도교인으로 개종시키는 임무를 피안 델 카르피네의 조반니에게 위임했다. 그는 13세기 중반에는 몽골까지 진출했다. 구즈만의 도미니쿠스(약 1170-1221)는 기적의 말들로 사도들의 선교 임무 수행을 축하하는 달력 축제인 오순절에 개최된 교단 회의에서 유럽의 경계 지역들로 많은 동료 수사들을 파견할 것을 결정했다. 뤼브룩의 기욤(1215/1220-약 1270) 역시 이 보고서에서 자신이 참여한 대논쟁이 오순절 전날에 열렸음을 기술했다. 철학자이자 프란체스코회 소속의 제3 회원인 라이문두스 룰루스Raimundus Lullus(1235-1316)는 이미 1274년에 자신의 고향인 마요르카에 로마, 볼로냐, 파리, 옥스퍼드, 살라망카에도 그의 요청으로 설립되었을 것으로 추정되는 언어 학교를 설립하고 인내심과 공부에 집중했으며 오순절에 기념된 방언의 기적 자체를 혁신하고자 했다. 그러나 돌아오는 길에 개인적으로 선교 활동을 했던 튀니지에서 돌에 맞는 사고를 당해 결국 마요르카에서 사망했다. 그리고 특히 도미니쿠스회 수도사들은 이후에도 아랍어, 유대어, 동방 언어들로 작성될 저술들을 잘 알고 있었기에 교단이 설립되기 이전부터 폭넓게 확산되어 있던 학술 논쟁을 통해서 선교 논쟁의 주역으로 등장했다.

초기의 선교 활동

많은 수도사가 언어를 배우고자 먼 지역까지 진출했다. 몬데 크로세의 리콜도Ricoldo(약 1243-1320)는 바그다드에 수개월 머물렀다. 도미니쿠스회의 수도사들은 아랍어로 설교할 수준에 도달했다. 로망의 윔베르Humbert de Romans(약 1200-1277)는 성 도미니쿠스의 네 번째 후계자로 1254-1263년에 그랜드 마스터의 직무를 수행했다. 또 저서 『교단의 집무에 관하여De Officio ordinis』에서 수도원장의 주된 임무들 중의 하나가 아랍어, 유대어, 그리스어, 야만인들의 언어를 이해하고 쓸 줄 아는 수사들을 확보하는 것이라고 했다. 어쨌든 외교적 성격이 매우 강했던 초기의 선교 활동 이후에 프란체스코회와 도미니쿠스회 수도사들 사이에서는 빈번한 원정 활동을 통해 보편화되고 있던 자신들의 임무를 위해서라도, 진정한 복음화의 선교 활동이 필요하다는 인식이 부각되었다.

동방 언어들에 대한 지식

좀 더 세부적으로 살피자면 가장 먼저 13-14세기에 행해진 주요 동방 선교가 무엇이었는지, 계속해서 고고학적이고 문화적으로 귀중한 가치를 가진 문서들을 남긴 다음의 사례들이 무엇인지를 봐야 한다. 교황의 지시에 따른 피안 델 카르피네의 조반니의 선교와 프랑스 왕이 파견한 뤼브룩의 기욤의 선교 활동, 그리고 다른 무엇보다 지도를 통해 알 수 있는 신비의 이미지에 대한 흔적을 찾게 될 프란체스코회의 수도사 몬테코르비노의 조반니(1246-1328)의 선교 활동이 그것이다. 1220년대(1221-1222)의 제5차 십자군 기간 중에 피안 델 카르피네의 조반니는 그리스도교인이 적지 않을 것이라는 동방의 한 지역에 대한 몽상에 빠진 채 (자신의 보고서에서 언급하듯이) 몽골인들의 출현이 수많은 유럽인의 마음에 불안감보다는 희망을 가지게 한다고 말했다. 그들의 눈에는 무명의 몽골 전사들이 무슬림 왕국들을 파괴하는 행위가 마치 그리스도교인의 심정을 대변하는 것처럼 비추어졌다. 게다가 이전 세기에 무슬림 왕국이 중국에서부터 진출한 거대한 세력에게 몰락한 것은 사제왕 요한의 이름으로 알려진 신비의 그리스도교 왕이 거둔 승리처럼 보였다.

몽골의 공세에 러시아, 크림 반도, 조지아, 아르메니아가 함락되었을 때, 즉 칭기즈 칸(1167-1227)의 후계자 오고타이(1186-1241)의 군대가 1241년에 레그니차에서 폴란드와 독일 군대를 격파하면서 유럽은 비로소 환상에서 깨어났다. 교황 인노첸시오 4세(약 1200-1254, 1243년부터 교황)는 1245년 리옹에서 열린 첫 번째 공의회에서 서면으로 몽골에 대한 대책을 지시하면서 프란체스코회와 도미니쿠스회 수도사들로 구성된 여러 사절단을 파견했다. 그들은 한편으로는 두 세기 이전부터 교황에 대한 복종을 거부해 온 동방의 그리스도교인들과 로마 교회의 통합을 다시 실현할 것을 서약했고, 다른 한편으로는 몽골의 새로운 공세를 예방하는 임무를 부여받았다. 특히 프란체스코회 소속의 아라곤의 도메니코는 마지막 사절단의 일원으로 아르메니아에 파견되었다. 다른 프란체스코회 수도사인 피안 델 카르피네의 조반니는 러시아와 몽골에 파견되었다. 그는 (얼마 후에 병을 이유로 중도 포기한) 보헤미아의 스테파노와 함께 부활절인 1245년 4월 4일에 리옹을 출발했다. 고된 여정은 1247년 6월 9일까지 지속되었다. 도미니쿠스회 수도사들로 구성된 사절단을 이끈 아셀리노Ascelino는 몽골에 파견되었고 나중에는 롱쥐모의 안드레아, 특히 (보베의 뱅상이 『거울Speculum』에 관련 기록을 남긴) 생캉탱의 시몬이 이 여정에 합류했다. 일행은 시몬이 상징적인 날짜로 지적한 바 있는 1247년 8월, 즉 성 도미니쿠스의 성체가 이전되는 날

몽골의 공세에 대한 방어

몽골에 도착했다. 여기서 프란체스코회 수도사들의 통역 임무를 맡은 폴란드의 베네딕토가 합류했다.

피안 델 카르피네의 조반니

피안 델 카르피네의 조반니는 러시아보다 몽골에 가는 일이 시급하다 판단하고 키예프 근처에서 바투와 접촉을 시도했다. 여기서 출발하여 몽골 심장부에 위치한 귀위크 칸Güyük Khan(1206-1248)의 궁전으로 향했다. 건장한 체구에 60세를 훨씬 넘긴 탓에 행동이 민첩하지 않았던 그는 어렵고 불확실하며 긴 여행을 이겨 내야 했음에도 당시 관습에 따라 성인들의 축일로 날짜를 정확히 표시한 보고서를 작성하여 몽골의 풍속, 의복, 그리고 당시까지 전혀 알려지지 않았던 이 종족의 군사적 습관들에 대해서도 귀중한 정보를 제공했다. 그는 몽골인들이 '그리스의 불'을 사용하며, 귀족들이 죽으면 게르에 앉은 모습으로 매장한다고 전했다. 여인들은 함께 모여 죽은 자의 뼈를 불태우며 수레를 몰거나 수선하는 일도 한다고 기록했다. 또 귀위크 칸을 따르며 살고 있는 수많은 그리스도교인에 대한 구체적인 정보도 제공했다. 이들은 일정한 금액을 보수로 받으며 그리스도교인의 모자를 쓰고 통치자의 거대한 게르에서 일했는데, 그리스도교로 개종한 사람들이었을 것으로 추정된다. 이는 아시아의 그리스도교 확산이 유럽에 알려졌음을 확인시켜 준다. 몽골인들은 보이거나 보이지 않는 모든 것의 창조자로 오직 한 분의 하느님을 믿으며, 하느님이 세상의 고통과 보상을 분배한다고 믿었다. 동시에 이들이 매우 숭배하는 것은 비단으로 만든 모자를 쓴 우상들이라고도 전했다. 사제왕 요한과 그의 왕조에 대한 소식도 전했는데, 그는 지도에 지속적으로 등장하는 괴물들의 호위를 받았다. 괴물은 인간의 모습이지만 소의 다리에 인간의 머리 혹은 개의 얼굴을 하고 있다고 했다.

교황들의 당부

선교사들의 보고서가 일반적으로 인종학적 측면을 상당수 반영했다면 이는 조반니의 주관적 판단이 크게 작용했기 때문이었다. 그는 인노첸시오 4세의 서한인 「아버지 하느님의 무한한 축복Dei Patris Immensa」을 참조했다. 그러나 이 서신에 '타타르족의 왕과 민중에게'라는 수신인이 구체적이지 못한 것은 당시 그리스도교계 수장이 활용한 정보가 거의 없었다는 사실을 말해 준다. 교황은 서신에서 가톨릭 신앙을 표출하며 신앙을 가지고 있지 못한 자들에게 세례를 받으라고 권고했다. 그는 몽골 족이 자행한 수많은 학살을 비난하고 조반니와 그의 동료들을 환영해 줄 것을 요청했다. 조반니는 귀위크 칸의 답장을 가져오지 못했지만 그와 동행하며 통역했던 선교사 폴란드의 베네딕토(Colbert, A. t'Serstevens의 사본, *I precursori di Marco Polo. Testi inte-*

grali……, 1982)의 요약문을 통해 상황을 짐작할 수 있다.

퀴위크 칸은 교황을 포함한 서방의 모든 세력들이 평화를 원한다면 자신에게 직접 와야 한다고 말했다. 세례를 받으라는 말에 대해서는 "우리는 어떤 방식으로 세례를 받아야 하는지 알지 못한다"고 답했다. 헝가리와 폴란드, 모라비아의 그리스도교인들에 대한 대량 학살을 비난한 것에는 "이들이 신과 칭기즈 칸의 명령에 복종하지 않았기 때문에 발생한 것이며, 오해로 우리의 사절단을 살해했기 때문이다"라고 구체적인 이유를 제시했다. 그리고 일종의 운명적인 신앙으로 모든 것은 신의 의지에 따른 것, 즉 "만약 인간이 신의 힘을 가지고 있지 않다면 인간은 무엇을 할 수 있을 것인가"라는 말로 끝맺었다.

바투의 아들인 킵차크 한국의 칸 사르타크Sartaq가 세례를 받은 덕분에 그리스도교는 큰 성공을 거두었다. 루이 9세(1214-1270, 1226년부터 왕)는 사르타크에게 프란체스코회 소속의 뤼브룩의 기욤을 보냈다. 그는 당시의 경험을 바탕으로 『1253년 뤼브룩의 기욤의 동방 선교Itinerario di fra Guglielmo di Rubruk dei frati minori, nelle regioni orientali nell'anno di grazia 1253』(A, t'Serstevens, *I precursori di Marco Polo, Testi integrali*……, 1982)를 집필했다. 사절단도 흥미롭다. 기욤은 몽골로 가서 바투를 만난 다음에 1254년 8월까지 8개월간 머물면서 이 지역으로 옮겨 간 그리스도교인들을 만난 것은 물론이고 종교들 간의 논쟁에도 참여했다. 또 네스토리우스를 추종하는 그리스도교인들을 만났고, 그리스도교를 믿는 조지아 지역의 주민들, 아르메니아의 그리스도교인, 그리고 다른 교파들의 인물들도 만났다. 기욤은 이들에게 이교도의 음료인 커피를 허락하고 서책들도 제공했다. 또 이들을 교육시키는 등의 진정한 선교 활동을 전개하면서 많은 사람들이 사실상 잊어버렸던 신앙의 진실을 일깨웠다. 뤼브룩의 기욤

뤼브룩의 기욤은 동방과 서방의 접촉으로 인한 긴장이 시작되었던 몽골을 떠나지 않았다. 사르타크가 세례를 받았다는 소식에 용기를 얻은 인노첸시오 4세는 선교사들에게 특권을 부여하여 그들이 몽골 제국의 북부와 남부 지역으로 여행할 수 있도록 허가했다. 니콜라오 4세(1227-1292, 1288년부터 교황)는 살레르노 근처에 위치한 마을 몬테코르비노 로벨라 출신의 조반니를 파견했다. 교황은 서방 세계에 확산되어 있는 선교 신화의 대부분을 인정했다. 즉 인도 마드라스 지역의 밀라포르에서는 성 토마스 교회를 방문하여 사제왕 요한의 마지막 후손을 만나고, 마르코 폴로가 인용한 명칭인 '우네칸Unecan'을 가리키는 '우낙-카한Unak-Kahan'이라는 실제 이름을 확 선교 활동의 성과

인했다. 조반니는 사제왕 요한을 로마 가톨릭 신앙으로 다시 이끌었으며, 그의 아들에게 세례를 베풀었다고 했다. 교황 요한 바오로 2세John Paul II(1920-2005, 1978년부터 교황)가 조반니 수도사의 베이징 방문 700주년을 기념하는 행사를 위해 추기경 요제프 톰코Jozef Tomko(1924-2007)에게 보낸 서한인 「1994년 9월 8일의 서한Lettera dell'8 settembre 1994」에서 알 수 있듯이 "우리는 조반니가 중국에서 실천한 사도로서의 삶이 1307년에 교황 클레멘스 5세가 그를 베이징 대주교로 추대한 사실에서도 알 수 있는 것처럼 큰 성과를 이룩했다는 점을 그와 동료들이 남긴 서신을 통해 알 수 있다"고 전했다.

14세기 초반에 조반니는 이미 「시편Salterio」을 중국어로 번역했으며, 상인 루카롱고의 피터Peter of Lucalongo로부터 베이징에 2개의 교회를 건설하기 위한 후원을 받았다. 그는 5천 명에게 세례를 주었다(A, t'Serstevens, *I precursori di Marco Polo, Testi integrali*……, 1982). 조반니는 계속해서 성공적인 선교 활동을 수행하며 포르데노네의 오데리쿠스(약 1265-1331)의 방문을 받을 만큼 장수했다. 한편 오데리쿠스는 자신의 저술에서 칸과 몽골의 궁정이 조반니를 숭배했다고 기술했다. 오늘날까지도 그의 명성은 동방에 널리 알려져 있는 인물들 중 단연 돋보인다.

그리스도교는 14세기 전반기에 동방에 널리 확산되었다. 이미 20여 년 전에 대칸으로 등극한 금장 한국의 칸 토크타는 1311년에 부인, 3명의 자녀, 그리고 몽골의 지도자들과 함께 개종했으며, 사망할 당시에는 '복된 자 조반니 형제'라는 명칭으로 불렸다. 그의 아들들 중 몇 명은 그리스도교를 포기했다. 선교사들은 게르로 만든 이동식 수도원과 함께 몽골인들의 이동 행렬에 참가했다. 1420년대에는 시베리아로부터도 선교사들의 파견을 요청받았다. 1342년 이후 몽골 왕조의 대부분은 결국 이슬람교를 선택했다.

이러한 모든 신화화된 이야기에도 불구하고 선교사들이 이룩한 가장 흥미로운 결과들 중 하나는 증인을 개종자로 전환시킨 것이었다. 이들은 선교 활동에 참여하여 동족의 문화적 공감대를 활용해 지속 가능한 성과들을 거두었다. 그 대표 사례는 (수많은 유사 사례 중) 캅카스 지역 사람으로 제노바에 노예로 끌려왔지만 그리스도교로 개종한 이후 프란체스코회 선교사로 활동했던 조반니다. 그는 1349년 티무르의 침입이 있던 시기에도 그리스도교로 남아 있던 이 지역을 지킨 공로로 마트레가(타만Taman)의 대주교가 되었다. 그 결과 15세기 후반까지도 캅카스 산악 지역에서는 라틴 의식을 따르는 그리스도교인들이 존재했다.

| **다음을 참고하라** |
역사 가난한 자들, 순례자들, 자선(262쪽); 종교 교단들(287쪽)

종교 교단들

| 파브리치오 마스트로마르티노 |

1320년대에 설립된 탁발 수도회 교단들은 로마 교회가 중세 사회에서의 우월권을 강화하는 데 기여했다. 교황의 권위가 유럽의 여러 왕국에 굴복한 것을 계기로 아비뇽 교황청의 새로운 시대가 열렸고, 신구 교단들에 대한 개혁이 추진되었다. 하지만 평가받을 만한 결과는 15세기에서야 나타났다.

교회를 위한 정신적 재탄생

10-12세기에 종교 교단의 확산이 중세 그리스도교 세계를 공고히 하고 교황권 강화에 기여했다면, 새로운 탁발 수도회 교단들이 13세기에 교황청의 권위를 정착시키고 일시적이나마 모든 세속 권력에 대한 우월권을 확립하는 것으로 로마 교회에 기여한 공로 또한 매우 컸다. 이단 운동의 방대한 확산과 증가에 직면한 교황 인노첸시오 3세(1160-1216, 1198년부터 교황)는 엄격한 개혁 추진의 필요성을 절감했다. 로마 교회는 탁발 수도회 교단들과 이들이 보여 준 불굴의 활동, 교황청의 권위에 대한 절대적인 충성에서 새로운 정신적 재흥과 세속적 야망의 실현을 위한 자원을 발견했다.

탁발 수도회 교단들

탁발 수도회들의 작은 형제회와 설교 형제회는 고귀한 성품의 두 종교인을 중심으로 설립되었다. 아시시의 성 프란체스코(1181/1182-1226)와 구즈만의 성 도미니쿠스(약 1170-1221)다. 두 형제회에 영감을 불어넣은 인물과 설립자의 인간성이 다른 만

큰 차이점은 별로 중요하지 않지만 설립 시기가 비슷한 두 교단이 보여 준 공통 요인 과 이전의 다른 교단들과의 차별적 요인은 매우 중요하다. 두 교단 모두 엄격한 종교적 삶에 뿌리를 두면서 공동체의 재산에 대한 어떤 집단적인 소유도 거부했다. 그리고 수도사들이 거주하는 장소의 소박함과 도심으로의 근접성은 종교인들이 주민들과 접촉할 기회를 빈번하게 만들었다. 하지만 도미니쿠스회와 프란체스코회는 대부분이 정신적인 명상과 학문 연구에 헌신했던 이전 시대 교단들의 정체된 상황에 반대하면서, 특히 설교와 병든 자 구제, 적빈赤貧과 같은 다른 활동적인 수단들을 강조하는 규정을 마련했다. 이는 당대 교회가 많은 측면에서 부족하고 적합하지 못한 상황에 직면하고 있었던 관계로 개혁의 필요성에 완벽하게 부합했다. 청빈을 고집하는 것은 종교인들이 민중에 가까이 다가갈 수 있게 해 주었고, 성직자들과 종교인들의 거만함과 부유함으로 인해 오점을 남긴 교회의 이미지를 새롭게 했다.

차이보다 유사성

11-12세기에 도시의 재탄생, 특히 이탈리아 도시들에 집중된 이단들의 움직임은 점차 사라지고 있던 농촌 사회로부터 분리된 중세 교회 조직이 얼마나 비효율적이었는가를 잘 보여 준다. 도시 시민들은 교회의 통제에서 벗어났고, 교회는 이들을 이단의 유혹으로부터 격리시킨 다음 자신의 영향권으로 재인도하는 힘겨운 임무에 직면했다. 그럼에도 종교인들은 도시에 상주했다. 이단 운동의 거짓된 속임수를 들추어 내고 진정한 그리스도교의 메시지를 선포하는 적극적인 설교 활동에 필요한 적절한 수단들은 보이지 않았다. 이토록 야심찬 개혁 운동은 교황 권위의 현명한 인도로 조직되고 협력되고 실현되어야 했다. 교황청은 도미니쿠스와 프란체스코의 정신적 엄격함과 이들의 지극히 개혁적인 열정을 필요로 했다.

교회의 통제

탁발 수도회 교단들의 성립과 조직

1230년대까지 탁발 수도회 공동체들은 교단의 발전과 확산에 주력했다. 이 과정에서 교황청은 중심 역할을 수행했는데 공동체들에 보낸 보호 서한이 상당수였으며 특권 수도 그만큼 많았다. 프란체스코회의 규정은 1210년에 이미 교황 인노첸시오 3세에 의해 공인되었다. 도미니쿠스회의 규정에 대한 승인은 1216년에 호노리오 3세(?-1226, 1216년부터 교황)가 불과 전년도에 있었던 제4차 라테라노 공의회에서 새로운 교단들의 설립을 금지했음에도 주교의 권위로부터 분리되어 교황청에 직속될 것을 승인했던 시기로 거슬러 올라간다. 1244년에 인노첸시오 4세(약 1200-1254, 1243

년부터 교황)는 모든 종교인에게 지시하여 프란체스코회 수도승들에게 아무런 제한 없이 원하는 자들에게 설교하고 고해성사할 수 있게 했다.

더욱 중요한 것은 교황청이 자신들의 조직을 발전시키려는 새로운 교단들의 험난한 여정을 지원토록 한 것이었다. 도미니쿠스회는 복합적이거나 상당히 효율적인 혼합 조직을 기반으로 조직되었다. 모든 교단에 대한 최고 권위는 수도원장이 가졌다. 하지만 각 수도원과 수도원장에게 위임된 중앙 조직 사이에는 각 지방의 제도들을 통해 영토에 분산되어 있는 모든 공동체에 대한 철저한 통제를 보장하는 중간 단계가 설정되었다. 지방(교구) 참사회는 매년 회의를 하여 각 지방의 수도원장을 선출하고 이들에게 자기 관할 구역의 수도원들을 방문하는 임무를 위임했다.

도미니쿠스회의 혼합적 구조

반면 프란체스코회의 조직은 한층 복합적이고 혼란스러웠다. 교단 설립자는 자신의 규정으로 성직을 일원화하는 것에 관심을 보이지 않았다. 덕분에 초기 30년간 교단은 총장의 확고한 권위에 근거하여 과도하게 중앙 집중적이고 수직적인 공동체로 운영되었다. 성 프란체스코는 교단의 직책들을 임명했고 이들에게 수도원 총회 참석을 허용했지만 별로 중요하지 않은 권력만을 제공할 뿐이었다. 조직의 비효율성에 대한 대책은 1239년에 수도원 총회가 교단의 총장에 우선하는 최고 입법 기구로 선포됨으로써 비로소 마련되었다.

탁발 수도회의 발전

입법적 기반의 견고함이 두 탁발 수도회의 확산을 촉진시켰다. 하지만 그 발전은, 특히 이들이 유럽의 사회적-정치적 분쟁들에 개입하여 수행했던 역할인 교황청과 세속 권력들에게 위임받은 임무의 결과를 통해 입증되었다. 역할의 대부분은 이단들과의 투쟁을 위한 것이었으며, 13세기 초반에 서유럽 지역에서 최고 전성기를 누렸던 카타리파의 탄압에 집중되었다. 1232년에 탁발 수도회들은 교황에 의해 이단 심문관에 임명되어 판결문에 절대적인 권위를 부여하는 막강한 권력을 부여받았다.

핵심 임무 외에도 수많은 활동을 열성적으로 수행했다. 교회와 세속 권력의 외교 활동, 즉 교황 사절, 프랑스 왕 루이 9세(1214-1270, 1226년부터 왕), 잉글랜드 왕 헨리 3세(1207-1272, 1216년부터 왕), 그리고 아라곤 왕 하이메 1세(1208-1276, 1213년부터 왕) 같은 왕들을 위한 대사 직분을 수행한 것을 꼽을 수 있다. 또 내분에 휩싸인 도시의 문제를 해결하기 위한 중재 역할도 빈번히 수행했다. 신학적 기반과 설교 능

대사와 중재자

력을 높이 평가받은 탁발 수도회 수도사들은 학문 연구에 매진하고 교리 교육을 개혁하여 파리 대학 같은 가장 저명한 대학들에서 재속 성직자들의 역할을 대신했다. 이후에는 선교 활동에 전념하며 북아프리카, 중동과 극동에 선교사를 파견했지만 별다른 성과를 거두지 못한 채 실패로 마감했다.

교황과 세속 군주들은 이들의 역할을 높이 평가했다. 그 결과 14세기에는 교단의 세력이 크게 확장되었다. 예를 들어 14세기 후반에 작은 형제단은 1천 개 이상(1316년에 1천400개에 이른다)의 거주지와 3만 명 이상의 형제들, 설교 형제회는 400개의 수도원(1303년에 600개)과 1만 명의 형제들(1337년에 1만 2천 명)을 거느렸다.

수도원의 위기

그러던 도중에 총체적 위기가 발생했다. 수도원의 쇠퇴는 대부분이 아비뇽 유수 기간에 절정에 도달했던 교회 권위의 몰락과 관련되어 있다. 이는 14세기의 외적 요인들에 기인했다. 전쟁의 확산으로 질병과 흑사병 같은 전염병들이 창궐했고, 종교에 귀의하려는 이들의 수는 감소되었다. 위기는 특별히 '권위'에 집중되었다. 그 결과는 견고한 조직을 유지하고 있던 과거의 교단들에도 영향을 미쳤다. 수도원 내부에서도 상급 수도사들에 대한 불복종이 보편화되었다. 게다가 전쟁으로 인해 수도승의 여행과 참사회의 정기 모임이 불가능해짐에 따라 베네딕투스회 수도원들은 클뤼니와 시토에 위치한 수도원 모체들로부터 독립을 선언했다.

인정받지 못한 권위와 위계질서

교황이 아나니에 포로로 잡힌 것과 교황청이 강제로 아비뇽으로 옮겨진 것은 로마 교회의 권위가 프랑스 왕국의 권력에 굴복한 것을 보여 주는 증거였다. 교황이 프랑스의 필리프 4세 미남왕(1268-1314, 1285년부터 왕)에 예속된 것은 교황 클레멘스 5세(1260-1314, 1305년부터 교황)가 1307년에 군주의 압력에 굴복하여 템플 기사단을 해체시키고 재산을 양도했던 것과 맥을 같이했다. 1314년에 교단의 지도자들은 교황의 암묵적인 동의로 모두 제거되었다.

베네딕토 12세의 개혁

교회의 위기가 최고조에 달하던 이 시기에 베네딕토 12세(1280/1285-1342, 1334년부터 교황)는 개혁을 단행하여 수도원의 위기를 극복하고자 노력했다. 개혁의 주요 결과들은 1420년대부터 결실을 맺었다. 1335-1336년에 교황은 프란체스코회의 일부가 전개한 극단적인 저항에도 불구하고 오래된 교단들인 베네딕투스회와 클뤼니회, 그리고 시토회, 작은 형제단에 대한 개혁을 단행했다. 도미니쿠스회 역시 교황의 개혁에 분명한 반대를 표시했는데, 이는 개혁이 소기의 목적을 달성하는 데 실패한 원인이 되었다.

교황의 교서들은 교단들의 수도회 총회에 의해 다르게 해석되며 그 추진도 매우 제한되었다. 이러한 의미에서 대표 사례에 해당하는 베네딕투스회는 교황의 교서를 외적 간섭으로 여겨 수도원장의 지도로 수도원들의 독립 원칙을 조심스럽게 고수했다.

| **다음을 참고하라** |
역사 선교사들과 개종(275쪽)

교육과 새로운 문화의 중심지들

| 안나 벤베누티Anna Benvenuti |

12세기 이전에 주교구와 성직 기관의 출현에 따른 논리적인 귀결로 도시들에 설립된 학교들은 중세 후반의 새로워진 도시들을 배경으로 과거보다 더욱 활력적이고 차별화된 사회의 요구에 부응했다. 교육에 대한 새로운 요구는 특히 자치 도시들의 제도들이 지속적으로 발전한 곳에서 도시 행정의 새로운 절차들을 운영하고 새로운 형태의 전문 분야들에 부응하는 능력을 갖춘 지도층을 양성할 필요성을 대변했다.

자치 도시의 학교들

새로운 교육 제도(자치 도시가 재정을 충당하는 특수 대학)는 기초 교육과 고등 교육에 대한 요구에 부응했다. 그 최고 단계에서는 법적, 경제적, 행정적 내용을 교수하는 실용적 특징을 지닌 문화가 유도되었고, 중세 중반기의 교회 학교들에서 주로 실시되던 사색적 교육을 배제하는 데에도 기여했다. 시민 생활의 새로운 주역들의 글을 읽고 쓸 줄 아는 것에 대한 요구의 증가는 이와 관련하여 농촌 지역과는 확실한 차이를 드러냈던 도시 지역에서 교육 인구의 증가로 이어졌으며, 자유 교수에 비용을 지불하면서 기본 문법과 알파벳을 배우는 개인 교육의 유익함을 다시금 부각시켰다. 교육의 중요성은 자치 도시 조직들의 학교에 대한 관심으로 이어졌다. 그 결과 이들은 교육 사업이 경제적 이윤을 가져올 수 있음을 직감했으며 이를 통제 또는 독점하며 기초적이거나 고급적인 지식을 전달하는 뛰어난 능력을 가진 (법이나 의학 분야처럼) 교수magistri에게 대가를 지불하고 교육 직위를 위임했다. 이에 교원이라는 전문 그룹이 형성되었는데, 자치 도시의 임금 이외에도 수많은 법령에서 세금 감면이나 면세를 제공하면서 이들의 활약은 더욱 확대되었다. 공권력의 역할은 이후에도 한층 독점적으로 발전했다. 자치 도시의 제도들은 학교 교육이 가지는 경쟁력을 인정하여 교육의 질이 담보될 경우 학생들이 도시 경제를 위한 자원으로 육성될 수 있음을 확인했다. 이러한 상호 이해관계, 즉 교수들은 자신들에게 부여된 직책을 보장받고 자치 도시의 시민 권력은 안정된 교육 제도를 진흥하는 상부상조 관계를 배경으로, 학교는 상대적이고 차별화된 차원에서 교육의 공적 유용성을 다시금 획득했다. 당시에는 교원과 교육위원회를 종종 대치적 관계로 만드는 불안 요인들이 있었다. 하지만 문법학자들이 자신의 집에서 학생들을 가르치던 고대 전통의 몇 가지 특징이 이 시기에 다시 부활한 것도 사실이다. 자치 도시들의 학교에서 단계별 교육을 위한 조직이 등장한 것이었다. 첫 번째 기초 단계에 가정 교사들이 어린 소년소녀들에게 시편을 읽고 암송하는 것을 가르쳤다면, 다음 단계에서는 교구 사제rector가 라틴 문법의 기본 원리를 제자들에게 교육했다. 산술과 지리에 대한 학습과 마찬가지로 언어에 대한 심화 교육은 라틴어를 읽고 쓸 줄 아는 자들이 독점적으로 담당했다. 법학이나 산수를 제외할 경우 학문 영역은 방법론에서도 강독, 주석, 암기, 반복에 기초한 고대의 그것과 비교하여 별다른 차이를 보이지 않았다. 다만 달라진 점이 있다면 교육 원칙으로 지식뿐 아니라 시민 생활에서의 정확한 행동 양식을 보장하는 것이었다.

공적 교육

거의 모든 도시에 등장했던 예식 형태를 통해서도 확인할 수 있듯이, 학교는 풍부한 공적 유용성에 주력하면서 종종 폭력과 무질서에 물든 젊은이들을 예절과 규율로 바로잡는 데 주력했다. 이렇게 해서 자치 도시 사회에는 학교의 확산과 더불어, 대가大家의 기술과 도구적 지식을 전승하는 다양한 책략artifices의 수공업 상점이 담당했던 전문가 양성의 전통이 공존하게 되었다.

교육과 도덕의 목적

대학 교육

시민 교육 체제의 발전은 12세기 말부터 고등 교육의 형성을 가능하게 해 주었다. 13세기부터 유럽의 중심지들에 설립된 교육 기관들은 시골이나 지방에서만 활용 가능한 학위를 제공했다. 하지만 학위 사용의 제약은 학위 취득자들에게 어디에서건 교육 활동을 수행할 수 있게 해 주는 '어디서든 가르칠 수 있는 권리ius ubique docendi'를 수여하는 수도원 학원studia generalia의 설립을 통해 극복되었다. 법적으로 볼 때 학위 수여는 큰 권위의 주체들(교황청, 제국 또는 국민 국가들)이 특별하게 인정하는 것에서 유래했다. 권력 주체들은 학위를 기술적이고 문화적으로 매우 높은 수준의 관리들을 양성하는 수단만이 아니라 주로 정치적 논쟁, 선전과 홍보에 필수 불가결한 이념적 연구의 요체로 여기면서 이를 수준 높은 교육이라는 차원에서 주목하기 시작했다. 이미 13세기 전반기에 교황들과 황제들은 고등 교육 기관들에 점차 큰 관심을 드러내고 있었다.

권력 주체들의 교육에 대한 관심

프리드리히 2세(1194-1250, 1220년부터 황제)는 1224년에 왕국의 정치적-행정적 재조직을 위한 계획의 일부로 나폴리에 대학 교육 기관을 설립했다. 얼마 후에 교황 그레고리오 9세(약 1170-1241, 1227년부터 교황)도 툴루즈에 대학 교육 기관을 설립했다. 반면 1224-1245년에 교황 인노첸시오 4세(약 1200-1254, 1243년부터 교황)는 로마 교황청에 도시 학교studium urbis를 설립하고 특권을 제공했다. 이후 권력의 간섭으로부터 자유로운 다른 학교들도 강력한 권력의 주체들에게, 예를 들어 강사를 자유롭게 모집할 수 있는 권리와 최고 수준의 교육 기관임을 인정하는 요청을 받아 내는 데 성공했다.

파리 대학과 볼로냐 대학

파리 대학과 볼로냐 대학처럼 오래된 교육 기관들은 강력한 권위를 바탕으로 최고 권력의 공식적인 인정을 받아 내는 데 별다른 관심을 보이지 않았고, 교수 모집에서도 대학 밖의 다른 기관들에 의지하지 않으려 했다. 그럼에도 파리 대학이 카롤루스 대제Carolus Magnus(742-814, 768년부터 왕, 800년부터 황제)를 설립자로 추대했고, 볼로냐가 경쟁 관계의 나폴리에 대학이 설립된 직후 테오도시우스 2세(401-450, 408년부터 황제)를 설립자로 받아들인 것에서 보듯, 기관의 정당화를 위해 노력했다. 그만큼 법적 요건들은 반드시 필요한 것들이었다. 하지만 대학들은 구성원들(교수와 학생)과 독자적 운영 능력을 갖춘 각 대학들(자체 규정을 보유한 조직들)의 사회적 성격에 집중된 대학 교육의 주된 특징을 고수했다. 파리 대학의 경우 조직력을 강화한 교수 그룹은 자신들을 정치적으로 매우 유용하게 활용할 가능성을 직감한 교황의 지원 덕분에 교수권licentia docendi과 학위 수여 권한을 행사하는 주교의 권력에 대해, 서기장을 임명하는 권한으로 균형을 맞추었다. 이러한 사례는 대학에 특권과 면세권을 제공하는 것이 시민 계층을 조직하는 능력에 따라 달라지는 권력 균형의 원인이 아니라 결과라는 점을 명백하게 보여 주었다. 파리 대학의 경우 13세기 전반에 출신 국가nationes별로 대학 조직들이 구분되었으며, 교육 기관 내에 기숙사를 갖춘 형태로 발전한 단과 대학 지원 학생들의 생활 규정들을 함께 갖추었을 당시에 이미 분명하게 드러났다. 볼로냐 대학은 파리 대학의 교수 조합Universitas Magistrorum과는 근본적으로 다르며, 설립 초기부터 학생 조합Universitas Scholarium으로 발전했다. 자치 도시가 필요로 하는 공증인 양성에 대한 요구를 통해 정당성을 획득한 볼로냐 대학에서는 12세기부터 중세 이탈리아의 법학자인 이르네리우스Irnerius(11-12세기)를 통해 로마 전통의 문헌과 전제에 근거한 법학의 지평선을 법 영역에서 확대했으며, 그라티아누스Gratianus(12세기)를 통해서는 교회법이 신학 영역에서 완전히 독립하여 새로운 학문 영역으로 성립되었다. 볼로냐 법학자들의 중요성은 1158년 11월에 붉은 수염의 프리드리히 1세 바르바로사(약 1125-1190)가 론칼리아Roncaglia에서 볼로냐 학생들을 위해 학자의 권위Authentica Habita로 알려진 특권을 공포했을 때 분명하게 드러났다.

법학이 대학에서 독자적인 학문 영역으로 자리매김한 과정은 학생 조합이 자치 도시의 행정과 빈번하게 부딪히면서 빠르게 조직된 덕분에 보다 완전해졌다. 자신들에 적대적인 곳을 포기하고 보다 우호적인 다른 장소로 대학을 옮겨 가는 것과 같은 적극적인 항의의 사건들과 1222년에 파도바 대학 설립에 동기를 제공한 학생들의 피신과 같은 에피소드들은 대학 교육이 시민들의 경제적-문화적 삶에서 얼마나 중요한 의미를 차지하는지를 증명했다. 많은 학생을 모집해야 할 필요성은 볼로냐의 경우 자유학예와 의학의 분과 내에서 다른 전문화 과정들이 개설되면서, 법학 영역을 뛰어넘어 확산된 교육의 차별화를 위한 기회로 발전했다. 얼마 후인 13세기에 도시들에 성립된 새로운 종교religiones novae는 지도부를 형성하는 과정에서 대학 조직을 도입하고 교단들의 주요 본거지에 대학 교육 기관을 설립했다.

이 기간에 대학의 형성은 두 단계로 진행되었다. 학생들은 13-16세의 나이에 거
교과 과정 치게 되는 첫 번째 교과 과정에서 약 4년간의 학업을 마치고 평균 20세를 전후한 나

이에 석사 학위를 받았다. 이후 학부에 따라 5-7년의 기간이 소요되는 박사 과정을 끝내면 박사 학위와 교수권을 취득했다.

14세기의 대학 교육은 판사와 공증인의 전문 조합에 가입하고 시민 집정관 같은 시민 정부의 관리가 되는 필수 과정이었다. 이에 부응하기 위해 새로운 대학 교육 기관이 이탈리아와 에스파냐의 많은 도시에서 설립되었다. 같은 시기에 대학은 유럽 중동부 지역으로 확산되었다. 1348년에는 프라하, 1364년에는 요가일라 왕가의 수도인 크라쿠프, 1364년에는 헝가리의 페치Pécs에 대학이 설립되었다. 독일 지역에서는 1386년에 하이델베르크에 최초로 대학이 세워졌다.

| 다음을 참고하라 |
철학 대학과 학문 체계(359쪽)

전쟁: 기사, 용병, 시민들

| 프란체스코 스토르티Francesco Storti |

13-14세기에 유럽 자치 도시의 문명적 발전과 봉건 군주국 약화에 이어 사회와 정치에서 직면했던 심오한 변화는 일련의 전쟁에 원인을 제공했다. 여기에서 점차 큰 역할을 차지하고 있던 기병의 강력한 파괴력을 강화하는 데 필요한 보병의 전략적 중요성이 확인되었다. 용병의 역할은 변화된 정치적 요구에 의해 필요해진 대규모 군단을 신속히 형성하는 문제의 해결책으로 등장했다.

도시 방어: 자치 도시 군대의 조직과 전략

빠른 변화와 중세 중기의 유럽 사회 내부에서 성숙 중이던 활력은 안정적인 계급 제도의 유형들이 강화되고 있던 바로 그 시점에서 이들을 부정했다. 귀족적인 삶과 관련된 전문 엘리트 기사들이 말을 타고 전투를 벌이는 것은 도시들, 특히 이탈리아 도시들에서 예외적인 것으로 인식된 반면에 사회적으로 전례 없는 새로운 방식의 전투 유형도 성립했다. 이것이 13세기에 등장한 가장 큰 군사적 변화였다.

이탈리아 자치 도시 군대의 전략은 도시 권력이 다양한 구성 요인의 합리적 구성으로 조직된 결과였다. 이들은 귀족과 이들에 동조하는 상인 계층을 대표하는 기사들과 직업 조합들에 근거하여 조직된 수공업 계층의 보병 부대로 구성되었다. 방패와 창으로 무장한 보병은 도시의 모든 일에 동원되었고, 서로 협력하여 기사들을 보조하며 이들 뒤에서 군단을 형성하고 적들의 공격을 격파했다. 레냐노 전투(1176)에서는 롬바르디아 보병이 카로치오를 중심으로 밀집 대형을 형성하여 프리드리히 1세의 기병을 창으로 공격하면서, 이미 질서를 상실한 아군 기병들에게 전열을 다시 갖출 수 있는 시간을 제공했다. 이는 자치 도시들이 수행했던 모든 전투에서 반복되면서 13세기에 더욱 발전했다. 보병들의 무장은 긴 창이 도입되면서 적의 기병을 더욱 효율적으로 저지시켰고, 거대한 방패를 땅에 고정시켜 강력한 방어벽을 형성하면서 더욱 완벽해졌다.

기사와 보병

전적으로 방어를 위한 전략으로써 시민들로 구성된 보병은 전문적이지 못한 군대였던 만큼 자신들에게 익숙한 포위 전략을 구사했다. 자치 도시는 자신의 성벽과 방어 인력을 동원하여 전투에 나섰다. 피렌체 보병은 캄팔디노 전투에서 방패로 무장하여 아레초 자치 도시의 보병들을 저지했으며, 도시의 요새화된 성벽처럼 방패들을 길게 배치하는 전략으로 궁수들의 공격으로부터 적군을 격퇴하면서 기병들의 공격에 대비한 덕분에 승리할 수 있었다.

새로운 전쟁

기병의 전략적인 기능은 지난 300년간의 전략적 우위를 마감하고 새롭게 개편되었다. 이러한 사실은 중요한 결과들을 낳았음에도 자치 도시의 군대가 전쟁이 보다 폭력적으로 발전한 중세 말기의 군대 발전에 기여한 유일한 공로는 아니었다. 게다가 기병과 보병의 결합에는 공동의 윤리적-기사도적 이념에 대한 어떤 공감대도 형성되지 않았다. 수십 년의 적대 관계를 통해 도시 계층들 사이에는 깊은 증오심이 형성되었다. 그리고 자치 도시의 군대가 기병과 보병의 조합에 적대적이었던 것과 대조적으로 부르주아 계층은 드높은 자존심을 내세워 봉건 군대와의 대결에 기병과 보병의 조합을 동원했다. 이탈리아 자치 도시들의 경쟁이 최고조에 달했던 13세기에, 그리고 1300-1328년에 벌어진 프랑스와 네덜란드의 전투적인 공동체들과 벌인 전투에서 프랑스군은 수천 명이 전사하는 피해를 입었다. 봉건 세계의 구성원들과 기사들 간의 군사 동맹에 따라 살육을 일삼는 전쟁이 시작되었는데, 유럽 군주국들의 대규모 충돌이 그것이었다.

새로운 군사 전략을 위한 과거의 군사 전략: 궁병

자치 도시의 보병이 기사의 전략적 우위를 제한한 것은 사실이나 전자가 후자의 몰락에 결정적인 역할을 한 것은 아니었다. 지배 계층의 특징적인 전투 방식을 고려한 문화적 이유들과 전투에서 결정적인 역할을 담당했던 순간부터 실전상의 이유로 인하여 기사들은 여전히 전략적 우월함과 효율성을 유지했다. 그럼에도 갈 길은 분명했으며 보병은 전쟁터에 필요한 요인으로 부상했다. 하지만 자치 도시의 군대가 선호하는 강력한 방어 전략을 포기해야 할 필요가 발생했다. 실제로 대군주국들의 공격적인 정책은 13세기를 지나면서 대규모 영토 분쟁을 일으켰는데, 강력한 공격력을 갖춘 많은 수의 효율적이고 전투력을 갖춘 군대를 필요로 했기 때문이었다.

군주국들의 전쟁과 군대

해결책은 중세 군대에서 부차적인 중요성을 점하고 있었으며 항상 존재해 왔던 궁병弓兵들의 놀라운 역할 변신으로 확보되었다. 전쟁의 변화된 양상은 야만적인 풍속에 머물러 있으면서 공통적이고 대중적이었던 수렵 활동에 익숙한, 사회 여러 분야에 퍼져 있던 관행을 새롭게 부각시켰다. 궁수와 석궁 사수(노르만에 의해 유럽에 재도입된 석궁은 선조들로부터 전해 오는 격세유전의 풍속과 관련 있다)는 시민 군대와 이탈리아 갤리선 선원들의 수가 증가하는 데 기여했다. 활과 같은 무기가 가장 보편화되었는데, 작센인들이 게르만 물질 문화의 몇 가지 전형적인 요인들을 아무런 변화 없이 유지해 온 잉글랜드에서 등장한 것은 우연이 아니었다. 활을 이용해 화살을 발사하는 관습은 13-14세기에 걸쳐 이후 수세기 동안 (어쩌면 영원히) 유럽 군대의 전략을 규정지을 정도로 전 지역에 보편화되었다.

잉글랜드에서 활의 사용은 관통력과 긴 사정거리에 매우 뛰어난 성능을 발휘하는 긴 활의 확산을 통해 더욱 전문화되었다. 백년전쟁 기간에는 봉건 시대의 전략적인 전통과 르네상스 이전 시대 관습의 과도기를 거치면서 유럽의 모든 군대에 의해 수용되고 일반화되었다. 이것이 전부는 아니었다. 잉글랜드가 크레시 전투(1346), 푸아티에 전투(1356), 아쟁쿠르Azincourt 전투(1415)에서 대부분이 기병들로 구성된 프랑스 군대에 거둔 승리는 폭넓게 포진하면서도 기병과 완벽히 동시에 작전을 수행했던 궁수 부대의 역할 덕분이었다. 이는 자치 도시 보병들의 고유한 방어 전략이 무력화되었음을 뜻했다. 잉글랜드의 궁수 부대는 '말에서 떨어진' 기병들의 지원을 받으면서 전쟁터에 투입되어 상당수의 적군을 살상했다. 그들은 기병들이 다시 말을 타고 작전을 전개할 수 있는 시간을 벌어 주었다. 이것은 군사적 의미 이상의 진정한

새로운 방어 전략

의미의 문화적 혁명이었다. 비록 일시적이기는 했지만 조화를 이룬 잉글랜드군의 기마대는 자신의 고유 역할에서 벗어나 새로운 임무를 담당했다.

14세기에 잉글랜드와 프랑스는 국가 간 충돌은 물론 문화 영역에서도 대결을 벌였다. 자만심에 도취된 프랑스 기마대는 유용성을 잘 알면서도 궁수들의 전략적인 우월성을 거부하다 결국 패배했다. 크레시 전투에서 8천 명의 프랑스 기병은 6천 명의 제노바 궁수들의 지원에도 잉글랜드 군대가 배치한 1만 4천 명의 보병에 졌다. 프랑스는 늦기는 했지만 확실히 이를 인식했다. 푸아티에 전투에서 프랑스가 기마대로 적군에 대적했었다면 아쟁쿠르 전투에서는 잉글랜드군에 맞서 4천 명의 보병과 '말을 타지 않은' 2천 명의 기병을 배치했다.

전쟁 비용

오랜 전쟁과 전장에서의 전력 증강, 전문화된 군대를 양성해야 할 필요성은 용병의 등장 시기가 무르익었음을 강력하게 암시했다. 새로운 것이 아니었다. 용병들은 항상 존재했으며, 그 한 가지 예로 프리드리히 2세(1194-1250, 1220년부터 황제)의 호위대에는 아랍인 궁수들도 있었다. 하지만 이제는 규모가 크고 차별화된 군사 전력으로 오랜 기간의 군 복무를 보장하는 기회가 마련되었다. 이러한 요구를 충족시키기에는 봉건 시대의 군대나 자치 도시의 시민 군대 모두 효율성 차원에서 분명한 한계를 가지고 있었다. 한편 용병 모집은 봉건 계약에 따라 규정상 40일간 군대에서 봉사한 신하들에게 일당으로 보상을 제공하는 전통적인 모병 방식을 따랐다. 같은 시기에 많은 군주들은 용병 모집에 필요한 막대한 자금을 확보하고자 봉건 영주가 군 복무에 대한 대가를 금전적으로 지급하는 방식을 도입한 바 있다(잉글랜드의 병역 면제세scutage). 이러한 방식에 따라 13세기부터 용병 의존도가 높아졌으며 14세기에는 프랑스-잉글랜드의 분쟁이 악화되면서 한층 체계적으로 발전했다. 수요가 커질수록 사회는 더 많은 것을 제공하기 마련이라 다양한 수준의 전문성도 함께 요구되었다. 이들은 도시와 유럽의 거리에 넘쳐 나는 도망자들과 부랑자들로부터 지역 전통에 따라 많은 연습을 통해 훈련된 궁수 집단들(잉글랜드의 궁수들과 제노바와 가스코뉴의 석궁 사수)에 이르기까지, 그리고 농촌 출신의 자원병들로부터 시민 보병까지 다양했다. 수많은 사람이 군대에 모였다. 용병 세계는 사회적 관점에서는 지극히 혼합적일지라도 높은 전문성을 갖춘 전투병 유형으로 구성된다는 것이 핵심이었다. 이처럼

용병 부대

전통적인 기사들의 세계와는 관계없이 성장해 온 전사들은 출신이 매우 불투명하거나 봉건 체제와 기사들의 명예에서 배제되었다는 이유로 어떤 행운도 가져 보지 못한 사람들이었다. 10-11세기에는 기사-농노들의 후예들이었지만 (많은 자료들에서 다양하게 언급된 내용을 통해) 훗날 수세기 동안 유럽의 영광스러운 용병 기사들의 구성원을 가리키는 용어인 무장한 자들homines ad arma로 불렸다.

초기에 용병들이 약탈을 일삼는 외부 세계의 무장 세력을 형성했다면(대부분 독일인으로 구성된 기사들로 1334년에 이탈리아 중부 주민들을 공포에 떨게 했던 '비둘기 용병 부대'나 란다우 백작[?-1363]의 '용병 부대'에 규합된 자들이었다) 시간이 지나면서 그들은 규율에 따라 체계적인 훈련을 받았으며 용병 조직이 만들어지고 상업적인 목적을 위해 계약을 체결하는 용병 부대로 운영되었다. 용병 부대는 용병들을 이끌면서 자신들을 필요로 하는 국가들과 채용 계약서를 체결하는 지도자를 중심으로 활동했다. 그리고 휘하의 군인들은 금전적 보상을 대가로 '사회'의 필요에 부응했다. 이것은 무기를 직업적으로 다루는 것에 반영된 상업적 합리성 또는 거대 금융 경험을 통해 하나의 체계를 완성한 이탈리아에서 영광스런 용병 시대를 열면서 매우 효율적인 방식들로 구체화된 현상으로, 14세기의 가장 큰 변화를 의미했다. '조반니 아구토Giovanni Acuto'라는 이름으로 이탈리아인이 된 잉글랜드 출신의 존 호크우드John Hawkwood는(약 1320-1394)는 백년전쟁에 참가한 베테랑이었으며, 훗날 이탈리아에서 30년간(1360-1390) 군인으로 활동했고, 14세기의 가장 유명한 용병 대장으로 알려졌다. 15세기에 전 유럽에 이름을 날린 용병 대부분은 이탈리아인이었다.

군대에 적용된 상업적 논리

| 다음을 참고하라 |
역사 도적들과 해적들(272쪽)

여성의 권력

| 아드리아나 발레리오Adriana Valerio |

13-14세기에 여성의 권력과 관련된 사례들이 반복적으로 드러났다. 한편에서 신학적

사고의 체계화와 여성을 권력으로부터 배제하는 법안이 제정되었다면 다른 한편으로는 사실상 절대적 권위를 행사하던 수많은 여성이 존재했다.

여성의 권력에 대한 논쟁

12세기 중반에 나온 『그라티아누스 교령집Decretum Gratiani』(약 1140)에서 저자는 부인에게 자신의 결혼 지참금을 직접 관리하라고 유언을 남겼으며 그녀에게 독자적 법인을 형성할 수 있는 권리를 인정하면서도 신성과 여성이 양립될 수 없음을 지적했다. 그 결과 여성이 권력을 행사하는 것이 적절치 못하다는 것이 지적된 바 있다. 또 오직 남편vir의 형상으로만 신의 직접적인 상이 도래하며 남성만이 권력을 차지하고 통치할 수 있다고 했다(『그라티아누스 교령집』, XXXIII, p. 5).

여성에 대한 이미지는 자연 현실에 대한 복합적 해석으로 결정된 아리스토텔리즘의 개념에 따라 토마스 아퀴나스Thomas Aquinas(1221-1274)가 강화한 것이었다. 사실상 그의 이론은 아리스토텔레스의 생물학적 원칙의 개념들로 형성된 고고학적 개념에 해당했다. 여성의 몸은 '우연에 의해서 장애를 입은 사람(남성)mas occasionatus'인 만큼 불완전하며, 미성년 상태기에 보조적이고 예속적인 역할만 가질 뿐이었다(『신학대전Summa theologiae』, I, p. 92). 아퀴나스에게 권력은 예속 상태의 여성과 공유 가능한 것이 아니었다praesidentia non decet mulieres quae subditae sunt. 이로 인해 종속된 상태status subiectionis와 양립될 수 없는 성직 임무ministero sacerdotale는 여성이 행사할 수 없었다. 육체적으로 허약하고 이성적으로 불완전한propter infirmitatem corporis et imperfectione rationis 여성들이 권력을 행사하거나 또는 하느님과 남자들을 중재하는 역할을 수행하는 것은 모든 측면에서 부적절했기 때문이다.

여성의 미성년 상태

이러한 개념들은 스콜라 철학으로 확립되어 교회의 전통적인 유산이 되었다. 그럼에도 여성의 권력 행사에 대한 구체적인 사례와의 비교는 불가피해 보인다. 실제로 프리드리히 2세(1194-1250, 1220년부터 황제)의 법전에서 볼 수 있듯 법학자 이세르니아의 안드레아(?-1316)는 남자 상속인이 없는 경우 통치권은 여식이 차지한다는 여성 상속의 원칙과 정당성을 주장했다. 같은 맥락에서 법학자 사소페라토의 바르톨루스(1313-1357)는 뛰어난 여성들이 자신들의 권력을 행사하는 것은 관습 차원에 근거한 경우에도 정당하다고 인정했다. 더불어 교회법 학자인 우발디 가문의 발

여성 상속의 정당성

도Baldo degli Ubaldi(약 1327-1400)도 여성이 봉토를 하사받을 가능성을 원칙적으로는 부정하면서도(도덕적이고 물리적인 허약함으로 인해) 직계 남자 상속인이 없는 경우 관습법 차원에서 인정했다. 철학자 오컴의 윌리엄William of Ockham(약 1280-1349)은 자격을 갖춘 남성이 없는 경우에 능력을 갖춘 여성이 적극적으로 전쟁에 참여해야 한다는 주장을 수용했다.

권력의 여성들

13-15세기를 지나면서 여성의 권력은 통치자부터 수녀원장, 예언가에서 이단에 이르기까지 다양해졌다. 여성이 자식을 위해 섭정을 하는 관습도 이 기간에 확립되었다. 그들의 다양한 역할이 법제화되는 데 1275-1284년에 법학자들이 공동 저술한 이론서 카스티야의 『7부 법전Ley de las Siete Partidas』이 중요한 의미를 가졌다. 여왕의 임무와 의무를 단순히 자식의 이해관계를 보호하기 위한 모친의 역할로 해석하지 않고 공적 업무를 적극적으로 수행하는 것으로 확대 해석했기 때문이다. 이미 나바라의 마르가레토(1128-1183)는 아들 굴리엘모 2세 선한왕Guglielmo II il Buono(1153-1189)을 대신하여 섭정을 통해 시칠리아 왕국을 통치했으며, 아들의 대관식 당일에는 대사면을 단행하여 정치범을 석방하고 몰수했던 재산을 돌려줄 것을 명령했다. 아들인 프랑스 왕 루이 9세(1214-1270, 1226년부터 왕)의 이름으로 섭정을 한 카스티야의 블랑슈(1188-1252), 아들 에리크 5세(약 1249-1286, 1259년부터 왕)의 이름으로 덴마크를 통치한 마가레트(1230?-1282), 아들 우고 2세Ugo II(1252/1253-1267)의 이름으로 예루살렘 왕국을 통치한 안티오키아의 플라이산체Plaisance(?-1261), 남편에게 아들을 위해 왕권을 포기할 것을 강요한 후 결국 암살시키고 아들 에드워드 3세(1312-1377)를 대신해 잉글랜드를 통치한 프랑스의 이사벨라(약 1295-1358), 조반나 1세(1326-1382)의 남편이자 자신의 아들인 언드라시(1327-1345, 1344년부터 왕)의 이해관계를 지키고자 나폴리 왕국의 내정에 개입한 후에 아들 러요시 1세(1326-1382)와 함께 1320년부터 헝가리와 폴란드 왕국을 통치한 폴란드의 엘즈비에타(1305-1380), 1353년부터 딸 마리어(1371-1395)의 이름으로 섭정하며 헝가리 왕국을 통치한 보스니아의 엘리자베타(1330-1387), 아들 라디슬라오(약 1377-1414, 1386-1389년에 왕, 1400년부터 왕)의 이름으로 나폴리 왕국과 헝가리 왕국을 통치한 두러스의 마르게리타(1348-1412), 아들 앙주의 루이 2세(1377-1417)를 위해 시칠리아 왕국을 섭정으로

여성의 섭정

통치한 블루아의 마리아Maria(1345-1402)까지, 이들 모두는 종종 위험에 노출된 자식의 권리를 적극적으로 방어하며 왕국에 상당한 영향력을 행사했던 여성들이다.

실질적인 통치권 행사

많은 경우에 여왕의 권력은 왕의 권력을 동반했다. 예를 들어 시칠리아 여왕인 앙주의 엘레오노라Eleonora(1229-1242)는 특히 시칠리아 귀족과 교황을 중재하는 과정에서 아라곤의 페데리코 2세(1272-1337)와 더불어 상당한 정치적 역할을 했다. 또 다른 사례인 시칠리아의 코스탄차Costanza(1249-1300, 1282년부터 여왕)는 남편인 아라곤의 페드로 3세(1240-1285, 1282년부터 왕)와 시칠리아를 공동 통치했다. 직접 통치한 사례도 있다. 프로방스의 엘레아노르(1222-1291)는 남편 헨리 3세(1207-1272, 1216년부터 왕)가 가스코뉴에 머물 때에 잉글랜드를 통치했고, 조반나 1세는 4세의 어린 나이에 할아버지에 의해 왕권 상속자로 결정되어 16세의 나이에 나폴리 왕국의 여왕으로 등극했다. 그녀는 불굴의 의지를 발휘하여 4명의 남편들로부터 (때로는 폭력을 동원하면서) 자신의 독립성과 권위를 지켰다. 강인한 성격의 소유자였던 덴마크의 마르그레테(1353-1412)는 남편 호콘 6세(1339-1380, 1355년부터 노르웨이의 왕, 1362년부터 스웨덴의 왕)와 아들 울라브 5세(1370-1387)가 사망하자 덴마크, 노르웨이, 스웨덴 왕국의 통치권을 장악하고 스칸디나비아의 국가들을 정치적으로 통일하려는 원대한 계획을 실현하기 위해 노력했다.

권력과 예언

빙엔의 힐데가르트Hildegard von Bingen(1098-1179)가 시작한 여성의 예언은 제도적인 것은 아니었으나 몇 명의 여성들이 신의 부름을 받아 교회 혁신renovatio ecclesiae의 심각한 문제들에 개입하여 교회 공동체에서 상당한 역할을 했던 대표 사례에 해당했다. 코르토나의 마르가리타Margaret of Cortona(1249-1297), 폴리뇨의 안젤라Angela of Foligno(약 1248-1309), 스웨덴의 비르지타(약 1303-1373), 시에나의 가타리나(1347-1380), 프란체스카 로마나Francesca Romana(1384-1440)는 교회 개혁에서 중요한 역할을 수행한 여성들 중 몇 명으로 자신의 예언자적인 역할을 발휘했고, 그리스도교 세계를 혁신하는 원대한 임무를 통하여 교회의 삶과 당대의 정치에 적극 개입했다. 특별히 주목할 사례는 비르지타로 아비뇽으로부터 교황청을 구해 내는 역할뿐 아니라 수녀원장이 세상의 머리이자 지배자caput et domina인 성모 마리아를 대신하는 브리지트 수녀회를 설립했기 때문이다. 그녀가 염원했던 종교 공동체는 (성 베드로를 포함한 예수의 제자들을 상징하는) 13명의 수도승, (72명의 제자들을 상징하는) 4명의 부제와 8명의 세속 형제들, 그리고 60명의 종교인으로 구성된 단체로 이들 모두 수녀원장에게 복종했다. 비르지타가 여성이 지배하는 수도원을 설립하는 데 기준으로 삼았던 것은 초기 원시 공동체 교회였다. 즉 예수의 모친은 그의 제자들과 향후 설립될 교회의 모친이기도 했다. 그리고 마리아가 오순절과 구원의 역사에서 차지하는 중추적 역할을 분명하게 드러내기 위해서는 성모의 권위를 인식하는 것, 종교 공동체에서 마리아의 권위를 대표하는 수녀원장의 권위를 인정해야 했다.

시에나의 가타리나 또한 교황을 로마로 귀환시켰고, 나아가 이탈리아와 서유럽에 평화를 정착시키고자 노력했다. 그녀의 서신들에서 자주 등장하는 "나, 가타리나"라는 표현은 임무를 위해 자신이 소명되었다는 단호한 의지, 자신과 위기에 봉착한 그리스도교 공동체를 이끄는 스스로의 임무에 대한 명백한 의식을 드러냈다.

여성의 신비주의에 대한 주장과 병행하여 이단 성향도 존재하는데, 이단이 처벌 대상이었던 만큼 여성의 권력을 대변했다. 밀라노의 굴리엘마Guglielma(?-1280)는 밀라노에서 성령의 육화로 숭배되었다. 그녀의 제자들에 따르면 1280년에 사망한 그녀는 여성을 칭송하고 여성의 위계질서로 새로운 교회를 세우기 위해 1300년 오순절 날에 하늘로 올랐다고 한다. 마이프레다Maifreda는 굴리엘마의 대리인으로 임명되어 자신이 여성 교황에 임명되기를 기다리면서 사제의 권력에 대해 설교했으며, 추종자들에게 보통은 교황에게만 하는 존경의 표시를 자신에게 할 것을 요구했다. 굴리엘마의 추종자들에 대한 재판은 1302년에 공동체에서 가장 잘 알려진 인물들을 교수형에 처하는 것으로 종료되었다.

여성 교황의 전설

13세기 중반부터 유럽 전체에 여성 교황 요안나의 전설이 확산된 것은 나름의 의미를 가지고 있었다. 그녀는 남자 옷을 입어 변장한 채로 교황 레오 4세Leo IV(?-855, 847년부터 교황)의 후임 교황이 되었다고 하며, 2년의 재임 기간이 지난 어느 날 행사에서 출산으로 인해 여성임이 발각되었다고 한다. 그녀는 성령의 이름으로 악마를 추방하는 의식을 행하는 여성 권력의 상징적이고 불경스런 인물이었다. 이 사건은 여성들에게 권력과 사제권을 허용하지 말아야 한다는, 이른바 남성들을 위한 경고에 해당했다.

13-14세기 종교 운동들에 활동적이고 강인한 성격의 여성들이 등장했던 것과 병행하여 소위 '마녀'들이 행사하는 권력에 대한 강박이 증가했다. 주교 알바루스 펠라

기우스는 자신의 저서 『교회의 수난에 관하여De planctu ecclesiae』(1330)에서 여성을 불결한 우상 숭배의 주역으로 지적했으며, 악마의 특권을 가지고 미신에서 이단으로의 운명적인 전이를 부추긴다고 주장했다. 마녀의 활동에 관한 민간신앙은 (이전 세기들과 마찬가지로) 그녀들을 관용을 베풀 미신이 아니라 반드시 제거해야 할 대상으로 여겼다. 이러한 여성들의 행동들은 진정한 이단으로 간주되어 거부되었고, 교회에 대항한 봉기로 판단되어 그들을 죽음으로 처벌해야 한다는 사고가 확산되었다.

일상의 권위적인 관습들

권력 행사는 이론적인 입장과 법적 규정에도 불구하고 많은 가능성을 드러냈으며, 일상 구석구석에 침투했다. 사실 여성들은 어머니로서 또 부인으로서 권위 있는 역할을 수행했고 때로는 가정의 운명을 책임지기도 했다. 과부로서는 농촌과 수공업 분야, 상업 활동에서는 경제와 노동의 역할을 담당했다. 귀족 신분으로는 예술과 문학을 장려했고, 궁정에서는 군주의 정치적인 선택에 영향력을 행사했다. 또한 베긴회의 여성 지도자로서 세속인의 의복을 입은 채 이론과 자비심을 유지했고 사도의 행적을 따라 자신의 노동에 의지하여 살아가는 공동체를 이끌었다.

| 다음을 참고하라 |
역사 아비뇽의 교황청(57쪽); 시칠리아의 앙주 왕국(135쪽); 교회의 종교적 개혁에 대한 열망과 이단(246쪽)

축제, 놀이, 의식

| 알레산드라 리치Alessandra Rizzi |

수많은 기록이 중세 후기의 일상에서 벌어졌던 축제와 행사의 다양한 측면을 증언했다. 놀이, 축제와 관련해서는 적법성이나 관행의 문제가 제기되었다. 교회가 모든 죄의 출처를 차단하려는 노력에 집중했다면 국가와 공권력은 놀이를 독점하고 세금을 부과하는 방식으로 오락과 행사 활동을 통제하려 했다.

동시대에 대한 증언들

중세 마지막 기간에는 국가 체제 강화로 오락과 축제의 영역에서도 문서에 기록된 관련 증언들이 증가했다. 동시대 사람들은 후자의 영역에 대해 분명한 의식을 가지고 있었다. 역사 연구자, 소설가, 시인을 위한 소식이나 줄거리 이외에도 (종교적이고 규범적이며, 이론적이고 의료적인) 분석과 성찰의 기회를 제공했다. 하지만 이 모든 지적이 과거에 비해 더 많은 놀이나 축제를 즐겼다는 뜻은 아니다. 오히려 더욱 빈번하고 합리적인 기억들이 남아 있었음을 의미했다. 당시에 놀이, 축제, 의식들은 모든 사람들(남자와 여자, 성인과 어린이, 귀족과 서민)의 현실에 등장하며 더욱 다양하게 분화되었다. 도박이나 운수 놀이(돈이나 다른 것을 내기로 거는 주사위 놀음 같은)가 여기에 포함되었다. 재능 놀이(특히 장기)나 혼합 놀이(테이블 놀이로 능력과 행운을 모두 요한다), 육체 단련 운동(다트나 개인이나 단체로 벌이는 공놀이), 다양하게 무장한 시민 무리들이 가짜로 벌이는 전투 놀이, 공공 놀이(특히 팔리오Palio나 고리 던지기 놀이), 창 시합과 마상 시합, 마상 창 시합), 국가의 보다 복합적인 의식(국내외의 적들에 대한 승리, 영토 정복, 정권 교체, 군주 탄생이나 혼인, 결혼 동맹의 날에 이를 기념하는 행사), 달력 축제(카니발, 5월 1일의 축제)나 종교 의식(성탄절, 부활절, 성인 축제)에서 종교적 자비의 표현들 거의 대부분이 신성하지 못한 축제와 밀접한 관계를 맺고 있었으며, 소일거리를 위한 오락도 여기에 포함되었다. 사적 영역과 관련되어 있었으며 일률적으로 분류될 수 없는 순간들(말 타기, 성 밖으로의 나들이 또는 배 타기, 사냥하기)도 존재했다.

국가와 종교의 축제들

규율의 시대

이 시대의 주된 걱정은 놀이나 축제와 관련된 문제점이나 결과에 직간접적으로 관계있는 모두에게 이런저런 관행, 사건이나 행사의 적법성 등이 관련되어 있었다는 점이다. 공권력과 교회가 각별한 관심을 가졌다. 공권력은 공공질서의 유지뿐 아니라 신하들이나 피통치자들의 협력을 관리해야 했기 때문이다. 교회 성직자들의 임무는 그들이 영혼을 치유하는 역할을 수행했던 만큼 사람들을 모든 부류의 죄악(웃음, 욕설 또는 더 심한 것으로는 도적질과 살인)으로부터 멀어지게 하는 것이었다. 따라서 자치 도시의 시민 권력은 전투 놀이처럼 지나치게 잔혹하거나 위험한 놀이, (특히 종교인들의 설교에서도 알 수 있듯) 도덕적으로 불법인 도박, 경제적-사회적 측면에서 모든

위험과 처벌

부류의 무질서를 조장하는 원인을 처벌했다. 하지만 더 이상 아무 유용성이 없거나 퇴폐를 동반할 위험이 없을 때에는 그대로 유지했고 악습에 대해서는 (이탈리아 자치 도시들의 수많은 법 규정에서도 알 수 있듯이) 이를 폐지할 목적으로 죄목을 등급별로 구분하고, 어떤 경우에는 매우 엄격한 처벌을 담고 있는 규정을 마련했다. 예를 들어 주사위 놀이를 하는 사람에게는 밤에는 그것을 금지하거나(당시 밤은 매우 불확실한 시간대였다) 신성한 장소 근처에서 벌이는 놀이를 금지하거나(신의 '것들'에 대한 존경의 의미), 성인에게만 허용했다(법적으로 성인이 되는 연령은 자신의 행동에 책임질 수 있는 나이를 의미했다). 그럼에도 공권력의 궁극적인 목표는 그것들을 금지시키는 것이 아니라 동시대의 오락-놀이를 규율에 따라 통제하는 것이었다.

이러한 이유로 몇 가지 관행은 일정한 조건에서 허용되거나 심지어는 장려되었다. 예를 들어 표적을 향해 활을 쏘는 놀이의 경우 여전히 군사 작전에 유익했다. 그래서 활과 석궁 같은 무기를 다루는 관행을 장려한다는 차원에서, 다만 사고 방지를 위해 사람들이 모이지 않은 장소로 제한하여 허가했다. 그럼에도 특히 도박의 경우 공권력은 금지에 관한 세심한 관행을 통해 지속적인 단속을 벌이기보다 애매모호한 분야를 명확하게 정리하면서 금지 조치를 남발하지 않는 이른바 현실과의 절충에 노력했다. 당시 도박은 내기를 최소로 하거나 돈이 아닌 현물을 건다는 조건으로 소규모 중심지들에서 매우 빈번하게 벌어졌다. 그 외에도 공권력은 공개된 장소에서의 도박을 허용하여 효율적인 통제를 유도했으며, 아울러 주요 축제들(성탄절, 농경의 신 새턴Saturn에게 제사를 지내는 사투르날리아Saturnalia 축제 같은 고대 로마의 관습, 부활절)과 정기 시장이나 장터(어쩌면 새로운 재정적 활력을 부여하기 위해) 또는 결혼식, 그리고 군사적인 인력 동원이 있는 기간보다는 하절기나 외국인(가능한 재산이 많은 외국인), 지역 귀족들에게 도박을 허용했다. 중세 후기의 공동체들은 그들이 감수해야 할 사회적 위험과 예상되는 경제적 이익을 세심하게 계산하여 다양한 차원에서 금지에 관한 사항들을 탄력적으로 결정했다.

교회와 놀이

교회 역시 도박이나 잔인한 놀이를 도덕적 차원에서 불법으로 간주하며 14세기에 공권력과 함께 이런저런 관행에 대한 저주의 법안을 제정한 바 있다. 하지만 13세기 말과 상업혁명의 절정기인 14세기 초반 사이에 프란체스코회의 신학자들과 교회법 학자들은 그리스도교 사회societas christiana에 부합되는 부富의 형태들에 대해 논쟁을 벌이면서 사치의 현상을 이중 잣대로 해석했다. 그러나 큰 주목을 받지는 못했다. 한편으로는 공리주의적인 관점에서 도박(은 인간의 합리적인 성격에 위배되며 악습과 비생산성을 야기한다)과 이를 통해 얻은 수입을 비난했지만 반대로 인간의 성격에 부합되고, 특히 도덕적으로 유익하며(좋지 못한 행실을 근절시킨다) 사회에 도움이 된다는 이유로(군사 기술을 습득하는 것은 공적인 것, 즉 "사회를 위해 유익하다utilis pro defensione rei publicae") 체력 단련을 위한 놀이나 마상 시합을 장려하면서 이를 통한 승리를 정당한 것으로 판단했다. 마상 시합은 이전의 관련 규정을 대신하여 요한 22세(약 1245-1334, 1316년부터 교황)가 십자군 기병들을 훈련시키는 데 도움이 된다는 이유로 공포한 법령(1336)에 의해 재개되었다. 게다가 도박 현상을 사회계약론적으로 바라보는 것은 (비록 도박이 죄악이기는 하지만) 이전과는 반대되는 해석을 통해 도박을 통해 얻은 수입은 정당하다는 논리로 이어졌다. 모든 사람이 자신의 재산을 자신이 원하는 대로 사용할 수 있다는 이유에서였다. 이와 같이 유럽에서는 공적 놀이들과 이를 통해 얻은 수입의 정당성에 대한 상반된 성찰을 통해 도박을 공식적으로 계획하려는 움직임이 생겨났고, 이를 통해 원칙과 승리의 결과를 인정하고 보호하려는 조치를 동반했다.

시대의 새로운 변화: 국가의 놀이들

실제로 13세기부터는 유럽의 여러 국가에서 공권력(군주와 자치 도시들)이 통제하는 도박 업소가 등장했고 여러 지역에 공적인 유흥 시설이 설립되었다. 예를 들어 나바라와 카스티야 왕국(에서는 타푸레리아tafurería로 불렸다), 독일, 네덜란드의 공국들과 벨기에 남서부의 에노 지역, 그리고 13세기 중반부터 이탈리아 도시들에서 이와 같은 시설들이 등장했다. 도박 놀이와 관련하여 이 제도는 중세에 처음 등장했다. 어쨌든 이탈리아 자치 도시들은 많은 도시에서와 몇 가지 경우에서 보듯이(비첸차, 베로나, 페라라의 경우처럼 단독 규정이 아니라 도박에 관한 포괄적 법령이 존재하기도 했으며, 그 기원은 1370-1380년대로 거슬러 올라간다) 도박에서 공금 횡령을 폭넓게 단속하는 조치들이 마련되었다. 공권력은 놀이에 대한 통제와 독점을 유지하고 이에 대해 세금을 부과했는데, 시간이 흐르면서 입찰 절차를 통해 징수했다. 놀이를 벌이는 장소를 마련할 결정권은 개인들의 도박에 대한 열정을 공권력에 유리하게 유도하고 막대한 경제적 수입을 거두었으며, 갈수록 소외된 무리로 전락하면서도 한편으로는 전문 직업인으로 여겨진 단골들(이탈리아의 여러 도시에서 사기꾼, 폭력배들, 대머리들, 하

국가를 위한 세금과 이윤

급 군인, 전문 도박꾼 같은 경박한 별명으로 불렸다)에게 행동 지침을 제시하면서 위험을 예방하는 이상적인 타협안을 의미했다. '사기꾼'이라는 용어는 도박에 관련된 사람을 지칭하는 것으로, 중세 후반기의 국가들에게는 금지나 폐지의 관습적인 반복에 대한 새로운 대안을 의미했다. 다시 말해 도박에 관한 규정을 마련하는 것은 당시와 그 이후 계속해서 경영을 통해 수입을 확보하는 것으로 이어졌다. 이는 새로운 제도의 성립이 현실을 고려한 조치라는 사실을 말해 주었다. 같은 기간에 지배 계층들은 도박이 시민 자치 도시들 또는 점차 더욱 복합적 조직을 갖춘 국가로 변하면서 새로운 수입원을 모색하는 왕국들에 재정적인 부담을 줄 수 있는 위험에 대해 덜 적대적인 태도를 드러냈다. 이제는 도박을 투자로도 여겼는데, 프라토의 유명 상인 프란체스코 디 마르코 다티니Francesco di Marco Datini(약 1335~1410)의 장부와 14세기의 유명 상인인 피렌체 출신의 부오나코르소 피티Buonaccorso Pitti의 경우에서 보듯이, 1399년에 피렌체에서 벌어진 놀이에서의 승리는 단순한 경험적 기억이 아니라 가정-가문, 기업 운영 등에 도움이 되었다고 했다. 끝으로 도박은 놀이 장소를 벗어난 경우에 누구에게든지 계속해서 위법이고 악습이었으며, 그것이 벌어지는 장소 내부에서는 처벌을 받지 않았던 것과 달리 도박에 사용된 자금을 공동체를 위한 수입으로 몰수하는 규정을 적용하여 타락의 가능성을 다소나마 중화시키기도 했다. 공적으로 계획된 놀이가 수입을 제공하는 동안에는 도박이 당대의 사회에 가져올 반목을 저지하는 것이기도 했다. 하지만 결국 유익성은 사라졌고, 심각한 결과들이 드러나기 시작했다.

축제와 정치 선전

13~14세기부터는 이탈리아와 알프스 이북 지역에서 축제와 정치를 연계하려는 움직임이 나타났다. 무기가 동원되는 축제(마상 창 시합, 마상 시합, 무도 시합, 말 타고 투창하기[말을 타며 창을 던져 허수아비를 맞추거나 말을 타고 고리에 창을 관통시키는 경주*]), 음악과 놀이의 볼거리를 동반하고 모든 사람들의 즐거움을 위해 이국적인 동물들이 행진하는 종교 축제들, (지팡이, 돌, 낫으로) 잔인하게 적들을 공격하기(물론 희생되는 것은 동물들이다), 재미를 위한 사냥(특히 황소), 경보와 경주 등의 모든 볼거리는 그룹이나 협회가 주최했지만, 특히 조직을 기획하고 비용을 제공하는(다양한 종류의 새, 돼지, 산양 등) 정부와 공공기관들은 적극적인 지원을 목적으로 때로는 세금이나 특별세를 거두기도 했다.

팔리오 축제와 자치 도시들

확실히 1230년대에 시작되었으며 말을 타고 경주하여 상을 획득하는 팔리오는 특히 이탈리아에서의 축제와 정치의 긴밀한 관계를 보여 주었다. 이는 자치 도시의 정권 변화와 맞물리면서 자치 도시를 증명하는 상징들 중 하나가 되었다. 축제는 성립 당시부터 두 가지 목표를 추구했다. 성인에게 존경을 표시하는 것과 행사를 기념하는 것이다. 이러한 차원에서 이탈리아 자치 도시들은 자신들의 시민적 명예를 형성했다. 사실상 팔리오는 수호성인을 기념하는 기간에 열렸으며, 그 첫 행사들은 계속해서 적들의 불명예, 즉 승리의 명예를 획득함을 선언하려는 의도에 따라 전쟁의 줄거리를 통해서도 드러났다. 당시 팔리오는 종교적 함의와 그만큼의 강력한 정치적 가치와 더불어 시민의 명예를 획득하기 위한 행사로 발전했다(13-14세기에 자치 도시 내부의 경쟁과 외부의 적에 대한 승리를 기념하는 축제를 벌이기 위해서 승리를 축원하는 성인의 명예를 드높이기 위한 새로운 경주가 벌어졌다). 그 외에도 정권이 위기에 처한 순간에 경주도 영향을 받았다. 충돌을 위한 빌미를 제공하거나 중단이나 수단화를 위한 비정기적인 개최가 그것이었다. 끝으로 13세기부터 이는 체계적으로 법령에 반영되었다. 다시 말해 자치 도시의 권위는 이러한 방식으로 말 경주를 법 규정으로 정의하면서 상징과 의식의 위상을 획득하는 한층 높은 단계로 진화시켰다. 자치 도시가 축제를 '자신'의 것으로 이용할 수 있었다는 것은 전혀 새롭지 않다. 다시 말해 정권의 관리들은 경주를 장려하고, 이에 대한 책임과 관리를 책임지고 기능과 공적인 행사로의 규모를 감당했다. 팔리오 축제의 혼합적인 성격은 성인을 위한 행사뿐 아니라 정치적-군사적 승리에 대한 기념과 결합되어 있었다는 사실을 통해서도 알 수 있다. 그리고 이를 통해 팔리오 축제는 지역 교회들에 밀랍 초를 봉납하고 많은 사람들과 조합들이 참가하는 종교 행렬과 더불어 종교적 기능과 시민들을 위한 축제 행사의 기능을 공유했다.

| 다음을 참고하라 |
문학과 연극 유럽의 종교극과 민중극(783쪽)

일상생활

| 실바나 무셀라Silvana Musella |

14세기 초반의 수십 년간 인구는 계속해서 증가했다. 귀족들과 부유한 상인들의 저택은 그 높이가 더욱 높아진 반면에 수공업자들의 집은 작고 낮았으며 빈약했고 필수적인 집기만 보유했다. 귀족들은 밤이 되면 초, 촛대, 횃불로 조명을 밝혔으나 극빈자들의 집은 부엌 화덕의 빛에 만족해야만 했다. 민중의 의복은 옷감의 자연색을 유지했지만 귀족들은 강렬한 색으로 염색한 옷을 입었다. 흑사병이 발생했을 당시에 민중은 14세기 초반의 기근으로 굶주림에서 벗어나지 못하고 있었으며, 그 결과 흑사병의 치명적인 전염성으로 유럽 인구의 1/3이 사망했다.

주택과 집기들

각 세기의 특징을 가장 잘 보여 주는 것이 도시 문명의 발전이다. 유럽의 인구는 14세기 초반의 몇십 년간 지속적으로 증가했다. 인구 증가는 온화한 기후, 야만족 침략 이후의 상대적인 평화의 정착, 기근 감소, 그리고 보다 다양하고 신선한 식품 조달에 따른 자연스런 결과였다. 피사의 조르다노Giordano(약 1260-1310)는 1304년의 설교에서 "인간은 서로를 도와주는 것으로 인해, 사회적이고 집단적인 동물이다. 그리고 이것은 이들이 도시민이고 같은 마을에 사는 사람들인 이유다"라고 했다.

14세기의 도시는 사회적 삶을 위한 최적의 공간을 제공하는 동시에 상업 활동, 종교적이고 집단적인 관행들, 정치적이고 군사적인 모임을 수행하기 위한 폭넓은 공적 공간을 제공했다. 비좁은 거처와 약한 조명 탓에 가정적이고 상업적인 일상의 모든 활동은 광장과 상점이 들어선 거리에서 이루어졌다. 저녁에는 치안이 불안한 구역들에 철책을 닫고 불량한 무리들이 어둠을 이용해 거슬러 올라오는 것을 방지하고자 강을 가로질러 쇠줄을 치기도 했다. 성벽의 성문은 굳게 닫혔다. 도시는 잘 방비된 하나의 거대 주택이었던 셈이다. 성 안에 집을 가지고 있지 못한 사람들은 성문 입구를 따라 길게 뻗은 길 양쪽에 주거지를 마련하려 했다.

주택들은 그 아름다움에서 성당의 재건축과 새로운 분수들, 거주지와 공공건물, 그리고 영주들의 저택과 대조를 이루었다. 후자의 저택들은 높게 건축되기 시작했다. 반대로 보통 사람들의 공동 주택은 작고 낮았다. 가정생활과 노동 공간은 분명히 구분되었지만 차별화된 공간은 보이지 않았다. 1층 출입구 근처에는 대개 노동을 위한 방이 있었고, 한쪽 구석에는 요리와 보온을 위한 벽난로가 위치했다. 2층에는 침실이 있었지만 사생활을 온전히 보장하지는 못했다. 노동자와 주인은 함께 먹고 함께 잤다. 많은 집들에 밖으로 튀어나온 작은 공간이 있었는데, 이곳에 물길이나 제방을 향해 밖으로 열리는 작은 의자를 놓아 용변을 해결했다. 세면대는 따로 없었고 작은 대야와 땅에 기대거나 삼발이에 걸쳐 놓는 큰 접시를 이용했다.

빈자들의 집

농부와 노동자의 집에는 식기 선반이나 작은 침대 같은 필수 가재도구만 있었을 뿐, 가구는 매우 빈약했다. 가장 중요한 가재도구인 침대는 양탄자, 이동식 커튼, 금실로 수놓은 비단 천을 갖추고 있는가에 따라 하나의 사회적 척도로 작용했다. 침대 구조는 바뀌지 않았다. 침대는 나무로 만들었다. 말 장식 띠, 대마 또는 그물망 꼬리 밴드 장식이 달린 다리가 지지대 역할을 했다. 침대 매트에는 짚이나 완두콩 잎, 밀짚, 밀을 넣었다. 때로는 발판이 있어 물건들을 넣어 정리하는 데 유익했으며, 열을 잘 보존하여 아늑함을 유지하기 위해 위에서 길게 늘어뜨린 커튼을 장식했다. 침대에서는 침대보, 양모 이불 혹은 털이나 깃털을 넣은 이불을 덮었다. 독일 지역에서는 동물의 가죽이나 모피를 사용했다. 길이는 230센티미터 정도로 폭이 넓었는데, 하나를 가족 모두가 덮었기 때문이다. 방석 위에 반 정도 눕는 형태라 우리 시대의 그것에 비해 짧은 것이 보통이었다. 서랍에는 사용하지 않는 옷을 넣었고 의자로도 이용했다. 입는 의복은 벽에 고정된 횡목에 걸었다. 침대 곁에는 신생아를 위한 요람을 두었고, 지근거리에는 (때로는 세심한 조각으로 장식한) 세라믹 요강이 밤 시간의 용변을 위해 놓여 있었다. 요람은 보통 흔들거리는 형태로 제작되었다. 이탈리아식 요람은 머리-발의 수직 방향으로 움직인 반면에 유럽의 다른 지역 대부분에서는 좌-우로 움직이는 요람이 등장했다. 요람은 종종 부모의 침대 위 천장에 매달린 형태로 작동되기도 했다. 중요한 다른 집기는 함(또는 궤)이었다. 저택에서 사용하던 견본이 오늘날까지 남아 있는데, 형태나 재질에서 보통의 그것과는 차이가 있었다. 속에는 모든 것을 넣었다. 이를테면 돈, 고급 의복, 벨트, 무기, 기록 재료들 때로는 양파나 햄을 넣기도 했다. 보편적이지 않은 집기로는 옷장이 있었다. 하지만 옷이 아니라 물건이나 책을 넣어 두는 데 사용했다.

영주들의 집

영주들의 저택에 만찬이 있는 경우 금이나 은 같은 귀중품이 장식 용도로 쓰였다. 이 시기에 식탁에서 각자의 식기류를 사용하는 습관과 포크 사용이 확산되기 시작했다. 아라스 천을 생산하는 기술은 영주와 군주의 증가하는 수요로 더욱 발전했다. 특히 북유럽에서는 다양한 색의 모직물 생산이 활기를 띠면서 신성과 비신성을 오가는 이야기가 만들어지기도 했다. 주변을 장식하는 것이나 프레스코화에 이용되는 것을 생략하더라도 아라스 천은 두 가지 큰 장점이 있었는데, 주변을 보온하고 이동이 용이했으며 커튼으로도 유용할 수 있다는 것이다.

13세기부터는 내부 온도를 바꾸는 관습이 확산되었다. 부유한 집에는 벽난로가 설치되었다. 14세기부터는 더욱 보편화되었지만 농가에서는 거의 찾아볼 수 없었다. 집 안을 가득 채우는 연기 때문이었다. 따라서 지붕 위에 굴뚝을 설치한 것은 연기를 밖으로 배출시키고 여러 이유로 쉽게 발생하던 화재로부터 가족을 보호하려는 이유도 컸다. 주택들의 주요 건축 자재는 나무로 곡물 창고, 마구간, 건초 더미를 쌓아 두는 방과 붙어 있었다. 위험의 또 다른 요인은 조명이었다. 수공업 장인들의 작업에는 가연성이 높은 재료들을 사용했다는 사실에 주목할 필요가 있다. 저녁이 되면 책을 읽거나 다른 일을 위해 독서대 꼭대기에 부착된 못에 고정된 기름 램프나 초, 횃불을 사용했다. 반면에 빈자들의 집에는 부엌의 화덕 불이 유일한 조명이었다.

의복

13세기부터 노동자 계층(농민, 소규모 수공업 종사자들)과 부유 계급 사이에 더욱 분명한 심미적 차이가 드러났다. 부유 계층은 사회적 유동성 통제와 혼란을 일으키지 않는 선에서 노동자 계층과의 사회적 차이를 분명하게 드러내려고 했다. 의복은 유니폼이나 다름없을 정도로 오래 입었다. 신분에 맞지 않는 옷을 입고 다니는 것은 일종의 괘씸죄에 해당했다. 사회적 신분의 차이가 의복의 재료가 아닌 유행에 기준하여 명확하게 드러난다는 것은 사고방식의 근본적인 변화를 보여 주는 대표적인 사례였다. 다시 말해 도시에서의 권력 투쟁은 외모 투쟁이라는 측면에서도 여지없이 드러났다. 재력이나 사회적 계급은 가장 먼저 눈으로 확인 가능한 것이기에 의복에 보석이나 희귀하고 빛나는 장신구와 더불어 값비싼 자수 장식을 하기도 했다.

도시의 의복 도시에서는 남성과 여성 모두 의복에서 선과 형태의 변화가 나타났다. 여성들은 낡은 튜닉 의상을 벗고 얇은 천 덕분에 키가 커 보이게 하는 효과를 높이는 몸에 꼭 끼는 겉옷을 걸쳤다. 의복과 특히 옷소매가 몸에 딱 붙는 것은 장식을 위해 고안되었지만 실제로는 이후에 더 큰 기능을 담당하게 될 단추의 사용이 확산된 결과였다. 끈과 단추의 등장으로 소매는 상당히 밀착된 형태로 바뀔 수 있었고, 필요 때문이 아니라 습관에 의한 착용도 가능해졌다. 중요한 것은 색과 천이 의복과 잘 어울리는가 하는 것이었다. 좋아하는 기사에게 손수건을 선물하는 것은 유행으로 발전했다. 기사들은 창이나 마상 시합에서 멋진 모습으로 등장하여 갑옷에 선물로 받은 손수건을 부착했다. 가장 간단한 형태의 소매는 집에서 입었다. 의복 세탁이 쉽지 않아 가능한 오랫동안 깨끗하게 입어야 했기 때문이다.

젊은이들은 보다 적극적인 활동을 위해 길고 다리에 달라붙는 다양한 색상의 양말과 짧은 옷을 착용하기 시작했다. 이 시기에 의복이 처음으로 도덕주의자들에게 의심을 불러일으켰다. 착용자의 몸매를 고스란히 드러냈기 때문이다. 성인들은 아직도 길게 늘어지는 형태의 겉옷을 즐겨 입었다. 땅까지 길고 폭넓게 끌리는 것이 특징으로 겨울에도 모피를 두른 채 벨트로 몸에 밀착시키는 것이 전부였다. 박사나 상인들은 토가 의상을 선호했다. 집에서는 실내용 의복인 터키풍 의복을 즐겨 입었는데, 겉옷으로는 (노인들을 위해서는 모피를 두르고 젊은이들을 위해서는 짧게 재단된) 망토를 걸쳤다. 사람들은 슬리퍼를 착용했지만 길고 짧은 장화를 신기도 했다.

천의 화려한 장식에는 금실과 은실, 보석과 진주를 사용하기도 했다. 양모는 의복 재단에 가장 많이 사용된 재료였지만 얇은 직물의 패션에는 실크가 가장 선호되었다. 리넨 천과 대마는 흔한 직물 재료였다. 민중의 의복은 대체로 무색인 반면 영주들은 의복을 강렬한 색채로 염색하는 데 기꺼이 많은 돈을 소비했다. 새로운 직물 기술로 수놓은 비단, 비단 옷감, 다마스크 천과 실내용 직물인 람파스가 생산되었다. 금과 보석으로 치장된 가장 비싼 천은 성직자의 의복 제작에 사용했다.

음식

파스타의 확산은 식생활의 근본적인 변화를 의미했다. 곡물 소비가 빠르게 증가한 덕에 농부들은 농업에 더 많은 열의를 보일 수 있었지만 공동의 식단은 주민들을 질병에 상당히 취약하게 만들었다. 1371년에 팔레르모에서는 '흰색처럼 보이는 마카로니와 흰색처럼 보이는 라자냐'를 위한 공정 가격과 '밀로 만든 흰색의 마카로니와 밀로 만든 라자냐'를 위한 다양한 가격을 설정하면서 건식 파스타와 습식 파스타의 차이를 분명하게 보여 주었다. 보통의 식탁은 여전히 초라한 것이 사실이었으나 만찬이 벌어지면 식탁의 구성은 매우 세심히 준비되었다. 파스타의 승리밀 소비의 확대는 물레방아의 수적 증가를 가져왔다. 그것은 중세 시골에서 언제나 볼 수 있는 광경이었다. 물의 힘은 기름 짜는 기계, 제재소, 물레방아, 그리고 제지 생산용 물레방아에도 이용되었다. 물레방아는 특히 1150년경부터 에스파냐에 알려진 이후 놀라운 성장을 거듭했으며, 이동식 활자가 발명된 다음에는 책 생산과 확산에 크게 기여했다.

보건 실태

14세기 초반에 농작물 수확의 저조함이 식품 부족으로 이어지면서 신경염, 트라코마trachoma, 녹내장, 특히 구루병 등이 확산되었다. 이에 자선단체들과 직업 조합들의 노력으로 병원들이 설립되었다. 도시들은 가능한 많은 곡물을 공급하고자 노력했지만 가격 상승은 계속되었다. 농촌에서는 많은 농민들이 척박한 토지 경작을 포기하고 도시로 이주했다. 도시 공권력은 도시 내 부랑자의 수적 증가를 방지할 목적으로 그들의 유입을 저지했다.

14세기의 흑사병

주민들은 제대로 먹지 못해 영양실조에 노출되었다. 흑사병은 이후의 연속적인(처음에는 1348년, 나중에는 1361년, 계속해서 1369-1375년에, 끝으로 1399년) 확산과 더불어 인구와 경제, 문화, 예술 차원에서 유럽 전역에 심각한 타격을 입혔다. 희생자 대부분의 삶은 더욱 불안해졌다. 그들은 전염을 피해 농촌으로 피신할 여력도 없는 중간 및 하부 계층의 주민들이었다. 질병의 원인으로는 범상치 않은 요인들이 고려되었는데 불길한 징조를 상징하는 별들의 위치, 유대인들이 우물에 넣은 독약 또는 신의 분노 등이었다. 의학은 무능력을 여지없이 드러냈다. 그럼에도 14세기 후반 이후에는 진단과 치료 분야의 의학 발전이 실현되었다. 1240년 이후 프리드리히 2세(1194-1250, 1220년부터 황제)는 신체 해부를 권고했고, 시칠리아에서 이를 실행에 옮겼다. 13세기 말부터 볼로냐에서도 첫 해부가 실시되었다. 하지만 의사들은 보통 연구서로만 연구했고, 특히 값비싼 붉은 천으로 장식된 책들을 통한 연구로 자신들의 학문 활동을 제한했기에 병자의 맥을 짚거나 목이 긴 병에 담은 소변을 검사하는 낮은 수준이었다. 라틴어 사용과 원인을 추측하는 경향은 병자에게는 현실적인 도움이 되지 않았으며, 오히려 종종 웃음거리가 되었다. 치유는 결국 '주님의 양Agnus Dei', 다시 말해 예수에 의존했다. 이것은 특히 대부분의 어린아이와 임신한 여성에게 부적처럼 사용되었다.

선천적인 질병은 치유가 불가능했기에 신체장애, 난쟁이, 시각 장애가 적지 않았다. 이들은 지팡이, 나팔 모양의 깔때기 또는 몸짓으로 불편함을 해결했다. 시각 장애는 치료할 수 없었는데, 이들의 수가 많았다는 사실은 당시의 관련 서적들에 삽입된 그림들을 통해서도 알 수 있다. 하지만 그림들은 안경에 대한 증거도 보여 주었다. 안경은 실로 위대한 발명이었다. 특히 노화로 시력이 약해져 더 이상 지적인 일에 종사할 수 없게 된 이들에게 희소식이었다.

학자들은 전염병으로 서구 사회의 도시 주민이 1/3로, 즉 3천500만 명으로 감소했다고 주장한다. 이는 사회와 경제에 심각한 변화를 동반했으며, 노예들의 노동력을 필요로 하는 지배 계층에게는 일손 확보의 필요성을 야기했다. 농촌에서는 많은 토지들이 방치되었고 작은 마을들이 버려졌다. 그 결과 비경작지가 증가하고 방목 활동이 확대되는 결과가 나타났다.

죽음

전쟁터나 사악한 자들, 사고로 야기되는 급작스러운 죽음에 대한 공포는 (그리스도교인의 경우) 회개할 시간이 없어 지옥의 벌을 받게 되는 것을 의미했다. 따라서 중세의 죽음은 인간의 영혼을 지배하는 두려움의 대상이었다. 고해성사가 없으면 구원을 보장받지 못했다. 천국과 지옥의 비극적인 이분법으로, 죽은 자들을 위해서도 잘못이 좋은 업적으로 치유될 수 있다는 이론이 이미 성립된 것이나 다름없었다. 1274년 리옹 공의회에서는 연옥의 이론이 정립되었다. 어떻게 죽는가의 중요성은 종교 문학의 일부를 구성하는 죽는 기술ars moriendi에 관한 서적들에서 반복적으로 다루어졌다. 죽음에 대한 불안감은 전염병 확대로 증폭되었으며, 특히 북유럽에서는 '죽음의 승리'와 '죽음의 춤'에 관한 성화들이 확산되었다.

장례식은 값비싼 모직물이 동원된 화려한 장식들로 일종의 볼거리나 다름없었다. 사망 소식은 말을 타고 거리를 돌아다니면서 큰소리로 죽음을 알리는 '죽음을 외치는 자'에 의해 대중에 전해졌다. 다음에는 사망자의 집에 가서 어둠 속에서 고인의 친척들이 가져온 음식들로 점심식사를 했다. 통곡에 이어 집 안의 모든 불씨를 껐기 때문이다. 그 다음에는 촛불로 불을 밝혔다. 교회로 옮겨진 시신은 천으로 감싸 덮은 가마 위에 눕혔다. 도시의 모든 사람들이 마지막으로 망자를 보면서 사망을 확인할 수 있게 하는 절차였다. 이것이 장례의 가장 중요한 순간으로, 명복을 빌기 위한 미 장례 의식사를 동반했다. 어쩌면 망각에 대한 두려움에 맞서기 위해 죽은 자의 모습을 장례식 비석 위에 세우는 관습이 확산되었을지도 모른다.

13세기에는 시신을 단순히 죽은 자의 침대 위에 올려놓는 관습이 반복되었던 반면에 14세기에는 죽은 자의 사회적 지위를 고려하여 무릎을 꿇거나, 왕좌에 앉거나, 말을 타고 있거나 혹은 생전의 활동을 보여 주는 다양한 모습의 초상화가 등장했다.

| 다음을 참고하라 |

역사 농촌(190쪽); 제조업(194쪽); 도시들(213쪽)

철학
Filosofia

철학 서문

| 움베르토 에코 |

13세기는 토마스 아퀴나스(1221-1274, 국내 학자들 사이에서는 약 1225-1274년으로 추정됨*)가 활동했던 기간이다. 또한 그가 이후에 스콜라 철학의 대표 사상가로서 교회로부터 철학과 신학의 모든 문제에 있어 최고의 권위를 인정받았음을 고려할 때, 스콜라 철학의 황금기에 해당했다. 주제 선택의 방식과 형상들은 스콜라 철학의 최종 모델로 확립되었다. 그중 첫 번째인 문답quaestio은 주어진 문제를 중심으로 다양한 주장과 반론을 계획하고 분석하며 토론을 벌이고, 이들을 비교한 후에 최종 결론에 도달하는 것을 가리켰다. 토마스 아퀴나스의 경우에서 보듯이 이는 『신학대전Summa Theologiae』의 골격을 시대의 철학적-신학적인 지식 분야 전반을 체계화하기 위한 철학 스타일의 모델로 제시했다. 게다가 문답은 교수와 제자들이 경쟁자들과 벌이는 공개 토론의 형태로, 자유 문답quaestio quodlibetalis과 마찬가지로 사변적이거나 도덕적인 문제들 사이에서 가장 사소한 것들도 다루는 정규 문답quaestio disputata을 대표했다.

아리스토텔레스주의와 번역

13세기에는 아리스토텔레스(기원전 384-기원전 322)의 권위가 결정적으로 확립되었다. 이전 세기들부터 시작된 번역가들의 작업은 이제 종료되었다. 13세기 중반에 로버트 그로스테스트Robert Grosseteste(1175-1253)는 훗날 뫼르베케의 기욤Guillaume(1215-1286)이 수정한 『니코마코스 윤리학Etica Nicomachea』을 번역했으며, 1370년대에는 『정치학Politica』 완결판을 출간했다. 마이클 스콧(약 1175-약 1235)은 동물에 관한 아랍어 책들을 번역했고, 이후 뫼르베케의 기욤이 그리스어 책을 번역했다. 뫼르베케의 기욤은 토마스 아퀴나스의 사망 이후인 1278년에 『시학Poetica』을 번역했다. 반면 1175년에 아베로에스(1126-1198, 이븐 루시드)가 쓴 『아리스토텔레스의 시론에 관한 (아베로에스의) 주석서Commento Medio alla Poetica』는 1256년경에 카린티아의 헤르만Hermann von Cariuthia(?-1272)의 노력으로 출간되었다. 그는 1256년에 『수사학Retorica』을 아랍어로부터 번역하기도 했다. 여기에는 이름이 알려지지 않은 그리스인이 쓴 '가장 오래된 번역Translatio Vetus'도 포함되어 있었다. 마지막으로 1269년(또는 1270년)경에 뫼르베케의 기욤이 그리스어 판본으로부터 번역한 최종본이 출간되었다.

『시학』과 『수사학』의 번역은 문헌학적으로 매우 의심스럽다. 이들은 번역의 어려움 때문에 스콜라 철학에 별다른 영향을 끼치지 못했으며 르네상스 기간에 이르러서야 비로소 발견되어 폭넓은 주석 작업이 추진되었다. 어쨌든 13세기에 아리스토텔레스는 수많은 학술적 토론과 신학부를 비롯한 여러 학문 분야의 저항과 심각한 토론들에도 불구하고 (그리스도교 신학자들과 철학자들에게는) 이론의 여지가 없는 철학적 권위의 한 부분으로 여겨졌다. 1270-1277년에 아리스토텔레스주의의 확산을 제한하고 토마스 아퀴나스와 같은 사상가들에 대한 의심의 그림자를 드리우는 두 차례의 단죄가 있었지만 별다른 효과를 거두지는 못했다. 토마스 아퀴나스는 1323년에 성인으로 선포되었고 그의 사상은 로마 교회의 공식 이론으로 수용되었다.

프란체스코회와 자연 철학

토미즘에 대한 저항

그럼에도 13세기(그리고 일반적으로 스콜라 철학)에 아리스토텔레스주의와 토미즘Thomism이 지배적이었을 것이라는 전통적인 사고에 대해서는 반론의 여지가 남아 있다. 아리스토텔레스주의는 분명 도미니쿠스회의 사상가들에게서 영향을 받았으나 프란체스코회의 아우구스티누스주의는 둔스 스코투스Duns Scotus(1265-1308)와 14세기 초반의 오컴의 윌리엄(약 1280-1349) 같은 프란체스코회의 사상가들을 배출했다. 이들은 토미즘을 가장 신랄하게 비판했다. 영국에서는 로버트 그로스테스트나 경험주의 사상의 로저 베이컨Roger Bacon(1214/1220-1292) 같은 프란체스코회의 사상가들을 중심으로 형이상학에 대한 열정을 가지고 자연 철학의 문제들에 접근했다. 끝으로 동시대 사람들에게 큰 영향력을 발휘하지 않았음에도 오늘날까지 토론의 중심에 자리하는 대표적인 인물로는 라이문두스 룰루스(1235-1316)가 있다. 그의 저술 『조합술Ars combinatoria』은 훗날 라이프니츠(1646-1716) 같은 사상가들에게 영감을 주었으며, 현대의 컴퓨터 논리에 대한 일종의 예시로의 가치를 갖는다.

철학과 이단 논쟁

공식적으로 가톨릭 철학이 등장했던 13-14세기에는 이단 논쟁도 활발하게 전개되었다. 대표적으로 아베로에스주의Averroism가 세계의 영원성에 대한 논쟁에 미친 영향과 철학적 관점에서 단테(1265-1321) 같은 저자나 문법학자들에게 이것이 어떻게 영감을 불어넣었는지를 생각하는 것으로 충분할 것이다. 정치 사상에서 오컴의 윌리엄과 파도바의 마르실리우스(약 1275-약 1343)의 논쟁은 오늘날의 관점에서는 상당히 '세속적'이라고 볼 수 있는 방향으로 진행되는 과정에서 발전했다. 반면에 신비주의 사상은 라인 지방의 신비주의에서 기원했다.

스콜라 철학의 새로운 버전

13-14세기의 철학에 대한 재검토는 스콜라 철학 시대에는 크게 중요하지 않게 여겨졌던 학자들의 관심을 집중시켰다. 이단으로 의심을 받았기 때문에 배제된 주요 논쟁들이 다시 읽히면서 당대의 유대 철학과 아랍 철학이 재발견되었고, 스콜라 철학의 시기에 존재했던 전통적인 사상을 폭넓게 재구성했다. 끝으로 14세기에 대학과 공식적인 철학 논쟁의 범주에서는 벗어나 있었지만 (페트라르카 또는 보카치오의 경우에서 알 수 있듯이) 인문학humanae litterae에 대한 새로운 숭배와 더불어 저자들의 활동이 시작되었고, 중세 문화가 인문주의와 르네상스의 문화로 전환되었다는 사실을 기억할 필요가 있다.

지식의 순환과 대학들

FILOSOFIA

지식 모델로서의 중세 백과사전

| 마리아테레사 푸마갈리 베오니오 브로키에리 |

중세의 백과사전들이 성 아우구스티누스가 쓴 『그리스도교 교양』에서 이론적인 지침을 찾았던 반면에 자료는 고대 문화, 특히 세비야의 주교 이시도루스로부터 기원했다. 12세기에 지식은 아랍어와 그리스어로 쓰인 수많은 저술, 특히 자연 과학과 기술 분야의 저술들이 번역되면서 크게 확장되었고, 관찰과 경험에 활력을 제공했다. 새로운 방법론과 지식의 새로운 버전에 근거한 백과사전 집필 계획은 13세기에 로저 베이컨과 라이문두스 룰루스가 추진했다.

중세 백과사전들의 기원

중세에도 백과사전은 여러 기준(알파벳별, 주제별 등)에 근거하여 통일적인 구조로 계획되었고 긍정적으로 평가된 일련의 지식으로 여겨졌다. 백과사전을 통해 전승된 정보들의 방대함(분야별 백과사전도 존재한다)보다는 과거의 지식에 대한 '관점'과 더불어 인식되었을 때의 상태에 대한 판단이 중요했다. 중세의 백과사전들에서는 (다른 시대와 마찬가지로) 여러 작가에 따라 그 균형이 달라지는 두 요인이 도입되었다. 첫째는 드러난 문제의 현상status quaestionis, 둘째는 암묵적으로 또는 의도적으로 기획 의도와 지식의 목적성을 드러내면서 수집된 인지의 결과들에 나름의 의미를 부여하려는 시도였다. 이러한 구분에 따라서 중세의 백과사전들을 다른 시대의 유사한 업적들(예를 들어, 포괄적인 교육encyclios paideia의 고전적인 개념들이나 계몽주의 시대의 백과사전들)과 유대 전통과 이슬람 전통의 중세 문화에 속한 다른 형상의 지식들(『토론 문제집Quaestiones』, 『전서Summae』)과 비교하는 것은 유익해 보인다.

「그리스도교 교양」

히포의 아우구스티누스Augustinus Hipponensis(354-430, '성 아우구스티누스St. Augustinus'라고도 함)가 쓴 『그리스도교 교양De Doctrina Christiana』에는 중세의 다른 백과사전들에 다양한 영향을 미치게 될 중요한 기획 배경이 드러나 있다. 저자는 지식을 조직하는 데 중요한 몇 가지 공리들 중에서 다음 세 가지를 분명하게 지적했다. 첫째, 성경은 구원을 위한 유일한 길이며 모든 지식의 가치를 비교할 수 있는 최상의 텍스트다. 둘째, 모든 의미는 성경의 어휘들 속에 감추어진 상태로 포함되어 있다. 셋째, 결과적으로 성경 구절들을 이해하기 위해서는 시대의 성향에 어울리는 형상figuras 방식을 채택할 필요가 있다. 아우구스티누스는 에덴동산에서 추방된 이후 직관적으로 진리를 이해하는 데 무능해진 인간들에게는 형상을 동반하거나 또는 알레고리즘적인 강독이 의무적인 선택이라고 했다. 즉 언어는 호모 비아토르homo viator(순례하는 인간)의 경우 (필수적임에도) 정확하지 못한 의사소통의 수단이며, 유사성과 동시성은 기본 수단들이었다.

『그리스도교 교양』에서 이교 문화와의 관계를 보여 주는 '신성한 도둑질'의 유추는 내용의 핵심을 관통하는 것이었다. 다시 말해 유대인들이 노예 생활을 피해 이집트로부터 도망치면서 이집트인들의 재산을 모조리 훔쳐 나온 것처럼, 그리스도교인들은 자신들의 새로운 문화를 세우기 위해 이교도들로부터 몇 가지 도덕적인 규정과 시민의 공동생활에 필요한 정치적-사회적 제도의 형상들과 자유학예의 보물을 훔친 것이었다.

보에티우스와 이시도루스

보에티우스Boethius(약 480-525?)는 아리스토텔레스(기원전 384-기원전 322)의 저술들에 대한 번역과 주석 작업을 통해서 백과사전 저자들에게 '고전'으로 남게 될 문제들에 대한 정확한 공식과 엄격한 어휘들을 제공했다. 두 세기 후에 이시도루스Isidorus(약 560-636)는 20권으로 구성된 『어원 사전Etymologiae sive Origines』에서 이미 위험에 빠진 '고대 지식을 구하고' 서고트 왕국의 관리들과 고위 승려들의 교육에 활용하려고 노력했다. 이후 세기들에 등장하는 백과사전들은 자유학예, 법, 의학, 언어학, 사회와 가정에 대해, 그리고 지리와 자연 과학과 기술에 대해 폭넓게 다루었다.

이시도루스의 어휘들에 대한 어원학적 연구는 (몇 가지 예외에도 불구하고 대부분의 내용은 정확한 분석을 반영하는 것이었다) 규정적 가치와 어휘들을 초월해 사물들의 현실에 도달하기 위한 존재론적인 상태를 보여 주었다. 『어원 사전』은 라틴어가 통용되던 중세에 상당히 방대한 지역에 알려지면서 고대에 인식된 것들을 정치적-그리스도교적인 기능으로 재구성하는 데 기여했다.

12-13세기 재흥 시대의 백과사전

생빅토르 학파

성당 학교들의 시대인 12세기에 사회와 문화의 재탄생은 라틴어의 서유럽 세계에 재등장했던 그리스 및 아랍 저자들의 새로운 저술들을 활용한 백과사전들의 역사에도 일대 변화를 가져왔다. 생빅토르의 위그Hugues de Saint-Victor(약 1096-1141)가 『디다스칼리콘Didascalicon』에서 "인간과 신의 것에 대한 변별을 설정하기 위한 학문적 노력"으로 정의한 철학은 5개 분야인 신학, 수학, 실용 도덕, 논리학, 역학으로 세분되었다. 최고의 대상(물질과는 분리되어 있고 오직 정신에만 접근 가능한 순수한 현실)을 연구하면서도 이들은 철학 영역에 포함되었고, 다른 학문들과도 관계하는 신학의 성립과 공학 기술에 대한 긍정적인 평가는 당대에 새로움 그 자체였다. 7개의 '보조적' 또는 '기계적'인 학문들(양모, 건축, 그리고 선박 건조 기술, 항해술, 농업, 사냥술, 의학, 무대 기술)은 철학이나 진정한 지식에서 사실상 배제되었다. 플라톤의 관점에서 이들은 마치 사물들의 인위적인 사본처럼 보였는데, 이때 사물들 역시 이상적인 현실에 대한 자연스러운 복제에 해당했다. 그리스도교 사상의 관점에서 볼 때 이러한 학문들은 원죄의 결과에 대한 단순한 구제 방안에 불과했다. 게다가 7개의 '자유롭지 못한' 학문들은 고대와 중세 전반기의 사회에서 자유롭지 못한 사람들만이 행하던 부차적 활동이었던 반면에 12세기 도시 내에서 성립된 노동 분화와 함께 시작된 새로운 세계는 새로운 직업의 등장과 다양한 사회 활동에 필요한 기술들의 발전을 가져왔다.

점차 규모가 커지는 대중을 위한 새로운 변화

샤르트르 학파와 생빅토르 학파 같은 여러 학파들의 연구와 달리 12세기 말부터 작은 규모의 사전들이 점차 대중을 위한 지침으로 확대되고, 전문적이지 않으며 쉽고 빠르게 볼 수 있는 텍스트들을 통해 학문적-도덕적인 주제들에 접근하려는 새로운 시민 계층을 위한 서책들이 출간되었다. 철학과 신학으로부터 벗어나려는 시도는 없었지만 이와는 반대로 사회적이고 가족적인 삶과 정치, 그리고 (가내) 경제에 관한 주제들이 폭넓게 확산된 것이 주된 증거다. 사전류의 새로운 변화를 대표하는 사례는 잉글랜드의 바르톨로메우스Bartholomeus Anglicus(약 1190–약 1250)의 『사물의 성질De rerum proprietatibus』이었다. 그는 아리스토텔레스의 『자연학Fisica』처럼 전통적이면서도 새로운 자료들의 이중성에 의존했지만 주제들에 대한 논쟁이나 심화는 시도하지 않았다. 경제학과 의학 영역은 수세기 동안 독자적인 영역을 유지한 데 이어 17세기까지도 출판과 인용을 반복했다.

13세기에 방대하고 복합적인 내용으로 집필되어 이후 수세기 동안 계속해서 출간된 백과사전들은 프랑스 왕 루이 9세(1214–1270, 1226년부터 왕)의 아들들의 가정교사였던 보베의 뱅상(약 1190–1264)의 사전과 당대에 대학 교수로 아리스토텔레스를 가장 잘 이해했던 알베르투스 마그누스Albertus Magnus(약 1200–1280, '대大 알베르투스'라고도 함*)의 연구서들이었다.

보베의 뱅상의 『자연 거울Speculum naturale』은 역시 그가 쓴 『교리 거울Speculum doctrinale』, 『역사 거울』과 더불어 (알베르투스 마그누스, 토마스 아퀴나스, 아비케나Avicenna[980–1037], 아베로에스에 대한 인용을 통해) 당대의 대학 문화를 가장 잘 보여주었음은 물론이고 아랍 문화에 대한 저자의 높은 관심을 표현했다. 특히 『교리 거울』에서는 뱅상의 인식론에 대한 새로운 연구가 돋보였다. 논리학은 (성 아우구스티누스[354–430]가 정의한) '학문들 중 학문'이라는 지위를 상실했고 문법과 수사학과 함께 인문 영역에 포함되었으며, 윤리학은 정치학과 경제학, (개인) 윤리로 구분되었으며, 공학 기술은 (주제에 대한 내용들이 중세 기술의 역사에서 중요한 내용으로 남게 되는 만큼) 저자에 의해 생생히 기술되었다.

천문학자이자 신비주의자인 알베르투스 마그누스

알베르투스 마그누스가 여러 저술(『식물과 초목De vegetabilibus et plantis』, 『광물학De mineralibus』, 『기상氣象학De meteoris』)에서 보여 준 학문들에 대한 서술은 사전의 정의를 극복하고 라틴인들에게 아리스토텔레스의 사상 전체를 비평하고 또 설명하면서도 다른 저자들이 언급한 일련의 개념에 의존하지 않은 대가로의 면모를 유감없이 드러냈다. 자연 과학의 경우 아리스토텔레스의 몇 가지 기술을 경험과 직접적인 인식을 통해 바로잡았다. 그의 연구서들의 일반적인 내용은 알베르투스의 글들을 통해 당대의 문화에 소개된 마술-천문학에 대한 전망에 관한 것이었다(단테 알리기에리, 『신곡』「천국편」 제3곡과 비교). 이것은 아리스토텔레스의 이론에서 기원했으며, 여기에서 점성술과 형이상학은 지구가 하늘의 움직임에 영향을 받는다는 주장과 밀접한 관계가 있었다. 또한 그는 자연스러운 모든 것 또는 기술arte에 의해 생산된 모든 것은 가장 먼저 천상의 힘에 의해 발동된 것이라고 했다.

백과사전의 위기와 13세기의 백과사전 계획

문화 지평의 확대, 독자들의 새로운 관심과 관계있는 연구 분야와 텍스트들의 증가는 보베의 뱅상과 알베르투스 마그누스의 연구가 가진 특징이었다. 로저 베이컨(1214/1220-1292)과 라이문두스 룰루스(1235-1316)의 업적에서도 잘 드러나듯이, 이러한 요인들은 백과사전들의 변화를 동반했다. 당대의 인식 가능한 사실들을 정리한 모음집인 백과사전은 지식을 새롭게 조직하는 것을 통해 정치적-종교적인 사회 개혁을 전망하는 백과사전(을 집필하려는) 계획으로 전환되었다.

로저 베이컨의 개혁

미완으로 남은 백과사전의 일부로, 현존하는 '서문'에서(『큰 저작Opus maius』, 『작은 저작Opus minus』, 『제3의 저작Opus tertium』) 로저 베이컨은 많은 프란체스코회 학자들과 마찬가지로 천년지복설의 발상에 민감하게 반응하면서 정치적-종교적인 질서와 학문에 대한 근본적인 개혁을 시도했다. 그 시작은 (베이컨에 의하면) 활력적인 연구와는 거리가 먼 비생산적인 권력인 당대 문화의 해체를 위한 것이었으나 책의 본론에서는 진실을 회복하는 데 필수적인 연구 분야들을 나열했다. 다시 말해 라틴어, 그리스어, 아랍어, 히브리어 같은 언어들에 대한 지식과 로버트 그로스테스트(1175-1253)의 수학, 그리고 사실에 대한 고찰에 근거하는 실험 과학scientia experimentalis을 사례로 지적할 수 있는 수학이 그것이었다. 이로부터 유래하는 지식 유형은 방법과 결과에서 새로울 뿐만 아니라, 베이컨에게는 그리스도교 세계를 개혁하는 데에도 필수적인 기반에 해당했다.

라이문두스 룰루스와 조합술

세계를 읽어 낼 가능성과 지식 통일의 상징인 '조합술'은 라이문두스 룰루스의 상당히 방대한 업적이었다(라틴어와 카탈루냐어로 집필한 250권 이상의 저술). 『보편적 열쇠Clavis universalis』의 핵심적인 사상은 논리학, 형이상학과 더불어 다음의 사실에서 드러나 있다. "복합적인 개념을 단순한 개념으로 해체하는 것, 단순한 개념들을 나타내기 위한 문자와 상징들의 사용…… 인위적이고 완벽한 언어에 대한 사고…… 라이문두스 룰루스의 조합술ars combinatoria은 형식 논리학에 근접한 것이었다"(Paolo Rossi, *Clavis Universalis*, 1960).

베이컨와 마찬가지로 룰루스도 개념과 저술auctoritates 목록을 작성하지는 않았으나 자신이 사회의 근본적인 변화를 가져올 것이라고 믿는 지식에 대한 생각을 드러냈다. 이것은 백과사전의 미래가 (몇 세기 후에 프랑스 백과사전주의자들의 글에서도 볼 수 있듯) 폐쇄적인 지식 체계로부터 공동의 사고방식을 변화시키기 위한 계획으로 변화될 것을 예고하는 것이었다.

| **다음을 참고하라** |

철학 대학과 학문 체계(359쪽); 알베르투스 마그누스와 쾰른 학파(383쪽); 라이문두스 룰루스(448쪽)
과학과 기술 로저 베이컨과 실험 과학(615쪽)

중세 이슬람 철학: 주제와 주인공들

| 체칠리아 마르티니 보나데오Cecilia Martini Bonadeo |

무슬림 세계에서 아랍어로 철학 전통에 대해 이야기하는 것은 건설적인 만남을, 때로는 그리스 전통 철학과 이슬람 문명의 충돌에 대한 고려를 뜻했다. 또한 번역 과정에서 그리스 전통의 철학적 사고가 아랍어로 완전히 변형되고 유사해진 것을 의미했다.

이제부터 '팔사파falsafa'라 부를 중세 이슬람 철학은 8-13세기에 지리적으로는 에스파냐에서 북아프리카를 거쳐 인도에 이르는 방대한 지역을 배경으로 성립되었다. 이러한 지리적 환경에서 이슬람교는 여러 문화의 다양한 주민들에게 확산되었다. 코란의 아랍어는 코이네koiné(새로운 공통 그리스어*)가 되었다. 대도시인 바그다드, 다마스쿠스, 카이로, 부하라Bukhara는 이슬람 단성론이 지배했으나 이곳에 정착한 다른 종교 공동체(야고보계 그리스도인, 네스토리우스파, 유대교)에 의한 과학적인 기여에도 문호를 개방할 정도로 문화적인 삶의 활력이 넘쳤다.

팔사파에 대한 세심한 연구는 반드시 두 가지 방향에서 진행되어야 한다. 첫째로 그리스 철학 연구서들의 아랍어 번역과 이들의 아랍어 주석에 대한 연구는 플라톤과 아리스토텔레스 철학 전통이 아랍-무슬림의 지배를 거치면서 그리스로부터 중세 라틴 세계로 지속적으로 전달되었다는 생각을 가지게 한다. 둘째로 팔사파의 (그리스 철학이 이슬람 문화권에 소개됨으로써 저술의 형상으로 밝혀진) 원본 저술들에 대한 연구는 팔사파의 고유한 특징들(특히 그리스의 이교적 사상을 단성론적 성격이 매우 강한 이슬람 신학과 중재하려는 지속적인 노력과 플라톤과 아리스토텔레스와 같은 사상가들의 저술에 대한 상호 이해적인 강독과 같은 특징들)을 찾아낼 수 있도록 추진되어야 한다.

팔사파와 알-킨디주의의 형성

9-11세기에 아바스 왕조의 초기 두 세기 동안 바그다드에서는 수많은 철학서가 그리스어와 시리아어에서 아랍어로 번역되었다. 그리스 철학서들의 번역은 지적으로 높은 수준을 자랑하던 동로마 제국의 옛 영토들(안티오키아, 에데사Edessa, 니시베Nisibe, 하란Harrān, 퀜네스린Qennešrīn, 레사이나Rešainā, 곤데사푸르Gondešapūr)에 대한 무슬림 정복의 결과일 뿐만 아니라 8-9세기에 무슬림 세계의 정치적-종교적인 상황에 따른 결과기도 했다. 아바스 왕조의 칼리프 왕국은 무으타질라파Mu'tazilah 신학과 알-마문al-Ma'mūn(786-833)에 동조해 827년에 이들의 이론을 국가의 공식 이론으로 선포했다. 무으타질라파 신학은 이슬람 세계의 종교 문제들에 대해 합리적인 논쟁을 전개하려는 첫 번째 시도였으며, 이 때문에 코란과 수니파sunnita와 관련 있는 정통 보수주의 무슬림의 사건이 발생했다. 팔사파를 추종하는 성향이 대두되면서 이슬람 철학자들은 그리스 철학을 보편적인 진리의 보고, 즉 일종의 세속화된 성서로 봤으며, 그리스 저서를 소유하려는 열풍이 불기도 했다(Dimitri Gutas, *Pensiero greco e cultura araba*, 2002). 비정통의 이슬람

게르하르트 엔드레스Gerhard Endress가 『아랍어판 프로클로스Proclus Arabus』(1973)에서 번역 스타일을 고려하여 언급한, 바그다드를 중심으로 활동하면서 알-킨디al-Kindī(?-약 873)의 철학에 동조한 당시의 지식인들이 여기 포함되었다. 첫 번째 그룹의 번역가들은 상당히 방대한 연구서들을 아랍어 판본으로 번역했다. 예를 들면 아리스토텔레스의 『형이상학Metafisica』, 『천계론De caelo』, 『기상학Meteorologica』, 그리고 아리스토텔레스가 저술한 몇 권의 동물학 관련 연구서들, 아프로디시아스의 알렉산드로스Alessandro di Afrodisia(2-3세기)의 몇 가지 저술과 그의 『섭리론De Providentia』의 제2부, 니코마코스Nicomacos(1세기)가 쓴 『산술학Aritmetica』의 서문, 『영혼론De Anima』에 대한 신플라톤주의적인 요약본, 프로클로스Proklos(412-485)의 『신학 개요Elementi di teologia』에서 발췌한 명제들을 라틴어로 기술한 『아리스토텔레스의 순수선에 관한 책Libro di Aristotele sull'esposizione del Bene Puro』, 『원인론Liber de Causis』이 대표적이다. 그 번역

외에도 플로티노스Plotinos(203/204-270)가 쓴 (훗날 『아리스토텔레스의 신학Teologia di Aristotele』으로 불리는) 마지막 3개의 『엔네아데스Enneades』가 번역되었다. 이러한 저술들을 통해 아랍 독자들은 그리스인들의 철학이 강력하고 침투성이 강해 바그다드에서 톨레도를 거쳐 파리에 도달할 정도로 멀리 확산될 것이라는 생각을 가졌다.

알-킨디의 부동의 동력

첫 번째 번역가 그룹의 노력으로 팔사파에 필요한 용어들이 만들어졌으며, 알-킨디의 대표 저술인 『제1철학Filosofia Prima』에서도 잘 알 수 있듯이 첫 번째 독창적인 형이상학적 계획이 감지되었다. 알-킨디는 자신의 저술에서 많은 사람이 이슬람교의 타우히드tawhīd(유일성)에 참여하는 만큼, 또는 자신처럼 많은 사람이 제1원인이고 제1지성이며 또한 시간의 흐름 속에서 무無로부터 물리적인 세계를 창조하기를 원했던 신을 믿는 만큼, 신앙과 부합할 수 있는 존재론을 제시했다. 아리스토텔레스의 위작Pseudo-Teologia은 『형이상학』의 「XIILambda편」의 이론에 승리를 안겨 주었다. 실제로 아리스토텔레스적 방식으로 의도된 철학이 원인에 대한 연구와 마찬가지로 최초의 원인인 (아리스토텔레스의) 신에 대한 분석이었던 만큼, 플라톤적 의미로 수정된 것은 전적으로 알-킨디 덕분이었다. 코란의 신과 조화를 이루기 위해 (아리스토텔레스의) 신은 미래의 세계에서 배제된 의식 그 자체의 변하지 않는 상태나 (실제로는 영원히 존재하는 우주의 원리로 남기보다는) 플라톤(기원전 428/427-기원전 348/347)의 『티마이오스Timaios』에 등장하는 조물주로서의 창조자여야 했으며, 모든 특별한 것을 고려해 축복의 행위를 드러내고 그의 창조물에 신중한 행동을 보여야 했다. 알-킨디는 순수한 지성인 신의 아리스토텔레스적인 개념을 신플라톤주의 전통에서 보듯, 모든 존재를 유일신에 동참하는 우주적 모델로 대체했다. 이러한 사실들에서 이슬람의 신플라톤주의가 지닌 핵심 요인들은 아리스토텔레스로부터 기인했다고 할 수 있다. 예를 들면, 영혼의 창조와 영혼을 감각적인 세계과 지각할 수 있는 세계 사이의 지평선으로 간주하는 인식에서 신의 초월성과 신으로부터 창조된 것들을 해방시키는 것, 신의 수단인 이성의 역할이다.

인간의 지성

인간에 관한 연구에서도 알-킨디는 플라톤 학파와 아리스토텔레스 학파의 전통에 동조하는 글을 남겼다. 그는 팔사파에서 (역사가 아직까지도 밝히려고 노력하고 있는 방식들을 통해) 지성의 유형에 대한 알렉산드리아 학파의 이론을 도입했다. 라틴어로 번역된 『지성에 관한 서한Epistola sull'intelletto, Risāla fi l-'aql』에서 그는 아리스토텔레스가 지성을 4개 유형으로 구분한다고 했는데, 잠재적 지성, 습득한 지성, 능동 지성, 분리된 지성이 그것이었다. 알-킨디에 따르자면 인간에게 인식은 감각적인 지각으로부터 사물과 관련해 영혼 속에서 만들어지는 이미지로 바뀌었다. 그럼에도 인간의 지성은 비물질적이며, 감각만으로는 수용될 수 없는 형상도 인식할 수 있었다. 지각할 수 있는 성격을 공유하기 때문이다. 인간의 지성은 감지할 수 있는 형상들을 알게 되면서, 이들과 오직 하나가 되는 과정을 통해 현실화되었다. 그러나 모든 현실이 잠재된 상태에서 행위로 옮겨 가기 위해서는 이미 실행되고 있는 하나의 원칙을 필요로 했다. 이는 항상 작동하는 지성 혹은 동인動因으로, 분리된 그 자체로 『영혼론』의 아리스토텔레스적인 추론인 사유의 사유noesis noeseos처럼 부동의 동력 이론을 구축했다. 한편 위의 저술에 따르면, 알려진 것이 물질을 가지고 있지 않을 경우에 알고 있는 원칙, 알려진 사물, 그리고 알려는 행위와 플로티노스적인 정신의 성격들 간의 동일성은 관념들과 부차적인 지성들에 원인을 제공했다.

알-파라비와 지성 이론에 대한 정치적 해석

알-킨디의 철학이 성립된 다음 세기인 10세기에 알-파라비al-Farabi(약 870-약 950)는 지성에 대한 알렉산드리아 학파의 이론(오늘날 아프로디시아스의 알렉산드로스가 쓴 『지성론Sull'Intelletto』의 아랍어 번역본을 통해 알려졌다)으로 회귀했으며, 인간 지성에 대한 이론을 소개했다. 이후 그의 이론은 동향同鄕의 철학자 아비케나와 아베로에스, 마이모니데스Maimonides(1138-1204), 도미니쿠스 군디살리누스Dominicus Gundissalinus, 로저 베이컨, 보나벤투라, 알베르투스 마그누스, 그리고 토마스 아퀴나스에게 전해졌다.

바그다드의 철학자와 번역가들의 모임

알-파라비의 시대에 바그다드에서는 아바스 왕조가 몰락하고 있는 상황에서 그리스도교인과 무슬림들로 구성된 철학자와 번역가들의 모임이 만들어졌다. 이들은 그리스 전통 철학 연구에 몰두했다. 알-파라비는 이 모임에 가담한 대가들 중 한 명이었다. 그는 아리스토텔레스의 철학이 그리스의 학문적-철학적인 유산과 이슬람 문명의 토착적인 학문들을 통합시킬 능력을 갖춘 새로운 학문 체계라고 판단했다. 그 외에도 종교적-정치적 공동체의 행동 규정을 조율하는 데 필요한 전통적인 학문들과 조화를 이룬 플라톤 정치 철학을 수단으로 활용하면서 아랍-이슬람 사회에서 철학자의 역할 자체를 재정의하려고 했다.

알-파라비는 정치학을 고대인들의 학문, 특히 플라톤의 『국가Politeia』와 『법률

Laws』의 학문으로 간주했다. 정치학의 목표는 덕에 의한 통치 또는 정치가의 기술이며, 규정을 마련하고 도시를 도덕적으로 잘 유지하는 것이었다. 그는 훌륭하고 귀족적이며 덕이 있는 행동을 통해 구현된 진실한 행복을 목표로 지적했다. 문제는 인간의 충분한 행복을 위해 무엇이 필요한지를 이해하는 것이었다. 알-파라비는 『행복 입문Accesso alla felicità』에서 플라톤과 아리스토텔레스가 인간을 완전하게 하는 데 진정한 철학이 필요하다는 사실에 동의한다고 했다. 진정한 행복은 어떤 특정한 유형의 인식, 즉 실체의 존재와 원인들에 대한 인식과 덕이 있는 삶으로 묘사된 특정한 유형의 삶에 있었다. 이러한 주장에 있어 최고로 완전하고 행복한 인간은 철학자였다. 왜냐하면 자신이 이러한 유형의 인식을 소유하고 같은 유형의 삶을 추구했기 때문이다. 덕이 있는 정부는 인간 영혼의 능력 또는 이성이 완벽한 만큼 인간의 충분한 행복 실현을 원칙으로 추구했다. 인간은 자신의 욕망을 통제하고 자신의 구체적인 활동, 즉 자연과 신의 현실들을 인식하려는 활동을 수행해야만 했다. 그럼에도 규율과 지식은 우호적인 정치 현실에 살면서도 자연스럽게 능력을 갖춘 극소수의 사람들만이 추구할 수 있었다.

최선의 정부

『행복 입문』에 따르면 완벽하기에 어느 누구도 명령할 수 없는 인간은 철학자, 최고 통치자, 군주, 입법가, 그리고 이맘imām(이슬람교 교단 조직의 지도자*)이라고 불렸다. 그의 강력한 지성은 감지될 수 있는 사물로부터 형상을 추출하면서 지각 가능한 모든 형상에 대해 급진적으로 반응한 것에 기인했다. 이제 행동하는 지성은 확보된 지성 또는 지각 가능한 모든 것에 대해 그 자체로 작동되고 있는 관념적인 것이었으며, 능동 지성에 최대한 가까워졌다.

능동 지성

추상적인 사변 과정에서 인간 지성은 능동 지성에 '가장 근접한 것'이 될 때까지 진화했다(알-파라비, 『지성에 관한 서한』, 이탈리아어 번역, F. Lucchetta, 1974). 지각된 것들에 존재하는 형상들은 비물질로 이미 능동 지성에 존재했다. 그것은 능동 지성이 "이러한 형상들을 물질 형상으로 받아들인 후에 획득된 지성이 실현될 때까지 조금씩 접근하려고 노력하기 때문이었다"(앞의 책). 지각 가능한 사물을 창조하려는 목적 그 자체는 인간의 지각 활동이 시작되는 사물들을 존재하게 만들려는 것이었다. 오직 지각 활동 덕분에 인간은 본연의 진정한 실체인 지성을 통해 자신의 목적, 즉 자신의 행복과 완전함에 도달했다.

인간의 지성은 스스로 인지하는 수많은 형상이 될 뿐만 아니라 물질로부터 완전히 분리된 상위의 실체들을 관조했다. 지각 가능한 사물에 잠재적으로 존재하는 관념과 지성 속에서 작동하는 상태로 존재하는 관념 말고도 실제로는 성질상 사물로부터 분리되어 자체로 존속하는 관념 또는 지성도 있었다.

지성을 알기 위해서는 획득된 지성만이 할 수 있는 직접적인 지적 직관의 도움으로, 지성에 대한 그 어떤 개입도 차단한 채 이들을 받아들여야 했다. 이러한 지성들은 제1원리로부터 능동 지성에 이르기까지 계층적으로 정리되었다. 한편 능동 지성은 이러한 지혜들 중에서 가장 마지막이나 자신보다 상위에 위치한 모든 지혜들에 대해 영원한 직관을 누렸다. 다시 한 번 우리는 아리스토텔레스의 이론을 만들어 낸 그리스 전통을 들여다봐야 한다. 아리스토텔레스의 이론에 따르면 신의 지성은 스스로 생각하며, 이러한 이유로 비물질적인 현실들에는 인식된 대상과 이를 인식하는 능력 사이의 구분이 존재하지 않았다. 하지만 지성에 대한 알-파라비의 주장은 신의 지성과 관념들 사이의 성격적인 동질성에 대한 『위 아리스토텔레스의 신학Pseudo-Teologia』의 주제, 즉 실제로는 플로티노스의 주제를 전제하지 않고 비물질적 현실들의 '주체, 그 자신에게로의 완전한 회귀reditio completa'를 다룬 『원인론』을 통해 전달된 플로티노스의 주제가 없는 경우에는 설명될 수 없었다.

아비케나: 팔사파의 성숙함과 신학자들의 비판

유럽에서는 아비케나로 알려진 이븐 시나Ibn Sīnā와 더불어 무슬림의 팔사파는 인식론적인 환경보다는 형이상학적인 사색의 차원에서 성숙함에 도달했다. 이븐 시나는 『치유의 서Libro della guarigione』의 한 장章인 「신적인 사태에 관한 지식Scienza delle cose divine」에서 존재하는 모든 것을 대상으로 본질과 존재, 그리고 사물과 존재하는 것을 구분했다. 실제로 논리적 차원에서 사물과 존재하는 것은 서로 구분되는 개념이었다. 본질은 사물에 기인하는 반면에 실재하는 것에는 실제적이고 객관적인 존재가 원인이었다. 따라서 만약 우리가 본질이 주체고 존재가 되는 명제(전제)를 구성한다면 이로 인한 술어의 명제는 동어 반복이 아니었다. **본질과 존재의 구분**

아비케나는 여러 상황에 이 구분을 적용했다. 가장 먼저 신과 그의 창조물 사이의 존재론적 구분이다. 반면 존재하는 모든 것은 우연한 것, 또는 단지 가능하며 이를 존재하게 만든 원인으로, 비본질적으로 필연적인 것이 되었다. 여기에서의 신인 하느님은 제1원리로, 제1원인이 모든 것을 존재하게 하는 만큼 자신의 내적 성격으로 제1원리를 필요로 했다. 이 필연성은 제1원인을 예고하지는 않았으나 제1원인 자체는 자신의 본질에서 예고되었다. 하느님은 필연적인 존재necesse esse며, 그 속에서 존재와 본질이 일치할 때까지 일체가 되었다. 또한 아비케나에게 우주의 이론은 본질과 존재의 구분에 달려 있었다. 그에게 우주는 지성 속의 존재인 자신의 존재 양태를 갖춘 본질의 기여에 지나지 않았다. 끝으로 아리스토텔레스의 4원인설 자체, 특히 제1원리와 관련하여 능동인과 최종 원인 사이의 어려운 관계는 아비케나가 본질과 존재를 구분한 덕에 재해석되었다. 최종 원인은 존재가 생산되는 마지막 과정임에도 (존재에서는) 우위를 차지하는 것이었다.

필연적 존재

아비케나의 사상에서 가장 중요한 이 이론에는 다시 한 번 그리스 전통과 이제는 아랍 전통이기도 한 여러 문헌이 기여했는데, 존재의 특수성(개별성)에 대한 본질의 보편성과 관련된 아리스토텔레스의 형이상학 이론, 그리고 제1원인과, 제1원리의 서술 불가능성과 초완전성, 그리고 유출을 통한 원인성 같은 부수적 주제들을 동반하는 아랍 신플라톤주의의 존재에 대한 순수한 상태의 동질화가 그것이었다. 실제로 아비케나에게 필요한 존재는 그 자신의 과잉으로 인해 선이나 존재하는 모든 것을 위한 존재를 확산시키는 최고 수준의 존재였다. 그럼에도 수적 증가는 그 자신으로부터가 아니라 이존離存적인 비물질 그 자체로 인식될 수 있는 내용을 가지고 있는 만큼, 그 자체로 다양성을 가지는 첫 번째 유출의 결과인 제1지성에서 유래했다. 그럼에도 비질료 지성에서 인식 원리와 인식된 대상은 일치했으며, 다양성은 가능성이 가장 높은 단일성이었다. 이 지성은 욕망의 대상으로 하늘을 움직이는 원인인 만큼 하느님과 세계의 중간이었다.

지성 이론

지성으로부터 천상의 10번째 예지체며, 형상의 부여자dator formarum처럼 인간의 (지성을 매개로 하는) 인식력의 원인에 해당하는 능동 지성에 이르는 모든 예지체가 유래되었다. 아비케나는 인간 지성의 실현 과정에 대한 개별적인 분석을 제안했다. 처음부터 백지 상태tabula rasa, 즉 질료 지성은 초기 관념을 가진 습득in habitu 지성 또는 논리적-수학적인 공리가 되었으며, 이들로부터 부차적인 관념들을 획득하기 위해 움직였다. 일단 획득되면 행동하는 지성이 되었다. 따라서 습득 지성은 관념을 가지나 이들이 습득으로 생각하지는 않았다. 다만 인간 지성이 능동 지성과의 관계에서 관념을 습득으로 생각하면 마치 현실적 지성처럼 최고의 완벽한 수준에 도달했다. 지성에 대한 아비케나의 이론은 아프로디시아스의 알렉산드로스부터 요하네스 필로포누스Johannes Piloponus, 그리고 알-킨디를 거쳐 알-파라비에 이르는 아리스토텔레스의 『영혼론』에 대한 주석 번역에서 큰 비중을 차지했다.

알-가잘리와 전통주의자들의 주장

팔라시파falāsifa들이 코란 연구와 관련하여 외부 기원이 확실한 지식에 개방적인 태도를 보였던 반면 알-가잘리al-Ghazali(1058-1111)처럼 그리스 전통의 철학과 팔사파를 거부한 자들도 있었다. 팔사파가 거부된 것은 이것이 계시와 반대되었고 차선적 지식으로 여겨진 그리스 전통의 철학으로부터 영향을 받았기 때문이었다.

아랍-이슬람 전통에 의해 팔사파의 가장 대표적인 적으로 여겨졌던 알-가잘리는 자신의 생전에 진리에 도달할 수 있는 인간을 네 가지의 가능한 부류로 구분했다. 첫째로 수니파 칼람kalām의 신학자들은 진리가 그 자체로 확실하지 않고 코란의 권위에 의해 승인되거나 신자 공동체의 동의를 얻어야 한다고 주장했다. 둘째로 이슬람의 바틴들은 완벽한 이맘의 자질을 정의할 능력이 없음에도 불구하고 불완전한 코란의 비유적인 해석을 시도했다. 셋째로 신비주의자들은 일단 철학에 대한 환상에서 깨어나면 하느님을 가까이하고 열렬히 찬양하는 신비주의자들이었고, 넷째는 철학자들이었다.

그는 처음에는 팔사파에 대한 연구를 신뢰했다. 그럼에도 팔사파는 신성과 신앙에 대한 진실한 인식을 제공하지 못했다. 오히려 고대의 사상을 과도하게 수용했는데, 실제로 이 사상에서 드러난 믿음의 기초를 파괴했기 때문이다. 팔라시파들은 3개의 범주로 구분되었다. 물질주의자들은 신과 창조에 대한 이데아를 부정하고, 자연주의자들 혹은 이신론자(또는 자연신론자)들은 현명한 창조자의 존재를 수용했지만 영혼의 불멸성을 부정했다. 그리고 유신론자들은 비교의 가치를 아는 유일한 자들이었다.

알-가잘리는 『철학자들의 모순Incoerenza dei filosofi, Tahāfut al-falāsifa』에서 알-파라비, 아비케나, 그리고 이들의 대표적인 작품들, 알-킨디로부터 팔사파의 기원까지 기술한 아리스토텔레스적인 신플라톤주의 작품들을 모두 고려했다. 알-가잘리는 신자들이 조심해야 할 이들의 작품들에 포함된 『형이상학』과 『자연학』에 관한 몇 가지 연구를 발견했다. 실제로 이 철학자들은 세계의 영원성을 주장하면서 심판의 날과 창조를 부정했다. 또한 하느님에 대한 인식을 우주로 제한하고 하느님이 개인들의 현 **철학자들에 대한 비판**

실에 대한 섭리 행위를 수행할 수 있다는 점을 부정했다. 육신의 부활을 부정했고 하느님과 그의 속성에 대한 이단적인 이론들을 만들어 냈으며, 부차적인 원인들의 필연성이 신의 의지가 충분하지 않은 것 때문인 듯이 말했고 영혼이 복합적이며 단순하지 않은 현실이라고 했다.

아베로에스: 진리의 문제

코란과 철학 유럽에서 아베로에스로 알려진 이븐 루시드(1126-1198)는 알-가잘리가 『철학자들의 모순』에서 기술한 비판에, 라틴어로 『철학자들의 모순의 모순Destructo destructionis』으로 번역되어 알려진 유일한 작품으로 대처했다. 알-가잘리의 저술은 무슬림이 차지하고 있던 동방 지역에서도 아베로에스가 우려하던 강력한 반反철학적인 저항을 불러일으켰는데, 이는 알-안달루스al-Andalus와 에스파냐의 무슬림 지역에서도 반복되었다. 아베로에스에게 "진리가 진리와 반목될 수 없는"(아베로에스, *Il trattato decisivo*, 1994) 순간부터, 팔사파에 대한 추론은 코란에 의해 드러난 그것들과 다른 결론에 도달할 수 없는 것이었다. 코란의 어휘들과 철학적인 결론 사이에 존재할지도 모르는 반목은 단지 겉으로만 그렇게 보이는 것일 뿐, 오히려 가시적인 반목은 이 구절에 대해 알레고리적인 해석을 하는 것이 이슬람 철학자들에 속한 것이라는 사실을 의미했다. 토마스 아퀴나스가 생각한 것으로 1277년에 공식적으로 단죄하고 파문한 이중 진리설을 아베로에스의 것으로 보는 것은 그에게 철학적인 진실은 종교적인 진실의 대안이 아니라 현자들과 진리 자체를 결속시키기 위한 보다 세련된 언어와 보다 수준 있는 합리화를 위해 필요한 것이었기 때문이다.

만약 서양의 라틴 세계에서 아베로에스의 원래 저술들이, 『철학자들의 모순의 모순』을 제외하고는 번역되지 않았다면 아리스토텔레스의 작품들에 대한 라틴어 버전들은 상당히 많았을 것이다. 아베로에스는 이슬람 세계에서 점차 고개를 들고 있던 철학적 성찰을 배경으로 아리스토텔레스가 아리스토텔레스적일 뿐만 아니라 (플라톤적인 용어로는 플라톤의 사상과 더불어 중기 플라톤 전통과 신플라톤적인 전통 전체를 의미하면서) 더 이상 플라톤적인 일련의 그리스 이론 모두를 이면에 숨기고 있는 프로소폰prosopon(외모, 외형, 얼굴*)이 아니라는 것에 대해 적어도 부분적으로는 알고 있던 것으로 보였다. 프로소폰은 이슬람 세계에 이성적인 학문들을 철학의 보호 아래에서 통일시킬 수 있게 보장했으나 아리스토텔레스의 텍스트에 대한 세심한 연구는 이것이 역사 속의 아리스토텔레스와 얼마나 거리가 있는 것인가를 보여 주었다.

또한 이러한 이유로 아베로에스는 주요 개념들에 대한 주석을 다시 제안했다. 모든 주석에서 아랍어로 번역된 아리스토텔레스의 텍스트들은 각각 문장-주석을 갖춘 다양한 길이의 개념 주석들로 구분되었고 각각의 구분은 의역과 주석이 동반되었다. 개념 주석들은 '그(아리스토텔레스) 자신이 말했다'의 공식을 통해 도입되었으며, 이들을 동반하는 주석에서는 텍스트의 문장들이 하나하나 차례대로 질서 있게 제시되었고, 짧은 보충 해설excursus을 통하여 명백한 교육적 방식에 따라 제시된 텍스트와 이론상의 문제들을 다루었다. 『영혼론』이나 『형이상학』 같은 아리스토텔레스의 문헌들에 시도된 개념 주석은 아베로에스가 라틴 스콜라 학파에 의해 토론과 재토론의 대상이 될 자신의 독창적인 이론들(예를 들어 모든 인간에게 '이존적인 단일 지성'의 이론)을 구상한 공간이 되었다.

그 자신이 말했다

만약에 아베로에스의 등장 이전 시대의 팔사파 사상가들에게 능동 지성이 분리된 지적 실체들의 마지막이었고 각각의 모든 사람이 능동 지성에 의해 유래된 계시 덕분에 완벽함에 도달하는 자신의 질료적 지성을 가지고 있었다면, 『영혼론』을 대상으로 『대주석서Commento Grande』를 쓴 아베로에스에게 질료적 지성은 각 인간에 속하지 않았다. 질료적 지성은 인간 또는 모든 인간 전체가 지닌 보편적인 완벽함이었다. 질료적인 지성은 종種인 인류가 그러한 것처럼 영원한 것이었다. 각각의 모든 사람은 생각할 때에 비로소 인류 전체의 고유한 성질인 지성을 실현했다. 다시 말해 질료로부터 축상하는 형상이나 이미지화된 형상은 질료적 지성을 인식하는 힘을 구현하는 원리들이었다. 그리고 이러한 힘을 실현하는 것은 비전이 가시적인 대상들과 빛에 의존하는 것처럼 능동 지성에도 의존했다. 질료적 지성의 통일에 관한 이론은 결과적으로 죽음 이후에 개인의 생존이 불가능함을 동반했다. 실제로 각 개인에게는 오로지 육체의 부패로부터 벗어나지 못하는 개별적 이미지의 형상들만이 속할 뿐이었다. 다시 말해 불멸은 오직 우주적이고 비인칭적인 지성의 불멸이었다.

비평과 비난

아베로에스의 이론은 『영혼론』을 대상으로 쓴 『대주석서』가 라틴어로 번역된 덕분에 크게 알려졌다. 그는 도미니쿠스회의 레신의 에지디우스가 처음으로 언급한 알베르투스 마그누스에게 1270년에 쓴 한 서신에서 파리 대학 인문학부의 (시제루스와 보에티우스를 포함한) 교수들이 지지한 15개의 연구들 중 두 번째 연구인 "모든 인간의 지성은 수적으로 하나며 동일한 것이다"를 언급했다. 일곱 번째 연구는 "각 인간의 영혼은 그 인간과 함께 죽는다"에 대해 기술했다. 인간 지성의 유일성과 비인칭적인 불멸의 연구에 대항하여 같은 해 파리 대주교인 에티엔 탕피에 Étienne Tempier(?-1279)가 반론을 제기했으며 1277년에는 매우 확고한 방식으로 재차 언급했다. 1271년에 토마스 아퀴나스는 아리스토텔레스의 이론에 대한 심각한 오해를 지적하기 위해 『아베로에스 비판을 위한 지성 단일성De Unitate intellectus contra Averroistas』을 썼다.

| 다음을 참고하라 |
철학 토마스 아퀴나스(389쪽); 라이문두스 룰루스(448쪽)
과학과 기술 유럽의 수학에 대한 이슬람의 영향(541쪽); 이슬람 수학의 전성기(547쪽)

중세 유대 철학의 전통들

| 클라우디아 멘치아니Claudia Menziani, 리카르도 페드리가Riccardo Fedriga |

10세기에 접어들면서 유대 세계는 고전 철학 전통과의 관계, 특히 아랍의 아리스토텔레스주의와의 관계를 시사하는 방식으로 활성화되기 시작했다. 10-12세기에는 유대의 신플라톤주의가 발전했다. 12세기에는 유대 사상의 역사에서 하나의 중심축에 해당하는 마이모니데스Maimonides가 등장한 반면 에스파냐, 라인란트, 그리고 북부 이탈리아의 일부 지역에서는 유대 신비 철학(카발라)의 신비주의적 흐름이 발전했다. 프로방스와 이탈리아에서도 유대 사상은, 특히 13-14세기에 그리스도교 철학과 라틴 스콜라 철학과의 긴밀한 관계를 통해 전성기를 맞이했다.

유대 전통과 탈무드

만약 유대 세계와 그리스 철학의 첫 만남이 이미 탈무드 시대 또는 2-5세기에 알렉산드리아의 필론Philōn ho Alexandreios(기원전 약 10-약 50, '유대인 필론'이라고도 함)을 통해 이루어졌다면 고전 유대주의는 그리스 세계와 그리스 철학 사상과는 거리를 유지했으며 초기에는 다른 개념적인 구도에 관심을 드러내는 전통의 흐름을 추구했을 것이다. 유대 전통은 랍비들의 판결을 포함하는 법전에 근거했는데, 이것이 성서의 텍스트를 완성하기 위한 역할을 했으며, 초기에는 구전으로 전승되다 후에 탈무드를 통해 성문화되었다. 전통의 규정 부분은 할라하halakah로 불렸다. 반면 아가다aggada(이야기)는 비규정된 부분으로 역시 기적적인 이야기 혹은 지혜로운 말들에 근거했다. 탈무드는 미슈나Mishnah 또는 법의 번복, 그리고 미슈나에 대한 주석인 게마라Gemarah로 구성되었다. 탈무드에는 두 가지 주석이 존재했는데, 이로부터 2개의 탈무드, 즉 바빌론 탈무드와 팔레스타인 탈무드가 기원했다. 실제로 유대주의는 모두 인간의 실재적인 삶에 근거하는 종교, 즉 교리를 가지고 있지 않으며 신학이나 사변적인 내용보다는 행위와 행동을 위한 지침에 근거하는 종교로 성립되었다. 또한 할라하에 집중되었던 관계로 신정 정치적인 근거를 찾으려는 어떤 노력도 보이지 않았다.

칼람의 방식

이것이 탈무드가 외부 세계의 지혜로 간주되었던 그리스 철학과는 달랐으며 법과 전통에 대한 연구에 반대하는 주된 이유였다. 634년에 아라비아 반도의 무슬림은 비잔티움 제국과 사산 왕조를 침입하여 처음에는 다마스쿠스를 나중에는 바그다드를 수도로 하는 칼리프 왕국을 건설했다. 이 왕조의 통치 하에서 유대 공동체는 통치권으로부터 관용의 혜택을 누렸다. 이렇게 해서 세 가지 종교의 경전들이 서로 접하게 되었다. 이슬람 세계에서는 종교와 관련해 호교론적인 기능과 더불어 칼람kalam, 즉 합리적이고 증명적인 주제에 대한 신학 논쟁이 발전했다. "(칼람은) 추정하건데, 한편에서는 이슬람 내부에서 기관들 간의 불화에 의해…… 다른 한편에서는 이슬람 제국의 다른 종교들을 추종하는 자들과 무슬림 간의 논쟁에 의해 촉발되었다" (Colette Sirat, *La filosofia ebraica medievale*, 1985). 이와 병행하여 유대 세계에서도 비슷한 사례가 나타났는데, 비평가들은 이를 유대 세계의 칼람으로 정의했다. 많은 자들이 이슬람으로 개종하고 카라이트Karaites 교파(8세기에 성립된 유대교의 한 교파*)가 시작한 고전 유대주의에 대한 비평에 직면한 상황에서 등장한 종교의 호교론적인 필연성이 그것이었다. 추정하면 8–9세기에 성립된 이 교파는 고전 유대주의가 이론적 기틀을 갖추고 있지 않음을 비난했고, 오직 기록된 『토라Torah』(유대의 율법서*)로 돌아가기 위해 탈무드의 전통을 거부했다. 이에 라반Rabban(최고 우수한 랍비*)들을 중심으로 탈무드를 방어하기 위한 노력이 경주되었다. 유대 칼람의 전문가들 중에는 사디아 벤 요세프Saadia ben Joseph(882–942, '사디아 가온Saadia Gaon'이라고도 함)가 대표 인물이나 다우드 알-무카미스 Dawud al-Muqammis(9세기), 카라이트 교파 중에는 아부 유수프 야쿠브 알-키르키사니Abu Yusuf Yaqub al-Qirqisani(10세기)와 예페트 벤 엘리Yefet ben Eli(10세기)가 있었다.

사디아 벤 요세프

사디아 벤 요세프는 파이윰Faiyûm에서 태어났지만 팔레스타인, 시리아, 이라크로 옮겨 갔다. '사디아 가온'으로 알려진 것은 수라Sura(메소포타미아) 아카데미에서 수행했던 직책에서 유래했다. 위대한 천문학자이자 법학자였던 그는 유대 칼람과 카라이트 교파에 대항하여 증명적-합리적인 방법을 활용하며 유대주의를 옹호한 대표적인 인물이었다.

그의 수많은 저술 중에서 가장 대표적인 것은 『신앙과 확신의 서Kitab al-amanat wa-l-i' tiqadat』다. 그에게 철학적-학문적인 주제와 계시는 공동의 기원을 가지고 있었다. 모든 문제마다 (해결을 위해) 성서 구절을 동반한 합리적 증명을 제안하면서 자신의 주제에 대처했던 것이다. 『신앙과 확신의 서』에서 언급한 몇 가지 중요한 문제들은 세계의 창조, 계시와 예언, 기적, 신의 단일성에 관한 것이었다.

주제들

세계의 창조와 관련하여 사디아는 무無에서의 창조, 즉 증명에 근거하고 계시된 진리를 말하는 성서를 지지하는 차원에서 네 가지 합리적인 증거를 제시했다. 계시와 관련해서는 (이성이 의식에 도달하는 데 충분한 수단을 가지고 있음에도 불구하고) 왜 예언자들의 존재가 필요한지에 대한 문제를 제시했다. 신의 단일성의 주제에서는 신의 기여가 어떻게 존재하는지와 중재되는지와 관련하여 설명했다. 계속해서 신에 대한 지각과 관련하여 문제는 만약 인간이 불복종의 자유를 가지고 있다면 왜 하느님이 인간에게 지각력을 주면서 복종을 위한 노력을 요구하는 것일까 하는 것이었다. 지각에는 두 가지 유형이 있는데, 이들의 중요성은 이들이 이성을 통해 이해할 수 있고 이성으로 이해에 도달할 수 있으며, 오직 계시에 의해서만 부여된 것이라는 사실에 있었다.

이들의 문학적인 의미를 고려할 때 사디아의 성서 주해는 이성과 대립되거나 모순을 야기할 수 있는 몇 가지 요인에 대한 정확한 강독을 제공하려는 의도를 가지고 있었다. 예를 들어, 하느님의 신인동형동성론神人同形同性論적인 속성의 사용과 관련한 것이 그것이다. 눈, 귀, 손, 그리고 다른 것들의 용어는 (육신을 가진다는 것이 불가능하지만) 육신의 하느님에게 부여된 실질적인 특권으로 이해되어야 함에도 신에 대해 이야기하기 위한 하나의 방법이었다(예를 들어 손은 신의 능력을 대표한다). 이와 관련하여 성서에서 언급한 발라암Balaam의 당나귀에 대한 이야기(「민수기」 22장 2-35절)는 의미심장하다. 이야기는 어떻게 점쟁이 발라암이 앞으로 나아갈 것을 거부하면서 (의도적으로 길을 벗어나는 당나귀와 대조적으로) 하느님이 길을 막아 모압Moab의 왕 발락Balac이 원했듯이, 이스라엘 민중을 저주하지 못하게 하고자 자신에게 보낸 천사가 눈앞에 있음에도 이를 알아채지 못했는지를 서술했다. 길을 인도하지 않았다는 명목으로 불쌍한 짐승에게 매질을 가하는 발라암의 분노는 자신의 주인에게 그 이유를 따지면서 자신에게 가해진 부당한 대우에 항의하는 당나귀의 저항에 직면했다. 상황이 여기까지 이르자 발라암은 눈을 크게 뜨고 천사를 보았다. 성서의 에피소드를 통해 알 수 있는 문학적 의미 외에도 이면에 숨겨 있는 은유는 분명했다. 당나귀는 발라암보다 현명했으며, 신의 존재를 알아채는 데 있어서도 주인에게는 부족한 선지자적인 판단력을 드러냈다. 당나귀는 이스라엘 민족을 저주하지 않고 오히려 축복하게 유도하면서 자신의 통찰력을 발휘하여 한심한 예언자가 용서받을 수 없는 실수를 범하지 않도록 했다.

발라암의 당나귀

유대의 신플라톤주의

칼람kalam의 호교론적인 경험에 이어 유대 사상은 10세기경 철학, 특히 초기에는 신플라톤주의의 전형적인 측면과 접촉했다. 중세 유대 세계에서 철학적 경험 혹은 유대 철학을 어떻게 정의할 수 있을까? 이에 대한 답변으로는 콜레트 시라트Colette Sirat가 제안한 해석, 즉 중세 유대 철학의 노력은 철학(혹은 합리적인 사고 체계)과 계시된 텍스트를 중재하는 것이라는 주장에 신빙성이 있어 보인다.

합리주의적인 흐름은 특히 10세기에 아랍 주석가들의 아리스토텔레스주의와 신플라톤주의적인 성향을 강하게 드러내는 아리스토텔레스 사상에 대한 특별한 강독으로 이어지면서 여러 합의점에 도달했다. 그럼에도 신플라톤주의적인 주제들과 유대 전통의 몇 가지 근본적 요인의 만남과의 비교는 몇 가지 문제를 발생시켰다. 예를 들어 한 가지 불화 요인은 성서에 등장하는 하느님의 이미지로, 여기에서 세계에 적극적으로 모습을 드러내며 인간과의 즉각적인 관계를 형성한 창조자는 그 의지에 있어 신플라톤주의에서 말하는 (비의도적인 소산물로서 무감각하게 세계을 창조한) 일자Uno의 그것과는 달랐다.

중재할 수 없는 요인들

학자들은 초기 유대 신플라톤주의에 대한 (텍스트에서는 직접 언급되지 않은) 불분명한 출처로서 몇 가지 텍스트를 찾았다. 하지만 이들을 통해 텍스트들은 확실한 합치(일치)에 도달했다. 마우로 존타에 따르면 이들은 알-킨디(?-약 873)의 『아리스토텔레스의 신학』, 『원인론』, 『다섯 실체론Libro delle cinque sostanze』, 『순수선의 형제들의 백과사전Enciclopedia dei Fratelli della purità』에서만이 아니라 팔사파의 전통에서 기원하지 않는 텍스트들인 의학과 자연학 저술들에서도 찾아볼 수 있었다. 12세기 이후에는 새로운 출처들로, 특히 아비케나(980-1037)와 알-파라비(약 870-약 950)의 저술이 언급되었다.

이스라엘리와 신플라톤주의

이사악 이스라엘리Isaac Israeli(855-약 955), 이븐 가비롤Ibn Gabirol(약 1020-약 1058, '아비케브론Avicebron' 또는 '아벤케브롤Avencebrol'이라고도 함*), 바히야 이븐 파쿠다Bahya Ibn Paquda(11세기), 아브라함 이븐 에즈라Abraham Ibn Ezra(약 1092-1164)가 이 시기의 중요 저자들이었다. 특히 이스라엘리는 이집트에서 활동한 인물로서 의학 저술로 유명했다. 유대 사상에 고대 후기 철학의 출처들을 찾아 통합한 첫 번째 사상가로 아리스토텔레스적인 요인들이 없는 것은 아니었으나 그의 사상은 특별히 신플라톤주의적인 전통의 복원에 있어 알-킨디의 철학과의 대화만이 아니라 아리스토텔레스와 플라톤의 신학으로도 기울었다. 그럼에도 신플라톤주의에서는 세계가 우연히 창조되었다는 개념을 거부하면서 무로부터 창조되었다는 전통적인 이론을 주장했다. 이스라엘리의 우주론은 플로티노스의 일자, 제1질료, 지성이 유래하는 제1형상, 각각이 잘 구분되지 않는 식물적 성격, 합리적 성격, 동물적 성격의 세 기능을 가진 영혼을 대신하여 창조자 하느님을 설정했다. 인간의 영혼은 빛이며 또한 제1형상과 제1질료의 결합에서 기원하는 지성으로부터 발현되었다. 이러한 관계 덕분에 영혼은 (영혼이) 만들어진 창조 과정을 거슬러 올라가며, 무아지경에 도달할 수 있었다.

이븐 가비롤과 의지에 대한 사고

이븐 가비롤은 종교적-신비주의적인 성격의 시인이었다. 작품으로는 『생명의 샘Fons Vitae』(히브리어 제목은 Meqor Hayyim)이 있는데, 아랍어로 쓰인 후에 유대어, 계속해서 조반니 이스파노Giovanni Ispano(?-약 1166)와 도미니쿠스 군디살리누스(12세기)가 라틴어로 번역했다. 라틴어 판본은 대화 형식이었던 반면에 아랍어 번역본은 매우 간략한 판본으로 재구성되었다. 다른 중요 저술인 『왕관Corona regale』 역시 유대어로 작성된 장시長時였다(「케테르 말쿠트Keter Malkut」). 이븐 가비롤의 사상은 그리스도교 사상가들에게 영향을 미쳤다. 이 저술에서는 신플라톤주의적인 요인과 아리스토텔레스적인 요인들을 볼 수 있으며, 또한 의지의 개념(또는 근본 원리)에 의해 주어진 역할이 특징적이다.

존재에는 세 가지가 있다. 질료와 형상, 최초의 실체, 그리고 앞의 두 가지를 중재하는 의지다. 존재의 모든 단계는 최초의 실체를 초월하여, 질료와 형상으로 구성되었다. 모든 사물에는 공통으로 보편 질료와 보편 물질과 형상이 존재했다. 창조 과정을 통해 상호 관계에 있는 세 가지 단순 실체도 질료와 형상으로 구성되었다. 이들은 지성, 영혼(지성에 의해 창조되며, 기능에 따라 합리성, 동물성, 식물성으로 세분된다), 그리고 자연(영혼에 의해 창조된다)이며, 자연으로부터는 육체적 실체가 기원했다. 존재의 개체성을 설정함에 있어 이븐 가비롤은 대안적으로 (비교적 밀도가 높은) 질료와 형상에서 개체성의 원인을 인정하면서도 다른 해결책을 제안했다. 라틴인들 사이에서 이븐 가비롤의 이름은 (가비롤 자신이 주장하던) 질료 형상론hylomorphism에 대한 논쟁의 맥락에서 자주 등장했다. 토마스 아퀴나스(1221-1274)는 천사라는 실체의 질료 형상론에 대한 주장과 형상의 복수성에 대한 주장(또는 각 존재에서 개체성을 설정하려고 하는 수많은 형상의 존재)을 비판하는 대목에서 그의 이름을 언급했다.

인간의 삶에서 궁극적인 목적은 (질료와 형상의) 세계과 의지에 대한 인식으로 여겨지는 학문이었던 반면에 인간에게 하느님은 인식 불가능한 대상이었다. 인간은 인식을 통해 (플라톤에 따르면 영혼이 물질의 세계에 잡혀 있는) 감옥을 벗어날 수 있으며, 따라서 자신의 기원인 하느님에 도달할 수 있었다. 인간의 영혼과 우주의 구조 사이에 존재하는 관계와 상호성 덕분에 영혼은 그 자신을 인식하고 동시에 우주와 모든 것을 알게 되었다.

이븐 에즈라와 성서 해석

아브라함 이븐 에즈라는 에스파냐에서 출생했으며 1140년의 박해를 피해 이탈리아와 프로방스를 오가며 살았다. 그의 가장 중요한 저술로는 『지켜보는 이의 살아있는 아들Havy ben Meqits』이 있다. 흥미로운 것은 성서 주석에 대한 그의 독창적인 개념으로 신플라톤주의적인 성향이 강한 요인들을 포함시킨 것 외에도 성서를 문자적 의미로만 이해하지 말아야 한다고 주장했다. 이를테면 세계의 창조와 관련해서는 그것이 무에서 만들어진 것이라기보다 기존의 물질로 만들어진 것으로 이해해야 한다고 했다. 그 밖에도 월하月下 세계, 즉 중간계(천체계)와 분리된 지성들로 구성된 최상계로 이루어졌을지 모르는 우주에 창조적 성격을 부여했다.

다른 중요한 인물들, 특히 유대적이고 주의(의지)설적인 전통과 그리스-아랍의

유다 할레비의 『세페르 하 쿠자리』: 종교 대 철학

합리주의를 대립 구도로 이해한 대표적인 인물은 유다 할레비Judah Halevi(1075-1141)로, 대표 저술은 『세페르 하 쿠자리Sefer ha Kuzari』였다. 이 작품은 라틴 전통을 대표하는 작가들에게는 더 이상 낯설지 않은 대화 형식을 취하면서 (『아벨라르와 철학자와 유대인과 그리스도교인 사이의 대화Dialogo tra un Ebreo, un Cristiano e un Filosofo』 또는 라이문두스 룰루스의 『이교도와 세 현자의 서Libro del Gentile e dei tre』처럼) 어떻게 하자르족Cazari 왕이 철학자, 그리스도교인, 무슬림, 그리고 랍비와의 논쟁을 끝으로 유대교로 개종했는지를 서술했다.

논쟁의 주요 주제는 종교적 행위였다. 성서적 하느님의 주의주의적인 절대권과는 달리 (특히 분리된 지성에 인간 지성이 접목되는 주제에 아벰파세Avampace(?-1139)와 동일시된) 철학자의 하느님은 오직 스스로 인식하는 하느님이었다. 자신과 다른 그 무언가를 인식한다는 것은 실제로는 자신의 불완전에 대한 표시였다. 이로부터 하느님이 인간을 인식하지 않으며 인간에게 행위를 부과하지 않는다는 사실이 유래했다. 이 하느님은 의지를 드러내지 않은 채 오직 창조의 과정, 즉 하느님과 그가 창조한 세계의 관계를 보여 주었다. 랍비와의 대화 차례가 되자 철학자에 대한 비판이 시작되었다. 첫 번째 비판 대상은 세계의 영원성에 대한 이론으로 창조에 대한 주장에 패했다. 랍비에게 인간이 신성에 도달하는 방법은 신성을 통하는 것, 즉 신이 인간이 수행하도록 명령한 행위를 통해서였다. 그럼에도 철학자들은 계시 대상을 인식할 수 없었던 것이 사실이다.

유다 할레비는 유대의 하느님이 유일한 민족과 유일한 언어를 통해 역사에서 드러난 것이었기에 철학자들이 말하는 보편의 하느님이 아니라는 가정에서 출발하면서 결국 오직 유대 종교만이 하느님에 의해 갑작스럽게 드러난 것이기에 신적인 기원을 가지고 있다는 결론에 도달했다. 『세페르 하 쿠자리』와 더불어 그는 이성에 대한 계시의 우월함을 주장할 목적으로, 알-파라비-아비케나의 아리스토텔레스주의로 간주된 철학을 공격하고 비판했다. 이는 증명적인 방식들을 수단으로 전개되었다(이슬람 세계에서 알-가잘리가 사용했던 방식이다).

아리스토텔레스주의: 철학자 마이모니데스

유대 세계에서 진정한 아리스토텔레스주의가 확립된 것은 12세기였다. 그리스 철학자의 저술들에 대한 강독의 특징은 고대 후기와 이슬람의 사상을 통해 철학을 중재하고 신플라톤주의에 대립되는 주장을 발전시키며, 알레고리적인 강독을 통해 성서와 중재하려고 노력했다는 점이다. 이러한 전통의 가장 의미 있는 철학자는 마이모니데스(1138-1204, '모세 벤 마이몬Moshè ben Maimon'이라고도 함*)였다. 코르도바에서 출생했지만 박해를 피해 이집트로 피신한 후에 이곳에서 의사로 활동하면서 법과 종교에 관한 저술을 남겼다. 대표 저술은 『의학 원리집Misnhe Torah』과 『혼란된 이들을 위한 길잡이La guida dei perplessi』다.

그는 성서에 대한 합리적인 주석을 제안하고(사디아 벤 요세프와 아브라함 이븐 에즈라의 경우처럼) 성서의 문자적 의미를 넘어 알레고리적인 강독에 주력했다. 그럼에도 그의 주요 작품은 다르게 해석되었다. 이성과 계시가 각각의 관계로 드러난다는 사실에서 특히 그러했다. 마이모니데스는 아리스토텔레스의 자연학과 형이상학 관점에서 성서를 바라보는 동시에 전통의 신화적인 측면을 걷어 내고 성서와 철학 주해를 연결하는 통로를 설정하고자 했다. 마이모니데스는 아프로디시아스의 알렉산드로스, 알-파라비, 이븐 시나(아비케나)의 저술에 대한 주석을 통해 아리스토텔레스에 접근했다. 그럼에도 그의 비교주의는 자신의 저술에서 종교적 진리들이 감추어져야 한다는 생각을 통해 드러났으며, 성서 역시 실제로 문자적 의미 이면에서 진의를 드러낸다고 확신했다.

아리스토텔레스주의에 대한 적대적 성향

『혼란된 이들을 위한 길잡이』는 체계적으로 작성된 저술이 아니라 의도적으로 무질서하게 집필되었다. 콜레트 시라트의 분석에 따르면, 이 저술에서 세계의 창조에 관한 문제로부터 기원하는 몇 가지 특별히 중요한 주제들을 찾아볼 수 있다. 마이모니데스는 성서의 진리와 무로부터의 창조, 세계의 영원성에 대한 아리스토텔레스의 연구 사이의 반목과 함께 다양한 주장을 전개했다. 그는 문제의 답을 제시하지 않았을 뿐만 아니라 많은 학자들이 마이모니데스를 아리스토텔레스의 주장에 근접한 인물로 여겼음에도 실제로는 명백하게 증명되지 않았다. 문제 제기에 있어서도 종교인들의 주장은 증명과 거리가 있는 것이었으며, 영원성에 대한 주장은 조작될 수 있는 것이 아닐 뿐더러 하느님의 존재, 통일성, 무형의 특성을 증명하기 위한 철학적인 대화의 효율적인 전제였다. 그럼에도 이러한 '철학적'인 강독에서 무로부터의 창조는 신앙의 대상이었다. 하느님의 존재와 통일성은 하느님의 진리와 논증 가능성(입증 가능성)을 보장하기 위한 철학적인 고찰 대상들이었다. 또한 신의 속성에 대한 고찰은 이러한 주제 덕분에 발전하면서 신의 내적 통일성과 불변성을 보장하는 것 없이, 어떤 유형의 주제들로 신에 대해 설교할 수 있는가에 대한 문제를 제기했다.

철학과 예언 특별히 흥미로운 것은 철학 사상, 세계의 질서, 예언의 관계에 대한 분석이었다. 마이모니데스는 하나의 비유를 이용해 설명했다. 한 왕국에 군주가 갇혀 있다. 신하들 일부는 도망가고 일부는 도시로 숨어들었다. 또 몇 명은 왕국을 떠났지만 다른 이들은 왕궁으로 향했다. 이들 중 일부는 왕궁 내부로 들어가 방들을 둘러보았다. 철학자들도 왕궁 내부에 도착했다. 하지만 이곳에는 엘리트 계층이면서 군주가 거처하는 방에 도착한 예언자들이 있었다. 그렇다면 철학과 예언의 관계는 무엇인가? 예언은 신이 능동 지성을 통해 인간 지성에 드러난 것이며, 합리적인 힘이나 상상적인 힘 또는 둘 다를 보여 준다. 예언에는 다양한 등급(무려 11개 등급으로 총 3개의 범주로 구분된다)이 존재했다. 철학자들이 주장하는 것과는 달리, 마이모니데스에 의하면 예언의 선물을 받기 위해서는 연구와 준비가 필요하나 (소질에도 불구하고) 예언의 선물을 제공할지는 신의 의지가 결정했다. 실제로 예언의 가장 높고 상상력이 중재할 수 없는 수준에 도달한 유일한 존재는 예언자 모세였다.

인간의 인식에 있어 이러한 주제들 역시 다양한 해석의 대상이었다. 마이모니데스는 인간에게 지상(달과 지상 사이에 위치한 육지)에 대한 충분한 의식을 부여했던 반면에 천상의 세계에 대한 의식은 제한했고, 당연히 신에 대한 의식을 차단한 채 부정적 의식만을 주었다.

인물로서의 마이모니데스와 특히 유대 전통에 대한 교육과 철학 사상의 관계에 대해서는 수세기에 걸쳐 논쟁이 이어졌다. 그중에는 교리에 대한 것도 있었다. 논쟁은 유대주의가 교리를 갖추고 있는지, 이들의 수는 얼마나 되는지에 집중되었다. 유대 종교는 교리나 개념을 가지고 있지 않았으며, 카라이트 교파는 다른 종교들과의 관계에서 유대주의의 사변적 흐름을 드러내야 할 필연성과 관련하여 10개의 원칙을 만들어 낼 당위성을 느끼고 있었다. 반면 (사디아 이후) 유대주의의 기초를 세우기 위한 원칙들을 만들 것을 제안한 첫 번째 인물은 (13개 원칙을 제시한) 마이모니데스였다.

13–15세기 유럽의 유대인들

12세기 말까지 유대인들의 문화적 활동이 아랍 세계를 배경으로 크게 발전했다면 이후에는 프로방스와 유대 공동체들이 보다 우호적인 문화적 토양을 제공한 이탈리아를 중심으로 발전을 계속했다. 12세기의 에스파냐에서는 무와히드 칼리파조의 박해가 시작되었다. 프로방스의 철학자들 중 레비 벤 게르손Levi ben Gershon(1288-1344)이 있는데, 이탈리아에서는 아랍어가 통용되지 않았기에 철학 텍스트는 특히 티본 가문의 노력에 따른 번역 활동 덕분으로 세상에 알려졌다. 아랍어로 쓰인 유대 철학서들 말고도 이슬람 철학자들의 작품들과 그리스 철학 문헌들이 번역되었으며 주석 작업도 활발히 진행되었다. 이탈리아에서 아랍 철학자들은 라틴 전통과 접촉하면서 문화적 환경에 적응했다. 많은 유대인 번역가가 프리드리히 2세(1194-1250, 1220년부터 황제)의 궁정에서 활동했으며, (비록 한 세기 이상의 차이가 있지만) 1409년에 파도바 대학은 유대인들에게 개방되었다. 반면에 에스파냐의 유대인들의 삶은 박해와 추방으로 심하게 위축되었다. 마이모니데스에 대한 15세기의 주석가들 중에는 요세프 알보Joseph Albo(?-1444)와 크레스카스Chasdai Crescas'(약 1340-약 1410)가 대표적이다.

유대 신비주의 철학

유대 신비주의 철학은 한편으로는 유대교와 더불어 라인란트 지역에서, 다른 한편으로는 12세기부터 에스파냐와 프로방스에서 발전했다. 이 용어 자체는 '수용된 전통'을 의미했으며, 실제로 그 흐름은 이론 차원에서 유대 전통과 특히 3-6세기에 쓰인 텍스트(『창조의 서Libro della creazione』)와 연결되려는 경향을 보였다. 보통은 사변적인 유대 신비주의 철학, 또는 신지학神智學적인 유대 신비주의 철학, 무아지경의 유대 신비주의 철학으로 구분되었다.

사변적인 유대 신비주의 철학과 무아지경의 유대 신비주의 철학

사변적인 유대 신비주의 철학이 발전시킨 주제들은 신들이 그 모습을 드러내는 통로에 해당하는 아인 소프Ain Sof 이론(무한, 신성의 숨겨진 측면)과 세피로트Sephirot(수, 차원) 이론이다. 세피로트는 10개로 신의 발현이 아니라 이를테면 신의 내적 지형학에 해당했다. 사변적인 유대 신비주의 철학의 모든 핵심 주제들은 13세기에 쓰인 한 텍스트를 통해 정리되었는데, 레온의 모세스(약 1250-1305)의 『영광의 서Libro dello splendore』다.

무아지경의 유대 신비주의 철학은 유대 알파벳 문자들의 치환 기술로 쓰인 텍스트의 이면에 잠재되어 있고 숨겨진 의미를 찾아내려는 것이었다. 마치 주석 작업인 것처럼 알려진 『토라』에 대한 강독과는 거의 무관했다. 이러한 기술들의 사례적인

칭호인 노타리콘notariqon(중세 유럽의 공증인을 뜻하는 notarius에서 기원했으며, 두문자어頭文字語를 사용하여 유대어를 분석하고 구성하는 유대 신비설에 근거한 방법론*)은 이합체시(각 행의 처음과 끝의 글자를 맞추면 어구가 됨*)와 유사한 과정인데, 어휘의 각 문자들이 다른 어휘들의 첫 알파벳처럼 사용되었다. 게마트리아gematriah(랍비들이 성서 문구의 숨은 뜻을 해석하는 데 사용한 방법*)에서는 문자들, 다시 말해 어휘나 그 일부에 숫자의 가치를 부여했으며, 테무라temurah에서는 어휘를 변형시키고자 문자의 질서를 바꾸었다. 이러한 과정을 통해 서로 간의 진정한 의미론적 상호성, 즉 서로의 동일한 성격에 대한 내적 관계를 드러내는 어휘들 사이의 상호성이 만들어졌다. 이러한 기술들이 사람들을 무아지경의 경험으로 인도했다. 아브라함 아불라피아Abraham Abulafia(1240–약 1291)가 대표 인물인데, 그는 (앞서 언급한 것 외에도) 호흡과 음악을 사용하는 기술도 고안했다. 또한 가시적인 경험들을 기술하면서 무아지경에 대한 자신의 경험을 언급하고 성性의 의미론적인 언어를 사용했다.

세피로트 음악과 신플라톤주의적인 우주론 사이에는, 특히 하나와 다수의 관계와 관련하여 접근을 가능하게 해 주는 몇 가지 측면이 존재했다. 여기에는 중요한 차이가 있다. 콜레트 시라트가 말한 것처럼 세피로트의 주제는 신의 역동적인 측면을 대표했는데, 이는 다수를 양산하는 신플라톤주의적인 일자Uno의 발현 과정과는 달리 내부적으로 드러났다. "철학자에게…… 기도와 인간들의 행위는 각 개인들과 이들의 심리에 대한 확실한 권력, 완벽함, 운명을 가지고 있지만 (유대의 신비설을 추종하는 자들이 주장하듯이) 신적인 드라마의 발전에는 별다른 영향을 미치지 못했다"도 있다.

신플라톤주의적인 우주론과의 유사성

유대 신비주의 철학의 신비주의적인 주제들에 대한 아불라피아의 관심은 히브리인 레오Leo Habraeus(약 1463–1523년 이후)와 그의 저서 『사랑에 관한 대화록Dialoghi d'amore』(모쉬 아이델Moshe Idel은 이 작품이 당대의 진정한 베스트셀러였다고 평했다)의 사상에 대한 관심과 마찬가지로, 그리스도교 전통에 속하는 철학자들 중에서 특히 모데나, 레지오 에밀리아, 만토바, 피렌체에서 활동하는 철학자들에게도 영향을 주었다. 반면 페라라에서는 여러 전통에 공통적인, 점성술의 기반을 발전시키는 것에 대한 관심이 고조되었다. 대표적인 인물은 유대인으로 아베로에스를 추종하던 엘리아 델 메디고Eliah Del Medigo(1460–1493)의 제자 피코 델라 미란돌라Pico della Mirandola(1463–1494), 요하난 알레만노Yohanan Alemanno(약 1435–약 1504)와 마르실리오 피치노Marsilio Ficino(1433-1499)였다. 피코나 피치노 모두 이러한 주제들과 그리스도교 사상 및 신플라톤주의 사상의 조화를 모색함에 신비주의와 유대 신비주의 철학에 대한 적극적인 관심을 드러냈다.

| 다음을 참고하라 |
철학 중세 이슬람 철학: 주제와 주인공들(328쪽); 급진적 아리스토텔레스주의와 신학자들의 반발(372쪽); 라이문두스 룰루스(448쪽); 인식의 문제(465쪽)

번역의 이중적 방식과 비평적 지식의 성립

| 프란체스카 포르테Francesca Forte |

11-12세기에 번역 연구로 알려진 지식 전승의 위대한 여정이 시작되었다. 철학 텍스트들 가운데서는 특히 아리스토텔레스의 철학이 라틴어로, 과학 서적들은 그리스어와 아랍어에서 라틴어로 번역되었다. 번역의 중심지는 얼마 전 다시 그리스도교 세계로 편입된 에스파냐였다. 무와히드 칼리파조와, 군주들이 3개 언어를 사용했던 시칠리아 노르만 왕조는 막대한 양의 아랍 텍스트를 문화유산으로 남겼다.

전제: 중세 사상의 출처

11-12세기에 번역 연구Translatio studii로 알려진 지식 전승의 위대한 여정이 시작되었다. 이 여정은 번역 운동을 동반했으며 두 세기 동안 서양이, 불과 얼마 전에 단지 부차적인 문헌들을 통해 알고 있던 고대 문화와, 얼마 전부터 그리스 유산을 수집하고 동화되어 가던 유대, 아랍, 그리고 비잔티움 문화에 대한 부족한 이론들을 만회할 수 있게 했다. 11세기까지 확고했던 저자군은 그리스도교 지식의 저자들이었는데(라틴과 그리스의 교부들, 보에티우스, 카시오도루스Cassiodorus와 이시도루스 같은 백과사전주의자들), 이들은 그리스 문화의 주요 통로기도 했다. 지배적인 인식론적 모델, 즉 3학과 4학의 전통적인 지식 구분은(마르티아누스 카펠라) 새로운 아리스토텔레스의 텍스트들과 아랍어 주석들이 소개되면서 그 아성을 위협받았다.

초기에는 주로 과학, 마술, 점성술에 관한 서적들이 번역되었다. 두 번째 단계 고대 번역의 세 단계에서는 번역 작업이 알-파라비(약 870-약 950), 아비케나(980-1037), 이븐 가비롤(약 1020-약 1058), 알-가잘리(1058-1111) 같은 아랍 주석가 및 철학자들의 작품에 집중되었던 반면에 학문 서적들에 대한 번역도 이와 병행하여 계속되었다. 세 번째 단계에서는 아리스토텔레스의 작품들이 크레모나의 제라르두스Gerardus Cremonensis(1147-1187)의 번역을 통해 소개되었다(Richard Lemay, *Dans l'Espagne du XIII siècle. Les traductions de l'arabe au latin*, in "Annales", 18, 1963). 12세기에도 제라르두스의 번역 작업과 병행하여 엔리코 아리스티포Enrico Aristippo(?-약 1162)와 베네치아의 야코부스Giacomo Veneto(12세기)의 노력으로 아리스토텔레스의 작품이 그리스어로부터 번역되었다.

13세기에는 아랍의 문화유산이 라틴 문화에 동화되기 시작했다. 또 유럽의 대학들에서는 아리스토텔레스에 대한 아베로에스의 영향이 가시적으로 드러나기 시작했다. 13세기 말에는 뫼르베케의 기욤(1215-1286)이 기존의 번역서들에 대한 중요한 교정 작업을 완료하여 라틴 서양에 그리스어로부터 직접 번역된 아리스토텔레스의 저술 대부분을 제공했다. 번역을 의뢰한 주체들의 기준에도 변화가 나타났다. 더 이상 요약 번역이나 단순한 의미 번역에 만족하지 않았으며 로저 베이컨(1214/1220-1292)은 번역가들의 질 낮은 번역에 불만을 토로했다(Richard Lemay: "12-13세기의 라틴 번역과 번역가들에 대한 로저 베이컨의 입장" in J. Hackett, *Roger Bacon and the Sciences*, 1997).

아랍의 통로와 그리스의 통로

그리스 지식이 아랍인들의 중계 역할을 통해 서유럽에 전달되었다는 사고는 오래 전부터 논쟁의 대상이었다. 논리학과 자연에 대한 연구서들을 대상으로 추진되었던 역자 불명의 번역들에 대한 지적과 더불어 베네치아의 야코부스, 피사의 부르군디오Burgundio(약 1110-1193) 또는 엔리코 아리스티포 같은 저자들에 의해 그리스어로부터의 번역을 올바르게 평가해야 할 필요성이 제기되었다. 아랍인들이 텍스트의 단순 의미 번역보다 『아리스토텔레스 전집Corpus Aristotelicum』 번역에서 담당했던 중재적 역할에 대한 진정한 평가는 13세기에 아리스토텔레스의 작품들에 접근하는 방향을 설정한 것과, 특히 파리 대학을 배경으로 찾아볼 수 있다. 아랍어 번역은 파리의 교수들에게 많은 영향을 미칠 철학의 구분과 지식 체계에 대한 전문적인 개념과 관련 있었다. 이에 대한 상징적인 경우로는 아리스토텔레스의 작품으로 잘못 알려진 『원인론』이 있는데, 아비케나의 강독에 의한 신플라톤주의적인 해석으로 아리스토텔레스의 형이상학을 대표하는 저술로 평가된 바 있다.

재정복된 에스파냐, 번역 작업의 중심지, 톨레도 학파의 신화

에스파냐는 학문 전달의 중요 중심지 중 하나였다. 11세기 말부터 이베리아 반도를 특징지었던 역사적-사회적 여건들의 특수성으로 인해 유럽의 다른 지역들과는 동일하지 않았다. 관심이 집중된 첫 번째 지역은 이베리아 반도의 북부 그리스도교 지역이었다. 초기의 번역가들이 모두 이곳에서 활동했음에도 오랜 기간 아랍어로부터의 번역이 이루어졌던 지리적 중심지는 톨레도로 추정되며, 번역 활동이 대주교 톨레도의 라이문두스(1124-1152)의 주도로 추진되었을 것이라는 주장이 보편적이다.

톨레도에서 무슬림, 모사라베Mozárabe(아랍에 동화된 그리스도교인), 유대인, 그리스도교인들의 공존에 따른 결과로 3개 언어가 공용되었다는 사실은 이 도시에서 아랍 지식에 대한 대대적인 번역 활동, 즉 한 인물이 주도한 구체적인 계획의 결실로 볼 수 있었던 번역 활동이 시작되었다는 주장의 주된 근거로 언급되었다. 이 개념은 톨레도가 문화 중심지로서 담당했던 중요성을 높게 평가하면서도 이러한 학설의 역사적 부당성을 제기했던 로렌초 미니오-팔루엘로Lorenzo Minio-Paluello, 마리 테레즈 달베르니Marie Thérèse D'Alverny, 리처드 르메이Richard Lemay 같은 학자들의 노력으로 급진적으로 재평가되었다. 불과 얼마 전에 재정복된 에스파냐는 유대 문화 및 이슬람 문화와의 교류와 접촉의 유일한 접점, 즉 아랍 지식과의 직접적 접촉이 이루어지는 문화적 환경을 상징했다.

이탈리아 남부

이탈리아 남부, 특히 오래전부터 비잔티움 제국과 교류하고 있었으며, 노르만 정복자들이 행정 분야에서도 3개 언어의 공용을 가능하게 했던 만큼 같은 시기에 아랍 세계와도 관계를 유지하고 있던 시칠리아는 문화 활동이 활발한 지역이었다. 팔레르모 궁정은 그리스어와 아랍어로부터의 번역이 추진되던 중심지였다. 굴리엘모 1세Guglielmo I(1120-1166, 1154년부터 왕)의 통치 기간에는 카타니아의 대주교로서 과학과 철학 분야의 그리스 작품들을 번역한 초기 번역가들 중 한 명인 엔리코 아리스 **굴리엘모 1세의 궁정**

티포가 활동했다. 그는 디오게네스 라에르티오스Diogenes Laertios(3세기)의 작품들, 프톨레마이오스Ptolemaeus(2세기)의 필사본 『수학 대전Syntaxis mathematica』과 『알마게스트Almagest』, 플라톤(기원전 427/428-기원전 약 348/347)의 『메논Menone』(1155)과 『파이돈Fedone』(1156), 아리스토텔레스가 쓴 『기상학』 제4권을 번역했다. 역시 굴리엘모의 통치 아래서 에우제니우스 아미라투스Eugenius Amiratus(또는 팔레르모의 에우제니우스)도 활동했다. 전통에 따르면 그는 프톨레마이오스의 작품으로 알려진 『광학Ottica』의 아랍어 판본을 번역했다.

프리드리히 2세가 등장하면서 주된 관심은 그리스-비잔티움 세계로부터 황제 자신이 큰 호기심을 가지고 감탄을 금치 못했던 아랍 세계로 옮겨 갔다. 당시 점성술사 마이클 스콧(약 1175-약 1235, '미카엘 스코투스'라고도 함*)이 활동했는데, 그는 점성술, 화학, 기상학, 인상학에 대한 저술을 시작한 순간부터 단순 번역가로 전락했다.

프리드리히 2세: 그리스어로부터 아랍어로

마이클 스콧(약 1175-약 1235)은 아리스토텔레스의 동물학 저술(『동물학De Animalibus』)과 함께 아리스토텔레스 작품들의 라틴어 번역 확대에 크게 기여했다. 그 외에도 아베로에스의 많은 주석집을 번역했다. 아리스토텔레스의 『천계론』에 대한 주석, 『생성 소멸론De Generatione et Corruptione』에 대한 주석, 『영혼론』과 『자연학』에 대한 대주석서는 크레모나의 제라르두스가 번역한 반면에 형이상학에 대한 아베로에스의 대주석서 번역을 누가 했으며 아리스토텔레스의 텍스트로서 아랍-라틴어로 번역된 『신新형이상학Metaphysica Nova』에 대해서는 아직도 논쟁의 여지가 남아 있다. 마이클 스콧은 아비케나의 『천계의 움직임에 관하여De motibus Coelorum』, 『동물학 요약집Abbreviatio De Animalibus』과 아부 이샤크 알-비트루지Abu Ishaq al-Bitruji(약 1150-약 1200)의 점성술 관련 저술의 번역에도 공헌했다. 새로운 아리스토텔레스와 최고 수준의 아랍 주석가들이 서양에 소개된 것도 그의 공로였다.

이후 만프레트(1231-1266)의 통치 기간에 메시나의 바르톨로메우스(13세기)는 아리스토텔레스의 작품으로 잘못 알려진 저술들을 그리스어로부터 번역한 끝에 『아리스토텔레스 라틴어 번역본 모음집Aristoteles Latinus』을 완성했다(『난제들Problemata』, 『인상학Physioniomia』, 『경청하는 즐거움에 관하여De Miralibus Auscultationibus』, 『원리론De Principiis』, 『기호론De Signiis』, 『대도덕Magna Moralia(De Bona Fortuna)』).

주요 번역가들과 이들의 번역 작품들

아랍의 지식이 체계적인 형상으로 서양에 전달되기 시작한 상징적인 해는 1106년이다. 유대인 식자 모세 세파르디Mosè Sefardi(1076-1140)는 그리스도교로 개종하고 '페드로 알폰소Pedro Alfonso'라는 이름으로 우에스카Huesca에서 세례를 받았다. 그는 점성술에 관한 작품들을 아랍어로부터 번역한 것 말고도 『프랑스 아리스토텔레스 학자의 편지Lettera ai peripatetici di Francia』의 저자로, 유럽 그리스도교 세계의 학자들에게 에스파냐에 와서 아랍인들의 학문을 참고할 것을 권고했다. 대표적인 사례로 유명한 알-콰리즈미의 천문표에 기초하여 달의 움직임을 점성술 차원에서 연구한 『용에 관한 명제집Sententia de Dracone』을 지적했다. 알-콰리즈미의 천문표는 1126년경 바스의 아델라드Adelard of Bath(약 1090-1146년에 활동)가 라틴어로 번역했는데, 과학적 관점에서 상당히 새로운 요인을 대표했다.

아델라드는 이와 같은 초기의 번역 운동을 대표하는 가장 유능한 인물로 이탈리아 남부와 그리스를 여행한 바 있으며, 주로 영국에 머물면서 연구에 몰두했다. 또한 유클리드Euclid(기원전 3세기)의 『원론Elementi』과 아부 마샤르Abū Ma'shar(787-886)의 점성술에 관한 저술들도 번역했다. 또 『자연에 관한 토론 문제집Quaestiones Naturales』을 집필하면서 아랍인들의 지식에 찬사를 보냈다.

과학 저술들에 대한 관심, 특히 아랍 점성술과 천문학에 대한 관심은 플라토 티부르티누스Plato Tiburtinus(12세기)와 산탈라의 우고Ugo(12세기)와 같은 저자들 사이에서도 고조되었다. 초기에는 유대인 수학자 아브라함 바르 히야 하-나시Abraham bar Ḥiyya ha-Nasi와 바르셀로나에서 협력하면서 점성술과 의학 저술들을 번역했다. 12세기 중반에는 타라조나Tarazona 주교인 미켈레(1119-1141)의 지원으로 점성술, 흙 점, 알-킨디(?-약 873)의 천문학 연구서들을 번역했다.

재정복된 에스파냐에서 무슬림에게 그리스도교인, 유대인과 동등한 법적 권리를 보장하는 입법안 덕분에 교황청의 노력은 성지에서 행해졌던 것과는 달리 더 이상 무력에 의한 심판을 고집할 수 없게 되었다. 오히려 정복된 문화의 토대에 대한 동화 작업과 연구의 점진적인 노력을 필요로 했다. 이로 인해 클뤼니 수도원의 수도원장 가경자 피에르Pierre le Vénérable(약 1094-1156)는 이슬람 종교 작품들에 대한 번역을 장려하고(콜렉티오Collectio라는 이름으로 수집될 모든 작품) 아랍 텍스트들에 대한 직접적인 접촉만이 무슬림 이교도들을 효과적으로 격파할 수 있게 한다는 확신에 따라 처음으로 코란을 번역하게 했다. 그리고 피에르가 이 작업에 참여할 것이라 확신하던 두 명의 라틴 세계 번역가는 카린티아의 헤르만(12세기)과 케턴의 로버트Robert of Ketton(12세기)였다.

학자들의 협력을 보여 주는 또 다른 사례들은 톨레도의 대주교로 다른 번역가들(아브라함 이븐 다우드Abraham ibn Daud, 요한네스 히스파니엔시스Johannes Hispaniensis)과 긴밀한 관계를 유지했던 도미니쿠스 군디살리누스(12세기)와 관련 있었다. 학자들은 협력자들의 신원에 따라 여러 그룹으로 구분되었다. 유대인 학자인 아브라함 이븐 다우드(약 1110–약 1180)와 군디살리누스는 아비케나의 백과사전들을 번역했지만 이들을 후원하던 협력자의 신원은 아직도 분명하게 밝혀지지 않았다.

아랍인들로부터 아리스토텔레스까지

요한네스 히스파니엔시스는 쿠스타 이븐 루카Qusṭā ibn Lūqā(820–912)의 『영과 영혼의 차이De differentia spiritus et animae』, 아부 마샤르가 점성술에 대해 저술한 문헌, 아리스토텔레스의 것으로 잘못 알려진 『비밀 중의 비밀Secretum Secretorum』의 (『보건에 관한 연구De regimine sanitatis』라는 제목으로 알려진) 일부분을 번역한 인물로 추정된다. 요한네스 히스파니엔시스는 톨레도 대성당의 주교 대리로 확인된 인물로 군디살리누스에 이어 대주교가 되었을 것으로 여겨진다. 그는 군디살리누스가 아리스토텔레스의 것으로 잘못 알려진 신학의 여러 주제들을 라틴 세계에 확산시키면서 이븐 가비롤의 『생명의 샘』을 번역할 목적으로 협력했을 것으로 추정되는 번역가다.

시기적으로 요한네스 히스파니엔시스와 협력한 이후라고 보는 군디살리누스와 이븐 다우드와의 협력을 통해서 아비케나가 쓴 『치유의 서Kitab al-shifa』의 일부, 특히 서양에는 아리스토텔레스에 대한 초기 아랍 주석들 중 하나로 소개된 『영혼의 서Kitab al-nafs』가 번역되었다.

군디살리누스는 라틴 서양에 팔사파가 알려진 것을 계기로 핵심 번역가로 등장했다. 아비케나가 쓴 『치유의 서』의 일부 외에도 톨레도 대주교는 알-가잘리의 『철학자들의 의도Maqasid al-Falasifah』와 알-파라비의 몇 가지 작품의 번역을 주도한 인물로 여겨진다. 군디살리누스는 단순 번역가가 아니라 아랍 대가들이 이룩한 지식을 재구성하고 독창적인 작품들(『철학의 분류론De divisione philosophiae』, 『학문론De Scientiis』, 『영혼론De anima』, 『영혼의 불멸성De immortalitate animae』, 『단일성론De unitate』, 『세계 생성론De processione Mundi』)을 썼다.

크레모나의 제라르두스

12세기에 에스파냐에서 활동했던 번역가들 중에는 크레모나의 제라르두스도 있다. 그는 아리스토텔레스의 텍스트를 체계적으로 번역한 인물로 알려졌는데, 카린티아의 헤르만과 케턴의 로버트와 마찬가지로 프톨레마이오스의 『알마게스트』에 대한 연구는 에스파냐에 소개된 직후 곧바로 톨레도로 확산되었으며 동시에 군디살리누스에게도 알려졌다. 제라르두스는 방대한 지식 영역을 배경으로 활동했고 아랍과 그리스 학문의 전달에 있어서도 중요 척도로 작용했다. 아리스토텔레스의 작품들(『분석론 후서Analitici Secondi』, 『자연학』, 『천계론』, 『생성 소멸론』, 『기상학』의 첫 3권) 외에도 수학, 지리학, 광학, 천문학, 점성술, 의학, 화학에 관한 저술들과 알-킨디의 것으로 알려진 몇 개의 연구서, 아프로디시아스의 알렉산드로스의 저술들과 아리스토텔레스의 것으로 잘못 알려진 『원인론』(제라르두스의 판본에는 『순수한 선성을 설명하는 아리스토텔레스의 책Liber Aristotelis de expositione bonitatis purae』이라는 옛 명칭이 등장한다)이 번역되었다. 업적의 방대함을 고려할 때, '갈리포Galippo'란 이름으로 알려진 인물을 비롯한 조력자들이 동참했을 것으로 보고 있다.

『아리스토텔레스 전집』이 알려지는 데 기여한 대표적인 인물은 베네치아의 야코부스였다. 1125년에 그는 그리스어로부터 아리스토텔레스의 『분석론 후서』를 번역했다. 이 밖에도 『자연학』, 『영혼론』, 『형이상학』, 『자연학 소론집Parva Naturalia』 일부를 그리스어-라틴어 판본으로 후대에 남겼다. 그의 노력으로 12세기 중반에 라틴 독자들이 아랍어를 통해야만 아리스토텔레스의 철학 서적들을 접할 수 있다는 사고를 극복했으며, 아리스토텔레스의 많은 작품을 그리스어를 통해 접할 수 있었다. 그리스어 번역에서 중요한 또 다른 인물은 외교관이었던 피사의 부르군디오였다. 그는 베네치아의 야코부스와 함께 동방을 향한 외교 여행의 경험을 공유하면서 많은 텍스트를 가져왔고, 그리스 문헌들을 통해 직접적으로 서양의 철학적 문화 접변에 기여했다. 또 법학자로서 의학에도 매진했던 갈레노스(약 129-약 201)의 몇 가지 연구서를 번역했다. 아리스토텔레스에 대해서는 『윤리학』과 『생성 소멸론』을 번역했다.

베네치아의 야코부스와 피사의 부르군디오

13세기에 활동했던 차세대 번역가들은 아리스토텔레스의 저술로 잘못 알려진 『식물론De Plantis』(다마스쿠스의 니콜라Nicola의 작품)과 아비케나의 『광물에 관하여De Mineralibus』를 번역한 사레셀의 앨프레드Alfred of Sareshel(13세기), 가경자 피에르와 마이클 스콧에 의한 첫 번째 판본 이후 코란의 두 번째 라틴어 판본을 제작한 톨레도의 마르코Marco(13세기)였다. 이들을 통해 아베로에스의 작품 모음집인 『아베로에스 전집Corpus averroisticum』이 라틴 세계에 소개되었으며, 『아리스토텔레스의 라틴어 번역본 모음집Aristoteles latinus』의 부족했던 일부 중요 부분들도 보완되었다.

『아베로에스 라틴어 번역본 모음집Averroes Latinus』과 관련된 다른 두 명은 루나의 윌리엄(13세기)과 헤르마누스 알레마누스(?-1272)로, 윌리엄은 13세기 중반에 나폴리에서 활동하며 논리학 관련 저술들을 대상으로 한 주석 번역에 몰두했고, 포르피리오스Porphyrios(233-약 305)의 『이사고게Isagoge』, 『범주론Categoriae』, 『명제론De interpretatione』에 대한 주석을 번역했다. 헤르마누스 알레마누스는 『니코마코스 윤리학』의 고대 후기 요약본, 『수사학』, 『시학Poetica』에 대한 아베로에스의 주석을 번역했다.

번역 방식들: 지방 속어들의 중재

번역 방식에 대한 연구는 번역가의 인성에 대한 분석에서 그다지 효율적이지 않은 것으로 밝혀졌다. 하지만 다른 많은 경우에서는 분실된 원본 텍스트의 재구성을 위한 소중한 수단으로 활용될 수 있었다. 예를 들어, 크레모나의 제라르두스가 비교적 원본 텍스트 번역에 적합한 저자라는 사실은 이미 밝혀진 바 있다. 그가 번역했던 텍스트들은 현존하지 않는 아랍어 판본에 대한 충실한 증언들이었는데, 마이클 스콧의 번역에서도 마찬가지였다. 그 외에도 번역 방식에 대한 분석을 통해서는 다른 번역가들과의 우연한 관계 혹은 협력에 관한 사실이 드러났다.

논란이 가장 극심했던 역사 연구의 문제 중 하나는 아랍인들에 의해 활용된 번역 기술들, 특히 지방 속어의 중재(두 번에 걸쳐 이루어진 번역)였다. 이는 톨레도 학파의 명성과 동등한 지위를 누렸던 '역사 연구의 신화'로 정의된 기술들과 관련 깊었는데, 이것은 속어를 아랍어와 라틴어를 중재하는 도구로 사용함을 뜻했다. 이에 따르면 유대인 식자(또는 모사라베)들이 아랍어로부터 속어를 번역할 때 큰 소리로 읽으면 라틴인 식자가 천천히 받아썼다. 이 방식은 아랍어 문헌들이 가지는 수많은 어려움을 극복 가능하게 해 줄 것으로 기대되었다. 그 유용성을 잘 보여 주는 문서는 군디살리누스의 『영혼론』 번역본 서문이다. "여기 아랍어로부터 번역한 번역본이 있다. 나는 모든 어휘들을 읽고 속어로 번역했으며, 대주교 도미니쿠스가 이를 라틴어로 읽었다"(Simone Van Riet, *Avicenna Latinus. Liber de Anima seu Sextus de Naturalibus, Edition ciritque de la traduction latine médiévale*, I, 1972).

이는 지방 언어의 유용성을 보여 주기는 했어도 그렇다고 그리스도교 세력에게 정복당한 에스파냐에서 사용된 유일한 번역 기술은 아니었다. 오히려 다양한 번역 기술이 공존했다. 다시 말해 개별적인 방식(산탈라의 우고의 경우)부터 박식한 유대인이나 이슬람으로 개종한 그리스도교인들과 공동으로 수행하는 번역 작업(반드시 군디살리누스가 기술한 번역 모델에 근거하는 것은 아니다)에 이르기까지, 모두 두 시대의 진정한 번역 작업이었다.

새로운 요구들: 로버트 그로스테스트와 뫼르베케의 기욤의 교정 작업

지방 언어로의 번역에 관한 가설은 번역자들의 언어적 능력에 대해 살펴볼 필연성을 동반했다. 만약 우리가 로저 베이컨의 판단을 주목한다면 거의 모든 번역가가 자신의 이름에 맞는 언어적 능력을 가지고 있지 않았으며, 종종 텍스트 번역자들은 신뢰할 수 없는 인물로 밝혀지기도 했다. 이에 대한 그의 불만은 차라리 번역을 하지 말았어야 한다는 주장을 할 정도로 극심했다. "만약 내가 아리스토텔레스의 저술들에 대한 구체적인 권한을 가지고 있다면 그의 저술들에 대한 번역서들을 모두 불태웠을 것이다. 왜냐하면 이러한 저술들에 대한 연구는 단지 시간 낭비며 정도의 한계를 넘어서는 실수와 무식함의 확산을 부추기기 때문이다"(로저 베이컨, *Compendium Studii Philosophiae, Fratris Rogeri Vacon Opera quaedam hactenus indedita,* 1859).

베이컨의 엄격한 판단은 번역가들이 텍스트를 이해하는 과정에서 겪는 많은 어려움을 증언한 것이었다. 그는 로버트 그로스테스트(1175-1253)를 제외한 모든 번역가를 비판했다. 그로스테스트가 수행한 그리스어로부터의 번역 작업은 번역 연구의 중요한 행보를 의미했다. 실제로 그는 한편에서는 '그리스 방식'으로 『아리스토텔레스 전집』 번역을 완성하려고 했으며, 다른 한편에서는 신학과 과학 텍스트에 관심을 보이면서, 특히 문헌학-언어학적인 측면에 주의를 기울이는 번역 작업 모델을 제안했다. 따라서 수많은 문법 텍스트 외에도 주변의 번역가 그룹과 그리스 전문가들을 끌어모았다. 그의 감독으로 완성된 번역은 방식과 양식의 실질적인 통일을 의미했다. 그로스테스트는 다마스쿠스의 니콜라(기원전 64-10)와 위僞 디오니시우스 아레오파기테스Dionysios Areopagites(5세기)의 몇 가지 작품 외에 그리스어 주석과 더불어 『윤리학』의 첫 판본을 출간했다. 또한 아리스토텔레스의 작품으로 잘못 알려진 몇 가지 책자와 『천계론』 일부도 번역했다.

보다 엄격한 번역 방식

번역 연구의 주요 주인공들 중에는 뫼르베케의 기욤도 있었다. 그는 13세기 말에 기존의 번역본들과 방대한 번역 작업에 대한 세심한 재검토를 통해서 그리스로부터 서양에 『아리스토텔레스 전집』 전체를 소개했다. 또한 아르키메데스, 알렉산드리아의 헤론Heron(1세기?), 프톨레마이오스, 갈레노스의 과학 연구서들과 아리스토텔레스의 저술들에 대한 고대 후기의 몇 가지 주석서를 번역했다. 이러한 노력은 그가 아랍어를 통하지 않고 라틴 서양에 '실제의 아리스토텔레스'를 돌려주어야 한다는 필요성을 느꼈음을 반증하는 것이기도 했다.

새로운 지식의 동화와 확산

12세기 말부터 새로운 번역이 급속하게 확산되었다. 영국에서는 진정한 이해관계에 따라 새로운 지식이 모색되는 가운데 기존에 번역된 아리스토텔레스의 텍스트들을 해석할 능력을 갖춘 초기 학자들이 등장했다(존 블런드, 사레셸의 앨프레드, 로버트 그로스테스트는 번역 작업 외에도 중요 저술들에 대한 주석과 주해 작업에 착수했다). 파리에서는 아리스토텔레스의 자연학 관련 저술들을 인문학부의 학생들을 위한 교육 커리큘럼에 포함시키는 것을 금지(1210년과 1215년에 처벌 사례가 있다)(Luca Bianchi, *Censure et liberté intellectuelle á l'Université de Paris [XIII-XIV siècle]*, 1999)하는 방향으로의 급진적인 변화가 나타났다. 그 이후 아리스토텔레스 패러다임의 진정한 승리가 드러난 반면에 플라톤은 근본적으로 대상에서 빠졌다. 루카 비앙키는 이렇게 말했다. "만약 번역가들의 노력이 일찍부터 아리스토텔레스에 집중되었다면 변덕 때문이 아니라 그의 철학이 플라톤의 그것보다 시대 문화의 요구를 더 잘 만족시킬 수 있었기 때문이다"(L. Bianchi, "L'acculturazione filosofica dell'Occidente", in Id., *La Filosofia nelle Università*, 1997). 아리스토텔레스의 저술들만이 서양을 깨우고 문화적 재흥에 기여한 것은 아니었다. 이러한 맥락에서 아랍 세계의 과학 저술들, 아리스토텔레스의 저술들에 대한 무슬림 주석가들의 주석서들, 비잔티움 문화와의 접촉을 통한 그리스 문헌들의 재발견도 근본적인 역할을 했다. 12세기부터 활성화된 텍스트와 인물들 간의 교류는 라틴 문화에 새로운 활력을 제공했고 새로운 지식의 전달과 확산, 그리고 새로운 해석의 패러다임을 가능하게 했다.

| 다음을 참고하라 |
철학 알베르투스 마그누스와 쾰른 학파(383쪽); 토마스 아퀴나스(389쪽)

대학과 학문 체계

| 안드레아 콜리Andrea Colli |

대학은 중세로부터 현재의 우리에게 전승된 가장 의미 있는 것들 중 하나다. 12-13세기에 성립된 교수와 학생들로 이루어진 조합은 일찍부터 문화 중심지로 성장하며 자유학예 연구의 혁신을 이루었다. 이를 통해 학문 체계와 최종적인 커리큘럼이 발전했다. 또한 교육 형태와 이에 따른 텍스트의 마련은 보다 안정적인 비평에 상응해 '스콜라적인 방법'으로 확립되었다.

기원

12세기 초반의 교육 활동은 전적으로 수도원 학교 혹은 주교좌 성당 학교에 위임되었고, 이를 통해 성직자와 종교인이 육성되었다. 주교 혹은 수도원장이 선택한 스콜라 교사magister scholarum가 운영하는 학교들의 구조는 여전히 알퀴누스Alcuinus(735-804, '요크의 앨퀸'이라고도 함)가 마련했던 프로그램들로 운영되었다.

도시(이미 실용법과 공증인 교육을 위한 개인 학교들이 등장하는 가운데)의 성장과 거대한 수도원들에 설치된 수많은 학교가 폐쇄되면서 도시 내에서 교육 활동이 발전하는 진정한 '학교 혁명'이 추진되었다. 학교는 교수와 제자의 단순 합의로 설립되었으며, 초기에는 학생들이 제공하는 봉급으로 재정적인 지원이 이루어지면서 유럽의 많은 도시에서 빠르게 발전했고, 진정한 조합의 법적 특징들을 갖추기 시작했다(오늘날 대학을 뜻하는 universitas도 제도 자체보다 학생과 교수의 조합을 지칭했던 것이다). 자발적으로 설립된 대학들 외에도 교황이나 황제, 그리고 기존 대학들의 학생들과 교수들의 노력으로 설립된 학교들이 등장했다. 파리와 볼로냐에는 12세기 말에 이러한 조합들의 흔적이 남아 있었다. 시민 학교들의 존재는 11세기에 이미 확인된 바 있었다. 나폴리 대학은 프리드리히 2세의 의지로 설립된 반면에 파도바 또는 오를레앙은 각각 볼로냐와 파리에서 옮겨 온 교수들이 설립한 대학의 대표적인 두 가지 사례였다. 대학 도시들

교수들은 자신들의 활동을 위해 소위 말하는 교수 허가증licentia docenti을 제시해야 했다. 이 증명서는 처음에는 출신 교구에서만 통용되었으나 나중에는 어디서든 통용되었다(어디에서나 강의를 할 수 있는 허가증licentia ubique docenti). 대부분은 성직자나

학자들로, 이미 주교좌 성당 학교에서 근무한 경력을 가지고 있었다. 13세기에는 프란체스코회와 도미니쿠스회 출신 교수들이 크게 기여했다.

자유학예: 3학 4과

중세 대학의 기반은 7개의 자유학예로 3학(문법학, 논리학, 수사학)과 4과(산술학, 기하학, 음악학, 천문학)로 구분되었다. 고전 문화에서 상속되었고 주교좌 성당 학교와 수도원 학교에서 연구된 과목들은 학생들에게 '상위' 학부들로 진급할 수 있게 해 주는 기초 지식을 제공한다는 목표에 따라 교육되었다. 이러한 목적에 따라 모든 대학은 학생이 자신의 연구를 수행하는 인문학부를 설립했다.

중세 전기의 신플라톤주의 학문으로 배양된 4과의 학문은 샤르트르Chartres 학파의 공로로 12-13세기에 아리스토텔레스의 저술과 아랍 철학자들이 널리 알려지면서 근본적인 변화를 겪었다. 이러한 활동을 수행하는 특권의 중심지로서 에스파냐 출신의 많은 번역가가 활동했던 옥스퍼드 대학을 중심으로 많은 그리스와 아랍 문헌이 연구되었고, 옥스퍼드 대학은 진정한 학문의 중심지로 성장했다. 여기에는 로버트 그로스테스트(1175-1253)와 로저 베이컨이 포함되었다. 기하학, 산술학, 음악학, 천문학은 형이상학적이고 신학적인 암시를 포함했지만 학문적인 독자성을 유지하고 대학 교육을 구성함에서는 과도하게 기술적이고 실질적인 것으로 여겨졌다. 반면 3학에 포함된 학문의 발전은 매우 결정적이었다. 상위 학문들, 그중에서도 특별히 신학과 긴밀한 관련이 있었기 때문이다.

11-12세기에 문법학, 논리학, 수사학에 대한 연구는 이들에 대한 고전적인 관심을 다시 제안하는 것만이 아니라 피에르 아벨라르Pierre Abélard(1079-1142)나 포레의 질베르Gilbert de Porrée(약 1080-1154)처럼 대학 세계와는 무관한 저자들의 철학적 성찰을 특별한 방식으로 문서화하는 것과 같이 (이들 학문들의) 구조를 혁신하려는 것에서도 찾아볼 수 있었다. 인문학부의 성립으로 3학은 궁극적인 변화를 겪었다. 문법학은 그 중요성을 빠르게 상실했고 도나투스Donatus(4세기)와 프리스키아누스Priscianus(5세기 말)의 고대 작품들은 빌디유의 알렉상드르Alexandre de Villedieu와 베튄의 에베라르두스Eberardus Bethuniensis의 문법서들 같은 최근의 저술들로 교체되었다. 하지만 이들에게 구문론상의 정확성은 모든 문장의 세련됨이나 수사학적 구성에 대한 걱정보다 우선되었다. 보다 근본적인 변화는 논리학에서 드러났다. 아리스토텔

레스의 『오르가논Organon』의 텍스트와 12세기의 위대한 논리학자들(아벨라르와 포레의 질베르)의 텍스트에 대한 연구와 (3학의 중간에 위치한 관계로) 논리학은 독자적 영역의 신학을 준비하는 학문으로 전환되었다. 12세기에 『신논리학Logica Nova』 혹은 아직 알려지지 않은 아리스토텔레스의 논리학 저술들이 확산된 것은 이러한 과정을 촉진시키는 결과를 가져왔다. 논리학은 7자유학예의 체계에서 벗어나 논리 혹은 사고하는 방식을 결정하는 역할을 했다.

3학의 학문적 독자성

문법학, 수사학, 논리학에 대한 지식과 적용은 다른 학문들, 특히 신학 연구를 위한 근본적인 역할로 남았음에도 이들이 방법과 내용에서 독자적 학문으로 발전하는 것을 막지는 못했다. 3학의 교육은 학생들이 이후의 학문 연구를 준비할 수 있게 하는 데 그치지 않고 독자적인 가치와 중요성을 획득하기 시작했고, 이로 인해 인문학부의 교수들은 자신들의 세력을 보다 견고하게 유지할 수 있었다. 13세기에는 인문학부의 자유를 부정하면서 이들이 자신들을 위한 보조적인 역할을 할 뿐이라고 확신하는 신학자들과의 관계에서 많은 반목이 발생했다.

14세기에 3학이 인문학부로부터 벗어나는 과정은 거의 확정 단계에 접어들었다. 특히 영국의 대학들에서는 기술적인 성격을 강조하는 논리학에 대한 연구와 저술들이 더욱 확산되었다. 여기에는 많은 교수들이 동참했는데, 이들은 자신들의 사적인 해석 능력을 항상 드러내지는 못했지만 논증 규칙들은 엄격히 적용시켰다. 가장 중요한 인물들로 토머스 브래드워딘Thomas Bradwardine(약 1290-1349), 헤이테스베리의 윌리엄William of Heytesbury(1313-1373), 리처드 킬빙톤Richard Kilvington(약 1305-1361)을 꼽을 수 있다.

학부와 커리큘럼

학부 조직

주교좌 성당과 수도원 학교들은 정돈된 학제 조직, 커리큘럼, 프로그램을 가지고 있지 않았으며, 해당 지역을 벗어나서는 효력이 없는 학위를 발급했다. 반면 대학 조합들은 초기부터 이미 자신들의 학칙과 법규를 통해 조직을 갖추었다. 대학들은 하나의 일반 학원Studium Generale, 다시 말해 교황이나 황제의 권위로 인정받고 모든 그리스도교 세계에서 수용된 구체적인 법적 여건을 확보한 상급 교육 기관이었다. 따라서 대학universitas이라는 용어 또한 학문 내용을 나타내는 것이 아니라 다양한 학부의 학생, 교수, 학교에서 일하는 많은 육체 노동자(수위, 서적상, 사자생寫字生, 의학부의 경우 이발사와 약사) 등이 속한 조직이었다. 대학의 기본 조직 내부에서는 국가별-학부별로 세분된 형상들이 발전했다. 이들은 초기에는 같은 국가 그룹과 학생들로 이루어진 자치적인 모임으로 동향인들에게 도움과 형제애를 제공했던 반면에 학부는 직접적으로 대학의 교육과 행정 조직이었다. 대학에서 가장 중요한 직책은 학장이었다. 옥스퍼드 대학에서는 주교의 대리인이었기에 서기관이라고 불렀다. 학장은 국가와 학부의 대표자들로 구성된 위원회의 자문을 받았으며 교육 활동을 감독하고 특별히 교육이나 토론을 위한 강의실로 사용된 교회나 수도원에 임대료를 지불하는 등의 대학 재정을 관리했다.

대학은 지식의 보편성을 실천하기 위한 주요 학문의 배경 역할을 담당했다. 이러한 이유로 인문학부 외에도 4개의 상위 학부들이 설립되었다. 의학, 법학(민법과 교회법), 신학이었다. 대부분의 대학들은 이와 관련한 강의들이 활성화되거나 허가를 받지 못했기에 특별한 환경에서의 전문화에 만족해야 했다. 파리는 오랜 기간 신학 교육을 독점한 반면에 볼로냐는 법학에서 전문성을 유지했다. 학부들 간의 계층화는 중세의 특징적인 지식 체계에 따라 설정되었다. 인문학부가 준비 과정이었다면 신학은 상위 학문들 사이에서 '학문의 여왕'으로, 이미 인문 과정을 이수한 학생들만을 받아들이는 유일한 학부로 여겨졌다. 의학과 법학은 때로는 필수 학문 영역에 속하지 않았다.

전문 과정

학위 과정

학생들은 14세를 전후한 나이에 인문학부에 등록했고 4년의 교육 과정을 시작했다. 첫 2년은 문법학, 논리학, 자연 철학, 자유 학문들로 구성되었지만 나머지 2년간은 여러 학문 영역의 토론 수업에 참여할 의무가 있었다. 4년의 과정을 마치고 적절한 준비 과정을 모두 이수한 학생들은 (중세 대학의) 수료생으로 승급했다. 이 기간의 학생들은 자기 교수들의 수업을 듣고 토론에 참여할 뿐만 아니라, 개론 성격의 수업을 맡거나 어린 학생들을 위한 종합 토론 활동을 담당하기도 했다.

수료생 기간이 종료되면 교수가 되기 위한 교수 임용 시험에 응시했다. 시험을 통과하고 축하 의식inceptio을 거친 후에 드디어 교수가 되면 2년간의 의무 강의를 위해 인문학부에 머물렀다. 이 시점에서 교육 커리큘럼은 여러 방식으로 발전될 수 있었다. 누군가는 하급 학교들에서의 교육 활동을 위해 또는 공공 행정 분야에서 일하기 위해 대학 세계를 떠나기도 했으며, 누군가는 위 학부에 들어가 (특별히) 신학을 공부했다. 새로운 단계의 학문 연구는 7년 과정으로, 성서 과정과 페트루스 롬바르두스Petrus Lombardus(약 1095-1160)의 『명제집Sentenze』에 대한 강의로 구성되었다. 모든 과정이 끝나면 성서 이수 학위를 수여받고 다시 4년의 교육 과정에 참여했다. 첫 2년간은 신학 토론에 참여하여 성서 해석 교육을 받았으며 나머지 2년은 명제학 학사 학위를 받은 상태에서 『명제집』에 대한 교육, 주로 주석서 작성에 주력했다. 4년 과정을 마친 후에는 신학 박사 학위를 받았다. 이로써 14세에 학문을 시작했던 어린 학생들이 어느덧 35-40세의 성인이 되었다. 15년의 교육 과정을 마감한 후에도 신학 학부에서의 강의 기간은 그리 길지 않았다. 주로 호적상의 문제나 강좌 수 때문이며, 이로 인해 교수들의 지속적인 교체가 이루어졌다.

대학 커리큘럼curriculum studiorum은 개인적인 과정만이 아니라 때로는 공개적인 지적 공동체를 형성하는 학생과 교수의 공동 작업으로도 구성되었다. 실제로 이들에 대한 구분이 항상 명확했던 것은 아니었는데, 학생들이 하위 학부에서는 교수의 역할을 담당했고 학술적 토론 기술은 교육 활동에 대한 공동의 참여를 필요로 했기 때문이었다. 다른 여러 대학 공동체 간의 강한 유대 관계가 존재했는데, 이것이 학술 활동을 풍부하게 했다기보다는 많은 경우 학위에 해당하는 가치와 학생과 교수의 유동성을 가능하게 했던 까닭이었다. 그럼에도 각 대학은 교육 형태, 프로그램, 이에 적합한 텍스트와 관련한 전문적인 특징들을 유지했다.

프로그램과 교과서

근본적으로 학문 프로그램은 보다 이해가 용이하고 신뢰성 있는 주석서들과 더불어 각 학문에서 권위를 인정받는 저자들auctoritates의 저서에 대한 강독을 포함했다. 13세기에 대학 교과서의 목록은 여러 교수의 (행간 사이에 기록되는) 주석과 대전들(혹은 종합 연구서)로 구성되었다.

법학의 기본 텍스트에는 『교회법 대전Corpus Iuris Canonici』과 『로마법 대전Corpus Iuris Civilis』이 포함되어 있다. 이들의 핵심적인 부분들인 교회법의 경우에 『교령집Decretum』과 『교회법 법전Decretali』, 시민법의 경우에 『학설휘찬Digesta』과 『구舊칙법휘찬Codice』은 교수들이 진행하는 정규 교육 과정에서 강의된 반면에 『신新칙법휘찬Digesto Nuovo』, 『증강판Infortiatum』, 『법학 제요Institutiones』, 『봉건법서Liber feudorum』, 『클레멘스 5세 법령집Clementine』과 부차적인 다른 텍스트들은 학사가 진행하는 특별 과정에 위임되었다. 법학 연구로 유명했던 볼로냐에서는 볼로냐 박사들이 기록했으며

볼로냐의 아쿠르시우스

13세기 중반 아쿠르시우스Accursius(약 1182-1260)가 『정규 주해서Glossa Ordinaria』에서 종합적으로 정리한 행간의 주들을 참고하여 주석 작업이 진행되었다. 다른 대학들은 자신들만의 고유한 주해서를 집필했다. 이를테면 13세기 말에 라바니스의 야코부스Jacobus de Ravanis(약 1230-1296)가 오를레앙에서 기록한 주해서가 그것이다.

의학 연구의 경우에 히포크라테스(기원전 459/460-기원전 375/351), 갈레노스(약 129-약 201), 콘스탄티누스 아프리카누스Constantinus Africanus(1015-1087), 그리고 다른 여러 권의 아랍 저술들 가운데에는 아비케나(980-1037)의 『의학 정전Canon』과 아베로에스(1126-1198)의 『의학 요강Colliget』이 있었다. 14세기부터는 몽펠리에 대학과 다른 여러 대학에서도 시신 해부가 시작되었다. 반면에 신학 연구는 2개의 기본서인 성서와 그리스도교 교리를 다룬 완벽한 저술로 평가되었던 페트루스 롬바르두스의 『명제집Libro delle Sentenze』에 기초했다. 그 외에도 교회 교부들과 여러 근대 신학자들의 주석서에 대한 강독도 추가되었다. 신학자들은 철학과의 관계가 밀접하여 인문학부에서도 활용되었던 서적들을 이용했는데, 아리스토텔레스와 여러 아랍 사상가들의 저술이 그 사례였다.

옥스퍼드의 논리학

끝으로 인문학부의 경우에 아리스토텔레스의 저술들은 근본적이나 지배적이지는 않은 역할을 했다. 실제로 12세기부터는 『오르가논』 외에도 『6원리의 책Liber sex principiorum』과 이후 페트루스 히스파누스(약 1220-1277)의 『논리학 전서Summulae Logicae』와 다치아의 마르티누스(약 1250-1304)의 『의미 양태론Modi Significandi』이 추가되었다. 다른 무엇보다 저자의 이름이 알려지지 않은 『논리학ogica cum sit nostra』과 셔우드의 윌리엄William of Sherwood(13세기)의 『논리학 입문Introductiones』을 교재로 사용하는 영국 대학들의 경우는 특별했다. 이외에도 14세기에 옥스퍼드에서 저술된 『명제 주석집Commenti alle Sentenze』은 (비록 파리 출신 저자들이 집필했지만) 영국의 전통을 더욱 드높였다. 모든 학부 강의는 두 가지의 기본적인 형태인 강의와 토론으로 진행되었다. 강의는 학생들에게 그들이 공부하는 분야의 필수 저자들을 알려 주기 위한 목적으로 진행되었으며, 토론은 교수들이 텍스트에 주석을 붙이는 동안에는 할 수 없었던 몇 가지 주제를 자유롭게 심화시킬 수 있었다.

강의

강의는 정규 강의와 특강으로 구분되었다. 정규 강의는 교수들이 교육 프로그램에서 가장 중요한 저술들을 교재로 하는 개인적인 수업으로, 보통 이른 오전에 진행되었다. 학사는 오전 늦게 혹은 이른 오후에 열리는 특강을 담당했다. 두 수업은 동일한 방식으로 진행되었는데, 교수나 학사의 시작을 알리는 말에 이어 특강의 경우 설명할 텍스트를 읽으면서 어느 정도 분석적인 방식으로 주석을 붙였다. 반면 학생들은 자신들이 갖고 있는 사본을 읽고 보고록(강의록reportationes)을 정리했다. 강의에서 교수의 코멘트는 텍스트의 문장을 대상으로 하거나(해설expositio 또는 명제sententia) 주제나 문답(질문의 방식에 대한 해설commentum per modum quaestionis)으로 진행되었다. 토론은 가장 유능한 교수들이 수업을 건너뛰면서까지 진행했던 만큼 매우 독창적이었으며, 교육 방식도 매우 독특했다.

처음에 토론은 학교에서 사적인 방식으로 시작되었지만 13세기에는 정규 토론이 보다 정돈된 형태를 갖추기 시작했다. 반드시 연속적이지는 않았던 토론은 이틀간 지속되었으며, 첫날 교수가 토론 주제(질문quaestio)를 택하면 두 학사가 각자 다른 입장에서(반론을 제기하는 학사opponens와 답변을 하는 학사respondens) 논쟁을 시작했다. 다음날 교수는 조교들이 제안한 주제들을 평가하고 자신의 견해를 제시했다([교수의] 결정determinatio). 토론

13세기 후반부터는 다른 유형의 토론이 확산되었다. 파리의 신학부에서 시작된 이후 여러 학교로 빠르게 확산되었는데, 그것은 자유 주제의 토론이었다. 정규 토론disputatio ordinaria과 달리 교수가 아니라 일반인, 즉 교수에게 어떤 주제든 다루어 주기를 요청할 수 있는 대학 밖의 사람들이 주제를 택했다. 수많은 질문은 종종 교수를 어려움에 빠뜨리거나 경력을 실추시키기 위한 전략으로 활용되기도 했다. 따라서 자유 주제 토론은 보다 성숙했거나 잘 준비된 사상가들의 전유물이었다. 토마스 아퀴나스(1221-1274), 강의 헨리쿠스(약 1217-1293), 퐁텐의 고드프루아Godefroid de Fontaines(?-1306)는 이러한 토론을 자신들의 사상을 확산시키기 위한 기회로 이용했다. 그럼에도 이후 자유 주제 토론은 그 유용성을 상실하고 단지 형식적 절차로 전락하고 말았다.

교육은 원인에 대해 토론하고 이를 설명하여 판단을 내림에 있어 주로 구전으로 진행되었으나 서적 역시 대학의 필수 수단으로 강조되었다. 어떤 출판업자는 학부에서 사용된 가장 중요하고 잘 알려진 텍스트의 사례를 교수위원회의 세심한 검토를 거친 후에 확정했다. 교수나 학생은 텍스트가 필요한 경우, 이것을 빌려 필경사에게 부탁해 사본을 마련했다. 원본 텍스트의 표본exemplar은 여러 개의 분책으로 구성되었기에 여러 필경사가 동시에 사본을 제작할 수 있었다.

| 다음을 참고하라 |
철학 중세 사상에서의 대전과 주석의 전통(366쪽); 바뇨레조의 보나벤투라(398쪽); 13-14세기의 무한에 대한 논쟁(514쪽)
과학과 기술 대학 의학과 스콜라 의학(591쪽)
문학과 연극 수사학: 대학에서 도시로(657쪽); 이탈리아 속어 찬미가 모음집과 라틴 비극의 재등장(787쪽)
시각예술 프리드리히 2세의 왕국(828쪽)
음악 대학 시대의 음악 교육(951쪽)

중세 사상에서의 대전과 주석의 전통

| 안드레아 콜리 |

대학 교육의 구전 형태와 긴밀하게 관련되어 있던 주석과 대전summae은 12-14세기에 매우 중요한 두 가지 유형의 철학 저술을 대표한다. 이들은 기존의 자료 모음이나 수업을 위해 이서된 것으로 만들어졌기에 일찍부터 지속적인 용도의 구조와 특징들을 갖춘 독자적인 텍스트로 활용되었다. 14세기부터는 대학 교육의 발전과 더불어 의미 있는 변화를 겪었다.

교육과 교재

12-14세기의 중세 철학서 대부분은 당시의 교육 관행과 그 형태를 반영했기에 주교좌 성당 학교와 대학 수업에서 사용되는 요약문 형태의 이서된 서책으로 만들어졌다. 이 관행은 12세기에 이미 확산되었다. 대표적인 사례는 (모두 공적인 토론disputationes 형식을 보여 주는) 아벨라르(1079-1142)와 포레의 질베르(약 1080-1154)의 몇 가지 저술이나 과거 구전으로 전해진 것에서 발견된 콩슈의 기욤Guillaume de Conches(약 1080-약 1154)의 『플라톤 간편 주석Glossae super Platonem』이었다. 그럼에도 교육 활동과 기록된 형태의 텍스트 사이에서 형성된 관계는 교육 과정이 새로운 문학 갈래의 형성을 위한 기회로 활용되는 대학을 배경으로 13-14세기에 궁극적으로 강화되었다.

강독에서 토론으로 대학 수업은 일반적으로 정규 강의와 특강이나 속강으로 세분되었으며, 학기별-연도별로 반복되었다. 교수는 대학 법령이 지정한 몇 가지 교재에 대한 강독을 제안했다. 반면 특강은 정규 과정의 심화 또는 통합 가능성으로 여겨졌기에 공식적인 규정에서 벗어난 서책들도 교재로 활용되었다. 속강은 정규 교육 과정에서 교수가 분석한 주요 문제들에 대한 간단한 재언급을 의미했다. 핵심 형태로는 강의는 다른 무엇보다 교재를 큰 소리로 강독함으로써 진행되었으며(문장 강독littera), 교재의 저자는 특별한 지식 분야에서 권위 있는 것으로 여겨졌다(권위auctoritas). 따라서 교수는 가능한 세밀하게 교재의 구조를 설명하면서 때로는 각각의 명제들을 독립적으로 다루기도 했다. 이렇게 드러난 난제의 수에 근거하여 강의 범위가 결정되었다. 또한 종종 우발적으로 발견되는 애매한 용어들에 대한 설명이나 교재에 근거한 몇 가지 정보들을 포함하는 주석을 이용해 단순하게 진행되는 강의도 있었다. 강의의 마지막은 보다 중요한 관점에 집중하면서 토론 형태로 진행되었다(토론disputatio). 그리고 몇 년의 반복을 거치면서 이전과 비교해 독자성을 갖추기 시작했다. 강의 전 과정은 교재의 한 부분에서 다루기에 충분한 자료가 없는 경우 종종 동일한 강의에서 여러 차례 반복되었다.

대학 교수들, 조교 혹은 학생들은 특히 플라톤과 아리스토텔레스의 저술들에서 이미 고대에 폭넓게 확산된 해설expositio의 방식을 재적용하여 초기 주석 활동에 활력을 불어넣으면서 수업에서 밝혀진 사실들을 기록 형태로 작성하기 시작했다.

주석 작업과 문답

대학 수업의 초기 단계와 직접적으로 관련이 있는 주석 작업은 새로운 철학적 유형의 단순한 형태로, 여백 행간의 주와 포괄적인 주석을 포함했다. 저자는 이 작업을 통해 꼭 자신의 견해를 제시하지는 않았고, 다만 보다 철저한 문자적 해석을 시도했다. 그럼에도 상대의 우발적인 공격이나 비평을 피하기 위해 새로운 이론들을 권위 있는 저자들auctoritates의 해석으로 위장하는 경우도 적지 않았다. 아베로에스를 추종하는 13세기의 교수들 중 일부는 (이를테면 방어를 목적으로 자신의 의견이 제시된 주제를 언급하지 않은 채) 오직 아리스토텔레스만을 해석했다. 학문 분야와 교수에 따라 다르기는 했지만 다양한 주석서는 몇 가지 공통적인 구조적 특징을 보였다. 13세기 저술들의 전형인 텍스트 구분divisio textus은 대학 강의의 도입부에 해당하는 것으로, 목적은 독자에게 텍스트에 대한 복합적인 고찰 기회와 분석이 집중되는 (텍스트의) 각 구절들에 대한 세밀한 설명을 제공하는 것이었다. 명제sententia가 저자의 주장

강독인가 해석인가

을 정리한 것이라면 문장 해설expositio litterae은 분석 텍스트를 대상으로 번역상의 어려움을 제거하고, 전반적으로 이해할 수 있는 학문적 용어를 만들어 내기 위한 목적의 언어적 분석이었다. 다음으로는 구체적인 역사적 상황에서 내려졌던 과거의 해석들에 대한 일종의 논평에 해당하는 주의사항notanda이 이어졌다. 반면 의문dubia과 이에 대한 질문들quaestiones은 이들을 통해 저자가 자신의 초기 주장을 서술하는 만큼, 주석에서 가장 중요한 부분이었다. 의문dubia은 서술에 있어 문제가 되는 과정을 강조한 것으로, 직후에 답변solutio이 제시되기 때문이었다. 반면 질문들은 단지 소수의 주제에만 집중하면서 상당히 복합적-단편적인 답변으로 이어졌고, 이로 인해 주석 작업의 절차는 독자적인 영역을 구축했다. 주의사항과 의문에는 종종 구분distinctio이 추가되었다. 역시 하나의 개념이나 용어에 부여될 수 있는 다양한 의미의 세분화를 통해 이해를 돕는 주요 기능을 담당하는 절차였다. 결론conclusio은 주석의 마지막 절차로, 이 과정에서는 토론을 통해 드러난 사실들과 관련해 명제sententia의 주장이 다시 언급되었다.

페트루스 롬바르두스의 『명제집』

중세 전 기간에 걸쳐, 그리스도교의 서유럽 세계에서 성서 다음으로 주석 작업이 활발하게 전개되었던 페트루스 롬바르두스(약 1095-1160)의 『명제집』에 주석을 시도하는 관행이 크게 유행했다. 라테라노 공의회 이후부터 이 책에 일종의 권위auctoritas가 인정되었는데, 박사 학위를 얻기 위해 롬바르두스의 저서에 자신의 주석을 시도해야 했던 모든 신학자의 연구 커리큘럼curriculum studiorum에 『명제집』이 의무적으로 포함되었음을 의미했다. 이러한 관습은 중요한 평가를 받은 그의 마지막 주석서가 벨기에의 신학자 빌헬름 에스티우스Wilhelm Estius(1542-1613)의 것으로 평가되었던 만큼, 중세의 연대기적 한계를 넘어선 것이었다. 하지만 『명제집』은 금세기 초반까지도 여러 국가에서 사용되었다.

질문들

수업의 두 번째 부분에 해당하는 토론에서 진행되었던 이서 작업을 가리키는 질문들은 일찍부터 문장 주석의 구조에서 벗어났다. 교수 자신은 학생들이 자신에게 제출한 이서 내용을 검토하고 교정하면서 대학 당국이 허가하고 확산된 고유한 이서 수집본을 마련했다. 여전히 문장 행간에 짧게 붙이는 주석 때문에 주석의 낡은 구조에 첫 문자의 이니셜들이 남아 있었다. 저자의 관심은 아직까지 주석 작업이 전체적으로 이루어지지 않은 교재에 대한 해석을 통해 얻어진 제한된 수의 문제들로 국한되었다. 문답의 시작 부분에는 (문장의 앞부분에 도입되어 이중적인 의문을 강조하기 위해 사용되는 부사로, 그 뜻은 '~인가' 혹은 '~아닌가'다) 우트룸utrum의 문장을 통해 도입된 문답의 제목titulus quaestionis이 붙었다. 제목 직후에는 답변이 거부된 주제들에 대한 짧은 논평이 등장했다. 반면 질문quaestio의 세 번째 부분을 구성하는 다른 주장들의 제시는 권위 있는 저자auctoritas에 대한 몇 가지 언급에 근거했으며, 보다 개괄적이었다. 답변solutio(질문의 본문corpus quaestionis)은 분석의 마지막 부분에 위치했고, 몇 가지 주제와 이를 이해하는 데 필요한 특징을 동반한 저자의 결론을 가리켰다.

질문은 주석과의 고유한 관계가 없기 때문에, 1240–1260년에 자유 토론 문제집quaestiones disputatae de quolibet에서 제도권의 정규 학문 활동과는 완전히 별개로 남았다. 토론 수업은 교수의 교육에서만 볼 수 있었던 것이 아니라 대중 모두에 개방된 것으로 (공통적인communis) 학생들에게 큰 반향을 불러일으켜, 토론에 참여할 자유와 누구든 주제를 선택할 자유를 제공했다. 공개 토론의 성공에 따른 결과는 강의 헨리쿠스(약 1217–1293), 퐁텐의 고드프루아(?–약 1306), 오베르뉴의 페트루스(?–약 1303) 같은 신학 분야의 많은 교수에게는 모든 것에 대한 활동에 완전히 집중해야 함을 암시했다.

대전

특별히 교육 활동과 관련된 또 다른 문학 유형은 대전大全이었다. 이는 종종 교수가 자신이 쓴 모든 것을 하나의 저술로 모으려는 목적에 따라 주석들, 질문집quaestiones, 명제집sententiae 또는 단순히 요약문들을 출판하고자 기획된 것이었다. 12세기에 주교좌 성당과 수도원 학교들에서 발전한 대전의 초기 형태는 학교에서의 연구와 설교를 위해 대략적인 신학 내용의 명제들을 모은 것이었다. 그럼에도 이미 랑과 생빅토르의 학교들에서는 이러한 선집들이 교육 활동과 초보 연구자들의 양성을 용이하게 할 목적으로 더 다듬어지기 시작했다. 이러한 유형은 다시 한 번, 대전이 참여자를 주제에 적응할 수 있게 해 주는 진정한 교육 교재의 구조를 갖추게 되는 대학을 중심으로 확인되었다. 내용은 비교적 관습적이었지만 모든 교수들은 교재를 채택하여 수정하거나 용어들을 교정하고 일부 내용을 추가하거나 제거할 수 있었다. 이렇게 해서 수많은 대전이 제작되었다. 일반적인 구조의 유사성에는 다양한 특징이 포함되었다. '교재들'의 구조는 다루는 학문 분야에 따라 상당히 상이한 특징을 드러냈다. 따라서 대전은 학위증을 취득하기 위해 공식적으로 요구된 서적들의 요약문이

초기의 교육용 교재들

나 혹은 단순히 특별한 주제에 대한 일반적인 서론으로 활용되었다.

특별히 확산된 것은 기존 자료들을 재요약한 것에 의존하지 않고 내용을 정확하고 포괄적으로 기술함으로써 그리스도교 이론들의 전반적인 파노라마를 보여 주려는 목적으로 제작된 체계적인 저술들인 대전summae의 유형이었다. 이는 오세르의 기욤Guillaume d'Auxerre(1150-1231)의 『황금 전서Summa Aurea』에 처음으로 포함되었다. 13세기 중반에는 헤일즈의 알렉산더Alexander of Hales(약 1185-1245)의 저술로 잘못 알려졌으나 파리 프란체스코회의 여러 저자가 완성한 것으로 밝혀진 『보편 신학대전Summa Universae Theologiae』이 출간되었다. 이후 13-14세기의 많은 신학 교수들이 새로운 유형의 전문 연구서를 활성화시키는 데 크게 기여했다. 토마스 아퀴나스(1221-1274)는 『대이교도 대전Summa contra Gentiles』을 집필한 데 이어 체계성과 완벽함에 있어 중세 전 기간에 걸쳐 올바르게 평가되지 못했던 『신학대전』을 집필했다.

신학 분야의 대전들

13세기와 14세기 사이

13세기 말과 14세기 초반에 대학 교육의 특징을 보여 주는 변화는 특히 신학 분야에서 주석과 대전summa의 유형에도 중요한 의미로 반영되었다. 실제로 아리스토텔레스 철학의 비평 기준과 방식들에 근거해 인식되었던 이상적인 신학으로부터 고유한 주제화의 형태를 보여 주는 독자적-자치적인 신학으로의 전환은 신학자들의 연구 방식에도 영향을 미쳤다. 신학 저술의 경우 주요한 장르로의 내부 발전을 조사하면 확실하게 드러난다.

단 하나의 문답

13세기의 변화와 비교하면 철학은 더 큰 비중을 차지했고 토론에 동원된 문제 수는 급격히 줄었다. 13세기의 주석서들과 14세기의 새로운 신학자들의 주석서들을 비교하면 상당히 흥미로운 사실들이 드러난다. 타란타시아의 페트루스(?-1276)가 1260년 직전에 『명제집』 제1권 48장에서 제기한 명제는 130여 개였던 반면에 약 70년이 지난 후 리처드 피츠랠프(약 1295-1360)가 붙인 주석에서는 17개로 줄었고, 로버트 핼리팩스Robert Halifax(16세기)의 주석서에서는 9개, 로버트 홀코트Robert Holcot(1290-1390)의 주석서에서는 불과 5개의 명제만이 언급되었다. 주석서들은 롬바르두스가 쓴 저술에 대한 체계적인 비평으로 작성되었다기보다는 한층 논쟁적인 철학적 문제들과 현실적인 이해관계들로 관심을 옮겨 갔다. 그 결과 각 명제에 관해 기술된 내용의 분량과 유사 주제의 명제에 주석을 시도하는 예비적인 선택이 증가했으며, 주석서 내부에서는 주제에 대해 독자적으로 기술하려는 경향이 노골화되었다. 주석서 전체가 단 하나의 질문에 집중하는 경우도 자주 발생했다. 둔스 스코투스(1265-1308)와 오컴의 윌리엄(1280-1349)이 대표적이다. 이러한 성향은 대학의 교육 프로그램이 학생들에게 단 1년 만에 페트루스 롬바르두스가 쓴 4권의 저서에 주해를 시도하게 만든 순간부터 상당히 첨예화되었다. 신학 영역에서 철학이 새롭게 평가된 것과 관련하여 중요한 사실은 13세기에 이미 존재했었다는 점이다. 그리고 항상 아리스토텔레스의 이론에 입각한 것이었다. 따라서 14세기의 새로운 변화의 핵심은 이전 세기들에서 『명제집』을 중심으로 했던 철학적 명제들의 도입이 아니라 지금 언급하는 새로운 합리성의 모델에 있었다.

『명제집』에 대한 주석 작업을 자극했던 변화들은 대전summae의 유형에도 영향을 주어 출판이 급격하게 줄어든 반면에 새로운 주석서의 출간은 활발해졌다. 때로는 다양한 신학 주제들을 독립적으로 다루는 구조를 갖추었다. 그 외에도 성서, 특히 지혜 문학, 「시편」 또는 「아가」에 대한 강독과 문장 주석이 추진되었다(로버트 홀코트의 『지혜서 주석집Commento alla Sapienza』과 엔리코 카레토Enrico Carreto의 『에제키엘 주석집Commento a Ezechiele』).

| 다음을 참고하라 |

철학 대학과 학문 체계(359쪽); 토마스 아퀴나스(389쪽); 요하네스 둔스 스코투스의 사상(416쪽); 오컴의 윌리엄(424쪽)

급진적 아리스토텔레스주의와 신학자들의 반발

| 페데리카 칼데라Federica Caldera |

아리스토텔레스주의를 대학 교육을 위한 기반으로 활용하는 것에 대한 반발이 무마되면서 1270년과 1277년에 있었던 단죄를 통해 극에 달했던 인문학부 교수들과 신학자들의 이론적인 대립으로 거슬러 올라가는 여정이 재구성되었다. 이후에는 인문학부 교수들이, 특히 철학을 할 자유와 철학적 행복에 대한 해석에 집중하면서 독자적으로 철학하는 것의 중요성을 강조했다. 끝으로 스웨덴의 보에티우스의 언어와 문법에 대한 관심이 강조되면서, 소위 사변적 문법학의 맥락에서 이러한 성찰의 몇 가지 요인들이 유행 흐름의 핵심적인 요점들과 결합했다.

인문학부에서의 아리스토텔레스주의 확립

13세기 전반(1210–1255) 파리에서는 대학 교육을 위한 기반으로 아리스토텔레스의 철학을 활용하는 것을 둘러싼 복합적인 이론적 대립이 시작되었다. 중세에 아리스토텔레스에 적대적이었던 첫 번째 검열은 1210년의 파리 공의회로 거슬러 올라간다. 당시 요하네스 스코투스 에리우게나Johannes Scotus Eriugena(810–880)를 추종했던 범신론자 아말리쿠스Amalricus(?–13세기 초반)의 파문과 시신 파헤치기, 아리스토텔레스의 번역자며 물질주의와 성서 기적의 자연주의적 해석을 주장한 디낭의 다비드Davide di Dinant(12세기)의 『(작은)공책Quaderni』 불태우기, 아리스토텔레스의 자연에 대한 저술과 이들에 대한 주석서를 공적으로나 은밀하게 읽는 것에 대한 금지가 의결되었다. 1215년 교황의 특사였던 쿠르송의 로베르는 파리 대학의 초기 법령들을 제정하고 인문학부에서 아리스토텔레스의 자연 관련 저술과 『형이상학』을 포함한 비논리학 관련 저술들에 대한 수업을 금지하는 법규를 마련했다. 축제일에는 『윤리학』과 『구논리학』과 『신논리학』에 대한 강독이 허용되었다. 아리스토텔레스의 저술들을 교육 교재로 활용하는 것을 금지했음에도(사적인 독서는 허용되었다) 누군가는 그리스 철학자에 대한 수업을 은밀히 진행했다. 1231년에 교황 그레고리오 9세(약 1170–1241, 1227년부터 교황)가 「학문들의 아버지Parens scientiarum」를 선언하면서 금서에 대한 단순 지식은 1210년과 1215년의 칙령을 반드시 위반하는 것이 아니기 때문에 절대적으로 금지된 것은 아니라고 주장했다. 그럼에도 파리는 다른 지역들의 지적인 세계로부터 소외되었다. 1229년에는 파업이 발생함에 따라 상황은 심각해졌고 툴루즈 대학은 이 상황을 틈타 아리스토텔레스의 저술들에 대한 수업을 계획하면서 파리 대학의 학생들을 수용하려고 했다. 그레고리오 9세는 파업을 종식시키기 위해 1231년에 파리 대학의 정상적인 재개를 지시했고, 잘못으로 의심되는 모든 것을 제거할 목적으로 청문회를 열어 저술들에 대한 조사를 끝내기 전까지 금지된 서적들을 대상으로 수업하지 말 것을 지시하면서 과거 쿠르송의 로베르의 조치들을 재확인했다. 하지만 위원회의 의장이었던 오세르의 기욤(1150-1231)의 사망으로 청문회 활동은 중단되었다. 교황의 실질적인 의도는 아리스토텔레스주의(에 관해서는 존재조차도 의심하지 않았을 것이다)에 대한 논쟁을 막으려는 것이 아니라 파리 대학에 평화를 보장하고 신학자들에게 '철학을 갖고서 하는 장난'을 하지 말 것을 권고하면서 신학 연구의 개혁을 장려하려는 것이었다. 실제로 그는 인문학부의 교육 활동을 규정하면서 신학자들이 자연학과 형이상학에 대한 교육에 몰두하지 않게 하려고 노력했다(Luca Bianchi, *Censure et liberté intellectuelle à l'Université de Paris*〔*XIII-XIV siècle*〕, 1999, pp. 110-116).

아리스토텔레스에 대한 수업을 금지하는 일시적 조치는 1245년에 툴루즈에서도 교황 인노첸시오 4세(약 1200-1254, 1243년부터 교황)에 의해 적용되었으며, 1263년 파리에서는 교황 우르바노 4세(약 1200-1264, 1261년부터 교황)에 의해 연장되었다. 하지만 교황 교서인 「학문들의 아버지」로 인해 인문학부의 커리큘럼에 『아리스토텔레스 전집』을 도입하는 것에 우호적인 분위기가 조성되고 있었다. 아리스토텔레스의 저술에 대한 강의를 금지한 조치에도 불구하고 강의는 폐강되지 않았으며, 1252년에 파리 대학의 영국 동향단(13세기 중엽의 파리 인문학부 교수와 학생들은 4개의 동향단으로 구성되었다. 출생지에 따라 프랑스, 피카르디Picardie, 노르망디, 영국 또는 독일이었다*)은 인문학부의 석사가 되기 위해서는 『영혼론』에 대한 수업을 의무적으로 수강해야 한다고 결정했다. 1255년부터 인문학부 전체에 적용되는 법령은 아직 번역되지 않은 『정치학』을 제외한 아리스토텔레스의 모든 저술에 대한 정규 수업을 허용했다. 아리스토텔레스를 파리 대학 교육의 기반으로 채택한 것은 중세 사상에서 일대 변혁이었을 뿐만 아니라 유럽 문화사에서도 분명한 변화를 의미하는 것이었다. 실제로 1255년부터 17세기까지 아리스토텔레스주의는 수많은 철학 중의 하나가 아닌 최고의 철학으로 등극했다.

최고의 철학자 아리스토텔레스

반아리스토텔레스 주의

아리스토텔레스주의에 대한 저항이 없었던 것은 아니다. 일찍이 1260년부터 (대부분이 프란체스코회 소속인) 신학자들은 자신들의 그리스도교 신앙을 심각하게 위협한다고 판단된 그리스 철학을 공개 비판했다. '반反아리스토텔레스주의' 적인 움직임의 첫 번째 사건은 1270년 12월 10일의 단죄였다. 당시 파리 주교였던 에티엔 탕피에(?-1279)는 13개의 주장(세계의 영속성, 결코 첫 인간은 존재하지 않았다, 지성의 일의성, 필연주의, 결정론 등)을 검열하여 이들이 이단으로 의심된다고 판단했다. 1272년에 인문학부에서의 철학 분쟁이 학문적인 대립으로 비화되었다. 학부의 대다수(시제루스의 '당'에 적대적인 세력)는 신앙과 이성의 경계에 위치한 주제로 국한된 법령을 마련했다. '교수들'의 교육의 자유에 대한 새로운 제한은 논쟁을 야기하면서 중세 사상의 역사에 있어 또 다른 중요한 검열로 그 절정에 도달했다. 1277년 3월 7일 탕피에는 그리스-아랍의 아리스토텔레스주의와 관련한 219개 항목에 대한 단죄를 공포하면서 파문의 위협으로 확산과 교육을 금했다. 1277년의 단죄는 정의를 위한 모든 노력과는 거리가 있는 것이었다. 반反아베로에스 조치라고도 할 수 없고, 이교의 새로운 위협에 대한 교회의 저항도 아니었으며, 아리스토텔레스주의에 대한 아우구스티누스주의의 승리라고도 할 수 없었다. 아리스토텔레스 철학의 수용이나 거부보다는 다양한 아리스토텔레스주의들에 대한 가능하고 합법적인 해석, 아리스토텔레스적인 이념들, 그리고 이러한 사상 전통의 적용 형태들과 한계들이 문제였다. 탕피에가 주도했던 검열자들의 일관적이지도 협조적이지도 않은 행동은 철학적 제국주의(145조)와 신학으로부터의 모든 형태의 해방에 대한 급작스런 반발에 의한 것이었다. 철학에 대한 조악한 단죄가 아니라 철학의 부분적 진실이 신학적 소통의 절대 진리 그 내부에 포함되어야 한다는 사실을 분명히 하려는 경고였다.

에티엔 탕피에의 비난

에티엔 탕피에의 『단죄 목록Sillabo』은 유럽의 모든 대학 중심지에서 필사 형태로 폭넓게 확산되었다. 많은 저자들 사이에서 검열된 글들에 대한 인용과 언급이 빈번하게 반복되었고, 다양한 사상가들(에디지우스 로마누스Aegidius Romanus, 퐁텐의 고드프루아, 서튼의 토머스Thomas of Sutton, 니콜라스 트리벳Nicolas Trivet, 오컴의 윌리엄)은 에티엔 탕피에의 개입에 대한 합법성을 세심하게 성찰하려고 노력했다. 특히 프란체스코회의 학자들은 파리에서 작성된 글들에 대한 평판을 보장하는 데 근본적인 역할을 수행했다. 이들은 정통 교리에 대한 부정적 비평과 토마스 아퀴나스의 이론적 이탈에 대항해서도 대비했으며 이들을 가치 있는 것으로 강제하고 지리적 구분 없이 교단의 모든 구성원에게 보편적으로 유효한 것이라고 설파했다. 1277년의 검열은 14세기와 그 이후까지도 효력을 유지했다. 게다가 부레의 스테파누스의 글들을 통해 토마스 아퀴나스는 때로는 무시되고 때로는 항의에 직면한 채 영향력이 상당히 축소되었지만 그럼에도 그의 권위는 손상되지 않았다.

합리적인 진리와 신앙의 진리: 철학의 시녀로서의 역할

합리적 지식에 대한 인식론적인 주제는 1277년의 단죄에 따라 금지된 많은 주제 중 가장 중요한 것이었다. 자유학예의 인문학부가 진정한 철학 학부가 된 13세기 후반에 대가들은 다른 학부의 동료들과의 관계에서 자신들의 전문적-지적인 역할을 구체화시키려고 노력했다. 철학과 신학의 인식론적 차이에 대한 의식을 구체적으로 형성한 데에는 알베르투스 마그누스(약 1200-1280)의 역할이 결정적이었다. 그는 아리스토텔레스 저서들에 대한 자신의 주석에서 신앙의 도그마에 대한 초합리적인 적용과 합리적인 고찰을 구분할 필연성을 지적하고 기적에 대한 모든 유형의 소명을 거부했다. 알베르투스에 따르면 아리스토텔레스의 입장은 정확했다. 실제로 제기된 문제들과 추정된 원리들의 관계에서 대부분의 결론이 가치가 있었으며 전제들로부터 논리적으로 기원했다. 그럼에도 아리스토텔레스의 사상은 절대적 진리와 일치하지 않았다. 문화적인 언급 맥락과도 무관했던 만큼 아리스토텔레스가 직면하지 않았던 문제들이 있었으며, 또한 그의 몇 가지 교리들이 그 출발 원리들과 일관되기는 했어도 신앙의 관점에서는 거짓이었기 때문이다. 알베르투스는 철학과 신학이 동일한 사안에 대해 양립할 수 없는 답변을 제공하지는 않았지만 다양한 질문에 다양한 답변을 제공한다고 주장했다. 결론은 달랐지만 이 때문에 분쟁이 발생한 것은 아니었다.

알베르투스 마그누스

그의 주장은 1265-1277년에 활동했으며 자신의 분야에서 전문화의 길로 나아가던 직업 철학자들인 스웨덴의 보에티우스Boethius of Sweden(13세기, '다치아의 보에티우스'라고도 함)와 시제루스 같은 인문학부 교수들이 내린 극단적인 결론에 의해 배척되었다.

이와 같은 제도적 맥락에서 사회학적-인식론적으로 오래전부터 잠재되어 있던 반목이 수면 위로 떠올랐다. 후자의 차원에서 철학적 결론과 그리스도교적 진리가 반목되는 경우, 인문학부 교수들과 신학자들 사이에 심각한 분쟁이 발생할 수 있다는 우려가 지적되었다. 신학자들은 (1277년의 단죄가) 자연 이성이 신앙의 진리를 인정해야 할 뿐만 아니라 동조해야 한다고 주장하면서 이러한 자연 이성의 모든 독자적 활동을 저지해야 한다는 확신에 따라서 인문학부 교수들이 자신들의 철학적인 연구를 더 이상 신학자들의 연구를 위한 시녀로 인식하지 않고 오히려 간섭에 대해 분노를 표출한다는 것에 우려를 표명했다. 계속해서 신학적 지식의 절대적 진리 차원에서 철학의 부분적 진리를 해결할 것을 충고했다. 13세기의 많은 신학자들에 따르면 신앙과 대치되는 철학적인 결론은 오류였다. 진리는 하나며 모든 진실한 것은 진리와 화합하기 때문이었다. 신앙의 진리는 항상 철학적 결론들이 진실한가 아니면 거짓인가를 확인하는 기준이었으며, 동일한 철학자들은 신앙의 진리와 반목된 것들을 거부하는 데 동참해야만 했다.

신학자들에 대항한 인문학부 교수들

1272년 4월 1일의 법령

'보수적인' 신학자들의 요구에 동조하면서 1272년 4월 1일 인문학부 대다수는 석사들과 교수들이 신학 영역을 넘어설 수 없으며, 철학과 신학의 경계에 해당하는 주제들의 경우 신앙에 반대되는 논지를 주장하는 자는 (이단으로 간주되고 겸손하게 자신의 주장을 번복하는 경우를 제외하고는) 대학에서 추방될 것이며, 난해하고 신앙을 파괴하는 것 같은 구절을 다루는 인문학부 교수들은 신앙에 반대되는 주제들을 거부하거나 또는 이러한 구절들이 절대적으로 거짓이고 전체적으로 잘못된 것이라는 사실을 인정하거나 아니면 이러한 구절들 전체를 생략해야 한다는 내용의 법령을 선포했다. 그럼에도 인문학부의 일부 구성원들은 1272년의 규정들에 논쟁을 벌이면서 저항했다. 시제루스는 철학자들의 사상을 화려하게 치장하거나 타협주의적인 비역사적 강독을 통해 변화시키거나 잘라 낼 것 없이 자신의 실질적인 일관성을 유지하면서 철학자들의 사상을 제시할 권리와 의무를 요구했다. 보에티우스는 『세계의 영원성Sull'eternità del mondo』에서 철학의 보편적인 확장을 이론화하는 데 노력했으며, 신앙의 진리와 반목되는 철학적 결론을 거부하는 것은 전자를 조작하는 것이 아니라 상대화하는 것이라고 주장했다. 또한 신자는 세계의 영원성에 대한 증거를 거부할 줄 알기 위해 세계의 영원성을 지지하는 증거들을 연구해야 한다는 확신에 따라 침묵의 전략을 거부했다.

철학에서 신앙을 향한 보나벤투라의 여정

철학이 신학에 예속된다는 주장이 폭넓게 확산되고 다른 모든 형상을 포괄하는 지식(그리스도교적 지식)의 유일한 형태가 존재한다는 아우구스티누스의 모델이 지배하면서 보나벤투라(약 1221-1274)의 『자유학예의 신학으로의 환원Reductio artium ad theologiam』은 철학이 신학과 신비주의적인 명상을 통해 최고조에 도달하는 현명함의 여정에서 시작 단계에 해당한다고 가르치던 시기에 많은 프란체스코회의 신학자들(보나벤투라, 부용의 고드프루아, 로저 베이컨)은 인문학부의 교수들을 비정통이라고 비난했다. 1267년, 1268년, 1273년의 「강연집Collationes」에서 보나벤투라는 인문학부의 교육이 유행하는 데 철학이 잘못 사용되고 있다고 비난하면서 철학은 신학이라는 영광스런 학문을 향해 올라가는 첫 계단이라고 주장했다. 그에 따르면 신학은 다른 학문들로 연결되는 통로지만 이곳에 머물 경우 어둠 속에 갇히게 된다고 했다. 보나벤투라는 『헥사이메론Hexäemeron』(6일간의 창조에 관한 강연)의 「강연집」에서 아리스토텔레스의 사상을 사람들을 잘못된 길로 인도하는 과오의 연속이라고 소개했다. 다시 말해 범형론에 대한 부정에서 학문에 대한 부정과 신의 예지에 대한 부정, 결정론, 사후의 보상과 단죄를 구분하는 것에 대한 부정과 도덕적 책임에 대한 부정이 이어진다고 했다. 계속해서 이로부터 다른 심각한 죄악이 유래하는데, 이 가운데 세계는 영원하고 지성은 유일하며 사후 단죄가 부재하다고 믿는 것은 3중의 암흑이었다. 보나벤투라에 따르면, 이러한 죄로부터 구제되기 위해서는 오직 한 가지 전략이 있는데, 그것은 철학이 상위의 지식에 포함될 때와 신학자들의 통제 아래 있을 때에야 비로소 가능한 것이었다.

철학을 할 자유

『세계의 영원성』(1270-1277)을 쓴 보에티우스는 철학적 대화와 신학적 대화를 구분하는 최고의 이론가로 인정받았다. 그는 학문의 계층화 개념에서 출발하여 방법, 대상, 연구 기능을 합리적으로 유추하며 철학자의 직업이 자체로 자치적이라는 사실을 정당화했다. 실제로도 신학의 통제에 저항하면서 이러한 통제가 신앙과 학문이 서로 다른 차원에 위치하며 이들 사이에는 아무 개입 요인이 존재하지 않기 때문에 비상식적이라고 여겼다. 여러 전제 조항들("자연학자의 입장에서 말하자면", "자연 철학자로서 말하자면", "철학자들에 따르면")은 책임성을 피하기 위한 수단 외에도 아리스토텔레스의 이론들을 우호적으로 평가하고 신앙의 진리에 대한 철학적 지식의 독자성을 확립시키기 위한 정확한 주석 기술의 역할을 담당했다. 그의 목적은 새로운 이미지의 전문 지식인이 철학을 할 수 있는 자유를 단호히 요구하면서 충분한 독자성을 가지고 활동할 수 있는 보호된 영역을 제한하는 것이었다.

보에티우스의 라틴 아베로에스주의

역사적으로 의미 있는 이상한 메커니즘 때문에 인문학부 교수들의 몇 가지 주장에 대한 에티엔 탕피에의 검열은 이들의 저술 전체에 대한 의심으로 확대되었다. 일단의 역사학자들은 보에티우스의 저술들을 직접적으로 알기도 전에, 즉 그의 가르침에 대한 반발을 주목하면서 그를 소위 '라틴 아베로에스주의' 또는 '급진적인 아리스토텔레스주의'의 핵심 리더로 봤다. 이론적 변화에 부여된 '급진적'인 성격에 대한 평가는 인문학부 교수들이 옹호한 아리스토텔레스주의의 순수함에 의한 것이었다거나 아베로에스(1126-1198)가 인문학부 교수들의 핵심적인 원천이었다는 사실에 근거한 것이 아니라 이들이 그리스도교적 계시와 일치하는가에 대한 과도한 우려 없이 아리스토텔레스의 사상을 활용했기 때문이었다. 이러한 추측에 근거하여 이들은 철학을 그 자체로 활용 가치가 있으며, 신학적인 지식을 갖춘 독자적 영역으로 여겼다. 역사 연구에 따르면, 급진적인 아리스토텔레스주의의 흐름은 교리적으로 아리스토텔레스와 그에 대해 방대한 주석을 시도한 아베로에스의 모든 주장을 수용하면서 특별히 신의 섭리와 인간의 자유를 부정하고 지성의 유일성과 세계의 영원성을 주장했다. 스웨덴의 보에티우스는 이러한 유형의 결론들에 도달하기 위해 '이중 진리'의 구실을 마련했을 것으로 추정된다. 이는 그가 자신의 확신보다는 편리에 따라 신자의 입장에서 수용한 계시된 진리들을 철학적 차원에서 부정할 가능성을 보여 주는 것이었다. 중세 역사가들 사이에서 오랫동안 진행된 열띤 토론은 보에티우스의 저술에서는 이러한 악명 높은 이론을 재발견할 가능성이 전혀 없다는 사실을 확인시켜 주었다.

보에티우스에 대한 검열

보에티우스는 자신의 글에서 태초의 천지 창조를 옹호했다. 그리고 세계의 (존재하기 시작한) '새로운 것'이 그리스도교의 진리고 절대 진리라는 사실을 믿었으며, 세계와 하느님의 영원한 공존을 주장하는 이단이라 할 수 있는 모든 주제를 거부했다. 또한 계시된 진리의 우월성을 반복적으로 주장하면서 합리적으로 이해될 수 없는 것을 믿지 않는 자의 태도를 비난했다. 그뿐 아니라 영원하건 아니건 세계는 존재하며 그리스도교 하느님의 주된 속성들(의지, 자유, 무한성, 전지전능)을 지닌 제1존재의 개입 덕분에 존재한다고 주장했다. 끝으로 자연 철학자는 창조를 수용할 수 없지만 그렇다고 형이상학자가 이러한 개념을 받아들일 수 있다는 사실을 배제하지는 않았다. 보에티우스는 우주의 일시적인 지속성에 대한 문제가 전혀 합리적이지 않으며 오직 성서의 가르침 덕분에 최종적인 답을 구할 수 있다는 사실을 확신했다. 그는 합리적인 지식과 종교적인 믿음 간의 분쟁 가능성을 예방하기 위한 타협적인 한계 내에서 연구를 계속했다. 하지만 불가지론적인 해결책은 뜻하지 않게 오해를 샀고 1277년에 에티엔 탕피에의 90번째 검열 조항으로 간주되었다.

합의적인 해결책과 신앙주의

그의 주장과 달리 보에티우스는 자연 철학이 자연의 원인들에 의존하면서 세계의 진리를 절대적으로 부정해야 한다는 말을 하지 않았던 반면 신자는 초자연적 원인들에 의존하여 세계의 영원성을 부정할 수 있다는 주장을 전개한 바 있다. 오히려 그의 관점에서는 세계와 제1운동의 새로움과 자연의 원인으로 인한 이들의 새롭지 못함을 동시에 주장하는 것은 정당하며 세계와 제1운동이 새로우며 자연학자가 이들이 '자연학적인 관점에서 말하자면naturaliter loquendo'이라고 말하는 것이 동시에 가능했다. 보에티우스는 세계의 영원성에 대한 주장이 절대적으로 거짓이지만 논리적으로는 정확한 것이며 적어도 자연학의 원리에서는 상대적인 진리라는 사실을 주장했다. 당시 그리스도교인은 절대적 진리를 주장할 때, 진리 속에 있으며 자연 철학자도 자연 원인들에서 시작하여 이들을 재조명할 때 진리 속에 있는 것이었다.

보에티우스의 해결책이 가지는 의미를 가장 잘 보여 주는 범주는 학문이 그의 주장의 강력함과 한계를 결정하는 모든 원리들에 근거한다는 '인식론적인 다원주의'였다. 이렇게 학문적 연구의 독립성을 주장하고 동시에 학문 연구가 그리스도교와 대립할 수 있게 될 위험을 피할 수 있는 것이 가능해졌다.

이러한 '인식론적 다원주의'에서 출발하면서 보에티우스는 최종적인 분석에서 신앙주의적인 태도(이성을 위한 여지는 존재하지 않는 반면 신앙과는 대치된다)를 대변하는 불가지론적인 결론들을 이끌었다. 그리고 분리주의적인 타협주의의 명분에 따라 신앙과 철학 간의 분쟁이 부재함을 주장했다. 자신의 저서 말미에서 그는 철학적 진리와 신학적 진리는 서로 소통하지 않으며 결코 반목되지도 않는 서로 다른 차원의 진리며, 이러한 이유로 결코 대립하지 않는다고 주장하면서 철학을 적극적으로 옹호했고 철학의 독자성을 반복적으로 언급했다. 실제로 그는 이성과 신앙 간의 분쟁을 건전하지 못한 것으로 판단하는 불특정 비지식인들에 대항하여 신랄한 비난을 퍼부었다. 이에 있어 스스로의 지성을 가볍게 활용하는 그리스도교인은 자신의 종교로부터 철학의 원리들을 파괴할 것을 강요받지 않았으며 오히려 신앙과 철학 그 어느 쪽에도 피해를 주지 않은 상태로 모두를 유지했다. 만약 보에티우스가 에티엔 탕피에와 그의 협력자들을 비지식인들의 범주로 지목하고 이들이 철학적-신학적인 대립에 개입할 지적 능력이 없는 자들이라고 여겼다면 아마도 보에티우스가 다른 논쟁들, 즉 1272년 4월 1일에 교육의 자유를 강력하게 축소시킨 법령을 공포했던 인문학부의 동료들을 염두에 두고 있었기 때문이었을 것이다.

철학적인 삶과 '정신적 행복'의 추구

철학자, 인문학부 교수 인문학부 교수들이 제안한 합리적인 지식의 특징들은 철학을 신학의 시녀로 간주하는 이론에 대항하여 철학의 구체적인 영역을 요구했다. 철학의 독자성에 대한 옹호는 삶의 가장 우월한 형태, 유일하고 진정한 행복의 기회, 즉 강력하고 확고하며 이성적인 명상의 수평선을 따라가면서 자급자족의 해방적 감각과 절대적인 만족의 예감인 '정신적 행복'으로 여겨지는 철학적인 삶의 이상을 고양시키는 것과 관계있었다. 이렇게 해서 철학의 개념은 보다 협소하고 보다 기술적인 의미를 획득했다. 아리스토텔레스가 『윤리학』(또는 『니코마코스 윤리학』이라고도 한다) 제10권에서 그 초상을 제시한 바 있는 철학자는 인문학부의 교수(자유 과목 교수magister artium), 즉 전문적으로 진실을 숭배하고 자신의 전문적인 언어, 주제와 제시의 기술, 정확한 개념을 갖추고 자신의 문화적이고 조합적인 정체성을 형성하는 데 노력하며 사회적인 역할에 대한 의식을 가지는 학문 공동체의 구성원으로 재탄생했다.

최고선 사변 철학적인 삶의 이상이 보다 완벽하고 결정적인 표현들을 통해 드러나는 글은 보에티우스의 『최고선Sul sommo bene』(1273-1274)이다. 자신의 저술에서 그가 최고선을 합리적으로 연구하면서 철학자가 도덕적으로나 지적으로나 완벽한 연구에서 제1원인에 이어 부차적 원인들을 고찰하는 입지를 세우고 모든 도덕의 모델이 될 만큼 가장 우수하다는 주장을 전개했다. 그에 따르면, 명상의 즐거움은 명상 대상의 존재론적 품격과 비교되기에 신에 대한 명상에 몰두하는 철학자는 지상에서 가능한 최고의 기쁨을 얻는다. 이처럼 최고선의 합리적인 획득은 미래의 삶에서 기대된 축복을 배제하지는 않지만 철학적 대화와 신학적 대화의 (보에티우스가 최대의 이론가로 평가되는) 명백한 구분을 제안하면서 이로부터의 초월을 의미했다. 『윤리학』 제10권을 대상으로 에페소스의 미카엘(11-12세기)이 쓴 주석서의 영향을 받은 작품의 한 구절에 따르자면 보에티우스는 여정에 있는 이승의 행복in via과 고향에서 누리는 (저승의) 행복in patria의 관계를 강조하면서 이승의 사변적인 행복에서 가장 완벽한 이들은 영원한 선에도 가깝다고 했다. 역사가들은 이 주장에 대해 두 가지의 가능한 해석을 제안했다. 보다 신빙성 있는 첫 번째 해석에 따르자면, 지적-도덕적인 덕목을 소유한 자만이 사후에도 충분히 행복할 것이기에 지적 덕목들을 보유하는 것은 천상의 복을 받기 위한 필요충분조건이었다. 상대적으로 설득력이 떨어지는 두 번째 해석에 따르면 지적 덕목을 가지는 것은 단지 사후의 행복을 위한 유익한 전제며 또한 이를 앞당기는 것이었다. 첫 번째 해석의 경우 보에티우스의 주장은 분명히 이단적이라 할 수 있었지만 두 번째 해석에 따르자면 완벽한 정통이었는데, 철학자가 지상에서 (다른 사람들도 저승에서 접하게 될) 사변의 행복을 기대하기 때문이었다.

'보수적인' 신학자들과 1277년의 검열자들은 철학을 유일하고 전체적인 비전으로 제시하면서 이를 존재의 최후 목적으로 만들거나 (더 심각하게도 171조의 내용에 따르면) 사후 구원의 필요충분 전제로 만들기에 인간의 초월적인 운명과는 무관한 모든 현세적인 전망의 한계 내에서 존재를 자연주의적인 것으로 바꾸려는 '아베로에스주의적인 구도'에 경계심을 드러냈다. 실제로 철학 윤리와 신학 윤리 사이에 어떠한 반목도 없었지만 비전의 차이는 존재했다. 인문학부 교수들의 의도는 단지 자신들의 전문적인 의무로 인해 완벽해지려는 것이 아니라 상대성에 대한 충분한 의식을 가지고 가르침을 제공했던 아리스토텔레스적인 도덕을 심화·발전시키려 했던 것이었다.

언어에 대한 성찰: (의미의) 양태론적인 경향

1277년의 단죄가 있은 직후 보에티우스의 흔적은 사라졌다. 『세계의 영원성』과 『최고선』은 상당히 제한된 차원에서, 심지어 익명의 저술로 읽혔다. 그럼에도 그의 영향은 사변적 문법학으로 알려진 연구 전통의 가장 대표적인 사례 중 하나인 『소小 프리스키아누스에 관한 토론 문제집Quaestiones super Priscianum Minorem』(또는 『의미 양태론Modi significandi』)을 통해 당대 사상계에 계속하여 영향력을 유지하고 있었다. 논리학과 철학과 함께 인문학부의 대학 교육 프로그램에 정규 과목으로 포함된 사변적 문법학은 일반적으로 언어에 대한 보다 의미론적-구문론적인 특성을 연구할 것을 제안했다. 언어적인 범주 가운데 구문론에 대한 성찰에서는, 특히 파리 대학의 '양태론자(문법학자와 논리학자)들'로 불린 다른 교수들이 강조되었다. 왜냐하면 이들이 담화의 부분들 간(혹은 의미 지시의 양태modi significandi), 논리적 범주들 간(인식의 양태modi intelligendi), 그리고 현실 구조들 간(존재의 양태modi essendi)의 완벽한 상응을 보여

세 가지 방식

주려 했기 때문이었다. 세 가지 방식은 상응이나 이탈의 관계와 관련 있었다. 지성에 의해 파악되는 사물의 특성은 어휘에 의해서도 그 의미가 드러났다. 하지만 의미 지시의 양태는 어휘의 그것과 다른 수준의 의미를 대변했다. 즉 이들 단어의 의미를 표현하는 방식이었다. 따라서 언어 내적 차원에서 어휘들의 구체적인 의미를 넘어 동일한 특성을 함께 가지는 단어들의 계층(담화의 부분들)을 정의하는 데 사용되었고, 언어의 구문론적 결속력의 원리를 제공하는 데에도 이용되었다.

사변적 문법학의 대가들

1270년경 양태론적인 흐름은 프리스키아누스Priscianus(5세기 말)의 『문법 개론서 Institutionis Grammaticae』에 대한 주석의 과거 전통과 논쟁을 벌이면서 양태론자들이 문법에 대한 인식적인 위상을 재정의하기 위한 거점으로 아리스토텔레스 학문의 이상을 채택한 문법 교육을 배경으로 하여 파리 대학에 이어 볼로냐와 에르푸르트Erfurt에서 확립되었다. 양태론자 중에서는 둔스 스코투스(1265-1308)의 이론과 다르지 않은 인물들로 다치아의 마르티누스와 보에티우스, 볼로냐의 마테오, 오베르뉴의 페트루스, 다치아의 요하네스, 마르바이스의 미카엘, 친골리의 젠틸레, 페이버스햄의 시몬, 브르타뉴의 로돌프, 코르트레이크의 시지에리, 에르푸르트의 토마스가 있다. 이들의 기여는 적어도 두 가지 방향에서 중요한 의미를 가지고 있었다. 먼저 프로그램 차원에서 (라틴어만이 아니라) 모든 언어에 적용 가능한 보편적 문법 이론을 제안했다. 그리고 문법을 사변적이고 보조적인 학문, 즉 사변적인 것으로 여겨 중세 학문 체계 내부에 위치시켰는데, 언어를 교육하는 데 목적이 있는 것이 아니라 언어를 기술하고 언어의 성격을 설명하는 데 있었으며, 소통의 가장 유리한 수단으로 조직하는 것이었기 때문이다. 또한 보조 학문으로 여긴 이유는 문법학이 논리학과 마찬가지로 세계과 직접적으로 관련된 것이 아니라 서술을 통해 이에 대한 성찰을 시도했기 때문이다.

| 다음을 참고하라 |

철학 알베르투스 마그누스와 쾰른 학파(383쪽); 토마스 아퀴나스(389쪽); 바뇨레조의 보나벤투라(398쪽); 철학자 단테(435쪽)

문학과 연극 고전의 수용(651쪽); 수사학: 대학에서 도시로(657쪽)

철학과 신학

FILOSOFIA

알베르투스 마그누스와 쾰른 학파

| 알레산드라 베카리시Alessandra Beccarisi |

13세기 중반에 알베르투스 마그누스는 쾰른에 도미니쿠스회 학교를 설립했다. 이렇게 해서 독일에서는 외관상으로는 지방 수준으로 판단되는 철학 교육의 길이 열렸고, 교단의 여러 인재가 여기에 참여했다. 이들은 파리, 옥스퍼드 또는 볼로냐에서 유행하는 주제와 텍스트들에 대한 관심을 공유했다. 정신적 행복, 지복직관, 인간의 신격화, 인간의 신적인 이미지는 알베르투스 마그누스부터 모스부르크의 베르톨드에 이르는 인물들이 이슬람과 그리스의 사상, 특히 그리스의 신플라톤주의 철학자인 프로클로스의 사상을 재발견한 덕분에 독일 문화를 지배하던 주제들이었다.

알베르투스 마그누스: 생애와 저술들

알베르투스 마그누스는 1200년경 독일 바이에른 주의 라우잉겐에서 태어났고 1223년에는 이탈리아 파도바 대학 학생이었다. 독일로 돌아간 후에는 도미니쿠스회에서 고속 승진을 거듭했다. 1240년 초반에는 학문에 더욱 매진하고자 파리에 갔는데 이곳에서 페트루스 롬바르두스의 『명제집』을 알게 되었다. 1245년에는 신학 최고 학위를 취득하고, 프랑스인이 아닌 도미니쿠스회 수도승에게 배당된 교수직을 3년간 맡아 교육에 몰두했다. 이 기간에 『명제집』에 주석을 달고 『피조물 대전Summa de creaturis』을 집필했다. 1248년에는 라인 강 인근에 위치한 쾰른으로 옮겨 독일 최초의 최고 학문 기관인 대학이 설립되기 전까지(프라하, 1348) 그 역할을 대신한 일반 학원Studium Generale 설립에 몰두했다. 당시 그를 따랐던 인물은 (1249년에 위 디오니시우스 아레오파기테스[5세기]의 저술들을 교재로 하는 자신의 수업을 듣게 될) 어린 토마스 아퀴나스(1221-1274)였다. 1250년은 알베르투스 마그누스가 왕성한 지적 활동을 전개하던 시기였다. 그는 쾰른에서 프란체스코회의 로버트 그로스테스트(1175-1253)가 번역한 아리스토텔레스(기원전 384-기원전 322)의 『윤리학』을 강의 교재로 사용했다. 동시에 아리스토텔레스의 모든 저술을 체계적으로 강의했는데, 아리스토텔레스의 『형이상학』을 대상으로 한 주석 작업을 마친 1263년까지 이어졌다. 주석을 시도하는 방식으로 진행된 그의 강의는 아리스토텔레스의 텍스트가 가지고 있는 몇 가지 불분명한 사항들을 해결하거나 설명하는 데 이용되었다.

철학자 양성 교육

알베르투스 마그누스는 아리스토텔레스와 플라톤(기원전 428/427-기원전 348/347)의 철학을 알지 못하면 철학자 양성이 완전할 수 없다는 확신에 따라 이슬람 철학 전통 이외에도 아리스토텔레스와 플라톤의 철학 전통을 폭넓게 활용했다. 1254-1257년에 독일 도미니쿠스회의 관구장을 지냈고, 1256-1257년에는 교황청 인근 지역에 거주했다. 1260년에는 레겐스부르크의 주교로 선출되었으나 2년 후 주교직에서 사임하고 독일의 여러 지역을 순회하면서 설교 활동을 전개했다. 1264년에 뷔르츠부르크에 정착하여 계속해서 성서에 대한 주석 작업을 상당 부분 완성했다. 1269년에는 스트라스부르에서 아리스토텔레스의 저술들에 대한 강의를 끝으로 (아직까지도 아리스토텔레스의 신학 텍스트로 알려져 있는) 『원인론Liber de Causis』에 대한 중요한 주석 작업을 완성했다. 1270년부터 1280년에 사망할 때까지 쾰른에 머물면서 마지막 작품인 『신의 놀라운 지식에 관한 대전Summa de mirabili scientia dei』의 교정 작업에 전념했다.

사상

알베르투스 마그누스는 철학과 과학 분야에서 아리스토텔레스 또는 아리스토텔레스의 저술로 잘못 알려진 텍스트들을 강의하는 방식으로 폭넓은 저술 활동을 전개했다. 15년에 걸친 그의 방대한 연구 덕분에 대학은 처음으로 아비케나와 아베로에스의 저술에 주석을 붙이는 전통으로부터 벗어나게 되었으며, 도미니쿠스회의 교육 프로그램에 아리스토텔레스의 텍스트들을 채택할 수 있었다(Capitolo di Valenciennes, 1259). 알베르투스 마그누스의 주석 작업은 근본적으로 문화적 개방을 의미했다. 그리스도교 신학에 근거해 판단하기보다는 다양한 철학적 전통에 의해 드러난 여러 입장을 포괄적으로 설명했다. 그의 입장은 분명했다. 아리스토텔레스의 저술들에 적용된 방식은 자연과 인간에 대한 학문 연구에서 유일하게 효율적인 수단이라는 것이다. 철학은 학문적인 추론에 입각하여 전적으로 계시로부터 초월할 수 있고 또한 그렇게 해야만 했다. 마그누스는 철학적 이성과 신학적 이성 간의 대립이 자연에 대한 하느님의 자유로운 개입의 필연성을 거부하여 발생한 것이라고 확신했다.

알베르투스 마그누스의 연구는 그 자체의 인식론적인 가치를 넘어 정치적-문화적인 중요성을 가졌다. 그 이유는 신학자의 계시를 진리에 대한 마지막 요청으로 받아들인다고 할지라도 이교 신학을 차단하는 것을 합법화하면서도 철학의 능력을 사실상 합법화하지 않았기 때문이다. 당시 신학부 동료들 사이에 확산되어 있던 상징적인 해석의 전통과는 거리가 먼 자연 철학의 견고함은 알베르투스 마그누스의 고찰에 근거했다. 그에 따르면 우주는 별들의 움직임이 지상에 영향력을 행사하는 것과는 무관한 자연의 법칙에 의해 지배되었다. 점성술적-연금술적인 필연성에 의해 지배된 우주에서는 인간을 자유롭게 하고, 하느님과 세계 간의 구분을 명확하게 해 주는 지성의 덕목이 필요했다. 그는 신학적인 분석과 아베로에스의 영향으로 도입된 이성의 보편성에 대한 철학적 분석을 통해 인간의 자유와 권위를 언급했다. 실제로 인간은 하느님의 모상과 닮은 만큼 지성을 갖춘 존재였으며, 이 점에 있어 특수성을 보유했다. 인간은 이성을 활용함으로써 자신의 지성이 구체적인 한 인간의 지성이라는 사실로부터 초월하는 만큼 신적인 기원을 가지며, 이를 발견하는 것이 (알베르투스 마그누스에 의하면) 인간의 진정한 행복이었다. 하지만 모든 인간이 이성을 갖추고 있다고 해서 기대할 수 있는 지적인 완벽함은 아니었다. 인간은 육체적이거나 도덕적인 단점들을 지니기 때문에 모두가 이 경지에 도달할 수는 없었다. 그가 전하는 메시지의 수신자는 오히려 과학자와 철학자였다.

신학에 의해 제기된 자연 철학

쾰른 학파

아베로에스, 아리스토텔레스, 신플라톤주의, 그리고 신비주의의 영향을 받은 지성과 정신적인 행복에 대한 알베르투스 마그누스의 이론은 쾰른 학파 또는 일반 학원

Studium Generale의 여러 학위 과정을 경험한 독일 도미니쿠스회 수도승들에 의해 수용되고 발전되었다. 이 지적인 그룹에는 스트라스부르의 니콜라, 리히텐베르크의 조반니 피카르디, 뤼베크의 하인리히, 스트라스부르의 울리히Ulrich of Strasbourg(약 1220-1277), 프라이베르크의 디트리히Dietrich of Freiberg(1250-1310), 마이스터 에크하르트Meister Eckhart(약 1260-1328), 모스부르크의 베르톨드Berthold of Moosburg(14세기)가 속했는데, 이들이 쓴 대부분의 저술은 아직도 미출판 상태거나 거의 알려지지 않았다.

스트라스부르의 울리히

알베르투스 마그누스의 첫 번째 제자는 쾰른에서 스승의 강의를 들은 스트라스부르의 울리히(약 1220-1277)다. 그는 최고선을 주제로 6권의 방대한 저술(『최고선』)을 남겼는데, 여기에는 위 디오니시우스 아레오파기테스Dionysius Areopagites(5-6세기)의 것으로 잘못 알려진 저술(『신명론De divinis nominibus』)과 특히 알베르투스 마그누스가 남긴 저술들의 영향이 남아 있었다. 오랫동안 스승을 모방한 인물로 알려졌던 울리히는 알베르투스 마그누스의 초기 및 후기의 사상을 연결시켜 주는 중요한 고리다. 자연의 섭리와 자발적인 섭리의 차이는 신학적인 방법론과 철학적인 방법론의 차이를 만들어 냈으며, 하느님을 지칭하는 첫 번째 이름으로의 지성과 필수적인 인과율 개념의 기술화는 알베르투스 마그누스의 저술들에서 다루어진 핵심 주제였지만 울리히를 거치면서 '독일'적이라고 할 수 있는 철학의 주제들로 발전했다.

프라이베르크의 디트리히

프라이베르크의 디트리히(1250-1310)는 신학적 방법론과 철학적 방법론의 차이를 규명하기 위해 알베르투스 마그누스보다는 울리히를 새로운 근거로 삼았다. 작센 주 프라이베르크에서 출생한 그는 1275-1276년에 파리에서 신학을 공부하고 교수로 활동했다. 또한 1293-1296년에 독일의 관구장, 1294-1296년에 도미니쿠스회 총대리를 역임했다. 1296년에는 다시 파리에서 신학부 교수 자격으로 프랑스인이 아닌 도미니쿠스회에 할당된 교수직을 2년간 수행했다. 그의 전기傳記에서 드러난 마지막 암흑기는 1310년으로, 이 해에 그는 독일 지방의 교구를 맡아 수행했다. 도미니쿠스회 저자들의 오래된 문헌에 따르자면, 그는 33권의 저술을 남겼으며 그중 26권이 재발견되었다. 디트리히가 남긴 저술들은 광학과 화학에 대한 구체적인 연구를 포함한 자연의 필연성에 대한 설정과 지성의 독자성이라는 두 가지 큰 주제에 집중한 것으로, 주로 철학적 현실성에 집중된 문제를 다루었다. 그는 알베르투스 마그누스와 스트라스부르의 울리히로부터 신학과 철학을 명백하게 구분해야 할 필연성을 재인용했지만 울리히로부터는 자연의 섭리와 자발적인 섭리의 차이를 언급한 성 아우구스티누스의 명언에 대한 해석을 이끌어 냈다. 자연의 섭리는 울리히만이 아니라 디트리히에게 있어서도 원인들, 즉 '철학자들의 신학'과 관련 있는 물리적 자연을 지배했던 반면에 자발적인 섭리는 의지와 가치들로 가득한 세계, 즉 성인들의 신학을 대변했다.

지성과 우주

그에 따르자면, 실제의 자연은 규칙성과 필연성이 필수적인 인과율에 의해 보장되는 법칙의 지배를 받았다. 즉 우주의 복수성複數性은 세계에서 관찰되는 결과들을 단순하고 통일적인 방식에 따라 (이미 자체적으로 가지고 있는) 지적 성격의 유일한 원칙에 근거했다. 규정된 공식에 의하면 원인과 결과는 존재 혹은 이들의 구체적인 결정에 따라 다르지만, 본질이나 원리에 있어서는 동일한 것이었다. 이러한 관점에서 볼 때 비정신적인 대상들은 그 자체로 이들을 인식할 수 있는 이성이 결여되었다. 이성은 인간의 지성에 의해 형성되는 것이다. 인간의 지성은, 대상 그 자체에 '부과되었다'고 할 수 있는 범주론적인 서술들(관계, 실체, 시간 등)을 통해 대상을 받아들였다. 디트리히에게 있어 우주의 형성은 지성의 자발적인 행위인데, 도미니쿠스회 소속이었던 그는 이것이 제1원리인 하느님에 의해 필수적으로 공표된 것이라 주장했다. 그에 따르면 공표 절차는 이미지의 방식으로 진행되었다. 공표의 주체인 인간의 지성은 하느님이 기원하는 원리의 완벽한 이미지였으며, 순수하면서도 단순한 지적 본질 그 자체를 공유했다. 능동 지성은 영혼의 단순한 능력이 아니라 자기 자신을 잘 아는 만큼 자신의 원리, 즉 하느님까지도 알고 있는 지적인 본질의 활동이어야 했다. 비록 방금 설명한 조건인 자의식적인 사고가 인간의 진실한 본질을 대변하기는 했으나 이것은 결과들을 통해서만 알려졌다. 디트리히는 이렇게 해서 인간은 다른 삶 속에서만 진정 이해될 수 있는 자신의 지적인 원리와는 영원히 이질적인 상태에서 살아간다고 했다.

모스부르크의 베르톨드와 '그의' 프로클로스

이러한 입장은 마이스터 에크하르트(약 1260-1328)를 통해 극복되었다. 그는 동료들과 동일한 전제에서 출발했지만 신에 대한 인식을 선한 의지의 모든 사람에게 수용 가능한 사적인 경험으로 여기면서 인간의 권위와 본질을 고려하는 새로운 방식을 제시했다. 이 전통을 마지막으로 상속한 인물은 모스부르크의 베르톨드(14세기)지만 사실상 그에 대해 알려진 것은 거의 없다. 1316년에 옥스퍼드에서 수학했고 1327년에는 레겐스부르크에서 강의했으며, 1335-1361년에는 쾰른 일반 학원에서 교수로 활동했다. 또한 도미니쿠스회의 뫼르베케의 기욤(1215-1286)이 번역한 프로클로스의 『신학 개요Elementatio Theologica』를 대상으로 유일한 주석서를 남겼다. 베르톨드의 대표적인 주석서는 신플라톤주의의 중요 증거였다. 여기에서 그는 쾰른 학파의 몇 가지 특징적인 주제들(자연의 섭리와 자발적인 섭리의 차이, 자발적인 지성과 인간의 신격화)을 우주를 신적인 것들의(이것이 선포되고 베르톨드 자신이 어쩌면 스트라스부르의 울리히의 영향을 받아 최고선이라 정의한 제1원리로의 회귀에 있어) 전체로 간주하는 프로클로스의 철학에 비추어 재검토했다. 이러한 의미에서 베르톨드의 눈에 프로클로스의 철학은 곧 신학이었으며 (프라이베르크의 디트리히가 『신학의 주제De subiecto theologiae』에서 기술한) 철학자들의 신학을 의미했다. 자연의 섭리라는 관점에서 이는 우주를 연구하는 지식이거나 또는 인간이 모든 것의 첫 번째 원인을 발견할 수 있도록 인도하는 연속적인 원인으로 여겨졌다. 비록 조사 대상에 대한 정의를 의도하는 것은 아니었지만 그에 의하면 (아리스토텔레스의 철학처럼) 프로클로스의 사상은 학문적이지 않은 것은 아니었다. 오히려 통합된 철학에 귀착하기 위해 인식의 주체와 인식된 대상 사이의 반목을 극복하려는 것으로 이해되었다. 자신의 인식 과정에서 알게 된 것을 선포 과정에서 역행하는 인간은 그 자신이 알고 있는 원리 그 자체 혹은 최고선을 닮아 갔다. 베르톨드에 따르면 지복은 세계에 대한 철학적 전망 혹은 자신과 우주에서 신적인 것을 발견한다. 이것은 지식을 경험하는 인간을 완전히 변화시키는 지식이었는데, 신적인 것을 아는 것이 신적인 존재들을 의미했기 때문이다. 베르톨드는 신적인 인간homo divinus을 생각했는데, 대표 사례를 알베르투스 마그누스, 특히 에크하르트에게서 찾았다. 이렇게 해서 하나의 형이상학은 새로운 윤리를 위한 전제가 되었다. 매우 중요한 것은 인간 영혼이 하나라는 주제였는데 unum animae in nobis, 베르톨드는 이 주제를 1278년에 번역된 프로클로스의 『섭리론』에서 찾았다. 한편에서는 영혼의 본질을 구성하고 영혼의 합리적인 기능을 설정했으며, 다른 한편으로는 우주 전체가 기원하는 최고선을 지적으로 직관하기 위한 가능성을 대변하는 초이성적인 원리에 해당했다.

| 다음을 참고하라 |

철학 번역의 이중적 방식과 비평적 지식의 성립(349쪽); 대학과 학문 체계(359쪽); 중세 사상에서의 대전과 주석의 전통(366쪽); 토마스 아퀴나스(389쪽)

과학과 기술 이탈리아와 유럽의 의학 교육 기관과 대가들(595쪽)

토마스 아퀴나스

| 알레산드로 기살베르티Alessandro Ghisalberti |

지적 활동에 의한 모든 저술, 특히 철학과 신학에 관련된 저술의 관점에서 볼 때 13세기는 중세의 창조성을 혁신적으로 표출한 시기였다. 과거와 마찬가지로 오늘날에도 이러한 혁신을 가장 잘 대변할 뿐만 아니라 이후의 역사에서도 지속적으로 등장할 인물은 토마스 아퀴나스다. 그의 저술들에서는 아리스토텔레스의 사상을 신플라톤 철학의 영역으로 흡수하면서 이에 대한 재고를 제안하는 과거의 연구 결과들이 발견된다. 일자의 삼분 구도, 일자로부터의 벗어남, 그리고 일자로의 회귀 구도에 있어 그는 우주의 성격, 특히 인간의 이해력과 보다 내적인 욕구의 사출에 함유된 거대한 힘의 구조적 활력을 조사하기 위한 (이성적인) 인식력의 놀라운 자원을 발견했다.

삶과 저서들

토마스 아퀴나스(1221-1274)는 1221년에 이탈리아 로카세카Roccasecca에서 아퀴노 란돌포의 아들로 태어났다. 어린 시절에는 몬테카시노 수도원에서 봉헌된 자(수도원에 재산을 기부하면서 세속인 신분으로 수도원에서 교육받는 학생*)로 살면서 기초 교육을 받았다. 1239년 나폴리에 온 그는 프리드리히 2세가 1224년에 설립한 나폴리 대학에서 수학했고 이후에도 커리큘럼에 따라 논리학과 아리스토텔레스의 자연 철학을 공부했다.

파리에서는 아리스토텔레스의 자연 철학과 형이상학에 대한 공부를 금하는 법령이 제정되는 동안 나폴리에서는 아리스토텔레스에 대한 연구가 자유로웠다. 프리드리히 2세의 궁정은 고대 철학과 학문 연구를 장려하면서 아리스토텔레스와 그리스-아랍 철학자들의 저술을 라틴어로 번역하는 일을 적극 후원했다. 또한 나폴리 학파의 확산에도 영향을 주었다. 당시 라틴 서양 세계에 알려지지 않았던 과거의 문헌들에 대한 관심, 즉 아리스토텔레스와 고대의 이교와 그리스도교 사상가들의 저술을 대상으로 주석서를 작성하고, 그리스어나 아랍어로 작성된 작품을 완벽하게 번역하기 위한 노력은 토마스 아퀴나스의 철학 형성 과정에서 결정적인 역할을 했던 요인 중 하나였다. 그리스와 아랍의 방대한 백과사전적인 지식이 이질적인 문화들과의

고대에 대한 숭배

비교를 통해 유사해지기 시작한 것은 그리스도교 신학에 아리스토텔레스의 인식론이 적용되면서 중세 전반기의 철학-신학 전통을 혁신하려 했던 토마스 아퀴나스의 선택에 기인했다.

토마스 아퀴나스의 경력에서 결정적인 요인은 나폴리에서 도미니쿠스회와 접촉한 후에 (가족들의 반대에도 불구하고) 합류하기로 결정한 것이었다(1244년 봄). 그는 파리의 도미니쿠스회 수도원으로 옮겨 스승이자 동료였던 알베르투스 마그누스(약
학력 1200-1280)에게 수학했다. 1240년대에는 스승을 따라 쾰른으로 옮겨 모든 교육 과정을 수료했고 1253년에는 파리로 옮겨 대학 신학부에서 성서에 대한 주석과 페트루스 롬바르두스(약 1095-1160)에 의해 완성된 신학적 견해들을 체계적으로 수집하기 위한 학사로서의 교육 경력을 시작했다. 또한 최종 교정 작업을 마치고 자신의 첫 번째 대작인 『명제집 주석서Commento alle Sentenze』를 완성했다. 그가 학사로 활동하던 당시에 파리 대학에서는 생타무르의 기욤(1202-1271)이 이끄는 재속 성직자 신분의 교수들과 탁발 수도회족, 도미니쿠스회(교단의 첫 번째 인물은 토마스 아퀴나스다), 프란체스코회(바뇨레조의 보나벤투라Bonaventura di Bagnoregio로 대표되는)의 교수들 사이에서 분쟁이 발생했다. 재속 성직자들이 대학의 독립을 위해 탁발 수도회와의 대립을 불사한 것으로, 직접적인 원인은 교단의 위계질서에 대한 복종 서약을 거부한 것이었다. 이로 인해 토마스 아퀴나스의 정교수 임명이 약 1년간 연기되었지만 1257년 초반에 파리에서 처음으로 교수로 임명되었다.

교수 활동은 그의 전 생애에 걸쳐 중요한 의미가 있었다. 파리에서 교육에 몰두했던 첫 3년과 이후 10년 동안 그는 이탈리아의 대학 도시들과 파리(1269-1272), 마지막으로는 나폴리 대학(1272-1274)에서 강의했다. 이 선택은 그의 교수 경력에 포함되는 세 가지 활동 영역인 강의와 주석 작업(읽기legere), 이론을 깊이 있게 분석하고 변증법적인 토론 전개하기(토론 문제집quaestiones disputatae), 대학 공동체의 여러 구성원에 대한 설교를 통해 이론을 확립하거나 강의를 통한 방대한 저술 활동에 결정적
저술들 으로 작용했다. 토마스 아퀴나스의 저술은 주석 형태의 가르침부터 성서 텍스트(신약과 구약), 아리스토텔레스의 거의 모든 철학서, 보에티우스(약 480-525?)와 위 디오니시우스 아레오파기테스(5세기), (『원인론』이라는 제목의 아랍 문집을 통해 그 사상이 알려진) 신플라톤주의자 프로클로스(412-485)의 신학 저술들 같은 텍스트들을 포함했다. 가장 논란이 된 신학과 철학의 논쟁들(『진리론Sulla verità』, 『전능론Sulla potenza』,

『악론Sul male』, 『영혼에 관한 토론 문제집Sull'anima』)에 대한 대학 교육의 결과인 『토론 문제집』이라는 풍부한 모음집은 아퀴나스의 가장 유명한 두 개의 작품인 『신학대전』(총 3부로 구성)과 『대이교도대전Somma contro i Gentili』이라는 문답집의 교육적 목적을 반영하고 있고, 4권으로 구성되어 있다.

만약 좁은 의미에서의 설교에 성서와 예식용 텍스트, 그리고 (민중을 위한 것이지만 오늘날에는 라틴어 번역본만 존재하는) 속어 설교집에 대한 공적인 주석이 포함된다면, 여기에는 『소품집Opuscula』들에서 언급된 공적 논쟁들도 포함시킬 수 있는데, 3권의 논쟁서가 대표적이다. 탁발 수도회를 옹호했던 젊은 시절의 논쟁들부터 1270년경 인문학부 교수들과 벌인 논쟁들(가장 유명한 저술로는 『아베로에스주의자들을 반박하는 지성 단일성론Trattato sull'unità dell'intelletto contro gli averroisti』과 『세계의 영원성Trattato sull'eternità del mondo』)이 그것이다. 그 외에도 여러 권의 전례용 저술을 남겼는데, 그중에는 그리스도교 성체 축일Corpus Domini을 위한 성무일도 끝기도도 있었다(독서와 입당 찬송).

신학의 새로운 학문적 패러다임

토마스 아퀴나스는 항상 신학자임을 자처하거나 당대의 언어로 말하자면 '거룩한 가르침의 교수'임을 자부했다. 구체적으로 말하자면 '신성'하다는 것이며 신의 암시와 관련 있는 인식적 배경을 포함했다. "거룩한 가르침은 그 자체로 단일한 학문이다. 그러나 여러 학문 분야의 (신적 빛을 통해 인식될 수 있는) 연구 대상과 관련 있다는 형상적인 이유 때문에 다양한 철학 영역의 대상을 포함한다"(『신학대전』, I, 1, 4).

빛lūmen은 신이 그 자체로 가지고 있는 인식의 완벽한 인지력과 밀접하게 관련된 인식의 매개체였다. 그리고 신에 대한 인식의 완전히 투명한 빛은 계시를 통해 신이 실제로 드러낸 것이나 신앙의 항목들에 관여했다. 또한 계시는 성찰을 통해 신이 계시할 수 있는 모든 것, 분야별 지식들, 사물 전체를 대상으로 '드러낼 수 있는 모든 것'으로 확대되었다. 계시의 빛

신학 지식에서 이성은 고전 철학의 가치 속에서 잘 드러났다. 토마스 아퀴나스는 『분석론 후서』로부터 인식의 증명적인 성격을 지지하는 아리스토텔레스의 체계적인 삼단논법적인 논증을 받아들였고, 보편적이고 필연적인 전제들을 통해 똑같이 보편적이고 필연적인 학문을 이끌어 냈다. 토마스 아퀴나스는 『신학대전』에서 폭넓

은 의미에서의 철학, 또는 계시에 기원하지만 형태들과 분석, 이성적으로 추구된 과정들을 통해 확장되는 인간 이성의 능력에 대한 믿음을 드러냈다. 그럼에도 신학은 보편적이고 분명한 전제들이 아니라 신앙의 (계시를 통해 수집된) 조항들로부터 출발한다는 특징을 드러냈다. 그리고 신학의 학문적인 엄밀함은 이를 부정하는 자의 주장에 대한 반박을 통해 구체적으로 드러났다. 다시 말해 아리스토텔레스가 『형이상학』 제4권(IV, 4 ; 1006 a2-1006 b12)에서 말한 것을 전혀 모순적이지 않은 원리에 적용한다면, 논쟁은 신학의 적대 세력이 계시에 의한 표현들을 반대할 경우에 발생할 수 있었다. 이단의 경우 계시에 의해 드러난 몇 가지 진실을 받아들였지만 다른 진실들은 거부했다. 이는 이단적인 전제들의 내적인 지리멸렬함을 보여 주기 위해 성서에 의지하면서 논쟁을 벌일 수 있게 해 주었다(논박술élenchos). 만약 거룩한 가르침의 적이 계시를 통해 드러난 모든 것을 수용하지 않는다면 논쟁은 드러난 진실과 대치되는 결론들에 도달하는 주장들의 무가치함을 보여 주는 데 집중될 것이었다.

이성의 역할

토마스 아퀴나스에 의하면 거룩한 가르침의 교수에게는 계시에 반목되는 주장들은 진지한 것이 아니라 궤변적 논증인 만큼 이들을 거부해야 할 임무가 있었다. 그의 신학적 인식론을 정확하게 이해하기 위해서는 신학자가 신앙에 의한 계시를 통해 계시와 대치되는 이성이 모두 거짓이라는 것을 알게 되는 악순환에 빠질 수 있다는 가설을 배제해야 했다. 이러한 입장은 이성의 독자성을 존중하지 않은 것이었는데, 이성을 배제한 채 진실에 도달하기로 결정한 것은 신앙일 것이기 때문이다. 실제로 토마스 아퀴나스는 계시만으로 적대적인 주제 모두가 거짓이라는 것을 충분히 알 수 있다고는 말하지 않았다. 그는 이성이 다른 결론에 도달하는 합리적인 주제들을 구성할 가능성과 적들이 전개하는 주제들에 내적인 형태의 엄격함이 결여되어 있는 것을 발견할 가능성을 함께 지닌다고 주장했다.

토마스 아퀴나스는 신학 지식의 학문적 가치를 고려하여 이상에서 설명한 방법들을 성서 주석 작업을 통해 집필한 많은 작품에 적용했다. 그의 의도는 성서의 주장들로부터 가톨릭 신앙의 진리가 가진 가치들을 발굴하고 적대적인 주장을 반박하는 데 필요한 이론적인 요인들을 찾는 것이었다. 종교적-세속적인 텍스트들의 권위에 의존하는 것은 저자들의 수준에 근거한 질서를 따라야 함을 의미했다. 권위가 신의 계시에 기초한다는 주제는 상당히 효율적이었다. 종교적인 이론에는 인간의 합리적 사고도 적용되었는데, 이는 신앙의 진리를 드러내기 위한 것이 아니라(신앙의 역할을 약화시키기 때문이다) 종교적인 이론의 몇 가지 내용을 보다 잘 드러내기 위한 것이었다. 성경의 정경은 필연성에서 논증하기에 고유한 의미로 사용되지만 권위는 (고유한 것에서 논증하기는 하지만) 개연적으로 논증하는 것이다(『신학대전』, I, 8, ad 2).

신학자의 철학

계시에 포함되지만 동시에 이성을 통해서도 접근 가능한 몇 가지 진리가 있다. 이들은 신의 존재, 불멸성을 보장하는 지적인 영혼의 영적인 성격과 역할이었다. 토마스 아퀴나스는 이러한 진리를 '신앙 조항을 위한 전제들'이라 정의했다. 인간의 이성이 독자적으로 도달할 수 있지만 모든 사람이 도달하기에는 어려움이 따르고, 모두가 즉시 이해해야 할 필연성 때문에 하느님이 계시된 진리 속에 포함시킨 '진리의 기본적인 전제들'이었다. 토마스 아퀴나스에게 이러한 전제들은 신앙과 이성이 내적으로 합치될 수 있음을 의미했다. 토마스 아퀴나스는 『신학대전』 초반부에서 철학을 통해 신의 존재를 증명하는 것이 가능한지를 자문하면서 답변으로 '다섯 가지의 길'을 제시했다. 이들은 서로 무관한 것이 아니라, '경험적인' 동일한 이성적 절차로 설명될 수 있거나 경험을 통해 얻어진 자료들에 대한 분석에서 출발해 경험적 질서를 초월하는 원칙의 존재에 대한 주장에 도달하는 것들이었다.

신의 존재에 대한 다섯 가지 길

아리스토텔레스에 따르면, 첫 번째 길은 가능태에서 현실태로의 전환으로 정의될 수 있는 운동이나 변화에 대한 감각적 확인에서 출발했다. 이러한 이행 과정은 작동 중인 작용자agente에 의해서만 가능했다. 작용자는 사물이 스스로 움직이는 것이 불가능하다는 사실에 근거한 원칙이었으며, 따라서 가능태에서 현실태로 고유하게 옮겨 가는 것의 원인으로 작용했다. 만약 그 어떤 것도 스스로 가능태에서 현실태로 옮겨 갈 수 없다면 다른 작용자나 외적 동력이 필요하게 되며, 변화되는 사물들의 지속적인 과정은 움직여지는 일련의 사물처럼 묘사된다. 이때 이들은 다른 사물들이 가능태에서 현실태로 옮겨 가도록 만들었다. 하지만 일련의 과정은 무한으로 소급될 수 없다. 왜냐하면 그것은 하나의 원칙, 하나의 기원, 하나의 설명이 없는 것을 의미할 것이기 때문이다. 즉 (그 어떤 움직임의) 원리가 없으면 결코 시작될 수 없으며, 따라서 우리가 지금 여기에 존재한다고 주장하는 움직임조차 존재할 수 없다고 해야 할 것이다. 이러한 모순적인 결론을 피하기 위해서는 움직이지 않는 제1동자의 존재를 인정해야 하는데, 그것을 모든 이가 신이라고 부른다.

다른 네 가지 증명 방식은 근본적으로 첫 번째 방식과 유사한 구조를 가지는 반면에 과정을 구성하는 경험적 자료는 달랐다. 무한 소급될 수 없다는 주장은 두 번째와 세 번째 증명 방식에서 드러나며, 항상 모순율에 근거했다. 즉 원인들을 야기하는 사물들의 존재에 대한 능동인을 찾아 무한대로 가거나(두 번째 길) 항상 존재하지는 않는 우연유의 이유에 대한 능동인을 찾아 무한대로 간다면(세 번째 길), 원인이 된 실재들과 우연유의 결과들은 설명될 수 없고, 존재할 수 없을 것이다.

네 번째 길은 유한한 실체들의 완전함의 정도에 대한 고찰에서 시작된다. 다시 말해 선, 진리 혹은 존재론적인 고귀함 같은 완전함을 가리키는데, 이들은 존재와 함께 알려지기 때문에 선험적인 완전성으로 불린다. 하지만 완전성을 가진 유한한 존재는 그 원천과 근저에서 드러나지 않는다면 절대로 지각될 수 없다. 이러한 존재가 실재하기 위해서는 절대적인 존재가 그 자체로 존재해야 한다. 다시 말해 자체적으로 존재하는 것, 즉 절대적인 존재가 있어야 한다. 알려지고 제한된 존재로부터 기원하는 모순이 (모순을 야기하는 알려지지 않고 무한하며 지속적인 존재가 주어지는 것 없이) 제거되어야 하기 때문이다.

다섯 번째 길은 알려지지 않은 실체와 관련한 목적론에 대한 주장에서 시작된다. 즉 자연적인(이유를 알 수 없다) 작용자들은 작용에 항상 또는 거의 항상 하나의 결과에 도달하는데, 그들의 성격상 최선을 드러내기 때문에 마치 이들의 목적인 것처럼 간주된다. 이러한 목적론은 인식이 없는 실체들이 목적을 추구하고 자연의 작용자들이 지속적으로 작용하는 우발적인 방식으로는 설명될 수 없기에 이들을 목적으로 인도할 수 있는 지적 존재로 귀결되어야 한다.

신의 존재를 증명하는 다양한 방식에 있어, 신의 보다 구체적인 속성들과 관련한 주제들로는 (신의) 유일성, 무한성, 선한 의지 같은 필연적인 요인들이 있다. 그 외에도 토마스 아퀴나스는 신의 존재에 대한 증명들이 상당히 그럴듯한 결론들을 제공함에도 불구하고 신의 초월성을 이성적으로 보여 주거나 계시의 신비한 성격과 신앙 행위의 무상적인 성격을 폐지할 수 있는 필연적인 증명은 아니라고 주장했다.

지성은 실체를 인식한다

토마스 아퀴나스는 인식 철학 분야에서 지성이 오직 감각을 통해서만 수집된 경험적인 현실로부터 추상하여 개념을 확보한다고 주장했던 아리스토텔레스의 경험주의에 대한 재검토를 제안했다. 그는 보편적인 개념들은 제1원리들(동일율, 모순율, 배중율)을 선천적으로 소유하고 있는 지성에 의한 판단에 속했다. 인간의 지성이 보다 이해하기 쉬운 개념은 실체(또는 존재를 가지고 있는 것)의 개념인데, 이는 존재론의 구체적인 대상이며 유사성의 공식을 통해 존재에 대한 형이상학적인 흔적, 선험적인 특성(일성, 진성, 선성, 미성), 질료와 형상으로 구성된 실체의 성격, 생성과 인간 행위의 원인들을 모색할 수 있게 해 주었다.

그리스 인간학에서 영혼 불멸까지

토마스 아퀴나스는 생각하거나 추론하는 작용을 가능하게 하는 인간의 지적인 영혼이 인간을 존재하고 활동할 수 있게 해 주는 실체적 형상의 특징들을 보유하며, 이러한 근본적인 형태가 유일하고, 생장시키고, 감지하는 영혼의 기능까지도 완성한다는 아리스토텔레스의 인간학적이고 심리학적인 발상을 수용했다.

본질적인 실체적 형상의 단일성

실체적 형상의 단일성에 대한 이론은 플라톤의 이원론적인 인간학을 통해 타협된 (주체의) 내적인 단위에 대한 문제를 해결하는 데 결정적으로 기여했다. 그럼에도 주체의 회복된 단일성이 그리스도교 인간학에 매우 중요한, 영혼 불멸성에 관한 난제들을 동반하지 않는다는 문제는 여전히 해결 과제로 남아 있었다. 아퀴나스는 영혼이 활동을 하는 공적 기관이면서도 지적인 활동에서는 기관으로서의 육신을 반드시 필요로 하지 않는다는 사실을 지적하면서, 육신이 없어진 이후에도 생존하는 인간 영혼의 특권을 주장했다. 따라서 그는 영혼이 실체적 형상이라는 사실과 실체적인 형상이 (영혼이 모든 육신을 가질 수 있다는 인식, 보편적인 인식, 자의식과 같은) 활동을 수행한다는 사실에서 알 수 있듯이 독자적인 존재를 가짐을 지적했다. 지성적 영혼은 순수한 형상인 만큼 위에서 언급한 영혼의 활동들에 있어 육체의 기관들에 예속되지 않으며, 존재론적인 독립성을 유지하고, 지성적 영혼이 육체와 함께 부패된다는 사실을 배제했다.

육신의 유일한 실체적 형상인 인간 영혼의 '독립성'에 대한 주장은 '정신'과 함께 이해하는 원리의 기능에서만이 아니라 존재론적인 원리에서 보듯이, 인식 작용과 인식 주체의 존재 간의 유질동상isomorphism, 즉 '작용은 존재에 의존한다'는 교훈에 근거하여 영혼의 형이상학적 기능에서도 영혼이 유효하다는 것을 명백하게 보여 주었다. 행위의 질서와 존재론적인 질서의 관계는 형상을 존재의 전이 원리로 간주하는 개념에, 존재를 활동의 원리처럼, 그리고 작용의 활력을 증진시키는 완전성으로 여기는 것에 기인했다.

토마스 아퀴나스의 반아베로에스주의

아리스토텔레스적인 의미에서 이러한 주장을 정통한 것으로 확신한 토마스 아퀴나스는 자신의 모든 연구를 통해, 아프로디시아스의 알렉산드로스(2-3세기) 같은 그리스 아리스토텔레스학파(소요학파)의 영혼에 대한 물질주의적인 해석, 특히 파리 출신인 시제루스(약 1235-1282)에 의해 소개된 위대한 아리스토텔레스 주석가인 아베로에스의 주장을 비판했다. 아베로에스와 시제루스는 아리스토텔레스가 말하는 능동 지성과 수동 지성이 모든 유형의 인간에게는 독립되고 단일한 정신적 실체인 반면에 오직 인간만이 강력한 상상이나 환상 속에서 최고로 발산되는 감각적 인식을 가진다고 주장했다. 토마스 아퀴나스에 따르면, 지성의 단일성(또는 단일 지성론 monopsichismo)은 개인들의 독자적 인식 활동을 방해하며, 이와 마찬가지로 육신이 죽어도 살아남는다는 주장을 배제했다.

토마스 아퀴나스의 성서 주해 작품들에서 드러나는 인간학에 대한 신학적 접근은 앞에서 언급한 철학적인 전망과 내적인 상승 작용을 유지하며, 또한 다음처럼 종합할 수 있다. 유대-그리스도교적인 계시의 하느님이 인간에 대한 친절함을 통해 인간에게는 '영속할 무언가가 숨겨져 있다'는 사실을 드러냈다. 그리고 이러한 이유로 하느님이 자신의 영원함과 관계가 있는 것들에서만 행동하기 때문에 하느님이 돌보는 인간의 존재는 영원함을 추구했다.

지상의 행복과 영원한 축복

모든 인간은 자신의 행복이나 완전성을 바라기 때문에 궁극적인 목표를 추구한다. 행복과 완전성의 개념에는 최고선의 궁극적인 목표로 행복이나 완전성을 제공한다는 개념이 포함되어 있다. 최고선이 없다면 행복이나 완전성도 최저 수준으로 떨어질 것이다. 최고의 궁극적인 질서는 이미 아리스토텔레스에 의해 지적된 도덕적인 덕목의 영역들에서 시작된 이후로 그리스도교적 도덕의 기초가 되는 초자연적인 덕목들의 차원으로 확장되면서(믿음, 소망, 사랑) 인간 행위의 모든 윤리적 선택을 결정했다.

행복과 최고선

만약 일반적으로 행복이나 욕망이 (즐거움이나 기쁨을 양산하는) 최고선에 도달하는 것을 통해 얻어진다는 사실과 관련이 있다면, 즐거운 경험은 궁극적인 목적인 욕망을 전체적으로 또 궁극적으로 즐길 능력을 갖춘 최고선에 도달했을 때 극대화된다. 따라서 인간은 두 가지 서로 다른 유형의 행복을 추구한다. 첫째로 지상의 행복은 물질적인 재산을 차지하는 것이고, 둘째로 영원한 행복은 최고선으로부터 유래한다. 지상의 불완전한 행복은 지성과 의지를 갖춘 인간의 행복 유형에 항상 속한다. 이미 아리스토텔레스는 단순한 현실들을 전체적이고 완벽하게 알기 원하는 인간 정신의 바람을 인간 행복의 전형적인 특징으로 지적한 바 있었다. 하지만 인간은 지적인 것만은 아니다. 그리고 토마스 아퀴나스는 외부의 물질로 통하는 전이적인 행위와 같은 작용자에 머무는 내재적인 행위를 구분한 후에 인간이 이성의 체계 덕분에 활동 영역을 무한으로 확대할 수 있다는 사실을 암시했다. "지적이고 우주를 이해할 능력을 가진 영혼은 무한의 대상들로 확대되는 힘을 가진다." 다시 말해 본성적으로 이성과 손을 가지고 있기에 "인간은 무한대로 다양하고 무한의 결과를 동반하는 도구들을 가질 수 있다"(『신학대전』, I, 76, 5, ad 4).

아퀴나스는 이전 시대의 성향과 관련하여 인간과 자연의 관계를 재평가했다. 하는 일에 있어 단지 단죄의 결과만을 직시하는 비관론의 흔적도, 자연 세계와의 관계에서는 마니교와 이원론의 모든 전망에서 고유한 (자연 세계에 대한) 불신의 흔적도 보이지 않았다. 다시 말해 인간이 활동하는 자연 세계에 대한 새로운 시각을 동반한 모든 문화적 자극들이, 이미 13세기 초반 아시시의 성 프란체스코(1181/1182-1226)의 『피조물의 찬가Cantico delle creature』에 등장하는 요인들로부터 신비로운 상징주의 문화와 중세 전반기 보석 세공인들과 동물 설화집의 환상적인 문화를 대체한 아리스토텔레스의 자연에 대한 저술들(『자연학』, 『형이상학』, 『영혼론』)에서 지적된 우주에 대한 과학적 고찰과 같은 근본적이고 새로운 변화들과의 조화 속에서 꽃피웠다.

| 다음을 참고하라 |
철학 중세 이슬람 철학: 주제와 주인공들(328쪽); 번역의 이중적 방식과 비평적 지식의 성립(349쪽); 대학과 학문 체계(359쪽); 중세 사상에서의 대전과 주석의 전통(366쪽); 알베르투스 마그누스와 쾰른 학파(383쪽); 바뇨레조의 보나벤투라(398쪽); 오컴의 윌리엄(424쪽); 에크하르트와 라인 강 신비주의(442쪽); 영혼(457쪽)
시각예술 예술과 탁발 수도회(853쪽)

바뇨레조의 보나벤투라

| 마르코 로시니Marco Rossini |

피단차의 조반니 또는 바뇨레조의 보나벤투라는 '프란체스코회의 철학'을 확립하려는 성 아우구스티누스의 기능적인 의도로부터 자신의 성찰을 이끌어 냈다. 하지만 그의 노력은 아리스토텔레스주의의 전성기에는 철학적 연구로서의 독자적인 성격을 형성하지 못했다.

삶과 저서들

피단차의 조반니(약 1221-1274)는 바뇨레조의 치비타Civita의 전형적인 부르주아 가정에서 출생했다. 부친의 이름 역시 조반니로 직업은 의사였다. 아들 조반니는 18세가 되자 고향에 있는 프란체스코회 소속 작은 형제회에서 수학했고 이후 파리로 옮겨 대학에서 학문을 계속했다. 이 기간에 자연스럽게 프란체스코회 교단과 접촉했고, 1243년에는 인문학부 교수 자격magister artium을 획득한 후에 프란체스코회에 들어가 보나벤투라라는 이름으로 불리게 되었다. 1248년에는 성서 학사baccalaureus biblicus가 되어 성서에 대한 검열 강독의 책임을 맡았다. 2년의 교육을 마친 후에는 명제집 학사baccalaureus sententiarius도 획득하고 페트루스 롬바르두스(약 1095-1160)의 『명제집』을 강의했다(총 4권의 『명제집 주해』). 1253년에 교수로 임명됨과 동시에 파리 프란체스코회의 신학원감magister regens으로 임명되었다. 이후 세속 신분 교수들과 파리 대학에서 추방된 새로운 탁발 수도회 소속 교수들 사이에 심각한 논쟁이 전개되었으나 그는 자신의 교육 활동을 계속했다.

프란체스코회의 대리인이 되다

같은 기간에 보나벤투라는 몇 권의 유명한 연구서를 저술했다. 『학문에 관한 토론 문제집Quaestiones disputatae de scientia』, 『삼위일체의 신비에 관한 토론 문제집Quaestiones disputatae de mysterio Trinitatis』, 『소고Breviloquium』, 『문예의 신학에로의 환원De reductione artium ad theologiam』이며, 이외에도 수많은 성서 주석서가 있다. 1257년에 로마 프란체스코회 총회는 보나벤투라를 교단의 최고 권위자인 수도회 총장으로 선출했다. 아시시의 성 프란체스코(1181/1182-1226)의 규정에 대한 해석에서 제기된 중요한 문제들과 관련하여 그의 입장은 몇 달 전에 저술한 『세 가지 문제에 관한 서신Epistula de tribus quaestionibus』을 통해서도 주목받은 바 있었다. 같은 해 8월에 교황 알렉산데르 4세Alexander IV(?-1261, 1254년부터 교황)의 명에 따라 파리 대학 교수들이 모임을 가졌고, 보나벤투라와 토마스 아퀴나스를 받아들이기로 결정하며 오랜 반목을 해결했다. 1259년 10월 4일에 보나벤투라는 (전통에 따르면 성 프란체스코가 1224년에 존경의 표시를 받았다고 하는) 베르나Verna 산으로 순례를 갔으며, 계속해서 『신을 향한 정신의 여정Itinerarium mentis in Deum』을 완성했다. 1년 후 나르본Narbonne에서 열린 프란체스코회 총회는 보나벤투라에게 성 프란체스코를 위한 새로운 전기를 집필함으로써 이전의 분규를 해결하라는 임무를 부여했다. 이 작업의 결과로 『성 프란체스코 대전기Legenda Maior』가 1263년에 피사에서 개최된 수도회 총회에 제출되었다. 3년 후 새로운 수도회 총회는 보나벤투라의 책을 성 프란체스코의 공식적이고 유일한 전기로 채택했고, 과거의 모든 전기들을 폐기하도록 했다.

아리스토텔레스에 대한 당대의 논쟁

보나벤투라는 1266-1268년에 새롭게 파리 문화에 적응한 후에 아리스토텔레스(기원전 384-기원전 322)의 사상과 그에 대한 해석들을 통해 야기된 논쟁에 개입했다. 그리고 그 이듬해에 아시시에서 개최된 프란체스코회 총회에 참석하여 재속 성직자와 탁발 수도회 성직자들 간의 새로운 논쟁에 개입하면서 『거짓 고발자들에 관한 청빈의 변론Apologia pauperum contra calumniatorem』을 통해 후자의 입장과 사상을 옹호했다. 1273년에는 일련의 회의를 주재했으며, 그 결과를 『6일간의 (창조에 관한) 강의Collationes in Hexaëmeron』를 통해 완성했다. 이후 그는 알바노 추기경으로 임명되어 파리를 떠났다. 그리고 1274년 리옹 공의회 기간 중에 다른 성직자들의 공격으로부터 프란체스코회의 입장을 방어한 후에 수도회 총장직에서 물러났고, 같은 해 7월 사망했다.

삶의 의미

전체적으로 보나벤투라가 쓴 모든 저술 구조는 프란체스코회의 이중적인 문화 활동을 보여 주는 것 같았다. 저자는 대외적으로는 파리 대학에 근무하는 비종교권 교수들이 제기한 비판과 관련하여, 또 1274년 리옹 공의회에서 프란체스코회의 파문을 요구하던 자들을 향해, (비록 프란체스코주의 설립자와 추종자들이 문맹이나) 인간과 (철학적-신학적으로 독창적인 성찰의 토대에 해당하는) 세계에 대한 시각이 경험으로부터 기원한다는 고유한 철학을 가지고 있음을 밝히고자 했다. 이러한 주장을 통해 그는 자신이 17년간 이끌었던 교단의 내적인 문화 활동을 시작했다. 문맹 상태를 벗어나

이교적인 모체에 대한 헛된 호기심에 빠지지 않고, 동시에 진정한 지혜vera sapientia로 인도하는 학문들을 활용하면서 (본래의 의도와 충분히 일치하는 가운데) 철학적-신학적인 연구에 노력하여 성 프란체스코의 가르침에 진정으로 충실해야 한다는 것을 보여 주는 데 집중되었다.

진리를 향한 여정

이러한 의미에서 보나벤투라의 성찰은 (연구 전반을 통해 알 수 있듯) 세 가지 핵심적인 사실을 중심으로 구성되었다. 철학적-신학적 연구, 명상, 그리고 프란체스코회의 열망이었다. 이들은 상호적-지속적인 관계를 통해 중단이 없는 과정이었으며 서로 분리될 수 없는 요인들로 여겨졌다. 보나벤투라의 성찰 전반을 보다 잘 보여 주는 것은 여정으로, 그의 대표적인 저술 제목에도 등장한다(『신을 향한 정신의 여정』). 이 제목은 기억, 지성, 의지로 대표되는 성 아우구스티누스(354-430)의 사상과도 조화를 이룬다.

철학-신학(또는 지성)에 대한 연구

많은 사례에서 보나벤투라가 성 아우구스티누스에 의존한 것이 사실이나 그의 두 가지 전제인 활동성과 유비의 개념에서 출발해 결국 자신만의 철학을 완성했다. 두 개념은 실재와 창조주와의 관계에 있어서나 인간이 자신의 인식 행위를 발전시키는 방법에 대한 조사에 있어서나 기초에 해당했다. 보나벤투라에게 현실에 대한 분석의 출발점은 (세계는 한 권의 책이며 그 속에 실재와 창조주의 흔적을 읽는 것이 가능하다고 하는 대부분의 중세 사상과도 공감대를 형성하는) 하나의 은유로 구성되었다. "창조된 세계는 한 권의 책과 같고, 그 속에서 창조주는 감각적 형상으로 드러나고 창조의 삼위일체로 밝혀진다"(『소고』, II.12.1). 이러한 차원에서 창조된 것들과 창조주 간의 유사성에 대한 논의가 이루어졌다. 한편에서는 하느님과 창조된 것들 사이의 본질적인 공통점들이 거부되었고(보나벤투라에게 유한한 것은 무한한 것을 모방할 수 없었다), 다른 한편으로 창조된 것들은 인간의 정신을 신에게 인도하는 여정의 첫 번째 단계에서 변화되었다. 다른 모든 실재처럼 신의 흔적Vestigia Dei은 보편적인 이원론(질료와 형상)의 이론에 따라 질료와 형상으로 구성된 민감한 사물들을 특징짓기 위한 정확한 용어였다. 그럼에도 창조된 것들은 인간을 그들의 창조주에게 이끄는 인식의 여정에 삽입된 유일한 것이 아니었으며, 내적인 활력에 의해서도 가능했다. 실제로 보나벤투라는 토마스 아퀴나스와 자기 시대의 아리스토텔레스 추종자들과 대립하는

세계라는 책의 저자, 하느님

상황에서, 제1질료와 합해져 모든 존재를 완벽하게 실현하는 유일한 형상은 아니라고 주장했다. 반면에 모든 존재는 각각의 형상이 하나의 완성을 결정하며 동시에 궁극적인 완벽을 지향하는 복수의 형상에 의해 결정되었다. 보나벤투라에 의하면 이러한 관계는 이미 원초적 질료일 당시부터 불완전했던 만큼이나 구체적인 형상을 가지고 있지 않으며, '하느님의 보편적인 기다림'에 대한 징표기 때문에 에티엔 질송(1884-1978)의 주장에 따르면 질료의 핵심 자체에 존재했다. 이미 초기부터 형상들 중에서 가장 활동적이고 완벽한 빛의 근본적인 형상은 질료와 합쳐졌다. 이러한 방식으로 보나벤투라는 성서의 창조 이야기와 관계를 맺으면서, 몇십 년 전에 로버트 그로스테스트(1175-1253)가 옥스퍼드에서 제안했던 빛의 형이상학을 구성하는 몇 가지 요인을 상속한 것처럼 보였다.

빛은 물체를 만들고 이후에도 (물체들이) 지속적으로 만들어지게 하며, 동시에 실체들을 계층화할 수 있게 해 주었다. "빛은 빛 그 자체에 대한 크고 작은 참여 덕분에 실체들 속에서 보다 진실하고 확고한 방식으로 존재하는 물체의 근본적인 형상이다"(*II Sent*, d. 13, a.2, q.2, resp). "창조된 모든 것이 창조주의 지혜를 이야기하는 것은 이들이 빛에 다양하게 참여하기 때문이다. 모든 세계는 빛으로 가득한 거울과, 빛을 발하는 석탄과 같다"(『6일간의 (창조에 관한) 강의』, 2.3). 인간은 이러한 기술記述을 읽고 보나벤투라가 자신의 많은 저서에서 언급했던 하느님을 향한 여정을 시작할 수 있는 유일한 실체였다. 이러한 행위의 근본에서 다시 한 번 보나벤투라 사상을 관통하는 이념을 발견할 수 있다. 유비는 곧 일의성이다. 빛에 대한 비유

단지 인간만이 자신의 영혼에 깃든 여러 능력(기억, 지성, 의지)이 엮어 내는 유사한 관계로 인해 자연에서 창조주의 존재와 자연 속에 흔적을 남긴("하느님은 모든 것을 수, 길이, 무게의 형태로 선물했다", *Sap* 11,21) 삼위일체라는 독특한 구조를 찾아낼 수 있었다. 바로 이것이 창조된 현실 중에서 유일한 현실이었으며, 단순한 흔적vestigium이 아니라 진정한 신의 형상imago Dei인 인간을 만들었다. 인간 인식의 피할 수 없는 출발점인 감각적 현실로부터 시작되는 이러한 상승 과정에서 보나벤투라에 따르면("창조된 영혼은 하나의 백지tabula rasa와 같다", II *Sent*, d. 1, p. 2, a. 1, q. 2, ad 2-3), 명백한 실존은 모든 연구의 필요한 토대인 진실의 빛에 의해 유지되었다. 감각적으로 주어진 것의 실존 말고도 인간의 영혼에 존재하는 기준, 즉 인식 활동을 하는 지성의 판단을 설정하는 법칙에 의해 가능해졌다. 그럼에도 보나벤투라가 자연(본성)

적인 재판정naturale iudicatorium이라고 정의한 판단 기준들은 경험을 필요로 하며, 이러한 이유 때문에 경험은 인식하는 종species에 내재된 것이 아니라 지적인 판단의 형식적인 기준으로 등장했다.

선천적인 진리

진리의 기준은 선천적이었다. 이에 대해 보나벤투라는 진리가 없다면 사상도 가능하지 않을 것이라고 주장했는데, 모순율에 대한 아리스토텔레스적인 증명과도 일치하는 중요한 의미를 지녔다. "영혼의 빛은 진리며, 이 빛은 결코 낙조하지 않는다. 강력한 힘으로 영혼을 비추며, 인간이 모순되지 않는 한 존재하지 않는다고 생각할 수도, 또 말할 수도 없다. 그러므로 만약 진리가 존재하지 않는다면 진리가 존재하지 않는 것은 사실이며, 무언가는 진리다. 그리고 만약 무엇인가가 진리라면 진리가 존재하는 것은 사실이며, 따라서 만약 진리가 존재하지 않는다면 진리는 존재한다"(『6일간의 (창조에 관한) 강의』, 4.1). 이러한 방식으로, 과거에 존재의 원천과 동일시되었던 하느님은 이제는 두 가지의 상반된 방향을 지향하는 존재론적인 질서와 인식론적인 질서 간의 의미 있는 중첩을 기반으로 하여 진리의 원천이라는 기능을 획득했다. 과거에 하느님의 존재를 증명하는 데 집중되었던 철학 연구는 존재의 관점에서 자기충족적이지 않은 현실적인 존재자들의 원인으로써 이제는 하느님을 영혼의 고유한 진리를 갈구하는 선천적인 전제로 지적하면서 동일한 결과에 도달했다. 이렇게 해서 외면적인 것으로부터 내면적인 것으로의 의미 있는 전환이 이루어졌는데, 이는 합리적인 인식의 궁극적인 순간을 구성하는 높은 곳을 향한 절박함에 필수불가결한 전제였다. "하느님을 우리의 외부에서만이 아니라 우리 내면에서도(인식할 수 있는 순간부터), 우리보다 우월한 하느님을, 그 흔적들을 통해서는 우리의 외부에서, 또 상을 통해서는 우리의 내면에서, 우리 위에서 우리의 정신을 초월하는 표시로 존재하는 빛을 통해 인식하는 것이 가능해야만 한다"(『신을 향한 정신의 여정』, v.1).

신에 대한 인식과 경험

결과적으로 보나벤투라에 의해 만들어진, 진리가 안주하는 인간 영혼에 대한 성 아우구스티누스의 전제가 확인되었다. 또 인간의 정신과 인식 활동의 규범적인 원칙이라는 기능(빛이 시각 작용을 통해 수행하는 기능과 유사하다)을 담당하는 진리 간의 복합적인 상호작용도 확인되었다. 진리와 빛이라는 한 쌍을 보나벤투라가 여러 차례에 걸쳐 "지성에 의해 처음으로 인식된 것"(『신을 향한 정신의 여정』, v.3)이라고 주장한 존재와 일치시킨 것을 통해 확인된 것이다. 과거에 이러한 주장은 완전한 질서ordo perfectionis를 언급한 것이었지만 그럼에도 하느님을 즉시 알아보지 못하는 (인간의 독특한 조건 때문에) 제한적인 인식 작용과는 무관할 수 있었다. 이 시점에서 왜 인간이 영혼의 인식 작용을 통해 하느님을 경험하는 것이 가능한가에 대한 전제들이 제안되었다. 하지만 순례자viator의 조건들은 제한하려는 모든 힘을 발휘하며 하느님을 깨닫게 하는 모든 행위를 불가능하게 만든다. 학문은 헛된 호기심vana curiositas에 의지하지 않고, 지혜sapientia를 향해 나아가게 만드는 무한에 대한 절박함을 동반한 고유한 임무를 구현했다.

명상적(또는 기억의) 직관

성 아우구스티누스는 유대인들이 이집트에서 탈출했던 당시에 저지른 절도에 대한 비유적인 에피소드를 읽은 후에(「탈출기」 12장 31-36절), 『그리스도교 교양』에서 지혜sapientia가 가진 학문적 기능의 성격을 이론화했다. 특별히 향유와 사용을 구분하면서 각자 의미를 가지는 표시와 지혜에 도달하기 위한 수단으로서의 학문과 같은 것들을 세밀하게 구분해 냈다. 보나벤투라는 이러한 전통에 확고하게 머물면서 아리스토텔레스의 관점에서 철학 연구의 독자적인 성격을 주장하는 모든 입장과 의도적인 논쟁을 벌였다. 그는 진정한 의미에서 오직 하느님만이 기쁨을 줄 수 있으며(오직 하느님에 의해서만 기쁠 수 있다solo Deo fruendum est), 그것은 향유가 오직 하느님과의 관계에서만 기쁨과 평정심과 관련 있기 때문이라고 주장했다. 이것은 지혜의 조건, 즉 몇 가지 사례에서 보나벤투라가 (성 프란체스코가 베르나 산에서 경험한 것처럼) 신의 은총에 의해서만 얻어지는 박학한 무지docta ignorantia라고 정의한 (하느님에 대한) 경험적인 인식이었다. 이것은 보나벤투라의 사상에 특징적인 두 요인이 결여되었다는 사실에서 알 수 있듯, 순례자의 조건이 아니었다. 영원한 이유들에 대한 현명한 인식에는 유비적 수단이 동원되기보다는 원죄 이후 인간의 노력이 관련되어 있으며, 특히 현명한 인식은 지상에서 인간의 인식 활동을 유지시켜 주는 활력(성 아우구스티누스가 언급한 마음의 불안)을 진정시키는 평정심의 특징을 가지고 있었다.

진실한 인식의 '평화'

이러한 새로운 인식론적인 조건은 질적으로는 철학적 이해력의 성격과 다르며, 전체적으로는 신의 행위와 관련된 것이었다. 또한 인간이 보유한 제한된 도구들로 수행한 인식의 여정으로부터 출발해 실현되지만 그 과정에서 단절, 검열을 초래했다. 보나벤투라는 이 여정을 규정할 목적으로, 한 쌍의 빛과 어둠을 중심으로 구축된 수사학적인 이미지에 종종 의존했다. "이곳에서는 침투는 불가능하지만 그럼에도 호기심에 의한 탐구를 포기한 정신을 밝혀 주는 암흑이 발견된다"(『6일간의 (창조에 관한) 강의』, 20.11). 여정의 실현은 모든 지적 활동의 포기와 기억에 의해 시작된 자신으로의 회귀를 완수하고 사랑 속에서 완성되는 인식 주체의 완전한 변화를 가져왔다.

성 프란체스코의 의지에 대한 열망

지혜에 대한 연구는 개인의 모든 것에 영향을 미치는 것으로, 그의 인식 능력에만 국한된 것은 아니었다. 프란체스코회에 소속된 것과 『성 프란체스코 대전기』에서 언급된 성 프란체스코의 삶에 대한 오랜 명상은 보나벤투라 철학에 특별하고 필수적이며 본질적인 변화를 제공했다. 성 프란체스코의 경우에서처럼 그는 그리스도를 닮아 가는 것을 인간이 자신의 원죄로 인해 단지 어렴풋하게나마 모방할 뿐임을 잘 알고 있었다. 이 형식적인 모방을 실현하기 위해서는 의식의 힘이 필요한데, 그 때문에라도 성 프란체스코에 대한 충성은 초기 추종자들의 문맹 상태와 의지를 극복하려는 의도를 반영한 것이었다.

이성과 의지 사이의 자유로운 결단

신을 닮아 가는 것과 최대한 가까이 가려는 것은 바로 이러한 인간 영혼의 노력을 통해 실현될 수 있었다. 무언가를 원하는 능력은 (강요가 전제되지 않는 경우) 하느님에게서처럼 인간에게도 자유로운 것이었지만 권위와 권력에 있어서는 전적으로 달랐다. 이처럼 자신의 목적 (지식인이 인식하는 것과 거의 마찬가지로 도덕적 선을 위해 행동하기 위해서는) 의지 역시 행위에서 의지를 인도하는 (보나벤투라가 신데레시스 synderesis로 정의한) 일종의 자연스러운 경향naturale quoddam pondus을 받아들였다. 자유 의지는 인간의 인식 과정에서 결정적인 역할을 했는데, 선에 대한 단순 인식이 반드시 인식 과정에 대한 적응을 필요로 하지는 않기 때문이었다. 마찬가지로 지성과 의지의 경쟁에 따른 결실인 인간의 자유 결단은 "점차 이성에서 시작하여 의지에서 완성된다"(*II Sent*). 이는 학문scientia에서 지혜sapientia로의 전환을 가능하게 해 주었다. 보나벤투라에게도 철학 연구의 궁극적인 목적이며 단순한 인식 활동의 결과가 아니라 실존적인 결정의 결실이었던 것이다.

아우구스티누스주의: 플라톤과 아리스토텔레스 사이에서

보나벤투라 철학은 근본적으로 아우구스티누스주의를 추구했다. 그럼에도 그는 특히 13세기에 파리를 중심으로 확산 중이던 아리스토텔레스의 저술들에 대한 번역을 통해 도입된 새로운 사실들과 비교되어야만 했다. 보나벤투라는 다분히 의도적으로 아리스토텔레스로부터 기원하는 용어와 개념들을 채택했지만(보편적인 이원론에서 명백하게 드러나는 것처럼), 아리스토텔레스 철학이 근본적으로 추구하는 인간과 하느님에 대한 연구와 관련해서는 철학의 독자적인 연구를 거부했다. 이러한 사실은 아리스토텔레스 철학에 대한 학계의 반응이 변화되고 있었고, 1277년의 비판이 임박했을 당시에 출간된 『6일간의 (창조에 관한) 강의』의 마지막 저술들에서 명백하게 드러났다. 아리스토텔레스에 대한 적대적인 논쟁에서 보나벤투라는 특별히 하느님을 단순히 효율적이고 최종적인 원인으로 보는 아리스토텔레스의 철학이 아니라, 세계 모든 것의 범형인causa esemplare으로 바라볼 수 있게 해 준다는 의미에서 가치 있는 유일한 비유로 간주된 이념들에 대한 아우구스티누스의 저술들을 통해 다시 읽힌 플라톤 철학을 지지했다. 이 모든 것은 다시 한 번 인간의 이성이 학문에 의해 지혜로 인도되는 과정을 따르는 경우에 근본적인 진리를 확보할 수 있다는 점을 보여주면서, 세계 모든 것의 사례들이 포함된 하느님 말씀의 역할을 확실하게 드러낼 수 있는 분명한 플라톤적 영감의 비유에 속했다.

| 다음을 참고하라 |

철학 대학과 학문 체계(359쪽); 토마스 아퀴나스(389쪽); 프란체스코회의 전통(405쪽); 영혼(457쪽); 인식의 문제(465쪽)
시각예술 예술과 탁발 수도회(853쪽)

프란체스코회의 전통

| 페데리카 칼데라 |

프란체스코회 사상의 고유한 특징이라 정의할 수 있는 유일한 이론을 찾기란 힘들다. 토마스 아퀴나스의 사상과 아리스토텔레스의 사상, 그리고 보나벤투라와 성 아우구스티누스주의를 재차 제안하는 것, 플라톤적인 틀의 양식으로부터 형상의 복수성에 대한 논쟁에 이르기까지, 이 모두는 프란체스코회의 인식론, 형이상학, 윤리가 지닌 주요한 특징이었다.

지적 논쟁: 프란체스코회와 토마스 아퀴나스의 지적 논쟁

토마스 아퀴나스(1221-1274)가 1277년 3월 7일 파리에서의 (적어도 간접적인) 단죄에 연루된 사건은 토미즘에 대항한 프란체스코회의 강력한 반발을 불러왔다. 에티엔 탕피에(?-1279)의 『교서 요목』 외에도, 도미니쿠스회의 몇 가지 이론은 로버트 킬워드비Robert Kilwardby(?-1279)의 노력으로 같은 해 옥스퍼드에서 검열을 받았다. 1278년경에 옥스퍼드에서 라 마르의 기욤Guillaume de la Mare(?-1298)은 『토마스 아퀴나스의 오류 교정Correctorium fratris Thomae』을 집필했는데, 여기서 그는 매우 논쟁적인 어조로 토미즘을 체계적으로 비판하면서 토마스 아퀴나스의 여러 저술에서 제기된 118개의 논제를 반박했다. 1282년 5월 스트라스부르에서 개최된 프란체스코회 총회에서는 저자를 알 수 없는 60여 개의 『선언문Declarationes』 외에도 『토마스 아퀴나스의 오류 교정』이 아퀴나스의 '과오'를 지적하는 공식적인 반론으로 채택되었다. 『신학대전』의 확산은 라 마르의 기욤의 설명에 의해 수정된 경우에만 허락되었다. 이러한 조치는 곧바로 토마스 아퀴나스를 추종하는 동료들의 분노를 촉발하면서 다시금 『토마스 아퀴나스에 관한 오판을 교정하는 글Correctoria corruptorii』 집필에 원인을 제공했다. 라 마르의 기욤은 모두 5권으로 이루어진 이 저술에서 논쟁과 변론을 전개하면서 스스로를 토마스 아퀴나스의 저술들을 '교정한 자'라고 자처했다. 그러나 실제로 이 저술은 토마스 아퀴나스의 저술들을 거의 이해하지 못한 결과였으며, 진리를 왜곡한 것에 불과했다(진리를 왜곡한 자Corruptor veritatis). 이미 1279년에 도미니쿠스회가 파리에서 개최한 총회는 토마스 아퀴나스에 대한 방어 전략을 채택하면서 그의 업적들을 비판하거나 폄하하는 형제들에 대한 엄격한 단죄를 결의했다. 이러한 조치의 이면에서 1286년 파리에서 개최된 총회에서 도미니쿠스회는 토마스 아퀴나스에 대한 기억과 가르침을 장려하고 그를 교단의 공식적인 스승으로 추대하는 긍정적인 정책을 추진했다.

단죄와 파문 1277년 로버트 킬워드비에 의해 공포된 단죄는 1284년 옥스퍼드에서 요하네스 페캄Johannes Peccham(약 1240-1292)에 의해 확인되었다. 그의 결정은 도미니쿠스회의 분노를 자극했다. 1285년에 저자 불명의 폭력적인 책자가 확산되었는데, 그 내용은 요하네스 페캄이 철학적 연구를 뚜렷한 명분도 없이 철폐하려고 한다는 것이었다. 이에 그는 1285년 6월 1일에 쓴 반박문에서 (아우구스티누스의 가르침을 저해하는) 토마스 아퀴나스의 입장에 반대하면서 보다 견고하고 건전하다는 주장과 함께 아우구스티누스-보나벤투라의 이론에 대한 지지를 분명히 했다. 1286년 4월 30일에는 토마스 아퀴나스의 입장을 반영하는 8개의 논지를 진지하게 반박하면서 이들이 이단적이라는 주장과 더불어 도미니쿠스회의 리처드 킬워드비에 대한 파문을 선언했다. 토마스 아퀴나스에 가장 비판적인 인물 중 하나인 요하네스 페캄을 제외하고도 특히 1282년 이후 로저 마스턴Roger Marston(약 1245-약 1303)은 『영혼에 관한 문제집 Quaestiones de anima』(1283-1284)에서 아우구스티누스에 충실하지 않으면서 그의 연구들을 자신에 유리하게 왜곡시켰으며 포괄적이지 못하고 실수로 가득한 거짓된 철학을 내세워 진정한 신학을 연구한다고 자처하는 사이비 철학 신학자들의 그룹에 토마스 아퀴나스를 포함시켰고 그를 아리스토텔레스(기원전 384-기원전 322)와 아베로에스(1126-1198)처럼 지옥의 인물로 간주했다.

역사 연구의 문제들: 신新아우구스티누스주의인가, 반反토미즘인가

13세기의 사상이 가지는 성격에 대한 오랜 논쟁에서 역사 연구는 여러 차례 반反아리스토텔레스적이고 신新아우구스티누스적인 철학의 공통적인 모체가 13세기 프란체스코회에 영향을 주었다는 주장을 전개한 바 있다. 특히 에프렘 롱프레Ephrem Longpré와 레옹 부테이Leon Veuthey는 프란체스코 학파의 이론적인 성향을 성 아우구스티누스에 대한 존경을 표출하는 방향으로 유도하면서 프란체스코회를 선도하는 세 학파를 지적했다. 보나벤투라(약 1221-1274)의 신플라톤주의적인 아우구스티누스주의, 둔스 스코투스(1265-1308)의 아우구스티누스주의적인 아리스토텔리즘, 오컴의 윌리엄(1280-1349)의 수학-경험적인 아우구스티누스주의가 그것이다. 다양한 아우구스티누스 학파들

이러한 주장이 진리의 일부로서 공동의 영역이나 손쉬운 일반화로 간주된다고 주장할 필요는 없다. 이론의 관점에서 볼 때 프란체스코회의 사상은 다양한 태도(로저 베이컨[1214/1220-1292]의 사상은 가장 비전형적인 프란체스코회 사상이다)를 보여 주었으며, 도미니쿠스회에서 발생한 것과 달리 13-14세기의 프란체스코회 소속 작은 형제회들이 통일적인 학파를 구성했다거나 몇 가지 실질적인 이론적 규정들을 제시한 것도 아니었다. 13세기 말에 프란체스코회 사상이 엄격하고 획일적인 성향으로 발전하지 못했다고 할지라도 이에 대한 아우구스티누스의 영향은 그들의 신학적-철학적 연구가 아리스토텔레스의 '체계'에 저항하는 단순하고 반복적인 시도로 폄하되거나 아리스토텔레스주의의 놀라운 성공에 대한 저항의 외침이라는 사실을 의미하는

것도 아니었다. 프랑수아-사비에르 푸탈라츠François-Xavier Putallaz(F.-X. Putallaz, *Figure francescane alla fine del XIII secolo*, 1996)에 따르면, 프란체스코회 철학과 아우구스티누스 성향의 성급한 일치는 적어도 몇 가지 사례에 있어 논쟁의 대상을 구성했다. 즉 신아우구스티누스주의의 범주를 절대화하는 것은 중세 프란체스코회의 거의 유일한 공통적인 명칭으로, 비록 13세기 말에 프란체스코회 소속 작은 형제회들의 사색(또는 사변)과 대치되기는 했어도 관련 중심지들의 중요성을 평가 절하하는 위험을 동반했다.

프란체스코회의 신아우구스티누스주의 성립을 토마스 아퀴나스의 사상에 대항하여 정통성과 그리스도교 정신을 지켜 내기 위해 성립된 토미즘에 대항해야 할 필요성과 결부시키는 것과 관련하여 (F. 방 스텐베르겐의 결론을 비판적으로 살펴보면서) 푸탈라츠는 신아우구스티누스주의적인 반토미즘이 보편적인 성격을 가진다고는 할 수 없음을 분명히 했다. 신아우구스티누스주의가 단순한 반토미즘의 형태로 축소된다면 수많은 프란체스코회 저술가들은 더 이상 신아우구스티누스주의자들로 여겨지지 못할 것이었다.

라 마르의 기욤: 토마스 아퀴나스에 대한 빛과 비평

한편 라 마르의 기욤은 반토미즘적 성향의 아우구스티누스주의로 볼 수 없는 가장 상징적인 사례에 해당했다. 그의 저서인 『명제집 주석서Commento alle Sentenze』(1262-1264? 또는 1268-1270)는 저자에 대한 전혀 예상치 못한 이미지를 제공했다. 그는 아우구스티누스의 고지식한 상속자로는 보이지 않았는데, 오히려 무조건 따라하는 것 없이 아우구스티누스의 가르침을 재해석했으나 그렇다고 보나벤투라를 무비판적으로 반복하지도 않았다. 역사적으로 중요한 문제들과 관련하여 기욤은 자신이 스승의 입장에 동의하지 못하는 것을 공개적으로 언급하면서도 몇 가지 조건을 전제로 자신의 충성심을 재차 드러냈다. 특히 지금까지의 비평과 역사 연구에 의해 주장된 것과는 반대로 항상 토마스 아퀴나스의 강력한 적이 아니었다. 실제로 폭넓게 또 체계적으로 『토마스 아퀴나스의 오류 교정』에서 지적된 반토미즘은 몇 가지 예외를 제외할 경우에 『명제집 주석서』에서는 발견되지 않았다. 오히려 자신의 저서에서 비판과 수용의 균형을 유지하면서 불화의 대상이었을 때에도 토마스 아퀴나스를 인용하거나 열람하거나 또는 참고해야 할 대상으로 여겼다. 라 마르의 기욤이 인용한 도미니쿠스회의 저술가들 중에는 1256-1258년에 『명제집 주석서』를 대상으로 한 주석서를 쓴 타랑테즈의 피에르(?-1276)가 있는데, 그는 토마스 아퀴나스에 대한 비평에 신빙성을 부여할 목적으로 종종 인용되었으며, 우주론이나 형이상학-신학의 다양한 문제에 대한 논쟁에서 인용의 핵심 출처가 되기도 했다. 따라서 많은 지지자들은 그가 아리스토텔레스 철학의 확산에 반대하고 검열(1270)을 주장했던 만큼 전통주의적이고 보수주의적인 프란체스코회의 신아우구스티누스주의를 주장한 주요 인물이었다는 사실을 부정했다. 아리스토텔레스의 영향, 자신과는 다른 교단의 대가들(피에르와 토마스 아퀴나스)이 남긴 저술을 참고한 것, 그리고 특히 아베로에스 철학을 대대적으로 이용한 것 때문이다.

라 마르의 기욤의 경우 어느 정도의 정확성과 암시성을 바탕으로 당대의 다른 여러 인물에 대해 언급할 필요가 있다. 최근 30년 동안 보나벤투라의 사상에 가장 충실했던 아콰스파르타의 마테오Matthaeus de Aquasparta(약 1240-1302)에 대한 역사 연구의 범례는 논쟁 대상이었다. 그는 아우구스티누스의 직계 제자는 아니었지만 그의 주장을 지지하고 방법론적으로도 반아리스토텔레스적인 성향을 수용했다. 마테오의 약력에 대해서는 수많은 연구가 있었다. 독창성에서는 보나벤투라를 능가했으며 (때로는 아우구스티누스의 가르침과 상당히 잘 결합된) 아리스토텔레스-토미즘 전통과의 이론적인 관계를 잘 보여 주었다.

미들턴의 리처드

미들턴의 리처드Richard of Middleton(1249-약 1308)의 저술들은 역사 연구에서 더 이상 가치가 없는 범주들(아우구스티누스주의, 보나벤투라 학파, 반토미즘)로 부당하게 여겨진 점이 없지 않다. 그 역시 보나벤투라와 유사한 성향을 보였으며, 스승인 아콰스파르타의 마테오의 모든 저술을 별다른 구속이나 제약 없이 해석했다. (아주 조심스럽게 말해) 리처드는 스승의 이론을 상속한 제자로서 그가 진행 중이었던 철학-신학 논쟁의 공정한 관찰자였으며, 사적인 판단에 있어서는 아주 뛰어나지는 않았지만 그렇다고 무조건적인 맹신주의에 빠지지도 않았다.

미들턴의 리처드의 『명제집 주석서Commento alle Sentenze』(1285-1295)는 성 아우구스티누스-보나벤투라의 이론들을 자발적으로 배양하는 프란체스코회 철학의 단순한 연장선상에 있지 않다. 다시 말해 내적인 개념화라기보다는 유연하고 활력적이며, 그의 다양한 출처와 이론적인 비교를 통해 얻어진 사색의 결과로 평가받았다. 주석 달기 방식으로 추진된 다른 이론과의 (때로는 비평적인) 비교는 동시대나 직전 세대의 대가들, 예를 들면 철학자이자 신학자였던 강의 헨리쿠스(약 1217-1293), 퐁텐의 고드프루아(?-약 1306), 그리고 에지디우스 로마누스(약 1247-1316)와 관련 있었다. 미들턴의 리처드는 이들을 지속적으로 언급하면서 자신의 동료들과 동등하거나 때로는 우월한 입장에 위치시켰다. 때로 아우구스티누스의 전통과 반목될 때에도 이들의 이론에 의지하는 것을 마다하지 않았다. 그 외에도 이 책에는 토마스 아퀴나스의 영향이 확실하게 드러났는데, 당시 그는 자신이 속한 교단의 공식적인 성향과 대치되는 경우에도 비판과 수용에 주저하지 않았던 아퀴나스의 영향을 확실하게 드러냈다.

철학적 이성의 활용: 올리비와 철학자들의 '연기演技'

올리비가 판단한 철학의 한계

페트루스 요한네스 올리비Petrus Joannis Olivi(1248-1298)의 『철학자들의 저작을 정확히 읽어 내는 것에 관하여De perlegendis philosophorum libris』는 프란체스코회의 사상이 아리스토텔레스와 토마스 아퀴나스의 (혁신적이고 불편한) 가르침에 대한 단순한 저항이 아님을 지적하고 있다. 올리비는 아리스토텔레스에 대한 우상적 숭배에 주목하고 자신이 어리석다고 비판한 그의 철학적 실수들을 분명하게 지적했으며, 이것이 비록 (진리의 몇 가지 측면을 가지고 있는) 현명함의 한 형태라 할지라도 지혜가 가르친 것의 허영(오직 지상의 지혜다)을 조심하라고 주문했다. 그리고 그 결과들(감각적인 자료들이기에 지상의 지혜로 비판을 받는다)이 중요하지 않음을 강조했다. 올리비는 프란체스코회 철학자들을 마치 '아베로에스주의를 적극적으로 비판한 자들'로 기술한 일부 역사 연구에 반대했다. 올리비의 주장은 그의 반아리스토텔레스주의적인 성향과는 무관했다. 『철학자들의 저작을 정확히 읽어 내는 것에 관하여』는 아리스토텔레스와 아리스토텔레스 전통에 대한 공격이 아니라 보다 일반적인 철학과의 관계에서 절대적인 무관심을 보여 주었다. 그에 따르면, 프란체스코회 철학자들이 자신들의 이론을 '신앙의 진리'처럼 여기기를 원했듯이 반아리스토텔레스주의자들도 '철학하는 신학자들'이었다. 또 아리스토텔레스주의에 대항한 철학적 아우구스티누스주의를 수용하는 것은 신앙이 모든 형태의 철학에 무관심할 때 우상 숭배에 빠져드는 것을 의미할 수 있었다. 철학을 하기 위한 최선의 전략은 '철학자들을 인용하는 것'이었다. 그들의 합리적인 주제들은 단지 가정 차원의 가치를 가지고 있었으며 저자 스스로가 반드시 공감할 필요가 없고 또 이를 자신의 것인 양 채택하거나 판단을 생략한 채 언급하는 견해를 통해서 지적하고 비교하는 것이었다.

형이상학, 신학, 존재론

프란체스코회 철학자들에 의해 연구되었던 많은 주제, 많은 저자의 다양한 저술 양식, 그리고 이들의 독특한 사변적 태도로 인해 프란체스코회 사상의 고유한 특징으로 여길 수 있는 단일한 이론이 무엇인지를 알기란 쉽지 않다. 그럼에도 13-14세기에 프란체스코회 철학의 감성을 잘 표현했던 여러 대가들 덕분에 자주 언급된 몇 가지 주제를 꼽는 것은 가능하다. 프란체스코회 철학자들의 주제

1279-1290년에는 신학의 학문성과 사변적이라기보다는 오히려 실질적인 성격의 문제가 체계적으로 논의되었다. 프란체스코회 철학자들이 이 주제에 보나벤투라의 영향을 받은 것은 사실이나 그것을 감추거나 혹은 보다 구체화시키는 데 주저하지 않았다. 요하네스 페캄은 보나벤투라의 가르침을 적극 수용하면서도 신학을 실질적이면서 사변적인 함의를 내포하는 지식의 한 형태로 여겼다. 그 이유로 그는 신의 사랑에 집착하는 능력을 이끌어 내고 지성을 밝혀 주기 때문이라고 했다. 아콰스파르타의 마테오는 신학의 지혜를 강조하는 데에는 보나벤투라와 요하네스 페캄에 동의하면서도 신학의 사변적인 요인의 중요성을 언급했다. 반대로 미들턴의 리처드는 신학의 실용성을 주장하면서 신학을 철학자들의 신학(형이상학)과 구분했다. 라 마르의 기욤은 독창적인 입장을 고수했는데, 그에게 신학은 오직 한 가지 관점에서 볼 때만 학문이며 또한 실용적인 목적으로 읽어야 하기 때문이었다. 다시 말해 신을 명예롭게 하고, 믿으며, 희망하기 위해 해야 할 것들을 지적하는 것이었다. 웨어의 윌리엄(13-14세기)은 사변과 명상 사이의 작은 차이를 설명하고 신학이 신의 영원한 사랑을 추구하는 명상의 학문이라고 주장했다. 오컴의 윌리엄은 신앙의 근거라는 차원에서 이성과 신앙을 명확하게 구분했지만 신의 자유를 보장한다는 차원에서는 신학의 학문성을 부정하는 결론에 도달했다. 또한 아우리올의 페트루스Petrus Aureolus(약 1280-약 1322)는 신학을 추론적인 지식, 즉 서로 질서 있게 연결된 전제들의 전체로 발전된 논리적인 추론discursus으로 봤지만 그럼에도 인식론적인 학문으로는 받아들이지 않았다. 이러한 차이에도 불구하고 이론적인 개념들은 지식이 자비를 위한 것이라는 발상과 신을 위한 사랑이 모든 사변적인 학문보다 우선한다는 발상을 공유했다.

존재론과 관련하여 둔스 스코투스와 오컴의 윌리엄은 많은 독창적인 이론을 제시했다. 스코투스는 강의 헨리쿠스의 주장을 비판하면서 존재 개념의 일의성에 대한 둔스 스코투스와 오컴의 윌리엄

이론, 즉 그 자체로 유한 또는 무한의 자격과 무관하기 때문에 하느님과 창조물에 대한 포괄적인 설교가 가능하다는 것을 주장했다. 존재의 전통적인 유비를 대신하여 존재의 일의성을 주장했으며, 또한 (하느님에 대한 문제에 우선적으로 집중된 것이 아니라 존재에 대한 개념적 소개와 존재의 초월적인 특성에 집중하는) 형이상학의 새로운 개념을 추구하는 만큼 형이상학의 가능성에 필요한 조건으로 간주되었다. 오컴의 윌리엄은 유일한 실체에 대한 둔스 스코투스의 존재론을 개별적인 실체에 대한 존재론으로 전환시키면서 세계는 본질이 아니라 실존하는 것이라고 주장했다. 다시 말해 반복될 수 없는 각 존재들의 전체는 본질을 가지는 것이 아니라 본질이라는 것이다. 이러한 존재론적인 개념에서 개별성은 즉각적이며 명확하고 추론하거나 증명할 수 없는 것이었다. 이것은 실체의 존재 방식, 즉 그의 보다 급진적인 존재 방식이었다. 전통적인 형이상학의 다른 존재 방식(그 자체로, 우유적으로, 가능태로, 그리고 현실태로 존재하는 것)들은 무언가를 의미하는 양태(표시의 양태)일 뿐이었다.

인식에 대한 이론

범형론(모범론, 모형론)

프란체스코회 철학자들에 따르면 인식 이론을 설명하는 데 필수적인 모범(그리스도교의 입장에서 플라톤주의를 재해석한 결과)은 하느님을 실제의 명료함의 원칙으로, 그리고 학문의 원천으로 드러내는 것에 근거했다. 다시 말해 하느님의 자기 성찰은 현실을 만들어 내는 로고스logos였다. 이념은 플라톤의 경우에서처럼 더 이상 감각적인 것들로부터 분리된 본질들로 인식되지 않았으며, 오히려 하느님의 생각 안에 있는 영원한 대상들이 되었다. 즉 이념들은 하느님의 지성과 일치되면서 플라톤의 개념으로 제한되기보다는 하느님의 정신in mente Dei에 위치했다. 범형론은 프란체스코회의 인식론으로부터 많은 영향을 받았고, 진실에 도달하는 것이 인간 영혼에 대한 하느님의 직접적인 개입에 의해 보장된다는 확신과 이념에 대한 접근은 신의 계시에 의해 중재된다는 확신에 근거했다. 아우구스티누스적인 패러다임(또는 이론적 틀)이 의도적으로 채택된 13세기 초반이 지난 이후에는 이러한 인식적 종합에 따른 어려움들과 상속된 사상에 전체적으로 위배되지 않는 새로운 표준 사상에 대한 연구가 제기되었다. 보나벤투라는 체계화를 희망한 인물, 강의 헨리쿠스는 위기의 척도며 동시에 새로운 길로 인도한 철학자, 둔스 스코투스는 최종적인 해결책을 마련한 인물로 평가받았다. 보나벤투라와 요하네스 페캄은 진리에 대한 인식이 영원한 이성들로부터 기원할 때 비로소 가능하다고 믿었다.

인식적 실천(활동)주의

반면에 미들턴의 리처드는 『명제집 주석서』에서 아우구스티누스-보나벤투라의 가르침과는 거리를 두면서 조명illuminatio 이론을 거부했으며, 신의 인식의 절대성과 인간적 지식의 상대성 사이의 이중성을 극복하려는 노력과 더불어 후자의 독자성을 주장했다. 인식의 실천주의에 대한 옹호는 미들턴의 리처드와 페트루스 요한네스 올리비에게 공통적이었다. 이들의 연구는 지적인 행위들이 초자연적인 것들에 의지하지 않으면서 우리의 능력 내부로부터 드러나는 것이라는 사실을 보여 주기 위한 노력으로 일관되었다. 리처드와 마찬가지로 아콰스파르타의 마테오는 스스로 존재하는 빛이 우리들에게 자신의 흔적으로 우리 인식의 진정한 (자연스러운) 이유, 즉 공식적인 원인인 창조된 빛을 남긴다고 주장했다. 하지만 만약 마테오가 요하네스 페캄과 마찬가지로 내재성과 초월성의 이중적인 시각에서 생각하려고 노력하고 지성의 빛이 오직 도구적인 요인의 역할(협력하는 영원한 빛에 비하면 부차적인 것)에 머물렀다면 리처드는 자발성만을 특권화하고 경쟁의 가설을 우선적으로 배제시켰다. 미들턴의 리처드와 마찬가지로 웨어의 윌리엄 역시 아우구스티누스의 저술을 비판하면서 인간 인식에 대한 신의 개입을 특별하고 초자연적인 도움으로 이해하는 자들은 히포 대주교(아우구스티누스)의 사악한 추종자들이라고 판단했다. 첫 번째 진리, 즉 하느님에 의해 (이로부터 기원하는 빛을 통해) 진리가 지각된다는 이론은 로저 마스턴에 의해 신랄하게 비판받았다. 그는 아콰스파르타의 마테오와 미들턴의 리처드, 그리고 이들의 입장 이면에 잠재된 토마스 아퀴나스를 공개적으로 비판했다. 인간이 오직 자신의 지성의 힘에 의지하면서 진리에 도달한다고 확신했던 둔스 스코투스에게 조명 이론에 대한 거부는 또 다른 범주를 의미했다.

인간 인식의 발전

인간 인식의 조건들, 한계, 목적성에 대한 성찰은 많은 프란체스코회 철학자들에게 중대한 문제로 주목을 받았다. 즉 인간의 인식 과정이 발전한다는 것에 대한 성찰에 있어 프란체스코회 철학자들은 어려운 관념의 문제, 능동 지성과 가능 지성의 관계, 인식의 주체와 대상의 관계에 봉착했다. 둔스 스코투스는 경험의 중요성을 경시하는 아우구스티누스주의자들과 주체성의 중요성을 수용하지 않는 아리스토텔레스주의자들과 동시다발적인 논쟁을 벌였고, 지성이 서로 통합되는 내적인 충동과 외적인 자극을 통해 가능태로부터 이해 가능한 현실태로 옮겨 간다고 주장하면서 부분적으로만 효율적인 원인들의 이론을 제안했다. 사물과의 상호 의존적인 관계에도 불구하고 인식 행위를 양산함에서 지성이 보여 준 효율성은 대상의 효율성보다 컸다. 오컴의 윌리엄은 직관적 인식과 추상적인 인식에 대한 스코투스의 구분을 수용했다. 직관적 인식은 경험주의로 시작되었으며, 직관적인 인식을 (감각들 이외에도) 지성에 의해 직관된 것처럼 감지했는데, 이때 지성은 직관을 통해 현실과 접촉하여 구분하며 직관적으로 인식된 대상의 존재를 즉시 판단한다고 설명했다. 아우리올의 페트루스도 역시 현실을 단순히 정신적인 것들로 여기는 개념의 형성, 즉 머릿속에서 사물의 지향적인 출현에 집중했는데, 이는 소위 말하는 관조적인 형상forma specularis이었다. 페트루스는 추상 작용과 가지상의 매개를 거부하고 아울러 인식을 동반하는 심리적인 행위(주관적인 존재)와 이러한 행위의 내용(객관적 혹은 명료한 존재)을 분명하게 구분했다.

개체의 이해 가능성

프란체스코회 철학자들의 인식론에서 또 다른 중요 문제는 개체의 이해 가능성이었다. 이들은 때로 토마스 아퀴나스를 반박하고 때로는 보나벤투라 이후 세대의 철학자들과 깊이 있는 논쟁을 전개하면서 상당히 의미 있는 결론에 도달했다. 오컴은 각 개인의 지적 활동의 즉각적이고 직접적인 특징, 즉 사실성(존재하는 것으로)과 자신의 구체적인 특이성(본질로서)을 통해 이해 가능한 특징을 주장했다. 각 개인의 자연스럽고 명확한 직관은 인식 행위와 대상 사이의 (경험으로부터 개념들의 형성[관념]으로 필연적이고 개별적인 이행을 자극하는) 활력적인 관계를 통해 발전했다. 만약 직관적인 인식과 이의 추상적인 기원이 각 (물질이거나 정신의) 대상들을 즉각적으로 수용한다면, 추상적인 인식은 보편적인 개념, 즉 많은 특별한 개체들을 규정에 따라 확인하고, 현실을 '의미하는' 보편적이고 정신적인 단위로 이해했다. 아우리올의 페트루스는 각 개체에 대한 상당히 독창적인 존재론을 발전시켰는데, 이는 해석 원리를 현실에 대한 형이상학적이고 순수 이성에 입각한 이해에 근본으로 여겼다. 이외에도 페트루스는 추상적인 인식에 대한 각 개체의 직관적인 인식의 우월성을 주장하고, (토미즘 성격을 지닌) 근대적인 실재론은 물론 형상성에 대한 스코투스의 이론도 거부(틀렸음을 입증)했다.

인간학과 윤리학

영혼과 그 능력의 관계, 영혼-육체의 관계, 신체의 구조, 본질과 존재의 차이, 개체화의 문제는 프란체스코회 인간학의 핵심적이고 전형적인 주제에 속했다. 영혼-육체의 관계와 관련해서는 적어도 올리비의 한 논문을 주목할 필요가 있다. 이 연구에 따르면 지성적 영혼은 그 자체로, 육체의 형상이 아니었다. 프란체스코회는 일정 부분, 물질의 작용에 의한 개체화를 주장하는 토마스 아퀴나스 추종자들의 이론을 부정하는 데 동의했다. 둔스 스코투스의 해결책은 그 자신의 독창성으로 인해 배제되었다.

둔스 스코투스의 공통적 본성

강의 헨리쿠스와 토마스 아퀴나스의 논쟁에서 그는 공통적 본성natura communis, 즉 그 자체로는 공통적이지도 개별적이지도 않지만 머리로 생각되거나(논리적 보편) 또는 실제 세계에서 실현되었을 때(구체적인 개인) 비로소 보편적이고 개별적인 것이 되는 실제의 특별한 개념을 도입했다. 일단 구분이 되면 공통적 본성은 존재에 있어 최대로 완벽해지며, 유일한 존재론적인 실체를 획득했다. 즉 이것은 긍정적인 존재자haecceitas(이것성 혹은 개성)로 하나의 구체적인 형상을 갖춘 특별한 본성을 획득하여 완전해졌다.

형상의 복수성

13세기 후반에 가장 핵심적인 논쟁으로 등장한 주제, 즉 프란체스코회와 토마스 아퀴나스 사이의 근본적인 불협화음의 원인은 형상의 유일성을 옹호하는 자들(대표적으로 토마스 아퀴나스)과 다원주의자들을 반목하게 만든 형상의 복수성에 관한 주제였다. 형상의 유일성을 주장하는 자들은 형이상학적이고 자연학적이며, 심리학적이고 논리적이며, 신학적인 다양한 주제들을 제기하면서 모든 존재에는 단 하나의 근본적인 형상, 즉 존재를 확인시키고 어떤 구체적인 존재로서 구별되는 하나의 근본적인 형상만이 존재한다는 사실을 제시하려고 노력했다. 이것은 존재가 유일한 형상의 원칙(이성적 영혼)이기 때문에 어떤 부류(보편적)와 종의 형상(특수적)에 속한다는 것을 의미했다. 반면 다원주의자들(팔가르의 윌리엄William of Falgar, 라 마르의 기욤, 요하네스 페캄, 아콰스파르타의 마테오, 미들턴의 리처드, 로저 마스턴, 페트루스 요한네스 올리비, 오컴의 윌리엄이 포함된다)은 인간을 구성하는 근본적인 단위(구성 단위)를 설명하기 위해서는 보다 많은 형상이 필요하다는 사실을 확신했다. 존재가 모든 필수적인 완벽함을 갖추기 위해서는 자신의 특별한 완벽함을 제공하면서 그 구성을 결정하는 우월한 형상에 따라 계층적으로 질서를 갖춘 분명한 근본적인 형상들이 요구되었다. 창조된 존재의 구조 이론은 (프란체스코회가 〔영적〕 질료와 형상으로 구성되었다고 주장하는) 정신적인 실체들(인간 영혼과 천사들)의 질료 형상론hylemorphism적인 구성 이론과 긴밀한 관계를 가지고 있었다. 둔스 스코투스는 형상의 복수성에 대한 문제를 직접적으로 언급하지 않았지만 『명제집Libro delle Sentenze』 제4권에 대한 주석에서 실체 변화의 기적을 설명하면서 강의 헨리쿠스와 토마스 아퀴나스의 주제들을 언급했다. 그는 두 인물 모두 비판하면서 인간과 모든 살아 있는 존재에게 적어도 두 가지의 근본적인 형상을 인정하는 것이 필수라고 주장했다. 육체적 형상forma corporeitatis은 모든 살아 있는 개체의 육체에, 다른 것보다는 구체적인 영혼에 의해 활성화될 수 있는 물리적인 구성의 실현을 가능하게 해 주는 원리였다. 다시 말해 이러한 형상으로 인해 모든 살아 있는 존재의 육체는 죽음 이후에도 어느 정도의 시간 동안은 자신에게 고유한 신체적 특징들을 받아들이고 보존(유지)했다. 육체적 형상은 영혼이 갑작스럽게 들어왔을 때조차도 사라지지 않아야 할 영원한 장치였다. 지성적 형상은 보다 완벽한 생명의 형상forma vitae인 만큼, 성장 활동과 감각 활동의 원리를 포함할 수는 있지만 자신에게 고유한 현실성을 육체에 부여할 수는 없었다.

보다 논쟁적인 윤리 문제들 중에는 하느님의 자비로운 사랑과 관련하여 모든 프란체스코회 대가들이 수용한 축복에 대한 연구 말고도 자유의 문제가 포함되었다. 올리비는 이를 주장한 가장 대표적인 인물로, 인간의 의지와 존엄성의 구체적인 암호로 높이 평가했다. 그 외에도 오컴은 자유가 인간의 가치를 드높인다고 주장했다. 즉 인간은 다른 많은 선택을 할 수 있는 능력을 가지고 있을 뿐만 아니라 스스로 결정하는 강력한 의지를 가지고 있기 때문에 자유롭다는 것이었다.

| 다음을 참고하라 |

철학 급진적 아리스토텔레스주의와 신학자들의 반발(372쪽); 토마스 아퀴나스(389쪽); 바뇨레조의 보나벤투라(398쪽); 요하네스 둔스 스코투스의 사상(416쪽); 오컴의 윌리엄(424쪽)

요하네스 둔스 스코투스의 사상

| 안나 로비솔로Anna Lovisolo |

둔스 스코투스의 사상은 (이를테면 프란체스코회의 신플라톤주의와 도미니쿠스회의 토미즘 간의 반목에서 보듯) 활력적이며 때로는 긴장감마저 불러일으키는 철학적-신학적인 논쟁에서 출발했고, 13세기 말에 발전했다. 둔스 스코투스는 두 흐름 중

어느 것에도 충분히 동의하지 않았지만 두 입장의 가장 의미 있는 내용을 연구하고 발전시킴으로써, 신학과 학문의 관계에서나 형이상학과 인식론에서나 자신만의 고유한 결론에 도달했다.

생애와 저술들

둔스 스코투스(1265-1308)의 사상은 그 날카로움과 복잡성에 있어 정교한 박사Doctor Subtilis 자격을 충분히 가졌으나 연구자로서는 반교리적-반이론적이었다. 폴 비뇨(P. Vignaux, *Philosophie au Moyen Age,Albeuve*, 1978 ; 이탈리아어 번역본 *La filosofia nel Medioevo*, 1990)가 지적한 것처럼 스코투스가 채택한 성찰 방식은 (그의 저술들에서 볼 수 있듯) 자신이 철학자로서 다양한 입장과 개념에 대한 분석에서 보여 주었던 길고 날카로운 내적 대화로 구성되었다. 사상에 대한 확고한 연구로 발전했을 때, 그의 사상은 '첨탑이라는 돌출부를 지닌 건축물'이었다.

둔스 스코투스는 1265년 잉글랜드와 스코틀랜드의 경계 지역에 위치한 둔스Duns라는 작은 마을에서 출생했다. 1291년에 노샘프턴에 위치한 성 앤드류 클루니 성당의 프란체스코회에 들어가기 전까지의 행적은 거의 알려져 있지 않다. 추측하기로는 매우 이른 나이인 10-12세경에 옥스퍼드에 가서 종교를 공부한 데 이어, 계속해서 당시의 관습에 따라 철학을 공부했을 것이다.

1296년경에는 케임브리지의 프란체스코회 소속의 작은 형제회 학교에서 강의를 시작했다. 1298-1300년에는 다시 옥스퍼드에서 주요 저서들 중 몇 권을 집필했다. 1302년에는 학사 자격으로 파리에 있는 생트-주느비에브의 프란체스코회 학교에 입학하여 신학원감magister regens 지위를 획득했다. 그러나 학위 과정이 채 끝나기 전인 1303년에 프랑스 왕 필리프 4세 미남왕(1268-1314, 1285년부터 왕)이 교황 보니파시오 8세(약 1235-1303, 약 1293년부터 교황)와의 싸움에서 요청한 도움을 거절하여 80여 명의 동료들과 함께 프랑스에서 추방당했다. 이후 다시 옥스퍼드로 돌아왔지만 이듬해 보니파시오 8세가 사망하자 1305년에 프랑스로 돌아가 자격증licentia과 신학원감의 지위를 받았다. 파리에서 신학부 정교수로 활동했던 2년간 성모 마리아의 원죄 없으신 잉태설에 대한 독창적인 논문을 완성했다. 1307년에는 쾰른으로 가 프란체스코회 소속 작은 형제회의 성당 학교를 설립하고 교육 활동을 전개했으며, 점차 영향력을 확대하던 이단에 대처하는 활동을 전개했다. 둔스 스코투스는 1308년

11월 8일에 43세의 나이로 사망했다.

여러 차례 수정된 저술들

둔스 스코투스의 저술 대부분은 옥스퍼드와 파리에서의 교육 활동에 따른 결실이었다. 다시 말해 체계적인 저술이 아니라 그가 자신의 생애를 통해 수집한 것들과 여러 차례 수정한 선집이었다. 이 때문에 집필 시기는 물론이고 이후 추가와 수정 시기를 정확히 알기란 거의 불가능하다. 경우에 따라서는 제자들과 협력자들이 기여한 부분을 구분하는 것도 그만큼 복잡했다.

초기 작품들, 정확하게 말해 철학 저술들이 1295년경에 집필되었을 개연성은 폭넓게 증명되었다. 포르피리오스(약 233-305)가 저술한 『입문』과 아리스토텔레스(기원전 384-기원전 322년)가 쓴 『오르가논』의 몇 권, 즉 『범주론』, 『궤변론De Sophisticis Elenchis』, 『변증론Topica』, 『명제론』에 주석을 붙이는 작업은 『논리학 소론집Parva Logicalia』이라는 제목의 저술로 통합되었다. 같은 기간 『형이상학』 제1-9권의 저술들(『아리스토텔레스의 형이상학에 관한 가장 정교한 (토론) 문제집Quaestiones Subtilissimae super Aristotelis Metaphysicam』)에 (시작된 이후로 여러 차례 중단되었고 다음 시대의 철학자들에 의해 확대되고 수정된 『영혼론』에 대한 짧은 주석(『영혼론 제2권과 제3권에 관한 토론 문제집』]) 중요한 주석을 시도한 것도 이 기간으로 추정된다. 그러나 여기에서 둔스 스코투스의 기여는 확실하게 밝혀지지 않았다.

신학과 철학의 관점에서 볼 때 가장 중요한 저술은 페트루스 롬바르두스(약 1095-1160)의 『명제집』을 가지고 옥스퍼드와 파리에서 담당했던 수업의 또 다른 교재로 활용되었다. 당시의 교재들 중에는 둔스 스코투스가 옥스퍼드에서 강의했던 내용인 『강의록Lectura』과 부분적으로 파리에서 강의하던 기간에 강의 주제로 다루었던 내용 일부에 근거한 것으로, 그가 죽을 때까지 여러 차례 연구하고 확장했기에 대표 저술로 평가받는 『옥스퍼드 강의록Ordinatio』이 포함되었다. 둔스 스코투스가 파리에서 했을 것으로 추정되는 강의의 내용을 모아 놓은 『파리 강의록Reportata Parisiensia』은 전체적으로 볼 때 1302-1307년에 작성되었을 것으로 본다. 신학 분야의 연구들로 평가되는 저술들 중에서 중요한 것은 자연 신학으로 분류되는 『자유 토론 문제집Quaestiones quodlibetales』과 특히 신의 존재에 대한 연구로 평가되는 『제1원리에 관한 논고Tractatus de primo principio』가 있는데, 모두 1306-1307년에 집필되었을 것이다.

인식: 직관적 인식과 추상적 인식

인식의 문제에 대한 연구에서 둔스 스코투스는 아우구스티누스의 사상과 아리스토텔레스의 사상에 근거하는 신플라톤주의적인 발상에서 벗어나 새로운 방법을 모색했다. 첫 번째로 조명에 대한 아우구스티누스 사상을 모체로 하는 발상은 신의 정신에 내재하는 모델들에 대한 명상에 근거한 것이었다. 반면 아리스토텔레스의 사상에 따르자면 학문적 확신은 여러 학문들에 근거했고 자명한 원리들로부터 기원했으며, 연역만이 원리에 대한 확신이 결론에 도달할 수 있음을 보장했다.

인식 이론의 두 가지 모델

둔스 스코투스는 인식 이론에서 두 가지 모델을 제안했다. 인식 이론은 인식론의 이중적인 양태를 통해 드러나는데, 구체적인 개체의 존재 증명과 관련 있는 직관적인 인식과 추상적이고 보편적인 개념에 대한 인식으로 이어질 가능성과 관련 있는 추상적인 인식이다. 직관적 인식과 추상적 인식을 통해 둔스 스코투스가 인식 이론을 어떻게 구축했는지를 살펴보자. 직관적 인식은 지성을 통해 전승되었으며, 자신의 물리적인 실체 속에서 구체적으로 존재하는 대상을 수집하는 인식 행위에 해당했다. 직관적 인식은 단순한 인식, 그러니까 대상을 처음으로, 그 자체primo et per se로 수용하는 단순 파악simplex apprehensio이었으며 관계의 범주에 속했다. 다시 말하면 그 한계에 있어 측정 가능한 용어들로 단순화된 실제의 관계였고 이러한 방식으로 외부 현실들을 알게 되었다.

추상적 인식은 사물의 실질적인 존재를 초월하는 것이었다. 실제로 이는 존재의 여건들에서 벗어났으며 지성에 의해 보편적인 종species으로 표현된 대상에 대한 단순한 이해였다. 이러한 인식에 근거하여 추상적인 진화가 일어나며, 이를 통해 지성은 대상의 존재를 추구했다. 인식은 제1지향intentiones primae에서 출발하여 정신적인 상상의 중간 과정(표상상)을 통해서 (사물의 개성 원리 또는 모든 물질적인 성격에서 탈피한 대상의 존재를 보여 주는) 가지상species intelligibiles(제2지향intentiones secundae)의 형성으로 이어지는 과정의 최종 순간에 해당했다.

중요한 것은 두 인식 양태 모두가 (직관적 인식의 경우처럼 지각하거나 추상적 인식에서처럼 이해할 수 있는) 종의 존재에 대한 증명에서 출발한다는 것이었다. 한편 두 종류의 인식 사이에 연속적인 고리는 존재하지 않았다. 따라서 전자의 직관적 인식은 두 번째를 위한 출발점이었다. 즉 단순 파악simplex apprehensio 덕분에 대상의 존재가 증명되었다. 지성은 추상에 대한 아리스토텔레스의 모델에 따라 민감한 종에서 동시에 가지상에 근거하여 보편적인 개념의 형성에서 시작하여 정신적인 이미지의 창조에 착수했다.

지성을 이런저런 인식의 유형으로 옮겨 가게 하는 것은 대상이 아니라 그의 존재하는 특별한 방식인 형상적 계기ratio formalis motiva였다. 직관적인 인식으로 옮겨 가는 형상적 계기는 그 자신의 특별한 존재로서의 대상인 반면에 추상적인 인식으로 옮겨 가는 형상적 계기는 사물이 그 자신의 인식 가능한 존재 또는 대상의 이미지 속에 강력하게 담긴 가지상species intelligibilis을 가지고 있기 때문이었다. 이 시점에서 분명해지는 점은 직관적 인식으로 개체가 중요해지는 것이 아니라, 그의 이성ratio 또는 실제의 존재가 중요해진다는 것이었다. 추상적 인식의 경우에는 존재 여부가 중요했다.

직관적 인식이 사물res을 실질적인 존재로 수용하는 외부 감각의 개입에 의해 가능해지는 반면, 추상적 인식은 (대상이 부재한 상황에서도 대상을 재생산하는) 상상imaginatio으로 정의되는 내적인 감각 덕분에 얻어졌다. 추상적 인식으로부터 기원하는 행위들은 관련되는 대상이 아니라 상상에 의해 '조각된' 심상을 보유했다. 지각 가능한 심상은 그 존재에 대상이 실제로 존재하는 것으로 대표되었다. 다시 말해 대표적인 형태에 담긴 대상의 이해 가능한 존재esse intelligibilis는 물리적으로 존재하지 않는 경우에도 존속하는 절대적인 무엇이었다.

형이상학: 존재의 일의성과 개체적 차이

둔스 스코투스에 따르면 형이상학은 신에 대한 추상 개념에, 신학은 구체적 개념에 이른다. 이 때문에 신학은 최고의 실천 학문이었다. 형이상학의 고유한 주제는 인식력에 해당하는 지성의 고유한 대상이며 존재자로서의 존재자라고 할 수 있었다.

둔스 스코투스의 독창성

그는 아우구스티누스의 전통이나 아리스토텔레스주의에 모체를 둔 토미즘과 비교할 때 독창적이고 상당히 혁신적인 태도를 드러냈다. 그의 입장은 토마스 아퀴나스에 의해 발전되었으며, 특히 존재의 유비 또는 존재는 오직 유비적 방식으로만 하느님과 피조물을 설명할 수 있다는 이념에 집중하는 아리스토텔레스적인 방식을 신학에 적용하는 데 반대함을 의미했다. 반대로 둔스 스코투스는 실체의 일의성univocità에 대한 이론을 연구했다. 존재를 일의적인 것으로 정의하거나 하느님과 피조물을 동일한 의미로 설명할 수 있는 것으로 정의함으로써, 인간 지성은 감각적인 경험에서 출발하여 보다 일반적인 결정에 도달하는 과정을 통해 형성된 개념을 초월할 수 있었다.

둔스 스코투스의 형이상학이 갖는 몇 가지 중요한 요점을 좀 더 자세히 설명하기에 앞서 이들이 다음의 몇 가지 개념에 근거하고 있다는 사실을 지적해 보자. 첫째, 본질과 유한한 존재의 합성을 부정하는 것, 둘째, 개별적 차이differentia individualis에 있어 개별화 원리의 확인, 셋째, 유와 종차의 관계, 그리고 공통 본성과 개별적 차이의 관계를 설명할 목적으로 의도된 새로운 구분 모델, 즉 '형상적 구분'(논리)의 발전이다.

이미 아비케나(980-1037)가 이해하고 있었던 것처럼 둔스 스코투스가 언급한 존재는 근본적으로 일의적일 뿐만 아니라 중성적인 것이었다. 이러한 방식으로 스코투스의 존재는 지성을 그들의 보편성 혹은 특이성을 통해 이해할 능력을 가졌다. 하지만 아무런 전제 없이도 이들을 이해할 수 있는데, 이러한 사실들에 근거해 공통 본성에 대한 이론을 고안했다. 이 공통 본성은 개별적이지도 보편적이지도 않은 것 같았지만 실제의 존재에서 실질적인 본질을 획득하는 경우에는 개별적인 것처럼, 그리고 이를 정신적인 본질로 판단하는 지성의 추상적인 행위에 의해서는 보편적인 것처럼 여길 수 있었다. 사물의 본성 또는 본질은 정신에서는 보편적이었으며, 실제의 존재들에서는 개별적인 것이었다. 하지만 이들이 그 자체로 볼 때 이도 저도 아니라는 것을 고려한다면 서로 다르지 않다고도 할 수 있었다.

공통 본성에 대한 이론

개체성으로, 구체적이고 특별한 개체로의 전환은 철학자들이 직면한 난제 중 하나였으며, 둔스 스코투스와 토마스 아퀴나스의 거리(또는 차이의 정도)를 명확하게 보여 주었다. 둔스 스코투스에 따르면 이러한 전환을 결정하는 것은 존재하는 현실, 즉 종보다 더 풍부한 긍정적인 존재성이었다. 이러한 긍정적인 존재의 현실은 개별적 차이였다. 그리고 개별적인 차이는 형식적인 수정 없이 공통 본성의 실재성을 강화시키는, 존재의 질서 안에서 성숙시키는 과정으로 이해되었다. 또한 '존재론적인 의미의 증대'는 완벽화의 요인과 개체화 요인으로 간주될 수도 있었다. 그는 공통 본성을 개별적인 존재들로 변형시킬 수 있는 쌍방의 관계를 개성 원리haecceitas라는 신조어로 정의했다. 우리가 '이것'이라고 말할 수 있는 모든 것은 개개의 개성 원리 때문인데, 다시 말하면 하나의 전체를 형성하려는 각각의 모든 요인은 전체의 존재하는 일의성을 희생시키는 않는다.

이제부터 둔스 스코투스가 공통 본성과 개별적인 차이를 구분하던 방식에 대해 설명해 보자. 이러한 구분은 실재적인 것이 아니라 형상적인 것으로, 동일한 종의 수많은 개체를 결정짓는 본질의 수를 증가시키는 것 없이 보유할 수 있는 방식들을 구분하게 해 주었다. 형상적인 구분은 구체적인 하나의 실체가 존재할 가능성에 집중되었다. 하지만 이러한 가능성은 (아리스토텔레스의 관점에서 적절한 실재성으로 간주되는) 잠재력으로 이해될 경우 적용될 필요가 없었다. 알렉산드로 콘티의 정의에 따르면(*I presupposti metafisici del concetto di persona in Scoto*, 1994), "유일하고 동일한 현실을 구성하는 요인들의 경우 이들은 형상적으로 두 가지로 구분되는데, 둘 중 어느 하나도 다른 현실을 구성하지 않는다. 다시 말하면 각각은 자신의 본질적인 범주에만 속한다."

신학: 신에 대한 지식

신학의 본질은 무엇일까? 과학, 특히 형이상학과는 어떤 관계가 있을까? 이에 대하여 둔스 스코투스는 자기 시대의 신학자들과 거리를 두고 있었다. 당시의 신학은 탁월한 이론적 학문이었지만 스코투스는 신학을 감성적인 학문으로 여겼던 프란체스코회의 전통과도 거리를 두었다. 그에게 신학은 실천 학문 또는 행위를 이끌고 규정하는 학문이었다. 신학은 명상을 거치지 않을 경우 진리를 가르쳐주지 않았지만 진리에 근거해 활력을 유지했다. 이 경우에 그가 형이상학 차원에서 수용했고 지식으로 인도한 연역적인 순수함의 아리스토텔레스적인 모델은 더 이상의 의미를 가지지 못했다.

신학의 필연성

기본이지만 중요하게 평가된 문제는 신학의 필연성에 대한 것이었다. 둔스 스코투스는 『옥스퍼드 강의록』 서문에서 이 주제를 다루면서 신학자들과 철학자들의 대립적인 관점을 제시했다. 철학자들에 따르면 인간은 자신의 능력을 통해서만은 무엇이든 알 수 있을 뿐이며, 이러한 이유를 고려한다면 계시가 필요한 것이 아니었다. 반대로 신학자들은 인간의 능력으로는 (인간의 궁극적인 목표에 해당하는) 신에 대한 인식에 도달하지 못하지만 오직 계시를 통해서만은 접근이 가능하다고 주장했다. 그는 만약 신학이 (신이 신앙이 없는 인간까지도 구원할 수 있는 만큼) 인간의 구원에 필요하지 않다면 다른 한편에서는 오직 계시를 통해서만 우리의 초자연적인 목적을 만족시키는 데 필요한 지식에 도달할 수 있다고 주장했다. 계시 덕분에 신학을 이해할 수 있었지만 신학을 '우리(인간)들의 신학theologia nostra'이라 정의하면서 인간이 계시를 통해서 신을 인식할 수 있다는 사실을 채택했다.

다음으로 신과 관련해 드러난 진리들을 살펴보고 구분해 보자. 한편으로는 그 자체로 신의 삶과 관련된 진리가 존재하는데, 이들은 우리 삶에 절대적으로 필요하며 신의 '내적인 방식들'로 정의 가능하다. 다른 한편으로는 우연적인 진리들도 존재한다. 우연적이라 정의된 이유는 이들이 절대적인 자유에서 유래되었기 때문이다. 둔스 스코투스에 따르면 이는 신과 무관한 모든 것과 관련된 신적인 행위들이었다. 속성이라고 불리는 진리들은 신에게서는 무한한 만큼, 유한하게 피조물에서도 발견된다. 신의 첫 번째 속성은 지성이었다. 신은 생각이라는 신적인 행위로 그 자체로 창조된 모든 것을 수용한다. 즉 무한한 본질들 혹은 '가능성'들은 신적인 지성에 의해 조성되었다. 이러한 시각에서 볼 때 창조된 모든 존재자는 세계의 모든 창조된 것들 중에서 신적인 자유 선택으로부터 기원했다.

의지에 대한 새로운 이론

신학에서도 둔스 스코투스가 연구한 의지에 대한 독창적인 이론이 성립했다. 신에게 의지는 무한하고 조건 없는 힘을 대변했다. 의지는 절대적인 자유였다. 둔스 스코투스에 따르면 작용자는 같은 순간에 구체적인 결과와 더불어 이에 반대되는 결과를 함께 양산할 수 있을 때 비로소 자유로워진다. 둔스 스코투스는 이 시점에서 스콜라 철학에서 정립된 구분을 재인용했는데, 이는 신이 자신의 절대적인 능력에 근거해 만든 것과 자신의 질서에 따른 능력에 근거해 만든 것의 구분을 의미했다. 안드레아 타바로니의 기발하고 개괄적인 정의를 주해한다면, 첫 번째는 논리적으로 가능하기 때문에 생산하는 모든 것을 대체하는 것들을 생산하는 신의 능력을 구성했다. 그리고 두 번째에는 결과적으로 생산이 가능한 것들이 속했다.

마지막으로 신의 존재 증명이 철학자가 연구한 동일한 방식 때문에 신학보다는 형이상학에 속한다는 점을 참고해 둔스 스코투스가 제시한 신의 존재 증명에 대해 설명해 보자. 신의 존재 증명은 순수한 사상의 범주에 안주한 상태에서 고안된 것이었는데, 그 방식에서 캔터베리의 안셀무스Anselmus Cantuariensis(1033-1109)의 그것과 동일했으며, 첫 번째 존재가 자신의 본질과 동일한 가능성이 논리적이거나 물리적인 질서를 필요로 하는 것이 아니라 자체로ex se 존재하는 존재의 필연성을 요구한다는 결론에 도달했다.

의지의 자유

신에게 의지는 순수한 완전성이며, 절대적인 자유였다. 인간에게 의지는 영혼이 보유한 두 가지 능력 가운데 하나였는데, 다른 하나는 지성이었다. 그럼에도 이러한 능력들은 둔스 스코투스의 사상이 제시하는 새로운 것들 중 다른 하나로, 실제로는 구분되지 않으며 단지 형상적으로만 구분될 뿐이었다. 영혼 그 자체가 그 자체의 전체로서 인간 행위의 원인이 되었기 때문이다. 둔스 스코투스에 따르면 만약 지성이 자연스럽게 작동한다면, 즉 자신의 고유한 대상에 의해 영향을 받고 일련의 원인을 따르도록 강제된다면 의지는 절대적으로 자유로운 것이다.

이러한 방식으로 선택의 행위는 결정의 유일한 원인이 되었다. 의지가 자연스러운 방식으로 작동하는 것들에 대한 의지의 우월성, 즉 지성은 우월성이 선택에 따라 결정을 내리는 같은 순간에 이와는 독립적으로 반대의 행위도 수행할 수 있다는 것을 고려할 때 분명하게 또 구체적으로 드러났다. 이 능력은 우연적인 원인의 본질에 속했다. 둔스 스코투스는 우연성contingens을 시간적으로 동일한 순간에 상반된 것이 발생할 수 있다는 것으로 이해했다. 이것은 그가 개인의 선택에 대한 책임을 지속적으로 강조한 이유기도 했다.

| **다음을 참고하라** |
역사 보니파시오 8세와 교회의 우월권(51쪽)
철학 오컴의 윌리엄(424쪽); 정치적 성찰(526쪽)
시각예술 예술과 탁발 수도회(853쪽)

오컴의 윌리엄

| 파올라 뮬러Paola Muller |

14세기 프란체스코회 소속 철학자였던 오컴의 윌리엄은 실재에 대한 급진적인 개체성을 주장했다. 그의 철학은 반反플라톤적인 경험주의처럼 파악되었다. 오컴은 기호론을 이용해 보편 개념과 정신적인 신호를 동일시했고, 이를 동일한 지향 행위로 여겼다. 신학에 있어 그는 합리적인 사실과 계시에 의한 사실을 명백하게 구분하고 의지, 자유, 사랑의 관념들에 근거해 자신만의 윤리적인 비전을 제시했다. 자연 철학에

있어서는 독창적인 방법론으로 오늘날까지도 '오컴의 면도날'이라고 알려진 경제 원리에 대한 이론을 만들었다.

생애와 저술들

'오컴'은 1280년 윌리엄이 태어난 영국의 마을 이름이다. 그는 프란체스코회 소속 작은 형제회 교단에 들어가 옥스퍼드 대학에서 공부했다. 1324년에는 아비뇽의 교황청으로부터 이단으로 고발되어 이단위원회에 소집되었다. 그는 아우리올의 페트루스(약 1280–약 1322)도 속해 있던 위원회로부터 처음에는 우호적인 견해를 이끌어냈지만 결국 유죄 판결을 받았다. 1327년에 교단의 수도회 총장이었던 체세나의 미켈레(1270–1342)가 교황으로부터 그리스도와 사도들의 극단적인 청빈을 주장하는 프란체스코회 일파들의 공격을 막으라는 임무를 부여받고 아비뇽에 위치한 프란체스코회 소속의 작은 형제회 수도원에 도착했다. 1328년 5월 26일에 체세나의 미켈레, 오컴의 윌리엄, 그리고 그의 동료들은 아비뇽에서 도망쳐 이탈리아로 피신했고, 피사에서 황제 루트비히 4세(약 1281–1347, 1328년부터 황제)를 만났다. 이를 계기로 정치적인 결사가 설립되었다. 전설에 따르면 오컴이 황제에게 "당신은 칼로 나를 방어하고 나는 펜으로 당신을 방어할 것입니다"라고 말했다고 한다. 라 마르의 기욤은 바이에른 주의 뮌헨에 있는 황궁까지 황제와 동행했으며, 이곳에서 1349년에 흑사병으로 사망했다.

그의 저술들을 참고할 때 오컴의 생애는 크게 두 시기로 구분할 수 있다. 1328년까지는 논리학 저술들(『포르피리오스에 관한 주해Expositio in librum Porphyrii』, 『범주론 주해Expositio in librum praedicamentorum』, 『문장론 명제론 제1권, 제2권에 관한 주해Expositio in duos libros perihermeneias』, 『궤변론〔소피스트 논박〕에 관한 주해Expositio in duos libros elenchorum』, 『논리학 대전Summa logicae』), 철학과 신학 저술들(『아리스토텔레스의 자연학에 관한 주해Expositio super Physicam Aristotelis』, 『자연 철학Philosophia naturalis』, 『옥스퍼드 강의록』, 『〔명제집 II–IV권〕 주해 강의록Reportatio』, 『7편의 자유토론 문제집Quodlibeta septem』, 『제대의 성사De sacramento altaris』, 『하느님의 예정과 예지, 그리고 미래의 우연한 사건에 관한 논고Tractatus de praedestinatione et de praescientia Dei et de futuribus contingentibus』, 『관계에 관하여De relatione』), 사색(사변)과 교육학 분야의 저술들을 남겼지만 1328년 이후에는 교회

학(『교황 요한 22세의 교의에 관하여De dogmatibus papae Johannis XXII』, 『교황 베네딕토 12세에 관한 반론Tractatus contra Benedictum XII』, 『교황 요한 22세의 오류에 관한 요약Compendium errorum papae Johannis XXII』)과 정치학 이론(『90일의 작업Opus nonaginta dierum』, 『대화Dialogus』, 『교황의 권력에 관한 여덟 가지 문제들Octo quaestiones de potestate papae』, 『교황의 권력에 관한 개요Breviloquium de potestate papae』, 『황제와 교황의 권력에 관하여De imperatorum et pontificum potestate』) 저술들을 남겼다.

논리학과 인식론

오컴은 개체, 즉 개별체의 존재론을 옹호한 인물로 묘사된다. 그에게 각 개별체는 인식의 질서에 있어서나 존재의 질서에 있어서나 첫 번째 순위였다. 개체성은 실체의 관점에서 보면 가장 극단적인 방식이었다. 또한 즉각적이었고 명백했고 따라서 유래하지도 드러나지도 않았다. 오컴의 입장을 전반적으로 규정하기 위해 수많은 서식이 고안되었는데, 이들은 '존재론적인 각성'(P. Alféri), '세계에 대한 언어학적 약탈'(R. Paqué), '비평과 회의론'(K. Michalski), '범기호학'(움베르토 에코)이었다. 오컴은 자신의 철학으로 경험주의적이고 반플라톤적이며 인식론적인 실재론(실재론의 현대적인 의미에 따라 실제는 접근이 가능하고 직접적으로 인식할 수 있는 것이다)과 존재론적인 반실재론(반면 여기에서 실재론은 보편적인 것들의 본질을 주장했던 오컴의 시대를 전후한 중세적인 의미에서 볼 때 이상적인 객체성 혹은 존재하는 상태 그 자체의 것들이었다)에 근거해 구분된 이론을 구축하려고 했다.

오컴의 주장은 근본적으로 기호학적이었다. 그는 인지 심리학, 기호 이론, 증명 이론을 견고하게 하나로 연결했다. 오컴에게 보편자는 실재가 아니라 개념이었다. 개념은 복수로 구성된 각 개체들을 지칭하는 것, 즉 지시적인 기호였다. 사유 행위를 통해 생성된 개념은 정신의 우유적인 실재, 영혼의 성질, 객관적인 존재를 가지고 있지 않았지만 (순수하고 단순한 지향적 대상이라는 명칭으로) 영혼에 깃든 주관적인 존재만을 가지고 있는, 다시 말해 실제로 한 주체에 내재된 성질, 즉 영혼in anima을 의미하는 인식적인 본성의 용어였다. 이렇게 정의된 주체성은 아리스토텔레스에게 질료와 형상의 공존 같은 주체성이었으며, 질료와 형상으로 구성되었고 우유적인 실재 혹은 특성을 갖춘 각 실체의 주체성을 의미했다. 이러한 성질, 즉 개념으로서의 정신적 우유적인 실재는 자신이 대표하는 사물들과의 유사성similitudo을 형성했다. 오컴

보편자는 하나의 개념이다

에게 이것은 자연스럽게 의미를 형성하는 관계였다. 모든 보편적인 개념은 자연스러운 표시처럼 정의될 수 있었다. 이는 정신적인 언어를 구성하는 정신적인 명제들 속에서 자신이 역할을 대신해 주는 수많은 대상을 의미했고, 모든 구어와 문어를 포함하는 정신적인 용어처럼 정의될 수 있었다.

인간의 인식은 경험한 대상이나 상황과의 직-간접적인 접촉에 영향을 받았다. 인식은 직관적 인식과 추상적 인식으로 구분할 수 있다. 개별적으로 존재하는 것을 즉각적으로 이해하는 것은 직관적 인식이었으며, 인식의 원인은 그 대상에 있고 다른 모든 인식에 우선했다. 반면 대상을 마치 대상처럼 단순하게 받아들이면서 그 대상이 존재하거나 존재하지 않는 것으로부터 초월하는 것은 추상적 인식이었다.

개체에 대한 인식에서 보편에 대한 인식으로

그렇다면 각 개체에 대한 직관적 인식으로부터 보편적인 것들, 종이나 유에 대한 인식으로 어떻게 옮겨 갈까? 오컴은 중세의 인식론에서 핵심적인 사항에 해당했던 이 문제에 대해 독창적인 해결책을 제시했다. 개체적인 사물에 대한 직관적 인식은 정신 속에서 두 가지 정보를 양산하는데, 이해된 사물에 대한 고유한 정보와 사물이 속하는 종種에 대한 정보다. 각 개체에 대한 직관은 한때 경험적이고 직감적인 것이었다(나는 이 남자를 보면서 남자를 본다). 유일한 문제는 종에 대한 인식에서 유에 대한 인식으로 옮겨 가는 것이다.

그에게 구체적인 인식이 하나의 유일한 대상에 대한 인식의 행위와 유형에 관한 인식이 다른 종에 속하는 대상들에 대한 보다 직관적인 인식을 필요로 하는 것은 직관적인 인식의 영역에 속하는 것이었다. 정신이 본성적으로 유사한 사물들에 대해 정보들(제1유형의 직관적이고 추상적인 정보들)을 생산하는 다양한 개체들과 관련이 있는 일련의 인식 행위를 통해 일반적인 성격의 유사성을 공유하는 사물들을 지향하는 유일한 정신적인 개념을 만들어 낼 때 비로소 일반적이고 보편적인 개념이 형성되었다.

오컴은 개체에 대한 직관적 인식에 추상적 인식을 대비시켰는데, 존재의 유무를 초월해 사물을 이해하는 것이었다. 다시 말하면 이는 실제의 인식론을 배제한 인식으로, 어느 정도는 부재한 대상을 상상하는 능력과 혼동되었다.

본질과 존재의 일치

상상에 대한 추상적 인식의 임시 변용, 실제의 존재와는 무관한 본질을 이해하는 것과 관련해 둔스 스코투스의 개념을 거부한 것, 최우선적인 직관적 인식은 존재론의 축소, 그리고 본질과 존재의 구분을 배제하는 것을 암시했다. 존재하는 것, 본질,

그리고 존재는 구분된 것은 아니지만 동일한 것에 이르는 다양한 방식이며, 이들의 차이는 단지 문법적인 것이었다. 자연스러운 인식에서 대상에 대한 인식, 그 본질에 대한 직관과 그 존재에 대한 인식은 구분되지 않았다. 하나의 구체적인 대상을 구성하는 모든 것은 구분 불가능한 본질과 존재, 즉 구체적이고 개별적인 본질이었다.

세 가지 종류의 지칭

논리의 차원에서 오컴은 특히 『근대 논리학Logica Modernorum』에 의해 발전된 용어들의 성질에 대한 연구에서 드러난 지칭 이론을 깊이 있게 연구했고 "한 용어가 가정의 차원에서 다른 용어를 대신하여 가지는 특성"이라고 이것을 정의했다. 전제의 주요 유형은 3개였는데, 이들은 질료 지칭(한 용어가 의미 기능을 가지고 있지는 않지만 물리적인 소리나 기록된 표시 또는 문법적인 기능을 대표한다. 아래 명제에서 '인간'이라는 단어가 대표적인 사례인데, 이 경우 '인간homo은 4개의 알파벳 문자로 구성된 하나의 단어다'), 단순 지칭('인간은 종이다'라는 명제에서 인간이라는 용어처럼 한 용어가 하나의 개념을 대표할 때), 그리고 인격 지칭(의미성을 가지며, 한 용어가 의미 있는 개인을 가리킬 때와 '이 남자가 뛴다'는 명제에서 인간이 그 대표적인 사례에 해당한다)이었다. 이러한 이론에 근거해 명제들은 용어에 의해 표현된 대상들 사이에 존재하는 관계들을 적절하게 표현할 수 있었다. 이러한 방식으로 오컴은 진리를 지성과 실재의 합치로 간주하는 스콜라 철학의 해석을 멀리하면서 논리적-의미론적인 의미를 주장했다. 진리는 진정한 명제인 반면에 거짓은 거짓된 명제였다. 주체와 술어 사이에 실제의 정체성이 존재하는 경우 '명제는 진실이 아니었다'가 아니라 주체와 술어가 담당하는 용어들이 동일한 현실을 전제하는 경우 명제에는 진실이었다. 이것은 용어들의 기호적인 기능에 따라 결과를 달리하는 것이었다. 다시 말하면 용어들은 의미를 가지는 사물들을 가리키는 만큼, 그 자체로는 가치를 가지지 않았다. 거짓과 진실은 그 존재가 진실 혹은 거짓의 구문론적인 맥락에서 존재하는 것이 아니라 이들의 존재가 이러한 명제들의 진실 혹은 거짓을 결정할 수 있다는 점에 따라 결과를 달리하는 실제적인 존재를 암시하면서 명제들을 의미하는 함의적인 용어들이었다.

용어들의 의미 있는 기능과 지칭의 성향은 자연스러운 것이며 따라서 정당화시킬 필요가 없었다. 실재에 도달하는 인간 지성의 능력은 개념들의 중요한 필수적인 기능들과 구문론적인 맥락에서 사물들의 입지에 도달하려는 성향에 의해 정당화되었다.

오컴에게 인식의 첫 번째 대상은 직관으로 얻어지는 개체로 구성되었다. 경험은 개체가 지적으로 인식된다는 사실을 증명했다. 개체가 흔히 감각에 의해서 즉각적으로 지각될 수 있다면, 인식에 의해 수용될 수 있고, 이는 보다 완벽한 인식 능력이라고 말할 수 있을 것이다. 반면에 합치의 관점에서 인식하게 되는 첫 번째 대상은 존재자로, 가장 일반적으로 일의적一義的인 개념이기 때문이었다. 실제로 인간이 존재자를 생각할 때 작용하는 유일한 인식 행위로 인해 인간은 자신의 인식 지평으로 들어오는 모든 대상을 언급할 수 있었다. 존재자는 인식 가능한 모든 것에 대해 지성을 열어 주었다. 따라서 인간의 첫 번째 인식 행위는 구체적으로 존재하는 것에 대한 이해와 또는 한때 개체의 실재에 민감하고 지적이었던 직관과 동일시되었다. 오컴은 존재가 결코 직관된 적이 없었다는 사실을 강조하면서도, 지성이 그 어떤 개체를 알게 된 것과 같은 순간에, 존재자나 또는 모든 사물들에 공통적인 실증성의 지극히 보편적인 개념을 형성한다고 주장했다. 존재자는 경험의 세계에 들어온 모든 것을 의미하며, 그 결과 모든 개체를 의미했다. 또한 지극히 보편적인 일의적 개념으로 일의적인 것에 비해 미리 존재하는 그 어떤 것도 수용하지 않으면서 모든 것을 대표했다.

신학

신학과 관련하여 오컴은 이성적인 것과 계시적인 것을 명백하게 구분했다. 이에 따르면 하느님은 인간에게, 인간이 이미 알고 있거나 이성을 이용하거나 또는 궁극적인 분석에 따르면 하느님으로부터 유래하는 진리를 아는 데 적절한 수단 덕분에 알 수 있는 것을 드러내지 않았다. 하느님은 인간을 창조하면서 합리성을 부여해 주었다. 만약 하느님이 인간에게 몇 가지 진리를 계시했다면, 이는 인간이 홀로는 결코 진리에 도달할 수 없음을 의미했다. 실제로 하느님은 불필요한 것을 창조하지 않았다. 신앙과 학문의 명백한 이질성을 고려할 때 신앙의 진리는 합리적으로 드러난 대상이 될 수 없었는데, 신앙의 신조를 밝히기 위해서는 이를 명백하게 드러내야만 했기 때문이었다.

신의 존재는 증명 가능한 것이 아니다

일반적으로 신앙의 진리는 하느님이 주체로 행하는 순간부터, 이러한 명제들의 명확성을 획득하기 위해서는 인간이 하느님에 대한 단순한 개념을 형성할 수 있어야 했다. 하지만 이는 불가능한 것으로 하느님이 직관적인 인식의 한계를 초월하기 때문이었다. 인간은 자신의 역사적인 조건 아래서 하느님에 대해 오직 하느님과 피조물에 공통적인 개념만을 가질 수 있을 뿐이었다. 다시 말해 인간은 하느님에 대해 본질적인 개념은 가질 수 없었지만 반대로 그의 명칭을 통해 재현은 가질 수 있었다.

계시된 진리에 관한 명제는 누구나가 동의할 수 있는 증명 가능한 것이 아니라 주로 설득력을 가진 주제나 개연적인 논의에 속한 것들이었다. 이에 대해 오컴은 신의 존재와 관련된 정교한 증명을 수용할 수 없었다. 또한 같은 논리에서 합리적으로 수용 가능하다고 판단된 진리는 물론이고 인간의 개인적인 불멸성이나 신의 속성에 대해서도 받아들일 수 없었다. 인간의 이성은 초월성에 대한 주장과 인간의 존재 조건들로 국한된 이야기에만 도달할 수 있었다. 따라서 합리적인 신학은 신에 대해서는 최소한으로, 그리고 불완전한 이야기만 만들어 낼 수 있을 뿐이며, 이성은 신학적인 대화에서 자체의 가능성 이상으로는 나아갈 수 없었다. 즉 신학이 신에 대해 발견한 것은 신이 자체로 계시한 것에 비해 지극히 일부분이었다. 철학자들의 하느님은 계시된 그리스도교의 하느님도, 아브라함, 이삭, 야곱의 하느님도 아니었다.

오컴은 신의 전능함을 여러 차례 인용하면서 절대 능력(하느님은 모순에 빠지지 않는 모든 것을 행할 수 있다)과 정해진 규정된 능력(하느님은 자신이 창조한 우주의 질서와 법칙에 합당한 모든 것을 할 수 있다)을 구별했으며, 실제의 질서가 이상적인 질서에 충분히 순응하지 않는다는 사실을 강조했다. 게다가 우연성에 의해 규정된 현재의 우주는 모든 신적인 능력을 필요 이상으로ad extra 소진하지 않는다. 하느님은 모든 것이 실제로 존재하지 않음에도 많은 것을 할 수 있다.

시간과 운동 자연 철학의 차원에서 오컴은 후에 '오컴의 면도날' 또는 '경제 원칙', 즉 '적은 것을 가지고도 할 수 있는 것을 많은 것을 가지고 하는 것은 효율적이지 못하다'는 것을 의미하는 새로운 방법론을 고안한 것으로 유명하다. 이러한 사실을 전제하면 보다 간단한 설명이 가능한데, 보통 경험적으로 증명할 수 있는 절차에 의존하는 복잡한 경험보다는 즉각적인 경험과 일치했다. 오컴은 자연에 관심을 가졌다. 자연이 감각적인 경험의 대상이며 또한 인식의 독창적인 출처였기 때문이다. 그의 몇 가지 주장은 시대를 앞선 것으로 평가받는다. 오컴은 양을 실체나 특성으로 환원시켰는데, 양이 내포 명사(1차적으로 어떤 것을 의미하고 2차적으로 또 다른 어떤 것을 의미함*)인 만큼 주로 실체나 물리적인 특성을, 간접적으로는 이들의 외형을 가리키는 것이기 때문이다. 그 외에도 오컴은 움직이는 육체는 이것이 움직이는 공간의 실재와 구분된다는 사실에 근거해 운동의 실재를 부정했다. 이에 따르면 시간은 움직이는 것들의 실재와 구분된 비정신적인 실재를 가지지 못하며, 아리스토텔레스에 근거하면 운동의 측정 단위처럼 정의되었다. 따라서 시간은 정신적인 실재며 움직임의 개념에 포함된 모든 것을 수반했고, 더 나아가 움직임을 측정하는 인간 의식의 활동을 표시했다. 반면 오캄은 아리스토텔레스와는 달리 신의 전지전능함을 언급하면서 보다 많은 세계의 가능성을 인정했다. 이러한 사실로부터 무한한 다수성의 존재가 전혀 어리석은 것이 아님이 기원했다. 오캄에게 잠재적인 무한함 또는 확장적인 무한함의 개념, 즉 수많은 결과를 양산하며 지속 과정에서 아무 결점을 드러내지 않는 능력의 무한성은 철학에서 얻어진 것이었다.

인류학적 차원에서 볼 때 오캄은 인간의 본성이 육체와 영혼으로 구성되어 있는 만큼 근본적으로는 통일적이라고 주장했다. 오캄은 프란체스코회의 전통에 충실한 인물이었기에 인간이 복수의 형상을 가진다고 확신했다. 그리고 각 개인에게는 지적인 형상이 있는데, 이는 인간에게 합리적으로 사고하고 원하는 능력, 인간의 육체를 살아 있게 하는 감각적인 형상, 육신에 동질성과 통일성을 부여하는 육체성의 형상을 제공했다. 인간의 주요 특징은 자유로, 이것은 선택의 가능성으로서만이 아니라 자기 결정(자율)의 능력으로 여겨졌다.

윤리학

오캄의 윤리 사상의 핵심 동기는 자유와 사랑이었다. '자유'는 내포 명사로, 반목되는 결과를 양산하는 능력을 가지고 있는 인간의 의지를 가리켰다. 따라서 자유는 지적인 행위에 있는 것이 아니라 의지와 일치하는 것이었다. 그 결과 의지는 내적으로 작동하는 능력, 즉 구체적인 무언가를 원하거나 원하지 않는 능력으로 여겨졌다. 의지는 항상 이성이 제안하는 것을 원하거나 원하지 않을 수 있는 자유로운 상태에 머물렀다. 의지는 관습과 도덕성의 분위기를 조성했다. 의지는 궁극적인 목적에 대해서도 자유로우며 궁극적인 목적이 직관적으로 수용된 경우에도 원하거나 원하지 않을 수 있었다. 경험은 일반적으로 행복을 거부할 수 있는 사람들이 존재한다는 사실을 증명하는데, 이러한 이유로 사람은 행복을 원하거나 원하지 않을 자유를 가지게 된다. 이성만으로는 사물의 궁극적인 목적을 인식할 가능성은 없었으며, 철학적으로 윤리를 확립하는 것은 불가능했다. 하지만 신학적으로는 가능했다.

실제로 인간에게 신이 그 자체로, 그리고 자신을 위해 사랑받아야 한다는 사실을 교육하면서 인간의 궁극적인 목적이 하느님을 향하는 것이라는 사실을 가르쳐주는 것은 계시였다. 그 결과 도덕적인 명령, 즉 '선을 행하고 악을 피하라'는 것은 '너는

자유와 하느님에 대한 사랑

신의 의지에 합당하게 행동하라'는 명령으로 번역되어야 했다. 객관적인 도덕 규범은 선한 것과 악한 것을 설정하는 하느님의 의지에 의해 구성되었다. 도덕성의 주관적인 규정, 즉 한 주체가 구체적인 순간에 행한 행동이 도덕적으로 중요한 행위라는 사실은 올바른 이성인데, 이는 한 주체가 자신의 의지에 따라 (하느님이 원하는 이러한 행위를) 원하는 것으로 구성되었다. 자연스러운 이성은, 만약 성서적인 하느님의 특징을 갖는 하느님이 존재한다면, 모든 것에 앞서 하느님을 사랑하고 하느님의 명령을 따르는 것이 합리적이라는 사실을 인정했다. 따라서 하느님에 대한 인간의 사랑을 증언하는 행위들만이 도덕적으로 좋은 것이었다. 행위를 도덕적인 것으로 유도하기 위해서는 하느님을 사랑하는 의지의 정도가 결정적이었으며 또한 오컴의 의지주의는 사랑의 윤리학으로 정의될 수 있었다. 하느님의 의지에 도덕성의 궁극적인 초석을 제공하는 것과 관련해 그는 도덕적인 행위를 비인간적인 의지에 의해 부과된 규범에 복종하는 것으로 해석하지 않았다. 오히려 지혜, 선한 의지, 정의正義를 동일한 것으로 받아들이는 사람에 의해 설정된 규범을 수용하는 것으로 여겼다. 오컴은 인간이 인식과 사랑을 통해 하느님과 하나가 될 때에야 비로소 충분하고 완벽한 행복에 도달할 수 있다고 확신했다.

정치학

오컴은 말년의 20여 년 동안 아비뇽 교황청의 공식적인 입장, 특히 복음서에 근거한 청빈과 교황청의 성격, 제국에 대한 논쟁과 관련해 정치 사상 연구에 몰두했다. 첫째로 그는 청빈에 대한 프란체스코회의 견해(에 따르면 교단은 재산을 사용할 뿐 소유하지 않는다)를 부정한 교황 요한 22세(약 1245-1334, 1316년부터 교황)의 주장을 분석하고 비판했다. 오컴에게 (철학적-신학적인 관점에서) 사유 재산은 자연법이었으며 인간은 의지에 따라 이를 거부하면서 최초의 순수한 상태로 돌아갈 수 있었다.

교황의 절대 권력에 대한 저항

오컴은 교황 보니파시오 8세(약 1235-1303, 1294년부터 교황)의 교황 교서인 「거룩한 하나의 교회」에 의해 승인된 신정 정치적 개념인 세속 권력이 교황의 권력에 예속된다는 입장에 반대했다. 그는 그리스도의 법이 자유의 법이라는 확신에서 출발하여 교황이 정치 분야와 영적인 분야 모두에서 절대 권력을 가지고 있지 않다고 주장했다. 오컴에 의하면 교황의 권력은 지배의 권력이 아니라 봉사의 권력이었다. 계시와 역사는 이교도에게도 유효한 정치적-사회적인 질서의 존재와 합법성을 증언하는 것이었다. 실제로 시민 권력은 인간의 교육에 따른 결과며, 인간은 이성을 통해 권위의 편리함을 인식했다. 동일한 논리는 사유 재산의 기원에도 적용할 수 있었다. 하느님은 인간에게 기원적으로는 공동의 것이었던 모든 재산을 원죄와 관련된 부정적인 결과를 치유하는 데 이용할 수 있게 해 주었다. 권력과 재산은 인간의 본질(오컴의 경우 각각의 사람이 존재하는 것이지 인간적인 성격이 존재하는 것이 아닌 만큼 인간의 본질은 추상적인 사변에 불과했다)에 근거하는 것이 아니라 실제의 사실 또는 한편에서는 누군가가 나서 법을 제정하고 이를 모두가 지키게 해 주는 것 없이, 다른 한편에서는 재산을 사적으로 활용하는 것 없이 인간이 평화롭게 살아갈 수 있는 능력이 없다는 사실에 근거했다. 그럼에도 권위의 등장이 절대적인 의미에서 필요한 것은 아니었는데, 자신의 이성으로 열정과 이기주의를 통제할 수 있는 인간들의 사회에서는 권위(각자가 그 자체로 법이다)와 재산(각자는 자신의 필요성에 따라 모든 사람의 재산을 이용한다)이 필요하지 않다는 가정이 가능하기 때문이었다. 인간의 이성은 권위를 만들어 내는 것이 얼마나 편리한 것인가를 평가할 임무를 가졌다. 하지만 인간에게 질서 있고 평화로운 방식으로 살기 위해 필요하고 유용한 형상들을 만들어 내는 데 필요한 이성을 제공한 것은 하느님이었다. 결론적으로 권위를 세우는 것은 사적인 재산을 만드는 것과 마찬가지였으며, 이성에 의한 것인 만큼 간접적이라고는 해도 하느님으로부터 기원했다. 자연은 모든 인간을 동일하게 만들었다. 이러한 이유로 그 누구도 자신과 유사한 타인에게 권력으로 군림할 수 없는 것이었다. 유일한 예외는 아내에 대한 남편의 권위와 자식에 대한 아버지의 권위였다. 오컴에게 남편의 권위와 아버지의 권위는 가정이라는 자연스러운 사회의 발전을 위해 하느님과 자연이 원한 것이었다. 그런 만큼 인류가 처한 역사적인 조건이 무엇이든지 이러한 권위들(아내에 대한 남편의 권위와 자식에 대한 아버지의 권위)은 필요한 것으로 간주되었다.

저술의 확산

오컴의 저술들은 별다른 저항 없이 파리 대학에 소개되었다. 『논리학 대전Summa logicae』은 1320년대 말에 알려졌으며, (이미 1330년에 오컴의 이론을 공개적으로나 사적으로 가르치는 것을 금지했던 조치를 고려할 때) 인문학부를 중심으로 오컴에 대한 관심이 고조되고 있었음을 알 수 있다.

1340년 12월 29일에는 그의 유명론에 반대하는 자들의 지배적인 영향으로 대학 법령이 제정되었다. 법령의 탄압에도 불구하고 오컴의 인식론은 폭넓게 알려졌고 적극적으로 비판을 받은 만큼 심도 있게 연구되기도 했다. 실제로 14세기의 대표적인 유명론 이론들은 보편 개념의 문제에 대한 단순한 답변이 아니라 정신적인 자연 표징에 대한 이론과 밀접하게 관련된 인식 이론과 실질적인 존재를 오직 개체의 차원에서만 고려하는 경향을 분명하게 드러냈다.

유명론 14세기의 유명론은 형이상학의 많은 문제를 논리학적-언어학적인 규칙에 따라 재구성해야 할 필요성을 드러냈다. 형이상학 문제들을 스콜라주의 철학자들이 무절제하게 다루었던 실체화의 관점에서 더 이상 다루지 않았고, 아랍의 플라톤주의와 라틴 세계의 플라톤주의의 영향에서 벗어난 순수한 아리스토텔레스주의를 등장시켰다. 용어들에 대한 (논리학이 도입된) 기호론적 연구와 경험에 대한 지속적인 관심 덕분에, 경제 원리의 수단을 통해 유명론 대가들은 보편 개념의 문제에 대한 단순한 답변이 아니라 논리학과 구체적인 합리성 모델과 관련이 있는 인식론에도 영향을 미치는 철학 모델을 구상했다. 만약 제1의 것이 구체적으로 존재하는 개체의 실재에 속할 경우 보편 개념이 실재를 의미하는 개념으로 축소시킨다는 사실로 인해 유명론자들이 이러한 실재의 가치를 부정하는 것은 불가능했다. 경험은 개체들의 존재를 확인시켜 주지만 각각의 개체들은 (종과 유의 계층에 따라 개념적으로 그룹화하는 것이 정당하다고 할지라도) 현실 속에서 개체성의 특징에 따라 살고 죽은 것이라는 점을 고려한다면 계층들의 실질적인 질서가 존재한다는 것을 증명하지 못한다. 다시 말해 각각의 개체들은 개별적인 존재를 획득하고 이를 발전시키며, 같은 종과 같은 유에 속하는 개체의 존재에 비해 다른 방식으로 사라진다.

| 다음을 참고하라 |
역사 보니파시오 8세와 교회의 우월권(51쪽); 교회의 종교적 개혁에 대한 열망과 이단(246쪽)
철학 중세 사상에서의 대전과 주석의 전통(366쪽); 토마스 아퀴나스(389쪽); 요하네스 둔스 스코투스의 사상(416쪽); 정치적 성찰(526쪽)
시각예술 예술과 탁발 수도회(853쪽)

철학자 단테

| 클라우디아 멘치아니 |

단테의 철학적 출처에 대한 논쟁은 상당히 방대할 뿐만 아니라 많은 비평가와 학자들이 제기한 수많은 이론을 정리하는 것이 불가능할 정도로 세분화되어 있다. 단테의 저서들은 철학자 단테가 어떤 인물인지 또는 두 가지 측면, 즉 신학적-종교적인 측면과 세속적인 측면 중 어떤 것이 철학자 단테의 사상에서 가장 우세한가에 대한 일률적인 답변이 불가능할 정도로 다양하다. 단테는 자기 시대의 다양한 논쟁에서 핵심적인 부분을 차지했던 여러 주제에 대해 자신의 견해를 밝히면서 다양한 출처와 전통에서 유래하는 요점들을 수용하고 마침내 독창적인 결론에 도달했다. 무엇보다 단테는 시인이었다. 즉 그의 시는 기술적으로 완성된 작품이 아니라 자신이 쓴 텍스트에서 가장 핵심적인 의미와 용어들의 사용을 통해 사고의 심오함을 드러냈다.

단테와 철학

단테 알리기에리(1265-1321)는 피렌체에서 출생했다. 그는 이탈리아어의 선구자며 위대한 시인이자 자기 시대의 문화적-철학적 배경 아래 상당히 심오한 깊이를 가진 문인이었다. 그의 저술은 다양한 중세 전통(아리스토텔레스 전통, 그리스-아랍 전통, 유대 전통, 신플라톤 전통, 아베로에스 전통)에서 기원했으며, 사변적인 성격의 다양한 문제들(인간학, 심리학, 우주학, 천문학, 천사학, 자연 철학, 정치 철학)과 관련한 철학적 성찰로 가득했다. 따라서 단테의 철학적 성찰은 작시作詩와 분리해서 독자적으로 살펴볼 충분한 가치를 지닌다.

단테의 시에서 핵심적인 주제인 사랑의 성격에 대한 연구는 구체적인 철학적 중요성이 내포되어 있음을 암시한다. 그럼에도 사변적인 주제들에 대한 단테의 진지한 접근을 발견할 수 있는데, 이에 대해 그는 『향연Convivio』에 증거를 남겼다. 이 작품은 철학에 대한 단테의 첫 애정이 "하늘에서는 천사들과 지내고 지상에서는 나의 영혼과 함께하는 복된 자 베아트리체에게로 전이되었다"(『향연』, II, ii, 1)는 것을 설명해 주었다. 베아트리체가 죽은 후 그는 깊은 시름에 빠졌으며, "읽기 시작했다……." 당시 단테는 사변적인 철학에 대해 많은 관심을 가지고 연구했다. 특히 보에티우스의 『철학의 위안De consolatione Philosophiae』과 키케로Cicero(기원전 106-기원전

43)의 『우정에 관하여De amicitia』를 읽고 많은 영향을 받았다. 이 시기에 철학의 영역에 깊이 빠져들었던 단테에 대해 베아트리체는 「연옥편」의 마지막 곡에서 질책을 하게 된다.

출처에 대한 논쟁

문화적 맥락 출처에 대한 논쟁과 관련하여 초기 학자들은 이론상의 상응성을 고려한 텍스트의 유사성을 지적하며 단테의 글이 토마스 아퀴나스의 저술에서 큰 영향을 받았다는 주장을 전개했다. 하지만 이후의 비평은 그 방향을 바꾸었는데, 이를 대표하는 학자는 브루노 나르디(1884-1968)로, 그는 단테의 사상을 구체적인 한 저자의 작품 세계로 좁혀 가는 시각에서 벗어나 단테에게 영향을 미친 모든 이론적인 문제를 고려하면서 단테가 살았던 시대의 지적인 배경을 재구성하려고 했다. 그는 아리스토텔레스와 그의 작품들을 번역한 번역가들, 아랍 주석가들, 라틴 세계에서 아베로에스의 출현, 가톨릭 교회를 중심으로 전개되었으며 파리의 주교인 에티엔 탕피에(?-1279)가 1270년과 1277년에 일련의 전제들을 비판한 것으로 끝나게 될 후대의 논쟁들을 통해 철학 분야에서 발생한 심오한 변화를 상기할 필요가 있음을 지적했다. 근본적으로 나르디는 토마스 아퀴나스의 영향을 축소했고, 다양한 기원의 이론적인 암시들을 분명히 했으며, 알베르투스 마그누스(약 1200-1280)와 『원인론』 같은 신플라톤주의적인 텍스트들과 라틴 세계에 대한 아베로에스의 영향으로 추정되는 중요한 요점들의 중요성을 강조했다. 이를 통해 드러난 것은 단테가 이러한 논쟁들의 이론적인 결말에 대해 잘 알고 있었다는 것이며 또한 그가 독창적인 기여를 했다는 것이었다. 단테의 텍스트에 담긴 농축된 의미들은 각 어휘들이 세심한 연구 대상이라는 사실을 의미했다.

단테의 혼합주의 단테의 이론들의 출처를 밝히려는 주석이 시도되었으며 여러 철학자들과의 이론적인 합치를 모색한 비평서들 역시 상당히 방대했다. 또 사상의 단계들에 대한 연대기를 설정함에 있어서도 전혀 일치함을 보여 주지 못했다. 그뿐만 아니라 『신곡』에 대한 주장들조차 결론적인 의미를 부여하지 못한 것은 물론이고 그리스도교적인 사상에도 결정적인 역할을 하지 못했다. 반면에 자신의 텍스트에 수많은 요점을 집약하고 관계가 거의 없는 전통들까지도 활용하는 데 능력이 탁월했던 시인의 강한 혼합적 특징은 보편적으로 인정되었다. 그리고 단테의 사상을 특정한 저자나 경향에 접근시키지 않고, 철학적인 주제들 전체를 독창적으로 종합하는 능력이 평가되었으며, 그 과정에서 그리스도교 사상에 대한 나름의 가치도 수용되었다. 바로 이러한 종합적인 성격 때문에 단테의 저술은 자체로 하나의 우주나 다름없었다.

단테의 철학적 경험

단테 도서관이라고 할 만큼 포괄적인 작품들의 문화적 경관을 재구성하는 것은 가능하다. 단테가 많은 요점을 인용한 출처들은 실제로도 상당히 방대했다. 우리는 단테가 언급한 많은 저자auctores에 대해, 그리고 그가 산타 마리아 노벨라 성당과 산타 크로체 교회를 출입하면서 도미니쿠스회와 프란체스코회의 철학과 친숙했다는 사실을 알고 있었다("종교인들의 학교와 철학하는 자들의 논쟁", 『향연』, II xii, 7). 문헌들의 경우에 단테는 키케로와 보에티우스 외에도 아리스토텔레스를 알고 있었으며, 그의 저술이 라틴어로 번역된 후에 토마스 아퀴나스와 알베르투스 마그누스가 주석을 달았던 판본으로 읽었다. 반면에 다른 그리스와 라틴 출신 저자들과 마찬가지로 플라톤(기원전 428/427-기원전 348/347)은 간접적으로만 알고 있었다. 하지만 신비주의적이고 신플라톤주의적인 유형의 중요한 핵심들은 알베르투스 마그누스, 보에티우스, 위 디오니시우스, 페트루스 다미아니Petrus Damiani(1007-1072), 『원인론』과 『천계위계론De celesti hierarchia』으로부터, 그리고 프란체스코회의 철학에서 기원했다. 아마도 단테는 이 교단과의 친분 덕분에 아우구스티누스의 저술을 알게 되었을 것이다. 생빅토르의 리샤르Richard(?-1173)와 클레르보의 베르나르두스(1090-1153)는 칸그란데 델라 스칼라Cangrande della Scala(1291-1329)에게 보낸 『서한집Epistola』에서 재인용되었다. 성 보나벤투라도 알고 있었는데, 그에 대해서는 『신을 향한 정신의 여정』을 읽었을 것이다. 천문학 연구는 『신곡』의 우주 세계를 구성하는 데 있어 특히 중요했다. 단테의 천문 연구는 아리스토텔레스의 『천계론』, 『원인론』과 알페트라기우스Alpetragius 외에도 알-파르가니al-Farghani(약 1150-약 1200, 알프라가누스Alfraganus라고도 함)에 의해 유포된 프톨레마이오스(2세기)의 문헌에 기초했다. 단테가 파리에 머물렀다는 정보는 확실하지 않지만 특히 프랑스의 대학들에 확산되어 있던 극단적 아리스토텔레스주의 맥락에서 통용되었던 문헌들은 이탈리아에서도 유행했다. 예를 들면, 볼로냐의 청신체파를 배경으로 유행한 것이다. 단테는 자신이 '위대한 영혼들'을 매개로 림보Limbo에 등장시켰던 아베로에스(1126-1198)를 알고 있었다. 단테가 아베로에스의 이론을 수용하지는 않았지만 그 영향은 『향연』과 특히 『제정론De monarchia』에 반영되었다. 게다가 단테는 『신곡』 「천국편」에 등장하는 아베로에스 추종자인 시제루스(약 1235-1282)의 주장을 적극 수용했다.

작품과 주제들

『향연』은 단테가 철학을 주제로 쓴 저술이다. 미완으로 남은 이 책은 통속적인 의도를 배경으로 운문과 산문이 혼합prosimetrum된 형태로 집필되었다. 또한 철학과 우의적인 언어, 친절한 여인의 이미지를 통하여 철학과 그 성격을 기술한 것이다. 몇 가지 철학적인 요점은 저술에서는 언급되지 않은 이론들에 대해서도 암시했다. 반면 『제정론』은 정치 철학에 대한 연구서였다. 단테는 『신곡』에서 그리스도교 사상에 입각해 다양한 주제의 발전을 이끌었다.

『향연』과 「신곡」의 주제들

인간학과 우주론과 관련한 주제에 있어 이들은 인간이 계급적 구조에 의해 우주의 중심에 위치한다는 사실 때문에 종종 상호 관련이 있으며, 강한 신플라톤주의적인 시각에 따라 유출론적인 성격을 가졌다. 단테의 우주는 프톨레마이오스적인 구조로 재구성되었다. 언급된 몇 가지 주제는 세계의 기원, 그리고 해방과 창조의 개념이었다. 이들은 신의 직접적인 창조 요인들과 간접적으로 창조된 것들, 창조와 영원함의 관계, 우주에서 천상의 존재들이 담당했던 역할, 하늘의 결정론에 대한 문제였다. 그리고 달의 흑점과 같은 문제들에 대한 주제와 관련 있었다(*Par*. II). 우주에 대한 프톨레마이오스의 이미지는 천국의 개념, 즉 성서의 영향으로 기원이 다르기는 하지만 그리스도교 전통에도 포함된 요인에 의해 통합되었다. 천사학의 주제에서는 천사의 수와 성격, 그리고 이들의 능력이 언급되었다.

신앙과 이성

인간에 대한 성찰은 영혼의 기원과 성격, 천사들과 신의 지식에 대한 인식과 관련 있는 인간 인식의 기원이나 성격과 같은 주제들에 집중되었다. 또한 인간이 지상의 행복에 도달할 수 있는지에 대한 의문이 제기되었는데, 이는 신앙과 이성의 관계와 인간의 종말에 대한 것이었다. 단테가 가장 신경을 많이 쓴 것처럼 보이는 주제는 자유 의지인데, 『신곡』에서 다른 주제들과의 관계에서 자유 의지가 하늘에 대한 결정론에도 불구하고 항상 보장되고 유지되기 위한 이론적인 기반을 분명히 밝히려는 목적에 따라 여러 차례 언급되었다. 이 주제의 결과들은 인간의 개체성과 다양한 인간 본성의 이유에 따른 것이었다.

특히 우주론과 인간학의 주제는 드러난 이론들의 저자들을 밝히고, 특히 단테와 토마스 아퀴나스, 알베르투스 마그누스, 그리고 라틴 세계의 아베로에스 추종자들과의 관계를 밝히려는 과정에서 단테의 출처에 대한 활발한 논쟁에 원인을 제공했다. 이러한 주제들은 시인 단테의 독창적인 기여가 얼마나 큰 것인지를 보여 주었다. 그 외에도 『신곡』을 집필하는 과정에서 특히 『향연』과 『신곡』의 비교에 진화를 거듭했다. 그뿐만 아니라 시인 단테는 『신곡』에서 베르길리우스와 베아트리체의 입을 통해 자신이 잘못된 것이라고 말했던 과거의 신앙까지도 바로잡는 결정적인 설명을 경청했다.

자연 철학의 다른 주제인 광학과 의학, 그리고 아랍의 사변 철학과 관련해서도 깊이 있게 연구했지만 그의 독창적인 기여가 드러나지는 않았다. 정치 철학의 경우 핵심적인 주제는 라틴어로 작성된 3권의 『제정론』에서 깊이 있게 다루어졌다. 반면에 국가와 교회의 관계에 대해서는 『신곡』의 「천국편」에서도 언급했다. 그는 교황으로부터 황제의 독립과 두 권력이 하느님에게 직접적으로 의존한다고 했다. 그리고 그의 주장은 철학과 신학에 근거하고 구분되었던 주제들로 구성되었다. 단테는 2개의 목적("두 최고 권위duo ultima", *Mn*. III, xv, 6), 즉 세속적인 목적과 초자연적인 목적과 관련해 인간이 추구해야 할 행복은 지상의 행복과 영원한 축복이며 교황과 황제는 인간의 목적을 완수하는 데 필요한 2개의 지침이라고 했다.

정치 주제는 아리스토텔레스의 『영혼론』의 논란이 많은 구절에 대한 해석으로부터 기원한 지성의 성격에 대한 의문과 관련 있었다. 이 문제에 대해 단테는 독창적인 견해를 제공했다. 그의 설명에 따르면, 인간은 가능 지성의 완전한 실현을 통해서만 지상의 행복에 도달할 수 있었다. 이는 전체적으로 인류를 위한 것이기도 했으며 이러한 목적을 위해서는 모든 개인의 화합을 이루게 하는 유일한 의지를 의미하는 황제에 의해 유지된 보편적인 평화가 필요했다. 황제의 독립과 신학으로부터 철학의 분리에 대한 단테의 주장은 토마스 아퀴나스의 입장(철학은 신학의 시녀philosphia ancilla theologiae)과 더불어 아베로에스의 주장(에 따르면 종교는 신화에 비견되었다)과도 다른 입장을 대변했다. 『제정론』은 1329년에 추기경 푸제의 베르트랑Bertrand du Pouget(약 1280-1352)에 의해 비난받은 후 불태워졌다.

황제의 역할

사랑의 성격에 대한 논쟁은 철학적인 암시에서 드러난 주제기도 했다. 이와 관련해 단테의 시에서 드러난 출처와 전통은 안드레아스 카펠라누스Andreas Capellanus(12

세기)에서 아레초의 귀토네Guittone(약 1235-1294), 그리고 시칠리아 시인들에 이르기까지 다양했다. 반면 청신체파의 주제에 있어서는 상당히 이질적인 두 버전이 상충했다. 이들은 단테의 시에 영향을 미친 귀도 귀니첼리Guido Guinizzelli(약 1235-1276)의 신비주의와 귀도 카발칸티Guido Cavalcanti(약 1250-1300)의 염세주의적이고 아베로에스에 가까운 버전이었다. 후자의 대표 사례는 「한 여인이 나에게 애원하네Donna me prega」로, 단테가 친구로부터 멀어지게 된 동기이기도 했다. 사랑의 주제는 다른 주제들, 즉 귀족(『향연』, IV) 또는 자유 의지(『신곡』 「연옥편」, XVIII)와도 연관되어 있었다.

「속어론」 『속어론De vulgari eloquentia』에서는 언어에 대한 심오한 성찰을 볼 수 있다. 시인 단테는 복수의 속어들이 존재한다는 사실에서 출발하여 어떤 것이 가장 저명한 속어인가를 정의하려는 목표를 제시했다. 인위적인 언어인 라틴어 같은 다른 언어들과 대치되는 속어들의 성격은 자연스러움이었다. 언어의 성능은 인간의 특권이며 천사와 악마들이 가지고 있지 않은 것이었다. 처음으로 말을 한 사람은 아담이었으며 하느님은 아담과 인간에게 완벽한 '표현의 형상forma locutionis'을 제공했지만, 다양한 언어가 유래하게 된 계기였던 바벨탑의 혼란으로 그것은 사라졌다. 단테가 아담이 소유했던 '표현의 형상'에 대해 무엇을 의도했는가에 대한 논쟁에 관해 움베르토 에코는 흥미로운 철학적 전환을 제안했다. 에코는 기호학자 마리아 코르티Maria Corti(1915-2002)의 해석을 수용하면서 이것이 유대어나 언어의 기능이 아니라 일종의 '구조적인 일반 원칙'이라고 했는데, 이는 아베로에스주의자인 스웨덴의 보에티우스(13세기)를 대표적인 사례로 꼽을 수 있는 '양태론자'들의 이론에서 당대에 두드러진 것이었다(움베르토 에코, *La ricerca della lingua perfetta nella cultura europea*, 1993). 언어에 대한 단테의 성찰과 관련해 에코는 아브라함 아불라피아(1240-약 1291)가 고찰한 주제들, 즉 볼로냐의 아베로에스주의를 통해 단테에게 알려진 주제에 주목했다.

시인 단테: 지식의 이미지와 비유

단테의 작품들에서 철학적인 논쟁은 인문적 관점과 시를 이끌어 가는 수단의 유용성에서 벗어나지 않았는데, 이미지, 알레고리, 인물이 그것이다. 이미 언급한 바와 같이 철학에서의 알레고리는 『향연』에 등장하는 친절한 여성이었다.

주요 이미지 여성의 이미지는 시인이 지식에 대해 말하는 특권적인 수단이자 상당히 다른 전통들로부터 (시인이) 차용한 비유였다. 『향연』에서 철학은 '사랑스런 지혜의 활용'이었으며, 사랑의 대상은 그 형태가 분명하게 드러나지 않은 인식이었다. 이는 활용을 위한 이성적인 지식이었으며 신비주의적으로 이해된 지혜이자 솔로몬의 향기를 품은 지혜였다. 하늘에서 기원한 지혜는 이것이 하느님으로부터 인간의 지성에 허락된 것인 만큼, 인간이 신성에 참여할 수 있게 해 주었다. 『신곡』의 파노라마는 보다 분절적이었다. 가장 우선적으로 지적할 수 있는 것은 베르길리우스와 베아트리체의 대치되는 입장이었다(시인을 인도한 두 인물은 천국을 향한 여행의 증인들이었다). 그 다음에는 율리시즈가 등장하는데, 이 인물은 인간의 호기심과 지식에 대한 과도한 호기심이 얼마나 위험한 것인가를 지적할 목적으로 신화에서 차용된 상징이었다. 이 인물을 둘러싼 비극성은 그를 심오하고 함축적인 의미를 가진 인물의 이미지로 묘사했다. 이 철학 학파(*Inf. bella scola*, IV 94)는 림보, 즉 이교도 출신으로 신의 빛을 전혀 알 수 없는 현인들이 운집해 있는 지옥의 현관에 위치했다. 끝으로 아베로에스 추종자이면서도 태양의 하늘, 즉 천국에 위치한 시제루스는 비평을 통해 다르게 해석된 또 다른 주제였다.

결론적으로 단테의 이미지에 대한 주제와 관련해서는 『향연』 III xiv 15, 림보와 태양의 하늘의 의미 있는 인물들과 관련해 반복적으로 언급된 '천상의 아테네'의 아름다운 이미지를 기억할 필요가 있다. 이곳은 생전에 적대적이었던 모든 철학자가 머물러 있는 곳이었으며, (스토아학파와 소요학파, 에피쿠로스학파가 영원한 진리의 빛 덕분에 조화를 이루고 있는) '천상의 아테네'에 대한 이념을 암시한 시인 단테의 절충주의적인 정신을 엿볼 수 있는 공간이었다.

| 다음을 참고하라 |
역사 보니파시오 8세와 교회의 우월권(51쪽)
철학 급진적 아리스토텔레스주의와 신학자들의 반발(372쪽); 정치적 성찰(526쪽)
문학과 연극 시와 정치(704쪽); 단테 알리기에리(712쪽)

에크하르트와 라인 강 신비주의

| 알레산드라 베카리시 |

도미니쿠스회의 영향력 있는 인물이자 세련된 지성의 소유자였던 마이스터 에크하르트는 독일에서 설교자로 활동하면서 인간의 진실한 본질에 대한 성찰에 근거해 새로운 종교성의 이념을 확산시키려고 노력했다. 그는 인간이 지적인 만큼 하느님과 다르지 않은 정체성의 관계, 즉 인간은 신의 모상이라고 생각했다. 또한 교회가 인간과 하느님을 중재하는 것이 불필요하다고 했는데, 이에 대해 교회는 도미니쿠스회 출신인 에크하르트의 혁명적인 명제를 비판했다.

생애와 저술들

마이스터 에크하르트는 1260년 고타Gotha에서 출생한 것으로 추정되며 이른 나이에 에르푸르트에 위치한 도미니쿠스회 수도원에 들어갔다. 파리에서 신학을 공부했고 1294년 4월 18일에는 페트루스 롬바르두스(약 1095-1160)가 저술한 『명제집』 강의 교수로 부활절의 엄숙한 설교를 담당했다. 그가 파리에서 행한 초기의 학문 연구와 관련해서는 설교 내용 이외에도 젊은 시절 자신이 가르침을 시작했던 당시에 작성한 일종의 서문인 『명제집 강의록Collatio in libros Sententiarum』이 남아 있다. 에크하르트는 1295-1298년에 독일로 돌아와 에르푸르트 수도원의 수도원장 자격으로 형제들을 위해 『교훈 담화Reden』(『대화록Discorsi』, 이탈리아에서는 『영적 가르침Istruzioni spirituali』으로 알려졌다)를 집필했다. 이 저술을 통해 그는 수도원의 덕목, 특히 복종에 대한 새로운 해석을 시도했다. 1302/1303년에는 소르본 대학의 신학 교수로 초빙되었지만 그의 학문 활동은 큰 성공을 거두지는 못했다.

생각하는 인간 그는 수많은 문제에 대해 토론을 한 것이 분명했지만 현존하는 주제는 두 가지가 전부다. 또 하나의 주제는 그와 경쟁 관계에 있던 프란체스코회 수도승 스페인의 곤살부스Gonsalvus Hispanus(1255-1313)의 글을 통해 재구성이 가능하다. 첫 두 문제에 대해 에크하르트는 하느님을 생각하는 것과 하느님의 존재에 대한 개념을 분석했다. 그는 존재가 생각을 만드는지 아니면 반대인지를 자문했다. 에크하르트는 생각하는 것 자체(인식 자체ipsum intelligere)가 존재 그 자체의 근본(존재 자체ipsum esse)이라는 결론을 내렸다. 도미니쿠스회 수도승이었던 에크하르트는 하느님이 존재가 아니라 단지 생각이며, 특히 스스로 이해하는 '생각하는 것'이라고 주장했다. 하느님의 자의식은 그의 존재의 근본이었다. 이러한 이유로 그는 하느님이 자신의 이름으로 모세에게 모습을 드러냈다고 주장했다. 즉 "나는 있는 나다"(「탈출기」 3장 14절). 하지만 스스로 이해하는 것으로의 생각하는 것 그 자체는 (에크하르트에 따르면) 하느님의 특권이 아니라 모든 합리적인 피조물의 고유 특징이었으며, 피조물 중에서 인간은 지성이 자신을 이해하는 만큼, 그리고 자신에 대한 이해 속에서 하느님을 직관하는 것이었다. 당시에는 「집회서」 24장에 대한 두 가지 설교와 두 가지 강의가 있었다. 이것들은 정규 관구 총회가 열렸을 당시에 작성된 문헌들로, 에크하르트는 자신의 대표적인 저술인 『삼부작Opus tripartitum』에 삽입된 완성된 글로 읽었다. 4개의 텍스트는 이러한 문제들과 주제에서 놀라운 유사성을 가지고 있었는데, 예를 들면 하느님을 최초의 지성으로 규정하는 것이 그것이다. 1303년에 에크하르트는 자신의 연구 활동을 중단하고 독일로 돌아왔다. 같은 해 사순절 기간에 도미니쿠스회 종중회 총회는 토이토니아Teutonia로 불린 독일 지방으로부터 작센 관구Provincia Saxoniae라고 불린 북동부 지역을 분리하기로 결정했다. 같은 해 9월 초에는 새로운 지방의 수도원장으로 임명되었으며, 1311년에 파리로부터 다시 부름을 받기 전까지 이곳에서 임무를 수행했다.

1298-1311년에는 대표 저술인 『삼부작』을 집필했다. 전체 서문에서 드러난 저자의 의도에 따르면 이 저술의 구조는 다음과 같은 방식으로 계획되었다. 제1권인 『명제집Opus propositionum』은 무려 1천 개의 명제를 포함하고 있다. 이들은 14개의 글로 구분되었으며 신학적인 내용들에 토대를 제공했다. 제2권 『주석집Opus expositionum』은 두 부분으로 구성되었는데, 제1부는 성서 또는 설명Expositiones으로 불린 것에 대한 주석, 제2부는 설교에 관한 내용이었다. 에크하르트는 이 저술을 위해 평생 노력했지만 결국 완성하지 못했다. 오늘날까지도 단지 2개의 서문, 「창세기」에 대한 2개의 주석, 2개의 강의, 「집회서」 24장에 대한 2개의 설교, 「탈출기」에 대한 주석, 구약의 「지혜서」에 대한 주석, 「요한 복음서」에 대한 주석, 그리고 라틴어로 작성된 설교 모음집만이 알려졌을 뿐이다. 하지만 라틴어 설교 모음집은 그 대부분이 발전시켜야 할 단순한 초안에 불과했다. 두 번째로 파리에 간 지 10여 년이 지나고 다시 독일로 돌아왔으며, 라틴어를 말하고 이해할 수 있는 소수의 지식인 그룹을 포함한 더 넓은 범주의 사람들에게 자신의 이론을 확산시키고자 노력했다. 이러한 맥락에

『삼부작』

서 에크하르트는 사목자로서의 진정한 활동을 시작했으며, '세속 신분의 대중'을 위해 독일어로 글(「신의 위안에 관한 서Il libro della consolazione divina」, 「숭고한 인간에 관하여 Dell'uomo nobile」)을 쓰고 설교를 시작했다. 1324-1326년에는 알베르투스 마그누스(약 1200-1280)가 설립한 도미니쿠스회 소속 학교에서 교수magister로 활동하면서 쾰른에 머물렀다.

이단 재판

1326년에 쾰른 대주교는 그에 대한 종교 재판을 열었고 두 명의 프란체스코회 수도승이 피고발자에 대한 소송 재판을 담당했다. 이들은 소송을 준비하는 과정에서 피고발자가 독일어와 라틴어로 쓴 저술들을 대상으로 60개의 명제를 수집했다. 에크하르트의 저술은 『답변Responsio』이라는 제목으로 보존되었으며, 이후 『변명서 Rechtfertigungsschrift』 또는 『변론의 서Scritto di difesa』의 명칭으로 잘 알려진 문건에 자신을 향한 고발에 대한 반대 입장을 드러냈다. 또한 자신에 대한 비난의 글들에 대해 적극적으로 방어했다. 1327년에 당시 아비뇽에 머물고 있던 교황 요한 22세(약 1245-1334, 1316년부터 교황)에게 직접 이단으로 단죄받은 것에 대한 억울함을 호소했다. 교황청 위원회는 60여 개의 명제들 중에서 25개를 단죄했다. 1329년 3월 27일 유죄 판결이 내려졌을 당시 에크하르트는 이미 (아마도 1328년에) 아비뇽에서 사망한 후였다.

사상

인간, 신적인 존재

교회의 청빈에 대한 논쟁이 첨예화되던 초기에 혁신에 대한 바람은 교회의 계급화에 대한 열띤 비판의 사회적인 현상들, 예를 들어 자유 영성 운동을 자극했다. 이에 에크하르트는 새로운 청빈과 단순함의 이념을 제안했다. 참된 포기란 우선 인간이 진정한 자신이라고 잘못 생각하고 있는 모든 결정과 소유로부터의 해방이었다. 그에 따르면 인간은 그 자신이 가지고 있는 것(사상, 행위, 물질적인 소유)이 아니라 신적인 것 때문에 자격을 획득했다(마이스터 에크하르트, *Istruzioni spirituali*, trad. it. M. Vannini, 2000). "우리의 존재는 우리 자신을 없애는 것(무효화하는 것)에만 근거할 뿐이다." "하느님은 우리에게 모든 것을 주려고 하기 때문에 우리의 모든 재산을 완전히 비우기를 원하신다. 실제로 하느님은 우리가 우리의 재산(소유권Eigenschaft)을 소유하는 것을 원하지 않는다. 우리는 우리 자신이 모든 것을 기증받은 것이 아니라 마치 빌린 것처럼 소유해야 하며 육신이나 영혼, 감성 혹은 능력, 물질적인 재산, 명예,

친구 또는 친척, 집이나 토지, 이 모든 것을 결코 소유해서는 안 된다. 하느님은 그 자신만이, 그리고 오직 그만이 우리의 재산이기를 원한다."

이러한 해방의 행위는 실천의 필연성, 헌신, 특히 자신의 가능성을 점진적으로 인식할 필연성이었다. 이러한 과정은 인간을 인간의 진정한 성격에서 벗어나게 하는 모든 것으로부터 멀어지게 했다(떠나 있음Abegescheidenheit). 이처럼 인간의 존재론적인 규정에 대한 에크하르트의 성찰은 자신의 권위에 대한 새로운 정의에 기초했다. 이것은 인간이 존재자들 중 하나, 즉 물질을 소유한 주체로 간주되는 한 내부에 상주하는 신성을 발견할 수 없었다. 하지만 창조된 주체로서의 규모로부터 멀어지고 자신의 본질에 대해 세심하게 성찰한다면 인간이 하느님으로부터 기원하며, 항상 하느님과 함께하고 있었다는 사실을 알게 될 것이다. 하느님과 함께한다는 사실을 인식하는 것은 비합리적이고 감성적이고 신비주의적인 경험의 결과지만 자기 정신의 독창적인 자유를 발견하게 되는 것이기도 했다. 에크하르트가 의도하는 자유는 그의 초기 글들에서부터 마치 불확정과 존재에 대한 완전한 공개를 의미했다. 이들은 이러한 인간 영혼의 본질적인 원칙이 가지고 있는 특징들로, 에크하르트는 이들을 독일어로 쓴 자신의 저술들에서 신전, 성, 불꽃, 영혼의 빛이라고 불렀다. 에크하르트는 가능 지성에 대한 아리스토텔레스의 고전적인 심리학 이론을 연구했으며 이를 완전히 새로운 맥락에서 활용했다. 아리스토텔레스에게 가능 지성은 능동 지성의 발산을 통해 모든 사물을 이해하기 위해서 절대적으로 확정되지 않은 것이어야만 했다. 에크하르트는 비확정적인 지성에 대한 사고를 재인용했지만 아리스토텔레스에 반대하는 차원에서 인식되어야 하는 대상을 제안하지는 않았다. 그리고 절대적으로 비확정적인 다른 지성, 즉 하느님이 필요함을 역설했다. 이처럼 에크하르트의 입장에 근거한 확고한 형이상학은 당시로서는 도미니쿠스회 사이에서 유행하던 토마스 아퀴나스의 사상과는 거리가 먼 것이었다. 내적인 불꽃

에크하르트는 파리에 머물면서(1302~1303) 당면했던 초기의 문제들을 통해 생각하는 모든 것에 존재의 모든 것을 대치시키면서, 전자를 공통 감각의 일상적인 경험이 지배하는 물리적인 세계로 의도했다. 이러한 경험과는 달리 존재는 항상, 그리고 단지 공간과 시간 속에서 인식의 수동적인 대상으로 창조된 것일 뿐이었다. 존재와는 달리 지성은 완전히 다른 존재론적인 조건으로 동일한 존재로부터 추론될 수 없는 것이었다. 즉 지성은 확정된 것이 아니기 때문에 '비존재자'였다. 이러한 불확정 초기의 문제들

성 때문에 지성(그리고 에크하르트는 신적인 지성과 인간 지성을 구분하지 않았다)은 내적인 관계성, 즉 자신을 성찰하고 스스로 이해하는 능력을 보유했다. 하느님과 인간은 모두 합리적인 존재인 만큼, 유일한 하나의 두 극점이며 유일한 관계였다. 에크하르트가 독일어 설교 16b에서 기술한 모상 이론은 이러한 활력적인 정체성과 차이를 잘 보여 주었다. 거울에 비친 인간의 모상은 실제의 인간과 동일하면서 동시에 달랐다. 즉 성찰된 동일한 모상을 구성하는 만큼 동일한 것이었으며, 거울에 비친 모상인 만큼 다른 것이었다. 이와 같이 인간이 가진 하느님의 모상인 지성은 하느님과 동일하면서도 동시에 다른 것이었다. 그리고 동일하다는 것은 인간에게 비추어진 신의 지성과 같다는 것이며, 다르다는 것은 모상이 구체적인 인간에게 있어 구체적인 공간이자 일시적인 것이었기 때문이다. 에크하르트는 인간의 본질을 성립시키는 인간과 하느님의 친밀한 관계를 '영혼의 기초에 근거한 하느님의 탄생'으로 정의했는데, 이를 의미하는 하느님의 탄생Gottesgeburt은 하느님의 관점에서 볼 때에는 영원한 여정이지만 인간의 시각에서는 발견해야 할 그 무엇이었다.

라인 강 지역의 신비주의

라인 강 지역의 신비주의는 일반적으로 라인 강 계곡을 따라 길게 펼쳐진 지역들에서 이루어진 방대한 다작의 저술 활동을 의미했다. 이 운동은 영적인 운동, 종종 자유 영성 운동처럼 이단을 촉진하는 움직임을 배경으로 하는 익명의 문헌들을 포함했다. 독일어 속어로 작성된 저술들은 에크하르트의 저술에서도 심도 있게 언급된 몇 가지 문제들, 예를 들면 인간의 신격화, 정의, 자유, 종교 예식에서 의도의 윤리에 대한 선호, 교회 계급의 중요성에 대한 상대적인 시각을 주제로 했다.

하인리히 소이제

이러한 상황에서 하인리히 소이제Heinrich Seuse 또한 가장 잘 알려진 저술들 중 하나인 『진리의 소책자Il piccolo libro della verità』를 집필했다. 1295년(또는 1297년)에 코스탄차에서 태어나 1366년에 울름Ulm에서 사망한 그는 1323-1327년에 알고 지내던 에크하르트의 대표적인 제자들 중 한 명으로, 1322년에 노골적인 에크하르트주의로 이단이라고 고발당하기도 했다. 1362-1363년에는 자서전 또는 『생애Vita』에 대한 글 『영원한 지혜의 소책자Piccolo libro della saggezza eterna』, 『진리의 소책자』, 그리고 『서한 소책자Piccolo libro delle lettere』를 포함하여 『범형집Exemplar』을 집필했다.

1329년에 교황 교서인 「주님의 땅에서In agro dominico」가 선포된 이후 『진리의 소책자』를 집필하여 에크하르트를 적극 옹호했다. 특히 『진리의 소책자』에서 아무런 명칭도 없이 불길하기 이를 데 없는 '야만'으로 묘사된 자유 영성 운동의 이단으로부터 에크하르트의 이론을 지키기 위해 각고의 노력을 했다. 이러한 이유로 그는 에크하르트 사상의 근본적인 개념, 즉 (자기)버림에 대한 정통적인 해석을 제공하려고 했다. 야만과의 대화에서 소이제는 완벽한 인간 또는 하느님에 의해 무효화되어 육체성, 감수성, 이성을 모두 상실하지 않은 채 하느님과 구분되어 존재하는 인간을 주장했다. 그는 인간이 자신으로부터 멀어져 스스로를 상실할 수 있는 만큼 하느님과 함께하는 존재가 되는 것이 불가능하다는 사실을 강조했다. 이러한 의도에 따라 소이제는 에크하르트 사상의 정통적인 시각을 제시하면서 스승을 변질시키지 않은 채 로마 교회의 지도부와 스승을 화해시키려고 시도했다.

1300년 스트라스부르에서 태어나 1315년경 도미니쿠스회에 입단한 요하네스 타울러Johannes Tauler(약 1300–1361) 역시 1323–1324년에 에크하르트에 대해 강의했다. 그는 많은 설교집을 집필하면서 에크하르트 철학의 주제들 중 모스부르크의 베르톨드(14세기)를 통해 중재된 몇 가지를 제안했다. 타울러의 저술은 베르톨드 덕분에 인간 영혼의 본질에 대한 성찰을 통해 철학적으로 인간과 하느님의 신비주의적인 연합을 만들어 낼 가능성을 발견했다. 실제로 타울러는 인간이 가지는 하느님의 모상은 영혼의 세 가지 능력(기억, 지성, 의지)으로 구성된다고 주장한 토마스 아퀴나스의 이론을 거부했다. 그는 인간이 가지는 하느님의 모상이 영혼들 중 하나에 머문다는 베르톨드의 주장을 수용했다. 이것은 베르톨드가 실체처럼 인간 지성의 근본적인 원리로 해석한 프로클로스(412–487)의 『섭리론』에서 근본적인 주제로 다루었던 것이었다. 타울러는 베르톨드를 추종했으며 (프라이베르크의 디트리히〔1250–1310〕와 에크하르트가 언급했던) 신에 관한 지적인 직관을, 그가 신적인 인간만이 경험할 수 있지만 설명할 수는 없다고 했던 인간과 하느님 사이의 신비주의 연합으로 대체했다.

| 다음을 참고하라 |
역사 교회의 종교적 개혁에 대한 열망과 이단(246쪽)
철학 토마스 아퀴나스(389쪽); 14세기의 인식과 회의론(494쪽)
문학과 연극 의사소통과 종교적인 글들: 성인 전기, 설교, 영성(661쪽); 신비주의 경향의 저술과 여성의 영성(675쪽)
시각예술 예술과 탁발 수도회(853쪽)

라이문두스 룰루스

| 미켈라 페레이라Michela Pereira |

마요르카 출신의 저명한 철학자인 라이문두스 룰루스의 명성은 그 자신이 직관적으로 발견한 창의적인 증명 방식인 조합술과 특별히 관련 있다. 그는 이 방법을 통해 이교도들을 그리스도교 신앙으로 개종시키기 위한 강제적인 증명을 제시할 수 있다고 주장했다. 실제로 룰루스의 선교 행위는 그가 서른 살이 되었을 무렵에 이교도들의 과오에 대항하여 세계에서 가장 멋진 책을 쓰려는 초기의 생각을 실현하는 데 필요한 강력한 지적 활동을 구체화하면서부터 신비주의를 통해 삶의 변화에 직면한 것과 때를 같이했다.

세속 신분 철학자의 선교 활동

1311년에 거의 82세였던 라이문두스 룰루스(1235-1316)는 그가 마지막으로 파리에 머물던 기간에 카르투지오회 보베르Vauvert의 수도승들에게 자서전을 부탁했다. 이를 계기로 그는 다시 한 번 조합술ars combinatoria과 이교도들, 즉 그리스도교가 아닌 다른 유일신 종교를 따르는 추종자들의 언어에 대한 지식을 통하여 그리스도교 신앙의 진리를 전파하는 것에 근거한 자신의 개종 계획을 제시했다. 그는 파리의 대학과 군주들에게 자신의 조합술을 여러 차례 소개했지만 기대하던 반응을 이끌어 내지 못한 채 광신주의자, 미친 자 등의 평판만 얻었을 뿐이다. 파리는 그가 많은 글을 남긴 도시 중 하나였으며, 이 때문에 룰루스의 사망 후에도 그의 이론이 계속해서 회자되고 있었다(다른 두 도시는 그의 고향인 마요르카의 팔마Palma와 스피놀라 가문의 저택에서 머물렀던 제노바였다). 1311년에는 자신의 계획을 빈 공의회에 소개하려고 했으며, 이후 수십 년간 교황들과 군주들(교황 첼레스티노 5세, 교황 보니파시오 8세, 교황 클레멘스 5세, 마요르카의 자코모 2세, 프랑스 왕 필리프 4세, 키프로스의 엔리코 2세)에게 유사한 요청을 하는 데 주저하지 않았으며, 1312년에는 같은 목적으로 황제 프리드리히 2세가 머물고 있는 시칠리아를 방문했다.

룰루스의 출생보다 몇 해 앞선 1229년에 자코모 2세가 마요르카 섬을 정복하고, 젊은 귀족들에게 궁정 교육을 받게 했다. 성인이 된 룰루스는 블랑카 피카니와 결혼하여 마요르카의 궁정에 살며 슬하에 두 자녀를 두었다. 이러한 환경에서 그는 십자가에 매달린 그리스도의 계시를 자주 경험했으며, 이로 인해 삶의 전환기를 맞이했다. 그는 자신이 경험한 것의 의미를 숙고한 끝에 유대인과 무슬림을 개종시키기 위해 '세계에서 가장 멋진 책'을 쓰고자 결심했다. 다시 말해 무슬림의 개인적인 개종으로부터 세계 전체(또는 지중해 세계)를 그리스도교로 개종시키려는 계획, 즉 룰루스의 지적 활동을 위한 절정의 순간이 시작되었다. 이후 1316년에 마요르카에서 사망할 때까지 자신의 계획을 실천하려는 노력을 지속했다. 가족을 떠나 환영을 경험한 이후 수십 년 동안(1262년부터 약 1272년까지) 세속의 신분을 유지한 채 철학과 신학 연구에 몰두하면서 자신의 임무를 완성하려고 했다.

유대인과 무슬림을 개종시키기 위한 선교 활동

마요르카로 돌아와 란다Randa 산에서 고독한 삶을 살던 그는 또 다른 계시를 경험했다. "주님께서 갑작스럽게 그의 정신을 밝혀 주시면서 이교도들의 과오에 대항하여 책을 쓰기 위한 형태와 방법을 계시해 주셨다"(*Vita Coetanea*, ROL, VIII, 1980). 조합술의 계시는 『진리 발견의 간결한 기술Ars compendiosa inveniendi veritatem』(1274)에 기술되었으며 1308년까지 조합술의 계시에 대한 다양한 문헌이 집필되었다(*Ars demonstrativa*, 1283; *Ars inventiva veritatis*, 1290; *Tabula generalis*, 1293-1294; *Ars compendiosa*, 1299; *Lectura artis, quae intitulatur Brevsieris practica Tabulae generalis*, 1303; *Ars brevis*, *Ars generalis ultima*, 1308).

다양한 유형의 저술들

안토니 보너(A. Bonner, *Selected Works of Ramon Llull*, 1984)가 작성한 목록에 따르면 룰루스가 쓴 저술은 총 257권이다. 첫 저술인 『알-가잘리의 논리학 요강Compendium logicae Algazelis』은 1272년경 몽펠리에에서 완성했으며, 마지막 저술인 『신과 세계에 관한 서Liber de deo et mundo』는 1315년 튀니지에서 완성했다. 몇몇 작품은 상당히 방대한 분량이었던 반면(『관조의 서Liber contemplationis』〔1273-1274〕, 『학문의 나무Arbor scientiae』〔1295-1296〕, 『기술 총론 최종본Ars generalis ultima』〔1308〕) 신학적인 문제를 주제로 메시나에서 저술했던 36개의 소책자는 분량이 적었다. 룰루스는 자신의 저술을 위해 다양한 장르의 사전류, 연구서, 철학 소설, 시를 참고했지만 스콜라 철학의 부류들인 주석과 신학 저술은 활용하지 않았다. 기술에 대한 '그의 모든 저술'은 '명제들'만을 다룬 절이 포함되었으며(『학문의 나무』의 제16권인 「질문의 나무Arbor quaestionalis」) 몇 가지 글은 제목을 통해 이미 그 목적을 시사했다. 룰루스의 『문답서Quaestio』는 스콜라 철학 전통의 문답 모델에 근거한 것이 아니라 12세기의 학술서와 의학서의 특징이던 사제 간의 대화에 기초했다. 그 대표적인 저술인 『토마스 아트레바텐시스 교수의 문제들에 관한 책Liber super quaestiones Magistri Thomae Attrebatensis』(1299)은 유일한 파리 출신 제자인 토마스 르 미에지에르Thomas Le Myésier(?-1336)의 질문에 답하는 형식으로 완성되었다.

설교 대부분의 대학 교수들과 달리 그는 활동적인 삶을 살면서 저술했고, 필연적 근거들을 통해per rationes necessarias 그리스도교 신앙의 진리를 제시하기 위한 방법론 모색과 확산에 모든 노력을 집중했다(Jordi Gayà Estelrich, *Raomondo Lullo. Una teologia per la missione*, 2002). 그는 마요르카에서 바르셀로나, 몽펠리에를 거쳐 로마로 갔으며, 이곳에서 교황들이 자신의 기술을 지식 혁신 수단으로 채택하도록 노력했다. 제노바에서는 스피놀라 가문과 친분을 맺었고 나폴리와 피사에서는 1308년에 『기술 요약본Ars brevis』을 집필하고 『기술 총론 최종본』을 완성했다. 1288-1289년의 첫 방문 이후 1297-1299년에 이어서 1309-1311년에 마지막으로 파리를 여행했다. 무슬림 지역들도 방문했으며, 개인적으로 설교를 행하면서 이슬람의 지식인 엘리트들을 합리적으로 설득하면 그리스도교 신앙의 진리를 전파함으로써 이슬람 민중을 개종시킬 수 있을 것이라고 확신했다. 1293년의 첫 튀니지 여행에서는 로마 교황청에서의 좌절감으로 겪었던 심한 심리적 압박감을 극복했다. 말년기인 1315-1316년에는 마지막으로 튀니지와 베자이아Bejaia를 여행했다.

룰루스는 자신의 계획에 따라 힘이 아닌 토론에 근거해 비그리스도교인들을 개종시킬 수 있는 선교사들을 양성할 목적으로 동방의 언어들을 교육하는 대학 설립을 제안했다. 개종한 후 한동안은 도미니쿠스회의 영향을 받았다. 즉 필연적 근거의 개종 계획은 페냐포르트의 라이문두스Raymundus de Peñafort(약 1180-1275)의 주장에 동조한 것이었지만 근본적으로 그 기원은 토마스 아퀴나스(1221-1274)의 『대이교도대전』이었다. 하지만 1292년에 룰루스는 심각한 심리적 위기로 프란체스코회로 옮겼으며, 자신이 쓴 저술들의 가치를 평가하고 옹호하며 또 확산시키려는 일관된 노력을 기울였다.

이성의 평화적인 활용과 그리스도교 신앙의 진실을 확고하게 주제화할 가능성을 신뢰하던 그의 초기 입장은 『이방인과 세 현자의 책Liber de Gentili et tribus sapientibus』(1274-1276)에 반영되어 있다. 그 내용은 유대인, 그리스도교인, 무슬림이 각자의 (신앙) 법칙leges에 대한 주제들을 평화적으로 토론하면서 유일신 하느님에 대한 신앙으로 개종하는 것이었다. 하지만 그는 세 종교들 중 어느 것이 궁극적인 목표인지,

어떤 기도가 품위에 대한 룰루스의 이론 또는 세 종교 모두에 허용될 수 있는 신의 명칭에 대한 개념에 부합하는지에 대해서는 언급하지 않았다.

시간이 흐르면서 정치적인 현실에 대한 인식과 자신의 이상적인 선교 활동을 추진하는 데 따른 어려움으로 룰루스는 십자군의 이념에 동조하면서 이를 선교에 예속된 수단으로 의도했다. 이에 대한 대표적인 저술은 『목적에 관한 책Liber de Fine』(1305)인데, 이 책에서 그는 새로운 종교-군사 단체의 설립을 제안했으며, 십자군 추진 전략을 세밀하게 기술했다. 또한 십자군이 지녀야 할 목록에 십자군의 형성에 필요하며 이교도에게 행할 설교에도 도움이 되는 자신의 저술들을 포함시켰다. 파리에 머물던 기간에는 선교 계획에 대한 관심을 지속적으로 유지하면서 이슬람의 영향을 받은 아베로에스의 아리스토텔레스 철학에 대한 해석을 그리스도교 세계에 제시한 스콜라 철학자들과 열띤 논쟁을 벌였다. 룰루스의 반아베로에스주의적 입장은 1277년 파리 대학의 대학감독에 의해 선언된 아리스토텔레스 추종자들의 과오에 대한 글들이 수록되어 있는 『편집된 대화의 양태에 의한 선언Declaratio per modum dialogi edita』(1298)에 잘 드러난다. 연대기적으로 이 저술에 가깝고 또 파리에서 집필된 신비주의자 룰루스의 가장 방대한 저술은 『사랑 철학의 나무Arbor philosophiae amoris』(1299)다. 이 저술은 지식의 철학과 사랑의 철학의 연합을 실현한 것이었으며, 아베로에스주의의 전형적인 개념들을 비판한 철학적-신학적인 이론들을 신비주의적인 경험의 꽃과 열매처럼 여기면서 더불어 기술의 규정을 소개했다. 필연적 근거의 이념을 사랑 나무의 열매로 간주한 이 저술에는 조명된 박사Doctor Illuminatus의 삶의 비밀이 담겨 있는데, 철학적인 연구가 급진적인 지성주의와 계시적인 경험과 연결되어 있었다(Amadar Vega, *Ramon Llull y el segredo de la vida*, 2002). 그가 마지막으로 파리에 머물던 기간은 아베로에스주의에 반하는 저술을 집필하던 비교적 짧은 기간으로, 조합술은 더 이상 언급되지 않았다.

『목적에 관한 책』: 십자군의 전략

룰루스는 자신의 기술들을 스콜라 철학에 대한 대안으로 간주했는데, 스콜라 철학에서는 증명적 차원(논리)과 발견적 차원(논점)은 분리된 상태로 남아 있던 반면, 룰루스의 기술은 일반적인 차원 외에도 증명적-발견적인 차원, 즉 모든 학문에 적용 가능한 것으로 소개되었다(Josep M. Ruiz Simon, *L'Art de Ramon Llull i la teoria escolàstica de la ciència*, 1999). 룰루스는 아리스토텔레스가 제시한 두 가지 유형의 증명(원인에 의한 증명과 결과에 의한 증명propter quid e quia)을 추가하여 독창적인 증명 방법으로 동등성 증명demonstratio per aequiparantiam, 즉 기술 원리들의 교환 가능성으로 인해 등가적인 것들로 여겨진 명제들의 연결에 근거한 합리적 추론을 성립시켰다. 따라서 조합술의 기초는 신적인 표상이며 '연속적인 일체에 근거한' 증명은 신학 영역에 특별히 적용되면서, 매우 확실한 추론을 통해 삼위일체로부터 육화에 이르는 그리스도교 신앙의 교리들을 가치 있는 것으로 만들 수 있다는 룰루스의 주장에 설득력을 더했다. 신비주의에 기반한 반아리스토텔레스적인 지성주의는 파리 대학의 교수들에게는 전혀 이해할 수 없는 것이었던 만큼, 14세기 후반 아라곤 궁정의 이단 심문관인 니콜라스 에이메리히NIcolas Eymerich(1320-1399)에 의해 격렬하게 비판당했다. 그 결과 그의 저술들은 1559년의 금서 목록에 포함되었다(하지만 1564년의 목록에서는 더 이상 언급되지 않았다). 14-15세기에 룰루스의 추종자들이 마요르카, 바르셀로나, 발렌시아에서 이탈리아로 스승의 이론을 확산시키면서 공인을 위해 노력했지만 성공하지는 못했다.

금서 목록에 포함된 룰루스의 저술

룰루스는 자신의 모국어인 카탈루냐어를 이용해 철학서를 집필한 최초의 세속인 신분의 철학자였다. 아랍어도 구사할 수 있었기에 자신의 선교 활동을 보다 성공적으로 이끌기 위해 아랍인들을 개종시키는 데 활용했다. 처음으로 『관조의 서』의 아랍어 판본을 저술한 데 이어 카탈루냐어와 라틴어 판본도 제작했다. 그는 평생 카탈루냐어와 라틴어를 번갈아 가며 사용했고, 초기부터 자신과 함께 일하는 협력자들(함께 일한 편집자, 번역가, 사본 제작자들은 룰루스의 뛰어난 지적 활동을 가능하게 해 주었다)의 도움을 받았다.

조합술: 기능과 적용

『관조의 서』는 복잡한 탄생 점성술에 기초하여 모두 366개의 장章으로 구성된 문헌으로, 사실상 룰루스의 대표 작품으로 평가된다. 이 저술에서 그의 신학적-철학적인 사상은 일상에 대한 성찰처럼 소개되었다. 여기에서 이미 룰루스의 기술에 활용된 몇 가지 요인을 찾아볼 수 있는데, 예를 들면 알파벳 문자들은 언어의 용어들을 대체하는 상징으로의 알파벳 문자들과 이러한 상징들을 그림으로 표현한 것이다. 반면 '란다 산의 계시에 대한 내용'이 언급된 첫 번째 저술인 『진리 발견의 기술』에서 언급된 조합 이미지들은 아직 보이지 않았다.

원리

조합 이미지들은 중앙에 위치한 원들의 회전에 기초한 문구들과 삼각형과 사각형의 문구들로 구성된 구조였다. 이들을 통해 알파벳 문자들로 대표된 사실들의 근본적인 원리와 관련하여(16개의 문자들에 근거해 사각 구조의 요인들로 구성된 기술의 첫 번째 버전에서는 B–R; 9개의 문자에 근거한 삼각 구조의 두 번째 버전에서는 B–K) 이러한 실재의 '자연스러운 중재'와 논리적으로 연관되어 있었다. 이미지와 수준에 따라 문제들은 품위 또는 신적인 속성(절대 원리들), 상대적인 원리들(차이, 일치, 반대; 시작, 중간, 끝; 보다 큰 것, 동일한 것, 보다 작은 것; 하느님, 피조물, 활동; 주장, 의문, 부정), 지적인 영혼의 능력, 덕과 악덕, 신학과 철학, 그리고 법의 원리들이었다. 1290년부터 기술ars의 원리들이 9개로 축소됨으로써 룰루스는 그의 사상에서 근본적인 역할을 수행하며, 그리스도교 신학과 유대교와 이슬람으로 대표되는 엄격한 유일신교의 차이를 가장 극명하게 드러내는 삼위일체의 신비에 대한 주제를 쉽게 구성하는 삼각형 구조와 보다 용이하게 연결될 수 있었다.

『진리 발견의 간결한 기술』과 『증명 기술Ars demonstrativa』에서 잘 드러나며, 1274–1289년에 형성된 특별한 주제의 모든 작품에서 유익하게 활용된 사각형 구조의 기술에 있어 핵심적인 이미지는 모두 3개인데, 2개인 A와 T에서는 모든 것에 대한 본질적이고 부수적인 원리들(룰루스의 철학에서 핵심적인 결론에 해당하는 저술인 『[기술] 요약본Breviculum』에서 잘 설명되었다) 또는 품위(절대원리들)와 상대적인 원리들이 잘 드러난다.

이미지 T는 삼각형의 이미지로 불리기도 했다. 상대적인 원리들의 세 요인들은 5개 삼각형의 축들이거나(사각형의 단계) 원 속에 기록된 3개의 축(삼각형의 단계)에 해당하며, 세 번째 요인인 S는 글씨를 통해 영혼의 능력(기억, 지성, 의지)과 이들의 조합을 대표하면서 사각형의 구도를 형성한다. 첫 2개의 이미지, 즉 9개의 품위dignitates를 동반한 이미지 A와 3개의 삼각형 원리들을 동반한 이미지 T 역시 삼각형 단계의 기술 속에 포함된다. 이미지들에서 문자들은 두 가지 방식으로 관계를 맺고 있는데, 구조적으로는 선들(이미지 A의 경우)이나 원 속에 쓰인 기하학적인 구조의 이미지들을 통해 관계들을 형성한다. 그리고 역학적으로는 기록된 이미지들이나 동일한 문자들이 일련의 다른 의미들을 가리키는 여러 개 원들의 순환을 통해 관계들을 만든다. 또한 이미지 A에서 품위들의 관계를 맺어 주는 선들은 방사선들이 아니고 중심과 접하지도 않지만 신의 원리 그 자체의 표현 불가능성을 의미한다. 중심을 향하는 원들이 담당하는 다양한 상대적인 위치로부터는 조합표가 얻어지는데, 이는 현실과

이미지들

관련하여 가능한 모든 논지를 측정 가능한 상태로 유지한다(Anthony Bonner, *The Art and Logic of Ramon Llullo.A User's Guide*, 2008).

로버트 D.F. 프링 밀의 말에 따르면 "원, 삼각형, 그리고 사각형은 3개의 보편적인 이미지들이며, 이들로부터 현실에 대한 모든 기하학적 조직이 유래한다. 기술의 기초적인 이미지들을 이러한 모델에 따라 조직하는 것은 모든 기능의 보편성을 상징적으로 강조하는 데 활용되며 동시에 물리적인 세계의 네 가지 요인들에 대한 자연스러운 작품들과 결합시켜 주는데, 이 경우 네 요인들은 원형, 사각형, 그리고 삼각형이기도 하다"(Robert Pring Mill, *El microcosmos lul·lià*, 1961 ; tr. it 2007). 그리스도교도, 유대인, 이슬람교도들에게 공통적인 범례에 해당하는 신의 명칭에 대한 주제들과 관련이 깊은, 신플라톤주의적인 (피조물이 살고 있는) 세계에 대한 시각은 룰루스에게 다양한 현실적 차원들의 상호 관계성에 근거한 증명적-창의적인 기술의 개념을 위한 근거를 제공했다.

상관성 기술의 사각형 버전에서, 요인들의 특징에 대한 증명과 문자들의 의미를 신학적인 의미로 호환하는 것은 삼위일체와 예수 그리스도의 육화를 '증명하기 위한' 비유로 활용되었다. 프란체스 A. 야테스는 이러한 활용을 '기초적인 모범'으로 정의했다(Frances A. Yates, *The Art of Ramon Lull*, 1954, tr. it 2009). 하지만 조합술을 통해 얻어진 진정한 증명의 최종적인 토대는 실재, 품위 또는 신적인 속성(선, 위대함, 영원성, 능력, 지혜, 의지, 덕, 진리, 영광)의 교환 가능성에서 찾을 수 있다. 이러한 이유로 각각의 증명은 다른 모든 증명들로 바뀌는데, 이미지 A가 이를 문자적으로 증명한다. 변화의 가능성은 룰루스가 추구했던 비유적이고 언어적인 구조에서 찾을 수 있으며 아랍어와 그 자신이 상호적이라고 정의했던 특징으로 주어지는데, 이것이 조합에서 차지하는 중요성은 삼각형 구조의 기능을 통해 특히 명백하게 드러난다. 상호적인 요인들은 아리스토텔레스적인 능력과 행위가 아니라 관계의 행위를 의미하는 개념적인 삼각형 구도에 근거해 실체들의 활력을 생각하게 해 준다. 예를 들어, 선은 개념의 작용을 의미하고 선을 양산하는 선 행위가능자bonificativum 또는 선행위자bonificans, 수동성을 드러내며 선이 되는 선할 수 있는 자bonificabile 또는 선해진 자bonificatum, 결과적인 행위를 가리키며 다른 품위dignitates와 관계를 가지는 선bonum의 가능성을 조성하는 선해지다bonificare가 그것이다. 이러한 사실에 근거하여 연속적인 일치에 의한 증명demonstratio per aequiparantiam, 즉 새로운 증명 유형이 만들어진다.

1305-1308년에 집필된 기술에 대한 연구 문헌인 『기술 요약본Ars brevis』과 『기술 총론 최종본』은 역사적인 관점에서 매우 중요한 문헌으로 평가되었다. 라이문두스 룰루스는 백과사전을 위한 수단과 기억술의 모델로 간주되는 이들에 대해 이미 14세기 후반에 화학 문헌들과 더불어 읽은 바 있었다. 위의 두 문헌은 아그리파(1486-1535)에서 조르다노 브루노(1548-1600)에 이르기까지, 그리고 코메니우스 Comenius(1592-1670)와 라이프니츠(1646-1716) 같은 범지혜론 이론가들에 의해 높게 평가되었다.

학문의 계보

룰루스는 조합술을 철학, 신학, 법학, 논리학, 기하학, 천문학-점성술, 의학과 같은 다양한 지식 분야에 적용했다. 이를 통해 당대의 문화에 대한 그의 영향력을 알 수 있는데, 이것은 지식 계보의 구도를 통해 각 학문의 원리들을 조직하면서 이들을 조합을 통해 합리적으로 발전시키는 혁신을 의도한 것이었다. 이러한 이유로 그는 자신의 연구를 새로운 연구라고 정의했다. 이는 연구서 제목에서도 잘 드러난다(『신논리학*Logica nova*』〔1303〕, 『천문학에 관한 새로운 논고*Tractatus novus de astronomia*』〔1297〕, 『새로운 기하학에 관한 책*Liber de nova geometria*』〔1299〕). 그럼에도 저술 내용에서는 어떠한 혁신적인 특징도 찾아볼 수 없다.

학문 계보의 구조는 이러한 특별한 글들에서 지식의 내용을 조직할 목적으로 활용되었으며, 룰루스의 백과사전적인 주요 저술에 해당하는 『학문의 나무』에 보편적으로 적용되었다. 모든 실재의 배경(자연의 세계와 인간의 세계, 천상의 세계와 신의 세계, 교회와 사회)은 모든 지식이 시작되는 근원으로 묘사된 품위에 의존했다. 반면 각 학문의 원리들은 계층적인 차원에서 계보 나무의 몸통과 줄기, 잎, 꽃과 열매로 표시되었다. 이러한 방식으로 계보의 나무들은 자연의 세계(*arbor elementalis, vegetalis, sensualis, imaginalis*), 인간의 세계(*arbor humanalis, moralis, imperialis, apostolicalis*), 초감각적인 세계(*arbor caelestialis, angelicalis, aeviternalis, maternalis, divinalis et humanalis, divinalis*), 인식의 방식(*arbor exemplificalis e arbor quaestionalis*)으로 표현되었다. 존재에 대한 분류에 해당하는 백과사전의 내용은 룰루스가 두 권의 철학 소설, 즉 신비주의자인 룰루스가 『친구와 사랑하는 사람에 관한 서Liber de amico et amato』를 집필하는 데 참고했던 『블랑케르나Blanquerna』(1283)와 동양적 기원의 우화적인 진행을 통해 도덕적인 이

백과사전

철학 소설들

미지를 획득하는 한 짐승에 대해 기술한 『행복Felix, Llibre de les meravilles del mon』(1288-1289)에서 현명한 교육학과 영적인 삶의 현상학을 종합적으로 언급한 것과 동일했다. 또한 룰루스는 신비주의 문학의 주옥 같은 작품들 중 하나로, 스스로 '수피론'의 방식으로 저술했다고 한 『친구와 사랑하는 사람에 관한 서』에서 아랍 문화의 흔적을 분명하게 드러냈다.

카탈루냐 출신의 철학자인 룰루스가 이슬람 세계와 접촉했다는 사실은 교류에 대한 사고와 '이교도들을 개종시키기 위해 세계에서 가장 아름다운 책을 쓰는 임무'를 통해 잘 드러난다. 그뿐만 아니라 개종한 이후 노예이자 스승이기도 했던 아랍인의 도움으로 완벽하게 습득한 아랍어와 아랍 문학에 대한 지식을 통해서 (복속되었지만 그 수가 매우 많았던) 마요르카 무슬림 공동체와의 직접적인 접촉을 통해 실현된 이교도들의 문화적인 기여도 보인다. 하지만 조합술에 영향을 미친 요인들 중에서 (13세기 중반 마이모니데스의 철학에 반대하는 반이성적인 기능이 크게 확산되면서) 카발라Kabbalah의 고대 비밀 지식이 다시 관심을 끌기 시작한 바르셀로나에서는 유대 문화의 공헌은 크지 않았다. 룰루스의 사상이 가진 복합적인 영감은 신플라톤주의적인 형이상학 구도에 대한 세심한 연구를 통해 잘 드러나며, 또한 그는 아리스토텔레스-스콜라주의적인 학문과는 달리 조합술이 가지는 대안적인 특징들을 통해 자신만의 독창성을 보여 주었다. 그리고 탈중세적인 성향과 훗날의 르네상스 시대를 지향하는 경향을 드러냈다.

| 다음을 참고하라 |

철학 지식 모델로서의 중세 백과사전(323쪽); 중세 이슬람 철학: 주제와 주인공들(328쪽); 중세 유대 철학의 전통들(338쪽)

과학과 기술 이탈리아와 유럽의 의학 교육 기관과 대가들(595쪽)

지식과 전통의 비교

FILOSOFIA

영혼

| 아그네세 구알드리니Agnese Gualdrini |

영혼의 본질에 대한 중세의 사상은 주석가들의 아리스토텔레스주의, 그리스-아랍의 신플라톤주의, 그리고 성 아우구스티누스 사상의 중간 입장에서 복합적인 세분화로 발전했다. 인간이 세계의 보다 특별한 존재라는 지각을 통해 예시적으로 드러나는 중세의 영혼에 대한 개념은 특별히 영적인 실체로 이해할 수 있다. 이에 대한 정의가 다양했던 것은 인간과 영혼과의 관계, 지성과의 관계, 감각적인 부분들과의 관계를 설명하려는 다양한 시도에서 기인했다.

아리스토텔레스의 이원론과 지성의 문제

영혼은 물질에 붙잡혀 있는 상태에서든 그 속에서 실현의 가능성을 발견했든 육체와의 본질적인 관계를 통해 고유하게 정의되어야 한다. 플라톤이 영혼을 자치적이고 독립적인 실체를 의미하는 영혼psyché의 개념으로 정의했다면 그의 제자인 아리스토텔레스는 적어도 부분적으로는 원리와 육체를 결정하는 형상의 이원론을 극복했다고 할 수 있다. 영혼은 결코 육체로부터 분리될 수 없는데, 그 이유는 "확실히 육체는 존재하지 않지만 육체와 같은 무엇이 존재한다"(『영혼론』, II, 414a). 영혼은 존재를 살아 있게 하는 (활력론에서의) 현실태entelechia며, 마찬가지로 식물과 동물은 자신들의 식물적인 활동과 감각적인 활동을 한다. 인간은 자신의 고유한 형상이라는 특징을 가지는데, 바로 지성이다. 아리스토텔레스는 이를 다시 능동 지성과 수동 지성으로 구분함으로써 능동 이성nous poietikos, 즉 사물의 감각상에 의해 추상적으로 생산된 보편적인 형상을 인식하는 능력의 진정한 본질에 대한 일련의 복합적인 비평을 보여 주었다. 또한 육체로부터 자립적임, 불명성(부패하지 않은 특성), 영원성을 주장했으나 인간의 지성이 어떤 차원에서 개별적인 것인지를 명확하게 설명하지 않음으로써, 적어도 각 영혼의 일부가 불멸한다는 것에 대한 세속적인 논의를 야기시켰다.

논쟁 논쟁의 아버지인 아프로디시아스의 알렉산드로스(2-3세기)는 아리스토텔레스의 이원론과 능동 지성의 이론 사이에 아무런 반목도 존재하지 않는다고 주장하면서 능동 지성이 신적인 본질을 가지고 있고 사실상 인간의 외적인 것에 속하기 때문에 불사불멸하는 형상이라고 주장했다. 개별적인 영혼은 육체의 능력, 즉 잠재력과 가능태를 넘어서기보다는 실현하는 형상인 만큼 육체와 더불어 필연적으로 죽는다. 반면 아리스토텔레스에 대한 고대 세계의 주석가들은 다른 견해를 제시했는데, 이들은 신플라톤주의와 아리스토텔레스 철학의 지속성을 강조하면서 (테미스티우스Themistius[약 317-약 388]와 이집트 알렉산드리아에서 활동했던 아리스토텔레스의 첫 그리스도교인 출신 주석가인 요하네스 필로포누스[6세기]가 언급했던 것처럼) 능동 지성과 밀착되어 있는 개별적인 영혼의 불멸성을 주장했다.

내재성(내면성)으로서의 영혼

서로마 제국의 몰락 이후 주석서들이 동방과 아랍 세계에 확산되었다면 플라톤이 제시한 육체와 영혼의 이원론은 아우구스티누스를 통해 그리스도교 교리의 차원에서 처음으로 입지를 확고히 했다. 이와 달리 테르툴리아누스Tertullianus(약 160-약 220)는 영혼의 육체성에 대한 스토아주의적인 주장을 전개하면서 영혼에 대한 플라톤의 이론, 즉 일자의 실체에 대한 이론과 차별화시켰다. 아우구스티누스는 영혼을 불사하고 자족적이며 육체로부터 독립적인 하느님에 의해 창조된 실체로 간주하는 개념을 그리스도교 세계에 소개했지만 "나는 나 자신에게로 나를 돌려세웠고 '너는 누구냐' 하고 나에게 물었다. 나는 '인간이다'라고 대답했다. 그러자 육체와 영혼인 내가 그곳에 있다. 하나는 밖에, 또 하나는 안에 말이다. …… 차라리 안쪽이 더 낫다"(『고백록Confessioni』, X, 6,9). 육체의 외적인 세계로부터 영혼의 내적인 세계로의 이동에 있

서양 인간학의 근원, 아우구스티누스

어 인간은 단순한 물질 그 이상의 무언가라는 사실을 알게 된다. 인간은 자체의 자기 성찰과 집중성을 통해 자신과 자신의 감각적인 활동에 대하여 인식적인 존재가 되는데, 그 이유는 육체에 발생하는 모든 것이 영혼으로부터 벗어날 수 없으며(숨어 있지 않다non latet), 보다 직접적으로 인식되는 감각적인 대상들에 대한 정신적인 관심(지향성intentio)의 결과이기 때문이다. 항상 육체의 변화에 주목하는 스스로의 정신적인 본질에 대한 인식 덕분에 인간은 영혼의 심연에서 하느님을 만날 수 있는데, 그 이유는 인간 내면에 진리가 거주하기 때문이다in interiore homine habitat Veritas (*De Vera Religione* XXXIX, 72). 아우구스티누스에게 자신에 대한 탐구와 하느님에 대한 탐구는 이질적인 것이 아니라 영혼이 삼위일체의 신비를 유추하는 거울처럼 보일 때까지 상호적으로 작용하는, 신의 빛에 의해 밝혀진 2개의 인식 과정이었다. 영혼은 기억mens, 지식notitia, 사랑amor의 서로 구별되며 상호 관계에서만 생각할 수 있는 실체들이었다(*De Trinitate*, IX, 5). 아우구스티누스는 영혼과 내재성을 동일시하고 영혼을 기억, 지성, 의지로 구분하면서 육체의 행위에서 영혼에 내재된 동기의 거울을 직시하는 서양 인간학의 근본적인 흐름 중 하나를 발전시키는 데 기여했다.

아랍 주석가들과 서양에 소개된 『영혼론』

중세 전반기의 전 기간 동안 영혼에 대한 성찰에서 아우구스티누스의 철학과 독창적인 방식으로 재연구된 신플라톤주의의 영향은 지배적이었다. 아리스토텔레스에 대해서는 유일하게 『오르가논』만이 알려졌으며, 『영혼론』의 논란이 많은 구절에 대한 주석은 아랍 세계에서만 활발하게 연구되었다. 아랍 세계는 알-킨디(?-약 873)와 알-파라비(약 870-약 950)를 통해 지성과 영혼의 관계의 본질, 즉 육체의 형상에 대한 아프로디시아스의 알렉산드로스의 해석을 더욱 심화시키려고 했다.

중세 전기에 영혼의 문제

강력한 논쟁을 야기했으며 몇 가지 사례에 있어서는 서양에서 극렬한 토론을 동반하기도 했던 것은 아비케나(980-1037, 이븐 시나)와 아베로에스(1126-1198, 이븐 루시드)의 심각한 대립이었다. 두 인물 모두 알렉산드로스의 주장을 재해석했지만 서로 다른 결론에 도달했다. 아비케나의 신플라톤주의적인 종합은 능동 지성의 개념과 지성에 의존하는 개별적인 영혼의 불사성 간의 반목을 동반하지 않았던 반면에 아베로에스의 입장은 인간의 영혼으로부터 분리된 채, 인간의 신적인 본질로 인한 지성의 단일성에 집중되었다. 하지만 아베로에스가 선택한 주제의 독창성은 모든 인간들에게 능동 지성뿐 아니라 가능 지성이 유일한 것이며, 또한 유일하게 능동 지성에 의해 활성화된 관념적인 것들에 대한 추상적인 사변의 단순한 성향과 동일시한 것에 있었다. 개별적인 영혼이 인식의 형상인 육체가 죽을 때까지만 습성habitus에 대한 인식에 참여하는 반면 공통의 지성에는 불멸성의 특권이 남아 있는데, 개별적인 인식이 개인과 함께 죽는다면 인류가 획득하는 지식은 (이 지식이 기원하는) 신처럼 영원하기 때문이다.

아랍 학자들의 주석

에스파냐와 이탈리아 남부에 번역이 확산된 덕분에 12세기가 끝나 갈 무렵에 그리스도교의 서양은 『아리스토텔레스 전집』과 아랍 학자들의 주석을 알게 되었다. 아리스토텔레스의 자연에 대한 저술들이 공식적으로 대학 커리큘럼에 포함된 것은 13세기 중반이 지나서지만 다양한 아리스토텔레스주의에 의해 촉발된 인식론적인 문제들은 곧바로 신학자들과 철학자들의 연구 대상이 되었다. 그들 중 몇 명, 예를 들어 『영혼론』을 번역한 인물로 아비케나를 추종한 도미니쿠스 군디살리누스(12세기)와 라틴 세계에서 영혼을 주제로 저술한 존 블런드(1175-1248)는 아비케나를 자신의 핵심적인 대화자로 간주했으며, 천사의 지성과 능동 지성을 동일시했다. 한편 신학자이자 파리의 주교인 오베르뉴의 기욤(약 1180-1249) 같은 인물들은 인간의 인식이 (보편적인 형상들이 신의 계시 덕분에 직접적으로 인간에 의해 이해될 때부터) 현실태로 옮겨 감에 있어 외부로부터ab extra 지성의 개입을 필요로 하지 않는다고 주장하면서 아비케나의 아리스토텔레스주의와 아우구스티누스주의를 중재하려고 했다. 게다가 여러 아리스토텔레스주의와의 비교는 당대의 지배적인 이론들까지도 결정적인 방식으로 특징짓는 하나의 여정이 되었다. 아우구스티누스의 조명에 대한 이론의 접목이 아리스토텔레스식 전문 용어들 덕분에 프란체스코회를 통해 크게 발전할 수 있었다면 가능한 최대로 활성화된 지성이 고대 후기에 이미 테미스티우스를 통해 정립된 바 있는 인간의 개별적인 영혼의 일부가 되면서 아리스토텔레스를 그리스도교 이론에 결정적으로 통합시킨 것은 도미니쿠스회였다.

실체적 형상의 복수성

가시적인visibilia 외부 세계로부터 비가시적인invisibilia 내부 세계로 거슬러 올라가는 순례하는 인간homo viator의 아우구스티누스적인 개념이 성립되면서, 프란체스코회 소속의 보나벤투라(약 1221-1274)는 영혼이 하느님을 향해 나아가는 3개의 근본적인 여정임을 강조했다. 정신의 형상인 영혼은 외부 세계에 대한 인식(감각성)에서 출발하여 자신을 초월하는 사고를 통해 자신에 대한 인식을 거친 다음 (모든 인식의 기반에 해당하는 원리를 영혼을 통해 직접적으로 자극하는 모든 본질과 빛의 존재에 대한 이유에 해당하는) 하느님에 대한 인식에 도달한다. 비록 인식 과정은 아리스토텔레스의 관점에서 사물에 대한 감각적인 표상을 통해 관념적인 것의 추상으로 드러나기는 하지만 아우구스티누스에 따르면 지각을 통해, 그리고 영혼의 작용을 통해 (보나벤투라가 선악을 판단하는 근원 양심, 양심 또는 정신의 절정이라고 했던) 진리의 빛과 의지의 중심을 직시하는 신학의 통찰에 포함되었다. 보나벤투라적인 성찰의 각 개별적인 구성 요인은 복수의 형상에 대한 주장에서 기원하는데, 이는 아리스토텔레스적인 틀의 보편적인 이원론과 모든 피조물에 대한 아우구스티누스의 역동성이 통합될 경우에 활동적인 각 구성 요인들이 완전함을 향한 여정에서 실체적 형상의 복수성을 획득할 수 있다는 것이었다. 이러한 의미에서 하느님을 제외한 모든 것이 질료와 형상으로 구성된 순간부터 인간은 보다 근본적인 형상을 소유하는데, 그중 가장 완벽한 것은 지성적 영혼이다. 즉 이 지성적 영혼은 형상이며 동시에 실체forma et hoc aliquid 기도 하다. 다시 말하면 이미 형성된 육체의 궁극적인 형상을 가리킨다.

도미니쿠스회와 심령 일원설

도미니쿠스회의 알베르투스 마그누스는 그리스도교 이론에 입각해 아리스토텔레스의 인간학을 구축하면서 지성적 영혼을 육체의 유일한 본질적인 형상, 동시에 순수한 형상으로 여겼다. 반면에 식물적-감각적인 능력은 육체에 종속된 상태로 자신의 활동을 전개하며, 지성은 제1원인인 하느님으로부터 직접 유출을 통해 나온 것이기에 독립적이었다. 그럼에도 지성은 모든 개인의 경우에 (아베로에스가 주장하듯이) 유일한 것이 아니라 인간의 영혼이 본래부터 가지고 있는 것이었다. 기본 개념, 즉 실체가 없는 상태에서 질료와 마찬가지로 개체화하는 기능을 수행하는 가능 지성에 의해 개체화되었기 때문이다.

이러한 설명은 토마스 아퀴나스(1265-1308)에 의해 폭넓게 발전했다. 그는 복수의 형상들에 대한 이론에 반대하면서 지성적 영혼을 그 자체로 내적인 기능을 수행하는 유일한 실체적 형상으로 봤다. 토마스 아퀴나스는 모든 개별적인 영혼에 내재하는 지성의 본성에 대한 논쟁에 집중했는데, 개별적인 영혼의 목적은 육체의 형상

토마스 아퀴나스의 지성의 본성

이 아니라 감각 대상들sensibilia을 인식하는 것이었다. 즉 육체로부터 자유롭지만 자신의 목적한 바를 육체를 통해 실현하는 것이었으며, 인식은 항상 감각에서 출발해 추상적인 사변(관념)을 거쳐 인식된 것의 무엇임quidditas을 의도적으로 표현하며, 진술을 통해 인식을 표현하는 정신의 언어verbum mentis의 지적 산출에 도달한다. 영혼은 하느님에 의해 육체 속에서 창조된 만큼, 형상이면서 동시에 이를 초월하는 육체에 존재를 부여하는(형상은 사물에 존재를 부여한다forma dat esse) 지적인 인식 활동 원리처럼 간주되었다. 실제로 영혼은 자신만의 고유한 활동을 하는데 이것은 (모든 육체에 대한 인식처럼) 보편적인 모든 것에 대한 인식과 자의식과 같았다. 이들은 육체와는 별개로 실현되었으며 영혼을 자립하는 형상으로 만들었다. 수세기 전부터 아리스토텔레스의 주석가들 사이에서 논쟁의 대상이었던 개별적인 영혼의 불멸성은 파리 대학을 중심으로 확산되었던 라틴 세계의 아베로에스가 주장한 것과는 반대로 정당화되었다. 이러한 흐름의 중심 인물은 시제루스로, 『영혼론 제3권에 관한 토론 문제집Quaestiones in tertium de anima』에서 지성적 영혼의 단일성이 모든 인류에게 동일하지만 실체적인 형상을 구성하지 않으면서도 육체를 완성한다고 주장했다. 그는 인간의 자유로운 결단력과 신의 조명의 역할을 배제하지도 부정하지도 않았으나 심령 일원설은 신랄한 논쟁의 대상이 되었다.

상당히 뜨거웠던 논쟁

가장 잘 알려진 논쟁은 토마스 아퀴나스에 의해 촉발되었다. 그는 개별적인 영혼의 불멸성에 대한 부정을 비판한 것 외에도 자신이 고유한 인식 활동의 주체라고 주장한 각 개인의 내적인 경험을 인정하지 않은 아베로에스주의를 비난했다(『아베로에스 비판을 위한 지성 단일성』). 시제루스의 입장은 (비록 그의 사상이 가장 온건하게 표현되었지만) 토마스 아퀴나스의 몇 가지 명제와 함께 1277년 파리 주교 에티엔 탕피에에 의해 신앙을 위험에 빠뜨릴 수 있다는 이유로 단죄 받은 주장 중 하나였다.

후기 중세의 인식에 대한 이론

프란체스코회

13세기 말경 아우구스티누스적인 용어로 정의된 인식의 문제는 영혼을 육체의 유일한 실체적 형상으로 정의하고 하느님의 행위와 의지를 축소하면서 지성을 과도하게 강조한 토마스 아퀴나스의 주장에 이의를 제기한 프란체스코회의 발전에 영향을 주었다. 이러한 차원에서 아콰스파르타의 마테오(약 1240 -1302)는 영혼의 지성적인 능력에 인식을 보장하면서 일반 개념을 만들어 내는 유일한 빛인 신의 조명을 추가했다. 감각을 통해 확보된 자료들은 인식에 필연적인 조건이 되었는데, 이는 신의 조명과 자료들을 대변하는 보편적인 범주를 통하지 않고 대상들의 개체성을 통해 직접적으로 사물들을 이해하는 영혼 활동의 결과처럼 드러났다.

이러한 사고로부터 둔스 스코투스(1265-1308)의 독창적인 철학이 기원했다. 그는 두 유형의 인식을 구분하면서 개체에 대한 직접적인 이해(직관적 인식)를 통해 존재의 증명에 대한 특별한 조건을 직시하고 지적인 관념(추상적 인식)에서 보편 개념을 인식할 수 있는 가능성을 모색했다. 실제로 스코투스는 인식과 공통 본성이 존재하는 실재의 근본을 고려했는데, 때로는 사고의 관념적인 인식 속에서 보편화되기도 했고 때로는 실재의 확고한 개체성 속에서 축소되는 원리였다. 그 밖에도 보나벤투라의 주장을 발전시키면서 육체가 움직이는 자신만의 실재를 소유하는데(육체성의 형상forma corporeitatis), 이는 육체를 영혼과 합쳐지게 하면서도 (육체는 죽은 후에도 계속 존재하기 때문에) 영혼과는 무관하게 존재할 수 있게 한다는 새로운 가설을 제기했다. 지성적 영혼은 지상의 삶pro statu isto에서는 육체의 유일한 실체적 형상이며, 신의 의지로 인해 본성의 상태에서는 자주적이고 자립하는 실체pro statu naturae다. 이렇게 해서 지성적 영혼의 불멸성은 순수한 신앙의 대상이 되었다. 둔스 스코투스

영혼에 대한 성찰에 있어 특별히 혁신적인 성과는 오컴의 윌리엄(약 1280-1349)에 의해 실현되었다. 그는 직관적 인식과 추상적 인식을 구분한 스코투스의 이론을 발전시키면서 이를 (이미 강의 헨리쿠스가 주장했던 이론인) 사물에는(사물 속에in re) 보편 개념이 존재하지 않기 때문에 인식을 설명하는 데는 가지상의 실제적인 존재를 인정할 필요가 없다는 이론과 결합시켰다. 이러한 방식으로 능동 지성의 역할이 제거되었으며, 가능 지성과의 구분이 폐기되었다. 게다가 오컴은 개체에 대한 직관적인 인식, 다시 말해 존재에 대한 유일한 증명을 전제로 영혼의 불멸성만이 아니라 (이미 스코투스가 했던 것처럼) 불멸하는 실체이자 정신적인 행위의 주체로 간주된 영혼의 실재 그 자체를 신앙의 문제와 결부시켰다. 신앙은 각 개체와 경험이 있어(습성habitus) 직접적으로 이해할 수 있는(직관적 지식notitia intuitiva) 이들의 상호 관계 속에서 지적이고 의욕이 왕성한 활동과 동일시되었다. 그 외에도 경험 자체는 의지가 지성과 지성에 의해 결정된 것들과 어떻게 구분되는가를 보여 주었다. 인간은 일상에서 자기 자신을 통해 어떻게 이성이 때로는 어떤 것을 원하고 때로는 원하지 않으면서 자신에게 지시한 것을 거부할 자유를 가지는지를 증명했다. 오컴의 윌리엄

영혼과 무無

거의 같은 시기에 알베르투스-토마스 아퀴나스의 성향과 프란체스코회의 철학과 병행해 마이스터 에크하르트(약 1260-1328)는 독창적인 사색적 신비주의를 발전시켰다. 그에 따르면 영혼은 하나님이 탄생하는 장소인데, 이러한 주장은 결국 교회로부터 검열과 비판의 대상이 되었다. 토마스 아퀴나스와 공개적으로 대립하면서 알베르투스 마그누스의 신플라톤주의적인 연구를 발전시킨 프라이베르크의 디트리히(1250-1310)의 제자였던 에크하르트는 영혼의 심연(불꽃 또는 근원 양심)에서 인간과 하나님의 순수한 통합, 즉 모든 특별한 것을 거부하고 자신으로부터 벗어나면서 인간이 순수한 무無인 하나님에 도달할 수 있기 때문에 모든 이름과 형상에서 벗어난 통합의 가능성을 판단했다.

에크하르트의 영혼에 대한 정의

마르게리트 포레트

마르게리트 포레트(?-1310)의 저술 『소박한 영혼의 거울Miroir des simples âmes』(1269-1306)과 같은 문학 작품에서 드러난 놀랍고 엄격한 철학적 발상 역시 교회의 탄압을 예고했다. 이 작품에서 (얼마 후에 이단이라는 죄목으로 화형을 당할 신비주의 사상의 여류 작가는) 사랑과 이성과 관련된 영혼의 알레고리를 묘사했다. 자신으로부터, 그리고 영혼을 개별적으로 구분하는 표상들로부터 벗어난 영혼은 정신적인 실체로서 이성을 배제한 채 자신을 하나님과 하나가 되는 장소로 변화시키는 사랑의 여정에 착수했다. 자신의 의지를 제거할 경우에 영혼은 자신의 심연에서 욕망 없는 사랑과 무의 개념을 발견하는데, 그럼에도 무는 '아무 이유 없이' 모든 것이 얻어지는 원천이었다.

| 다음을 참고하라 |

철학 중세 이슬람 철학: 주제와 주인공들(328쪽); 번역의 이중적 방식과 비평적 지식의 성립(349쪽); 토마스 아퀴나스(389쪽); 바뇨레조의 보나벤투라(398쪽); 요하네스 둔스 스코투스의 사상(416쪽); 에크하르트와 라인강 신비주의(442쪽)

인식의 문제

| 리카르도 페드리가, 일라리아 프로스페리Ilaria Prosperi |

인식의 문제와 관련하여 중세 사상은 다양한 인식론 모델을 만들어 냈다. 전체적으로 볼 때 두 가지 근본적인 부류로 구분되었는데, 이는 서로 다른 사변적 전통에 해당했다. 하나는 신플라톤적이고 아우구스티누스적인 모델인 반면, 다른 하나는 서양의 라틴 세계에서 그리스의 아리스토텔레스 철학과 그의 아랍 주석서들의 확산을 통해 크게 발전했다.

아우구스티누스의 인식론 모델

중세의 인식에 대한 여러 이론은 육체와 지성의 관계에 대한 서로 다른 개념과 인식의 역할, 그리고 감각적인 경험의 대상을 형성함에 감각이 수행하는 작용의 본질과 관련 있었다. 육체는 세계에 대한 경험에서 벗어날 수 없는, 인간이 주변의 모든 것을 경험하고 자신의 것으로 만드는 여과 장치였다. 이러한 의미에서 보고, 듣고, 맛보고, 만지고, 냄새를 맡는 것은 인식을 위한 진정한 수단이자 주변의 세계를 구체적이고 직관할 수 있게 만드는 능동적이자 수동적인 감각 수단이자 장치였다.

감각의 생리학적인 구조

아우구스티누스는 인식의 능동적-정신적인 성격을 강조한 것 외에도 감각 활동보다는 영혼의 활동을 통해 인식의 원동력을 구분해 내려는 사상 체계를 구축했다. 그에 따르자면 감각의 구조는 전적으로 생리적인 것이었다. "듣고 냄새를 감지하고 맛을 보는 것을 가능하게 하기 위해 뇌로부터 출발해 얇은 관들을 통해 눈과 다른 감각기관에 전달된다"(*De genesi ad litteram*, VII, 13-20). 감각적인 지각은 심리적인 작용으로 영혼과 육체 간의 상호 관계로 결정된다. 이러한 상호 관계에서 영혼은 감각 체계에 작용하지만 그 반대는 아니다. 영혼은 그 특성상 모든 물리적인 실체보다 상위에 있으며, 정신적인 것이기에 육체의 영향을 받거나 육체에 의해 수정될 수 없다. 아우구스티누스는 사람이 자신이 감지한 대상에 따라 움직인다는 것을 인정했지만 진정한 지각은 영혼이 육체에 주어진 감각적인 자극들에 의도적으로 작용하는 성찰에서 기원한다는 것을 강조했다. 감각은 우리에게 자신이 지각한 대상을 제공할 때 항상 진실했다. 즉 실제로 실수는 사고를 통해 사물에 대한 지적인 판단이 내려지는 순간에만 발생했다.

후각 기관, 시각 기관, 청각 기관, 촉각 기관은 자신들이 축적한 자료들을 분리해서 사용하지 않고 이들을 함께 수렴하면서 섞고 지속적으로 수정한다. 예를 들어, 촉각과 시각은 사물을 구체적으로 인식하는 데 협력하며, 맛은 시각, 후각, 촉각, 심지어 청각의 도움이 없이는 감지할 수 없다. 외부의 5개 감각을 통해 얻어진 다양한 느낌을 통일하는 것은 다른 감각을 조절하고 판단하는 역할(*De libero arbitrio*, II, 5, 12)의 내적인 감각sensus interior에 속한다. 5개의 외적인 감각은 무언가를 맛볼 때 동일한 맛의 향을 가지고 있지 않는 경우 자체로는 맛을 감지하지 못한다. 끝으로 감지된 모든 것을 검토하고 내적인 감각에 의해 얻어진 자료들을 판단하는 것(*De libero arbitrio*, II, 3-9)은 이성, 즉 지적인 능력에 속한다. 다시 말하자면 보는 것은 눈이 아니며, 느끼는 것은 귀가 아니며, 접촉하는 것은 손이 아니며, 냄새를 느끼는 것은 코가 아니며, 맛을 보는 것은 입이 아니라 사고(지능)다. "느끼는 것은 육체의 특성이 아니라 육체를 매개한 영혼의 특성이다"(*De Genesi ad litteram*, III, 5). 육체가 경험하는 감각적인 자극들은 즉각 영혼에 전달되며, 영혼은 이를 지적인 행위로 판단한다. 따라서 감각은 이미 생각의 행위였던 것이다.

진정한 인식의 절차 육체적 직관visio corporalis, 즉 자신의 모든 감각적인 특질을 통해 대상을 대변하는 이미지로 절정에 도달한다. 이러한 유사성similitudo은 후에 아우구스티누스가 영적 직관visio spiritualis으로 정의한 것으로, 언제든 정신이 기억하고 싶을 때마다 생각으로 나타날 수 있는 형상으로 기억에 흔적을 남긴다. 육체적 직관은 지적인 생각이 기원하는 새로운 사고 행위의 근거에 해당했다. 영혼은 육체로부터 가장 멀고 감각성으로부터 정제된 제3의 내적인 직관을 통해 지성에 의해 표현된 기억 이미지에 관심을 드러낸다. 다시 말해 이것은 사유의 직관visio cogitantis으로 이전의 직관들과 동일한 차원에서 단순히 사물을 재현하는 것이 아니라 사물에 대한 사고, 즉 개념을 가리켰다. 최종적으로 인식을 표현하는 것은 마음 안의 말verbum in corde이다. "생각은 기억의 내용에 대한 직관을 통해 생성되며 마음의 말을 통해 이들을 표현하면서 또한 수집한다"(Parodi, *Il conflitto dei pensieri*, 1988). 아우구스티누스에 따르자면, 생각하는 것은 다른 어떤 특별한 고유 언어와도 동일시되지는 않지만 사물을 가리키고 이를 영혼에 투영시키는 것으로 제한된 언어를 통해 내적으로 말하는 것이다.

전반적으로 볼 때 인간의 인식은 영혼의 모든 행위가 내적인 표현의 형성을 통해 절정에 도달할 뿐만 아니라 (이전의 행위와 마찬가지로) 한층 추상적이고 복잡한 새로운 인식 행위의 근거가 되는 삼위일체의 여정을 추구하는 것과 마찬가지였다. 첫 번째 삼위일체는 외부의 인간 또는 육체와 합쳐진 후에 감각적인 인식에 상응하는 영혼을 통해 구현되었다. 삼위일체는 세 가지 요인(영혼의 지각 능력, 인식된 사물들, 이들을 통합된 상태로 유지하는 사고의 의지적인 주의)의 상호작용과 공존에 의해 가능해졌다. 같은 방식으로 이미 내적인 인간에 속하며 육체로부터 독립적인 기억의 삼위일체는 사고가 현재의 존재가 아니라 사물의 비물질적인 부분을 닮은 모습처럼 수용된 사물에 작용하는 관심에 의해 성립되었다. 보다 내적인 삼위일체는 진정한 지적 인식을 만들어 내며, 기억에 담겨진 사물의 이미지에 의해 영혼을 인식하는 의지와 인식 능력에 의해 형성되었다.

삼위일체의 모상

아우구스티누스에게 삼위일체의 여정은 인간의 모습에 세 가지 신적인 존재의 불완전한 모상이 분명하게 반영된 것이었다. 이 세 가지는 성부(정신mens, 또는 영혼의 능력), 성자(지식notitia, 이러한 능력이 발휘되는 사물), 성령(사랑amor, 생각 주체의 인식 대상에 대한 집중)이다. 인식의 내적인 과정에서는 네 가지 형상이 드러난다. 첫째는 진정한 형상인 인식된 사물의 형상이고, 다른 세 가지 사고의 형상은 첫 번째 형상에서 유래하는데, 이들은 감각에 새겨진 유사성similitudo(육체적 직관visio corporalis), 기억 이미지(영적 직관visio spiritualis), 생각을 통해 표현된 개념(사유의 직관visio cogitantis)이다. 이들은 영혼이 중재 요인처럼 작용에 집중하며 세 가지 요인으로 형상을 통합하고 이들을 추가하여 삼위일체를 구성한다. 첫 번째와 두 번째 삼위일체인 지각과 사유는 인식의 역할을 수행하면서 육체의 실재를 사고의 대상, 감각 또는 지적 대상으로 옮긴다. 반면, 육체적 직관으로부터 영적 직관으로 옮겨 가는 것을 허용하는 기억의 삼위일체는 교접 기능을 가지거나 감각적인 인식과 지적인 인식 간의 연결을 허용한다.

모든 삼위일체에는 의지적인 주의가 근본적인 역할을 담당하는데(영혼의 의도intentio animi 또는 영혼이 알고 싶은 사물에 대해 자신의 능력을 발휘하는 데 필요한 의지적인 주의), 영혼은 외적인 실재를 이해하기 위해 가장 먼저 자기 자신에 집중해야 하며, 아울러 진정한 사고의 행위에 집중하고, 지각할 수 있는 대상을 자신의 내적인 것으로 만들기 위해 이러한 행위들을 외적인 세계를 향해 바꿔 나가야 한다.

중세 전기의 사상가들을 통한 아우구스티누스 인식론 모델의 발전

중세 전기에 아우구스티누스의 성찰은 확고한 기준으로 작용했다. 대표 사례는 요하네스 스코투스 에리우게나의 인식론이었다. 그는 『자연 구분론De divisione naturae, Periphyseon』에서 위 디오니시우스(5세기)로부터 유래된 영혼의 움직임에 대한 이론에 아우구스티누스의 주제들을 결합시키는 방식을 통해 아우구스티누스를 재언급했으며, 후에는 고백자 막시무스Maximus Confessor(약 580-662)를 재인용했다. 에리우게나는 내적인 인간과 신의 삼위일체와의 상관성을 강조하는 인식에 대한 삼중 개념을 수용했다. 인식의 차원에서 삼위일체는 지성intellectus 또는 인식 행위를 지각하는 능력, 이성과 원인을 통해 하느님에게 거슬러 올라가는 능력과 일치하며 지성에 의해 생산된 로고스logos, 그리고 외적인 감각이 아니라 이성과 지성 모두에 필수적이며 외적인 감각과는 "외적인 감각이 육체보다는 영혼에 속하는 것이지만 그럼에도 영혼의 본질을 구성하지 않는다는 이유로"(『자연 구분론』, 568-569a) 구분되는 내적인 감각으로 구성되었다.

내적인 기능의 메커니즘은 우선적으로 5개의 외적인 감각과 연결되어 있다. 5개의 외적인 감각이 없는 경우 어떤 방식으로도 외부 세계와 접촉하는 것이 불가능하다. 또한 내적인 기능의 메커니즘은 이성의 동자moto와도 관계를 맺고 있는데, 그것은 이성이 배제된 경우 일단 자연의 사물이 인식되어도 이들의 원인을 알 수 없게 되기 때문이다. 지성, 이성, 내적인 감각은 영혼이 가진 세 가지 능력으로 서로 밀접한 관련이 있고 완벽하게 작동하는 세 가지 동자moto며 이들 덕분에, 그리고 이들을 통해 인간이 인식의 과정을 완수할 수 있다. 유일하게 진실한 지각의 주체는 (에리우게나의 경우) 아우구스티누스의 철학에 의해 해석된 영혼이었다. 반면에 육체는 "활력적이며 어디서든 볼 수 있는 자신의 육체의 모든 부분을 통제하는 영혼에 의해 관장되었다"(『자연 구분론』, 731b).

안셀무스와 아벨라르

안셀무스(1033-1109)는 아우구스티누스적이고 수도원적인 합리성 유형에 근거해 유비적이고 삼위일체적인 주장을 거부하면서 인식이 감각을 통해 시작된다는 것을 인정했다. 인식 차원에서 볼 때 외적인 인간과 내적인 인간 사이에서의 이동은 감각적으로 알게 되어 기억에 내장된 사실로부터 이러한 생각의 내용에 대한 성찰을 통해 진행되었다. 실제로 사고를 통해 알게 된 사물의 존재는 감각상으로부터 얻어졌는데, 인식된 사물은 우리의 기억에 보존되거나 우리가 동시에 현존하는 사물에 대한 인식에 대해 성찰하여 우리 사고의 기능이 신의 사고의 그것과 유사하다는 사실을 알게 되는 과정에서 확보되었다(『모놀로기온Monologion』, 67장). 외부 세계에 대한 인식과 그 유사한 질서를 받아들이는 것은 인식 과정에서 최우선이었고, 이러한 이유로 우리가 사고를 통해 가지는 거의 모든 이미지는 세계의 존재하는 것들과 필수적으로 관련을 맺었다. 그럼에도 감각적인 인식은 진실하지도, 그렇다고 거짓도 아니었다. 감각이 우리를 속인다고 말하는 것은 실제로는 우리가 잘못 표현한 것에 해당했다. 이것은 거짓된 사실을 감각에 의해 얻어진 자료에 근거해 판단한 것으로, 안셀무스는 거짓이 감각적인 이해 때문이 아니라 그렇게 보이는 것에 의해 주어진 판단에 원인이 있다고 했다(『진리론De veritate』, 2; 5). 사물의 진실성 여부는 궁극적으로 하느님, 즉 모든 진실의 원인인 하느님에 의한 최종적인 분석에 의존했다.

감각에서 지성으로

피에르 아벨라르(1079-1142)는 감각적인 인식과 지적인 인식을 구분했으며, 전자가 존재하는 것에 대한 것이라면 후자는 존재하는 것들의 유사성similitudo과 관련 있다고 했다. 만약 눈으로 내 앞에 있는 사과를 본다면 지성은 이를 형성하고 사과와 유사한 것을 참작했다. 이러한 방식으로 우리는 비록 사과가 존재하지 않더라도 사과에 대해 생각하게 된다. 아벨라르는 감각과 지성을 마치 개별적인 인식과 보편적인 인식처럼 구분하지 않았는데, 감각을 통한 지각이 아니라 사유가 있기 때문이며, 각 개체는 유사성을 통해 참작되는데 이때 유사성은 가장된 것ficta인 반면 인식 행위는 실재적인 것이었다(*Theologia Scholarium*, 2).

감각과 분리되지 않는 지성

아랍 주석가들을 통한 아리스토텔레스 사상의 재발견

13세기 전반기에 아리스토텔레스의 자연 철학 서적들libri naturales이 확산된 것은 대학 제도의 발전과 관련 있었으며, 라틴 서양에 고대 문화가 알려진 사실(그리스어 번역만이 아니라 아랍 철학자들falasifa의 주석 작업을 통해)과 전통적인 철학 이론들의 심오한 혁신과 밀접한 관계를 가지고 있다. 이 시기는 그리스도교 사상이 아우구스티누스의 인식론적인 모델로부터 (적어도 초기에는 무슬림 철학자들이 제공했던 강력한 신플라톤주의적인 시각을 통해 알게 된) 아리스토텔레스의 인식론 모델로의 전환이 완성된 기간이었다. 아리스토텔레스의 가르침에 따르면 인식은 감각적일 뿐만 아니라 지적

아우구스티누스에서 아리스토텔레스로

인 것으로, 인식 주체가 인식 대상에 동화되는 과정을 통해 드러났다. 그에게 감각성은 (아우구스티누스의 그것과 달리) 상당히 수동적인 능력으로 외부 세계에 속하지만 자신의 감각적인 형상에 흔적을 남기는 사물의 작용에 영향을 받았다. 감각적인 형상은 공통 감각의 행위, 표상화, 지성 덕분에 가능해지는 인식의 급진적인 실현 과정을 통해서 개체성의 특징에서 벗어나 보편 세계, 즉 개념을 더욱 풍부하게 했다.

초기 아리스토텔레스 주석가들

두 명의 위대한 주석가들인 이븐 시나(980-1037, 아비케나라고도 함)와 이븐 루시드(1126-1198, 아베로에스라고도 함)를 통해 해석된 아리스토텔레스의 작품들은 대학 교육을 위한 기본 문헌이 되었다. 두 아랍 주석가의 주석은 아랍의 풍부한 사색 전통에 속한 것으로, 파리 대학과 옥스퍼드 대학에서 두 차례 전성기를 맞이했다. 아랍 전통은 『영혼론De anima』을 쓴 아프로디시아스의 알렉산드로스(2-3세기)에 의한 해석으로부터 시작해 능동 지성의 초월이라는 주제에 집중했다. 아리스토텔레스는 이미 인간의 탁월한 능력을 2개의 지성으로 구분했다. 첫 번째 능동 지성은 마치 빛처럼 사물을 비추어 이들을 볼 수 있는 것으로 만들면서 '모든 것을 생산한다'. 아리스토텔레스에 의해 지성의 두 번째 종류로 인정된 분리 상태에 근거해(실제로는 논리적이고 행동적인 것이다) 알렉산드로스는 이를 하느님과 동일시하면서 아리스토텔레스의 사상에 대한 신플라톤주의적인 해석을 가능하게 했다. 여기에서 신플라톤주의적인 해석은 종교적인 필연성과 맞물리면서 이슬람교뿐 아니라 라틴어로 집필된 문헌들에 의해 적극적으로 채택되었다.

아리스토텔레스의 『영혼론』을 수용한 아랍의 역사는 9세기 바그다드에서 알-킨디에 의해 시작되었으며, 그의 연구는 후나인 이븐 이스하크Ḥunayn ibn Isḥāq(809-873)의 주해와 고대 후기의 몇 가지 주해서들(테미스티우스의 주해서들, 아프로디시아스의 알렉산드로스의 주해서들, 그리고 추정하기로 요하네스 필로포누스의 주해서들), 그리고 전통적으로 아리스토텔레스의 것으로 보는 (아리스토텔레스의) 『신학Theologia』(실제로는 4세기에 시리아의 네스토리우스 추종자들이 〔고대 그리스 철학자인〕 플로티노스(203/204-270)의 『엔네아데스』에 근거해 편집했다)에도 영향을 주었다. 특히 후자와 관련해(알-킨디 자신이나 그의 주변 인물들에 의해) 신플라톤주의적인 작품인 『원인론』은 자체로 라틴 세계가 1272년(토마스 아퀴나스가 뫼르베케의 기욤의 번역 덕분에 많은 영향을 받았던 『원인론』을 알게 된 시기였다) 이후까지 아리스토텔레스의 모든 작품에 대해 시도했던 해석에 큰 영향을 주었다.

알-킨디, 감각과 지성의 분리

알-킨디의 철학에 의하면 (아리스토텔레스와는 반대로) 감각적인 인식과 지적인 인식 사이에는 아무런 연속성도 존재하지 않았다. 지각된 대상에 대한 관념적인 절차에 부여된 중요성은 급격하게 축소되었으며, 감각과 지성은 대상이 다르다는 이유로 급진적으로 구분되는 두 가지 존재론적인 양태를 일체화했다. 전자의 존재론적인 양태가 관념적인 물질성의 퇴화된 실재와 관련이 있다면 후자는 능동 지성과의 일치를 통해서 생성과 소멸의 법칙에 속하지 않고, 결코 변하지 않을 뿐만 아니라 외적인 실재에 대한 사유로 구성된 진정으로 유일한 인식을 향하는 것이었다. 이러한 사실을 통해서도 알 수 있듯, 알-킨디는 지성과 영혼의 관계에 대한 본질에 대해서와 인간이 수행하는 인식 과정에 대해 연구하면서 다양한 결론에 도달했다. 핵심 문제는 어떻게 육체를 가진 인간이 인식 과정에 기여할 수 있는지를 이해하는 것이다.

아비케나의 신플라톤주의적인 해석

아리스토텔레스 사상에 대한 강력한 신플라톤주의적인 해석의 영향을 받은 알-킨디와 알-파라비(약 870-약 950)를 통해 형성된 아비케나의 심리학 이론도 이러한 전통에 속했다. 아비케나의 심리학 이론은 『영혼의 서Kitab al-Nafs』(아비케나의 대표작인 『치유의 서』로 알려진 작품의 제6권)에서 잘 드러나 있다. 아비케나의 사상에서 영혼은 아리스토텔레스의 질료 형상론hylomorphism(에 따르면 영혼은 거의 육체적인 형상과 다름없다)과는 정반대로 하나의 의미심장한 실체를 획득하는데, 덕분에 영혼은 불멸의 상태를 추구했다. 이 이론은 감각들을 통해 확보된 자료들에 대한 의존으로부터 사유를 완전히 벗어나게 하는 결과를 불렀다. 고대 그리스 철학자인 플로티노스(203/204-270)의 흔적이 명백한 유출의 원리들에 입각하여 인식의 주체는 모든 인간에게 유일하며 알-파라비의 사례에 따라 10번째 지성(초월적인 지성들 중 가장 낮은 단계)과 같은 것으로 확인된 능동 지성과의 일치로부터 기원했다. 반면에 감각적 지각에서 기원한 이미지들은 인간의 가능 지성(오성)이 신의 계시를 받을 수 있게 하는 유일한 목적을 가지고 있을 뿐, 그 자체로는 개념을 발생시킬 가능성을 지니지 못했다. 이를 전제로 아비케나는 인간 지성의 발전 단계를 연구했는데, 다음과 같다. 첫째, 질료적 지성'aql hayulani은 가지적 형상을 가지고 있지 않다. 둘째, 습성 상태의 지성'aql bi-limalaka은 스스로 자명한 논리 원칙을 증명하는 공식을 통해 표현될 수 있는 최초로 가지적인 것들('전체는 부분들보다 크다')을 지닌다. 셋째, 현실화된 지성'aql bi-l-fi'l은 부차적인 관념(또는 추상적인 사변을 통해 감각적인 자료로부터 얻어진 관념적인 형상)을 소유하지만 아비케나는 아직은 이들에 대해 생각하지 않았다. 넷째, 획득된 지성'aql mustafad은 마지막 단계로, 여기에서 가능 지성은 관념이 능동 지성과 일치하기 때문에 작동한다고 생각한다. 아비케나에게 (아우구스티누스에게도) 감각적인 경험은 인식의 가치를 가지고 있지 않으며 인식을 위한 과정을 준비하는 역할이었다.

아베로에스(의 사상은 12세기 안달루시아에서 성립되었다)는 지각 과정에서 감각적인 인식이 수행하는 역할을 적어도 부분적으로는 고려했다. 그는 아비케나의 이론을 과격하게 해석하면서, 『영혼론』을 대상으로 집필한 『대주석서』에서 능동 지성만이 아니라 인간과는 무관한 가능 지성(또는 질료적 지성으로, 이 용어는 아베로에스가 자주 인용한 철학자인 아프로디시아스의 알렉산드로스가 사용했다)을 제시했다. 이 이론은 1265년경에 시제루스(약 1235-1282) 덕분에 파리에서 확산되었고, 심령 일원설 monopsychism의 명칭으로 알려졌다. 이것은 어떻게 이러한 철학적 견해가 모든 인간에게 유일한 지성을 설정하면서 육체가 부패된 이후에도 영혼이 생존한다는 사실을 배제하는가를 잘 보여 준다. 그는 모든 인간의 불멸성에 대해서도 강조했다. 마르크 조프루아Marc Geoffroy는 "사고하는 모든 인간은 인간의 지성을 실천하며, 어디든 분산되어 있고, 유일하며, 그리고 동일한 본질에 불과하다"고 했다. 개체적인 인식은 감각을 통해 확보된 이미지들이 분리된 지성의 개입 덕분에 지각될 수 있어 가능하다. 즉 아비케나의 가르침은 물론, 생각과 직관 작용이 유사성을 가진다는 아리스토텔레스의 주장과도 맥을 같이한다. 따라서 이러한 이미지들은 유일한 질료적 지성에 의해 수용되며 이후 능동 지성의 행위에 예속되는데, 이 경우 능동 지성은 사물들을 조명하면서 사람들이 이들을 볼 수 있게 해 주는 빛처럼 묘사되었다. 인간은 감각에 의한 지각으로부터 관념을 배제하는데, 그 이유는 이들이 표상 작용phantasia, 이미지화와 관련 있기 때문이다. 감각에 의한 지각은 인간에 따라 다양하며 이로부터 인식의 개체성이 유래되었다.

아베로에스의 심령 일원설

12-13세기: 아리스토텔레스의 지각 모델

12-13세기에 지배적이던 존재론적인 모델이 아리스토텔레스적인 모체에 근거한 것이었다면 아비케나의 모델은 존 블런드(1175-1248)의 『영혼에 관한 논고Tractatus de anima』에서 잘 드러났다. 1204년 이전에 작성된 이 주석서는 아랍 철학falsafa의 라틴 수용에 대한 초기 증거들 중 하나였던 만큼 상당한 의미를 가지고 있다. 아랍 철학의 공헌은 아리스토텔레스의 자연 철학 책들에서 드러난 혁신적이고 비정통적인 심리

학 이론의 신플라톤주의적인 요점들이 보여 준 유사성을 통해 확실하게 드러나게 된다. 라틴인들에게는 『자연학의 여섯 번째 책Liber Sextus de Naturalibus』이라는 제목으로 잘 알려진 아비케나의 『영혼의 서』에 근거해 블런드는 능동 지성을, 능동 지성에 의해 형상을 부여하는 자Dator formarum의 명칭으로 지칭된 분리된 지성으로 간주했는데, 이는 알-파라비가 이미 제기한 바 있는 이론과 유사한 것이었다. 이러한 방식으로 사유의 원리는 인간과는 별개로, 하나의 외적인 작용자에게 부여되었다.

아비케나의 영향

그 밖에도 영혼의 실체에 대한 아비케나의 이론, 즉 영혼이 우유적인 방식으로 직무officium로서만 '육체의 형상forma corporis'의 역할을 전개한다는 사실을 재고하면서 존 블런드는 아리스토텔레스의 『영혼론』에 대한 초기 라틴 학자들의 해석을 과도하게 압박하게 될 주석 작업(이와는 달리 철학자들과 『영혼에 관한 논고』 자체에 의하면 지성은 인간의 능력처럼 여겨졌다)의 성향을 예고했다. 인식의 경우, 블런드는 영혼에 의해 지각되는 진정한 주체와 감각적인 신경계에서 인식되지 않는 것을 구분했는데, 이 경우 후자의 감각적인 신경계는 외적인 사물에서 양산된 변화를 수용하는 역할만 할 뿐이다. "미각은 퍼져 있는 신경계가 가진 능력으로 냄새의 수단을 통해 변화를 수용하며, 의지는 영혼의 관심을 이러한 변화들로 향하게 하여 냄새를 파악하는 능력을 가진다." 게다가 파악하는 것은 신경계 또는 신경계의 능력이 아니라 "영혼의 관심"이다(『영혼에 관한 논고』, 213).

아베로에스주의의 경향

아베로에스주의가 존 블런드의 『영혼에 관한 논고』 덕분에 라틴 세계에 소개되었다면 아베로에스의 사상은 시기적으로 늦었을 뿐만 아니라 상당히 복잡했다. 아베로에스의 철학이 확산된 것은 초기에는 마이클 스콧(약 1175-약 1235)에 의해 1230년대에 추진되었던 번역과 관련 있었지만 이후에는 인문학부 교수들의 독자적이고 이상적인 윤리에 대한 관심과 연결되어 있었다. 심리학 분야에서 라틴 세계의 아베로에스주의가 남긴 가장 의미 있는 증언은 시제루스의 『영혼론 제3권에 관한 토론 문제집』에 의한 것이었다. 즉 이븐 루시드의 이론들과 같은 맥락이었던 반면에 유대인 이븐 가비롤(약 1020-약 1058, '아비케브론'이라고도 함)의 보편적인 질료 형상론hylomorphism과는 대립적인 입장에 있었다. 이븐 가비롤은 지적인 영혼에 질료와의 합성을 부여했는데, 이는 지적인 영혼이 일반 개념을 사유하는 것을 불가능하게 했으며, 시제루스는 영혼의 하등한 능력들(식물 혼, 감각 혼)만이 인간을 구성하는 형상의 역할, 즉 분리된 지성separatus intellectus과 (본질적이기보다는 작용상의) 합치된 덕분에 주로 사고 능력을 가진다고 했다. 『영혼론 제3권에 관한 토론 문제집』에서 드러난 이론은 개체적인 영혼이 사후post mortem에 생존하지 못하는 만큼 이단의 의심을 받기에 충분한 것으로, 토마스 아퀴나스의 『아베로에스 비판을 위한 지성 단일성』에서 신랄하게 비판되었다. 이후에도 1270년과 1277년에 파리의 주교였던 에티엔 탕피에에 의해 이단적인 주장으로 규정되었다. 1270년에는 13개의 명제들 중에 적어도 3개가 아베로에스의 주장을 추종한 것으로 의심받았는데, 첫 번째 명제와 두 번째 명제, 일곱 번째 명제는 각각 지성의 단일성, 인식 과정에서 드러난 주체의 수동적인 역할, 그리고 개별적인 영혼의 죽을 운명에 대해 언급했다.

로저 베이컨의 이미지들

일반적으로 12세기와 13세기 후반의 철학 이론이 갖는 입장은 아리스토텔레스의 모델을 영혼의 자존성을 가장 핵심적인 교리로 하는 그리스도교적인 개념에 조화롭게 적용시키려는 복합적인 시도의 연속이었다. 헤일즈의 알렉산더(약 1185-1245), 페트루스 히스파누스(약 1220-1277), 로저 베이컨(1214/1220-1292)이 대표적이다. 인식론에 있어서는 아리스토텔레스의 성향을 따르던 베이컨이 세계에 대한 인식을 획득하는 데 있어 경험이 근본적인 역할을 한다는 사실을 강조했다. 그는 『종의 증식에 관하여De multiplicatione specierum』에서 복합적인 인식 모델을 제시했는데 지속성의 문제에 대한 해결책을 배제한 채 광학, 생리학, 그리고 보편적인 사고의 표출에 대한 지각과 추상적인 사변(관념)의 내용을 포괄했다. 감각의 차원에서 이러한 모델은 지각 과정을 활성화시키고 계속해서 지각 과정도 활성화하는 감각 기관들에 흔적이 남는 일련의 감각상들의 전이에 기초했다. 이들은 종species으로 불렸으며, 알하젠Alhazen 또는 이븐 알-하이삼Ibn al-Haytham(965-1040)이 『원근법에 관하여De Perspectiva』에서 주장했던 광학의 원근법적 규칙들을 따르면서, 빛이 비친 물체의 광학 굴절에 따라 지각의 주체와 지각된 것 사이의 공간을 채우고 있는 공기를 통해 전달되었으며 또한 감각 기관들에 직접적으로 흔적을 남기면서 감각상들을 신경계를 통해 보다 우월한 능력의 기관들에 전달했다. 베이컨이 주장한 존재론적인 이론에서 광학은 대부분의 중세 사상가들 사이에서 공통적인 내용이었던 관점, 즉 시각이 최고의 감각이라는 주장을 고려할 때 인간의 모든 지각 과정을 이론화한 것으로 볼 수 있다.

반면에 몇몇 신학자들은 다른 입장을 견지했다. 예를 들어, 보나벤투라는 감각적인 인식이 영혼만의 작용이 아니라 (아우구스티누스와 마찬가지로) 영혼과 육체의 고유한 활동이라고 주장했다. 감각을 통해 인식된 사물은 5개의 감각을 통해 영혼으로 전달되는데, 이는 물리적인 전달(실체substantia를 통해)이 아니라 유사성 혹은 종을 통해(『신을 향한 정신의 여정』, II, 4) 전달되었다. 이후 가능 지성이 감각된 종에 작용하여 능동 지성이 추상적인 관점으로 획득한 종을 수용하고 판단했다. 그럼에도 모든 판단에는 필요한 진리에 대한 인식이 작용했으며, 우리의 가변적인 사고는 진리를 망각할 수 없다. 감각의 도움에도 불구하고 진리는 선천적이고 하느님에 의해 직접 주어진 원리, 다시 말해 육신의 5개 감각 기관과는 별개인 원리에 의해 규정되었고 근거했다.

토마스 아퀴나스의 인식론

외적인 감각들과 내적인 감각들

토마스 아퀴나스(1221-1274)에 따르면 인간의 인식은 감각적인 경험을 통해 시작되는데, 이는 영혼만의 활동이 아니라 아리스토텔레스적인 관점에서 영혼과 육체의 (질료와 형상의) 공존으로 이해될 수 있는 인간 전체의 활동이었다. 사고는 온전히 감각을 통해 얻어지는 것이기 때문에 토마스 아퀴나스에게 "느끼는 것은 육체 없이는 가능하지 않았다"(『신학대전』, I, q.76, a. 1). 인식은 항상 감각 기관의 프리즘을 통하지만 토마스 아퀴나스는 5개의 감각 기관 외에도 감각성이 (아리스토텔레스가 이미 언급한 것과 마찬가지로) 공통 감각, 표상화, 그리고 기억, 외적인 감각에 의해 얻어진 정보에 질서를 부여하는 임무를 수행하는 내적인 감각까지 포함한다는 주장을 제기했다. "감각적 형상들의 수용을 이해하기 위해서는 '고유한 감각'과 공통 감각을 학습할 필요가 있지만 이들을 수집하고 보존하기 위해서는 표상력 또는 상상력, 즉 감각을 통해 알게 된 형상들이 필요했다. 반면에 감각을 통해 얻어지지 않는 지향(생각)들의 보고를 이해하기 위해 우리는 평가력을 가지고 있으며, 이러한 지향들의 보고를 보존하기 위해서 기억, 즉 지향들의 보고를 필요로 한다"(『신학대전』, I, q.78, a. 4, resp).

감각을 통해 전달된 정보의 진실성 여부와 관련하여 토마스 아퀴나스는 자신의 견해를 분명하게 밝혔다. "감각은 대상을 잘못 인식하지 않는다. …… 잘못된 인식의 경우는 감각 기관의 우발적인 장애에 의해서만 발생한다. 열이 있는 사람의 미각은 달콤한 것을 쓴맛으로 판단하는데, 그 이유는 혀가 좋지 못한 체액으로 덮여 있기 때문이다"(『신학대전』, q.85, a. 6, co., 1, 3). 그럼에도 인간에게 인식한다는 것은 알려진 것으로부터, 지적인 관념을 통해 그 속에 담긴 보편 개념을 파악하는 것 또는 표상상phantasma(항상 개체적이고 외부 사물의 행위를 통해 야기된 감각적인 느낌, 감각 활동에 의해 최종적으로 드러나는 것은 육체적인 인식 주체에 의한 결과로 생각될 수 있다)을 통해 보편적인 의미, 무엇임quidditas을 읽어 내는 것을 의미했다.

토마스 아퀴나스는 지성의 관념적인 능력을 통해 가능해진 인식을 가능태가 현실태로 이행되는 특별한 경우로 이해했다. "지성적 영혼은 환영 표상상에 영향을 미치면서 이들을 작동하게 만드는 능력을 가지고 있다. 그리고 이러한 능력은 감각적인 지성이다"(『대이교도 대전』, II, 7). 능동 지성의 활동은 인식하는 것이 아니라 인식에 앞선 활동, 즉 관념을 매개로 가능 지성을 결정하는 능력의 종을 구축하는데, 인간은 이를 통해 대상을 인식하게 된다. 인간 지성의 대상은 감각으로 알 수 있는, 감각으로 알 수 있는 것들로부터 분리되지 않은 실재의 본질이다. 게다가 "아리스토텔레스의 관점에 따르면…… 우리의 지성은 자연스럽고 현재적인 삶을 통해 물리적인 것들의 본성에 작용한다. …… 우리는 우리들이 감각할 수 없는 비질료적인 실체들을 우선적으로 인식할 수 없다는 것은 분명하다"(『대이교도 대전』, I, 85).

능동 지성의 역할

13–14세기의 감각적 인식

새로운 이론들

토마스 아퀴나스 직후 아리스토텔레스의 인식론 모델을 구성하는 전형적인 요인들이 빠른 속도로 설득력을 상실하고, 존재하는 개체들에 대한 직접적인 지적 인식에 근거한 새로운 인식론들이 등장했다. 강의 헨리쿠스는 지성이 더 이상 외부 현실에 대한 정보들을 확보하는 매개체는 아니지만 항상 심리 표상으로는 존재하는 자신의 대상을 직접적으로 인식한다고 했다. 반면 다른 사상가들은 인간의 사고에서 이미 알려진 대상들을 대표하는 표상의 중재가 더 이상 필요하지 않다고 주장했다. 그리고 이러한 대상들은 자신들의 개체성 속에서 직접적으로 인식되었다. 라 마르의 기욤(?-1298), 오베르뉴의 페트루스(?-약 1303), 아콰스파르타의 마테오(약 1240-1302)는 모두 프란체스코회에 속한 인물들로 개체의 지적인 직관에 대한 이론을 수용한 초기 철학자들이었다. 반면 페트루스 요한네스 올리비(1248-1298)는 개체들을 직접적으로 이해할 수 있는 가능성을 주장했다(직관적 인식). 이러한 이론은 둔스 스코투스(1265-1308), 아우리올의 페트루스(약 1280-약 1322)와 오컴의 윌리엄(약 1280-1349)을 통해 가장 독창적으로 해석되었다.

외적인 대상들에 대한 직접적인 이해(직관적 인식)와 현실을 관념적이고 감각적 성질로부터 탈피하는 방식으로 실재를 대표할 가능성(추상적 인식)은 두 가지의 인식 양태를 구성했다. 그리고 이들을 통해 둔스 스코투스의 존재론적인 모델이 성립되었다. 그는 개체적 대상에 대한 직접적인 이해를 수용했으며 이들의 본질(무엇임)에 대해서는 아리스토텔레스적인 양식에 근거해 추상할 가능성과 관련해 추상(관념)적인 인식을 인정했다. 5개의 감각(이 중에서 특히 시각은 가장 확실한 것을 보장한다)은 개성 원리haecceitas, 즉 각 개체를 다른 개체들의 존재와 구분하면서 개체를 하나의 개체로 만드는 원리를 구분하지 못하기 때문에 대상의 존재를 증명하는 단순한 임무를 가진다(『자유 토론 문제집』, q.13). 한 개체의 본질(무엇임)은 지성의 관념 능력을 통해서만 인식이 가능하며 지성은 대상의 존재와 실제의 존재와는 무관하게 사물들을 인식한다. 둔스 스코투스는 추상적 인식과 직관적 인식 외에도 직관적 인식으로부터 기원하며 이와 유사하지만 덜 밀접한 존재론의 특징을 소유한 사물res에 대한 제3의 인식 방식을 수용했는데, 이것은 개체적인 이미지에 근거한 불완전한 직관적 인식notitia intuitiva imperfecta으로, 과거의 사건을 기억할 때나 또는 이와는 반대로 미래의 사건을 예상할 때 발생했다(『옥스퍼드 강의록』, III, d.14, q.3). 둔스 스코투스의 인식

오컴의 윌리엄도 개별적인 대상들을 주목하면서 이들을 즉각적으로 인식하는 사고 행위의 활동에서 철학의 기반을 (처음으로, 그리고 그 자체로primo et per se) 모색했다. 오컴의 인식론에 따르면 직관적 인식은 직관된 대상의 존재 여부에 대한 확실한 판단을 표현하기에 충분한 인식과 일치했다(『옥스퍼드 강의록』, Prol., q.1). 직접적인 직관에 이어 추상적 인식이 나타났는데, 이는 직접적인 인식 행위의 반복에 근거했다. 우연적인 정신적 명제들의 공식 또는 필연적이지 않으며 가능한 변화들에 예속된 판단을 확인하는 명제들의 공식은 사물들에 대한 직접적인 인식 방식을 통해 가능해졌다. 명확한 방식으로 인식된 명제들은 감각들을 통해 직접 인식된 것들, 즉 정신 언어의 (자연스럽게 형성되었으며 인식 행위들과 일치하는) 개념 용어들에 대한 이해로부터 유래된 것이었다(『옥스퍼드 강의록』, Prol. e d.3). 이렇게 해서 개별적인 성질quality에 대한 직접적인 이해에 근거하고 명제의 개념들로의 즉각적인 대체에 의해 중화된 인식론이라고 할 수 있는 자연스러운 원인성의 계획이 실현되었다. 이것은 합리성 이론으로서 자연스러운 사고 과정으로 구성된 것이었다(Ernesto Perini-Santos, *La théorie ockhamienne de la connaissance sensible*, 2006). 오컴의 윌리엄의 이론

아우리올의 페트루스

아우리올의 페트루스에 따르면 직관적 인식은 감각적 직관의 용어로 이해되었다. 계속해서 직접적인 인식은 직관에 의해 지성적 직관으로 일반화될 수 있었다. 페트루스는 인간 지성 역시 개체적이고 실존하는 사물들을 직접적으로 인식할 수 있다고 판단했다. 이외에도 직관된 대상의 존재와 인식의 실재를 구분했다. 감각을 통해 드러나는 인식과 사물의 존재는 2개의 서로 다른 차원에 위치했다. 이것은 존재하지 않는 사물들을 대상으로 하는 만큼 모든 결과에 대한 인식인 감각의 착각을 통해 드러났다(*In I sent.*, d. 23).

보다 일반적으로 어떻게 개체에 대한 직접적인 인식에 집중된 새로운 인식 모델이 프란체스코회를 중심으로 형성되었으며 (사물에 대한 감각적이거나 지적인 표상으로 간주된) 종에 대한 내용이 모든 저자에게서 언급되고 있음에도 불구하고 13세기 철학적인 사색의 대부분을 특징지었으며, 겉으로는 이질적인 것처럼 보이는 요인인 생리학, 원근법 이론, 심리학, 논리학 같은 요인을 일관된 방식으로 결속시켜 주었던 종의 개념에 근거한 인식 모델의 원인적인 유일성을 극복했는지를 지적할 필요가 있다(Katherine Tachau, *Vision and Certitude in the Age of Ockham*, 1988).

| 다음을 참고하라 |

철학 급진적 아리스토텔레스주의와 신학자들의 반발(372쪽); 바뇨레조의 보나벤투라(398쪽); 프란체스코회의 전통(405쪽); 영혼(457쪽); 14세기의 인식과 회의론(494쪽)

정념에 대한 철학

| 실바나 베키오Silvana Vecchio |

13세기에 영혼의 구조와 기능에 대한 새로운 관심이 등장했다. 이는 그리스와 아랍 문헌들에 대한 번역과 밀접한 연관이 있었으며, 토마스 아퀴나스의 사상을 통해 체계화된 정념의 주제에 대한 성찰을 동반했다.

교부 신학과 중세 전기

13세기에 공식화된 정념에 대한 주장은 학문적이고 심리적인 분석의 첫 시도로, 윤리학이나 신학적인 주장과는 별개였다. 영혼의 움직임에 대한 관심은 지난 세기들의 철학적이고 신학적인 성찰에서는 전혀 언급되지 않았다. 심리적인 분석, 감정적인 세계에 대한 기술, 정념에 대한 체계의 초안은 다양한 장르와 맥락에서 중세 전기부터 시작되었다.

아우구스티누스에 의한 정념의 선의적인 활용

아우구스티누스(354-430)가 『신국론De Civitate Dei』에서 보여 준 성찰의 경우 출발점은 간단했지만 내용은 풍부했다. 키케로(기원전 106-기원전 43)의 중재를 통해 알려진 스토아학파의 이론들과 비교와 대립이 반복되는 상황에서 그는 감정에 대한 (특별히 그리스도교적인 성찰에) 핵심적인 주장을 추론했다. 스토아학파에서 기원하는 네 가지 핵심적인 정념은 정서성의 주요 구조에 해당하는데 욕망, 기쁨, 걱정, 슬픔이 그것이었다. 하지만 이들은 의지의 움직임, 즉 사랑의 표현일 뿐이었다. 의지는 사랑의 방향을 결정하면서 각각의 정념에 대한 윤리까지도 정의했다. 이러한 정념들이 좋은 것들이라면 하느님이 도시의 시민들에게 생기를 불어넣는 질서 잡힌 사랑에 의해 인도된 것이며, 나쁜 것이라면 모든 죄의 근본이며 인간이 사는 도시의 기반을 구성하는 자기 사랑amor sui에 의해 인도된 무질서한 것이었다. 아우구스티누스는 정념에 대한 스토아 이념을 영혼에 깃든 병으로 재조명하면서, 정념과는 무관하거나 병과는 상관없는 현명함의 모델로서 인간과 모든 유형의 애정을 공유하는 그리스도의 전형, 즉 정념을 무효화하지 않고 좋게 활용하면서 스스로를 구원하는 그리스도교인의 사례를 제안했다.

심각한 죄악

정념의 스토아 철학적인 개념의 특징들은 아우구스티누스의 반박에도 불구하고 교부 철학의 전통에서 살아남았으며, 이후 중세 초기에 대한 성찰을 통해 재등장했다. 그리스 교부들이 재연구한 아파테이아apatheia의 이상은 수도원 윤리에 많은 영향을 주었고 수도승들에게 보다 엄격한 금욕주의를 부과하면서 정념을 악습이나 죄악과 동일시하고, 색욕의 모체에 심리학적인 원동력을 부여한 세상에 대한 경멸contemptus mundi 이론에 근거를 제공했다. 요한 카시아누스Johannes Cassianus(약 360-430/435)가 정리한 데 이어 그레고리오 1세Gregorius I(약 540-604, 590년부터 교황)가 재구성한 대죄 체계는 실질적으로 다양한 악습의 근간에 해당하는 영혼의 원동력을 지적하는 데 활용된 세련된 심리적인 분석이기도 했던 도덕 이론의 형성을 동반했다. 거만함을 야기하는 과도한 자존 의식, 부와 음식 또는 색욕에 대한 과도한 욕망은 탐욕, 탐식과 사치, 과도한 슬픔이나 시기와 질투를 불러일으키는 잘못된 답변,

분노로 표출되는 지나친 공격성이다. 이처럼 죄악의 존재를 다양한 형태로 또 방대하게 기술하려는 시도에서 정념에 대한 아우구스티누스의 애매모호한 발상은 이제 설득력을 상실했으며, 선한 정념(질서 잡힌 사랑, 하느님에 대한 바람과 두려움, 죄에 대한 적개심, 구원을 위한 회개의 고통, 미래의 행복을 위한 희망)에 대한 연구는 정감의 복잡한 체계에 대한 모든 언급을 초월한 것으로, 사악한 정념과의 대칭적인 관계를 배제했다.

12세기와 새로운 출처

12세기에 시토회 교단 수도원들에서 작성된 문헌들을 배경으로 종교적인 경험의 감성적인 측면들에 대한 새로운 관심은 다소 세분화된 형태를 통해 네 가지의 핵심적인 정념에 대한 아우구스티누스의 이론이 재등장하면서, (보다 소피스트적인) 심리학적 지식의 필요성을 자극했다.

수도승의 도덕적인 완벽을 추구하는 교육학적인 노력과 관련해 생빅토르의 리샤르가 『소小벤야민Beniamin minor』(또는 『열두 성조의 언약The Book of Twelve Patriarchs』)에서 시도한 심리학적인 분석은 정념의 애매모호함을 극복하고 성서에 대한 알레고리적인 강독을 통해 명상을 위한 준비 과정을 동반한 복합적인 체계의 출현으로 이어졌다. 즉 야곱의 자식들을 통해 상징적으로 표현된 7개의 주요 정념(희망, 불안감, 기쁨, 고통, 증오, 사랑, 부끄러움)은 여러 덕목 중에서 우선시되었다.

『육체와 영혼의 본성에 관하여De natura corporis et animae』에서 생티에리의 기욤(1085-1148)은 네 가지 중요한 정감에 대한 아우구스티누스의 이론을 다시 채택하면서 이를 위한 토대로 플라톤으로부터 기원하는 영혼의 삼분법 개념(정욕적 영혼, 분노적 영혼, 이성적 영혼)을 선택했다. 그리고 다양한 구성 요인의 균형 덕에 정념은 인간의 특징적인 암호, 즉 영혼을 신적인 완벽한 태연함과 본능에 의해 지배된 동물적인 본성 사이의 중간적인 입장에 위치시키는 암호로 여겨졌다. 이로써 애정의 세계는 마치 합리성과 비합리성 사이에서, 덕과 악덕 사이에서 모든 인간의 선택이 이루어지는 영역인 것처럼 묘사되었다. 1140년경에 쓰인 그의 연구서는 영혼에 대한 보다 학문적인 개념을 제공한 것으로 여겨졌음에도 그동안 잊힌 심리학적 지식을 중세 서양에 다시 소개한 출처로는 인정되지 않았다.

하느님과 동물의 중간에 위치한 인간

12세기 중반부터는 그리스 학자들이나 아랍 학자들이 추진했던 번역 덕분에 여러 문헌들이 출간되었는데, 이를 계기로 정념에 대한 연구는 영혼의 능력에 대한 복잡한 분석의 핵심적인 내용을 상당히 세밀한 형태로 발전시켰다. 다마스쿠스의 요한(645-약 750)의 『정통 신앙에 관하여Sulla fede ortodossa』, 에메사의 네메시우스Nemesius가 쓴 『인간의 본성에 관하여Sulla natura dell'uomo』는 심리적인 분석에 여지를 제공했는데, 정욕적 능력과 분노적 능력의 구분에서 시작해 정념에 대한 일종의 계층적인 분류가 시도되었다. 또한 아비케나의 『영혼론』은 여섯 가지 핵심적인 내용의 정념을 제안하면서 이를 통해 열정의 본성을 영혼과 육체의 교차점이라고 정의했다. 하지만 정념의 분류와 윤리적인 관점, 그리고 성격에 대한 보다 방대한 성찰을 위한 근거를 제공한 것은 아리스토텔레스의 텍스트(『영혼론』, 『윤리학』, 『수사학』)였다.

토마스 아퀴나스: 영혼의 정념

정념에 대한 관심의 재개

13세기에는 새로운 출처에 대한 논쟁과 활발한 주석 작업으로 인한 정감에 대한 성찰이 이전 세기들에서는 찾아볼 수 없던 방대하고 심오한 차원에서 시작되었다. 로셸의 장(약 1200-1245)은 주로 아비케나의 문헌을 활용하면서 정욕과 분노의 주제로 구성된 25개의 정념을 고안했다. 반면 알베르투스 마그누스(약 1200-1280)는 아리스토텔레스의 문헌들(특히 『동물학』와 『윤리학』)과의 비교를 통해 정념을 주제로 심리적인 절차를 제시하고 도덕적인 측면을 탐구했다.

13세기에 발전한 열정에 대한 철학적인 성찰의 도착점은 토마스 아퀴나스(1221-1274)가 『신학대전』에 포함시킨 연구 성과였는데, 이는 카르타고의 시대에 이르기까지 감정적인 세계에 대한 가장 풍부한 분석을 대표했다. 『신학대전』 제2부에 삽입된 이 연구는 토마스 아퀴나스가 구축한 심리학적인 분석의 도덕적인 유연성을 드러냈다. 즉 윤리학의 특별한 대상을 구성하는 인간의 자발적인 행위들에 대한 성찰은 인간이 동물과 공유하며 정념의 세계를 구성하는 비의지적인 행위들에 대한 기초적인 심리학적 분석을 필요로 했다. 정념에 대한 분석은 도덕적인 관점에서는 필수적인 것이었지만 기초적이고 도덕과는 별개였으며, 정념을 체질(또는 습성habitus)과 명확하게 구분하는 아리스토텔레스의 원리와 동일한 맥락에서 마치 생물학과 자연학 지식에 관한 학술적인 내용처럼 여겨졌다.

영혼의 움직임으로의 정념

우선적으로 아퀴나스는 정념이 운동, 즉 그 중심이 영혼에 위치하지만 인간 전체를 대상으로 하는 운동이라는 사실을 설명했다. 실제로 정념은 감각적인 욕구의 작용으로 정의되었다. 만약 우리가 영혼의 정념이라고 부적절하게 말한다면 그 자체로 능동적인 영혼이 간접적으로 고통을 느끼며 생리학적인 차원에서 발생하는 변화를 체험하기 때문이다. 이것을 전제한다면 감각적인 개념 또는 주체가 보존의 목적에 따라 선이나 악으로 지각하는 무언가에 대한 감각에 의해 감추어진 정념의 심리적-물리적인 메커니즘을 이해하는 것이 가능하다. 감각적인 식욕의 움직임은 감각에 대한 답변, 즉 모두 본능에 의한 반응으로 정념의 메커니즘 속에서 의지의 작동을 배제하고 물리적인 차원에서의 변화에 항상 동반되었다.

이러한 메커니즘은 모든 정념을 근거로 했지만 정욕에 대한 정념과 분노에 대한 정념은 다른 방식으로 표현되었다. 전자는 대상이 좋은 것인지 나쁜 것인지의 여부를 즉각적으로 인식하며 감각적인 욕구에 대한 반응을 보여 주었다. 이때 감각적인 욕구는 선(접근)과 악(이탈)의 상반된 움직임으로 전환되었다. 선으로 인식된 대상의 존재는 사랑amore인 매혹의 움직임으로 계승되었고, 여기에 도달하기 위한 절박함은 욕망desiderio이며, 이미 선이 달성된 상황에서 욕구의 진정은 기쁨piacere으로 나타났다. 반대로 이탈은 대상으로부터 진정으로 벗어나려는 움직임fuga을 통해 결국에는 고통을 가리키는 악에 대한 욕구가 감소하는 상황에서 증오odio, 즉 악으로 인식된 대상에 대한 반감 작용으로 드러났다.

분노하는 정념을 조절하는 메커니즘은 한층 복잡하다. 여기에서 대상을 선이나 악으로 인식하는 데에는 어려운 기본 개념이 동반되는데, 도달하기 힘든 선과 물리치기 힘든 악이 그것이다. 이러한 어려움은 사물의 내부에서 대립하며 한 쌍의 상반된 정념에 상응하는 이중적인 움직임을 양산했다. 도달하기 힘든 선은 희망, 즉 선의 매혹에 의해 성립된 접근 움직임으로의 선에 해당하는 희망speranza과 어려움에 대한 거부로부터 기인하는 이탈의 움직임에 해당하는 절망disperazione의 대상이다. 회피하기 힘든 악은 이탈(두려움timore)과 접근(과감audacia)의 이중적인 움직임을 양산했다. 이 네 가지의 정념은 유혹을 뿌리치기 힘든 악에 대한 인식에서 시작되지만 반목이 없는 유일한 열정인 분노ira를 일으키는 복수에 대한 욕망으로 전환되는 움직임을 지향했다.

정념과 악덕

11개의 정념은 이들의 윤리성 여부에 관한 논쟁으로 완성되었다. 감각적인 욕구의 움직임과 정념은 이들이 이성에 의해 인도된 의지를 배경으로 할 경우에 원리상 도덕적인 판단에서 벗어난 것이었다. 하지만 이성의 지배에서 벗어나는 순간부터는 전혀 다른 것, 다시 말해 더 이상 정념이라고 할 수 없으며 오히려 도덕적인 평가에 대한 의지의 행위가 되었다. 이러한 변화는 심리학과 윤리학의 관계를 보여 준다. 의지와 이성이 정념의 움직임을 통해 설정하는 관계는 이들의 도덕성 여부를 결정하는데, 자발적으로 이성의 통제를 포기하는 것은 정념을 악덕으로 변형시키는 것을 의미하는 반면에 이성의 법칙에 따른 감각적인 욕구의 강도와 힘을 기억하면서 정념을 활용하는 것은 이를 덕의 충분한 실현을 위한 수단으로 사용하려는 것을 뜻했다.

토마스 아퀴나스는 감정 세계의 장치를 언급했을 뿐만 아니라 『신학대전』 제2부에서 11가지 정념을 각각 체계적으로 분석했으며, 이들을 구체적으로 정의하고 본질, 원인, 결과를 조사했다. 또 표현되는 다양한 방식을 구분하면서 도덕성 여부에 대한 논의를 기술했다. 몇 가지 사례에 있어서는 적절한 대안도 제시했다. 그의 방대한 연구에서는 중세 전 기간에 축적된 모든 심리학 지식이 언급되어 있으며, 몇 가지 정념은 다른 것들보다 중요한 역할을 획득했다. 그것은 사랑으로, 정욕에 대한 정념 중에서 첫 번째지만 실제로는 인간이 보편적인 목적인 선과 맺고 있는 감성적인 구조의 태생적이고 고유한 성격 차원에서 볼 때 다른 모든 정념의 필수불가결한 전제에 해당하는 것이었다. 하지만 감성적인 부분의 핵심적인 역할은 실제로는 아리스토텔레스의 이론과 같은 맥락에서 최종적인 원인과 모든 정념적인 행위의 도착점을 대변하며, 시스템의 활력적인 요인을 구성하는 핵심적인 정념, 즉 기쁨-고통의 영역에 속했다. 사실상 정감의 모든 오점은 이 두 가지 정념을 중심으로 나타나는 것처럼 **기쁨과 고통** 보였다. 감성적인 욕구의 궁극적인 목표, 기쁨, 그리고 고통은 정욕의 방향을 결정하며, 사랑-증오, 욕망-회피의 두 정념에 여지를 제공했는데, 이들로부터 과감-두려움, 그리고 희망-절망의 움직임 이외에도 분노의 고립된 정념이 시작되었다. 이러한 메커니즘 전체의 도착점은 기쁨 혹은 고통에서 욕구의 해소에 해당했다.

| 다음을 참고하라 |

철학 중세 이슬람 철학: 주제와 주인공들(328쪽); 토마스 아퀴나스(389쪽); 중세의 윤리학 이론들(509쪽)

신의 전지전능에 대한 변증법

| 리카르도 페드리가 |

이전부터 창조자의 존재와 관련한 많은 가설에서 세계의 질서를 인정하는 것은 기본 사항 중 하나였다. 우주의 구조와 작동의 규칙성은 신의 존재와 그의 능력, 자유로운 행위의 완벽한 작품에 대한 표현이라 간주되었다. 이러한 사고가 중세의 전통에 없었던 것은 아니었으며, 하느님의 모상, 세계에 대한 작용의 방법과 권한 이야기로 표출되었다.

하느님의 모상

하느님의 절대적 능력potentia Dei absoluta과 규정된 능력potentia ordinata을 구분하는 것은 무한한 신의 능력(그의 완벽함과 무한한 지식)과 하느님이 세계의 안정성과 규칙성을 보장하는 법들의 질서 사이의 변증법을 이해하는 방식에 근거했다. 이러한 의미에서 이 같은 구분은 역할, 자유, 신성과의 관계와, 그리고 이러한 법칙의 지배하에 살고 있는 사람들의 유형과 관련 있었다.

성서적 전통은 창조자와 인간이 맺은 협정의 유일성을 승인하면서(「창세기」 9장, 15-17장) 하느님, 즉 세계의 모든 것을 자신의 기쁨으로 명령하는 절대 군주의 모상을 언급했다. 성서에서(「창세기」 18장 10-14절) 하느님이 아브라함에게 (그와 그의 부인이 노령임에도) 곧 부모가 될 것이라는 사실을 알려 주는 순간에 자신의 절대적인 능력을 드러냈다. 이렇게 그는 자신이 원하는 바에 따라 합의된 규칙을 위반하면서 모든 규제와 법칙을 초월하여 자신의 능력이 얼마나 절대적인지를 드러냈다.

이 전통은 니케아 공의회에서 결정된 니케아 신경Credo을 통해 이론화된다(나는 한 분이신 하느님을, 그분은 전지전능한 하느님인 것을 믿는다credo in unum Deum patrem omnipotentem). "하느님께는 모든 것이 가능하다"(「마태오 복음서」 19장 26절)를 전제로 하느님은 수없이 많은 세계 중에서 어떤 세계를 창조할 수 있는지를 결정할 수 있으며, 자신이 원한다면 최소한의 결속력도 느끼지 않으면서 세계의 질서를 뒤집을 수 있다. "'우리는 아브라함을 조상으로 모시고 있다'고 말할 생각일랑 하지 마라. 내가 너희에게 말하는데, 하느님께서는 이 돌들로도 아브라함의 자녀들을 만드실 수 있다"(「마태오 복음서」 3장 9절).

세계 질서의 안정성을 설정하는 창조자와 피조물의 관계는 두 존재가 맺은 협정의 차원을 가정했다. 두 존재 중 하나는 무조건적이며 절대적인 능력을 보유할 수 있고, 오직 절대적인 것에 의해서만 그의 자유와 설명 불가능한 계획과의 합의가 이루어졌다. 이러한 개념은 중세 사상, 철학 전통과의 관계, 특히 그리스-아랍 주석가들과 번역 덕분에 라틴 서양이 재발견한 아리스토텔레스(기원전 384-기원전 322)와 관련하여 더욱 풍성해졌다. 세계 질서는 필연성의 결정적인 성격을 가지며, 인간과 신성 간의 협정은 자연의 법칙들과의 관계 속에서 변화되었다. 절대적 능력의 하느님은 자신의 모상을 고전 시대-고대 후기에 형성된 자신의 모상인 사건들의 규칙적인 질서를 보장하는 주체인 판토크라토Pantocrator(전지전능한 지배자*)로 중재해야만 했다. 에우제니오 란디(E. Randi, *Il sovrano e l'orologiaio*, 1987)의 적절한 표현을 인용하면 다음과 같다. "세계가 하느님에게 예속된 것이 아니라 하느님이 세계와 결속되어 있다." 그리고 그의 자유로운 선택에 따라 여러 조건이 주어진 만큼 하느님은 (아인슈타인의 말을 빌리자면) 게임을 벌일 수는 없겠지만 자신의 권력과 현재 세계를 관장하는 규칙과 타협해야 할 것이다. 하느님과 세계

중세 사상은 이러한 모상 변화의 거울이었으며, 하느님의 전능함에 대한 성찰로부터 시작해 하느님이 행사하는 일련의 모든 가능성인 절대적 능력, 즉 사건의 현재 질서인 규정된 능력에 대한 주제를 발전시켰다. 이러한 맥락에서 그 구분은 신성과 (보다 넓게 확대하여) 자연과 창조된 것들의 안정성이나 불확정성에 대한 믿음의 정당화와의 관계를 읽어 내고, 개념적인 구도의 변화를 드러내는 핵심 사항으로 작용했다. 서양의 가장 흥미로운 사상 중 절대적 능력과 규정된 능력의 변증법에 대한 주제는 다른 철학 주제들을 위한 연구 수단으로써 한 주제의 역사가 되었다는 점을 고려할 때, 중세에서 기원한 것이 분명하다.

하느님의 전능함

초기에 이 문제는 하느님의 전능한 능력과 특별히 하느님의 의지와 능력-무능력의 관계와 연관 있었다. 11세기에 페트루스 다미아니(1007-1072)가 『하느님의 전능에 관하여De divina omnipotentia』에서 몬테카시노의 수도원장 데시데리우스가 하느님의 전능한 능력을 원하는 모든 것을 할 수 있는 능력으로 정의한 사실을 언급했다. 이는 권능이 아닌 것이 의지가 아닌 것과 일치한다는 사실을 동반했다. 그렇기에 하느님 페트루스 다미아니

의 권능은 의지와 일치하는 것인지도 모르며 하느님의 권력이 제한됨을 의미한다. 다시 말해 하느님은 원하는 모든 것을 할 수는 없지만 그 자신이 원하는 것은 할 수 있다.

데시데리우스의 개념은 페트루스 다미아니가 지지하는 신학적인 주장과 대치되었다. 그에 따르면, 하느님은 자신이 진정으로 하기 원하는 많은 것을 할 수 있고 자신의 자유를 완성할 자유를 가진 신의 절대적 능력은 제한될 수 없다. 절대적 능력은 우리 인식의 한시적인 한계를 초월하여 세계의 질서를 선택할 충분하고 전체적인 자유로 이해할 수 있다(『하느님의 전능에 관하여』, XVI).

안셀무스와 하느님의 자유

캔터베리의 안셀무스(1033-1109)도 유사한 입장을 제기했다. 그에 따르면 하느님은 의지적인 행위의 결과로 자신의 행위를 선택하며, 자신의 절대적 능력에 대한 제한을 두지 않았다. 할 수 없는 것(예를 들어 속일 수 없는 것)은 의지의 작용이 결여되었기 때문이 아니라 자신의 추상적인 전능함에 제한을 두려는 신적인 성격 자체와 관련 있었다(*Cur Deus Homo*, II). 하느님은 할 수 있는 모든 능력을 가지고 있다. 다시 말해 원하지 않을 수도 있으며, 이러한 맥락에서 '할 수 없는 것'은 '원하지 않는 것'과 일치하지 않았다.

피에르 아벨라르(1079-1142)의 입장은 달랐다. 실제로도 사실이듯, 하느님의 행동은 하느님의 성격을 보여 주는 것으로, 선성의 원리를 추종했다. 하지만 하느님이 행하는 것과 이미 행한 것이 어떻게 다른지는 알 수 없다. 세계를 창조한 하느님의 성격 자체와는 다른, 하느님에 의해 발생한 사건들에 대해 이야기하는 것은 불가능했다. 아벨라르에게 선택을 자제하는 것은 모두 신의 의지에 대한 책임에 예속된 것이며, 절대적 능력은 자연에 대한 부합성에 모아졌다. "하느님은 이미 그가 만든 세계보다 더 좋은 세계를 그 어떤 방식으로도 만들 수 없다. …… 하느님은 비록 우리가 알지 못한다고 할지라도 합리적이고 상당히 좋은 이유에서가 아니라면 어떤 것도 행하지 않으며, 하는 것을 생략하지도 않는다"(*Intr.ad Theologiam*, III).

아벨라르가 제기한 개념에서 중요한 것은 다음 두 가지다. 첫째는 제한된 것은 하느님이 아니라 신의 능력을 완벽하게 기술하지 못하는 인간의 언어라는 것이며, 둘째는 우리의 언어가 가진 규칙으로부터 시작해 신의 전지전능함은 절대적 능력, 즉 모든 정해진 능력의 규정적 관계로부터 절대적으로 자유로운 것으로 이해될 수 있다. 그러나 그의 입장은 예외적인 것이었다. 생빅토르의 위그(약 1096-1141), 마르틴

그라프만이 구분의 아버지라고 간주했던 페트루스 롬바르두스(약 1095-1160)와 같은 많은 신학자는 훗날 교회에 의해 수용된 '하느님은 할 수 있었지만 원하지 않았다potuit sed noluit'는 공식에 집착했다.

절대적 능력과 규정된 능력의 구분

13세기부터 신의 전능함의 역사는 절대적 능력과 규정된 능력의 역사로 전환되었다. 이러한 구분은 조금은 다르게 표현되었지만(절대적 능력과 조건적 능력potentia conditionata) 그럼에도 생셰르의 위그Hugues de Saint-Cher(?-1263)와 헤일즈의 알렉산더에 의해 이론화된 후 보편적인 사실로 수용됨으로써 페트루스 롬바르두스의 『명제집』 제1권 42-44장에서 지적된 주제에 대한 논쟁을 위한 표준구locus classicus로 정착되었다. 전자의 절대적 능력은 하느님의 능력, (또는 가능성의) 무한함을 의미하며, 후자의 규정된 능력은 하느님이 그 시작을 있게 한 질서 속에서 이를 실천할 가능성의 차원에서 인정된 능력을 가리켰다.

페트루스 롬바르두스의 『명제집』

하지만 하느님이 보유한 두 가지 능력이 아니라 하느님의 능력에 대해 말하는 두 가지 방식을 뜻했다. 첫 번째는 하느님의 의지와 현재의 질서 속에서 행동하는 것과 무관하게, 순수하게 논리적인 방식으로 신의 능력에 대해 토론하는 방식이었고, 두 번째는 하느님이 결과적으로 선택한 것과 선택하고 실천에 옮기는 것에 대한 전망에 속했다. 이를 통해 드러난 확실한 사실들은 그 가능성에 대한 일련의 논리를 통해 하느님이 알고 있는 것들로(절대적 능력에 대한 논리) 규정된 능력이라는 관점에서는 존재하지 않을 수도 있다.

하느님의 '한계'와 자유

만약 하느님의 능력이 그의 완벽함과 더불어 모든 타당한 행동으로 확대될 경우, 하느님은 자신의 무한한 능력이 논리적으로 생산할 수 있는 것들의 일부만 실현한다. 절대적 능력의 가능성을 가리키는 벌어진 일들은 실현된 질서, 규정된 능력의 관점에서 고려한다면 이는 실질적으로는 불가능한 것이었다. 이러한 설명은 모순에 빠지지 않았다. 다시 말해 첫 번째 방식에 의하면 하느님의 행동과 그의 의지가 주로 두 번째 방식과 접해 있기 때문에 행동을 취할 수 없다. 이 방식에서는 순수하게 논리적인 가능성만이 남게 되며, 동시에 하느님의 자유로운 선택에 의해 창조된 세계의 안정성과 우연성이 유지되었다.

여러 경우에 지혜, 선성, 하느님의 정의는 기존의 질서와 일치되면서 첫 번째 구분(절대적 능력)의 강도와 두 번째 경우(규정된 능력)의 대부분이 하느님의 자유 의지와 연관되어 있는 관점들을 약화시키지만 반대로 선성, 지혜, 하느님의 정의, 현 세계의 질서 사이에 균형의 필연성을 강조했다. 알베르투스 마그누스로부터 보나벤투라에 이르는 13세기 후반의 사상가들의 논지가 여기에 해당했다. 그중에서 후자는 하느님의 지혜와 사물의 질서를 동일시하는 것에 근거해 절대적 능력을 거부했다. 반면에 윌리엄 코트니(*Capacity and Volition*, Lubrina, 1988)가 강조한 바와 같이 토마스 아퀴나스는 현 세계의 질서와 이것이 하느님에 기인한다는 것을 동일시하는 데 반대했다. 지혜, 선성, 정의는 자유롭게 하느님에 의해 선택된 다른 질서 속에서도 발견되는 것이었다(『신학대전』, Iae, Quaest. 25, art.5와 『하느님의 권능에 관한 토론 문제집』, 1, art. 5, art. 3).

절대적 능력과 절대 권력: 두 방식에서 두 권력으로

13세기에 집필된 수많은 저술은 신의 능력을 두 가지 형태로 구분하는 해석과 관련해 크게 두 가지 거대한 범주로 구분 가능하다. 첫 번째 해석은 하느님의 절대적 능력이 수많은 가능성을 원하는 전체적인 능력potentia이라는 것이다. 반면 규정된 능력은 신의 의지에 대한 실제적-결과적인 선택을 성찰했다. 두 번째 해석은 규정된 능력이 관습적인 질서에 대한 하느님의 선택을 성찰했지만 그의 절대적 능력은 질서를 벗어나려고 할 때, 이러한 질서를 중지시키는 능력을 가리켰다.

권력의 합리화

부분적으로 둔스 스코투스가 재연구한 이러한 관점은 법적 근간과 특별히 교회법의 뿌리를 가졌다. 13세기 후반부터 이와 같은 구분은 교황권의 역할을 정의하는 데에도 적용되었다. 교황은 한편으로는 교회의 법을 존중해야 했지만 다른 한편으로는 절대 권력plenitudo potestatis을 누렸다. 그리고 후자 덕분에 몇 가지 법은 교회를 위해 중지될 수 있었다(교회 이성ratio ecclesiae). 수사의 헨리쿠스Henricus Hostiensis(?-1271)는 교황의 능력을 분석하기 위해 신학적인 구분을 적용한 첫 번째 인물이었다(*In Decretalium libros Commentaria*). 이것은 다음의 문제와 관련 있다. 교황은 수도승이 청빈의 구도를 포기하게 할 수 있을까? 교황 인노첸시오 3세(1160/1161-1216, 1198년부터 교황)는 이러한 유형의 행위가 교황의 권한에 속하지 않는다고 주장했던 반면에 헨리쿠스는 규정된 능력을 활용할 수 없다고 할지라도 교황이 절대 권력(과 절대적 능력)을 통해 수도원의 성격을 바꿀 수 있다고 주장했다.

교회를 위한다는 예외적인 환경의 경우 교황은 절대 권력을 사용할 권리를 가졌다. 이처럼 절대적 능력이 모든 법으로부터 자유롭다면 규정된 능력에서도 하느님은 이를 존중하고 세부적인 내용에 따라 행동하기로 결정했다.

수사의 헨리쿠스는 절대 권력을 독단적으로 사용하는 것에 대한 두려움 이외에도 절대적 능력을 순수한 논리적 가능성에서 배제하면서 이를 행위의 차원으로 전환시켰다. 이 구분은 더 이상 하느님의 동일한 능력을 의미하는 두 방식이 아니라 행동하는 두 가지 서로 다른 능력, 하나는 규칙적이고 규정된 능력을, 다른 하나는 우발적이고 예외적이며 질서에서 벗어나 있는 능력을 의미했다. 이러한 문제들과 이것이 동반하는 위험과 관련해서 오컴의 윌리엄은 교황 요한 22세(약 1245-1334, 1316년부터 교황)와의 논쟁을 통해 절대적 능력이 순수한 논리적 가능성 차원과 관련 있다는 해석을 옹호했다(『논리학 대전Summa logicae』, III). 즉 그는 하느님이 행동하기로 결정하면 오직 규정된 능력의 방식으로만 행동한다고 했다.

둔스 스코투스와 세계의 질서들

하느님의 권력과 의지

절대적 능력을 논리적인 선택의 순수한 가능성만이 아니라 마치 하느님이 행동하는 방식으로 활용하는 것은 상당히 독창적인 발상으로, 둔스 스코투스 역시 이를 수용했다. 그에게 절대적 능력은 하느님이 자신이 선택하여 실현한 특별한 질서와의 관계 속에서만 추구해야 하는, 사물들의 현재 질서와도 일치했다(규정된 능력). 하지만 하느님은 모든 행위가 우연하게 올바르고 좋은 것이고 다른 수많은 가능성 가운데 하느님이 자유롭게 선택한 질서에 필연적으로 속해야만 한다고 할지라도 다른 방식potest aliter agire으로도 행동할 수 있고 또 그렇게 행동했다(『옥스퍼드 강의록』, d. 44, *Qaest.unica*).

절대적 능력은 하느님의 특별한 개입, 즉 하느님의 법을 벗어나고extra legem, 하느님의 법을 초월하는supra legem 것으로 간주되었다. 스코투스에게 규정된 능력에 따라 행동하는 것은 법에 따라de jure 행동하는 것을 의미하는 반면에 절대적 능력으로 행동하는 것은 법으로부터 자유롭게 혹은 사실상으로de facto 행동하는 것을 가리켰다.

둔스 스코투스는 자신이 채택한 교회 언어의 사용에도 불구하고 교회의 입장에 전적으로 동의하지는 않았다. 그에 따르면 하느님은 자신의 정해진 의지에 의한 중재 없이는 절대적 능력의 세계에 직접적으로 개입하지 않았으며, 구분된 두 차원은 상호작용했다. 하느님의 절대적 능력은 구현된 의지의 실현을 중단시킬 수 있으나 규정된 능력은 (동시에) 하느님이 무질서한 방식으로 움직이지 않음을 보장했다. 절대적 능력은 창조된 법의 질서를 초월하며 다른 법적 질서를 세울 수 있었다. 따라서 잘 들여다보면 하느님의 절대적 능력은 세계에 대한 작용의 결과가 아니라 질서를 중단시키고 이를 다른 질서로 대체하는 능력이었다.

오컴의 윌리엄: 절대적 능력, 시간과 반사실

오컴의 윌리엄은 이전의 주장들과는 다른 근본적인 해석을 시도했다(*Quodlibet*, VI, q. 1 art. 1). 그에 대한 가장 권위 있는 연구자들 중 한 명인 윌리엄 코트니에 따르면 오컴은 전통적인 입장을 유지했는데, 이는 동일한 권력을 의미하는 두 방식에 근거해 구분을 시도하는 것이었다. 만약 하느님이 행동하기로 결정했다면 규정된 능력에 따라 행동해야만 했다. 신의 절대적 능력은 다르게 행동할 수 있는 능력이며, 하나의 질서를 다른 질서로 급진적이고 예상치 못하게 교체할 수 있는 능력이 아니었다. 스코투스의 입장과 관련 없는 중간 입장이 정립되었다. 최근의 연구(Ester Gelber, *It Could Have Been Otherwise*, Brill, 2004)는 사건이 발생한 시간대에 필요한 인식에 대해 오컴의 개념을 비판했다.

하느님의 절대적 능력이 하느님이 다르게 할 수도 있었다와 일치한다는 전통적인 주장은 하느님에 대한 인식의 개념과 긴밀하게 연결되어 있었다. 영원한 실재 속에서 사는 하느님은 시간의 흐름에서 발생하는 모든 사건을, 지나간 일이나 미래의 일보다는 현재적이고 현존하는 것으로 인식한다. 하느님은 사건이 현재 상태로, 다르게 발생할 수도 있다는 사실을 수용했지만 현재의 상태와는 다르게 발생할 수 없었다. 하느님의 절대적 능력은 하느님이 무언가 다른 것을 실현할 수도 있었을 것이라는 가설과 일치했으나 현존하는 것과 다른 무엇으로 만들 수 있는 능력은 아니었다.

하느님이 규정한 법은 바뀔 수 있는데, 그렇지 않다면 세계가 현 상태를 유지하는 것이 필요할 경우에 창조는 하느님의 의지의 자유로운 행사가 아닐 것이다. 오컴도 하느님이 다르게 행동할 수 있을 것이며, 하느님이 현재에 행하는 것은 수정될 수 없음을 인정했다. 하지만 미래는 열려 있기 때문에 하느님의 절대적 능력을 적용시키는 것이 가능했다. 다시 말해 모순을 포함하지 않는 모든 것을 행할 권력으로 하느님은 미래를 위해 현재 순간에 행하고 있는 것을 유지하지 않거나 중단하거나 혹은 새로운 무언가를 창조할 수 있는데, 창조된 작용자의 경우에도 마찬가지였다. 절대적 능력은 단순하게 말해 미래에 우연적이고 공개되며, 미래 자체의 우연성에 의존하는 행동 가능성이었다.

둔스 스코투스와 마찬가지로 오컴에게도 절대적 능력과 규정된 능력은 분리될 수 없었다. 하느님이 원하는 것 그 이상을 할 수 있는 능력은 오컴에게는 하느님이 미래에, 다른 정해진 체계와 교체하고 현재를 지배하는 정돈된 법 체계를 배제할 수 있음을 의미했다. 절대적 능력이 세계에 직접적으로 작동하는 것은 불가능하며, 주어진 매 순간에 기존의 질서는 그대로 남는다. 단지 우연한 미래만이 자체로, 연속된 순간에 신의 절대적 능력이 다른 법 체계를 가능하게 할 수 있는 가능성을 동반했다.

그럼에도 오컴은 본질, 지성, 의지가 하느님에게는 동일한 것이라는 사실을 주장했다. 절대적 능력과 규정된 능력은 모두 하느님의 의지에 속한 것이며, (둔스 스코투스의 주장과는 달리) 동일한 의지의 내부에 존재하는 서로 다른 두 가지 논리적인 순간에 속한 것이 아니었다. 우연성의 존재론적인 기반도 다르다. 다시 말해 스코투스에게 우연성이 하느님의 의지에 속한 것이라면 오컴의 경우에는 불명확한 미래와 관련지을 대상이었다.

가능한 세계들, 자유, 우연성

14세기에 이러한 구분은 신학적-철학적인 주제에 대한 분석 수단으로 부각되었다. 절대적 능력과 규정된 능력의 관계는 변화되었다. 이 구분은 행위의 주체(하느님)와 하느님이 선택할 능력에 대한 언급으로부터 더욱 멀어진 반면에 리미니의 그레고리우스(약 1300-1358)의 주장처럼 행위의 대상인 자연과 인간에 집중되었다(*Super I Sent.*, d. III). 절대적 능력과 규정된 능력은 사고의 진정한 경험을 구성하는 데 더욱 유익해졌으며, 이를 근거로 행위와 이들의 원인을 결속시키는 필연성에 대한, 실현된 가능성의 배경과 실현되지 않은 가능성의 구분에 대한, 진리의 가치와 발생한 자연의 사건에 대한 확신을 바꿀 수 있는 일시적인 중단에 대한 분석이 시도되었다.

구분에 대한 논제는 수도원 교단들에도 직접적인 영향을 미쳤다. 예를 들어, 도미니쿠스회의 로버트 홀코트Robert Holcot(1290-1349)는 두 가지 신의 능력에 대한 논의를 부정했으며, 프란체스코회 소속인 오컴의 윌리엄의 전통에서 멀어지면서 하느님 자체와 그의 능력을 동일한 것으로 여겼다. 홀코트에 따르면, 하느님은 오직 하나고 자기 스스로와 동일시되며 인간에 의해 두 가지 다른 방식으로 이해될 수 있는 능력을 소유했다(*Quodlibet*, I, q. 8). 14세기 전반에 옥스퍼드 대학에서 활동했던 토마스 브래드워딘

미래에 대한 논쟁

버킹엄은 이러한 구분을 미래와 과거의 완전한 불확실성을 보장할 목적으로 활용했는데, 인간이 자유롭기 때문에 미래는 수정될 수 있어야 한다는 것이 이유였다. 그는 오컴과 아담 워드햄Adam Wodeham(약 1300–1358)의 경우와 마찬가지로 토머스 브래드워딘(약 1290–1349)의 공격을 받았다. 브래드워딘은 필연성에 대한 순수하게 논리적이고 현실적인 근본 원리를 이중적으로 해석하면서, 하느님의 의지는 (이런저런 방식으로 하느님의 의지가 원하도록 논리적으로 강요하는 필연성의 전례가 없기 때문에) 자유롭다고 주장했다. 이 때문에 절대적 능력의 하느님은 인간이 원하고, 인식하고 있는 것과 다를 수 있었다. 게다가 현실적인 사건과의 관계를 고려할 경우에 하느님의 능력은 그 자신이 설정한 것과 필연적으로 관계가 있을 뿐만이 아니라 자신이 원하는 것과 다른 방식으로 원할 수 없었다. 이처럼 하느님의 의지는 자신의 인과적인 결과의 영향에서 영원히 현재적이고 규정된 능력이었으며, 또한 하느님은 자신의 의도에 대한 인식을 통해 세계를 완벽하게 알았다(*De Causa Dei contra Pelagium*, III).

인간 역시 이 개념에 적용시킬 수 있다. 필연적으로 인간은 신의 불가해성과 관련 있는 만큼, 인간의 자유는 하느님이 자신의 의지가 그렇기를 원한다는 사실에 의해 보장되었다. 다시 말해 인간이 자신의 수단과 계획을 통해 자신을 구원할 수 있다고 생각하는 것은 곧 절망에 빠져드는 것을 의미했다.

자유에 대한 이념의 쇠퇴

가능한 것과 실재하는 것의 관계에 적용되었으며, 논리적-인식론적인 수단으로 전환된 상황에서 하느님의 능력을 구분하는 철학적인 문제는 14세기 중반경에 몇 가지 흥미로운 가설로 해석되었다. 영국 도미니쿠스회 소속의 휴 로턴Hugh Lawton은 이러한 구분을 하느님이 하도록 명령하지 않은 만큼 결코 하지 않을 많은 것을 실현하는 데 충분한 능력을 갖는 것처럼 해석했다. 반면 크래토른William Crathorn(1330년경에 활동)은 고전적인 용어를 사용하지 않았다. 그는 하느님의 절대적 능력을 대신하여, 반反사실적인 가능성과 관련한 하느님의 능력을 지적했다(이러한 이유로 사물은 현재의 상태와는 다르게 진행될 수 있었다). 하느님이 자신에게 필수적이지 않은 다른 모든 것을 파괴하지 않고도 원인으로 작용하여 만들어진 모든 것을 파괴할 수 있기 때문에 하느님이 절대적으로 또 질서 있게 행동할 가능성에 대한 분석은 더 이상 핵심적인 사항이 아니었다. 오히려 자신이 창조한 세계의 일부를 바꾸면서도 이러

한 행동이 변화되지 않은 다른 부분들에 아무 변화도 일으키지 않는 하느님의 능력이 관심의 중심에 위치했다.

가능한 세계, 반사실적인 상황, 순수한 가능성, 사실적인 실재, 인간의 자유로운 행동과 미래의 불확실성 등의 주제는 세계의 확실성, 하느님의 인지성의 조건들, 사건의 규칙성과 불가해성, 신의 통찰력에 대한 것이었다. 예를 들어, 우연성의 기초가 신의 의지와 현실에 따른 것이고, 두 가지 결과와 관련한 불확실성이 같은 순간에 공존한다면 이로부터 사고의 모델과 관련해서 우리의 세계와 법이 신의 절대적인 독단을 근거로 선택된 것임을 유추할 수 있다. 하느님의 질서의 규칙성은 기적과 같은 특별한 사건의 개입에 의해 지속적으로 중단될 수 있었다. 인간은 자신의 우연성과 세계의 우연성의 전리품인 만큼, 하느님의 권력의 심판과 은혜의 불가해성에 한층 긴밀하게 관련되어 있다.

하느님의 권력에 대한 새로운 이미지

구약의 전지전능한 자와 "모든 것을 움직이는 자"(『신곡』「천국편」, I)에 이어서 하느님의 능력을 구분하는 것은 하느님의 능력의 가능한 모상들에 대한 관심을 자극했다. 대표적으로 데카르트(1596-1650)의 합리적인 기술을 통해 잘 알려진 모상들이 있다(*Resp. II Obiectiones e Medit. I*). 불안정하고 변덕스러운 하느님의 이미지는 사악하지는 않다고 할지라도 사건의 규칙성을 마음대로 바꿀 수 있으며, 또한 사물의 실재적인 존재를 중단시킬 수도 있다. 그리고 속이는 자로서의 하느님의 모상은 이성의 진실성 자체에 대한 의심을 불러일으킬 수 있다(Tullio Gregory, "Dio ingannatore e genio maligno", in *Mundana Sapientia*, 1992).

그럼에도 하느님의 두 능력을 구분하는 것에 대한 중세의 수많은 논쟁은 이 주제가 일반화될 수 없다는 것을 보여 주었다. 그 밖에도 보다 극단적인 경우들(둔스 스코투스의 이론과 특히 오컴의 이론은 해당하지 않는다)에서 자신이 창조한 세계에 대해 절대적인 자유를 행사하는 하느님의 능력은 자신이 만든 질서 체계가 아니라 하느님의 본질에 기초한 윤리 규정에 의해 보상되었다. 다시 말해 하느님의 선성은 하느님의 능력이 세계에 적용되는 것에 대한 보장이었다. 끝으로 절대적 능력과 규정된 능력의 역사는 중세의 신학적-철학적인 사상이 품었던 이미지와는 반대로 구분의 도구적인 의미에서 발전이 실재에 대한 수많은 해석에 가능한 세계들과 이들의 존재 규칙에 대한 엄격한 모상에 관한 이론적인 가설을 형성하는 데 어떻게 결정적인 역할을 했는지를 보여 주었다.

| 다음을 참고하라 |
철학 토마스 아퀴나스(389쪽); 바뇨레조의 보나벤투라(398쪽); 요하네스 둔스 스코투스의 사상(416쪽); 오컴의 윌리엄(424쪽); 인식의 문제(465쪽); 유비와 형이상학(499쪽); 중세의 윤리학 이론들(509쪽); 정치적 성찰(526쪽)

14세기의 인식과 회의론

| 키아라 셀로냐Chiara Selogna |

중세 사상의 흐름에서 다양한 형태의 회의론이 등장했는데, 고대의 회의론적인 철학에 대한 아우구스티누스의 논쟁이 대표적이다. 중세 후기의 논쟁은 특별한 주제들에 집중되었다. 인식의 대상을 지각하는 방식과 사고와 외부 세계와의 관계가 그것이다. 지식의 기반에 대한 연구는 확실함과 명백함에 대한 열띤 논쟁으로 이어졌다.

회의론의 형태들

14세기에 인식과 회의론의 관계에 대한 논쟁은 중세 철학 역사에 대한 복합적인 판단을 동반했다. 많은 학자들이 14세기를 철학적-신학적인 종합이 이루어진 이전 시대를 잇는 지적인 회의와 일반적인 의심의 시대로 정의했다. 또한 이 시대의 회의론을 이성과 신앙, 그리고 아리스토텔리즘과 그리스도교 사상의 합습을 위기로 몰아넣은 요인이라 여겼다. 그럼에도 회의론의 전통은 중세 사상의 흐름에서 다양한 시기에 등장했다. 솔즈베리의 요하네스John of Salisbury(1110-1180)의 12세기는 아카데미아파적인 개연론을 추종했고, 그 이전에 아우구스티누스는 회의론의 중심이었으며, 중세의 사상가들은 키케로로부터 고대 회의론의 이론들을 유추했다(스켑티쿠스scéptĭcus, 즉 회의학파는 1430년대 이전에는 등장하지 않았으며, 그 이전에는 아카데미쿠스académĭcus란 용어가 사용되었다).

중세의 사상가들 중에는 급진적이고 교의적인 회의론을 찾아볼 수 없었다. 반면에 인식의 모든 가능성 차원에서 비평적인 회의론 형태가 등장했으며, 이로부터 인간 인식의 가능성과 제한, 그리고 기초와 가능한 개념의 문제에 대한 논쟁이 시작되었다. 이러한 맥락에서 지속적인 분석을 위한 공개적인 연구가 추진되었다. 몇 명의

비평적 회의론

학자에 따르면 이것은 진정한 회의론 형태보다는 지적인 절제의 형태에 해당했다. 같은 시기에 회의론적인 의심의 비평적인 형태는 이성을 절대적인 것으로 간주하려는 모든 시도와 실재와 진리에 대한 결정적이고 이해 가능한 것처럼 간주된 형이상학적인 모든 사고를 제한했다.

14세기 초반의 인식과 관점의 문제들

14세기의 철학적 성찰이 갖는 특징적인 요인은 현실의 우연적인 성격과 개체적인 불완전성을 통해 고려된 인간의 임무에 대한 관심이었다. 인식은 보편적이고 필요한 진리로 제한된 것이 아니라 특별하고 우연한 실재에 대한 집중적인 고찰을 대상으로 했다. 이를 배경으로 둔스 스코투스가 직관적 인식과 추상적 인식을 구분한 것은 분명 의미 있었다. 즉 인식을 분리해서 생각하는 것은 개체적인 존재를 통해서 현실적 실존(직관적 인식)을 통해 실재를 이해할 수 있게 해 주면서도 다른 인식 체계를 통해 보편적인 개념(추상적 인식)에 도달할 수 있었다. 13세기에 아리스토텔레스적인 존재론 전통의 전형, 즉 질료로부터 보편적인 형상을 추출하는 이론 이외에도 둔스 스코투스는 감각적인 경험의 가치와 신플라톤주의, 아우구스티누스 사상의 복원에 대한 프란체스코회 철학자들의 성찰이라는 맥락에서 직접적이고 즉각적인 접촉을 허용한 인식 형태를 강조했다.

직관적 인식과 추상적 인식의 구분은 아우리올의 페트루스(약 1280-약 1322), 오컴의 윌리엄(약 1280-1349), 월터 채톤Walter Chatton(약 1285-1343), 아담 워드햄(약 1300-1358) 등 인식의 관점에 대한 문제를 해결하려고 노력했던 논쟁의 주역들인 14세기의 철학자들에 의해 다시 언급되면서 비판되고 수정되었다. 첫 번째 기본적인 문제는 인식의 주체와 대상 사이에 형성된 관계와 관련 있었다. 우선 (만약) 대상이 인식의 주체에 의해 수동적으로 인식되거나 감각적인 인식 속에서 몇 가지 활동 형태를 영혼에 부여하는 것이고, 이후에는 사고 속에서 인식 대상의 형상을 재생할 필요가 있는 것 또는 모든 중재의 개입을 피하는 것이었다.

인식의 주체와 대상의 관계

주체와 대상의 관계를 이해하려는 인식 과정에서 중재 요인의 존재가 필요한가를 이해하기 위한 노력은 불가피하게도 궁극적인 불확실성을 동반했는데, 이는 중세 후기의 저자들이 이미 인식했던 대상이 무엇이며, 그 존재론적인 규칙이 무엇인가 하는 것이었다. 아우리올의 페트루스와 오컴은 인식 대상을 실제적인 대상의 복제, 복제로 간주하는 것을 배제하려는 의지를 가진다고 봤다. 페트루스에 따르면, 사물은 인식되었을 경우 지향적이고 명료한 존재를 획득하며(명료한 존재esse apparens, 객관적 존재esse obiective), 이러한 이유로 실재적 존재자와 관련해 다른 무엇이 되는 것이 아니라 인식된 존재 속에서 동일한 것이 되었다(예를 들면, 이를 재현하는 이미지). 보편적인 개념에 그의 부류들sui generis을 재현하는 조건을 부여하려는 경향을 드러낸 첫 번째 이론이 월터 채톤에 의해 비판된 이후 오컴의 윌리엄은 인식된 대상, 즉 개념이 어떤 방식으로든 감각상과 유사하지 않다는 이론을 정립했다. 그리고 인식된 대상은 스스로 다른 대상에 전달하는 능력을 통해서나 사고의 명제 내부에서 표시에 해당하는 실제 사물에 즉각적으로 전달되는 것(표상 없이sine notitia)을 통해 자신의 핵심적인 특성을 표현하는 언어적인 표식처럼 이해되었다. 개념들은 사물에 대해 언급하는 정신적인 언어와 정신적인 행위 그 자체의 용어였다. 정신과 실재를 엮어 주는 즉각적이고 자연적인 과정에서 오컴의 면도날rasoio di Ockham은 재현하는 성격의 중재 요인을 결코 인정하지 않았다.

속기 쉬운 경험들

주체가 외적인 실재를 인식하는 주요 수단이나 감각은 특별한 관점에 의해 논쟁 대상으로 등장했다. 문제는 감각이 인식에 대한 확실한 증언처럼 간주될 수 있는가를 평가하는 것이었는데, 감각은 그만큼 인식에 대한 모든 연구의 초기 단계에 해당했다. 모든 형태의 회의론, 상대주의, 주관론에 빠져들 가능성은 지금 언급하는 저자들이 실재에 대한 확실한 보장을 제공했어야 하며, 동시에 감각이 속인다는 사실, 기만하는 경험, 감각의 착각과 실수들을 증언하는 경험을 주목했어야 할 자신들의 인식 이론을 평가하는 척도가 되었다.

이러한 유형의 경험이 어떻게 다른 방식으로 해석되었는지를 관찰하는 것은 의미가 크다. 아우리올의 페트루스는 인식 대상의 특별한 성격인 지향적인 존재를 증명하기 위해, 그리고 실재하는 대상에 대한 직관(직관적 인식)이 대상의 실제적인 현존(명료한 인식notitia evidens)을 초월한다는 사실을 강조하기 위해 노력했다. 반면 오컴(과 부분적으로 아담 워드햄)의 경우 지각된 착각의 경험은 잘못된 판단, 특별히 올바르지 않은 논리적 추론 때문이며, 지성이 잘못 발생한 일들에 개입하지 못하게 했다. 종종 표상화는 (채톤의 경우에서 보듯이) 감각의 착각에 대한 원인으로 여겨졌다.

이러한 저자들은 아우구스티누스가 쓴 저술들, 특히 『삼위일체론』에서 드러난 속임, 착각, 실수를 지적했을 뿐만 아니라 (아우구스티누스의 경우처럼) 감지된 실수, 다시 말해 감각에 의한 속임수를 증명하기 위해서가 아니라 감각적인 직관의 정상적인 과정에서 명백하게 드러나지 않는 (감각에 새겨진 상의 존재, 인식된 대상의 본성, 표상 작용과 같은) 관점을 구체적으로 드러내기 위해 사용했다.

지식의 근본에 대한 논쟁들

위에서 지적한 문제들에서 알 수 있듯 인식에 대한 고찰은 14세기에 몇몇 기본 경향을 드러냈다. 가장 먼저 인식을 단순화하고 이를 구성 요인으로 전환하려는 급진적인 시도 차원에서 형태와 특성을 재정의하는 것이었다. 인식하는 것의 주체와 대상의 직접적인 접촉을 가능하게 하기 위함이었다. 개체성과 우연성에서 구체적인 존재자를 강조하고 물질적이고 개별적인 대상이 개념적인 중재 혹은 (인식)상을 통해 per speciem 인식되고 이해되게 하려는 것이다. 인식의 모든 중재적인 형태는 인식 행위와 실제 대상 사이의 관계 가능한 중단, 즉 끝없는 사고 행위로 환원하는 문제를 제기하여 회의론적인 결론의 가능성으로 이해되었다. 이러한 유형은 특히 오캄을 통해 자연스러운 방식 또는 신의 직접적인 개입으로 성립되고 유지된 시각에 대한 직관적 인식과 관련해서 발생한 논쟁들에 의해 배양되었다(이 경우에 핵심은 하느님이 규정된 능력과는 구분되는 절대적 능력으로 행동할 가능성이었다). 그럼에도 비존재에 대한 인식의 문제는 두 가지 다른 차원에서 전개되었다. 하나는 존재하지 않는 무언가를 존재하는 것으로 인식할 가능성이고, 다른 하나는 존재하지 않는 것에 대한 판단을 표명하는 것이었다.

인식 과정의 형태와 특징

급진적인 회의론 형태로 전락할 위험에 직면하자 지식 체계를 구축하는 데 기반이 되는 근간이 모색되었다. 이에 따라 논리학 기반의 확실한 기준 외에도 다른 확실한 기준을 마련할 필연성이 제기되었다. 인식 대상이 더 이상 연역된 주제만이 아니라 시간과 구체적인 공간에 존재하는 것이기 때문이었다. 아리스토텔레스의 논리학을 사용하는 것은 아리스토텔레스와는 무관한 다른 논리학 형태(신앙 논리학logica fidei)에 대한 연구를 통해 신학 영역에서 논의되었다. 둔스 스코투스와 그의 철학을 계승한 다른 인물들의 성찰에서 출발해 학문적 접근에 의한 신학이 불가능하다는 판단이 내려졌으며, 신학이 철학으로부터 독립되고 자신의 고유한 독자성을 확보할 수 있게 해 주고 고유한 존재론적 기반을 재확립할 수 있게 하는 새로운 합리성 모델이 제안되었다.

학문적 차원의 인식에 있어서도 지식 유형의 언어적-명제적인 특성을 급진적으로 강조하는 맥락에서 논리적-인식적인 구조의 현실 수용 문제가 심도 있게 연구되었다. 학문의 직접적인 대상을 명제complexum로 간주하는 오컴의 견해에서 출발해 14세기 전반에는 영국과 프랑스에서 (언어와 외적인 실재의 관계를 밝히려는 의도에 따라) 학문적인 인식 대상에 대한 철학적 논쟁들이 본격화되었다. 오컴과 로버트 홀코트(1290-1349) 같은 철학자들은 학문의 대상을 명제 또는 일반적으로 인식을 형성하는 언어-사고의 구조와 동일시했다. 어떤 철학자들은 이를 영혼 바깥에 있는 실재extra animam와 동일시했으며, 채톤 같은 실재주의적인 이론을 제시했다. 또한 아담 워드햄과 특히 리미니의 그레고리우스(약 1300-1358) 등의 철학자들은 학문의 대상을 (명제만이 아니라 외부 세계와 구분하는) 명제가 의미하는 대상(복합적인 의미 지시 가능 대상complexe significabile)과 동일시하면서 실재주의와 명제주의의 중간적인 방법을 찾으려고 노력했다.

언어를 통한 인식

명료함과 확실성은 14세기 철학의 핵심적인 문제로 등장했으며, 인식 이론에 의해 동반된 변화와 학문 영역에서의 변화에 앞서 사상, 언어, 실재의 관계를 확실하게 하려는 노력은 명백한 인식의 핵심적인 출처와 관련해 감각과 특히 직관을 형성하며 경험적인 인식에 한층 더 큰 가치를 부여했다.

오트르쿠르의 니콜라우스

이러한 노력은 아우리올의 페트루스와 오트르쿠르의 니콜라우스Nicolaus de Ultricuria(약 1300-약 1350)의 경우에 해당했다. 이들에게 분명하고 명백한 경험의 배경은 감각이 매우 명확한 것(충만한 빛 속에 명료함apparere in pleno lumine 또는 충분히 명료한 것apparentia plena)을 수용함으로써 형성되었다. 오트르쿠르의 니콜라우스 같은 사상가에게서 이를 발견하는 것은 상당한 의미가 있다. 이러한 관점은 아리스토텔레스-토마스 아퀴나스의 형이상학의 기본 원리들, 예를 들어 원인, 실체, 목적성의 원리에 대한 비판 때문에 오랫동안 마치 역사 연구에 의해 중세 후기의 회의론을 대변하는 것처럼 해석되었다. 니콜라우스는 명백한 인식의 영역을 다섯 가지 감각의 직접적인 경험, 비모순성의 논리적인 원리와 논리적인 원리로 되돌릴 수 있는 명제로 축소했다. 예를 들어, 원인과 결과의 관계가 어떻게 분석적인 관점을 나타내지 않는지, 어떻게 감각적 경험에 의해 주어진 자료처럼 주어지지 않는지를 강조했다. 다시 말하면 추측적인 습성habitus conjecturativus을 형성한 덕분에 보다 많은 사실의 결속만 인정했다.

외적 사실들이 인정된 것은 오직 현실에서 존재하는 것처럼 보였기 때문이며, 이들이 그렇게 보이는 것은 외적인 실재에 대한 판단을 공식화할 수 있게 해 주었다. 니콜라우스는 외형, 진리, 확실한 것 사이의 강력한 관계를 강조하면서 외관상 보이는 것과 감각적 인식을 동일한 차원으로 여겼으며, 또 대상을 마치 외부 세계에 실제로 존재하는 것처럼 인식하게 해 주는 기능을 감각적 인식에 부여했다.

| 다음을 참고하라 |
철학 요하네스 둔스 스코투스의 사상(416쪽); 오컴의 윌리엄(424쪽); 에크하르트와 라인 강 신비주의(442쪽); 영혼(457쪽); 인식의 문제(465쪽)

유비와 형이상학

| 루이지 스피넬리Luigi Spinelli |

유비라는 용어는 일반적으로 특정한 관점을 공유하는 보다 많은 것들 사이의 관계를 지시했다. 이는 반드시 일관적이지는 않으나 이들의 다양한 용도를 구분할 수 있었다. 그럼에도 다양한 용도는 인간과 사물의 존재, 이들의 궁극적인 원리 사이에 존재하는 관계를 일률적으로 해석하는 다양한 방식의 거울에 해당했다. 두 가지 고전적인 개념인 비례의 유비와 의속적 유비를 비교하는 것과 관련하여 중세 사상의 흐름 속에는 이들의 관계를 이해하는 다양한 방식이 아우구스티누스, 토마스 아퀴나스, 강의 헨리쿠스, 둔스 스코투스, 끝으로 오컴의 윌리엄과 같은 철학자들의 업적을 통해 드러났다.

비례(성)의 유비

유비類比, analogia라는 용어의 고유한 본래의 의미는 관계들 간의 동등성을 가리키는 만큼, 비례를 가리킨다. a/b = c/d. 이 공식은 수학적 사고, 특히 유클리드(기원전 3세기)로부터 기원했으며, 비례성proporzionalità의 유비로 불렸다. 플라톤(기원전 428/427-기원전 약 348/347)은 이미 『티마이오스』에서 비례성의 유비와 우주 기원(생성)의 요인들(흙, 물, 공기, 불) 사이에 존재하는 관계에 대해 강조한 바 있었다. 실제로 이념과의 관계와 감각적인 세계와의 관계에서 수학적인 존재자들이 가지는 중간적인 입장은 모든 실재에 공통적인 성격을 부여하기에, 비례가 가지는 통합 능력은 몇 개의 정통적인 방식으로 드러났다. 아리스토텔레스 역시 관계의 동등성 차원에서 이를 언급한 바 있었다. 아리스토텔레스가 『윤리학』에서 유일한 원인이나 유일한 목적에 대한 귀속과 관련해 명백하게 다른 방식으로 유비를 고려했다면 『형이상학』에서는 이를테면 존재의 단일성과 관련해 한층 체계적인 방식으로 비례의 문제를 다루었다고 할 수 있다. 이러한 방식으로 유비의 단위는 유 또는 범주의 단일성 이외에도 최고 수준의 추상적 사변과 보편성을 구성했으며, 궁극적으로는 모든 열등한 단계를 전제하고 동시에 함축했다. 또한 아리스토텔레스는 『형이상학』에서, 특히 가능태와 현실태現實態의 원리와 관련해 비례적인 추론의 통일적인 기능에 대해서도 언급했다.

비례의 유비와 중세 전통

또다시 아리스토텔레스로부터

『형이상학』 제4권에서 아리스토텔레스는 존재가 많은 의미로 언급될 수 있지만 언급된 모든 것은 하나의 원리를 따른다고 주장했다. 다시 말해 어떤 것이 '존재들'로 불린다면 그것은 이들이 실체기 때문이며, 다른 사물들은 실체의 (작용받은) 상태 때문이라는 것이다. 다른 것들 또한 실체로 이끄는 방법이기 때문에 존재라고 불린다. 엔리코 베르티의 사례에 따르면, 아리스토텔레스는 유비를 언급한 것이 아니라 비례의 의미로 사용하면서 상대적인 동음이의어omonimia relativa를 의도했다. 그럼에도 그는 묘사 차원에서도 중세 전통의 중요한 출처로 남았다. 실제로 스콜라 철학은 독창적인 이론을 발전시켰는데, 이에 따르면 유비는 관계의 유사성이 아니라 일의성과 다의성의 중간적 의미를 가졌다. 일의적이라는 것은 이 용어가 동일한 종이나 정의(본질)에 속하는 모든 유사한 것의 실재를 언급할 때 사용되었다. 예를 들어, '인간'은 합리적인 동물인 모든 존재의 경우에 사용될 수 있다. 그러므로 소크라테스에 대해 일의적으로 서술된다. 반대로 다의적이라는 표현은 서로 상당히 다른 실재의 경우에 적용되는 용어였다. 일례로 '개'는 동물과 별자리를 가리킬 수 있다.

이러한 맥락에서 유비라는 용어는 일의성의 경우처럼 실재에 근거한 상관관계나 또는 관계를 가리켰다. (언급하는 방식들에도 불구하고) 다의성의 경우에서 알 수 있듯, 직접적으로 유일 개념이나 정의(본질)에 기인하는 것이 아니라는 것을 말할 수 있다. 형용사인 '건강한'은 다양한 많은 것을 정확하게 수식할 수 있다. 동물의 몸, 살과 뼈를 지닌 개인, 피부색이나 소변 같은 구체적인 증상, 건강의 원인인 만큼 다양한 명칭으로 불리는 음식이나 약품 등.

의미들의 위계

의속적 유비 또는 비례의 유비에 있어 상호 관계는 하나의 단일 의미와 비교해 수많은 의미에 대한 실질적인 의존성을 가리키는데, 이것이 하나에로의 질서ordo ad unum로, 핵심적인 유형principale–파생derivati된 의미의 유형에서 기원하는 모델을 따른다. 예를 들어 '건강한'은 주로 동물을 가리키는 것이며, 부차적인 의미에서는 동일한 주체와 다른 사물들의 실제적인 관계를 지칭했다. 보다 일반적인 의미에서 존재는 직접적으로 실체를, 그 다음으로 다른 범주들을 가리켰다. 존재는 지성이 직관할 수 있는 한층 포괄적인 개념으로 실체의 존재는 우유의 존재를 포함하는 만큼 모든 유형을 내포하는 것으로 확대 적용될 수 있기 때문이다.

존재의 핵심

그럼에도 의속attribuzióne은 토마스 아퀴나스의 (후에 둔스 스코투스와 오컴의 윌리엄이 비판한) 독창적인 사상에 따르면 상대적 동음이의어의 논리학-존재론적인 차원, 즉 주체와 그 주체의 (작용) 상태 사이의 변화 가능한 관계에서 가치 있을 뿐만 아니라 형이상학적으로도 실체, 다시 말해 존재의 필수적이고 형식적인 핵심의 일의성에 우선했다. 아리스토텔레스의 기호론에서는 일의성이 (본질의 정의에서는 본질에 대한 언급의 학술적인 확실성과 객관성을 보장하는 것을 고려할 때) 폭넓은 결과 중에서 선택된 것이다. 실제로 두 측면은 주체가 진정으로 실재하는 개체의 본질일 경우 합쳐진 것과 동일한 사물로 구분된 것이지, 술어들에 대한 개요적인 그 무엇을 반영하는 것은 아니었다.

다른 방안: 아우구스티누스와 삼위일체의 패러다임

플라톤과 아리스토텔레스의 전통이 유비에 대한 중세의 성찰을 대표하는 유일한 사례는 아니다. 이러한 의미에서 히포의 아우구스티누스(354-430)는 결정적인 전환을 의미했는데, 유비의 주제가 그리스도교 신앙의 새로움과 운명적으로 결합되었기 때문이다. 유비는 실체의 문제와 그 자체로 항상 동일한 우주에서 하나-다수의 관계에 국한된 것은 아니었으며, 수학적 공식으로 해결될 수 있는 것도 아니었다. 아우구스티누스가 등장하면서 사상 자체가 유비적이었으며, 유비는 사상의 리듬과 호흡이었다.

기억, 지성, 의지 인간을 포함한 창조된 모든 것이 본질적으로는 신적인 위격 사이에 자립하는 관계에 대한 비례적인 성찰이라는 사상에서 출발하는 아우구스티누스의 유비는 다양한 차원 사이의 상호적인 소환과 연기延期의 망을 통해 종종 구체적인 여정을 기술할 수 있는 강력한 도구strumento di ricerca처럼 기능하는 듯이 보였다. 다시 말하자면 (신을 인식할 수 있게 해 주는) 척도mensura, 숫자numerus, 무게pondus에 따라 현명하게 만들어진 자연의 현실, 주체가 기억memoria, 지성intelletto, 의지volontà 사이의 관계를 구성하는 내적인 차원, 끝으로 하느님이 성부, 성자, 성령과 함께 또는 정신mens, 지식notitia, 사랑amor과 함께 드러나는 만큼 다양성과 관계 자체가 통일된 명칭으로 충분한 권리를 누리는 초월적인 차원이 그것이다.

인간의 사고하고 말하는 방식의 차이에도 불구하고 사고하고 존재하고 유사함을 원하는 인간의 방식을 인정하는 것은, 다시 말하면 신이 인간을 사랑하고 인간이 진리를 찾을 수 있도록 해 준다는 것이다. 하느님의 말씀verbo에 대한 성찰로 드러나는 실재는 인간에게 자기 자신에 대해 생각하고 자신이 하느님의 사고와 맺고 있는 관계를 인식할 수 있게 했다. 인간은 자신이 질서의 일부라는 사실과 모든 것을 알 수 없으며 그 과정에서 불행의 고통을 경험하게 된다는 초월적인 의미를 알게 되었다.

따라서 우리는 유비에 대한 아우구스티누스의 구체적인 공식formula을 모색하기보다는 (지속성의 해법이 있는 것은 아니지만) 설정된 사고를 하는 과정에서 유비를 수용해야 한다. 그리고 실재와 실재의 근본적인 원리에 대한 인식을 시도했다. 아우구스티누스는 『고백록』 제10권에서 대표적인 증거를 제시했는데, "나의 질문은 나의 지향(으로 제기된 것)이고, 그들의 대답은 그들의 종種이었다Interrogatio mea intentio mea et responsio eorum species eorum"다. 이렇게 해서 이들은 각각 합리적이고 스스럼없는 순간과 주체의 인식적이고 감각적인 활동과 관계했다. 한편 창조된 모든 것(피조물)은 어떤 측면에서는 비언어적임에도 그들의 본성을 표시로 드러내는 차원에서 이들의

두 세계의 대화 아름다움bellezza과의 관계에서는 언어parole가 하느님의 로고스logos인 만큼 섭리적인 구도에 부합했다. 이러한 내용은 두 권의 유비analogia dei due libri, 즉 평범한 모두가 접할 수 있는 자연에 대한 책과 전문적인 지식을 갖춘 자들을 위한 계시에 대한 책에

서 폭넓게 기술되었다. 중세의 그리스도교 문명 자체에 대한 근본적인 이미지는 이후의 시대에도 지속된다.

아우구스티누스의 유산과 다른 전통들

요하네스 스코투스 에리우게나

수도원의 전통은 보에티우스, 플로티노스, 포르피리오스의 저술, 설교와 신의 이름들에 대한 고찰과 더불어 요하네스 스코투스 에리우게나의 사상을 통해 걸러진 위디오니시우스 아레오파기테스의 신플라톤주의에 대한 심오한 연구를 동반하면서 아우구스티누스의 가르침을 철저하게 해석하고 발전시켰다. 아우구스티누스의 유비에 대한 패러다임은 중세적 범汎표시 작용pansemiosi, 즉 요하네스 스코투스 에리우게나가 주장했듯 비물질적이고 관념적인 무엇을 의미하지 않는, 가시적이고 물질적인 것은 존재하지 않는다는 해석에 근거하는 것처럼 보인다. 아우구스티누스의 모델은 보다 모호하고 무차별적으로 사용되었는데, 이 때문에 창조된 실재는 비례 그 자체의 구성 요인을 대변하기보다는 관심과 적절한 인식의 가치로 여겨지는 하느님의 보편적인 출현인 하느님의 희미한 암호를 해체하는 것 같았다.

역설적이지만 아우구스티누스 모델의 위기를 보여 주는 신호는 이 모델이 어떻게 작동하는지를 분명하게 설명한 캔터베리의 안셀무스(1033-1109)에게서 찾아볼 수 있다. 엄격한 방식으로 실재의 다양한 수준 사이에 존재하는 유비적 연기延期를 지속적으로 추적하려는 시도, 즉 『프로슬로기온Proslogion』에서 하느님의 존재에 대한 유명한 증명으로 드러난 시도를 통하여 안셀무스는 아우구스티누스의 성찰에서 벗어나 독자적인 방식으로 해석될 수 있는 관념적-형식적인 정의에 도달했다. 하지만 이러한 합리화는 활력적인 맥락에서 벗어난 채 아리스토텔레스적인 방식의 분석적인 정확성과 간결한 비교를 통해 극복되었다.

신학 논쟁

이러한 사실은 11-12세기에 격렬한 신학 논쟁이 재개되면서 요하네스 페캄, 투르의 베렌가리우스, 안셀무스의 스승인 파비아의 란프랑쿠스, 그리고 보편적인 개념의 문제들에서 논리학-형이상학적인 성찰(아벨라르, 로스켈리누스, 랭의 안셀무스, 샹포의 기욤)을 통해 명백하게 드러났다. 특히 아벨라르는 아리스토텔레스의 모델에 근거해, 자신의 신학 저술들을 통해 삼위일체의 문제에 대한 강력하고 치밀한 재고의 필요성을 제기했다. 이러한 흐름은 아리스토텔레스의 저술이 서양의 라틴 세계에 의해 온전하게 수용되었을 당시에 아리스토텔레스를 추종하는 13세기 사상들과의 타협을 의미하는 것처럼 보였다.

토마스 아퀴나스와 존재의 유비

그리스-아랍 학자들의 번역과 주석 작업 덕분에 아리스토텔레스의 저술들이 확산되자 존재의 유비analogia entis에 대한 철학적-신학적인 연구가 다시 한 번 변화되었다. 알베르투스 마그누스가 기호론적인 주제와 관련해 유비를 연구했던 반면에 토마스 아퀴나스는 보에티우스(약 480-525?)의 『삼위일체론』에 대한 비평적인 고찰과 무관하지 않은 아리스토텔레스에 대한 직접적인 판독을 통해 문제에 대한 확실한 이해에 도달했다. 토마스 아퀴나스는 아우구스티누스의 삼위일체 모델과 신플라톤주의적인 유출설과의 관계를 차단하면서 실체의 문제를 유비에 대한 성찰의 핵심적인 내용으로 판단했다.

하느님의 존재는 그 무엇에도 유비되지 않는다

토마스 아퀴나스는 하느님은 오직 그가 행한 결과에 의해서만 인식될 수 있기에 그 원인의 능력을 통해서는 첫 번째 원리의 무한 거리로 인해 비례(균형)가 주어지지 않으며, 그의 본질essenza보다는 그의 존재esistenza를 향해 명시적으로 소급된다(*In De Trin*, q. 1, a. 1)고 했다. 지상의 인간은 그것으로부터 존재를 추론해 낼 하느님에 대한 어떤 결정적 개념도 포착할 수 없으며, 존재론적인 증명을 위한 그 어떤 여지도 존재하지 않는다. 삼위일체도 이것이 각각의 신적인 위격으로가 아니라 일신론적으로 이해된 하느님에 대한 것인 만큼, 능동인 그 자체로부터 시작해서는 수용될 수 없다. "따라서 창조된 모든 실체에는 삼위일체의 일부를 찾아볼 수 있지만 삼위일체가 하느님에게서도 차지하고 있는 그 무엇으로 결론지어지지는 않는다. 다만 사고적 고찰의 관점에서만 그럴 뿐이다"(*In De Trin*, q. 1, a. 4). 삼위일체의 구성 요인을 구분하는 것은 논리적으로는 가능하지만 이것으로는 충분하지 않은데, 삼위일체가 아우구스티누스의 전통에서 그렇듯이 실재의 개념으로 수용되기 때문이다. 물론 삼위일체의 실제성을 증명하는 것으로 충분하다. 이러한 의미에서 신앙의 행위는 본질적이고 독창적이지만 합리화 그 자체와는 무관하다.

이것은 야심찬 계획이었다. 이러한 구도에서 아우구스티누스의 모델이 가진 난점들, 즉 철학적 종합과 결속에 대한 선택적인 사례와 같은 아리스토텔레스의 사상이 확산되면서 드러난 난점들에 대한 토마스 아퀴나스의 대안은 삼위일체적인 관계를 실체의 형이상학에 대한 유비의 파급 효과로 대체하면서 구체화되었다. 존재의 유비는 신의 이름 그 자체의 이용을 규정하며, 이 때문에 성서 해석이 합리화되고 엄격해지고 또한 자연에 대한 인식의 기초를 확보했다.

토마스 아퀴나스는 『신학대전』에서 하느님과 그의 창조물에게 일의적인 명칭을 부여하는 것이 어떻게 불가능한가를 언급했다. 그는 자연의 경우에 본질과는 분리된 완전성을 지적했는데, 예를 들어 인간은 지혜롭지 않더라도 인간이지만 하느님에게는 동일한 적용이 가능하지 않다. 하느님이 갖는 절대적 단순성 때문이다. 게다가 다의적인 서술을 가설로 설정하는 것은 불가능한데, 그렇지 않다면 그 어떤 신학도 가능하지 않다. 따라서 신학은 하느님과 그가 창조한 것들의 완전성을 확인하기 위해 존재의 유비 방식으로 설명해야 했다. "즉 하느님과 창조물의 관계는 이들이 원인과 결과인 만큼 하느님에게는 모든 사물들의 완전성이 최고의 방식으로 이미 존재한다. 이러한 공유의 방식은 순수한 다의성과 단순한 단일성 사이에 위치한다"(*I pars*, q 13, a 5). 『신학대전』

따라서 의속attribuzione은 신학적인 의미에서 명백한 초월적(선험적)인 활용에 따라 작동했다. 그 이유는 이것이 모든 존재론적인 구분을 초월해 존재자 그 자체로서의 존재자를 획득하기 때문이다. 그러므로 자연 신학은 학문으로써 하느님에 대한 결정적인 개념을 가지고 있지 못함에도 가능한 모든 최고의 완전성(일성, 진성, 선성 등)이 집중되어 있는 최고의 존재자며, 신앙의 합리적인 전제와 같은 많은 진리를 포함하고 있기 때문에 아리스토텔레스의 형이상학처럼 제1학문으로 꼽혔다. 다른 모든 종속적 학문은 이러한 관계의 세부 사항에 불과할 뿐이었으며 이런저런 관점에서 신학을 보필했다.

이렇게 해서 토마스 아퀴나스는 한편으로는 범신론에 빠져들 가능성을 벗어났으며, 다른 한편으로는 중세 전 기간에 걸쳐 매우 빈번했던, 그것에 의해 (무엇이) 존재하는 것quo est과 존재하는 그것quod의 구분과 존재의 형상forma essendi에 대한 보에티우스의 신학을 일부 수정했다. 실제로 존재는 아무런 결정적인 형상을 전달하지 못했지만 자신의 내부에 하느님의 무한한 단순성에 비해 첫 번째 차이를 구성했다. 따라서 창조된 존재자는 이와는 반대로 합성되어 있을 뿐이었다. 이러한 제한적인 경우를 전형적인 유비의 양극성에 적용함으로써 토마스 아퀴나스는 자연에서는 본질과 존재가 상이하지만, 하느님에게는 이러한 원리가 완전히 동일하다는 이론을 발전시켰다. 존재하는 것은 존재 그 자체가 아니지만(차이), 인과성 또는 참여를 통해 인간에게 본질과 존재는 일치하지 않는다

존재를 부여받았다(유사성).

창조된 존재자는 본질과 존재로 구성되며, 존재하는 자Colui che è(「탈출기」, 나는 존재하는 존재다Ego sum qui sum)보다 끝없이 약한 단일성을 대변한다. 게다가 존재는 건강sano이라는 용어처럼 (최초의 절대자에게 그러하듯이) 항상 하느님에게 되돌아갈 수 있다. 하느님을 순수 현실태Atto puro로 인식하는 것과 관련해 이 이론은 궁극적으로 역동적인 가치를 가지는데, 이로써 존재자는 가능태와 현실태의 합성이 되었다.

둔스 스코투스, 오컴의 윌리엄, 그리고 존재의 단일성

토마스 아퀴나스의 입장은 절대적 카리스마에도 당대인들에게 크게 환영받지 못했을 뿐만 아니라 큰 저항에 직면했다. 그의 이론은 후에 공식적인 것이 되지만 도미니쿠스회에서는 로버트 킬워드비(?-1279)와 포르키아노의 두란두스(약 1275-약 1332)의 경우에서 보듯 중요한 입장 차이를 표방했다.

강의 헨리쿠스 반면 세속 신분의 철학자들은 보다 독창적인 해결 방안들 중에서 강의 헨리쿠스(약 1217-1293)의 견해를 추종했는데, 그는 아리스토텔레스의 성향에 동조하면서 아우구스티누스의 전통을 회복하려는 의도를 드러냈다. 존재의 일의성과 관련해서도 (그리고 일성unum, 선성bonum 등과 같은 다른 핵심적인 용어들과 관련해), 이러한 서술들이 유비적 방식으로 언급되었지만 통일성은 지성의 활동에 의존한다고 주장했다. 이렇게 해서 헨리쿠스는 토마스 아퀴나스의 실재주의를 거부하고 존재자ens의 이중적인 개념이 존재하는데, 하나는 하느님에 대한 것이고 다른 하나는 창조된 것들에 대한 것이라고 주장했다(*Summa Quaest. Ord.*, 24, *quaest*. 6). 우리의 지성은 그들의 유사성을 고려하면서 우선 이들을 구분하지 않고 일의적인 방식으로 혼란스럽게 수용했다. 따라서 기술적인 측면의 이면에서 제1개념의 서술 가능성(초월 범주) 인식의 행위와 주체의 의지에 근거할 수 있는 방안이 모색되었는데, 아우구스티누스에게서 영감을 받은 개념이었다.

둔스 스코투스 둔스 스코투스(1265-1308)가 신학의 학문성과 형이상학의 대상에 대한 문제를 제기한 것은 주의설主意說과 이중성에 대한 반발이기도 했다. 그의 이론에서 존재의 유비적인 개념을 위한 여지는 없었다. 그에게 형이상학의 주체와 지성의 궁극적인 대상은 일의적인 것이지 유비적인 것이 아니었다. 이에 근거해 스코투스는 중립성, 즉 보편성은 물론 개체성과 관련해 ('그럼에도 말은 말일 뿐이다equinitas est equinitas tantum'를 포함하는) 존재의 무차별성에 대한 아비케나의 견해를 재인용했다. 이러한 방식으로 인간은 우연성 차원과 감성적 인식 차원으로부터 존재에 대한 (본질과 존재를 구분한 토마스 아퀴나스의 판단에 의해 대변되지 않고 유한finito과 무한infinito의 방식으로 대변되는) 보다 일반적인 결정으로까지 거슬러 올라갈 수 있다. 하느님의 존재에 대한 개념은 특정한 규정성을 지닌 개념과는 다른 것이며, 그 자체로 중립적이지만 공식적으로는 두 경우 모두에 포함되며 일의적인 것이었다(*Op. Ox.* I, d. 3, q. 2, a. 4).

다시 말해 모든 결과에 공통적인 개념이 필요한 반면에 서로 다른 개념 사이의 근접성 또는 유사함rassomiglianza으로 여겨진 유비는 공식적이고 개념적으로 확고한 통일성을 보장하지 않는다. 이러한 사실을 전제하지 않은 아리스토텔레스의 주장으로는 어떤 학문도 그 어떤 형이상학, 다시 말해 초월적인 제1원리에 대한 그 어떤 인식도 상상할 수 없었다. 상당히 유사한 두 개념도 이상의 사실로 인해 단일 개념을 구성하지 않기 때문이다.

한편 존재의 유비적 통일성을 배제할 경우에 신학이 사색적인 학문, 예를 들면 합리적-증명적인 방식으로 진리 또는 신앙의 지칭을 획득할 수 있는 지식으로 발전할 수 있게 해 주는 대상은 성립하지 않았다. 고대 철학자들의 경우에서 보듯이 형이상학은 필연적이고 무한한 제1원리의 증명에 도달할 수 있지만 전지전능한 창조자며 절대적으로 자유로운libero 위격적 하느님에 대한 증명에는 도달할 수 없다. 둔스 스코투스에 따르면 신학은 그 주된 대상에 있어 형이상학과 구분되며, 인간의 행동을 하느님의 메시지에 따라 미래의 삶의 관점에서 조율하는 임무를 핵심적으로 가지고 있기에 상대적인 의미의 경우에만 학문, 즉 실천적인pratica 학문으로 여겨졌다.

궁극적인 발전은 오컴의 윌리엄(약 1280-1349)을 통해 실현되었다. 그의 판단에 따르면 존재의 유비는 다의성의 형태로 결정되었다. 오컴은 『옥스퍼드 강의록』(d. 2, q. 9)에서 오직 하나의 어휘, 하나의 용어만이 관습적으로 부여된 명칭인 만큼 다의적, 즉 많은 다른 개념에 공통적일 수 있다고 주장했다. 사물에서 일정한 유사성을 지적한다는 차원에서 동물, 음식, 소변은 건강한 것이라고 할 수 있다. 따라서 개념과 다른 사물은 개념이 아니라 용어termine에 확고하게 되돌려지며, 우발적으로 발생하는 것이 아니라 궁극적인 인정, 즉 협약a consilio에 근거했다. 오컴의 윌리엄

오컴에 따르면, 보편적인 개념은 지성에 의해 자발적으로 생성된 자연적 표징이기에 개체와 이들의 특성을 인식의 관점에서 볼 때 항상 덜 구체적인 방식으로 포착

되었다. 그러므로 이들은 일의적인 것일 수 없었다. 그는 이해된 실재가 드러내는 유사성의 정도에 따라 세 가지 차원의 일의성을 제시했다. 첫째, 동일한 종種에 속하며 수적으로만 구분된 개체와 관련 있는 것으로, 유사성이 한층 긴밀하게 드러났다. 둘째, 보다 폭넓은 유사점을 가지는 이것은 동일한 유類의 개체와 관련 있으며 다양한 정의를 통해 나뉜 측면을 지니나 하나의 공통된 보편적 본성은 갖지 못한다. 일례로 인간과 당나귀는 개념적으로 동물의 형상을 공유하지만 이 때문에 동물성이 존재하는 것은 아니다. 일의성의 셋째 유형은 어떠한 실제적인 상응성을 지니지 않으며, 순수하게 개념적이고 관념적인 유사성으로만 간주되었다.

하느님과 피조물의 존재에 대해 설명하는 것이 가능하다고 생각한 오컴의 주장은 후자의 의미에 해당하지만 이 때문에 어떤 실제적인 공유 혹은 유비도 적용되지 않았다. 즉 우리가 이러한 명칭으로 사용하는 방식과 같은 맥락에서 존재ente는 모든 존재를 간접적으로 가리킨다는 사실을 고려할 때, 유일한 명명, 유일한 개념, 그리고 의미하는 유일한 방식에 따라 이 용어가 의미하는 전부를 대변했다. 이것은 존재가 일의적으로 하느님에 대해 언급한다는 것을 뜻한다(*Quodlibet*, IV, 9. 16).

오컴은 존재의 유비를 아리스토텔레스적인 상대적 동음이의어omonimia relativa로 또는 우유적인 술어의 차원, 즉 존재의 우연성의 차원으로 되돌리려는 것 같았다. 이렇게 선험적 차원과 관련해 유비의 문제에 대한 모든 해석이 거부되었으며, 본질과 존재의 합성으로서의 존재자가 부정되었다. 오컴은 14세기 유명론적인 성찰을 추종하는 많은 사상가와 더불어 상당한 정도로 재평가된 형이상학의 차원으로 기울었다. 하지만 둔스 스코투스의 경우와 마찬가지로 환원은 신학과는 별개의 개념을 강조하면서 알려진 저술에 대한 이해를 추구했고, 합리적인 주석 작업이나 실용적인 학문으로서 문헌에 대한 이해에 집중했던 반면에 모든 학문 영역으로부터 각각의 원리와 대상이 유래하는 최초의 학문을 지향하지는 않았다.

| 다음을 참고하라 |
철학 중세 사상에서의 대전과 주석의 전통(366쪽); 알베르투스 마그누스와 쾰른 학파(383쪽); 요하네스 둔스 스코투스의 사상(416쪽); 오컴의 윌리엄(424쪽); 에크하르트와 라인 강 신비주의(442쪽); 영혼(457쪽)

중세의 윤리학 이론들

| 클라우디오 피오키Claudio Fiocchi |

라틴 세계의 중세 윤리 철학은 그리스도교에 대한 집착에 의해 조성된 통일성 앞에서 다양한 성향을 드러냈다. 하느님으로의 귀환에 대한 주제를 강조하는 엄격한 흐름과 주로 인간의 능력과 세계에서의 존재를 강조하는 성향이 형성되었다. 그 이외에도 아리스토텔레스의 윤리학과 그리스도교 윤리의 중재 가능성과 지성과 의지의 흐름에 대한 대학들의 입장을 계기로 상반된 주장이 성립되었다.

중세의 윤리학 이론들

중세의 라틴 서양은 공통적으로 그리스도교의 원리와 윤리를 수용했음에도 내부에서는 그리스도교의 다양한 요인을 강조하는 것으로부터 기원했으며, 새로운 출처들(가장 우선적인 사례로 아리스토텔레스의 저술들을 지적할 수 있다)에 대한 연구와 영성의 발전에 의해 드러난 강한 차이가 존재했다. 다양한 윤리 개념 사이의 차이는 심오한 차원의 몇 가지 의문과 관련이 깊었다. 예를 들면, 이 세계에서 인간의 임무는 무엇일 수 있고, 무엇이어야 하는지, 인간이 자신의 힘으로 아니면 하느님의 은총의 도움으로 선을 완수할 수 있는지, 인간의 선택에서 모태가 되는 능력은 무엇인지에 대한 의문이다. 중세 윤리학의 두 가지 중요한 측면은 학문으로서의 윤리학과 관련 있었다. 하나는 윤리적인 주제가 신학의 영역에 포함될 수 있는지와 관련해 그리스도교 이론과의 긴밀한 관계를 가졌다. 다른 하나는 아리스토텔레스(기원전 384-기원전 322)의 『윤리학』이 많은 저자들에게 독자적인 연구 영역을 설정하도록 한다는 것이었다. 따라서 윤리학은 하나의 학문으로 독자적인 영역을 구축했는데, 대학의 학부들에서 아리스토텔레스의 『윤리학』이 강의된 것을 통해 증명되었다.

12세기의 반목

아리스토텔레스의 『윤리학』과의 차이

윤리 사상의 발전이라는 관점에서 볼 때, 아리스토텔레스의 『윤리학』이 재발견된 것은 상당히 중요한 의미를 가진다. 12-13세기에 여러 차례 번역된 이 저술은 로버트 그로스테스트(1175-1253)의 번역본과 뫼르베케의 기욤(1215-1286)의 개정판 덕분에 13세기 중반에 많은 학자들에 의해 연구되었다. 중세의 독자들은 『윤리학』에 대해 여러 의문을 가졌다. 아리스토텔레스는 그리스도교의 교리와 어울리는 행복주의적인 입장을 모색했는데, 그에게도 인간의 목적이 행복임을 의미했다. 그럼에도 그는 죽음 후의 운명에 대해서가 아니라 지상에 사는 인간의 현실을 언급했다. 다른 한편으로 아리스토텔레스가 말하는 행복은 철학자의 연구 활동과 일치했다. 따라서 이상에서 언급한 사실들의 양립 가능성 층위 저변에는 큰 거리감이 있었다. 개별적인 가치의 토양에 근거할 때 그 차이는 상당했다. 그리스도교 도덕의 금욕주의적이고 영웅적인 측면들은 올바른 중용의 도덕과 대치되었으며, 프란체스코회에서 강조하는 청빈은 잘사는 것에 대해 아리스토텔레스가 허가했던 자원의 가치화와 충돌했다. 특히 수도원에서의 삶에서 중요한 덕목인 겸손은 아리스토텔레스의 성찰에서는 벗어난 것이었다.

급진적인 아리스토텔레스주의자들의 윤리학

그리스도교 윤리에 위배되는 윤리학적인 측면에 있어 아리스토텔레스는 전통적인 가르침과는 다른 독자적인 학문 영역으로 정의될 가능성을 지녔다. 알베르투스 마그누스(약 1200-1280) 같은 저명한 신학자는 아리스토텔레스의 가르침을 따르면서 많은 주제에 대한 순수한 철학적 연구의 정당성을 의심하지 않았다. 이것이 구체적인 결과로 나타나지는 않았다. 다만 독자적인 연구를 통해 인문학부의 교수들은 영혼의 죽을 운명과 세계의 영원성과 관련한 이론에 열중했는데, 그 결과는 철학적 윤리의 성립이었다.

스웨덴의 보에티우스

특히 스웨덴의 보에티우스(13세기)는 『최고선』에서 철학적 윤리를 언급했다. 인간을 가리키는 합리적인 동물의 경우에 행복은 충만한 지적 능력과 일치해야 했다. 또 행복은 철학자의 활동과 지적인 연구와도 일치했어야 했다. 이것은 마리아 코르티가 정신적 행복으로 정의한 행복 공식인데, 이 주장은 몇 가지 의문을 남겼다. 우선 인간의 사후 운명을 지향하는 그리스도교 윤리와 어떻게 양립될 수 있는가에 대한 것이다. 하지만 철학적 윤리를 지지하는 자들에게는 아무런 모순이 없었다. 다시 말해 정신적인 행복은 인간의 윤리적인 삶을 완전히 실현하는 것이 아니라 오직 이 세계의 삶 동안의 가능성 차원에서만 언급된 것이었다. 두 번째 문제는 이론의 발전이 오직 지식인들 사이에서만 회자되었다는 점이다. 이론적인 차원에서 정신적인 행복은 인간이 합리적인 창조물인 만큼 모든 사람에게 해당하는 것이었지만 전문 직업인과 전문적 농민, 수공인, 철학적인 연구와는 거의 무관하며 힘든 육체 노동에 종사하는 단순한semplices 사람들은 이러한 행복에서 배제되었다.

1277년의 단죄

아리스토텔레스의 주장은 1277년에 파리 주교 에티엔 탕피에(?-1279)의 검열을 통과하지 못했다. 그 결과 윤리학을 독자적인 학문 영역으로 보는 것도, 전통적인 내용에서 벗어난 윤리학에 대한 이념도 잘못된 것으로 단죄를 받았다. 이러한 단죄는 행복이 이 세계에 속한다는 것, 행복에 있어 하느님이 아무 역할을 하지 않는다는 것, 그리고 인간의 모든 행복이 지적인 덕을 필요로 한다는 명제들과 관련 있었다.

'위험한' 윤리학 이론

아리스토텔레스의 주장이 수용 불가능한 또 다른 이유는 지성에 비해 의지가 수동성을 가지고 있다는 것, 즉 지성이 의지를 필요로 한다는 이념이었다. 이러한 주제는 규범적인 윤리보다는 영혼의 능력 사이의 관계와 직접적인 관계를 가졌는데, 정리하면 다음과 같다. "우리의 선택은 지성의 행위에 따른 결실이며, 지성은 의지에게 무엇을 원하는지 또는 지성의 암시들과는 무관하게 선택하는 의지만의 행위인가를 묻는다." 의지의 수동성에 대한 비난은 다시 한 번, 인간 지성의 역할을 강조하고 의지에 대한 폭넓은 성찰에 길을 열어 준 아리스토텔레스적인 주장에 충격을 주었다.

보나벤투라의 전통적인 관점

지성은 인간을 구원으로 인도하지 않는다

여러 신학자들이 아리스토텔레스적인 주장을 수용하지 못하게 된 것을 이해하기 위해서는 보나벤투라의 입장을 고려할 필요가 있다. 보나벤투라는 파리의 신학자이자 프란체스코회에 소속된 인물로 아리스토텔레스주의에 대한 반대 견해를 가졌다. 그는 철학과 철학에 대한 가르침이 사용uti에 대한 아우구스티누스의 이해에 근거해야 한다고 확신했다. 다시 말해 하느님을 향한 여정의 내부에서 철학이 수단이나 과정으로 고려되고 사용되어야 한다는 것이다. 따라서 보나벤투라의 윤리학은 전통적인 내용에 충실했으며, 행위에 관한 독자적인 이론으로 공식화되지 않았다. 그의 관점에서 볼 때 철학자들이 자신을 위해 덕을 연구하는 것은 잘못된 것이나 다름없었다. 핵심 덕목들(절제, 지혜, 용기, 정의)은 축복의 목표를 향해 나아가기 위한 수단이었다. 아우구스티누스의 전통에 충실했던 보나벤투라는 영혼의 능력에 대한 논쟁에 대해서도 자신의 견해를 드러냈다. 그는 인간의 선택에 있어 이성의 역할을 부정하지 않았을 뿐만 아니라 자유 의지가 이성으로 시작되지만 의지를 통해 완성된다는 것도 부정하지 않았다. 인간 행위의 목적이어야 하는 구원은 의지 덕분에 성취되는 것이지 지성에 의한 것은 아니었다. 이러한 방식으로 그는 철학자들을 인간의 결정적인 여정들과 자유 의지에서 지성을 더욱 중요하게 보는 합리주의자들과 의지를 상당히 선호했던 주의주의자들로 구분하는 문제에 대해 자신의 권위 있는 견해를 피력했다. 이 문제는 13-14세기에 전개된 대논쟁의 주제 중 하나였다.

토마스 아퀴나스의 주지주의

보나벤투라의 전통적인 견해와 대학 교수들의 급진적인 견해 외에도 토마스 아퀴나스(1221-1274)의 이론과 같이 균형을 중시하는 입장이 등장했다. 목표는 그리스도교 교리의 맥락에서 아리스토텔레스의 주제들을 다시 수용하는 것이었다. 이로부터 행복주의적인 이론이 유래했는데, 그는 이성의 역할과 의지의 역할 사이의 합의점, 즉 아리스토텔레스주의적인 경향과 전통적인 아우구스티누스주의 사이의 합의를 설정했다. 아퀴나스는 다른 모든 창조물처럼 인간도 목적을 위해 또는 선을 위해 행동한다고 주장했다. 이들의 행동은 자유로우며, 인간은 지성의 작용 덕분에 하느님의 축복에 도달하고자 노력했다. 의지는 "최종적인 목적을 향한 열망desiderium 또는 즐거움gaudium의 중심일 수 있기에 목표를 항상 현재적으로 만든다"(Italo Sciuto, *L'Etica nel Medioevo. Protagonisti e percorsi. V-XIV secolo,* 2007). 의지와 지성의 관계는 복잡하다. 지성은 의지를 움직인다. 이 경우 지성은 의지에게 원하는 대상을 제시하며, 그리고 그 대상이 모든 측면에서 선한 것, 즉 하느님일 때 의지는 더 이상 원하지 않게 된다. 하지만 그를 직관하는 것은 미래의 삶에서만 가능하다. 현세에서는 미래의 삶에 도달하는 데 필요한 행동을 수행하는 것이 전부다. 이렇게 해서 개별적인 덕목에 대한 연구의 가능성이 열렸다. 토마스 아퀴나스는 지성의 우월성에 대한 아리스토텔레스의 주제를 수용했지만 의지의 역할을 무력화시키지 않았고, 그리스도교 교리의 범주에 머물기 위해 노력했다.

14세기의 주의주의

둔스 스코투스(1265-약 1308), 오컴의 윌리엄(약 1280-약 1349), 그리고 몇 가지 관점에서 요하네스 부리다누스Ioannes Buridanus(약 1290-약 1358)는 의지와 (의지의) 선

지성에 대한 의지의 우월성

택 능력을 강조했다. 둔스 스코투스는 의지의 우월성을 주장한 가장 확실한 인물이었다. 그는 의지가 의지 자체의 주인이며 지성이 지적한 것에 집착하는 것으로부터 자유롭다는 것을 강조했으며, 의지는 거절할 수 있는 최고선의 욕망에 전혀 결속되어 있지 않다고 주장했다. 스코투스는 의지의 행위가 본성적 의지(필요한 선을 추구하는 성향)와 자유 의지를 구별함을 설명했는데, 이는 제1의지에 모순되고 참되고 고유한 의지라고 할 수 있다. 반면에 오컴의 윌리엄은 또다시 더 급진주의적인 사고를 가지고 있었는데, 그에 따르면 의지는 지성의 지시에 복종할 수 있을 뿐만 아니라 나아가 스스로 중단할 수 있다. 오컴은 스코투스의 견해를 수용하면서 도덕적인 원리의 본질을 인정했고 올바른 행위를 위한 현명의 중요성을 지적했지만 원리에 비해 의지가 충분한 자유를 가지고 있음을 명백히 했다. 이러한 방식으로 오컴은 아무런 필연성도 가지고 있지 않으며, 완성되지 않을 수도 있는 하느님에 대한 사랑의 의지를 실천하는 행위의 가치를 강조했다. 이들의 윤리학은 토마스 아퀴나스의 철학과 확실하게 구분되었는데, 의지의 자유와 모든 형태의 필연성을 부정하고 결정에 있어 구속 관계가 없다는 것을 증명하기 위해 이성을 사용했기 때문이다. 그는 인간을 보다 자유로운 존재로 기술했지만 특히 의지에 있어 토마스 아퀴나스와 의지를 지성과 의지의 상호 관계 또는 오직 지성의 차원에서만 확인했던 아리스토텔레스의 추종자들과는 달리 자유의 중심으로 확인했다. 부리다누스 역시 『니코마코스 윤리학』에 대한 자신의 주석서를 통해서 지성이 의지를 필요로 하지 않으며 의지가 자유 선택의 능력을 가지고 있다고 주장했지만, 의지가 지성이 보여 주는 것과 다르지 않다는 사실을 강조하면서 주장을 수정했다. 그에 따르면 지성은 모든 관점에서 좋은 것으로, 그것을 원하지 않더라도 거절할 수 없다.

의지를 무효화하는 윤리학

스콜라 철학의 시대에는 수도원 전통의 주제들을 다시 언급하면서 하느님을 향한 귀환reditus의 길을 부여하려는 새로운 윤리학이 등장했다. 다양한 형태로 설명되었는데, 베긴 수도회와 신비주의자들이 대표적이다(아시시의 키아라〔약 1194-1253〕와 폴리뇨의 안젤라〔약 1248-1309〕). 마르게리트 포레트(?-1310)와 마이스터 에크하르트의 저술들에서는 의지의 소멸에 대한 윤리학이 하느님으로의 귀환을 위한 길처럼 서술되었다. 다양한 경험의 공통 요인은 의지였다. 내용과 선택은 배제되었으며, 자신을 거부한 채 하느님과의 만남만이 기대되었다. 이러한 윤리학은 피조물과 창조주 사이의 인격적인 관계와 노력을 평가절하했다. 이 모든 것은 단죄까지는 아니라고 할지라도 교회로부터 의심의 원인으로 여겨졌다.

| 다음을 참고하라 |
철학 토마스 아퀴나스(389쪽); 바뇨레조의 보나벤투라(398쪽); 요하네스 둔스 스코투스의 사상(416쪽); 오컴의 윌리엄(424쪽); 정념에 대한 철학(478쪽)

13-14세기의 무한에 대한 논쟁

| 페데리카 칼데라 |

13-14세기에 전개된 무한에 대한 중세적 논쟁은『천계론』과『자연학』에서 드러난 아리스토텔레스 사상의 수용에 근거하여 스콜라 철학 영역에서 발전했다. 무한의 개념은 다양한 이론에 적용되는 방식으로 우주의 시간적인 차원과 우주의 영원성에 대한 논쟁 또는 우주의 연속적인 구조와 무한한 분할에 대한 논쟁과 같은 철학 논쟁에서 활용되었다.

무한에 대한 아리스토텔레스의 개념과 스콜라 철학의 비판

무한無限의 개념에 대한 중세의 논쟁은『천계론』제1권의 첫 3장과『자연학』제3권과 제6권에서 기술된 아리스토텔레스의 이론에 대한 비판적 수용에 근거했다. 수학적 무한의 실존은 보편적으로 수용된 것으로 여겨진 반면에 자연적 무한의 존재는 특별히 첨예한 문제를 구성했다. 스콜라 철학자들이 아리스토텔레스(기원전 384-기원전 322)의 저술을 라틴어로 읽은 바에 따르면 그의 가르침은 우주가 무한하기 때문에 무한의 크기magnitudines가 존재하지 않는 반면 지속적(으로 그 숫자가 늘어나는) 다수(연속량quantum continuum)는 궁극적으로 무한으로 분할될 수 있기 때문에 무한적으로 작은 우주 또한 존재한다는 것이다. 하지만 구체적이지 않은 거대함의 경우(즉 모든 숫자의 시리즈)에는 반대가 성립하는데, 이에 따르면 무한으로 작은 숫자는 존재하지 않지만 무한으로 거대한 하나는 존재한다는 것이다(지속적으로 끝없이 나뉘면서 생성되며 그 숫자가 무한으로 커지는 무한의 크기magnitudines). 수 계열은 높은 곳을 향해 무한하고 낮은 곳을 향해서는 제한된 것인 반면 연속은 위를 향해 제한되지만 무한으로 나뉠 수 있다.

아리스토텔레스의 잠재적인 무한

무한대로 거대한 숫자들(대립을 통한 무한infinitum per oppositionem)과 무한으로 구분되는 크기(분할을 통한 무한infinitum per divisionem)는 현실적인 무한이 아니라 가능적인 무한이다. 수 계열은 여기에 도달하는 것 없이 무한으로 확장된다. 지속적으로 나뉘는 것은 무한으로 작은 것을 향해 진행되지만 무한으로 작은 크기를 가리키는 용어는 존재하지 않는다. 이것이 가능적인 무한으로, 이후의 과정을 통해 현실적인 무한이 되지만(연속적인successive), 동시적인 진행에 있어서는 결코 무한이 아니다(함께simul). 다시 말하면 사실상 무한이 아니라 생성 중인 무한infinitum in fieri이다(분할의 의미에서 공의적인 의미in sensu diviso).

스콜라 철학과 실재적인 무한의 문제

실재적인 무한의 존재는 배제되었다

아리스토텔레스의 문헌을 읽은 스콜라 철학자들은 이 문제를 재해석하고 공의적共義的인 무한이 각각 연속의 경우 더 큰 것tantum quod non maius을 가질 수 없는 거대함과 구체적인 거대함의 경우 더 많은 것tot quod non plura을 가질 수 없는 복수성을 의미해야 한다는 것으로 이해했다. 반면에 본래적 의미의 무한은 각각 더 큰 것을 가질 수 없을 만큼 큰 것과 더 많은 것을 가질 수 없을 정도의 복수성을 뜻했다. 반대로 무한적인 현실적 작음은 더 이상 작은 것을 가질 수 없을 만큼 작은 것을 의미하며ita parvum quod non minus, 가능적인 작음은 더 이상 작은 것을 가질 수 없을 만큼 작지 않은 것을 의미했다non ita parvum quin minus. 무한의 용어는 기호에 따라 거대한 것 혹은 작은 것을 가리키는 것이지, 아직도 보다 큰 가치나 보다 작은 가치가 존재하지 않을 만큼 '거대한 것' 또는 '작은 것'을 의미하지 않는다. 연속적인 무한의 경우를 배제한 다른 모든 경우에 현실태적인 무한의 존재는 범주적으로 배제된다. 창조된 우주에서는 오직 가능적인 무한한 거대함이 존재하며, 이러한 가능성은 결코 끝나지 않는 무한한 생성fieri처럼 또는 완전하게 실현될 수 없는 저력처럼 정확하게 의미되어야 한다(이러한 무한의 존재 방식을 표현하기 위해 스콜라 철학자들은 가능태가 혼합된 현실태actus permixtus potentiae에 대해 언급했다).

13-14세기의 많은 교수들은 현실태적인 무한의 모순성을 증명했다. 그럼에도 몇

명의 사상가들은 아리스토텔레스적인 전통과 결별한 상태에서 현실적인 무한을 옹호했다. 현실적으로 무한한 세계의 이념을 적용하는 것 없이, 우주가 실재적으로 계획된 모든 한계를 초월하여 확장될 수 있음을 인정한 초기의 철학자들 중에서 프란체스코회 소속의 미들턴의 리처드는 특별한 경우였다. 이후 시대에 바솔레스Bassoles의 조반니(14세기), 로버트 홀코트(1290-1349), 리미니의 그레고리우스(약 1300-1358)는 한층 급진적인 결론과 더불어 현실태적 무한을 공개적으로 주장하면서 현실적 무한의 가능성, 숫자와 무한 수(다수성multitudines), 확장적이고 공간적인 거대함(크기magnitudines), 집약적인 거대함, 시간적인 거대함에 대해 자문했다.

세계의 영원성에 관한 논쟁에서의 무한

무한의 개념은 우주의 일시적인 차원에 대한 스콜라 철학의 논쟁에 보다 적극적으로 적용된 이론 중 하나였다. 보나벤투라(약 1221-1274)는 요하네스 필로포누스(6세기)가 연구했으며 아랍과 유대인 철학자들의 사상을 통해 발전된 결론에 근거하여 무한의 개념을 세계가 얼마나 오래 지속될 것인지에 대한 논쟁에서 결정적인 수단으로 평가했다. 소위 말하는 무한의 다섯 가지 역설은 『명제집 주석서』(1250-1254)에서 이론으로 정립한 것으로써 무한에 대한 아리스토텔레스적인 공리들과 세계의 영원성이 양립할 수 있다는 것을 증명하기 위함이었다. 첫 번째 역설인 "무한에 도달하는 것이 불가능하다"는 것은 『천계론』에서처럼 무한이 보다 큰 것의 존재가 불가능한 거대함이라는 것을 지적했다. 다시 말해 세계가 영원한 것이라고 할지라도 연속성은 무한하며, 매일 확장될 것이었다. 두 번째 역설인 "무한에 질서를 부여하는 것이 불가능하다"는 역설은 계열을 부여하기 위해서는 어떻게 첫 번째 요인이 필수적인가를 강조했다. 만약 세계가 영원하다면 반대로 천체 공전의 계열은 무한한 것이며 질서에 따라 정리된 것이 아니다. 세 번째 주제인 "무한을 통과하는 것이 불가능하다는 것"은 무한을 통과할 수 없다는 원리에 근거했다. 다시 말해 세계가 영원한 것이라면 천체 공전의 계열은 관통될 수 없으며, 현재의 공전에 결코 도달할 수 없을 것이다. 네 번째 역설인 "무한은 유한한 권능에 의해 인식될 수 없음"은 아리스토텔레스의 우주론에 근거ratio하여 어떻게 천체의 공전이 지성적 실체와 동일시된 운동자에 의해 생산되는지를 분명하게 했다. 세계가 영원하다면 이러한 실체들은 이들에 의해 원인이 된 공전의 계열들을 인식할 수 없을 것이다. 다섯 번째 역설인 "동시

무한에 대한 다섯 가지 역설

적으로 많은 무한이 존재하는 것은 불가능함"은 세계의 영원성에 대한 옹호, 심리적인 영역에서의 여러 과오들, 그리고 그리스도교의 중요한 기반에 해당하는 구원의 경륜에 대한 부정 사이의 관계를 설정하는 척도의 의미에서 특별하게 가치 있다. 다섯 번째 이유를 가정할 때 세계가 영원한 것이라면 실제로 무한한 인간이 존재해야 하며 불멸의 영혼들의 무한한 전체도 존재해야 할 것이다.

보나벤투라의 역설 공식에도 비판의 여지는 있었고 토마스 아퀴나스(1221-1274)에 의해 수많은 반론이 제기되었다. 무한 계열의 존재와 관련해 두 철학자는 상반된 입장을 표명했다. 프란체스코회 철학자인 보나벤투라는 무한 계열 모두를 거부했으며, 도미니쿠스회 소속의 토마스 아퀴나스는 관련 요인들이 존재하지 않거나 또는 동시에 작동하지 않는 무한의 계열을 인정하면서 무한한 수단이 동원된 행위의 완성, 무한한 인간의 이후 세대, 천체 공전의 무한한 작동, 이후 시간의 영속적인 흐름 속에서 실현될 순간의 무한한 흐름이 가능하다고 주장했다. 보나벤투라가 현실적 무한성을 구성하는 것으로 해석한 과거의 영속성은, 토마스 아퀴나스에게는 반대로 단지 가능적인 무한일 뿐이었다. 다른 프란체스코회 철학자들(부용의 고드프루아, 윌리엄 드 라 마레, 요하네스 페캄, 아콰스파르타의 마테오, 페트루스 요한네스 올리비)도 보나벤투라의 주장에 근거해 실재 속에서 현실적 무한이 존재할 우연성에 대한 비판적인 사고를 유지했다(이전의 측면에서의ex parte ante 세계의 영원성). 또한 보나벤투라는 토마스 아퀴나스의 불가지론에 의문을 제기했으며 무한에 대한 역설을 극복하기 위한 그의 시도가 실패했다고 주장했다.

토마스 아퀴나스의 반론

무한과 연속

13세기에 무한에 대한 아리스토텔레스적인 원리를 중심으로 반영속주의적 주제를 빈번하게 활용하는 것이 같은 개념에 대한 깊이 있는 연구를 자극했다면 14세기에는 아리스토텔레스 이론을 극복하려는 노력이 성공을 거두었다. 스콜라 철학자들의 비평적인 연구는 연속의 구조에 대해 언급한 『자연학』 제6권에 집중되었다. 연속은 무한으로 분할될 수 있고, 구성 부분은 작지만 궁극적으로 무한하게 분할될 수 있으며, 가분성은 무한 속에서 개념화될 수 있다. 그렇다면 연속은 (더 이상 분할될 수 없는 indivisibilia) 점들로 구성되는가? 아리스토텔레스적인 해법을 수용한 13-14세기의 철학자들(로저 베이컨, 알베르투스 마그누스, 토마스 아퀴나스, 시제루스, 에디지우스 로마누

연속에 관한 비교

스, 미들턴의 리처드, 둔스 스코투스, 월터 벌리, 오컴의 윌리엄, 요하네스 부리다누스, 오레슴의 니콜라스Nicolaus Oresmius〔1323-1382〕, 작센의 알버트Albert of Saxony〔약 1316-1390〕, 토머스 브래드워딘, 헤이테스베리의 윌리엄, 마르실리우스Marsilius von Inghen)은 연속이 결과적으로 무한 분할될 수 있기 때문에 연속은 항상 분할이 가능semper divisibilia하고 더 이상 분할될 수 없지는 않은non indivisibilia 요인들로 구성된다고 주장했다. 반면 다른 철학자들은 더 이상 분할될 수 없는 합성compositio ex indivisibilibus을 지지했다. 그 밖의 다른 철학자들(플라톤주의 추종자들)은 물체의 연속이 표면으로 구성되어 있으며 표면이 선들로, 선들이 점들로 구성되었다고 했다. 이와 관련해 궁극적인 분석에 따르면 모든 연속은 점으로 구성되었다(로버트 그로스테스트, 하클레이의 헨리쿠스Henricus de Harclay〔약 1270-1317〕, 오도네의 게라르두스, 월터 채톤, 오트르쿠르의 니콜라우스의 경우). 반면 데모크리토스(기원전 460-기원전 약 370)를 추종하는 학자들은 물체의 연속이 더 이상 분할될 수 없는 물체들, 분할될 수 없는 면적들의 면적, 분할될 수 없는 선들의 선으로 구성되어야 한다고 했다. 이 주장에 의하면 모든 연속은 전체가 동일한 종류며 더 이상 수량적으로 분할이 될 수 없는 크기로 구성된다(리미니의 그레고리우스, 리처드 킬빙톤, 니콜라 보네토).

신의 공간인 수학적 무한

1315-1335년은 연속의 구성에 대한 열띤 논쟁이 벌어졌던 시기다. 하클레이의 헨리쿠스가 유한론의 전통을 대표하는 유일한 인물은 아니었다. 월터 채톤(『불가 분량론De indivisibilibus』을 저술한 아담 워드햄에 의해 신랄하게 비판되었다), 오도네의 게라르두스, 니콜라 보네토, 오트르쿠르의 니콜라우스는 연속이 분할될 수 없는 무한의 수로 구성된다고 했다. 오컴의 윌리엄을 제외한 이들 모두의 주장에 대해서는 『연속성론Tractatus de Continuo』(1328-1335)에서 무한으로 분할될 수 있다는 가능성에 대항한 원자론 주장자들의 논증이 오류 추론임을 증명하기 위해 수학적인 모델을 제시한 토머스 브래드워딘(약 1290-1349)이 비판 의도를 숨기지 않았다. 반면에 『펠라기우스에 대항한 하느님의 원인과 원인들의 힘에 관하여De causa Dei contra Pelagium et de virtute causarum』(1338-1344)에서 그는 무한에 대한 개념을 신학적으로 개념화하자는 제안을 했다. 또한 하늘을 벗어난 그 어떤 공간이나 공백도 인정하지 않았던 아리스토텔레스의 주장에 반대하면서 세계 밖에 (아무 긍정적인 본질도 존재하지 않으며 전지전능하고 어디든 존재하는 하느님이 필연적으로necessario, 현실적으로actualiter, 그리고 무한으로infinite 점유하는) 상상의 공간이 존재한다는 가설을 제시했다. 이를 증명하는 과정에

서 공간에 대한 전형으로 수학적인 개념이 등장했다. 세계의 무한한 공간을 초월한 사상의 공백은 완벽하게 실존하는 공간이며, 그 내부에는 이미 창조 이전부터 서로 다른 공간들이 존재하고 있었다. 유클리드 기하학의 전통과 비교할 때 이 공간은 무한으로 여겨졌다.

하클레이의 헨리쿠스와 무한의 형태들

하클레이의 헨리쿠스(약 1270-1317)의 주장은 그 반향을 고려할 때 특별한 관심의 대상이었다. 『명제집 주석서Commento alle Sentenze』(1310)에서 그는 세계의 영원성이 가능한가의 문제에 대한 세심한 분석을 제시하면서 지나간 시간의 현실적인 무한을 부정할 아무 이유가 없으며, 이를 관통하는 것은 불가능하다고 주장했다. 계속해서 그는 무한주의를 확고하게 옹호했다. '세계가 미래에 영원히 지속될 수 있는가aparte post'의 문제에 있어서는 연속이 서로 연속적으로 이어지는 분할될 수 없는 무한의 수들로 구성된다고 했다. 자신의 반박이 상당한 설득력을 가지고 있음에도 그는 연속의 구성에 대한 아리스토텔레스의 주장이 유효하다는 것을 부정하지 않았다. 즉 아리스토텔레스의 주장이 인간이 이해할 수 있는 자연의 수량에 있어서는 유효하지만 신의 전지전능함에 의해 창조될 수 있는 무한에 대한 내용에 적용될 수 있는지에 대해서는 의문을 제기했다. 하느님의 절대적 능력potentia Dei absoluta의 개념에 대한 주장과 관련하여 헨리쿠스는 우리가 인식할 수 없는 무한의 유형들은 무한 그 자체에 대해 완벽하게 구체적인 의식을 가지고 있는 하느님에게는 인식 가능한 것이라는 결론을 내렸다.

그 외에도 『명제집 주석서』에서 현실적인 무한의 여러 형태들이 존재한다는 확신을 제기하면서 무한들의 부등성不等性을 주장했으나 강력한 반대와 저항에 직면했다. 무한한 수량과 관련해 그는 유한한 수량을 첨가하거나 제거하는 것은 항상 가능한데, 이는 무한이 첨가, 제거, 증식, 초과, 결점을 야기할 수 있다는 것이다. 다시 말하면 무한 수량은 다른 무한 수량보다 더 클 수 있으며 전체적으로 또는 부분적으로 다른 무한 수량을 포함하는 관계를 통해 이를 내포할 수 있기에, 무한 수량에 비례 관계가 제기될 수 있다. 무한들의 부등성 이론은 전체가 부분보다 크다는 유클리드 원리의 재구성에 근거했다. 하클레이의 헨리쿠스의 관점에서 이 공리는 오직 무한의 경우에만 유효한 것이며, 보다 일반적인 원리의 특별한 버전에 불과하다. 이에 따르면 무한 사이의 동등성은 가능한 발상이었는데, 이는 다른 무언가, 그 밖의 무엇 또는 다른 무엇을 추가로 포함하고 있는 것이 다른 무언가에 비하면 전체임을 의미한다.

논쟁 토마스 윌튼(?-1322)은 하클레이의 헨리쿠스의 결론에 우회적으로 반론을 제기했다. 반면 안위크의 윌리엄William of Alnwick(약 1270-1333)은 『결정론Determinationes』에서 보다 급진적인 비판을 시도하면서 특히 하클레이의 헨리쿠스가 전체와 부분에 대한 유클리드의 원리에 대해 해석한 내용을 집중 공격했다. 그의 관점에서 볼 때 애매모호함의 위험을 피할 수 없는 용어인 '그 밖의'와 '추가로'는 동의어로 사용될 수 없는데, 이는 무한의 수량이 다른 것보다 그 수가 반드시 더 많아야 하는 것 없이, 그리고 무한 수량을 초과하지 않으면서 다른 무언가에 추가로 다른 요인을 포함하고 있음을 의미했다. 다른 무한의 전체와 비교해 무한의 전체보다 더 크지 않으면서 추가 요인들을 포함하는 무한의 전체와 이들을 초과하는 무한의 전체를 구분함에 있어 윌리엄은 향후에 절대적으로 확고한 것으로 드러나게 될 발상을 했는데, 그에 따르면 무한의 전체와 역시 무한인 부속적인 전체 사이에 존재하는 관계는 서로가 포함의 관계에 있지 않은 두 가지의 무한한 전체 사이에 형성된 관계와 동일하지 않다. 14세기의 보다 급진적인 유한론자인 리미니의 그레고리우스는 이에 대해 이해하기는 쉽지 않지만 완성된 공식을 제시했다. 그 외에도 그는 『명제집 주석서』(1343-1344)에서 어떻게 몇 가지의 무한이 다른 무한의 일부로 존재할 수 있는지를 설명했으며, 하클레이의 헨리쿠스와 마찬가지로 현실태적인 무한을 인정했다.

| 다음을 참고하라 |

역사 교회의 종교적 개혁에 대한 열망과 이단(246쪽)
철학 대학과 학문 체계(359쪽); 토마스 아퀴나스(389쪽); 오컴의 윌리엄(424쪽); 정치적 성찰(526쪽)

오랫동안 지속될 비판: 헛된 호기심

| 클라우디오 피오키 |

중세에 수많은 지식인이 헛된 호기심vana curiositas에 빠졌다는 죄목으로 고발당했다. 이 표현은 표면적인 관심 또는 이 세계의 사물들에 대한, 하느님에게로 회귀할 그리스도교인들을 타락시키는 해로움을 줄 수 있는 관심을 의미했다. 헛된 호기심을 피해야 한다는 관념은 지적인 탐구의 자유와 연구를 제한하는 것으로 인식되었다.

무엇을 연구할 것인가

중세 문화는 지식과의 복합적인 관계와 특별히 철학과의 관계에 관심을 집중했다. 지식인들은 읽고, 연구하고, 가르치고, 번역하면서도 동시에 이러한 활동의 정당성과 한계에 대해 자문했다. 이교도들의 저술을 연구하고 활용하는 것이 정당한가? 보다 직설적으로 말해 이는 불필요한 노력이며 시간 낭비인가? 많은 저술에서 그리스도교인은 건성으로 책을 읽거나 철학서처럼 유해한 책을 읽어서는 안 되며, 성서와 교부들의 해석, 기도서로 충분하다고 했다. 그 밖의 다른 모든 것은 위험하고 인간의 능력에 적절한 것이 아니라고 했다. 이는 헛된 호기심vana curiositas에 불과하며, 쓸데없는 연구로 신앙으로부터 멀어지게 한다. 헛된 호기심은 당대의 교부 시대에서 장 제르송Jean Gerson(1363-1429)의 시대에 이르는 기간에 상당한 영향력을 발휘하면서 다른 가치들을 획득했는데, 여러 세기를 통해 지적인 작업, 문화 기관들, 교육 제도, 이용 가능한 서적들, 학문 커리큘럼, 인간에게 정당한 것 또는 정당하지 못한 것에 대한 개념이 바뀌었기 때문이다. 따라서 헛된 호기심에 대한 고발의 역사는 지식에 대한 견해의 역사며 연구가 인간에게 적절한 것이고 인간을 더 훌륭하게 만들고 하느님과 창조물을 이해할 수 있게 도와주며 주장하는 자와 이와는 반대로 연구를 병들고 광신적인 것이며 인간을 자기 자신과 진실한 임무로부터 멀어지게 하는 활동이라고 주장하는 자들의 반목에 관한 역사였다. 이러한 역사의 몇 가지 단면을 살펴보면 다음과 같다.

아우구스티누스의 관점

초기의 그리스도교 지식인들도 헛된 호기심에 대해 언급한 바 있다. 바오로의 서한들에서는 인식에 필요한 모든 것은 신앙 속에 있기에 유익하지 못한 인식을 심화하는 것을 금지하는 조치들을 쉽게 찾아볼 수 있다(「로마」 11장 20절, 12장 3절; 「코린토 1서」 8장 1절). 금지 조치는 다양한 형태로 발전했는데, 예를 들면 일상적인 현실, 일상의 수많은 자극, 신앙의 진리에 반하는 물질 세계에 대한 인식을 반대했다. 다른 경우에는 성서에 대한 인식, 제한된 해석, 성서 해석에 있어서의 한계와 관련 있었다. 이것에는 신앙과 철학의 관계도 포함되었는데, 이교도 철학자들의 교리에 관한 연구로 받아들여졌다.

테르툴리아누스(약 160-약 220) 같은 교부들은 호기심curiositas과 이단을 거의 동일한 것으로 여겼는데, 헛된 연구가 신앙으로부터 멀어지게 한다는 것이었다. 아우구스티누스(354-430)는 보다 복잡한 논리를 전개했다. 그리스도교인이 세계와 맺고 있는 관계, 이교의 지식을 어떻게 대해야 하는지를 설정했던 것이다. 그가 비판한 호기심은 잘못된 대상에 몰두하는 것을 가리켰다. 아우구스티누스는 호기심을 지식에 대한 욕망을 통해 형성되는 열망으로 이해했다. 사물에 대한 인식과 진리 발견은 기쁨의 출처며, (그의 말을 빌리면) 마술쟁이의 속임수를 이해하는 기쁨과 비슷한 것이었다. "무대극과 시의 천박함을 멀리하고 또 거부하고, 우리는 성서에 대한 연구와 명상을 통해 헛된 호기심에 대한 목마름과 갈망으로 지치고 고통받으며 그림으로 그린 음식처럼 헛된 이미지에 매달리고 위안을 얻으려고 헛되게 노력하는 영혼을 부양하고 치유해야 한다. 이처럼 건전하고 자유로우며 숭고한 노력을 통해 우리 스스로를 교육해야 한다. 만약 우리가 놀라운 볼거리와 아름다움으로 즐거움을 얻으려고 한다면 우리는 모든 것을 최고선의 의지로 통제하고 노력하면서 그 경계가 확대되는 지혜를 직시하는 데 심혈을 기울여야 한다"(Sap. 8,1). "물리적인 세계를 창조하고 지배하는 비물질적인 힘보다 더 놀라운 것이 어디 있겠는가? 세계에 질서를 부여하고 이를 꾸며 주는 것보다 더 아름다운 것이 어디 있겠는가?"(*La vera religione*, 51, 100, tr. it. *La vera religione*, intr. A. Pieretti, 1995)

올바른 대상과 잘못된 대상

세계에 대한 관심은 천상에 속하는 것들에 대한 명상과 연구에 비해 단죄받아야 할 것들이었다. 그럼에도 성서를 읽는 것이 이교도들의 학문을 이용하는 것을 막지는 않았다. 이교도들의 학문은 단지 유익한 수단으로 간주되지만 지나치게 의존해서는 안 될 대상이었다. 이와 관련해 아우구스티누스는 중요한 원리를 설정했는데, 학문 연구는 보다 우월한 것을 위한 연구와 애정에 종속된 경우만 정당한 것이고 나머지는 헛된 호기심이라는 것이다. 사물에도 위계가 있듯, 지식과 이에 대한 연구에도 위계가 존재했다. 최고의 연구 대상

수도원 문화와 12세기 지식의 재부흥

헛된 호기심에 대한 경계는 한층 날카로운 지적을 동반했다. 세비야의 이시도루스(약 560-636), 클레르보의 베르나르두스(1090-1153), 생빅토르의 위그(약 1096-1141)에게 헛된 호기심은 지상의 낙원에서 뱀의 유혹에 빠진 인간이 범한 것과 이후에는 자신에게 금지된 하늘의 비밀을 알려고 하는 이단이 범한 것과 동일한 죄였다(세비야의 이시도루스, *Sulla Genesi*, PL 83, IV장).

베르나르두스는 이러한 측면의 중요성을 강조했다. 그에게 호기심은 오만이나 다름없는 끔찍한 악덕들 중 첫 번째에 해당했다. 이러한 이유로 그는 머리를 숙여 이런저런 것에 관심을 가지기보다는 머리를 곧게 세우기를 고집했다. 무슨 이유로 그가 겸손의 몸짓을 포기했는지를 이해하는 것은 어렵지 않지만 지식을 위한 진정한 길은 세계의 일이 아니라 하느님을 향한 사랑을 통하는 것이었다. 생빅토르의 위그도 같은 길을 고집했다. 그의 관점에서 볼 때 이 세계의 현자들은 관점에 있어 실수를 범했다. 즉 지상의 현자들은 지상의 일 그 자체, 예를 들면 종이나 원소만 연구한 반면 이들을 통해 표현된 하느님을 보지 않았다. 이것이 헛된 호기심에 이끌린 연구가 아니면 무엇이겠는가(*Commentario alla gerarchia celeste*, PL 175, 923 B-928B). 이상의 학자들이 비판한 내용 속에서 지적 측면은 심리학적 측면과는 결코 일치하지 않았는데, 헛된 호기심이 헛되고 과도한 것들의 무질서한 기쁨을 통해 인간의 정신을 침범함을 의미했다(*Omelie sull'Ecclesiaste di Salomone*, PL. 175, I, 119 A). 호기심과 오만

수도원 문화의 대가들의 관점에서 볼 때 피에르 아벨라르(1079-1142) 또는 포레의 질베르(약 1080-1154)의 업적은 헛된 호기심의 여러 형태에 대한 것이었다. 하느님의 지적인 신비를 합리적이고 인식 가능하게 하려는 헛된 시도로, 인간의 이성으로는 이해가 불가능한 것이었다. 피에르 아벨라르는 『변증술Dialettica』과 『대화(철학자와 유대인과 그리스도교인 강의)Dialogus』를 통해 변증론이 신학에 필요한 학문이며, 아우구스티누스의 지지를 받는다는 것을 주장했다. 하지만 논리 전개 과정은 수도

원 문화의 관습과는 거리가 있었고, 인간의 합리적인 능력을 고양하고 사랑의 역할과 이를 받아들이게 하기 위한 감정적인 변화를 최소화하는 것을 과도하게 강조했다. 따라서 아벨라르의 연구서들이 (이후 시기에 주교좌 학교들과 대학들이 지식을 추구하는 방식과 관련해 베르나르두스의 연구서들보다 아벨라르의 연구서들을 더 많이 채택했음에도) 집중적인 비판을 받은 것은 당연해 보인다.

대학에서의 헛된 호기심

헛된 호기심에 대한 비판은 그리스어와 아랍어 서적들의 번역이 확산되면서 이용 가능한 아리스토텔레스의 저술 수가 증가하자 성서 강독의 새로운 방식으로부터 아리스토텔레스의 철학에 대한 연구와 자연 세계에 대한 관심으로 확대되었다. 1228년에 교황 그레고리오 9세(약 1170-1241, 1227년부터 교황)는 허영심 때문에 교부들이 설정한 한계를 벗어나 성서를 자연 철학의 관점에서 해석하려는 사람들이 있음을 경고했다. 몇십 년이 지나 아리스토텔레스 철학과 학문에 대한 연구가 학문 커리큘럼의 일부로 포함되었다. 그럼에도 불안감과 이에 대한 경고는 대학 세계를 계속해서 주목했다. 헛된 호기심에는 이단들과 대학 교수들이 저지른 과오의 뿌리가 발견되었다(Johannes M. H. Thijssen, *Censure and heresy at the University of Paris, 1200-1400*, 1998).

철학의 위험성

대학 교수들과 신학자들이 충돌했던 위기의 시기, 예를 들어 1277년에 헛되고 무가치한 것vanitate et insaniae falsae으로 간주된 연구들이 단죄받았던 당시에 프란체스코회의 총장이자 신학 교수였던 보나벤투라(약 1221-1274)는 생빅토르의 위그(약 1096-1141)의 주장을 다시 채택했다. 보나벤투라는 철학자들이 그리스도와 신앙의 진리를 망각한 채 호기심을 추종했으며, 그 결과 하느님과의 관계에서 잘못을 범한 아담의 경우에서 보듯이 거만함과 자만심으로 가득하다고 주장했다. 계속해서 그는 대학 교수들의 주장에 대해 언급하면서 이들은 세계가 영원하며 창조된 것이 아니라는 주장을 한다고 지적했다. 그는 모든 형태의 지식을 (철학적인 것이든 또는 신학적인 것이든) 자비와 지혜에 의한 것이 아니며 또한 천상에 대한 것을 멸시하면서 지상의 일을 선호한다는 이유로 비난했다. 헛된 호기심에 대한 보나벤투라의 비판은 철학적인 연구를 차단하는 것이 아니라 이를 절대적으로 여기는 것에 대한 경고의 의미를 가지고 있었다. 신학자였던 그는 연설을 통해 철학만 사랑하는 자는 그리스도로부터 멀어진다고 했다(*Opera Omnia*, 1901, IX).

이와 반대로 철학 연구의 가치를 높게 평가하면서도 헛된 호기심을 비판하는 이들의 주장이 제기되었다. 대표적인 인물은 토마스 아퀴나스(1221-1274)로, 아리스토텔레스의 저술들을 대상으로 많은 주석서를 작성했을 뿐만 아니라 신학적인 성찰을 통해 아리스토텔레스로부터 기원하는 개념까지 채택했다. 이러한 방식이 헛된 호기심으로부터 어떻게 벗어날 수 있었을까? 토마스 아퀴나스는 『신학대전』(II-II, q. 167)에서 알기를 원하는 욕망의 헛된 측면은 욕망과도 내용과도 무관한 반면에 목적과 양태는 관련이 깊다고 했다. 결과적으로 그는 자신의 지식을 뽐내려는 거만함을 포함하는 욕망, 특히 이 세계의 것들에 집착하고 불멸의 것들을 외면하는 욕망은 좋지 못한 것이라고 했다. 아퀴나스는 아우구스티누스에 대해서도 언급했는데, 인식에 대한 올바른 과정을 추구할 수 있는 유용성을 이유로 철학을 지지한 것일 뿐이지 비판하려는 것은 아니었다. 게다가 알려고 하는 욕망은 인간의 본성에 속한 것이며, 모든 욕망이 이성의 법칙에 의해 조절되어야 하는데 그것은 올바른 길regula rationis에 들어서 있기 때문에 호기심curiositas도 게으름도 되지 않기 때문이라고 했다(*Sul male*, 8, 2).

인식에 대한 연구

중세 후기의 사상가들에게 인식의 한계에 대한 사고는 복잡한 구조로 발전했다. 정당한 연구와 정당하지 못한 연구를 구분하는 것에는 학문 사이의 임무를 구분하는 것이 동반되었다. 13-14세기에 각 학문의 영역을 넘어서지 않아야 한다는 사실이 빈번하게 언급되었다. 철학자만이 신학의 주제를 멀리해야 하는 것이 아니라 반대의 경우도 유효했다. 교황 요한 22세(약 1245-1334, 1316년부터 교황)가 1317년에, 그리고 교황 클레멘스 6세(1291-1352, 1342년부터 교황)가 1346년에 신학자들에게 철학에 대한 호기심과 불필요한 논쟁에 기웃거리지 말아야 함을 상기시키면서 아무 과오도, 죄악도, 허영심과 호기심도 찾아볼 수 없는 성서와 교부들의 해석에 몰두할 것을 권고했다. 따라서 어떤 방식들은 불법적인 것으로 판명되지 않았지만 어떤 것은 적절하지 못한 방식을 채택했기에 가까이 해서는 안 되는 것으로 여겨졌다.

이러한 경고는 신학 연구가 처한 여건을 걱정하던 장 제르송에 의해 계승되었다. 그는 『헛된 호기심에 반대하여Contro la vana curiosità』(1402)에서 생빅토르의 위그와 보나벤투라의 경고를 다시 언급했다. 그럼에도 제르송의 태도는 12세기 수도승들의 비판처럼 매서운 비평이 아니라 학문의 구분을 엄격하게 상기시킨 것에 지나지 않았다. 실제로 그는 연구에 큰 가치를 부여하면서 「집회서」 24장 31절의 구절을 다음과 같이 해석했다. "나를 더 잘 알리는 자는 영생을 얻으리라." 하지만 철학과 신학의 한계를 조심스럽게 정의하려고 하면서 이러한 한계를 넘어서는 것은 심각한 과오를 범하는 것이라고 했다. 또 새로운 이론들(흥미로운 유일성curiosa singularitas)에 대한 불필요한 관심을 비판하고 철학과 신학이 조화를 이루어야 하고 반목하지 않아야 한다고 하면서 신학이 철학의 내용과 방법과는 무관해야 한다고 주장했다.

장 제르송의 구분

계속해서 그는 이성에 기초한 신학은 모두가 할 수 있으며 하느님에 대한 이해가 아니라 사랑과 결합을 추구하는 마음에 근거한 혼합적인 신학에 여지를 제공해야 한다는 점을 분명히 했다. 신학 자체는 자신의 한계를 인정해야 하며, 그것은 이미 우리가 알고 있는 성서와 일치해야 했다. 결론적으로 위 디오니시우스(5세기)의 부정적인 신학에 대한 주장에서처럼 하느님을 숨기고 초실체적인 자연에 대해서는 성인들의 말씀을 통해 알려진 것 그 이상으로 이야기해서는 안 되었다.

헛된 호기심에 대한 고발은 중세 문화가 학문 연구와 지식에 질서를 부여하고 목적과 한계를 부여하려는 노력과 일치했다. 그리스도교인들이 하느님에게로 돌아가는 여정에서 과오를 범하고 실수하게 되는 이유가 되지 않기를 원했기 때문이다. 헛된 호기심에 빠지지 않기를 바라는 것은 오늘날 우리가 연구의 자유라고 정의하는 것에 비해 반복적인 실수를 피하는 데 효율적인 검열의 한 가지 형태처럼 작용했다.

| 다음을 참고하라 |

철학 지식 모델로서의 중세 백과사전(323쪽); 토마스 아퀴나스(389쪽); 바뇨레조의 보나벤투라(398쪽); 영혼(457쪽); 13-14세기의 무한에 대한 논쟁(514쪽)

정치적 성찰

| 스테파노 시모네타Stefano Simonetta |

13세기에 아리스토텔레스의 『정치학』이 재발견된 덕분에, 그리스도교의 유럽에는 새로운 유형의 원문성으로 정의된 정치적 성찰이 등장했다. 이것이 지향하는 목표는 자연 현상의 특별한 범주로, 인식된 정치적인 조직 활동의 다양한 측면에 대한 '학문적인' 분석을 위한 것이었다. 정치학은 이러한 범주의 기원과 미래를 연구하는

것으로 간주되었다. 여기에 권력의 개념에 대한 점진적인 주장이 동반되었다. 이 개념에 따르면 권력은 밑으로부터 또 민중으로부터 기원하는데, 이 과정은 통치자들과 피통치자들의 관계에 대한 이해를 급진적으로 바꾸어 놓았다. 하지만 많은 학자의 경우에서 보듯, 영적인 권력과 세속적인 권력의 관계에서 특별한 변화를 동반하면서 세속적인 권력을 종교적인 권력의 통제로부터 해방시켰다.

정치 차원을 바라보는 다른 방식

몇 가지 예외를 제외하면 13세기에 들어서야 비로소 그리스도교 유럽에 연구의 주체와 대상에서의 정치에 대한 한층 긍정적인 시각이 조성되었으나 여러 사상가에 의해 이미 '자연적인 생산물'로 인식된 바 있었다. 이를 배경으로, 나아가 역사적으로 인간 공동체가 채택했던 다양한 조직 형태인 모든 신학적인 고려를 초월하여(통치자와 각각의 공동체에 살고 있는 피통치자의 믿음에 대한 아무 고려도 없이), 공동체 구성원들의 세속적인 필요를 만족시키는 자들의 능력인 것처럼 판단되었던 인간 공동체에 대한 엄격한 조사가 필요하다는 확신이 기원했다. 이렇게 하여 중세에 처음으로 정치학이 등장하게 되는데, 연구 대상은 '국가'라는 독특한 조직 형태였다.

아리스토텔레스의 『정치학』과 최선의 통치 형태

같은 시기에 정치인 아리스토텔레스(기원전 384-기원전 322)의 귀환은 당시의 문화 공동체에게 언어적-개념적인 수단을 제공했다. 만약 이들이 없었다면 정치적 성격의 문제를 구성할 가능성도, 설득력 있는 답변을 제공하는 것도 불가능했을 것이다. 한 가지 사례로 아리스토텔레스는 『니코마코스 윤리학』 제3권과 『정치학』 제3권에서 다양한 합법적 조직체(군주국, 귀족 정치, 시민 정치politia)를 정의하면서 각각의 장점과 단점을 지적했다. 이와 관련해 아리스토텔레스의 『정치학』을 교재로 사용하던 당시 대학 교수들은 어떤 정부 형태가 최선인지를 자문하고, 당시까지의 정치 조직에 대한 토론을 전개했다. 이는 군주국 형태의 지배 체제가 절대적으로 우월하다는 것을 의미했다. 다른 학자들과 마찬가지로 아리스토텔레스는 이 경우에 자신의 독자들과 자신의 저술을 해석하는 이에게 사전에 준비된 답변, 확실한 사실을 제공하지 않았다. 반면 그들에게 문제를 제기하는 것으로 자신의 역할을 다하면서 기술적인 용어와 개인적인 해결책을 모색하는 데 유용한 주제를 제공했을 뿐이었다.

성직자 정치 이론의 위기

13세기 말에 아리스토텔레스의 정치 언어로 정의될 수 있는 봉건적 관습으로부터 유래된 요인들(과 봉건적 관습에 의해 암시된 권력의 개념)이 키케로의 철학 전통으로부터 기원하는 개념들과 결합하면서 협력 체계의 근거를 제공했다. 이러한 체계의 범위 내에서 이미 오래전부터 유럽의 많은 도시에 존재했던 밑으로부터의 통치 관행은 이론적 합리화의 근거를 발견했다. 그 결과 새로운 권력 이론이 빠르게 확산되었고 이로부터 권력이 기원하며 민중의 동의와 임명에 의해 정당화되었다. 한편으로 이러한 이론은 군주principans와 신하cives의 관계가 언약의 성격을 가진다는 명제에 근거하여 통치자를 피통치자들의 통제 아래에 두었음을 강조했다. 다른 한편으로는 정치 권력을 장악한 자에게 권력이 하나님으로부터 기원한다는 이념에 반대하면서 정치 권력을 교회로부터 빼내는 방식으로 하여 교회로부터 지상의 군주들을 분리시켰다는 주장도 병행했다. 실제로 이러한 상황에서 교회의 권력은 오랜 세월 하나님과 하나님이 지상 속세의in temporalibus 일을 위해 자신의 대리인으로 선택한 자들 사이의 유일한 중재자 역할을 효율적인 방식으로 수행하고 있었다.

권력에 대한 새로운 이론의 확산

이는 진정한 시대 변혁을 의미하는 것이었으며, 이후 13세기 말과 14세기 초반에 라틴 유럽의 최고 종교 권력인 교황들이 과거 6세기부터, 즉 로마 교회가 서양 그리스도교 세계에서 영적인 권력과 더불어 정치적인 헤게모니까지도 조금씩 지속적으로 획득했던 절대 권력은 약해지기 시작했다. 카롤링거 시대 이래 거의 논란의 여지가 없었던 우선권은 이후에는 교황 그레고리오 7세(약 1030-1085, 1073년부터 교황)에 의해 확실한 이론으로 정착되었으며, 구체적인 정치적 행동으로 옮겨졌다. 그는 교황의 권력이 유일한 보편 권력이라는 사실을 주장하려는 목적으로 성직 임명권을 위한 투쟁을 전개하면서 『교황령Dictatus papae』(1075)을 집필했다.

토마스 아퀴나스

아리스토텔레스의 유산

아리스토텔레스가 정치 용어로 정의한 것이 확산된 데에는 스승인 알베르투스 마그누스(약 1200-1280)와 함께 아리스토텔레스의 정치학 관련 저술들을 대학에서 가르친 최초의 위대한 교수였던 토마스 아퀴나스(1221-1274)의 역할이 결정적이었다. 토마스 아퀴나스의 정치 사상을 구성하는 요인은 아리스토텔레스의 저술들에서 기원했다. 인간의 자연스러운 사회성에 대한 연구에 있어서나 (이로 인한 모든 결론과 더불어) 토마스 아퀴나스가 영원법(또는 하느님이 우주에 부여한 궁극의 목적론적인 질서)에 의해 합리적으로 창조된 것으로 간주한 자연법lex naturalis의 보편적(도심 광장 내부로만 국한되었다) 개념을 동반한 특별한 시민 공동체에 적용된 것으로 여긴 인간의 법에 대한 이론을 고려할 때, 아리스토텔레스의 영향은 분명했다. 그 이외에도 사회에 머무르려는 성향이 인간의 특징이며 인간이 자신의 본성을 완전한 방식으로 실현하기 위해서나 세계에 대한 하느님의 계획에 따라 인간에게 부여된 궁극성을 구현하기 위해 정치 공동체를 필요로 한다는 사상은 각각의 개인이 자신이 포함되어 살아갈(즉 세계를 구성하는 모든 것인 만큼 모두에 속하는) 집단적인 삶에 완전하게 편입된다고 주장한 토마스 아퀴나스에게 영향을 주었다. 하지만 토마스 아퀴나스의 주장은 국가에 모든 시민이 전체적으로 흡수됨을 의미하지는 않았다. 자기 존재의 영적인 차원이 있으며 이와 관련해 시민은 시민 공동체에 예속된 것이 아니기 때문이었다. 시민 공동체의 초자연적인 목적은 정치 권력을 통해 실현되는 것이 아니라 교회가 정치 권력과 인간의 가장 중요한 차원을 주재했다.

게다가 토마스 아퀴나스에 따르면 영적인 권력이나 세속적인 권력 모두 하느님으로부터 기원하며, 후자는 '유일하게 인간의 영혼과 관련된 것들에 있어 또는 하느님의 능력이 지배하는 차원에 있어' 전자에 속했다. 한편 그가 주요 교회 권위의 관계를 통해 자신의 정치학 관련 저술들(그중 1265년경에 쓴 『군주 통치론De regimine principum』과 1270년경에 집필한 『정치학 주석서Commento alla Politica』)에서 이론화시킨 시민 권력의 복종subiectio은 영적인 목적의 우월성을 통해 정당화된 세속적인 통치자들의 통치 행위에 대한 감독과 감찰의 기능을 교회에 부여하면서 목적의 질서에 대해서만 다루는 것 같았다.

아퀴나스의 저술들에서는 국가와 교회의 관계들에 대한 주제가 결코 결론을 도출하는 방식으로 언급되지 않았고 이러한 이유로 근본적으로 다양하게 해석되었다. 그 결과 이미 그의 초기 추종자들 중에, 예를 들어 그의 제자인 루카의 톨로메오(약 1236~1326) 같은 인물들은 세속적인 권력이 영적인 권력에 예속되었다는 점을 강조했다. **생략과 해석**

14세기 성직자 정치 이론에 대한 반대

14세기는 교황권의 전권plenitudo potestatis 또는 그리스도의 대리자이자 성 베드로의

교회의 절대 권력

후계자인 로마 교황이 존재하는 가장 완전한 권위의 형태, 교황 그레고리오 7세와 14세기 초반에 교황 교서「거룩한 하나의 교회」를 공표한 교황 보니파시오 8세(약 1235-1303, 1294년부터 교황)가 이론화시킨 것에서 보듯이 합법성 차원에서 보편적이고 절대적인 유일한 권력을 소유하며, 이를 통해 교황이 지상의 모든 통치자들보다 우월하다는 사상에 반대하는 정치 이론가들의 시대였다. 성직자 정치 이론의 공식으로 표출된 이러한 유형의 논리에 대한 반론은 이 주제를 연구한 많은 저자에 따라 상당히 다른 형태로 발전했다. 그리고 성직자 정치 이론이 중세 후기 교황청의 절대적인 권력에 반대하는 논쟁에서 독자적인 중요성을 가지는 개념에 대한 연구를 동반했다.

도미니쿠스회 소속인 파리의 장Jean(약 1260-1306)은 교황 보니파시오 8세와 프랑스 왕 필리프 4세(1268-1314, 1285년부터 왕) 사이에 전개된 치열한 논쟁으로 거슬러 올라가는『왕권과 교황권에 관한 연구Tractatus de potestate regia et papali』(약 1302)의 저자이며 이와 관련하여 상징적인 의미를 가진다. 그는 군주의 입장을 지지하고 교황의 시대착오적인 패권으로부터 세속적인 사법권의 독립을 옹호하기 위해 토마스 아퀴나스의 사상을 인용했다. 그의 주장에 따르면, 모든 정치 공동체는 인간들의 자연스러운 사회성으로부터 기원하며, 교회에 의한 합법화의 절차를 거칠 필요가 없다. 그리고 교회는 인간의 초자연적인 목적에 도달하는 데 필요한 기능적인 성격을 가지고 있는 만큼 기원을 달리했다. 이러한 이유로 교황을 보좌하는 자들은 오직 성사를 관리하는 임무만 담당했다. 교회가 보편적인 제도(구원은 모두를 위한 유일한 것이다)라면 심오하고 자연스러운 차이들, 즉 지리적이고 기후적이며 언어적이고 풍속적인 차이는 여러 민족 사이에 존재하며 또한 복수의 정치 권력이 존재하는 것을 합법화하면서 보편 제국의 모든 바람을 비현실적인 것으로 만드는 요인이었다. 모든 시민 공동체를 위한 좋은 삶의 방식이 존재하지 않는 만큼, 각자는 자신의 특성에 맞는 제도적인 형태를 선택하려고 했다.

단테의 보편적인 군주국

보편주의적인 이상은 단테(1265-1321)의 정치적인 성찰의 중심에 위치했는데 그 내용은『군주론』(1312?)에 가장 잘 드러나 있다. 모든 공동체 사이에서 가장 우월한 협력 조직의 역할을 담당하는 보편 군주국에 대한 내용이 기술된 이 저술은 오랫동안 최선의 제도적인 해결책으로 여겨졌다. 다시 말해 보편 군주국은 원죄의 결과를 감소시키고 인간이 자연스러운 목적을 실현하고 주어진 지적 능력을 최대로 발전시키는 데 필수인 평화, 안전, 질서, 통일의 조건을 유일하게 인간 공동체humana civilitas에 보장했다. 단테에게 반성직자 정치 이론에 대한 논쟁은 제국 권력이 여러 차원에서 교황의 (사법권은 결코 정신적인 차원을 넘어서는 안 된다) 중재에 의존한다는 이념(신의 섭리에 의해 설정된 치료제remedium)을 거부하는 내용의 일부를 구성했다.

단테가 세속 권력이 하느님으로부터 직접 유래한다는 명분에 따라 세속 권력, 특히 제국 권력의 정치적인 문제에 개입하고 간섭하려는 교황청의 모든 시도를 비판했다면, 친제국주의적인 입장을 지지하지 않았던 오컴의 윌리엄(약 1280-약 1349)은 교황의 절대권에 대해 확신을 가지고 논박하면서 (이미 파리의 장이 지적했듯이) 세속적인 통치자들의 권력이 성 바오로-아우구스티누스의 전통에서처럼 하느님으로부터 기원하지만 민중의 선거를 거쳐야 한다는 주장을 전개했다. 이 이론은 『교황의 권력과 황제 권력에 관한 대화Dialogus de potestate papae et imperatoris』(1339-1341)의 결론 부분에서 공식화되었다. 이 저술을 남긴 오컴의 윌리엄은 어떤 권력이건 개인으로 구성된 특별한 그룹을 유익하게 만드는 능력에 근거해 평가되어야 하는데, 이 경우 특별한 그룹은 소속된 개인들에 권력을 행사하면서 이들의 필요성에 적절하게 대응해야 했다.

같은 시기에 지상의 모든 군주권이 인간을 위해 하느님으로부터a deo per homines 기원한다는 이념은 세속 권력을 부여함에 있어 교회 권력의 모든 개입을 비합법적인 것으로 규정했다. 그럼에도 오컴은 완전히 예외적인 환경casualiter에서 교황이 자신에게 주어진 권한ordinarie을 행사하면서 폭군으로 변한 지상의 군주를 폐위시켜 배제할 수 있음을 인정했다. 이러한 예외는 세속 권력의 자동 교정적인 모든 관습 체제가 비효율적인 것으로 드러나는 우연한 상황에서만 수용되었다. 오컴은 이러한 예외가 반대로 왕과 황제가 이단에 빠진 교황을 폐위시키는 데에서도 여전히 유효하다고 했다.

규칙과 예외들

보다 급진적인 주장들

성직자 정치 이론에 대한 치열한 비판은 영국 출신의 철학자 존 위클리프(약 1320-1384)가 제기했다. 그는 정신적인 차원의 많은 영역에 대한 통제를 세속 권력에게 맡기는 것이 적절하다고 확신했다. 파도바의 마르실리우스(약 1275-약 1343)도 성직자 정치 이론을 비판했는데, 그에게 로마 주교들이 요구한 완전한 권력은 기존의 마르실리우스의 『평화의 수호자』

모든 시민 권력을 서로 공격하여 죽이는 암과 같은 것이었다. 그는 『평화의 수호자』(1324)에서 반反성직자 정치 이론에 대한 격렬한 논쟁이 정치적인 개념에 근거하며 그 중심에는 모든 인간이 넉넉한 삶vita sufficiens을 보장받거나 살 만한 가치가 있는 존재가 되려는 선천적인 욕망이 자리하고 있다고 주장했다. 마르실리우스는 이런 기준의 삶이 시민 공동체 안에서 일어날 경우에만 개개인에 의해 달성될 수 있다는 가정에서 출발했다. 이 공동체는 모든 시민들에게 공포된 법 규정을 이행할 의무가 있는 단일 최고 권력principans이 통치하는 곳이었다. 『평화의 수호자』의 핵심적인 내용은 각 국가(또는 도시)에서 법률을 제정하는 권한은 이에 속하는 구성원들의 보편적인 의지에 속한다(시민들의 연합체universitas civium)는 것이다.

충분히 견고한 세속 권력과 교황의 절대주의가 대치되고, 교황권이 국가의 통치권을 약화시키면서 부당하게 개입하여 시민들로부터 이러한 이름에 어울리는 삶의 권리를 박탈한다고 할지라도 마르실리우스는 권력의 기원에 관한 이론을 '회복하려는' 시도에 매진하면서 모든 통치자principans의 '먼' 출처가 하느님이라는 점을 구체적으로 지적했다. "모든 통치자는 비록 그 직접적인 대상이 입법을 추진하는 인간(선출의 주체)이라 할지라도 하느님의 요구에 따라 존재한다." 여기에서는 성 바오로-아우구스티누스의 정치적 표현이 아리스토텔레스의 정치 이론과 밑으로부터 권력이 기원한다고 주장하는 다른 사상의 전통 모두와 동등한 차원에서 등장했는데, 이는 중세 후기 정치 이론가들이 자신들의 주장에 설득력을 부여하기 위해 이용한 (서로 간의 차이가 적지 않은) 수많은 도구 중 하나였다. 그리고 이는 복합적인 세계에 질서를 부여하려는 노력을 도식화하려는 성향을 초월하여, 중세 후기에 정치적인 성찰이 얼마나 풍부하고 복합적이었는지를 증명하는 것이었다.

| 다음을 참고하라 |

철학 번역의 이중적 방식과 비평적 지식의 성립(349쪽); 토마스 아퀴나스(389쪽); 요하네스 둔스 스코투스의 사상(416쪽); 오컴의 윌리엄(424쪽); 철학자 단테(435쪽); 13-14세기의 무한에 대한 논쟁(514쪽)

과학과 기술
Scienze e tecniche

과학과 기술 서문

| 피에트로 코르시Pietro Corsi |

도시의 성장과 함께 11세기부터 시작된 농산물 교역과 상업 활동에 종사하는 작은 마을들의 수적 증가는 지식 연구와 확산을 위한 중심지 성립에 기여했다. 교회 조직은 여전히 도시 엘리트와 귀족 형성의 중추적 역할을 담당했다. 교회 참사회와 교구 학교들은 새로 만들어진 도시 내부에 정착한 여러 교단의 수도원과 보조를 맞췄다.

대학의 탄생

대학의 탄생은 지역에 따라 사정이 복잡하고 다양했다. 몇 가지 사례만 봐도 종교 교단들이 훗날 대학으로 발전하게 될 기초를 형성했음을 알 수 있다. 예를 들어 12세기 말부터 옥스퍼드에서는 프란체스코회의 주거지가 학교 설립의 기반을 조성했다. 서방 세계 중 가장 먼저 설립된 볼로냐 대학의 학생과 교수들은 토박이들과의 암투를 계기로 더 많은 자유와 다른 도시나 영주로부터 유리한 조건을 획득하며 학교 이전을 결정했다. 파도바 대학의 기원(1222)은 볼로냐 출신의 소수 학생과 교수들이었다. 반면 케임브리지 대학의 설립(1209)은 도시와 대학이 대립하는 상황에서 옥스퍼드 출신 그룹이 주도했다. 파리 대학은 11세기에 주교좌 성당 학교의 일부 세력이 설립했으며, 유리한 환경을 찾아 도시를 떠나려는 학생과 졸업생들의 시위에 이어 1231년에는 상대적인 독립권 획득에 성공했다.

대학 제도는 철학과 신학의 분리, 물리적이고 자연적인 인식에 대한 신뢰성과 신빙성을 둘러싼 상반된 평가를 통해서도 (조기에 겉으로 드러난) 경쟁과 적대의 복합 현상을 잉태했다. 성직자거나 베네딕투스 교단이나 프란체스코 교단, 특히 도미니쿠스 교단 출신이 다수였다. 게다가 철학과 신학의 종교적-정치적인 경쟁에도 불구하고(강의 중인 학문 중에서도 신학이 중심이었기에) 신학은 수많은 요인과 열정으로 가득한 하나의 거대한 복합체 구성에 적잖이 기여했다.

문화 논쟁

자연 철학 분야의 필사본에 대한 연구와 교류 활동 대부분은 아리스토텔레스의 철학에 동화되어 가는 거대한 움직임과 토마스 아퀴나스(1221-1274)의 『신학대전』 같은 이론화를 위한 과정에서 드러난 아랍-무슬림 문명의 지식을 배우려는 노력 덕분에 발전했다. 또 아리스토텔레스(기원전 384-기원전 322)와 그의 자연주의적 사고에 대한 해석을 둘러싼 논쟁도 활발하게 전개되었다. 당대의 문화는 여러 종교 교단, 새로운 지식, 고대의 유산을 좀 더 정확히 이해하려는 유럽 차원의 논쟁 가운데 이를 대표하는 인물들 사이에 형성된 경쟁에 의해 고취되었다. 시대의 문화

13세기 후반에는 아리스토텔레스에 대한 많은 논쟁이 벌어졌다. 역사학자들은 방법론적인 성찰이 시작되었다는 것과 (17세기에 새로운 학문의 성립으로 이어질) 고전 시대의 학문적 유산이 재검토됨을 목격했다. 아리스토텔레스, 플라톤(기원전 428/427-기원전 약 348/347), 아우구스티누스, 아베로에스(1126-1198)에 대한 논쟁의 요점은 학문으로 정의할 수 있는 권한의 지평이 방대하며, 활발한 논쟁의 주역들이 그 증거를 제공한다는 점이었다. 알베르투스 마그누스(약 1200-1280)는 파리를 비롯해 자신이 활동했던 여러 학문 중심지에서 아리스토텔레스에 대한 확고한 지식에 자연주의적인 고찰을 위한 관심을 추가했다. 그는 식물학, 광물학, 동물학, 지리학, 자연 과학, 천문학, 점성술 연구를 추진했다. 파리 대학

연금술에 대한 비난에도 그가 연금술 이론과 기술 확산에 박학했음은 분명했다. 제자인 토마스 아퀴나스 역시 자연 과학과 자연의 다양한 지식 분야에서 드러나는 복합적인 문제들에 정통했다. 파리에서 전개된 신학-교회의 관계에서 아리스토텔레스의 이론에 대한 다양한 해석의 영향이 커졌다. 특히 시제루스(약 1235-1282)에 의한 아베로에스 사상의 확산이 주교 에티엔 탕피에(?-1279)의 강력한 반발에 봉착하게 되었다. 이로 인해 토마스 아퀴나스의 아리스토텔레스주의가 이단으로 의심받았다. 에티엔 탕피에는 이성적이지 못한 판단을 했고 피에르 뒤엠Pierre Duhem(1861-1916)의 자연 과학과 역사학 연구로 거슬러 올라가는 역사 연구의 전통에 의해 근대 과학의 진정한 주창자로 간주되었다. 아리스토텔레스 연구를 통해 드러난 일련의 명제에 대한 신학적인 비판은, 이를테면 무한한 우주 또는 공허의 존재 가능성을 숙고할 능력이 있는 자연 철학자 세대에게 개념의 지평을 크게 확대시켰다. 뒤엠에게 파리 대학에서의 논쟁은 사색을 위한 위대한 자유에 근거한 것이었다.

훗날 수학, 물리학, 음악학 영역에서 큰 업적을 이룬 오레슴의 니콜라스(1323-1382)와 같은 프랑스 사상가들에 의해 계승되었다. 뒤엠의 연구에 동조했던 역사학자들은 갈릴레오 갈릴레이(1564-1642)와 파스칼(1623-1662)을 사색의 자유를 위한 선각자로 평가했다(Ulrich Taschow, *Nicole Oresme und der Frühling der Moderne: Die Ursprünge unserer modernen quantitativ-metrischen Weltaneignungsstrategien und neuzeitlichen Bewusstseins- und Wissenschaftskultur*, 2003, 2 voll.).

근대 과학의 선구자들

당대의 몇몇은 철학과 자연 과학 분야에서 근대 과학의 선구자로 간주되었다. 역사학자 크롬비Crombie(1915-1996)는 『성 아우구스티누스에서 갈릴레오까지Da Sant'Agostino a Galileo』에서 옥스퍼드 학파를 높이 평가하며 대표 인물로 프란체스코회의 로버트 그로스테스트(1175-1253)와 로저 베이컨(1214/1220-1292)을 지적했다. 옥스퍼드 학파는 논리학과 수학으로 이름을 날렸다. 그로스테스트는 천문학의 시대에 뒤처지지 않고자 가장 먼저 달력 개혁을 제안한 인물 중 하나로 광학에 대한 글을 쓰고 여러 학문의 종속 관계에 주목하며 자연 과학 연구의 분야들에서 어떤 조건이 진화에 가장 중요한가를 수학 논리로 언급했다. 실험에 대한 그의 관심은 제자 로저 베이컨에 의해 한층 심화되었다.

로저 베이컨에서 레오나르도 다 빈치까지

로저 베이컨은 이후 레오나르도 다 빈치(1452-1519)와 그의 연구를 통해 재발견될 성과를 지적하며 기술과 실험이 인간의 삶을 개선하는 데 유용하다는 점을 높이 평가했다. 그는 움직이는 메커니즘으로써 알렉산드리아의 기술 황금시대에 비행이 가능한 인공 날개 기계가 실현되었을 것이라는 데에 의문을 제기하면서도 바다나 육지 밑 여행을 가능하게 해 줄 기계를 만들고자 했던 노력은 고대에도 존재했었다고 했다. 그럼에도 미래에 유사한 재능을 통해 바다와 하늘을 정복하는 일이 가능할 것임을 의심하지 않았다. 금속학 기술과 의학을 위한 연금술의 역할도 높이 평가했다. 또한 연금술이 인간의 삶을 연장시켜 줄 의약품 증류를 가능하게 하리라 확신했다. 이는 의학과 연금술에 대한 연구로 이어졌다.

의학 전통

이탈리아의 살레르노, 볼로냐, 파도바에서는 아리스토텔레스와 아랍의 의학 전통이 심도 깊게 연구되었으며, 마침내 유럽 최고 수준에 도달했다. 특히 볼로냐와 파도바는 적어도 이후 400년 동안 최고 수준을 유지했다. 1347-1350년에 유럽 인구의 거의 절반을 죽게 만든 흑사병은 보건 분야에 대한 지대한 관심을 자극했다. 이탈리아의 많은 도시에서 공중 보건의 통제를 위한 예방 조치의 초기 형태가 나타났으며, 그 결과 전염병에 대한 적절한 조치를 마련하기 위해 한두 명의 의사를 임명했다.

그리스 원본의 재발견

14세기의 식자들은 아랍 주석가들이 단순 번역했을 것으로 추정되는 그리스 원본을 찾고자 노력을 경주했다. 덕분에 아랍 자료에 대한 의존에서 벗어날 수 있었다. 이렇게 아랍-무슬림 과학 문화의 원본이 평가 절하되는 여정이 시작되었다. 아랍에 복속되었던 지역들에서 발생한 과학적 관행의 침체에 의해서도 촉진되었다. 인문주의의 등장으로 말미암아 교양과 철학 분야만 그리스와 헬레니즘 세계 고전들과 비교된 것은 아니다. 천문학과 수학, 식물학과 동물학, 그리고 의학과 약학도 그리스어 판본의 번역 덕에 혁신된 학문이다. 13세기 초반에는 그리스어에 대한 지식이 희귀했고, 이러한 맥락에서 (예를 들어 로버트 그로스테스트가 그리스와 헬레니즘 시대의 고전학자들의 언어를 알고 있었다는 점이 그의 명성 일부를 구성했다면) 14세기 후반부터는 더 많은 식자들이 자신의 연구에서 그리스어를 고대인의 지혜를 이해하기 위한 필수 수단으로 적극 활용했다.

혁신과 기술의 발견

13-14세기에 있었던 새로운 기술의 발전과 확산은 생산 활동의 여러 분야에서 중대한 요인으로 남았다. 그러나 가장 두드러진 혁신 증거로 수공업자나 과거의 기술자로부터 새로운 개념의 공학자를 구분해 내기에는 현존하는 문서가 부족하다. 망원경 발명 몇 세기 후의 변화에서 알 수 있듯이 지역에 따라 전쟁 기계, 농기구 등과 같은 수단이 개량되거나 물레나 풍차를 이용한 에너지 전달 방식의 개선, 유리를 가공하여 더욱 큰 제품을 생산하는 방식이 유럽 대륙의 남부와 북부, 동부와 서부를 연결하는 정기 시장과 시장들 덕분에 빠르게 확산되었다.

박식한 지식 분야들, 예를 들어 의학 분야에서 종교 기관과 대학을 배경으로 자치와 권위, 사적 명예를 더욱 필요로 하는 한층 전문화된 지식인의 이미지가 구체적인 형태를 갖추어 갔다면 기술 분야나 거의 문맹 세계나 다름없는 수공업 문화는 주역과 그들이 도시와 함께 성당, 요새, 새로운 무기를 생산하기 위해 동원된 국제적인 기술 인력 체계와 관련하여 수행한 역할에 별다른 흔적이 없다. 아울러 광산을 개발하거나 강의 흐름을 통제하는 것에 관련한 흔적도 별로 남아 있지 않다. 반면 마르코 폴로(1254-1324)처럼 동방의 대제국들과 극동까지 진출한 상인-여행가의 활동은 문학을 통해 드러났다. 교회와 대학 문화 안에서는 기술 세계를 높게 평가하고 생산 관행을 교육과 이론 연구(예를 들어 연금술)를 필요로 하는 학문들의 부류에 포함시키려는 연구자들이 존재했던 반면에 다른 인물들은 무역과 낮은 물리적 이윤에 관련된 활동에 대한 지적 활동의 우월성을 주장했다.

수학

SCIENZE E TECNICHE

유럽의 수학에 대한 이슬람의 영향

| 조르조 스트라노Giorgio Strano |

고대 그리스 수학에 대한 그리스도교 세계의 혁신적인 관심을 보여 주는 지표는 철학과 과학 텍스트를 아랍어로부터 번역하려는 노력으로, 12세기에 그치는 것이 아니라 이후에도 지속되었다. 오히려 아랍어 텍스트의 불확실성을 극복할 목적으로 수많은 저작의 번역 작업에 이슬람인들이 사용했던 그리스어 원본을 찾으려는 노력이 빈번히 동반되었다. 수학 텍스트에 대한 신뢰가 커지자 유럽인들은 한층 세련된 방식을 통해 17세기 말까지의 서유럽 문화를 조건 지우는 몇 가지 업적에 본격 착수했다.

수학

13세기 중반 즈음 토마스 아퀴나스(1221-1274)의 영향으로 뫼르베케의 기욤(1215-1286)이 아리스토텔레스(기원전 384-기원전 322)의 작품 대부분을 아랍어와 그리스어로부터 번역했다. 또 아리스토텔레스 주석가인 심플리키우스Simplicius(6세기)의 『천상과 세계에 관하여De coelo et mundo』의 번역을 시도했다. 12세기 중반부터 주로 샤르트르에서 연구된 플라톤의 사상과 함께 아리스토텔레스의 사상은 자연 과학의 다양함을 보여 주는 범주를 형성했다.

플라톤의 『티마이오스』는 세계가 4원소(흙, 물, 공기, 불)로 구성되어 있으며, 2개의 자연 운동인 달이 지배하는 우주의 지역에서 나타나는 직선 운동과 달을 벗어난 지역에서 지상을 중심으로 나타나는 일정한 순환 운동에 의해 조정된다는 사고의 확산에 기여한 바 있었다. 아리스토텔레스의 자연 철학을 이용한 연구가 이러한 생각을 확고하게 했다. 이는 경험을 통해 얻은 사실로 증명되는 연역 유형의 이론적 배경을 가리키는 것으로 플라톤의 우주에 대한 신화적 판은 '티마이오스'라는 (그리스 철학의) 조물주를 「창세기」의 창조주 하느님으로 바꾸었고, 별들의 지적 동력을 천사로 전환시켜 그리스도교 세계에 적용시킨 바 있다. 또한 이 세계가 (하느님에 의해 영원히 작동되는 것과 마찬가지로) 정확성을 가지는 자연 철학 법칙에 의해 작동되는 하나의 기계라는 개념이 지배적인 아리스토텔레스의 우주관에 흡수되기 시작했다. 이것들은 플라톤이 주창한 4원소의 지속적인 재구성으로 환경이 계속해서 변화될 수 있는 지상에서 (아리스토텔레스의) 세5원소인 에테르와 같은 특별한 원소의 부패되지 않는 성질 때문에 항상 자신을 유지하는 천상(천계)으로 바뀌면서 완전히 구분되고 달라진다.

자연 과학 법칙들

유럽 수학의 일반 원칙이 플라톤과 아리스토텔레스의 개념에 근거했다면 형식 구조, 연구 기술, 계산 방식, 각 학문을 현실에 적용시키는 것은 이슬람 학자들의 연구를 통해 밝혀진 지식에 더 많은 영향을 받았다. 아랍어 텍스트 번역과 더불어 당대 유럽 최고의 수학자였던 레오나르도 피보나치Leonardo Fibonacci(약 1170-1235)는 숫자와 계산 방식에 근본적인 변화를 가져왔다. 그는 피사의 상인이었던 부친을 따라 북아프리카로 간 후에 그곳에서 만난 한 이슬람인 스승으로부터 수학을 배우며 이집트와 시리아를 여행했다. 연구와 여행을 통해 무역에 필요한 경리 원칙을 이해하고, 특히 아라비아 숫자와 이들에 관련한 (대부분이 이븐 무사 알콰리즈미ibn-Mūsā al-Khuwārizmī[약 780-약 850]의 것인) 계산 방식을 배웠다. 그때의 경험을 통해 1202년에 『산반서Liber abaci』를 집필했는데, 여기서 그는 금전 출납 문제들을 이론적 분석을 위한 사례를 들어 지적했다. 이 책은 아라비아 숫자 사용과 구조를 라틴어로 설명한 초기 연구서로 로마 숫자 대신 아라비아 숫자를 사용하여 오늘날까지도 그의 이름으로 불리는 특별한 수열(피보나치 수열)에서 보듯, 재귀적 유형의 몇 가지 대수학 문제(한 쌍의 토끼에서 시작해 일정 시간이 흐른 후 얼마나 많은 쌍의 토끼가 탄생했는지가 대표 사례다)를 해결했다.

아랍의 영향

천문학 연구

시간의 결정과 망원경 연구라는 두 가지 측면에서 이슬람의 영향이 결정적이었던 수학의 다른 분야는 천문학이었다. 프톨레마이오스(2세기)가 집필한 『지리학Almagesto』의 기하학적 모델들은 행성의 위치를 황도 12궁을 따라 예상하기 위해 사용에 특별한 수학 지식이 필요치 않은 도구와 측정표로 변형되었다. 부분적으로는 프톨레마이오스 자신이 실용적인 도표들을 이용해 시도했지만 9세기 이후부터 이슬람 천문학자들이 숭배 목적에 따라 천문학 도표를 과학 문학으로 전환시킨 바 있었다. 가장 나중에 제작된 것은 11세기의 코르도바 출신 수학자로 톨레도에서 활동하며 '알자켈'이라는 라틴어 이름으로도 알려졌던 알-자르칼리al-Zarqālī(약 1028-약 1087)가 만들었다. 크레모나의 제라르두스(1114-1187)에 의해 라틴어 판본으로 번역된 『톨레도 천문표Toledan tables』(또는 『톨레도 도표Tavole toledane』)는 여러 판본을 통해 라틴 세계에 보편화되었다. 이 저서를 통해 수학의 기본 지식을 갖춘 사람이라면 누구나 더하기와 곱하기로 위성의 위치를 측정하고 평면과 구체의 기하학에서도 복합적인 문제들을 해결할 수 있었다. 『톨레도 천문표』

그럼에도 도표들은 시간을 측정하거나 다른 천문학적인 문제들을 해결하기 위한 도구들을 활용하지 않을 경우에 유용성이 제한되었다. 7세기경에 고안된 천체 관측기 아스트롤라베astrolabe는 고대부터 중세에 이르기까지 널리 사용된 원판형 천체 관측기로, 이슬람인들이 천문학과 수학 분야 측정에 가장 빈번히 사용했던 상징적인 도구였다. 일종의 아날로그식 측정기로 제각기 움직이는 여러 부분으로 구성되었다. 니케아의 히파르코스Hipparchos(기원전 2세기)가 고안한 상단에 원판이 장착되어 있는 기계는 특별한 투영을 통해 고정된 별들과 황도 12궁을 따라 태양이 1년 단위로 움직이는 것을 측정할 수 있었다. 원판은 '판형plates'이라고 불리는 고정된 판 위에서 움직였다. 고정판에는 특정 관찰 장소의 지평선과 연결된 (일정한 질서에 따라 하늘의 공간을 구분하는) 하늘의 창살이 부착되었고 뒷면에는 다양한 유형의 계단 형태로 된 일련의 메모가 새겨졌다. 보통은 거울을 장착한 움직이는 바늘을 통해 수평선 위에 위치한 별들의 높이를 측정하기 위한 눈금, 산양좌에서 물고기좌에 이르는 각각의 별자리에 따라 30도의 12등분으로 구분된 황도 12궁의 눈금, 태양이 한 해의 각 날에 위치하는 황도 12궁의 각 지점을 찾기 위해 열두 달로 구분된 달력 눈금이 포함되었다. 이슬람의 여러 연구서에서 알 수 있듯이 잘 제작된 천체 관측기는 서 천문학 문제를 해결하기 위한 도구들로 다른 50여 개의 작업이 가능했다. 태양이나 수평선 위에 위치한 별의 높이를 측정할 수 있고, 1년 중 어느 날에도 태양이나 수평선 위에 위치한 별의 일몰과 일출 시간을 측정할 수 있었다. 또한 황혼의 길이를 설정하고 각 개인의 출생 일과 출생 시에 근거한 천문학적 영향력을 밝히는 것은 물론 시간을 날짜 측정에 사용된 여러 체계로 전환하고 필요에 따라 산의 높이, 우물의 깊이, 도시와의 거리를 파악하는 데에도 매우 유용했다.

13세기 대부분의 기간 동안 극소수의 유럽 천문학자만이 원판형 천체 관측기 또는 이슬람 수학자들이 고안한 천체 관측기의 사용 방법을 알았다. 제작에 어떤 재료가 사용되는지를 알고 있는 사람은 거의 없었다. 이와 관련해 영국 출신 철학자 로저 베이컨(1214/1220-1292)은 천문학 연구 수행에는 좋은 기계 장치 외에도 구입에 많은 돈이 필요함을 깨달았다. 기계 구입은 보통 에스파냐와 시칠리아의 유명 시장을 통해 이슬람 제작자들과 직접 접촉해야 했기에 한층 복잡한 측정 대상에 맞추어 적용시켜 사용하거나, 특히 원판형 천체 관측기에서 본래의 아랍어 표기를 긁어내고 라틴어 표기를 다시 새긴 후에 사용하는 경우가 빈번했다.

이슬람의 천체 관측기 제작자들

천문학 도표와 유럽에 맞는 도구를 생산하려는 첫 번째 시도 역시 이슬람인들의 도움을 전제했다. 카스티야 왕 알폰소 10세(1221-1284, 1252년부터 왕)는 과학의 여러 분야 중에서도 천문학 분야의 지원에 적극적이었다. 그는 프톨레마이오스의 업적을 완전히 수정하려는 의도로 자신의 궁정에 한 그룹의 이슬람인, 유대인, 그리스도교인 수학자들을 초대했지만 별다른 성과를 거두지는 못했다. 한편으로 수학자들은 이슬람인들의 사고를 충분히 알고 있던 덕분에 평면삼각법과 구면삼각법으로 해결책을 모색하는 과정에서 훗날 알폰소 도표Tavole alfonsine로 알려지게 될 새로운 천문학 도표를 제작할 수 있었다. 하늘의 위치를 정확히 예측할 수 있게 되면서 이 도표는 톨레도 도표를 뛰어넘는 명성을 얻었으며, 16세기까지 필사본과 인쇄본 형태로 재판을 반복했다. 다른 한편으로 알폰소 10세 궁정의 수학자들은 카스티야어로 특별한 문제나 천문학 도구에 대한 기록을 남겼는데, 훗날 『천문학 연구Libros del Saber de Astronomía』로 출판된 저술에 포함되었다. 여기에는 천문학 관찰을 위해 활용된 도구들, 행성 모델들의 경우 프톨레마이오스의 천문학, 측정 도구들을 제작하고 시간을 측정하는(다양한 원판형 천체 관측기, 물시계, 수은시계, 모래시계 등) 데에는 이슬람 천문학에 크게 의존했다. 이 집필은 일부가 라틴어로 번역되었음에도 별다른 주목을 받지는 못했다.

15세기 중반까지 유럽인들은 우주학 연구의 기본서로 제라르두스(1114-1187)의 『행성 이론Theorica planetarum』이나 사크로보스코의 요하네스Johannes de Sacrobosco의 이름으로 알려진 영국인으로 추정되는 홀리우드의 존John of Holywood(?-약 1256)의 『세계의 차원들De sphaera mundi』을 선호했다. 후자는 특히 알-파르가니(?-861년 이후)가 쓴 『천문학 개론Elementa astronomiae』의 번역본에 큰 영향을 받았으며, 파리 대학에서 시작해 17세기까지 여러 대학에서 교재로 사용했다. 대표적으로 『세계의 차원들』과 이에 대한 주석 혹은 노바라의 조반니 캄파노(약 1210-1296)의 『행성 이론Theoricae planetarum』 같은 유사 연구, 직접적이지는 않지만 유럽의 수학자들이 프톨레마이오스의 천문학 기초 이론을 배울 때 사용했던 『지리학』도 있다. 각종 도구에 관한 연구만 다룬 『천문학 연구』의 여러 글에 대한 번역이나 수정판은 이해관계에 따라 독자적으로 읽히기 시작했다. 덕분에 유럽인들은 우주학 개론에 대한 내용 외에도 시간 측정을 위한 정확성과 점성술 예언에 대한 관심을 키워 나갔다. 천문학 이론과 교재

행성 천문학과 실용 천문학에 대한 관심을 보여 주는 중요 사례는 14세기에 가장 잘 알려진 두 연구에서 찾을 수 있다. 모두 이슬람 과학에 대한 지식의 영향을 강하게 드러냈는데, 『신곡』의 우주관을 설명함에 저자 단테 알리기에리(1265-1321)는 천국의 구조를 잘 보여 주기 위해 부분적으로 아리스토텔레스의 연구를 따르며 구형의 지상 주변에 중심을 공유하는 7개의 수정 구체로 형성된 천체의 한 구역을 배치했다. 여기에는 고정된 별들의 여덟 번째 구체, 타비트 이븐 쿠라Thabit ibn-Qurra(836?-901)가 도입한 첫 번째 유동체의 아홉 번째 구체, 그리고 최고 천상계(천국)의 열 번째 부동 구체로 구성된 그리스도교 왕관이 추가되었다. 그가 알-파르가니가 쓴 『천문학 개론』의 라틴어 번역본을 통해서 접하게 될 프톨레마이오스의 연구를 따르면서 각 유성들의 움직임이 더 깊은 내부에 위치한 일곱 구체 안에서 상당히 요약적으로 기술된 주전원周轉圓(프톨레마이오스가 천구상에서 행성의 역행과 순행을 설명하기 위해 주장한 행성의 운동 궤도*)을 통해 통제되었다. 제프리 초서(1340/1345-1400)는 천문학의 특별한 문제를 해결하기 위해 원형 천체 관측기 연구와 제작에 몰두했다. 그리고 마샬라Mashallah(약 730-약 815)의 저술로 추정되는 한 라틴어 번역본의 영향으로 측정 도구에 대한 기초 지식을 책으로 정리한 후 아들 루이스가 쓴 서문을 추가하여 『아스트롤라베에 관한 소고Treatise on the Astrolabe』를 출간했다. 단테와 프톨레마이오스

광학의 원리들

반면 유럽의 학자들이 기하학적인 광학의 원리에서 보여 준 유사성은 상당히 동질적이라고 하겠다. 이와 관련하여 이슬람 연구의 가장 중요한 두 가지 사례는 알-킨디(?-약 873)와 이븐 알-하이삼(965-1040)의 것으로, 12세기 말부터는 라틴어로도 열람이 가능했다. 모두 13세기에 소개될 재료에 대한 기하학적이고 실험적인 접근에 근거했다. 로버트 그로스테스트(1175-1253)는 이븐 알-하이삼의 『광학의 서Kitab al-Manazir』에 언급된 몇 가지 사항을 새롭게 조사하기 위한 실험 방식을 채택했다. 예를 들어 그로스테스트는 무지개의 성격에 대한 연구를 구형 렌즈를 이용해 광선의 움직임을 살펴보는 것으로 시작했다. 구형 렌즈는 13세기에 들어서야 유럽에 확산되었는데, 그는 이중 굴절의 이론을 만들어 그것의 기능을 설명하려고 했다. 렌즈의 확대 능력은 광선이 대기의 얇은 부분에서 유리의 가장 두꺼운 부분을 통과할 때의 첫 번째 굴절에 의해 나타나는 반면에 두 번째 굴절은 광선이 대기로 돌아오기 위해 유리에서 벗어날 때 발생한다. 그 외에도 그로스테스트는 굴절 현상을 조절하는 기하학 법칙을 찾아내고 시력에 도움을 주기 위해 렌즈를 이용하려는 노력에 관심을 집중했다.

이중 굴절

초기에 다양한 크기와 확대율의 광학 볼록 렌즈에 대한 연구를 원했던 모든 사람은 품질이 좋지 못한 안경을 이용했다. 그로스테스트의 연구를 이어받은 로저 베이컨은 이러한 렌즈들과 시력을 향상시키기 위한 요소들의 조합 가능성에 대한 연구에 몰두했다. 그는 이 방식으로 상당히 다양하고 환상적이라고 할 만큼 폭넓은 선택 가능성을 찾아내며 광학 분야에 종사하는 자들에게 태양 광선을 집중시켜 불을 붙일 수 있는 방법으로 렌즈와 유리를 결합시키는 가능성 혹은 적군을 혼비백산하게 만들 정도의 묵시록적인 광경을 연출할 가능성을 열었다. 또 가장 견고한 실험적 기반 또는 관찰 근거를 토대로 무지개에 대한 그로스테스트의 연구를 더욱 발전시켜 아리스토텔레스에 의해 고대에 연구된 결과를 확인하며 몇 가지 독창적인 가설을 만들어 냈다.

광학 원근법

이슬람의 아랍어 텍스트들로부터 번역된 유클리드(기원전 3세기)의 『광학Ottica』, 아폴로니오스Apollonius of Perga(기원전 262-기원전 약 180)의 『원뿔 곡선론Coniche』, 프톨레마이오스의 『광학』은 유럽 식자들의 소위 광학의 원근법 전통 성립에 기여했다. 비록 이슬람의 광학 연구에 진정한 의미의 새로운 요인이 추가되지는 않았으나 이후 출간된 비텔로(13세기)와 요하네스 페캄(약 1240-1292), 프라이베르크의 디트리히(1250-약 1310)의 연구는 그 기준을 발전시키는 데 기여했다. 수세기 동안 렌즈와 연소용 거울을 제작하거나 렌즈에 의해 만들어진 형상이 투영되는 지점을 찾아낼 가능성에 관심을 가진 사람들은 이 기준을 참고했다. 일반적으로 광학 원근법은 라틴어를 사용하는 서양에서도, 그리고 이슬람 세계에서도 형성되었으며, 특히 천문학에 관한 저술들에서 언급된 고안들을 더욱 발전시켜 나갔다. 반면 해석 가능한 현상들의 기원에 있어 초기 원인을 조사하는 것은 철학적 사색이라는 구체적인 임무인 만큼 전혀 다른 문제였다.

| 다음을 참고하라 |
철학 중세 이슬람 철학: 주제와 주인공들(328쪽)
과학과 기술 이슬람 수학의 전성기(547쪽); 프톨레마이오스에 대한 찬성과 반대(551쪽); 로저 베이컨과 실험 과학(615쪽)
문학과 연극 단테 알리기에리(712쪽); 제프리 초서(766쪽)

이슬람 수학의 전성기

| 조르조 스트라노 |

유럽에 그리스와 인도가 알려지고 초기 몇 세기 동안의 대대적인 발전이 있었다. 그러나 이후 이슬람 수학의 몇 가지 분야(예를 들어 광학)가 유럽에서 일정한 수준을 넘어서면서부터 점차 침체 과정을 겪었다. 반면 이슬람의 천문학은 숭배 의식에서의 유용성을 고려한 종교 지도자들과 점성술 예언에서 그 유용함의 가능성을 확인한 정치와 군사 지도자들의 높은 평가 덕분에, 적어도 이후 두 세기 동안 최고 수준을 유지했다.

천문학

이슬람 세계에서 이룩한 광학 분야의 최고 연구는 알-파리시al-Farisi(약 1267-약 1320)가 쓴 (서양에는 알려지지 않은) 『광학 교정 연구Tanqih al-Manazir』였다. 이븐 알-하이삼(965-1040)의 『광학의 서』를 계승했다고 평가받는 이 저술에는 실험을 통해 재현된 무지개 현상에 대한 세심한 연구를 찾아볼 수 있다. 특히 그는 물을 넣은 작은 유리 구체들을 이용하여 확대된 빗방울에 맺힌 상像인 '색광'을 사라지게 하는 방법을 연구했다. 그리고 실험을 통해 무지개에서 대기 중의 모든 빗방울이 연출하는 색채 효과를 확인했다.

종교와 정치 권력은 항상 발전의 여지 또는 장소를 제공했다는 점에서 천문학에 기여했다. 대표적인 장소는 회교 사원과 대규모의 코란 학교들이며, 충분한 인력과 자금 지원의 가능성이 있었다. 이슬람 천문학자들은 자신들에게 호의적인 상황에서 학교를 조직하고 오랜 기간이 소요되는 연구 계획을 추진했다. 프톨레마이오스의 천문학 연구를 심화시키기 위한 거의 무한에 가까운 시간과 물질적 지원을 배경으로 여러 학교는 10세기 말에 이미 『지리학』의 천문학 도표 작성에 필요한 행성 모델과 천문학 기준을 수정하는 단계를 지나 여전히 고대 세계의 가장 위대한 업적으로 남아 있는 천문학의 문제들을 해결하는 단계로 진입할 수 있었다. 11세기에는 프톨레마이오스의 천문학의 가장 분명한 문제들을 인식하고 있었으며, 몇 가지에 대해서는 대안을 제시하는 경지에 도달했다.

「지리학」

가장 근본적인 문제는 우주의 진정한 구조와 움직임의 원인을 설명하는 기능을 의미하는 프톨레마이오스(2세기)의 여러 행성 모델을 우주의 진정한 구조와 원인을 설명한 아리스토텔레스의 이론에 근거한 우주 자연 과학에 포함시킬 수 있는가 하는 것이었다. 예를 들어 무함마드 알-바타니Muhammad al-Battani(약 850-929)는 프톨레마이오스가 달의 위치를 예측하기 위해 제안한 모델, 즉 주전원으로부터 솟아난 지구 주변에서 중심을 벗어나려는 원으로 구성된 모델의 경우 지구의 주변을 통과하는 달의 궤적이 중심에서 과도하게 벗어나면서 별을 대략 최대 지구 반경(지구의 중심에서 평균 해수면까지의 거리)의 60배 거리에서 최소 30배 거리로 유지한다는 점에 주목했다. 이와 유사한 변수로는 달의 가시적 지름이 한 위치에서 다른 위치로 이동하면서 두 배가 되어야 함을 설명했다. 알-바타니가 발견하기 이전에는 누구도 알지 못했던 것이다.

프톨레마이오스의 모순들

더욱 심각한 모순은 프톨레마이오스가 『행성들에 관한 가설Ipotesi sui pianeti』에서 『지리학』의 각 행성 모델을 플라톤(기원전 428/427-기원전 약 348/347)과 아리스토텔레스가 언급했던 중심을 공유하는 차원의 우주 구조와 양립시키려고 했다는 것에서 드러났다. 프톨레마이오스는 (중심이 움직이지 않는 지구 주변을 원심력으로 회전하지만 제3의 원과 관련하여 일정한 순환 속도를 유지하는 주전원에 의해 형성된) 각 행성 모델이 지구로부터 가장 멀리 있는 지점인 원지점이 구체의 외피에 닿고 가장 가까운 지점인 근지점은 내피에 닿는 방식으로 '하늘의 부피에 의해 닫혀 있다'는 가설을 세웠다. 각 구체의 부피는 행성의 원지점과 근지점 사이의 거리 차이로 결정된다는 것이었다. 행성의 원지점은 바로 위에 위치한 행성의 근지점과 일치하는 반면에 근지점은 바로 아래에 위치한 행성의 원지점과 일치했다. 예를 들어 천체가 화성의 천체를 싸고 있지만 자신은 토성의 천체에 싸여 있는 목성의 경우 원지점은 토성의 근지점과 일치하고 근지점은 화성의 원지점과 일치한다.

우주학의 업적은 몇 명의 이슬람 천문학자에 의해 세심하게 연구된 것이고, 프톨레마이오스가 주장한 행성 모델의 복잡한 부피와 구조를 완벽하게 만들려는 시도를 동반했다. 그럼에도 고정된 구체의 별들과 크리스털 구체의 행성들에 그 속에 삽입된 주전원들의 운동이 전달되는 방식에 대한 몇 가지 의문은 그대로 남았다. 일정한 움직임의 구체는 여러 인위적인 원리를 통해 바로 아래에 위치하는 (역시 일정한 움직임의) 동심同心 또는 편심偏心의 구체와 관계를 유지하지만 구체는 프톨레마이오스가 각 행성 모델에 도입한 구체처럼 우주의 중심인 지구와 각 편심 구체의 중심과 다른 중심을 가진 동시심의 원주와 일정한 움직임을 유지하지 못했을 것이다.

주요 천문학 학교들

프톨레마이오스의 우주 가설에 대한 가장 신빙성 있는 반론은 13세기 말에서 14세기 초반에 이슬람의 천문학을 주도했던 3개 학파에 의해 제기되었다. 카이로를 중심으로 활동했을 것으로 보이는 첫 번째 그룹의 천문학자들은 근본적으로 프톨레마이오스가 『행성들에 관한 가설』에서 기술했던 연구를 추종했다. 이들은 각 행성의 주전원을 동심의 두 구체 사이에 위치한 두 편심성 구체 중간에 위치한 행성으로 전환시켰다. 행성 구체 외부의 동심성同心性은 바로 위에 있는 행성 구체 내부의 동심성에 의해 일정한 움직임을 이끈다. 외부의 동심성은 아래 궤도의 첫 번째 편심성에 일정한 움직임을 전달하고, 아래 궤도의 첫 번째 편심성은 이러한 일정한 움직임을 주전원에 연결한다. 천문학자들은 이 작용에서 모든 존재를 부정하고 우주 시스템으로부터 제외하는 급진적인 방법으로 프톨레마이오스의 동시심 문제를 해결했다. 카이로 학파

두 번째 그룹은 나시르 알-딘 알-투시Nasir al-Dīn al-Tūsī(1201-1274, '나시르 에딘'이 알-투시 학파

라고도 함*)를 중심으로 형성되었다. 그는 자신의 군주 훌라구 칸Hūlāgū Khan(약 1217–1265, 1256년부터 왕)으로부터 수년간 마라가Maragha에 별들의 궤적을 추적할 수 있는 천문 관측소를 세우는 데 필요한 모든 자원을 지원받았다. 이 관측소는 훗날 이슬람 세계의 모든 천문 관측자들이 채택하게 될 모델에 따라 세워졌다. 예를 들면 울루그베그Ulūgh Beg(1393–1449)의 지휘로 살라망카에 세워진 관측소로부터 타끼 앗딘Taqī al-Dīn(1526–1585)이 이스탄불에 세운 천문 관측소에 이르기까지, 또 16세기 말 유럽의 첫 관찰자들도 이 모델을 수용했다. 마라가의 관찰자 알–투시는 고정된 별들과 행성들의 위치를 기록하기 위해 고정된 기구를 설치할 중심 위치를 설정하고, 작은 관측기로 불리는 작은 크기의 관측 구조 기구를 마련했다. 이에 천문학자들은 도서관에 수집된 책들을 열람하고 다양한 유형의 운반 가능한 도구를 사용하여 천문학적 측정을 하고자 모여들었다. 초기에 알–투시는 훌라구 칸에게 황도 12궁을 따라 토성의 궤도 전체를 추적하는 데 30년이 걸린다고 했지만 가급적 빠른 시간 내에 점성술의 첫 결과를 얻으려는 칸의 압력으로 그 기간은 목성의 주기에 해당하는 12년으로 단축되었다. 알–투시와 동료 천문학자들은 두 가지 위대한 업적을 남겼다. 하나는 훌라구 칸에게 헌정된 저술 『천문학 도표 모음집Zij-i Ilkhani 또는 Ilkhanic Tables』이고, 다른 하나는 행성 천문학을 급진적으로 개혁했다고 평가받는 이론서 『천문학 편람Al-Tadhkira fi'ilm al-haya』이다. 알–투시는 서로가 서로를 내부에 끼고 있는 구체들의 구조에 근거하여 몇 가지 행성 모델을 구체적으로 설명했으며, 프톨레마이오스의 행성 모델에 의해 생략된 모든 현상의 가치를 재평가했지만 배제된 주전원과 유사한 어떤 것에도 의존하지 않았다.

세 번째 그룹은 알–투시의 제자며 적수이자 또한 계승자였던 쿠트브 알–딘 알–쉬라지Qutb-al-Din al-Shirazi(1236–1311)와 무야드 알–딘 알–우르디Mu'ayyad al-Din al-Urdi(?–1266)가 주도했다. 이 학파는 프톨레마이오스의 이론과 가장 유사했지만 하늘의 순환과 일정한 움직임을 주장했던 플라톤과 아리스토텔레스의 사고에 더 잘 어울리는 행성 모델을 연구했다. 두 천문학자 모두 행성의 주기(궤도)가 (중심이 서로가 서로의 주기를 따라 일정하게 움직이며 결국 이 모든 중심이 움직이지 않는 지구를 따라 거대한 동심 주기로 움직이는) 2개, 3개, 또는 4개의 주전원을 포함하는 방식에 의해 통제되는 모델을 제안했다. 마라가 학파가 이룩한 최고의 업적은 악명 높은 프톨레마이오스의 동시심 주기를 작은 주전원의 시스템으로 교체한 것으로, 이 덕분에 알–쉬라

마라가 학파

지와 알-우르디의 모델들은 14세기 중반 즈음에 다마스쿠스 학파를 대표하는 이븐 알-샤티르Ibn al-Shatir(1304-1375)에 의해 채택될 정도로 상당한 성공을 거두었다. 그 외에도 이와 같은 행성 모델들이 코페르니쿠스(1473-1543)가 자신의 태양 중심 천문학에 대한 개혁에서 채택한 것들과 여러 측면에서 같다는 점을 고려할 때, 이것이 언제 어떤 방식으로 유럽에 도입되었는지가 논쟁의 중심이었다.

| 다음을 참고하라 |
철학 중세 이슬람 철학: 주제와 주인공들(328쪽)
과학과 기술 유럽의 수학에 대한 이슬람의 영향(541쪽); 프톨레마이오스에 대한 찬성과 반대(551쪽); 연금술의 문제(581쪽); 13-14세기 유럽의 광물학과 금속학(587쪽)

프톨레마이오스에 대한 찬성과 반대

| 조르조 스트라노 |

프톨레마이오스의 사상과 그가 저서 『지리학』에서 주장한 천문학 모델은 서양 학자들을 매우 당혹케 했다. 이 세계가 '신의 작품'이라는 종교적 확신과 중재가 거의 불가능한 내용을 담고 있기 때문이었다. 하지만 수학자와 철학자들이 주장하는 우주 모델들 사이에 존재하던 모순은 새로운 해결책을 개척하는 독창적인 연구를 자극했다.

고대 사상과의 비교

그리스도교 중심의 서유럽에 아리스토텔레스의 사상이 소개된 과정은 문화적 갈등을 동반했다. 그 중심에 우주학 문제가 있었다. 아리스토텔레스의 『천계론』과 『기상학』에 언급된 동심 수정 차원의 구조는 고정된 별들의 차원에서 점차 여러 행성의 내부에 위치한 별들로 확산되는 순환적이고 일정한 운동을 했다. 그 기능에서도 신의 개입이 필요치 않았다. 아리스토텔레스(기원전 384-기원전 322)의 모든 저술에 대한 번역을 통해 그의 업적을 높이 평가했겠지만 초기의 그리스도교 신학자 대부분은 아리스토텔레스의 저술에 적지 않은 당혹감을 드러냈다. 아리스토텔레스의 우주 이론은 13세기 중반부터 툴루즈, 옥스퍼드, 파리, 파도바 같은 유럽의 주요 대학에서 저항과 반향을 동시에 불러일으켰다. 그의 우주론은 신앙과 이성의 관계를 적절히 유지하는 차원에서 결정론적인 토대를 때로는 수용하고 때로는 거부하면서 아리스토텔레스 사상의 가장 고유한 측면을 추종하는 철학 학파들에 동기를 부여했다.

고대 천문학을 대표하는 다른 주요 인물들도 부분적으로 유사한 당혹감을 야기시켰다. 프톨레마이오스(2세기) 또한 세계가 '신의 작품'이라는 주장을 거부하는 개념적인 연구를 전개했지만 이성과 신앙의 관계에 아리스토텔레스와는 다른 상황을 연출했다. 이슬람 저자들의 저술들이 라틴어로 번역되어 유럽에 소개되기에 앞서 『지리학』은 진정한 우주의 구조를 설명하기 위한 시도가 아니라 행성의 위치를 가장 정확하게 측정하기 위한 지리학 모델 모음집으로 간주되었다. 이러한 관점에서 『지리학』을 읽어 보면 프톨레마이오스 자신이, 특히 행성의 질서를 기술할 때 자신의 모델에 물리학적 근거를 부여하려고 하지 않았음을 알 수 있다. 사실 프톨레마이오스는 물리적인 질서에 대한 고려에 근거하기보다는 미적 기준에 따라 태양을 3개의 저급 행성(달, 수성, 금성)과 3개의 상급 행성(화성, 목성, 토성) 사이에 위치시켰다. 그 무엇이 우주의 램프가 다른 6개의 행성을 중재하는 위치에서 드러내는 균형감보다 아름답겠는가?

새로운 우주 모델의 등장

서양 학자들은 13세기부터 프톨레마이오스를 신과 인간의 적으로 간주하는 것을 포기하고 수학자들이 선호하는 기하학적인 우주와 철학자들이 집착하는 자연 과학적인 우주 사이에 존재하는 근본적인 모순에 주목했다. 동양의 학자들은 부분적이기는 하지만 『지리학』 모델에 대한 차선 모델을 연구하며 위에서 언급한 두 주장의 차이에 관한 문제를 극복했다. 반면 13-14세기 서양 수학자들은 이러한 관점에서 시작해 그리스 천문학에 대한 연구를 심화시켰다. 우주에 대한 자연 과학적 해석과 기하학적 해석 사이의 불일치는 아부 이샤크 알-비트루지(약 1150-약 1200)의 연구서로 마이클 스콧(약 1175-약 1235)이 라틴어로 번역한 『천문학 연구』에서 분명히 드러났다. 이슬람 세계에 비해 대략 두 세기가 더 지난 후에야 이 주제에 대한 논쟁이 서양 천문학의 독창적인 발전을 위한 여지를 제공했다. 유럽 수학자들은 13세기부터야 여전히 자신들에게 유익했던 프톨레마이오스의 가설을 증명하기 위한 노력을 시작했다. 한편으로 로버트 그로스테스트(1175-1253)와 로저 베이컨(1214/1220-1292)은 관행의 관점에서 점성술 예언과 율리우스 달력의 정확한 운용을 위한 개혁의 필요성을 언급했다. 그러나 아리스토텔레스의 천체로부터는 어떠한 도움도 받지 못했다. 또 어떤 과학적 이론이라 할지라도 관찰에 근거한 사실에 대해서는 적절한 설명을 제공해야 한다는 사고가 점차 확산되었다. 유럽의 수학자들은 톨레도 도표와 알폰소 도표의 실질적인 결과를 의심하지 않았으며, 과학 도구를 제작해 새로운 관찰을 시도하고 이들을 통한 실험으로 프톨레마이오스 이론의 가치를 확인하려 했다. 이러한 과학 도구의 일부, 예를 들어 조반니 캄파노(약 1210-1296)와 무리스의 요하네스Jonannes de Muris(약 1290-약 1351)가 제작한 것들은 이미 『지리학』에서 언급했던 과학 장치의 구조를 모방했다. 몽펠리에의 천문학 학교에서 만들어진 완성도 높은 과학 장비들, 특히 유대인 출신의 레비 벤 게르손(1288-1344)의 것을 포함한 장비들은 이슬람인들이 제작한 과학 도구에 대한 연구를 통해 얻어진 것이었지만 중동의 수준과 결과보다 못했다. 새로운 노력을 통해서는 몇 가지 근본적인 천문학 조(매개) 변수가 수정되었고, 평면 천체 관측기의 좌표판을 준비하는 데 유익한 별들의 천체 배열에 관한 목록이 갱신되었다.

천문학 도구들

행성 시계

유럽의 수학자들은 행성의 움직임에 대한 다양한 학설의 기계적인 정확성을 증명할 목적으로 도구에 관심을 집중했다. 1232년에 프리드리히 2세(1194-1250, 1220년부터 황제)는 다마스쿠스의 술탄으로부터 이러한 유형의 도구를 선물로 받았다. 그리고 서양인들도 다양한 형태와 크기의 행성 시계 생산에 매진했다. 성 알반스 수도원장 월링퍼드의 리처드Richard of Wallingford(약 1292-1336)는 언급할 가치가 있다. 그는 관찰과 측정을 위한 장치를 창의적으로 제작한 인물은 아니지만 그가 1320년경에 완성한 행성 시계는 무거운 추의 힘으로 작동되는 톱니바퀴 장치로 태양과 달, 고정된 별의 움직임을 하나의 사분의四分儀에서 재현했다. 반면에 파도바 출신의 조반니 돈디Giovanni Dondi(1318-1389)가 조반니 캄파노의 『행성 이론』에서 영감을 받아 제작한 천문학 도구는 제작자의 야심을 반영한 것이었다. 그는 『지리학』에서 언급된 행성 모델에 대한 가능한 대안을 제시할 목적으로, 약 16년에 걸쳐 '천문 시계'를 완성했다. 이 장치 역시 무거운 추의 힘으로 작동하는 톱니바퀴 기차들로 구성되며, 왕관 형태로 제작된 평형 장치의 진동으로 움직임이 조절되었다. 또한 태양, 달, 고정

월링퍼드 시계

돈디의 천문 시계

된 별들로 국한되지 않고 알려진 다른 모든 행성의 움직임까지 측정했다. 다양한 톱니바퀴 기차들은 고정된 별들과 태양을 위한 단일 사분의를 예외로, 각자 황도 12궁을 따라 행성의 궤적을 보여 주는 7개의 사분의를 장착했다. 우주의 모든 별은 동시심 원에 비해 일정한 운동으로 편심성의 원주를 따라 흐르는 주전원 순환을 통하여 지구의 위치에 상응하는 사분의 중심 주변을 운행했으며, 황도 12궁을 따라 길게 늘어선 행성의 위치는 바늘로 표시되었다.

천문 시계는 기계 시계 최대의 걸작이었음에도 16세기 전반기에 사라진 것으로 보인다. 이 시계를 선물로 받은 스포르차 가문의 창고에서 분실되었거나 밀라노에서 이 시계를 보고 감탄을 연발했던 황제 카를 5세(1500-1558, 1519-1556년에 황제)가 에스파냐에 가져갔을 것으로 본다. 제작자 돈디의 『천문 시계 연구Tractataus astraii』에 세심하게 기술된 내용은 현존한다. 이 저술에 따르면 천문 시계는 부분적으로는 파도바 대학에서 성립된 천문학 학파의 몇 가지 이론에 대한 답변으로 간주되었다. 아마도 아바노의 피에트로Pietro(1257-약 1315)에 의해 파도바 지역에서 그리스 철학자들과 수학자들의 개념에 대한 신랄한 비판이 확산되기 시작했을 것으로 보인다. 몇 가지 경우를 참조할 때 비판은 아리스토텔레스의 크리스털 구체나 프톨레마이오스의 주전원이 존재하지 않는다는 주장으로까지 확대되었으며, 그 결과 지구가 우주의 중심에서 부동의 상태로 있지 않을 것이라는 주장으로 발전되었다.

| 다음을 참고하라 |
과학과 기술 유럽의 수학에 대한 이슬람의 영향(541쪽); 이슬람 수학의 전성기(547쪽); 물질과 그것의 변화에 대한 이론들(563쪽); 운동의 물리학과 질량학(568쪽)
문학과 연극 고전의 수용(651쪽)

점성술

| 안토니오 클레리쿠치오Antonio Clericuzio |

특히 아랍 세계에서 발전한 점성술은 12세기부터 서양의 라틴 세계로 확산되었다. 이와 관련된 논쟁은 별의 영향을 감지하는 방법에 집중되었다. 아리스토텔레스의 자연 과학이 확산되면서 라틴인들 사이에서 점성술 발전에 필요한 토양이 조성되었다. 대부분의 그리스도교 철학자들은 별이 물리적 사건에 영향을 미치지만 합리적 영혼의 활동에는 영향을 주지 않는다는 견해를 받아들였다. 점성술에 대한 강력하고 결정적인 해석, 즉 인간의 행동이 별에 의해 제약받는다는 것에 반대하는 사람들도 적지 않았다. 인간을 구원해야 할 필요성은 점성술의 목적과 지위를 둘러싼 열띤 논쟁의 동기기도 했다. 의학 분야가 점성술의 지식을 필요로 한다는 사실은 점성술에 대한 많은 수의 대학 강좌가 증명하듯이 대체적으로 수용되었다.

중세 점성술의 기초와 방법

중세의 점성술은 두 가지 유형으로 구분이 가능하다. 첫 번째 판별 점성술은 별이 자신의 영향력을 배경으로 인간의 삶을 포함한 지상의 사건과 행동을 결정한다는 주장이다. 그 결과 천체 관찰과 정확한 계산을 통해 별점을 보는 것과 개인과 민중의 미래, 그리고 사건의 결과, 여행, 전투, 혼인에 대한 예측이 가능하다고 여겼다. 그 외에도 기후 현상과 인간의 육체, 특히 병의 원인과 병과에 대한 천체의 영향을 연구했다. 이것은 점성술에 대한 가장 포괄적인 해석이지만 첫 번째에 비해 결정적이지는 못했다. 또한 인간 행동의 자유를 인정하는 것으로, "별은 성향을 드러낼 뿐 강제하지는 않는다"는 말로 요약될 수 있는 것이었다. 판별 점성술은 네 가지로 구성되었다. 공전에 대한 연구(별의 결합과 이들이 세계에 미치는 영향), 별점(개인의 출생 시에 하늘의 배열로 신생아의 성격과 운명을 규정할 수 있다), 질문(천체의 상호 관계에 기초한 예견), 선거(별의 모습에 근거한 선택, 개인과 집단 차원에서 중요 결정을 행동에 옮기는 데 유리한 시기 선택)가 그것이었다.

점성술사는 때때로 행성과 성좌(별자리)의 힘과 약점을 알아내고자 천체의 한계를 고찰했다. 그리고 각 행성에 12궁도 각각을 개개의 궁宮과 일치시켰다. 태양과 달(코페르니쿠스의 우주학에서는 행성으로 여겨졌다)도 궁을 가졌다. 태양은 사자좌, 달은 행성과 궁해좌였다. 다른 행성들은 각각 2개의 좌를 가지는데, 하나는 낮이고 다른 하나는 밤의 궁이었다. 행성의 힘(또는 영향력)은 자신의 좌에 위치할 때 가장 강해진다. 행성은 고양과 부각되는 지점을 가지고 있다. 토성은 가장 차가운 행성으로 태양이 부각 지점에 위치할 때 천칭좌에서 고양했다. 또 황도 12궁은 각도 10도의 36개 구역으로 구분되었다. 각각의 궁을 지배하는 장로의 기원은 이집트 천체의 신성으로, 시간을 관장하고 행성에 대한 자신의 지배권을 행사했다.

고대와 중세의 점성술

점성술은 고대 그리스 문화와는 무관하게 근동 지역에서 기원하여 헬레니즘 시대에 확산되었다. 플라톤(기원전 428/427–기원전 약 348/347)의 제자인 크니도스의 에우독소스(기원전 408–기원전 355)는 칼데아 지역의 주민들 또는 메소포타미아 지방의 점성술사들과 점성가들을 신뢰하지 않았다. 반면에 그의 또 다른 제자인 오푸스의 필립(기원전 4세기)은 근동의 점성술에 대한 지식에 찬사를 아끼지 않은 플라톤의 『법률』 제13권을 주목했다. 아리스토텔레스의 자연 과학은 점성술을 인정하지 않았지만 지상의 모든 변화에 대한 원인을 천체의 움직임에서 찾을 수 있다고 주장하면서 향후 점성술 발전을 위한 이론적 토대를 마련했다.

스토아 학자들과 회의론자들

엄격한 우주 결정론을 지지했던 스토아학파는 파나이티오스Panaitios(기원전 약 185–기원전 109)의 예외에도 불구하고 점성술을 지지한 반면 회의론자인 카르네아데스Carneades(기원전 214–기원전 129)는 열띤 논쟁을 전개했다. 점성술에 반대하는 그의 논지는 통속적이었는데, 임신 날짜나 출생일이 불확실할 경우 점술에 어려움이 따른다고 주장했다. 또 같은 시간 동일 장소에서 출생한 사람들은 완전히 다른 운명을 타고나는 반면에 다른 날에 출생한 사람들은 같은 운명을 타고날 수 있다고 지적하며 점성술의 '예견豫見' 가치를 부정했다. 회의주의와 경험주의를 제외한 다른 철학 학파들은 점성술을 수용했다. 관련 텍스트의 난해함은 점성술 이론의 발전을 위한 주요 장애물 중 하나였다. 로마 사회에 점성술이 확산된 것은 매우 의미심장하다. 시인 마닐리우스Manilius(1세기)는 점성술을 노래로 찬양하고 인간의 삶이 별에 의해 지배된다고 주장하며, 하늘의 불변 명령과 마찬가지로 인간의 도시에도 운명으로 정해진 (그래서 결코 파괴될 수 없는) 계층 구조가 존재한다고 주장했다.

원시 그리스도교 시대에 점성술에 대해 체계적으로 기술한 대표 저술은 알렉산드리아 출신의 천문학자 프톨레마이오스(2세기)의 『테트라비블로스Tetrabiblos』로, 별이 가진 물리적 성격의 영향력(예를 들어 환경과 기후) 외에도 인간의 삶과 변화에 대한 천체의 감화 작용에 대해 기술했다. 그의 별에 대한 연구는 두 가지 영역으로 구성된다. 하나는 천체의 배열과 움직임에 대한 연구, 나머지 하나는 (첫 번째에 속한 것보다 덜 엄격하지만) 별들의 위치와 특성에 기초하여 지상의 사건을 예상하는 것이었다. 점성술은 로마 사회 전체로 매우 폭넓게 확산되었다. 별들의 힘을 끌어들이는 능력을 가진 부적과 호부護符의 거래도 활발했다. 또한 로마의 황제들은 공식적으로는 점성술에 적대적인 태도를 보였지만 결국에는 그 매력에 빠져 점성술사들의 견해에 상당히 의지했던 것이 사실이다.

프톨레마이오스의 『테트라비블로스』

점성술, 종교, 역사

플라톤과 아리스토텔레스의 철학이 천체의 신성을 주장하며 헬레니즘 세계의 점성술 확산을 위한 토양을 마련했다면 그리스도교는 다른 구제편救濟編 종교들과 마찬가지로 자신의 신자들에게 하늘의 왕국을 제시하면서 천체의 모든 권력에 의한 하느님의 사랑에 대한 승리를 기념했을 것이다. 원시 그리스도교는 두 전선에서 투쟁을 전개하면서 천체의 신성에 대한 신앙과 별의 구령예정설救靈豫定說을 공격했다. 실제로 로마 교회는 점성술에 대한 비난에 동의하지 않았으나 별과 그 영향에 대한 믿음은 빠르게 그리스도교로 침투했다. 4세기에 그리스도의 탄생일이 태양의 탄생일, 즉 낮이 길어지기 시작하는 때인 12월 25일로 옮겨졌다. 복음서들은 그리스도의 삶을 천체의 사건들과 연계했다. 혜성은 그리스도의 탄생을 예고했고, 일식은 그리스도의 죽음을 암시했다. 오리게네스(약 185-약 253)는 별은 자신의 궤도를 따라 움직이지만 인간에게 자신을 따라할 것을 강요하지 않는다고 주장하며 점성술을 결정론으로부터 해방시키려 했다. 그러나 아우구스티누스(354-430)는 점성술이 인간의 자유로운 결정을 부정한다고 주장하며 이 주장에 심하게 반대했다. 또 예언이 실현된다면 그것은 악마의 짓이거나 우연일 뿐이라 주장했다. 그리스도교 교리는 자체로 점성술과는 일치하지 않는 요인들을 내포하고 있었다. 만약 운명의 이론이 채택되고, 이로 인해 인간의 구원과 처벌이 하느님의 영원한 의지에 의존한다면 천체는 신성이 자신의 표식으로 드러내는 표시이자 경고로 볼 수 있었다. 그러나 로마 교회 교부들의 신랄한 공격에도 점성술은 9세기 들어 황제 테오필로스(?-842, 829년부터 황제)가 점성

신의 표시로의 천체

술 성당을 건축한 비잔티움 제국으로부터 보호받았다. 약간의 변화는 있었지만 점성술이 비잔티움 제국에 미친 영향은 14세기까지 지속되었다.

서유럽의 경우 점성술이 그다지 확산되지 못하고 농업에만 적용되던 시기가 지난 후에야 아랍 서적의 번역에 힘입어 강력한 자극을 받았다. 점성술은 이슬람 세계에서 최대 전성기를 누렸다. 무함마드Muhammad(약 570-632, 중세에는 이탈리아어식으로 '마호메트'라고 했다)의 이슬람교는 신에 대한 인간의 절대적인 의존과 자유의 박탈을 주장하며 점성술의 발전을 지원했지만 이후에 알-파라비(약 870-약 950), 아비케나(980-1037), 아베로에스, 이븐 할둔Ibn Khaldun(1332-1406) 같은 위대한 철학자들과 신학자들의 다양한 비판에 직면했다. 특히 종교와 국가를 위험하게 할 수 있고, 학문에 반反한다는 이유로 점성술을 비판했다. 알-킨디(?-약 873)는 점성술에 자연 과학적-신학적인 근거를 제공했다. 천체는 신이 지상에서 자신의 의지를 실현하는 데 필요한 수단이며 지상의 모든 사건은 별의 영향에 기인한다는 것이다. 또한 별의 영향은 천체로부터 지상의 정확한 지점을 향해 쏟아지는 광선처럼 확산된다고 했다.

아랍 천문학에서의 행성 결합

아랍의 점성술은 인간에게 별점이 있는 것처럼 세상에 존재하는 행성들의 결합 이론을 발전시켰다. 황도 12궁에 위치한 3개의 상급 행성인 화성, 목성, 토성은 참사, 전쟁, 질병을 가져오는 만큼 인간에게는 공포의 대상이었다. 세 행성이 전갈자리에 위치한 배열은 무함마드의 탄생과 1348년의 흑사병을 의미했다. 거대한 배열의 이론에 따라 역사, 제국과 민중, 문명의 탄생과 멸망, 종교의 출현과 몰락에 따른 거대한 변천의 흐름이 자연적 원인에 예속되었다. 주기가 가장 긴 행성인 토성은 행성들 중 첫 번째 행성으로 여겨졌다. 또한 법과 종교의 급진적 변화의 원인이자, 일반적으로는 긴 시간에 걸쳐 일어나는 모든 변화, 예를 들어 수많은 세대와 세월을 포괄하는 모든 이론과 종교의 원인이었다. 외부의 다른 두 행성인 목성과 화성은 별로 중요하지 않은 일에 영향을 미치며 토성보다 주기도 짧았다. 대배열 이론은 아부 마샤르(787-886)의 저술에서 볼 수 있다. 아랍어로 쓰인 이 저술은 12세기에 『점성술 입문Introductorium in astronomiam』이란 제목으로 번역된 후 16세기까지 폭넓게 알려졌다. 우주의 하늘에 그리스도교의 기원을 포함시키면서도 (신의) 계시를 냉정한 자연의 법칙에 예속시키는 것은 역사의 자연주의적이고 결정론적인 개념에 해당했다. 많은 그리스도교 철학자가 종교의 별점 이론을 여러 방식으로 해석하면서 동시에 수용했다. 로저 베이컨(1214/1220-1292)은 자신의 저서 『큰 저작』에서 종교의 별점 이론을 소개하며, 이를 적그리스도의 출현에 대한 예언과 결부시켰다. 철학자들은 "목성은 다른 행성들과의 배열 관계를 통해 종교와 신앙을 예시한다. 목성이 다른 6개 행성과 배열하기 때문에 세계의 주요 종교들도 '여섯'이어야 한다. 목성이 토성과 배열할 경우 토성이 다른 행성들의 아버지인 것과 마찬가지로, 유대교는 다른 종교들보다 오래된 것이다. 만약 목성이 화성과 배열한다면 그리스도교의 이단인 네스토리우스파가 불을 숭배하도록 가르치는 것을 의미한다. 태양과 배열한다면 이것은 태양이 군주인 천상의 군대를 숭배하는 이집트 종교를 가리킨다. 그리고 금성과 배열한다면 관능적이고 육체적인 사라센의 종교를 의미한다"고 말했다. 또한 "수성과 배열한다면 이것은 적그리스도의 단체인 달의 종교가 방해하기 전까지 그리스도교인 수성의 종교다"라고 했다. 로마 교회 추기경 알리아코의 페트루스Petrus de Alliaco(1350-1420)는 역사적 사건들이 별에 의한 것이라 확신하고 그리스도의 탄생과 죽음까지도 하늘이 관장한다고 했다. 종교에 대한 별점의 호교적 관습도 등장하는 하늘이 신의 섭리를 드러낸다는 주장도 없지 않았다. 이스라엘의 역사는 하늘에서 하느님이 썼으며, 성경에 언급된 모든 주요 사건이 상급 행성들의 배열에 따른 것이라는 주장이었다. 하지만 그리스도의 탄생을 가리키는 별이 출현했다고 해서 어떻게 이것이 성서의 내용을 보여 주는 증거라 볼 수 있을까?

점성술의 결정론에 대한 반박

그리스도교 사상가들은 점성술의 결정론과 별로 미래를 예언할 수 있다는 것에 반론을 제기했다. 피에르 아벨라르(1079-1142)는 점성술을 통해 미래를 알 수 있다고 하는 사람은 누구건 악마의 노예로 봐야 할 것이라 경고했다. 콩슈의 기욤(약 1180-약 1154)은 별은 물리적인 세계에서만 힘을 가지는 반면에 인간의 행동은 이들의 지배를 벗어난다고 했다. 그리스도교도와 이슬람교도(이븐 할둔) 사이의 점성술 비판의 주된 동기는 하늘의 존재(또는 삶) 과정 전체를 탄생이나 임신 같은 한순간의 사건으로 규정할 수 있고, 운명이 단 한 번으로 결정된다는 이론을 반박하는 데 집중되었다. 특히 이성적 영역에 존재하는 영혼이 자연적 원인에 영향을 받을 수 있다는 것을 부정했다. 중간 입장은 1260년경에 알베르투스 마그누스(약 1200-1280)가 쓴 것으로 보이는 『천문학의 거울Speculum Astronomiae』을 통해 알 수 있다. 이 저서는 별의 배열이 신의 섭리에 대한 표시라는 논지를 전개했다. 저자에 따르면 별이 인간의 탄생 시에 그의 운명을 선택한다면 인간은 질문이라는 기술을 통해 아직도 존재하는 대안과 행동의 공간을 발견할 수 있다. 다시 말해 자신의 별을 선택하여 그 과정을 바꿀 수 있다는 것이다. 이러한 개념에서 별의 영향은 내부적으로 삶의 초기에 집중되지 않고 생활의 여러 순간에 분포되어 있었다. 로저 베이컨은 참된 점성술과 거짓된 점성술을 구분해야 한다고 했는데 별의 영향에 대한 학문적 연구는 특별한 예견이 아니라 일반적인 영향을 알기 위함이었다. 하늘의 영향은 인간의 행동을 제약하지만 자유를 부정하지는 않는다. "진정한 점성술사는 인간사 전부를 확실히 안다고 주장하기보다는 어떤 방법으로든 별의 영향이 육신을 바꾸어 놓을 수 있다는 말을 했을 뿐이다. 별은 육신에 영향을 미치는 것과 마찬가지로 영혼에도 영향을 미치며, 각자에게 판단의 자유를 그대로 남기면서도 구체적인 행동을 수행하도록 한다" (로저 베이컨의 『큰 저작』에서 인용, *La scienza sperimentale*, 1990). 단테(1265-1321)는 점성술을 학문으로 간주하여 비판하지는 않았으나 영향을 제한했다. 그는 점성술사가 별을 관찰하여 삶의 규칙이나 특별한 상황에 대한 암시를 이끌어 낸다고 주장했는데, 이는 자유 의지에 대한 이론과 상충되는 만큼 사기에 불과하다고 했다.

점성술, 철학, 의학

13세기에는 수많은 문헌이 아랍어와 그리스어로부터 라틴어로 번역되었고 점성술은 점진적으로 스콜라 철학의 체계에 도입되었다. 아리스토텔레스의 (중세의 철학 문화에 편입된) 자연 철학 작품들(과 『형이상학』 제12권)에 의해 그 토양은 비옥해졌다. 아리스토텔레스는 우주를 계층적으로 전망했다. 이것은 원인에 대한 단계별 개념이며 하늘이 자신의 완전한 움직임을 통해 인간의 세대와 몰락 과정을 결정한다는 것을 의미했다. 토마스 아퀴나스(1221-1274)는 어떤 현자도 천체의 움직임이 지체地體의 움직임에 원인을 제공한다는 것을 의심하지 않는다는 점을 단호하게 주장했다. 지상의 모든 요인들의 움직임은 천체의 움직임에서 유래하는 것으로, 알-킨디의 개념을 발전시킨 로저 베이컨은 천체가 영향을 미치는 방식을 수학 용어로 설명했다. 즉 천체의 영향은 모든 활력적 동인動因과 마찬가지로, 빛과 유사한 발산 체제를 통해 천체의 영향을 받는 육신에 작용했다. 로저 베이컨은 실체의 표면에서 기원하는 피라미드식 힘의 발산 과정을 설명하면서 천체의 덕을 품은 피라미드의 정점이 지구의 모든 지점에 도달한다고 기술했다. 베이컨에 의하면 지상의 모든 지점은 특별한 천체 배열의 기하학적 완성이었다. 천체의 배열을 구성하는 행성들은 투사각에 의해 결정된 단계별 강도에 따라 각기 다른 특징을 제공했다. 한편 오레슴의 니콜라스

점성술사 로저 베이컨

(1323-1382)는 동일한 유사성을 천체의 영향, 즉 빛으로 간주하면서 반대의 결론에 도달했다. 그는 차원 또는 빛의 확산에 대한 연구에 근거하여 점성술을 비판했다. 천체는 인간의 모든 행동을 규제하는 어두운 기운을 드러내기보다 기하학적이고 자연과학적인 규칙에 근거해 오직 빛과 열만 발산한다는 것이다. 하늘의 움직임과 이들이 발산하는 빛은 그 요인들이 가진 최상의 특성들과 합해져 별의 영향을 고려하지 않고서도 자연의 전 과정을 관찰할 수 있었다.

몰리의 다니엘Daniel of Morley(약 1140-약 1210)은 점성술의 유용성을 극찬하며 점성술을 부정하는 것은 의학의 기초를 파괴하는 것이라고 경고했다. 점성술의 의학에서의 역할은 고대에 기원한다. 점성술은 히포크라테스(기원전 460/459-기원전 375/351)의 『히포크라테스 전집Corpus Hippocraticum』을 통해 그리스와 아랍 의학에 영향을 주었다. 그는 육체, 마음, 행성의 세 부분의 상응이 의학의 이론적 토대를 구성하며, 질병 발생과 악화도 별의 영향에 상응하는 것이라고 했다. 이 모든 것은 주기적 열과 심각한 질병의 예에서 명확히 드러났다. 그의 '생체 리듬' 이론은 의사에게 병과의 예측과 치료를 위한 수단을 제공했다. 이에 따라 의사는 환자의 상태를 고려하는 데에 멈추지 말고 천체, 특히 달의 움직임을 반드시 관찰해야 했다. 의학의 점성술에 기초해야 할 필요성에 대한 로저 베이컨의 집요한 주장은 이해가 가능하다. 좋은 의사들은 약품을 관리하는 것에서 멈추지 말고 행성의 움직임과 모습에 따라 자신의 행동을 조절했다. 아바노의 피에트로(1257-약 1315)는 당대 의사들을 점성술 분야의 '무뢰한들'이라고 비판했다. 피에트로의 주장에 따르면 모든 행성은 질병에 영향을 미치지만 그 방식은 황도 12궁과 핵심 지점에서 그들이 차지하는 위치, 주전원의 위치, 다른 행성들과의 관계(배열과 모습)에서 고려된 위치에 근거한 만큼이나 지극히 다양했다. 점성술과 의학

점성술은 이슬람과 서유럽 궁정들에서 확산되었다. 점성술사들은 전쟁터에 칼리프caliph(이슬람 제국 주권자의 칭호*)와 장군들과 동행하면서 전투에 관한 모든 결정에 자문을 제공했다. 프리드리히 2세의 궁전에서 마이클 스콧(약 1175-약 1235)은 점성술에 관한 연구서들을 집필하고 아랍의 점성술 저술들을 번역했다. 그는 점성술을 철학자의 실용적인 지식으로 간주하며, 이것 때문에 마술과 관련 있다고 했다. 이때의 점성술은 세상을 지배하는 천체의 힘을 어떻게 소유할지를 가르치는 기술이었다. 13세기의 가장 저명한 점성술사로 프리드리히 2세에게 봉사하던 귀도 보나티 점성술과 정치

Guido Bonatti(?–약 1296), 로마노의 에첼리노(1194–1259), 폴렌타의 귀도 노벨로Guido Novello da Polenta(약 1275–1333), 몬테펠트로의 귀도Guido(1223–1298)의 경우에서도 알 수 있듯, 점성술사들은 정치 투쟁에 중대한 역할을 담당했다.

보나티는 자신이 별에 대한 관찰을 통해 몬타페르티 전투(1260)에서 친황제파의 승리를 위한 결정적인 순간을 지적했다고 주장했다. 점성술은 13세기 후반에 이탈리아 대학들의 의학부에서 강의되기 시작했다. 아바노의 피에트로는 파도바에서 점성술을 강의했고, 파르마의 블라시우스Blasius of Parma(?–1416)는 볼로냐와 파도바에서 강의했다. 블라시우스는 확실하고 유일한 학문은 수학으로, 이는 기하학과 점성술로 구성된다고 주장했다. 점성술은 기하학의 실용적 부분, 특히 천체의 움직임에 대한 기하학적인 지식을 대표했다.

| 다음을 참고하라 |
철학 중세 이슬람 철학: 주제와 주인공들(328쪽); 알베르투스 마그누스와 쾰른 학파(383쪽); 토마스 아퀴나스(389쪽); 철학자 단테(435쪽)
과학과 기술 프톨레마이오스에 대한 찬성과 반대(551쪽); 로저 베이컨과 실험 과학(615쪽)

물리학

SCIENZE E TECNICHE

물질과 그것의 변화에 대한 이론들

| 안토니오 클레리쿠치오 |

스콜라 철학에서 구성체의 형태적 기원은 13-14세기에 가장 왕성히 벌어졌던 논쟁 가운데 하나였다. 이는 혼합체의 4개 구성 원소의 형태에 어떤 일이 발생하고 합성물의 형태가 어떻게 도입되는지를 규명하는 것이었다. 분자, 또는 물체가 자신의 형태를 상실하지 않으면서 축소될 수 있는 가장 작은 부분에 대한 이론은, 아리스토텔레스에 의해 거부되었던 미립자 개념의 부활(재등장)을 용이하게 하는 주제였다. 다소 예외적인 성격의 것이지만 중세에는 물질의 원자적 개념을 지지하는 주장도 제기되었다. 그중에서 가장 의미 있는 것은 오컴의 윌리엄의 추종자인 오레슴의 니콜라스의 이론이었다.

혼합물의 형태와 성질

아리스토텔레스의 자연 과학(물리학)에서 질료(물질)는 형상, 부재와 함께 세 요인을 구성한다. 물질은 원료며 가능태고, 모든 본질이 질료와 형상의 합체인 만큼 자체로 한정되지 않는다. 아리스토텔레스가 주장한 원료는 부정적인 의미로 규정된 것 외에도, 모든 물체에 공통의 토대substratum(가장 저변에 존재하는 것)로 정의되었다. 두 가지는 서로 상존하는 것이며 또한 모든 형상으로 한정될 수 있다. 원료 역시 개별화 물질의 형태의 원리인데, 형상을 개별화하는 요소로 하나의 특정한 말을 다른 말과 다르게 하는 것이다. 형상은 전환되고 무엇인가를 결정하는 요인으로 그것 때문에 존재하는 무엇이다. 예를 들어 형상은 특정한 동물이 말馬이나 개犬가 아니게 한다. 세 번째 원칙은 부재, 즉 모든 실체에서 변화의 원칙을 의미한다. 이것은 질료가 이미 가지고 있는 한 가지 주체에 새로운 형상을 가지게 만든다. 지상에서의 원료는 네 쌍의 성질 또는 가장 우선적 성질인 덥고, 춥고, 건조하고, 습한 것으로 결정된다. 모든 성질은 이 4개 요소로 형성되는데, 이들은 불(뜨거움과 건조함), 공기(뜨거움과 습함), 물(차가움과 습함), 흙(차가움과 건조함)이다. 지상의 모든 물체는 4개 원소의 조합으로 만들어지며, 이들 속에서 변한다. 원소들 간에 존재하는 비율 차이는 물체의 민감한 특징을 결정한다. 혼합체는 2개의 능동적 성질(뜨거움과 차가움)의 작용을 매개로 하거나 새로운 형태의 도입을 통해 4개 원소에 의해 생성된다. 스콜라 철학에서 4개 원소는 자연 질료의 최후 구성 원소지만 자연 과학의 본질인 만큼 자체도 형상과 질료로 구성된다. 원료, 성질의 부재, 순수한 가능태, 그리고 본질적인 형상이 그것이다.

실질적 형상에 대한 이론은 아리스토텔레스(기원전 384-기원전 322)와 초기 주석가들보다는 스콜라 철학의 핵심에 해당한다. 본질적 형상 자체로는 행동할 능력을 소유하지 못하지만 우유성偶有性의 형상(본질적 형상에 종속된 형상)을 통해서는 그것이 가능하다. 아리스토텔레스는 더위와 추위를 능동(전자는 분리하고 후자는 통합한다)으로, 건조함과 습함을 수동으로 정의했다. 반면에 스콜라 철학의 경향을 가진 철학자들은 네 가지 우선적인 성질이 능동적이거나 수동적일 수 있다고 주장했다. 혼합체의 두 번째 성질은 두 그룹으로 구분된다. 첫 번째 그룹의 촉감적인 것(무겁고, 가볍고, 농도가 진하고, 까칠까칠하고, 매끄럽고, 딱딱하고, 부드러운 것)은 본질적 형상으로부터 직접 유래한다. 두 번째 그룹의 냄새, 향기, 색 등은 우선적 성질의 혼합에서 유래한다. 반면 소리는 지엽적인 움직임에서 유래한다. 스콜라 철학의 개념에서는 4개 원소가 이런저런 것으로 변형될 수 있거나 처음에는 땅의 형상을 가지고 있던 질료의 동일한 비율이 이후에는 물의 형상을 가질 수도 있다. 본질적 형상이나 구성체의 경우에 본질적 형상이 도입되기 위해서는 이전 형상의 파괴가 필요하다.

혼합물 또는 구성체, 그리고 단순한 혼합물이 아닌 것들은 네 가지 우선적 성질에서 기원하는 반면 본질적 형상은 이후에 도입된다. 원소들이 혼합물에 존재하는 방식과 혼합물 형태의 기원은 13-14세기 스콜라 철학의 근본적 문제였다. 반면 질료의 역할은 별다른 어려움을 나타내지 않았다. 원소들은 혼합물에 투입되고 혼합물의 질료는 이들로 구성된 물체의 질료가 되었다. 형상의 경우 문제가 제기되는데, 어떻게 원소의 형상이 혼합물에 존재하는지, 4개 원소의 형상과 혼합체의 형상 사이에 존재하는 관계가 무엇인지를 제대로 설명하기가 까다로웠기 때문이다.

아랍 철학에서 혼합물의 형상에 관한 문제의 주된 해결책은 두 가지였다. 아비케나(980-1037)에 의하면 혼합물을 구성하는 원소의 형상은 변화되지 않은 상태로 남아 있는 반면 이들의 (형상에서 유래하는) 성질은 약화되었다. 또 원소의 성격은 혼합물의 형상을 만들어 내지는 않지만 필요한 소질을 결정했다(방사emissio). 혼합물의 본질적 형상이 도입되기 때문이다. 형상을 부여하는 자dator formarum, 즉 형상을 제공한 천상의 지성(창조자)은 하나의 적절한 물질에 4개의 본질적 형상의 원소가 추가된 새로운 형상을 도입했다.

아랍인들이 생각한 혼합물의 형상

한편 아베로에스(1126-1198)는 원소의 성질뿐 아니라 형상도 약화되며 합성물에서는 축소된 형상으로 공존한다고 했다. 그에 의하면 합성물은 4개 원소의 약화된 형상에서 유래된 중간적인 것이었다. 하지만 아베로에스의 개념은 하나의 반론에 직면했다. 아리스토텔레스에게 형상은 약간의 증감을 겪으며, 숫자와 같고 모든 변화는 종의 변화를 겪었다. 예를 들어 1마리의 말은 더 이상 다른 말의 말이 아니며, 어떤 순간에도 그 이상이 아니었다. 그러나 다른 것들보다 뜨겁거나 차가울 수는 있다. 스콜라 철학은 형상이 약화될 수 있음을 배제했지만 성질의 경우에는 가능하다고 인정했다.

토마스 아퀴나스(1221-1274)는 원소들의 본질적인 형상이 동적인 상태의 혼합물에서는 상존하지 않지만 힘을 유지하는 반면 첫 네 가지 성격은 합성물에 포함된다고 주장했다. 이렇게 해서 원소의 성격에서 시작하여 중간적 성격이 성립하고, 중간적인 성격은 혼합물의 질료에 도입되었다. 그의 개념은 합성과 본질적인 형태의 문제에 대한 유일한 해결책이 아니었다. 로저 베이컨(1214/1220-1292)은 혼합물이 천체의 영향으로 외부로부터 유래하는 것이 아니라 물질의 힘에 기원한다고 주장했다. 많은 학자가 동조하지는 않았지만 아우리올의 페트루스(약 1280-약 1322)의 이론은 흥미롭다. 그는 혼합물이 몇 가지 고유한 특징을 상실하며 분리될 수 없고 동질적인 형태로 뭉치는 기본적인 형상들로 구성되었다고 주장했다. 이는 새로운 본질적인 형상을 도입할 필요가 없음을 의미하는 것이다.

분자와 원자

아리스토텔레스를 추종하는 철학자들에 따르면 모든 본질은 양적으로 최대와 최소 한계 내에서 결정된다. 살아 있는 생물체에게는 너무나 명백한 것으로 나무, 동물, 인간은 오직 일정한 부피 내에서만 존재할 수 있다. 또한 소위 말하는 단순하거나 혼합적인 동질의 물체(예를 들어 육류나 우유)의 경우 최대와 최소 한계가 존재한다. 최대 한계는 물질의 최종 완성도에 의해 주어지고 최소 한계는 물질의 성격 자체에 의해 주어진다. 만약 물질의 분할이 구체적 한계를 벗어난다면 더 이상 존재할 수 없게 된다. 그러나 이는 이론적인 분할이지 물리적인 분할은 아니며, 물체의 분자는 실제적으로 존재하는 것이 아니라 분할의 한계라고 할 수 있다. 분자 이론minima naturalia은 아리스토텔레스의 물리적-물질적 연속의 무한 분할 원리와 대치되는 것처럼 보인다. 이와 관련하여 13세기에는 다양한 해결책이 제시되었는데, 알베르투스 마그누스(약 1200-1280)는 수학적 연속에서는 분자가 설정될 수 없지만 물리적 물체에서는 작은 부분이 더 이상 자신의 성격을 가질 수 없게 될 정도로 작은 조각(예를 들어 육류의 매우 작은 조각)을 설정할 필요가 있다고 했다. 토마스 아퀴나스가 제시한 해결책도 비슷했다. 그는 수학적 의미의 분할과 물체의 분할을 구분했다. 즉 수학적 의미에서의 물체는 무한대로 분할이 가능하지만 물리적 물체는 그렇지 않다. 만약 물체가 수학적 의미로 이해되어 오직 수량적으로만 고려된다면 분할에는 문제가 발생하지 않는다. 하지만 물리적 의미의 물체에서는 형태가 일정한 양의 물질을 필요로 하기에 그 이하로는 존재할 수 없다. 로저 베이컨은 지속적인 본질은 무한대로 분할될 수 있지만 일정한 한계 이하에서는 외부로부터의 힘에 저항할 수 없게 되는 만큼 더 이상의 운동 능력을 상실한다고 주장했다. 베이컨의 개념은 영국 출신의 다른 프란체스코회 수사인 미들턴의 리처드(1249-약 1308)가 계승했다. 리처드에 따르면 신은 불을 다른 본질들을 불태울 수 없을 정도로 또 더 이상 감각을 자극할 수 없을 정도로 작게 분할할 수 있다. 이러한 방식으로 그는 전체로부터 분리된 아주 작은 분자의 존재를 인정했다. 리처드의 주장은 스콜라 철학자들에게는 거의 받아들일 수 없는 주장이었는데, 아리스토텔레스가 부정했던 물질의 미립자 이론에 타당성을 부여하는 것이었기 때문이다.

물질의 분할

처음으로 분자의 물리적 존재를 인정한 인물은 아베로에스였다. 아베로에스는 분자는 본질이 생성될 때 가장 먼저 존재하는 것이며, 본질이 파괴될 때에는 가장 늦

분자 이론

게 사라지는 것이라고 했다. 또한 분자는 순수하고 단순한 개념적 한계가 아니라 물리적인 존재로써 분자들 사이에서는 화학적 반응이 발생한다. 14세기에 월터 벌리Walter Burley(약 1275-약 1345) 같은 둔스 스코투스 추종자들은 유기적인 본질로 제한되는 분자의 물리적인 존재를 인정했다. 요하네스 부리다누스(약 1290-약 1358) 같은 유명론자들은 일정한 크기의 한계 내에서 (단순하거나 혼합적인) 본질은 더 이상 안정적이지 않다고 주장했다. 하지만 작센의 알버트(약 1316-1390)는 일정한 본질에 대해서만 작용하는 힘을 지적하며, 절대 분자 또는 본질이 더 이상 존재할 수 없는 정해진 부피는 존재하지 않으며 외적 조건들과의 관계에서 고려되지 않을 경우 분자를 규정할 수 없다고 했다.

분자에 대한 아리스토텔레스의 이론과 스콜라 철학의 이론은 데모크리토스로부터 기원하는 원자 개념과 비교할 때 몇 가지 차이점을 가졌다. 첫째, 분자들minima naturalia이 질적 유형의 성질(분자들의 본질적 성격)을 가지는 것에 비해 데모크리토스의 원자들은 수량적인 성질만 가진다. 둘째, 분자들은 내적인 변화를 겪으면서 서로 반응하는 반면에 화학적 변화에 대해 원자론자들은 더 이상 분할될 수도 수정될 수도 없는 소부분小部分들의 첨가 또는 배제와 더불어 이들의 상호간 배열의 변화를 주장했다.

일반적으로 그리스도교 철학자들은 철학적이고 신학적인 이유로 원자론을 비판했지만 9-10세기에 이라크 바스라Basra에서 활동하던 신학자 무타질리Mu'tazili(8세기)와 페르시아 출신 의사 알-라지al-Rāzī(865-925/935, '라제스Rhazes'라고도 함*) 같은 아랍 세계의 철학자들과 과학자들은 원자론을 수용했다. 전자의 인물들은 물체가 더 이상 분할될 수 없는 소물질들로, 움직임이나 안정 상태를 회복하려는 능력을 갖춘 원자로 구성된다고 주장했다. 알-라지는 물체들의 성질이 원자들과 빈 공간의 비율에서 유래된다고 했다. 산발적이기는 하지만 그리스도교인들 사이에서도 물질의 원자 이론을 지지하는 견해가 제기되었다. 콩슈의 기욤(약 1180-약 1154)은 물질의 미립자 개념을 채택하면서 이들이 형태와 성질을 갖추고 있다고 했지만 원자 미립자들이 4개 원소에 공간을 제공하기 위해 서로 합쳐진다는 것을 부정했다. 원자론에 대한 본격적인 관심은 오컴의 윌리엄(1280-약 1349)의 추종자이자 아리스토텔레스 철학의 비평가인 오트르쿠르의 니콜라우스(약 1300-약 1350)의 연구를 통해 구체화되었다. 그는 질료의 형상이 더 이상 분할될 수 없는 (질료의) 미립자들의 다양 원자론한 조합과 운동에 의해 이루어진다고 주장했다. 미립자의 개념은 중세 연금술의 주요 업적의 하나로 평가받는 라틴 세계의 위僞 게베르Geber(13세기, 아랍식으로는 자비르로, 자비르의 명성을 이용하기 위해 이 필명을 사용한 것으로 보인다*)의 『완전성의 총체Summa perfectionis』(13세기)에서 찾아볼 수 있다. 이 저술은 13세기 중반에 왕성하게 활동했던 연금술사인 타란토의 파올로Paolo가 썼을 것으로 추정된다. 위 게베르는 물체들의 화학적 결합을 물체들의 분자 차원에서 진행되는 과정이라고 기술했다. 4개 원소의 분자는 서로 결합하여 유황과 수은이 되는데, 연금술의 개념에 의하면 유황과 수은 모두 금속으로 구성된다.

| 다음을 참고하라 |

과학과 기술 운동의 물리학과 질량학(568쪽); 13-14세기 유럽의 연금술(575쪽); 연금술의 문제(581쪽); 13-14세기 유럽의 광물학과 금속학(587쪽); 로저 베이컨과 실험 과학(615쪽)

운동의 물리학과 질량학

| 안토니오 클레리쿠치오 |

13세기에 운동에 대한 연구는 두 가지 중요한 혁신을 가져왔다. 첫째는 6세기에 필로포누스가 제기했던 아리스토텔레스 이론의 비평에서 시작되었으며 (발사체의 지속적인 운동을 설명하는 데 필요한) 추동력 또는 동력으로부터 움직이는 물체에 전달된 힘의 개념을 도입했다. 두 번째는 머튼의 정리定理와 더불어, 중간 속도의 운동학 연구에 대한 수량적 접근이었다. 그리스의 과학 유산이 자연 과학(물리학)의 수학화를 통해 많은 성과를 제공한 분야는 질량학 또는 정력학이었다. 연금술 전통과 위 아리스토텔레스의 『기계학 문제들』은 물체들의 균형 조건에 대한 수학적 연구에 기여했다.

운동의 문제들

아리스토텔레스의 자연 과학에서는 움직임(또는 변동)을 본질(예를 들어 재가 되며 타는 몸통), 성질(예를 들어 물의 보온), 수량(예를 들어 식물의 성장), 장소(예를 들어 장소나 위치의 변화)의 네 가지 유형으로 구분했다. 지상에서의 지엽적인 운동은 자유낙하운동이거나 상승 운동이다. 무거운 물체는 지구의 중심과 일치하는 우주의 중심을 향해 움직인다. 만약 위를 향해 움직인다면 이는 자연에 위배되거나 상승 운동 중인 것이다. 이에 대한 아리스토텔레스의 분석은 다음과 같다. 운동은 하나의 과정이며, 이것은 이동의 특성을 가지고 있다는 추측에 근거한다. 즉 지상의 물체는 자신의 자연스러운 위치에 도달하려는 경향을 가지고 있고 목적지에 도달하면 멈춘다. 다만 아리스토텔레스는 운동의 문제에 대한 수량적 분석은 하지 않았다. 위 아리스토텔레스(아리스토텔레스의 제자가 썼을 것으로 추정된다)의 『기계학 문제들Questioni Meccaniche』은 고대의 다른 기술서들과 비교하여 독창적인 방식으로 단순 기계들을 언급하며 질량학 연구에 대한 접근을 시도했다. 이 저술은 기계적 현상의 근거로 원을 제시했고 원운동의 몇 가지 성질에 저울이나 지렛대의 기능을 재도입했다. 저울의 작용은 저울 장대 대비 무게의 효율성(이동을 측정하는 용도로 사용되는 지렛대의 지점들부터 거리가 멀고 가까운지 측정하는 속도)이 지렛대의 지점으로부터 무게 자체의 거리에 따라 증가한다는 추정에 근거하여 설명이 가능하다. 한편 『기계학 문제들』의 (아랍 과학을 통한 간접적인 영향이 밝혀지기는 했지만) 직접적인 영향을 찾아내는 것이 쉽지 않지만 아르키메데스Archimedes(기원전 287–기원전 212)의 질량학은 중세에 상당히 보편화되어 있었다. 그는 이론과 실제의 관점 모두에서 기계적인 문제에 몰두했다. 역학 문제에서는 기하학에 의존했고 질량학 연구서인 『평면의 균형에 관하여 Sull'equilibrio dei piani 또는 On the Equilibrium of Planes』에서는 상당히 연역적인 방법을 도입했다. 그는 몇 가지 공리公理에 근거하여 질량학 문제들을 연구했다. 즉 동일한 거리에 위치한 동일한 무게는 균형을 이루는 반면 동일하지 않은 거리의 동일한 무게는 균형을 유지하지 않고 더 먼 거리에 놓인 무게의 방향으로 기운다. 또한 2개의 크기는 동일한 크기로 비율이 맞는 거리에서 균형을 이루며 저울의 지점을 통과하는 수직선 위의 무게는 균형을 방해하지 않는다.

아르키메데스와 역학

물체의 낙하와 추동력

아리스토텔레스는 물체의 낙하를 연구하며 낙하 속도는 무게와 비례하지만 움직임을 유발하는 도구의 저항에는 반비례한다고 주장했다. 6세기에 활동했던 그리스 주석가 요하네스 필로포누스는 아리스토텔레스의 이론을 비판하며 저항이 힘에 눌린다고 주장했다. 물체의 속도는 P/R에 의해 주어지는 것이 아니라(P는 무게, R은 저항), P-R에 의해 주어지는데, 이때 저항 매체가 없는 운동이 가능했다. 12세기에 에스파냐에서 활동했던 아랍 철학자 아벰파세(?-1139)는 아리스토텔레스에 대해 반론을 제기하며 저항 수단은 운동 증명에는 필요치 않고 단지 운동을 늦출 뿐이라고 주장했다. 아벰파세의 비판은 아리스토텔레스의 자연 과학에 대한 아베로에스(1126-1198)의 주석을 통해 서유럽에 소개된 이후 토마스 아퀴나스(1221-1274)에게 계승되었다.

13세기 말부터 14세기까지 내부 저항의 개념이 운동 문제에 대한 연구에 도입되었다. 이는 혼합체에 대한 아리스토텔레스의 개념을 새롭게 해석한 것에서 기원했다. 가볍고 무거운 요인은 마치 각도나 부분으로 구성된 것처럼 인식되었다. 만약 혼합체에서 무거운 요인(예를 들어 흙과 물)이 지배적이라면 아래를 향해 자연스럽게 움직이며 반대로 가벼운 요인(예를 들어 공기와 불)이 지배적이라면 물체는 자연스럽게 위를 향하거나 달의 오목한 표면을 향한다. 가벼운 요인에 대한 무거운 요인과의 관계 정도가 클수록 낙하 속도도 증가한다.

가벼움과 무거움은 동일한 물체에 공존할 수도 있다. 예를 들어 동일한 물체는 3단계의 가벼움과 8단계의 무거움을 가질 수 있기에 8단계의 무거움과 5단계의 가벼움을 가지는 다른 물체에 비해 빠르게 움직인다. 낙하 속도는 측정된 수량(또는 정도)에 존재하는 두 성격 사이의 관계에 따른 결과고, 무게는 동력이며, 가벼움은 내부 저항이다. 이러한 발상을 전제로 캔터베리 대주교 토머스 브래드워딘(약 1290-1349)과 작센의 알버트(약 1316-1390)는 아리스토텔레스의 자연 과학 원칙과 양립할 수 없는 결론에 도달했다. 다시 말해 이들은 동질적인 두 물체의 부피(와 무게)가 서로 다를지라도 같은 공간에서는 동일한 속도로 낙하한다고 주장했다.

아리스토텔레스의 자연 과학에 대한 반발

13세기에 아리스토텔레스의 역학에 쏟아졌던 핵심적인 비판 중 하나는 이미 6세기에 필로포누스에 의해 거부된 바 있는 상승 운동에 대한 설명과 관련 있었다. 발사체가 동력으로부터 분리, 즉 움직임을 유발한 원인자(예를 들어 활이 당겨지거나 투석기를 회전시키는 주체)로부터 분리된 직후의 발사체의 운동 가능성(상승 운동의 경우)에 대하여 아리스토텔레스는 발사된 물체를 동반하고 이동시키면서 운동을 전달하는 공기의 작용이라 설명했다. 반면 자연 운동, 즉 낙하 운동에서 운동의 추동력impetus은 운동하고 있는 물체의 내부에 존재하는 힘이며, 상승 운동에서는 움직인 것과 지속적인 관계에 있는 외부의 힘이다. 상승 운동의 문제에 대해서는 14세기에 새로운 해결책이 모색되었다. 가장 대표적인 것은 추동력의 개념에 근거했다. 이때 추동력은 상주하지 않고 일시적이었으며, 시간의 일정한 개입을 통해 중력에 위배되는 상승 운동을 유지할 능력을 가진 비물질적인 힘을 가리켰다. 추동력은 질적인 성격을 가지고 있으며 수학적인 설명이 불가능했고 발사체를 수정하고, 발사체의 운동에 종속되는 시간이 길면 힘도 커진다. 이 힘은 시간이 지나면서 낙하하려는 자연스러운 경향과 수단의 저항에 따른 영향으로 감소한다.

부리다누스와 추동력

요하네스 부리다누스(약 1290-약 1358)는 추동력 이론에 대한 해석에 두 가지 중요한 혁신을 이룩했다. 첫째, 그는 운반체가 동력원과 움직이는 물체에 포함된 물질의 양에 의해 움직이는 속도의 제약을 받는다는 점을 전제하면서 추동력을 수량적으로 정의했다. 둘째, 그는 추동력의 일시적인 성격을 거부하고 지속적인 성격을 부여했지만 이는 가설에 불과했다. 즉 저항 수단이 없고 아래를 향하는 성향이 없는 경우 추동력이 무한으로 보존될 수 있다고 추정했다. 중세의 모든 철학자와 마찬가지로 부리다누스 역시 이와 같은 조건들이 지상에는 존재하지 않는다고 생각했다. 그럼에도 이 부분은 그의 가설이 가지는 독창적인 내용으로, 저항 수단이 없는 운동으로 제한된 경우에는 천상의 운동을 의미했다. 부리다누스는 하늘의 운동(순환적이고 일정한 운동)이 천사의 행위 때문이 아니라 하느님이 직접 행하는 독창적인 행위 또는 하느님이 천사에게 제공한 초기의 추동력에 의한 결과라고 추정했다. 다른 운동과 연결되지 않거나 저항이 없는 경우에 천체에 부여된 독창적인 추동력은 감소하지 않는다. 부리다누스는 추동력 이론을 중력 운동에 적용했다. 아리스토텔레스는 낙하 속도가 증가하면 물체가 자신의 공간에 접근할 때 가속력이 발생한다는 점과 공간에 접근할수록 추가 중량이 발생한다는 것을 알고 있었다. 중세에는 낙하의 가속도를 설명하기 위한 다양한 방식이 도입되었다. 즉 물체는 땅에 접근할수록 더욱 빠르게 움직이는데 그것은 공기의 저항이 적어지기 때문이다. 부리다누스는 이상의 두 가지 설명을 거부하고 가속도가 중력에 의한 추동력이 지속적으로 증가하면서 발생한다고 주장했다. 초기에 중력은 오직 자신의 중력에 의해 움직이며 따라서 느리게 움직이지만 이후에는 중력과 추동력이 추가로 발생하기에 매우 빠르게 움직인다는 것이다. 낙하 속도가 증가하면 추동력도 증가하는데, 이때 궁극적으로 속도가 증가한다고 했다.

13세기에 네모레의 조르다누스Jordanus de Nemore(약 1225-1260)는 중력에 의한 낙하의 운동학을 대상으로 초기 연구서들을 출간했다. 그는 "동일한 시간에 더욱 많은 공간을 통과하며, 동일한 공간에서 속도는 더욱 커진다"(*Liber de ratione ponderis*, IV장)고 주장했다. 시간과 거리는 밀접한 관계에 있는 것처럼 보이는데, 이 때문에 부리다누스와 그의 제자 오레슴의 니콜라스(1323-1382)는 통과하는 공간과 소요된 시간에 의해 속도가 증가한다고 했다. 그러나 이 두 가지 기능의 상호 모순성을 이해하지는 못했다.

옥스퍼드 머튼 대학의 운동학

역학에서의 중요한 수량적 발전은 1328-1350년에 옥스퍼드 머튼 대학의 철학자들과 논리학자들, 특히 토머스 브래드워딘, 리처드 스와인즈헤드Richard Swineshead(약 1340-1354년에 활동), 헤이테스베리의 윌리엄(1313-1373), 존 덤블턴John Dumbleton(약 1310-약 1349)의 연구를 통해 가능해졌다. 이들이 수행한 수많은 연구는 성질이 어떤 방법으로 강도를 달리하는가와 성질의 증가와 감소를 어떻게 스콜라 철학의 용어로 표현하는가에 대한 철학적 문제의 해답을 찾으려는 것이었다.

머튼 대학의 학문적인 기여는 다음 네 가지로 요약할 수 있다. 첫째는 역학(동력학)과 운동학의 명확한 구분, 즉 운동의 원인과 공간과 시간의 결과를 구분하는 것이다. 둘째는 순간적인 속도 개념을 밝히는 것이다. 셋째는 동일한 속도의 증가가 동일한 기간의 개입을 통해 얻어지는 것과 마찬가지로 운동을 일정하게 가속된 움직임으로 정의하는 것이다. 넷째는 평균 속도의 운동학 공리에 대한 공식화와 전개다. 이러한 공리에 의하면 주어진 시간에 대하여 동일한 가속도로 통과한 공간은 동일하게 가속된 운동이 순간적으로 획득한 속도를 가진 일정한 운동으로, 같은 시간에 통과한 공간과 동일했다. 근대의 관점에서 볼 때 평균 속도의 공리는 다음과 같은 방식으로 표현된 것이다. $S=1/2V_f t$(S는 통과한 공간, V_f는 최종 속도, t는 시간). 14세기에는 공리를 공식화하려는 노력이 반복적으로 시도되었는데 이들 중 몇 가지는 산술적인 성격, 다른 몇 가지는 기하학적인 성격이었다. 가장 중요한 것은 머튼 대학의 용어 정립이었다. 그 예로 동일한 시간의 개입을 배경으로 동일한 공간을 통과하는 운동으로 정의된 일정한 운동의 정의를 지적할 수 있다. 그리고 일정하게 변형된 운동은 동일한 시간 동안 속도가 동일하게 증가하는 운동으로 정의되었다. 그러나 중세의 운동학에서는 머튼 대학의 철학자들이 축적한 연구 성과와 성격과 속도의 다양성에 대한 조사가 단순히 이론적으로만 진행되었을 뿐, 경험적인 연구에 근거하지도 않았고 이를 예상하지도 못한 것이 사실이었다.

정력학

서양의 정력학靜力學(스콜라 철학자들은 '질량학'이라고 부른다)은 12-13세기의 번역 작업을 통해 중요한 순간을 맞이했다. 아르키메데스와 유클리드(기원전 3세기)와 이들의 영향을 받은 연구자들의 저술이 그것이다. 일부는 아랍 문화에서 기원했으며 고대 그리스 정력학의 주요 문제와 개념들을 다루었다. 그리스 기원의 한 무명작가의 작품으로 추정되는 『법칙에 관하여De canonio』는 로마 시대의 대저울 또는 저울대의 길이가 동일하지 않은 여러 장대 저울에 대한 뛰어난 연구서로 평가받는다. 저자는 위 아리스토텔레스의 『기계학 문제들』과 아르키메데스의 정력학에서 언급된 바 있는 몇 가지 개념을 채택했다. 이 저술은 저울의 균형을 유지하기 위해 가장 긴 대에 아무것도 올려놓지 않고도 대저울의 가장 짧은 대에 올려놓을 무게를 측정할 수 있음을 보여 주었다. 또한 지레의 일반 법칙도 제시했는데, 각자의 대에 미치는 무게가 한쪽 지점과 다른 지점의 사이에서 동일할 때 균형을 유지했다. 그 외에도 저자는 중력의 중심에 대한 아르키메데스의 이론을 수용했다. 『법칙에 관하여』

중세 정력학 연구의 가장 대표적인 인물은 네모레의 조르다누스다. 13세기 초반 파리에 살았다는 것만 알려졌을 뿐, 생애 대부분은 신비에 싸여 있다. 그는 『무게에 관하여De ponderibus』에서 (훗날 조르다누스의 원리, 또는 공리로 불리게 될) 하나의 원칙을 도입했다. 이 저술에 따르면 주어진 무게 P를 h의 높이로 들어 올릴 수 있는 힘은 P보다 k배가 큰 무게를 $1/k$의 높이로 들어 올릴 수 있다. 조르다누스는 물체의 무게를 그것의 위치와 관련하여 고려했다(중력은 배열을 따른다gravitas secundum situm). "물체는 움직임이 직선으로 중심을 향하여 하강할 때 더 무겁다. 물체는 현재의 위치에서 덜 경사진 형태로 하강할 때 더 무겁다. 왜냐하면 곡선 하강의 경우 동일한 수량에는 직선 운동이 덜 포함되어 있기 때문이다"(Brown, 1978).

유체 정력학에 대한 첫 연구인 라틴 서방과 아랍의 고대 자료들에서 발견된 『물에 뜨는 물체에 관한 연구De insidentibus in humidum』의 저자는 위 아르키메데스로 추정되며, 시기는 13세기로 거슬러 올라간다. 저자는 이 저술에서 특별한 무게와 수치상의 무게를 구분했다. "두 중력의 상관관계는 (『물에 뜨는 물체에 관한 연구』에 따르면) 종과 수치에 따라 두 가지 방식으로 고려할 수 있다. 만약 금의 중력과 은의 중력을 비교하려면 종(의 중력)에 따라야 한다. 이를 통해 금의 무게와 은의 무게가 동일하다는 것을 추정할 수 있다. 두 물체 중 수치상의 무게에 의하면 저울의 멍에를 더 기울게 하는 것이 더 무겁다. 어떤 물체도 그 자체로 무겁지 않다. 물은 수중에서, 기름은 기름 속에서, 공기는 공기 속에서 아무 중력을 가지지 못한다. 물체는 물에서보다 공기 중에서 더 무겁다"(Clagett, 1972).

| 다음을 참고하라 |

과학과 기술 물질과 그것의 변화에 대한 이론들(563쪽); 운동의 물리학과 질량학(568쪽); 13–14세기 유럽의 연금술(575쪽); 연금술의 문제(581쪽); 금속의 변환에서 불로장생의 영약을 위한 연금술로(583쪽); 13–14세기 유럽의 광물학과 금속학(587쪽); 로저 베이컨과 실험 과학(615쪽)

유럽의 연금술과 금속학

SCIENZE E TECNICHE

13-14세기 유럽의 연금술

| 안드레아 베르나르도니Andrea Bernardoni |

13세기에 유럽 문화는 이슬람의 연금술 이론들 중에서 주로 금속학 관련 분야에 동화되었다. 라틴 세계의 아르키메데스 추종자들이나 자연 철학자들은 당시만 해도 알려지지 않은 아랍 전통의 이론들로부터, 아리스토텔레스보다는 대大 플리니우스의 『박물지Naturalis Historia』, 이시도루스의 『어원 사전Etymologiae』, 그리고 비잔티움 세계의 보석 세공인들의 업적에서 광물에 대한 지식을 배웠다.

라틴 세계의 자연 철학에 미친 아랍 연금술의 영향

서유럽의 철학자와 자연주의자들이 아랍 연금술 이론에 동화되었음을 보여 주는 초기의 결과 중 하나는 바르톨로메우스(약 1190-약 1250)와 보베의 뱅상(약 1190-1264)의 금속학에 대한 연구였다. 13세기 초반 옥스퍼드에서 공부한 프란체스코회의 바르톨로메우스는 『소유물에 관한 책De proprietatibus rebus』을 집필했다. 이 저술은 프랑스어, 네덜란드어, 에스파냐어로 번역된 이후 교육용 교재로 널리 활용되었다. 저자인 바르톨로메우스는 지질학과 금속학에서 아비케나(980-1037)로부터 많은 정보를 참고했던 반면에 연금술에는 큰 관심을 기울이지 않았다. 도미니쿠스회의 보베의 뱅상은 달랐다. 그는 자신의 백과사전식 저술인 『대거울Speculum Maius』에서 서유럽 지식의 계층적 구조에 연금술 영역을 마련하고 기초적인 내용을 기술했다.

서유럽에 대한 아랍 이론의 영향

보베의 뱅상은 아비케나와 알-라지(865-925/935)의 협력 체계를 수용했다. 그리고 종種의 변환이 가능하다는 점에 공감했으며 기계적 기술 관점에서 연금술에 접근했다. 이는 농업을 식물학을 위한 실질적인 적용 분야로 여긴 것과 마찬가지로, 광물학을 실용적인 학문으로 간주한 결과였다. 뱅상은 금속의 여러 종이 비소, 수은, 유황, 암모니아, 소금 등으로 분해될 수 있으며, 이들로부터 시작하여 은과 금의 금속류가 만들어질 수 있다고 주장했다. 그가 유황과 수은에서 금속의 주된 구성 요인들을 발견하고 이를 확대하고 발전시킨 아랍의 이론을 자신의 것으로 소화했음을 의미했다.

대학에서 연금술이 중요하게 고려된 것을 보여 주는 또 다른 증언은 코스탄티노 피사노의 『비밀 연금술의 연구Liber secretorum alchimiae』다. 저자는 연금술이 대학에서 교육되어야 한다고 주장하며, 아리스토텔레스(기원전 384-기원전 322)가 『기상학』에서 언급했던 이론들 가운데 종의 변환에 대한 내용을 정당화하려고 노력했다. 코스탄티노는 자신의 업적을 통해 인식론적 냉철함을 견지했으며 연금술, 의학, 천문학, 예언 같은 이론과 실제의 지식이 형성되는 관계를 연구했다. 그 외에도 자신의 저술인 『직선적 궤도Semita recta』에서 변환 방식을 다룬 연금술 연구를 언급했다. 이 저술은 알베르투스 마그누스(약 1200-1280)가 연금술을 주제로 쓴 것으로 추정되는 몇 개의 글에서도 재차 언급되었다. 하지만 그 출처는 13세기 프란체스코회의 수도승인 타란토의 파올로의 가명으로 알려져 있는 위 게베르의 저술 『완전성의 총체』로 추정된다.

연금술사들에게 무가치한 금속을 금으로 변환시키는 작업의 비밀에 대한 연구는 기계적인 기술이 아니라 철학적인 연구의 부분으로 여겨졌다. 이러한 상황에서 13세기의 연금술을 대표하는 두 인물, 위 게베르와 대학의 스콜라 철학 박사doctor universalis인 알베르투스 마그누스는 연금술사의 작업을 수집하고 통합하면서 연금술을 스콜라 철학의 계층적 지식 체계에 동화시키려 했다.

알베르투스 마그누스

연금술과 자연 철학

알베르투스 마그누스는 금속의 생성 차원에서 아랍 이론을 자연 철학과 아리스토텔레스 철학의 완성으로 봤다. 마그누스는 자신의 저서인 『광물에 관하여』에서 아리스토텔레스가 언급하지 않은 광물학과 지질학을 완성하려고 노력했고, 연금술에 대한 여러 이론을 고려하며 이들을 통일적-동질적인 대화의 맥락으로 서술했다. 이러한 이론들로부터 연금술은 자신만의 고유한 이론 체계, 이론적 지식, 금속의 이론적 변환을 구체적인 목표로 하는 특별한 학문으로 거듭났다. 그는 연금술이 보다 일반적인 차원에서 자연 철학과의 인식론적 관계를 형성하고, 연금술사의 경험과 관찰이 다양한 이론과 가설을 구별하기 위한 인식론적인 기준의 가치를 가진다고 생각했다.

특별히 중요한 것은 아비케나가 『암석의 응고와 유착에 관하여De congelatione et conglutinatione lapidum』에서 연금술사에게 경고한 내용에 대해 알베르투스 마그누스가 답변한 것이었다. 아비케나는 이 책에서 종種, specis의 불변성과 변화를 일으키는 것이 기술적으로 불가능하다고 주장했다. 그는 아비케나가 주장했던 종의 개념과 다르게 해석하는 방식으로 근본적인 변형의 문제를 해결했다. 페르시아의 의사와 철학자들에게 금속의 종은 논리적이고 존재론적인 가치를 지녔다. 그러므로 변환의 문제를 제기하는 것은 의미가 없었다. 따라서 이는 물질 고유의 것이지 근본적 형태의 가치를 갖는 종에 관한 것이 아니었다. 반대로 이 용어를 '근본적 형태'가 아니라 금속의 물리적 조건을 결정하기에 물질적으로 수정될 수 있는 '특별한 형태'라는 의미로 판단했다. 그리고 특별한 형태는 부차적 특성인 금속들의 물리적 상태를 결정한다고 생각했다. 근본적 형태는 아리스토텔레스와 아비케나의 관점에서 금속 물체의 존재 자체를 결정하지만 물질의 변형에는 참여하지 않았다.

알베르투스는 금과 철의 차이가 필수적인 성격 차가 아니라 금속의 종이 얼마나 완벽한가, 즉 그것이 작용하는 특별한 형태forma에 달렸다고 했다. 이러한 이행은 특별히 중요하다. 아비케나가 주장하는 형태의 개념이 '강요'를 통해 금속이 생성되는 과정을 거치면서 다시 반복되는 것이 인위적으로 가능하기 때문이었다. 물질의 질료형상론적 개념, 즉 모든 존재가 질료와 형상으로 구성된다는 주장에 따르면 연금술사들은 금속의 생성 과정에 개입하고 (필요에 따라) 수정도 할 수 있었다. 생성 원리가 물질 자체에 존재하기 때문이다. 알베르투스에 의하면 연금술사는 살아 있는 생명체의 조직에 의사가 개입하는 것처럼 금속에 개입했다. 의사는 병의 원인이 밝혀지면 그것을 제거하여 육체를 치유하려 한다. 같은 방식으로 연금술사는 금속의 실체에 개입하여 금속의 특별한 형태를 제거하고, 행성의 영향과 요인의 힘으로 작

유일한 형태의 차이

용되는 자연이 시간을 가속하고 강제하면서 새로운 금속 형태를 만들기 위한 초기 구성 요인을 정비한다. 이와 같은 맥락에서 변환의 논리적 가능성만이 아니라 목적에 적합한 기술을 정확하게 구사할 수 있는 실질적인 가능성이 제기되었다. 다시 말해 새로운 종의 금속을 만드는 과정을 기호화하기 위해 실험을 계속하는 것을 의미했다.

위 게베르

라틴 세계의 위 게베르의 발상은 알베르투스 마그누스의 저술과 같은 맥락이었다. 그는 연금술사들에게 철학자의 명칭을 부여하고 연금술의 이론적 차원을 강조하고 연금술을 기계적인 기술로 간주하려는 자들을 멀리하려 했다. 그는 기술자가 작업하는 물질을 스콜라 철학의 용어로 기술했는데, 자연 물질을 혼합물mixtio로 표현하고, 이들의 주요 구성 요인을 원자로 설명했다. 연금술이 자연 철학에서 유래되었다는 점에서 위 게베르는 알베르투스 마그누스에 동의했지만 저술이 아닌 작업 매뉴얼에 근거한다는 점에서는 분명한 차이를 드러냈다. 즉 연금술 기술은 자연을 모방하는 것에 국한되지 않고 자연과의 조화를 통해 금속 변환에 필요한 물질을 생성한다는 것이다. 위 게베르의 대표 저술은 『완전성의 총체』다. 그는 알-라지의 『비밀에 관한 책Liber secretorum』과 『알루미늄과 염에 관한 책Liber de aluminibus et salibus』, 자비르 이븐 하이얀Jābir ibn Hayyān(약 721-약 815)의 『70인역 성경에 관한 신성한 책Liber divinitatis de septuaginta』, 위 아리스토텔레스의 『완벽한 명인의 솜씨De perfecto magisterio』, 아비케나의 『암석의 응고와 유착에 관하여』와 『하센에게 보내는 서간Epistola ad Hasen regem de re recta』(우리에게는 『연금 약재에 관한 서신Lettera sull'lixir』으로 잘 알려져 있다*)을 통하여 아랍 세계의 자료에 주목했다. 라틴어 자료 중 13세기에 고대 그리스 기원의 가장 오래된 것으로 여겨졌고 가짜 금석문학자가 쓴 것으로 보이는 『헤르메스의 책Liber Hermetis』에서 이와 관련된 사상은 큰 의미를 가졌다. 기술이 자연에 복속되는 전통적 관계와 아리스토텔레스적인 모체의 전통적인 관계가 재차 확인되었기 때문이다. 이로부터 인간의 기술이 (실험실에서 자연의 현실을 들추는 기술자의 수작업에 비유되는) 연금술의 난해한 공식과의 조화를 통하여 자연 생성 과정에 개입함으로써 내부로부터 자연을 바꾼다는 논리가 등장했다. 『헤르메스의 책』을 집필한 무명의 저자에게 기술적으로 만들어진 물질은 자연의 물질과 같아지며, 이 경우 본질은 자연 상태를

자료의 출처

유지하지만 그것의 상태를 뛰어넘는 것이었다.

위 게베르는 『헤르메스의 책』에서 언급된 주제들에 근거하여 자신의 저서인 『완전성의 총체』에서 연금술에 대한 철학적 논쟁을 통해 드러난 모든 반론을 반증하는 분석을 제기했다. 저자는 반론에 대하여 (변증법적인 논리에 입각하여) 저술을 통한 경험적 차원으로 입장을 바꾸어 대답했다. 『완전성의 총체』 제2권에서는 아랍 전통에서와 마찬가지로 금속을 행성의 이름으로 지칭하며(예를 들어 태양은 금, 달은 은, 목성은 구리, 화성은 철, 수성은 수은〔자연 상태의 은〕, 금성은 주석 혹은 납) 물질의 실체와 별의 긴밀한 관계를 강조했다. 위 게베르는 금속이 원자 또는 아리스토텔레스의 물질 이론에 따라 질적 차원에서 구분된 원자로부터 시작하여 동질적 요인들로 구성된다고 생각했다. 연금술사들의 변환 작업은 금속이 달라지지 않는 물질(위 게베르가 순수한 물질인 수은이라고 여긴 물질)로 분해되는 첫 단계부터 조화를 이루었다. 이 과정에서 금속을 변환시킬 수 있는 약이 얻어졌다. 자비르 이븐 하이얀과 알-라지의 아랍 전통과 마찬가지로 위 게베르의 저술에서 언급된 작업은 모두 7단계로 구성되는데 정제, 증류, 석회화, 용해, 응고, 결정, 유체화였다. 작업 단계는 은유적인 암시가 생략된 채 기술되었다. 『완전성의 총체』 제3권은 금속의 완전함을 유지하고 그 상태를 높게 유지할 수 있는 약을 실현하는 데 집중되었다. 위 게베르는 실험을 중시하는 동시에 연금술사들이 금속의 불완전함을 결정하는 원인을 찾아내면 의사 입장에서 자연의 행동을 용이하게 하고, 완전함의 정도를 한층 강화할 수 있게 노력해야 한다고 생각했던 알베르투스 마그누스로부터 받은 영향을 드러냈다.

변환의 단계

로저 베이컨

연금술에 대한 인식론적인 논쟁에서 드러난 궁극적인 발전은 최종적으로 로저 베이컨(1214/1220-1292)에 의해 실현되었다. 그는 스콜라 철학의 인식론에 근거한 지식의 계층화가 드러내는 엄격함과 분리를 극복할 목적으로 폭넓은 인식 개혁 프로그램을 학문 영역에 포함시켰다. 또한 『경험학Scientia experimentalis』에서 연금술을 '과학의 이원성 지식scientia duplex'으로 정의하고, 영혼이 없는 자연의 모든 것의 생성과 밀접한 관계를 가지는 문제를 폭넓게 다루는 사색적인 영역과 금속, 색, 의약의 생성과 관련된 이론적 고찰의 유용성을 증거하고 확인하는 실재적인 영역으로 구분했다. 로저 베이컨은 알베르투스 마그누스가 제안한 바 있는 약품과의 평행론을 발전

과학의 이원성

시켜 연금술을 의약 외의 모든 자연 철학의 근본 전제로 삼았다. 하지만 의약을 자연 철학과의 관계를 통해 스콜라 철학의 인식론이 가지는 계층적 구도에 포함시킨 반면에 연금술의 경우 그 구조를 파괴했다. 실질적인 차원에서는 연금술을 스콜라 철학의 지식 영역에 포함시키는 것이 불가능했다. 연금술은 아리스토텔레스의 자연 철학이 가진 논리적-연역적 구도에 포함될 수 없는 대상을 생산하기 때문이다. 의약은 확실하게 정의되고 치유의 실질적 과정과 무관하게 분석될 수 있는 대상에 작용하면서 이론적 차원과 실제적 차원의 분명한 경계를 드러냈다. 연금술은 이것이 불가능했으며, 경험과 이론의 상호 교차가 불가피했다.

변환에 관하여

로저 베이컨은 변환의 문제와 관련하여 초기에는 아리스토텔레스의 저술로 알고 있었지만 후에 아비케나의 저술로 밝혀지면서 멀리했던 『암석의 응고와 유착에 관하여』에서 제시된 제한적 요인에 동의했다. 베이컨은 아리스토텔레스가 변환에 반대하지 않았음을 알고 난 후에는 연금술에 대한 회의론을 재고하고 자신의 행보로 회귀함으로써 연금술사들이 인위적으로 만든 금이 자연 상태의 금보다 질이 우수하며, 치료를 목적으로 증류하여 만든 마시는 금은 신체의 병든 부분을 치유할 수 있고 생명을 연장시키는 힘을 가진다는 결론에 도달했다. 베이컨의 연구를 계기로 논쟁의 차원이 바뀌었고, 연금술이 금속의 변환에 관한 기계적인 기술과 분리되면서 아리스토텔레스적인 범례의 근간을 침식하는 철학적 차원을 획득했다. 인도와 중국의 연금술 전통에서도 이에 상응하는 내용을 찾을 수 있는데, '수명 연장의 의약품'에 관한 주제는 그러나 물리적 불사不死의 가능성을 고려하지 않는 그리스도교 신학에서 한계에 봉착했다. 이러한 맥락에서 로저 베이컨은 연금술에 대한 궁극적인 불신을 확산시키는 데 기여한 제도적인 지식과 상충되는 관점을 제기했다.

| 다음을 참고하라 |
과학과 기술 물질과 그것의 변화에 대한 이론들(563쪽); 운동의 물리학과 질량학(568쪽); 연금술의 문제(581쪽); 금속의 변환에서 불로장생의 영약을 위한 연금술로(583쪽)

연금술의 문제

| 안드레아 베르나르도니 |

알베르투스 마그누스, 위 게베르, 그리고 로저 베이컨의 연금술에 대한 입장은 이것을 아리스토텔레스의 자연 철학 원칙에 동화시키려는 이전의 시도에서도 드러난 바 있었다. 13세기에는 연금술의 주제들이 넓게 확대된 논쟁을 통해 다루어지면서 어느 정도 직접적으로 연금술의 세계를 경험했던 인물들의 입장을 살펴보려는 학문 세계의 사색적인 주제를 초월하는 (학문 영역의 기술적이고, 과학적이며, 도덕적인 정당성에 대한) 문제의식들을 쟁점으로 부각시키는 데 기여했다.

타란토의 파올로와 페라라의 피에트로 보노

13세기의 연금술에 대한 논쟁은 두 가지 상반된 전망을 제시했다. 먼저 종의 변환은 대학 문화를 배경으로 학문적-철학적인 이론들에서 드러난 상반된 견해와 반목 관계를 해결하는 데 사용된 변증법적 유형의 주제 방식인 물음quaestio 차원에서 다루어졌다. 그리고 『헤르메스의 책』과 『완전성의 총체』에서 보듯, 연금술사들은 경험의 차원에서 연금술 이론의 정당성과 그것의 가치를 증명하려고 애썼다. 타란토의 파올로(그의 명성은 『완전성의 총체』에 대한 평가에 비하여 상대적으로 가려진다)의 『이론과 실제Theorica et Practica』에도 관련 내용이 들어 있다. 그는 저술에서 아비케나(980-1037)가 『암석의 응고와 유착에 관하여』와 『하센에게 보내는 서간』에서 제기한 반反변환 문제에 대한 축소된 관점을 제기했다. 그의 주된 논지는 인간이 종의 자연스러운 변형 과정에 개입할 능력을 가지고 있음을 인정하는 것이었다. 기술은 두 부류로 구분되었다. 첫째는 회화와 조각처럼 외적 형태를 다루는 부류로 우선적 성격(더위, 추위, 건조, 습기)과 부차적 성격(색, 냄새, 향기)을 구분하는 것에 근거했다. 첫째 부류에만 개입되는 기술은 변환 요인으로 여겨졌으나 이것도 본질적 형태를 창조하는 과정에 기술자가 직접적으로 개입하는 것을 의미하지는 않았다. 연금술사들은 자신들이 자연을 대상으로 작업한다는 원칙을 알면서도 종의 변환을 실현한다는 이유로 (의사, 원예학자와 마찬가지로) 여러 조건을 만들었다. 타란토의 파올로는 아비케나의 반변환적인 입장을 언급하면서 종이 인위적으로 혼합될 수 없다는 논지는 기술자가 부차적 형태에 직접 개입할 경우에는 수용이 가능하지만 반대로 기술자가 우선적 성격에 직접 개입하는 경우에는 본질적인 변화가 가능하다고 주장했다.

인간이 생산 과정과 자연적 도태를 하나의 공식으로 규정하는 능력을 가졌다면 종의 변환에 대한 문제는 어느 정도 기술 영역의 문제며, 연금술사에게는 본질적인 요인을 분리하고 종합하기 위한 경험적인 기구를 완벽하게 하는 일만 남게 된다.

적용된 기술과 학문

『이론과 실제』에서 저자는 수공업 차원에 머무는 기술과, 원인에 대한 인식을 가지고 인식의 토대에 해당하는 원칙과의 관계에서 자연의 변형 체제에 개입하는 적용학문(의학, 농업, 연금술)을 구분하려 했다. 수공업자와 과학자를 구분하는 것이 연금술을 적용된 학문에 포함시키고, 실험을 통한 일련의 증명도 보여 주었기 때문이다. 실험적 증명은 기술적 측면에서 노력의 성공을 나타내기에는 충분하지 않지만 경험적 차원에서는 결정적인 것이 아님에도 변환 이론에 확고한 정당성을 부여하는 데에는 충분했다.

의사 피에트로 보노

1420-1430년대에 왕성하게 활동했던 의사 페라라의 피에트로 보노Pietro Bono도 빼놓을 수 없다. 그는 『연금술의 개념과 원리*Pretiosa margarita novella*』에서 연금술의 인식론적 주제를 연구하면서 연금술을 자연 철학의 일반 규정에 속하는 기술로 소개하고자 했다. 특히 연금술 이론이 다양한 수준에서 수용이 가능한 복합적 이론의 전체며, 철학적 차원과 연금술 차원의 동체corpur 사이에서 빚어지는 모든 오해와 모순은 두 언어가 즉각적으로 상호 번역될 수 없다는 것에서 찾아야 한다고 주장했다. 자연주의적이고 광물학적인 인식은 이들과 무관하지만 그럼에도 상당히 전문적이고 구체적인 연금술 이론들을 곧바로 이해하기에는 평이한 수준에 머물렀다.

자연 철학과 광물학은 연금술이 구체적인 주체로 축소되고 적용된다는 주장을 위한 보편적인 명분을 제공했다. 피에트로 보노는 움직임을 유발하는 자연 물체에 대해 연구했고, 연금술을 자연 철학의 일부로 간주하며 과학적 학문으로 정의했다. 그리고 연금술의 지위에 관한 문제를 지식 계층화를 통해 해결한 다음에 인식론적 정당성의 문제를 제기했다. 연금술사들에게는 종종 용어와 주제의 구체성이 필요한데, 합리적 차원에서 다루어지기에는 몇 가지 학문적 관점이 부족하며 명확성이 결여되었기 때문이었다. 연구 결과는 단지 경험을 통해서만 얻어지며 신성을 드러내고 밝히는 데 모아졌다. 결론적으로 피에트로 보노는 연금술이 학문과 기술 차원을 뛰어넘은 신의 선물이며, 합리적인 주제화와 작업의 결실이지만 최종적으로는 기적에 의한 결과라는 결론을 얻게 되었다.

연금술은 자연 철학의 일부다

| 다음을 참고하라 |

과학과 기술 이슬람 수학의 전성기(547쪽); 물질과 그것의 변화에 대한 이론들(563쪽); 13-14세기 유럽의 연금술(575쪽); 금속의 변환에서 불로장생의 영약을 위한 연금술로(583쪽); 13-14세기 유럽의 광물학과 금속학(587쪽)

금속의 변환에서 불로장생의 영약을 위한 연금술로

| 안드레아 베르나르도니 |

13세기에 알베르투스 마그누스, 위 게베르(타란토의 파올로) 등에 의해 인식론 규칙들이 연금술에 적용되었다. 또한 이를 아리스토텔레스의 자연 철학 영역에 포함시키기 위한 가장 완성도 높은 시도가 있었던 금속학적 연금술의 황금시대가 마감되었다. 14세기부터 변환 문제는 금속의 변형에 대한 영역에서 벗어났다. 연금술사들은 로저 베이컨이 제기한 논지를 발전시키면서 금속만을 연구 대상으로 간주하지 않았다. 연금술사들은 살아 있는 존재와도 관련하여 보다 완벽한 연구를 추구했다.

빌라노바의 아르노Arnau de Villanova(1240-1311, '아르날도Arnaldo'라고도 함)와 라이문두스 룰루스(1233-1315)의 자료들corpus과 가짜 금석문학자를 포함하는 연구들에서는 연금술 이론을 위한 여지가 상당 부분 증가한 반면에 실제의 관행은 용해solutio, 정제ablutio, 응고congelatio, 경화fixatio의 네 가지 작업을 통해 체계화되었다. 카탈루냐 출신의 프란체스코회 수도승 로크타이야드의 장Jean de Roquetaillade(약 1310-1365)의 『제5원소에 관한 연구De consideratione quintae essentiae』를 통해 전성기를 맞이한 의약 분야에서 연금술을 활용할 가능성은 이와 같은 전통에 근거했다. 장은 자신의 저서에서 금속학적 연금술을 불로장생의 영약靈藥을 찾으려는 과정, 즉 인위적으로 금을 생산하는 것을 약품 생산을 위한 수단으로 규정했다.

불로장생의 영약에 대한 연구

장에게 불로장생의 영약 또는 제5원소는 부패하지 않는 물질로, 육신의 노화를 방지하고 세상을 특징짓는 노쇠와 생산 과정을 조절하는 힘을 가졌다. 그는 그것을 천계에 대한 지상의 보완 물질이라고 정의했다. 이러한 방식으로 대우주와 소우주의 교환 관계를 조절하는 물질적 동인을 규명하면서 신과 인간의 영역을 명확하게 분리시켰던 아리스토텔레스의 우주관을 위기에 빠뜨렸다.

제5원소의 개념적 기원은 본초 약물 전통의 의학을 통해 연결된 스토아 정신 pneuma으로 거슬러 올라간다. 제5원소와 마찬가지로 정신도 공기와 불의 요인들로 특징 지워진 하나의 물질이며, 생물학적 유기체에서는 삶을 만들고 유지하고 기능을 수행하는 반면에 돌이나 금속 같은 비非생명체에서는 구성 요인의 결속을 결정한다. 알코올로 규명된 물질을 물리적으로 확인하는 것은 새로운 연금술 기술로 규정하기 위한 전제였다. 이렇게 해서 제5원소에서 작업의 물리적-형이상학적 정당성을 발견했다. 제5원소의 초자연적인 성격은 기술과 자연의 전통적인 관계를 바꾸었는데, 연금술 연구의 목적이 기술적 차원을 넘어 신학적 차원에까지 반영되기 때문이었다.

알베르투스 마그누스(약 1200-1280)와 위 게베르(13세기)는 연금술을 자연 철학의 영향권에 포함시키고자 했다. 이들의 노력은 인간과 신의 차원의 경계를 넘어서는 개입의 가능성을 배제했지만 연금술 연구와 자연-신과의 직접적인 비교를 시도한 제5원소의 개념에 의해 수포로 돌아갔다. 제5원소의 개념을 통해 지상에는 부패하지 않는 영원한 물질이 소개되었는데 이로 인해 전통적인 아리스토텔레스 우주관이 흔들렸고, 그것을 바탕으로 구축된 그리스도교 세계관도 위기에 빠져들었다. 세계에 대한 그리스도교적인 전망에서 제5원소의 그것과 같은 개념은 경감되어야 했다. 초자연적인 물질에 대한 통제 가능성은 오직 신에만 속한, 자연에 대한 권력을 연금술 기술에 부여하면서 이단으로 고발될 개연성이 발생하기 때문이었다.

이단의 위험

로크타이야드의 장 : 약학의 불로장생 영약인가, 형이상학의 불로장생 영약인가

아리스토텔레스의 형이상학에서 드러나는 제5원소 개념의 상반된 모순에 대해 장은 신의 절대적 권력을 확인하고, 제5원소와 세계를 구성하는 4개 원소와의 비교로 부패하지 않는 물질의 성격을 유지하는 절대자의 차이와 전자가 후자에 속한다는 것을 인정함으로써 모순을 해결하려 했다.

14세기 중반의 저술 『제5원소에 관한 연구』는 당시까지만 해도 3개의 주요 원칙을 중심으로 발전하던 중세 연금술의 전성기가 마감되는 데 결정적인 역할을 했다. 첫 번째 흐름은 위 게베르의 『완전성의 총체』를 통해 발전된 변환의 계획에 근거한 금속학 연구였다. 두 번째는 로저 베이컨(1214/1220-1292)에 의해 시작된 이후 라이문두스 룰루스와 빌라노바의 아르노로 이어진 불로장생의 영약에 대한 연구였다. 세 번째 흐름은 치료를 목적으로 새로운 약품을 합성하기 위해 유기적이고 비유기적인 물질을 증류하는 것이었다. 이것은 장의 연구 덕에 가능해진 것으로 16세기 의약품의 파라셀시안paracelsian 개혁과 더불어 전성기를 맞이했다. 15세기에 오면 연금술에 관한 연구서가 많아지지만 이전의 이론을 재연구하고 통합한 것이라 이전의 연구에 비하여 수준이 떨어졌다. 무엇보다 과거의 성과를 사기詐欺에 가까운 수준으로 전락시켰다.

| 다음을 참고하라 |
과학과 기술 유럽의 수학에 대한 이슬람의 영향(541쪽); 13-14세기 유럽의 연금술(575쪽); 연금술의 문제(581쪽); 13-14세기 유럽의 광물학과 금속학(587쪽)

신학과 연금술

| 안드레아 베르나르도니 |

변환에 대한 논쟁은 연금술의 정당성에 의문을 제기했다. 종의 변형이 이론 차원의 정당성을 발견한 것이 사실이었으나 다른 한편으로 자연의 생산 과정에 개입하거나 변화시키는 데에는 (인간적으로 가능할지라도) 존재론적인 성격의 의심은 남기 때문이었다. 이러한 사고에 근거하여 토마스 아퀴나스와 에디지우스 로마누스의 연구에서 처음으로 도덕적-신학적인 문제가 스콜라 철학을 배경으로 제기되었다.

토마스 아퀴나스와 에디지우스 로마누스

토마스 아퀴나스(1221-1274)는 종의 변환에 관한 문제를 체계적으로 다루지 않은 반면에 아비케나(980-1037)는 페트루스 롬바르두스(약 1095-1160)의 『명제집』에 대한 주해註解를 통해 악마가 자연 물체에 핵심적인 변화를 가져올 수 있다는 가능성을 부정할 목적으로 『암석의 응고와 유착에 관하여』에서 반反변환주의적인 주제를 제기했다. 그 결과 처음으로 연금술이 악마의 활동과 명백하게 연계되었고, 그것의 학문 영역의 정당성에 대한 논쟁이 인식론적-기술적인 차원에서 신학적인 차원으로 옮겨 **연금술: 악마의 활동**

갔다. 토마스 아퀴나스는 자신의 저술에서 종의 변환에 대해 다시 한 번 부정적인 견해를 밝혔다. 그는 금속의 생산을 결정하는 광물화 효능이 작용하는 자연 영역에서 벗어나 금속을 인위적으로 재생산할 가능성을 부정하는 덕성 권한virtus loci의 문제를 논쟁 주제로 제시했다. 아퀴나스의 판단은 급진적이라고 할 수 있다. 왜냐하면 그가 자연의 물질을 인위적으로 재생산하려는 모든 시도는 그것이 다른 영역에서 생산된 것인 만큼 반드시 거짓된 것이라고 주장했기 때문이다.

에디지우스 로마누스

에디지우스 로마누스(약 1247-1316)의 견해는 한층 직접적이고 확고했다. 그는 토마스 아퀴나스가 제기한 주제를 발전시키면서 연금술의 문제를 신학적 차원에서 다루었다. 로마누스는 『문답Quaestio』에서 '제조에 대한 지식sciant artifices'과 토마스 아퀴나스가 제기한 바 있는 덕성 권한의 주제를 상기시켰는데, 인간은 신으로 대체될 수도 없고 자연 상태의 금을 재생산할 수도 없으며, 기술에 의한 인위적 생산품은 자연의 생산품과 구분되고 예속된다는 결론을 내렸다. 그가 생각하기에 금속의 인위적 생산에 우호적인 주제, 즉 수공업자가 자연에 존재하지 않는 물질(예를 들어 유리)을 생산할 수 있다는 것에 근거한 주제는 수용할 수 없는 주장이었다. 유리의 생산 같은 현상은 꿀벌의 자연스러운 탄생을 설명하는 것과 유사한 맥락의 주제로 설명 가능했다. 이러한 주제에 따르면 곤충은 고기가 부패하는 것과 동일한 물질 원칙에 의해 탄생했다. 반면에 로마누스는 금속의 생산과 관련해서 자연의 장소(땅)를 벗어나 자신의 씨가 없이는 종을 이어갈 수 없는 식물 종을 자신의 주장을 위한 사례로 들었다. 따라서 그는 금속이 식물의 그것과 동일한 원리에 지배되며, 토양을 벗어나 인위적으로 재생산될 수 없다고 했다. 이처럼 로마누스는 연금술사들이 인위적으로 금 생산에 성공했을지라도 그것은 결코 자연 상태의 금으로 대체될 수 없을 것이라 했다. 그리고 아비케나와 마찬가지로 자신의 주장에 대한 근거로 자연의 종들은 불변이며 재생산될 수 없다는 점을 제시했다. 로마누스는 유리의 재생산이 변환에 유리한 주제로 채택될 수 없다고 했다. 그 이유로 이것이 자연 종의 모방이 아니라 존재론적 차원에서 자연의 물체에 비해 열등한 무언가를 인간이 발명한 것임을 지적했다. 자연 종들은 인위적으로 생산될 수 없기에 기술은 자연에 존재하지 않는 새로운 물질을 만들 수 있지만 인위적으로 만들어진 새로운 물질은 서로 다른 두 종의 비자연적 교배로 만들어진 노새의 경우처럼 자연의 물질에 비해 열등하며 세대를 이어갈 수 없다. 결론적으로 그는 기술이 자연에 예속된다는 아리스토텔레스의 개념을 계속해서 지지했다.

존재론적이고 법적 성격을 가진 이 주제는 연금술에 대한 첫 공식적인 처벌로 신속히 이어졌다. 1273년부터 도미니쿠스회와 프란체스코회의 종중회宗中會 총회들은 소속 수도승들의 연금술에 대한 연구과 실행에 대한 금지령을 단행하면서 증류에 사용된 도구나 관련 서적의 소유까지 처벌 대상으로 두었다. 1317년에 교황 요한 22세(약 1245-1334, 1316년부터 교황)는 교황 교서 「증거를 보증할 수 없다Spondent quas non exhibent」를 통해 경고와 승인을 반복했다. 교황은 자신의 교서에서 연금술사들이 헛된 약속을 남발하기 때문에 '죄인들'이라고 했다. 1396년에 아라곤 왕조의 이단 심문관이었던 니콜라스 에이메리히(1320-1399)는 교황의 교서를 인용하여 『연금술 금지서Tractatus contra alchimistas』를 집필했으며, 연금술을 천박한 기술로 폄하하고 기술과 자연의 관계는 어떤 방식으로도 호환될 수 없는 오직 계층적인 것이라고 주장했다. 다시 말해 연금술사들은 자연 종들을 참조할 권한이 없는데, 그것은 오직 신에게만 허락된 임무기 때문이라고 했다. 에이메리히는 자신의 비판을 신학적 차원으로 일관했다. 그 결과 연금술사들은 악마와 결탁됨으로써 샤머니즘으로 고발되었고, 인간은 세대의 과정과 자연 종의 도태에 개입할 수 없다는 주장이 확립되었다. 니콜라스 에이메리히

| **다음을 참고하라** |
철학 토마스 아퀴나스(389쪽)
과학과 기술 13-14세기 유럽의 연금술(575쪽)

13-14세기 유럽의 광물학과 금속학

| 안드레아 베르나르도니 |

13-14세기에 광물학과 금속학의 발전을 통해 제철 산업이 활성화되었고, 귀금속과 조각 분야에서도 금속의 사용이 확산되었다. 민간과 군사 영역에서의 공학 발전은 광물을 추출하고 금속을 제련하는 새로운 기술의 도입을 촉진시켰다. 특히 독일에서 활기를 띠며 금속학 분야의 모든 광물에 혁신과 발전을 가져왔다.

광산의 기계화

프란체스코회의 잉글랜드의 바르톨로메우스(약 1190-약 1250)는 『사물의 성격에 관하여De proprietatibus rerum』에서 13세기 중반 영국에서 철이 군사적 목적(가장 보편화된 전쟁 무기인 칼, 말의 편자)과 건축(체인 제작, 둥근 지붕의 서까래 또는 홍예 틀, 못, 등자와 경첩), 농업(경작용 농기구)에 폭넓게 사용되었음을 지적했다. 13세기 말부터 14세기 초반 사이에 새로운 광산들이 발견되었고, 가죽 통을 손이나 권양기를 이용해 들어 올리는 전통적이지만 그다지 효율적이지는 못했던 방식을 대신하여 광산의 물을 퍼 올리는 배수 시스템에 대한 경험이 축적되었다. 새로운 배수 시스템은 우물이나 굴에 스며든 (물이 고여 있는) 수원지의 수면 하부에 배수로를 파는 것이었다. 하지만 이와 같은 장치를 유지하는 데 따른 어려움으로 여러 가지 장애가 발생할 수 있다는 주장이 제기되었다. 작센 주를 비롯하여 이후 보헤미아, 하르츠와 바이에른 주 남부에서는 가축을 이용해 물을 퍼 올리는 기계 장치가 시험된 데 이어 물의 흐름에 따라 수력 모터가 동원되기도 했다. 수력 모터를 배수 시스템에 적용시킨 것은 15세기에야 구체화되는 광산 기술 발전에 결정적인 전기轉機로 작용했다.

14세기에 광물 용해 시스템(세척, 파손, 파쇄)은 여전히 노천에서 수작업으로 이루어졌지만 독일과 알프스 지역의 광산에서는 수력 에너지를 공학적으로 활용하는 방식이 가속화되었다. 금속학의 발전을 위한 초기의 대대적인 투자는 작센 주의 은을 함유한 납 광물에서 은을 추출하는 데 집중되었다. 추출된 광물에는 그것을 세척하여 잘게 부수고 용해한 후에 최대 순도의 은을 얻을 때까지 정련하는 과정이 반복 적용되었다.

알프스 인근의 트렌토와 티롤 지역의 은광, 슈타이어마르크 주, 케른텐 주, 로레나 지역, 그리고 도피네의 산업 지역에서 풀무와 해머에 수력 에너지를 이용한 전통은 12-13세기로 거슬러 올라간다. 14세기 초반에는 이미 풀무를 이용해 공기를 지속적으로 유입시키는 공기 펌프 시스템이 가동되었고, 14세기부터는 제철 시설의 세 가지 유형이 이전의 제철소를 대신하기 시작했다. 첫 번째 유형은 카탈루냐의 용광로인데, 고대 후반기에 기원하면서도 중세 후반에야 전 유럽에 확산되어 비로소 철 생산에 기여했다. 하지만 용해에 필요한 온도(1538도)에 도달하지 못했기 때문에 '저온' 작업으로 불렸으며, 오히려 용해된 상태로 광석에서 금속을 추출하는 데 유용했다. 이렇게 얻은 철은 용광로에 넣어진 후 강철로 삼탄하는 작업에 투입되었다. 쇠

제철 시설

를 얻기 위해 인화성 연료(예를 들어 석탄)를 첨가하여 900도까지 가열하기도 했다. 탄소가 철의 표면에 잘 흡수되며 냉각 작업을 거쳐 철의 크리스털 분자에 갇히게 됨으로써 강도가 매우 좋아지기 때문이었다. 철의 강도를 높이기 위한 또 다른 열 처리로는 가열된 쇠를 물이나 냉각 장치로 급작스럽게 냉각시키는 (금속의) 굽기 작업이 사용되었다.

용광로의 혁신과 주철(선철)의 발견

제철 산업의 가장 중요한 혁신은 스칸디나비아의 오스문트나 독일의 스투코펜과 같은 거대한 크기의 용광로가 도입된 것이었다. 이 용광로(가마)는 원통형 또는 사각형이었으며, 채 2미터가 안 되는 기존의 손잡이형에 비해 높이가 두세 배나 커졌다. 수력 풀무의 강력한 흡입력을 통해 공기의 지속적인 유입이 가능해져 용광로의 높이도 높아질 수 있었다. 또 철광석을 용해시킴으로써 당시까지만 해도 우연하게, 그리고 쇠와 구분되지 않은 상태로 얻어지던 주철을 생산하는 산화와 환원 작용의 기폭제 역할을 했다. 알프스 계곡 지역들, 특히 베르가모와 브레시아 주변은 제철 산업의 발전을 통해 강철을 생산하는 간접 방식의 도입에 대한 최초의 증언이 13세기로 거슬러 올라간다. 주철은 철에 비해 열등한 메커니즘을 가지고 있지만 용해 작업을 통해 얻을 수 있게 됨으로써 거대 규모의 무기, 포탄, 벽난로 굴뚝과 벽난로의 장작 받침대, 무덤의 금속판의 생산을 촉진했다. 주철은 탄소 제거와 탄성 강화를 위한 가열 작업을 거친 후에 무기와 군사 장비들을 위한 재료로 사용되었다. 이러한 작업에는 액체 상태의 주철용 탕에 주괴를 넣고 가열하거나 표면을 모루 망치로 담금질하는 과정이 추가되었다. 철의 산화와 환원

구리, 은, 금

중세에 매우 잘 알려진 또 다른 금속은 금속이나 광물 상태로 존재하는 구리였다. 적동광, 공작석 같은 광물은 대략 1천도까지 가열한 후 도가니에 담아 성형했다. 반면 은은 드물게 자연 상태로 발견되기도 했으나 주로 방연광方鉛鑛 상태로 존재했고, 용해와 정련 작업으로 추출되었다. 마찬가지로 금도 특성상 청금석靑金石이나 석영 같은 천연석과 작은 조각 형태로 발견되었다. 따라서 금은 수은을 이용한 아말감 방식으로 얻어졌다. 중세 후반에 생산된 금과 은의 대부분은 라인 강 동부 지역에서 유래 은과 금

했다.

1136년 프라이부르크에서 은광이 발견된 이후 유럽 중부 지역의 은 생산을 위한 산업은 흑사병에 따른 인구 급감으로 거의 반세기 동안 광산 활동이 중단된 1348년 직전까지 놀라운 성장을 이룩했다. 1325년경에 독일에 대포가 처음 등장했는데 15세기에는 전쟁 방식이 혁명적으로 바뀌면서 대포가 금속학의 발전을 이끌었으며, 광물을 채굴하여 활용하기 위한 기술을 더욱 발전시켰다.

| 다음을 참고하라 |

과학과 기술 이슬람 수학의 전성기(547쪽); 물질과 그것의 변화에 대한 이론들(563쪽); 운동의 물리학과 질량학(568쪽); 연금술의 문제(581쪽); 금속의 변환에서 불로장생의 영약을 위한 연금술로(583쪽); 기계 기술(612쪽); 로저 베이컨과 실험 과학(615쪽)

신체, 건강, 치료에 대한 지식

SCIENZE E TECNICHE

대학 의학과 스콜라 의학

| 마리아 콘포르티Maria Conforti |

살레르노의 의학 교육이 성립되기 이전인 12세기 후반에서 14세기까지의 서유럽에서는
의학 전문 조직과 교육, 의료인들을 위한 혁신이 대학의 설립을 촉진하는 요인으로
작용했다. 대부분이 학생과 교수 사이에 형성된 세속적-자발적인 성격의 조직이었다.
또한 이탈리아를 벗어난 지역들의 경우 신학의 비중이 매우 높았음에도
도시의 탄생과 발전, 그리고 사회적-경제적 여건이 개선된 결과였다.

새로운 대학 중심지들의 탄생

12세기 후반 프랑스 랑그도크, 몽펠리에, 파리에 대학이 설립되었다. 이탈리아에서는 살레르노가 대학 도시로서의 역할을 빠르게 상실해 가면서 파르마와 볼로냐가 그 명성을 계승했다. 두 대학 중심지 모두 의학 교육, 특히 외과 분야에서 뛰어난 명성을 자랑했고, 이후 유럽 의학 교육의 중심지로 성장하게 될 파도바가 뒤를 따랐다. 14세기에는 유럽 중북부 지역에도 대학이 설립되었으며, 이전의 교육 기관들과 어깨를 나란히 했다. 이와 같은 대학의 설립과 확립은 대학 이외의 교육 중심지로의 역할을 수행하던 프란체스코회의 교육studia 기관들과 3세기가 지난 후의 예수회 학교

들처럼 의학 분야의 교육을 실시하지 않은 다른 교육 기관의 쇠퇴에 원인을 제공했다. 하지만 이들이 활동하던 첫 기간에 각 대학들은 자신들이 얼마나 많은 학생을 모집할 수 있을지, 그들이 어느 지역에서 오는지에 대하여 확신하지 못했다. 그럼에도 불구하고 종교 기관들에 소속된 교육 기관이 유럽 차원의 동질적인 문화 확립에 필수 요인을 제공했음은 분명했다. 이를 대표하는 인물들은 여러 지역으로 흩어졌지만 공동의 언어인 라틴어를 사용했으며, 공동의 용어와 개념을 공유했다. 의학부는 그 폭이 상당히 방대하여 과학이나 치료 관행으로 영역이 국한되지 않은 과학적이고 철학적인 문화의 성립과 발전에 특권적인 지위를 누렸다.

의학부와 자연 철학자들

15세기 이전에 설립된 모든 대학에 의학부가 설치되었고 지리적 분포도 다양했다. 이는 의학부가 각 교육 기관 조직 내에서 어떠한 비중을 차지하고 있었는지를 말해준다. 의학부는 가장 먼저 개설된 학부도 아니었고, 상대적으로 법학부에 예속된 상태였다. 그럼에도 지식을 재조직하려는 각 대학의 노력을 통해 드러난 의학과 과학 문화의 변화는 신학이나 법학 문화보다 강력하고 지속적인 것이었다. 그것의 근간에는 물론 여러 요인이 있었겠지만 그리스어와 아랍어에서 라틴어로 번역되거나 재차 번역된 텍스트의 활용이 매우 중요했으며, 도시의 운영과 유지를 담당한 계층에 의해 새롭게 활성화된 도시들에서 의학의 전문성이 차지하는 역할도 못지않게 중요했다. 실제로 대학은 더 이상 개인의 텍스트나 기술에만 의존할 수 없는, 전문 지식을 갖춘 주치의의 형성에 영향을 미쳤다. 이러한 계층은 대학에서 교육받고 라틴어를 사용할 줄 아는 탁월한 능력의 의사들인 자연 철학자physicus를 통해 공식화되었다. 의학의 전문성을 규정하려는 초기의 노력이 이탈리아 남부에서 프리드리히 2세(1194-1250, 1220년부터 황제)가 공포한 멜피 헌법에서처럼 중앙집권화의 맥락에서 시작되었다면 대학은 그 이전에 특권을 제공받았다. 1271년에 파리 대학 의학부는 병인론病因論, 즉 병리학의 원인에 대한 체계를 이해하지 못한다는 이유로 자연 철학자들에게 치료와 약품 판매를 금지시켰다. 그렇다고 이것이 예외적이거나 특별한 사례가 아니었다. 의사와 자연 철학자들은 한편에서는 자신들의 지위를 고양하고, 다른 한편에서는 (직업 조합에 가입하여 보호받던 이발사-외과 의사 또는 향료 판매인처럼) 다른 주치의들에 비해 고립되거나 애매한 정체성을 드러내는 사회적이고 전문적인 시스템의 중심에 위치했다. 대학 교육과 허가증 시스템의 관계 유형이 성립되어 전 유럽으로 확산된 이탈리아에서 대학 시스템은 박사 학위를 마친 학생들과 교수들의 조합으로 구성되었다. 그리고 이 조합은 학위를 발급했으며, 교육 과정에는 학부의 원로 교수들seniores 외에도 도시에서 활동하는 의사들의 강의도 포함되었다. 대학은 도시나 국가가 재정을 지원하기에 시립 기관의 성격을 유지하는 경우가 많았다. 이로부터 도시 조직과 영토의 관계는 매우 밀접하게 드러났으며, 공적인 차원에서는 의사의 권위에 특별한 역할을 부여했다.

이해 방법과 출처

대학 시대의 문화는 스콜라 철학, 추론 방식, 아리스토텔레스의 논리학과 자연 철학 분야 저술들에 근거한 지식을 체계화하는 기술(분석과 비평)이었다. 13세기에 아리스토텔레스(기원전 384-기원전 322)가 서유럽에 재등장한 것은 중세 후반을 장식한 위대한 지적 혁명 중 하나였다. 스콜라 철학의 가장 두드러진 특징은 (목적에 해당하는 교육 이외의 다른 이유까지 포함하는) 문답들quaestiones(각 관점에 대한 의심 또는 문제)과 토론들disputationes(권위 있는 출처에 대한 인용과 토론)에 집중된 방식을 채택한 것이었다. 오늘날의 관점에서 보자면 치료 경험과는 관계가 먼, 상대적이고 이론적인 것이며 또한 히포크라테스(기원전 460/459-기원전 375/351)의 이론과도 대치되는 것처럼 보인다. 반대로 고대 자료들을 별다른 주의 없이 사용했고, 서로에 대한 비판에 이것들을 활용하는 습관은 (복잡한 논리적 도구를 이용해 극도로 복합적인 문제들을 다루는 능력과 마찬가지로) 파도바와 같은 교육 중심지에서나 겉으로 보기에는 아리스토텔레스의 방법론과 거의 무관해 보이는(예를 들어 새롭게 등장한 해부학 같은 학문 분야에서) 르네상스 이전 시대의 과학과 의학이 전성기를 누리던 것과 무관하지 않다. 아리스토텔레스를 과학의 최고 권위자로 수용하는 것에 의심의 여지가 없었으나 고대 저자들의 저술을 참고한 것은 훗날 초기 인문주의자들이 이전 시대의 인물들을 비판하는 데 활용될 비판적 수용과는 전혀 다른 성격을 가지고 있었다.

고대 지식과의 비교

그 외에도 아리스토텔레스의 전통과 히포크라테스와 갈레노스(약 129-약 201)의 전통을 중재하는 데 상당한 어려움이 따랐다. 핵심은 신체 기관의 계층 구조에 관한 것이었다. 다시 말해 아리스토텔레스의 저술이 확고한 심장 중심주의였던 반면 갈레노스의 이론에서는 신체의 중심이 셋으로 구분되며 뇌를 최우선으로 지적했다.

논란을 부른 것은 심장의 신경계와 정신과 감각의 관계에 관한 것이었다. 논란과 견해 차이의 또 다른 대상은 재생산의 구조였다. 여기서 아리스토텔레스는 남성의 씨가 상징의 형성에 핵심 역할을 수행한다고 주장한 반면에 갈레노스는 남성의 씨와 여성의 씨가 각각 존재한다고 했다. 상이한 이론을 함께 수용하는 데 따른 어려움은 (비록 공개적으로 드러나지는 않았지만) 이미 아랍 저자들에 의해 제기되어 독창적이고 다양한 방법으로 해결된 바 있었다. 이와 관련하여 아비케나(980-1037)는 최고의 과학적 권위자인 아리스토텔레스를 신뢰할 것을 가르치면서도 진찰과 치료에서는 갈레노스의 이론을 따르도록 권고했다. 하지만 아베로에스(1126-1198)는 『인대에 관하여De corde』에서 갈레노스의 설명을 거부했을 뿐만 아니라 아리스토텔레스의 주장도 완전히 배제했다.

이와 같은 반목은 연대기를 통해 잘 드러난다. 아리스토텔레스의 『자연학 소론집』이 번역될 무렵과 생물학이 성립되던 13세기에는 아리스토텔레스의 저술과 이에 대한 해석이 지배적이었으나 14세기에는 갈레노스를 지지하는 경향이 대두되었다. 특히 리우치의 몬디노Mondino de'Liuzzi(약 1270-1326)처럼 피에트로 보노의 글들을 통해 인체와 각 기관의 형태가 의사에게 매우 중요하다고 배운 연구자들에 의하여 해부학에 대한 관심이 높아졌다. 어쨌든 고대의 의학 지식들은 고정되거나 부동 상태로 유지되기보다는 권한facultates에 대한 논쟁에서도 분명하게 드러나듯, 혼합주의적인 성격도 내포하는 다양한 변화와 혁신을 겪었다(시라이시Siraisi).

갈레노스의 귀환

혼합적인 교육 과정

시간이 지나면서 전통적으로 신학부가 개설되지 않았던 이탈리아 대학들에서도 기술과 의학부가 독특한 관계를 형성하는 교육 과정curricula을 수용했다. 기술학부는 의학부에 비해 입문 성격을 가졌고, 현재와 미래의 의사들에게 많은 철학 교육이 제공되었다는 점은 자연 철학과 의학의 관계를 강화시키는 결과를 가져왔다. 아울러 철학 교육에도 과학의 영향을 상당 부분 제공했다. 고대의 텍스트로 교육받은 의사들은 치료 관행과 자연 세계의 관계가 명백하다고 믿었다. 다시 말해 병리학, 진찰학, 치료학의 등장과 더불어 각 개인의 신체 구성에 계절, 기온, 지리만이 아니라 하늘과의 관계를 가장 중요한 요인으로 봤다. 의사에게 천문학과 점성술에 대한 지식은 아리스토텔레스의 관점에서 지구로 정의된 지상의 현상에 대한 지식과 마찬가지로 수용 가능한 대상이었다.

그 외에도 기술학부의 교육과 관련된 긴밀한 관계와 아리스토텔레스의 철학에 근거한 탄탄한 기초는 이탈리아 대학의 번영을 대변하며 과학 논쟁 확산을 위한 강력한 요인으로 작용한 교육 과정의 획일성을 가져왔다. 14세기부터 기술학부에서는 논리학, 자연 철학, 기하학, 천문학-점성술이 강의되었다. 지식을 사회적-정치적인 차원에서 통제 가능하고 교육 과정으로 공식화된 교육을 통해 획일적으로 전달해야 할 필요성은 아비케나의 『아티셀라Articella』와 『의학 정전Canon』에 기초하여 유럽 전역을 대상으로 안정적이고 근본적으로 유사한 강의 자료가 마련되어야 한다는 확신으로 이어졌다. 13세기에는 『아티셀라』에 대한 주석집이 의학 교육의 핵심 자료로 활용되었다. 대략 1260년부터는 표준화된 형태로 준비된 자료집에 여러 텍스트 외에도 주석이 포함되었는데, 볼로냐, 파리, 몽펠리에에서 타데오 알데로티Taddeo Alderotti(약 1215-약 1295)와 몬디노에 의해 채택되었다. 게다가 13세기 후반에는 위의 도시들에 형성된 교육 중심지들의 긴밀한 관계가 학생들을 위한 교육용 텍스트의 범주를 넘어서고 있었다. 갈레노스가 출간한 저술들의 화려한 번역본들도 사용되었는데, 교육 영역에 국한된 것이었지만 토론을 위한 필수 교재로 사용되었다.

아비케나의 『아티셀라』

| 다음을 참고하라 |

철학 대학과 학문 체계(359쪽)
문학과 연극 수사학: 대학에서 도시로(657쪽)
음악 대학 시대의 음악 교육(951쪽)

이탈리아와 유럽의 의학 교육 기관과 대가들

| 마리아 콘포르티 |

유럽의 오래된 의학 학교들 중 살레르노의 의학 전통을 직접 계승한 곳은 몽펠리에 학교였다. 랑그도크에 위치한 이 학교는 다양한 지중해 문화, 즉 유대 문화(유대인을 위한 교육은 금지되었지만)뿐 아니라 특히 아랍 문화의 영향을 받았다. 12세기부터 존재했고 13세기 초반까지 몇십 년간 견고한 조직을 유지하던 이곳은 조직을 위한 법령도 가장 먼저 제정했다. 하지만 이 기간에 이탈리아의 도시들도 의학 분야의 명성을

통해 특권적인 지위를 누렸다. 의사와 환자는 시민적-정치적 현실에서도 상당한 소통 관계를 유지했는데, 이것은 토마스 아퀴나스의 표현을 빌리자면 '활동적인 시민 활동vita activa civilis'으로 정의될 수 있는 것이었다.

몽펠리에, 빌라노바의 아르노

몽펠리에에서는 서유럽의 비교적 근대적 전통에 속한 인물이자 13세기에 활동했던 영국인 의사 길베르투스 안글리쿠스Gilbertus Anglicus(약 1180-약 1250)의 저술처럼 경험주의에 기초하여 집필된 저술들이 출간되었다. 교황 클레멘스 5세(1260-1314, 1305년부터 교황)는 1309년 교황 교서에서 몽펠리에의 의학 교육에 유리하게 해석될 수 있는 15개 조항을 포함시켰다. 이 교서에는 아랍 전통과 갈레노스의 다양한 영향이 반영되어 있었다. 그리고 1340년에 다른 저술들을 추가하여 출간된 도서 목록이 공식적으로 채택되었다. 그중에는 살레르노에서 수학한 후 몽펠리에를 거쳐 파리에서 강의했던 코르베일의 길Gilles de Corbeil(13세기)의 저술이 포함되어 있었다.

하지만 파리와 더불어서 19세기까지 프랑스 최초의 의과 학부로 남게 될 몽펠리에 학교의 제일 오래된 주역은 (중세의 과학 문화와 의학에서 가장 저명한 인물 중 한 사람인) 빌라노바의 아르노(1240-1311)다. 유대인 출신의 카탈루냐 사람인 그는 1260년대에 몽펠리에에서 수학한 후 아라곤 궁정의 의사로 활동하면서 큰 명성을 얻었으며, 교황과 왕들을 치료하여 의술 확산에도 큰 공을 세웠다. 또 교재 제작 외에도 번역가로서 프랑스의 여러 문화를 융합시키고자 노력했다. 아랍어에 능통해 아비케나(980-1037)의 『인간의 심장에 관한 연구De viribus cordis』와 갈레노스(약 129-약 201)의 『정확함에 관하여De rigore』를 번역했고, 히포크라테스의 것을 포함한 다양한 문헌을 교육용 교재로 활용했다. 13세기 말 몽펠리에에 정착한 그는 몽펠리에 대학에서 강의했고 14세기 초반에는 학교를 재조직하려고 했다. 아르노가 보유했던 도서들에 대해서는 그의 사후에 작성된 목록을 통해서 알 수 있다. 여기에는 후에 아랍어로부터 번역된 살레르노와 콘스탄틴의 번역본을 합하여 아르노의 관심이 얼마나 방대했는가를 보여 주는 도서 100여 권과 아랍어 문헌의 궤지(밑에 받쳐 쓰기 위한 칸이 그려져 있는 종이*)에 대한 서유럽의 연구 성과도 포함되어 있었다. 그는 갈레노스의 연구를 근거로 의학을 재구성하고자 했으며, 저술 활동을 통해서는 철학적 문제에 대한 관심을 드러내면서 초기의 실용적인 발전에 노력을 기울였다. 또한 『단계에 관한 잠

방대한 도서관

언집Aphorismi de gradibus』에서 아랍의 이론과 저술, 특히 알-킨디의 저술을 연구하여 의학과 수량적 근거의 약리학을 연구했다.

아르노의 사상이 성숙되는 과정에서 드러난 이론과 형식의 문제에 대한 관심은 말년에 그가 품었던 신학적이고 종교적인 문제와 천년지복설에 대한 개별 연구로 이어졌다. 그리고 급진적인 교회 개혁을 주장하여 성직자들, 특히 보니파시오 8세(약 1235-1303, 1294년부터 교황)로부터 신랄한 비판을 받았다. 교회의 입지에 대한 논쟁에서 아르노는 교회의 독창성을 주장했지만 이 기간의 의학을 이해하기 위한 종교적 근거의 중요성도 함께 역설했다. 교회의 비판

볼로냐 대학

볼로냐의 의사 타데오 알데로티(약 1215-약 1295)는 아리스토텔레스(기원전 384-기원전 322)의 『니코마코스 윤리학』 라틴어 요약본을 다시 이탈리아어로 번역했는데, 지적 연구가 새로운 번역 열풍을 가져온 것이라 할 수 있다. 아바노의 피에트로(1257-약 1315)는 피사의 부르군디오(약 1110-1193)가 시작한 갈레노스의 『의학의 다양한 분야에 관하여De sectis』를 완역했다. 번역 작업을 통해 부르군디오가 얻은 최고의 명성과 행운은 칼라브리아의 의사로 살레르노와 나폴리에서 공부하고 강의한 후에 앙주 가문, 특히 앙주의 로베르(1278-1343, 1309년부터 왕)를 위해 봉사한 레조의 니콜로Nicolò da Reggio(1280-?)의 저술을 번역한 것에서 유래했다. 특히 왕은 피에트로의 연구를 지원하여 왕국 전체를 대상으로 그리스 필사본을 찾는 동시에 동방으로부터의 수집 활동에도 노력했다. 니콜로가 번역한 저술들은 여러 사람, 특히 아비뇽 교황청을 통해 프랑스 지역에서 크게 활용되었다.

볼로냐 대학의 위대한 인물인 타데오 알데로티의 교육 활동에 대해서는 별로 알려진 것이 없지만 프란체스코회나 도미니쿠스회 교단에서 활동했을 것으로 보인다. 의사로서 상당한 재력과 큰 성공을 거두었고 히포크라테스의 『아포리즘Aforismi』과 포르피리오스의 『아리스토텔레스의 범주론 입문Isagoge』에 대한 요약본과 주석본 등 많은 저술을 남겼다. 아리스토텔레스의 글에 대해서도 주석을 남겼는데 『니코마코스 윤리학』을 속어로 번역한 것이 대표적이다. 그는 시 정부의 강력한 영향력 아래에 있었으며, 1260년경부터 법학부가 지배했던 볼로냐 대학에서 강의를 시작했다.타데오는 이탈리아의 의학 연구를 대표하는 인물로, 그의 제자들은 1348년

까지 적극적으로 활동했다. 바리나나의 바르톨로메오(?-약 1321), 가르보의 디노(?-1327), 토리지아니의 피에트로, 리우치의 몬디노(약 1270-1326) 등이 그들이다. 볼로냐 대학은 이후에 설립된 이탈리아의 다른 대학들과 마찬가지로 의학과 기술 학부의 긴밀한 관계, 다시 말해 의학 교육과 철학 교육의 밀접한 관계에 강점을 지녔다. 타데오와 그의 제자들은 해부학에도 지대한 관심을 가졌다. 하지만 자연 현상에 대한 설명에서 아리스토텔레스가 차지하는 비중에도 불구하고 의학 이론과 의술에 대한 명확한 구분이 정착되지 않았다. 그 결과 의학의 순수한 이론적 측면이 부정되었다.

타데오 학파

아베로에스주의와 타데오 학파의 비정통성은 또 다른 문제였는데, 아리스토텔레스의 논리학 강의를 제도화하려는 노력을 통해 그것이 자세히 드러났다. 한편 타데오와 그의 제자들은 점성술의 결정론에는 별다른 관심을 보이지 않았으며, 경우에 따라서는 반대 의사를 표명하기도 했다.

파도바

아바노의 피에트로는 파도바 대학의 역사와 관련된 인물이지만 콘스탄티노플에서도 긴 세월을 보냈다. 그는 오랫동안 파리에서 공부한 후, 1306년 혹은 1307년에 파도바로 돌아와 강의를 시작했다. 가장 중요한 저술인 『중재Conciliator』는 각각의 물음들quaestiones에 대한 여러 저자의 입장을 철학적-의학적으로 정리한 것이었다. 피에트로의 저술들은 다른 학문 분야(예를 들어 논리학, 점성술, 천문학, 마술)에 의학 지식이 활용될 수 있게 만든 공로로 유명했다.

의사, 마술사, 점성술사 아바노의 피에트로

피에트로는 점성술을 개인의 별점에 대한 관심에 활용했으며 날日과 날의 관계와 병의 발생과 진행, 그리고 천체에 대한 묘사와 관련하여 치료를 어떻게 할 것인가에 대해 연구했다. 그 결과 뛰어난 천문학 지식으로 명성을 얻었다. 이렇게 파도바는 점성술과 천문학의 확산을 위한 중심지로 알려지게 되었고, 의술과 교육에 대한 문제에 집중하던 볼로냐와 차별화되었다. 피에트로는 약물학(약리학)과 치료에 대한 관심을 이용하여 부적을 제작했는데, 이로 인해 그의 정통성이 의심받았고, 어떤 의미에서는 마술의 자연적인 가치를 재평가한 것으로 해석되기도 했다. 한편 마술은 르네상스 시대의 이탈리아 철학에서 크게 발전했다.

외과

스콜라 시대가 이론적-추상적인 지식이 승리한 시대로 간주되는 것이 사실이나 방법론적 차원에서 볼 때 이 시기의 가장 큰 혁신은 외과 분야에 있다고 할 수 있다. 의학과 외과는 직업적인 독점성을 가졌다. 치과를 제외할 경우 외과는 고도의 전문성을 갖춘 일반 의학에 가까웠다. 14세기경 아바노의 피에트로에 따르면 외과는 의학의 다른 분야와 비교할 때 가장 확고한 입지를 차지하는 분야로, 훗날 다시 등장할 라이트모티프Leitmotif(일정 기간을 주기로 반복해 등장하는 주제나 유행*)라고 할 수 있었다. 교육을 받은 야심 많은 외과 의사 세대의 등장은 의미 있는 사실로 평가되어야 할 것이었으며(시라이시), 집중적으로 외과 분야만 다루는 텍스트의 일부처럼 여겨졌다. 그 결과 외과는 손 기술에 대한 모든 이론까지도 매우 세밀하게 남아 있는 지식으로, 여러 대학에서 확실한 입지를 누렸지만 명성은 오래 지속되지 않았다. 진정한 학문

13-14세기에 출간된 번역서들 덕분에 외과는 특히 초기에 이탈리아에서 큰 환영을 받았다. 살레르니타누스는 1170년경 파르마에서 활동하면서 수술에 관한 교재를 집필했다. 이후 그의 제자 파르마의 롤란도Rolando(1230-?)가 집필하여 큰 명성을 얻은 『롤란도의 저술Rolandina』이 출간되기 전까지 그의 저술은 필수 전공서로 인정받았다. 하지만 롤란도의 저술은 살레르니타누스의 저술 『외과 교본Practica Chirurgiae』에 주석을 붙인 것에 불과했다.

이후에도 칼라브리아 출신으로 1250년경 파도바에서 활동한 롱고부르고의 브루노Bruno(약 1200-약 1285)와 같은 시기에 루카 출신으로 볼로냐에서 활동한 루카의 테오도릭Theodoric of Lucca(약 1206-약 1298)이 등장했다. 볼로냐에서는 살리체토의 윌리엄William of Saliceto(약 1210-약 1277)이 활동했는데, 그가 1258년과 1275년 두 번에 걸쳐 출간한 『외과술Chirurgia』은 프랑스 판본이 보편화되기 전까지 널리 사용되었다. 밀라노의 란프랑코(?-1306)는 1270년에 출간된 『외과학 대전Chirurgia magna』의 저자로, 13세기 말에는 파리로 거처를 옮기면서 이탈리아의 외과 지식을 전수했다. 몽드빌의 앙리Henri de Mondeville(1260-1320)는 프랑스에서 외과 교재를 출간한 첫 번째 인물이었다. 이어서 숄리아크의 기Guy de Chauliac(1300?-1368)가 외과 기술에 관한 새로운 저술인 『외과학 대전Inventarium Sive Chirurgia Magna』(1363)을 출간했다. 그에 대한 저명한 비평가인 맥바우McVaugh에 따르면 이 저술은 18세기까지 사용되었다는 점 외에도 "완성과 완결의 두 가지 의미에서 중세 의학을 집대성했다"는 평을 들었

다. 숄리아크의 기는 몽펠리에에서 수학한 후 볼로냐에서 활동했으며 이후에는 아비뇽에서 교황 주치의로도 활동했다.

| 다음을 참고하라 |
역사 보니파시오 8세와 교회의 우월권(51쪽); 주교의 이단 재판과 교황청의 이단 재판(258쪽)
철학 알베르투스 마그누스와 쾰른 학파(383쪽); 라이문두스 룰루스(448쪽)

이탈리아의 의학과 외과

| 마리아 콘포르티 |

1348년의 흑사병 확산 이전에 유럽 대부분의 지역에서는 의학에 대한 '합리적'인 태도와 더불어 소비에 대한 관심이 증가했다. 라틴어로 쓰인 저술을 참고했기에 해석 후에 여러 부분으로 나뉘게 되는 의학과 자연 과학자의 의학 외에도 어떤 측면에서는 아직까지도 잘 알려지지 않았으며 전통적으로 기록된 문헌에서는 거의 찾아볼 수 없는 방법(예를 들면 여성이나 단순 치료자가 행하던 치료법)들이 다양하게 발전했다. 치료자들 사이에 특별한 반목이나 분쟁이 있지는 않았으나 당시 의학은 치료 영역에서 자신의 정통성을 완전히 확보하지 못한 채 나름의 명분만 획득했을 뿐이었다. 그 외에도 대학과 식자를 중심으로 의학이 성공을 거둔 것은 치료를 담당하거나 이를 대표하는 자들로 인한 것이 아니라 약효에 대한 설명을 홍보하고 통제와 허가를 위한 체계를 만드는 데 실질적으로 기여한 환자들 때문이었다.

의학의 확산

의학 서적이 라틴어로만 작성된 것은 아니었다. 유럽의 여러 지역에서 (대상 기간에 따라 다소 보편적으로 사용되고 있던) 속어로 작성된 교재도 많았다. 치료사들은 이를 이용해 상점이나 가정 등에서 비공식적으로 전해지던 기술을 습득하고 근처 가정과 수도원 또는 수녀원이 위치하던 시골 등에서 환자들을 치료했다.

미국의 역사학자 모니카 그린의 말처럼 (산파나 부인병의 경우에서 보듯이) 여성들은 다른 여성들에게 도움을 제공했을 뿐만이 아니라 11-12세기의 살레르노 또는 이후 기간의 피렌체와 아라곤 왕국에는 여성이 치료를 직업으로 하거나 의사medicae 직함도 가지고 있었음을 보여 주는 많은 문서가 존재했다. 대학의 의학에 대한 지식과 신뢰는 이후 다른 직업과 사회 환경에서 서서히 확산되면서 저급한 수준의 치료자들에게까지 영향을 미쳤다. 라틴어나 철학적 의미의 궤변이 아니라 글을 읽을 줄 아는 대중을 위해 집필된 후에 확산된 다양한 교재들을 통해 증명할 수 있다. 환자들도 라틴어로 쓰인 저술을 번역한 속어 교재들을 읽고 사용했을 것이 거의 확실하다.

물 치료와 의료직 수행

치료와 위생을 위한 활동과 관련된 변화의 흥미로운 한 가지는 치료를 위해 광물질이 함유된 물을 활용한 것이었다. 물 치료는 오래전부터 존재했지만 13-14세기에 들어 다시금 유행했다. 이탈리아에는 (수많은 고전에서 언급된 바 있는) 나폴리 북부에 위치한 캄피 플레그레이Campi Flegrei가 있다. 목욕의 관행은 점차 북쪽으로 확산되었으며, 고전에서 언급되지 않은 수원지가 개발되었고 육신의 휴양recreatio corporis이라는 개념으로 크게 유행했다. 자연 과학physici에도 조예가 깊었던 의사들은 식자들의 취향에 앞서 우선적으로 물 치료를 고려하는 것이 타당하다는 확신을 가지기 시작했으며, 특별한 치료 방법을 개발할 목적으로 고전 문학에도 관심을 가졌다. 같은 맥락에서 흑사병으로 사망한 폴리뇨의 젠틸레Gentile(?-1348)는 좌욕과 광물질을 함유한 물을 이용한 처방을 마련했다. 의사들은 자연 철학과 의학이라는 2개의 전문성expertise을 가지고 있었고, 환자에게 이와 같은 방법의 치료를 정기적으로 이용할 것을 권하여 큰 성과를 거두었다. 목욕과 시대의 유행

자연 과학자들은 물론 외과 의사들도 여기에 동참했다. 치료에 따른 수입은 강의보다 높았다. 명성이 높은 의사들은 대학 교수직과 더불어 많은 환자를 확보할 수 있었다. 이 기간에 외과 의사가 전문가로 정착했다. 이들은 금전적 보상을 대가로 (의학에 접근된 차원에서) 점성술이나 (의사가 대학에서 배워서 알게 되는) 개인의 체질 결정과 같은 분야, 또 지식뿐 아니라 대학을 벗어나 보다 쉽게 전승되었던 마술이나 부적 제작 등에도 전문적인 견해를 제공했다. 환자의 극히 일부만이 치료의 대가를 지불할 수 있었음에도 1347-1348년의 흑사병으로 중단되기 이전까지 이와 같은 치료가 지속적으로 증가한 것을 고려한다면 결국 의학에 대한 접근이 제한되었다고는 할 수 없을 것이다. 물론 흑사병이 창궐하던 당시까지 유럽의 여러 지역에서 대학 학위를 가지고 있던 자연 과학자의 수가 줄어든 것은 사실이다. 하지만 이는 대학 중심지 치료의 확산

들로부터의 물리적 거리로 인한 결과였다. 따라서 주민과 치료자의 수적 비율을 실질적으로 평가하는 것은 상당히 힘들다. 또한 관련 문서들이 현존하거나 적어도 연구가 진행되었던 피렌체, 아라곤 왕국 혹은 프랑스 같은 지역들은 치료자들이 동질적인 성격의 활동을 하고 있었고, 르네상스 기간의 그것과 다르지 않은 지리적 분포도를 가지고 있었다.

이발소, 향료, 치료제

맥바우 교수의 연구에 따르면 흑사병 이전 시기에 아라곤 왕국의 의술 활동은 기록물 보존소에 소장되어 있는 문서의 양이 상당하다는 점을 고려할 때 중요한 의미를 가진다. 에스파냐의 경우 도시와 주민이 적은 지역과의 비교뿐 아니라 유럽의 다른 지역과의 비교도 가능하다. 아라곤 왕가의 가문만 의학 서비스를 이용한 것은 아니었다. 자연 과학자와 외과 의사 외에도 이발사부터 향료업자들에게까지 영향을 미쳤는데, 치료자를 가리키는 일반적 의미로 사용된 '의사metge'라는 용어가 확산되었다는 점도 이를 증언한다. 또한 의학 분야의 공식 교육에서 배제되었을 것으로 추정되는 자들도 '건강 소비자', 다시 말해 대중의 확대로 일정 역할의 여지를 발견했다. 아라곤 왕국에서는 인구 증가 비율이 (도시뿐 아니라 다른 지역에서의) 경제 침체와 함께 감소되기 이전인 1330년 즈음까지 치료자 수가 증가했다. 특별히 흥미로운 점은 자연 과학자의 권위를 중심으로 13세기 말부터 면허제로의 전환이 서서히 진행되었다는 것이다. 이는 1330년경에 완성된 것으로 보인다. 대학 의학의 지배적인 영향은 당시의 교재를 통해서도 알 수 있는데, 아비케나(980-1037)와 외과 분야에서 저술을 남긴 루카의 테오도릭(약 1206-약 1298)이 가장 많이 인용되었다.

아라곤 왕국

종교인, 특히 성직자 신분의 의사나 치료자가 존재했지만 이탈리아 의사 대부분은 세속인이었다. 대개는 그리스도교 신앙을 가졌지만 아라곤 왕국처럼 이슬람과 국경을 접한 지역에서는 이슬람교를 신봉하며 낮은 보수와 낮은 수준의 치료 행위를 수행함으로써 이슬람 의학 문화에 대한 긍정적인 평가와는 극명하게 대조되는 치료자들도 활동했다. 14세기 초반까지만 해도 그리스도교인들이 치료자로 받아들인 유대인 의사들도 왕성히 활동했다. 그러나 시간이 지나면서 유대인 의사들의 활동에 구체적인 한계와 적대적인 상황이 생겨났다. 그들이 종교적 정통성에서 비껴나 있었기 때문으로 환자를 독살하거나 해를 입히려 했다는 의심이 집중되기도 했다. 그

유대인 의사들

결과 흑사병이 창궐하던 당시 유대인들에 대한 적대감 확산에 이어 잔인한 박해가 가해졌다.

어쨌든 유대인 치료자들은 의료 행위와 엘리트 계층과의 접촉을 통해 직업에서나 사회적인 신분에서나 나아질 기회를 얻었다. 적어도 유대인 치료자들보다는 높은 지위의 치료자인 자연 과학자와 외과 의사들은 오래된 교재, 특히 히포크라테스의 저서들과 환자의 신뢰를 얻기 위한 최선의 방식과 환자와의 상호 신뢰적 관계에 대한 의무론의 중요성을 새롭게 인식하게 되었다. 이미 언급한 것처럼 치료자들이 치료 대가로 청구하는 가격은 그들의 직업적인 차원에서 의미를 가졌다. 당시에는 이미 치료자들로 하여금 질병 자료의 구체적인 결과를 얻거나 구체적인 기간에 자신의 전문 의학 지식을 제공하는 것을 골자로 하는 치료 계약이 존재했다. 하지만 환자와 의사의 관계는 개인적 차원에 머무는 것이 아니었다. 의사는 고대 후기에서와 마찬가지로 어떤 측면에서는 과거보다 훨씬 더 적극적으로 도시나 농촌 공동체, 수도원 공동체, 또는 군대와 여러 유형의 계약서를 작성할 수 있었다. 자연 과학자이자 의사이기도 했던 이들에게 부여된 새로운 역할은 (당시까지만 해도 도덕적으로 비순수성의 상징으로 여겨졌던 한센병에 대한 치료에서 보듯이) 도시의 공적인 치료를 목적으로 **공중 보건** 정부가 공중위생 차원에서 수행하던 몇 가지 변화를 통해서나 더 이상 빈자와 순례자들을 위한 장소만이 아니라 병자들의 치료나 입원을 위한 장소로의 병원이나 조직 설립을 통해 드러났다.

의학 저술

많은 의사들이 궁정, 왕가, 귀족이나 고위 성직자들을 위해 봉사했고, 이를 통해 중요한 인물로 성장하면서 궁정에 관한 저술에도 등장하는 (하인도 단순한 자문위원도 아닌) 중간층의 지위를 유지했다. 환자들과 보다 긴밀하고 신뢰 있는 관계를 유지하는 것과 비정상적인 상황res non naturales에 대한 통제와 예방의학에 대한 이론의 중요성은 학술 성격의 저술, 예를 들면 의사가 자신의 환자를 위해 작성한 처방consilia과 **처방과 식이요법** 식이요법regimina 등에 동기를 부여하면서 큰 성공을 거두는 데 일조했다. 영양이나 식이요법에 대한 저술은 고대에도 존재했고, 후에 아랍인들에 의해 전승되어 중세 서양에서 혁신을 거듭한다. 나이별, 유형별, (개인의) 체질별로 분류된 텍스트는 환자마다 다르게 적용시키기 위한 일반적인 처방을 연구한 것으로, 때로는 사회 고위층의 요청에 따라 집필되기도 했다. 초기에는 주로 라틴어로 쓰였지만 14세기를 지나면서 속어로 작성되는 경우가 많아졌다. 이러한 성격의 서적들은 정형화된 틀에 따라 완성되었는데, 공기, 바람, 활동(걷기는 특별히 권고된 사항이었다), 목욕, 그리고 마사지, 음식, 수면, 배뇨, 개인위생, 성생활, 감정 조절 등이었다. 치료 차원에서는 과도한 웃음을 방지하기 위한 처방으로 설사약과 정맥 절개술이, 극단적인 경우 최후의 처방 차원에서 환자에게 약물과 외과술을 적용하기도 했다.

의학 관련 저술들은 사적 차원에서 환자의 일상생활, 여행, 질병 같은 예외적인 경우를 전제로 쓰였기에 의사와 환자의 관계뿐 아니라 특히 같은 신분과 보다 낮은 신분의 동료와의 관계, 그중에서도 자연 과학자와 외과 의사의 관계를 주로 언급했다. 이러한 글들은 같은 시기에 의사가 자신의 사회적인 입지를 다지는 과정에서 드러나는 개인적이고 직업적인 명성의 중요성을 강조했다. 그 외에도 (적어도 외과 분야에서) 의사가 부재한 상태에서 내려지는 처방consilia in absentia을 제외한 채 환자에 대한 직접적인 개입이나 방문의 중요성을 강조한 프랑스식과 의사가 환자를 진찰하지 않고도 처방을 내릴 가능성을 고려한 이탈리아식을 구분했다. 이탈리아에서는 처방consilia이 문학 형태의 글로 발전했으며, 의사가 만성 질환이나 병세가 느린 경우에 사용하는 지침으로 남게 되었다. 그 결과 처방은 편지 형태로 표현된 처방이나 의견서로 발전하면서 대부분의 외과 의사의 처방을 대신하게 되었다.

별점

별점은 처방의 형태와 유사성을 가지고 있었다. 시라이시 교수가 의학사를 주제로 쓴 글에서 언급한 것처럼 모든 점성술사는 의사가 아니었지만 많은 의사는 점성술을 신봉했다. 점성술과 자연 철학의 이론과 실제의 경계는 불확실하고 유동적이었으며 (계절에 영향을 미치는 행성에 관한 연구 또는 달의 순환에 관한 계산에서 분명하게 드러난다) 의사나 점성술사들은 치료에 지대한 관심을 기울였다. 그럼에도 의학, 점성술, 그리고 마술의 혼합에 드러나는 명백한 한계는 그대로였다. 천문학자이자 의사 아스콜리의 체코Cecco d'Ascoli(약 1269-1327)가 1327년에 결정론적인 점성술을 가르치고 샤머니즘을 행한 죄로 고발되어 화형당한 것이 대표 사례다.

의학과 마술 질병과 치료에 관한 다양한 마술이나 마술적 사고는 일부 주민이나 계층으로 국한되지 않고 전 유럽으로 확산되었다. 프랑스의 저명한 역사학자인 마르크 블로크

Marc Bloch(1886-1944)가 자신의 저서(『기적을 행하는 왕Les Rois Thaumaturges』, 1924)에서 분석한 '기적을 행하는 왕'의 이야기는 질병, 신성, 정치적 차원과 관련한 사고와 믿음의 상호 관계에 대한 환상적인 내용으로 채워져 있다. 프랑스와 영국에서 합법적으로 왕이 된 인물이 연주창(림프선, 특히 목이 과도하게 붓는 질병*)을 기적적으로 치료하는 의식은 11세기부터 시작되었지만 르네상스에 들어서야 확고해졌으며 구체제가 종식된 이후에 비로소 사라지기 시작했다. 이 저술에서 왕은 자신의 손으로 환자와 직접 접촉하여 외과 의사의 손길과 유사한 몸짓으로 병을 치료했는데, 실제 의사의 전문 지식과는 거리가 먼 것이었다.

| 다음을 참고하라 |
과학과 기술 대학 의학과 스콜라 의학(591쪽); 이탈리아와 유럽의 의학 교육 기관과 대가들(595쪽)

흑사병

| 마리아 콘포르티 |

14세기 중반의 상대적인 번영 기간이 지난 후에 전 유럽 주민들은 전례를 찾아볼 수 없으며 인구, 경제, 사회 차원을 넘어 사고와 예술과 문학 영역까지도, 그리고 의학 지식과 치료 행위 분야에도 심각한 결과를 남긴 충격적인 전염병으로 극심한 타격을 받았다. 그것은 흑사병이었다. 이 이름의 '검다'는 표현은 17세기에 붙여진 것으로 알려져 있지만 실제로는 그 기원이 그보다 이전 시기로 거슬러 올라간다고 추정된다. 따라서 새로운 질병은 아니었지만 고대 후기의 질병에 대한 기억이 남아 있지 않아 당시 사람들에게는 큰 충격이 아닐 수 없었다.

이전 시대의 전염병

선사시대부터 19세기 말까지의 인류의 역사에서 기생충, 박테리아 또는 바이러스에 의한 전염성 질병은 언제나 가장 큰 사망 원인이었다. 고대에는 공기, 물, 장소의 비위생적인 환경이 질병의 주된 원인이었으며, 그것이 개인의 체액 균형에 영향을 미친다고 알려졌다. 그러나 많은 노력에도 전염 경로는 완전히 밝혀지지 않았다. 의사들은 질병이 썩고 독에 오염된 체액이 전이된 결과라고 추정할 뿐이었다. 갈레노스(약 129-약 201)가 증언한 것처럼 로마 제국 말기에는 그 유명한 '안토니오의 열병' 같은 여러 질병의 원인이 밝혀진 바 있었다. 풍토병 중에는 대략 6세기부터 확산된 열병, 천연두, 그리고 초기에는 대륙 남부에서만 볼 수 있었으나 이후 북부의 습지와 습기가 높은 지역으로 확산된 말라리아가 있다. 특히 환각 증세와 신경계 증세를 포함한 증상으로 중세 전 기간 동안 잘 알려진 맥각麥角 중독은 전염성은 없지만 식품이나 환경 요인과 관련 있었으며, 호밀이나 빵을 만드는 곡물의 곰팡이를 통해 전이되었다.

병리학

흑사병의 기원에 대한 의심

흑사병은 여러 형태로 출현했다. 쥐나 다른 동물의 기생동물에 의해 인간에게 전이되었으며, 림프절이 붓는 증상을 동반하는 선腺 흑사병과 사람들 사이에서 전염되는 폐 흑사병, 그리고 이들에 비해서는 희귀하지만 벼룩이 옮기는 패혈증 흑사병이 있다. 흑사병의 다양한 형태는 여러 가지 증세와 높은 치사율, 계절적인 발병 특징을 지녔다. 선 흑사병은 주로 더운 계절에 확산되었고 반대로 폐 흑사병은 추운 계절에 발병했다. 최근에 유럽을 휩쓸었던 전염병, 특히 1348년에 나타난 흑사병의 특징에 대한 활발한 논쟁이 전개되었다. K.S. 콘은 이후 시대에 출현한 흑사병들에서 알 수 있듯이 1348년의 흑사병은 오늘날의 흑사병과는 다르며, 페스트균을 가진 박테리아에 의해 전염되었다고 했지만 병리학적 유형의 최종 결론, 즉 생존자를 통한 실험으로 증명된 결론에는 도달하지 못했다. 1348년의 흑사병이 지역과 계절에 따라 어떻게 진행되었는가와 관련해서는 (동시대인들이 기록한 증상을 참고할 때) 여러 형태의 흑사병이 혼합된 것이라는 설명이 일반적인 것이었다. 오늘날 우리가 확신하고 있는 유일한 사실은 '사망률이 매우 높았다'는 것과 흑사병이 불과 몇 년 만에, 즉 1347-1350년이라는 단기간에 초기 발병 지역과 다소 떨어진 지역들까지 확산되었으며, 유럽 전체 인구의 1/5 혹은 1/4을 사망에 이르게 했다는 것이다. 하지만 이것도 어디까지나 평균치로 이 전염병이 인구의 거의 절반을 사망에 이르게 한 지역(토스카나)과 전염병이 비껴 간 지역(폴란드, 보헤미아, 네덜란드)을 구분하지 않고 얻은 자료에 불과하다.

번영의 전염병

아시아에서 옮겨 온 이후 콘스탄티노플에 심각한 타격을 입힌 첫 번째 흑사병은 542년에 유스티니아누스 황제의 통치 기간 중 발병했으며, 이때에는 유스티니아누스 역병이란 이름으로 알려졌다. 이후 대략 1천 년의 잠복기를 거친 흑사병은 1340년대에 다시 한 번 동방에서 옮겨 와 유럽에 심각한 피해를 초래했다. 사실 흑사병은 중앙아시아의 초원 지역과 이곳에 살고 있는 설치류의 서식 환경이 변화한 것에서 기원을 찾는다. 유럽은 13세기부터 14세기 초반까지 경제 발전과 인구 증가를 경험했지만 일부 주민의 질병과 영양실조에 맞물려 질병까지 발생하며 상대적인 쇠퇴의 길로 접어들었다. 흑사병은 지중해의 항구와 대륙의 가장 가까운 지역들을 연결하는 교역과 무역 활동의 증가와 연관된 질병이었다. 전염병의 진행은 무역, 특히 해상 무역의 여정과 놀라울 정도로 일치한다. 따라서 이를 통해 전염병의 행보를 재구성할 수 있다. 이러한 의미에서 14세기의 흑사병은 '번영의 전염병'이라고 할 수 있다. 그리고 거의 모든 전염성 질병과 마찬가지로 사람과 상품의 이동, 인구 증가, 생활 여건 개선을 보여 주는 도시화 등과 밀접한 관계를 가졌다. 교역의 증가

흑사병은 동부 지역, 아마도 카파에서 출발한 제노바의 선박을 통해 시칠리아의 메시나 항구에 도착한 이후 곧바로 이탈리아의 항구, 특히 시칠리아 외에도 제노바와 베네치아를 강타했다. 그리고 북부를 향한 해상로와 육로를 거슬러 올라 독일을 지나 영국으로 확산되었다. 심지어는 발트 해와 러시아까지 도달하며 불과 수개월 만에 전국적으로 유행했다. 초기에 이 병은 해상 도시로 제한되었지만 (피렌체와 시에나 같은) 내륙 도시들에도 심각한 피해를 주었다. 프랑스와 독일 라인 강 지역의 경우 강을 통해 확산되었다. 심각한 재앙에 직면한 시민 세력은 질병의 수습에 필요한 조치를 강구하려 사회 조직과 연결망을 총동원했다. 그럼에도 전염의 메커니즘에 대한 고찰을 근거로 추진된 조치들은 충분치 못했다. 1377년에는 두브로브니크Dubrovnik에서 40일간의 검역 기간이 설정되었다. 그럼에도 당시 문서들을 통해서 시민의 건강에 대한 관심이 가장 우선적인 것으로 밝혀졌다. 불충분한 조치

구제책

당시의 의사들은 흑사병에 어떻게 대응했을까? 그들 대부분은 병에 대한 의학적 처방에 확신을 가지지 못한 채 피신에 급급했다. 하지만 시간이 지날수록 현실은 더욱

절망적이 되었고, 치료 인력 대부분은 치료 방법을 찾는 과정에서 사망했다. 의학에 대한 불신 자체는 일반 대중을 위한 의학 서적이나 프랑스 왕 필리프 6세(1293-1350, 1328년부터 왕)가 파리 대학 의학부 대가들에게 요청하여 1348년에 출판한 『전염병 개론서Compendium de epidemia』를 통해 알 수 있듯이 제한적인 것이었다. 흑사병이 당시의 지식과 의술에 미친 영향을 살펴보는 것은 상당히 흥미롭다. 그러나 이 경우에도 흑사병에 대한 많은 연구서와 칼 주드호프Karl Sudhoff부터 비비안 누튼Vivian Nutton에 이르는 여러 의학사가가 수집하고 연구한 글 상당수는 근본적인 흥미를 유발하기에 역부족이며, 고대 미신의 반복에 불과했다. 이와 반대되는 견해의 대표 사례는 숄리아크의 기(1300?-1368)였다. 아비뇽 교황청 의사였던 그는 일찍부터 흑사병의 두 가지 형태인 폐 흑사병과 선 흑사병의 존재를 간파했다. 그럼에도 당시 의학이 그동안 밝혀진 현상이나 증상에 대한 그 어떤 병의 근본적인 원인, 병리, 유전학적 설명이나 효과적인 형태의 치료를 제시하지 못했던 것도 사실이다. 개인의 치료에 동원된 방법은 임파선 염증 환자에게 정맥 절개술과 소작법(달군 인두나 질산은 등으로 상처 부위를 지지는 방법*), 그리고 몇 가지 의약품을 처방하는 것이 전부였다. 의학의 관점에서 내려진 대부분의 처방은 비정상적res non naturales인 통제로 모두 예방 수준에 불과했다. 이를테면 질병이 발생하면 일단 피신하고 병이 완전히 낫기 전에는 마을로 돌아오지 말라는 극단적인 충고였다. 공적 차원에서 병자와 의심 지역에서 온 상품을 격리시키는 것은 충분하지 못한 조치였다. 오염된 공기를 정화하기 위해 청소 같은 단순 조치가 취해졌을 뿐이었다.

예방책

원인 규명

대학 의사들의 관심은 전염병과 병 확산의 자연적인 원인을 규명하고 구체적인 증상을 파악하는 데 집중되었다. 첫 번째 원인으로 죄를 지은 주민에 대한 신성과 분노가 지적되었다면, 두 번째으로는 의학, 철학-자연의 긴밀한 관계가 언급되었다. 전염병의 대략적인 원인으로 하늘-점성술의 영향에 대한 관심도 급부상했다. 대부분의 의사는 공기의 변화, 예를 들어 각 개인에게서 배출된 썩고 전염성 강한 체액과 관련한 강력한 유독 가스에서 원인을 찾으려고 했다. 역사학자 존 아리자발라가는 적어도 이 기간에는 공기 오염에 의한 전염이 주된 원인이었을 것이라는 해석을 배제하지 않았다. 위의 두 가지 유형은 함께 고려되어야 할 것이다. 중세 대학의 의사들은 근본적으로 질병이 유독 가스에 의해 발생하며, 독과 부패의 확산으로 전염이 확대된다고 믿었다. 사실상 두 가지 현상은 함께 발생했다.

속죄양 찾기

흑사병은 심리 측면에서도 참사에 비유될 정도로 끔찍한 재앙이었다. 적어도 18세기 중반까지는 전염병으로 인한 '도덕적 무질서'와 이를 일으킨 신의 결정은 흑사병에 대한 연구서와 모든 사람의 심리를 통해 최우선적인 원인으로 지목되었다. 유럽의 문화, 예술, 문학에서 죽음이란 주제가 끊임없이 등장한 것과 14세기 초반의 세속 문화에 존재하던 묵시록적인 주제의 재출현이 보편화된 것으로 알 수 있다. 보다 심각하고 불안한 것은 (특히 긴 기간을 대상으로 할 때) 흑사병의 독毒을 의도적으로 퍼트린 자를 색출하는 것이었다. 주민들 사이에서 희생양을 찾으려는 노력은 잘못되고 비뚤어진 행동의 결과였으며, 전염성이 강한 유행병에서 드러나는 대표적인 현상이었다. 이것은 의학이 고도로 발전된 현재 사회에까지 영향을 미친다. 14세기에 흑사병을 확산시켰다는 의심은 (프랑스 남부와 특히 독일에서) 유대인, 지속적인 의심을 받아 왔던 소수의 이단 집단, 규모는 작지만 불과 얼마 전부터 청결하지 못한 자들로 낙인찍혀 의학적 관심과 연구 대상으로 주목받고 있던 한센병 환자에 집중되었다. 유대인 학살이 전염병에 의한 참담한 현실에서 큰 반향을 불러 온 집단적 자학 행위와 순례자 무리인 회개자들의 경우에서 보듯이 극단적인 종교적 회개의 현상과 엮이면서 많은 도시와 마을로 확산되었다. 종교 권력과 세속 권력, 그리고 정치 권력은 유대인 학살자들보다는 회개자들과 자학적 행위를 벌이는 자들에 대해 더욱 강력한 조치를 단행했다. 하지만 이들을 통제하거나 더 이상의 자학 행위를 금지시키지는 못했다. 기록을 통해 알려진 사례의 대부분을 참조할 때, 이와 같은 암울한 상황에서도 일상은 지속되었고 가족과 공동체의 유대를 약화시키는 현상 또한 얼마 지나지 않아 극복되었으며, 오히려 상당히 견고한 사회적-시민적 결속 관계를 회복했다. 주민들의 행동 성향에 대한 흑사병의 영향, 즉 결혼과 신생아의 출산 증가와 재산 상속의 노력은 이후 한 세기 반의 부흥을 결정하는 가장 중요한 요인으로 작용했다.

흑사병 확산의 원인으로 의심되는 자의 색출

| 다음을 참고하라 |

역사 흑사병과 14세기의 위기(83쪽)

과학과 기술 이탈리아의 의학과 외과(600쪽)

시각예술 피렌체, 1348년의 흑사병(928쪽); 최후의 심판과 죽음의 무도(932쪽)

혁신, 발견, 발명

SCIENZE E TECNICHE

기술의 정복: 크랭크와 페달

| 조반니 디 파스콸레Giovanni Di Pasquale |

기술의 역사라는 관점에서 중세의 가장 의미 있는 발명 중 하나가 크랭크의 제작이었다. 그것이 인간이 회전운동을 직선 운동과 그 반대의 방향으로 전환시키기 위해 도입된 근본적인 메커니즘이었기 때문이다.

크랭크의 사용은 14세기에 유럽 전 지역으로 확산되었다. 반면 고대에는 알려지지 않았다. 한 명 이상의 사람이 손잡이를 돌리는 수동식 맷돌 혹은 아르키메데스(기원전 287-기원전 212)가 고안한 나사에서 보듯이 장치 전체를 돌리는 손잡이로 대체되었다. 9세기 전반기에 채색 세밀화로 그려진 『위트레흐트Utrecht의 시편』은 회전 맷돌에 적용된 크랭크가 어떤 모습이었는지 보여 준다. 하지만 그 외의 사례들은 (출처는 불확실하지만) 크랭크로 작동되는 바퀴로 소리를 내는 버튼이 장착된 현악기에 대해 기술하고 있는 연구서에 그려진 오르가니스트룸organistrum(칠현 악기*)에 크랭크가 등장하는 10세기 말에서야 등장했다. 그러나 이것이 음악 세계에서 일찍 자취를 감춘 탓에 그나마도 흔적은 남아 있지 않다.

크랭크에 관한 가장 의미 있는 문서는 1335년에 작성되었다. 이 해에 비제바노의 귀도Guido(약 1280-약 1349)는 필리프 6세(1293-1350, 1328년부터 왕)를 (설득에 실패했지만) 십자군에 참가시킬 목적으로 『프랑스 왕의 보물들Texaurus Regis Francie』을 집필했다. 그는 이 연구서에서 군주에게 건강에 대한 자문과 함께 여러 가지 기계 그림을 통해 군사 기술과 각종 전쟁 무기에 대한 정보를 제공했다. 물론 글과 그림은 유기적인 관계를 가지고 있지 않았으며, 이 저술에 소개된 기계 장치도 무기 제작에 적용되지 않았다. 하지만 이 저술에서 크랭크의 초기 형태를 볼 수 있다. 귀도가 직감했던 크랭크의 가치는 한 세기 후인 1430년경에 얀 후스 무리의 익명의 전투(15세기)에서 두 쌍의 바퀴에 축을 연결하고 크랭크를 이용하여 동력이 전달되는 배를 건조하려 했었다는 것을 통해 확인되었다. 15세기에 접어들면서 크랭크의 작용 원리는 겉으로는 단순해 보이지만 다양한 용도에 적용되기 시작했다.

페달 제작은 크랭크와 밀접한 관계가 있었다. 12세기 말에 알렉산더 네캄Alexander Neckham(1157-1217)이 직물과 관련하여 처음으로 언급한 이후부터 방직기와 선반(기중기)에 적용된 장치의 일부로서 대성당 색유리 모자이크에 크랭크가 자주 등장했다.

12세기 말부터 직조 작업이 빠르게 기계화되었다. 몇 가지 사례를 참고할 때 이와 같은 기술 발전 덕분에 유럽에서 해당 분야에 종사하는 노동자들은 많은 이윤을 보장하는 직물 생산과 관련하여 자본주의적인 활동을 시작할 수 있었다. 엄청난 규모로 성장한 피렌체의 양모 생산이 그것의 예다. 14세기 전 기간과 이후로 피렌체의 모직물 생산은 가장 중요하고 많은 수입을 보장하는 경제 활동 가운데 하나가 되었고, 생산 공정은 기계 장치 도입으로 세분화되었다. 1338년에는 200개 이상의 직물 공장과 3만 명 이상의 노동자가 이 분야에 종사했다.

직조 기계의 활용

직물 생산을 위한 기술 분야에서는 각 작업 공정의 급진적인 기계화가 추진되었다. 12세기에는 페달로 작동되는 방직기와 수동 물레가 등장했다. 이후 기계 기술이 더욱 개선되면서 페달을 기계 장치에 직접 연결하여 활용하는 기술이 가능해졌고, 유연한 기둥과 활이 장착된 용수철이 도입되었다. 용수철은 건축가 온느쿠르의 빌라르Villard de Honnecourt(13세기)의 도안 중 하나에서 수력 톱의 상승을 억제하는 기능을 가진 장치로 등장한 바 있다. 지속적인 기술 개발을 통해 기계의 성능은 더욱 완벽해졌다. 신기술은 인도에서 기원한 이후 아시아를 거쳐 유럽에 전달되었을 것으로 보인다. 기술적 관점에서 직조 기계는 체인을 통한 동력 전달을 보여 주는 첫 번째 사례로, 동일한 기계 내부에서 다양하게 작동되는 여러 장치의 각종 속도를 만들어 내고 조절도 할 수 있게 해 주었다. 거대한 바퀴는 한 번의 움직임으로 방추의 회전을 가능하게 했다. 기계 시계 분야에서는 이와 같은 신기술을 토대로 다양한 속도의 공존을 위한 해결 방안이 모색되었다.

| 다음을 참고하라 |
과학과 기술 기계 기술(612쪽); 로저 베이컨과 실험 과학(615쪽); 동방과 서방(618쪽); 기계 시계(622쪽); 안경(627쪽); 나침반(629쪽); 화약 무기(633쪽); 중국의 과학과 기술(636쪽)

기계 기술

| 조반니 디 파스콸레 |

중세 건축가들에게 최고의 도전은 상당한 높이에 엄청난 무게를 지탱하는 기계를 설계하고 제작하는 것이었다. 헬레니즘 시대부터 로마 제국을 거치면서 더욱 완벽해진 기계 문명은 처음에는 비잔티움 제국, 나중에는 이슬람을 통해 중세의 서양에 전달되었다.

고대의 기계와 중세의 기계: 온느쿠르의 빌라르

고대 로마의 기술자이자 건축가였던 비트루비우스Vitruvius(기원전 1세기)와 알렉산드리아의 헤론(1세기?)의 기중기와 다마스쿠스의 아폴로도로스Apollodorōs(2세기)가 사용한 기계는 여러 건축가의 경험과 문헌 덕분에 오늘날까지 전승된다. 2개의 기둥을 가진 기중기와 4개의 기둥을 장착한 기중기, 바퀴가 달린 기중기, 경사진 바닥과 다른 기본적인 5개의 부속 장치가 가진 문제점들은 이들이 폭넓게 사용되는 과정에서 개선되었다. 제조장에 대한 그림은 13세기의 코덱스에 등장했다. 여기에는 한 명의 힘으로 무거운 물건을 옮길 때에 매우 유용하게 사용되는 이륜 수레 외에도 권양기와 도르래에 대한 묘사도 있었다.

14세기에는 기계 작업을 단순화하고 시간을 단축하며 성능을 향상시킨 몇 가지 의미 있는 혁신이 실현되었다. 가장 중요한 것은 움직이는 기중기로, 1310년에 한 음유시인이 설계했는데 현재 하이델베르크 대학 도서관이 소장 중인 필사본에 처음 등장했다. 이 기중기는 기계 중심에 장착된 판 덕분에 축을 따라 완벽하게 회전했다. 13세기의 건축가인 빌라르는 당시의 제조장 건설을 잘 보여 주는 문헌을 집필했다. 그가 총 36장의 양피지에 기계 장치에 대한 그림을 남긴 『건축도집Livre de portraiture』은 목수의 작업에서 벽을 건설하는 것에 이르기까지, 기계 장치부터 기하학적 작업과 심지어 장식 부분의 디자인을 위한 규정에 이르기까지 건축가의 양성 교육을 이해할 수 있는 많은 정보를 기술하고 있다.

제조장의 작업

이 저서에서 저자는 제조장에 관심을 집중했지만 자신이 여행 중 방문했던 랭스, 샤르트르, 랑, 로잔의 대성당들에 대한 그림도 수록했다. 다른 기술 분야의 전문 기술자나 건축가와 마찬가지로 그도 자신의 전문성을 필요로 하는 이곳저곳을 옮겨 다니거나 보고 싶은 것을 찾아다녔다. 빌라르의 명성은 특히 『건축도집』 덕분이었다. 이 저술에서 그는 건축 외에도 (기하학적인 격자무늬 용지에) 인물 모습, 자연의 구성 요인, 경치, 복음서를 읽고 있는 부교(집사)를 향해 날아오는 독수리나 항상 불타고 있는 초처럼 조각가의 조각 대상으로 등장하는 살아 있는 동물과 다양한 기계 장치 등도 스케치했다. 그가 집필한 현실 적용 가능성이 높은 기하학적 장치들은 사람들의 흥미를 유발시키기에 충분한 것이었다. 13세기 중반에 서유럽 학자들이 그리스와 아랍 문화를 접했던 것은 사실이지만 빌라르를 비롯한 건축가들은 현실적인 토대를 구축하는 데 노력했다.

중첩 사각형의 기원과 적용

가장 유명한 사례는 중첩 사각형에 대한 규정으로, 건축 구조물의 여러 부분에 적용되었다. 회랑이 정원을 향하고 있는 수도원 건축과 관련하여 빌라르는 수도원 독사讀師의 시선을 정원 내부에 위치한 중첩 사각형의 외형을 향하도록 했다. 그리고 드러난 사각형의 1/2, 두 배, 1/4에 해당하는 건물 일부를 디자인하고 건축용 석재의 크기에도 동일한 원리를 적용했다. 여기에 적용된 디자인은 사각형의 구역을 중첩시키는 고전적 문제를 해결하기 위한 방안이었으나 시각적 차원의 해결 방안에 불과했다. 왜냐하면 두 사각형의 근원에 해당하는 대각선은 사람의 눈에는 시각적으로만 이해 가능한 숫자처럼 보였기 때문이다. 이는 고대에서 기인했다. 크기가 다른 사각형의 두 배인 한 사각형 건축물의 문제에 대한 분명하고 효율적인 설명은 비트루비우스(IX, *praef.*, 4-5)의 작품에서 찾을 수 있다. 어쩌면 빌라르는 플라톤의 『메논』을 알고 있었을 것이다. 『메논』에서 소크라테스(기원전 469-기원전 399)는 자신이 전혀 알지 못하는 한 소년에게 다른 사각형과 중첩되는 사각형을 어떻게 만들 수 있는지를 물어본다(플라톤, 『메논』, 82a-85b). 이와 같은 규정을 적용시키는 데 중요한 것은 수치의 불일치를 공동의 표시로 그려 내는 것이다. 당시는 도시마다 측정 단위가 달랐기에 건축가는 다른 지역 출신 건축가들과 앞으로 건축할 건물의 크기가 어떻게 되는지에 대해 효율적인 방법으로 대화해야 했다. 실제로 밑그림이 그려지면 해당 지역에서 사용되는 측정 단위와는 무관하게 1/2 또는 1/4로 축소된 사본을 준비했다. 빌라르는 이를 비밀스러운 판단 기준으로 삼기보다는 설계도상의 높이를 축소하는 원칙으로 활용했다.

기계 기술: 작업, 복구 수단

성당 건축에 참여한 건축가와 수공업 장인들의 지식은 장식 부문에서도 큰 역할을 했다. 보베의 뱅상(약 1190-1264)은 『대거울』을 구성하는 장章 중 하나인 「과학 거울Specchio della Scienza」에서 인간은 자연에 대한 깊은 지식 덕분에 회개의 여정을 시작하여 하느님 앞에 나아갈 수 있을 것이라 했다. 기계 기술도 이 오랜 여정의 일부인데 (뱅상에 따르면) 과학은 자신의 모든 것을 드러내는 노동이었기 때문이다. 만약 노동이 구원으로 통하는 여러 갈래의 길 가운데 하나라면 성당의 장식에도 이를 대표하는 모든 장인이 존재했다. 샤르트르와 부르주의 교회 색유리 장식에서 모종삽, 망치, 화덕용 삽은 곧 기증자를 상징했다. 「과학 거울」에 따르면 노트르담 성당 본당 측면의 색유리 장식에는 직물과 직조의 모든 공정이 묘사되었다. 또 농촌의 일과에 대한 그림들도 있었다. 그러니까 여러 교회의 문에는 신자에게 자연의 시간과 인간의 시간을 일치시켜 주는, 수확하고 밭을 갈며 추수하는 장면이 조각되어 있었다. 이러한 이유로 매달 농사일을 위한 달력이 제작되었다. 한 해의 계절은 노동과 기도 시간을 맞추면서 인간의 활동을 위한 틀 역할을 했다. 샤르트르, 파리, 아미앵, 그리고 다른 여러 교회에서는 실제로 해 봤거나 도심 주변에 위치한 들녘에서 농사일을 본 적이 있기에 충분히 알 수 있는 노동의 모습이 조각된 아름다운 달력을 볼 수 있다.

거대한 고딕 성당을 장식하는 기술은 이를 바라보는 자에게는 교육적인 효과로도 작용했다. 세상의 역사, 창조, 사전에 포함된 규율, 기술과 직업은 신자 모두에게 쉽게 관찰할 수 있는 그림들로 이야기된 세상의 모든 질서를 나타내는 장식을 통해 교육의 장을 제공했다. 이러한 이유로 대성당은 기계 기술을 필요로 하는 전 학문 분야의 공적을 있는 그대로 보여 주는 그림책이나 다름없었다. 7개의 자유학예도 대성당 장식 부분에 포함되었으며 이후에는 다른 분야도 포함되었다. 13세기에는 상스, 랑, 오세르, 랭스의 성당들에 의학을 상징하는 그림이 등장했다.

이론과 실제의 관계는 13세기의 학문 분류에 대해 기술한 중요한 연구서로, 1250년경 도미니쿠스회의 로버트 킬워드비가 쓴 『학문의 기원De ortu scientiarum』에서 새로운 체계를 제안했다. 이 주제와 관련하여 이미 언급한 바 있는 생빅토르의 위그(약 1096-1141)의 저술에서 영향을 받은 킬워드비는 7개의 기술 학문 중 하나인 공연술Theatrica을 건축에 관한 모든 것과 관련 있는 건축학Architectonica으로 대체했다. 그럼에도 초기의 수도원들은 실제 활동을 과도하게 강조함으로써, 특히 도미니쿠스회 수도승들에게 많은 영향을 주었다. 아리스토텔레스를 공부한 킬워드비는 새롭고 흥미로운 분류를 시도했고, 이를 근거로 기술 학문이 자연 과학과 수학에 속한다고 주장했다. 이론과 실제에 대한 아리스토텔레스의 구분에 영향을 받은 도미니쿠스회 수도승들은 토마스 아퀴나스(1221-1274)와 알베르투스 마그누스(약 1200-1280)에 대한 고찰을 통해 드러난 바와 같이 기계 기술의 가치를 다시금 저평가했다. 킬워드비는 기계 기술이 사색적 학문에 속한다는 주장을 전개하면서 새롭게 채택해야 할 여정을 준비했다.

도미니쿠스회 수도사들과 기계 기술

| **다음을 참고하라** |
과학과 기술 13-14세기 유럽의 광물학과 금속학(587쪽); 기술의 정복: 크랭크와 페달(610쪽); 로저 베이컨과 실험 과학(615쪽); 동방과 서방(618쪽); 기계 시계(622쪽); 안경(627쪽); 나침반(629쪽); 화약 무기(633쪽); 중국의 과학과 기술(636쪽)

로저 베이컨과 실험 과학

| 조반니 디 파스콸레 |

13세기 유럽에 새로운 대학들이 설립되었다. 이들 중 여러 대학 내부에서 기존의 지배적인 철학 전통과 다르며 그리스와 아랍의 과학 지식 확산을 통해 배양된 사고가 새롭게 퍼지기 시작했다. 권위에 대한 원칙이 깨지고 기존의 지식이 더 이상 적합하지

않음이 확인되면서 과거에 확실하다고 생각되었던 것들을 재검토하려는 문화적인 혁신이 이루어졌다.

문화의 혁신

파리에서 아리스토텔레스(기원전 384–기원전 322)의 저술이 세밀하게 분석되는 동안에 옥스퍼드에서는 그리스와 아랍 학문 확산에 대한 논쟁으로 수학, 자연 과학과 자연의 귀결에 대한 구체적인 관심이 고조되기 시작했다. 옥스퍼드에서는 로버트 그로스테스트(1175–1253)와 로저 베이컨(1214/1220–1292)이 빛의 역할과 기하학적인 규칙에 기초하여 세계에 대한 개념을 이끌어 내려는 독창적인 연구를 주도했다. 로저 베이컨은 옥스퍼드와 파리를 오가는 연구 활동을 통해 13세기 후반의 문화 혁신을 주도했다. 두 도시의 대학에서 베이컨은 아랍 과학을 수용하려는 노력과 라틴 서유럽이 어떻게 아리스토텔레스의 사상을 해석했는가에 대한 연구를 병행했다. 또한 직접적인 증인 자격으로 다시금 언어 지식과 번역된 내용의 중요성에 대한 확신을 확인했다. 그는 이 분야의 사람들이 무지할 뿐만 아니라 대학에서 강의된 이론의 가치에 대한 증명을 생략한 채 그것을 마치 진리처럼 수용하고 있다는 점을 지적하면서 당시의 번역본에 대한 불신을 드러냈다. 알베르투스 마그누스(약 1200–1280), 토마스 아퀴나스(1221–1274), 그리고 다른 인물들에 대한 논쟁은 프란체스코회와 도미니쿠스회 두 교단이 주도했고 그 중심에는 학문에 대한 접근법과 교육 내용이 있었다. 베이컨의 논쟁은 온갖 오류로 넘쳐 나고 적절해 보이지도 않는 문화 모델에 대항한 전투나 다름없었다. 이러한 상황에서 베이컨은 실제로는 존재하지 않는 권위를 수용하는 원칙과 이에 대한 비판을 받아들이지 않으려는 조직의 문제를 지적하는 새로운 지식 백과사전의 집필을 시작했다.

새로운 지식 사전의 필요성

실험적 증명

베이컨에게 지식의 진정한 원천은 경험에 근거한 것이어야 했다. 대외적 경험은 자연 과학을 이해하는 기초이며 대내적 경험은 내적 깨달음이었다. 이로부터 신앙의 진실과 이성의 진실이라는 이원론이 유래했다. 방법론적인 관점에서 볼 때 베이컨은 강제로 유포된 극도로 빈약하고 불확실한 가설을 논쟁 대상으로 삼기 위해서 학문하는 자들이 자신의 습관에서 벗어나 스스로 지식을 명확히 증명해야 한다고 주장했다. 광학 분야에서 흥미로운 점은 그가 자신의 연구를 통해 자연 현상을 유일한 원칙인 빛으로 환원시키면서 이들에 대한 높은 관심을 드러낸 바 있는 로버트 그로스테스트의 주제를 직시했다는 점이다. 그로스테스트는 이 세계가 창조적인 에너지로, 아무 저항이 없는 상황에서 하느님에 의해 순간적으로 확산되었으며 기하학을 통해 연구해야 할 공간 자체와 동일시되어야 하는 빛에 의해 기원했을 것이라는 이론을 발전시킨 바 있다. 서유럽에서는 이븐 알-하이삼(965-1039)의 원근법 연구가 확산된 이후 광학의 눈부신 발전으로 이어졌다. 이전 시대의 광학에 대한 개념은 플라톤의 사상에 대한 해석과 관련 있었다. 플라톤은 빛을 인간의 내적인 불이 발산된 것으로 간주했다. 11세기 초반에 집필된 알-하이삼의 『광학의 서』는 시각 조직을 구체적으로 기술하며, 당시까지 알려진 바와는 달리 가시 광선이 대상에서 출발하여 눈에 도달한다는 이론을 따랐다. 비텔로(13세기경)는 유클리드(기원전 3세기)와 아르키메데스(기원전 287-기원전 212), 알-하이삼의 연구를 재검토하면서 태양의 빛에 닿은 거울과 렌즈를 대상으로 의미 있는 실험을 실시했다. 이 실험에서 비텔로는 빛이 물의 표면과 무지개의 색에 도달할 때의 작용에 대한 날카로운 직감력을 발휘했다. 광학 연구

로저 베이컨 역시 광학을 새로운 학문으로 봤는데, 기하학에 대한 자신의 원칙 대부분을 기초로 활용하면서도 광학에서는 가설의 가치를 증명하는 실험의 필요성을 지적했다. 실험이 특별한 결과를 보장하지 않는다고 할지라도 베이컨이 학문을 세상에 대한 인간의 능력을 증가시키는 수단으로 여긴 것은 중요한 의미를 가진다. 고대 문헌에 대한 진지한 문헌학적 연구를 실험과 접목시키려는 그의 시도는 토마스 아퀴나스의 『신학대전』이 지배하던 당대의 기술적-학문적 문화와 비교할 때 의미를 가지기 때문이다. 실험적 증명을 거치지 않는 한 어떤 것도 확실하지 않다는 베이컨의 주장은 알베르투스 마그누스와 토마스 아퀴나스의 체계에 대한 의심을 의미했다. 기술의 발전에 따른 새로운 지식은 세계와 베이컨, 그로스테스트, 그리고 프랑스 천문학자 페레그리누스Peregrinus(13세기)의 자연 과학이 자연 현상을 이해하기 위한 실험적 증명과 직접적인 실험을 통해 발전할 수 있다는 논리에 근거하여 새로운 진실의 존재를 증명한 것과 같이 그들의 조사를 동반했다. 로저 베이컨은 이를 통해 새로운 진실을 발견할 수 있다는 확신을 가지고 있었다. 실험적 증명

경험은 기술적 측면과 과학적 측면으로 구성되며, 진리로 인도하고 확실한 결과

에 도달하게 했다. 광학 연구 발전을 위한 노력이 실험 과학의 성립에 일조했다면 빛의 굴절과 색의 기원에 관한 실험적 관찰은 그동안 유리 수공업자들이 축적한 능력을 바탕으로 13세기 서양에 확산된 안경의 발명을 예고했다.

| 다음을 참고하라 |
역사 잉글랜드: 군주국과의 전쟁과 점령지 양도(107쪽)
과학과 기술 13-14세기 유럽의 광물학과 금속학(587쪽); 기술의 정복: 크랭크와 페달(610쪽); 기계 기술(612쪽); 동방과 서방(618쪽)
문학과 연극 고전의 수용(651쪽)

동방과 서방

| 조반니 디 파스콸레 |

서방의 동방에 대한 지식은 지도가 새로 알게 된 정보를 충분히 반영하지 못하는 상황에서도 상인과 여전히 전설적인 우화로 알려져 있는 지역들에 신빙성 있는 정보를 제공하는 외교 임무를 수행했던 여행자들을 통하여 더욱 확대되었다.
아랍의 공로로 숫자에 대한 과학과 수학 분야의 연구가 급진적으로 발전했다.

동방 원정

거대한 바다는 여전히 두려움의 대상이었기에 대부분의 원정은 동방을 향했다. 해상 무역은 소아시아의 항구들을 통과했으며, 계속해서 육로로 도달할 수 있는 내륙을 향했다. 해당 지역에 관한 지식은 여행자들의 직접적인 관찰로 증가할 수 있었다. 당시의 정치 상황은 유럽에 유리하게 흘러갔고, 이에 힘입어 여행자들은 극동까지 진출했다. 1245년에 프란체스코회 수도승 피안 델 카르피네의 조반니(약 1190-1252)는 칭기즈 칸 궁정에 파견된 사절단을 이끌었고 1253년에 프란체스코회의 뤼브룩의 기욤(13세기)도 유사한 여행을 시도한 바 있다. 베네토 출신의 상인이었던 니콜로와 마테오 폴로는 크림 반도에서 볼가 강을 지나 중국 북부에 위치한 칭기즈 칸의 황궁을 향한 카라반 상단에 합류했다. 1271년에는 베네치아의 상인 마르코 폴로

(1254-1324) 일행이 여행한 적이 있는 동방을 향해 시리아, 아르메니아, 파미르 고원, 타미르 협곡, 그리고 몽골을 통과하는 긴 여정을 시작했다. 젊은 마르코 폴로는 20년 가까이 중국에 머물며 광대한 몽골 제국의 영토를 둘러봤다. 그는 베이징의 황궁에서 보낸 기간과 쿠빌라이 칸(1215-1294)이 통치했던 영토에서 특권을 누리면서 자신의 여행기를 준비했다. 자신이 직접 보지 못한 것들에는 회의적인 태도를 보였고, 당시의 문학 작품들을 지배하던 동방에 대한 환상적 요인들을 배제한 채 저술에 몰두했다.

마르코 폴로의 『동방견문록』

『동방견문록』은 마르코 폴로 사후에서야 크게 알려졌지만 당대의 수많은 지식인에 의해 널리 읽혔다. 그는 과학자나 학자는 아니었지만 호기심 많고 주의력 깊은 상인이었고 자신이 여행한 여러 지역의 특징을 사실적으로 묘사했다. 환상적이면서도 동시에 과학적인 그의 이야기는 전설 속에만 등장했던 미지의 지역들에 대한 전대미문의 정보를 전해 주었다. 동시에 왕국과 도시들을 구체적으로 기술하면서 지역 토산품, 도로, 건물, 자신이 만난 주민의 풍속과 관습에 대한 소식을 전했다. 물론 그중에는 나무처럼 불타는 검은색 돌, 고깃덩어리를 주면 갈라진 틈에서 나와 비행하는 다이아몬드를 부착한 독수리와 같은 놀라운 이야기도 있었다. 그때마다 그는 수차례 이곳을 여행하고 많은 것을 목격한 사람으로서 신빙성 있는 설명을 제공하려 했다. 마르코 폴로는 여행가와 관찰자로 페르시아, 아르메니아, 중앙아시아의 스텝 지역, 인도와 아프리카의 서부 해안을 구체적으로 설명했다. 마르코 폴로의 느린 여정은 공식 관리 자격으로 사전에 설정된 것으로, 이후에 크리스토퍼 콜럼버스 Christopher Columbus(1451-1506)가 대양과 존재조차 알지 못했던 미지의 세계를 향한 여행을 조직한 것과는 이질적인 배경을 가지고 있었다.

칭기즈 칸

마르코 폴로는 황하 강에서 볼가 강과 유프라테스 강까지 확장한 거대한 제국이 쿠빌라이 칸의 지배하에서 통일되었고, 그 광활한 영토를 단 한 명의 군주가 지배한다는 것에 주목했다. 그리고 아시아를 가로지르는 여행에 자신의 특권을 이용하는 현명함을 발휘했다. 마르코 폴로만큼이나 이 역사의 주인공인 칭기즈 칸은 전대미문의 방대한 영토를 정복한 몽골 제국의 군주로서 게르ger를 이용하여 베이징의 황궁과 아시아의 드넓은 사냥터들을 누볐다. 본래는 베네치아인인 마르코 폴로는 특유의 열정과 호기심으로 다양한 종족의 풍습과 습관뿐 아니라 새롭고 기묘하며 특색 있는 것들과 아시아를 지배하는 단순하면서도 위대한 지도자의 모습을 흥미롭고 다양한 방식으로 기술했다. 『동방견문록』은 130개 이상의 코덱스를 통해 오늘날까지 전해지며, 수많은 언어로 번역되었다.

마르코 폴로의 여정

14세기 후반의 지도들에서 볼 수 있는 것처럼 마르코 폴로가 소개한 정보는 아시아가 믿을 수 없을 만큼 동쪽을 향해 끝없이 펼쳐져 있음을 보여 준다. 선교사들과 상인들은 14세기까지 마르코 폴로가 제공한 정보에만 의존하여 중국, 인도, 페르시아와의 교역로를 설정하고 이 지역들과 연결된 여러 무역로에 대한 인식을 확산시켰다. 14세기에 중국의 풍속을 세심하게 묘사한 포르데노네의 오도리쿠스(약 1265-1331)의 저술도 많은 독자를 확보했다. 그는 프란체스코회의 사제로 일정 기간 몽골인들과 생활한 후 인도로 건너갔다. 1318년에는 여행을 마감하는 의미에서 그동안의 모든 기억을 저술로 남겼다. 존 맨더빌John Mandeville을 주인공으로 한 진위 불명의 여행기도 큰 반향을 일으켰다. 부정확한 내용과 개의 머리를 가진 인간의 존재 같은 환상적인 내용에도 이 저술은 호기심을 자극하기에 충분한 가치를 가졌다.

끝으로 고대 지명학에 조예가 깊었던 보카치오(1313-1375)와 프란체스코 페트라르카Francesco Petrarca(1304-1374)의 지리학에 대한 관심을 지적할 필요가 있다. 페트라르카는 사자생寫字生의 부주의와 무능력을 지적해야 한다는 보카치오의 견해에 공감하면서 지명을 정확히 확인하려 했다. 지역 및 장소를 정확하게 서술하려 했던 보카치오의 노력은 과거에 수정된 바 있는 지명에 대한 지식을 통해 지리학 문헌의 신빙성을 확보하고자 1355-1374년에 집필한 『산, 밀림, 수원지, 장소, 강, 늪지, 그리고 바다의 이름에 관한 연구De montibus, silvis, fontibus, lacubus, fluminibus, stagnis seu paludibus et de nominibus maris liber』에서도 잘 드러난다. 그 결과 전통의 한계에서 벗어나 새로운 학문으로, 특히 여행자와 식자의 역할이 크게 작용하는 지리학의 기초가 마련되었다. 사람이 살 수도 있는 공간에 대해서는 새로운 정보와 성서의 전통을 중재하려는 도식적인 지도에 대한 검열이 여전히 강력했다. 그 결과 상인과 군인, 여행자의 여행을 통해 얻어진 정보와 세계 지도가 언급하는 공식적인 (종교적 전통의) 차이는 여전했다. 이것은 독일 북부에 위치한 작은 도시 엡스토르프Ebstorf의 한 수도원에서 발견된 지도에서도 드러난다. 이 지도는 역사적이고 지리적이며 인류학적이고 신화적이며 또한 종교적인 정보와 더불어 땅을 둥글게 묘사한 가로세로 각각 3.5미터가 넘는 크기의 사각형 형태다. 육지는 T자 구조인데, 동방의 지면에는 손, 팔, 다리로 땅의 구체를 둘러싸고 있는 예수의 얼굴이 묘사되어 있다. 실제 경계와는 어떠한 유사점도 없지만 그럼에도 여행자에게 강, 산, 호수, 바다, 그리고 도시의 존재를 알려 준다는 의미에서 나름의 가치를 가졌다. 그러나 지리에 대한 지식의 중요성은 (정보의 양이 크게 증가함에도) 부차적인 수준에 머물렀고, 무엇보다 그리스도교의 원칙과 타협의 여지를 모색해야만 했다.

아랍의 기계 장치들과 수학

아랍 세계의 기술 연구와 관련하여 바누 무사Banū Musā(9세기) 형제의 연구 이후 3세기가 더 지난 1204-1206년에 알-자자리al-Jazari(1136-1206)는 『공학 기계들에 관한 연구Libro sulla conoscenza dei meccanismi ingegnosi』를 썼다. 그의 연구에 등장하는 기계들은 중세 아랍인들이 이룩한 최고 수준의 기계 장치로 평가받는다. 어쩌면 알-자자리가 사자생의 부주의함이 야기했을지도 모를 불확실한 내용을 개선하려는 확실한 의도를 가지고 바누 무사의 저술을 분석했을 수도 있다. 그의 기계는 유익성과 재미를 보여 준다. 물시계, 자동 추진 보트, 컵에 음료를 따르는 조각상, 소에 의해 움직이는 기계 장치들을 통해 경작지에 물을 공급하는 기계, 의사가 환자로부터 채혈하는 혈액의 양을 측정하는 장치 등은 비록 오랜 기간 빛을 보지 못한 채 남게 될 것이었지만 당시의 기계 기술에 대한 능력을 유감없이 보여 주는 것이었다.

유용하고 흥미로운 기계들

당시 이슬람 과학에 기계 기술의 연구 전통만 존재했던 것은 아니다. 이슬람 과학자들은 수학 분야에서 진정한 의미의 전환기를 마련함으로써 영향력을 확대했다. 인도 기원의 아라비아 숫자를 도입한 것은 진정한 발명이나 다름없었다. 또한 과학과 기술의 관계에서도 상당히 중요했다. 로마 숫자는 큰 수를 표기하거나 중요한 계산을 하기에는 복잡했기에 사람들은 산수 전문가에게 도움을 요청해야 했다. 12세기 말에 무역 활동을 위해 아프리카 북부에 거주한 레오나르도 피보나치(1170-약 1235)는 아랍어를 사용하는 동료로부터 오래전부터 인도에서 사용되고 있던 다른 유형의 숫자가 존재한다는 사실을 알게 되었다. 이 숫자에서 0을 포함한 각 숫자의 가치는 숫자의 조합에서 차지하는 단위 위치에 따라 달라진다.

새로운 숫자

숫자와 과학 연구

이것이 오늘날 우리가 사용하는 숫자 방식이며, 당시 사람들에게 산술 규정을 단순하게 해 주었다. 피사로 돌아온 피보나치는 고대에 수학이 학문에 얼마나 크게 기여했는지를 연구하여 1201년에 『산반서』 초고를 완성했다. 이 저술은 서양인들에게 오래전부터 아랍의 상인과 수공업자가 사용했던 숫자 방식을 그들도 사용할 수 있게 하는 데 크게 기여했다. 수학자로 명성이 높아진 피보나치는 1220년에 『실용 기하학 Practica geometriae』을 집필하여 유클리드(기원전 3세기)가 쓴 『원론』의 기초에 근거한 문제들을 다루었다.

두 방식은 오랫동안 공존했다. 하지만 16세기가 되자 새로운 방식이 이전의 것을 완전히 대체하고, 그것이 유럽 전체에 확산되어 새로운 과학의 탄생과 과학과 기술의 관계를 새롭게 정립하는 데 필수적인 역할을 했다. 수학자들은 피보나치의 연구를 추종했다. 파리 대학의 영국인 사크로보스코의 요하네스(?-약 1256)는 『숫자에 관하여De arte numerandi』를 집필하여 숫자 계산을 위한 규칙을 마련했으며, 천문학에도 조예가 깊어 『세계의 차원들』은 유럽 여러 학교의 교재로 채택되었다. 네모레의 조르다누스(약 1225-1260)는 수학과 기하학에 대한 연구에 몰두한 끝에 『무게에 관하여』를 저술했다. 이 연구서는 물체의 중력이 그 위치에 따라 다양할 수 있다는 것 gravitas secundum situm에 기초한 근본적인 개념을 반복적으로 적용하면서 기계의 역사적 발전에 크게 기여했다.

| 다음을 참고하라 |

과학과 기술 기술의 정복: 크랭크와 페달(610쪽); 기계 기술(612쪽); 로저 베이컨과 실험 과학(615쪽); 기계 시계(622쪽); 안경(627쪽); 나침반(629쪽); 화약 무기(633쪽); 중국의 과학과 기술(636쪽)

기계 시계

| 조반니 디 파스콸레 |

중세 서유럽의 가장 유명한 발명 중 하나는 괘종시계일 것이다. 고대에 기원하는 해시계와 시계는 14세기에 이르러서야 유럽에 확산되었다. 하지만 24시간을 기준으로 시간을 측정하는 일은 여전히 효율적이지 못했다. 당시의 기계 기술은 수학적 측정이 가능하고 계절과 무관하게 시간을 측정하기 위한 연구 분야로, 시간의 개념 자체를 근본적으로 바꾸어 놓은 혁신으로 이어졌다.

시간을 정확하게 측정하는 일은 성당, 대학, 상인의 활동이 활발했던 여러 도시에서 더 미룰 수 없는 것이었다. 1300년대 즈음에 일련의 노력 끝에 탈진기脫進機가 달린 기계 시계가 발명되었다. 낙하하는 물체의 힘으로 작동되는 시계를 발명하려고 했던 기술자들은 탈진기, 즉 지속적인 에너지를 확보할 수 있는 장치를 고안하는 데 균형이 중요하다는 것에 주목했다. 이 시기에 물시계는 점점 완벽해지고 복합적인 구조로 발전했던 반면에 물시계를 거래하는 시장은 기술적인 문제를 극복하여 시간의 흐름을 정확하게 측정할 수 있는 시계를 확보해야 함에도 불구하고 궁극적인 해결 방안을 찾지 못했다. 1250년에 파리 궁정에 건설된 (현재 옥스퍼드 보들리Bodleian 도서관에 있는 한 필사본에 묘사된) 거대한 시계에서 보듯, 모래시계는 용기 내부에서 물로 톱니바퀴를 작동시킴으로써 균형을 유지하면서 상당히 세밀한 수준에 도달하여 해시계보다 선호되었다. 이와 유사한 방식은 카스티야 왕 알폰소 10세(1221-1284, 1252년부터 왕)의 궁정에 설치된 시계에서도 볼 수 있다. 하지만 그것은 물이 아니라 수은의 농도濃度를 이용해 아스트롤라베astrolabe(고대와 중세에 걸쳐 사용된 천체 관측기*)의 사분원四分圓을 작동시키는 바퀴의 회전운동을 통제했다.

이것은 다마스쿠스 술탄이 1232년에 프리드리히 2세(1194-1250, 1220년부터 황제)에게 선물했던 아름다운 친문학 시계에 필적하고자 했던 시도였을 것으로 추정해 볼 수 있다. 물은 동력으로의 충분한 기능을 발휘하지 못했다. 우리는 1270년 이전에 제작된 아스트롤라베의 사용에 관한 저서를 남긴 로베르토 앙글리코Roberto Anglico(13세기) 덕에 시계 상점 주인들이 기울인 노력을 알게 되었다. 그가 제공한 정보는 무게 균형이 내려오면서 작동하는 기계 태양계의太陽系儀를 제작하는 데 관심이 있던 천문학자들 사이에서 무슨 이유로 실험이 특히 보편화되었는지를 설명하는 데 주효했다. 그럼에도 기계를 연구하는 학자들이 잘 알고 있던 바와 같이, 또 경험이 확인해 주듯 규칙 운동을 만들어 내는 것은 쉽지 않았다. 낙하하는 분동分銅 추는 시간이 지날수록 속도를 증가시켰고 그 결과 시간은 더욱 빨라졌다. 14세기경에는 분동 추의 낙하를 조절하기 위해 속도를 줄여 주는 장치, 즉 당대 모든 기계 시계의 필수 부품이었던 폴리오트foliot라는 명칭의 특별한 평형 바퀴가 장착된 막대기 모양의 탈진기가 도입되어 분동 추의 낙하 속도를 완화시키고 기계를 규칙적으로 유지하면서 분동 추가 (나중에 체인처럼 연결된 톱니바퀴를 작동시키는) 축을 따라 낙하하는 운동을 가능하게 해 주었다.

규칙 운동에 관한 연구

신비한 원리 이 운동은 멈추지 않았다. 시계의 평형 바퀴는 앞뒤로 반복 운동하며, 낙하하는 추는 반복적으로 제어되고, 규칙적인 방식으로 균형 잡힌 분동 추의 움직임을 전환시켰다. 시계 제작자의 어려움은 동력 추와 막대에 의해 추가 이동하는 거리를 정확한 비율에 맞추는 것이었다. 그들은 기계의 기능을 완벽하게 보완하는 데에 모든 노력을 집중했다. 당시 제작자들이 탈진기 바퀴 상단과 하단의 상반된 운동이 서로 다른 회전판 덕분에 폴리오트와 균형추의 전후 운동을 순환 운동으로 바꿀 수 있다는 것을 알고 있었다는 사실은 오늘날에도 높이 평가받는다. 이에 못지않게 일정한 방식으로 차단되는 동력 추의 낙하와 관련하여 균형추에 가속을 전달한다는 점을 직감한 것도 발전의 한 요인이었다. 이것의 작동 원리에 대한 과학적인 설명은 당대의 지식수준을 초월한 것이었기에 몇 세기가 더 지나야 가능했을 것이다. 온느쿠르의 빌라르(13세기)가 이러한 발명을 구상한 인물이었을지 모른다. 그의 그림 중에 탈진기도 등장하기 때문이다. 실제에 상응하는가 여부와 상관없이 탈진기의 발명은 시계의 동력원에서 수력 에너지를 대체할 수 있는 기술을 습득하는 데 관심이 많았던 기술자 세대의 노력에 의한 결과로 볼 수 있을 것이다.

시간 측정

기계 장치를 이용해 시간의 흐름을 측정한다는 발상은 인간이 (기본 구도에서 출발한 물레방아의 진화를 통해 확인된) 기계적 사고방식의 발전에 관심을 가지기 시작한 시대에 기원한다. 기계 기술은 이제 다른 차원의 여러 문제를 해결하기 위한 열쇠처럼 여겨졌다. 새로운 발명을 향한 추진력은 상당했다. 1338년에 베네치아에서 동방을 향해 출항한 범선에는 기계 시계도 실려 있었는데, 이는 서방의 기술적 우위를 다시금 확인하는 증거였다.

14세기에 기계 시계는 성당, 교회, 도시의 탑에 설치되었다. 1309년 밀라노의 에우스토르지오 성당에는 철로 제작된 기계 시계가 있었다. 1340–1380년에는 제노바, 피렌체, 볼로냐, 스트라스부르, 샤르트르, 뉘른베르크, 프라이부르크, 페라라, 발랑시엔Valenciennes, 브로츠와프, 그리고 웨스트민스터 사원에 기계 시계가 등장했다.

시계 상점 시계 상점의 등장은 시계 제작자의 능력을 세상에 알리는 기회였다. 이들은 톱니바퀴를 디자인하고 제작하는 데 자신들의 숙달된 솜씨를 발휘했기에 유럽 전 지역에서 종종 대포 제작을 주문받기도 했다. 수공업자의 존재가 미미한 수많은 지역의 경우 시계 제작자들을 외부에서 초빙했다. 카탈루냐의 시계 제작자 대부분은 유대인이었으며, 영국 솔즈베리와 웰스의 교회들에서는 외국인 수공인들에 의해 시계가 설치되었다. 수도승들이 지식을 발휘하기도 했다. 15세기 말까지는 전문적으로 기계 시계를 생산하는 중심지가 없었을 것으로 추정된다. 그리고 시계를 제작할 목적으로 독일인 수공업자들이 초빙되기도 했는데, 이탈리아와 프랑스에서도 인기가 높았다.

기술의 관점에서 볼 때의 관건은 기계 시계의 작동을 유지하는 것이었다. 아주 초기의 시계들의 시간 측정은 불완전한 방식이었다(시간 측정의 평균 오차는 하루 15분에서 60분까지 다양했다). 도시 공동체들은 초기 시계들의 하나뿐이던 바늘을 정확히 움직이는 일을 전담하는 사람에게 대가를 지불하기도 했다. 하지만 14세기에 들어서는 보다 복잡한 유형의 시계가 제작되기 시작했다.

자동 시계

시계를 향한 사회 전체의 열정은 보통 악기를 연주할 때 자동으로 시간을 타종하는 시계의 전성기를 위한 전 단계였다. 타종 때 천사와 성인, 동방박사가 성모 마리아 앞에 나타나던 과거의 방식과 달리 자치 도시의 탑과 교회의 종탑에는 별의 공전을 가리키는 기계 장치의 운동으로 시간을 알리고, 기계에 대한 당시의 취향을 궁극적으로 증언하는 매우 복잡한 구조의 시계가 등장했다. 1350년에 스트라스부르 성당에 설치된 시계는 모든 제작자에게 일종의 의무와 같은 것이었다. 일단 크기가 엄청났고, 움직이는 달력과 눈으로도 관찰 가능한 행성의 움직임을 보여 주는 천체 관측기인 아스트롤라베를 포함하고 있었으며, 상단에는 정오에 맞춰 성모 마리아를 둘러싸고 있는 동방박사들이 등장했다. 카리용carillon(고정되어 매달린 23개 이상의 청동종으로 구성된 악기의 명칭*)은 음악을 연주하고, 정상에 있는 수탉은 날개를 퍼덕이면서 울음소리를 냈다. 이탈리아에서 제작된 첫 번째 자동 시계는 1351년으로 거슬러 올라가는데, 오르비에토 대성당 거리와 광장 사이에 설치되었다. 이 시계는 작업자들을 위한 것으로 건축 현장의 노동 시간을 자동으로 알려 주었다. 타종은 한 명의 노예가 망치로 커다란 종을 치는 방식이었다.

지극히 복잡하고 역동적인 시계 장치들

이 시대를 대표하는 대작은 1350년경 조반니 돈디(1318-1389)가 제작한 아스트라리움astrarium이다. 돈디는 훗날 '시계의 장인 조반니'로 불렸다. 그는 무려 15년간이나 복잡한 시계를 만들고자 노력했는데, 한 연구서에 자신의 생각을 기술한 바 있다. 그가 만든 기계 장치는 일, 월, 년, 그리고 행성의 공전을 자동으로 표시했다. 여기에는 7개의 사분의가 장착되어 있었는데, 하나하나가 각각의 천체로서 아리스토텔레스-프톨레마이오스의 이론에 따라 지구를 돌며 일련의 탈진기와 기계 바퀴로 작동했다. 당대의 연대기에 이 시계의 왕복 운동을 목격한 이들의 말이 기록되어 있다. 더욱 놀라운 점은 돈디의 시계가 오직 하나의 추가 낙하하는 것으로 작동이 가능했다는 점이다. 원래는 롬바르디아 주 파비아에 위치한 비스콘티 도서관에 설치되었지만 돈디가 사망한 후에 그대로 방치되었기에 아무도 작동법을 몰랐다.

하지만 이 야심찬 계획은 서양의 독점물이 아니다. 13세기에 알-자자리(1136-1206)가 이미 제작한 바 있는데, 그의 시계는 황도 12궁에서 태양과 달의 위치를 알려 주는 매우 특별한 행성 시계였다. 시계에 조작된 인물의 모습은 황도대黃道帶의 표시와 함께 원형 상단에 등장한다. 매 시간마다 타종하는 2마리 새의 부리로부터 하나의 구체가 하단의 동항아리에 떨어지는데, 1150년에 무명의 아랍인이 썼지만 아르키메데스(기원전 287-기원전 212)의 작품으로 알려진 『물시계의 제작에 관하여Sulla costruzione degli orologi ad acqua』에서 언급되었던 정확한 방식에 따라 날카로운 소리로 시간의 흐름을 알려 주었다. 6시, 9시, 12시에 사람의 형상이 등장하여 나팔을 연주했다.

15세기 중반까지 개인이 시계를 소지하는 경우는 희귀했다. 구조도 복잡하고 가격도 비쌌으며 관리도 쉽지 않았다. 시계는 균형을 잡기 위한 모터와 쇠로 만들어진 부품 때문에 매우 무거웠다. 새로운 동력이 확보되기 전까지 이 문제는 해결 과제로 남았다. 14-15세기 대부분의 기간에 극소수만이 시계를 구입할 수 있었음에도 수요는 극히 제한되었고, 16세기가 되어서야 시계 상점의 역할이 중요하게 평가되었다.

새로운 시간 개념

시계의 등장과 관련하여 가장 중요한 사실은 시간의 동일한 길이에 대한 개념이 확립되었고, 더불어 계절 변화와 무관하게 시간의 가치를 평가하게 되었다는 것이다. 기계 시계는 시간에 대한 인간의 생각을 바꾸어 놓았다. 그 결과 인간은 시간을 사건의 간극이 아닌, 지속적이고 어떤 상황과도 무관하며 또한 수학적 측정이 가능한 대상으로 인식하기 시작했다. 탈진기 시계는 1시간을 60분으로 나누고, 1분을 60초로 구분하면서 시간을 완벽히 통제한 이때부터 시간의 영원한 흐름 또는 인간사의 모든 변화가 일어나는 긴 여정을 표시하기 시작했다. 이렇게 해서 기술은 인간을 부차적인 영역으로 밀려난 자연으로부터 멀어지게 만들었다. 이 비밀을 이해하는 능력을 가지고 있던 네덜란드인, 유대인, 독일인 제철 직공들이 이주하면서 이들의 능력과 기술은 전 유럽에 확산되었고, 16-17세기의 연구를 자극했다. 시계는 과학 혁명을 주도한 인물들의 성찰을 통하여 우주와 인간의 기계적인 상상을 상징하는 요인 중 하나로 정착되었다.

| 다음을 참고하라 |
과학과 기술 기술의 정복: 크랭크와 페달(610쪽); 기계 기술(612쪽); 로저 베이컨과 실험 과학(615쪽); 동방과 서방(618쪽); 안경(627쪽); 나침반(629쪽); 화약 무기(633쪽); 중국의 과학과 기술(636쪽)

안경

| 조반니 디 파스콸레 |

안경이 발명된 이후에 놀라운 기술적 발전이 가능했던 것은 유리 생산과 생산 공정의 기술적 완벽함이 직접적인 관련을 가졌기 때문이다. 13세기 말부터 안경이 확산되면서 특히 책을 읽는 독자층이 큰 혜택을 받았다. 반면 근시 수정을 위한 렌즈는 15세기 중반이 지나면서 생산되기 시작했다.

광학의 위대한 성공

1305년 2월 23일 피렌체의 산타 마리아 노벨라 성당에서 거행된 한 설교에서 피사의 조르다노(약 1260-1310)는 신자들에게 최근에 안경이 발명되었음을 언급했다(피사의 조르다노, 『피렌체의 사순절Quaresimale fiorentino』, *1350-1306*, 1974). 이 소식은 모든 사람, 특히 대부분의 시간을 읽고 쓰는 데 보내는 이들에게 매우 유익한 것이었다. 안경의 발명은 유리 생산 공정이 상당 수준에 도달했기에 가능했다. 나트륨 화합물인 소다, 규석, 석회가 기본 재료였고, 이들을 이용한 유리 생산에는 고온 유지에 필요한 화덕이 이용되었다.

로마인들은 최고 수준의 유리 작품과 유리 회반죽으로 만든 모자이크 작품을 생산했다. 유리 용기에 금속 테두리를 두르고, 음식물과 약품을 보관하는 데는 테라코타terracotta를 사용했다. 이것은 문화 분야에까지 영향을 미친 일종의 혁명이나 다름없었다. 빛을 굴절시키고 물체를 연소시키는 오목 렌즈, 원하는 효과를 투명하게 관찰하기 위한 연금술 장치와 기체학氣體學 장치들, 높은 완성도의 렌즈와 구체들은 이와 같은 재료가 과학 연구에 얼마나 크게 기여했는지를 확인시켰다. 그리스인들의 심오한 철학적 사색과 유리 예술 작품을 제작하는 기계 기술자들과의 관계는 해부학자들이 인간의 눈 일부분을 정의하는 데 유리 제작 관련 용어들을 적용했다는 점을 통해서도 드러난다. 지중해 연안 지역에서 출토된 평면-볼록 렌즈와 세밀한 글자들을 확대해 보고자 물이 가득 찬 투명 유리의 구체를 사용하던 관습은 이러한 재료가 사물의 자연적인 모습을 바꿀 수 있음을 증명해 주었다. 그 외에도 세네카(기원전 4-65)는 어린아이들이 태양 빛이 비치면 무지개의 색을 매끄러운 표면에 투사하는 프리즘을 갖고 노는 습관에 대해 언급한 바 있었다. 유리 예술 분야에서도 이와 같은 이론적 고찰을 바탕으로 몇 가지의 실험적 증명이 이루어졌다.

유리 제품 생산은 로마 제국의 몰락으로 인하여 비잔티움과 극동 지역으로 옮겨갔다. 세련된 장식의 유리 제품이 유럽에 소개된 것은 대부분 십자군이 직접 가지고 온 많은 귀중품이 훗날 교회의 보물이나 귀족 가문의 개인 수집품으로 남게 되었기 때문이었다. 동방에서 유리 제품 생산이 줄면서 13세기 무라노 섬을 중심으로 하여 유리 공장이 세워진 베네치아로 중심지가 옮겨졌다. 기술 수준 향상은 상당한 결과로 이어졌는데, 성당 창문에 세밀화로 장식된 유리로 새로운 빛의 조명을 만들어 낸 것이 대표적이다. 광학 연구에 대한 유럽의 관심은 13세기를 거치면서 보다 완벽한 수준에 달했다. 안경 발명의 시기가 성숙되었음을 의미하는 것이기도 했다.

피사의 산타 카테리나 수도원 소속의 도미니쿠스회 수도승 알렉산드로Alessandro (?-1313)의 묘비에는 그를 (자신은 비밀로 했지만) 안경 제작사로 기념하는 문구가 있다. 안경 제작 기술은 13세기 말에 세상에 알려진 이후 널리 확산되었다. 렌즈 작업은 아직 낮은 수준이었으나 표면의 만곡에 따른 상像의 부정확성을 보완하여 상의 크기를 확대하거나 줄일 수는 있었다.

놀라운 발명의 신비로운 기원

인위적으로 시야를 확대하는 것은 놀라운 발명이었다. 렌즈 제작은 문화와 학계 인물들의 활동을 위한 가능성 향상에 중요한 여정이었다. 게다가 상인과 수공업자들은 자신들의 능력을 발휘하여 이윤을 추구하면서도 지적이고 전문적인 힘을 이끌어 낼 수 있었다. 특히 15세기 후반부터 노안에 효과가 뛰어난 근시용 렌즈가 생산되었다. 14세기에 접어들며 베네치아는 전 유럽을 대상으로 한 안경 생산의 중심지가 되었다. 그리고 렌즈와 유리의 작업을 적절하게 개선하여 생산 기술을 더욱 발전시킴으로써 광학, 빛에 대한 기하학적인 연구 분야, 궁극적으로는 오목 유리와 거울의 성질에 대한 연구에 상당한 영향을 미쳤다.

| 다음을 참고하라 |
과학과 기술 기술의 정복: 크랭크와 페달(610쪽); 기계 기술(612쪽); 로저 베이컨과 실험 과학(615쪽); 동방과 서방(618쪽); 기계 시계(622쪽); 나침반(629쪽); 화약 무기(633쪽); 중국의 과학과 기술(636쪽)

나침반

| 조반니 디 파스콸레 |

이집트인, 페니키아인, 그리스인, 로마인들은 노와 돛을 단 범선을 타고 먼 바다를 횡단했다. 당시의 배들은 해안을 따라 항해했지만 때로는 드넓은 바다를 가로지르기도 했다. 천체를 관찰하면서 1년 동안 별의 위치가 어떻게 바뀌는지를 알아내는 것은 나침반 등장 이전 시대에 항해의 가장 중요한 길잡이였다.

방향을 결정하는 새로운 방법

선원들은 바다를 항해하며 태양과 별을 관찰했다. 수많은 시련을 극복하고 몰타 섬에 도착한 성 바오로의 사례에서 보듯(「사도행전」 27장 9-44절), 배가 난파된 것은 하늘이 구름에 덮여 방향을 잃었기 때문이다. 연안 항해와 암초로 인한 위험을 피하기 위해 수심을 측정하는 장치가 도입되었는데, 다름 아닌 일정한 간격으로 매듭이 있는 길고 무거운 밧줄이었다. 연안 지형에 대한 가시적인 기억, 수심, 바람, 그리고 물의 흐름에 대한 지식은 수세기 동안 항해의 기본 요인이었다. 그리고 모든 시대의 항해자들에게 새벽과 황혼, 시리우스와 플레이아데스Pleiades 성단은 항해에 반드시 참고해야 할 대상이었다.

기술적인 관점에서는 무엇보다 항해 시기가 중요했다. 항해자들은 오로지 인간

항해를 위한 새로운 동력

에 의해 작동되는, 선미에 장착된 방향타에 움직임을 의지했다. 항해의 필수 요소로 후미에 경첩된 유동적인 방향타는 대양 항해를 가능하게 했으며, 특히 배가 맞바람에 직면했을 때에는 고대부터 사용되던 측면 노 역할을 대신했다. 1066년에 영국에 도착한 노르만 범선의 경우 후미 측면에 이중으로 장착된 노가 그 역할을 했는데, 선원들의 물리적인 힘을 이용해 원하는 방향으로의 항해가 가능했다. 또 다른 발전은 넓게 퍼진 형태의 닻이다. 오늘날 사용되는 닻도 U자 형태인데 구부러진 형태였던 고대의 그것을 대체한 것이다. 선박 건조에서도 큰 변화가 나타났다. 특히 선박 상단의 외판을 포기하고 용적을 확보하고 선체를 보다 쉽게 움직이는 데 기본 역할을 하는 (곡선을 지속적으로 유지하는 방식으로 결합된) 갑판이 새로이 도입되었다. 선박의 용적도 크게 증가하면서 (돛을 펼치는 활대의) 선수사장船首斜檣과 주범主帆 사이에 새로운 돛대를 세웠다. 돛을 이중으로 장착함으로써 바람의 변화를 자유자재로 활용하기 위함이었다.

이 모든 것에도 불구하고 선박 분야의 가장 놀라운 변화는 나침반이다. 이미 중국인들이 사용하고 있던 나침반은 아직까지 확실하게 밝혀지지 않은 경로를 통해 유럽에 전해졌다. 천연 자석의 특징은 이미 그리스인들도 알고 있었다. 그리스인들이 이 용어를 소아시아의 도시 마그네시아Magnesia 근처에 있었으며, 일련의 마찰로 쇠를 끌어당기는 능력을 가졌다고 전해지는 바위 동굴을 가리키는 용어로 사용했기 때문이다.

관련 문헌들

문헌 중 나침반에 대한 첫 언급은 1187년에 영국 수도승 알렉산더 네캄(1157-1217)이 『사물의 본성에 관하여De naturis rerum』에서 당시에 알려진 몇 가지 사항을 언급했던 시기로 거슬러 올라간다. 그는 파리에서 공부한 후 우스터 주교와 함께 이탈리아를 여행했는데, 이때 나침반에 대한 소식을 접했을 것으로 추정된다. 이후 나침반에 대한 수많은 문헌이 등장했다. 아크리 주교 비트리의 자크Jacques de Vitry(약 1165-1240)는 1218년에 나침반이 항해를 위한 필수 도구며 선원에게는 일정한 방향을 가리키는 천연 자석이 핵심 장비라고 했다. 반면 13세기 후반에 귀니첼리(약 1235-1276)는 『서정시집Rime』(2, vv. 49-45)에서 북극성을 가리키는 자석 바늘의 특징에 대해 언급했다. 단테(1265-1321)는 작품에서 어떤 사람이나 무언가에 의한 갑작스러운 방향 전환을 가리킬 때 나침반 바늘을 활용했다. 나침반 등장이 지상의 자기현상 연구와 무관했다는 점은 매우 흥미롭다. 나침반은 학자들이 그것의 기능을 결정하는 이유에 대한 충분한 설명을 제공하기 오래전부터 사용되었던 것이다.

나침반의 기능을 결정하는 요소 가운데 가장 보편적인 것은 육지 최북단에 많은 철광석 광산이 있어 나침반 바늘이 (철 성분을 함유하고 있는) 주변의 거대한 바위들로 인해 움직인다는 것이었다. 로저 베이컨(1214/1220-1292)은 자석 바늘이 수평선을 유지하면서 북쪽 극단을 가리킨다는 것을 관찰했다. 이것이 철광산들이 땅의 중심부 어딘가에 위치한다는 결론으로 이어졌다. 그는 육지가 거대한 크기의 구체 자석처럼 작동하며, 육지의 지리적 극점이 구체 자석의 극점들과 일치하는 가운데 나침반 바늘에 영향을 미칠 수 있다는 가능성을 제기했다. 이 이론은 페레그리누스에 의해 더욱 발전했는데, 그는 앙주의 샤를 1세(1226-1285)를 수행하며 풀리아에 머물던 1296년에 『자석에 관한 서한Epistula de magnete』을 집필하여 나침반이 중심 역할을 한다고 했다. 책은 두 부분으로 구성된다. 1부에서는 자석의 특징과 성격, 즉 접촉과 끄는 힘으로 인한 철의 자석 기능, 극성, 두 자석의 극점 간 작용, 같은 극의 극점이 서로를 밀어낸다는 이론을 기술했다. 2부는 실험적인 적용 사례에 대해 설명했다. 로저 베이컨이 실험의 대가dominus experimentorum로 묘사했던 페레그리누스는 나침반을 자석 바늘이 중심에 위치한 작은 축을 매개로 하여 밑으로부터 솟아 있고, 그 위에 유리 덮개가 덮여 있는 것으로 묘사했다. 그는 실험을 진행하는 데 필요한 다른 장치들도 설명했다. 그중 테렐라terrella는 둥근 자석으로, 지속적으로 움직이는 '작은 지구' 또는 '자석 구체'라는 뜻이다. 별의 방위각을 알아내기 위한 양각기도 있었는데, 이들은 천체 관측기인 아스트롤라베에 관한 연구서를 통해 심층적으로 연구될 주제였다. 신비한 기능

구형 전자석에 대한 실험은 매우 흥미롭다. 마찰을 못 느끼게 하는 방식으로 천체 축을 따라 평행하게 장착된 이것은 하루에 한 번 회전했다. 페레그리누스는 표면 위에 하늘의 지도를 표시한다면 그것은 마치 고대의 천구처럼 작동할 것이며, 당대의 모든 시계를 무용지물로 만들 것이라고 주장했다. 회전하는 구형 전자석은 특히 니콜라우스 쿠자누스Nicolaus Cusanus (1401-1464)부터 윌리엄 길버트(1544-1603)에 이르는 여러 학자의 큰 관심을 받았다. 덕분에 페레그리누스가 부분적으로 재활용이 가능한 에너지를 보유하고 있는 우주와 육지에 대해 어떻게 정의했는지가 분명하게 드러났다.

14세기에는 방위가 표시된 나침반이 등장했다. 아말피 사람들은 보솔로bossolo라 아말피와 베네치아

고 불리는 나무 상자 안에다 축에 움직이는 바늘을 장착한다는 직감적인 발상을 생각해 냈는데, 이것은 나침반 사용을 보다 쉽게 하겠다는 단순한 사고에서 유래했다. 아말피인들이 지중해 지역에서 나침반 사용을 확산시키는 데 큰 역할을 한 것은 사실이었으나 새로운 발명품의 장점을 신속하게 활용한 것은 베네치아 사람들이었다. 그들은 자신의 배에 나침반을 장착했으며, 조선소를 마련하고 선박 건조 활동을 추진하는 것으로 지중해 지배권 장악을 위한 발판을 마련했다. 나침반을 통해 어느 순간에서도 바다에서의 위치를 계산하고 방향을 알게 되었기에 그들은 빠르게 부를 축적할 수 있었다.

새로운 항해 지도

나침반은 방향에 대한 확실한 정보를 제공하며 연안에서의 중요한 활동을 활발하게 전개할 수 있게 해 주었다. 그 결과는 지도에 표시되었다. 13세기에는 선원들이 항해를 나설 때 우려하던 요인인 해안, 암초와 바위, 강의 입구와 배의 접안 지역이 상세하고 확실하게 기록된, 새롭고 보다 실용적인 항해 지도가 제작되었다. 이제 지도는 더 이상 천문학적 관찰에 근거하지 않고, 측정 결과와 중요성, 축적 비율에 따라 제작되었다. 초기에 지도 사용은 지중해와 유럽 서부 해안에서 영국, 아프리카 서부 해안에 이르는 지역으로 제한되어 있었다. 13세기에 이르러 항해 지도와 항해 안내서의 수준이 보다 높아지면서 선원에게 유리한 시대가 열렸다. 오래전부터 항해를 위한 보조 수단으로 사용되던 사분의, 아스트롤라베, 항해용 컴퍼스 같은 도구들도 한층 효과적으로 사용할 수 있게 되었다. 긍정적인 효과는 즉시 나타났고, 항해가들은 항해에 더 큰 용기를 낼 수 있었다. 제노바인들은 인도에 도달하기 위해 아프리카를 일주한다는 야심찬 계획의 원정을 통해 카나리아 군도와 마데이라 제도를 탐험했다. 별로 알려지지 않은 항로를 고집하는 자들도 적지 않았다. 비발디 형제는 1291년에 제노바를 출발하여 아프리카를 일주하려는 대대적인 원정을 감행했지만 그 흔적은 현존하지 않는다.

| 다음을 참고하라 |

과학과 기술 기술의 정복: 크랭크와 페달(610쪽); 기계 기술(612쪽); 로저 베이컨과 실험 과학(615쪽); 동방과 서방(618쪽); 기계 시계(622쪽); 안경(627쪽); 나침반(629쪽); 화약 무기(633쪽); 중국의 과학과 기술(636쪽)

화약 무기

| 조반니 디 파스콸레 |

전쟁과 가정에서의 활용을 위한 증기 에너지 연구에 이은 화약의 발명은 중세의 전투 방식을 근본적으로 바꾸었다. 화약이 정확히 언제 발명되었는지는 알 수 없지만 중국에서는 이미 몇 세기 전부터 사용된 것으로 알려져 있다. 반면에 대포는 13세기 말경 서양에서 제작되었다.

화약

14세기에 화약이 등장한 것은 말, 칼, 갑옷이 갖는 전투력의 중요성을 급감시켰다. 유럽의 폭발물 및 화약 무기 제작에 관한 역사가 혼란스러운 것은 지역에 따라 혹은 이미 널리 알려져 있던 액체 화약 병기인 그리스의 불과 비교해 많은 차이에 근거하는 경험과 시도, 증거들이 상당했기 때문이다. 화약은 증기와 가스가 팽창하면서 발생하는 에너지에 대한 관심을 확인시켜 주는 폭죽의 발전에 이어 발명되었다.

고대 로마의 비트루비우스(기원전 1세기)는 『건축서De architectura』에서, 알렉산드리아의 헤론(1세기?)은 『기체학Pneumatica』에서 공기가 가득 찬 동으로 만든 구체의 증기 기관인 기력계汽力計에 대해 기술한 바 있다. 이 구체는 일단 불에 가열되면 스스로 돌아가며 공기는 2개의 작은 구멍을 통해 빠져나간다. 오랜 세월이 지난 후에 이 장치는 알베르투스 마그누스(약 1200~1280)의 저서 『기상학De meteoris』(4, 17)에 다시 등장했다. "2개의 구멍이 있는 테라코타 용기를 준비하고 속에는 물을 가득 채운 후 구멍들을 잘 막고 불 위에 놓는다. 그러면 곧바로 수증기가 막혀 있는 2개 구멍의 마개를 밖으로 밀어낼 것이며, 뜨거운 물을 주변으로 쏟아 낼 것이다. 이 용기는 풀무 장치sufflator라고 불리며, 그 형태는 인간의 모습이다." 알베르투스 마그누스의 것과 대상은 동일하지만 이번에는 공기가 아닌 물이 들어갔다. 비트루비우스가 바람의 기원을 알고자 기력계를 고안했다면 헤론은 용기 속에서 뜨겁게 데워진 공기가 에너지의 원천으로 변형될 가능성을 보여 준 것이라고 생각했다.

중세의 풀무 장치는 불을 키우기 위한 용도로 제작되었는데, 공학자들의 관심을 집중시켰다. 1405년에 콘라트 키저(1366~1405년 이후)가 풀무 장치의 도안을 그렸으며, 필라레테(약 1400–약 1469)는 『건축론Trattato dell'architettura』(1464)에서 불에 공기를 불어넣을 목적으로 풀무 장치를 갖춘 한 쌍의 벽난로 장작 받침쇠에 대해 묘사했다. 이에 대한 관심은 증기의 폭발력에 대한 증명을 통해 입증되었다. 레오나르도 다 빈치(1452–1519)가 이러한 에너지를 증기 대포 제작에 활용하려 한 것은 개연성이 있다. 또한 폭죽의 발전은 증기 에너지에 대한 중세의 관심을 확인시켜 준다.

비잔티움 제국에서는 시리아 출신 건축가 헬리오폴리스의 칼리니코스Kallinicos(7세기)가 '그리스의 불'을 발명했다. 그는 혼합물의 다양한 혼합에 대한 혁신적 연구에 가능성을 제시하여 큰 명성을 얻었다. 초산칼륨 정제 능력은 13세기 동방에서 완벽하게 실현되었다. 화약 가루를 가스로 빠르게 전환시키는 기술이 폭죽의 발명을 가능하게 했다. 르네상스 시대에 유럽인들은 오래전부터 폭발성 혼합 가루들을 사용했을 중국인들이 화약을 발명했을 것이라고 생각했다. 초산칼륨, 유황, 탄소로 제조된 폭발성 혼합 물질에 대한 가장 최근의 언급은 8–9세기의 중국 문헌으로 거슬러 올라가나 이들은 주로 폭죽 제작과 신호 등에 활용되었다. 반면에 11–12세기에 접어들면서 (역시 중국 문헌을 통해) 혼합 물질이 폭죽과 화재 발생용 폭탄 제조에 사용되었음이 밝혀졌다. 언제 초기의 혼합 물질에서 서양의 화약으로 전환되었는지는 분명하지 않다. 로저 베이컨(1214/1220–1292)은 1249년에 자신의 저술을 통해 화약에 대한 지대한 관심을 드러낸 바 있으며, 이듬해에는 (아마도 독일의) 연금술사들이 초산칼륨, 탄소 가루, 유황을 일정한 비율로 혼합하면서 폭발성을 띤 검은색 가루를 얻었을 가능성이 있다.

화약에서 가스로

대포

대포는 서양의 기술이 일군 독점적인 성과였을 것이다. 서양은 구리로 만든 관을 제작했고, 비잔티움 함선들이 이를 이용해 그리스의 불을 발사했다. 서양인들은 이와 형태가 유사하고 적절한 크기로 제작된 관을 통해 적들에게 쇠와 돌덩어리들을 발사했다. 1320년대에 작성된 피렌체의 한 문서에 따르면 동으로 만든 대포가 쇳덩어리를 발사했다고 한다. 1330년에 이 소식은 유럽 전체로 확산되었고, 대포는 페트라르카(1309–1374)가 『두 운명의 치유에 관하여De remediis utriusque fortunae』에서 보편적이고 익숙한 대상으로 정의한 바 있듯, 점차 사용이 확대되었다. 초산칼륨, 탄소와 유황의 혼합 비율은 세 가지 요소의 비율을 완벽히 하기 위한 지속적인 연구 대상이었다. 손 대포(수총手銃)와 바퀴가 장착된 대포는 운반이 쉽지 않았고 제작 공정도 복잡했으며, 그만큼 다루는 데 위험이 따랐다. 그래도 적들에게 공포심을 줄 정도로 상당한 화력을 자랑했다. 백년전쟁의 첫 전투가 벌어진 크레시에서 포격은 '하느님이 돌아온 것 같은' 엄청난 공포와 더불어 수많은 군인과 군마의 살상을 불렀다(조반니 빌라니, 『신新연대기Nuova cronica』, XIII권 1990, vol. 2, p. 454). 14세기 후반부터 유럽의 장인들은 놀랍기도 하고 특히 도시 성곽을 무너뜨릴 정도의 파괴력을 가진 거대한 대포 제작에 전력을 기울였다. 가장 큰 어려움은 아무런 손상 없이 폭발에 견딜 수 있는 금속의 포신을 제작하는 것이었다. 금속 제련이 한층 발전하면서 대포는 철보다 용해가 쉬운 동으로도 만들어졌다. 게다가 동으로 주형을 제작하는 수준의 전문성과 종을 생산하고 밀랍 용해에 숙달된 기술을 보유한 기술자들이 넘쳐 났다. 값이 비싸기는 했지만 동으로 제작된 수공업 제품은 제작이 힘들고 사용 중 균열이 생기는 철로 된 제품보다 인기가 높았다. 원료로의 동은 헝가리, 티롤, 보헤미아, 작센주, 영국과 에스파냐, 그리고 독일의 늪지대에서 얻을 수 있었다. 15세기 후반에 대포에 대한 수요는 대규모 국민 국가들의 형성, 전쟁, 금속 생산의 중심지들과 연계된 무역에 참여하기 위한 탐험 여행으로 증가했다. 뉘른베르크, 리옹, 볼차노, 안트베르펜처럼 대포 제작에 필요한 금속이 채굴되는 지역의 도시는 경제 활동의 전성기를 맞이했다.

거대한 크기의 대포

기능의 관점에서 탄소, 유황, 초산칼륨의 혼합물인 화약을 느리게 연소시키기 위해 포수들은 대포의 포신 속에 천을 감싼 막대기를 이용하여 폭발물을 강하게 밀어 넣었다. 15세기에는 화약 덩어리가 발명되면서 이 문제는 자연히 해결되었고, 대포는 더욱 효과적인 무기로 발전했다. 새로운 무기들이 확산된 결과 15-16세기에는 요새를 중세의 성곽보다 대포의 충격에 잘 견디게 건축하는 방법이 연구되었다. 화약을 다양하게 활용하려는 노력은 15세기 전 기간을 지나면서 성곽을 파괴하거나 군사 및 민간용으로 사용될 화재용 다이너마이트와 폭발용 다이너마이트에 대한 고안으로 이어졌다.

새로운 방어를 위한 신무기

| 다음을 참고하라 |

과학과 기술 기술의 정복: 크랭크와 페달(610쪽); 기계 기술(612쪽); 로저 베이컨과 실험 과학(615쪽); 동방과 서방(618쪽); 기계 시계(622쪽); 안경(627쪽); 나침반(629쪽); 중국의 과학과 기술(636쪽)

유럽 밖으로

SCIENZE E TECNICHE

중국의 과학과 기술

| 이사이아 이아나코네Isaia Iannaccone |

몽골 제국이 중국을 정복한 이후에도 과학 발전을 위한 중국 세계의 노력은 계속되었다. 과학의 발전은 민간인의 통화 제작과 일부 금속 통화 주조를 대신하기 위한 정부의 지폐 발행과 통화 개혁을 동반했다. 13세기에 수학 분야에서 중요 인물들이 등장했다. 중국의 과학과 기술의 발전은 몽골 제국의 관료들이 알아야 하는 고대 문헌의 사본 제작에서 시작되었다. 복잡한 계산과 보다 추상적인 수학적 명리에 대한 통달은 이론의 수준을 최고 단계로 올려놓았으며, 실생활에 적용된 사례도 나타났다. 원나라의 천문학자 곽수경이 제작한 천문의기 같은 천문학 분야의 측정 도구는 어떤 면에서는 근대의 망원경을 앞지르는 놀라운 발명품이었다.

몽골의 정복

중국 북부를 지배하던 서하西夏에 대한 칭기즈 칸의 첫 군사 원정은 1211-1215년에 시작되었다. 1215년에는 상당히 효율적인 기병을 주력 부대로 하는, 전쟁 기계나 다름없는 몽골 군대가 베이징을 정복했다. 서하는 수도를 남쪽의 카이펑 시로 옮겼지만 몽골의 압박이 계속되자 1223년에 황하 강 남부로 다시 옮겨 갔으며, 1234년의 결정적인 패배 이후 결국 패망했다. 중국 남부를 지배하던 송宋은 초기에는 서하에 대항하여 몽골과 동맹을 결성하고 북부와의 군사 경계선을 제거했다. 송의 번영은 몽골의 관심을 끌었고 곧이어 정복 전쟁에 휘말렸다. 그러나 몽골의 북부 지역 정복에 복병이 있었는데 남부 지역은 몽골 기병의 대규모 군사 작전에 적합하지 않은 환경이었던 것이다. 또한 새로운 화약 무기로 무장한 송의 저항 때문에 몽골 군대는 상당 기간이 지난 후에야 공격을 시도하여 송나라 영토를 정복하는 데 성공했다. 몽골은 쓰촨 성에 이어(1253) 윈난 성을 정복했다.

이곳에 거주하던 태국 주민들은 남부로 피신하여 시암Siam 왕조를 세웠다. 송을 정복한 것은 칭기즈 칸 손자들의 뛰어난 능력 덕분이었다. 쿠빌라이 칸(1215–1294, 1260년부터 황제)은 1271년에 원나라를 세우고 1276년에는 항저우를 수도로 정했으며, 1년 후에는 다시 광저우로 천도했다. 수도 남부에는 몽골 제국의 함대가 주둔했다. 몽골 왕조는 (중국 통일 후에도) 1369년까지 송나라의 관료 및 행정 조직을 활용해 통치를 계속했지만 명나라의 등장으로 멸망했다. 몽골 왕조의 몰락

통화 경제와 과학의 진보

통화 경제의 발전은 의미 있는 과학 발전을 가져왔다. 1024년부터 번영을 누렸던 쓰촨 성에서는 중앙 정부가 상인들이 개인적으로 발행한 신용 어음을 대신하기 위해 발행한 은행권이 통용되었다. 몽골 왕조 시대에는 금속 통화를 대신하여 위안Yuan이 유일한 지폐 화폐로 최장기간 사용되었다. 통화 개혁은 자오 차오Jao Chao(1236), 충통 차오Zhong Tong Chao(1260), 츠 위안 바오 차오Zhi Yuan Bao Chao(1287), 츠 다 인 차오Zhi Da Yin Chao(1309), 그리고 츠 쟁 지아오 차오Zhi Zheng Jiao Chao(1350) 등의 채권 증서들에 활기를 불어넣었다. 이 경우에도 통화의 주조와 유통을 촉진하는 데에는 훗날 과학적인 사고로 발전된 놀라운 지적 활동의 산물이 동반되었다. 특히 대수학 발전을 위한 풍부한 지적 토양이 이 기간에 마련되었다.

몽골 제국의 권력층은 1213년(남송 시대)에 관료의 등용 시험에 다시금 수학을 도입하고자 고대부터 당대에 이르는 기간에 작성된 저술들을 대상으로 당나라 시대에 집필된 『산경십서算經十書』(750)를 다시 발간하기로 결정했다.

높은 수준의 수학자들은 13–15세기에 등장했다. 이치李治(1192–1279)는 금나라에서 벼슬을 하며 국사 편찬에 힘쓰던 행정 관료였다. 하지만 몽골이 금나라 수도 카이펑 시를 점령하자 대학살을 피해 1234년에 산시 성으로 피신하여 당대의 주요 문인

들과 접촉하면서 금욕주의자의 삶을 살았다. 이 기간에 『측원해경測圓海鏡』을 집필했다. 1248년에 완성된 이 저술은 12개 장章으로 기술되었으며, 그 과정은 삼각형 내부에 담긴 원(성곽으로 둘러싸인 도시를 나타낸다) 하나를 중심으로 한다. 저자는 첫 장에서 기본 사항(전제 사항, 용어, 문제에 사용된 길이의 값을 적은 목록, 삼각형에 적용된 692가지 공식, 사각형과 각 선분의 길이)을 제시한 반면에 나머지 11개의 장에서는 170개 문제에 대한 해답을 동일한 서술 구조로 기술했다. "두 남자가 원형의 도시를 둘러싸고 있는 길을 따라 걷고 있다. 이들은 서로의 존재를 인식하고 도시의 성곽으로 가려져 있는 구체적인 대상(예를 들면 한 그루의 나무)을 알고자 한다. 두 사람은 자신들이 걸어온 거리를 알고 있는 상태에서 도시의 직경을 구하려 하는데, 그 길이는 두 사람 모두에게 동일하게 120보(1보의 길이는 약 138센티미터)다."

삼각형 내부의 원

이치는 서론에서 자신이 제시한 문제의 궁극적인 목적이 실용적이지 못하다는 것을 언급했으나 계산의 복잡성과 적용 방식의 수학적 계산에서 그것은 가장 추상적 영역에 속하는 것이었다. 대수학이 미지수를 활용해 미지수의 가치를 구하는 방정식을 만드는 방식임을 전제한다면, 대수학은 이러한 계산 방식을 천원술天元術로 정의한 이치의 노력 덕분에 중국에서 처음으로 성립될 수 있었다고 하겠다. 이치는 서양에서는 일반적으로 x로 표시하는 미지수를 위안Yuan으로 표시했다. 1259년에는 『신新계산법』을 저술하여 1차 및 2차 방정식을 기술했다.

이치는 대수학 발명가인가

양휘의 문제들

양휘杨辉(약 1238-1298)는 남송 말기 항저우 인근 첸탕錢塘 강 근처에서 출생했다. 출생지를 제외하고는 알려진 바가 없다. 그럼에도 그의 수학 저술이 부분적으로나마 현존하는 것은 동시대의 수학자들과 이후의 수학자들의 노력 덕분이다. 양휘는 『산경십서』의 저자로서 고대 중국의 수학자 가운데 가장 많은 저술을 남긴 인물이었다. 다음은 그의 저술 목록이다.

1) 『상해구장산법詳解九章算法』: 1261년에 서론이 쓰인 이 책은 중국 수학의 상징적 저술로 여겨졌다. 기원전 200년에서 기원후 300년 사이에 집필되었을 것으로 추정되는 고전 『구장산술九章算術』에 주석을 붙인 것이다. 이전의 주석서들과 달리 양휘의 주석서는 『구장산술』에서 제시된 246개의 문제 중 단지 80개 또는 그가 가장 대표적이라고 생각한 것들만 분석했다. 여기에서 양휘는 다른 부류의 문제들과 3개의 해설적인 색인을 제안했는데 문제의 논리를 보여 주는 문제 해설, 하나의 숫자 사례에서

시작하여 어떻게 결론에 도달하는지를 설명한 답안 초안, 겉으로는 다른 유형인 것처럼 보이는 문제들의 해결을 위한 호제법互除法의 유사성을 명백하게 보여 주는 유사 추리가 그것이다.

2) 『일용산법日用算法』: 1262년에 완성되었으며 이제 막 계산을 배우려는 이들을 위한 대중 지침서로, 네 가지 연산을 다루고 있다.

3) 『승제통변산보乘除通變算寶』: 1274년에 작성되었다.

4) 『전무비류승제첩법田畝比類乘除捷法』: 곱하기와 나누기 방식과 토지 면적 단위인 무畝를 계산하기 위한 유사 방식을 기술했다. '무'는 농지 면적 단위로 크기는 4.58아라ara(100평방미터)였다. 참고로 1아라는 0.01헥타르 또는 1헥타르의 1/15이다. 1275년에 집필되었으며, 유익劉益(11세기)이 쓴 고대의 기원에 관한 대화인 『의고근원議古根源』에서 인용했다고 전해지는 수학자 호너Horner의 법칙과 유사한 방식을 소개했다.

5) 『속고적기산법續古摘奇算法』: 1275년 집필된 책으로 중국 전통에서 가장 저명한 2개의 수학적 도표를 언급하고 있다. 강의 도표와 강의 내접으로 각각 마술적인 사각형과 마술적인 원을 가리킨다(숫자는 원의 내부에 위치한다).

1202년 쓰촨 성 근처의 안웨 현에서 출생한 것으로 추정되는 진구소秦九韶(1202-1261)도 있다. 공직을 수행하던 그는 1234년에 몽골이 침입하자 남부로 피신하여 그곳에서 사망했는데, 1247년에 『수서구장數書九章』을 집필했다. 이 책의 첫 장에서 그는 자발적 합동(또는 상합식)의 문제를 풀기 위한 일반적인 호제법을 소개했다(19세기에 서양에서는 이것을 중국식 정리定理로 정의했다). 다른 8개의 장은 특별한 분야에 수학을 적용하는 것에 관해 기술했다. 예를 들어 두 번째 장은 8개의 문제를 언급하고 있는데, 그중 5개는 연대기와 달력을 다루었고 나머지 3개는 환경 변화(비와 눈)에 대해, 나머지 장은 가장 오래된 우량계雨量計인 천상 저수지의 그릇에 대한 개념을 언급했다. 세 번째 장의 한 문제에서는 측면의 길이를 알고 있는 삼각형의 면적을 계산하기 위한 알렉산드리아의 헤론(1세기?) 공식의 가장 오래된 중국식 서식이 등장한다. 같은 장의 다른 문제들에서는 그림 크기에 따라 계수가 달라지는 네 번째 단계의 근의 방정식을 매개로 지정 면적에 대해 기술했다. 네 번째 장의 9개 문제는 최고 수준의 10차 방정식으로 해결했다. 네 번째부터 아홉 번째까지 장에서는 민간 건축과 군사적 용도의 건축, 세금, 무역에 대해 언급했는데 상대적으로 덜 복잡했다.

주세걸의 방정식

이 시대의 대수학자 중 가장 늦게 등장한 인물은 주세걸朱世杰(약 1270–약 1330)이다. 그는 베이징 근교의 옌산 출신으로 13세기 말까지 실존한 것으로 추정된다. 주세걸의 신상에 대한 유일한 정보는 훗날 곽말약郭沫若이 1303년에 주세걸이 쓴 『사원옥감四元玉鑑』(천원, 지원, 인원, 물원의 4개를 미지수로 하는 4원 연립방정식의 해법인 4원술에 대하여 기술한 내용*)에 대한 서문에서 언급한 불과 몇 줄의 내용에 불과하다. 『사원옥감』은 현존하지 않으나 오랜 시간이 지난 후에 가장 오래된 판본에 근거하여 출간된 것으로 19세기 초반에 저장성의 한 골동품 가게에서 우연하게 발견된 판본이 현존한다. 또한 이 저서의 내용은 파스칼(1623–1662)의 삼각형과 동일한 이항식 $(a+b)^n$의 계수 도표들부터 시작하며 수준 높은 방정식을 풀이하는 데에도 유용했다. 저술의 제목이 암시하듯이 주세걸은 미지수가 1개인 방정식들에서 시작하여 미지수가 4개인 방정식까지 언급했다. 또 1299년에는 일종의 산술 입문서인 『산학계몽算學啓蒙』을 집필했는데, 259개의 산술 사례가 언급된 이 저술의 존재는 17세기 이후 일본에서 출간된 주석서 덕분에 알려졌다.

발명과 발견

천문의기와 망원경의 원조

무슬림 출신의 에스파냐인 자비르 이븐 아플라Jābir ibn Aflaḥ(약 1100–약 1160)가 발명했을 것이라 추정되는 천문의기天文儀器(토르퀘툼torquetum)는 일종의 천체 관측기로 중심 위치가 서로 다른 원과 원판으로 조립되었다. 원판은 적도판 위, 두 번째 바퀴는 (각진 형태로) 황도 위치에 설치되었고, 천상의 위도를 대표하는 원판은 황도와 직각으로 고정되었다. 높이는 각도를 재는 측각기와 납이 달린 줄을 관측기에 삽입해서 쟀다. 중국 천문학자 곽수경(1231–1316)은 아랍의 관측기인 토르퀘툼을 황도가 아니라 천상의 북극점과 천상의 적도에 근거하는 중국 천문학 시스템에 이용했다. 그는 1270년에 산시 성 근처 린펀 시에서 제작한 기계 장치, 즉 5.50미터×3.66미터 판 위에 설치되었으며 황도의 구성 요인이 없는 장치를 제작했다(이러한 이유로 역사가들은 이 기계를 단순화된 천문의기로 정의했다). 토르퀘툼에는 지름이 1.80미터고 도와 분으로 표시된 움직이는 적도 원이 있는데, 이 역시 지름이 1.80미터고 (평판 측량에 사용되는 방향 기준기로, 북극점의 거리를 측정하기 위한) 앨리데이드alidade(표면의 평평함을 측정하는 장치*)가 장착되어 있었으며, 도의 눈금이 표시된 움직이는 편 고리를 이용해 90도 각로로 고정되었다. 이 기계에는 극점 결정을 위한 평범한 작은 원이 부착되어 있었으며 밑부분과 이 기계와 평행한 위치에는 지상의 좌표축을 알기 위해 고정된 방위각 원판이 놓여 있었다. 수직 위치에는 높이 측정을 위한 지오프타가 달린 움직이는 원판이 위치했다. 트르퀘툼은 크기 때문에 몽골 제국의 상징인 용의 모습이 세밀하게 묘사되어 있는 지지대 위에 장착되어 있었다. 곽수경이 제작한 천문의기의 독창성은 이 장치가 19세기의 현대적 망원경인 적도의赤道儀의 조립을 시기적으로 앞선 것이라는 데에서도 알 수 있다. 명나라 때 (린펀 시가 이미 유용성을 간파했던) 이 기계 장치는 (오늘날에도 보존되어 있는) 난징으로 옮겨졌으나 그 과정에서 위도가 3.75도 옮겨졌기에 더 이상 사용되지 않고 있다.

고고학자들은 1288년에 제작된 소총을 만주 헤이룽장성에서 발견했다. 발견 당시 소총의 길이는 30센티미터가 조금 넘었고 무게는 3.5킬로그램이었으며, 총구 상태는 완벽했다. 목표물 조준 장치인 핀 홀도 있었고, 이것을 다루는 사람의 손에서 무기가 폭발하는 것을 방지할 목적으로 약제실도 튼튼하게 제작되었다. 이것은 가장 오래된 소총으로 평가받는다. 또한 10세기부터 중국에서 폭넓게 사용되던 대나무 총신이 장착된 화염 방사기의 기술적 진보를 의미하는 것이었다. 철제 대포는 화염 방사기에 비해 좀 더 견고해지고 길이도 길게 변형된 상태였다. 차라리 '파괴자'라는 명칭으로 부르는 것이 더 적절해 보이는 중국 대포들은 동으로 제작되었으며, 그 길이는 90센티미터였고 얇은 금속판으로 강화되었다. 화약 25킬로그램을 장착하여 탄환(은 초기에는 불붙인 화살이나 도화선이 달린 포탄이었다)을 최대 300보까지 날려 보냈다. 13세기 중반의 한 문서에 의하면 그 위력은 사람과 말에게 치명적이었다. 때로는 고정되거나 이동 가능한 심지가 서로 연속적으로 연결된 대포의 포대가 존재했다. 가장 최근의 가설에 따르면 화약의 비밀은 선교사 자격으로 1253~1255년 화약의 비밀
에 몽골의 옛 수도인 카라코룸(현재 울란바토르)에 머물렀던 뤼브룩의 기욤(13세기)을 통해 유럽에 전해졌다고 한다. 몽골 제국에 많은 외국인들이 머물고 있었다는 사실은 화약 무기 역시 중국으로부터 전해졌을 것이라는 주장에 신빙성을 더한다. 일설에 따르면 기오문氣吳汶이라는 이름의 중국인이 유럽을 향해 출발하며 화약과 무기 기술을 함께 가지고 갔을 것이라고도 한다. 어쨌든 아랍인들에 의해 '중국 화살'이라는 명칭으로 서양에 전해진 폭죽은 1380년에 제노바와 베네치아 간에 벌어진 키오자 전쟁에서 처음 사용되었다. 최초의 지뢰는 피렌체와 피사의 전쟁에서 등장했

다(1403). 그리고 부싯돌을 이용한 최초의 유럽식 머스킷Musket 총은 중국에서 기원하는 설명서를 통해 영감을 얻은 레오나르도 다 빈치(1452-1519)에 의해 발전하여 1547년에 설계-제작되었다.

| **다음을 참고하라** |
역사 킵차크 한국(176쪽)
과학과 기술 기술의 정복: 크랭크와 페달(610쪽); 동방과 서방(618쪽); 화약 무기(633쪽)

문학과 연극
Letteratura e teatro

문학과 연극 서문

| 에치오 라이몬디Ezio Raimondi, 주세페 레다Giuseppe Ledda |

봉건 세계의 위기로 문화 중심지였던 수도원과 궁정의 영향력이 급속히 줄어든 반면에 13세기 초반부터 14세기까지 유럽 문화를 이끌 새로운 주역들이 등장했다. 자치 도시가 새로운 대중을 형성했고, 새로운 유형의 지식인을 배출하는 독창적-자치적인 중심지로 성장했다. 부르주아층이 새로운 대중으로서 경제의 주인공으로 정착했다. 도시에서는 '주교 학교', '수도원 주교좌 학교studia', '대학' 같은 문화 중심지가 생기고 발전했다. 또 자치 도시의 정치적 정체성 형성에 근본이 되는 법과 수사학에 대한 지식도 확대되었다. 인문 활동의 주역들이 법 연구 및 직업 활동 분야에서 많이 배출된 것은 우연이 아니었다. 이탈리아만 보더라도 귀니첼리(약 1235-1276)와 피스토이아의 치노Cino(약 1270-약 1337), 페트라르카(1304-1374)를 꼽을 수 있다. 볼로냐의 공증인 장부Memoriali bolognesi 여백에 남아 있는 메모는 13-14세기 이탈리아 서정시의 중요한 몇 가지 텍스트에 대한 첫 번째 증거라 하겠다.

대학과 수도원 주교좌 학교들에서 전개되었던 활발한 철학 논쟁에는 가장 지적이고 의식 수준이 높은 문인들이 참여했다. 그들은 자신이 쓰는 시의 새로운 명분에 골몰했는데, 귀도 카발칸티Guido Cavalcanti(약 1250-1300)와 단테(1265-1321)가 시사하는 바가 크다. 아랍 세계를 통하여 유럽에 전해진 아리스토텔레스의 철학 저술들을 어떻게 수렴할 것인가를 중심으로 논쟁이 전개되었다. 이것은 성서 강독에 근거한 비평적-상징적 지식마저 거부하게 만든 반면에 그리스도교 철학자들은 이성과 신앙의 관계에 집중했다. 교회의 영적 위기는 주기적으로 급진 그룹들의 저항을 불러일으켰던 교황청의 세속적인 권력에서도 원인을 찾을 수 있고, 한편으로 13세기 초반에 아시시의 프란체스코(1181/1182-1226)와 구즈만의 도미니쿠스(약 1170-1221)의 탁발 수도회 설립에도 계기를 제공했다. 이들은 농촌 지역이나 그 근처, 그리고 적극적인 설교 활동과 새로운 복음화 대상인 도시들에서도 설립되었으며 학교와 도서관

이성과 신앙에 대한 철학 논쟁

을 갖추면서 빠르게 교육과 문화 활동의 중심지로 성장해 나갔다.

12세기 말부터 13-14세기까지 수직 구조와 빛의 구도에서 강렬한 특징을 드러냈던 고딕 예술의 전성기는 새롭고 복합적인 감성의 성숙을 반증했다. 조각과 회화에서도 '자연주의'라는 새로운 양식이 등장하며 이전의 엄격한 상징을 극복하기 위한 새로운 언어를 창조하고 혁신을 거듭했다. 새로운 예술 활동

새로운 정신(영성)

세속 문화의 눈부신 발전에도 종교적인 삶은 여전히 13-14세기 중세인의 삶과 문화 활동의 중심에 위치했다. 라틴어와 유럽의 새로운 언어들로 쓰인 문헌을 비롯한 다양한 형태의 기록이 이를 증명한다. 고대 문헌들은 라틴어를 알지 못하는 대중과 소통해야 할 필요로 새로운 형태로 발전했다. 속어로 쓰인 작품으로 종교적 의사소통을 위한 수단을 개척하는 데 탁발 수도회 교단들이 큰 역할을 했다. 특히 성인 전기와 도시 대중을 위한 설교에 도미니쿠스회의 수도승 야코부스 데 보라지네(약 1228-1298)가 『황금 전설』에서 수집한 성인 전기나 후대에 도미니쿠스회 소속의 카발카Cavalca(약 1270-1342)가 쓴 『성부聖父들의 삶Vite dei Santi Padri』에 쓰인 속어가 대표적이다. 프란체스코회는 교단 설립자에 대한 성인 전기 집필에 몰두했다.

성 프란체스코는 정신과 삶, 교회 제도의 개혁자인 동시에 『피조물의 노래Laudes creaturarum 또는 Cantico delle creature』를 집필하며 속어로 된 종교시의 형태 중 하나를 활성화시킨 저자였다. 찬미시 작가들은 종교 단체의 대중적인 종교성과 아레초의 귀토네(약 1235-1294)와 같은 박식한 시인들의 종교성을 높이 평가했다. 토디의 자코포네Jacopone da Todi(1230/1236-1306)의 '사적'인 찬미시는 13세기의 숭고한 시적 경험을 보여 주었다. 그는 이론에서부터 대화와 연극에 이르는 각종 방식을 통하여, 또 논쟁적-투쟁적인 노력에서부터 표현 불가능한 일 앞에서 말을 더듬거나 좌절하는 심정에 대한 열정적이고 신비한 시에 이르기까지, 헌신부터 금욕을 망라하는 다채로운 주제의 문학적 가능성을 시도했다. 찬미시는 비교적 보편적인 형태를 통해 14세기에도 종교시의 근본적인 표현의 하나로 확립되었으며, 15세기의 세속시를 위한 중흥기에도 활발하게 유지되었다. 시체詩體의 찬미가

토디의 자코포네의 시적 성숙과 마이스터 에크하르트(약 1260-1328)의 이론적 연구와 더불어 신비와 영성의 문학에 처음으로 강력하고 파괴적인 성향의 영성 주인

공인 여성의 사상이 반영되었다. 12-13세기 이탈리아의 폴리뇨의 안젤라(약 1248-1309)의 경험에서 보듯이 빙엔의 힐데가르트(1098-1179)의 이론적 사색과 공상적인 글 이후로도 강렬하고 고통스러운 프란체스코회의 신비주의가 발전했다. 독일 헬프타Helfta 수도원의 마그데부르크의 멕틸디스Mechthildis von Magdeburg(1212-1283)와 하케보른의 멕틸디스Mechthildis von Hackeborn(1241- 1299)의 작품이 대표 사례로 궁정의 사랑과 신플라톤주의로 배양된 영성의 성숙이 반영되었다. 14세기에는 신비의 경험과 정치적 논쟁에 적극적으로 참여한 시에나의 가타리나(1347-1380)의 영적인 이미지가 강조되었다.

다방면의 시

속어로 쓰인 종교시는 현실, 경험, 모범의 복수성이 시의 표현과 시작詩作을 위한 효율적인 수단을 발견하면서 의사소통의 기능은 벗어났지만 이탈리아 북부에서 베로나의 자코미노Giacomino(13세기)와 리바의 본베신Bonvesin(약 1240-약 1315)의 종말론적인 단시들에서 볼 수 있는 것처럼 여전히 교훈시로 여겨졌으며, 토디의 자코포네의 찬미시들과 동일한 성격으로 전환되었다. 강력한 비유를 표현 수단으로 사용했던 교훈시 영역에서는 베르나르두스 실베스트리스Bernardus Silvestris(12세기)와 릴의 알랭Alain de Lille(약 1128-1203)을 꼽을 수 있는 12세기의 위대한 중세 라틴 작가들 이후에 로리스의 기욤Guillaume de Lorris(13세기)이 속어로 쓰기 시작했지만 40여 년이 지난 후에 장 드 묑Jean de Meun(약 1240-1305)이 완성한 대작 『장미 설화Roman de la Rose』가 출판되었다. 이 작품에서 사랑의 탐색quête은 비유적으로 묘사된 미사를 통해서, 특히 제2부의 강력한 현실 인식과 백과사전식의 대담한 의도와 결합되었다. 사랑은 이상, 경험, 그리고 새로움과 열렬한 문학적 제안을 성숙시키는 신화로 여겨졌다. 또한 『장미 설화』나 토디의 자코포네의 작품 세계를 대변하는 신비주의 시들의 알레고리와 프로방스에서 전 유럽으로 확산되었던 서정시에서처럼 망상적인 사랑을 노래하는 프란체스코회 작가들의 경험이 중심에 위치했다.

교훈시

사랑을 핵심 주제로 노래했던 시가 암시하는 것은 모든 문학, 양식, 언어가 동원된 하나의 백과사전summa적 시나 다름없는 단테의 『신곡』 같은 다성적인 시를 통해 최고 수준에 도달한 것처럼 보였다. 피안(또는 내세)의 구도에서 복수複數의 현실을 드러내고자 했던 시인은 이 작품에서 모든 시적-문학적 경험을 조율했다. 단테는 자

『신곡』

주 이전 시대의 작가들, 특히 대중에게 많은 사랑을 받아 자신의 명예를 드높였고 그들로부터 추종을 받았으나 새로 등장한 그리스도교 시인들에 의해 계승되지 못함으로써 버림받았던 위대한 고대 시인들과의 비교를 시도했다. 피안의 장면들로부터 교훈적-비유적인 시들에 이르기까지, 서정시에서 소설에 이르기까지, 찬미시로부터 설교에 이르기까지, 철학적 연구에서 신비의 시에 이르기까지 전부가 『신곡』에 포함되어 있다. 그럼에도 시 영역에서 사랑의 신화가 담당했던 놀라운 역할은 사라지지 않았다. 새로운 양식의 시를 추구하는 사랑은 천상으로 오르는 시인 베르길리우스를 안내하는 힘으로 변화되었다. 이것은 순례자가 우주의 역사와 자기 현실의 드라마 이면으로 인도된 후 신의 사랑, 즉 '태양과 다른 별을 움직이는 사랑'으로 확인될 때까지 계속되는 보다 심오한 변형이었다.

이야기로 전해져야 할 세상

서사시나 소설 같은 이야기 문학 외에도 유럽 문학에 고전 이야기 문학 중 하나로 등장하게 될 단편 소설이 형태를 갖추며 하나의 갈래로 등장했다. 이로부터 중세 라틴 세계를 다룬 일화집exemplum과 성인 전기로부터 동방의 이야기 모음집에 이르기까지, 레lai(중세의 8음절 단시*)와 파블리오fabliaux(12세기에 프랑스에서 유행한 운문 형식의 짧은 이야기*) 같은 짧은 형태의 서사시로부터 음유시인들의 비다스vidas(13-14세기에 프로방스어로 쓰인 산문 형식의 음유시인 전기*)에 이르기까지 실존하는 것, 환상적인 여행 이야기, 유명한 말 모음집 등 무수히 많은 암시暗示가 유래했다. 이것들은 이야기하고, 알고 싶은 세상에 대한 탐험을 말로 설명한 것이었다.

다양하고 공개적이며 탄력적인 유형으로 규정되는 것 외에도 거시 구조의 작품도 있었다. 그것은 보카치오(1313-1375)의 『데카메론』처럼 모든 의미를 이야기에 충실히 반영한 경우와 제프리 초서(1340/1345-1400)의 『캔터베리 이야기』처럼 다소 불완전하지만 중세의 대표적인 관습 중 하나인 순례와 연결되면서 비로소 주목 받았다. 작품 속의 여행자인 호모 비아토르homo viator는 존재의 숨겨진 질서에 대한 질문에 답하는 '만남'의 인간이기도 했다.

인문주의를 향하여

유럽의 문학 전통 성립에서 확실한 것은 서정적인 사랑의 형태를 통해 드러난 기능이었다. 단테는 그것을 생략했던 반면 페트라르카의 서정시집 『칸초니에레 Canzoniere』에서는 르네상스 문명의 규범으로 정착될 한 모델을 통하여 새로운 방식으로 재등장했다. 하지만 '서정적인 나'에 대한 탐험은 일관된 이야기를 만들어 가는 과정에서 긴장과 함께 고통스럽고 분열된 주체의 모순을 향해 갔으며, 그 과정에서 영혼의 새로운 모습을 발견했다.

페트라르카의 고전 연구

16세기 이후 그의 작품들은 서정시를 이해하기 위한 실마리로 활용되었다. 초기 작들은 인문주의란 이름의 문화 혁신을 열어 준 도덕주의적인 성격이었다. 키케로에서 세네카까지, 아우구스티누스에서 지롤라모에 이르는 고전 작가들의 열혈 독자로서, 페트라르카는 이들의 말에서 인간성humanitas의 충만함과 이들이 품었던 인간과 삶에 대한 감각을 살리기 위해 작품에 대한 탐구와 문헌학적 분석에 몰두했다. 이렇게 해서 페트라르카는 문학의 권위와 지혜를 용기 있게 옹호하려는 문학가와 지성인들이 그러했듯이 자신만의 특징을 만들어 갔다. 신학과 과학에 직면한 인문학 humanae litterae은 인간의 신비로움과 자신의 내적 진실을 추구했다.

인문주의를 향한 중세의 여정

LETTERATURA E TEATRO

고전의 수용

| 마테오 페레티Matteo Ferretti |

고전적 전통과 밀접한 관련 있는 문법 연구보다 철학과 신학의 승리로 정의되는 13세기 유럽 문화의 관점에서 이탈리아, 반도의 고대는 새로운 문헌학적 관점에서의 연구가 추진되면서 반복적으로 모방되었다. 이것은 고대 로마Roma antiqua의 사례를 중심으로 하는 정치적 맥락(자치 도시의 정치 체제)과 교육 체계, 그리고 로바토와 무사토의 자치 도시에 대한 경험을 페트라르카의 국제 고전주의와 결합시킨 필사본 강독의 전통을 통하여 인문주의적인 취향이 형성된 덕분이었다.

13세기의 고전주의자들

역사 연구에 대한 논쟁에서 13세기는 스콜라 철학에 의해 압사된, '로마가 배제된 세기'(Giovanni Toffanin, *Il secolo senza Roma*)였다. 그러나 더 이상 로마에 고전주의자들이 존재하지 않는다는 사고는 점차 재해석되어 오늘날에는 (고대인들의 전통과 비교하여) 연속성과 불연속성의 요인들이 유럽의 모든 파노라마를 관통했던, 복합 문화 체계의 시대처럼 여겨진다. 이탈리아 인문주의 운동의 전제들은 이를 배경으로 성숙되었다. 복합 문화 체계의 연속성은 특히 스콜라 학파의 강독 규범과 차별화되었다. 키케로, 루카누스Lucanus, 호라티우스Horatius(『시론Ars poetica』, 『서한집Epistulae』, 『설교집 고대의 시와 역사

Sermones』), 오비디우스Ovidius(기원전 43-17/18), 살루스티우스Sallustius, 세네카, 스타티우스Statius(『아킬레이스Achilleide』, 『테바이스Thebais』), 테렌티우스Terentius, 베르길리우스Vergilius(기원전 70-기원전 19), 그리고 풍자 시인인 유베날리스Juvenalis와 페르시우스Persius는 전문화된 교육 과정curricula을 약화시키는 것으로 간주되었던 선집(시화집)과 지침서libri manuales와의 경쟁에 직면한 결과 문법학과 수사학 교육의 일부로 남게 되었다.

특히 오비디우스(기원전 43-17/18)의 작가auctor로의 영향력이 컸기에 12세기와 마찬가지로 13세기도 오비디우스의 시대aetas ovidiana로 여겨졌다. 성직자들과 교수들magistri은 주석 작업을 계속하며 오비디우스의 대표작인 『변신 이야기Metamorfosi』(Giovanni di Garlandia, *Integumenta Ovidii*, 약 1220 ; 작자 미상, *Ovide moralisé*, 1291-약 1328)에 집중했다. 시인들은 오비디우스의 주제와 대상을 주저 없이 모방했는데, 『변신 이야기』에 등장하는 나르시스와 피그말리온이 대표적이다. 시민과 세속인들은 오비디우스의 작품 중에서 특히 『사랑의 기교Ars amatoria』와 『헤로이데스Heroides』의 교양urbanitas을 높이 평가하며, 더 많은 번역과 모방품을 주문했다(프랑스에서는 오비디우스의 작품으로 잘못 알려진 『늙은 여인에 관하여De vetula 또는 On the Old Woman』, 『사랑의 열쇠Clef d'amors』와 같은 『사랑의 기교』를 개조한 것, 아미앵의 자크Jacques의 『사랑의 기술Art d'amors』, 기욤 기아르Guillaume Guiart의 『사랑의 기술Art d'amors』, 에스파냐에서 현지어로 번역된 『헤로이데스』와 『변신 이야기』, 할버슈타트의 알브레히트Albrecht von Halberstadt(1190-약 1210)의 『변신 이야기』 고대 독일어 판본). 고전주의자들은 프랑스의 『로마의 사건들Faits des Romains』(1213-1214)과 같은 작품을 통하여 고대의 역사 연구를 부활시키거나 고서 수집의 열정을 이어 갔다.

프로페르티우스Propertius, 티불루스Tibullus, 세네카 등의 고전 작가들의 작품들은 시인 푸르니발의 리샤르Richard de Fournival(1201-약 1260)의 시와 소르본의 도서관에 소장되어 있던 장서들 덕분에 영국의 철학자 로저 베이컨(1214/1220-1292)이 그들의 작품들을 접할 수 있었다.

하지만 대학 지식 체계에서 고전주의자들의 기여는 이어지지 못했다. 고대 시에 대한 알레고리적 주해(주석)를 장려했던 샤르트르와 오를레앙의 자유학예를 가르치던 학교들이 12세기에 쇠퇴하는 동안 라틴어로 번역된 아리스토텔레스의 논리학이 여러 학문에서 활용된 것을 통하여 알 수 있듯이, 파리와 옥스퍼드 대학들에서는 학문의 분화가 시작되었다. 논리학과 신학이 최정상에 있는 동안 순수 언어 학문으로 간주되었던 문법학과 문학이 구분되었다. 발랑시엔의 앙리Henri de Valenciennes(13세기)가 『일곱 예술의 전투La bataille de VII arts』(1236-1250)에서 언급한 바와 같이, 알프스 이북의 주요 대학들에서는 변증법이 문법 연구에 승리를 거두었다. 이는 12세기와 비교해 13세기 유럽에서 고전 텍스트의 사본 제작이 감소했음을 뜻하는 것이었다.

이탈리아의 인문주의

13세기 이탈리아의 인문주의는 자치 도시를 배경으로 정치적인 열정과 고대의 재발견을 통하여 성립되었다. 도시들은 경쟁적으로 고대의 기원에 빠져들었고, 과거를 회상하는 기념비적인 글을 통해 업적 남기기에 몰두했다. 학교와 대학은 로마법과 고전적 글쓰기(견해dictamen)에 대한 교육 과정을 개설하면서 교수 및 고위 성직자 외에도 지역 시민의 생활 향상을 의미하는 서기관, 판사, 공증인 무리를 양성했다.

새로운 고전주의를 장려하는 환경milieu에서 문화 엘리트 발굴은 시간문제였다. 그 사례는 13-14세기 이탈리아 전 지역에서 볼 수 있었다. 프리드리히 2세의 시칠리아 학파가 배출한 비녜의 피에르(1190-1249), 나폴리의 페루자의 파올로Paolo(?-1348), 로마의 란돌포Landolfo(1250?-1331)와 조반니 콜론나Giovanni Colonna(약 1298-약 1343), 토스카나의 아레초의 제리Geri(1270-약 1339)가 대표적이다. 고전으로 회귀하려는 성향은 특히 롬바르디아와 베네토에 위치한 자치 도시들이 알프스 이북의 문화와 직접 접촉한 것과 권위 있는 대학과 방대한 도서들(베로나의 참사회 도서관과 폼포사Pomposa의 수도원 도서관)을 통해 강하게 드러났다. 파도바의 판사 로바토 로바티Lovato Lovati(1241-1309)와 주변인들의 고서와 문헌학 연구를 바탕으로 발전한 (인문주의적이라 해도 과언이 아닌) 새로운 미술론(미학)도 확산되었다. 로바토는 고전의 파격tour court을 추구했다. 그는 옛것에 대한 열정으로 그동안 잊힌 텍스트(카툴루스Catullus, 루크레티우스Lucretius, 마르티알리스Martialis, 프로페르티우스, 티불루스, 발레리우스 플라쿠스Valerius Flaccus, 티투스 리비우스Titus Livius의 『네 번째 10일IV decade』, 호라티우스의 『나는 저속함을 증오한다Odi profanum volgus』, 오비디우스의 시 「이비스Ibis」, 세네카의 비극 작품들, 스타티우스의 즉흥시집 『숲Silvae』)를 발굴하여 소개하거나 티투스 리비우스의 비석문, 파도바를 건설한 안테노르Antenore의 무덤을 발굴하여 검증하는 데 몰두했다. 또한 속어시가 대중화된 다음에도 고전주의 모방을 통해 라틴어 시를 확산시

이탈리아 북부의 자치 도시들

키려는 의지를 드높였다. 그의 고전주의에 대한 열정, 즉 세네카(기원전 4-65)의 비극 작품들에 대한 연구와 문헌학적 복원을 위한 노력은 또 다른 파도바 출신 공증인 알베르티노 무사토Albertino Mussato(1261-1329)의 세네카 연구로 계승되었다. 무사토는 자신의 첫 시집인 『에케리니스Ecerinis』에서 고대부터 당대에 이르는 대부분의 비극 작품을 연구했다. 반면 동시대의 니콜라스 트리베트(약 1258-1328)는 고대 드라마에 무지했을 뿐만 아니라 비극 작품과 서사시의 형식을 구분하지 못했다. 중요한 것은 당대의 언어와 모델을 이용해 과거의 영광을 재현하려 했던 열정이 1315년에 파도바 최고의 시인 무사토를 통해 절정을 맞이했다는 점이었다.

페트라르카와 14세기 인문주의

전 유럽에서 기원하는 지식인들과 수많은 필사본과의 긴밀한 관계를 배경으로, 교황청이 위치했던 아비뇽에서 성장한 페트라르카(1304-1374)는 고전 연구와 모방에 활력을 불어넣으며 그리스도교적-국가적인 기반 위에서 도시적-세속적 성격의 초기 인문주의를 출범시켰다. 파도바 문인들에게 상속된 리비우스에 대한 관심은 자치 도시를 벗어나 (고대 로마를 대상으로) 이탈리아 전체를 윤리적-정치적으로 혁신하려는 열망으로 발전했다. 그들이 수집한 당대의 가장 정확하고 완전한 상태의 코덱스(ms. London, BL, Harley 2493)인 리비우스의 『로마사Ab urbe condita libri』에 대한 세심한 연구의 영향은 페트라르카의 초기작들에 반영되었다. 『위인전De viris illustribus』은 교훈적이고 도덕적인 기능을 가지고 있었고, 『아프리카Africa』는 스키피오 아프리카누스Scipio Africanus(기원전 235-기원전 184/183)를 주제로 『아이네이스Eneide』를 각색하고 공화주의의 가치를 재평가하면서 국민적 서사시의 가능성을 타진한 작품이었다. 집정관 리엔초의 콜라(약 1313-1354)에게 보낸 서한들과 1347년의 혁명 당시에 썼던 로마 민중을 위한 연설문들은 정치적 행위와 과거에 대한 인식 사이의 필연 관계를 강조했다.

이 시기에 그는 고대에 대한 숭배와 그리스도교에 대한 헌신 사이의 균형을 찾고자 노력했다. 한편 목가풍과 결합된 『목가시Bucolicum carmen』는 정신적 고뇌를 고전적인 형태로 노래한 작품이다. 다른 한편으로 친근한 대화체를 통해 자신이 1345년에 베로나 참사회 도서관에서 발견한 키케로의 『아티쿠스에게 보낸 서신 모음집Lettere ad Attico』, 『브루투스에게 보낸 서신 모음집Lettere a Bruto』, 『동생 퀸투스에게 보낸 서신 모음집Lettere al fratello Quinto』, 그리고 『유명인에게 보내는 편지Lettere agli uomini famosi』(『친근 서간집Epistolae de rebus familiares』, XXIV권)에서처럼 고대인과 근대인의 대화라는 형식을 통해 인간의 필연적 본성인 지속성을 강조했다. 페트라르카의 명성과 저술은 피렌체를 중심으로 한 이탈리아 전체의 이념과 필사본을 결합시키는 능력을 발휘했던 14세기 인문주의자들의 모범이었으며, 가장 이상적인 중재자 기능을 담당했다. 그는 자신을 칭송하는 사람들에게 폼포니우스 멜라Pomponius Mela, 페트로니우스Petronius 같은 고대 로마의 문인들을 소개했다. 스트라다의 자노비Zanobi da Strada(?-1361)는 몬테풀치아노에서 찾은 아풀레이우스Apuleius의 『황금 당나귀Asino d'oro』, 타키투스Tacitus의 『연대기Annali』와 『역사Storie』, 마르쿠스 바로Marcus Varro의 『라틴어에 관하여De lingua latina』를 공개했다. 모글리오의 피에트로Pietro da Moglio(?-1383)는 볼로냐와 파도바 대학에서 세네카 외에도 당시 유행했던 라틴 세계의 목가풍 전원시(단테의 『전원시Eclogues』와 페트라르카의 『목가시』)를 강의했다. 그의 제자 콜루초 살루타티(1331-1406)는 키케로의 『가족에게Ad familiares』를 베르첼리 참사회 도서관에서 다시 찾아내는 데 기여했고, 카툴루스와 티불루스의 코덱스 수집에도 큰 역할을 했다. 페트라르카의 모범

그리스 문학의 점진적인 재발견을 통해서도 여러 작가와 그들의 업적이 알려졌다. 가장 먼저 인문주의자들의 요청으로 『일리아스Ilias』와 『오디세이아Odysseia』의 텍스트 일부와 에우리피데스Euripides의 『헤카베Hekabe』, 그리고 레온티우스 필라투스Leontius Pilatus(?-약 1366)에 의해 플루타르코스Plutarchos의 『자서전Vite』이 라틴어로 번역되었다. 그리스어에 대한 충분한 이해를 바탕으로 에마누엘레 크리솔로라Emanuele Crisolora(약 1350-1415)는 1397년부터 이탈리아에서 정기적으로 그리스어를 강의했다.

고전의 세속화

이탈리아에서는 (유럽에 앞서) 번역으로 고전 저자auctores에게 접근하는 속어 수사학의 새로운 방식이 등장했다. 학교 교재로 사용하기 위한 직역서verbum de verbo로, 예를 들어 프랑스에서 수입된 고대 문헌의 개작서 맹신 풍조의 대안이었다. 이를 통해 베게티우스Vegetius와 보에티우스를 번역한 장 드 묑(약 1240-약 1305), 리비우스의 저술을 번역한 피에르 베르쉬르Pierre Bersuire(약 1290-1362)의 명성이 높아졌다. 이들의

초기 활동은 공개적으로 사용될 웅변술의 사례를 제공하려는 의지의 결과였다. 키케로(기원전 106-기원전 43)의 저술이 대표적인데 『헤레니우스에게 바치는 수사학Rhetorica ad Herennium』(Guidotto da Bologna, *Fiore di rettorica*, 1258-1266, 훗날 보노 지암보니가 교정한다)에 포함된 「브루투스, 궤변, 웅변가Brutus, Paradoxa, Orator」(키케로의 것으로 잘못 알려졌다)부터 『발견에 관하여De inventione』(브루네토 라티니, 『수사학Rettorica』, 1260-1262)에 이르는 작품들이 번역 대상이었다. 텍스트들은 원본에 충실하면서도 라틴인들의 산문 모방 기준에 따라 번역되었다. 14세기에는 특히 토스카나 동부 지역의 속어화가 높은 수준에 도달하여 변역 목적에서 탈피하고자 했다. 대표 작가와 작품으로는 살루스티우스의 『카틸리나 전쟁Bellum Catillinae』과 『유구르타 전기Bellum Iugurthinum』(Bartolomeo da San Concordio, 1313), 오비디우스(Arrigo Simintendi, 1333)의 『헤로이데스』(Filippo Ceffi, 1320-1330)와 『변신 이야기』, 베르길리우스의 『아이네이스』(안드레아 란치아, 1316; Ciampolo di Meo Ugurgieri, 1340)가 있다.

속어에 기반을 둔 부르주아 고전주의는 라틴 인문주의와 병행되며 두 언어, 고전과 근대를 오가는 두 문화의 비교를 자극했다. 단테에게 언어적 성찰과 번역 이론(『향연』과 『속어론』)이 어떤 의미를 가지고 있었는지를 생각해 보는 것으로 이와 관련된 문제에 대한 이해가 충분할 것이다. 단테에게 베르길리우스는 『신곡』을 완성하기 위한 스승이었으며 (사자死者가 향하는 천국, 지옥, 연옥이 아닌 변방의 영계靈界에 해당하는) 림보limbo를 언급하며 (『신곡』「지옥편」 4곡) '소설류' 시인이기는 하지만 그를 호메로스, 호라티우스, 오비디우스, 루카누스 등을 통해 전승된 전통의 가장 높은 자리에 추대했다.

조반니 보카치오(1313-1375)에게서도 반복되었다. 그의 작품에서는 박식함, 번역에 대한 열정(티투스 리비우스의 세 번째와 네 번째 10권의 저술에 대한 번역으로 추정하며 발레리우스 막시무스Valerius Maximus[1세기]의 『로마의 기억할 만한 이야기들Factorum et dictorum memorabilium libri』), 페트라르카와의 만남 이후 고대인과의 경쟁 심리가 라틴 작품만 아니라 젊은 시절의 속어 작품(『일 필로콜로Il Filocolo』가 첫 작품에 해당한다, 1336-1339)에서 노골적으로 표출되었다.

| **다음을 참고하라** |

철학 번역의 이중적 방식과 비평적 지식의 성립(349쪽); 대학과 학문 체계(359쪽)

과학과 기술 프톨레마이오스에 대한 찬성과 반대(551쪽); 로저 베이컨과 실험 과학(615쪽)
문학과 연극 단테 알리기에리(712쪽); 프란체스코 페트라르카(726쪽); 조반니 보카치오(757쪽); 이탈리아 속어 찬미가 모음집과 라틴 비극의 재등장(787쪽)

수사학: 대학에서 도시로

| 니콜로 말디나Nicolò Maldina |

13세기의 사회적-정치적 여건 변화는 이탈리아 자치 도시 정부가 채택했던 속어 수사학의 정착에 우호적인 환경을 제공했다. 자치 도시의 정부들은 키케로를 다시금 인용함으로써 훗날 시민 인문주의의 핵심으로 등장하게 될 문제를 재차 유럽으로 확산시켰다.

집정관, 공증인, 문서 작성법

키케로의 『발견에 관하여』와 『헤레니우스에게 바치는 수사학』, 마리우스 빅토리누스Marius Victorinus(4세기)의 작품을 통하여 중세로 전승된 어휘의 보편적인 사용이라는 고대의 전통은 보에티우스, 샹포의 기욤(약 1070-1121), 랑과 파리의 학교들에서 전개되었던 (논리학과 연관된) 수사학의 실용성과 주제상의 개념만이 아니라 아우구스티누스(354-430)의 『그리스도교 교양』, 암브로시우스(약 339-397)의 『성직자들의 직무론De officiis Ministrorum』을 통해 하나의 이론으로 정립되었으며, 릴의 알랭(약 1128-1203)의 『설교술Ars praedicandi』로 시작되는 수사학의 여러 수단을 통해 연구된 설교자들의 관행에 반영되었다. 그러나 키케로 유형의 민간 수사학에 대한 새로운 해석 여건이 조성된 것은 13세기 이탈리아의 역사와 정치 변화에 기인한 것이었다.

자치 도시가 집권했던 사회에는 장소와 제도, 특히 도시 정부에 영향을 행사할 정도의 전문성을 가진 '집정관'이 활동했다. 1220년경에 익명의 저자가 집정관의 태도를 기술한 『지도자의 안목Oculus pastoralis』처럼 새로운 기능 실현에 유익한 수단들에 대한 성찰은 말의 유용성까지 포함했다. 이 시기에 수사학을 의미하는 단어 '레토리카rettòrica'의 철자에서 도시 통치자를 지칭하는 '레토레rettore'의 의미가 (어원학적으로) 기원했다.

중세의 정치적-법적 의사소통은 구어□語적 성격의 대화 외에도 서한에 활용되었다. 글 쓰는 기술은 다양한 대상을 모방했는데, 이론적-규칙적 공식을 세우지 못한 서식도 참고하며 장기간의 훈련을 통해서야 습득 가능했다. 글 쓰는 기술은 11-12세기에 몬테카시노의 알베리코Alberico(약 1030-약 1105)와 사마리아의 알베르토Alberto di Samaria(11세기)의 저술 덕분에 문서 작성법ars dictaminis이라는 독립 분야로 정착하며 수사학 규칙들, 특히 서한의 운율에 연설을 5개 부분으로 구분하는 이론을 적용하는 관행이 성립되었다. 볼로냐에서는 알베르토부터 법학 연구, 아르스 노타리아ars notaria(또는 아르스 노바ars nova, 14세기에 프랑스 음악에 도입된 새로운 기법 또는 경향*), 그리고 행정 관행에 적용된 기법에까지 확장되었다. 롤란디노 데 파세제리Rolandino de' Passeggeri(1234-1300)의 활동을 통해서도 증명되었다. 대중 연설을 위한 연설법ars arengandi 또는 설교 방법론ars concionandi도 발전했다. 이들은 이론의 형태와 대상의 수집에 시냐의 본콤파뇨Boncompagno da Signa(약 1170-약 1250), 귀도 파바Guido Faba(약 1190-1243), 리브리의 마테오Matteo de' Libri(13세기)의 활동과도 밀접한 관계를 가졌다. 볼로냐 학파의 영향을 받은 이탈리아의 문서 작성법은 말의 대중적-정치적 사용을 통해 더욱 발전했던 반면 진술과 명령dictamen의 또 다른 중심지에 해당하는 프랑스에서는 저자들에 대한 연구와 밀접한 관계를 형성하며 라틴 세계의 기술artes로 회귀하는 성향을 보이기도 했다.

말의 윤리학

12세기 말부터 13세기 중반까지 도덕적인 성찰은 교부 신학과 수도원의 전통과는 다른 주제들을 발전시키려는 설교자, 교회법 학자, 신학자들의 노력에 영향을 주었다. 문제는 이것이 대화의 대중적 규모와 연관되어 있었기에 『말하고 침묵하는 것에 관한 이론서Liber de doctrina dicendi et tacendi』에서 상황별 이론을 통해 대중 연설에 대한 언급과 말과 침묵을 통제하는 규칙을 제시했으며, 사회 윤리에 관한 사례를 제시한 판사 브레시아의 알베르타노Albertano(?-1270)에 의해 세속적-시민적 맥락에서 전개되었다는 것이다. 윤리학과의 관계는 "웅변술이 지혜롭게 진행될 때에만"(브루네토 라티니, 『수사학』, XIV, III) 기능을 발휘하는 시민 수사학에 대한 성찰의 공통 내용이었다. 13세기에 시민 수사학 형성을 위한 윤리학의 역할은 아리스토텔레스와 키케로의 전통을 따르는 자들의 정치적인 삶을 평가하는 기준이었다.

시민 수사학

브루네토 라티니

브루네토 라티니Brunetto Latini(1220년 이후-1294)는 세속적인 성격의 수사학 문제를 여러 차례 언급했다. 또 저술에서 새로운 내용과 이전의 수사학 서식을 종합했다. 1260년대에 프랑스에서 집필한 『수사학』과 『보전寶典, Les Livres du Tresor』에서는 키케로와 자신의 모델을 비교하기도 했다. 『수사학』은 키케로(기원전 106-기원전 43)가 쓴 「수사학」
『발견에 관하여』의 처음 17개 장章을 대상으로 속어 주석을 붙인 연구서로, 브루네토는 부분적으로는 라틴어 텍스트를 번역했고 부분적으로는 문서 작성법이란 주제를 직접 설명했다. 통치술 영역에서 수사학이 차지하는 역할을 구조적으로 정의한 지식에 근거한 저술인 『수사학』은 실질적이건 이론적이건 적용 가능한 실용 철학의 일부며, 말은 수사학의 대상을 구성하는 요소였다. 그는 키케로의 관점을 인용하고 분석하면서 고대와 중세 텍스트를 독창적으로 종합하려 했다.

『수사학』에서 키케로와 브루네토는 다른 주장을 전개한 반면 오일어oïl(프랑스 북쪽에서 사용했던 언어*)를 사용했다는 것과 고대와 어느 정도는 자유롭게 속어로 번역된 중세의 텍스트들로부터 방대한 자료를 요약한 백과사전인 『보전』에서 공통점을 「보전」
찾을 수 있다. 이 작품은 12-13세기에 아리스토텔레스가 유럽 사회에 재발견된 결과로 나올 수 있었던 저술로 1권의 이론 철학서와 2권의 실용 철학서로 구성되었는데, 후자의 2권 중 1권은 이탈리아의 수사학과 통치술에 대한 내용이었다. 다양한 분야의 지식은 예비 지식과의 수직 관계를 유지하는데, 이에 따라 모든 지식은 "세상의 그 무엇보다 숭고한 기술plus noble de nulle art dou monde"을 향해 집중되었다(브루네토 라티니, 『보전』, I, I, 4). 세상의 모든 지식을 포함하는 통치 학문의 최우선은 수사학이었다. 이 저술은 세속인들 가운데서도 집정관을 위한 가장 이상적인 지침서라 할 수 있으며, 프랑스어로 쓰인 덕분에 유럽 전 지역으로 확산될 수 있었다. 이후 많은 속어 번역본이 출판되었다.

중세에는 전반적으로 주목받지 못했던 키케로의 연설문(*Pro Ligario, Pro rege Deiotaro, Pro Marcello*)이 브루네토의 신학 분야의 수사학과는 다른 의미에서 세속적이라고 불린 수사학에 대한 관심과 세심한 연구를 통해 속어로 옮겨졌다.

속어 수사학

수사학의 세속적 활용에 이어 속어 수사학이 등장했으나 시냐의 본콤파뇨 같은 저자들이 이용한 라틴 수사학과 공존했다. 이탈리아어 속어와 오일어가 함께 사용된 데에는 브루네토 라티니의 역할이 절대적이었지만 거대한 움직임의 일부에 불과했다. 『보전』을 속어로 번역했던 보노 지암보니(약 1235-약 1295)는 『수사학의 꽃Fiore di Rettorica』에서 키케로의 『헤레니우스에게 바치는 수사학』의 일부를 『발견에 관하여』의 요약본과 통합 번역했다. 그가 대중적 용도를 고려하여 집필한 이 저술은 브루네토의 노력과 속어 용어 생성에 역할을 다했으며, 이후의 전통에도 기여했다. 볼로냐 출신의 귀도 파바는 『자줏빛 보석Gemma purpurea』과 『담판과 서신Parlamenta et epistole』에서 1246년 볼로냐 법령에 의해 승인된, 문서들을 읽고 쓸 줄 알아야 하는 공증인들의 의무와 관련하여 라틴어와 속어로 된 서한과 연설 원형을 제공했다. 『담판과 서신』은 동일한 주제가 3개 유형의 이론에 따라, 언어적으로는 라틴어와 속어에 따라 다양하게 구분되었다.

세속 인문주의를 향하여

13세기의 세속 수사학은 세속 인문주의가 방대한 공화주의 신화(학)의 맥락에서 재인용한, 말의 공적 차원을 위한 근거를 제공했다. 인문주의자들은 텍스트 재발견과 상황의 변화로 중세 대가들의 그것과 다른 성향으로 발전하게 되었다. 콜루치오 살루타티(1331-1406)와 레오나르도 브루니Leonardo Bruni(약 1370-1444)에서 마키아벨리(1469-1527)에 이르는 인문주의자들은 중세 문화, 특히 키케로에 대한 절대적인 신뢰에 근거하는 문제에 대해 확고한 의식과 다양한 관점을 가지고 접근했다.

| 다음을 참고하라 |
철학 대학과 학문 체계(359쪽)
과학과 기술 대학 의학과 스콜라 의학(591쪽)
문학과 연극 고전의 수용(651쪽)
시각예술 프리드리히 2세의 왕국(828쪽)
음악 대학 시대의 음악 교육(951쪽)

라틴어와 속어의 종교 문학

LETTERATURA E TEATRO

의사소통과 종교적인 글들: 성인 전기, 설교, 영성

| 실비아 세르벤티Silvia Serventi |

속어화는 13-14세기에 전성기를 맞이했다. 종교 텍스트들, 특히 성인 전기 번역을 통해 교회의 종교적 삶에 대한 참여에 세속인들을 위한 교육이 보다 적극적으로 추진되었다. 탁발 수도회들의 설교 또한 성서와 세속 문화 중재의 기능을 수행하며 동일한 목표를 추구했다. 이러한 배경에서 시에나의 가타리나 등의 신비의 체험들이 등장했다.

성인 전기

종교 텍스트나 고전 텍스트의 라틴어 또는 속어 번역은 13-14세기를 속어 번역의 시대라 칭할 정도로 활성화되었다. 교회 텍스트들을 새로운 언어로 번역하는 것은 라틴어를 모르는 세속인을 교육시킬 목적으로 지속적으로 시도되었다. 성인 전기가 특히 중요했다. 『성 알렉시우스에 관한 운율Ritmo su sant'Alessio』은 이탈리아 속어 문학 작품 중 가장 오래된 것으로, 12세기 말에서 13세기 초반에 작성되었을 것으로 보인다. 교황 그레고리오 1세(약 540-604, 590년부터 교황)의 『대화Dialoghi』와 더불어 가장 중요한 성인 전기 모음집은 『교부들의 전기Vitae Patrum』 또는 『황금 전설』에서 유래된 속어 번역본들이었다. 성인 전기는 성인 개인이나 집단으로 수집된 형태의 일대기로, 『황금 전설』은 도미니쿠스회의 야코부스 데 보라지네(약 1228–1298)가 1254–1263년에 집필했지만 이후 개정되었다. "많은 읽을거리"라는 표현에서도 알 수 있듯 저자는 수많은 전설을 수집했는데, 중세 전반기의 성인 전기 문학에 비하면 다소 중략적이다. 『황금 전설』은 당대에도 잘 알려진 작품으로 14세기 후반에 속어로 번역되었다. 그리스도교의 은둔 성인만 다루었지만 세련된 주제로 이와 비교될 수 있는 저술은 『교부들의 전기』다. 특히 탁발 수도회들의 활동과 도미니쿠스회 수도승인 도메니코 카발카(약 1270–1342)가 속어로 번역하며 알려졌다. 그러나 『십자가의 거울Specchio di croce』을 포함한 아홉 편의 독창적인 저술의 저자였던 그가 왜 『성 그레고리우스와의 대화Dialogo di san Gregorio』를 속어로 번역했는지가 서양 수도원들의 각별한 관심 대상이었음은 분명해 보인다.

프란체스코회의 성인 전기

프란체스코회의 여성 성인 전기는 내용은 다르지만 기본적으로 도미니쿠스회의 성인 전기와 동일한 성향이었다. 시에나의 가타리나나 오르비에토 동정녀 요안나Joanna(1264–1306) 등은 가타리나의 성인 전기 작가인 도미니쿠스회 소속의 카푸아의 레이몬드Raymond(약 1330–1399)와 요안나의 전설을 속어로 기술한 톰마소 카파리니(14세기) 같은 유명인들에 의하여 묘사되었다. 다른 탁발 수도회 전기의 어조는 사뭇 달랐다. 교단 설립자의 강한 인간성은 어떤 여지도 남기지 않았다. 성 프란체스코에 대한 성인 전기는 수없이 많으나 보나벤투라의 『성 프란체스코 대전기』 이후 가장 유명한 전기는 속어로 번역된 이전의 라틴 저술, 즉 1370–1390년에 토스카나의 한 프란체스코회 수도사가 『복된 자 프란체스코와 그의 동료들의 행적Actus beati Francisci et sociorum eius』에서 50여 개의 일화를 선별해 속어로 번역한 『성 프란체스코의 잔꽃송이Fioretti di san Francesco』였다. 암시적인 제목은 이 저술의 선집이나 선집 같은 성격에서 기원했다. 성인의 유산은 교단의 여성 계보, 체르치의 우밀리아나Umiliana de' Cerchi(1219–1246)와 신비주의적인 성인 전기들을 속어로 번역했던 폴리뇨의 안젤라(약 1248–1309) 같은 인물들에서도 찾아볼 수 있다.

설교: 새로운 설교와 설교술

수도원 주교좌 학교는 대학과 탁발 수도회의 성립과 긴밀히 연관된 교훈적이거나 주제적인 새로운 설교sermo modernus의 중요성을 부각시켰다. '계보'의 구조를 통해 확인 가능한데, 나무에 비유하자면 성경이나 예식에서 발췌한 주제 구절들의 뿌리에서 시작하여 정확한 분류에 따른 3개의 가지를 거치면서 발전했다. 설교의 목적은 한 문장 또는 계시를 암시하는 단 하나에 담긴 진실을 확립하는 것으로 예식에 따라 정리되어 주년週年, de tempore 설교 모음집에 수집되었다. 이는 한 해의 많은 주일과 관련 있으며, 성인 축일 설교와 성인과 관련된 자료들을 수집한 것이었다. 예식 연도의 정확한 기간을 기준으로 한 『사순절 설교 모음집Quaresimale』과 『그리스도의 강림Adventuale』이 그 사례다. 13세기에 비트리의 자크(약 1165~1240), 투르네의 기베르(13세기), 로망의 윔베르(약 1200~1277)의 모음집이 있었다면 14세기에는 야코부스 데 보라지네의 설교집이 있었다. 설교 모음집

13세기에 가장 널리 퍼진 설교술은 영국의 성직자 셋퍼드의 리처드Richard가 집필한 『설교를 하는 8가지 방법De octo modis dilatandi sermonem』으로 대중에 따라 다르게 주제를 이끌어 나가는 설교자의 여러 가지 관점을 반영하고 있으며, 낭독lectio, 토론disputatio, 설교praedicatio 또는 성서에 대한 묵상과 학교의 교육 기술, 설교가 형성되는 관계에서 다른 저술들과 차별화되었다. 14세기의 저술로는 실질적인 설명과 고대와 당대의 설교 방식을 기술했던 베이스본의 로베르토Robert of Basevorn의 『설교의 형태Forma praedicandi』와 도미니쿠스회 소속으로 옥스퍼드에서 신학을 가르치며 설교자의 철저한 준비를 강조하고 설교의 비언어적인 측면에도 관심을 가졌던 토머스 웰리스Thomas Waleys(1318~1349년에 활동)의 『설교하는 법De modo componendi sermones』이 있었다.

탁발 수도회들의 설교

13세기 초반에 사제와 설교가 갖는 중요성이 다시금 확인되었다. 새 탁발 수도회 교단들에 소속된 이들에게는 당시까지 근본적으로 설교 임무를 수행하던 주교를 보조하거나 대리하는 역할이 강조되었다. 중세의 설교는 지역을 초월하여 보편적으로 2개의 언어가 사용되었다. 성직자에게는 라틴어, 세속인들에게는 속어로 설교했는데 모두 '새로운 설교' 또는 주제의 기술이 적용되었으며, 다양한 사례가 빈번히 언급되었다. 또한 성서가 지속적으로 인용되었다. 이들이 세 종류로 분류되었다는 점도 특징이다. 탁발 수도회 교단들에서 행해진 설교는 교회 텍스트에 주석을 붙이거나 속어 번역 작업을 통해 교회의 텍스트와 속어 문화를 중재한 것처럼 보였다. 13세기의 설교집은 라틴어로 된 것만 현존한다.

초기 프란체스코회와 도미니쿠스회 설교에는 사회적 평화에 대한 호소가 큰 비중을 차지했다. 1233년 파르마와 볼로냐에서 시작되어 확산된 할렐루야 운동이나 1260년 페루자에서 시작된 고행자들의 운동처럼 세속적 기원의 여러 운동도 같은 목표를 추구했다. 평화는 피렌체 산타 마리아 노벨라 수도원의 도미니쿠스회 수도사들, 예를 들어 1273/1274년부터 죽을 때까지 수도원 학교에서 가르침을 행하며 시민의 조화를 공동의 선bonum commune으로 여긴 지롤라미의 레미지오Remigio de' Girolami(1235-1319)와 여러 차례 시민 분열을 언급했던 피사의 조르다노(약 1260-1310)에게도 핵심 주제였다.

피사의 조르다노의 속어 설교

이탈리아의 가장 오래된 속어 설교집은 청취자들이 자발적으로 기록한 『강의록Reportationes』이었으며, 그 시기는 14세기 초반으로 거슬러 올라간다. 여기에는 수도사였던 피사의 조르다노가 1302-1309년에 행한 700편 이상의 설교가 수록되어 있다. 그의 설교는 1304년 피렌체의 대림절待臨節 예식과 1305년 사순절 예식을 대표적으로 지적할 수 있는 종교 의식의 주기들과 「창세기」 첫 3권이나 〈사도신경〉에 주석을 붙이는 것처럼 주석이나 이론적인 유형의 주기를 소개했다. 관심은 사용된 언어, 즉 단테(1265-1321) 시대의 토스카나 속어에도 모아졌다. 조르다노는 개념 차원에서도 어휘 차원에서처럼 주로 상인이었던 자신의 청중들이 난해한 주제를 가능한 쉽게 이해할 수 있도록 일상과 무역 활동의 이미지들을 활용했다.

이해의 확산

피렌체 출신의 도미니쿠스회 수도사 파사반티Passavanti(약 1302-1357)가 1354-1355년 사순절에 했던 설교는 뒤늦게 발견되었으며, 학술 서적 형태로만 현존한다. 그의 『진정한 회개의 거울Specchio della vera penitenza』은 자신의 사순절 설교를 일부 수정한 것으로, 설교와 고백 지침서의 중간 성격으로 평가받았다. 이 저술은 미완성이다. 그를 유명하게 만든 것은 『모범Exempla』인데, 시에나 출신으로 아우구스티누스회 소속이었던 아가차리의 필리포Filippo degli Agazzari(1340-1422)의 저술로 14세기 말경에 집필된 『교훈집Assempri』과 마찬가지로 중요하게 평가되었다. 14세기에 설립된 제3의 탁발 수도회(아우구스티누스회)는 타 교단과 다른 설교를 시도했다. 일상의 독서에서 발췌한 주제thema를 설교에 활용하기보다 모든 복음서의 모든 인용문에 주석을 붙이는 방식을 도입했던 것이다. 이러한 맥락에서 카시아의 시모네 피다티Simone

Fidati(약 1295-1348)의 『구원자 주님의 행적De gestis Domini Salvatoris』과 살레르노의 조반니(1317-1388)가 스승의 저술을 속어로 번역한 『복음서 해설Esposizioni dei Vangeli』을 꼽을 수 있다.

영성: 세속인들의 새로운 역할

교회에게 14세기는 아비뇽 유수(1305-1377)와 서유럽 교회의 대분열(1378-1417)로 위기에 직면했던 기간이다. 교황권 쇠퇴와 교회의 개혁 실패는 14세기 후반을 특징지을 뿐만 아니라 시에나의 가타리나를 대표로 하는 여성 신비주의의 공격에 빌미를 제공했다. 당시에는 교회의 위계질서에 대한 논쟁이 벌어졌으며, 신비주의와 예언은 이단 운동을 자극하는 설교자 존 위클리프(약 1320-1384)와 얀 후스Jan Hus(약 1370-1415) 때문에 영국이나 보헤미아에 취해졌던 극단적인 결과가 아니더라도 신에 가까이 갈 수 있는 대안으로 등장했다. 14세기 이탈리아 영성의 특징은 세속인이 종교적 삶의 주역으로 등장했다는 것으로, 이들이 종교적 성격의 텍스트의 저자와 독자 역할을 고루 담당했다. 제3의 도미니쿠스회 소속 자격으로 종교인과 교황들에게 서한을 쓰고 수많은 제자의 영적 어머니가 된 시에나의 가타리나의 삶은 놀라운 경험으로 평가받았다. 성 히에로니무스의 사도 성직회(일명 예수아티Gesuati 수도회)를 설립한 요한 콜롬비니John Colombini(약 1304-1367)와 도미니쿠스회 소속으로 서한을 통해 먼 지역에서도 설교 활동을 벌인 요한 도미니치Joannes Dominici(약 1357-1419)의 서한들은 시에나의 가타리나의 『서한집Epistolario』을 모범으로 집필된 것이다.

신비주의(신비 신학)와 예언

이 시기 유럽에서도 이탈리아와 유사한 현상이 목격되었다. 14세기 초 프란체스코회 소속의 니콜라스 보존Nicholas Bozon(13-14세기)은 노르만이 지배하던 영국에서 설교를 준비 중이었다. 유사한 사례는 독일의 신비주의 철학자 마이스터 에크하르트(약 1260-1328)의 제자 하인리히 소이제(약 1295-1366)의 설교와 서한 코덱스에서도 볼 수 있다. 14세기 전반기의 인물인 그는 주로 수녀원에서 활동한 순회 영성 신부로, 개인적으로 공동체를 방문할 수 없을 때에는 자신의 설교를 서한 형태로 전환해 활용했다. 이는 '읽는 설교'의 사례로 볼 수 있으며 북유럽에 확산되면서 강론대 설교Lesepredigten라는 유형으로 발전했다. 라인 강 신비주의, 특히 앞서 언급한 두 저자의 특징은 종교인들을 위한 '신비주의적 설교'로 이탈리아에서도 비슷한 사례가 있지만 카시나의 시모네(?-약 1420)의 『영성 대화Colloquio spirituale』처럼 설교 영역을

하인리히 소이제의 서한들

벗어난 것이었다.

| 다음을 참고하라 |
철학 에크하르트와 라인 강 신비주의(442쪽)
문학과 연극 토디의 자코포네와 종교시(670쪽); 신비주의 경향의 저술과 여성의 영성(675쪽); 단테 알리기에리(712쪽)

피안의 문학: 여행과 공상

| 주세페 레다 |

12세기의 비약적 발전 이후 13-14세기에는 공상 유형에 속하는 저술들이 집필되지 않았다. 이전의 위대한 텍스트들이 속어로 번역되는 동안 피안의 문학은 다른 형태, 특히 대중적 어투며 교화적 목적을 가진 교훈적 성격의 단시들과 교화적인 목적이나 우의적이고 때로는 풍자적인 의도가 담긴 시 형태로 발전했다. 이외에도 에스파냐에서 이루어진 아랍어 번역을 통해 유럽에 이슬람의 공상 전통을 대표하는 무함마드의 피안 여행 이야기가 소개되었다.

이탈리아의 교훈 단시들

피안彼岸에 대한 공상을 수많은 글로 표현했던 12세기와 달리 13세기 초반에 저술된 『더킬의 비전Vision of Thurkill』을 마지막으로 이와 같은 경향이 끝나는 것 같았다. 13-14세기에는 창작보다 과거의 저술이 확산되었으며, 속어 번역도 활발히 진행되었다. 공상 외에 피안을 묘사하는 새로운 유형도 등장해 피안의 전통은 한층 복잡해지고 풍부해졌다. 단테(1265-1321)는 『신곡』 집필을 위해 문학과 문화 공간에 표출된 수많은 작품을 분석했으며, 그 결과 피안을 주제로 다루었던 중세 문학 작품들이 등장하고 사라졌다.

공상이나 여행 구조에 반드시 상응하지는 않지만 인간 사후에 영혼이 직면할 상황을 교화하는 내용의 교훈적 담론을 지닌 독창적인 작품들도 여러 속어로 번역되었다. 흥미로운 것은 13세기 후반 이탈리아 북부에서 작성된 종말론적 주제의 단시들이었다. 프란체스코회의 베로나의 자코미노는 알렉산드리아에서 제작된 반으로 접힌 4면의 인쇄물에 베로나 속어로 천국과 지옥을 피안의 두 도시로 묘사한 2개 장, 즉 「천상의 도시 예루살렘에 관하여De Ierusalem celesti」와 「지옥의 도시 바빌로니아에 관하여De Babilonia civitate infernali」에 단시를 썼다. 여기서 그는 대중적 문투(어투)를 사용했고, 궁극적인 목적을 분명히 반영했다. 또 인간의 언어로는 결코 피안의 현실을 표현할 수 없음을 드러내지만 은유적으로나마 그것을 묘사하고자 했다. 저자는 현실을 있는 그대로의 신빙성 있는 특징으로 묘사하는 것은 불가능하다고 주장("자신의 확실하고 진실한 본성", "특성과 가치")했기 때문에 다양한 방법으로 실험하고 반복하면서도 천상의 도시에서의 즐거움이나 지옥의 도시에서의 고통이 정확히 어떤 것인지는 말하지 않았다. 다만 구체적 사례로 들 수 있는 비유적으로 묘사한 인물과 상징("단순하게, 형상으로", "형상을 통해", "의미를 통해")을 암시하려 했다. 이렇게 해서 천상의 예루살렘은 건축학적-도시학적 요인들을 갖춘 진짜 도시처럼 묘사되었다. 게다가 마치 하나의 도시처럼 묘사된 천국은 가장 오래되고 검증된 도시의 모습에 부합된 상태로 종종 종교 텍스트와 공상 문학에 등장했다. 베로나의 자코미노

13세기 이탈리아 북부 지역에서 쓰인 종말론적 성격의 단시는 자코미노와 동시대 인물로 밀라노 출신인 리바의 본베신(약 1240-약 1315)이 저술한 『세 작품이 실린 책Libro delle Tre Scritture』에 등장한다. 저자는 제1부인 「세상의 경멸에 관하여De contemptu mundi」에서 경멸적인 어조로 인간의 탄생과 죽음을 언급하고, 제2부인 「검은 성서De scriptura nigra」에서는 지옥의 12개 벌(불〔악취〕, 추위〔지옥의 짐승, 벌레, 전갈, 뱀, 용〕, 악마에 의해 벌받은 자들의 모습, 벌받은 자들이 뱉는 고통의 소리, 악마에 의한 고문, 배고픔과 목마름, 가시와 못이 가득한 옷과 침대, 전염병, 천국을 상실한 슬픔, 절망)을 기술했다. 제3부인 「황금 성서De scriptura aurea」에서는 천국의 영광을 면밀히 기술했다(천국이라는 도시의 아름다움, 달콤한 향기, 막대한 부, 지상의 포로 생활로부터의 해방, 천사, 성모 마리아, 하느님의 출현, 천사들의 노래, 복된 자들에 대한 예수 그리스도의 직접적인 위로, 천상의 달콤한 음식들, 화려한 의상, 모든 복된 자들의 빛나는 아름다움, 지옥의 고통에서 벗어난 기쁨, 이러한 기쁨들을 영원히 즐기려는 희망과 보장). 하지만 지옥과 천국의 단시에 「붉은 성서De scriptura rubra」를 삽입하고, 이를 통해 붉은색으로 상징되는 그리스도의 수난을 주제로 다루었다. 본베신은 그리스도와 성모가 당한 고통을 모든 그리스도교인을 위한 원형으로 제안했다. 「황금 성서」에서 다루어진 천국의 기쁨 리바의 본베신

을 통해 확실히 묘사되는데, 「붉은 성서」는 생산적이고 건설적인 고통을 표현하며 지옥의 유익하지 못한 고뇌 혹은 고통과 천국의 축복을 중재하는 순간 같은 역할을 했다.

우의적인 여행과 풍자시

12세기의 풍자시들도 온갖 양태를 통해 피안의 여행을 다루었다. 베르나르두스 실베스트리스(12세기)의 『우주의 세계 또는 대우주와 소우주De mundi universitate sive Megacosmus et Microcosmus』나 릴의 알랭(약 1128-1203)의 『클라우디아누스에 반대하여Anticlaudianus』는 천상을 관통하는 승천을 비유적으로 대변했다. 13세기에는 소설 영역에서 발전했는데, 특히 프랑스 지역에서 1265년경에 뤼트뵈프Rutebeuf(약 1250-1285년에 활동), 우당크의 라울Raoul de Houdenc, 콩데Condé의 보두앵(13세기)으로 대표되는 다양한 『천국의 목소리Voies de Paradis』가 발표되었다.

지옥 여행 우의적인 개요는 지옥 여행에서도 사용되었다. 1215년경 우당크의 라울은 풍자적 8음절 시행의 탐욕의 도시 또는 탐식의 강 같은 지옥 여행에 상징성이 명확한 장소들을 방문하고 의인화된 악습들에 직면한다는 줄거리의 단시 「지옥의 노래The Songe d'Enfer」를 썼다. 여행 말미에는 지옥의 요새에 도착하여 악마의 만찬을 목격하는데, 그들은 자신의 죄에 맞게 요리된 죄인들을 게걸스레 먹어 치우고 있었다. 불에 구워진 이단자의 육신과 거짓말한 변호인의 혓바닥 등이 등장하며 고리대금업자의 피부는 식탁보로 사용된다. 이 소름 끼치는 요리가 주는 유머는 피안에 대한 공상의 전형이지만 실존 인물과 동시대인이 쉽게 알 수 있는 역사적 상황을 암시하며 사회 악습을 힐책하려는 풍자적인 의도를 느낄 수 있다.

이슬람 전통

그리스도교적인 공상의 전통이 사도 바오로가 쓴 「코린토 2서」의 간결한 문장으로부터 기록의 권위를 이끌어 낸 것과 마찬가지로, 이슬람 세계에서도 『코란Koran』을 통해 다양한 문학이 발전했다. 『코란』 제7장은 "밤중에 하느님의 종을 하람 사원에서 아크라 사원으로 밤하늘 여행을 시킨 그분께 영광이 있으소서. 그곳은 하느님이 축복을 내린 이웃으로 하느님의 일부 표적들을 보여 주고자 함이라 실로 하느님은 들으시며 지켜보고 계시니라"라는 구절이 나온다. 이 문장과 코란의 다른 암시들에는 무함마드(약 570-632)의 피안 경험과 관련한 2개의 이야기가 등장하는데, '밤 여행의 주기isrâ'와 '승천의 주기mi'râj'가 그것이다.

'밤 여행'과 '승천'의 주기

전자는 무함마드가 밤중 잠에서 깨 인도된(보통은 대천사 가브리엘이 인도하지만 변형도 존재한다) 산에서(다른 텍스트에 의하면 예루살렘에서) 지옥의 고통과 천국의 영광을 목격한다는 내용이다. 후자는 한층 복잡하고 흥미롭다. 예언자 무함마드는 대천사 가브리엘의 인도로 7개의 하늘과 로토의 나무, 즉 복된 자들의 거처로 구성된 10개의 계단을 통해 천상에 오른다. 마지막 계단에서 그는 하느님을 만나고 오랜 시간 동안 신자들이 매일 행해야 할 기도의 수를 결정한다. 한 판본에 따르면 예언자 무함마드는 3번째 하늘에서 7개 층으로 구분된 지옥의 심연을 목격했고, 죄에 따라 받게 될 처벌과 죄인들에 대한 자세한 설명을 듣게 된다. 이처럼 복잡한 기술記述을 통하여 아랍어와 페르시아어로 쓰인 세련되고 박식한 문학이 발전했다. 그리고 예언자 무함마드를 주인공으로 설정하고 신비와 은유의 여행에 대한 해박한 기술을 통해 피안에 도달하게 되는 동기를 모색했다. 이러한 의미에서 아비케나(980-1037), 알-가잘리(1058-1111), 이븐 알-아라비Ibn al-Arabi(1165-1240)의 작품은 특별하다.

이들이 유럽의 문화에 영향을 주었을 가능성에 대하여 특별히 흥미로운 점은 1264년에 카스티야의 알폰소 10세(1221-1284, 1252년부터 왕)가 톨레도에서 '승천의 주기'에 대한 전통적인 기술을, 처음에는 에스파냐어 나중에는 라틴어와 프랑스어로 번역할 것을 지시했다는 점이다. 현재 라틴어와 프랑스어 번역본인 『무함마드의 계단의 서Liber Scalae Machometi』가 남아 있다. 이를 통해 무함마드가 경험한 이슬람의 피안과 피안의 여행이 유럽에 확산되었을 가능성이 높다. 최근 학자들 사이에서 단테의 『신곡』에도 영향을 미쳤을 것이라는 논쟁이 다른 견해들과 함께 제기되고 있다. 중요한 것은 이슬람의 전통적 종말론이 유럽에 알려졌으며, 이와 관련된 번역도 매우 풍부했고 피안 문학에 대한 귀중한 텍스트를 제공했다는 사실이다.

라틴어와 프랑스어 번역

| 다음을 참고하라 |

문학과 연극 신비주의 경향의 저술과 여성의 영성(675쪽); 단테 알리기에리(712쪽); 서사시, 교훈시, 우화시(742쪽); 제프리 초서(766쪽)

토디의 자코포네와 종교시

| 스테파노 크레모니니Stefano Cremonini |

13세기에는 탁발 수도회들의 노력으로 속어 종교시의 새로운 유형인 찬미시가 확산되었다. 이제 라틴어를 모르는 문맹의 군중들도 그리스도교의 신앙적-성격적 신학 근거를 제공받게 된 것이었다. 찬미시는 보통 모음집 형식으로 수집되었고, 종교 단체들도 사용했다. 13세기 찬미시의 주요 저자는 프란체스코회의 토디의 자코포네로, 자신의 텍스트에 자서전적 요소를 상당 포함시켰다. 14세기에는 시에나의 비앙코가 등장했다.

찬미시의 성립

13세기 말에 프란체스코회의 아담의 살림베네(1221-1288)는 『연대기Cronaca』에서 아시시의 프란체스코(1181/1182-1226)가 프랑스어로 하느님에 대한 칭송을 노래했다고 회상했다. 이 짧은 언급은 13세기에 라틴어 예식 노래가 여러 속어로 된 기도문으로 발전하고 있었음을 의미한다. 탁발 수도회들이 할렐루야의 해(1233)에 약속한 대대적인 헌신의 행사 기간 동안 살림베네 자신도 파르마에 머물면서 성 베네딕투스의 설교를 들었다고 증언했다. 또한 베네딕투스는 설교 당시 삼위일체를 찬양하는 3개의 축원 메시지를 전했는데, 그를 추종하는 어린아이들이 이것을 반복하며 따라 했다고 전했다. 종교성에 대한 집단적 표현 사례는 또 있다. 1260년 페루자 출신의 수도사 라니에리 파사니(?-1281)의 설교에 수많은 헌신자가 회개의 표시로 스스로를 채찍질하며 하느님과 성모 마리아를 찬양하는 속어와 라틴어 기도문을 노래하면서 이탈리아 중북부 도시들을 순례했다.

찬미시 작가 조합

세속인들은 교회와 수도원의 종교 단체들에서 모임을 가졌다. 이 모임은 토스카나와 움브리아 외에 볼로냐와 이몰라Imola로 확산되었고, 여기에 속한 이들은 여러 가지 다른 기도와 더불어 매일 저녁 성모 마리아와 도시의 수호성인들을 찬미하는 임무를 수행했다. 특히 1260년의 행사 이후 고행자들(종교 모임이나 행렬에 참가하여 회개의 의미로 자신의 육신에 고통을 가하는 그리스도교 신앙의 헌신자들*)의 단체가 확산되면서 알프스 북부 지역으로도 세력을 확대했다. 구성원들은 회개의 순간을 자신의 죄를 드러내고 그리스도가 겪었던 고통에 동참하는 것으로 모임의 성격을 변질시켰으며, 회개 권고에 대한 설교를 하고 찬미시lauda를 낭독하는 기도를 거행했다. 여기에서 드러난 찬미시 낭독은 일찍이 중세 라틴 종교시에 등장한 바 있던 일명 세헬zéjel(구전되는 시의 연 또는 절의 전통적인 형태로 지중해 지역에 뿌리를 두고 있는 아랍 어원의 용어*) 춤곡, 즉 춤곡의 초기 형태와 구도(XX와 시절詩節 AAAX BBBX의 재개)를 동반했다. 상대적으로 크게 유행하지 못한 다른 형식으로는 시르벤테스sirventes(프로방스에서 유래된 이탈리아 고대 시 형태*)와 이중二重 7음절 또는 이중 5음절의 4행시가 있었다. 14세기부터는 6개와 8개 운율의 찬미시도 유행했다.

성 프란체스코와 〈태양의 찬가〉

프란체스코회는 종교심이 깊은 세속 군중에게 찬미시를 확산시키고자 교단 설립자인 프란체스코의 사례를 활용했다. 이로 인해 이탈리아 문학의 초기 시에 해당하는 몇 개의 라틴어 시 말고도 〈태양의 찬가Laudes creaturarum 또는 Canticum fratris Solis〉로 불리는 찬미가가 등장했다. 성서의 내용을 반영한 것으로 프란체스코가 하느님, 성모 마리아, 여러 덕목을 찬양한 노래였다. 1224년에 전통에 따라 만들어진 것으로 「시편」 148장 혹은 150장, 「다니엘서」(3장 51-90절)에 기술된 화덕에 넣어진 3명의 아이에 대한 노래를 원형으로 만들어진 모음운母音韻 리듬이다. 프란체스코는 작가로서 하느님이 창조한 해, 달, 별, 바람, 하늘, 물, 불, 땅을 찬양했다. 하지만 하느님에 대한 사랑에서 질병과 고난을 인내하며 용서의 힘을 발견한 자들의 빛나는 사례들과 심지어는 하느님의 사랑 안에 사는 자가 의심해서는 안 되는 '죽음'까지도 대상에 포함시켰다. 끝부분에 해당하는 '겸양'의 어휘는 자신의 글에 드러나는 창조주의 위대함과 그에 대한 무한의 신뢰를 최대로 강조한 것이었다.

토디의 자코포네: 생애

토디의 자코포 데이 베네데티(1230/1236-1306), 일명 토디의 자코포네는 원래 부유한 공증인 출신이지만 부인의 비극적인 사망 이후로 안락한 삶과 부를 포기하고 10년 동안 구걸로 생활하며 공개적으로 굴욕적인 시험을 받아들였다. 또한 교황의 권위를 부정하고 절대 빈곤만이 구원을 얻는 길이라고 주장했던 프라티첼리의 일원으로도 활동했다. 1278년에는 프란체스코회에 소속되어 로마 교황청과 대치했던 영성의 성향을 드러내기도 했다. 그러나 첼레스티노 5세(1209/1210-1296, 1294년 5-12

월에 교황)의 짧은 재임 기간이 끝난 후 새 교황으로 선출된 보니파시오 8세(약 1235-1303, 1294년부터 교황)는 이들을 공개적으로 박해했다. 그를 포함한 몇몇은 추기경이었던 야코포(?-1318)와 피에트로 콜론나(1260-1326)와 연합해 교황 선출이 비합법적이었다고 선언했지만 교황은 이들을 파문한 후 중세와 르네상스 시대에 로마 귀족으로서 강력한 영향력을 행사했던 콜론나 가문의 본거지인 팔레스트리나를 포위하여 함락시켰다(1298년 9월). 감옥에 투옥된 자코포네는 파문에서 벗어나고자 했지만 성공하지 못했다. 1303년 보니파시오 8세 후임으로 선출된 베네딕토 11세(1240-1304)에 의해 파문에서 벗어나 성 클라라회의 한 수도원에서 말년을 보냈다.

파문과 사면

속어 찬미시들 외에도 라틴어로 된 신비의 모임에 대한 논고Tractatus, 말씀Dicta 모음집과 몇 가지 찬가를 썼으며, 유명한 찬미가 〈슬픔의 성모Stabat Mater dolorosa〉의 가사를 쓴 저자로 추정된다.

자코포네의 찬미시

14-15세기에 토디의 자코포네의 이름으로 수많은 찬미시가 회자되었다. 오늘날의 학자들은 그가 약 90여 개에 이르는 찬미시의 저자라고 주장한다(이러한 주장을 보다 확대하려는 신빙성 있는 주장도 있다). 그의 찬미시는 형제애 단체를 배경으로 만들어진 것이 아니었기에 교훈적인 요인도 있지만 역사 또는 사회와 직접적으로 비교되는 개인의 고행 여정이 가장 중요하게 기술되었다. 그의 수많은 찬미시가 영성 경험과 고통에 연결되어 있었다. 예를 들면 새로운 교황으로 선출된 첼레스티노 5세에게 보낸 서한(「피에르 다 모로네는 어디입니까Que farai Pier da Morrone」)과 투옥 상태에서 분노를 표출한 글(「라코보네 사이에 무엇Que farai Fra' Iacovone」), 교황 보니파시오 8세에 대한 독설(「오 교황 보니파시오, 완전히 전복시키네O papa Bonifazio, Molt'ai iocato al mondo」), 형벌에 대한 두려움으로 파문이 풀리기를 바라는 간절한 요청(「오 교황 보니파시오시여, 어린 양에게 죄를 사하여 주십시오O papa Bonifazio; Lo pastor per meo peccato posto m'à for de l'ovile」), 부패한 교회를 향한 고통스런 비난(「예수 그리스도가 로마 교회에 관해 비난하다Iesu Cristo se lamenta de la Eclesia romana」)이 그것들이다.

영적인 여정

찬미시의 신학적 출처는 다양했다. 종교 예식을 통해 반영된 성서와 중세 수도원과 교부들의 영적 텍스트도 있었다. 자코포네의 언어는 움브리아 속어와 라틴어가 병렬적이고 무미건조하게 또 예리한 문장 구조를 바탕으로 시칠리아 서정시의 특징과 법 언어의 기술적 용어들이 혼재되어 있었다.

중심에는 드라마 형식 찬미시의 가장 오래된 사례인 찬미가 〈천국의 여인Donna de Paradiso〉의 절박한 대화적 연합 음보에 폭넓게 묘사된 예수의 수난에 대한 명상이 자리했다. 예수의 삶은 죄인이 신의 사랑에 응하지 못하는 자신의 무능력을 직시하고, 스스로가 죽지 않고서는 신의 품에서 다시 태어날 수 없다는 '모든 것의 소멸'을 알게 되는 '진실의 거울'이었다. 몇몇 찬미가 가사에서 드러나는 분노는 사랑과 덕목의 길로 들어서는 '숭고함의 길'이었다. 여기에는 일시적인 감각의 죄를 위한 공간도, 종교인들마저 집착하는 지상의 위안을 위한 공간도 존재하지 않았다. 자코포네는 프란체스코회 신학자들로 하여금 '멸시된 형제'의 겸손을 상실할 위험을 불러오는 세속적 학문, 다시 말해 오직 동료 형제들의 칭찬을 얻기 위해 번지르르한 겉모습만 뽐내려는 자들의 위선을 비난했다. 많은 텍스트가 악마와 종교적 노력, 영혼과 육신, 삶과 죽음, 영혼과 천사, 예수와 죄인, 성모와 그녀의 헌신적인 신앙이 반목되는 형식으로 쓰였다. 그리고 이를 통해 신앙은 지속적이며 자체로 완전히 만족되거나 견고하지 못하나, 적들에 포위되어 높은 곳으로부터 확인되어질 필요가 있는 긴장감처럼 노출되었다. 그가 축복한 유일한 성인인 프란체스코가 그리스도에 대한 완전한 헌신을 위한 추종 모델이었다면 하느님에게 영혼을 인도할 덕목에는 순결과 청빈이 등장했다. 성인은 이들과 함께 하느님에게 자신의 바람을 드러내며 무한한 사람으로 모든 것을 수용했다. 인간을 사랑하는 예수는 영혼을 자신의 진정한 지혜로 인도한다. 이렇게 시인의 언어는 때로는 외침으로 때로는 말을 더듬으며 인간계를 초월하여 "시인의 끝없는 열정을 표현했다"고 했다. 인간은 신비의 여정 최정상에서 하느님의 자비에 빠져들었다. 이토록 강렬한 사랑은 평화와 친절을 대신하여 고통, 세상에 대한 극단의 감각, 자기 자신으로부터의 탈피를 가져왔다. '반목' 구조

코르토나의 찬미시

자코포네의 찬미시는 동시대와 이후 시대의 대부분이 무명이었던 찬미시 작가들과 마찬가지로 필사본으로 수집되어 주제별로 분류되었다. 14-15세기 것으로는 10여 개의 찬미시집이 남아 있는 반면에 13세기에는 오직 1개의 완전한 사례만 현존한다. 이탈리아 코르토나 시립도서관에 소장 중인 코덱스 번호 91이다. 찬미의 산타 마리아 형제애 단체에 속한 것으로, 하나를 제외하면 모두가 가락과 함께하는 45개의 텍

스트로 구성된다. 이 시집은 성모를 찬양하는 16개의 찬미시로 시작되며, 여러 성인과 연중 예식에서 중요했던 축제를 위한 글들로 구성되었다.

이 시집Laudario의 지배적인 특징은 기쁨이 충만하고 인간과 신을 중재한 '그리스도'의 구원을 위한 희생으로 구현된 환희의 사랑이다. 일부 회개를 주제로 한 것도 있었다. 성경과 더불어 교부적-중세적 주석들로 넘쳐 나는 찬미시는 프로방스, 시칠리아, 시칠리아-토스카나의 사랑에 대한 서정시에 사용되었던 예의 바른 언어에 기원을 제공했다. 성모 마리아를 찬미하는 가장 유명한 시 「숭고한 빛-위대한 영광으로Altissima luce-col grande splendore」를 포함한 4개에는 저자로 추정되는 가르초Garzo라는 서명이 있다.

14세기의 종교시

저자를 분명히 알 수 있는 찬미시도 많다. 보통은 세속적인 성격의 서정시를 쓰면서도 찬미시를 통해 자신의 입장을 더욱 공고히 한 저자들은 나름 중요하게 평가될 수 있다. 성모 마리아를 찬양하는 〈수심이 가득한 채 울고 있는 성모 마리아La Madre Vergin dolorosa piange〉의 가사를 쓴 센누치오 델 베네Sennuccio del Bene(1275-1349)와 시에나의 가타리나의 영성에서 영향을 받은 잔노초 사케티Giannozzo Sacchetti(약 1340-1379), 네리 파글리아레시Neri Pagliaresi(약 1350-1406), 몬테풀치아노의 야코포Jacopo(14세기)가 대표적이다. 이 유형에는 속하지 않으나 당대에 잘 알려진 종교적 헌신을 담은 운문들도 있다. 페라라의 안토니오Antonio(1315-약 1375), 안토니오 푸치Antonio Pucci(약 1310-1388), 시모네 세르디니Simone Serdini(약 1360-약 1420, '사비오초Saviozzo'라고도 함*)가 대표 저자들이다. 종교인 중에는 우고 판지에라Ugo Panziera(약 1260-1330)와 시에나의 비앙코Bianco(1350-?)가 있는데, 우고 판지에라는 프란체스코회 소속의 세속인 신분으로 세심한 그리스도 찬미시를 썼으며, 비앙코는 히에로니무스가 설립한 사도 성직회의 설립자인 요한 콜롬비니(약 1304-1367)의 제자로, 방대한 분량의 찬미시를 썼다. 판지에라의 작품들에는 의역, 수많은 기도문, 도덕적 충고, 신비주의의 글들, 신학과 성모 마리아 연구의 수준 높은 요약문, 종말론적인 현실에 대한 묘사, 개인의 정신적 여정에 대한 표현들이 교차했다. 비앙코는 토디의 자코포네의 영향을 많이 받았지만 그의 작품들을 평탄하고 쉽게 받아들일 수 있는 형태로 바꾸었다. 서정적 형태의 찬미시 외에도 이후 성스러움을 대변할 드라마 형식의 찬미시(찬미가 가사)와 종교적 헌신을 담은 3행과 8행의 단시도 확산되었다.

| 다음을 참고하라 |
역사 보니파시오 8세와 교회의 우월권(51쪽)
철학 프란체스코회의 전통(405쪽)
문학과 연극 의사소통과 종교적인 글들: 성인 전기, 설교, 영성(661쪽)
시각예술 알프스 이북의 고딕 양식(808쪽)

신비주의 경향의 저술과 여성의 영성

| 오리아나 비사니Oriana Visani |

말과 기록에 근거한 신비주의의 경험은 신성의 경험을 소통하는 데 필수였다. 신비주의의 두 가지 형태인 사랑과 사색의 신비주의 중, 대부분의 성녀가 근본적으로 십자가에 매달린 그리스도와 한 몸이 되기를 추구하는 사랑의 신비주의에 집착했다. 하느님을 흠향하고, 입맞춤하고, 껴안는 것이다. 여성 영성의 여정을 가리키는 붉은 줄은 사랑(폴리뇨의 안젤라의 '광적인 사랑', 시에나의 가타리나의 '완전한 사랑'), 새로운 언어로 표현된 사랑이었다. 이것은 한 가지 표현에 상반된 두 가지 의미를 담는 수사학적 특징과 동어 반복을 계속 사용하여 전달되는 하느님의 새로운 말씀이었다.

신비주의 삶

14세기의 도미니쿠스회 수도승인 수사의 헨리쿠스(약 1295-1366)가 쓴 『진실의 서Libretto della verità』에는 영혼의 여행을 묘사한 그림이 등장한다. 이는 삼위일체에서 그리스도의 십자가로 순환하는 여정을 통해(『그리스도를 본받아Imitatio Christi』) 기원에서부터 하느님과 하나됨을 의미했다. 제목은 '신비의 길La via mistica'이며, 생생함으로 간접적으로나마 명상을 경험할 수 있게 만들었다. 수사는 마이스터 에크하르트(약 1260-1328), 요하네스 타울러(약 1300-1361)와 함께 독일의 위대한 신비주의자로 꼽을 수 있다. 그는 상像을 그가 영적 지도자로 있는 수녀원의 수녀들을 묵상으로 인도하기 위한 수단으로 사용했다.

신비주의 경험, 경험을 통한 하느님의 체험적 인식cognitio Dei experimentalis은 성 토마스의 정의 또는 '신의 출현에 대한 직접적-수동적인 경험'(P. Albert Deblaere)에 따르자면 정신 집중과 명상 또는 탈혼 상태의 환상으로 인도하는 '기도에 빠져든 상태'로 실현 가능했다. 그리고 인간을 감동시키는, 신을 맞이하는 탈혼 상태에서 비유와 형상, 상징의 언어로 표현되었다. 말이나 글로 표현된 언어는 경험한 것의 의사소통, 신과의 만남, 그리스도의 인간성과 합해지는 필수 요소였다. 특히 여성들은 위안의 기능도 가졌다. 신비주의 문학은 다양한 유형의 텍스트를 생성했다. 연구서, 연설문, 대화문, 전기, 비전과 탈혼 상태 등으로, 작성 방식 때문에 구전과 긴밀한 관계를 가지고 있어 확산이 빠르다는 구전의 장점을 유지했다. 예를 들어 에크하르트와 타울러의 독일어 설교는 설교 내용 속에 등장하는 종교인들이 기록한 것이었다. 또 다른 사례는 폴리뇨의 안젤라(약 1248-1309)가 자신의 고백 신부인 아르날도에게 헌정한 『회고록Memoriale』으로, 주로 속어를 사용했다. 고대 네덜란드어로 쓰인 나자렛의 베아트리체Beatrice(약 1200-1268)의 『신성한 사랑의 일곱 가지 방법I sette gradi dell'amore』은 네덜란드의 가장 오래된 산문들 중 하나다. 마르게리트 포레트(?-1310)가 프랑스어로 쓴 『소박한 영혼의 거울』은 후에 라틴어로 번역되었다. 폴리뇨의 안젤라가 아르날도 신부에게 움브리아 속어로 쓴 글을 보내면 신부가 라틴어로 옮겨 적었는데 후에 속어로 다시 기록되었다. 라틴어로 현존하는 대부분은 본래 속어로 쓰인 것으로, 당시에는 영적-신비주의적 성격의 라틴어 텍스트들을 대중을 위한 속어로 번역하는 작업이 활발했다.

탈혼 상태의 언어

경험은 두 가지로 나눌 수 있다. 하나는 그리스도와 하나되는 것으로, 당시에는 사랑의 또는 혼인의 신비주의라 불렀다. 그리스도의 인성과 합해지며 하느님과 하나가 되는 것이다. 수난의 그리스도와 접촉한 여성들이 크나큰 애정과 고통을 함께 경험한 후 본격적으로 실천한 방식이었다. 사색의 신비주의 또는 본질의 신비주의는 에크하르트의 다음과 같은 말처럼 그리스도를 거의 초월하면서, 영혼의 심연에서 신을 발견하기 위해 모든 상과 감정을 제거하는 것이었다. "신의 깊은 곳, 신의 내면 가장 깊숙이 들어가길 원하는 자는 먼저 자신의 심연, 즉 보다 깊은 내면으로 들어가야 한다. 왜냐하면 그 누구도 자신을 먼저 알지 못하고서는 신을 알지 못하기 때문이다. 인간은 시간도 공간도 아닌, 여기도 아니며 지금도 아닌 진실한 빛을 알게 된다"(연설문, 「이것이 영원한 삶이다Haec est vita aeterna」).

사랑의 신비주의와 사색의 신비주의

두 가지 모두 특권화될 수 있었고 이들을 통합하며 긴장감을 유지하는 것도 가능했다. 남성의 경우 라인 강 신비주의자들이 사색의 신비주의를 추구했던 반면 프란체스코회 소속 신비주의자들은 사랑의 신비주의 또는 혼인의 신비주의를 선호했다.

프란체스코(1181/1182-1226)와 토디의 자코포네(1230/1236-1306) 사이에 보나벤투라(약 1221-1274)가 있다. 그는 개인의 영혼이 하느님과 하나되는 길을 알려 주었다. 5개의 영적 감각에 대한 그의 이론, 감각을 인식의 단계처럼 시각화하는 것은 신을 알게 되며 깨닫는 아름다움과 육체의 경험을 통해 알게 되는 신성의 사랑을 노래한 찬가였다. 토디의 자코포네의 아름다운 찬미시(n. 41)는 다음과 같이 시작된다. "오 신성의 아름다움이여, 나를 둘러싸고 있네 / 내가 보기에는 미친 것 같네." 성 보나벤투라

거룩한 여성mulieres sanctae 또는 여성 신비주의 작가들은 소속의 구분 없이 자신들의 삶을 위하여 급작스럽고 폭력적인 행동들이 넘쳐 나지만 숙고하고 결실 맺기 위해서 기록으로 남길 필요가 있는 주현절에 대한 경험의 여정에서 표출되는 감각적인 자극을 적절하게 이용했다.

사랑

얇은 붉은색 줄은 여성 영성의 여정을 가리키는 동시에 사랑의 표시기도 했다. 또한 겉으로는 허약해 보여도 주변을 자극시키는 그들의 삶과 글로 들어가는 열쇠였다. 그 가운데는 신과의 직접적이고 특권화된 강렬한 사랑이 자리했고, 이것은 성의 다양성을 확인시켜 주는 말과 행동으로 표현되었다. 그녀들은 남성과는 다른 세계에 대한 이상을 전하는 것 말고도 자신들의 감성으로 공통된 지각 능력의 출발점을 인식하고, 말로 표현할 수 없는 것들을 표현했다. 그러면서도 사랑과 미래에 대한 관심과 소외되고 가난한 자들을 돌보는 일에서부터 교회의 정치와 역사에 직접적-구체적으로 개입하는 것에 이르는 사회적 의무도 삶의 일부로 자리했다.

13세기에 베긴회가 유럽 전역에 확산되며 여성의 영성이 거론되기 시작했다. 프란체스코회 소속의 레겐스부르크의 람베르토Lamberto(?-1215)는 "여성은 하느님에게 가장 적합한 존재인 것 같다. 여성의 친절한 마음과 허약한 지성은 마음속보다 판단의 단순함 안에서 더욱 불타오르는데, 이렇게 해서 강하지만 세상사에 서툰 남성들에 비해 하늘로부터 유래한 현명함을 자신의 욕망 속에서 보다 잘 이해한다"고 말하며, 마그데부르크의 멕틸디스(1212-1283)나 안트베르펜의 하데비치Hadewijch(약 1200-약 1269) 등이 보여 준 영적인 현실을 표현하는 놀라운 능력을 설명하려 했다. 여성의 영성

14세기에 라인 강 출신으로 이름이 알려지지 않은 한 수녀가 쓴 글에 나오는 예수의 십자가 처형에 관한 그림이 신비주의 경험의 본질을 잘 보여 준다. 중앙 부분에는 십자가에 매달려 많은 성혈을 흘리고 있는 예수가 있고, 예수의 발밑에는 클라라회의 여자 수도사와 베르나르두스(1090-1153)가 있다. 아마도 수녀는 그림을 위탁했거나 부탁한 사람이었을 것이며, 이 그림을 십자가 처형의 고통을 다시금 체험하거나 기도하는 데 사용했을 것이다. 그녀는 가까운 거리에서 신랑(예수)의 상처를 눈으로 바라보면서 하나가 된 사랑, 언제나 신비주의에 의해 열망되고 소명되었으며 십자가에 매달린 예수의 고통을 닮아 가는 것을 통해서만 가능한 체험을 했을 것이다. 그것은 베르나르두스가 열정적으로 주석을 붙인 〈노래 중의 노래Cantico dei Cantici〉의 구절들에서 암시되었던 사랑의 행위에 대한 순결한 증인의 곁에 위치했다. 공허의 경험은 하나의 어휘에 상반된 두 가지 의미를 공존시키는 수사학적 특징을 지녔다. 예를 들면 가득 찬 것과 텅 빈 것, 오목한 것과 볼록한 것의 공존으로 신비주의 성격을 드러냈다. 성녀들의 불행한 행복은 사랑과 사랑이 아닌 것 사이에서, 접촉과 멀어짐, 참석과 부재 가운데 머물렀다.

그리스도의 여류 시인들

13-14세기 유럽에서 영적 주제를 다룬 모든 기록은 신비주의 영역에 속했다. 그러나 글의 저자들이 느끼는 것은 같아도 저마다 다른 역할이 존재했고, 체험과 이를 통해 경험하는 감성은 동질적이지 않았다. 공통된 규정을 따르는 공동체의 사제로 사는 수녀들도 있었다. 그 수가 가장 많은 단체는 시토회였다. 이들은 유럽 내에 2개의 거대 공동체를 가지고 있었는데, 하나는 네덜란드의 시토 수도회(나자렛의 베아트리체)였고 다른 하나는 마그데부르크의 맥틸디스, 하케보른의 마틸다(1241-1299)와 헬프타의 제르트루다(1256-1302)가 소속된 단체였다. 또 파엔차의 후밀리타Umiltà(1226-1310)가 창설한 발롬브로사Vallombrosane 공동체, 키아라(약 1194-1253)가 설립한 클라라 공동체, 몬테팔코의 클라라(1268-1308)가 설립한 아우구스티누스 공동체도 있었다.

베긴회 수녀들

유럽 북부에는 베긴회가 있었고 이탈리아 중부 지역에도 수녀회가 있었다. 수녀들은 노동과 기도를 중심으로 하는 소규모 공동체에 살았지만 서약을 하지는 않았으며 성직회의 통제를 받았다. 또 교회와는 대립했지만 이들의 영적 지도자들인 도미니쿠스회의 보호를 받았다. 유럽 북부에는 2개의 베긴회 공동체가 있었다. 안트베르펜의 하데비치, 마르게리트 포레트, 마그데부르크의 멕틸디스 역시 베긴회 소속 수녀로 말년을 보낼 장소로 헬프타를 택했다. 움브리아에서는 극청빈주의 현상이 크게 확대되었다. 초기에는 많은 여성이 이 길을 선택했으나 나중에는 방향을 바꾸어 제3의 교단에 가입했다. 마지막 그룹은 탁발 수도회 교단들이다. 이들은 공동체 생활을 하지는 않았지만 하나의 규정을 준수했다. 이탈리아의 거대 교단들은 각자 자신들의 신비주의를 추종했다. 예를 들어 코르토나의 마르가리타(1249-1297)와 폴리뇨의 안젤라(약 1248-1309)는 프란체스코회 소속이었고, 벤베누타 보얀니Benvenuta Bojanni(1255-1292), 오르비에토 동정녀 요안나(1264-1306), 카스텔로의 시타의 마르게리타Margherita da Città di Castello(1287-1320)와 시에나의 가타리나(1347-1380)는 도미니쿠스회 소속이었다.

위에서 언급한 성녀들은 사랑에 근거한 영성, 즉 경험을 통해 배양되며 글을 통해 힘과 위안을 얻는 신앙을 가졌다. 그렇다면 이들의 글을 문학 텍스트로 볼 수 있을까? 그녀들이 탈혼 상태에서 고해 신부나 영적 신부에게 한 말, 전망과 계시, 전기(진정한 의미의 성인 전기, 성녀의 시복을 목적으로 작성된 글), 일기, 서한 등은 사적인 글이나 문학 텍스트로의 가치를 지녔다.

광적인 사랑: 폴리뇨의 안젤라

폴리뇨의 안젤라는 "내가 말하는 것은 황폐화시키는 수단이다"라고 주장했다. 강한 한편으로 연약했던 그녀는 사랑을 외치면서도 자신의 고통을 드러내는 데 주저하지 않음으로써 중세 이탈리아 신비주의를 대변했다. 그녀는 움브리아 출생으로 프란체스코회 소속이었다. 우리는 그녀가 움브리아 속어로 친척이자 자신의 고해 신부였던 아르날도 수사에게 말로 전달한 일기(보고서)를 통해 그녀의 역사를 알 수 있다. 아르날도는 자신이 경청한 내용을 모아 즉시 라틴어로 옮겨 적었다. 정확하게 말하자면 제1자로서 안젤라와 예수 그리스도, 따라서 안젤라와 성령이 나눈 대화는 제1자 입장에서 기록되었다. 그리고 아르날도와 그녀가 나눈 대화는 제3자의 입장에서 기록되었다. 이 『회고록』은 「훈령Istruzioni」과 「전이Transito」를 포함하여 제1부를 구성한다. 특히 전기의 일부를 수집한 것으로, 그중에는 그녀가 병들어 죽은 내용도 있다. 안젤라는 자신이 본 환영을 표현하는 데 어려움도 드러내지만 그녀의 말을 옮긴 글은 농축된 어휘들로 넘쳐 나는 문학적으로 가치 있는 문헌이다. 그녀의 여정은 하느님을 향해 가는 것이 아니라 하느님의 내면으로 들어가는 것으로, 추상적인 추종 방식과는 전혀 다른 하느님을 직접 느끼고 만나고 보는 것이었다. 따라서 그녀는 일관되게 하느님을 직접 느끼는 데 가장 적합한 능력은 사랑이라고 주장했다. 이는 감각을 통해 신의 향기를 느끼며 그 존재를 알아 감을 의미했다.

신혼의 사랑 초기에 안젤라는 자신의 경험을 신혼의 사랑이라는 맥락에 비유했다. "십자가를 바라보면 하느님의 아들이 우리의 죄를 대신해 가장 고통스러운 방법으로 죽임당했다는 사실을 크게 각성하게 된다. 나는 마치 나 자신이 십자가에 매달린 것처럼 느낀다. 하지만 십자가에 대한 이러한 인식에서, 십자가에 가까이 있으면서 나의 모든 옷을 벗고 온전히 그에게 다가가는 것 같은 마음속 뜨거운 기운을 느낀다." 그녀는 탈혼 상태에서 기쁨, 즉 고통에서 피어나는 기쁨을 확인했다. "나는 마음속의 예수 그리스도가 십자가에서 못 박혔던 그의 두 손으로 나의 영혼을 감싸고 있음을 보며 또 느낀다. 이 순간 나의 영혼에 가득한 기쁨은 어떤 말로도 표현할 수 없다"(『회고록』, VII장).

나중에는 무無, 어둠, 사랑이 아닌 것들로 세력을 확대했다. "어느 날 나의 영혼은 신비로운 납치를 당했다. 나는 사랑을 보지 못했다. 당시 나는 나의 마음속에 있는 사랑을 잃어버리고 사랑이 아닌 것으로는 나를 추스르지 못했다." 하지만 무無, 어둠 속에서 다시 하느님이 등장한다. "이 모든 것 후에 하느님은 어둠 속에서 그 모습을 보이셨네. 어둠 속에서 나에게 나타나신 하느님께서 나를 거두시니 나의 마음은 더 이상 의심할 수 없는 하느님의 확고한 존재로 가득하네"(『회고록』, IX장). 이러한 이유로 그녀는 어둠을 알게 되고, 그 속에서 하느님을 발견하는 것은(빛이며 어둠인 인간의 모습으로 출현하는 하느님) 자신 속에서 하느님의 존재를 발견하는 것을 의미했다.

어둠 이외에 하느님과 인간의 이원론, 선악의 대립은 존재하지 않았으나 인성과 신성의 완벽한 연합은 가능했다. 안젤라는 하느님을 내면으로부터 바라보는데, 이는 에크하르트와 유사했다. "너는 어떻게 하느님을 사랑해야 하는가? 너는 하느님이 하나의 신이 아니고, 하나의 영혼이 아니고, 하나의 사람이 아닌 만큼 하느님을 사랑해야 하는데, 좀 더 구체적으로 설명하면 순수하고 투명하며, 맑은 유일한 존재며 모든 이원론으로부터 분리된 만큼, 그리고 이러한 유일성을 고려하여 영원히 그 무엇인가로부터 무無에 몰두해야만 한다"(설교 83).

빛과 어둠, 기쁨과 고통, 계속해서 사랑과 사랑이 아닌 것, 충만함과 무無, 하나의 표현에 상반된 두 의미를 모두 담는 것은 대칭에 있는 모든 것을 강조하기 위해 그녀가 사용한 언어의 일부였다.

인간과 하느님의 완벽한 결합

사랑의 언어

사랑은 말로 표현하기 어렵다. 특히 하느님의 사랑을 표현하는 것은 항상 부족하다. 어떤 언어도 신성과 의사소통할 정도의 표현력은 없기 때문이다. 신비주의의 여성들은 자신의 말이 충분하지 않음을 탄식하면서 새로운 어휘를 찾곤 했다. 그리하여 그들이 사용한 용어들은 기존의 것임에도 새로운 방식으로 조직되어 신랑과 신부, 여식과 성모의 그것처럼 하느님과의 긴밀한 관계라는 효과를 얻었다. 「시편」에서 암시된 바 있는 인간적인 사랑의 언어도 이러한 변화를 가져왔다. 열정을 가지고 여성 고유의 정체성과 심오한 내적 혁신에 노력함으로써 하느님에 대한 새로운 문어적 표현을 만들어 내는 데 성공했다. 비유와 상징, 때로는 분명하고 때로는 침울하며 또 불가해한 표현들을 통하여 하느님에 대한 자신들의 경험, 하느님에 대한 자신들의 의도하는 바, 만남의 순간, 대화, 탈혼 상태 등을 이야기하려고 했다. 조반니 포치(1923~2002)는 몇 가지 수사학적인 하나의 표현으로 상반된 2개의 의미를 담으려 하면서 동어 반복적 고찰을 통해 표현할 수 없는 것들을 표현할 가능성 또는 하느님과 의사소통할 보다 큰 가능성을 확인했다. '전멸', '삭감', '부재' 또는 '심연', '배경' 같은 명사들, 사용과 재사용을 통해 마음의 내적 상태라는 새로운 지도를 그려 내는 '급락하다', '흐르다' 같은 동사들은 언어적 한계의 극단에 있었다.

육신과 신비주의 언어

육신도 신비주의 언어의 일부로, 표현할 수 없는 것을 표현하고자 하는 여성들의 신앙심을 확실히 보여 주었다. 예를 들어 신비주의 여성들은 신을 흠향하고 마음 속 깊이 하느님을 느끼며 그 향기를 맡고 하느님에게 입맞춤하고 하느님을 눈으로 볼 가능성에 대해 자주 이야기했다. 모든 감각은 경험이라는 목적에 동원되었으며, 나중에는 그리스도의 몸과 하나됨을 이야기하는 데에도 이용되었다. 폴리뇨의 안젤라는 그리스도가 자신의 영혼을 팔로 감싸는 것을 보고 느꼈으며 시에나의 가타리나는 그리스도의 가슴을 향기로 가득한 열린 상점에 비유했다. 향기는 십자가에 매달린 그리스도의 몸에서만 나오는 것이 아니라 어린 예수의 몸에서도 발산되었다. 모성애는 신혼의 사랑과 함께 신비주의 글에 자주 등장한 주제였다. 이들이 목격한 환영에서 어린 예수는 인간적인 모성애 행위에 보호받았다. 애정이 가득한 말, 입맞춤, 포옹, 수유 동작, 수도원 외의 장소에서는 볼 수 없는 모성애를 드러내는 모습과 정체성이 그것이다. 성모의 수유 장면은 아주 중요한 의미였다. 그리스도의 양육을 위한 것이지만 예수 또는 성모 마리아에 의해 양육됨을 의미하기도 했는데 수많은 성화에서 확인할 수 있다. 그 기원에는 또다시 성모 마리아에 대한 헌신을 통해 마리아의 젖가슴에서 나오는 모유로 양육되는 성 베르나르두스가 있다(팔마의 마에스트로 Maestro di Palma, 1290). 이후 무라노의 퀴리치오의 조반니(15세기)가 두 세기 후에 그린 성 베르나르두스를 위해 신의 가슴에서 나오는 성체(모유 혹은 양육)를 잘라 클라라 수녀에게 건네는 그리스도의 모습 사이에는 수많은 신비주의 여성의 말을 통해 전달된 기나긴 여정이 자리했다. 예를 들면 프란체스코의 가슴을 파고드는 꿈을 꾼 키아라는 "우리는 어린아이처럼 행동하는 것이 바람직하다. 어린아이는 모유를 조르며 모친의 젖가슴을 찾는다. 우리는 십자가에 매달린 그리스도의 가슴에 파고들어야 한다. 그리스도에게는 자비의 어머니가 자리하기 때문이다. 그리고 그리스도의 육신을 통해 우리는 우리의 영혼을 양육하는 모유를 얻을 것이다"(서한 86). 모유는 성체의 비유다. 또한 성체는 향기를 발산하고 달콤한 향기를 풍기며 모두에 의해 갈망되었다. 위에서 언급한 인물들에게는 이것이 유일한 양육 수단이었다.

시에나의 가타리나: 양육의 주제

시에나의 가타리나와 그녀의 열정은 시에나 자치 도시의 검붉은 포도주에 비유되었다. 그녀는 한 염색공 집안에서 태어나 처음에는 집에서 은자 생활을 했으나 나중에 도미니쿠스회 소속으로 정치적-사회적 활동을 왕성히 수행하는 공인으로 또한 마음으로 예수와 교류하는 탈혼 상태의 경험으로 살아가는 한 개인으로, 그리고 저명한 작가로의 삶을 살았다. 정확히는 글을 쓰기보다는 말을 했을 뿐이나 문자를 통해 자신의 의사를 전달하고자 하는 강한 의지를 가졌다. 그녀의 의식 속에 결속되어 있는 '완전한 사랑'은 『신의 섭리와의 대화Dialogo della divina provvidenza』의 핵심 주제였다. 자기 자신을 아는 자는 하느님과 하느님의 선의를 알게 되고, 하느님을 사랑하게 된다. 가타리나에게 하느님은 결혼을 통해 내적 결합을 실현하는 십자가의 예수(신비의 혼인)이자 자신을 양육하고 부드럽게 안아 주는 어머니였다. 그녀에게 모유는 필수 양육 수단이었다. 그리스도의 성혈은 음식이며 삶의 풍요로운 원칙이었다. 『서한들Lettere』에서는 그리스도의 성혈을 양육을 위해 소비하는 것으로, 입에 있는 것 또는 입에서 나오는 것을 성혈이라 묘사했다. 이후의 성화에서 못에 박혀 난 손의 상처에서 그리스도의 성혈을 빠는 입술을 표현했다. 중세의 피가 더럽고 폭력에 의한 것으로 여겨졌다면 그녀의 언어에서는 절대적으로 긍정적인 것이었다. 피는 구원이며 특히 인간의 구원을 위해 십자가를 적시고 가슴의 상처로부터 흘러나와 론지노Longino(의 명칭은 중세부터 십자가에 못 박힌 예수의 옆구리를 창으로 찌른 로마 병사의 이름으로 알려졌다)를 개종시킨 그리스도의 성혈이었다. 카푸아의 레이몬드(약 1330-1399)가 쓴 『생애Vita』에 등장하는 한 채색 장식화 사본에 의하면 시에나의 가타리나는 십자가 하단에서 옷을 벗고 있는 모습으로 등장하며, 수많은 고통에 시달린 그녀의 육신에는 예수 그리스도의 몸에서 나온 성혈이 흘러내린다. 이는 그 자체로 『서한들』에 등장하는 피의 수많은 비유를 잘 드러낸다. "그 위에 십자가의 만찬을 차리고 모든 유대인의 피" 계속해서 "영광스럽고 소중한 성혈이여 우리를 적시고 우리의 상처 위로 흘러내리소서"(『서한들』 73). 피, 즉 전대미문의 고통 이면에서 신비주의의 여성들은 잔인성을 통해 사랑이 표현되었다는 확신을 얻었다.

| **다음을 참고하라** |
역사 여성의 권력(299쪽)
철학 에크하르트와 라인 강 신비주의(442쪽)
문학과 연극 의사소통과 종교적인 글들: 성인 전기, 설교, 영성(661쪽); 피안의 문학: 여행과 공상(666쪽); 토디의 자코포네와 종교시(670쪽)

시의 승리

LETTERATURA E TEATRO

서사시

| 파올로 리놀디Paolo Rinoldi |

13-14세기의 서사시는 지속(척도, '강력한' 주제, 구성 요인)과 혁신(소설이나 예의의 주제에 주어진 폭넓은 공간)을 반복하며 지역 방언 활성화에 기여했다. 텍스트는 그 수가 많아지면서 완성도가 높아졌고, 종종 같은 주제를 반복적으로 사용하는 구조로 쓰였다. 반면에 필사본들은 더욱 풍부해지고 사치스러워졌다. 서사시의 인쇄가 시작되며, 기사의 용맹함과 사랑을 노래한 소설에 비해 19세기에 다다를 때까지 민중 사이에서 더 크게 확산되었다.

종합적 강론

12세기에 등장했던 서사시는 한층 복잡해지고 발전하면서 13-14세기에 오면 출발 당시와 상당히 달라진다. 또한 심오한 변화라고 할 수 있을 정도로 강력한 지속력을 가졌다.

이들은 종종 15세기의 산문(부르고뉴 공국 궁정의 텍스트들)을 매개로 출판되었으며, 19세기에는 식자들의 서책으로 등장했다. 또한 프랑스(「아이몬의 4명의 아들 이야기Les quatre fils Aymon」, 「보르도의 위옹Huon de Bordeaux」, 「오지에Ogier」) 민중과 에스파냐(『로만세로Romancero』) 민중, 이탈리아(기사들의 단시와 심지어 마술과 꼭두각시 연극까지) 민중의 지식 재산이 되었다.

서사시의 확산에 대한 기술을 용이하게 만든 요인은 인구의 폭발적인 증가와 소설과 같은 주제와 형태였다. 13세기는 속어 문학이 폭발적으로 확산된 시대다. 텍스트의 수가 많아졌고 새로운 유형이 등장했으며 필사본 수도 빠르게 증가했다. 13세기와 비교할 때 14세기는 정체의 시기라기보다 정리의 기간이었다. 인구 증가는 무엇보다 서사시 텍스트와 유사한 형태의 수가 점차 많아지는 현상의 한 부분을 구성했다. 이외에도(환화幻化, 현상) 다른 유형들, 특히 소설과 다양한 관계를 형성했다. 모두 유전적인 관점과 전통의 역사(예를 들면 프랑스 북부 지역의 노래chansons로부터 단순화를 이끌었다)라는 관점에서 해석할 수 있었다.

동일 주제를 반복 사용하는 구조에 대한 전망

'유전적으로'라는 표현은 노래에서 이미 반복 사용되고 있는 다른 노래를 도입하거나 보완하는 것으로, 인물이나 상황을 차용한다는 인식에서 작곡되었다. 〈기욤의 유년 시절Les enfances Guillaume〉과 〈비비안의 유년 시절Les enfances Vivien〉의 가사는 미래 영웅의 아동기와 유년기, 훗날 영웅이 될 것을 예시하는 증거들을 이야기했으며 〈메스의 헤르비스Hervis de Metz〉의 가사는 『로랭의 가린Garin de Loherenc』의 주인공인 가린의 부친이 어떤 사람인가를 기술했다(반면 서사시에서는 "아들이 아버지를 낳는다"는 유쾌한 서식으로 언급되었다). 반면에 『수도승Moniages』(수도승이 되는 것)은 수도승으로 말년을 보내는 영웅이 자신이 걸어온 삶의 여정을 노래했다(『수도승 기욤Moniages Guillaume』, 『수도승 르나르Moniages Rainouart』). 아주 오래된 노래들에서만 강조되었던 주제들은 한층 빈번하게 등장했다. 사랑(카롤루스 대제의 용장을 사랑하여 그리스도교로 개종한 아름다운 사라센 여인 토포스topos의 이름으로 정의되었다), 아름다운 브르타뉴(요정들, 마술의 묘약), 민중의 이야기와 유사한 민속 신앙(예를 들어 몇 가지 유년기의 전형적인 주제로 영웅은 유배 길에서 만들어지며 자신의 환경, 즉 상업 활동이 아니라 피를 부르는 싸움에서 진가를 발휘하여 인정받으며 성장한다), 궁정과 궁정 예식에 대한 지대한 관심, 교훈적이거나 백과사전적인 취향, 도덕적인 억양, 그리고 자세히 들여다보면 환화도 탄생에서 죽음에 이르는 영웅 전기를 기술하는 취향(영웅의 삶 중 가장 의미 있는 부분에 집중한 고대 서사시의 전통과 다르다)에 부응했다.

노래 모음집

같은 방식이지만 구성이 다른, 같은 주제를 반복적으로 다룬 필사본이 더욱 많아졌다. 필경사 혹은 각색을 주도한 저자들은 이후 시대의 노래와는 아무 관련이 없으면서도 이들에 접근하고, 가필(또는 수정), 삭제, 다양한 결론을 추가하여 이들과 조화를 이루었다. 소설과 관련해서는 (사실상 같은 대중에게) 이와 유사하게 다양한 유형을 보여 줄 목적으로, 무훈시chansons de geste(여기에서 'geste'는 한때 서사적인 기원과 영웅적인 위업을 가리키는 것이었다*), 소설, 짧은 서사 텍스트, 연대기 등이 자유롭게 등장하는 필사본이 더욱 많아졌다.

북유럽의 서사시

13세기의 북유럽 서사시는 그 수가 매우 많고 근본적으로는 12세기의 연속에 있었으며(많은 노래가 12-13세기에 제작된 것으로 밝혀졌다), 위에서 언급한 경향을 증명하는 최상의 실험실 같은 역할을 했다. 그 결과 오늘날에는 존재하지도 않았던 초기의 순수함과 비교하여 퇴색된 것으로 판단되는 징후라기보다는 자신의 정체성을 지켜 내면서도 변화할 줄 알았던 한 가지 유형으로 평가받는다. 이 모든 것이 총체적 변화를 의미하는 것은 아니다. 다시 말해 노래는 평균적으로 길어지고 복잡해졌으며, 특히 14세기에는 많은 인물과 여러 사건을 하나로 엮는 텍스트의 사례들이 나타났는데 평범한 작품들을 변화된 예술론을 따르는 작품들로부터 구분하는 것은 언제나 중요하다.

13세기와 이후의 세기들은 서사시 구조에 동일 주제를 반복적으로 사용하거나 편집하거나 혹은 백과사전적인 특징을 강조했던 시대다. 서사시에서만 볼 수 있는 현상은 아니다. 12세기에도 흔했지만 13세기부터 이와 관련된 수가 증가했고 덧붙여 기록 메커니즘이 보다 완벽해지면서 중요 요인으로 등장했다. 오랑주의 기욤(20개 이상의 텍스트로 구성되었으며, 많은 수의 필사본으로 소개되었다)의 동일 주제를 반복적으로 사용하는 구조, 『로렌의 노래Lorenesi』(4개의 노래)의 구조, 이후의 프랑스 무훈시에 자주 등장하던 가상의 인물인 보르도의 위옹이나 몽토방의 르노Renaud de Montauban 등이 대표적이다.

서사시의 혁신과 수적 풍부함을 보여 주는 작품 목록을 모두 언급하는 것은 불가능할 정도지만 우화적인 요인들(아서 왕과 요정 모르가나Morgana의 등장)로는 보르도의 위옹을, 풍자적인 요인으로는 『수도승』(수도승들 중 한 명으로, 식욕이 왕성하며 회개를 거부하는 태도를 고집하던 영웅적인 인물)을 지적할 수 있다.

재해석과 감화

13세기와 이후를 포함하여 북유럽 서사시의 거시적인 특징으로는 기존 노래chanson의 개작을 꼽을 수 있다. 반운(형식)의 『롤랑의 노래Chanson de Roland』 말고도 운율을 갖춘 것도 현존한다. 10음절décasyllabes 시행의 텍스트들은 알렉산드리아 방식으로 수정되었다(십자군이라는 같은 주제를 순환 반복하는 『아미와 에밀Ami et Amile』, 『루시용의 지라르Girard de Roussillon』의 사례에서 보듯이 개작 사례가 많다). 이는 운율의 변화 이상의 심오한 변화를 의미했는데, 예를 들어 『롤랑의 노래』에는 주인공 롤랑이 약혼녀에게 사랑을 노래하는 빠르고 강렬한 장면이 있는데, 사랑하는 여인이 죽었다는 소식을 듣자 살 가치가 없다고 판단하고는 (삶의 활력을 모두 소진하여) 스스로 죽음을 선택한다. 이 장면은 운율을 갖춘 텍스트로 확대되었다.

중세 무훈시의 대사를 갖춘 구성(전투, 아군과 적군의 대치, 전사의 덕목)과 구조는 서사시의 텍스트를 확실하게 강조해 주었다. 특히 14세기 노래의 유형으로 의고주의擬古主義의 특징을 보여 주었으며, 기원의 진실과 긴밀한 관계를 유지했다. 다시 말해 단순한 허구의 텍스트마저도 규정을 따랐으며, 음유시인 쿠블리어Cuvelier(?–약 1390)는 14세기 말까지 프랑스군의 최고 지휘관이었던 베르트랑 게클랭(1320–1380)의 무용담을 기념하고자 연대기나 전기 형식이 아니라 무훈시를 선택했다.

지속과 혁신의 변증법은 형식에서도 확인되었다. 10음절 시행 또는 알렉산드리아의 시행을 따르는 중세 무훈시 대사의 원칙이 유지되었던 반면에 길이와 구조는 다른 유기체로 발전할 수도 있었다. 그 밖에도 전혀 새로운 기교로 고아의 시vers orphelin가 등장했다(6음절 시구).

프로방스와 카스티야의 서사시

프로방스와 카스티야 서사시들은 전체적으로 평범한 수준에 작성 날짜도 명확하지 않아 전통이 분명하게 드러나지 않는다. 그리고 후대에 필사되고 수정됨에 따라 서사시 전통과 현존하는 텍스트와의 관계 설정에 어려움이 있다. 또한 프랑스의 지대한 영향을 받았다. 13세기 말에 연대기풍으로 쓰였으며 서사시의 저력을 '당대의' 대화와 같은 효과로 드러낸 『나바라 전투Guerra de Navarra』와 14세기 말에 다른 작품들에서 재차 모방된 롤랑의 시 2개(이것이 활성화의 증거인지 고문헌의 재발굴에 따른 결과인지는 확실치 않다)를 지적할 수 있다. 카스티야의 서사시는 개작을 통해 크게 번성했지만(『페르난 곤살레스의 시Poema di Fernán González』는 선전 용도로 후에 이전의 작품을 개작한 것이었다) 13–14세기(와 그 이후에도)에 저급한 수준으로 전락하면서 역사적–문헌학적으로 예측 불가능하고 종종 해결 불가능한 문제들을 불러오는 결과를 초래했다.

독일의 서사시

13세기 초반에 양피지에 쓰인 『니벨룽겐의 노래Das Nibelungenlied』는 놀라웠던 번영의 시대를 기념한 것이었다. 독일을 배경으로 니벨룽겐(의 동일 주제를 순환적으로 활용한 긴 서사시), 『쿠드룬Kudrun』, 디트리히Dietrich의 혼잡기(테오도리쿠스 대왕)는 14세기에도 수많은 작품에 영감을 제공했으며, 종종 이전 세기의 텍스트나 노래와도 관련 있었다(예를 들어 『힐데브란트의 노래Hildebrandslied』는 테오도리쿠스 대왕의 전설을 기술한 최초의 영웅 서사시였다). 스노리 스털루손(1178–1241)은 13세기 초반에 영웅 이야기를 집필했지만 실제로는 아이슬란드의 영웅 이야기들(관련 사례는 12세기에도 찾을 수 있으며 이들은 이전 시대의 전설을 주제화한 것이 분명하다)을 수집한 것에 불과했다. 시간이 흐르면서 산문 형식의 많은 텍스트가 만들어졌고 동일한 주제를 순환적으로 이어 가는 구조를 갖추었다(13세기의 『카롤루스 대제의 무용담Karlamagnús saga』만 현존한다).

프랑스–베네토의 서사시

이탈리아 북동부 지역은 13세기부터 알프스 이북의 문학 가운데 특히 음유시인들의 시에 영향을 받았다. 이탈리아어를 모국어로 사용하는 인물들, 이를테면 소르델로Sordello(?–1269) 등은 자신의 작품을 오크어oc로 변경décalage했다. 이는 수십 년이 지난 14세기 전반기에야 전성기를 맞이하며 프랑스어와도 관계를 형성했다. 이탈리아에서는 13세기부터 수많은 프랑스어 텍스트가 복사되었다(무훈시, 산문 형식의 소설, 교육용 텍스트 등). 특히 베네토 지역에서 많은 서사시가 출간되었는데, 프랑스–베네토어로 쓰인 것들도 있었다. 이는 많은 논쟁을 불러일으켰다. 지역의 한계를 초월한 표준 그리스어koiné는 프랑스어에 근거했지만 어휘와 발음에서 여러 요인, 특히 베네토의 방언들(구분이 용이하지 않다)과 라틴어 및 토스카나 문체의 많은 영향을 받은 언어였다. 프랑스–베네토어의 문학성은 전통적인 특권(프랑스어)과 의사소통의 필요성(이들이 광장과 궁정에서도 노래되었음은 간접적인 전통을 통해서도 알 수 있다) 사이에서 항상 균형을 유지했음에도 저자의 방언과는 무관한 근본적인 동질성을 통해 확인이 가능했다. 약간의 방언을 포함하는 프랑스 북동부 지역의 텍스트(예를 들면 『롤랑의 노래』 코덱스 V7)들은 언어적 관점에서 보다 세심한 수정 작업을 거친 참신하고 혼합적 성격이 강한 코덱스들(베네치아 산 마르코 도서관에 소장된 『프랑스 무용담Geste francor』 필사본)을 거쳤다. 14세기 초반에 파도바의 한 무명작가가 썼고 카롤루스 대제가 지휘하는 군대의 에스파냐 침략에 대한 이야기를 주제로 14-15세기에 집필된 여러 개의 『에스파냐Espagne』, 보이아르도Boiardo(1440/1441-1494)와 아리오스토Ariosto(1474-1533)의 기사도를 칭송하는 이탈리아 단시들을 위한 모범으로 참조된 바 있는 『에스파냐 입성Entrée d'Espagne』 같은 독창적인 작품들로 전환되었다. 다른 지역들의 결과는 상대적으로 보잘것없다. 대표적인 인물은 베로나의 니콜로Niccolò(14세기, 『입성Entrée』과 『로마인들의 무용담Faits des Romains』을 개작한 『파르살Pharsale』의 작가며, 종교 단시 「고난Passion」의 저자기도 하다)와 카솔라의 니콜로Niccolò(14세기, 『아틸라의 전쟁Guerra d'Attila』의 저자)였다.

| **다음을 참고하라** |
문학과 연극 시와 정치(704쪽); 소설(738쪽); 서사시, 교훈시, 우화시(742쪽)

유럽의 서정시

| 주세피나 브루네티Giuseppina Brunetti |

음유시인들의 서정시는 시와 문화 영역에서 시작된 근대 유럽으로 가는 최초의 움직임이었다. 프랑스 남부의 궁정에서 시작되어 짧은 기간에 국제적으로 성장하며, 유럽 북부 지역으로는 영국, 스위스, 독일에까지, 동부 지역으로는 헝가리 궁정, 서부 지역으로는 이베리아 반도의 여러 궁정, 그리고 남부 지역으로는 이탈리아 반도의 북부 지역과 프리드리히 2세의 시칠리아 궁정까지 확산되었다.

음유시인들의 시의 확산

음유시인들의 시는 일찍부터 유럽 전 지역으로 퍼져 12세기 말에는 이미 대륙의 수많은 지역에 옛 프로방스어로 쓰인 작품들이 확산되었다. 오일어oïl를 사용하는 프랑스 지역에서는 새로운 시 양식이 도입되었고, 프랑스 중북부의 음유시인들은 중세 남프랑스 음유시인들의 양식을 받아들여 시를 창작에 활용했다. 그 밖의 주요 지역들에는 1170년부터 12세기 말까지 옛 프로방스어 시 유형이 도입되었다. 이베리아 반도와 이탈리아처럼 로망스어를 사용하는 지역과 동부 지역, 특히 북부와 게르만 지역처럼 여러 지역에서 미네젱거Minnesänger라 불리던 중세 독일의 음유시인들을 통하여 궁정 서정시와 궁정 사랑의 노래fin'amor라는 특별한 형태가 등장했다. 중세 남프랑스 지역의 음유시인들이 사용하던 시 유형의 확산은 모방 차원에서가 아니라 ('확산'이라는 단어가 의미하는 바와 같이) 새로운 풍토에 적응하는 과정, 즉 훗날 유럽의 여러 지역에서 민감하고 다양하게 변화될 과정으로 여겨졌다.

시의 언어와 형태를 모두 고려할 때 가장 독창적이고 중요한 음유시인으로 바케이라스의 랭보Raimbaut de Vaqueiras(약 1155-1205년 이후)를 꼽을 수 있다. 그는 이탈리아 시의 기원으로 거슬러 올라가며, 언어적으로는 프로방스어의 데스코르트descort(자유로운 구조*)에서 유래하는 의미 있는 운율의 텍스트를 집필했다. 『이제, 내가 재생을 볼 때에Eras can vei verdeiar』는 몬페라토의 보니파치오(약 1150-1207)가 1197-1201년에 혹은 제4차 십자군 직전에 2개의 언어로 쓴 작품으로 랭보는 여기에서 자신의 마음에 공존하는 상반된 세력을 표현하기 위해 잘 조직된 시연(또는 시절詩節)으로 2개 언어의 대조법을 구사했다. 프로방스어(I), 이탈리아어(II), 프랑스어(III), 가스코뉴 지역의 언어(IV), 갈리시아 지역 언어-포르투갈어(V)가 그것이다. 저자는 구성상의 의도와 텍스트의 즉각적인 의미 전달(십자군의 정치 기회와 언어들을 매개로 여러 가문의 통치자들에게 표현한 존경심) 외에도 호라티우스Horatius풍의 '부조화 속의 조화concordia discors' 또는 언어적 다양성을 동반한 장르, 그리고 훗날 음유시인의 모체로부터 구체적인 서정 표현들을 찾아 작품에 도입했다는 점에서도 높이 평가받아야 할 인물이었다.

이베리아 지역

이탈리아 반도의 가장 오래된 음유시인은 파비아의 주앙 소아레스João Soares(약 1140-?)다. 포르투갈 출신으로(도우로Douro 지역의 귀족이었으며, 아라곤 영토에 봉토를 가지고 있는 아라곤과 카탈루냐 왕의 봉신이기도 했다) 1169-1200년 사이에 활동한 인물이었다. 그는 지금은 존재하지 않는 음유시인의 칸소canso(프로방스 지역의 연가*)에 가장 근접한 형태인 6개의 사랑의 송가cantigas de amor와 현존하는 하나의 시르벤테스sirventes(영주에 대한 봉사와 충성을 노래한 풍자시*)인 「나바라의 나리Ora faz ost'o senhor

프로방스의 영향으로 추정

de Navarra」를 남겼다. 프로방스 지역의 음유시인들이 레온과 카스티야 궁정에 진출했다는 주장은 그럴 듯한 가설이나 상대적으로 오래된 텍스트인 「트루바두르를 노래하라Cantarai d'aquestz trobadors」에 따르면 음유시인 알베르녜의 페르Peire d'Alvernhe(약 1149-1170년에 활동)는 '구오살보 로이스Guossalbo Roitz'(아사그라의 페드로 루이스Pedro Ruiz de Azagra와 형제 사이인 곤살로 루이스Gonzalo Ruiz로 밝혀진 인물)에 대해 언급했으며, 나바라의 왕과 관련 있는 카스티야 출신의 다른 시인(구오살보 스스로는 자신이 쓴 한 시르벤테스에서 보른의 베르트랑Bertran de Born〔약 1140-1215〕에 의해 언급되었을 것이다)을 언급한 바 있다. 그가 시에 사용한 언어로, 이베리아 반도에 속어시가 당시에 이미 정착되어 발전했을 것이라 짐작된다.

갈리시아-포르투갈어 서정시들

갈리시아-포르투갈어로 쓰인 서정시들은 1354년까지 반도 전 지역으로 확산되었다. 한편 1354년은 그가 칭송한 마지막 인물인 디니스(1261-1325)의 친아들 바르셀로스의 페드로D. Pedro de Barcelos(1287-1354)가 사망한 해였다. 그가 수집한 서정시 텍스트는 모두 2천 개로, 그중 세속적 취향의 1천700여 개 서정시는 153명의 시인들이 썼다. 갈리시아-포르투갈어로 쓰인 서정시의 사례는 많은 필사본을 통해 확인 가능하다(중세에 쓰인 1개의 서정시를 포함한 3개의 시집과 하나의 설명서descriptus, 5개의 단편). 이단적인 성향의 칸티가cantiga(13-14세기에 스페인과 포르투갈 등지에서 만들어진 서정 단시*) 외에도 『성모 마리아 송가집Cantigas de Santa Maria』이나 알폰소 10세(1221-1284, 1252년부터 왕)의 지시에 따라 성모 마리아에 헌정된 1260년대에 쓰인 400개 이상의 시가 현존한다. 세속적 취향의 서정시와 종교 서정시는 다른 지역들과 마찬가지로 다양하고 상호 연결된 표현이었던 반면 갈리시아-포르투갈어 방언으로 쓰인 서정시의 유래와 형성은 궁정은 물론이며 산티아고 성지순례와도 관련 있었다(「성지순례의 노래cantigas de romeria」). 『성모 마리아 송가집』 대부분은 서술적 성격이었으며, 성모 마리아가 행한 기적을 이야기했다. 나머지는 서정시적 성격으로(「성모 마리아의 칭송의 송가cantigas de loor de santa Maria」), 대부분은 찬미laudes의 의식과 유사 의식의 전통에 따라 개작되었다. 에스파냐에서 서정시와 서술적 유형의 상관관계는 카스티야의 「트로이의 역사Historia Troyana polimétrica」와 아라곤의 「사랑 이야기Razón feyta d'amor」에서, 특히 베르세오의 곤살로Gonzalo de Berceo(약 1197-약 1264)의 작품들(『성모 마리아의 기적Milagros de Nuestra Señora』이나 『성모 마리아의 비통Duelo de la Virgen』)과 이후 후안 루이스Juan Ruiz(약 1283-약 1350)의 대표작인 『좋은 사랑의 이야기Libro de Buen Amor』(14세기 전반)에서 잘 드러나 있다. 루이스 덕분에 카스티야의 시들은 부분적으로만 중세 말의 서정시(기사, 시인, 양치기 소년의 사랑을 노래하는 시) 또는 야밤의 부랑자cáica de serrana와 유사한 특별한 유형의 서정시로 발전했다.

갈리시아-포르투갈어 서정시 특징에 상응하지는 않으나 모사라베Mozárabe(8-15세기의 이슬람 지배하의 에스파냐에서 이슬람으로 개종하지 않은 그리스도교인)들의 하라가트ḫarağiat와 개별적으로 유사한 특징을 가지며, 여인들에게 불러 주는 사랑의 노래Cantiga d'amigo도 있다. 끝으로 이베리아 반도의 독특한 텍스트로 경멸in vituperium의 감성을 드러내는 조소와 비방의 풍자시cantigas de escárnio e maldizer가 있다. 이들은 페쉔니니fescennini(라틴어 운문으로 작성되었으며 고대 이탈리아 특유의 유머로 된 대화체 시*)를 계승하여 음유시인들의 시르벤테스 형태를 유지했다.

카탈루냐의 서정시

카탈루냐의 토착적인 서정시는 옛 프로방스어 서정시와 더불어 특히 아라곤 왕조(알폰소 2세, 시인이자 왕인 피에트로 2세, 자코모 1세와 피에트로 3세)와 밀접하게 관련 있었다. 또한 카탈루냐의 두 음유시인의 시집은 궁정을 중심으로 복사되었다. 최근 암푸리아스 성의 공증인 장부에서 발견된 텍스트(특히 단사스dansas)는 이를 발견한 카탈루냐의 음유시인 헤로나의 세르베리Cerveri de Girona(약 1250-1280년에 활동)의 '저음' 부분의 서정시 형태 복원과 관련된 카탈루냐의 시 모음집 『리폴의 노래집 Cançoneret de Ripoll』(약 1330년)을 연결하는 가교 역할을 하며 긴밀한 관계를 확인시켜 주었다. 카탈루냐 언어권 출신으로 음유시인들과도 긴밀한 관계를 맺었던 마지막 인물은 발렌시아 출신으로 2천 개가 넘는 시와 사랑을 노래한 80여 개의 노래를 쓴 아우지아즈 마르크Ausias March(약 1397-1459)였다. 그는 노래로 부르는 시(칸티가 cantiga와 칸시온canción)와 읽는 시(이야기 시 또는 담시譚詩)를 구분했다. 읽는 시는 사랑을 다룬 서정시와 철학적-도덕적이거나 은유적인 사색 사이에서 변화를 거듭했던 반면 민중 노선은 서정가serranilla와 비얀시코villancico로 기울었으며, 후자를 통해서는 질 비센트Gil Vicente(약 1465-1539)와 베가의 로페Lope de Vega(1562-1635)의 대극장에도 소개되었다.

독일의 음유시인 미네젱거

독일 지역의 시인들은 1170-1190년에 이야기풍 서정시 유형을 택하거나 같은 시기에 음유시인들의 노래를 모체로 고유의 서정적 코덱스를 만들어 냈다. 이들은 미네젱거(미네Minne를 노래하는 자)들이었다. 미네란 궁정의 사랑을 가리키며, 어원학적으로는 라틴어 'mens'(준용하여mutatis mutandis 단테의 "사랑의 지성인")와 관련 있다.

초기의 시인으로는 프리드리히 폰 하우젠Friedrich von Hausen(1150/1160-1190), 라인란트 출신의 울리히 폰 구텐버그Ulrich von Gutenberg(13세기), 프리드리히 2세(1194-1250, 1220년부터 황제)의 부친 하인리히 6세(1165-1197, 1191년부터 황제)가 있다. 십자군 원정, 특히 제4차 십자군(1202-1204년으로 군사 원정은 1199년에 착수되었다)과 어쩌면 제3차 십자군부터 서로 다른 세계의 지속적인 접촉 기회가 만들어지고 있었을 것이다. 로망스어 지역 시인들과 게르만 지역 시인들은 자신의 군주들(영국 사자심왕 리처드, 프랑스 필리프 2세, 독일 프리드리히 2세)을 수행하면서 만남의 기회를 가졌다. 대표적으로 베튄의 코농Conon de Béthune(약 1150-약 1220)과 바케이라스의 랭보가 있다. 미네젱거인 프리드리히 폰 하우젠은 1190년 5월 동방에서 벌어졌던 한 전투에서 전사했다.

십자군을 통한 다른 세계와의 교류

독일의 시인들이 남부 지역과 옛 프로방스어 지역과 맺었던 관계는 중요하고 실질적인 것이었다. 그럼에도 로망스어 지역과의 접촉은 이전 시대부터 시작된 것이었으며 전통의 잔재들(시절詩節, "오! 왜냐하면 나는 매나 대붕大鵬이 아니기 때문이라네Las, qui' non sun sparvir astur"는 11세기 말에 쓰인 것으로 게르만어의 흔적을 보여 준다)은 프랑스 남부의 푸아티에 지역과의 관계를 암시하는 것이기도 했다.

미네젱거의 시가 가장 폭넓게 확산된 지역은 오늘날의 스위스다. 이곳에서 가장 많은 시인이 배출되었으며, 마네세Manesse 가문은 14세기 전반 취리히에서 (현재 하이델베르크 시가 소장 중이며 미네젱거의 많은 시가 포함되어 있는) 서책 형태의 시집(코덱스)을 만들었다.

미네젱거가 쓴 시의 특징 중 하나는 '미네'의 개념에 있다. 궁정 사랑의 노래fin'amor의 특징과 비교하여 영적 현상을 강조하는 듯이 보였는데, 아울러 이와 관련 있는 사랑을 위한 봉신의 충성Frauendienst과 마찬가지로, 귀족 부인을 향한 사심 없는 열정의 대담한 표현이었다. 시간이 지나면서 두 가지 다른 경향이 등장했는데, 한편으로는 대상을 실제적으로 묘사하는 시의 성향으로 발전했고, 다른 한편으로는 고전적-신화적이며 보다 은유적인 성향을 추구했다. 후자는 영국 시의 후기 전통을 반영했다. 대표 인물로 제프리 초서(1340/1345-1400), 존 가워(약 1330-1408), 존 리드게이트(약 1370-약 1450)가 있다.

시와 신화

이탈리아 지역

십자군이 이단 알비파를 격파하고 프리드리히 2세가 이탈리아 남부를 지배하게 된 것과 관련하여, 이탈리아는 추방당한 음유시인들과 이들의 시에 대한 추억의 중심지로 성장했다. 이후 이탈리아 반도 북동부 지역에서 수많은 서정시가 발굴되었다. 음유시인 생시르크의 위크Uc de Saint-Circ(약 1211–1257년에 활동)의 노력으로 비다스vidas와 라조스razós(음유시인이 시를 쓰게 된 배경을 프로방스어로 기술한 설명*)도 작성되었다. 중세 이탈리아의 시인들은 카탈루냐의 동료 시인들처럼 그들의 표현 수단으로 음유시인의 언어 또는 오크어 속어를 택했다. 현존하는 가장 탁월한 작품은 13세기 초반에 볼로냐 출신 작가 람베르티노 부바렐리Rambertino Buvalelli(약 1175–1221)가 쓴 작품이다. 그는 볼로냐 자치 도시에서 여러 공직을 수행했으며, 이탈리아 북부의 도시들에서도 집정관을 지냈다(파르마, 밀라노, 브레시아, 제노바 등). 반면에 오늘날까지도 거의 알려지지 않은 시인은 12세기 말부터 활동을 시작한 카바라나Cavarana(또는 카라바나Caravana)의 피에르Peire다. 베네치아 출신으로 6행 6연시sestina를 썼던 바르톨로메오 초르치Bartolomeo Zorzi, 토리노의 니콜레토Nicoletto도 있다. 유명인으로는 란프란코 시갈라Lanfranco Cigala, 루체토 가틸루시오Luchetto Gattilusio, 페르치발레Percivalle, 시모네 도리아Simone Doria, 보니파치 칼보Bonifaci Calvo가 있다. 가장 유명한 인물은 오랫동안 해외 생활을 했으며 쿠니차Cunizza의 납치에 연루된 것을 계기로 프로방스의 여러 궁정을 전전했으며 후에는 앙주의 샤를 1세를 따라 나폴리로 간 소르델로(?–1269)다. 단테가 『신곡』 「연옥편Purgatorio」에서 자신과 같은 지상의 인물로, 베르길리우스(기원전 70–기원전 19)와 감성적으로 통하는 사람으로 묘사했던 소르델로는 사랑의 텍스트와 정치적인 성격의 시 「명예를 소개하다Ensenhamen d'onor」와 같은 교훈적 성격의 단시를 쓰기도 했다.

볼로냐에서 나폴리까지

카바라나의 피에르의 현존하는 유일한 텍스트는 1195년경에 쓰인 것이고, 바케이라스의 랭보(시절詩節 II 제노바 지역 여성의 2개 언어와 대비Constrato하여 일치하지 않는 「여인이여, 당신은 떠나고Domna, tant vos ai preiada」)의 초기 이탈리아어 작품들은 12세기 말에 쓰였다. 같은 시기(1180–1210)에 쓰인 「내가 당신에게 예속되어 있을 때Quando eu stava in le tu' cathene」는 라벤나에서 생산된 양피지에 쓰인 것으로, 1930년대 말에 발견되었지만 출간은 최근에서야 이루어졌다. 이 텍스트와 옛 프로방스 전통과의 관계는 운율보다 어휘와 주제 관점에서 분명하게 드러난다. 13세기 초반 피아첸차에서 생산된 종이에 이탈리아어 속어로 쓰인 것들로, 최근 발견된 사랑의 노래들은 12세기 말부터 13세기 초반에 쓰인 중세 이탈리아 시를 보다 풍부하게 만드는 데 기여했다. 불과 몇 년 후인 1234-1235년에는 서정시가 북부로 확산되었음을 보여 주는 자코미노 풀리에세Giacomino Pugliese(13세기)의 서정시가 등장했다. 그는 프리드리히 2세가 시 교육을 목적으로 설립했던 시칠리아 학교 출신이었다. 이탈리아 예술에 도입된 새로운 시는 여러 지역으로 확산되어 발전된 상태였고, 초기에는 중세 시칠리아 궁정보다 음유시인들의 영향을 크게 받았으나 이후에는 근대 이탈리아 서정시, 청신체파(맑고 새로운 문체를 추구했던 시인 공동체*), 카발칸티(약 1250-1300)와 단테로 이어지는 확고한 전통이 구축되었다.

13세기 토스카나에서 작성된 많은 서정시집(바티칸 필사본 lat. 3793)은 이탈리아가 프로방스의 영향을 받았음을 확인시켜 주었다. 바티칸 필사본 코덱스의 첫 페이지에는 대표 사례로 공증인 렌티니의 자코모(약 1210-약 1260)의 「마돈나 내가 원하는 사람이여Madonna dir vo voglio」가 등장했다. 그의 작품은 사랑의 노래로서 음유시인들의 서사시에 대한 정확한 번역으로 인정받았다. 단테에 의해 '선택된' 유일한 음유시인인 마르세유의 폴케Folquet de Marseille(?-1231)의 작품은 『신곡』 「천국편」에도 등장한다. 그는 이탈리아-프랑스계 음유시인으로, 음유시인 역사 연구에서 과거와 현재를 이어 주는 인물이자 서사시의 전통에서는 시칠리아 학교의 새로운 이탈리아 시를 위한 중요한 시원이기도 하다. 청신체파의 전제

| 다음을 참고하라 |
문학과 연극 이탈리아의 서정시(695쪽); 시와 정치(704쪽); 서사시, 교훈시, 우화시(742쪽)
음악 프랑스의 아르스 노바와 마쇼의 기욤(972쪽)

이탈리아의 서정시

| 주세페 레다 |

이탈리아 음유시인들이 지역 속어에 기초하여 쓴 사랑을 노래한 서정시는 유럽의 다른 지역들보다 늦은 시기에 발전했다. 프리드리히 2세의 시칠리아 궁정에서 시작되었으며,

이곳에서 형성된 시칠리아 시 학파의 작품들이 13세기 후반에 토스카나로 전해졌다. 이후 서정시는 토스카나에서 독자적 성격을 갖추었고 아레초의 귀토네의 시적 재능이 발휘되었다. 볼로냐 출신의 귀도 귀니첼리는 부분적으로는 시칠리아-토스카나 방식, (귀토네와 밀착되어 있지만) 식자 언어를 사용했으며, 친절과 여성, 천사 같은 새로운 주제를 도입하며 서정시의 혁신을 주도했다.

이탈리아 음유시인들의 서정시

음유시인의 시들은 발원지인 프로방스에서 유럽으로 퍼져 나갔고, 유럽에서 수많은 언어로 사랑을 노래한 서정시의 성립을 촉진했다. 이탈리아에서는 시기적으로 늦게 지역 속어로 쓴 시가 등장한 반면에 같은 시기 프로방스에서는 음유시인의 서정시가 전성기를 맞이하고 있었다. 이탈리아 북부의 궁정들은 프로방스 지방의 음유시인들을 환대했다. 특히 리구리아와 루니지아나Lunigiana, 몬페라토, 마르카 트레비지아나Marca Trevigiana의 궁정에서 큰 환영을 받았다. 이들은 알비파에 대한 십자군 원정 이후로 그 수가 더욱 많아졌는데, 군사 원정이 유대인 음유시인들의 대이동을 야기했기 때문이었다. 프로방스 출신 음유시인들의 등장 외에도 궁정(트레비소의 고이토의 소르델로)이나 자치 도시에 머물면서(볼로냐의 람베르티노 부바렐리, 제노바의 란프랑코 시갈라와 페르치발레 도리아) 프로방스어로 작품을 썼던 이탈리아 음유시인들의 활동은 큰 의미가 있다.

최근 문헌학자 알프레도 스투시의 노력으로 서정시의 새로운 요소들을 갖춘 칸초네 〈그녀와 사랑의 끈으로 하나되었을 때Quando eu stava in le tu' cathene〉가 발견되었다. 시기적으로는 1180-1210년, 지역적으로는 이탈리아 북부에서 쓰였을 것으로 추정되는데, 프로방스 서정시가 원형이지만 모방 정도는 크지 않은 것으로 평가받는다. 이것은 시칠리아 궁정에서 시 교육이 성립되기 이전에 이탈리아 속어로 사랑을 노래한 서정시가 존재했음을 확인시켜 주는 귀중한 자료다.

시칠리아 시 학교

이탈리아 속어로 단일화된 문학 운동을 장려하려는 노력은 프리드리히 2세(1194-1250, 1198년부터 시칠리아의 왕, 1220년부터 황제)의 시칠리아 궁정에서 성숙되었다. 궁정에는 라틴어, 그리스어, 아랍어를 말하는 지식인과 학자들로 문화의 다양성이 넘쳐 났다. 프리드리히 2세는 법과 수사학과 더불어 철학과 과학 분야의 연구도 장려했다. 그의 궁정에 속한 구성원들은 정치적으로는 황제 노선 지지자들이었지만 시 분야의 발전도 이끌었다. 비녜의 피에르(1190-1249)와 공증인 렌티니의 자코모(1210-약 1260), 콜론네의 귀도Guido delle Colonne(약 1210-1287년 이후)가 대표 인물이다. 황제의 마그나 쿠리아Magna Curia 궁정과의 관계를 통해 유추하자면 서기관 스테파노Stefano(13세기)를 포함시킬 수도 있다. 여기에 속하는 중세 말기의 다른 시인으로는 자코미노 풀리에세(13세기)와 아퀴노의 리날도(약 1227-약 1281)가 있다. 어쨌든 지역 속어를 사용하려는 시도는 신성로마 제국에 독자적이고 분명한 시 표현의 수단을 제공하려는 의지와 관계있었다고 추정할 수 있다. 이는 강력한 정치적 정체성에 문학도 상응해야 한다는 당위성을 뜻한다.

주인공들

시인 중 몇몇은 시칠리아 태생이었지만 '시칠리아인'이라는 정의는 출신지를 가리키는 것이 아니라 마그나 쿠리아 궁정에 참여했음을 의미했다. 실제로 시칠리아 시 학교의 전문가들은 대개 이탈리아 남부 출신이었다. 게다가 프리드리히 2세가 시칠리아는 물론이고 유럽 여러 지역에 위치한 다양한 거처에서 불규칙하게 머물렀던 만큼 유동성을 가졌다. 이탈리아 시 운동이 보다 이른 시기에 시작되었다는 주장도 있지만 (몇 명은 황제의 사망 후에도 계속 활동했다 할지라도) 전성기는 1230-1250년이라고 할 수 있다. 이 그룹에서 가장 뛰어난 개성을 발휘한 인물은 렌티니의 자코모, 일명 노타로Notaro였다. 가장 많은 시를 쓴 시인이기도 했는데, 칸초네, 칸초네타, 소네트를 합치면 40여 편에 달하며, 소네트를 위한 운율 형태를 만들기도 했다. 14행 표준의 짧은 형태는 내부 구조의 틀에 통제되면서도 수준 높은 노래에 비해 주제를 신속하고 비교적 자유롭게 다룰 수 있는 다양한 방식으로 표현할 수 있게 해 주었다. 또 해당 운율을 교체하거나 중세 문학의 논쟁시에 적합했다. 콜론네의 귀도도 5개의 칸초네를 썼으며, 2개는 11음절 작품이었다. 단테(1265-1321) 역시 그의 운율 구조와 방식을 높이 평가했다.

다양한 출신의 시인들

음유시인들의 전통과 비교했을 때 주제, 운율 구조, 방식은 유지되었음에도 새로 도입된 요인들 역시 나름의 의미를 가졌다. 가장 중요한 점은 음악과 시의 구분이었다. 음유시인들의 시는 음악과 함께였고 음성으로 표현된다는 점에서 노래라고도 할 수 있다. 반면에 시칠리아 시인들은 주로 읽는 시를 썼으며, 시어는 음악과 별개였다. 운율은 소네트의 발명 외에도 노래의 구조에서도 (시의) 결구結句 제거 또는

시와 음악의 분리

재래再來 같은 중요한 새로운 요소가 강조되었다. 시인들은 이들을 이용해 감상자에게 다가갔으며, 여기에 정치 현실이라는 주제를 삽입했다. 같은 맥락에서 시민적-정치적 주제의 시르벤테스sirventes는 더 이상 언급되지 않았다. 이탈리아 북부의 궁정들과 마찬가지로 프로방스의 궁정들이 직면하고 있던 사회적-정치적 상황을 고려할 때 이것은 매우 중요한 요소다. 하지만 프리드리히 2세처럼 강력한 중앙집권 체제를 형성한 왕이 다스리는 지역 국가들에서는 허용되지 않았다. 따라서 시칠리아 시인들은 음유시인들의 작품 목록을 주제 기준으로 선별했고, 중세의 연애시 알바alba(새벽의 노래*)와 중세 말의 전원 노래 파스토렐라pastorella(알카모의 치엘로Cielo d'Alcamo[13세기]의 『콘트라스토Contrasto』에서도 같은 유형과 주제를 찾아볼 수 있다)처럼 중요치 않은 몇 가지 유형을 포기하는 대신 사랑을 주제로 하는 서정시에 집중했다.

궁정 사랑의 노래

시칠리아의 시인들은 궁정 사랑의 노래amor fino(프로방스어 fin'amor의 번역)에 몰두했으며 이로부터 사랑의 심리에 날카롭게 파고들었다. 이는 자서전적이거나 직접적인 고백과는 상관없이 추상적 관념과 정형화 차원에서도 언급되었다. 봉건 시대의 전통적인 은유는 사회적 맥락과는 무관하게 사랑에 이끌린 봉사 관계를 표현하는 것이었으며, 악한 자들이 못된 말로 사랑을 위협한다는 전통적 동기도 언급했다. 반면에 음유시인들의 시에서 처음 묘사된 수사학적 심상인 센할senhal이라는 가명을 사용한 속임수는 자주 등장하지 않았다. 시칠리아 시인들은 여성을 소개할 때에 그녀들의 아름다움을 정신적으로 표현하는 방식을 도입했는데, 여성을 천사에 비유하는 청신체파를 통해 급속히 발전했다. 수사학적 차원에서는 마그나 쿠리아 궁정의 과학에 대한 관심을 배경으로 '과학적' 감각을 동반한 자연 과학적 비유가 나타났다.

여기에도 시칠리아어가 사용되었다. 단테는 『속어론』에서 시칠리아어를 라틴어의 규칙성을 모범으로 다듬어지고 세련되어진 지역적 특징을 갖추었으며, 문학적 전통의 프로방스풍과 프랑스풍의 위엄을 갖춘 '저명한' 언어라고 정의했다. 그럼에도 본래의 언어 형태는 텍스트들이 (코덱스 제작자들이 시칠리아풍 형태를 토스카나의 고유 형태로 전환하는 체계적 작업을 추진한) 13세기 말의 토스카나 코덱스를 통해 전달되었다는 점을 고려할 때, 부분적으로만 알려졌을 뿐이었다. 그럼에도 시칠리아 시 텍스트를 본래 형태로 복원하는 것도 가능했다. 문헌학자 조반니 마리아 바르비에리(1519-1574)가 (현존하지 않는 16세기의 한 필사본을 참고하여) 서기관 스테파노의 칸초네레타〈나의 마음을 기쁘게 하기 위해Pir meu cori alligrari〉의 사본을 완성했기 때문이다. 최근 주세피나 브루네티(1964-)가 한 코덱스(현재 취리히에 있다)에서 자코미노 풀리에세의 「새벽 별은 빛나고Resplendiente stella de albur」 일부(1234년 이탈리아 북부에서 토스카나의 영향이 배제된 채 복사되었다)를 발견한 덕에 언어의 요소들이 알려졌다. 이것은 현존하는 시칠리아 텍스트 가운데 가장 오래된 판본이고, 덕분에 한 필경사에 의해 첨부된 이탈리아 북부의 흔적 이면에 숨겨져 있는 본래 언어의 특징을 찾는 것이 가능했다.

시칠리아-토스카나의 시인들

1205년의 프리드리히 2세의 죽음과 그의 아들 만프레트(1231-1266)가 베네벤토 전투에 패하면서 호엔슈타우펜 가문도 몰락했고, 이후 시칠리아 시 학교의 위세도 같은 운명을 맞이했다. 하지만 시칠리아 시인들의 노력은 이탈리아 속어로 쓰인 첫 서정시 이후 학자들이 전통을 지속했고, 토스카나 지역으로의 지리적-언어적 이전移轉과 함께 독자적 현상으로 정착되었음을 설명할 목적으로 '시칠리아-토스카나 시' 개념을 적용한 시의 활성화를 위한 복합적 움직임에 힘을 불어넣은 에밀리아와 특히 토스카나의 시인들에 의해 계승되었다. 하지만 학파로 정의할 수 있는 통합적 현상이라기보다는 다양한 경험을 가리키는 것이었다. 토스카나 자치 도시들의 다양한 사회적-정치적 상황은 중앙집권 형태로 통치된 프리드리히 2세의 왕국과 달랐으며, 운율의 선택과 주제에 대해서도 마찬가지였다. 시칠리아의 서정시에 정치적인 주제는 배제되었지만 프로방스의 시르벤테스에 기초한 시칠리아-토스카나 시의 활성화 과정에 빈번하게 등장했다. 게다가 시칠리아 시에서 배제되었던 파스토렐라 같은 프로방스의 몇 가지 유형도 다시 등장했다. 시칠리아-토스카나 시인들은 운율의 형태에서 규범적 형태 중 하나인 소네트를 수용했고 이를 변형하고 발전시켰다. 또한 음유시인들의 전통 가운데 시칠리아 시인들에게는 찾아볼 수 없었던 운율 전통, 예를 들면 이후 이탈리아의 운율 규정에 속할 발라타ballata(8행의 3절과 4행의 결구로 된 프랑스 시*) 같은 형태를 받아들였다.

토스카나로의 이전

언어 차원에서도 시칠리아 시인들에게 보이던 같은 언어의 통일적인 사용 흔적은 찾아볼 수 없었고, '저명한' 속어를 빈번하게 사용하는 경향도 약해졌다. 반면에 토스카나 시인들은 지역 상황에 주목했는데, 이에 대해 단테는 과도한 지역적 해법이며 수준 있고 규칙적이며 통일적인 전형으로 발전하지 못했다고 지적하고 비판했다.

각 인물의 개성과 관련해서는 루카 출신의 보나준타 오르비치아니Bonagiunta Orbicciani(약 1220–약 1290)가 의미 있는 역할을 수행했다. 서정시가 시칠리아 방식에서 단테의 새로운 방식으로 발전했다는 맥락에서 단테는 그를 『신곡』에 등장시켰다(『신곡』「연옥편」, XXIV, 19-63). 보나준타는 시칠리아 시인에 가까우며 독자적 경험을 향해 노력했던 것으로 보인다. 또 정치와 도덕의 주제를 공유했던 아레초의 귀토네(약 1235–1294)와 비교하자면 명확하고 직선적인 문체에 집착했으며, 귀토네의 난해한 해법과 거리가 있었다. 이것은 그가 다른 시인들과의 교류에 적극적이었다는 점을 통해 확인할 수 있는데, 소네트 「시의 방식을 바꾼 당신Voi ch'avete mutata la mainera」에서 새로운 요소의 도입과 특히 과도한 미묘함(섀틀티subtlety)을 비판한 귀니첼리(약 1235–1276)와 접촉했다는 점을 들 수 있다. 보나준타는 귀니첼리의 문체에서 볼 수 있는 애매함과는 대조적으로, 시칠리아–토스카나 시인들 중 의미가 분명하고 가벼운 필체를 구사했고 시칠리아 시를 계승한 인물로 피렌체 출신 시인 키아로 다반차티Chiaro Davanzati(1230/1240–약 1280)를 지적했다.

아레초의 귀토네와 추종자들

가장 높이 평가된 인물은 아레초의 귀토네다. 아레초 출신인 그는 1265년경에 성모 마리아 기사단에 가입하면서 삶의 전환기를 맞이했다. 초기에는 사랑이 관습적인 방식으로 전개되는 텍스트와 함께 정치를 주제로 내세우며 논쟁적–전투적인 논조로 정치 참여의 정열을 드러내는 일련의 시를 쓰기도 했다. 반면 후반기에는 정치적–시민적 주제가 보편화되었으며, 절제된 차원에서 작시 활동을 하는 동시에 도덕적–종교적인 텍스트에도 관심을 보였다. 그러나 전기와 후기 통틀어 인위적 방식, 의미가 불분명한 말장난, 두운법頭韻法, 희귀하고 어려운 운율, 시인 귀토네를 (아르노 다니엘Arnaut Daniel[약 1150–약 1200]로 대표되는) 프로방스 지방의 트로바르 클뤼스trobar clus에 가장 근접한 인물로 만드는 복잡한 구문 문장 등을 특징으로 꼽을 수 있다. 그는 기교와 다양한 창작으로 많은 추종자가 있었다. 피스토이아의 메오 아브라치아바카Meo Abbracciavacca, 루카의 인지프레디Inghilfredi, 피사 출신의 파누치오 달 바뇨Panuccio dal Bagno, 피렌체 출신의 마이아노의 단테Dante da Maiano 등이다. 가장 눈여겨볼 인물은 피렌체 출신의 몬테 안드레아Monte Andrea(13세기)로 인위적 방식과 결과에 귀토네와 쌍벽을 이루었다. 13세기 말의 시인 중 귀토네의 영향을 받지 않은 이가 없었다. 귀니첼리와 귀토네에 대해 비판적이었던 단테마저 예외가 아니었다.

귀도 귀니첼리와 청신체

토스카나와 볼로냐 시인들의 교류

서정시 분야가 활발했던 또 다른 지역은 저명한 대학이 있고 수사학과 철학, 과학과 법학 분야에 걸쳐 다양하고 풍부한 문화 활동의 중심지였던 자치 도시 볼로냐로, 람베르티노 부바렐리(약 1175-1221)처럼 오크어oc를 사용하는 시인들이 활동했다. 프리드리히 2세의 아들이자 사르데냐의 왕 엔초Enzo(1224-1272, 1239년부터 왕)는 1249년부터 사망 때까지 포로로 잡혀 있었는데, 시칠리아 학파의 방식에 따라 여러 권의 시집을 쓰기도 했다. 당시에는 시칠리아와 프로방스풍의 서정시를 열망하는 시인이 여럿 활동했다. 주목할 만한 인물은 귀니첼리(약 1235-1276)며, 그에 대해서는 노래와 소네트를 포함한 20여 개의 텍스트가 현존한다. 귀토네와 크게 다르지 않지만 일부 작품에서 새로운 요소를 시험하기도 했다. 대학 문화의 도시 볼로냐에서 특별히 수사학적 의식을 드러내며, 사랑을 주제로 한 서정시에 이론적 요인을 시험했던 것으로 해석할 수도 있다. 피렌체와 볼로냐의 교류는 13세기에 더욱 풍부하고 활발했다. 귀니첼리의 시도가 여러 명의 젊은 피렌체 시인들에 의해 수용되고 발전한 것은 새삼스러운 일이 아니었다. 스스로도 의도했으며, 피렌체에서 귀도 카발칸티, 단테 알리기에리 외에도 라포 지아니Lapo Gianni, 디노 프레스코발디Dino Frescobaldi, 알파니의 지아니Gianni degli Alfani 등이 있었고, '단테의 친구'로 알려진 바르디의 리포 파스키Lippo Pasci, 그리고 후에 피스토이아의 치노가 추종했던 작시 방식은 단테의 정의에 따라(『신곡』「연옥편」, XXIV, 55-57) '청신체'라 정의되었다.

몇 개의 시들에서 볼 수 있지만 귀니첼리의 시에서 찾을 수 있는 새로움은 동시대 시인들에게 빠르게 알려졌다. 하지만 보나준타 오르비치아니는 귀니첼리의 문체가 가진 철학적-과학적인 어휘들, 서식과 더불어 개념의 이론적 유래가 분명치 않다는 점을 비판했다.

주제, 언어, 문체, 수사학

귀니첼리의 혁신적인 경험부터 결과까지 도합하여 몇몇의 특징을 지적할 수 있지만 학파를 형성할 만큼 동질성과 통일성이 있지는 않다. 청신체를 추종하는 시인들이 정치적-시민적 활동에 종사했음에도 이들의 시는 시칠리아 시인들과 연속성을 띤 반면 귀토네와 시칠리아-토스카나 시인들과 대치되는 주제를 표현했다. 사랑은 시적 성찰의 중심에 위치했다. 특히 '친절한 마음'은 시인을 정신적 고양의 여정으로 이끌었다. 귀토네와 추종자들은 언어와 문체와 수사학 차원에서 지나치게 도시적이거나 민중적인 형태를 배제하는 언어의 선별을 통해 부드러운 문체를 추구했다. 귀토네의 서정시가 보여 준 인위적-전형적인 표현들은 조화와 다듬기를 통해 수정되었다. 철학적-과학적 어휘들에 의존하는 것과 이론적인 심상을 삽입하는 것은 겉으로는 단순하고 쉬워 보여도 독자의 교양을 요구하는 일이었다.

사랑을 노래하는 서정시의 시칠리아 궁정의 전통과 관련해서 몇 가지 주제만 남아 있다. '멋대로 읊조리는 자들'의 전형적인 프로방스 방식이나 사랑의 보상 같은 주제는 더 이상 언급되지 않던 것과 달리 다른 동기들은 발전해 나갔으며 새로운 힘을 획득했다. 그 결과 시인의 머리와 가슴에 있는 여인의 모습과 그녀를 통한 위대한 사랑에 대한 계시와 소유를 통해 사랑에 빠진 것에 대한 심리 분석의 깊이가 더해졌다. 시칠리아 시인들에게는 단순히 수사학적 과장법에 불과했던 여인-천사가 귀니첼리를 통해 정열과 새로운 힘을 획득했다. 찬사는 신비에 대한 언어적 표현으로 보다 심오한 의미를 수용하면서 궁정이라는 공간적인 한계를 벗어났다. 가치가 철저하게 평가된 다른 주제는 여인의 인사와 여인이 가진 구원에 관한 것이었다.

핵심 주제의 몇 가지가 강조되었다는 점을 감안할 때 칸초네 〈부드러운 가슴은 늘 사랑으로 기우니Al cor gentil rempaira sempre amore〉는 청신체 '선언'이라고 할 수 있다. 첫 구절부터 친절, 즉 영혼의 숭고함과 사랑의 불가피한 관계를 강조했다. 내면의 숭고한 마음을 가진 자만이 사랑을 할 수 있으며 나아가 사랑을 하지 않을 수 없었다. 사랑은 시인의 숭고한 영혼을 증명하는 것이었다. 그 원리는 '빛의 형이상학'과 프란체스코회의 신비주의에 대한 (언어적) 표현에 의해서도 촉진된, 우주에 도달하려고 하는 자연주의적-과학적 언어에서 축출된 일련의 유사성을 통해 밝혀졌다. 여성-천사가 근본적인 역할을 담당했다. 귀니첼리는 여성이 하늘의 구체를 움직이면서 신의 의지를 전달하는 천사의 지성에 해당한다고 했다. 같은 논리로 여성은 자신의 연인으로 하여금 정신적으로 숭고하고 도덕적으로 완전해지는 과정을 추종하게 만드는 존재이자 신의 의지를 전달하는 존재였다. 시인과의 관계 외에도 여성의 인사를 받는 사람들 앞에 자신의 기적적인 모습을 드러내는 것으로 숭고하고 구원의 행위를 수행했다. 여기에는 궁정의 전통과 관련된 물리적 속성은 거의 없었으나 정신적-도덕적 덕목을 통해 묘사되었기에 신비로운 모습으로 등장했다. 여성이 궁극적으로 하늘의 천사에 닮아 가는 것은 혁신으로 작용했으며, 이에 대해 시인은 신을 향해 "그녀는 천사의 모습, 아마도 당신의 왕국인 듯, 나에게는 임하지 않으시고 그녀의 마음에 사랑으로 자리하네"라고 말했다.

천사로 묘사된 여인들

귀도 카발칸티

피렌체에서 새로운 양식을 최초로 시도한 시인은 귀도 카발칸티(약 1250-1300)였을 것이다. 이는 이후 다른 시인들, 특히 젊은 시절의 단테에 의해 반복되었다. 그럼에도 카발칸티는 부분적으로만 귀니첼리의 청신체와 유사했다. 귀니첼리의 경험이 문체의 부드러움과 인사와 찬사 같은 몇 가지 주제에서 또 철학적이고 과학적이며 서체의 개념과 용어의 등장에 영향을 준 것이 사실이었다면 카발칸티의 서정시에 등장하는 사랑의 개념은 이와는 다른 것이었다. 사랑은 내적 변화와 불안감으로 고통을 유발하며, 연인의 생각을 사로잡는 비합리적이고 충동적인 힘으로 묘사되었다.

카발칸티는 서정시 「한 여인이 나에게 애원하네」에서 사랑을 정확한 철학적 용어로 분석했다. 단테의 『새로운 인생Vita Nova』과는 정반대 입장이었는데, 어떤 작품이 먼저인지는 명백하지 않으나 대조적인 것만은 분명하다. 급진적인 아리스토텔리즘을 추종하는 카발칸티에 의하면 사랑은 '실체', 독자적으로 실존하는 것이 아닌 '우발적인 것'이었다. 특히 인간의 합리적 영혼이 아니라 감성적 영혼에 영향을 미치는 요인으로 지성과의 급격하고 파괴적인 분쟁을 유발했다. 여기에서 사랑은 지성의 합리적인 통제에서 완전히 벗어났다. 카발칸티는 내적 분쟁을 일련의 '영혼들'과 '요정들' 같은 영혼과 내외적 감각의 다양한 능력을 인간화시키는 방식, 개인의 영혼과 열정의 의인화, 사랑에 빠지는 행위에서 드러나는 육신의 활력을 통해 표현했다. 이를 통해 분열되고 고통스러워 하는 주체가 객관적이고 급작스럽게 드러났다. 찬사와 인사라는 청신체파의 동기들은 카발칸티에 의해 비관적이고 고통의 상징으로 전환되었다. 연인은 겉으로는 위로받은 것처럼 보이나 실제로는 몰이해로 초초해 하거나 당황스럽고 혼란한 열정의 포로가 되었다. 그럼에도 사랑은 조화롭고 직선적인 구문론을 통해 알기 쉽고 부드럽게 기술되었다. 이는 사랑의 갑작스러운 출현에 의해 야기된 마음의 혼란과 불안, 고통을 제한하고 합리화하려는 의지의 표현처럼 보였다. 열정적인 사랑

카발칸티의 작품은 50여 편에 이른다. 칸초네와 소네트 외에도 발라타에 대한 애정을 보여 주는 작품도 11개 포함되어 있다. 고통스러운 사랑이 드러나는 서정시 외에도 여러 텍스트가 존재하는데, 이를 통해 덜 격정적인 주제와 동기를 다루며 농촌의 전경과 자연을 소개하기도 했다.

피스토이아의 치노의 청신체

피스토이아의 치노(약 1270-약 1337)는 이탈리아 서정시가 지속되는 데 지대한 역할을 했다. 단테보다 다섯 살 아래인 그는 카발칸티가 1300년에 사망하고 단테가 새로운 문학 세계에 빠져들던 시기에 청신체 서정시에 대한 자신의 경험을 꾸준히 발전시켰다. 또 페트라르카(1304-1374)와 보카치오(1313-1375) 세대에게 서정시 전통의 주도권을 넘겨주었다. 그의 작품(165개의 텍스트와 출처가 명확치 않은 다수의 작품)들은 선율과 부드러운 형태를 추종하며 구슬픈 어조와 심리 체계, 그리고 기억의 주제에 대한 분석으로 페트라르카 방식의 복합적인 전개에 기원을 제공했다.

| **다음을 참고하라** |
문학과 연극 유럽의 서정시(689쪽); 단테 알리기에리(712쪽); 프란체스코 페트라르카(726쪽)
음악 14세기 이탈리아와 프란체스코 란디니(981쪽); 13-14세기의 춤: 춤과 시(999쪽)

시와 정치

| 카밀리아 준티Camilla Giunti |

정치 주제의 시는 시인과 권력 사이의 관계를 재건하고 모든 형태와 유형을 통해 자신을 표현했다. 시인은 회상을 통하여 사건에 직접 개입하거나 후원자의 작품 주문을 통해 행동했다. 이러한 시는 칸초네, 발라타, 소네트 같은 서정시의 전통적 운문으로, 시르벤테스는 역사적 사건을 때로는 논쟁 의도로 때로는 기념을 목적으로 때로는 단순히 연대기적 의도에 따라 구현하는 것과 밀접한 관계가 있었다.

시인과 권력

중세에는 독자적인 영역의 정치학이나 특별히 정치적 소통을 위한 형태가 없었다. 그럼에도 다양한 갈래의 문학 작품에 (역사 연구에서 학술 연구에 이르기까지, 시에서 서사에 이르기까지) 정치적 성격의 성찰이 반영되었다. 문학은 통치 주체와의 접촉을 이어 갔으며, 그 자체로 어느 정도 분명하게 저자와 권력 사이의 관계를 포함했다. 예를 들어 카탈루냐의 음유시인 헤로나의 세르베리(약 1250-1280)는 시인이 왕에 봉사하는 역할을 담당하는 만큼 시에 봉사의 기능을 부여했다. 정치적 주제를 다루는 시의 텍스트는 일정 부분 우발적인 상황에서 만들어진 것이며, 현재성과도 밀접하게 연관되어 있었다. 이러한 종류의 시는 대상도 다양했고 기능도 여럿이었다. 시인은 후원자의 덕목을 칭송하거나 위안하기 위한 행위를 수행했다. 또 자신의 정적에 대항하여 독설을 퍼붓거나 자신이 속한 당파를 격려했다. 게다가 영광스럽거나 비극적인 전쟁을 회상하거나 용기 있는 전사의 사망을 슬퍼했다. 개인의 이름으로 쓰인 것도 있고 작품 의뢰에 따라 만들어지기도 했다. 때로는 선전 의도나 독자를 설득하기 위해 공권력에 봉사하기도 했다. 로망스어 지역 가운데 이탈리아 반도에서 지속적인 운동이 전개되었다. 다양했던 정치와 문화는 그만큼 복잡한 작품들의 창작에 여지를 제공했다. 이를 통해 이탈리아의 중북부에 위치한 자치 도시들의 분쟁을 배경으로 성립된 정치적 성격의 서정시가 특별한 가치를 발휘했다.

각운(운율)과 유형

정치를 언급한 다양한 유형의 작품들에 다양한 방식으로 종교적-도덕적 영감의 시나 프랑스와 프로방스의 십자군 노래가 등장했다. 다소 비현실적이기는 했지만 '군사적인 시'로 정의되는 무훈시chanson de geste는 새로이 등장한 권력을 기념하는 수단이 될 수 있었다. 노골적으로 정치적 메시지를 표현하는 것들에는 각운(운율) 형태의 시르벤테스sirventese(음유시인이 사회악을 풍자한 풍자시*)가 있는데, 12세기 말경에 성립된 이후 13-14세기에는 여러 주제의 작품에 폭넓게 사용된 데 이어, 한편으로는 찬사를 다른 한편에서는 중상모략에 열중하는 진부한 주제에도 활용되었다. 오크어로 시르벤테스 또는 정치적 성격의 시를 작곡한 음유시인으로는 보른의 베르트랑(1175-1202년에 활동)과 알비파에 대항한 십자군에 참가했던 카바용의 구이Gui de Cavaillon(1200-1229년에 활동) 등이 있다. 13세기의 시르벤테스를 대표하는 인물은 추기경 피에르(1205-1272년에 활동)로, 도덕적-정치적인 성격의 작품들을 만들었다. 시르벤테스

반도의 북부와 파다나 지역에서 활동하면서 오크어로 프로방스 시를 모방한 이탈리아 음유시인에는 고이토의 소르델로(?-1269)도 있다. 단테(1265-1321)는 그를 『신곡』「연옥편」(VI)에 '정치적'인 노래의 주인공으로 등장시켰다. 소르델로는 사랑의 서정시 외에도 정치를 주제로 한 일련의 시르벤테스를 남겼는데, 「블랑챗의 죽음을 슬퍼하네Compianto in morte di Blacatz」는 귀족적이며 용기 있는 자신의 보호자에게 헌정

한 작품으로 고통스런 마음의 동기와 애석한 마음의 수사학적 구도를 이용하여 당대 왕과 백작들의 태만함을 지독한 독설로 비난하면서 분석했다. 정치적인 의도를 가진 텐소tenso(논쟁식 시의 부류*) 또는 파르티망partimen(대화나 언쟁의 시*)도 있었는데, 두 명의 음유시인 중 한 명이 (두 명의 시인 모두가 자신의 관점을 드러내는 논쟁을 불러오는) 질문 형식을 빌려 논쟁을 제기했다. 이처럼 텍스트는 여흥divertissements으로 쓰였지만 기교적 어휘로 궁정에서 활용되었다.

이탈리아의 연대기풍 시르벤테스에는 친교황파에 속한 한 음유시인이 쓴 「람베르타치와 제레메이의 시르벤테스Serventese dei Lambertazzi e dei Geremei」(1280)가 있다. 이는 당시 볼로냐에서 친황제파(람베르타치 가문)와 친교황파(제레메이 가문)가 심각하게 대립하던 상황을 반영했다. 소네트 역시 보편적인 운율을 통하여 정치 논쟁의 공격과 대응 수단이 되었다. 예를 들어 친황제파의 루스티코 필리피Rustico Filippi(약 1230-약 1300)가 친교황파의 정적들에게 공격을 퍼붓는 내용의 소네트와 친교황파인 산 지미냐노의 폴고레Folgore da San Gimignano(약 1270-약 1330)가 자치 도시 피사를 비난하는 내용의 소네트를 만들었다. 루카에서는 정치적 야심을 드러내는 시들이 많이 쓰였는데, 친교황파의 공증인으로 1314-1331년에 추방된 바 있으며, 자치 도시들에 전개된 신랄한 투쟁의 시대를 살았던 파이티넬리의 피에트로Pietro de' Faitinelli(약 1285-1349)가 대표적인 인물이다. 발라타 또한 사랑만이 아니라 (찬미 형태로 전개되는) 종교적-정치적 배경을 주제로 했으며, 아울러 연대기적-도덕적 소재도 포괄했다. 무명의 작가가 쓴 「소르바나 발라타 플라센테Sovrana ballata placente」(1267)가 눈여겨볼 만한데, 궁정 사랑을 전쟁으로 바꾸어 콘라딘(1252-1268)이 이탈리아에 온 것을 계기로 그를 추종하는 자들에게 전쟁 참여를 호소했다.

소네트

시인과 관료들

시칠리아 시 학교에서는 정치나 현실을 주제로 한 서정시를 찾아볼 수 없었다. 프리드리히 2세(1194-1250, 1220년부터 황제)의 궁정은 속어로 시를 쓰는 최초의 전통을 형성한 문화 중심지로, 대부분 공증인 신분의 시인과 관료들로 넘쳐 났다. 그들은 프로방스나 이탈리아 북부 지역의 음유시인들처럼 전문 시인이었으며, 황제를 위로하거나 자문을 제공하는 정치적인 성격의 시르벤테스는 쓰지 않았고 대신 황제의 문화 정치를 표현하는 사랑의 시에 더 관심을 가졌다. 관료들은 자치 도시의 공식 연대기와 역사를 기록하는 지식인으로 활동했다. 이름과 신분을 알 수 없는 이가 저술한 몰피노Molfino 코덱스는 일종의 '시민 시-역사서'를 남긴 공인 신분의 시인(아마도 공증인)으로 추정되는 익명의 한 제노바 시민(1270~1310년에 활동)이 수집한 것이었다. 익명의 제노바인 이 시집(제노바 속어로 쓰인 147개의 시와 라틴어로 쓰인 47개의 시)은 종교적 요인, 현실적 기술, 자치 도시의 정치적-군사적 사건들을 포괄했다. 고위직 행정 관료들에게도 흔적을 남겼다. 말하고 행동할 줄 아는 공직인이라는 2개의 자격을 보여 주는 프리드리히 2세와 시인-집정관들의 경우다.

| 다음을 참고하라 |

문학과 연극 토디의 자코포네와 종교시(670쪽); 희극시와 풍자시, 모방(707쪽); 단테 알리기에리(712쪽); 서사시, 교훈시, 우화시(742쪽)

희극시와 풍자시, 모방

| 주세페 레다 |

희극은 문학적이고 풍자적이며 모방적이고 사실주의적인 풍부한 경험의 산물이었다. 서사시 영역 중 희극 분야에서, 특히 프랑스 지역의 파블리오가 큰 비중을 차지했다. 서정시 역시 희극의 유형을 보여 주었는데, 사회적으로 미천한 신분의 여성에게 사랑을 노래하거나 풍자 의도를 드러냈다. 13세기 토스카나에서는 희극적-사실주의적 시가 발전했는데, 루스티코 필리피와 체코 안졸리에리가 대표적이다.

희극 문학과 서사시

중세 라틴 문학에서 희극의 평균 이하 양식은 경험을 통해 얻은 것이었다. 방랑 서생이 쓴 라틴어로 된 풍자시goliardic가 저급한 양식의 중요성을 확인시켜 주었다. 이것은 인물과 주제에 응용되고 일치convenientia했는데, 귀족 대상의 찬미 문학 외에도 사회적-도덕적으로 저급한 주제와 인물에 대한 불명예의 문학이 자리했던 것이다. 희극에서도 다양한 유형이 등장했다. 예를 들면 조소풍의 시, (풍자 차원에서) 수치심의 시, 모욕감의 시, 장난스럽거나 논쟁적인 시가 등장했다. 감성적인 사랑을 동반한

(중세) 방랑 서생의 시, 놀이, 주막에서 술을 마시는 행위에 대한 집착 등이다. 이들은 수준 있는 문학에 사용된 언어와 상황을 인용했지만 그것의 가치를 완전히 바꾸었다. '사실주의' 문학은 현실을 덜 이상적으로 그렸다.

속어 문학에서도 여럿 찾아볼 수 있다. 희극적인 측면은 수준 높은 문학 유형을 통해 드러난 바 있다. 심지어는 프랑스 서사시 『롤랑의 노래』(vv. 1816-1829)에서 요리사의 에피소드가 말해 주듯 어릿광대가 나오는 장면이 등장했다. 희극적 요인은 기욤Guillaume(약 1280-약 1349)이 동일 주제(인물과 사건)를 순환적으로 등장시켜 길게 쓴 노래chansons에도 등장했다. 서사시의 노골적인 모방은 카롤루스 대제(742-814, 800년부터 황제)의 콘스탄티노플 여행에서의 열두 가지 에피소드를 이야기한 『샤를마뉴의 순례Pélerinage de Charlemagne』(12세기 중반)를 꼽을 수 있다. 여기에서 영웅들은 허풍쟁이처럼 묘사되었다. 12세기 말에는 의사영웅시疑似英雄詩적 단시로 서사시 요소와 외설적 요소의 혼합으로 모방된 「오디지에Audigier」가 등장했다.

카롤루스 대제의 콘스탄티노플 여행

고대 프랑스어로 쓰인 짧은 산문은 마리 드 프랑스Maria di Francia(약 1130-약 1200)의 원형에 충실한 8음절 2행시인 레lais(설화시*) 외에도 모방을 내포한 다른 형태를 보여 주었다. 예를 들어 장 르나르Jean Renart(12세기)의 『그림자의 시Lai de l'Ombre』에서 보듯이 원본의 환상적이고 상냥한 환경은 실제적이고 부르주아적인 것으로 전락했다. 로망스 문학의 익살맞은 주제도 등장했다. 『이그노르의 시Lai d'Ignaure』(13세기 초반)는 남성으로 대체된 마음의 모방을 보여 준다. 『속보의 레Lai du Trot』는 정숙하지 못한 여성들을 지옥의 벌로 처벌하거나 육체적인 사랑에 자신을 허락하지 않는 여성들에 대한 처벌로 교체했다. 발랑시엔의 앙리(13세기)는 아리스토텔레스가 정부情婦의 유혹에 빠져 정부의 정욕에 희생되는 것 같은 저속 행위를 벌이는 것을 조롱하는 줄거리의 『아리스토텔레스의 시Lai d'Aristote』를 통해 철학자의 물질적인 순환을 패러디했다. 이는 육감적 사랑의 전지전능함을 냉소적으로 묘사한 것이었다. 우화를 시 형식으로 전개하는 가담街談 『오카생과 니콜레트Aucassin et Nicolette』(12세기 말-13세기 초반) 역시 많은 유형의 혼합을 보여 주었으며, 레의 주제 요인을 모방했다.

희극적 장면들로 전환된 짧은 유형의 프랑스 서사시는 풍자적인 내용의 우화시 파블리오로 12세기 말부터 13세기에 발전했다. 레에 대한 저항은 두 가지 방향으로 전개되었다. 궁정과 기사의 주제들, 이상의 변형 또는 사회 중-하부 계층에 대한 소개다. 전자의 모방은 저속한 상황에 기사 영웅을 등장시키는 방식으로 전개되었다.

중세 프랑스 우화시 파블리오

후자에는 기사의 행동을 따라 하려는 저속한 인물이 등장했다. 모방 과정은 이야기 구도, 특히 고전적 사랑의 삼각관계인 기사, 왕비, 왕(예를 들어 기사 랜슬롯, 왕비 귀네비어, 아서 왕)의 관계에서도 반복되었다. 파블리오에서 남편은 부르주아이거나 농부이고 기사를 대신해서는 신부나 학생이 등장했지만 사랑은 모든 이상에 묻히며 성적 욕구에 대한 단순한 만족으로 축소되었다. 약 130개의 파블리오가 현존하지만 대부분은 저자가 알려지지 않았다. 여기에는 뤼트뵈프(약 1250-1285년에 활동)가 쓴 파블리오들도 포함되어 있다.

『여우 이야기Roman de Renart』는 사회 풍자와 문학 모방의 특징을 모두 가지고 있다. 1175-1250년에 처음부터 독립적으로 쓰인 구절들을 수집한 것으로, 의인화된 동물들로 예를 들면 여우로 묘사된 르나르, 늑대로 묘사된 이센그린, 사자로 묘사된 노블의 모험이 줄거리다. 이 작품에서는 이솝의 우화나 풍자적 우화와 우화시가 등장했다. 작품의 의도는 인간과 사회적 원리의 심리학, 즉 왜곡이나 이상적인 묘사를 생략한 채 있는 그대로의 배고픔, 폭력, 공포, 권력을 냉정하게 들추었다.

희극시와 서정시의 체계

서정시 체계에서도 궁정 노래만이 아니라 수준 낮은 양식에 대한 경험과 여러 언어권의 다양한 방식이 등장했다. 프로방스 시에서는 사랑을 주제로 한 서정시와 정치적-사회적 주제, 풍자적 어감이 강한 시르벤테스가 나타났다. 갈리시아-포르투갈어 서정시에는 조소의 노래들cantigas d'escarnho과 비방의 노래들cantigas de maldizer도 만들어졌다. 이것은 역사적-사회적 전형의 인물들에 대한 비난 목적의 초상effictio in improperium에 근거한 풍자적이고 익살맞은 시였다. 여성이 사회적으로 낮은 지위에 속했던 만큼 사랑의 주제는 가장 저급한 문투로 표출됐다. 시인-애인은 궁정의 규칙을 존중하지 않았으며, 노골적으로 성적 욕망에 집착했다. 프랑스의 파스토렐라에서도 볼 수 있는데, 시인은 농촌에서 양치기 소녀를 만나 유혹을 위한 대화를 나누지만 거부당하기도 했다. 궁정 양식과는 거리가 있었으며 모방은 욕구 불만의 역설에 기초하는 궁정 사랑의 노래와도 다른 것이었다.

갈리시아-포르투갈어 서정시에서 볼 수 있는 풍자시와 조소

13세기 카스티야 서정시는 야생의 특징이 강했다. 성적 유혹에 쉽게 응하는 여성이 등장하는 「산사람의 노래cántica de serrana」는 파스토렐라에 비유되었다. 작가로는 『좋은 사랑의 이야기』를 쓴 후안 루이스(약 1283-약 1350)가 있다. 여기에서 '좋은 사

파스토렐라와 산악 지역의 서정시

랑'은 신의 사랑이며 반대되는 것은 '미친 사랑'이다. 하지만 작가는 육체적인 사랑의 위험을 보여 주기 위한 의도에서 긴 사랑의 모험을 이야기했다. 그의 시는 여러 운율이 혼합되어 있었으며 얄팍한 모방을 넓은 로망스적 산문 백과사전summa으로 바꾸었다.

이탈리아 희극의 대비

이탈리아에서도 희극적 표현 방식 중 하나로 시인과 여성이 대화하는 장면이 삽입된 대비(대칭)contrasto가 등장했다. 12세기 말의 음유시인 바케이라스의 랭보(약 1155-1205년 이후)가 쓴 작품에 나오는데, 시인이 사용하는 프로방스 어휘들과 제노바 속어를 사용하는 여인의 어휘가 대비된다. 유혹 목적은 성적 정복이었기에 궁정 언어를 사용하는 것은 수준 높은 사랑의 시를 모방하는 것처럼 묘사되었다. 속어를 사용한 지방 특유의 모방이 추가되기도 했다. 카스트라 피오렌티노의 『카스키올리 근교에서 한 소녀를 보았네Una fermana iscoppai da Cascioli』(13세기 중반)에서 여성은 후작 영토의 농노였으며, 『제르비타나의 콘트라스토Contrasto della Zerbitana』에서는 아드리아 해에 인접한 중남부 지역 출신이었다. 이탈리아에서 가장 유명한 것은 알카모의 치엘로(13세기)가 1231-1250년에 쓴 것으로 보이는 『신선한 장미Rosa fresca aulentissima』다. 여성을 유혹하는 시인과 여성의 대화는 시칠리아 서정시의 특징과 언어를 모방했다. 처음에는 머뭇거리며 체면을 지키려 하던 여성은 결국 유혹에 넘어간다. 마지막 말은 "우리 적당한 때에 침대로 가요"였다.

토스카나의 희극적-사실주의적 시

토스카나에서 궁정시가 청신체의 전성기와 맞물려 발전하던 기간에 수준 낮은 양식을 유지하는 문학 경향이 나타났다. 양식상 희극에 해당하는 이 시는 토스카나 자치 도시들의 활발한 시민 생활에 뿌리를 두고 있었으며 가장 낮은 신분의 도시민을 대변하는 만큼 '사실주의' 시로 정의되기도 했다. 풍자와 조롱은 현실의 부정적 측면을 드러내거나 현실을 왜곡하기도 했다. 조롱을 의도했다는 뜻에서 유흥시로도 정의되었다.

자치 도시의 현실 왜곡

눈여겨볼 인물은 피렌체 출신의 루스티코 필리피(약 1230-약 1300)다. 그는 궁정 양식을 따르는 사랑의 시와 희극적 면모의 시를 가리지 않았는데, 자신의 장난스러운 소네트에서 풍자적인 어조와 표현력이 풍부한 언어로 완성된 풍자적인 자화상을 드러냈다. 작품 속 인물들은 혐오스러운 외모에 저질 습관을 가졌으며 그것이 은어를 통해 외설적으로 암시되었다.

다양하고 복합적인 작품 활동을 전개한 시에나 출신의 체코 안졸리에리Cecco Angiolieri(약 1260–1313년 이전) 역시 중요하다. 그의 몇몇 텍스트에는 방랑 서생시의 유흥 주제로 여성, 선술집, 도박의 3시절이 도입되었다. 부족한 돈에 대한 교회법적 견해와 부친의 탐욕에 대항한 비난이 함께 등장하기도 했다. 부친에 대한 증오는 유명한 소네트 「내가 불꽃이라면, 세상을 불태우리S'io fosse fuoco, ardereï 'lmondo」에서 보듯이 과장되고 세련되지 못한 보편적 혐오감으로 확대되었다. 다른 텍스트들은 청신체의 모방을 보여 주었다. 천사로 묘사된 여성들은 그들을 노래한 시에서 청신체의 언어로 천박하고 관능적이며 까칠한 성격을 가진 여성 베키나Becchina에 대한 불행한 사랑으로 익살맞게 모방되어 그려졌다 .

품위 있는 시의 모방

산 지미냐노의 폴고레(약 1270–약 1330)가 열두 달과 한 주의 날에 대해 쓴 소네트는 꿈꾸는 사실주의라는 주제에 속한 것이었다. 여기에서 그는 매달마다 즐거운 활동과 가장 세련된 의복, 제일 맛있는 음식과 최고의 안락한 분위기를 제공했다. 부르주아적-시민적인 사회는 예절 바른 세상의 표면적인 모습을 부활시키려 노력했지만 쉽게 모방되기도 했는데 키타라의 센느(?–약 1336)가 이를 최악의 활동, 동료, 환경, 상황, 음식 등을 나열하며 꿈을 악몽으로 뒤집었다.

페루자 시인 그룹도 등장했다. 대표 인물은 사랑의 주제를 희극적으로 묘사한 마리노 체콜리Marino Ceccoli(?–약 1369)다. 14세기를 대표하는 작품으로는 롬바르디아 속어를 사용해 '마을 풍자시'의 첫 사례 중 하나를 쓴 칼리가노의 마타조네(14세기)의 「촌부의 격언Detto del villano」이 있다.

| 다음을 참고하라 |
시각예술 유럽의 서정시(689쪽); 이탈리아의 서정시(695쪽)

단테 알리기에리

| 주세페 레다 |

단테 알리기에리는 중세 문화를 대표하는 가장 중요한 인물 중 하나다. 그의 작품은 당대 문화의 집성이며 전체로는 시대를 대변한다. 운문과 산문을 혼합해 쓴 『새로운 인생』은 청신체의 심오한 의미를 충족시켰으며 다양한 문체, 희극의 운율, '페트로세' 등의 특징이 보였다. 여러 이론이 적용된 서정시에서도 이와 같은 특징은 반복되었다. 특히 후자는 속어로 쓰인 철학서 『향연』에서 산문 형식으로 설명되었다. 『속어론』에서는 수사학적-시적 연구를 보여 주었다. 전투적인 시인이었던 그는 20여 년 동안 피렌체에서 추방당하기도 했고, 결국 고향으로 돌아오지 못했다. 라틴어로 정치적인 성격의 『제정론』을 쓰기도 했다. 『신곡』에서도 드러나듯 그는 사후 세계로의 여행을 이야기하며 매우 복잡하고 다양한 양식의 시에서 받은 영향을 포괄하고, 백과사전적인 성격의 시를 수단으로 하여 모든 현실을 대변했다.

생애

단테(1265-1321)는 피렌체의 한 소귀족 가문에서 출생했다. 성장 과정은 잘 알려져 있지 않으나 1280년대 초반에 피렌체의 문학 세계를 접했으며, 카발칸티(약 1250-1300)와 시를 통한 우정을 나누었다. 1285년에는 젬마 도나티Gemma Donati(?-1329/1332)와 결혼했고, 도시의 군사 조직에서 활동하기도 했다. 같은 기간에 볼로냐에서 살기도 했다. 1290년에 많은 시를 통해 찬사를 아끼지 않던 베아트리체가 사망했다. 이 때문에 혼란기를 겪지만 철학 연구에 몰두하면서 『새로운 삶』 저술을 위한 준비에 착수해 그녀를 위해 썼던 시들을 작품에 중요하게 활용했다.

단테는 1295년부터 정치에 참여하여 여러 가지 직책을 수행했다. 절정은 1300년 통치위원에 선출된 것이었다. 당시 피렌체는 친교황파와 친황제파의 싸움에서 승리한 친교황파가 다시 교황을 지지하는 흑파와 반대하는 백파로 나뉘어 분쟁을 벌이고 있었다. 단테가 교황이 머물던 로마 대사로 파견되어 피렌체를 떠나 있던 1301년 11월, 교황파 흑파는 교황청 사절단의 도움으로 도시 장악에 성공한다. 그 결과 일련의 약식 재판이 진행되었고, 고향으로 돌아오지 못한 단테는 백파 구성원들과 함께 벌금형에 이어 사형과 재산 몰수(1302년 3월 10일)란 중벌을 받았다. 이렇게 그의 유배 생활이 시작되었다.

처벌과 추방

그는 백파의 추방자들과 연합해 무력행사를 통해 피렌체로 돌아가려 했다. 평화 조약의 기회가 마련되면서는 협상 깊숙이 개입했지만 협상은 실패로 끝났고 무력 투쟁을 지지하던 동료들이 라스트라Lastra 전투(1304)에서 결정적으로 패하자 이들과 결별했다. 고립된 그는 사면만 기대해야 할 상황에 직면했으며 결국 토스카나 지방과 이탈리아 북부의 여러 궁정과 도시를 옮겨 다니는 처지로 전락했다. 유배 생활 초기에 쓴 작품은 『향연』과 『속어론』이지만 1306-1307년 즈음에 『신곡』 집필을 시작하면서 두 작품은 미완으로 남는다.

1310년 하인리히 7세(1278-1313, 1313년부터 황제)는 이탈리아로 내려와 로마에서 교황이 참여하는 대관식을 거행하고 이탈리아 영토에 대한 권리를 확인했다. 단테는 황제가 시민전쟁에 휩싸인 이탈리아 도시들에 다시 평화를 확립시켜 주기를 기대하며 열정적으로 정치 활동을 전개했고, 정치계의 두 주역에게 라틴어로 작성한 서한을 보내기도 했다(『서간문Epistola』 V, VI, VII). 하지만 1313년 황제의 급작스런 죽음으로 계획은 실패로 끝났다.

귀국에 대한 희망

추방자들에게 부과된 치욕적인 조건 때문에 사면을 통해 피렌체로 돌아갈 가능성은 사라졌다. 단테는 칸그란데 델라 스칼라(1291-1329)의 손님 자격으로 오랜 기간 베로나에 머물렀고, 1318년경에는 라벤나로 옮겨 작품 활동에 몰두했다. 말년에는 비르질리오의 조반니Giovanni del Virgilio(13-14세기)와 라틴어로 쓴 운율 서한을 교환하기도 했다. 단테는 자신의 서한을 통해 전원곡의 유형과, 물과 그 속에 잠긴 대지의 관계를 라틴어로 기술한 『물과 육지에 관한 문제Quaestio de aqua et terra』를 완성했다. 1321년에 대사 임무를 마치고 베니스에서 귀국했지만 말라리아에 걸려 9월 13/14일에 라벤나에서 사망했다.

청춘의 운율과 『새로운 인생』

단테는 1280년대부터 시작詩作을 시작했다. 또 귀토네(약 1235- 1294)의 가르침을 고스란히 반영한 다수의 시를 쓰고 궁정 서정시의 여러 방식을 섭렵했다. 시인으로 이름을 날리고 있던 귀도 카발칸티와 친분을 쌓은 후에는 다른 동료들과 귀도 귀니첼리(약 1235-1276)의 재능을 추종했다. 단테의 시는 사랑하는 여인 베아트리체에 집중되었으나 1290년에 그녀가 사망하자 위기에 직면했다. 하지만 1293-1295년에 『새로운 인생』 집필에 몰두한 덕분으로 위기에서 벗어날 수 있었다. 단테는 시에 산문 형식을 일부 삽입하는 방식으로 신시新詩를 선별하고 나름의 질서를 부여했다. 시들은 이상적-자서전적인 여정, 베아트리체를 위한 사랑과 사랑의 시에 대한 대표 사례를 구성했다. 이 작품은 프로시메트로prosimetro(산문과 시구가 혼합된 문학 유형*)처럼 산문이 서술뿐 아니라 운율을 설명하고 주해하는 비평도 담당했다. 저술에 등장하는 텍스트는 모두 31개로 그중 25개는 소네트고 5개는 칸초네, 나머지 하나는 발라타였다. 제목은 문자 그대로 '젊은이의 삶'이란 의미지만 여기에는 사랑으로 얻은 새로워진 삶이 함께했다.

단테가 '중상모략꾼'으로 정의한 이 작품은 '기억의 책'에 기록된 것을 이서하면서 시작된다. 단테가 아홉 살이란 어린 나이에 베아트리체를 처음 만나면서 이야기가 펼쳐진다. 두 번째 만남은 9년이 지나서였다. 숫자 '9'는 완벽함의 이상적 표현으로, 사건들에 상징적인 의미와 보편적인 가치를 부여했다. 이 숫자는 베아트리체의 숫자로써, 그녀 자신이 '하나의 9', '하나의 기적'이었다. 두 번째 만남은 카발칸티 같은 중세 말기의 시인들에게 보낸 자신의 소네트「위대한 사랑과 사랑에 빠진 모든 영혼들에게 인사를 전하네A ciascun'alma presa e gentil core」에서 소개한 꿈을 통해 이루어졌다. 이를 계기로 카발칸티와의 우정도 시작된다. 단테는 사랑하는 여인을 보호하기 위해 그녀에 대한 마음을 드러내지 않는다. 다른 여인을 위한 시를 썼고, 또 다른 시들을 구상했다. 결국 잡다한 사랑으로 인한 불명예스러운 말들이 회자되었고 모욕감을 느낀 베아트리체는 단테를 외면했다. 소외감을 느낀 단테는 그녀의 인사가 자신에게 축복이며 구원이었음을 깨닫는다. 그는 그녀의 모습을 볼 때마다 괴로움을 느꼈고 급기야 정신마저 잃는다. 시인의 여성 친구 중 하나가 사랑하는 여인의 모습조차 바라보지 못하는 그에게 사랑의 목적이 무엇인지 물었다. 그는 "나의 여인을 칭송하는 말 속에 있다"는 이야기로 무언가를 결심했음을 암시한다. 이를 계기로 오직 베아트리체에 대한 찬양을 시의 소재로 결정했고, 「사랑의 지성을 가진 여인Donne ch'avete intelletto d'amore」을 노래한 데 이어 「친절하고 게다가 정직한Tanto gentile e tanto onesta pare」과 같은 몇 개의 소네트를 완성했다.

여기에서 단테는 여성을 신성을 중계하며 사랑하는 연인을 신에게 인도하는 능력을 가진 인물로 찬양했다. 하지만 베아트리체를 찬양하는 책의 한 부분에서 그녀의 죽음을 예고하는 징후가 드러났다. 제2부는 실의에 빠진 시인이 자비롭고 친절한 한 여인의 눈빛에서 위안을 얻지만 사랑하는 여인의 죽음을 애도하는 표현으로 시작된다. 베아트리체가 단테에게 다시금 자신의 모습을 드러냈을 때, 이는 마치 새로운 사랑의 시작처럼 보였다. 그는 베아트리체로부터 멀어진 것을 후회했고 처음에는 슬픔의 억양으로 시작하지만 곧 천상의 축복에 감사하는 마음으로 그녀를 위한 사랑으로 회귀했다. 소네트 「희망을 넘어 더 큰 지평Oltre la spera che più larga gira」에서 그녀를 천국에 소개하고 죽음으로 얻은 슬픔을 구원의 기쁨으로 극복했다.

마지막에 시인은 놀라운 계시를 받았다고 말한다. 그 이후로는 심지어 "그 누구에게도 말하지 않았던 그녀에 대해 말하는 것"이 기대되었던 작품에서도, 더 이상 베아트리체를 존경스럽게 대할 수 없게 되었을 순간에도 그녀에 대해 아무것도 쓰지 않기로 결심했다. 『신곡』은 나름대로 그 약속을 지킨 것이지만 방식은 전혀 기대치 못한 것이었다. 반면에 『새로운 인생』은 청신체의 최고 수준을 보여 주었다. 단테가 사랑하는 여인을 천국의 복된 자로 변화시킨 것은 여성-천사의 비유와 사랑에 대한 이상의 정신적 승화 과정을 의미했다. 놀라운 계시

희극 실험극과 『시집』

『시집Rime』은 단테가 집필한 것이 아니라 문헌학자들이 단테의 저술에 포함되지 않은 시들을 수집한 것이다. 신인 시절 쓴 시구rime와 『새로운 인생』에 포함되지 않은 시 이외에도 중요 시들이 현존하기 때문이다. 포레세 도나티Forese Donati(?-1296)와 벌인 논쟁은 단테의 3개 소네트와 도나티의 3개 소네트에 대한 것이었다. 두 시인은 전형적인 벌레스크burlesque(풍자시) 방식으로 저급하고 터무니없는 말로 서로를 명예 훼손으로 고발했다. 단테는 이를테면 청신체 서정시로 수준이 격상된 문체를 포함한 다양한 실험을 하려는 의지를 드러냈다. 『신곡』에도 그 흔적이 남아 있다. 그가 232개의 소네트로 된 『장미 설화』를 요약하여 만든 『피오레Filore』는 희극적 실험에 속한 것이었지만 단테의 작품인지에 대한 논쟁은 오늘날까지도 계속되고 있다. 『새로운 인생』 이후의 가장 의미 있는 결실은 4개의 칸초네인데, 비평가들은 이것을 돌에 비유하거나 피에트라Pietra, 즉 돌이라는 이름을 가진 비정한 여인을 향한 사랑을 노래하고 있음을 고려하여 '라임 페트로세'라고 불렀다. 여인의 적대적 성향과 강한 성격은 형식과 소재의 일치convenientia 원칙에 따라 직설적이고 신랄한 언어를 필요로 했다. 이 여인은 베아트리체의 겸손하고 관대함과는 정반대의 성격을 가졌으며, 신랄한 문체는 청신체 시들의 부드러운 문투와도 대조적이었다. 베아트리체에 대한 단테와 도나티

사랑이 도덕적-정신적 고귀함을 자극하는 것이었다면 사랑은 이제 선정적이고 정열적인 것이자 육신의 욕망으로 추락했다.

단테의 스승, 음유시인 아르노 다니엘

단테의 신랄하고 난해한 문체는 음유시인 아르노 다니엘(약 1150-약 1200)의 영향이 분명하다. 그가 고안한 6행 6연체는 2개의 작품에서 드러나는데, 진정한 의미의 6행 6연체 시로 평가받는 「짧은 낮과 긴 밤의 계절이 되었네Al poco giorno ed al gran cerchio d'ombra」와 6행 6연체 형식의 칸초네 「사랑이여, 너는 이 여인만을 바라보는구나Amor, tu vedi ben che questa donna」다. 후자는 다른 칸초네인 「나는 운명의 순간에 있네Io son venuto al punto de la rota」처럼 겨울 분위기가 지배적이다. 모든 것이 얼어붙은 것 같은 풍경은 사랑에 빠진 여인의 마음에 남아 있는 냉정함을 의미했고, 혹독함은 불행한 사랑으로 고통스러워 하는 시인의 어두운 내면이었다. 또한 자신의 시에서 동일 어휘를 반복 사용함으로써 주제에 대한 과도한 집착이 드러났다. 오늘날에는 냉혹한 여인을 어렵고 힘든 예술인 시로 보는 경향이 지배적이다. 아르노 다니엘의 작품이 여전히 인정받는 것은 비정한 여인 피에트라의 등장이 '친절하기 그지없는' 단테의 베아트리체와 변증법적인 반反구도를 이루기 때문이다.

'학식적'인 시와 『향연』

폭넓은 발전을 예고한 새로운 실험 대상은 학식적인 성격의 시들이었다. 연대기적으로나 양식상으로 청신체 시에 가까우며 사랑을 주제로 한 다른 노래들은 『향연』에서 드러난 우의적 해석을 통해 가치를 획득했다(「사랑은 늘 달콤한 시Voi che 'ntendendo il Terzo ciel movete」와 「머리로 느끼는 사랑Amor che ne la mente mi ragiona」). 고향에서 추방된 후에 쓴 다른 시들은 귀족을 주제로 한 「사랑은 언제나 달콤한 운율Le dolci rime d'amor ch'i' solia」, 우아함을 주제로 한 「사랑이라는 말이 완전히 나를 떠난 후에Poscia ch'Amor del tutto m'ha lasciato」, 자유를 주제로 한 「사랑은 내게 뻔뻔함을 줍니다Doglia mi reca ne lo core ardire」, 정의를 주제로 유배 생활에 대한 자서전적 내용도 묘사한 「내 마음을 가져간 세 명의 여인에 관하여Tre donne intorno al cor mi son venute」처럼 학식적인 주제를 문학으로 격상시켰다.

이들은 새로운 프로시메트로로, 유배 생활(1303-1304년에 처음 세 권이, 1306-1308년에 네 번째 권이 집필되었다) 초기에 집필을 시작한 『향연』에 포함되거나 포함되어야

작품 구상

했을 것들이다. 초기 계획에 따르면 문학적-우의적인 주석에 의해 14권으로 구성되

었는데, 각각은 하나의 덕목이나 다른 철학적-도덕적 주제를 언급할 예정이었다. 그러나 한 권의 서론과 세 권의 연구서에 대한 집필이 끝난 후 더 진행되지 않았다. 산문은 칸초네에 대한 해석이 철학적, 과학적, 신학적인 이탈을 보여 주었던 만큼이나 학문적-교훈적 성격을 획득했다.

서문에서 설명된 제목은 학식적 비유를 통해 정신의 고양처럼 암시되어 있다. 저자는 알고는 싶지만 라틴어를 모르거나 민생과 가족의 삶에 얽매여 본의 아니게 소외된 자들을 위한 만찬을 준비하는 것에 비유할 수 있는 집필 의지를 드러냈다. 그는 대중을 고려하여 속어를 사용하기로 결정했는데, 철학 분야의 저술에 완전히 새로운 시도였다. 두 번째 권에서 「사랑은 늘 달콤한 시」의 주석을 시도했다. 그는 베아트리체의 죽음에 절망했지만 상냥한 여인을 만나 다시 사랑에 빠졌다. 하지만 베아트리체의 죽음 이후 철학 연구에서 위안을 얻었음을 고려한다면 철학에 대한 비유로 볼 수 있다. 세 번째 권에서는 「머리로 느끼는 사랑」에 대한 주석을 추가했다. 시인은 찬사의 표현을 아끼지 않았다. 이 작품에서 우의적인 묘사는 인간 의식의 양태와 한계를 토론하기 위한 기회를 제공했다.

반면 네 번째 권인 「사랑은 언제나 달콤한 운율」에서는 우의적인 표현을 사용하지 않았다. 귀족에 대한 주제를 다루면서도 역사적-철학적인 폭넓은 논쟁을 제공한다. 단테는 민간 서한들과 『신곡』, 그리고 『제정론De Monarchia』에서 지속적으로 주장하게 될 몇 가지 논제에 대한 성숙된 사고를 보여 주었다.

『속어론』

단테는 유배 생활 초기에 『속어론』 집필에도 몰두했다. 라틴어로 쓴 이 저술은 어떻게 속어로 작품을 쓰는가에 대한 내용으로, 서론에서 단테는 언어의 성격과 역사를 기술했다. 단테는 근본적인 구분 방법에 따라 속어를 시공간, 바빌론의 혼란에 의한 자연스러운 분화, 발전된 언어에서 기원한 속어의 불규칙적인 특징과 퇴폐적으로 변질될 가능성을 방지할 목적으로 식자들이 인위적으로 만든 언어 등으로 구분했다. 특히 유럽 남부에서는 이탈리아 속어, 프로방스 속어, 프랑스어 속어가 형성되었다. 반면에 식자들이 만든 '문법' 언어는 라틴어로, 인위적-안정적이며 규칙적이지만 변화되지 않는 언어였다.

단테는 이탈리아 최고 속어인 '유명 속어', 즉 표현의 개념을 잘 드러내고 모든 작 **유명 속어에 대한 연구**

가가 사용하는 속어를 연구했다. 그는 지역 속어를 세심하게 고찰했지만 부정적인 결론에 도달했다. 자신이 생각했던 몇 가지 핵심 구성 요인을 갖추지 못했기 때문이다. 반면에 시칠리아 학파의 시인들이 사용하고 있었으며(단테가 토스카나 방식으로 이서한 후에 읽은 언어) 나중에는 볼로냐와 토스카나의 청신체파 시인들이 사용한 속어에 주목했다. 반면에 시칠리아-토스카나 시인들과 아레초의 귀토네는 지역의 한계를 벗어나지 못한 방언에 불과하다고 비난했다. 유명 속어는 지역 속어를 위한 규칙성의 모범이고 이탈리아의 궁정aula과 법정curia에서 사용되는 언어여야 했다. 이탈리아에는 이와 같은 조건을 갖춘 궁정이 존재하지 않았으며, 이에 상응하는 자격을 갖춘 인물도 없었지만 유명 언어의 사용을 통해 하나로 통합될 가능성이 없는 것도 아니었다.

제2권에서는 속어의 특징을 다양한 문체에 기준하여 연구했다. 고급, 중급, 저급에 대한 이론을 정립하고 문체와 논제의 호환 원칙을 마련했다. 그러나 이것을 끝으로 미완으로 남았으며, 부분적으로 수준 있거나 비극(문체)의 속어에 대해 언급했을 뿐이다. 문체상 유명 언어는 비극에 해당하며, 주제 관점에서 절묘magnalia한 것은 '구원salus', '사랑amor', '덕virtus'의 3가지였다. 이로써 전쟁, 사랑, 도덕을 주제로 하는 시가 등장했다. 운율 차원에서 가장 두드러지는 측면은 11음절의 시다. 가장 귀족적인 시절詩節은 칸초네(노래)로, 구문론적인 구성 수준이 향상되었고 용어는 소리까지 고려하여 선택되었다.

정치적 성격의 저술: 『제정론』

유배 생활의 처음 몇 년이 지난 후에 집필된 『향연』을 구성하는 네 번째 권은 단테가 품었던 정치적 사고의 변화를 보여 주었다. 이 책에서 그는 처음으로 제국의 필요성과 섭리적 성격, 그리고 이러한 임무를 위해 신에 의한 로마 민중의 선출을 주장했다. 단테의 견해는 『신곡』과 『서간문』(V, VI, VII)에서도 반복적으로 언급되었다. 제국의 개념은 정치적인 성격을 띤 저술로, 집필 연도에 대해서는 학자들의 견해가 분분한 『제정론』(또는 『군주국Monarchia』)에서도 다루어졌다(1310/1313-1318). 이 저술은 논리적-철학적인 주제와 논법, 역사적-법적인 증거를 다루기 위한 세 권으로 구성되었다.

세 권의 저술

단테는 첫 번째 권에서 인류를 위해 제국이 필요하다 주장하며 보편적 평화와 지상의 행복을 이룩하는 데 제국이 도움이 된다는 근거를 제시했다. 보편적 지배권을 행사하는 황제는 인간이 벌이는 모든 분쟁의 원인인 탐욕을 가지고 있지 않다는 것이 그의 생각이었다. 따라서 정의에 입각하여 분쟁을 청산해야 한다고 주장했다. 두 번째 권에서는 로마 민중은 보편 제국을 이끌기 위해 신의 섭리로 선출되었다고 주장했다. 그리스도의 삶 자체가 이것을 보여 주었다. 그리스도는 탄생의 순간과 로마 법정에서 선포된 죽음의 순간에 로마 제국의 권력을 인정했다. 그리스도의 희생이 모든 인간을 구원했기에 죽음 선고는 합법적-보편적이며 법적 권위에 의해 내려져야 한다는 이유였다. 두 보편 권력인 교회와 제국의 관계에 대한 문제는 세 번째 권에서 언급했다. 단테는 두 권력에게 자신의 영역에서 세상을 이끄는 각자의 역할을 인정한다. 인간에게는 복종해야 할 두 가지 목표가 있으며, 신은 두 권력에게 다음과 같은 명령을 내렸다. 황제는 인간을 지상의 행복으로 인도하며 교황은 영원한 행복을 위해 인간을 이끈다. 황제의 권력은 신으로부터 직접 유래하기 때문에 교황으로부터 완전히 자유로웠다. 그럼에도 단테는 교황에게 신의 자식으로서의 존경심을 보여야 한다고 했다. 교황의 최우선 목표가 인류의 인도였기 때문이다.

『신곡』

단테는 유배 기간에 새 작품에 대한 생각을 구체화시켰다. 『새로운 인생』을 마감하는 일종의 선언과 다름없었다. 시인은 천국에서 베아트리체를 만나기 전에 먼저 지옥과 연옥을 여행해야 한다고 상상했다. 사후 세계에 대한 상상을 통해서 그는 도덕적이고 정치적이며 종교적 긴장감이 강력하게 지배하는 현세를 심판했다.

사후 세계에서 바라본 현세

첫 두 편은 1315-1316년에 완성되었고, 「천국편」은 이후에 완성되었다. 원제는 희극Commedia(또는 Comedia 또는 그리스어로 Comedìa)이었다. 단테가 작품에서 사용한 제목으로써 필사본 전통에 따른 결과였다. 형용사 '신성한divina'은 1555년 판본에서 처음 등장했다. 『신곡』이라는 잘못된 제목이 세속적 성공을 거둔 것은 다른 한편으로 원제가 성공적이지 못했음을 의미했다. 여러 양식이 섞여 사용되기는 했지만 시는 구절의 겸손함을 관념적으로 드러낼 목적에 따라, 그리스도교 수사학 문화에 근거한 선택에 따라, 겸손한 문체의 이름으로 불렸다. '희극'은 나중에 「천국편」에서 '신성화된 시'와 '신성한 시'로 정의되었다. 이 작품이 하나의 신성한 시가 될 수 있던 것은 '희극'이라는 겸손한 선택의 결과였다. 그리스도교 문화에서의 겸손은 스스로를 정당하게 높여 주는 덕목이었다.

문학 갈래들

『신곡』은 자체로 많은 문학 갈래가 녹아 있다. 그리고 자연스럽게 피안의 여행과 상상에 관한 문학 전통에 포함되었다. 하지만 우의적-교훈적인 시와 예언주의에서 신비주의까지, 성가와 찬양의 시에서 설교와 성인 전기에 이르는 수많은 유형의 종교 문학 요소들도 구조에 반영했다.

시 첫 구절부터 1인칭 단수와 1인칭 복수(우리의 삶nostra vita, 내 자신을 발견했네mi ritrovai)가 동시에 등장하는 것은 역사가 '우리'이기도 한 '나', 즉 구체적인 한 개인이면서 인류를 대표하는 '나'의 변화를 가리키는 것이기 때문이다. 여기에 의미가 추가되면서 놀라운 힘이 발휘되었고 신빙성도 부여되었다. 이로 인해 『신곡』의 풍유는 서술된 사건이 문자적 의미에서 실제의 일로 간주되는 성서와 닮아 갔다. 또한 다의적인 구조에서는 예시와 결말의 변증법에 따라 인물을 상징하는 기술이 등장했다.

『신곡』은 ABA BCB, CDC…… YZY Z의 구조로 이루어진 11음절의 3행 시절로 이루어진 작품이다. '단테 방식dantesche(의 시)'이라고도 하는데, 그가 처음 고안한 연쇄 운incatenate 체계 때문이다. 덕분에 각 시절은 전후의 (3행) 시절과 연결된다. 각 3행 시절은 115-160구절(행)에 이르며 모두 더하면 1만 4천233개가 된다. 『신곡』은 3개의 시편(「지옥편」, 「연옥편」, 「천국편」)으로 나뉘며 각 시편은 33개의 곡曲(칸토canto)으로 구성된다. 이것이 기본 구성 요소다. 다만 「지옥편」은 전체의 서문 역할을 하는 곡 하나를 더 가지며, 이렇게 3개의 시편이 총 100개의 곡으로 구성된다. 3(3개의 시편)은 신성의 상징이며, 100개의 곡은 완전함과 전체의 상징으로 불멸의 구조를 의미했다.

언어와 구성

지상과 지상의 끝인 피안을 대표하며 (이론적) 이탈을 통해 전 분야의 지식을 관통하는 『신곡』은 풍부하고 지적인 주제, 상황, 기록을 포괄하는 언어가 사용되었다. 각각의 곡은 독특한 문체를 가지고 있으나 무한한 다양성이 존재했다. 「지옥편」에서는 고상한 문체, 「연옥편」은 보통의 문체에 많은 강세부가 포함되었다. 반면 「천국편」은 표현상의 폭력 성향과 예언적인 독설의 '코미디(희극)'를 드러냈다. 문체와 소재의 관습적인 개념을 초월했으며, 아우구스티누스의 글과 성서를 혼합convenientia시킨 것 같았다. 실제의 모든 것을 묘사하고자 하는 의지 때문에 모든 언어 자원이 동원되었다. 피렌체가 바탕이었으나 고풍주의, 기술주의, 지역주의, 프로방스주의와 갤리시즘, 모든 유형의 라틴주의와 이전에는 소개되지 않았던 현실을 표현하는 데 필요한 신조어가 추가되었다.

피안으로의 여행

『신곡』은 단테가 첫 번째 희년인 1300년 봄에 서른다섯 살의 나이로 여행했던 내세를 1인칭으로 서술한 것이다. 주인공은 밀림에서 길을 잃은 자신을 발견하고 겨우 벗어난 후 떠오르는 태양이 비추는 언덕에 오르려 한다. 하지만 방해를 받아 다시 아래로 떨어지고 그곳에서 고대의 시인 베르길리우스(기원전 70-기원전 19)의 영혼을 만난다. 그는 단테에게 현재로는 행복의 언덕에 오르는 것이 불가능하기에 '다른 여행', 즉 죽은 자들의 왕국을 먼저 방문해야 한다고 설명한다. 천국의 행복을 차지하는 것은 악을 알고 극복하는 과정을 거쳐야만 가능한 것이었다.

베르길리우스와의 만남

단테는 여행에 동의하면서도 신의 허가를 받은 베르길리우스가 자신을 안내한다는 것에 주저하지만 지옥을 향해 나갔다. 여기서 그는 라틴 시인 베르길리우스에게 두 가지를 묻는다. "아니, 내가 왜 그곳에 가야 하는가?", "누가 이 여행을 허락했는가?" 베르길리우스는 두 번째 질문에만 답하는데, 신께서 3명의 복된 여성인 마리아, 루치아, 베아트리체의 개입을 통해 허락하셨다고 한다. 하지만 트로이의 용사 아이네아스나 성 바오로의 그것과 비교될 수 있는 여행의 목적에 대한 질문에는 답하지 않는다. 아이네아스와 성 바오로는 산 자들이 여행을 마치고 되돌아오는 길을 수행하도록 그들에게 부여된 임무(로마 제국의 설립, 신앙 강화)를 조건으로 신이 허락한 지하 세계 여행의 본보기였다. 여행 동반 임무에 관한 질문에는 지상의 천국에서 단테를 만난 베아트리체가 답한다. 단테에게는 예언적인 임무가 주어지는데, 자신이 보는 모든 것을 관찰하고 청취하며 모두 기억한 후에 전부를 책에 담아 사람들을 개종시키고 구원의 길로 인도하는 것이었다. 그의 임무는 천국에 올라 만나게 될 다른 복된 자들인 단테의 조부 카치아구이다와 성 피에르 다미아노, 성 자코모, 성 조반니, 성 베드로에 의해서도 반복되었다[도판 47 참조].

임무 수행

지옥은 원뿔을 뒤집어 놓은 것 같은 형태의 심연이며, 이곳에 떨어진 다양한 죄를 지은 죄인들은 죄의 반복이나 유사성에 근거한 보복 원리에 의하여 벌을 받았다. 문의 안쪽이지만 아케론 강을 경계로 지옥 외부에 해당하는 장소에는 겁 많고 소심한 자들이 머물렀다. 강을 건너면 지옥을 세분하는 9개의 원이 시작된다. 첫 번째 원은 림보Limbo로 단테는 새로운 방식으로 이곳을 소개했는데 여기에는 세례를 받지 못하고 죽은 어린아이들 외에도 덕이 없는 그리스도교인, 즉 지옥의 벌을 받을 만한 죄를 짓지는 않았지만 세례를 받지 못했고 구원을 가능하게 하는 신앙을 지니지 못한 자들이 머물렀다. 림보의 특별 구역에는 그리스도교 신앙은 없지만 인간의 숭고한 덕목과 위대한 영혼을 키워 나갔던 '위대한 영혼들'이 머물렀다.

림보를 지나면 4개의 상부 지옥이다. 첫 번째 지역에는 사치(두 번째 원), 질투(세 번째 원), 탐욕과 낭비(네 번째 원), 분노와 나태(다섯 번째 원) 같은 자연스런 충동을 절제할 줄 모르는 무절제의 죄를 지은 죄인들이 머물렀다.

지옥의 방벽들

'염라대왕의 도시'의 방벽을 벗어난 곳에는 교활함의 죄를 지은 이들이 머물렀다. 악을 이성적으로 행한 결과였다. 이후 4개의 하부 지옥이 나온다. 여섯 번째 원에는 이단자와 쾌락주의자들이 머물렀으며, 일곱 번째 원은 3개 소지옥으로 구성되었다. 다른 사람에게 폭력을 행한 자(독재자, 살인자, 약탈자들), 스스로에게 폭력을 행한 자(자살한 자와 낭비가들), 신과 자연, 예술을 모독한 자(욕설을 일삼는 자, 성도착자, 고리대금업자들)가 각각의 지옥에서 죗값을 받고 있었다.

여덟 번째 원에는 양심을 기만한 자들이 벌을 받고 있었는데, 절벽으로 분리되어 있었다. 사기꾼들(악한 자들과 유혹한 자, 남의 여인을 범한 자, 성직 거래자, 점쟁이, 협잡꾼, 위선자, 도둑, 거짓을 충고한 자, 불화를 일으킨 자, 그리고 위조 행위를 일삼은 자들)은 동심의 9개 웅덩이 또는 구멍에서 자신의 죄로 벌을 받고 있었다.

우물의 심연에는 아홉 번째 원이 있었다. 반역자들은 이곳에서 한탄의 강의 얼어버린 늪지대 네 곳에 분산되어 고통을 받았다. 친척을 배신한 자(카이나), 조국을 배신한 자(안테노라), 국가를 배신한 자(톨로메아), 은혜를 베푼 사람을 배신한 자(주데카)들이다. 지옥의 심연인 한탄의 강 중앙에는 유일신 하느님을 조악하게 모방하여 특권을 강탈하려 했던 루시퍼가 묶여 있었다. 머리는 하나지만 얼굴은 셋으로, 3개의 입으로 배신자들을 집어삼켰다. 카이사르를 배신한 브루투스와 카시우스, 그리스도를 배신한 유다가 이곳에 머물렀다.

단테와 베르길리우스는 지상의 중심에 묶여 있는 루시퍼를 지나 오르막을 올라 지상과는 반대되는 반구에 도달한다. 이곳 예루살렘의 대척점에는 태평양을 향해 섬과 산들이 솟아 있었으며 내부에는 연옥, 정상에는 지상 낙원이 펼쳐져 있었다.

지옥과 비교할 때 연옥에서는 죄인을 찾아볼 수 없었다. 이들을 구분하는 것은 죄의 경중이 아니라 회개이기 때문이다. 연옥의 사람들이 하느님을 향해 자신의 죄를 회개하고 용서를 빌면 하느님은 이들을 용서했다. 하지만 죄를 완전히 씻기 위해서는 먼저 회개 과정을 완수해야 했다. 해안과 산악 사이에는 여러 가지 이유로 회개를 늦추는 자들과 진정한 연옥에 들어가기 전에 일정 기간 기다려야만 하는 이들이 머물렀다. 진정한 연옥은 산악 주변에 파 놓은 동심의 7개 틀로 구성되었는데, 이곳에서는 7대 죄악을 범한 자들이 대가를 치르었다. 거만함, 시기, 분노, 태만, 탐욕, 탐식의 죄와 사치가 죄악이었다. 영혼들이 각각의 틀 속에 머무는 기간은 생전에 수행한 회개와 자비 행위, 성인들의 성체 수령 원칙, 이곳의 죄인들을 위해 아직 살아 있는 신자들이 행한 기도와 구원 행위를 통해 단축될 수 있었다. 이 때문에 그들은 단테에게 자신의 가족에게 연옥의 환경을 말해 줄 것을 당부했다. 영혼들은 보복 원리에 따라 정해진 벌을 받는 것 외에도 성경과 고대의 역사, 그리고 고전 시들에서 언급된 사례에 따라 재생 과정에 예속되었다. 처벌된 악습에 대한 부정적 사례들과 악습을 반대하는 덕목의 긍정적 사례들로 악습을 청산하고 덕목을 장려하기 위함이었다. 단테는 연옥을 여행하면서 큰 혼란에 휩싸였다. 길을 안내하는 천사는 여행에 앞서 7대 죄악을 상징하는 7개의 'P'를 단테 앞에 그려 보였다. 또 이 틀에서 저 틀로 이동하면서 'P'를 하나씩 지우는 천사가 뒤를 따르고 이와 동시에 '축복'의 노래가 하나씩 울려 퍼졌다.

연옥과 기도

단테와 베르길리우스는 7개의 틀을 지나 드디어 지상 천국에 도달했다. 아름답고 신비로운 여인 마텔다가 그들 앞에 나타나 역사를 통해 드러난 하느님의 영을 보여주는 상징적인 예식을 펼쳐 보였다. 예식이 끝나자 베아트리체가 모습을 드러냈는데, 그녀의 등장과 함께 베르길리우스가 모습을 감추었다. 복된 여성은 베아트리체가 죽은 후의 단테가 혼란에 빠져 살았던 삶에 대해 꾸짖은 후에 그를 고백, 회개, 정화 과정으로 인도했다.

천국의 9개 하늘

단테와 베아트리체는 지상 천국의 정점에서 천국의 중심이 위치하며 하느님이 계신 최고 천상계에 도달하기 전 9개의 하늘을 통과하여 천상에 올랐다. 이곳은 순수성의 영적 현실이기 때문에(감각으로만 이해해야 하는) 단테로서는 직접 깨우칠 수가 없었다. 이 때문에 살아생전 단테에게 많은 영향을 주었던 복된 자들이 그를 만나기 위해 하늘에서 내려왔다. 단테는 감각을 통해 천상의 축복을 가름하는 방법을 알 수 있게 되었다. 처음 3개의 하늘에는 지상의 삶을 통해 선을 실천한 복된 자들이 등장했다. 달의 하늘에서는 신임을 얻지 못한 자들이, 수성의 하늘에서는 세속적인 야심에 사로잡혔던 영혼들이, 금성의 하늘에서는 지상의 사랑에는 실패했지만 신에 대한 사랑에는 성공한 연인들의 영혼들이 등장했다. 네 번째부터 일곱 번째까지의 하늘에서는 숭고한 덕목들을 그리스도교 형태로 실천한 복된 자들이 나타났다. 태양의 하늘에서는 현자들이, 화성의 하늘에서는 신앙을 위해 투쟁한 전사들이, 목성의 하늘에서는 올바른 자들이, 토성의 하늘에서는 명상가들이 등장했다. 7개의 행성을 지나면 고정된 별들의 하늘이 나타나고 단테는 이곳에서 그리스도와 성모 마리아를 만났다. 이 하늘에서 단테는 성 베드로, 성 자코모, 성 조반니에 의해 신학의 세 가지 덕목인 신앙, 희망, 자비에 대한 시험에 직면한다. 아홉 번째 하늘인 지상의 하늘 중 가장 크며 또 낮은 하늘에 동력을 전달하는 원동천 또는 크리스털 하늘에서 그는 천사의 계층 구조를 알게 되었다. 마지막으로 최고 천상계에 도달한 단테는 천사와 복된 자들을 만나고, 베아트리체를 대신해 성 베르나르두스(1090-1153)가 새로운 안내자로 등장해 단테를 최고 천상계로 인도했다. 단테는 하느님의 모습을 보기 위해 성모 마리아에게 도움을 청했다.

『신곡』은 피안으로의 여행을 이야기하기에 길에 대한 묘사는 매우 중요한 의미를 가진다. 물론 모든 만남에서 이루어진 대화와 여러 인물이 단테에게 던진 부차적인 대화도 중요하다. 『신곡』은 등장인물들이 자신들의 전기傳記적 내용을 회상하는 서술적 개입만이 아니라 예언적-이론적인 주장들을 전개하기에 만남과 대화 구현 방식이 매우 다양하다. 여기서 극적인 긴장감이 연출되고 인류 대표 증인이자 여행자인 동시에 열정과 역사를 가진 한 개인으로 단테에게 큰 영향을 주는 만남의 장들이 무수히 전개되었다. 이 특별한 공간의 정치적 주제들은 현실에서 유배된 단테의 자서전 내용으로, 미래를 보는 영혼들이 던진 예언의 수사학적 수단을 통해 시로 표출된 변화와 뒤섞여 있다.

전기와 예언의 만남

여행의 안내자들

행복의 정점에 도달하려는 지상에서의 헛되고 고독한 노력이 좌절되자 단테는 여행에 안내자들과 동행했다. 베르길리우스는 지옥과 연옥을 안내한 후 지상의 천국에 오면 베아트리체에게 단테를 넘겨주었다. 베르길리우스가 그 이유를 비유적으로 소개하는 전통적인 방식은 나름의 가치 외에도 인물에 대한 문자적-역사적이며 개별적인 감각을 높게 평가하는 것이기도 했다. 베르길리우스는 시인이며 그의 시는 덕

그리스도교 세계의 비의도적 예언자 베르길리우스

목에 대한 상賞이자 명예를 추구하는 활동이었다. 따라서 그는 지상의 삶을 가장 숭고하게 표현하고 명예롭게 칭송한 덕목을 통해 드러난 인간성을 대변했다. 시, 덕목, 명예라는 주제는 베르길리우스와 함께 (그리스도교 신앙은 없으나) 가장 숭고한 인간적 덕목을 실천한 자들이 머물러 있는 림보에서 중요한 역할을 담당했다. 하지만 그는 아이네아스와 제국의 시인이기도 했으며, 제국은 단테의 정치적 소신에 중요했다. 베르길리우스는 『아이네이스Aeneis』 제6권에서 아이네아스가 지옥에 내려온 것에 대해 이야기하는데, 베르길리우스의 결정은 피안의 시인, 즉 단테의 선택이기도 했다. 베르길리우스는 『전원시Egloga IV』를 그리스도교적 의미로 해석할 가능성으로 중세에는 그리스도의 예언자로 여겨졌다. 단테는 이를 활용하여 라틴 시인 스타티우스(40-96)가 베르길리우스의 글을 읽고 구원을 갈구하며 그리스도교로 개종했을 것이라고 이야기했다. 하지만 베르길리우스의 글이 스타티우스를 신앙으로 인도했음에도 역설적이게도 베르길리우스는 지상의 암흑에 남고 만다. 베르길리우스는 예언자로서 그리스도를 언급하지만 자신의 말에 제한된 지상의 의미를 부여했다. 그 빈도는 줄어들지만 두 번째와 세 번째 시편에서 베르길리우스를 재인용한 것은 인용된 글의 권위를 제한하거나 의미를 수정하는 효과가 있었다.

베아트리체와 구원을 위한 사랑의 덕

베아트리체에 대한 우의적인 해석은 신앙, 계시, 은총, 신의 지혜, 신학으로 다양하게 이해 가능하다. 이러한 해석은 베아트리체가 시인이 사랑했던 여성이었으며, 지금은 최고 천상계에서 자신의 '친구'인 단테를 구원하려는 천국의 복된 여성임을 고려하여 재고되어야 했다. 베아트리체는 림보에서 내려와 그리스도론적인 기능과 최고 천상계가 자신에게 부여한 구원자의 기능(『신곡』 「천국편」, XXXI 85)을 수행했다. 『새로운 인생』에서의 베아트리체와 비교하여 이제 그녀에게 인간으로서의 이미지를 적용시키는 것이 가능해졌다. 즉 베아트리체는 죽기 이전에 자신을 사랑하는 단테에게 정신적 고양을 자극했지만 천국의 복된 자가 된 지금 새로워지고 더욱 강력해진 영향력을 지녔다. 지상의 천국에서 베아트리체는 베르길리우스를 대신해 단테를 회개를 위한 고백의 여정에 인도하며 결국 하늘에 오를 수 있게 했다. 천국에 오르는 것은 베아트리체가 산의 정상에서 눈을 태양에 고정시키고 단테가 베아트리체의 눈을 바라보는 순간 시작되었다. 사랑하는 여인에게 비추어진 신성의 빛은 단테를 하늘로 올려 주었다.

베아트리체를 위한 사랑은 단테를 최고 천상계로 인도했고 이곳에서 베아트리체는 단테에게 진정한 천국을 명상할 수 있게 만들었다. 마리아의 헌신과 신비 신학의 분야에서 중요한 저술을 남긴 베르나르두스는 신학에서 신비로, 신앙에서 명상으로, 계시에서 축복으로의 이전을 보여 주었다. 그는 신을 중재하고 단테가 신성을 볼 수 있게 하고자 성모 마리아에게 기도를 드렸다.

| **다음을 참고하라** |
역사 보니파시오 8세와 교회의 우월권(51쪽)
철학 철학자 단테(435쪽)
문학과 연극 피안의 문학: 여행과 공상(666쪽); 이탈리아의 서정시(695쪽); 시와 정치(704쪽); 프란체스코 페트라르카(726쪽); 조반니 보카치오(757쪽); 제프리 초서(766쪽)

프란체스코 페트라르카

| 로레다나 키네스Loredana Chines |

근대적인 의미의 문학가로 정의할 수 있는 최초의 인물인 프란체스코 페트라르카는 자신의 작품에서 위대한 라틴 고전주의 작가들과의 대화를 실험하고 서책에 대한 갈망과 인문주의적인 출판에 대한 철학적인 의도를 드러냈다. 『칸초니에레』 대부분은 연인 라우라에 대한 사랑으로 점철된 서정시를 속어로 기술한 것으로 유기적인 구성을 갖춘 시들이었다. 16세기부터는 서정시 전통의 원형으로 등장했다.

현실과 가상이 공존하는 전기

페트라르카(1304-1374)의 전기 작가 중 가장 유명한 에른스트 하츠 윌킨스(1880-1966)는 페트라르카의 어린 시절에 대한 재미있는 이야기를 제공했다. 부친의 바람으로 법학 공부를 시작한 페트라르카는 고전을 읽으며 시간을 보내는 것에 지겨움을 느꼈다. 분노한 부친이 벌을 주고자 베르길리우스(기원전 70-기원전 19)와 키케로(기원전 106-기원전 43)의 필사본을 불에 던지지만 어린 아들의 눈물에 동정심을 느껴 일부가 불탄 책들을 불구덩이에서 끄집어 아들에게 건넨다. 이탈리아 최초의 진정한 문학가로 평가받는 페트라르카의 미래를 말해 주는 일화로, 최초의 진정한 문헌학자이자 '인문주의' 애서가로의 열정을 짐작하게 한다. 페트라르카는 서정적인 작품의 창시자로 이탈리아 문학 전통에서 처음으로 '나는'이라는 표현을 사용한 작가였다. 또한 현재까지도 고전 작가들을 모두 섭렵한 지적인 독자들의 사랑을 받고 있다.

페트라르카의 생애는 시인이 문학 작품 속에 남긴 흔적을 통하여 때로는 자서전적인 줄거리를 예술로 포장하면서까지 후대에 남기려 했던 자신에 대한 초상의 암시를 통해서도 짐작할 수 있다. 그는 자신에 대한 일관된 인상을 전하려 했다. 하지만 (성적 유혹과 세속적 갈망의 끈들로부터 자신을 해방시키려는 것들에 이르기까지) 초월적 구도를 추구하면서도 불확실성, 통제 불능의 흔적을 남기기도 했다. 문헌학자들은 (다양한 주장에도 불구하고) 자서전적 서한 『후대인들에게Posteritati』에서 언급한 것처럼 페트라르카가 마흔 살을 넘어서는 육체적 유혹에 빠지지 않았으며, 스스로를 가장 이상적으로 묘사하려는 생각에 지배되지 않았다는 공통된 견해를 제시했다. 또한 이 서한에서 그의 지적 활동과 강연의 비유적 서술은 지상에서 신성까지, 젊은 이교도들의 유혹에서 그리스도의 저자들에 대한 정통적 관심으로의 변화를 추구했다. 하지만 일관된 진행 과정을 보이지는 않았다.

자신에 대한 초상

생애

페트라르카는 1304년 7월 20일 아레초에서 피렌체의 시민이자 교황파 백파로서 1302년 귀족 옹호파인 교황파 흑파가 승리하자 추방당한 페트라코의 아들로 출생했다. 가족들은 페트라르카가 일곱 살이 되었을 때 피사로 이사했고, 이듬해 당시 이 도시에 있던 교황청 근처인 카르팡트라Carpentras에 집을 마련했다. 이곳에서 프라토의 마에스트로 콘베네볼레Convenevole(약 1270-약 1338)로부터 문법학, 수사학, 논리학을 수학했다. 이후 부친의 바람에 따라 1316년에는 몽펠리에, 1320-1326년에는 볼로냐 대학에서 법학을 공부했다. 동생 게라르도Gherardo, 친구 자코모 콜론나Giacomo Colonna(약 1300-1341)와 함께 볼로냐에 도착한 페트라르카는 고전 연구와 시에 빠져들었다. 부친의 사망 후 아비뇽으로 돌아온 그는 상류층 생활과 아비뇽 교황청의 부패를 경험했다(종종 논쟁적 용어로 '대혼란Babiloniad'이라고 부르기도 했으며, 『칸초니에레』와 『목가시』, 『무명無名, Sine Nomine』에서 자신의 심정을 여러 번 토로했다). 페트라르카는 아비뇽에서 자신이 가장 아끼던 베르길리우스의 저술 필사본 여백에 1327년 4월 6일에 산타 키아라 교회에서 『칸초니에레』의 서정시들을 통해 남은 생애 동안 사랑하고 칭송하게 될 여인 라우라를 처음 봤다는 기록을 남겼다. 라우라는

볼로냐에서의 법학 공부

실존 인물로 그가 시를 통해 여러 차례 언급한 바 있다. 1327-1330년에 교황청을 드나들며 이탈리아의 성직자를 대표하는 권력가인 콜론나 집안과 두터운 친분을 쌓았다. 1330년경에는 연구에 필요한 수입을 얻고자 주변의 청을 모두 수용했다. 추기경 조반니 콜론나를 위해서도 일했는데, 이때 유럽을 여행하면서 저명한 도서관들을 방문하고 명성을 떨치던 당대의 정치가 및 지식인들과 인맥을 형성했다. 1333년 봄과 여름 사이에는 프랑스, 네덜란드, 브라반트, 독일을 거쳐 강, 파리, 리에주(이곳에서 키케로의 웅변집 두 권을 찾는다), 아헨, 쾰른을 방문했다. 여행을 마치고 아비뇽으로 돌아와서는 아우구스티누스회의 보르고 산 세폴크로의 디오니지Dionigi da Borgo San Sepolcro(약 1300-1342)를 알게 되어 깊은 우정을 나누는데, 그에게 아우구스티누스(354-430)의 『고백록』을 선물로 받았다.

페트라르카는 1335년 교황 베네딕토 12세(1280/1285-1342, 1334년부터 교황)로부터 첫 성직록을 받았고, 이 기간에 코레조의 아초Azzo da Correggio(1303-1364)의 지원을 받았다. 당시 그는 콜론나가의 손님으로 자주 로마에 머물렀다. 1337년 프랑스로 돌아온 후에는 이름을 알 수 없는 한 여성과의 사이에서 아들 조반니를 얻었다. 가을에는 보클뤼즈Vaucluse로 물러나 고독하고 평화로운 삶을 선택하는데, 이곳에서 베르길리우스를 모범으로 스키피오 아프리카누스(기원전 235-기원전 184/183)에 관한 라틴 12음절 시 형식의 서사시집 『아프리카』와 『위인전』을 집필했다. 두 작품 모두 자신의 영광에 대한 희망을 담고자 추진되었으나 미완으로 남는다. 시인으로서의 영광과 명예를 의식하며 쓴 것은 『아프리카』였다. 1340년에 파리 대학과 로마 대학이 동시에 시인 자격의 명예 학위를 제안했지만 로마 대학의 제안만 수용했다. 이듬해에는 나폴리에 출두하여 앙주의 로베르(1278-1343, 1309년부터 왕)로부터 카피톨리노 언덕에 대한 주제로 학위를 수여받았다. 속어로 시를 쓰려 계획한 것도 이 시기다. 1343년에는 다시 보클뤼즈에 은둔했다. 딸 프란체스카가 출생한 것도 이 때였다. 이번에도 어머니가 누군지는 알려지지 않았다. 같은 해 그는 조반니 콜론나에 의해 나폴리에 파견되어 외교 임무를 수행하게 되는데, 파르마에서 코레조의 궁전에 머무는 동안 『기억의 서Rerum memorandarum libri』(『기억에 남는 업적에 관한 책Libri di gesta memorabili』)를 연구했으며, 1345년에는 베로나 참사회 도서관에서 키케로의 『아티쿠스에게 보낸 서신 모음집』, 『브루투스에게 보낸 서신 모음집』, 『동생 퀸투스에게 보낸 서신 모음집』을 발견했다. 이를 계기로 서신을 수집해 『친근 서간집』의 집필을 계획했다. 이듬해에는 프로방스로 돌아와 『고독한 삶에 관하여De Vita solitaria』를 집필했으며, 글을 통해 평안함과 영적 평화를 표현하고자 했다. 그리고 12개의 전원시로 구성된 『목가시』를 쓰기 시작했다. 1347년 11월에는 이탈리아로 내려와 리엔초의 콜라의 봉기가 실패한 직후 발생한 소요로 혼란을 겪고 있던 로마에 도착했다. 페트라르카는 이전부터 그를 알고 있었으며, 초기에는 그의 주장을 지지한 바 있다. 이 기간 『나의 비밀Secretum Meum』 집필에도 몰두했다. 하지만 유럽에 흑사병이 창궐하자(1348-1349) 깊은 슬픔에 잠긴다. 라우라와 많은 친구의 죽음이 베르길리우스의 필사본 여백에 남겨졌다. 1350년에는 희년을 계기로 로마로 향하던 중 피렌체에서 보카치오(1313-1375)를 알게 되어 지적 교감을 나누었다. 이듬해에는 파르마, 그 이듬해에는 파도바를 방문했는데, 카라라의 프란체스코Francesco(1325-1393)의 손님 자격이었다. 또 보카치오의 방문을 받아 자치 도시의 이름으로 피렌체 대학의 교수직을 제안받지만 실현되지는 않았다. 페트라르카가 프로방스로 돌아온 후에 선출된 인노첸시오 6세(?-1362, 1352년부터 교황) 집권 이후 로마 교황청과의 관계가 악화되었다. 그는 자신의 이름을 감춘 채 쓴 『무명』을 무기로 로마 교황청 구성원들과 논쟁을 전개했다. 1353년 5월에 프로방스를 떠나 이탈리아로 돌아온 후에는 대주교 조반니 비스콘티(약 1290-1354)의 권고로 밀라노에 정착했다. 그리고 1356년에 그의 주선으로 프라하에서 카를 4세(1316-1378, 1355년부터 황제)를 만났으며, 1361년에는 파리를 방문했다. 같은 해 아들 조반니가 사망하자 밀라노를 떠나 베네치아를 거쳐 다시 파도바로 왔다. 이곳에서 딸 프란체스카와 사위, 손자들을 만났다. 1370년에는 로마 여행 도중 실신하여 생명의 위협을 받기도 했다. 페트라르카는 아르쿠아 Arquà 근처에 위치한 에우가네이Euganei 언덕으로 요양을 떠나 자신의 마지막 작품 집필에 몰두했다. 그렇게 「영원의 승리Trionfo dell'Eternità」의 집필을 끝내고 『칸초니에레』의 최종본을 완성한 후인 1374년 7월 18-19일 사이 밤에 70세의 나이로 죽음을 맞이했다.

흑사병과 파멸

아르쿠아에서 사망

복수의 언어

16세기의 인물 피에트로 벰보Pietro Bembo(1470-1547)는 페트라르카를 이탈리아 속어 서정시의 첫 거장으로 평가했지만 그에 대한 유럽의 평가는 (그의 작품이 벰보의 노력으로 알려지기 전까지만 해도) 속어 작품보다는 수가 많은 라틴어 작품에 기원했다. 페

페트라르카의 라틴어

트라르카에게 영혼과 내적 고백을 위한 언어가 라틴어였음은 분명하다. 문헌학적이고 사적이고 또 자서전적 성격의 필사본과 속어 작품집 여백에도 라틴어로 기록한 주석들이 남아 있다. 페트라르카는 고대인의 '권위'를 통해 확인된 라틴어의 확고한 형태를 활용하며 철학적이고 박식한 주제를 한층 자연스럽게 집필했다. 특히 자신의 내적 성찰을 표현함에 두 언어 사이에서 고민하지 않았다. '새롭게 등장한' 속어는 전통의 인물에 의해 검증되지 않은 언어였기 때문이다. 따라서 속어 사용이 후손을 위한 언어 모범이 될 것임을 인식하고 주의를 기울여 자신만의 엄격한 규칙을 지켰다.

『칸초니에레』

『칸초니에레』는 페트라르카의 자서전적 경험과 시적이고 반복될 수 없는 사례를 이야기하고자 의도적으로 구성된 '획일적인 작품'이라는 점에서 이전까지의 모든 시와 구별되었다. 자체로 의미 있으며, 1인칭 서술을 위해 세심하게 연구된 구조를 바탕으로 작성된 '시집'이라는 점에서도 전례를 찾아보기 힘들다. 『칸초니에레』의 명칭으로 더 잘 알려진 『속어 단편시 모음Rerum vulgarium fragmenta』은 모두 366개의 시로 구성되었는데, 여기에는 작품 6이 2회, 완전한 숫자인 작품 3이 1회 포함되었다.

『칸초니에레』의 숫자들

각 숫자의 총합(3+6+6)은 15이며, 이 숫자에서도 합(1+5)은 다시금 6이다. 비평가들은 숫자 366에서 달력을 연상했다. 서문 역할을 하는 첫 번째 소네트를 제외하면 365개의 서정시가 남는데, 하루에 하나의 시를 통해 지상의 모든 의식에 대한 우화를 이야기함을 뜻했다. 페트라르카 자신도 숫자 6을 각각 라우라를 사랑하게 된 날과 연인의 죽음을 가리키는 1327년 4월 6일과 1348년 4월 6일에 배치하면서 이 숫자가 자신에게 얼마나 중요한지를 보여 주었다. 변화 요인은 시집의 구조에 있다. 사랑의 주제를 지키면서도 주제와 운율과 연관된 다양성이 드러났다. 317개의 소네트 외에도 29개의 곡, 9개의 6행 6연시, 7개의 8행시(8행의 구 3절과 4행의 절구로 되어 있는 프랑스 시형), 4개의 목가(또는 연가)가 있다. 이들이 시집에 포함된 것은 우연이 아니라 구체적인 의미를 부여하거나 시집에 운율 형태를 적절하게 부여하려는 저자의 의지의 반증이었다. 시집은 두 부분으로 나뉘었는데, 라우라의 '생전'과 '죽은 후'의 서정시다.

다양한 해석

『칸초니에레』의 텍스트는 잔프랑코 콘티니Gianfranco Contini(1912-1990)가 1964년

에 집필한 자신의 비평집에서 편집한 것이었다. 문헌학자인 그는 저자의 의도에 따라서 부분적으로는 페트라르카의 자서전적으로, 부분적으로는 필경사 조반니 말파기니Giovanni Malpaghini(약 1346~1417)가 저자의 꼼꼼한 감독 아래 필사(자필)한 바티칸 필사본 라티노 3195에서 드러난 최종 형태에 주목했다(기호).

페트라르카는 『칸초니에레』를 오랜 집필 기간 내내 끊임없이 수정한 다음 최종 완성했다. 그의 노력을 보여 주는 또 다른 증거는 바티칸 필사본 라티노 3196으로 이름 붙여진 자서전적 성격의 필사본인데, 여기에 최종 완성에 앞서 편집된 글이 포함되어 있다. 이를 통해 우리는 페트라르카의 시적 세계를 들여다보고 다른 편집본과 비교하여 여러 가지 교훈을 확인할 수 있다. 방대한 각주와 메모, 시인의 필체 외에도 엄청난 긴장감을 갖고 집필했다는 점까지도 알 수 있다.

무엇보다 『칸초니에레』는 복수의 이미지를 가진 여인으로 구원의 힘, 잔인한 무관심의 아름다움, 페트라르카가 보클뤼즈에서의 유쾌한 장면과 희망과 낙담의 그네를 통해 묘사한 매혹적인 모습, 욕망의 비상과 현실 직시, 일련의 열정으로부터 벗어나려는 마음과 순수한 정신에 대한 그리움을 전부 대변하는 라우라를 위한 사랑의 일기였다. 그녀는 1348년에 흑사병으로 사망하는데, 페트라르카에게는 남성이자 시인으로서의 경험을 거꾸로 다시 읽어 내기 위한 상징적인 사건이었다. 이 기간은 그에게 사랑을 빼앗아 가고, 과거와 예전의 실수를 성찰할 수 있게 했으며 (라우라에 대한 육체적인 사랑은 젊은 시절의 실수로 그가 신에 대한 사랑으로부터 멀어지게 만들었고 부끄러움과 회개만 남겼다) 동시에 자신의 시를 통해 전달된 고통받은 영혼을 위로할 수 있는 시간이기도 했다. 지상의 비유에 대한 감각을 제공하고 자신의 지적 활동에 대한 의미 있는 표시를 남기려는 의지는 『칸초니에레』와 다른 중요 라틴어 작품들에 대한 재검토를 필요하게 만들었다. 한편으로 시간에 대한 감성과 본질적인 허약성에 대한 감성이 페트라르카의 시에 동기를 제공했다. 사랑의 '과오'는 이미 지나가 반복될 수 없는 지상의 경험에 속하는 것이기에 시인이 범한 대표 사례로 여겨졌으며, 페트라르카가 반드시 의도해야만 하는 영원과의 지속적인 비교에 해당했다.

『승리』

『칸초니에레』의 완성과 교정 작업에 따른 고민에도 페트라르카는 속어로, 그리고 단테의 삼행시 형식을 이용해 『승리Trionfi』를 집필했다. 제목은 고대 로마에서 승리의 고대 로마를 기념하며 전사들이 전리품과 포로를 거느린 채 행진을 벌이는 승리의 축하를 암시했다. 역사적으로 가장 오래된 것은 아니지만 최초의 것은 「탐욕의 승리Triumphus Cupidinis」(또는 「격정의 승리Trionfo della Passione」, 1352년부터 집필)였는데, 저자는 자신이 꿈속에서 본 것을 기술했다고 말하면서 이 작품을 환영幻影 문학으로 규정했다. 4개의 장으로 구분된 「탐욕의 승리」에 등장하는 승리의 전사는 큐피드였다. 그는 자신을 포함한 '사랑에 절망한 자들'의 끝없는 행렬을 이끌며 행진했다. 다음으로 「정숙함의 승리Triumphus Pudicitie」(또는 「겸손의 승리Trionfo della Pudicizia」, 1343-1347년에 집필)가 이어졌다. 라우라는 자신의 덕으로 큐피드를 격파하고 포로로 잡은 후 로마의 정숙貞淑의 사원에 감금시켰다. 세 번째 승리인 「죽음의 승리Triumphus Mortis」는 2개 장만 남아 있지만 라우라의 죽음을 암시하고 있다. 만약 죽음이 삶에 승리한다면 죽음으로 네 번째 승리의 주역인 명성(「명성의 승리Triumphus Fame」, 1351년 이후 집필)이 승리할 수 있었다. 페트라르카는 이를 완성하기 위해 최선을 다했지만 결국 마무리하지 못했다. 노년에 2개의 마지막 승리인 「시간의 승리Triumphus Temporis」와 「영원의 승리」를 추가했다. 페트라르카가 자신에 대한 영원한 기억인 죽음의 승리를 위임한 시적 명성과 마찬가지로, 시간과 그의 파괴적인 도주는 세속적이고 깨지기 쉬운 명성마저도 지워 버렸다. 하지만 인간의 물리적-세속적인 시간은 시인이 사랑하는 라우라를 다시 만나기를 희망하는 영원에 굴복하고 만다.

『나의 비밀』

『나의 비밀』은 말 그대로 '비밀스러운' 작품이다. 그 내용은 미공개 상태로 현존한다. 페트라르카의 가까운 친구들만이 몇 개 소식을 알고 있었을 뿐, 시인의 사후에야 세상에 존재가 알려졌다. 이 책은 일종의 '내면 일기'로, 작가는 다른 작품에서처럼 자신의 이상화되고 자서전적인 모습을 찾으려 했다. 따라서 내면의 고통, 결코 줄어들지 않는 내적 분열, 반목적 상황 때문에 고통받은 영혼의 불안을 숨김없이 드러냈다. 원래는 1342-1343년에 쓰려고 했으나 실제로는 에스파냐의 철학자 프란체스코 리코Francesco Rico가 언급했듯이 1347년에 탈고하여 1349년에 재검토했으며 1353년에 좀 더 완벽한 교정을 거쳐서야 완성했다. 주인공은 페트라르카 자신과 그가 저서를 통해 알고 있던, 특히 열정과 진실한 신앙 사이에서 방황하는 인간의 내적 투쟁을 발견한 『고백록』의 저자 아우구스티누스였다. 시인의 또 다른 자아인 그는 조용하고

내면 일기

프란체스코와 아우구스티누스

신비감 있는 여성을 상징하는 진실 앞에서 인간이 세속적인 부를 추구하고 세상과 신앙을 거부하는 가장 힘들고 불가능한 길에 직면하여 (스스로를 포기하면서도 수많은 증거를 만들어 내려는 노력에도) 프란체스코의 실체를 드러낼 준비가 되어 있었다. 성인은 시인을 과오에 빠뜨리고 지상에서의 허약함을 여지없이 폭로했다(라우라에 대한 사랑, 지상의 영광에 대한 애착, 태만함). 총 3권으로 구성된 작품은 상당히 다듬어진 문체의 라틴어로 쓰였다. 유기적이고 파편적이지 않은 작품 구조는 내적인 증상모략에 대한 시인의 불분명한 태도를 반영한 것이었다. 그는 이 작품이 개인적인 비밀로 남기를 원하면서도 한편으로는 사후에 유일하고 특별한 계시로 남기를 바라는 마음을 작품에서 분명하게 드러냈다.

서간집

막 40세가 지난 1345년에 페트라르카는 베로나 참사회 도서관에서 키케로의 『아티쿠스에게 보낸 서신 모음집』을 발견했다. 체계적으로 수집한 작품을 모아 인간적이고 지적인 자서전을 만들고자 했던 그는 라틴어로 작성된 자신의 서한을 모아 정리하려는 구체적인 계획을 세웠다. 이를 계기로 24권으로 구성된 350개의 서한이 들어 있는 기념비적인 작품 『친근 서간집』이 탄생했다. 페트라르카의 작품에 영향을 미친 다른 인물은 세네카(기원전 4-65)와 소 플리니우스(60/61-약 114)였다. 산문 형식이거나(『친근 서간집』, 『만년 서간집Epistolae Seniles』, 『무명』), 시구로 된(『서간집 Epystole』) 페트라르카의 서간집들은 미시적-거시적인 구조, 재작성, 혼합, 언어와 문체의 수정, 때로는 내부에서 서한의 위치를 옮기는 작업(또는 이 모음집에서 저 모음집으로의 이동)을 통해 구분되었다. 산문 형식으로 작성된 페트라르카 서신의 구성적 층위를 재구성하려는 학자 중 비토리오 로시Vittorio Rossi, 주세페 빌라노비치Giuseppe Billanovich, 어니스트 해치 윌킨스Ernest Hatch Wilkins 등은 문학적인 기교, 때로는 연구된 서신들의 짜임으로 구성되었으며 작품의 구조에 적절하게 배치하기 위해 '후대에 작성된' 서신으로 조작된 (잘못된 날짜에서도 알 수 있는) 허구의 진실을 지적했다. 이와 같은 방식으로 진실과 위조, 이상적인 것과 현실적인 것, 그리고 역사적인 사건과 상상에 그친 다른 사건, 실제의 수신인과 과거의 위대한 인물이 뒤섞였다. 시구와 산문으로

페트라르카에게 1360년대는 극심한 고통의 기간이었다. 사랑하는 여인의 죽음으로 고통과 평화에 대한 갈망, 죽음에 대한 성찰을 이야기하는 『만년 서간집』(18권으

로 구성된 128개의 서한) 집필에 몰두했다. 여기에 보카치오가 특별 대화자 자격으로 나오는데, 특히 페트라르카풍의 라틴어로 다시 쓴 서한을 포함하는 모음집 마지막 권에 『데카메론』의 등장인물인 그리젤다가 등장한다.

이상의 모음집에 포함된 산문 형식의 다른 서신들에는 『잡문집Variae』이라는 명칭이 붙여졌다. 라틴어의 12음절 시와 호라티우스의 시를 모범으로 하면서 친구인 마르코(술모나의 바르바토Barbato da Sulmona)에게 헌정된 『서간집』(3권으로 구성된 66개의 서간)은 다양한 성격의 주제를 포함하고 있었다. 『무명』(검열과 예방을 이유로 수신자에 대한 언급이 생략되었다)의 19개 서신은 대부분 1351년 작성되었는데, 이를 통해 아비뇽 교황청의 부패를 비판했다.

영혼의 초상: 『아프리카』

『아프리카』는 페트라르카에게 영광을 안겨 준 박식한 작품이었다(9권으로 구성된 6천 729개의 12음절 시구며, 주제로는 제2차 포에니 전쟁의 사건과 인물을 다루었고, 수많은 문학적 암시와 요점, 특히 베르길리우스, 리비우스, 키케로, 마크로비우스Macrobius, 실리우스 이탈리쿠스Silius Italicus에 대해 언급했다). 그는 집필에 대한 불안감을 토로했고 (『친근 서간집』, I, 1에서처럼) 자기 영혼의 초상으로 의도된 언어와 라틴 문명을 복원한다는 기념비적인 임무, 그리고 이에 따른 유럽의 전통과 문화적 정체성을 지적했으며, 자기 자신이 지혜라고 여긴 스스로의 내적 심정과 영혼의 초상을 불어넣었다. 따라서 1338년에 시작된 『아프리카』 집필에는 구성에 대한 고민과 창조의 어려움이 뒤따랐다. 이후의 지속적인 교정과 수정 작업에도 이 작품에는 일관성 결여와 불균형이 남아 있었다.

시적 우화들의 정당성: 『목가시』

비르질리오의 조반니(13-14세기)와의 라틴 전원시 교류로 활력을 불어넣은 단테 덕분에 전원시가 다시 활성화되었다. 단테가 『신곡』에서 자신의 속어 선택을 옹호하기 위해 목가시 양식에 몰두한 반면 페트라르카는 극소수만이 목가적 우화에 숨겨진 의미를 판독할 수 있을 만큼 접근이 쉽지 않다는 것을 이유로 이 유형을 부활시켰다. 라틴어로 된 12개의 전원시에는 이름과 목가적 장면에 대한 상황이 등장하며, 이면에 실제 인물과 사실에 대한 이야기가 숨겨 있다.

논쟁의 작품과 문학의 권위

페트라르카의 공로로 문학과 시는 법학이나 의학 같은 학문과 견주어도 뒤떨어지지 않는 권위를 갖게 되었다. 아리스토텔레스 철학이나 의학 대가들과의 논쟁이 이해되는 부분으로, 이들을 통해 그는 문학가로서의 역할만이 아니라 문학에 대한 지식까지 옹호하면서 지적 활동의 중요성과 기능을 강조하고, 지식의 계층을 나누는 전통을 비판했다. 나아가 이후의 인문주의 세대에게 이 흐름을 주도하는 역할을 위임했다. 1351년에는 의사들과 열띤 논쟁을 전개하는 내용의 『의사에 관한 독설Invective contra medicum quendam』을 집필했다. 신랄한 논쟁은 법학자들과의 관계에서도 드러나는데, 『나와 다른 사람들의 무지에 관하여De sui ipsius et multorum ignorantia』에서 논쟁상 적대 관계에 있는 스콜라-아리스토텔레스주의를 열성적으로 지지하는 아베로에스 추종자들에 대한 1367년의 공격 역시 부드럽지 않았다. 이 저술에서 페트라르카는 (인문 영역의 학문을 통해 덕목을 달성하려는) 도덕 철학이 자연 철학보다 우월하다고 주장했다. 논쟁적 성격의 다른 작품들은 논쟁의 우연하고 우발적 요소를 이끌어 내고 인간의 문화와 문명에 대한 보다 보편적이고 심오한 성찰을 주도하는 시인의 능력을 보여 주었다.

의사, 법학자와의 논쟁

고대인의 위대함과 근대인의 '호기심'

『아프리카』 이후 페트라르카는 라틴 문학과 역사에서 나타난 도덕적 모범exempla 사례들로 구성된 저술의 집필에 몰두했다. 그 결과 1343년에 라틴 역사가 발레리우스 막시무스(1세기)의 작품을 원형으로 모두 4권(과 1권의 미완성본)으로 구성된 『기억의 서』가 작성되었지만 1345년 이후 미완성으로 남았다. 고전 시대의 위대한 작품에 대한 관심은 중세인의 평범함이 고대인의 놀라운 수준을 이해했음을 의미하는 것이었다. 그는 정직한 학문보다는 호기심에 반응하고 일시적인 것에 지극히 민감한 중세 시대가 더 이상의 우둔함에 빠져 시간을 낭비하지 않길 바랐다. 『위인전』에서도 이러한 생각을 드러냈다. 1338년부터 집필했는데 초기에는 로마인 저명인사 23명의 자서전이 포함되었고, 성서와 신화의 인물 12명에 대한 언급이 추가되었다.

철학적이고 도덕적이며 종교적인 연구서와 저자와의 대화

페트라르카는 외교 임무 때문에 끊임없이 주거지를 옮겼고 세력가들과의 관계 유지에도 노력해야 했다. 동시에 (자신의 여러 작품에서 언급한 바와 같이) 문학 연구와 평화로운 전원에서의 종교적 성찰에 빠져들 수 있는 고독한 삶을 꿈꾸었다. 1346년에 보클뤼즈의 숲 근처에 머물면서 (1371년까지 재검토와 교정 작업을 거치게 될) 2권으로 이루어진 『고독한 삶에 관하여』의 집필을 시작했다. 이 저술에서 페트라르카는 세속적 욕망을 극복하고 내면의 평화를 추구할 목적으로 연구와 기도, 자연과의 자유롭고 적극적인 접촉에 몰두했다.

1347년에는 몽트리외Montrieux 수도원 근처에 살고 있는 동생 게라르도를 처음으로 방문하고 돌아오는 길에 『종교적인 여가에 관하여De otio religioso』에 대한 집필을 구상했다. 1356년에 완성한 이 책에서 그는 고전과 다른 고대의 문서에 언급된 저명한 인물에 대한 이야기와 수도원의 삶과 명상의 삶에 대한 아우구스티누스의 입장을 서신 형식의 대화로 기술했다.

하지만 유럽 전역에 확산될 그의 철학적-도덕적 성격의 작품은 『두 운명의 치유에 관하여』였다. 이 저술은 1354-1366년에 대화 형식으로 집필되었으며 좋은 운명과 좋지 못한 운명에 직면한 이들에게 현명한 자가 가진 힘을 권고하는 고전 시대의 도덕적 가르침을 반영했다.

『고독한 삶에 관하여』나 『종교적인 여가에 관하여』처럼 『칸초니에레』를 마감하면서 성모 마리아에 대한 기도를 고취시키던 종교적 긴장감은 1342-1343년에 다윗의 「시편」을 원형으로 했지만 아우구스티누스의 시편에서 볼 수 있는 내면의 불안감이 관통하는 7개의 글로 이루어진 『회개의 시구Psalmi penitentiales』에서도 드러났다.

반면에 『우리 주 예수 그리스도의 무덤을 향한 여정Itinerarium ad sepulcrum Domini nostri Ihesu Christi』은 지리적-종교적인 성격을 보여 주었다. 고전 작품을 인용하며 순례 지역이 가지고 있는 문화적 중요성을 지적했는데, 1358년에 이 작품을 집필한 이유는 성지로의 여행에 친구 조반니를 동반시키려고 한 시인의 치밀한 성격 때문이었다. 오늘날에도 페트라르카와 그가 인용한 인물들의 수많은 필사본이 남아 있다. 페트라르카의 서한들에는 이러한 발견과 판독, 문헌학적 작업, 저명한 저자들인 티투스 리비우스, 베르길리우스, 대 플리니우스, 키케로, 퀸틸리아누스, 세네카, 아우구스티누스처럼 그가 특별히 사랑한 인물들에 대한 열정적-지속적인 인용이 반복되었다.

| 다음을 참고하라 |

역사 보니파시오 8세와 교회의 우월권(51쪽); 아비뇽의 교황청(57쪽)
문학과 연극 고전의 수용(651쪽); 이탈리아의 서정시(695쪽); 단테 알리기에리(712쪽)

서술의 취향

LETTERATURA E TEATRO

소설

| 주세피나 브루네티 |

12세기의 소설 분야 작품들은 13~14세기를 지나면서 부분적으로 재활용되거나 근본적으로 재구조화되었다. 산문이라는 새로운 수단 덕에 확장되고 이전보다 방대하고 복합적인 서술 구조에 편입된 주인공과 잘 알려진 줄거리가 등장(랜슬롯, 성배 등)한 한편에서는 지극히 사실주의적인 흐름을 수용하거나(장 르나르) 잘 알려진 세계를 백과사전식으로 포괄했다(『장미 설화』). 13세기 이후의 소설은 오일어 사용 지역으로 계속하여 확산되었다.

알려진 것과 새로운 것

12세기에 만화경 형태로 고정되었던 소설 영역은 13~14세기를 거치면서 점차 다양한 의미를 획득하여 르네상스와 이후를 이끌었다. 13세기에 소설은 오일어oïl 사용이 지배적이었던 여러 지역으로 확산되었다. 알려진 것noto과 새로운 것nuovo의 변증법적 맥락에서 다음과 같이 특징을 요약할 수 있다(그럼에도 이러한 흐름에서 벗어나는 요인도 다수 공존했다).

1) 노래chansons의 순환 주기를 동반하는 서사시 영역처럼 이야기 형식을 갖추었

으며, 인물의 변천(『가웨인 연속Continuation Gauvain』, 『랜슬롯-연작Lancelot-Cycle』, 『트리스탄 이야기 산문Le Roman de Tristan en prose』)과 대상-상징(『성배 찾기Quête du Graal』)을 주제로 하는 방대한 서술적 구조를 추구했다(교착entrelacement).

2) 실재했거나 역사적으로 기록된 사건 또는 사회 변화에 대한 관심을 내용에 포함시키는 사실주의적인 흐름이 등장했다(장 르나르, 몽트뢰유의 제르베르Gerbert de Montreuil, 『티란테 엘 블랑코Tirante el Blanco』).

3) 대학 원형과 아리스토텔레스주의, 새로운 대중의 요구가 제기되었으며, 전집summae에 근거한 백과사전식 경향이 가속화되었다.

산문 분야의 등장은 훗날 형태를 통해 암시될 두 가지 중요 사실을 전제했다. 인위적인 구절을 경계하기 위한 진위성과 윤리적-도덕적인 내용을 잘 드러내기 위한 도덕성이다. 이후에 이들은 또 다른 중요 의미로 발전했다. 한편으로 브르타뉴 지역 주민들과 작센인들의 투쟁, 아리마데의 요셉에게 맡겨진 성배와 관련된 연대기처럼 아서 왕에 대한 역사적 차원(이미 독창적인 모티프였으며 노르만 시인 로베르 웨이스Robert Wace의 역사 소설이 대표 사례다)의 진정성을 회복했다. 다른 한편으로는 소설이 사랑의 상징으로 확산되었고, 수수께끼 같은 표현ambages을 포함한 경우에는 신비적, 예언적, 목적론적이었으며, 특히 성배의 전설에 관한 이상까지 포함하는 상징적인 의도를 내포했다. 그 표상은 이미 전형으로 선택된 바 있는 랜슬롯이다. 그를 통해 궁정 사랑과 성배의 주제(다윗의 후손인 그는 세상에서 가장 위대한 기사였으며 그의 아들 갈라하드 역시 성인의 유체를 동방으로 운반했다)가 함께 등장했다. '궁정의 기사'(랜슬롯과 귀네비어의 이야기를 통해 전성기를 맞이했다)와 '천상의 기사'(성배를 탐색quête하는 기사의 노력)는 인용과 재인용을 반복하며 모든 분야에 등장했다.

역사적-상징적 측면

알려진 것과 새로운 것의 변증법적 관계는 계속되었다. 한편에서는 끊임없이 천상의 기사와 영웅을 양산했으나(가웨인, 퍼시벌, 랜슬롯), 다른 한편에서는 이미 알려진 기사들의 새로운 이야기가 정착되었다(『조프레 이야기Le Roman de Jaufre』, 『아이더 왕의 로맨스The Romance of Yder』 등). 첫 번째 부류에 속하는 소설의 구조는 구체적인 계층화를 생략한 채 잘 알려진 주인공의 다양한 모험을 포괄했다. 반면 두 번째 부류는 계층화되고 상향적인 구조였다.

아서 왕에 대한 이야기와 관련해서는 『가웨인 연속』(트루아의 크레티앵Chrétien de

Troyes[1160~1190년에 활동]이 아서 왕을 자신이 쓴 『성배 이야기Le Conte du Graal』 제2부에 등장시켰다)과 『퍼시벌의 연속La Continuation de Perceval』(또는 두 번째 연속)을 지적할 수 있다. 후자의 작품에서 퍼시벌은 천신만고 끝에 자신의 요구를 제시하고 성 베드로를 대신해 성배 보호자로서 왕권을 장악했다. 순환 주기 형태의 핵심으로 꼽을 수 있는 『랜슬롯Lancelot propre』은 길고 미로 같은 내용의 소설로 사랑의 주제와 성배에 대한 모험을 집대성했다. 『아서 왕의 죽음La Mort le roi Artu』과 『탐색Queste』에서 이야기의 연장은 고려 요인이었지만 소재와 내용의 관계는 복잡했다. 반면 서막에 해당하는 『성배 사화L'Estoire del Saint Graal』는 아서 왕 시대에 대한 전제로, 아리마데의 요셉 가문의 역사가 언급되었다. 보롱의 로베르Robert de Boron는 13세기경에 자신의 소설에서 세속적 의미의 성배를 그리스도교적인 의미로 교체하는 중요한 변화를 시도했다. 이렇게 예루살렘의 성배가 영국으로 옮겨졌으며, 종교적 전이translatio religionis는 제국의 전이와 학문의 전이translationes imperii e studii로 명명된 것과 일치되었다.

현실주의의 흐름

사실에 대한 소설적 표현, 중세에 알려진 보다 '근대적인' 형태는 『그림자의 시』 외에도 『에스코플레 이야기Roman de L'Escoufle』와 『돌의 기욤Guillaume de Dole』(1220~1230년대의 작품들로 추정된다)의 저자로 알려진 장 르나르를 통해 실현되었다. 우화 대신 진실을 지향하는 것은 현실에 대한 보다 큰 반영으로 나타났다. 예를 들어 주인공이 허벅지에 욕망의 장미를 가지고 있다는 이유로 훗날 '장미 이야기'로도 불린 프랑스의 서사 소설 『돌의 기욤』이 증거다. 이 작품은 줄거리 연결을 위한 운율을 갖춘 첫 번째 소설이다. 황제가 된 코라도가 오토 4세(1175/1176~1218년, 1209~1215년에 황제)로부터 영감을 받은 것처럼, 이를테면 독일 중북부의 동시대 소설인 『크라옹의 모리츠Moriz von Craûn』에 등장하는 모리츠는 실존 인물인 크라옹의 마우리초Maurizio(?~1196) 공작을 떠올리게 한다.

실존 인물에서 착상된 소설의 주인공들

고대의 이야기 또는 아서 왕에 대한 환상적인 이야기가 보여 주는 신비감은 동시대의 상황, 적어도 일상처럼 여겨지는 사실적인 주제들에 의해 퇴색되었다. 브르타뉴 지역에서 유래된 우화나 상상을 통해 얻어진 주제들은 사실주의적인 맥락의 글로 재구성되었다. 현실성을 강조하려는 경향은 처음부터 즉각적인 반응을 불러일으키지는 못했지만(『바이올렛 이야기Roman de la Violette』, 『성주 쿠시 이야기Roman du Châtelain de Coucy』, 『푸아티에의 조프로이Joufroi de Poitiers』, 많은 시간이 지난 후에 이베리아 반도에서 등장한 『티란테 엘 블랑코』와 『겔프당 의회Curial e Güelta』) 속어로 쓰인 역사 연구에서는 효율적인 결과를 도출했다. 장 드 묑(약 1240-약 1305)의 『장미 설화』가 전형이라 할 수 있는 백과사전적 소설과 관련해서는 프란체스코회 소속으로 카탈루냐 출신의 라이문두스 룰루스(1235-1316)가 쓴 두 권의 소설이 언급 가치가 있다. 종교 소설 『블랑케르나Blanquerna』(은둔자의 수도원에서 교황청으로 전달된 주인공의 삶에 대한 이야기는 인간적인 삶의 여건을 기술하기 위한 계기를 제공했다)와 대화 형식의 10권으로 구성된 『펠릭스Fèlix』나 『불가사의의 책Llibre de meravelles』은 신학과 자연에 대한 일종의 세상의 거울speculum mundi인 백과사전, 다시 말해 단테가 인간과 신의 차원을 접목하여 쓴 『신곡』이 실현된 것 같은 효과를 드러냈다. 백과사전적 소설

프랑스에서 유럽으로

13세기의 소설은 오일어를 사용하는 여러 지역과 옛 프로방스어가 남아 있는 프랑스 남부 지역들, 영국과 독일의 북부 지역, 이탈리아, 그리고 이베리아 반도로 확산되었다. 오크어oc로 쓰인 소수의 소설 중 가장 오래된 작품인 『조프레 이야기』는 아서 왕 궁전의 젊은 기사가 사악한 무리를 물리치는 줄거리였다. 지중해의 아서 왕 관련 소재들에서는 무기, 사랑에 대한 언급과(에트나의 아서 왕에 대한 주제) 오일어의 역사를 알 수 있다. 『플라멘카의 로맨스The Romance of Flamenca』(약 1250-1270)는 오크어로 쓰인 대작이자 최초의 진정한 환경 소설이다(부분적으로는 십자군의 알비파에 대항한 원정으로 파괴된 궁전의 화려한 전경이 돋보인다). 질투심에 불타는 남편에 의해 탑에 갇힌 여주인공이 교회에서 성직자로 변장하여 사랑을 얻는 데 성공하고 연인이 된 전사에 의해 풀려나는 내용이다.

프랑스 소설을 통해 전해진 이탈리아의 이야기들은 『신곡』의 등장인물인 프란체스카의 유명한 말과 불가분의 관계를 가지며("우리는 어느 날 나란히 앉아 / 랜슬롯을 사랑으로 포옹하네", 『신곡』 「지옥편」, V, 127-128), 이것은 또한 필사본으로 읽힌 도서관의 책과 저자에 대한 이야기였다. 이탈리아의 『트리스탄과 원탁의 기사들Tristan and the Round Table』은 중요하게 평가된 반면에 보카치오(1313-1375)와 아리오스토(1474-1533)의 장편 서사시 「사랑하는 오를란도Orlando innamorato」가 자연스럽게 연결된다는 점에서 다른 문학 분야에 대한 영향과 속어화를 언급하지 않고서 소설을 이야기

하는 것은 불가능하다.

에스파냐 소설

13세기 중반부터 14세기 중반까지 이베리아 반도에서도 소설 분야가 발전했다. 13세기 중반에는 카탈루냐어로 현존하는 가장 오래된 소설 『아폴로니오스의 서Libro de Apolonio 또는 The Book of Apollonius』가 완성되었다. 성직자의 박식한 기술mester de clerecía이라는 특징적인 운율 혹은 알렉산드리아 시의 단운율 4행시(쿠아데르나 비아cuaderna vía)로 된 『역사Historia』의 라틴어 판에서 유래된 형태나 카탈루냐 지역에서 아서 왕과 브리타니아 지역의 소재를 재구성하는 것 외에도 교훈적-도덕적인 자극을 위한 기사도(『알렉산더의 책Libro de Alexandre』) 혹은 백과사전적 주제에 관심이 집중되었다. 첫 번째 독창적 소설은 『기사 지파르의 책Libro del Caballero Zifar 또는 The Book of the Knight Zifar』이었다. 이 작품은 지파르Zifar와 아들 로보앙Roboán의 모험을 다루며 다양한 이야기로 구성되었는데, 교훈적 목적의 글까지 포함했다. 14세기 중반에는 (지금은 분실되고 없는) 아서 왕류의 기사 모험담의 이 지역 원류인 『가울라의 아마디스Amadís de Gaula』 초판이 완성되었는데, 이후 세르반테스(1547–1616)에게 영향을 미쳤으나 자체적인 매력은 떨어진다. '시들어 가는' 가치를 인정한다 할지라도 일류 작가를 모방하는 수준의 아류작 『퍼스포리스트Perceforest』(알렉산더 대왕에서 아서 왕까지 기사들에 대한 거대한 역사)와 역사가 장 프루아사르(1337–약 1404)의 백과사전summae식 소설인 『멜리아도르Méliador』 정도에 불과했다.

| 다음을 참고하라 |
문학과 연극 「장미 설화」(747쪽); 짧은 이야기의 형태(753쪽); 조반니 보카치오(757쪽); 제프리 초서(766쪽)

서사시, 교훈시, 우화시

| 다니엘레 루이니Daniele Ruini |

시 형식으로 된 교훈적 용도의 작품들은 통일된 형태를 갖추지는 못했으나 별다른 구별 없이도 다양한 지식 영역에 적용이 가능했다. 13–14세기에 우화시는 플라톤의 영향을 받은 (샤르트르 학파의) 라틴시에서 상속된 특정 양식에 근거했다. 아직 종교적 성격이 강했던 초기에 빠르게 세속화되면서 사랑의 주제에 집중했다.

교훈시

시 형식으로 된 교훈적 성격의 가장 오래된 작품은 도덕적-종교적 유형으로, 12세기에 프랑스에서 확산되었는데 중세의 일화exemplum 전통과 신학적인 성격의 번역 글, 라틴인의 도덕성을 발전시킨 설교풍의 글을 포함했다. 13세기 중반부터 종교적 성격의 이론 지침서가 전성기를 맞이했다. 1267년에 페캄의 피에르Pierre de Peckham(?-1293)가 질의응답 형식으로 쓴 『레의 빛La lumiere as lais』이나 하급 성직자를 새로이 교육시키기 위한 목적으로 인노첸시오 3세(1160-1216, 1198년부터 교황)의 의지에 따라 작성된 『죄악 지침서Manuel des péches』(1270)를 들 수 있다. 시 형식의 설교는 13세기 초반에 프로뱅의 기오Guiot de Provins(12-13세기에 활동)가 쓴 성서처럼 진정한 의미의 사회 풍자로 발전했다. 도덕적인 성격의 이야기 모음집에는 속어로 작성된 『카토의 이행시집 수사본Disticha Catonis』이 가장 큰 성공을 거두었다.

카탈루냐 문학의 아버지이자 철학자인 라이문두스 룰루스(1235-1316)는 종교적-철학적인 교훈을 줄 목적으로 시 형식의 『알-가잘리의 논리학Lògica d'Algatzell』(1271-1274) 같은 작품을 집필했다.

이탈리아 중북부 지역도 13세기 교훈시의 생산과 소비의 중심지였다. 교훈적인 이야기, 종말론적인 이야기(『세 작품이 실린 책』), 그리고 대립적 구성(또는 영혼과 육신, 하느님과 악마 같은 상반된 개념의 격정적인 논쟁)을 주제로 한 알렉산드리아의 4행시절 단시를 쓴 밀라노 출신의 리바의 본베신(약 1240-약 1315)도 있다.

다양한 지식 분야에서 세속적인 교훈을 목적으로 집필된 글 중 백과사전적 성향의 몇 가지 작품, 특히 오툉의 호노리우스Honorius(?-약 1137)의 『교리 해설Elucidarium』과 피에르 다이의 『세계의 이미지Imago Mundi』 같은 작품은 메스의 고티에Gautier(13세기)가 오일어로 쓴 작품처럼 예술적 평가로 주목을 받았다. 또 프란체스코회의 마프레 에르멩고(13세기)가 신학 지식을 토대로 쓴 방대한(3만 4천597개의 8음절 시구octosyllabes) 저술 『사랑의 개론Breviari d'amor』(1288-약 1293)처럼 오크어로 쓰인 단시들도 같은 맥락에서 높이 평가받았다.

세속적인 교훈은 행동 지침을 제공한다는 구체적인 목적에 따라 집필된 많은 작품에 활용되었다. 첫 사례는 궁정에서 흔히 볼 수 있는 다양한 인물이 등장하는 음유시인의 서정시 유형의 교육ensenhamen으로 거슬러 올라간다. 프랑스에서는 블루아의 로베르Robert(13세기)의 『귀부인께 주는 충고Le Chastoiment des Dames』와 『왕자의 가 교훈적 용도르침L'Enseignement des princes』(13세기 중반)처럼 시 형태 작품이 출간되었다. 이탈리아에서는 바르베리노의 프란체스코(1264–1348)의 『연대와 귀부인의 풍습Reggimento e costumi di donna』, 남자들을 위한 『사랑의 문건들Documenti di amore』 등이 등장했다. 반면 13세기 초반 프랑스에서 유행한 사랑을 주제로 한 작품은 산문 형식이었다. 오비디우스 모델(『사랑의 기술Ars amandi』과 『사랑의 치유Remedia amoris』)과 안드레아스 카펠라누스(12세기)가 쓴 『사랑에 관하여De Amore』는 12세기에 소설과 서정시에서 대립했던 논쟁을 체계화하기 위해 재활용되었다.

동물 우화집

동물 우화집은 우화시와 교훈시가 혼합된 형태였다. 그리스의 『생리학Fisiologo』(기원전 2세기 혹은 기원전 3세기)의 라틴어 번역본에서 영감을 받은 동물 우화집은 여러 식물과 동물의 성격을 도덕적 혹은 정신적으로 해석하며 사도 바오로의 우주에 대한 개념에 근거하여 자연을 하느님을 드러내는 가시적인 상징으로 읽을 수 있는 가능성을 제기했다. 시 형태로 작성된 초기 작품에는 타온의 필리프Philippe de Thaon가 1121–1135년에 오일어로 쓴 것과 제르베즈Gervaise의 『동물 우화집』(1215), 그리고 기욤 르 클레르Guillaume le Clerc(13세기)의 『신의 동물 우화집Bestiaire divin』(1210–1211)이 있다. 이 책의 우의적인 해석은 도덕적 설교로 발전했다. 반면 푸르니발의 리샤르(1201–약 1260)의 『사랑의 동물 우화집Bestiaire d'amor』은 산문 형식으로 집필되었는데, 궁정 연인들의 행동 규범을 보여 주었다. 이들은 시인이 토스카나에서 겪은 불행한 사랑을 동물과 식물의 세계 또는 역사적이고 신화적이며 문학적인 인물과의 비교를 통해 11음절의 시로 집필한 『사랑의 바다Mare Amoroso』(1270–약 1280)에도 반영되었다. 동물의 성격을 종교성의 차원으로 해석한 64개의 소네트로 이루어진 『타락한 동물 우화집Bestiario moralizzato』('구비오Gubbio'의 짐승들이라고도 불린다)은 14세기에 완성된 작품이다.

우화시

낭만적인 성격의 우화시의 첫 사례는 12세기 말 프랑스에서 등장했다. 설교적인 주석이 달린 종교 텍스트였는데, 성서의 속어화 과정에서 성서에 대한 주석 작업이 이야기로 발전했다. 프루아몽의 엘리낭(약 1160–약 1229)이 운명적인 죽음의 힘을 반복 기술한 「죽음의 시Vers de la Mort」(1193-1197)가 대표적이다.

우화시와 같은 유형이자 샤르트르 학파 시인-철학자의 라틴어 작품들로, 12세기에 다시 활성화된 주요 작품으로 베르나르두스 실베스트리스(12세기)의 『우주지Cosmographia』나 릴의 알랭(약 1128-1203)의 『자연의 불평De planctu Naturae』, 『클라우디아누스에 반대하여Anticlaudianus』가 있다. 여기에는 성서의 우의적인 해석과 그리스도교적 주석이 공존했는데, 고대 후기의 뛰어난 우의적인 작품의 특별한 서식인 영혼의 전투 또는 의인화된 악과 선의 대립, 우의적 형태를 갖춘 교훈적인 내용, 그리고 의인화된 추상적 사변(관념)의 교육 지침을 다시금 채택했다. 오일어 우화시

13세기에 오일어로 쓰인 우화시에서 이러한 특징이 다시 발견되었다. 프로뱅의 기오(12-13세기에 활동)의 『기사의 갑옷Armeüre du chevalier』은 기사의 무장을 도덕적으로 해석한 것이었으며, 기욤 르 클레르의 『신의 의장Le Besant de Dieu』(1226-1227)은 우의적인 동기를 폭넓게 활용한 풍자시였다. 계속해서 바르델레미(13세기)의 『자선 이야기Roman de Charité』(약 1224)와 『불쌍히 여기소서De Miserere』(약 1230)는 각각 자비를 발견하려는 헛된 노력과 도덕적 개념에 대한 우의적인 해설이었고 로버트 그로스테스트(1175-1253)의 『사랑의 성Château d'Amour』(1215-1235)은 성城을 성모 마리아의 상징으로 해석했다.

우당크의 라울(13세기)과 메리의 위옹Huon de Méry(13세기)의 작품에서 드러난 우화의 골격에 풍자와 자서전적 성향이 더욱 노골적으로 드러났다. 라울은 『그들의 이야기Le Roman Des Eles』(13세기 초반)와 「지옥의 노래」(약 1210)의 저자기도 했다. 『그들의 이야기』는 기사가 갖추어야 할 덕목(용맹, 자유, 예의) 가운데 하나를 상징하는 전통적인 도식을 해설했고 「지옥의 노래」는 사후 세계로의 여행에 대한 우화적-교훈적인 토포스topos를 기술했다. 의인화된 악과의 끔찍한 만남은 동시대를 풍자하는 데 활용되었다. 또한 프랑스 최초의 서술적인 글에는 꿈을 진실인 것처럼 묘사했다. 메리의 위옹의 『적敵그리스도의 소용돌이Le Tournoiement de Antéchrist』(1234-1240)에서 찾아볼 수 있는데, 그는 서술자가 어떻게 전향하게 되었는지를 기술하고 있다. 마상 시합은 하느님의 군대와 적그리스도의 군대의 대결을 의미했다.

지금까지 언급한 글의 주제와 형식은 중세 문학을 대표하는 로리스의 기욤(13세기)의 『장미 설화』를 통해 완전히 세속적이고 사랑을 노래하는 환경으로 옮겨 갔다. 사랑과 세속의 주제들 이 책의 제1부는 1230년경에, 제2부는 장 드 묑(약 1240-약 1305)이 1269-1278년에

집필했다. 13세기 중반부터 우화 유형의 은유가 확산된 덕분에 성공할 수 있었다. 관련된 대표 사례인 『천국의 목소리』(콩데의 보두앵과 뤼트뵈프의 작품)의 기본적 구도는 피안으로의 여행이었다. 발랑시엔의 앙리의 『일곱 예술의 전투』(1236-1250)는 문법과 변증법 사이에서 반목하던 오를레앙 학파와 파리 학파의 갈등을 보여 주었다. 『여우 이야기』(뤼트베프의 『뒤틀린 르나르Renart le Bestourné』[1260-1270]와 자크마르 지에레의 『변화된 르나르Renart le nouvel』[1289]), 저자 미상의 『사랑의 하소연Complainte d'amour』과 보두앵의 『사랑의 감옥La prison d'amour』 같은 글이나 13세기에 오크어로 쓰인 대표적인 작품들도 사랑을 노래했다. 『공손한 사랑La Cort d'Amor』에서는 의인화된 주인공들이 사랑의 기술을 가르쳤으며 『순애보Chastel d'Amors』는 사랑의 정복을 우의적으로 묘사했다. 프로방스 서사시에서 등장한 바 있던 영혼의 전투는 『십자가를 행하는 자들의 노래Canso de la Crozada』(1228-약 1250)의 제2부에 다시 등장하는데, 프랑스 북부 지역의 봉건 영주들이 남부 도시들에서 세력을 확대 중이던 카타리파와 벌인 전쟁은 선善(은 남부 귀족을 상징했고, 이름을 알 수 없는 두 번째 저자는 이들을 지지하는 입장을 표명했다)과 악의 투쟁으로 묘사되었다.

새로운 특징: 풍자시와 백과사전

14세기의 우화시는 뷔스의 제르베Gervais du Bus가 1310-1314년에 쓴 『포벨 이야기』(1316년에 페스탱의 샤유Chaillou de Pesstain가 각색했다)나 동시대의 궁정 사회에 대한 풍자, 또는 메지에르의 필리프Philippe de Mézières(약 1326-1405)의 『늙은 순례자의 노래Le Songe du Vieil Pelerin』(1386-1389)에서 볼 수 있듯이, 우의적-교훈적인 성격의 여행 구도를 통해 지식을 백과사전식으로 체계화하는 것을 특징으로 지녔다. 사랑의 주제를 노래한 작품은 『변신 이야기』 제5권을 장황하고 우의적으로 해석한 『오비디우스의 도덕적 신화 이야기Ovide moralisé』(1321-1328)와 마쇼의 기욤Guillaume de Machaut(약 1300-1377)이 쓴 『과수원 이야기Dit dou vergier』와 『사랑의 샘La Fonteinne amoureuse』(약 1361)이었다. 특히 후자의 두 작품에서 『장미 설화』는 인문주의를 예고하는 식자층과 귀족 계층을 중심으로 재활용되었다.

이탈리아

이탈리아는 피렌체 시민인 브루네토 라티니(1220년 이후-1294)의 우의적-교훈적 성격의 단시에서 알 수 있듯이 프랑스 문학을 상속했다. 대표 사례는 13세기 말에 쓰인 『보물Tesoretto』과 파블리오Fabliaux(『보물』은 저자 개인의 정치적인 경험을 언급했으며 라틴어와 프랑스어 풍자 모델을 자치 도시 시대의 윤리를 부각시키려는 교훈적 목적에 동원했다)로 『장미 설화』에 대한 구체적인 지적은 1285-1290년에 쓰였으며 일부학자들이 단테의 작품이라 주장하는 2개의 우의적-교훈적 작품인 「사랑의 격언Detto d'Amore」과 『피오레』에서 볼 수 있다. 저자의 이름이 알려지지 않았으나 종교적인 가치가 높은 아서 왕 전설류의 모험을 익살스럽고 풍자적으로 묘사한 토스카나의 난해한 단시 「늑대 같은 고양이의 격언Detto del Gatto Lupesco」도 이 시기 작품이다.

우화의 전통은 단테의 『신곡』을 통해 최고 수준에 도달한 이후 이탈리아 문학의 두 거장인 페트라르카와 보카치오의 작품에 반영되었으며, 식자의 세계와 문학적 기교로 결합했다. 그 결과 14세기 초반에는 저자를 알 수 없는 「지성Intelligenza」, 「고통Acerba」과 의사이자 점성술사인 아스콜리의 체코(약 1269-1327)와 친황제파라는 이유로 추방당한 우베르티의 파치오(1305/1309-약 1367)가 1345-1367년에 쓴 「디타몬도Dittamondo」 같은 평이한 작품 몇 개가 등장했다. 「지성」은 9개의 운율로 쓰인 시로, 동방에 살고 있는 한 여인에 대한 시인의 사랑이 지적인 삶의 다양한 비유를 만들어 내기 위한 근거로 활용되었다. 단테의 영향을 받은 것 같지는 않으며, 같은 맥락에서 「고통」과 「디타몬도」 역시 단테와 무관한 것처럼 보였다. 첫 번째 작품은 6행의 11음절(ABACBC) 형식과 백과사전적 특징을 가진 흥미로운 시였다. 천문학과 점성술, 화학과 자연의 모든 자료는 단테의 시에서 드러난 헛된 사실cose vane과 거짓된 학문falsa scienza과는 반대로 전체적인 구도에서 정리되었고, 신학과 자연이 분명하게 분리되었다. 반면에 「디타몬도」는 단테의 3행시 형태를 통해 선의 충고와 지리학자 솔리누스Solinus(3세기)의 인도로 시작된 상상의 여행에 대해 서술했다.

| 다음을 참고하라 |
문학과 연극 의사소통과 종교적인 글들: 성인 전기, 설교, 영성(661쪽); 피안의 문학: 여행과 공상(666쪽); 『장미 설화』(747쪽)

『장미 설화』

| 마테오 페레티 |

『장미 설화』는 13세기 프랑스 사회와 문화의 근본적인 변화를 반영한 중세 문학의 대작이다. 책의 (로리스의 기욤의 이름만이 알려진) 제1부(4천58행)는 13세기 초반에

집필되었으며, 궁정 세계의 취향과 감성을 고스란히 반영했다. 이후 40여 년이 지난 후에
장 드 묑이 완성한 부분(약 1만 8천 행)은 백과사전주의와 풍자를 오가며
시민과 부르주아의 당면 현실이 무엇인지를 잘 보여 주었다.

두 사람의 저자

2만 개 이상의 8음절octosyllabes 형식으로 사랑을 노래한 『장미 설화』는 13세기에 오를레앙 출신의 두 시인이 쓴 작품으로, 그중 한 명에 대해서는 다른 저자가 쓴 내용을 통해서만 알 수 있다. 이 작품(vv. 10465–10648, 르코이Lecoy 출판본)에 사랑의 신 에로스가 로리스의 기욤에게 쓴 애가哀歌에 음조를 부여할 목적으로 등장한다. 하지만 저자는 소설이 시작된 지 얼마 지나지 않아 "나는 다른 사람을 믿지 않기 때문에"(v. 4058〔1225/약 1230〕)라고 말하며, 집필을 중단했다. 이후 40여 년이 더 지나 '애주가'란 별명으로 다른 문헌에서는 '절름발이'로 불렸던 묑쉬르루아르의 장 클로피넬Jean Chopinel di Meung-sur-Loire(약 1240–약 1305)이 작품을 완성했다(1269–약 1278). 그의 별명은 모두 방랑 서생의 명칭이었다.

장(장 드 묑)에 대해서는 다른 문헌에서도 흔적을 찾을 수 있다. 성직자이자 교육자였던 그는 파리 대학에서 교육을 받았고, 1265–1269년에 어쩌면 한 차례 정도 볼로냐 대학에서 수학했는데, 이곳에서 철학과 신학의 토대를 확실히 구축했다. 작시作詩 활동(『장미 설화』 외에도 『마스터 장 드 묑의 유언집Le Testament maistre Jehan de Meun』과 『마스터 장 드 묑의 유언 보충서Codicile maistre Jehan de Meun』의 저자다)도 했고 우수한 번역가기도 했다. 서신집 『엘로이즈가 아벨라르에게Abelardo ed Eloisa』 외에도 브리엔의 장Jean de Brienne에게 헌정된 플라비우스 베게티우스 레나투스의 『군사학 논고De re militari』와 필리프 4세(1268–1314, 1285년부터 왕)에게 헌정된 보에티우스의 『철학의 위안』을 번역했다.

로리스의 기욤의 『장미 설화』

최초의 구상은 중세 문학의 세 가지 흐름이 교차하는 과정에서 성립되었다. 꿈속 모험처럼 기획된 작품의 구조는 종교적 목적으로 13세기 초반에 프랑스에서 크게 유행했던 우화시의 전통, 즉 『장미 설화』의 시작 동기를 예고하는 「지옥의 노래」(약 1210, 우당크의 라울의 작품)와 메리의 위옹(13세기)의 이상적 자서전(vv. 21 ss.)인 『적

그리스도의 소용돌이』(1234-1240)로 소급되는 전통에서 기인했다.

서사 소설과 궁정 서사시

두 번째로 서사 소설, 특히 브르타뉴 지방의 소재에는 탐구quête, 선과 악의 균형을 깨뜨릴 목적으로 삽입된 매개체인 '모색'의 동기(이 책에서는 장미)가 존재했다(vv. 139 ss). 기욤은 트루아의 크레티앵(1160-1190년에 활동)이 아서 왕을 소재로 쓴 소설을 알고 있었다. 예를 들어 방타도른의 베르나르Bernart de Ventadorn(약 1130-약 1195)의 〈종달새가 날갯짓을 하면Can vei la lauzeta mover〉에서 (사랑의) 질투를 상징하는 나르시스의 분수 이야기(v. 1569)는 (크레티앵의 『사자를 이끄는 기사 이뱅Yvain, le Chevalier au lion』(1177-1181)에 등장하는 매혹적인 분수에서 기원했다. 같은 시기에 활동했던 그는 오비디우스 신화를 속어로 서술한 『나르시스의 레Lai de Narcisse』(1165-1175)에 대해서도 알고 있었을 것이다.

끝으로 궁정 서정시의 영향이 결정적이었다. 중세 프랑스 남부와 북부 지역에서 활동하던 음유시인들의 섬세한 사랑fin'amors과 마찬가지로, 장미에 대한 사랑에는 귀족적 숭고함이 있었다. 『장미 설화』는 젊은 주인공의 감성 교육을 서술했다. '사랑의 기술'(v. 38)은 오비디우스(기원전 43-17/18)의 『사랑의 기술』(v. 38)과 함께 성직자나 방랑 서생의 애정 행각이 들어 있는 중세의 사랑에 관한 저술로 소급될 수 있다. 그뿐만 아니라 늙은 여종(vv. 3902 ss.)은 중세 라틴 애가의 희곡에서 주인공으로 등장하는 중년 여인을 떠올리게 한다. 시작 부분은 민속적인 성격의 서정시(중세 말의 서정시와 빈번히 접촉했다)처럼 궁정 서정시의 주요 주제인 봄에 싹트는 사랑의 감정(vv. 45-86)에서 장 르나르의 『돌의 기욤』(1200-1228)의 귀족의 오락에 대한 기술을 기억나게 하는 음악과 춤이 있는 기쁨의 정원(vv. 691 55), 음유시인들의 덕목과 마주하는 것, 봉건 시대의 의식에 따라 사랑에 예속되는 것(vv. 1879 ss.)으로 전개되었다. 또한 사랑에 빠진 자의 적이 등장했다. '독설가'로 상징되는 험담꾼lauzengier과 '질투'로 상징되는 질투하는 자gilos는 장미를 난공불락의 성에 가두었다. 주인공은 장미를 찾을 수 없다는 절망과 슬픔에 빠지는데, 이는 조프레 뤼델Jaufre Rudel(12세기)의 〈멀리 있는 사랑Amor de lonh〉을 생각나게 했다. 욕망의 긴장 속에서 '궁정의 사랑'이 생겨나지만 그것은 정복으로 극복 가능한 감정이었다. 따라서 미완으로 남겨 둔 것이 의도적인 선택이라는 가설(David F. Hult, *Self-fulfilling Prophecies*)은 매우 흥미로운 주장이다.

기욤이 시도한 새로움은 문학 원형에 기초해 인간의 마음이 향하는 대상에 집중한 첫 번째 소설roman의 집필 과정에서 드러났다. 이를 통하여 현실 차원과, 작자 불명의 『블루아의 파르테노파이오스Partenopeu de Blois』(약 1188)와 보주의 르노Renaut de Beaujeu의 『알려지지 않은 미녀Bel Inconnu』(약 1185)에서 드러난 바 있는 현실과의 관계가 다시금 확인되었다. 여기서 현실은 저자들이 사랑하는 여인을 독자로 초대한 다음 그녀에게 줄거리(이야기)를 통해 기쁨을 주고 작품을 헌정한다고 말하는 순간에만 필요한 (꾸민 이야기를 위한) 틀 역할만을 했다. 그러나 『장미 설화』에서 기욤은 저자의 꿈과 삶을 보다 극적으로 일치시켰다("꿈에서는 실제로 일어나지 않은 것은 없다", vv. 28-29). 그럼에도 훗날 단테의 『새로운 인생』에서 알수 있듯이, 아직은 시적 자서전이 아니었으며 장미라는 주제도 지나치게 추상적이고 관습적이었다. 오히려 『돌의 기욤』과 제르베르의 『바이올렛 이야기』(1227-1229)에서 실험되었던 서사적 형태를 중재하는 궁정 서정시에 등장하는 '나'가 소설을 통해 크게 확대되었다. 후자의 두 작품은 인물을 배우처럼 묘사하는 서정적인 글을 내포했다. 새로운 문학적 외형을 통해 도시의 단조롭고 부르주아적 세계와 반목되는 귀족적이고 한적한 사회의 이상을 연장하려는 노력이 경주되었다.

삶과 꿈

장 드 묑의 『장미 설화』

로리스의 기욤과 지적 시민의 전형인 장 드 묑을 구분하는 연대기적 차이와 문화적인 틈새는 형식의 비대칭과 두 『장미 설화』 사이의 마찰로 해석이 가능하다. 장 드 묑의 1만 7천 개 이상의 8음절 시는 로리스의 기욤의 『장미 설화』에서 볼 수 있는 특징적인 서술과 우의의 세밀한 균형을 파괴했다.

시는 단순한 사랑의 기술ars amandi이 아니라 13세기의 여러 백과사전식 저술의 구체적인 제목에 해당하는 라틴어 거울speculum에서 유래된 '연인들의 거울'(v. 10621)로 간주되었다. 이것이 강독의 첫 번째 열쇠다. 장 드 묑은 작품을 널리 알리기 위해 부르주아 대중에게 속어로 신화적-역사적 이야기를 모든 지식을 이용하여 당대의 사실처럼 묘사하며 『장미 설화』에 우의적 구조를 채택했다. 예를 들어 이성은 언어 이론에 대해 연인과 논쟁을 벌이는데(vv. 6898 ss.). 이것은 12세기의 보편 세계에 대한 논쟁의 핵심이었다. 또한 이성은 친구와 황금시대의 고전 신화와 유스티니아누스의 대법전에 대한 정확한 지식을 드러내며(vv. 8325 ss.) 시민 사회의 기원과 자유로운 심판에 대해 논쟁했다. 거짓 얼굴의 개입(vv. 10976 ss.)은 장이 살던 파리에서 세속인 교수에게 대학 통제권을 요구한 탁발 수도회 교단의 위선에 대한 공격을 의미했다. 그는 시민 출신의 시인 뤼트뵈프(1250–1285년에 활동)처럼 세속인 입장을 지지했다. 본성과 기질(vv. 10635 vv.)은 릴의 알랭(약 1128–1203)의 『자연의 불평』(약 1171)에서 먼저 의인화되어 우주와 그 법칙의 방대함을 연금술, 우주학, 기상학, 광학을 동원해 설계했다.

널리 알려진 작품

이렇게 보면 『장미 설화』가 학술 논쟁disputatio의 방식을 현학적으로 채택했던 것처럼 보인다. 주인공과 독자는 교수의 여러 견해를 비교하는 학생 같았다("모든 것을 확인할 필요가 있다", v. 21521). 하지만 소크라테스의 산파술을 통해서만 기욤의 작품에 주석을 붙이고 작품의 의미를 새롭게 평가한 장 드 묑의 사상을 재구성하는 것이 가능했다. 궁정 사랑의 노래fin'amor와 함께 우화적인 의미senefiance에서의 부부의 사랑은 성적 본능을 멀리하고 후손을 보장하는 자연의 충실함loialment에 봉사하는 하느님이 의도하는 사랑과 반목되었다(vv. 19409 ss.). 장이 번역한 『영성적 우정론De spirituali amicitia』의 원저자인 리보의 앨레드Aelred of Rievaulx(약 1109–1166)의 작품에 대한 그리스도교적 관점의 강독을 통해 또 샤르트르 학교가 강조하는 그리스도교적-급진적인 자연주의와 우정amicitia을 통해 드러난 키케로의 이상 회복을 위한 노력은 친구와 노파로 대표되는 '흥미로운' 사랑의 모든 형태에 영향을 주었다. 차이는 속임수와 무의미함trufes et fanfelues의 장소인 쾌락의 정원과 위험한 분수fonteine perilleuse의 정원, 삶과 건강을 선물하는 생명의 샘fonteine de vie을 동반한 어린 양의 천상의 정원의 대립으로 상징되었다(vv. 19901 ss.). 이와 같은 차이는 풍요의 신화로 간주된 나르시스와 『장미 설화』의 목적을 예고하며 비너스 덕에 조각상에 대한 자신의 사랑을 성취하는 데 성공한 피그말리온(vv. 20787 ss.) 이야기roman와의 비교를 통해서도 드러났다. 질투의 성이 함락되자 장미rose는 음유시인의 서정시에 익숙한 형식에 따라 주인공에게 영상ymage, 즉 '동상'이나 '유골'인 것처럼 비추어졌다. 작품 마지막 부분인 처녀성 상실devirginatio의 가혹한 장면들(vv. 21185 ss.)은 베일에 가려진 채, 한편으로는 활력적인 도약의 승리이자 다른 한편으로는 기욤의 궁정 세계에 대한 (크레티앵의 『수레를 탄 기사Chevalier de la Charrette』에서 예고된 바 있는) 자극적인 조롱이었다.

『장미 설화』의 행운

『장미 설화』는 중세의 가장 널리 사랑받고 많이 읽힌 글이다. 하지만 필사에서는 단테의 『신곡』에 이어 두 번째다. 300개 이상의 판본이 있지만 대부분은 필사본으로 제작되었다. 1481-1538년에는 무려 21개의 판본이 출간되었다. 작품의 대성공은 개작과 번역을 통해 예고되었다. 모리의 기Gui de Mori가 1280-1290년에 대대적으로 고쳐 쓰고 도덕적으로 고찰한 『장미 설화』, 일부 학자들이 단테가 쓴 것으로 추정하는 작품으로 232개의 소네트를 추가해 『장미 설화』의 서술을 더욱 강화시킨 시집 『피오레』, 제프리 초서(1340/1345-1400)의 영국 판본이 그것이다. 중세 후기에는 자신의 작품인 『생명의 순례Pélerinage de la vie humaine』(1330-1355)에 수도원 배경을 추가한 드길빌의 기욤Guillaume de Deguileville(1295-1358), 『과수원 이야기』와 『행운의 약Le Remède de Fortune』(약 1341), 『사랑의 샘』(약 1361), 『책에서 본 것을 말하다Le Livre Dou Voir dit』(1364)에서 이와 같은 암시를 보여 준 마쇼의 기욤의 작품에도 직접적인 영향을 주었다.

근대가 시작될 무렵에는 15세기 초반의 파리 문화에 생기를 불어넣은 논쟁querelle의 중심에 위치했다. 당대의 여류 작가femme de plume인 피장의 크리스틴Christine de Pizan(약 1364-약 1430)은 장 드 묑의 여성 혐오 성향을 비난하며 「사랑의 신의 편지Epître au Dieu d'Amour」(1399)에서 인문주의자 몽트뢰유의 장Jean de Montreuil(1354-1418)

진정한 문학적 논쟁

과 신학자인 장 제르송(1363-1429) 같은 뛰어난 지식인의 개입을 촉구하면서 처음으로 『장미 설화』에 대한 문학 논쟁이 시인의 권위와 창조적 책임성을 중심으로 전개되었다.

| 다음을 참고하라 |
문학과 연극 소설(738쪽); 서사시, 교훈시, 우화시(742쪽); 조반니 보카치오(757쪽); 제프리 초서(766쪽)

짧은 이야기의 형태

| 엘리자베타 메네티Elisabetta Menetti |

13-14세기에 등장한 계층화된 전통의 짧은 이야기들은 동방과 서방에서 중세 유럽의 지리적-서술적 방대함을 배경으로 형성되었다. 아랍과 인도에서 유래된 동방 이야기의 특징은 짧은 기간에 다른 형태의 이야기 소설(운문 소설lai, 파블리오fabliaux, 비다스vidas, 설화legenda)과 함께 이탈리아어 속어로 구성된 짧은 이야기 문학의 미래 형태를 위한 주요 전제인 이야기 소설을 구성하는 모음집 형식의 서양 이야기에 영향을 주었다.

동방과 서방

짧은 형태의 중세 이야기 문학은 유럽이 만들어 낸 세계의 모방이라고 할 수 있다. 이탈리아어 속어로 된 짧은 이야기는 구전으로 전달되었는데 다양한 주제, 특히 지중해에 영향을 준 두 주요 문명인 아랍-이슬람 문명과 그리스도교 문명의 상호 침투성을 증빙하는 기록 전통으로 축적된 서술상의 이질적인 구성 요인을 통해 드러났다. 방대한 지리적 상상의 땅인 동방과 서방 사이에 있는 지중해는 (유럽에서) 무수한 이야기의 주인공이었다.

아랍-이슬람 문명은 중세 전 기간 동안 페르시아와 아랍 문학의 초기 접촉에서부터 혹은 인도의 우화와 메소포타미아의 이집트 또는 터키 이야기의 혼합에서 시작하여 다른 여러 동방 문명에서 이야기 소재를 수집했다.

중국이나 보다 일반적으로 아시아에서 유래된 이야기들은 아라비아 반도에 전해진 후에 '여행'이라는 주제와 결과적으로 지리 문학에 관심을 가지는 문화적 맥락과 마주했다.

계층적인 이야기 문학의 전통을 보여 주는 몇 가지 아랍어로 된 글들이 복잡한 형태와 여러 가지 사실을 내포하는 이야기 소재를 서유럽에 제공했다. 여기에는 12-13세기에 두 문명권의 경계 지역을 지배했던 두 명의 통치자가 큰 역할을 했다. 시칠리아의 프리드리히 2세(1194-1250)와 카스티야와 레온의 알폰소 10세(1221-1284)로, 두 왕은 자신의 왕국을 번역 중심지로 조성하고 라틴어 번역에 노력했다. 알폰소 10세의 궁정은 아랍 세계의 과학과 철학, 이야기 소설의 카스티야어 번역을 장려했다.

동방의 이야기 문학 전통이 이탈리아어 속어로 작성된 짧은 이야기의 운명에 미친 결정적인 영향의 하나는 보카치오(1313-1375)의 『데카메론』에서 완벽히 실현될 이야기 구성이었다. 인도에서 페르시아를 거쳐 이야기-구성(다른 이야기를 내용에 포함시키거나 구성에 포함시키는 것)이 유래했으며, 주된 동기는 말을 통하여 비극의 조짐을 늦춘 것이었다. 『천일야화Il fiore delle Mille e una notte 또는 Arabian Nights』는 동방의 가장 오래된 설화들을 수집한 것으로, 공식적으로는 1704-1712년에 앙투안 갈랑 Antoine Galland(1646-1715)의 첫 프랑스 판본을 통해 서양에 알려진 아랍 이야기 문학의 중요 원전이었다. 이와 같은 구성은 페르시아의 이야기 선집이나 인도의 이야기들을 수집한 『카타사리트사가라Kathāsaritsāgara』에서도 발견되었다. 이야기 구성은 『신드바드의 모험Libro di Sindbad』(또는 『7대양의 전설Libro dei Sette Savi』)으로 추정하건데, 인도에서 시작되어 페르시아어, 아랍어, 그리스어, 히브리어, 그리고 13세기말에 알타 실바의 요하네스Johannes de Alta Silva에 의해 『돌로파토스Dolopathos』라는 제목의 라틴어로 번역된 모음집 성격이었다. 진실을 폭로하거나 이념을 옹호하는 것을 주된 목적으로 하는 다른 이야기들은 서양에서 아랍어로 쓰인 우화 모음집으로, 초판이 이슬람 이전 시대인 이라크 문화의 식자이자 창시자인 압둘라 이븐 알-무카파Abdullah Ibn al-Muqaffa(720-756)에 의해 유래된 『칼릴라와 딤나Libro di Kalila e Dimna』를 통해 소개되었다. 이 텍스트는 고대 산스크리트어로 3세기경에 작성된 『판차탄트라Pancatantra』(또는 『5편의 설화Le cinque occasioni di saggezza』)로 거슬러 올라갈 정도로 오래전에 유래되었으며, 카푸아의 조반니Giovanni(1294-약 1303년에 활동)가 1270년경에 라틴어로 번역하여 『인생의 지침서Directorium vitae humanae』로 후대에 알려졌다. 라틴어본은 출간 후 수세기에 걸쳐 온 유럽에 알려졌다. 그리스도교 서양에 알려진 다른 2개의 텍스트는 야코부스 데 보라지네(1228-1298)의 『황금 전설』에 삽입된 인도의 『바를람과 요아사프Barlaam e Josaphat』(1260-1267)와 그리스도교로 개종한 아라곤 출신의 유대인 의사 페트루스 알폰시Petrus Alphonsi(1062-1110)의 『성직자의 규율Disciplina clericalis』이다. 이 저술은 라틴어로 번역된 후에 돈 후안 마누엘Don Juan Manuel(1284-약 1348)의 『파트로니오의 유쾌한 이야기 책 또는 루카노르 백작Libro de los enxiemplos del Conde Lucanor et de Patronio』, 보카치오의 『데카메론』, 초서(1340/1345-1400)의 『캔터베리 이야기』를 통해 유럽에 널리 알려졌다.

아랍 우화

일화와 짧은 이야기

아랍과 인도에서 유래된 동방의 이야기들은 12-14세기에 서양의 일화exemplum와 성향이 유사해졌다. 이것은 두 문명의 대화를 쉽게 만들었으며, 다른 형태(운문 소설lai, 파블리오fabliaux, 비다스vidas, 설화legenda)와 함께 이야기 문학을 만들었다.

피렌체의 이야기 소설

피렌체 국립도서관에 소장된 『코덱스 판치아티치아노 32Codice panciatichiano 32』는 현존하는 이야기 소설 가운데 14세기에 가장 잘 알려진 판본이다. 여기에서는 성적 조롱, 재치 넘치는 속담 혹은 짧은 모험을 통해 도시의 활력을 보여 주려는 의도와 피렌체 사회의 거울 역할을 하는 작자 불명의 이질적인 이야기 문학이 공존한다. 보카치오의 『데카메론』에서도 조금 찾아볼 수 있다. 『노벨리노Novellino』는 피렌체를 배경으로 처음으로 집필된 방대한 줄거리의 작품이자 비교적 짧은 이야기들로 구성된 선집으로, 1280-1300년에 완성된 작자 불명의 작품이다. 구조적인 틀은 갖추지 못했지만 99개의 짧은 이야기로 이루어져 있다. 말하는 꽃, 아름다운 예절과 아름다운 휴식, 아름다운 가치와 꽃 선물에 관한 것들이 등장하며, 다양한 인간이 혼합된 것처럼 꽃이 만발한 화려한 색의 정원처럼 또한 먹음직스런 과일로 넘쳐 나는 과수원처럼 묘사되었다. 이 제목은 조반니 델라 카사Giovanni Della Casa(1503-1556)가 첫 번째 후견인 자격으로 첫 판본(*Ciento novelle antike*, 볼로냐, 1525)을 담당한 인물에게 1525년에 쓴 한 서한에서 처음 언급되었다. 본래의 제목은 필사본에서 사용된 『노벨레와 좋은 이야기들이 담긴 책Libro di novelle et di bel parlar gientile』이었다.

난해한 필사본 전통은 구성을 복잡하게 만들었으며 때로는 상당 부분이 생략되기도 했다. 「서문Prologo」에 저자는 '숭고한 마음과 평범한 지성'을 가진 독자에게 유익한 충고와 올바른 사랑을 제공할 목적으로 이야기를 수집하겠다고 선언하며 서술 의도를 밝혔다. 그중에는 (교육 차원에서 벗어나) 사랑에 치우친 이야기도 있었다. 그리스도교 세계와 이슬람 세계를 대표하는 프리드리히 2세와 살라딘(1138-1193)은 다시 한 번 동방과 서방을 증언했다. 프리드리히 2세의 팔레르모 궁정은 이국적인 동물(단봉낙타, 쌍봉낙타, 표범)과 마술로 넘쳐 나는 동방의 화려함을 대표했다. 황제의 상반된 인상(단테는 『신곡』에서 이단으로 묘사했다)은 환상적이고 신비스럽게 정의되었고 마르코 폴로(1254-1324)의 『동방견문록』(1298)에서는 산에 사는 노인 이야기에 영향을 주었다. 여기에 기사의 도량을 갖춘 영웅으로 알려진 살라딘의 전설이 추가되었다.

신화 속의 동방과 서방

동방을 방대하고 마술로 가득한 지역으로 보는 경향은 중세 서양의 문학적 상상을 통해 오랜 기간 이어졌다. 저자는 모르지만 많은 언어로 번역되어 널리 알려진 한 중세 라틴 필사본(약 12세기의 「사제왕 요한의 편지La lettera del Prete Gianni」)은 위치가 구체적으로 알려지지 않은 국경 지역, 인도와 사막, 그리고 서양의 중간에 위치하며 놀라움과 엄청난 부와 함께 세상을 변화시킬 수 있는 몇 개의 마술 돌을 보유한 한 왕국의 '진짜' 존재에 대해 기술했다. 여기서 돌 하나는 매서운 추위, 다른 돌은 폭력적인 열, 또 다른 돌은 추위와 더위를 동시에 만들어 냈다. 모든 그리스도교인의 보호자이며 군주들의 군주인 사제왕 요한이 살고 있는 동방에는 이처럼 놀라운 마술 돌인 특별히 '놀라운 물건cetera mirabilia'이 있었다. 상상의 수평선 사이에 걸쳐 있는 신비의 땅에는 그리스도교인이건 그리스도교로 개종하기를 원하는 자이건 관계없이 모든 질병을 치유하는 효력을 가진 조개 모양의 거대한 돌도 존재했다.

사제왕 요한의 영토

이러한 이야기들이 가지는 교육적 의도는 6세기의 성인 전기에 기원하며(『교부들의 전기』) 12-13세기에 프란체스코회와 도미니쿠스회 소속 수도승들의 설교를 통해 지속적으로 전승된 동시대 중세 그리스도교 설교 문학의 목적과 일치했다. 서양 중세의 이야기 문학을 보여 주는 첫 사례 중 하나는 라틴어와 토스카나 속어로 작성된 이야기 모음이다. 보베의 뱅상(약 1190-1264)의 『역사 거울』은 『철학자들과 다른 현명한 왕들의 생애Fiori e vita di filosofi e d'altri savi imperadori』라는 속어 제목으로 번역되어 당대의 관습에 따라 기사도 전설의 다른 이야기(『고대 기사의 콘티Conti di antichi cavalieri』, 13세기)에서 보듯 역사적 인물의 사례를 제공하며, 『도덕적인 체스 게임Ludus scacchorum moralizatus』(14세기 이전)과 『도덕적 콘티Conti morali』(13세기 말)에서처럼 도덕적 교훈이 담긴 이야기들을 소개했다. 하이스터바흐의 케사리우스(약 1180-약 1240, 『기적의 대화Dialogus miraculorum』) 또는 도메니코 카발카Domenico Cavalca(약 1270-1342), 파사반티(약 1302-1357)의 『진실한 회개의 거울Lo Specchio della vera penitenza』(1302-1357) 또는 피사의 조르다노(약 1260-1310)의 『피렌체의 사순절』(1305-1306) 등 유명한 저자-설교자에 의해 발전했다. 세속인에 대한 설교에 속어가 등장한 것은 13세기부터로, 피렌체의 여러 교회와 광장에서 행해졌던 설교와 피사의 조르다노가 했던 설교 역시 속어로 작성된 짧은 이야기 문학에 중요한 역할을 했다. 이야기꾼의 능력은 풍부하고 빈번히 나타났다. 동시에 성서, 교부의 서한들과 종종 우의적인 의미로 해석된 세속인들의 원전과 동급으로 평가되었다.

도덕적 성향

보카치오에서 마테오 반델로Matteo Bandello까지 이야기 문학의 전통은 두 문명의 상호 영향에 의해 성립된 이후 구조와 줄거리, 주제, 그리고 동방과 서방의 서술 형식을 유지하며 모든 문헌에 인용되었다.

| 다음을 참고하라 |
문학과 연극 조반니 보카치오(757쪽); 제프리 초서(766쪽)

조반니 보카치오

| 엘리자베타 메네티 |

조반니 보카치오의 대표작은 1349년에서 대략 1351년에 완성되었으며 마지막 필사본 판본이 1370년인 『데카메론』이다. 이 저술은 이탈리아와 유럽 중세의 문학 전통에 새로운 서술 방식의 시작을 의미하는 이야기 소설로 저자가 실험한 문학 유형은 산문 형식의 소설, 서사적 단시, 심리 소설, 이야기 소설, 8음절 단시, 목가적 우화, 학술서, 여성 비하의 풍자시 등 다양하다. 보카치오의 삶은 상인 계층이 등장하고 새로운 문화 운동이 성립하던 시기의 피렌체와 나폴리를 배경으로 전개되었다. 그는 페트라르카의 유산인 인문주의의 영향을 받은 인물이기도 했다.

인물 전기

조반니 보카치오(1313-1375)는 피렌체 또는 부친의 출생지인 체르탈도Certaldo 인근에서 태어난 것으로 보인다. 두 시인이 그에게 많은 영향을 주었는데, 결코 넘어설 수 없는 위대한 스승이라고 회고했던 단테(1265-1321)와 페트라르카(1304-1374)다. 단테 사망 당시에 보카치오의 나이는 8세였으나 그럼에도 단테의 문학 경향을 계승했다. 반면 1350년에 알게 된 페트라르카로부터는 고전 전통에 대한 교육을 받았다. 1327년에는 바르디 가문에서의 금융 활동을 위해 앙주의 로베르의 궁정에 소환된 부친을 따라 나폴리로 이주했고, 1340-1341년까지 머물렀다. 1327-1328년에는 바르디 가문의 한 지사에서 상업 및 금융 활동에 종사했다. 앙주 궁정에서는 시민법 교수이자 단테와 페트라르카와 친분을 가졌던 피스토이아의 치노(약 1270-약 1337)

를 알게 되어 문학에 대한 지식을 확대할 수 있었다. 보카치오는 왕의 도서관에서 고전과 중세 라틴 문학, 그리고 주요 문학가들과 친분을 쌓았다. 같은 시기 궁정의 지적인 삶을 통해 오크어와 오일어로 기록된 문학 원전들을 읽었다. 이를 통해 귀족과 상인 사회의 다양한 영감을 접할 수 있었다. 한편에서는 수입을 얻으려는 지극히 현실적이고 공평한 방식과 '상인 부르주아층'의 진취적인 성격을, 다른 한편에서는 원대함과 너그러움의 덕목을 고취시키는 궁정의 오래된 이상에 빠져들었다. 보카치오는 여러 작품에 몰두했다. 『코스탄차의 애가La Elegia di Costanza』(1332), 『디아나의 사냥La Caccia di Diana』(1334), 『일 필로콜로』의 첫 부분(1336-1338), 『일 필로스트라토Il Filostrato』(집필 시기는 1335-1339년으로 보인다), 『테세이데Teseide』(1339-1341) 등 다양했다.

고대인과 당대인의 만남

1340-1341년에는 나폴리를 떠나 부친의 집으로 돌아갔다. 이후에도 여러 차례 피렌체를 떠나 라벤나와 포를리Forlì로 옮겼다. 카나리아 군도를 원정(『카나리아에 관하여De Canaria』, 1342)한 레코의 니콜로소Nicoloso da Recco의 보고서를 읽은 후에는 (단테와 경쟁하는 심정으로) 『피렌체 요정들의 희극Commedia delle ninfe fiorentine』(1342)과 『사랑의 환상Amorosa visione』(1342-1343) 같은 우의적인 작품을 집필했다. 1343-1344년에는 산문 형식의 글(『마돈나 피아메타의 비가Elegia di Madonna Fiammetta 또는 The Elegy of Lady Fiammetta』)을, 1345-1346년에는 신화적-병원학적 성격의 단시(「피에솔라노 요정 이야기Ninfale fiesolano」)를 썼다. 1348년에는 극적 사건의 증인이 되었다. 이탈리아 반도의 다른 도시들처럼 피렌체에도 흑사병이 엄습했던 것이다. 보카치오는 살아남았지만 파괴와 몰락에 직면한 인류의 비극은 『데카메론』(1349-1351)이라는 증거로 남겨졌다. 7명의 여성 이야기꾼과 3명의 남성 이야기꾼이 이어 가는 인간적-문학적 여정은 1348년부터의 흑사병에 대한 사실상 연대기적 결산을 상징적으로 시사한다. 당시에 이미 피렌체에서 지적 명성을 날리고 있던 그는 외교 활동에 몰두했다. 1350년에는 로마냐의 군주에게 파견되어 단테의 딸인 베아트리체 수녀의 도움으로 활동을 전개했다. 같은 해 그는 피렌체의 여러 문인과 페트라르카를 만났다. 오랜 우정의 시작으로 두 사람이 교환한 서한들이 현존한다. 페트라르카는 『데카메론』을 읽은 후에 두 통의 서한을 보냈다. 하나에는 작품에 대한 몇 가지 시적 성찰이 들어 있고, 다른 하나에는 페트라르카풍의 이야기인 그리젤다(『데카메론』 X, 10) 이야기의 라틴어 번역판에 대한 언급이 있다. 페트라르카에 의해 다시 라틴어로 번역된

피렌체의 흑사병에 대한 증언

이 이야기는 『부인의 특별한 슬픔과 믿음에 관하여De insigni obedientia et fide uxoria』라는 새로운 제목으로 유럽에서 크게 성공했다.

라틴 연구와 인문주의의 현실

1351년 보카치오는 이전처럼 대사 자격으로 파도바에 파견되었는데 이 기회를 이용해 파도바에 살고 있던 페트라르카에게 피렌체 대학 교수직을 제안하지만 승낙을 얻지는 못했다. 1360년에는 탁발 수도회에 가입하여 성직자가 되었다. 이때에도 주요 라틴어 필사본 이서에 몰두했고, 그의 집은 인문주의를 준비하는 장소로 정착되었다. 왕성한 인문주의적 활동에 대해서는 필사된 두 권의 『잡기장Zibaldoni』을 통해 알 수 있다. 1355년부터는 다양한 작품 활동에 전념하기 시작했다. 1360년부터 소설 형식으로 자신의 전기인 『단테의 찬미에 관한 소책자Trattatello in laude di Dante』와 『신곡 해설집Esposizioni sopra la Commedia』을 집필한 데 이어 피렌체 바디아에 위치한 산토 스테파노Santo Stefano 교회에서 1373년에 『신곡』 「지옥편」의 첫 17개 곡에 대한 강의를 했다. 그의 마지막 속어 작품은 여성을 비난하는 내용으로 소책자의 일종인 『코르바치오Corbaccio』(1355-1366/1367)였다. 그럼에도 계속해서 『데카메론』에 매진했다. 자서전적 필사본인 『해밀턴Hamilton 코덱스 90』(1370)은 현재 베를린 국립도서관에 소장되어 있다. 보카치오는 1375년 12월 21일 체르탈도에서 생을 마감했다.

젊은 시절의 작품들

보카치오가 라틴어로 쓴 첫 작품은 젊은 시절에 쓴 『코스탄차의 애가』(문서상 1332년경)로 자신을 오비디우스(기원전 43-17/18), 세네카(기원전 4-65)와 같은 고대 라틴 문학가들과 비교했다. 같은 기간에 속어로 단시 형태의 작품을 쓰기 시작했다. 첫 작품은 『디아나의 사냥』(1334)으로 모두 18개의 짧은 곡으로 구분된 단테풍의 짧은 삼행시였다. 이후에는 산문과 운문 형식의 서술에 열중했다.

산문과 운문의 작품

산문 형식의 『일 필로콜로』(1336-1338)에는 사랑에 빠진 두 젊은이인 플로리오Florio와 비안치피오레Biancifiore가 등장하는데, 이들은 이탈리아 속어 노래인 〈플로리오와 비안치피오레Florio e Biancifiore〉에서 이미 주인공으로 등장한 바 있다. 사랑 이야기는 플로리오가 비안치피오레를 다시 사로잡기 위해 감행한 수많은 모험 때문에 '온몸이 사랑'이라는 뜻을 가진 필로콜로란 이름으로 불리게 되는데, 그리스어를 잘 모르던 보카치오는 이 이름을 통해 '사랑의 노고'를 표현하려 했다. 젊은 필로콜로(비안치피오레)는 사랑하는 여인을 발견하고 오랜 여행 끝에 남자로 성장한다. 모험으로 가득한 줄거리에서 많은 사랑의 성찰을 목격할 수 있다. 특히 '사랑의 질문'이라는 놀이에서 사랑은, 훗날 『데카메론』을 통해 한층 가다듬어질 서술 구도에 따라서 논쟁의 주제로 등장했다.

보카치오는 『일 필로스트라토』(1335-1339)를 통해 서사시 저자들과 음유시인들의 추앙을 받았으며, 자신도 사랑과 서사시적 주제들을 산문으로 서술하기 위해 도입한 운율과 서술의 유형인 8음절 시를 시험했다. 여기서 그는 다른 작가들도 사용한 바 있는 구조plot인 트로이 전쟁 에피소드를 등장시키지만 두 주인공(트로일로스Troelos와 크리세이스Chryseis)의 사랑의 역사를 한층 생생하게 각색했다. 트로일로스는 사랑에 목숨을 바치는 불행한 인물이었다(필로스트라토, 즉 '사랑에 정복당한 인물'). 『테세이데』(1339-1341)를 통해서는 베르길리우스(기원전 70-기원전 19)의 『아이네이스』를 원형으로 하는 8음절 형식의 속어 서사시를 선보였다. 에밀리아의 사랑을 얻기 위해 테베인 포로들(알치테와 파레모네)이 벌이는 경쟁이 핵심 줄거리다. 제12권의 끝부분(『테세이데』, XII, 84)에서 저자는 자신이 이탈리아 속어로 서사시를 쓴 최초의 인물이라고 고백했다. 『피렌체 요정들의 희극』(1342)을 통해서는 운율적-문학적인 또 다른 유형인 프로시메트로를 시험했다. 요정들은 촌스러운 목동에게 은총, 덕목과 함께 사랑의 이야기를 전하여 그를 감성적이고 활기찬 분위기의 남자로 변화시킨다. 『사랑의 환상』(1342-1343)의 성공 이후 단테의 운율과 경쟁에 돌입했으나 보카치오(는 단테가 『신곡』에 등장한 인물이었듯이 자신의 작품 속 인물로 등장한다)가 선택한 상상의 여정은 단테와는 정반대였다. 보카치오는 마지막에 신의 은총이 아니라 연인 피아메타의 애정을 얻는 데 성공한다. 그녀는 다른 산문 작품인 『마돈나 피아메타의 비가』(1343-1344)의 주인공으로도 등장한다. 주인공 피아메타는 장문의 서신으로 자신의 불행한 사랑을 고백했다. 저자는 독자인 대중에게, 오비디우스의 『헤로이데스』에서 사용된 바 있는 상상의 궁정과 결합된 라틴 비가의 유형을 제시했다. 이 작품은 속어 문학에서 새로운 어조로 위로가 불가능한 고독을 표현했고, 이것은 비극적 결말로도 행복한 결말로도 해결되지 않았다. 작품의 소재는 사랑에 대한 고뇌의 절망적-강박적인 이야기였다.

『데카메론』

『데카메론』은 100개의 짧은 이야기로 구성된 일종의 이야기 모음집이다. 주인공은

10명의 젊은이로, 1348년의 전염병을 피해 피렌체를 떠나 피에솔레Fiesole 근교 언덕으로 피신을 온다. 이 작품은 각각의 구성과 그 속에 담긴 짧은 이야기들로 짜여진 이상적이면서도 시적인 구도를 수렴하는 방향성이 다양한 작품이다. 작품이 주는 매혹감은 실제의 시간을 정지시키고 사랑의 고독을 치유하고 즐기는 동시에 교훈을 주는 것은 물론 영혼을 공포와 파괴, 죽음으로부터 벗어날 수 있게 해 주었다.

『데카메론』은 공포 분위기로 시작하지만 마지막에는 독자에게 즐거움을 선사한다. 저자는 도입부에서 1348년에 피렌체를 죽음으로 몰아넣은 전염병("끔찍한 시작")과 산타 마리아 노벨라 성당에서 이루어진 7명의 여성(팜피네아, 피아메타, 필로메나, 에밀리아, 라우레타, 네이필레, 엘리사)과 3명의 남성(팜필로, 필로스트라토, 디오네오)의 만남에 대해 언급했다. 다양한 이야기를 이끌어 간다는 의미에서 통칭 '서술의 구조'로 정의되는 '유쾌한 한 무리'의 이야기가 시작된다. 작품의 거시적 구조는 10명의 젊은이가 열흘 동안 각자 하루에 한 가지 이야기를 털어놓는 것이었다. 제목은 이야기를 세분하는 기간을 표현하는 그리스풍의 신조어인 데카메론Decameron, 즉 '10일'을 가리켰다. 열흘 간의 이야기

이들은 매일 여왕(또는 왕)을 선출해 공동의 규칙을 정하고 돌아가며 이야기 주제를 정했다. 모두는 규칙을 지켜야 하지만 디오네오는 이야기 구성의 자유를 요청해 승낙을 받았다. 이야기의 배경은 (현실과 의도적으로 배치되는) 놀랍고 이상적인 공간으로 피에솔레의 언덕은 고전적인 아늑한 장소locus amoenus로 묘사되었으며, 10명의 남녀는 푸른 초원의 나무 그늘 아래, 분수 또는 시냇물 주변에 둥근 원을 그리며 앉았다. 첫날은 자유 주제였지만 다음날은 유쾌한 의도의 모험, 셋째 날은 근면과 유머, 넷째 날은 보카치오가 자신의 작품에 대한 숱한 비난으로부터 자신을 방어하기 위한 방대한 분량의 글과 함께 불행한 연인들에 대해, 다섯째 날은 행복한 결말을 맞이하는 연인들에 대한 이야기, 여섯째 날은 재치, 일곱째 날은 사랑하는 남편을 조롱하는 부인들의 이야기, 여덟째 날은 조롱에 관한 모든 이야기, 아홉째 날은 자유 주제, 열째 날은 예절과 관용에 대한 이야기로 시작되었다.

한 무리의 남녀는 이야기를 마칠 때마다 극도의 공포와 즐거움이 주는 감정의 변화를 경험했으며, 이윽고 죽음의 공포에서 벗어나 편안한 마음으로 귀가했다. 이야기의 처음에서 마지막까지 이야기꾼들은 삶의 다양한 모습을 제시했는데, 차펠레토의 아이러니한 냉소(I, 1)부터 그리젤다의 관대하고 불가사의한 사례들에 이르기까 공포에서 즐거움: 삶의 모습들

지(X, 10), 포르투나에 의해 야기된 불행(II, III)으로부터 사랑의 (운이 좋거나 불행한) 사건에 이르기까지(IV, V), 재치의 힘(VI, VII, VIII)에서 넓은 도량(X)까지 다양했다.

『데카메론』은 복합적인 소통을 제시하는 문학이며 외부 독자(여성 독자들)와 내부 독자(이야기꾼들)를 하나로 묶어 주었다. 저자인 보카치오는 자신이 다른 사람(10명의 이야기꾼과 청취자)의 이야기를 옮겨 적었다는 점을 강조했다. 이야기 전체는 왕립 출판사가 감독하고 관리했으며, 부분적으로는 다른 텍스트의 구성을 위해 차용한 여러 가지 새로운 요인을 포함했다. 예를 들어 『데카메론』의 목차에 대한 발상은 중세 백과사전의 편집 체계와 교부들의 원전에서 유래했다. 『데카메론』이 동시대의 다른 작품들과 구분되는 특징은 동방의 위대한 이야기 문학(『천일야화』, 『판차탄트라』, 『7대양의 전설』)의 거시적 구조에서 유래했다. 끝으로 이야기 소설의 짜임은 다른 이야기 문학 유형처럼 서방과 동방의 짧은 이야기 문학 형태의 다양한 주제와 구조에 대한 전반적인 고찰을 통해 가능했다. 서문에서 저자 자신이 언급했듯이 『데카메론』은 '이야기 문학 또는 우화 또는 이야기 비유 또는 짧은 이야기'다.

서문과 결말에서 그는 이야기 소설을 현실과 상상이 모두 동원된 살아 있는 유기체라고 소개하며 이 작품을 많은 풀이 자라며 양질의 풀 역시 자라는 '텃밭'처럼 묘사했다. 100가지 이야기는 에피소드이며 불연속의 암시를 통해 이야기의 발전에 대한 자유로운 선택, 삶의 다양한 형태를 제시했다. 저자는 이야기꾼들이 사전에 설정한 규칙을 통해 여성 독자들에게 목차를 먼저 읽어 주고 좋아하는 이야기를 선택할 것을 권했다.

여성들의 상상에 대한 호소

보카치오는 서론과 넷째 날 서문, 결말에서 사랑에 빠진 모든 여성, 고독한 여성을 위로하고 즐거움을 주며 유익한 충고를 하고자 이 이야기 소설을 썼다고 말했다. 7명의 여성 이야기꾼은 3명의 남성 이야기꾼과 세상사를 중재했을 뿐만 아니라 인간이 경험할 수 있는 모든 즐거움, 그리고 음식, 춤, 노래 같은 구체적인 즐거움에 대해서도 말했다. 구체적으로 여성을 작품의 대상으로 설정한 것, 이야기의 구술적인 성격과 목적(위안, 즐거움, 유익함), 그리고 형식에 대한 성찰 모두 성숙한 비평 의식을 보여 주는 요인들이었다.

다양한 장소에서의 모험

이야기 소설은 이탈리아, 프랑스, 영국, 지중해, 중동 지역 해안, 심지어 머나먼 환상의 세계인 동방마저도 포함하는 드넓은 세계로 확산되었다. 끝없는 모험 끝에 지중해를 건너거나(아름다운 알라티엘 II, 7 또는 행운의 란돌포 루폴로 II, 4) 마술을 이용해 카이로의 술탄 살라딘(1138-1193)의 궁전에서 파비아의 천상의 성 베드로 성당으로 이동한 인물(기사 토렐로 X, 9)도 있다. 섬세한 배경 묘사와 생기발랄하고 구체적으로 묘사된 인물을 통해 드러나는 효과는 감탄할 만한 이상과 환상적이거나 놀라운 모습이 갑작스럽게 등장하며 비현실적으로 바뀌었다. 독자들의 상상 속에서 폭풍이 치는 바다나 해적의 약탈 또는 고립된 섬에서 살아남은 생존자와 전설의 보물을 잃었다 되찾은 자의 이야기들을 통하여 세상의 경계를 넘어서는 가능성을 보여 주었다. 이야기꾼들은 모험에 공상적이고 무시무시하며 극단적인 요소를 추가하며 관심을 집중시켰다. 필로메나는 빈대에게 산 채로 뜯어 먹힌 암브로지우올로Ambrogiuolo의 시신에 대한 혐오스러운 설명으로 죽음의 무도를 도입했다. 필로메나의 이야기에는 여주인공이 연인의 머리를 박하 향 향신료가 담긴 항아리에 넣어 배양하는 것(V, 8)과 지옥의 사냥에 대한 이야기가 등장한다. 에밀리아는 마술의 정원에 대한 이야기(X, 5)를 했고 엘리사는 이상향의 비옥한 땅을 상상했다. 죽음의 공포가 도사리고 있는 현실로부터의 탈출은 다른 세상을 창조하기 위한 환상을 촉진시켰다. 하지만 『데카메론』은 다양한 성격과 문체의 이야기를 통해 구현된 구체적인 현실의 장소기도 했다. 도입부의 수사학적-인문주의적인 어조에서 각양각색의(구술적인) 표현 방식과 심지어 언어적 왜곡까지 변주되었다. 결말 부분에서 설명했듯이 작가는 자신의 펜을 화가의 붓처럼 사용하려 했다. 화가가 실현성 있는 현실을 재생산하는 것처럼 그의 산문도 현실적-실질적 모방에 집중했다.

죽음의 무도가 가지는 의미

여성이나 남성, 상인이나 사상가, 귀족이나 평민, 성직자나 세속인 등 『데카메론』에 등장하는 모든 인물은 용기와 냉철함으로 삶의 혼란에 대처하는 자세를 배웠다. 상인들은 보카치오가 "아무것도 하지 않은 채 후회하는 것보다 무언가를 하고 후회하는 것이 낫다"(II, 4)고 말했던 것처럼, 여행을 하고 새로운 문화의 지평을 탐험하며 낙관적으로 행동했다.

작품 전체를 관통하는 메시지는 놀라운 모험을 감행하는 것에서만 드러나지 않는다. 사랑과 행운은 페루자의 안드레우치오의 악한을 소재로 하는 해학적인 이야기(II, 5)와 다른 사례들에서처럼 인류를 이끄는 2개의 원리였다. 수많은 모험은 주인공의 재능과 말을 실행에 옮기는 것으로, 복잡한 상황을 해결하면서 전개되었다. 보카치오는 이것을 '근면(셋째 날의 주제)'으로 정의했다. 여섯째부터 여덟째 날까지 이야기꾼들은 출신이 다양한 다른 남자와 여자들처럼 이야기하면서 재치 있는 말(여

'근면'과 유머

섯째 날)로 조롱(일곱째 날)과 조롱에 대한 반격(여덟째 날)을 시도했다. 여기에는 봉건주의 시대의 가장 오래된 인물들부터 당대 자치 도시의 상인 부르주아층, 이야기꾼 자신도 포함되며, 카발칸티(VI, 9)의 유명 이야기 소설에서 보듯 전 사회 계층이 등장했다. 왕과 왕비 같은 최상 계층과 최저 계층(노예, 도적, 수공업자, 낮은 신분의 노동자), 대학과 귀족 가문의 외부 세계 인물들도 동원되었다. 심지어 왕(랑고바르드족의 왕 아질울포Agilulfo III, 2)마저도 자신의 마부에게 조롱당하고, 젊은 수도승이 수도원장을 조롱하며(I, 4), 부인도 정의의 도움을 받아 남편을 조롱하고(필리파Filippa 부인 VI, 7), 승려는 부인과 놀아나기 위해 그녀의 남편을 속이거나(VII, 5) 단순히 돈을 벌고자 마을 전체를 조롱거리로 만드는 일이 벌어진다(수도사 치폴라 VI, 10). 저자는 조롱을 통해 등장인물들의 재치나 근면을 냉철하고 숭고한 방식으로 칭송했다. 게다가 『데카메론』은 첫 이야기에 조롱꾼 중 가장 위대하고 공정한 인물인 체페렐로를 등장시켰다. 그는 거짓 고백으로 신성한 신부를 속이는 데 성공해 결국 그를 죽음에 이르게 했다. 『데카메론』에는 세속인의 세계와 혼합된 성직자(대수도원장, 수녀원장, 수녀와 신부)를 위한 공간도 마련되었다. 보카치오는 성직자의 위선을 맹렬히 공격했다. 그의 이야기에서 신부와 수녀는 상대를 속이는 행위를 일삼거나 쾌락에 빠져 자신의 역할마저 망각했다. 서술의 기술을 분석할 목적으로 줄거리 전개에 중요성을 인식하지 않았던 보카치오는 사랑(에로스)을 원앙새 암컷들로 표현한 것처럼(넷째 날 서문), 사랑은 비합리적이고 부정하기 힘든 충동이었으며 금욕주의자나 남녀 승려에게도 마찬가지였다.

저자는 풍자, 교활함, 조롱 또는 성애만으로 남녀의 교류를 규정하지는 않았다.

사랑은 공동의 토양

미천한 신분의 인물들도 사랑을 통해 이상과 덕목을 경험하고 공동의 토양을 발견할 수 있었기 때문이다.

불행한 사랑으로 하루를 보냈다면(넷째 날), 다른 날에서는 달콤한 사랑, 위대한 우정, 자애로운 사랑의 증거가 소개되었다. 다섯째 날에 귀족 페데리고가 전혀 다른 환경에서 싹튼 사랑의 감정을 이야기하면서 사랑과 기사도를 소개했다. 반면 열째 날에는 관대함, 넓은 도량에 대한 이상적인 이야기가 전개되었다. 왕은 정당하고(왕 피에로, 왕 카를로, 그리고 왕 알폰소) 도적은 인자하며(기노 디 타코Ghino di Tacco), 부자는 도량이 넓고 친절하고(미트리다네스와 현자 나탄) 기사는 자신의 사랑으로 죽은 것이나 다름없는 여인을 살렸다(귀부인 카리센디). 우정의 주제(티투스, 소프로니아와 지시포 또는 토렐로와 살라딘)와 심지어 양치기는 도무지 알 수 없는 초연한 모습으로 후작의 가혹한 세금 징수에 오랜 세월 저항했다(그리젤다). 연옥의 원대한 정신과 천국Paradiso의 원대한 영혼의 이상적-정신적 긴장감에 대한 단테적 표현은 죽음에서("끔찍한 시작") 다시 부활한 무리의 여정("즐거운 계획")을 마감했다. 지상에 태어난 최악의 인물로 정의된 체페렐로부터 지극히 온순하고 비밀스러운 여성인 그리젤다에 이르기까지의 모든 것은 미래를 믿음의 마음으로 바라보고 새로운 시작을 상상하는 데 필요한 변신이었다.

식자 연구와 『코르바치오』

『데카메론』을 완성한 보카치오는 라틴어로 된 백과사전적인 작품과 고전 연구에 몰두했다. 요점과 이서 부분을 포함하는 『잡기장』이 이 기간의 연구를 확인시켜 준다면 (라틴어와 속어로 된) 서한들은 인문주의에 대한 열정을 보여 주었다. 1349-1367년에는 페트라르카가 주목했던 베르길리우스의 궤지에 기록된 16개의 전원시 모음집인 『목가시Bucolicum carmen』를 집필했다. 1355-1373년에 쓴 고전 지리 문화 목록(『산에 관하여De montibus』, 『산림에 관하여De silvis』, 『원천에 관하여De fontibus』, 『호수에 관하여De lacubus』, 『강에 관하여De fluminibus』, 『연못과 늪에 관하여De stagnis seu paludibus』, 그리고 『책 이름에 관하여De nominibus maris liber』, 1355-1360) 외에도 『저명한 인물들에 관하여De casibus virorum illustrium』, 1361년부터는 『저명한 여성들에 관하여De mulieribus claris』 저술에 착수했다. 1350-1372년에 여러 단계를 거쳐 완성된 『이교 신들의 계보Genealogie deorum gentilium 또는 Genealogy of Pagan God』는 총 15권으로 구성된 라틴어로 쓰인 논문집이었다. 각 권마다 신성을 소개하고 신화의 사례에 관한 도덕적, 종교적, 역사적 성찰을 담은 단시가 포함되었다. 인문주의적 의도는 아리스토텔레스(기원전 384-기원전 322)에서 페트라르카에 이르는 200여 명의 라틴, 중세 라틴 작가의 여러 저술을 통해 드러났다.

지리학과 저명인사의 자서전

보카치오가 1355년과 1366-1367년에 속어로 쓴 최후의 창조적 작품은 『코르바치오』로 극단적인 여성 혐오에 근거했다. 이 단어는 불길한 징조를 상징하는 까마귀 혹은 외설적 의미의 조개를 가리키는 라틴어 코르바corba 또는 에스파냐어로 채찍을 지칭하는 코르바초corbacho에서 유래했다. 후자의 두 가지 추측에 따르면 책의 주제는 과부에 대한 노년기 저자 자신의 애정(라틴어 corba), 다른 한편으로는 모든 여성

『코르바치오』의 여성 혐오

에 대한 신랄하고 가혹한 악담과 관련 있었을 것으로 추정된다. 이 책은『데카메론』의 독자들을 놀라게 했다. 당시까지 그가 상상 속에서 여성에 대한 사랑을 표현할 때 가장 긍정적-활력적 요소 중 하나로 활용했던 서술 방식을 포기했기 때문이었다. 이 저술에서 사랑은 특히 충분히 성숙한 연령대의 사람들에게 해로운 것으로 해석되었다. 서술은 교육적-윤리적 성격이었으며 여성의 거짓된 모습 이면에 숨겨진 위험성을 드러내 보이려는 종교적인 목적의 노력으로 발전했다.

궁정 사랑의 모든 수사학을 풍자로 전환시킨 저자는 남성이 상상할 수 있는 가장 나쁘고 혐오스러운 여성의 초상을 완성했다. 하지만 자신의 작품과 독자의 상상에 영감을 제공하는 자유롭고 활동적이며 복수적인 인간성을 언급하고 묘사하기 위해 자신의 이야기 소설 필사본들에서『데카메론』풍의 그림에 대한 관심을 드러냈다.

| 다음을 참고하라 |
역사 시칠리아의 앙주 왕국(135쪽)
문학과 연극 단테 알리기에리(712쪽); 프란체스코 페트라르카(726쪽);『장미 설화』(747쪽); 짧은 이야기의 형태(753쪽); 제프리 초서(766쪽); 백과사전주의, 과학과 여행 문학(773쪽); 역사 연구서와 연대기(778쪽)
시각예술 조토 이후: 피렌체, 리미니, 볼로냐, 파도바(900쪽); 피렌체, 1348년의 흑사병(928쪽)

제프리 초서

| 엘리자베타 메네티 |

대부분의 문학 갈래를 섭렵한 제프리 초서는 대륙의 문학 전통(프랑스와 이탈리아)과 중세 영국의 새로운 문화 경향을 이전까지와는 다른 방식으로 연출한 최초의 영국 작가였다. 당시는 정치적(백년전쟁의 시작, 1337-1437), 사회적, 종교적으로, 그리고 경제적으로 매우 불안정했던 시기였지만 초서는 국민 문학의 언어 성숙을 위해 노력했다. 이처럼 그는 영국 문학의 혁신을 이끌며 조국의 첫 번째 문학 원형을 만들어 냈다.

인물 전기

제프리 초서(1340/1345-1400)는 당시 번영을 누리던 무역항 입스위치Ipswich에서 포도주와 양모 무역에 종사하는 상인 집안에서 태어났다. 가문의 명칭 역시 양모 무역에 종사하는 수공인 직종과 관련 있다. 성姓 chausses는 '모직 바지'에서 유래했다. 1357년 그는 에드워드 3세(1312-1377, 1327년부터 왕)의 한 아들의 몸종으로 왕궁에 들어갔고, 1367년에는 왕의 몸종이 되었다. 이 기간은 그가 공부를 하고 시인을 꿈꾸던 시기로 초기에는 중세 유럽 문화의 중요 텍스트들에 몰두했다. 교회 교부들의 백과사전적 작품, 라틴 시인들(특히 보에티우스), 릴의 알랭부터 마르티아누스 카펠라Martianus Capella(5세기), 뱅소프의 조프루아Geoffroy de Vinsauf와 먼머스의 제프리Geoffrey of Monmouth까지, 중세 유럽의 라틴 저자들과 이전 세기의 기사 영국 궁정 문화를 반영하는 프랑스의 백과사전식 소설 『장미 설화』 등이었다. 당시 영국 문화는 곧 프랑스 문화였으며, 수도원과 중세 라틴 문화라 해도 과언이 아니었다. 궁정에서는 대화와 문서 작성에 프랑스어를 사용했고 그리스도교적인 규범에 따라 교육적-도덕적 취향의 예술을 추구했다. 존 위클리프(약 1320-1384)에 의한 종교 개혁과 오컴(약 1280-약 1349)에 의한 철학 운동 중에 로마 교회와의 분열이 있었다. 프랑스와의 대립과 백년전쟁의 서막은 대륙으로부터 영국을 멀어지게 한 반면 국가적 정체성은 강화시켰다. 중세 영국의 영어는 얼마 전부터 정치적으로 적대 관계를 형성한 프랑스의 언어인 프랑스어를 제치고 빠르게 확산되었다. 라틴 세계와 중세 라틴 세계, 그리고 프랑스의 작품들은 이와 같은 문화 층위를 보여 주는 것으로, 초서에 의해 영국어로 번역되었다. 그는 유럽 문화의 네 가지 주요 언어(영어, 프랑스어, 라틴어, 이탈리아어)를 잘 알고 있었고, 프랑스 문학 전통과 이탈리아 문학 전통에 일찍부터 정통했다. 또 의학, 연금술, 점성술, 천문학 같은 과학 영역에도 조예가 깊었다.

초서의 서사 작품은 크게 세 가지로 구분 가능하다. 꿈에 관련된 시(『공작 부인의 서The Book of the Duchess』, 『명성의 집The House of Fame』, 『새들의 의회The Parliment of Fowls』, 『선녀 열전 The Legend of Good Women』 서문Prologo), 소설(『트로일루스와 크리세이드Troilus and Criseyde』), 그리고 이야기 선집(『선녀 열전』과 『캔터베리 이야기』)이다.

초서의 계획은 초기부터 명확했다. 영국 속어를 새로운 국민 문학의 언어로 발전시키는 것이다. 그는 자신이 일부 번역한 『장미 설화』와 랭커스터 공작 부인이 사망한 것을 계기로 1369년에 『공작 부인의 서』를 썼다. 초서는 안정된 삶을 추구하고자 같은 지역에 사는 궁녀와 결혼했으며, 1399년 왕위에 오르는 헨리 4세(1367-1413) 헨리 4세의 궁정
의 아버지인 랭커스터 공작 곤트의 존(1340-1399)의 저택에서 일을 시작했다. 랭

커스터 공작과의 우정은 시인이 파란만장한 삶을 살게 될 것임을 예고했다. 1372–1373년에는 외교 임무를 수행하기 위해 이탈리아로 파견되었는데, 초서에게 문화적-문학적으로 큰 기회를 제공했다. 14세기 이탈리아의 위대한 시인과 작가(단테, 페트라르카, 보카치오)의 작품을 처음 접했고, 『캔터베리 이야기』에도 반영되었다. 이 작품에서 이야기꾼(성직자-학생)은 페트라르카와의 만남에 대해 또 『칸초니에레』를 쓴 페트라르카와 그리젤다의 이야기 소설을 회상했다. 보카치오의 『데카메론』을 라틴어로 번역한 페트라르카의 필사본인 (조금 다른 방식으로 제목이 붙여진) 『부인의 특별한 슬픔과 믿음에 관하여』가 당시 널리 알려져 있었음을 보여 주는 상징적인 사례였다. 초서가 정말 『데카메론』을 알고 있었는지는 불확실하지만 보카치오가 이전에 쓴 『일 필로스트라토』는 잘 알고 있었다.

이탈리아 여행 이후

1374년에 영국으로 돌아온 초서는 런던 항의 관세 감독관으로 임명되어 12년간 공무에 종사했다. 얼마 후에는 네덜란드(1376–1377), 프랑스(1377), 이탈리아 밀라노(1378)에서 외교 임무를 수행했다. 세관 관리로 살면서도 시를 포기하지 않고 공부를 계속하며 『명성의 집』을 썼지만 완성하지는 못했으며, 『새들의 의회』와 1385년경에는 소설 『트로일루스와 크리세이드』를 썼다. 이 기간에 보에티우스의 『철학의 위안』을 영어로 번역했다. 1386년부터 새로운 국면을 맞이했다. 세관 감독관을 그만두고 켄트로 이주하는데, 이곳에서 평화의 판사로 선출되고 백작령 의회의 의원으로 활약했다. 또 『캔터베리 이야기』(캔터베리의 옛 이야기racconti di Canterbury, 1387) 집필 준비에 착수했다.

초서는 항상 삶의 새로운 영역을 찾아 나섰던 학자였다. 상인의 아들이었으나 궁정 지식, 프랑스인들에 대항하는 군인, 여행가, 의회 의원의 모습을 스스로 구현했다. 그는 백과사전적인 이야기꾼의 문학적 상상을 배양했을 뿐만 아니라 활달하고 행동적-독창적인 본성을 보여 주었으며 새로운 운율 구도를 만들며 시와 산문의 모든 문학 갈래를 경험한 최초의 인물이었다. 애가 조의 시와 철학적인 시, 그리고 사랑의 시(『명성의 집』과 『새들의 의회』), 소설(『트로일루스와 크리세이드』), 파블리오 fabliaux 양식과 함축적 의미의 이야기 소설(『캔터베리 이야기』)을 썼다. 또한 라틴어와 프랑스어 작품을 영어로 번역했다. 그는 자신의 작품을 통해 문학의 세속화를 추구한 선구자로서 런던의 영어를 문학과 발명의 언어로 키우고자 노력했다. 그뿐만 아니라 웨스트민스터 사원과 런던 탑의 건축 감독관으로도 활약했다. 1399년 크리스

다방면의 재능

마스에 런던에 정착한 초서는 죽을 때까지 런던의 건축과 복원에 종사했다. 그리고 1400년 10월 25일 웨스트민스터 사원에 안장되었다.

꿈에 관한 작품들과 소설

8음절 2행 형식으로 쓰인 『공작부인의 서』(1369)는 꿈을 주제로 한 작품이다. 이 작품에서 초서는 스스로를 불면에 시달리면서도 알키오네와 케윅스가 등장하는 오비디우스의 『변신 이야기』(남편의 죽음과 부인의 꿈 이야기)를 읽는 데 몰두하는 독자로 묘사했다. 하지만 (알려진 대로) 결국 주인공에게 공작 부인의 죽음과 특히 자신의 서사적-시적인 영감을 드러내는 것으로 발전했다.

『공작 부인의 서』에서의 꿈

랭커스터 공작 부인의 죽음을 계기로 쓴 『공작 부인의 서』는 꿈에 대한 경험에서 삶의 숭고한 계시를 수용하는 힘을 찾아내는 주인공의 고통을 그린 일종의 애가였다. 또한 자신의 문학적 소명에 대한 이유를 재발견하는 독자 혹은 꿈꾸는 자의 이야기이기도 했다. 꿈에서 검은 기사는 독자에게 비유와 암시를 이용하여 자신의 이야기를 들려주었으며, 이를 통해 꿈꾸는 자는 소설 속으로 빠져들었고 환상 속에서 현실을 폭로했다. 꿈과 환상은 인간적이고 창조적인 경험으로 축적되었으며 불면증에 시달리며 꿈꾸는 자인 시인에게 사랑과 죽음 사이에서 어찌할 바를 모르는 영혼의 모호함을 폭로했다. 8음절 2행 시절로 완성된 『명성의 집』(1380)은 미완성이나 유기적으로 얽힌 복잡한 구조를 가지고 있었다. 마크로비우스와 라틴 문학의 영향 외에도 단테와 페트라르카, 보카치오 같은 이탈리아 작가들의 영향이 드러난다. 주인공은 『신곡』의 전개 방식에 대한 모방에 근거하여, 부분적인 꿈의 논리와 문학적인 인용이 넘쳐 나는 문학의 구도로 상상의 세계를 방문했다. 시의 중심에는 근본적인 주제인 사랑과 명성에 대한 성찰이 위치했다.

7개의 10음절로 구성되었으며 699개의 절로 완성된 『새들의 의회』는 견고한 구조를 가졌다. 이 작품에서도 주인공은 꿈에 관한 고전인 『스키피오의 꿈Somnium Scipionis』을 읽는 데 몰두하는 독자로 묘사되었다. 초서는 이탈리아 시인들이 사용한 바 있던 아늑한 장소locus amoenus와 사랑의 감정에 얽힌 핵심 주제에 대한 논쟁을 다시 등장시켰다. 꿈에서 새들은 성 발렌티누스의 날에 궁정을 주제로 하는 고전 전통의 주제들에 대한 암시적이고 시적인 합창으로 대화를 이어갔다.

『트로일루스와 크리세이드』

보카치오의 초기 작품 『일 필로스트라토』와 『테세이데』를 읽은 초서는 방대한 형태에 매력을 느꼈으며, 『트로일루스와 크리세이드』를 집필했다. 이 작품에서 그는 풍부하고 복합적인 어조를 보이며 때로는 활달하고 코믹하며 또한 현실적 영감을 이끌어 내는 인간의 운명에 대한 철학적 성찰을 반영했다. 남자 주인공 트로일루스는 심한 내적 혼란에 빠져 있었으나 연인 크리세이드의 사랑을 통해 결국 시인의 소명을 택하는데, 이는 페트라르카에 대한 주석을 근거로 구축한 내적 독백의 첫 시적 영감이었으며 이후 엘리자베스 1세 시대에 한층 성숙해졌다.

이야기: 『캔터베리 이야기』

이야기의 동시대성은 각자의 언어적 개성을 드러내는 각양각색의 인물을 '여행'이라는 서술 맥락으로 수용한 『캔터베리 이야기』에서 잘 드러났다. 여기에는 여관 주인, 기사의 종자와 몸종을 거느린 기사, 수녀원장, 3명의 신부와 수녀, 베네딕투스회의 수도승, 탁발 수도회의 신부, 상인, 옥스퍼드 서생, 사법 검사, 자유령(사유지)을 소유한 자(자영농 또는 귀족이 아니면서 토지를 소유한 자), 잡화상인, 목수, 직물업자, 염색업자, 양탄자 직조인, 요리사, 선원, 의사, 바스Bath 시의 여성 직조공, 교구 신부, 농부, 법정의 간수(또는 교회 재판소의 문지기나 수위), 면죄부 판매인 등이 나온다.

『캔터베리 이야기』는 산문 형식의 두 글인 멜리베오의 이야기(프랑스 연구서를 문자적으로 번역)와 파로코의 이야기를 제외하면 모두 2행 시절로 되어 있다. 『캔터베리 이야기』는 서문에서 소개된 바와 같이 여러 이야기로 구성되었다. 봄에 한 무리의 순례자가 캔터베리의 성소(순교자로 알려진 토머스 베킷Thomas Becket이 묻혀 있다)를 향하다 런던의 한 구역(템스 강 남쪽 유역에 위치한 서더크)에 위치한 여인숙(타바드 인Tabard Inn)에 머문다. 여인숙 주인은 순례자들에게 성소에 가는 길에 각자 두 가지 이야기를 하자고 제안하는데, 이것이 책의 뼈대를 이룬다. 가장 재미있거나 교육적인 이야기를 하는 이는 상으로 다른 사람들이 값을 지불하는 저녁 만찬을 즐기게 된다. 서문에서 언급된 인물 가운데 이야기하는 자는 기사, 물레방앗간 주인, 창작자, 요리사, 법정 간수, 바스의 수다쟁이 부인, 신부, 학생, 상인, 종자, 자영농, 의사, 면죄부 판매인, 선원, 수녀원장, 수도승, 수녀원 예배당 목사, 두 번째 수녀, 주교좌 참사원의 시종, 집사와 교구 신부다. 여기에는 초서 자신도 포함되어 있는데, 그는 중세 무훈시 대가들을 노래한 시(이야기는 여인숙이 지나치게 소란스러워지면서 중단된다)와 멜리베오의 이야기를 한다.

이야기꾼

전체 서문의 이야기꾼은 순례자들과 여행하면서 때때로 그들의 이야기tales를 귀담아 듣던 초서 자신이었다. 이후 자긍심을 가지고 설교적이고 성인 전기적이며 도덕적인 작품들만을 회상하며 과거에 자신이 쓴 작품에 대해 독자들에게 사과하려는 듯한 느낌의 결구로 마감한다. 서문과 결구는 10개 부분이 있는데, 다양한 길이의 핵심 줄거리의 반半산문적인 인용으로 연결된다. 하지만 순례자들은 캔터베리에 도착하지 못하고 결국 되돌아온다. 서문에서 언급된 네 가지 이야기는 하나 혹은 둘로 줄어들고 각 이야기에는 장면과 인물-이야기꾼을 포괄하는 짧은 서문이 추가된다.

『캔터베리 이야기』의 문학적 꾸밈은 이야기꾼의 두 가지 기능으로 지탱된다. 초서는 저자의 입장에서 작품을 소개하나 마지막에는 교육적-그리스도교적으로 충분한 목적성을 보여 주지 못하는 그의 다른 작품들처럼 이를 전부 부정했다. 작품에는 각기 뚜렷한 개성을 바탕으로 다양한 이야기에 활력을 불어넣는 총 29명의 이야기꾼이 등장한다. 중심 구조는 새로운 것은 아니었다. 보카치오(1313-1375)의 『데카메론』이 있기 때문이다. 하지만 이러한 구성은 저자로 하여금 이야기에 인물을 자연스럽게 도입하고 다양한 이야기를 질서 있게 조직할 수 있게 해 주었다. 구전된 이야기를 마치 연극처럼 묘사할 수 있는 기회였다. 다시 말하자면 주제와 이야기 줄거리의 구전적인 특징을 나타내는 것이었으며, 중세 동방과 서방의 모든 이야기라는 공통의 뿌리를 가지고 있었다. 연극과의 경계

초서는 『캔터베리 이야기』에서 보카치오처럼 폭넓은 이야기들을 통해 삶의 다양함과 활력, 복합적 특징을 부여했다. 여기에는 매우 이질적인 주제와 양식, 구조가 공존했다. 비극적이고 희극적인 이야기들은 동시대 혹은 고대를 배경으로 한 성스러운 전설(수녀원장의 이야기, 수녀원장 이야기Prioress' Tale), 성녀의 삶(두 번째 수녀 성녀 세실리아의 순교 이야기, 두 번째 수녀 이야기Second Nun'sTale), 목소리를 타고난 수탉, 암탉과 여우의 이야기(수탉Chauntecleer), 설교와 반전(설교에 반박하는 면죄부 판매인의 이야기), 종자가 말하는 동방의 색채가 농후한 이야기들로 함축되었다.

전체 서문에서는 여러 인물의 특징을 사실적-구체적이며 아이러니한 방식으로 기술했다. 또 각 이야기에 길이가 다른 서문들이 삽입되었는데, 이것은 이야기의 주제를 소개하거나 특징을 반복적으로 설명했다. 다양한 사회 계층의 순례자들은 신랄한 도전에 직면했다. 방앗간 주인이 토지 관리인에게 화를 냈다면 여관집 주인은 면죄부 판매인과 교구 신부에게 분노했다. 한편 성당 사제가 무리를 떠난 것은 농노

가 그의 비밀을 떠벌렸기 때문이다. 후에 바스 시의 수다쟁이로 소문난 여성 직조공과 수녀를 비롯한 몇 사람은 그룹에서 이탈했다. 인물의 개성과 사회적 지위를 가리키는 의복에 대한 세밀한 묘사에도 관심이 집중되었다. 기사는 "무기가 장착된 벨벳의 길고 무거운 상의", 종자는 "길고 넓은 소매가 달린" 짧은 외투, 수도승은 "소매에 모피가 달린" 옷, 신부는 "마치 녹아내린 종처럼 둥근 모양의" 모직 망토를 걸치고 있었다. 특히 면죄부 판매인에 대한 묘사가 세밀했다. 초서는 이 부분에서 자신의 시적이고 서사적인 영감의 최고조를 맞이했다. 거짓 설교자의 애매모호하고 교활한 성격은 밀랍처럼 노란색 머리로 묘사되었다.

세밀한 묘사

지역 성직자의 횡포에 반대해 발생한 롤라드Lollard 운동에서 영향받은 반성직자적인 풍자극에는 동시대의 역사가 고스란히 반영되었다. 성직자 세계의 인물로 수도승, 수녀, 신부, 교구 신부, 면죄부 판매인이 등장한다. 서민적인 성향의 선술집 분위기를 풍기지만 종교적 대화에도 참여하는 욕심 많은 바스 시의 수다쟁이 여성 직조공도 포함된다. 수다쟁이 여성 직조공에 대한 방대한 서문의 핵심은 결혼과 대치되는 처녀성("혼인을 그토록 공개적으로 금지한다고 하지만 이는 지역에 따라 다르다네, 누가 순결을 고집스럽게 지켜야 한다고 주장하는가?") 또는 결혼과 중혼("나의 삶에 이처럼 정해진 횟수 제안에 대해 말하는 것을 들어본 적 없다") 같은 교회의 교리가 자리했다. 이러한 주장에는 당시 이탈리아에 성립 중이던 인문주의적 이야기 서술과 (같은 선상에서 모든 이야기가 합의된 한계의 범주로 끌어들이려는) 교구 신부의 주장도 추가되었다. 교구 신부의 요청은 명확했다. '우화' 또는 '유사한 쓸데없는 이야기'보다 도덕적이고 덕스러운 주제에 대해 대화하기를 원했다. 마지막(또는 열 번째) 이야기는 회개에 관한 설교로, 중세 설교 전통의 영향이 명확히 드러나는 치명적인 죄악에 대한 장황한 고찰을 포함했다. 삶의 주기는 『캔터베리 이야기』의 다양성에 반영되어 있으며, 초서가 독자에게 전달하는 마지막 의중을 통해 확실히 드러났다. "그럼에도 이 책은 다음과 같이 말한다. 여기 쓰인 모든 것은 우리를 위한 교훈이다. 이것은 나의 의도기도 하다."

도덕적인 의도

| **다음을 참고하라** |

역사 잉글랜드: 군주국과의 전쟁과 점령지 양도(107쪽)

문학과 연극: 피안의 문학: 여행과 공상(666쪽); 단테 알리기에리(712쪽); 소설(738쪽); 『장미 설화』(747쪽); 짧은 이야기의 형태(753쪽); 조반니 보카치오(757쪽); 백과사전주의, 과학과 여행 문학(773쪽)

산문의 형태들

LETTERATURA E TEATRO

백과사전주의, 과학과 여행 문학

| 안나 페고레티Anna Pegoretti |

13-14세기에 지리적 지식과 지평이 크게 확대되었다. 중세 후기의 지적 재산을 구조적이고 유기적이며 대중적인 형태로 담아낸 백과사전 형태의 서적이 다수 출간되었고, 성지순례의 여행이 새로운 전기를 맞이하면서 유럽인들에게 거대한 아시아 세계로의 통로를 제공했다. 두 부류의 경험 모두 상인과 전문가 계층, 그리고 탁발 수도회의 수도사들이 주인공이었다.

과학 사상과 중세 후기의 백과사전주의

총체적인 의미에서 13세기는 '백과사전의 시대'라 해도 과언이 아니었다. 학문 연구와 지식의 폭이 크게 확대된 것은 한편으로는 12세기에 이미 실현된 바 있는 자연을 (신 자체와 그 흔적을 찾는 체계적 학문 연구의 정당한 대상인) 신이 창조한 우주로 보는 개념에 따른 것이었고, 다른 한편으로는 이제 어렵지 않게 구할 수 있게 된 아리스토텔레스와 아랍 문헌들 덕분이었다. 전문화가 강조되었으며 대부분 라틴어로 쓰인 분야별 연구서 출간이 시작되었다. 유럽에 아랍 숫자를 소개한 피보나치(약 1170-1240년 이후)의 『산반서』가 대표 사례였다. 도서관이 늘어난 데에는 대학이 결정적인 역할을 했고, 도서관은 지식을 체계적으로 소개할 필요성이 생겼다. 토마스 아퀴나스(1221-1274)의 『신학대전』으로 대표되는 철학과 신학 분야에서는 자료들을 열람하고 보급할 필요성이 강력하게 제기되었는데, 새로이 조직된 탁발 수도회가 결정적인 역할을 했다. 이렇게 하여 유기적이고 백과사전식으로 지식을 소개하고, 수세기 동안 지식의 뼈대를 구축하게 될 시도들이 경주되었다. 서적은 학생, 교수, 설교자 등을 위한 보편 수단이자 현실의 모든 부분을 이해하는 데 필요한 정보를 원하는 상인, 전문가 같은 시민의 수요에도 부응했다. 서적의 구조는 보통 사물의 내적 질서라 불리던 요소에 의해 결정되었으며, 세상과 학문 사이의 계층에 대한 정확한 이상을 반영했다. 크게 성공한 '작은 백과사전' 유형으로 알렉산더 네캄(1157-1217)의 『사물의 본성에 관하여』와 여러 차례 속어로 번역되었으며(만토바의 공증인 비발도 벨칼저가 14세기 초반에 롬바르디아 속어로 번역했다) 17세기에도 판본이 제작된 바 있는 잉글랜드의 바르톨로메우스(약 1190-약 1250)의 『소유물에 관한 책』은 13세기 전반에 집필되었다. 프란체스코회 소속의 그는 모든 사실을 기술할 목적으로 (신, 창조 등과 같은) 신학적 문제에서 출발하여 수많은 서적을 요약본 형태로 정리할 것을 제안했다. 그 결과 『소유물에 관한 책』에서는 동물 우화집, 비문碑文, 의학서, 지리서 등이 수록되었다.

작은 백과사전들

중세의 백과사전들 중에서 가장 방대하고 중요한 하나를 지적한다면 도미니쿠스회 소속의 보베의 뱅상(약 1190-1264)의 『대거울』로 총 3권으로 구성되었다. 『자연 거울』은 7일간의 창조에 근거한 우주에 대한 설명, 『교리 거울』은 자유학예와 의학 같은 기술적 학문으로부터 철학과 신학에 이르는 학문적인 토론, 『역사 거울』은 기원부터 13세기 중반까지의 인간사 변천에 대한 설명이다. 방대하고 체계적인 선집summa은 당대 지식의 집대성으로 설교자, 교수, 작가 등에게 많은 도움을 주며 큰 성공을 거두었다.

도미니쿠스회 소속의 칸팀프레의 토머스Thomas of Cantimpre(약 1201-1272)가 쓴 『자연에 관한 책Liber de natura rerum』은 신학적, 역사적, 지리적인 문제에 대한 첫 번째 백과사전으로 특별한 의미를 가졌다. 또한 피사의 후고Hugo(?-1210)의 『대大파생어 사전Magnae derivationes』은 백과사전적인 사전으로, 알파벳순으로 작성되었다. 프란체스코회 소속의 로저 베이컨(1214/1220-1292)과 라이문두스 룰루스(1235-1316)의 저술은 유형은 다르지만 지식과 사회에 대한 근본적인 개혁 의지에 영향을 주었다.

속어 사전

속어화 덕분에 저술들이 크게 확산되었다. 13-14세기에는 아예 속어로 작성된 백과사전이 등장했다. 속어화의 의도는 언어를 통해서도 실현되었다. 13세기 전반에 메스의 고티에Gautier de Metz가 프랑스어로 『세계에 관한 이미지L'Image du monde』를 썼는데 산문 형식과 시구 형식의 판본이 하나씩 현존한다. 이것은 세상과 하늘에 대한 설명이었다. 단테(1265-1321)의 스승으로 알려진 인물로 몬타페르티 전투(1260)에서 피렌체 친황제파가 패배한 후에 몇 년간 프랑스에 머물렀던 브루네토 라티니(1220년 이후-1294)도 『보전』을 프랑스어 속어로 완성했다. 제1권은 세계의 기원과 구성에 대한 전통적인 묘사와 고대사 개요를 기록했고, 제2권은 윤리에 관하여, 제3권은 정치와 수사학에 대한 것으로 이탈리아 자치 도시들의 정부를 이끌고 있는 지도층 인사들에게 헌정되었다. 신비의 화가이자 조각가인 아레초의 레스토로Restoro(13세기)가 1282년에 아레초 속어로 완성한 『세계의 구성La composizione del mondo』은 천문학과 점성술에 관한 연구서로 독창적인 접근을 통해 아리스토텔레스-프톨레마이오스의 천문학 지식을 소개했다. 여기에는 수많은 상상과 현상에 대한 직접적인 지식을 강조하는 일종의 과학적 세속주의가 반영되어 있었다.

프랑스와 이탈리아

현실과 환상이 교차하는 동방 여행

중세 백과사전주의의 전성기는 서양의 지리적 지평이 동쪽을 향하여 확장되고 있던 시기와 일치했다. 신비한 동방으로의 여행, 지상낙원과 곡Gog, 마곡Magog(성서와 묵시 문학에 등장하는 적대적인 세력*)의 왕국처럼 풍요롭고 환상적인 왕국으로의 여행은 많은 이들의 노력으로 활성화되었다. 중세 후기의 여행 역사에서는 아랍 여행가들의 역할이 중요했다. 30년이 조금 못 되는 기간 동안(1325-1354) 이슬람 영토, 중국, 인도, 아시아 남동부 지역을 모두 둘러본 이븐 바투타Ibn Battuta(1304-1377)가 대표적인 인물이었다. 유럽에서는 상인 집단과 특히 탁발 수도회 수도사들의 복음화를 위한 소명이 13세기의 중요 현상 중 하나였는데 교단 창설자들의 선교 활동을 통해서도 드러난 바 있다. 원정의 기본 동기는 무역, 근행 혹은 정치적인 이유였고, 일부 실현되기도 했다. 이를 현실로 옮겨야 할 필요성은 미지의 땅을 탐험하려는 욕망과 뒤섞여 나타났다. 여행의 결과는 풍부하고 이질적인 문학으로 나타났으며 지리적-인종적 결과와 실질적 충고, 전설의 이야기, 백과사전과 지침서 등을 통해 알려

수도사와 상인들

진 환상에 대한 정보와 공존했다. 개의 머리를 가지고 있거나 발이 하나만 있는 인간들, 동화 속 동물들, 그리고 금으로 장식된 궁전들은 그것을 직접 보았다거나 다른 신뢰할 수 있는 사람들로부터 들었다고 주장하는 여행가들의 이야기마다 등장했다. 콜럼버스(1451-1506)는 경험하지는 않았지만 막대한 부에 대해 이야기한 바 있었다. 동방의 놀라운mirabilia 세계는 인도양 근처와 주변 섬들에 집중되었는데, 이들은 유럽인들의 지식, 꿈, 능력을 배가시키는 효과를 불렀다.

성지와 중동

오래전부터 강화되었던 근동과의 관계는 제3차, 제4차 십자군을 거치며 긴밀해졌다. 전쟁이 중단되며 군사 원정은 새로운 국면을 맞이하는데, 성지순례를 떠난 순례자들과 관련된 예루살렘 여행기Itineraria hierosolymitana가 부각되었다. 주로 성직자와 무역 활동에 종사하는 상인 계층이 저자였다. 전자와 관련해서는 탁발 수도회 수도승들을 꼽을 수 있다. 몬테 크로세의 리콜도(약 1243-1320)는 자신의 여행을 『순례의 책Liber peregrinationis』으로 남겼으며 프란체스코회 소속인 포지본시의 니콜로는 1346-1350년의 여행을 『바다 저편에 관한 책Libro d'Oltremare』으로 남겼다. 상인 계층 지도자들은 상법에 관한 저술을 통해 여행을 위한 병참과 상업적 측면에 대한 정보를 남겼다. '안내서' 저자군에는 페트라르카(1304-1374)도 있다. 1360년에 항해로 인한 멀미가 염려되어 친구의 순례 길 동반을 거절했다고 기록했다. 그는 자신의 풍부한 지식을 『우리 주 예수 그리스도의 무덤을 향한 여정』으로 남겼다.

몽골 여행

돈 강과 중동을 넘어 아시아로의 탐험은 13-14세기에 몽골 제국의 영토 확장과 이로 인한 몽골식 평화로 가능해졌다. 일찍부터 무역 카라반 행렬은 물론 몽골 군대의 동유럽 침공을 우려했던 인노첸시오 4세(약 1200-1254, 1243년부터 교황)가 몽골에 교황청 사절로 파견한 탁발 수도회 수도승들도 이 길을 왕래했다. 피안 델 카르피네의 조반니가 1245년부터 2년 동안의 경험을 기록한 『몽골인의 역사』가 첫 사례다. 그의 저술은 대사로서의 임무 외에도 배고픔, 추위, 공포심 같은 자서전적 특징이 편견 없고 호기심 어린 관찰을 통해 언급되어 있으며, 주로 지리와 인종을 다루었다. 상인과 수도사가 주도했던 유럽의 아시아 모험은 몽골 제국이 몰락한 1368

년까지 계속되었다. 1253-1256년에 이곳을 여행한 프란체스코회의 뤼브룩의 기욤은 가장 날카로운 관찰자로서의 면모를 보여 주었다. 포르데노네의 오도리쿠스(약 1265-1331)는 1318-1330년에 아시아를 여행하며 『보고서Relatio』를 집필했는데, 『동방견문록』을 번역한 상인들에 의해 토스카나 속어로 번역되기도 했다. 베이징의 첫 번째 주교였으나 1330년에 사망한 몬테코르비노의 조반니와 그의 후계자인 마리뇰레의 조반니(14세기)는 『보헤미아 연대기Chronicon Boemiae』를 남겼다. 상인 페골로티Pegolotti(1310-1347년에 활동)는 상업 교역에 관한 저술 『무역 실무론Pratica della mercatura』(약 1343)에서 육로와 당시에 보편화되었던 여행에 필요한 정보를 기술했다. 유럽-아시아 교역에 관한 최고의 증언은 『쿠만의 서Codex Comanicus』인데 14세기 초반에 완성된 라틴어-페르시아어-쿠만어 사전이다.

『동방견문록』

마르코 폴로는 그가 속한 폴로 가문의 명칭을 따서 '에밀리오네Emilione' 라고도 불렸다. 『동방견문록』은 여행에 관한 가장 유명한 이야기지만 신빙성이 부족한 저술이다. 일단 미완성이었으며, 현존하지 않는 원본은 1298년에 제노바의 한 감옥에서 감방 동료이자 기사 문학의 저자로 실질적인 집필을 주도했던 피사의 루스티첼로(13세기)의 도움으로 프랑스-이탈리아어로 작성되었다(초고는 마르코 폴로의 요약을 통해 완성되었을 가능성도 배제할 수 없다). 서문에 해당하는 첫 18개 장에는 폴로 가문의 인물들과 베네치아를 떠나 25년간 중국에 머물렀던 마르코의 여행이 기술되어 있다. 원래 제목이 '세계의 서술Le divisament dou monde' 이었을 것으로 추정되는 나머지 부분은 지리, 즉 백과사전식으로 기록된 세상에 대한 내용이다.

마르코 폴로의 아시아 체류 25년

출간 직후 라틴어, 토스카나 속어, 베네토 속어로 번역되며 큰 성공과 함께 의심에 휩싸였다. 반면 마르코의 인도에 대한 경이mirabilia는 세상에 알려져 있던 지식을 다시금 확인시켜 주었다. 또한 석탄과 가연성 기름처럼 실제로 존재했지만 사람들이 믿지 않던 사실을 전했다. 그 결과 『동방견문록』은 환상의 저술로 알려지게 된다(반면에 가상의 인물 존 맨더빌의 『맨더빌 여행기The Voyage and Travels of Sir John Mandeville, Knight』[1355]는 책에 언급된 모든 지식에 근거했기에 독자의 신뢰를 받았다).

| 다음을 참고하라 |
역사 위대한 항해가들과 동방의 발견(221쪽)
문학과 연극 조반니 보카치오(757쪽); 제프리 초서(766쪽)

역사 연구서와 연대기

| 카밀리아 준티 |

역사 연구서와 연대기는 처음에는 전부 라틴어로 기록되었지만 나중에는 속어로 작성되며 도시를 배경으로 상인, 공증인, 집단 기억 형성에 노력을 기울였던 정치인들 덕에 활성화되었다. 역사 이야기는 가문의 일기에서 연대기, 자서전에서 보편적인 역사에 이르기까지 다양한 형태를 가졌다. 속어를 이용한 역사 연구서는 피렌체에서 의미 있는 결실을 맺었지만 이탈리아의 다른 도시와 지역에서도 흥미로운 작품들이 저술되었다.

집단 기억과 형태

13-14세기의 역사 연구서와 연대기는 이탈리아 주요 도시들의 정치, 경제, 사회 문화적 성숙으로 크게 자극되었다. 상업 계층의 등장, 자치 도시와 해상 공화국들의 성립과 도시의 발전은 도시 공동체의 정체성을 위한 집단 기억을 필요로 했다. 전통적인 기억의 기록은 기록 행위와 밀접한 관계를 가졌던 공증인, 개인과 가족의 기억 기록에 적극적이었던 상인, 과거의 사실을 전승하고 현재의 사건에 대한 증언을 보존하며 집단 기억을 관리했던 관리 같은 다양한 계층에 의해 추진되었다.

가문과 도시의 연대기

가문과 도시의 일들을 이야기하는 역사 기억은 연대기와 기억을 위한 서책, 보편의 역사와 족보, 편년기와 자서전 등의 형태로 표현되었다. 여러 유형이 공존했으며 도시를 중심으로 무명이거나 저자에 대한 정보와 함께, 상당히 도식적이거나 사적 기록의 형태로 서로에게 영향을 미쳤다. 가문의 기록을 남기고자 하는 경향은 토스카나 지역에서 강했다. 이는 또한 호적에 관한 정보와 경제적-정치적 소식들로 구성된 유산이었다. 특히 도메니코 렌치Domenico Lenzi(14세기)의 『인간의 거울Specchio umano』은 『비아다이올로의 책Libro del Biadaiolo』으로도 알려진 중요한 의미를 갖는 책으로 1320-1335년의 피렌체 밀 가격을 기록한 장부인데, 피렌체 시장의 무질서와 혼란을 성찰하며 자치 도시의 정치와 관련 사건들에 대한 소식도 제공했다. 14세기에 작성된 도나토 벨루티Donato Velluti(1313-1370)의 『가문 연대기Cronica domestica』는 자신의 가문에 대한 역사를 기술하면서도 관리로서 피렌체 자치 도시의 변천도 기록했다.

이 시기의 역사 연구서는 라틴어와 속어로 집필되었다. 라틴어로 시작되었지만 이탈리아 북부 같은 지역에서는 꾸준하게 속어로 기록되었다. 평범한 대중 독자에게 다가가고 자신의 증언을 즉각적으로 표현하려는 연대기 작가의 욕구가 큰 역할을 했기 때문이다. 때로는 단순 번역이 아니라 교정을 포함한 진정한 의미의 개정을 의미했던 속어화 관행도 있었다. 라틴어 역사 연구의 풍토에서 13세기의 가장 중요한 작품(문학 관점에서)을 꼽자면 프란체스코회 소속의 아담의 살림베네(1221-1288)의 『파르마 시민 연대기Chronicon Parmense』다. 저자는 자신이 경험한 대부분을 방대한 분량으로 기록한 반면 12세기 후반 이후 라틴어로 기록된 저술에는 이 도시의 무명 분석가들 중 첫 번째 역사가로 평가받는 판사 센자노메Senzanome(13세기 초반)의 『피렌체 시민의 업적Gesta florentinorum』이 있다. 저자는 알 수 없지만 피렌체 중부 피에솔레의 기원에 대한 전설에 근거한 『도시 피렌체의 기원에 관한 연대기Chronica de origine civitatis Florentiae』는 13세기에 완성되었다. 이 연대기의 라틴어 판본과 함께 다른 속어 판본들은 현존하며 그 사례는 『피에솔레에 관한 책Libro fiesolano』(또는 『도시 기원의 연대기Cronica de quibusdam gestis』)이다. 13세기 후반에 피렌체는 속어를 이용한 역사 연구의 전성기를 맞이했지만 라틴어 저술도 계속해서 출간되었다. 라틴어와 속어

피렌체의 연대기 작가들

13세기 피렌체에서는 11세기 중반부터 1297년까지를 대상으로 작성된 『소小연대기Cronichetta』처럼 익명으로 작성되었거나 피렌체의 기원에 대한 신화부터 1286년까지를 기록한 『피렌체의 역사Storia fiorentina』처럼 저자의 서명이 있거나 신빙성이 의심되는 연대기들도 여럿 출간되었다. 어떤 학자들은 『피에솔레에 관한 책』이 1282년까지는 리코르다노 말리스피니(약 1220-1290), 나머지 몇 년은 조카 자코토가 썼으며, 14세기에 이탈리아 반도의 연대기 작가들을 위한 모범으로 여겨지던 조반니 빌라니Giovanni Villani(약 1280-1348)의 요약본을 포함한다고 주장했다.

자유 도시에 관한 이야기

14세기에 디노 콤파니(약 1255-1324)가 도시의 역사를 기록한 『나의 시대의 문물에 관한 연대기Cronica delle cose occorrentine'tempi suoi』는 중요하다. 저자는 세계사 구조를 거부하고 연대기 방식도 배제했다. 그는 실크 조합 조합원이자 친교황파 백파 일원인 자신이 내분에 직면해 있던 피렌체 자치 도시에서 고위직을 수행하며 겪은 동시대(1280-1312)에 경험한 전부를 기록하려고 했다. 피렌체에서 속어를 이용한 역사 연구가 확립된 데에는 빌라니의 저술이 큰 역할을 했다. 빌라니 가문은 상인 집안으로, 구성원들은 도시 연대기에 교대로 등장했다. 교황파 흑파였던 그는 상인 자격으로 여러 차례 조합위원회 위원을 지냈으며 작가로서 고대 전통의 연대 구조에 기초하여 총 12권의 『신新연대기』를 집필했다. 디노 콤파니의 저술처럼 그도 역사에 안주하지 않고 바벨탑 사건을 시작으로 세계사를 포괄했다. 처음 여섯 권에서는 전설적인 이야기를 다루었던 반면 나머지 여섯 권에서는 역사가에게 요구되는 형평성을 바탕으로 1265-1348년의 피렌체 역사에 대한 일화를 그림과 함께 소개했다. 이 저술은 큰 성공을 거두었으며, 조반니가 사망한 후에는 동생 마테오(1280-1363)가 이어받아 1363년까지 모두 11권의 연대기를 추가했다. 이후에는 마테오의 동생 필리포(1325-약 1405)가 1364년까지 계승했다.

14세기 말기에 다수의 연대기와 일기가 출간되었지만 그중에서도 코포의 마르키오네(1336-1385)의 『피렌체 연대기Cronica fiorentina』는 아담의 창조에서 시작하여 1385년까지를 총망라한 서술이다. 빌라니 형제들처럼 그 역시 말년까지 연대기를 작성하여 자신이 듣고 경험한 전설적인 이야기들이 기록된 연대기를 남겼다.

피렌체 이외의 도시들과 토스카나가 아닌 지역에서 출간된 연대기들

토스카나 주州의 피스토이아, 루카, 피사, 아레초, 시에나 같은 도시들도 연대기에 관심을 드러냈다. 이 도시들의 정치 변화는 피렌체의 라틴어 저술과 더불어 속어를 이용한 역사 연구가 시작된 이탈리아 중부, 남부와 밀접한 관계를 형성했다.

피스토이아와 라퀼라 연대기

피렌체 이외의 지역에서는 『피스토이아의 역사Storie pistoresi』가 출간되었는데, 1286-1348년에 벌어진 흑파와 백파의 투쟁과 관련된 내용과 산문 형식으로 주목받았다. 공증인 바르톨로메오(14세기)가 단테의 3행시를 모방해 쓴 『연대기Cronica』는 운율 형태가 흥미로웠는데, 우의적인 방식으로 역사의 기원부터 1348년까지의 아레초의 역사를 다루었다. 반면에 라날로의 부치오(약 1295-1363)는 『라퀼라 연대기

Cronaca aquilana』에서 도시가 건설된 1254년부터 1362년까지 약 1세기 이상의 역사를 알렉산드리아풍의 단일 각운 4행시 형식(동시대의 교훈 문학에서 보편화되었던 방식)으로 기술했다.

6세기부터 속어화, 연대기, 세계사 기술 등의 형식으로 저술된 『역대 교황표Liber Pontificalis』의 전통으로 이야기 서술의 첫 사례가 성립되었던 로마에서는 이름이 알려지지 않은 한 로마인이 쓴 연대기가 주목받았다. 1325-1357년의 역사를 다루었는데, 처음에는 라틴어로 쓰였지만 1357-1358년은 로마 속어로 기술되어 있다. 현존하는 속어로 된 일부에서는 표현력이 풍부한 산문으로 「리엔초의 콜라의 생애Vita di Cola di Rienzo」 또는 로마 공화정의 이념과 철저한 정치적-사회적 개혁의 낙원을 주장하며 1347년 로마를 통치한 평민 세력의 호민관에 대한 짧지만 집중적인 이야기들을 다루었다.

소설풍의 역사 연구서

역사 연구에 관한 저술은 이탈리아를 벗어난 지역들에서도 2개의 언어로 쓰였으며 소설어 확립을 위한 절차인 것처럼 속어화 관행을 거쳤다. 프랑스 속어로 추진된 역사 연구는 12세기 후반에 시구 형태로 성립되어 서사적-소설적 서술에 대한 특별한 관심과 다양한 문학 영역 간의 영향을 보여 주었다. 역사 연구 기록들은 13세기부터 시작하여 초기 귀족에 대한 기억에서 군주 권력에 대한 관심으로 옮겨 가면서 산문 형태로 발전했고, 14세기에는 다른 장르의 영향을 받지 않은 독자적 형태가 나아갔다. 14세기 프랑스의 가장 중요한 연대기 작가는 장 프루아사르(1337-약 1404)인데 1327-1400년을 배경으로 프랑스, 영국, 스코틀랜드, 브르타뉴의 역사를 다룬 『프랑스 연대기Chroniques de France』와 『영국과 이웃 국가들의 연대기D'Angleterre et des pays voisims』를 집필했다.

이베리아 반도의 경우 카탈루냐 역사 연구를 대표하는 중요한 저술 중 하나는 1208-1328년의 역사를 기술한 라몬 문타네르Ramon Muntaner(1265-1336)의 『연대기Crónica』다. 카스티야에서는 알폰소 10세(1221-1284, 1284년부터 왕)의 문화 진흥책에 따라 백과사전적 구조의 역사 개론서인 『에스파냐의 역사Estoria de España』가 집필되었다. 포르투갈의 역사 연구는 두 가지 독립적인 성향인 국왕의 전통과 귀족 전통의 흐름을 보였는데, 후자의 대표작으로 『페드로 백작 가문의 족보Livro de linhagens do conde D. Pedro』(1340–약 1344)가 있다.

| 다음을 참고하라 |

문학과 연극 조반니 보카치오(757쪽)

연극

LETTERATURA E TEATRO

유럽의 종교극과 민중극

| 루치아노 보토니Luciano Bottoni |

13세기에 '기적'과 '신비'는 교회를 벗어나 영역을 확대했다. 각국의 문화는 특히 선술집 등의 세속적인 공간에서 벌어지는 여러 가지 상황에 대한 기술에 속어 구어口語를 사용하는 계기를 제공했다. 도시의 직업 조합은 전 유럽을 배경으로 한 성대한 순회 볼거리를 계획했다. 종교극의 그늘에서 벗어난 세속적 성격의 민중극이 전성기를 맞이했는데, 프랑스에서는 익살과 풍자의 취향을 다시 부활시킨 이야기 윤색과 집필의 자유가 확립되었다.

선술집의 '기적'과 '신비'의 확대

〈반反그리스도 극Ludus de Antichristo〉(12세기)과 같은 종교극은 볼거리를 극대화시킨다는 명분에 따라 청중, 무대 배경, 배우의 연기를 근거리에서 볼 수 있도록 교회 앞뜰에 무대를 설치함으로써 교회의 영향으로부터 벗어날 수 있었다. 13세기부터 성직자의 설교와 (라틴어로부터 지속적으로 멀어지던) 국가 문화의 빠른 확산으로 종교극에서 속어 구어 사용이 확대되었다. 프랑스에서 앵글로-노르만 속어로 작성된 최초의 종교극인 〈아담의 놀이Le Jeu d'Adam〉는 12세기 작품이며 '신비'(성서 주제의 연극 대본)

유형에 속한다. 〈아담의 신비Mistero d'Adamo〉(일반적으로 오락거리jeu da ludus라고 한다)에서 친절한 악마가 이브를 유혹하는 장면("당신은 부드럽고 친절한 여인 그리고 장미보다 청순하네")은 자그마한 예배당 또는 구경꾼의 눈에는 주인공들의 상반신만 보이는 무대에서 이루어졌다. 무대 오른쪽에서는 악마들이 담소를 나누고 있는 지옥의 문이 열렸다.

반면 1210년경에 흑사병으로 사망한 음유시인 장 보델Jean Bodel의 〈성 니콜라우스의 놀이Jeu de Saint Nicolas〉는 종교극의 의식 중심적인 전개에서 상당히 벗어난 작품으로, 성인 전기에서 인용한 실패한 도적질의 불가사의한 행위는 사라센 군대의 주둔과 그리스도교도인 왕의 궁정, 그리고 전쟁터에 휘말리지만 서민, 소매치기, 불량배들이 활보하는 선술집으로 돌아와 전환을 맞는다. 이곳에서 성 니콜라우스는 "매춘부의 자식들이여, 너희들은 모두 죽을 것이다. 이미 교수대가 세워졌다. 만약 나의 충고를 듣지 않는다면 너희들의 삶은 이미 끝난 것이나 다름없다"고 말하며 선술집 주인과 보물을 훔친 도적들을 개종시킨다.

성 니콜라우스의 기적

선술집은 작자 미상의 작품 〈아라스의 궁정Cortese d'Arras〉(1228)에서도 주인공의 운명에 변화를 가져오는 장소였다. 이 작품은 감격스러운 억양과 장난의 균형을 유지했다. 도박에 중독된 젊은 아들은 부유하고 이해심 많은 부친의 집에 다시 들어가기 전에 여관 주인과 모의한 여인의 꾐에 빠진다. "우리는 한 멍청한 놈을 알게 되었어요. 그리고 나는 그를 사랑하겠다고 약속했지, 하지만 먼저 그가 가지고 있는 든든한 돈 자루를 빼앗을 작정입니다."

〈테오필의 기적Miracolo di Teofilo 또는 Le Miracle de Théophile〉은 루이 9세 치하의 파리에서 활발히 활동했던 음유시인이자 풍자극 저자인 뤼트뵈프(1250-1285년에 활동)의 작품이다. 그는 의심과 절망, 그리고 교회 성직자들의 올바르지 못한 행위에 대한 저항을 자서전적 방식으로 그렸다. 주교에 의해 관직에서 물러나게 되자 굴욕감에 빠진 주인공 테오필은 신을 위협하는 행동을 서슴지 않았다. "오! 세상에 누가 감히 신을 모욕할 수 있겠는가, 신이 나에게 굴욕을 주었으니 이제 내가 신에게 굴욕감을 안겨 주리라." 감정에 복받친 그는 유대인 주술사에게 도움을 청해 악마와 관계를 맺고 깊은 골짜기에서 자신의 신앙을 부정하고 출세를 대가로 영혼을 판다. 악마는 상술을 발휘하여 서명이 들어간 신용장만 요구하는데, 그동안 너무 많은 사기꾼의 속임수에 당했기 때문이다. 악마는 그에게 "만약 누군가가 너에게 공손하게 군다면 그를

테오필의 굴욕

잔인하고 거만하게 대하라"고 주문하지만 주교는 회개하고 테오필 역시 예배당에 들어가 참회한다. 성모 마리아가 악마를 만나지만 악마는 문서를 반환하지 않고 "나는 당신의 배를 밟아 버릴 것이다"라고 말한다. 주교가 신자의 건축물인 교회에서 악마를 시기하는 반응을 보이는 것은 행복한 결말을 예고하는 것이라 할 수 있다.

시민 조합과 연속극 공연

성모 마리아의 기적은 14세기에 실현될 연극의 성공을 예고했다. 파리의 한 자선단체가 보유한 목록에는 거대한 무대 장치로 도시민 전체에게 볼거리를 제공한 (성모 마리아에 대한 헌신의 증거며 1339-1382년에 만들어진) 40개 이상의 기적miracles이 기록되어 있었다.

그리스도교 성체 축일domini 행사가 정기적으로 개최되면서 1311년에는 앵글로색슨족 거주지들에서도 속어로 된 기적극miracle plays이 쓰였다. 이들은 '신비'와 '기적'을 공개적인 장소에서의 볼거리로 제공하며 행렬pageant을 포함시켰다. 인류의 속죄에 대한 성찰을 격려하고 이끌기 위한 임무는 시민 조합인 길드에 일임되었는데, 원죄에서 계시록에 이르기까지 연속극 형식의 볼거리가 만들어졌다. 기록을 통해 알 수 있는 최고最古 연속극은 1327년에 체스터에서 있었으며, 25개의 대본으로 구성되었다. 48개의 다른 텍스트는 1350년경에 요크에서 상연되었다. 이베리아 반도에서 소시극Auto(기적극과 비슷한 성격*) 또는 공연representacion의 속어 무대는 주로 동방박사의 크리스마스에 대한 주제를 통하여 발전했지만 14세기에는 종교극 구도와는 조금 다른 단막극으로 제한되었다. 속어로 공연된 세속극의 중심지는 여전히 아라스였다. 아라스의 활발한 상업과 수공업 활동으로 조합과 시민 단체들이 경제적 지원을 했다.

세속극의 확립과 발전

아당과 아라스의 공연들

종교극에 밀려 관심 밖에 있던 세속극은 아당 드 라 알Adam de La Halle(약 1237-1287)의 영감으로 새롭게 등장했다. 그의 작품 〈잔디밭의 연극Jeu de la Feuillée〉은 서민 대중에게 즐거움을 주고자 겉으로는 신앙에 헌신하고 사리 분별이 있는 듯 보이지만 실제로는 향락을 추구하는 부르주아의 우스꽝스러운 세계를 연출했다. 이 작품의 배경인 5월의 축제에서 실제 인물들은 상상 속 인물들과 섞이고 참가자들은 설정된 상황에 초대되었다. 아당은 자신의 의지를 확고하게 드러낸다. 그에게 이 순간은 친구들과 부친에게 고백한 바와 같이 남편으로서의 열정을 상실한 상태에서 공부를 위해 파리에 갈 것을 정했기 때문에 매우 중요했다. 아라스의 모든 주민을 진찰했기에 이들의 탐욕에 대해 잘 알고 있는 한 의사에게 검진을 받은 부친의 탐욕은 젊은 시절의 화려함이 지나간 지금("이제는 창백하고 시든 꽃처럼 보이네")에는 성性적 각성으로 이어졌다. 명목상의 풍자 목록은 부패한 생선을 먹으려는 탐식가에 의해 마감되었다. 욕심 많은 같은 도시의 주민들은 배에 난 종기 때문에 무례한 부인을 부르는데, 그녀는 아라스의 끔찍한 여성들과 그들의 순종적인 남편들을 대상으로 의미가 모호한 외설적 논쟁을 벌인 바 있었다. 아당이 친구와 만찬을 벌이려는 동안 사기꾼 수도승이 등장했다. 수도승은 악마에 사로잡힌 사람들을 치유할 능력이 있다는 성인 유골을 가져오지만 아당은 유골을 치워 버리는데, 모두가 요정 모르가나Morgana와 그녀의 연인인 어릿광대의 도착을 기다리고 있었기 때문이다.

카니발 전통과 공존하는 연대기풍의 '메타극meta theatrea'(연극 자체에 대하여 문제를 제기하는 연극*)으로 정의되는 맥락에서 아당은 민중 전통의 우화에 볼거리의 '현실적인' 동기를 부여할 목적으로 줄거리를 자유롭게 구성했다. 아르투아의 로베르 2세(1250-1302)를 따라 1282년에 이탈리아에 온 그는 나폴리 앙주 가문 궁정에 머물면서 목가풍의 〈로뱅과 마리옹의 유희Le Jeu de Robin et Marion〉를 집필했다. 그는 로뱅의 곁에 남기 위해 기사의 제안을 조롱한 교활한 도시 여성 마리옹의 사랑의 결투 장면에 많은 음악과 노래를 추가했다.

어릿광대극과 풍자극의 부활

13세기 말경에 아라스에서는 〈소년과 맹인Le Garçon et l'Aveugle〉이 무대에 올랐다. 이 공연은 야비하고 풍자적인 대화를 통해 어릿광대극의 특성을 강조했다. 장님은 부도덕한 불량소년의 꼬임에 넘어가 구걸로 모은 재산을 모두 빼앗긴다. 불량소년은 처음에는 장님을 폭행하지만 대중과의 대화를 통해 나중에는 그의 다친 턱에 수탉의 배설물을 발라 치료해 준다. 하지만 소년은 결국 장님을 벌거숭이로 만들고 그의 재산을 도적질한다.

어릿광대극의 기원과 관련하여 어떤 학자는 미치광이들의 축제에서 하급 신부가 행하는 신성 모독적인 유쾌한 설교sermon joieux에서 유래되었다고 주장했다. 또 다른 학자는 익살스런 무언극의 희극성에서 유래되었다고 했다. 일련의 광대극 장면은 (300-800개의 구절로 구성된다) 과도한 몸짓을 줄이고 내용을 차별화하면서도 구성을 동일하게 유지했다. 광대극은 연속적인 '기적'과 '신비'마다 코믹한 수단으로 등장했다. 어릿광대극과 유사한 것으로 소티sotie(희극적 풍자극*)가 있었는데 빈번히 검열을 받아야 할 정도로 동시대의 사건에 자극적-논쟁적인 암시를 포함했다.

| 다음을 참고하라 |
역사 축제, 놀이, 의식(304쪽)

이탈리아 속어 찬미가 모음집과 라틴 비극의 재등장

| 루치아노 보토니 |

12세기 말경의 속어 텍스트들은 익살스러운 '반목'과 '자만'의 특징을 가졌다. 토디의 자코포네의 〈성모의 눈물〉에서부터 〈성 토마스의 전설〉에 이르는 방대한 목록과 종교 단체의 찬미가도 속어로 쓰였다. 반면 인문주의 문화에는 세네카의 구도에 근거하면서도 동시대성을 암시하는 비극이 재등장했다.

초기의 속어 창작극: '반목'과 익살스런 '허풍'

12세기가 끝날 무렵 이탈리아에서 속어 텍스트가 등장했다. 이는 창작극과 관련 있었기에 성직자들은 공식적으로는 음유시인들의 음담패설dicerie을 금지했지만 불명예스러운 것으로 여기지는 않았다. 음담패설은 정확한 리듬이나 풍자 희극, 동작을 암시하고 무대 장면으로 표현된 해설을 포함하는 독백이나 대화의 성격을 가지고 있었다. 그중 1231년경에 알카모의 치엘로(13세기)가 쓴 『콘스트라토』는 프리드리히 2세(1194-1250, 1220년부터 황제)의 팔레르모 궁정에서 전성기를 맞이했던 프로방스 시를 패러디한 일종의 대선율對旋律이 메시나 지역에 확산되는 데 중요한 역할을 했다. 여주인공은 연인이 자신에게 헌정한 '신선한 장미'를 받아들이기보다는 죽거나 수녀가 될 것을 결심하다 결국 혼인을 승낙한다. 1260년경 토스카나에서는 시에나 출신의 루제리 아풀리에세Ruggeri Apuliese(13세기) 덕분에 연극의 장르로 허풍쟁이들의 환상적인 이야기를 패러디한 '자만'이 등장했다. 그는 전혀 다른 예술, 기술, 학문에 대한 지식과 능력을 과시하며 단일 각운의 4행 시절로 구성된 긴 이야기에 237개의 시구를 담았다. "나는 망치를 사용하는 대장장이보다 매음굴의 매파보다도 더 많은 것을 알고 있다네." 시에나 자치 도시에 거주하는 어느 공증인의 (대학생) 아들이었을 것으로 추정되는 저자는 광대극에 빠져 이단으로 의심받자 결백한 자가 교회재판소에 출두하여 당당하게 맞선다는 내용을 4행 시절의 「열정Passione」을 통하여 표현했다. "왜 너는 다른 사람을 공격했느냐 / 그것은 잔혹하고 횡폭한 짓이다 / 또한 유대인들보다 나쁜 짓이라네."

13세기의 연극에 도입된 광대극은 궁극적으로 〈주님의 광대Ioculatores Domini〉에서 동료 수도사들을 '광대'라는 자극적인 표현으로 정의했던 성 프란체스코(1181/1182-1226)에게 계승되었다.

종교 단체들과 속어 찬미가: 자코포네의 〈성모의 눈물〉에서 〈성 토마스의 전설〉까지

프란체스코회의 혁명 정신은 1233년의 롬바르디아 동맹과 프리드리히 2세와 체결한 평화 조약에 대해 '할렐루야Alleluia'를 외치며 환영의 뜻을 표시한 바 있으며, 육신의 죽음과 자비 같은 회개를 통해 고양되었다. 프란체스코회 정신은 페루자에서 스스로를 학대하며 주님의 영광을 노래하는 관행을 다시 시작한 고행자들에게 계승되었다. 찬미가에 대한 대중적 감흥은 운율 구조의 발전을 통해서도 증명 가능하다. 찬미가는 단일 각운 형태, 독백 또는 짧은 기도의 대화 같은 중세 무훈시의 대사처럼 만들어졌으며, 고행자들은 솔리스트(주인공 배우)가 극의 갈등 해결을 강구하면서 (신자들의 공동체를 대표하는) 합창과 교대로 등장하는 광대극 춤의 구도를 수용했다.

속어 찬미가와 춤곡

14세기에는 200개 이상의 찬미가가 주로 움브리아, 오르비에토, 라퀼라, 로마를 중심으로 만들어졌으며 복음서의 전형적인 에피소드나 성극에서 빈번하게 다루어지던 자서전적 사건들이 연출되었다. 토디의 자코포네(1230/1236-1306)가 가사를 쓴 찬미가 〈천국의 여인〉이나 〈성모의 눈물Pianto della Madonna〉은 기념비적 작품이라 할 수 있다. 찬미가는 성모 마리아, 유대인, 요한, 그리스도를 주제로 주님의 죽음에 대한 슬픔을 모친과 아들에 대한 비탄과 비극으로 전환시켰다. 그리고 수구首句 반복을 통해 "흰색과 주황색의 아들이여, 너까지 나를 버리는구나!"라고 소리쳤다.

페루자의 찬미가 모음집에는 도미니쿠스회의 문서 목록도 포함되어 있었다. 풍부한 목록 1399년의 목록에는 세속적 주제와 신성한 주제의 균형을 유지하는 속어극을 위해 마련된 모든 '잡동사니, 의복, 수염, 무대 소품'들이 기록되었다. 그 결과 주제와 구조가 발전했고 본래의 목적인 종교적 긴장을 감소시키는 효과를 가져왔다. 라퀼라에서 만들어진 텍스트 중 〈성 토마스의 전설Legenda de'Sancto Tomascio〉은 성 토마스의 생애를 3일(아동 시기, 수도사가 된 시기, 교육 시기)의 구성으로 나누고 그의 침실에서 봉건 시대의 살롱으로, 교황의 궁정에서 황제의 궁정으로 옮겨 가면서 그의 생애에 색감과 활력, 움직임을 부여했다. 수많은 인물 중에는 조산부, 보모, 동네 부인네들도 포함되었다. 산문 형태로 바꾸는 작업을 통해 구조는 더욱 확대되었다. 구조, 장치, 의상의 웅장함은 15세기의 신성 종교극에 영향을 주었을 것이다.

세네카적 원형의 재등장과 인문주의 시대의 비극

세속적-종교적 주제의 속어 연극이 급진적으로 발전하는 과정에서 세네카(기원전 4-65)의 비극 작품이 전부 기록된 필사본이 (파도바 학파의 법학자였던) 로바토 로바티(1241-1309)에 의해 발견되었으며, 그 결과 고대 비극의 인문주의적 부활이 이루어졌다. 그의 제자이자 모든 형태의 독재에 저항한 공증인 알베르티노 무사토(1261-1329)는 세네카의 작품을 모범으로 삼아 라틴어로 『에케리니스』(1314)를 완성했는데, 유럽 사회에서 새로운 비극으로 평가되었다. 무사토의 『에케리니스』 파문당한 친황제파 독재자 로마노의 에첼리노(1194-1259)를 주제로 하는 이 저술은 민중 전설에 의해서도 더욱 부풀려짐으로써 잔혹함으로 유명해졌다. 이 비극은 긴 독백과 대화가 교차하고 계시의 독창récit이 합창에 대한 주석으로 바뀌면서 60년 동안 서사적-서술적 구조에 근거해 연출되었다. 줄거리는 시기와 장소에 얽매이지 않았다. 아들 에첼리노와 남동생 알베리코에게 그들의 출생 비밀에 대해 말하는 모친 아델레이타의 끔찍한 폭로 혹은 더럽고 악취를 풍기는 구름 속에서 야인 루치페로에게 당한 성폭행을 고백하며 시작된다. 에첼리노는 놀라는 대신 자긍심을 드러내며 "나의 확실한 손은 어떤 어리석음에도 겁먹지 않을 것"이라고 약속하며 '탐욕을 암시하는' 지옥의 힘을 불러들인다. 독재자는 '민중의 사악한 분노'와 귀족의 증오로 부추겨진 채 적들의 후손을 눈멀게 하고 어린아이들의 생식기를 잘라 버리면서 분노를 폭발시킨다. 신부인 파도바의 안토니오(1195-1231)의 타이름은 신에 의한 죽음과 회개를 주관하는 것처럼 보였으나, 신을 믿지 않는 세속인으로 신부의 자비 호소를 묵살하는 살인자의 행동을 저지하는 데 실패한다. "하느님은 누구이기에 내가 다른 누구보다 사랑받는 사람이라고 하는가?" 마키아벨리풍의 의복을 걸친 그는 추방된 자들과 유배된 자들을 함정에 빠뜨리기 위하여 남동생에게 자신의 적인 것처럼 행동하도록 암시한다. "신앙과 자비는 우리의 삶에는 존재하지 않는 단어들이다."

에첼리노의 끝없는 지배 욕구는 (크리스토퍼 말로우Christopher Marlowe[1564-1593]의 〈탬벌레인 대왕Tamburlaine the Great〉에 앞서) 미궁의 승리를 거둔 직후 스스로를 '늑대'의 위협적인 죽음으로 인도한다. 이는 '신변이 위험에 노출된' 알베리코를 죽게 만든 이후 더욱 끔찍해진다. 잔인함은 잔인함으로, 공포는 야만적인 종족의 복수로 인한 공포로 대가를 지불하게 된다. 얄궂은 운명에도 "정의의 법은 영원하다" 주장하는 합창이 이어지나 분노에 직면한 채로 자신의 고통을 현명함으로 중얼거리는 순간에 세네카의 위대한 문장력과 조화를 맞춘다. "이것이 삶이며 영혼은 멈추지 않고 날아간다. 또한 크나큰 것을 가졌을 때조차 결코 만족하지 않는다. 마음은 보다 더 큰 것을 갈구한다." 무사토는 공개적으로 비극을 낭독했다. 파도바 대학의 주교와 교수들이 은매화와 담장나무로 엄숙한 대관식을 거행했지만 파도바가 카라라의 마르실리오Marsilio(1294-1338)의 권력에 굴복하게 되었을 때 키오자로 유배당했다.

서술과 대화로 완성된 또 다른 극작품은 (막의 구분 없이) 파브리아노 출신의 루도비코 로마니Ludovico Romani가 라틴어 산문으로 썼고 〈체세나 학살의 비극Tragedia dell'eccidio di Cesena〉이라는 제목으로 공연되었다. 요약본은 1377년 파브리아노의 교황청 대사였던 제네바의 로베르토(1342-1394, 1378년부터 클레멘스 7세의 법명으로 대립 교황)의 배신으로 겪은 잔혹한 약탈에 대하여 기술했다. 합창은 당대의 또 다른 작품 〈스칼라 가문의 안토리오의 추방Cacciata di Antonio della Scala〉에서도 볼 수 있다. 비스콘티 가문은 1387년 모타 가문의 조반니 만치니Giovanni Manzini della Motta(1350-1422)가 노리던 베로나를 강점했다. 14세기의 마지막 비극 작가는 비첸차 출신이며 페트라르카 후임으로 파도바에 부임했고, 후에는 비스콘티가의 서기관으로 활동한 안토니오 로키Antonio Loschi(1368-1441)로 그는 신화를 고전적인 구조로 표현한 비극 〈아킬레스Achilles〉(1390)를 썼다. 형 헥토르의 죽음을 복수하려는 파리스의 계획은 트로이 공주 폴리세나에 대한 아킬레스의 사랑을 이용해 실행에 옮겨진다. 영웅이 죽는 장면에서 합창은 혼인에 대한 약조의 불안정한 상황을 노래했다. 합

로키의 〈아킬레스〉

창은 수많은 파도바 군주의 운명을 바꾸어 놓은 극적 행운으로 당혹스러움을 부드럽게 완화시켰다.

| 다음을 참고하라 |

철학 대학과 학문 체계(359쪽)
문학과 연극 고전의 수용(651쪽); 토디의 자코포네와 종교시(670쪽)
음악 대학 시대의 음악 교육(951쪽)

시각예술
Arti visive

시각예술 서문

| 안나 오타니 카비나Anna Ottani Cavina |

노골적으로 잡종, 괴물, 기적, 불가사의 등을 표현하려는 경향을 드러냈던 로마네스크식 도상화의 비합리적이고 환상적인 특징이 출현했던 중세 말의 고딕 시대에, 예술 영역에서는 예술과 자연, 삶, 현실과의 밀접한 관계가 성립되었다.

방대한 네오 라틴 세계의 중심이었던 프랑스의 고딕 문화가 서양 문화의 중추적인 역할을 담당했다. 또한 고딕 문화는 비잔티움의 주도권과 신정 정치적이고 시간을 초월한 조직 구조로부터 벗어나 새로운 지식 체계로서 조직의 구심점 역할을 했다. 이것은 유럽 사회의 발전을 위한 지배적인 동력이었다. 하지만 13-14세기의 발전과 기타 복합적인 현실을 고려할 때, 서양 문명을 동양적이고 이국적인 기호 체계와 연결하는 고리들과 아시아의 장식 전통이 고전 시대의 전승과 접하면서 만들어낸 영향을 무시해서도 안 된다.

중세의 유럽 중심적인 개념을 멀리, 그리고 상상 속에 존재하던 지역으로까지 확장시키고, 궁극적으로 고유의 보편성을 확보하는 항구적 이원론을 강조하는 것이 얼마나 모순이었는지는 에밀 말Émile Mâle(*L'art religieux de la fin du Moyen Âge en France*, 1908)과 요르기스 발트루사이티스Jurgis Baltrušaitis(*Le Moyen Âge fantastique. Antiquités et exotismes dans l'art gothique*, 1955)가 언급했었다. 고딕 양식으로 일관된 14세기에 이탈리아와 그 주변 지역에서 두 문명이 운명적으로 영향을 주고받았음은 역사를 통해서도 증명되었다.

가장 충격적인 발견은 1921년이었다. 단테 사망 600주년을 기념하고자 피에르 알비세 디 세르지오-알리기에리Pier Alvise Di Serego-Alighieri는 베로나에 안장되어 있는 단테의 후원자 칸그란데(1291-1329)의 관을 검시한다는 놀라운 발상을 했다. 『신곡』 「천국편」(XVII, 76-93)에 나오는 단테의 예언 때문이었다. 실행에 옮겨지지는 않았지만 무덤 발굴 해프닝을 통해 (무려 182센티미터의 장신이었던) 그에 대한 새로운 사

칸그란데의 미스터리

실이 밝혀졌다.

베니스를 통해 베로나 궁정에 들여왔을 칸그란데의 장례용 직물은 얇은 금박을 수놓은 것으로, 그가 사망(1329)한 14세기 초반 직전에 이슬람으로부터 수입한 비단 직물이었다. 직물 기술은 중국에서 유래한 것으로, 생산 기계나 디자인을 고려할 때 일 한국에서 생산된 후에 실크로드를 통해 수입되었을 것이다.

이것은 서유럽의 중세가 우화적이고 경계가 없는 동방에 매혹되어 있었음을 확인시켜 준다. 당시 베로나 박물관장은 누가 만들었는지 모르는 관 상단 앞쪽에 있는 신비한 느낌의 칸그란데 기마상 앞에서 다음과 같이 말했다. "고전적인 전통과 게르만 전통의 기마상들과 매우 다를 뿐만 아니라 칸그란데와 크기가 작은 군마들의 놀라운 관계에 충격을 받았다. 두 가지 모두 동물과 전사의 공생 관계로 연결되어 있다. 고백하건대 이는 마르쿠스 아우렐리우스Marcus Aurelius나 밤베르크 기사상의 엄숙함보다는 초원 지역의 기동력이 뛰어난 기사를 떠올리게 한다"(Lisisco Magnato, *Le stoffe di Cangrande: ritrovamenti e ricerche sui tessuti del '300 veronese*, 1983).

성당 건축가들

도시화와 함께 유럽에 정신적이고 세속적이며 지적인 이해관계를 함께하는 시민 주거지의 집중화 과정이 본격화되었던 시기(도시가 주변 지역을 흡수하던 시기)에 성당 제조장이 가장 먼저 서양의 이념적 구도에 건축 양식과 새로운 기술적 자극을 제공했다. 조각가와 건축가들은 석재를 사용하여 당대의 신학 사상과 복합적인 이론 구조의 종합summae이라고 여겨지는 성당과 세계에 대한 상상으로의 성당을 건축했다.

당시는 이탈리아를 중심으로 정치적으로 자치 도시, 즉 하나의 도시가 작은 국가를 형성함으로써 군주의 권위에 예속되지 않는 자치적 삶이 확립되던 기간이었다. 고작 2세기 동안의 건설 열풍으로 많은 건축물이 지어졌는데, 인구 200명당 평균 1개의 교회가 있을 정도였다. "프랑스만 하더라도 80개의 성당, 500개의 거대한 교회, 수십 개의 교구 교회를 건축하기 위해 광산에서 석재 수백만 톤이 채굴되었다. 프랑스는 고작 3세기만에 고대 이집트 역사에 사용되었던 것보다 더 많은 양의 석재를 소비했다"(Jean Gimpel, *Les bâtisseurs des cathédrales*, 1980).

무역 활동으로 활성화된 경제와 신앙의 힘이 밀집된 형태로 발전한 도시들은 장엄하고 비정상으로 거대한 성당 건축에 기원을 제공했다. 아미앵 대성당Amiens **건축 열풍**

Cathedral이 대표적이다. 그 크기는 무려 7천700평방미터로, 1만 명이던 당시 아미앵 주민 모두를 수용할 수 있는 크기였다.

성당은 당대의 빠르게 진화하고 있으며 경제적으로 급성장 중인 사회의 종교적-도덕적 사상을 반영하는 시각 기술(벽화, 귀금속 장식, 상아, 채색과 색유리 장식, 기념비적 조각품) 덕분에 사회와의 소통 효과를 갖추었다. 예를 들어 색유리 장식의 유행은 (벽면을 꾸미는 역할만이 아니라 고딕 성당에서 매우 중요한 방어막과 가름막으로 활용되었다) 세계를 해석하려는 형이상학적인 이론과의 관계를 통해서도 설명되었다. 또한 색유리 장식을 통해 확보된 빛은 절대적인 중요성을 차지했다(엔리코 카스텔누오보 Enrico Castelnuovo, *Vetrate medievali. Officine, tecniche, maestri*, 1994).

퇴보에 대한 논쟁: 보베 성당 붕괴

건축 열풍은 어느 시점에 이르러서는 정체 상태에 접어들었다. 무려 48미터로 중세 최고 높이를 자랑하던 보베 성당Beauvais Cathedral(1284)의 전면 붕괴가 주된 원인이었다. 여기에 한층 복잡해진 유럽의 역사와 14세기 초반에 벌어졌던 다른 요인들(전쟁, 질병, 경제 위기, 흑사병의 유럽 재등장)로 많은 제조장이 문을 닫았다.

회화와 역사의 전통

회화는 13-14세기의 서유럽 예술 규범이 만들어지는 과정에서 (동방에서의 회화가 비잔티움 제국의 몰락과 함께 쇠퇴했던 것과는 대조적으로) 선도적인 역할을 했다. 회화(와 이미 조각 분야)는 서유럽의 역사와 시공간을 통해 드러난 행위들을 대표하는 일련의 사례를 이념적 선택에 따라 철학, 신학과 일치시키려 했다. 또한 현실이나 경험의 투영보다는 관계와 대칭성, 조화에 근거한 영원한 가치라는 이상을 만들고자 했던 비잔티움의 성화와 대조를 보였다. 당시 서유럽 세계의 역사에 대한 근본적인 사고는 고전 시대와 고대의 유산을 상속하려는 것으로써, 대표적으로 조각이 있다. 문학 세계와 유사하게 새로운 '속어'의 성립이 핵심적인 현상이었다. 더 이상 정신적이거나 초월적인 것을 추구하지 않는 세계의 세속적인 차원과도 관련 있었다. 한편 속어는 고전 시대, 후기 로마 시대, 야만족 시대, 비잔티움 시대의 형태들이 혼합되는 과정에서 성립된 상당히 독창적인 산물이었다.

위대한 주역 조토

우리가 로마와 고딕 시대의 서유럽 회화 표현법을 접할 수 있는 것은, 특히 고대 후기의 문화 전통이 지속되었고 이를 통해 '기념비적 예술'이 발산되었기 때문이다. 건축에서는 조토(1267-1337)의 예술적 기반에 해당하는 형태의 합리화 과정을 활성화시킨 역사적 연속성에 대한 기억을 지적할 수 있다. 그는 유럽의 회화가 비잔티움의 영향권에서 벗어났음을 증명하는 대표적인 화가였다. 또한 13세기 말에 서유럽이 실현한 가장 숭고한 가치들을 확인시켜 주었다. 조토는 훗날 토스카나를 벗어난 지역에까지 알려질 형태에 대한 새로운 규칙을 통하여 새로운 문화를 주도했다. 조르조 바사리Giorgio Vasari(1511~1574)가 정의한 '조토의 제국'은 부드럽고 통일적으로 그리는 것에 근거했으며, 움브리아, 롬바르디아, 파도바, 리미니, 나폴리, 로마, 그리고 단테의 언어가 알려졌던 먼 지역들로 확산되었다.

단테와 조토는 중세 후반을 지탱한 2개의 기둥이었다. 조토는 당대의 종교와 세계에 대한 구체적인 이상을 지녔던 인물로 평가되는데 공간, 자연, 감성에 대한 혁신적이고 주관적인 개념을 가졌다.

중세로의 회귀

중세에 대한 근대적 인식은 낭만주의적인 관점, 은둔적인 삶의 고독, 그리고 과거의 이념으로부터 큰 영향을 받았다. 다시 말해 수공업적이고 비과학적이었으며 또한 종교성을 강하게 표출했던 과거의 이념에 지배되었다. 낭만주의의 다양한 시기와 그 주인공(고딕 열풍의 부활, 나자렛파, 라파엘전파, 호레이스 월폴Horace Walpole, 윌리엄 모리스William Morris, 퓨진Pugin, 외젠 에마뉘엘 비올레르뒤크Eugène-Emmanuel Viollet-le-Duc, 알폰소 루비아니Alfonso Rubbiani) 등을 통해 여러 형태가 알려졌다.

프랑스에서 '중세로의 회귀Retour au Moyen Age'가 처음 알려진 계기는 1795년에 알렉상드르 르누아르Alexandre Lenoir가 파리 프티 오귀스탱Petits Augustins 수도원에 설립했던 프랑스 기념물 박물관의 개장이었다. 프랑스 혁명 당시에 성직자에 대한 적대감이 노골적으로 표출되면서 생드니 수도원에 안장되어 있던 중세 프랑스 왕들의 무덤이 더럽혀지고 동상은 훼손되었다. 파리 시민이었던 르누아르는 예술 유산의 소실을 막고자 혁명 세력을 설득했다. 골동품에 대한 열정과 회화에 대한 감각을 지녔던 그는 프티 오귀스탱 수도원으로 조각 파편들을 옮긴 후에 풍부한 상상력을 바탕으로 이들을 재구성했다.

수도원 안에 있는 측백나무 길 사이의 공간에 왕들의 무덤을 옮김으로써 귀중한 문화유산을 구원했다는 의미에서 르누아르 박물관은 '시대의 소금'으로 평가받았다. 비록 프랑스 혁명으로 파괴되었지만 새로 단장했고, 이후에는 중세의 향수를 자 르누아르 박물관극했다. 현대 역사가 쥘 미슐레Jules Michelet(1798-1874)는 다음과 같이 회상했다. "나는 아직도 그때의 감격을 기억하고 있다. 내가 아주 어렸던 시절 거대한 크기의 동상들 밑에서 그 창백한 얼굴들을 바라보며 느꼈던 그때의 충격을 영원히 잊을 수 없다. 당시 나는 무엇을 찾고 있었을까? 나는 당시의 삶도, 당시의 천재성도 알지 못한다. 나는 무덤들 위에 놓인 거대한 대리석 조각의 주인공들 모두가 살아 있던 적이 없었을 것이라고 확신하지 못했다. 메로빙거 왕조의 방을 지나고 있었을 때, 다고베르트 1세Dagobert I의 십자가가 있던 그곳에서 힐페리히 1세Chilperic I와 그의 아내 프레데군트Fredegund가 나란히 앉아 있는 것을 봤을지도 모른다는 생각을 지울 수 없었다"(쥘 미슐레, *Histoire de la Révolution française*, 1989).

유럽의 성당들

ARTI VISIVE

성당과 도시의 이미지

| 토마스 피오리니Tomas Fiorini |

성벽 내부에 머물렀던 도시들은 중세 전반기의 위기에서 교회의 위계 질서를 통해 사회 통합의 새로운 요인을 모색했다. 성당은 주민들의 정신과 사고에 가장 중요한 요인으로 작용했다. 시민들은 성당에서 시대의 정신적이고 정치적이며 또한 경제적인 요구에 대처하기 위한 수단을 발견했다. 도시와 더불어 그 규모가 확대된 성당은 자치 도시의 시민, 정치 권력, 여행자에게 권력과 이념의 상징으로 비추어졌다.

중세 전기: 주교의 보호를 원한 도시들

성당과 도시를 동일시했던 것은 중세 전반기의 교회 조직과 변천의 근간을 강화시켰다. 313년 콘스탄티누스 대제의 칙령이 발표되기 이전의 교회 조직은 도시를 중심으로 로마 제국의 행정 조직 편제에 근거했다. 주교의 교회는 제국의 영토 내에 상주했으며 자연스럽게 교구 조직을 위한 구심점 역할을 했다. 교회의 역할이 증대되면서 성인의 명칭이 확립되었는데, 이는 그들의 문명 보호자 역할을 더욱 확대시키는 결과를 낳았다. 하지만 아직까지는 교회를 주민 공동체의 유일한 특권체로 볼 수는 없었다. 주교가 서로 다른 두 개의 영적 건축물, 즉 도심에 건축된 교회와 도심 밖에 있는 수호성인의 무덤 위에 지어진 교회에 모두 있는 경우가 빈번했기 때문이다.

대성당의 개념은 카롤링거 왕조 시대, 즉 주교의 거처가 있는 교회의 교구 관리를 돕거나 대리하기 위해 교회 참사회를 새롭게 마련하는 과정에서 성립되었다. 초대 주교의 유골이 묻혀 있는 교회가 참사회 본부와 일치하지 않을 경우에는 (수호성인과 신자 공동체의 관계에 변화를 가져오지 않으면서도) 베로나의 성 제노 수도원이나 밀라노의 성 암브로시오 수도원처럼 교단에 소속된 경우가 빈번했다. 10세기 이후로 카롤링거 왕조의 권력이 약해지자 주교는 사회 평화의 유지와 외부 위협 방어 기능에 취약한 왕권과 신권의 무능력을 대신하여 교회가 시민 정치 활동에 참여할 수 있는 기회를 확대시켰다. 그 결과 주교는 종종 황제로부터 도시와 콘타도에 대한 사법권을 폭넓게 획득했다. 고위 성직자가 자신의 권력을 확대하는 일은 성인 전설, 초대 주교들에 관한 신화 창조, 성인의 유골과 유품이 발견되는 수많은 사례를 동반했다.

정치인 주교들

중세 후기: 주교의 성당과 왕의 성당

11세기가 지나면서 도시 외곽에 위치했던 성당이 도시로 이전했다. 같은 맥락에서 과거에는 이런 일이 전혀 없었던 지역에서도 주교좌와 도시 보호자를 동일시하는 현상이 가속화되었다. 이 시기는 주교와 도시 계층의 관계가 바뀌는 시점이었다. 양자의 협력이 시작된 지 얼마 지나지 않아 집정관이 등장했는데, 전통적으로 시민 자치 도시의 탄생을 의미했다. 이로부터 주요 교회와 행정과의 관계가 변화되었으며, 이탈리아의 역사가 다른 유럽 국가들과 크게 달라지는 계기가 되었다.

프랑스와 영국의 경우 자치 도시의 성립이 지역 성직자의 권력 약화를 가져오지는 않았다. 또한 이탈리아 북부와 달리 왕권으로부터 일정한 수준의 자치권을 획득하지 못했다. 한편 극히 일부의 민간 사법 기관만이 제조장에 영향력을 행사했다. 주교나 사제단은 성당 건축의 추진과 변화에 관한 사항을 결정했는데, 그들은 시민 조합을 단순한 재정 협력체 같은 부수적인 역할로 제한했다. 또한 왕의 직접적인 통제를 받는 교회도 일부 있었다. 대대로 대관식이 거행되었던 랭스 대성당의 경우 시민 부르주아 층은 재건축 과정에서 완전히 배제되었다. 그럼에도 성당은 도시 경제의 재활성화에 대한 구체적인 사례였고, 그 규모가 계속해서 확대 중이었던 건축 열기는 시민의 자긍심을 구체적으로 실현하는 결과를 가져왔다. 직업 조합들은 유명 가문들과 마찬가지로 예배당 건축을 위한 재정을 지원했으며, 후에는 그것의 전부 혹은 일부 통제권을 요구했다. 샤르트르와 부르주 성당의 색유리에 그려진 직업 조합

성당의 상징적 가치

의 도상들에서 알 수 있듯이, 여기에는 종교적인 이념과 자축 의도가 혼합되어 있었다. 상징적 가치는 숨겨져 있었으나 그렇다고 덜 중요하지는 않았다. 스트라스부르의 경우에 시민들은 도시의 중요 사건을 약어 형태의 문자로 기록해 놓은 성당의 문을 다시 제작하는 데 필요한 비용을 지불했다. 스트라스부르에는 1298년의 화재 이후 자신들의 전적인 감독 아래 제조장을 운영했던 세속 권력의 급성장을 보여 주는 유럽 유일의 성당이 있었다.

과거보다 큰 규모의 건물을 건축하려는 것은 이탈리아에서도 경제 성장과 인구 증가가 가속화되고 있던 도시의 수요에 부응하는 일이었다. 성당은 비포장도로와 높은 인구 밀도에 있어 이전과 확연히 구분되는 중세 도시의 내부 공간에서 직업조합위원회와 시민위원회의 회합이 열릴 수 있고 또 비를 피할 수 있는 유일한 공간이었다. 이들은 성당에서 만나거나 접촉하면서 타협을 모색했다. 런던의 세인트 폴 대성당에서는 말馬 시장이 열리기도 했다. 외부 공간은 공동묘지가 있는 장소에서 열렸던 시장과 교회 내 공동묘지에서 공연되었던 신성극과 더불어 공동체를 위한 사회적 공간의 무대로도 활용되었다.

이탈리아의 자치 도시들: 성당, 시민 정치의 표현

이탈리아에서는 정치 분열에 따른 결과로 자치 도시들이 폭넓은 자치권을 획득했다. 진정한 의미의 '도시 국가'가 성립한 것이며, 그 과정도 한층 복잡해졌다. 지역 교회에 대한 세속인의 간섭은 다른 곳보다 심했다. 성당에는 정치적 의도가 분명한 상징적 의미가 집중되었다. 변화는 1099년 주교 권력이 공석이었던 기간에 시작된 모데나 성당 재건축을 통해서 잘 드러났다. 시민과 성직자 모두가 내린 결정은 수호성인 제미니아누스Geminianus의 유골 이전과 관련된 것이었다. 같은 맥락에서 약 1184년(자치 도시가 제도적으로 정착된 시대)에 그려진 그림 중에는 교황을 그린 것은 없었으나 카노사의 마틸데(약 1046–1115)의 역할은 그림을 통해 재평가되었다.

베로나의 성 제노 성당

교황과 마틸데가 다 등장하는 문서와 달리 그림은 자치 도시 모데나 시민들의 공로를 강조하려는 의지로 해석될 수 있다. 1136년에 니콜로(12세기)가 베로나의 성 제노 마조레 성당 정면 반월半月창에 (교회의 중재 역할을 강조할 목적으로 마련한 공간의 의미를 드러내고자) 작품을 조각했던 것도 정치적 이유였다. 악마에 승리한 성인의 모습이 자치 도시의 깃발에 자주 드러났던 것은 수호성인을 도시, 무장한 시민과 동일시했음을 의미했다. 오랜 세월이 흘러 도시의 새로운 통치자가 자치 도시의 십자가에 자신의 상징과 품계品階를 추가하고 기사의 방패를 다시 그려 넣은 것을 통해서도 알 수 있다.

종교 예식과 위원회의 회의를 위한 장소

도시 행정의 주체가 점차 주교에서 집정관으로 옮겨 가면서 여러 도시에서 주교 저택의 일부나 성당에 속한 건물이 새 사법 기관의 집무 공간으로 활용되었는데, 이는 동시에 성당이 도시 정치의 중심에 위치했다는 증거였다. 예를 들어 도시 정부의 공적 조치는 성곽 외부에 공고되었다. 페루자에서는 종탑에 금석 문자를 새겼는데, 초기에는 종탑의 부속 공간을 자치 도시 시청사로 사용했다. 1221년 오르비에토에서는 보바치아니Bovacciani 백작 가문에 대항한 조치들을 성당 전면에 공고하기도 했다. 성당과 때로는 그 전면에 위치했던 광장은 공적 모임과 주요 행사의 장소로 이용되었다. 볼로냐의 성 베드로 성당은 대학 학위 수여식이나 새 집정관의 서약을 거행하던 장소로도 사용되었고, 1240년대에는 수호성녀의 축제가 열릴 때마다 귀족 가문의 지도자들과 관리들이 성모의 제단에 거대한 크기의 밀랍 초를 헌정했다. 콘타도의 유력 가문들이 시민 권력에 복종한다는 표시로 초를 기증했던 예는 다른 자치 도시들에서도 찾을 수 있다. 성당 주변에 위치한 건물들에는 자치 도시의 자유를 대변하는 상징이 있었다. 1248년부터 파르마의 세례당에는 비토리아 전투에서 크레모나로부터 빼앗은, 중세 자치 도시 시대의 도시 정권을 상징하는 카로치오가 보관되어 있었다. 이 마차는 1281년에 롬바르디아인들에게 반환되었다. 밀라노 역시 자신들의 카로치오를 산타 마리아 마조레Santa Maria Maggiore 교회 내부에 보관했다. 두 도시는 성당 광장에 자치 도시 시청사를 건설했다는 점에서, 그리고 자치 도시의 도시학적인 특징에서 다른 도시들과 차별화되었다. 파르마와 베로나의 시청사가 청사 앞 광장 전면에 위치했던 것은 당시에 물리적으로나 상징적으로 동일 공간을 함께 사용하는 경우도 상당히 보편화되어 있었음을 뜻하며 밀라노 외에도 노바라, 브레시아, 크레모나, 모데나, 그리고 이탈리아 중부와 북부의 많은 도시가 그러했다.

오페라: 관리 조직

자치 도시가 많은 자금을 동원하면서까지 시민을 위한 건축물을 보수하거나 재건을 후원하는 기관을 지원했다는 것은 그리 놀라운 일이 아니다. 제조장을 관리-운영했던 행정 공무를 위해 특별 조직인 오페라Opera가 설립되기도 했던 것이다. 종종 교회 조직에서 오페라를 설립하기도 했으며, 자치 도시는 건축 방향을 결정하는 유일한 주체로 성장했다. 이를테면 오르비에토에서는 두 교황의 직무 정지 기간(1295-1303)에 건축 행정을 장악하고 자신의 정치적 후원 세력으로 이용했다. 또 1333년 피렌체에서는 자치 도시와 교회가 공동으로 운영했던 두오모Duomo의 오페라가 양모 조합에 완전히 장악되었다. 현존하는 역사 기록물을 통해 우리는 14세기 토스카나에서 새로운 시민 참여 형태가 존재했음을 확인할 수 있다. 위원회 구성에 관한 건으로, 자치 도시 시민들도 여기에 참여하여 건축 책임자들이 제안한 사항에 대한 해결책을 함께 논의했다. 유사 사례로는 14세기 말 밀라노 두오모를 지적할 수 있다. 피렌체와 마찬가지로 밀라노 두오모 건축위원회에도 위원회 구성은 세속 신분의 인물들로 이루어졌다.

볼로냐의 산 페트로니오 성당: 성당을 건축한 자치 도시

볼로냐의 산 페트로니오San Petronio 성당은 지역 교회와 자치 도시의 관계가 최고 전성기에 도달했음을 보여 준다. 13세기 말에 친교황파인 제레메이가의 권력 장악 이후, 자치 도시와 주교 및 사제회의 관계는 급속히 냉각되었다. 그 결과 1390년에 이르러서야 민간 건물의 건축을 위한 발상이 구체화되기 시작했다. 11세기부터 여러 '자치 도시의 교회'가 설립되었으며, 숭배 장소로 사용되기에 앞서 통치 세력의 본거지로 정착했다. 산 페트로니오 성당은 거대한 규모와 시청사 앞 광장이라는 위치, 그리고 설립 당시부터 누렸던 특권에 따라 성 베드로 대성당의 대안 자격으로 다른 모든 예배당의 규모를 추월했다. 비록 주교를 위한 공간은 아니었지만 거시적 관점에서 실제의 성당을 대체한다는 의도를 충분히 달성했다.

| 다음을 참고하라 |
시각예술 성당 건축: 제조장과 기술(804쪽); 알프스 이북의 고딕 양식(808쪽); 환상적인 중세: 현관, 대첨탑, 주두, 소첨탑(813쪽)

성당 건축: 제조장과 기술

| 토마스 피오리니 |

대성당 제조장들은 영적 동기들이 건축의 기술적-경제적 한계에 직면했음을 보여 주는 공간이었다. 13세기에 건축 비용 절감 효과를 지닌 기술 혁신이 이루어짐으로써 건물 내부에 보다 많은 빛이 머물기를 소망하던 교회의 바람을 충족시켰다. 당대의 건축물은 건축가들의 기술 지식과 능력에 대한 지속적인 도전이었다.

성당 건축의 문제점

13세기에 프랑스에서 시작된 이후 유럽의 대규모 제조장 조직에 변화가 나타났다. 12세기부터 유럽 중부와 북부 지역의 대성당 규모는 지속적으로 확대되었고, 건축가들은 거대 건축물 건축에 대한 커다란 어려움에 직면했다. 수도원과 성당들 또한 상상을 초월하는 큰 규모로 건축되었을 뿐만 아니라 부속 건물들도 독립된 건물로 지어졌다. 부르주처럼 규모가 작은 도시도 주교구 건물의 크기는 대략 6천200평방미터였고, 아미앵은 8천 평방미터에 이르렀다. 건축상의 어려움은 비용 지출 장부에서도 드러나 있다. 거대한 크기의 돌을, 그것도 막대한 양을 운반했던 것이다. 또 다른 문제는 목재 확보로, 유럽 대륙의 경제 발전과 인구 증가는 숲 자원의 급감을 초래했다. 경작지 확대와 땔감 수요의 증가가 주된 원인이었다.

건축 재정

건축가들이 직면했던 첫 번째 문제는 어떻게 재정과 원자재를 합리적으로 사용할 것인가였다. 13세기 유럽에서는 오페라 또는 제작소, 제조소, 공장이라고 불렀으며, 제조장을 운영하고 재원을 확보하는 두 가지 업무를 담당했던 행정 단위가 확산되었다. 이탈리아의 제조장은 종종 자치 도시의 직접적인 관리를 받았던 반면에 유럽의 경우 (스트라스부르를 제외하면) 주교구를 소유한 교회가 통제권을 행사했다. 건축의 지속성과 속도는 자금 후원이나 정기 수입 등의 재정 확보 방안에 달려 있었다. 생트샤펠Sainte-Chapelle 성당이나 생드니 성당의 성가대석은 왕 소유의 제조장들에서 작업이 순조롭게 진행되어 불과 몇 년 만에 완성되었으나 교회나 자치 도시가 주도하는 경우에는 그렇지 못했다. 재정 확보에 관한 마찰로 건축 공정이 지연되기도 했는데, 심하면 수세기가 소요되었다. 주교와 성당 참사회의 지원은 일시적인 것이었다. 장기간이 소요되는 제조장 건축은 수요에 부응하지 못하기도 했다. 이에 참사회가 제조장에 사망세나 수입세 부과 등의 권리를 제공한 적도 있었다. 제조장의 다른 주요 수입 원천은 봉건 영주들에게 거둔 세금과 자치 도시의 관세, 그리고 교회가 모든 방안을 동원해서라도 거두려 했던 신자들의 헌금이었다. 행렬에 쓰이는 유물에 부과되는 독창적inventio인 세금 외에도 심지어 사면권 부여에도 세금을 부과했다. 귀족 가문과 전문 조합도 기부금을 제공했다. 이들은 예배당(또는 경당)이나 문, 기둥, 유리창 같은 부속품의 비용을 지불하기도 했다.

세금과 기부금

기술 혁신

12세기에는 천장 서까래에 위치한 반원형 천장 전면 구조의 확산을 통해 건물 하중을 원주와 기둥들 사이에 위치한 덮개의 여러 지점으로 분산시키고, 중간 벽을 거대한 유리창으로 대체할 수 있게 되었다. 건축 과정에서 가장 먼저 세우게 되는 서까래는 아치형 천장에다 반원형 천장으로 분리된 둥근 지붕을 설치하기 위한 지지대 역할을 했다. 또 벽면의 불규칙함을 가리는 이점도 제공했다. 반원형 천장이 모든 작업 단계에서 거대한 지지대를 필요로 했던 것과 달리 서까래는 성당 건축이나 수리 중에 임시로 둥근 천장이나 아치를 받치는 아치형의 나무나 쇠로 만들어진 보강재만을 필요로 했고, 다른 공정에도 재활용될 수 있었다. 프랑스 북부에서는 반원형 천장에다 벽의 아치를 통해 성당 본체에 연결된 외부의 높은 버팀벽인 상승 아치를 추가했는데, 미적인 질서를 연출하는 것과는 거리가 있었다. 그러나 이들은 카페 왕조 때 건축되었던 성당들의 높은 기둥에 미치는 하중을 흡수하고 감소시키는 역할을 했다. 다만 낮은 높이의 건축물에는 별다른 효과를 발휘하지 못했다. 1230년경 아미앵 제조장을 계기로 중세의 기술 발전이 최고 수준에 도달했다. 일련의 석재 블록 절단 작업이 체계적으로 추진되면서 벽면 건축 시간을 단축시킬 수 있었다. 작업 속도를 높이기 위해서는 채석장에서 이미 모양이 잡힌 재료의 각을 다듬는 공정에 많은 시간을 소비하지 않으면서도 운송비를 절감하고 다양한 생산 공정의 전문성을 높이는 것이 필수였다.

아미앵 제조장의 혁신

설계 체계

설계 체계를 제대로 작동시키기 위해서는 각각의 재료 사용과 형태를 정확하게 설정하는 세심한 계획이 필요했다. 13세기 초반에 일드프랑스와 피카르디 중간 지역에서 건축 설계도가 구상되었다. 이를 통해 작업자들은 점차 각각의 작업 공정을 보다 정확하게 구체화하려고 노력했다. 로마네스크 전통에서는 건축물의 전체 면적을 결정하기 위해 대지 면적을 먼저 측정하고 단순한 기하학적 수치에 근거한 비율에 따라 내부 구조를 결정했다(사각형 또는 삼각형의 구조ad quadratum o ad triangulum). 세부사항의 결정을 위해서는 제조장의 벽이나 바닥에 새겨진 실제 크기의 설계 또는 상스의 기욤Guillaume de Sens(?-1180)이 1176년에 캔터베리 대성당Canterbury Cathedral 건축에 사용했던 것 같은 측면도에 의존했다. 이 측면도는 1200년 직후 수아송Soissons 지역에 새겨진 고딕과 로마네스크 양식의 원화창圓華窓 또는 트리어의 리프프라우엔Liebfrauenkirche 교회 계단에 그려진 도면에서 알 수 있듯이 중세 후반기까지 지속적으로 활용되었다. 하지만 이탈리아에서는 움브리아 폰테에 있는 작은 규모의 성모 마리아 교회 다리의 원화창과 프리울리Friuli 벤초네Venzone의 두오모 도안(또는 그림)을 참고할 때, 상당히 제한되었을 것으로 보인다.

유럽의 건축 설계: 제조장의 비밀

현존하는 건축 설계의 초기 사례는 13세기 중반의 랭스에 남아 있는 재생 양피지와 스트라스부르 성당의 정면 초기 설계 도면이다. 그러나 대부분은 14세기에 만들어진 것으로써 이것들은 이탈리아의 관행이 유럽의 다른 사회 조직들이 운영하던 제조장의 관행과 급격히 멀어졌음을 보여 준다. 알프스 이북, 특히 독일 지역의 설계도면은 건물의 입면도나 이를 구성하는 부분을 표시하고자 만들어진 기본 도형(삼각형이나 사각형 같은)의 기하학적 발전에 근거했다. 설계도면은 다양하게 적용되고 배치되었으며, 관련 교육을 받지 않은 사람은 상상할 수 없을 정도로 어려웠다. 제조장의 관행을 비밀로 규정했던 벽돌공 조합의 법령으로 알 수 있다. 알프스 이북의 건축가들이 기하학적 외형에 관심을 가졌던 것은 미적 원칙이나 건축물의 아름다움을 위해서가 아니라 견고함 확보 때문이었다. 기계적 압력(이나 장력)에 대한 재료의 내구성을 계산하는 능력이 17세기에 와서야 시작되었음을 고려할 때, 이전에는 주로 경험에 따른 계산을 했으리라는 추정이 가능하다.

조합의 비밀

이탈리아: 도시의 설계 계획

이탈리아 반도의 상황은 달랐다. 건축물 준공에 기하학적 구조가 필요하기는 했지만 우선적으로 도입되지는 않았다. 그것보다는 비율적이고 산술적 계산에 근거하여 건축물의 여러 부분을 돋보이게 하는 작업이 먼저였다. 또 건축 입면도를 가로질러 묘사하는 방식이 확산되었는데, 이것은 노동자의 작업을 한층 수월하게 해 주었으며 건축주의 관리도 용이했다. 건축 과정에서도 고용주의 영향력을 더욱 강화시켰다. 설계와 이후의 수정 작업 외에도 목재나 벽을 이용해 계단을 만드는 전통이 등장했다. 캄비오의 아르놀포Arnolfo di Cambio(약 1245-1302/1310)나 조토(1267-1337)가 이러한 예시인 피렌체의 제조장을 고안했을 것으로 추정된다. 또한 그라시의 조반니노Giovannino de Grassi(1350-1398)는 밀라노에서, 빈첸초의 안토니오(약 1350-약 1402)는 볼로냐에서 제조장을 활용했다. 제조장에서 일하던 사람들 중에는 전문성을 갖추지 못한 일반인도 있었으며, 피렌체에서 시 정부에 제출된 제안을 결정하기 위한 위원회에 참여한 이들 중에는 전문가와 기술자 외에도 상인과 수공업자, '식료품 상인'도 있었다. 초기의 계단

다양한 형태의 건축 설계와 원형의 확산

14세기 말에 볼로냐에서 등장한 2차원 설계도 같은 목적을 위한 것이었다. 반면에 피렌체의 안드레아Andrea(약 1320-1370)가 피렌체의 스파뇰리 가문 예배당에 그린 벽화의 기능을 정의하는 데에는 어려움이 따른다. 그는 예배당 계단에다 피렌체의 새로운 성당을 그렸는데, 여기에 약간의 변형을 가미했다. 특이점은 조토가 제작했던 종鐘이 뒤로 옮겨진 것이다. 메모장의 기능과 확산도 논쟁 거리였다. 알려진 것은 온느쿠르의 빌라르(13세기)의 것으로, 그는 250개의 서로 다른 디자인을 수집했는데 74개만이 건축에 관한 것이었다.

건축가의 표상

설계도에 대한 연구는 제조장에서의 단순 수작업을 대신해 공식적인 노동의 주체로 등장한 건축가의 전문적이고 사회적인 이력을 부각시켰다. 캔터베리의 수위권首位權 교회 책임자로 벽돌공들과 함께 교회 건축물의 골격을 세우는 작업을 했던 상스의 기욤과 같은 인물이 계속해서 등장했으며, 15세기에도 마찬가지 추세였다. 제조

장에서 이루어지던 실질적인 작업보다 기하학적인 지식에 몰두하는 전문가들도 등장했다. 건축가의 사회적 성공의 가능성은 더 크게 열렸다. 랭스 대성당의 성 니케즈 조각을 만든 위그 리베르제Hugues Libergier(?-1263)와 생제르맹데프레Saint-Germain-des-Prés 교회의 건축가 몽트뢰유의 피에르Pierre(약 1200-1267)의 화려한 무덤들이 증거였다. 건축가의 표상은 바닥에 그려진 미로에 새겨졌으며, 그의 이름은 거대한 크기의 문장으로 기념되었다. 위그 리베르제는 식자의 모자를 쓴 모습으로 무덤 금속판에 묘사되었고, 피에르는 대학 교수처럼 박사 학위를 받았다. 실질적인 작업에서 자유로워진 건축가들은 동시에 여러 공사의 현장 책임자로 활동했다. 제조장에서는 설계도를 이해하고 이에 근거해 건축 작업을 추진할 수 있는 능력을 갖춘 직공appareilleur 집단이 투입되었다. 반면에 (피렌체 두오모의 건축 과정에서도 알 수 있듯) 소규모 자치 도시들의 상황은 달랐다. 캄비오의 아르놀포, 조토, 안드레아 피사노Andrea Pisano(약 1290-약 1349) 등의 위대한 인물들이 등장한 데 이어 공권력이 제조장을 통제하는 방식이 성립되었다. 오페라는 다양한 수준의 위원회를 선출하여 건설업자들에게 건축 과정에서 제기된 문제를 해결토록 했다. 건축가들은 오랫동안 한 직책에 머물지 않았다. 그들은 위원회의 지속적인 영향 범주에 있으면서 대안을 제안할 수 있는 다른 분야 대가들과 경쟁했다. 이 방식은 일정한 성공을 거두었으나 14세기 말에 밀라노에서는 롬바르디아 출신 건축가들과 외부 세계의 대가들이 충돌하는 사태가 빚어지기도 했다.

새로운 이력의 가능성

| 다음을 참고하라 |
시각예술 성당과 도시의 이미지(799쪽); 알프스 이북의 고딕 양식(808쪽); 환상적인 중세: 현관, 대첨탑, 주두, 소첨탑(813쪽); 조토(865쪽)

알프스 이북의 고딕 양식

| 토마스 피오리니 |

프랑스 고딕 성당의 대성공은 도시의 증가와 함께 훗날 세련되고 값비싼 건축물에 대한 취향 확산에 기여할 군주국의 권력 강화에 도움을 주었다. 영국에서도 독창적인

건축물을 통해 구축된 전통과 독자성이 성립했다. 건축물에 프랑스풍의 수직적인 경향과 엄격한 구성을 적용시켰던 것은 건축물 표면의 장식 효과를 강조하는 낮고 넓은 형태로 수정되었다.

기원

파리 입구에 세워진 생드니 수도원 성가대석의 재건축과 이후 시대의 대규모 건축물들에서 볼 수 있듯이, 13세기에 프랑스 북부의 건축가들은 고딕 건축의 몇 가지 특징을 발전시켰다. 이들 때문에 건축물의 수직적인 경향, 내부 공간의 엄격한 구분, 그리고 빛이 건축의 중요한 요인으로 등장했다. 신플라톤주의의 개념에 따르면 빛은 창조물의 통일적인 원칙이자 하느님을 드러내는 표식이었으며, 신자와 신성의 거리를 반영했다. 고딕 건축이 성립된 프랑스의 중심지 일드프랑스에서 대성당을 설계한 건축가들의 발상은 여기에서 기원했다.

원형: 샤르트르와 부르주

13세기에 프랑스 왕의 지배지 중에서 샤르트르와 부르주에 중요한 제조장이 만들어졌다. 두 지역의 성당에서 재건축이 시작된 것은 1195년이었다. 이들은 38미터에 이르는 거대한 전면과 3개의 서로 다른 높이를 자랑하는 입면도, 그리고 엄격히 분리된 작은 기둥들과 거대 비율을 채택했다는 공통점을 가졌다. 하지만 내부 벽면을 세분화시킨 것(아치형 경선, 벽면 아케이드, 대체로 짙은 삼문三門형 정문, 상단의 거대한 창문)은 다른 점이었다. 샤르트르 대성당Chartres Cathedral은 순례자의 교회로 수랑守廊과 벽면 안쪽에 예배 공간을 갖추었으며, 전면부에 비해 측면 높이가 상당히 낮아서 분리된 것처럼 보였다.

반면에 부르주 대성당Bourges Cathedral은 거대한 규모에도 보는 사람으로 하여금 통일적인 공간이라는 느낌을 주었다. 수랑이 없는 대신 예배를 위한 소규모 공간들을 적당한 깊이의 공간에 배치시켰다. 반면에 빛은 모든 요인을 하나로 통일시켰다. 아치들은 땅에서부터 18미터라는 높은 곳에 위치하고 있어 작은 크기의 본당들을 통해 들어온 빛이 내부의 모든 공간을 방해 없이 관통했다. 이와 같은 차이는 외부에서도 볼 수 있었다. 샤르트르 대성당의 무거운 기둥과 대비되는 부르주 대성당의 찬란한 아치와 수많은 버팀벽이 그것이었다.

이후 랭스, 아미앵, 보베에서의 건축을 통해 보다 완벽해진 샤르트르의 고딕 양식은 하나의 건축학적 원형이 되었다.

랭스, 아미앵, 보베 성당의 새로움

대대로 프랑스 왕의 대관식이 거행되었던 랭스 대성당의 경우에 건축 모델은 내부의 비율과 정점의 (정면에는 단 2개만 배치된) 7개 탑에서 시작되는 수직 성향을 강조했고, 본당은 계단식 도면으로 설계되었다. 샤르트르 대성당과 비교할 때에 같은 세기에 건축된 랭스 대성당의 제조장에서 일했던 4명의 건축가는 새로운 요인으로 평가되는 두 가지를 도입했다. 그 결과 처음으로 투세공透細工 창문이 등장했다. 이를 통해 아치 하단의 공간이 석재로 마감된 뼈대로 지탱되는 색유리 모자이크 창으로 채워짐으로써 가볍고 투명해 보이는 효과가 연출되었다. 외부에도 같은 논리가 적용되었다. 이중의 지지대는 두께가 얇아져 그 사이 공간에 천사와 성인 동상을 세울 수 있게 되었고, 교회의 이상을 구현하기 위한 장소를 제공함으로써 교회의 상징으로 간주되었다. 동시에 중앙 전면이 40미터까지 높아졌고, 주요 프랑스 성당 중 '세상 최고의 높이'로 정의될 성당의 탄생을 예고했다. 이와 같은 도전의 마지막 여정은 1221년경에 아미앵에서 시작되었다. 성당 전면이 무형화의 효과를 연출했다면 건축물을 투명한 골격처럼 보이게 하려는 명백한 의도에 따라 내부 창유리는 이중으로 제작되었다. 이러한 흐름은 1225년에 보베 성당의 우화寓話한 구조물이, 땅에서부터 44미터가 넘는 높이에 위치하고 지나치게 넓은 전면에 배치된 석재로 제작된 둥근 아치가 등장함으로써 쇠퇴했다. 건축가들은 1284년에 보베 성당의 궁륭穹窿 붕괴를 겪으면서 극복할 수 없는 기술적 한계에 직면하자 기둥 사이의 넓이를 줄이면서 내부 지지대를 이중으로 보강했다. 보베 성당의 붕괴 이후 분위기는 급변하여 더 이상 수직을 지향하지 않았다.

전성기의 고딕 양식

새로운 양식은 1230년부터 카페 왕조의 권력 강화와 함께 본격화되었다. 궁정의 세련된 환경을 배경으로 많은 조각품과 그림, 그리고 색과 빛이 가득한 값비싼 건축물에 대한 선호가 나타났다. 건축가들은 건물이 빛나는 것 같은 효과를 주고자 외부 벽면을 그림이 있는 유리로 대체했고, 벽면의 안정성 확보를 위해서 건물 규모는 줄였지만 건축물을 화려하게 보이는 효과를 연출했다. 방사 고딕이라고도 불리는 새

생드니

로운 양식은 1231년에 프랑스 왕들의 무덤이 있는 생드니 수도원 본당과 수랑 재건

축에 처음 도입되었다. 생드니 수도원 본당 내부에 작고 둥근 기둥들로 형성된 마름모꼴 각주들을 체계적으로 배치한 덕분에 이전에는 볼 수 없었던 정확성이 조명되었으며, 창문과 유리 틈새를 장식한 원화창 수가 크게 늘면서 시각적인 효과까지 더해졌다.

셸의 장Jean de Chelles(?–1265)과 몽트뢰유의 피에르(약 1200–1267)에 의해 13세기 중반경에 실현된 파리 노트르담 대성당의 익랑(또는 수랑) 정면 건축도 비슷한 선택의 결과였다. 당시는 벽면에 그려진 체계적인 유리화 외에도 전면에 작은 모조 회랑을 설치하려는 목적에서의 소규모 첨탑과 양 끝에 첨탑이 있는 고딕식 집의 정면으로 '설계된' 건축이 유행했다. 콘스탄티노플에서 구입한 그리스도의 유골을 보관하고, 이를 통해 프랑스 왕을 성서에 등장하는 군주의 후계자로 축원하고자 1240년대에 시테 섬에 세웠던 궁정 예배당인 생트샤펠 예배당의 경우 예배당 상단의 벽이 금칠한 기둥으로 채워진 유리창으로 완벽하게 변형되었다는 것이 특징이다. 금장식, 조각, 그림들은 쳐다보는 사람으로 하여금 자신이 지금 거대하고 값나가는 골동품 안에 있다는 느낌을 갖게 했다. 그러나 백년전쟁과 전염병 등으로 14세기에는 새로운 양식이 등장하지 않았고, 많은 제조장이 활동을 중단할 수밖에 없었다.

영국의 고딕 양식: 다른 전통과의 만남

영국에 고딕 양식이 출현한 것은 12세기 후반이었다. 프랑스 출신의 상스의 기욤(?–1180)이 재건축한 캔터베리 대성당과 시토회 수도원이 계기였다. 프랑스 남부와 유럽의 다른 지역들에서처럼 영국의 고딕 양식은 독창적인 해결 방안들이 모색되면서 지역의 건축 전통과 혼합되었다. 그러나 플랜태저넷 가문이 1214년 부빈 전투에서 패배하여 프랑스 영토를 모두 상실했고, 이를 계기로 영국은 독자적인 건축 경향을 추구했다. 이념적인 측면 외에도 영국 교회의 특수성인 여러 사제단이 (행렬 등의 중요 예식과 유골 숭배와 관련하여) 수도원 규정을 준수한 결과였다. 이중 수랑의 유지와 직선 구조의 길어진 예배 공간, 그리고 본당의 축선을 유지하면서도 성가대석 뒤편에 있는 큰 공간의 예배당도 유지했다. 거대한 벽면과 검은색 대리석인 퍼벡 대리석이 주는 이색적인 효과의 화려한 내부 장식은 영국 고딕 양식의 또 다른 특징이었다.

영국 성당의 특징

1192년부터 성가대 바닥 재건축을 시작한 링컨 대성당Lincoln Cathedral에서는 13세기 영국 건축의 새로운 특징이 나타났다. 성당 내부는 세 부분으로 나뉘었다. 거대한 경선 아치는 프랑스풍 트리포리움triforium(아치와 지붕과의 사이*)을 대신해 꼭대기에 머리 내민 깊은 터널에서 솟았고, 높은 창문들은 적당한 크기로 조정되었다. 아치형 천장은 장식적인 성격의 아치형 서까래로 제작되었는데, 그중 하나인 티에르스론tierceron(반아치형의 리브*)은 경선으로 본당을 따라 길게 뻗은 덕분에 프랑스 고딕 양식에서 애용되었던 경간 구조에서 탈피할 수 있었다. 건물 벽은 두껍게 하고 폭은 넓고 낮게 하는 경향으로 상향 아치의 중요성이 감소되었다. 링컨 대성당에는 중앙 집중식의 둥글거나 다각형 구조물에 해당하는 고딕풍의 참사회 회의실이 처음 등장했다. 또한 중앙에 위치한 유일한 기둥 내부에 둥근 형태의 천장 아치가 다시 등장했다. 마지막 특징은 건물 구조가 수평적으로 전개된 것이었는데, 대표 사례는 웰스 성당Wells Cathedral과 피터버러 성당Peterborough Cathedral 등의 전면이었다. 전면의 규모는 축소되었고 탑의 위치도 옮겨졌다. 아치형 둥근 천장의 몸체는 조화로운 전면을 강조함으로써 건물 내부의 비율이 전면에서 완벽하게 드러나는 프랑스의 경우와 차별화되었다.

링컨 대성당의 참사회실

왕의 묘지: 웨스트민스터 사원

프랑스풍으로 지어진 뛰어난 건축물은 런던의 웨스트민스터 사원Westminster Abbey이다. 사원 재건축은 1245년에 헨리 3세(1207-1272, 1216년부터 왕)가 시작했다. 여기에 프랑스 교회들의 건축 도면을 적용했다는 점에서 영국의 전통과 구별되었다. 관련 모델은 랭스 대성당과 파리의 생트샤펠 성당이었으며 무엇보다 탄력적인 리듬감, 우뚝 솟은 듯한 비율, 얇아진 벽면, 평평해진 둥근 아치형 천장이 특징이었다. 외부의 전통을 적극적으로 받아들인 것은 이념적 동기 혹은 앵글로색슨 군주였던 에드워드 참회왕Edward the Confessor(약 1005-1066)에 대한 숭배를 기념하면서 고대 군주들을 배출한 왕조의 지속성을 강조하고 사원을 왕의 묘지로 바꾸려는 왕의 의지에 기인했다. 따라서 기념을 목적으로 오래 전부터 프랑스 왕의 엄숙한 대관식 장소였던 랭스 대성당과 카페 왕조의 특권을 상징했던 생트샤펠 궁정 예배당을 복원하려고 했던 것은 우연이 아니었다. 벽면이 거대한 투세공 유리창으로 교체된 참사회 회의실은 유럽 대륙의 방사형 구조를 수용했다는 분명한 증거였다.

고딕 장식

1290년대부터는 영국에서도 장식 요인이 풍부한 건축 양식이 확산되었다. 그 중심에는 런던의 (17세기에 파괴된) 세인트 폴 대성당 건축 작업에도 참여했던 왕궁 건축가들이 있었다. 장식적 고딕 양식으로도 불린 새로운 양식은 풍부한 잎사귀 장식, 아치형 천장의 과장된 돌출부, 조형의 강렬한 명암 등이 특징이었다. 엑세터와 요크의 성당 내부에서도 볼 수 있는데, 13세기 말에 건축되었다. 14세기 전반기에는 돌로 된 덮개를 모방한 가짜 아치형 천장의 나무 덮개가 다수 등장했다. 영국처럼 석재는 부족하지만 목재와 조선소에서 풍부한 경험을 쌓은 목수들이 활동했던 지역의 특징이었다. 이전 시대에 영국 성당의 전형이었던 기다란 형태를 수정한 후에 전면부와 십자가 형태의 반원형 천장 위에 탑을 설치했는데, 이후에는 장식 요인이 교회와 부속 회랑의 내부 벽면에 적용되면서 고정 장치 없이도 아치형 서까래의 밀집된 횡축이 가능해졌다.

나무 덮개

| 다음을 참고하라 |
시각예술 성당과 도시의 이미지(799쪽); 성당 건축: 제조장과 기술(804쪽); 환상적인 중세: 현관, 대첨탑, 주두, 소첨탑(813쪽); 이탈리아의 고딕 건축(818쪽)

환상적인 중세: 현관, 대첨탑, 주두, 소첨탑

| 프란체스카 탄치니Francesca Tancini |

11세기부터 성당과 수도원 회랑에는 실재하는 대상 외에도 상상의 존재가 장식으로 등장했다. 그리고 이들의 상징적인 기능을 통해 하느님이 형상화되었다. 또한 그리스도교 구원론을 위한 역할로 자신이 대표하는 죄악에 대한 경고의 역할을 했다. 12세기부터 프랑스에서 이탈리아로 고딕 자연주의가 확산되면서 조각가들은 다른 시각으로 현실을 바라보기 시작했다. 동물은 인간을 유혹하면서도 하느님에 대한 명상을 통해 '버림받는', 우화 세계의 창조물로 등장했다.

상징적인 동물들

파르마 세례당의 8개 벽면을 따라 위치한 돔 벽면에는 중세 조각을 통해 도입된 동물학적-도덕적인 백과사전의 하나인 프리즈frieze(사람과 동물의 조각상이 부착된 원주개*)가 있었다(Jacques Le Goff, *La decorazione pittorica*, 1993). 유니콘, 그리핀griffon(독수리의 머리, 부리, 날개, 발톱, 곧은 귀와 사자의 몸통을 한 동물*), 세이렌, 켄타우로스, 아르피아arpia(얼굴은 여자이고 몸은 새의 모습을 한 동물*), 히포캄포스ippocampo(해신의 마차를 끄는 동물로 반신은 말, 반신은 물고기인 동물*) 등은 세상의 다양성과 이들에 부여된 악습과 덕목을 상징했지만 성당 현관과, 자신의 죄를 정화하고 신자의 공동체에 합류하기 위해 건물로 들어가는 새 신도에게까지는 이어지지 않았다.

괴이한 동물들은 심미적이고 장식적인 기능만이 아니라 성서의 구절과 신학적인 교리를 상징적으로 드러냈다. 모든 동물, 돌, 식물은 성서와 그 구절에 대한 해석을 암시하는 복합적인 비유의 상부 구조에 해당하며 악, 죄, 유혹에 저항하는 신자의 상징이었다. 『동물 우화집Physiologus』에 나오는 그리스도교 동물 상징 사전은 모든 존재에 상징적이고 도덕적인 의미를 부여한 알렉산드리아 방식 백과사전으로, 이것을 원형으로 작성된 수많은 서적은 현실과 전설의 구분 없이 광물, 식물, 동물, 민중과 지역에 대한 계통학적 체계를 보여 주었다. 누구도 상상의 존재나 이들을 기술한 텍스트의 근거가 정말로 존재하는지 의심하지 않았는데, 모든 것은 수준 높은 알레고리적 상징(해석)학에 속했기 때문이었다. 동물 설화집, 이솝의 우화, 이야기 전설 등은 그리스도교의 도덕 개념을 가르치기 위한 것이었다. 성당 전면의 '거대한 돌에 새겨진 백과사전들'(Henri Focillon, *Art d'Occident*, 1947)은 그리스도교 신자를 복잡한 상징성의 미로로 안내한 후에 현실과 상상 속의 동물을 통하여 악마의 습관이나 그리스도교인의 덕목을 알 수 있게 도와주었다.

돌에 새겨진 백과사전

신자는 고행자의 고통과 기둥 상단에서 자신을 내려다보고 있는 기형적인 인물들에 둘러싸인 채, 불평불만과 최면 상태의 소리와 기도 사이에서 하느님의 자비를 간절하게 소망했다. 쇼비니Chauvigny에 있는 생피에르Saint-Pierre 교회 성가대석과 회랑, 그리고 예배당 주두柱頭에 모습을 드러낸 용들은 올바르게 살지 않는 죄인을 기다리는 지하 세계를 암시했으며, 자신과 같은 동물에 대항하여 인간을 보조로 내세운 혼혈 짐승과 죄인을 집어삼켰다. 이들의 괴물 같은 성격은 사악함, 죄, 이단을 상징했고 그들 자체가 상징적인 존재였기에 두려움의 대상은 아니었다. "중세인은 수많은 의미의 세계에 살고 있었으며, 세상의 일들을 통해 드러나는 하느님의 존재를 지속적인 문장학적 표현법으로, 그것도 초감각적으로 드러냈다"(움베르토 에코, 『중세의 미와 예술Arte e bellezza nell'estetica medievale』, 1987).

주제와 동기

석공과 직공들이 의도했던 동기는 머나먼 그리스와 로마 시대로부터, 야만족과 섬 지역의 전통으로부터, 근동과 극동의 지역들로부터 유래했고, 이후 소라게 투구와 비늘을 벗긴 그리핀의 유산을 상속했다. 16세기의 그로테스크한 회화(인간, 동물, 식물의 공상적인 형상을 결부시킨 무늬*)와 히에로니무스 보스Hieronymus Bosch(약 1450-1516)의 작품에 재등장하기 전까지 이것들은 공식적인 문화 저변에 머물렀고 채색 장식, 보석 세공 기술 또는 동전을 통해 고딕 시대의 도상학에 등장했으며 이 과정에서 유기적이고 일관된 양식의 채색 장식으로 발전했다.

알프스 이북의 성인과 예언자들 말고도 샤르트르, 부르주, 상리스Senlis의 성당 지붕 위에 우뚝 솟아 있는 크고 작은 첨탑에는, 정면의 아치나 돔 천장을 받치는 돌출석에 솟은 아치와 주두 위에서 괴물들이 기어오르고 한 무리의 꼽추가 주둥이와 아가미, 비늘을 부풀리고 있다. 건축과 조각의 극적인 요인은 프랑스와 알프스 이북 지역에서 이탈리아로 유입되었으며, 같은 방식으로 이탈리아 반도에서는 상상 속의 괴기한 동물들이 새로이 소개되었다. 이들은 경직되고 크기도 덜 과장된 형태기는 했지만 파르마 세례당, 밀라노 두오모 제조장 또는 오르비에토 대성당Orvieto Cathedral에서 우화와 상상의 존재들과 함께 다시 등장했다. 동물과 괴물

조각상은 고딕에서 로마네스크 양식으로 옮겨 가면서 벽에서 분리되고 독자적인 공간을 획득했다. 1150년경에 샤르트르의 노트르담 사원 서쪽 입구의 조각상들은 우아함을 자랑하며 묵직한 지붕돌과 기둥에 고정되었다. 몸에 밀착된 두 팔은 원석 덩어리가 원추형이었음을 짐작케 한다. "모든 동물이 말하자면 자신의 세계에 살고 있기에 서로 아무런 관계도 없으며, 구경꾼과도 무관하다"(Rudolf Wittkower, *La scultura raccontata da Rudolf Wittkower*, 1977). 샤르트르나 랭스의 노트르담 사원 북쪽 정문과 남쪽 수랑 정문의 조각상들이 벽에서 분리된 것은 한 세기가 더 지나서였다. 뒷면의 기둥은 뒤로 후퇴하여 인간의 모습을 한 조각상들의 생동감 있고 조화로운 모습을 연출하는 데 필요한 공간을 제공했다. 조각상들의 불안정함을 보여 주었던 이

전의 구조는 직각 받침대와 편안히 지탱할 수 있는 발판으로 교체되었다. 조각상의 인물들은 무게의 실질적인 안배와 한층 그럴듯해진 인체 구조 묘사로 자연스러운 모습을 연출했다. 알프스 이북 지역의 유행에 맞추어 조각과 건축을 통합하는 데 따른 어려움이 제기되었지만 이탈리아에서는, 특히 장식 부문에서 동기와 수공업 조합의 영향이 지속적으로 유지되었다.

가장 자연스러운 인간의 모습

상상의 동물

조각 분야에서 인체 구조에 대한 관심이 보편화된 것은 세밀한 부분에 대한 처리와 조각술에 관심을 집중했던 자연주의와 보조를 같이했다. 같은 기간에 (비록 상징적인 가치로부터는 멀어지지만) 장식용 조각들로 넘쳐 나던 상상의 세계는 기념비적 조각들을 통해 자연주의 성향을 수용하려는 의지를 표현했다. 이는 그럴듯한 세부 사항과 현실적이지 못한 혼합을 대신하여, 상상 속 식물과 우화 속 동물들의 성격을 강조하는 형태로의 복귀로 봐도 무방했다.

자연주의에 대한 조각가들의 관심

조각가들은 상징적이고 이론적인 의미를 초월하여 이들의 변형된 모습에 관심을 가졌다. 형태적이고 해부학적이며 자연주의적인 특징을 연구하기 위함이었다. 밀라노 두오모의 〈뿔 나팔을 부는 여인Donna che suona il corno〉의 반투명한 튜닉 의상은 여인의 몸무게와 정확한 사지 분배를 반영함으로써 인물이 한층 사실적으로 표현되었다. 그 옆에서 슬피 울고 있는 켄타우로스와 세이렌 역시 세밀한 묘사를 통해 사실적으로 표현되었지만 비늘과 근육 같은, 인간과 다른 신체 구조로 (그들은 성서의 메시지와 무관했기에) 진정 상상 속 존재로 남았다. 이처럼 각각의 특징에 대한 예술가들의 세심한 연구가 있었다.

자연주의가 더욱 확산되는 가운데 인간의 관점도 변하기 시작했다. 꿈의 세계는 일상과 이를 시각적으로 요약한 것을 의미하는 성서와는 거리가 먼, 상상의 세계에 대한 매력에 빠져들었다. 놀라움과 상상에 대한 취향에는 실재적이고 자연적인 사실의 과학적 전형에 대한 관심이 추가되었다. 이들은 더 이상 교육적 상징이나 악마의 모습에 대한 두려움의 상징으로 간주되지 않았다. 신자들은 호기심 어린 눈으로 조각 작품을 바라보았고, 한때 그들이 품었던 구원과 공포심을 대신하여 놀라움에 매혹되었으며, 그 결과 기도로부터 멀어졌다. 클레르보의 베르나르두스(1090-1153)는 매혹적이고 장식적 표상의 매력에 대해 경고한 바 있지만 그의 노력에도 불구하고 이들은 오랫동안 관심의 대상으로 남았다. "수도원에서 책을 읽고 있는 동료 수사들의 눈앞에 있는 우스꽝스럽고 이상하게 변형된, 아름답게 조각된 동물들은 도대체 무엇을 하는 것일까. 이들의 다양한 형태는 진정 놀라울 뿐이며, 책을 읽는 것보다 대리석 조각을 쳐다보는 것이 한층 즐거울 뿐이다. 또한 하느님의 성서를 명상하는 것보다도 즐거웠다"(클레르보의 베르나르두스, *Apologia ad Guillelmum abbatem*).

여백

이제 상상의 세계는 그리스도교의 교리와 도덕의 확인이 아니라 종교 공동체에 대한 위험으로 또는 건축과 문화의 한계 자극(또는 역치 자극)으로 국한되었다. 13세기 중반에서 14세기에 채색 장식이 된 필사본의 각 장 여백에는 농담drôleries과 상상의 동물들, 켄타우로스, 그리핀, 개코원숭이, 달팽이 등이 마치 무대 위에 있는 것처럼 길게 늘어진 문자 행렬에 기댄 형태로 자주 묘사되었다.

건축 조각에서와 마찬가지로 기둥에는 성인의 모습을 조각했고, 위에 열거한 동물들은 아치나 원개 천장을 받치는 돌출석 또는 묘지, 제단의 돌 지붕 위 또는 대들보의 받침나무 아래 물받이 홈통에 매달려 머리를 내민 채, 우리의 시야에서 벗어나 주두 또는 크고 작은 첨탑 위에 우뚝 솟아 있었다. 밀라노 두오모의 높은 곳에 장착된 낙수 홈통(고대 건축에서 도깨비 모양으로 만들어진 도수관*)과 멀리 떨어진 곳에 있는 용은 날카로운 발톱으로 한 여성을 움켜잡고 있다. 괴물은 작은 조각들이 규칙적으로 배열된 모습인 반면에 여성은 공포와 패닉 상태의 인간적인 몸짓을 연출하며, 더 이상 교리와 종교에 대한 어떤 상징도 드러내지 않았다. 12세기 초반의 파르마 대성당과 세례당의 경우 변형된 존재가 상징 세계에 참여하지 않았다면, 두 세기가 더 지난 후에 새로운 괴물을 조각한 석공은 성서의 주석자보다 해부학자의 눈썰미로 작품에 몰두했고, 자신이 관찰한 괴물의 특징을 적용하거나 무시하려고 노력했을 것이다. 문서와 조각

예술가들은 괴기한 인간성에다 알려지지 않은 환상의 세계이자 고딕 문화가 자신의 것으로 수용한 상상의 존재들의 기원인 마르코 폴로(1254-1324)의 접근법을 적용했다. 마르코 폴로는 자신이 유니콘을 목격했다고 하나 유니콘이 아니라 코뿔소에 가까웠다. 그것은 코끼리만큼 거대하고 버팔로처럼 털로 뒤덮여 있었으며 야생돼지의 머리를 가진 채 늪지대나 진흙 구덩이에 머무는 것을 좋아했다. "우리가 알고

있는 것과는 조금도 비슷하지 않으며, 또한 한 처녀의 손길을 받아들이는 동물과는 전혀 차원이 다르다. 즉 정반대의 모습이다"(마르코 폴로, 『동방견문록』).

예술가와 문인들은 그들의 날카로운 관찰을 통해 상대주의적인 의심을 품고서 중세 그리스도교 문화의 특징을 대표하던 상징과 초감각으로 가득한 환상과 놀라움의 세계를 점차 축소시켰다.

| 다음을 참고하라 |
시각예술 성당과 도시의 이미지(799쪽); 성당 건축: 제조장과 기술(804쪽); 알프스 이북의 고딕 양식(808쪽); 이탈리아의 고딕 건축(818쪽); 베네데토 안텔라미와 파다나의 조각(823쪽)

이탈리아의 고딕 건축

| 파브리치오 롤리니Fabrizio Lollini |

13세기 초반부터 프랑스에서 건축을 통하여 기술과 양식의 새로운 유형으로 확인된 바 있는 고딕 양식이 이탈리아에 도입되었다. 초기에는 시토회가 세운 종교 기관들과 관련 있었고, 이후에는 프란체스코회와 도미니쿠스회 같은 새로운 교단들의 세속 교회가 이를 채택했다. 알프스 이북의 전형과 비교하여 이탈리아의 고딕 양식은 항상 축소된 형태로, 토착적인 전통에 도입되었다는 것이 특징이다.

용어의 중요성: 시대와 방식(12세기 말부터 약 1230년까지)

이탈리아에 소개된 고딕 건축은 근본적으로 프랑스에서 기원했다. 다만 몇 가지 개별적 혁신 요인은 이미 롬바르디아의 로마네스크 양식과 이탈리아 남부의 건축 양식에 도입된 바 있었다. 가장 중요한 연결 고리trait d'union는 이탈리아 중부 지역에 위치한 시토회 건물이었다. 12세기에 시토회는 클레르보에 자리한 모母교회와 다른 지역 교회들의 건축에 부르고뉴 로마네스크의 영향을 받아 자유보다는 측정 가능한 공간과 기하학적 형태, 그리고 빛을 활용하는 것과 관련된 용어가 도입되었다. 이를 계기로 일드프랑스의 거대한 대성당 제조장들에 비해 약간은 달라진 형태의 전형이 발전할 수 있었다.

12–13세기 이탈리아 반도에 시토 수도회의 건축물들이 세워졌다. 프랑스에서 온 이 교단 소속의 기술자들 덕분이었다. 이들은 라치오, 아브루초Abruzzo, 토스카나에도 소개되었다. 1187년부터 건축을 시작한 포사노바 수도원Fossanova Abbey이 1208년에 완공되었고, 1202–1217년에는 카사마리 수도원Casamari Abbey이 세워졌다. 1218년부터 프리드리히 2세(1194–1250, 1220년부터 황제)의 재정 지원으로 시작된 산 갈가노 수도원도 완공되었다(1288). 이런 건축물들이 로마네스크 건축 양식의 지역 전통과 교차하면서 이탈리아, 특히 영토적으로나 문화적으로 경계가 되는 지역들에 소개되었던 프랑스의 '고전적 고딕 양식'과 함께 확산되었다.

시토회 건축물의 확산

저항과 혁신: 이탈리아 고딕 양식(1230년부터 약 1380년까지)

13세기 초반의 고딕 양식은 (정확히 말하자면 알프스 이북의 고딕 양식은) 특히 종교 기관의 건축을 비롯해 수많은 건축물에 적용되었다. 탁발 수도회, 그중에서도 도미니쿠스회와 프란체스코회의 필요에 부응한 것처럼 보였으나 (오랫동안 고유한 특징을 갖지 못했기에) 다른 세속 교회와 성당의 건축에도 적용되었다. 그리고 부드러운 느낌을 주는 형태로 표현되곤 했는데, 축소Reduktionstil가 종종 경멸의 의미로 사용된 것은 우연이 아니다. 새로운 기술 용어는 급하게 채택된 것이 아니라 이전의 구도를 바탕으로 했다. 수직 모양의 돌출을 자제했으며 구조나 장식에서도 수평을 중시했다. 벽에 큰 구멍을 뚫어 거대한 유리 장식으로 채우는 경우도 있었다. 또 벽의 육중함을 고집했는데, 회화적인 활용이 가능했던 만큼 선호되었다. 드물었으나 골격의 직선적 조각 장식과 종종 벽돌로 제작된 조각된 주두의 회화적 장식은 그대로 유지되었다. 그 결과 타협적인 해결책이 등장했다. 볼로냐의 성 프란체스코 성당(1236–1263) 같은 고딕 양식의 건축물에 회랑, 견고한 예배당, 후진後陣(교회당 제단 후방에 돌출된 반원형 또는 다각의 옥실*), 로마네스크-롬바르디아 전통의 단순한 현絃으로 장식된 통나무집과 같은 효과의 전면 오두막이 그것이다. '순수' 고딕 양식에 비하여 혼합 요소가 있었기에 정확한 설계와 건축에 오랜 시간이 필요했다. "새로운 건축 양식의 확산이 국가적 전통과 마찰을 빚은 것은 사실이다"(슐로서). 고전적인 노선은 다양한 형태와 차별화된 인식을 바탕으로 고대 말기로부터 로마네스크로 옮겨 갔으며, 이후 르네상스의 문헌학적 연구를 통해 확인되었다.

부드러운 양식

고딕 후기 양식(1380년 이후)

14세기에는 다양성을 바탕으로 이탈리아 고딕 건축이 발전했다. 기둥을 복수 양식의 둥근 형태로 전환하여 자유로운 내부 공간을 계획하고, 고대의 관습에 근거하여 외부 공간을 설계하면서 건축물의 수직 성향을 제한하는 대신에 수평 요인을 강조하기 시작했다. 이를 통해 왜 이탈리아에서 유럽 후기의 고딕 양식인 '장식적'이거나 '대담하고 화려하기flamboyants' 보다 직선적이고 날카로우며, 상당 부분 복합적 형태를 갖고 있는 건축물 수가 적은지를 이해할 수 있다. 유럽의 후기 고딕 양식과 유사한 용어를 채택한 유일한 지역은 베네치아였다. 이곳에는 동방의 영향이 교차했으며, 특히 시민 건축 부문에서(1404년 완공된 두칼레 궁전Palazzo Ducale, 1420년경 완공된 카 도로Ca' d'Oro[황금 궁전*]) 독자적 영역을 구축했다.

반면에 이탈리아의 성숙된 고딕 양식에서는, 특히 건축가가 설계도면에 자신의 이름을 적음으로써 익명의 신분에서 벗어나려는 시도가 예견되었다. 드물기는 해도 피렌체의 시뇨리아 광장에 있는 화랑이나 볼로냐 출신의 빈첸초의 안토니오가 대표적이었다.

지역에 따라서는 외국의 유행에 전적으로 반대하는 경향이 나타나기도 했다. 밀라노 두오모가 대표 사례다. 1386년에 시작된 두오모 건축은 알프스 이북 출신 건축가들의 참여와 비스콘티 가문의 프랑스 취향으로 프랑스의 영향과 혼합된 경향, 나아가 중부 유럽의 영향을 보여 주었다. 건축물의 성격은 이탈리아 건축에서는 결코 성공하지 못할 국제적 또는 궁정 고딕 양식의 대륙적인 코이네koinè로 회귀했다. 이후 르네상스의 혁명은 건축 기술에 관하여는 고대의 형태를 분석적으로 재활용했다. 15세기 중반경에는 이러한 양식이 15세기 전체와 16세기 대부분의 기간 동안 유지되는 유럽의 다른 지역들과의 기술과 소통을 중단하면서 이탈리아 고딕 건축을 대신했다.

질서로의 회귀

동질성과 지역적 변형

이탈리아 고딕 건축의 전형적인 특징은 지역 전통에 근거해 전용되고 수용된 외적 모델의 채택에 있었다. 이러한 사실은 각각의 용어(박공 외관, 기둥 사용, 두꺼운 벽), 건축과 장식의 재료, 이들에 적용된 기술의 중요성을 전제로 했다. 에밀리아-롬바르디아 지역의 탁발 수도회 교단들이 의뢰한 수많은 건물에 사용된 벽돌은 매우 특별했다. 북유럽의 고딕 양식과 조화를 이루지 못하는 그물형의 '폐쇄적' 구조의 창문틀이나 주두 같은 테라코타와 진흙 벽돌로 건축된 건물에는 제련된 돌이 주는 땅과 하늘의 연속적continuum인 느낌, 주형柱形의 연속 및 단절 요인의 부재 혹은 전무한 상태의 수직 성향이 지배적인 북유럽 대성당들의 '돌들의 숲'이란 개념이 무의미했다.

같은 방식으로 건물의 내부나 겉면에 사용된 재료의 다양한 대리석 줄무늬를 이용하여 수평 구조를 강조하던 토스카나 지역의 관습은 로마네스크적인 가치와 일관되었던 반면에 수직 성향의 고딕 양식은 억제되었다. 이러한 의미에서 벽에 그려진 회화나 모자이크를 사용한 것은 고딕 양식을 사용한 다른 북유럽 교회에는 없는 이탈리아 고유의 특징이었다.

민간 건축

13세기에 자치 도시의 성립은 도시에 근본적인 변화를 가져왔다. 그중 하나가 탑과 성문을 기념비적 건축물로 여겨 성곽을 신축하거나 증축한 것이었다. 이후에는 반원 형태와 더불어 첨두尖頭형 아치가 도입되었다(시에나, 비테르보). 또 다른 변화는 자치 도시의 거대한 시청사에서 찾아볼 수 있다. 1340년 이후 자치 도시의 민간 건축은 군사용 건축물과 13세기 초반의 롬바르디아 전통의 군사 건축물에서 유래된 전통적인 로마네스크 양식을 유지했다. 외부로 돌출되었다는 느낌보다 회랑과 더불어 내부의 넓은 공간(위층에서의 모임을 위한 거대한 응접실)을 확보하려는 형태를 유지했다. 새로운 고딕 양식은 창문과 첨탑 아치로 국한되었다. 시간이 지나면서 건축물의 가시적 측면과 자신의 상징적 역할을 유지하려는 이유로 건물 구조와 내부 공간을 축소시키려는 경향이 나타났다. 대표적으로 볼로냐의 포데스타 궁, 엔초 왕 궁전, 아쿠르시오 궁전이 있으며 피렌체의 경찰서장 저택, 페루자의 프리오리 저택, 피아첸차 시청사, 피렌체 시청사, 비테르보의 교황궁, 시에나 시청사 등도 언급 가치가 있다. 주로 이탈리아 중부 지역에서 볼 수 있는 개인 소유 건축물들은 그 형태를 축소하고 장식 요소를 강조하려는 경향과 더불어 유사한 구조를 보여 주었다. **개인 소유 건축물**

독일 양식으로: 양식에 대한 거부

"독일 건축이라 불리는 또 다른 일련의 건축물이 있다. 고대와 현대의 건축물과 비교할 때 이들은 다른 비율과 장식 요인을 보여 주었다. 그 결과 오늘날에서도 거의 사용되지 않으며 괴물 같고 야만적인 것으로 여겨졌고 자신의 모든 질서를 상실한 채 혼란스럽고 무질서한 건축으로 전락했다. 그들의 제조장에서 건축했기에 얇으며 뒤틀린 나사 형태의 기둥으로 장식된 문들은 그 무게를 지탱하지 못했다. 그 결과 이들은 성상을 안치하는 감실龕室을 뾰족한 탑과 선단先端, 그리고 잎사귀로 장식했으며 상하로 중첩시켰고 돌이나 대리석이 아니라 종이로 만든 것 같은 느낌을 주었다. 그리고 고트족은…… 45도 각도의 아치로 정면을 둘러치고 이탈리아를 보기 흉한 건축 방식으로 도배한 후에 자신의 모든 특징을 상실했다."

조르조 바사리(1511-1574)는 고딕 양식이 16세기 전 기간 동안 이탈리아의 고전주의 문화에서 무엇을 의미한 것이었는지를 설명했다. 그것은 모든 질서와 전통에서 벗어났으며, 야만족에 의해 형성된 외형의 실체라는 것을 일깨워 주었다. 고딕은 또한 '반달족Vandals의 야만성'을 의미했다. 이러한 양식에 대한 재평가를 통해 19세기 북유럽 국가들은 강력한 민족주의 정신에 고취되어 이를 독창적이고 토착적인 선택으로 수용했다. 그리고 지중해 국가들의 고전적 양식에 대항하는 북유럽 문화의 여러 강점 중 하나로 평가받았다.

| 다음을 참고하라 |

시각예술 성당과 도시의 이미지(799쪽); 성당 건축: 제조장과 기술(804쪽); 알프스 이북의 고딕 양식(808쪽); 환상적인 중세: 현관, 대첨탑, 주두, 소첨탑(813쪽)

이탈리아 조각

ARTI VISIVE

베네데토 안텔라미와 파다나의 조각

| 파비오 마사체시Fabio Massaccesi |

조각가 베네데토 안텔라미는 파다나 지역에서 가장 적극적으로 활동했다. 그는 고전 용어에 프랑스 영향의 자연주의적 용어를 접목시키는 방법을 알고 있었고, 그 결과 근대 형성에 기여할 수 있었다. 12-13세기에 파르마 대성당 강론대(지금은 해체된 상태다)와 치클로 데이 메시, 즉 (프레스코화에 자주 등장하는 열두 달의 표현과 이에 따른 천문학적 상징을 가리키는) 달의 순환을 벽화로 그린 재건축물이나 세례당의 구조에서도 알 수 있듯, 새로운 건축 양식 용어만이 아니라 정치적-종교적으로 심오한 의미 형성에도 결정적인 역할을 했다. 안텔라미의 혁신은 그의 용어가 에밀리아의 경계를 지나 베네토 지역까지 확산된 것을 통해서도 잘 알 수 있다. 로마냐에서 '페라라의 달의 마에스트로'로 알려진 어느 무명 예술가는 그에게 교육받은 후 조각 분야에서 자연주의적인 요인을 발전시켰다.

〈십자가에서 내려지는 그리스도〉

베네데토 안텔라미Benedetto Antelami(약 1150-약 1230)는 빌리겔무스Wiligelmus(1099-약 1110년에 활동)와 니콜라우스Nicholaus(12-13세기)의 로마네스크 예술과 조토(1267-1337), 니콜라 피사노Nicola Pisano(1210/1220-1278/1284), 조반니 피사노Giovanni

Pisano(약 1248-1315/1319), 캄비오의 아르놀포(약 1245-1302/1310)의 급진적 변화로 이어질 고딕 예술의 과도기에 해당하는 인물이었다. "1178년 4월에 한 조각가가 작품을 완성했는데, 그가 바로 베네데토 안텔라미였다Anno Milleno centeno septuageno octavo scultor pat(ra)vit m(en)se secu(n)do antelami." 파르마 대성당에 보존되어 있는 대리석 부조 〈십자가에서 내려지는 그리스도Deposizione〉에는 얇은 금속판 가장자리에 위의 인용문이 쓰여 있었는데, 이는 예술가 안텔라미의 이름과 전문성을 보여 준다. 이외에도 영원, 4명의 복음가, 4명의 교회 박사, 2명의 천사(그중 한 명의 모습은 현존하지 않는다)와 〈존엄한 지배자Maiestas Domini〉를 그린 또 다른 금속판이 현존한다(파르마, 국립박물관). 두 금속판이 강론대 일부를 구성한다는 가설은 신빙성이 있다. 두 금속판은 파르마 대성당에 현존하는 4마리의 사자(1마리는 고대의 대리석에 3마리는 베로나에서 생산되는 흰색과 붉은색 대리석에 조각했다)가 지탱하고 있는 상단을 구성했을 것이다. 여기에 등장하는 특별한 성화는 프랑스 남부로부터 이탈리아 북부로 세력을 넓힌 이단 카타리파의 확산과 관련 있다.

카타리파에 대항하여

당시 로마 교회는 그리스도를 악마에 패한 (단순한) 천사로 여기면서 신성을 부인하는 이단을 저지해야 하는 문제에 직면해 있었다. 카타리파는 십자가를 패배한 그리스도의 상징으로 여겨 숭배를 거부하고 소수의 구원 예정설을 믿었는데, 그것은 사제의 개입을 필요로 하지 않음을 의미했다. 교회는 이단 투쟁에 대항하여 그리스도가 그려진 성화를 전략적으로 활용했다. 파르마에서 제작된, 20명 이상의 사람으로 구성된 〈십자가에 내려지는 그리스도〉의 강렬한 상징성이 대표적인 사례였다. 측백나무arbor vitae로 제작된 십자가는 부활을 암시하면서 그리스도의 신성을 드러냈다. 성화 양 끝에 위치한 태양과 달은 십자가 처형의 범우주적 상징으로, 인간의 모습으로 이 땅에 온 하느님의 희생을 통해 인간의 구원을 기념했다. 반면에 각각의 비문을 동반한 교회와 유대인 예배당의 의인화는 그리스도의 시신이 십자가에서 내려지는 장면에 (보통은 회화 작품에만 주어졌던) 중요성을 부여했다. 작품 구성의 엄격함은 인물들의 대칭적 구조로 강조되지만 「요한 복음서」(19장 23절, 24장)의 구절에 따르면 그리스도의 겉옷을 벗겨 내는 한 무리의 군인이 묘사된 우측 하단은 예외였다.

이 장면 역시 십자가 처형과 관련된 삽입 문구로 부조의 전반적 내용을 확인시켜 주었다. 그리스도의 겉옷은 무봉無縫의 천으로 만들었기에 군인도 자르지 못했다. 세력을 확대하고 있던 이단 운동으로부터 위협받던 교회의 통일성을 상징하는 것이었

교회의 통일성에 대한 상징들

다. 안텔라미는 당시만 해도 기념비적 조각품에는 적용되지 않았던 특별히 세련된 기술을 도상학 주제에 표현했다. 그는 자신의 능력을 바탕으로 포도 덩굴 모양의 액자를 이용해 흑금黑金 상감의 금세공 기술 실력을 발휘했다.

1178년에는 로타링기아(프랑스와 독일 중간에 위치한다)를 무대로 여러 표현 수단을 통해 자신의 의도를 실현하려고 했다. 당시 이 지역에는 클로스터노이부르크 성당 강론대의 유약 칠이 성행했으며, 샬롱쉬르마른Châlons-sur-Marne에 있는 노트르담앙보Notre-Dame-en-Vaux 수도원 회랑 조각도 주목을 받았다. 영국 예술에서는 윈체스터 성서의 채색 장식 문자들과 캔터베리 대성당의 색유리가 유사한 효과를 연출했다. 모두 생동감 있는 표현에 주목했다는 특징이 있다. 이후 그가 자신의 성향을 바꾼 계기는 밝혀지지 않았다. 단순하게 생각할 때 1180-1190년에 롬바르디아에서 에밀리아에 이르는 이탈리아 북부 전체를 포함하는 지역에서 유래한 사상의 영향을 받았을 것으로 추정된다.

피덴차 대성당

비평에 따르면 보르고 산돈니노Borgo San-Donnino(현재 피덴차) 대성당은 1178-1196년에 재건축되었다. 이 건축물은 당시 예술가가 파르마의 세례당 건축에 적용시킨 좀 더 발전된 건축 양식 이해에 필수 대상이다. 대성당 전면 분석을 통해 그것의 방법이 밝혀졌다. 벽감壁龕(장식을 위하여 벽면을 오목하게 파서 만든 공간*)에서처럼 파르마 예배당의 설계에서 한층 유기적인 발전을 기대할 수 있는 실마리를 찾았다. 정문 조각이 보여 주는 양식은 〈십자가에서 내려지는 그리스도〉 가운데 일부 성화의 한계를 극복하고 안텔라미의 작품을 통해 한층 성숙한 수준에 도달되었음을 나타냈다. 피덴차의 부조 작품들은 새로운 표현 효과와 한층 강조된 자연주의와 대조를 보인 반면에 프랑스 북부의 고딕풍 조각과 영혼과 육체의 관계에 관한 12세기의 새로운 철학적 개념과 조화를 이루었다.

빌리겔무스, 파비아의 란프랑쿠스(?-1089), 니콜라우스가 고안했던 원형에 근거한 건축 과정에서 안텔라미와 그의 작업실은 근본적인 변화를 보여 주었다. 프랑스 아를 근교에 있는 생질뒤가르Saint-Gilles-du-Gard 성당 전면에다 고전 시대에서 기원하는 포도 덩굴 문양을 통하여 통일된 효과를 주는 3개의 문을 배치한다는 발상은 12세기의 전통에서 유래했다. 좌우 2개 문에 비해 규모가 큰 중앙의 문은 사자들이

정면에 위치한 3개의 문

지탱하는 폭넓은 첨두형 장식이 있는 대문이었다. 대문 양쪽으로 2개의 벽감이 열리는데, 이곳에 두 명의 선지자 동상이 세워졌다. 둥근 원형 조각을 사용한 것은 전례가 없었으므로 그가 실현한 가장 근대적인 혁신 요인으로 평가된다. 중간 대문의 처마도리(장식을 위하여 벽면을 오목하게 파서 만든 공간*)에는 성인 돈니노의 생애를 조각으로 묘사했다. 북쪽 대문의 반월창에는 성모 마리아, 남쪽 대문의 반월창에는 용을 죽이는 대천사가 위치했다. 니콜라우스가 완성하고 몇십 년 후에 안텔라미의 작업실에서 추진했던 개축 작업으로 몇 가지 조각품이 추가되면서 자치 도시 파르마가(이전에 내린 결정과 대비되는) 받고 있던 이단 투쟁에서 절박함을 다시 한 번 상기시켰다.

파르마의 세례당

안텔라미는 파르마 세례당의 북쪽 대문 처마도리에 자신의 또 다른 예술품을 설치했다. "1196년에 베네데토의 이름으로 불린 한 예술가가 이 작품을 시작했다Bis Binis Demptis Annis De Mille Ducentis Incepit Dictus Opus Hoc Scultor Benedictus." 이 작품Opus Hoc이 반월창 혹은 내부 건축의 조각에만 적용된 것인지에 대한 논쟁은 오랫동안 지속되었다. 오늘날에는 그가 건축물의 내부 장식 담당자였다는 주장이 우세하다. 그는 초대 그리스도교 시대에 세워진 세례당의 양식을 벽감에 적용했는데, 그 결과 벽감은 3개의 출구로 전환되었다. 처마도리 틀의 터널은 로마 시대의 도시 성문을 응용한 것이었다. 정문의 조각은 다시 한 번 대성당 강론대에 반영된 반反카타리파 계획을 암시했다. 처마도리 틀의 개랑開廊에 대한 발상과 마찬가지로 조각도 고전 시대에서 유래했다. 조각은 아름다움의 이상적 형태, 열정, 지상의 혼탁함과는 거리가 먼, 승화된 이야기 구성을 추구했다. 안텔라미의 표현은 로마 교회와 고대 로마 제국의 긴밀한 관계를 떠올리게 했는데, 그 메시지는 분명했다. 교회는 고대의 용어를 불법적으로 점유했으며, 이 용어를 통해 진정한 황제의 권위를 장악했다(A. C. Quintavalle).

파르마에서 안텔라미는 대성당으로 추정되는 또 다른 대작 작업에 몰두했다. 달 시리즈(오늘날에는 세례당 내부에 위치한다)는 거대한 대문의 일부를 구성했을 것으로 보인다. 여기에는 솔로몬과 시바의 여왕, 그리고 수태고지의 그림들도 추가되었을 것이다. 이들은 로마네스크 양식의 엄격함을 과감히 극복한 작가의 예술성을 빛내주는 대작이었다.

베네데토 안텔라미 혹은 안텔라미 단체

1897년에 짐머만은 파르마와 피덴차의 조각품들을 프로방스, 샤르트르, 부르고뉴의 그것들과 비교한 후에 다음과 같이 말했다. "이 비교는 우리를 프로방스로 이끌었고, 안텔라미가 이곳에 머물며 수학했음이 분명하다." 그의 연구 덕분에 안텔라미의 삶을 어느 정도 재구성하는 것이 가능해졌으며, 그가 몇 차례 프랑스를 여행했다는 점도 밝혀졌다. 중세의 가장 뛰어난 예술가 중 한 명에 관한 전기를 밝혀내려는 것이지만 실상 그의 서명이 있는 두 가지 사례를 제외하면 (또 많은 예술가의 경우처럼) 별다른 성과는 없었다. 최근 빌리발트 사우에르랜더Willibald Sauerländer(1995)는 반론을 제기하며 파르마, 피덴차, 베르첼리, 심지어 제노바의 모든 작품은 단 한 명의 예술가가 완성했다고 주장했다. 그러나 한 개인의 작품이라는 것이 아니라 공동의 예술적 배경에서 여러 예술가가 참여했다는 것이다. 이들을 뛰어난 조각가의 개별이 아니라 '안텔라미'라는 하나의 지침으로 작용했던(안텔라미 단체corpus antelamicum), 성향을 함께한 집단으로 보는 쪽이 바람직하다고 덧붙였다. 이 가설은 안텔라미의 작품들을 긴 연구 여정을 가설화할 필요 없이 자신들의 전통을 가지고 있는 (프랑스에서 유래한 혁신의 흐름은 외국어 어휘처럼 몇 개의 영역에만 영향을 주었기에) 지역적 맥락에서 고려되었다.

파르마 밖으로 확산된 안텔라미의 예술성

안텔라미의 혁신이 가져온 공로는 그의 예술성이 에밀리아의 경계를 넘어 빠르게 확산되면서 베네토 지방의 도시 베네치아의 산 마르코San Marco 대성당 대문에 조각된 부조 작품들에도 영향을 주었다는 것을 통해서도 드러났다(약 1240년). 베르첼리의 성 안드레아 교회 반월창은 안텔라미의 작품으로 보이는 성 안드레아의 십자가 처형 모습(중앙의 정문), 하느님에게 교회를 바치는 구알라 비키에리Guala Bicchieri 추기경(왼쪽 문)과 함께 등장하는데, 1220년대 말에 제작되었을 것으로 보인다. 로마냐 지방의 경우에는 포를리Forlì(성 메르쿠리알리스 성당, 반월창에 새겨진 동방박사)와 페라라(페라라, 대성당 박물관, 치클로 데이 메시Ciclo dei Mesi)에서, 1230-1240년에 안텔라미에게 사사받은 후에 뛰어난 능력을 발휘한 무명의 인물 덕분에 자연주의적 효과를 발전시켰다. 포도 덩굴에서 9월을 상징하는 바구니에 담긴 잎사귀, 포도 또는 등나무에 이르기까지의 모든 것은 이 무명의 예술가가 '페라라의 달의 마에스트로'라는 명칭으로 불린 주기의 일부를 구성했다.

| 다음을 참고하라 |
시각예술 성당과 도시의 이미지(799쪽); 성당 건축: 제조장과 기술(804쪽); 환상적인 중세: 현관, 대첨탑, 주두, 소첨탑(813쪽); 이탈리아의 고딕 건축(818쪽)

프리드리히 2세의 왕국

| 라우라 페넬리Laura Fenelli |

프리드리히 2세가 이탈리아 남부 지역에서 후원했던 건축과 조각 분야의 작품들은 서유럽의 조형 분야 발전에 결정적인 역할을 했다. 고대의 원형들에 대한 연구와 자료에 대한 학문적 관심으로 여겨졌던 고전주의의 복원 덕분이었다.

역사적 배경

1194년 12월 26일에 제시에서 출생한 프리드리히 2세는 1198년에 시칠리아 왕으로 등극했으며 몇 년 후에는 신성로마 제국의 황제가 되었다. 1220년대에 그는 이탈리아 남부 왕국의 행정과 입법을 재조직하는 데 몰두했다. 그것은 영토를 요새화하고 보호하는 데 필요한 방대한 규모의 건축과도 깊은 관련이 있었다. 제4차 라테라노 공의회(1215)에서 교황에게 약속했던 십자군에 참가한 것도 건축 비용 때문이었다. 교황이 파문을 선언한 이후 단행한 군사 원정이었기에 이집트 술탄 알-카밀(1180-1238)과 평화 조약을 체결했고(1228), 10년간 예루살렘을 차지할 수 있었다. 군사적 관점에서 보자면 정상적인 것은 아니었지만 파문당한 자들의 십자군은 근본적으로 프리드리히 2세의 예술 발전에 가장 중요한 시기를 대표했다. 황제가 십자군을 통해 여러 문화 양식, 특히 이탈리아 남부의 예술품에 다시 적용-연구될 건축 양식들을 접할 수 있었기 때문이다.

1230년대는 롬바르디아 지역에서 자치 도시들의 적대감이 확대되던 시기였다. 군사적 어려움, 특히 파르마 근처 포르노보Fornovo에서의 패배(1248)로 이탈리아 남부에 위치한 많은 건축 제조장의 활동이 중단되었고, 1239년에는 자원 재분배가 불가피했다. 황제는 결국 1250년에 풀리아의 카스텔피오렌티노Castelfiorentino에서 사망했고, 생전의 유언에 따라 황제의 권력을 상징하는 깃발과 함께 팔레르모에 묻혔다.

건축: 성, 거주지, 영토에 대한 통제

시칠리아 왕국 통치와 관련하여 1230년부터 이탈리아 남부에서 프리드리히 황제의 건축에 대한 열정이 시작되었다. 멜피 헌법 선포 기간에는 요새, 성, 주둔지에 대한 조사가 실시되었다(요새[또는 성]의 개축에 관한 법령Statutum de reparatione castrorum). 풀리아와 시칠리아에서는 왕권이 추진할 방어용 건축물 목록이 다시 작성되었고, 이를 바탕으로 성의 복원, 강화, 요새화 작업을 추진했다. 1225–1240년에는 노르만 시대에 지어졌던 기존 건축물들을 활용하여 수많은 성을 건축했다. 그 목적은 (프리드리히 2세의 통치 기간에는 위험성이 매우 낮았던) 외부의 침입으로부터 영토를 방어하고, 특히 왕국 전 지역에 황제의 존재감을 적극 알리는 것이었다. 이렇게 해서 앞으로 여러 차례 반복적으로 사용될 건축 유형이 형성되었으며, 포자Foggia(1233), 바를레타(1225–1228), 브린디시(1227), 루체라Lucera(1233, 현재는 폐허다), 트라니Trani(1230–1233), 시라쿠사(1232–1240), 바리(1233–1240) 등에서 보듯이 제국 전 지역에 적용되었다. 권력의 상징으로의 성

프리드리히 2세는 동시대의 군사 건축에 가장 특징적인 혁신을 보여 준 대표적인 인물이었다. 사각형 또는 장방형의 작은 광장을 중심으로 성채castrum를 설계했는데, 구석이나 모서리 부분을 강화했고 외벽은 다각형으로 다듬은 돌로 세운 탑을 따라 길게 구축했다. 각이 좁은 아치형 서까래로 쌓은 둥근 아치들이 그 위를 덮었다. 이 시대의 성은 궁정 및 기능성 분야의 용어에도 영향을 주었다. 이는 성지의 십자군 요새 건축을 위한 것과 시토회의 건축물에 적용된 예외적인 기술적 성숙함과 합리성을 통해서도 잘 드러났다. 따라서 프리드리히 2세를 위해 건축되었다기보다 "프리드리히 2세가 탑을 갖춘 수많은 성에서 감시한다"는 것을 선포하기 위함이라고 말할 수 있다(Antonio Cadei, *Federico II. Architettura e scultura*, 1995). 성채

이러한 의미에서 안드리아Andria에 위치한 몬테 성Castel del Monte은 특별하다. 그러나 1240년에 롬바르디아 자치 도시 동맹과의 전쟁으로 건축이 급작스레 중단되었는데, 황제는 여러 제조장의 활동도 함께 중단시켰다. 다른 연대기에 따르면 프리드리히 2세의 죽음이 주된 원인이었다고 한다. 몬테 성은 팔각형이며 각각의 구석에는 몬테 성

역시 팔각형의 탑이 위치했다. 2개 층으로 이루어진 내부 공간은 사다리꼴 형태였고, 천장은 십자가 형태의 반원형 천장과 반원의 천장으로 설계된 8개의 방으로 구성되었다. 유사한 사례로 시리아, 팔레스타인, 요르단에 세워진 우마이야 왕조의 궁전들과 십자군 당시 예루살렘 건축 양식이 활용된 10세기의 이슬람-동방 건축을 꼽을 수 있다. 이들은 군사 시설의 구조를 보여 주면서도 전략 요충지에 위치하거나 여름 별장으로 사용할 만한 배경이나 사냥을 위한 목적이 아니었던 만큼 용도에 대한 결론을 내리기 힘들다. 추정하자면 이 성은 팔각형 구조를 기본으로 탑이 세워져 있는 이상적인 형태로, 실용적 기능과는 다소 거리가 있지만 왕권의 위대함을 과시한다는 점에서 의미를 찾아야 할 것이다.

조각: 권력의 이념과 고대의 복원 사이에서

카푸아의 문 이탈리아 남부의 노르만 왕국과 교황령의 경계 지역에 건설된 카푸아의 문Porta(1234-1239)은 프리드리히 2세 시대를 대표하는 또 다른 건축물이다. 풀리아 출신 조각가들의 설계와 양식, 그리고 형태를 드러내는 위대한 유적으로 도시의 성문 역할과 더불어 볼투르노Volturno 강을 방어하는 시설이자 황제를 위한 승리의 아치기도 했다. 비록 1557년의 부분적인 파괴와 1943년의 폭격으로 많이 훼손되었으나 프리드리히 2세 시대를 지배했던 건축 기술의 계획적-이념적인 가치를 대변하는 뛰어난 건축물이다. 회색 흙으로 지어진 3개 층은 밝은색의 얇은 돌로 새겨진 조각품으로 치장되어 있다. 여기에는 조르조 마르티니의 프란체스코Francesco di Giorgio Martini(1439-1501)의 현재는 우피치에 있는 2개의 작품이 포함되어 있다. 장식의 핵심은 당시 막센티우스의 바실리카Basilica of Maxentius(콘스탄티누스 제帝의 바실리카라고도 함*)에 있던 콘스탄티누스 대제의 동상을 모방한 프리드리히 2세의 동상이었다[**도판 29**]. 카푸아는 그가 통치하던 영토의 변방이었기에 교황령 지역에서 온 이들에게는 황제의 통치 이념을 과시하는 의미로 해석될 수 있었다. 또한 왕국과 사법 행정의 흔적을 선포하는 데 기여했으며 황제가 고대 제국의 유일무이한 합법적 상속자임을 상징했다. 현재는 카푸아 박물관이 일부 소장 중인 카푸아의 문에 새겨진 조각품들은 지역 장인들의 세밀한 묘사와 공간에 대한 정확한 감각을 지녔던 다른 장인들이 함께 제작에 몰두한 결과였다. 이곳은 니콜라 피사노(1210/1220-1278/1284)가 예술가로 성장하는 데 결정적인 역할을 했던 제조장 중 하나기도 했다.

재료의 실리적인 재활용(프리드리히 2세 시대의 많은 제조장이 로마 시대의 유물을 재활용할 가능성이 농후한 지역에 있었다)을 통해 실현된 문헌학적인 고대의 부활, 서체 도구의 의도적인 사용, 그리고 건축 형태를 통한 이념적 메시지에 완벽하게 적응한 것은 예술품의 홍보 가치와 특징에 대한 숙고와 더불어 13세기 전반기에 이탈리아 남부에서 새로운 조형 용어가 만들어지는 데 결정적인 역할을 했다. 또한 훗날 피사노에서 캄비오의 아르놀포(약 1245-1302/1310)에 이르는 조각가들의 모든 작품에 강력한 동기를 제공했다. 새로운 조형 용어

몬테 성을 장식한 조각품에 대해서도 유사한 설명이 가능하다. 몇 가지 가설에 따르면 이 유적에는 당시 어린 나이였던 니콜라우스의 예술적 흔적이 남아 있다. 벽이나 기둥에 부착된 선반, 머리 부분의 포도나무 가지 모양이나 갑옷을 입은 병사의 모습으로 장식된 벽면의 열쇠, 반암으로 제작된 액자 등을 참고할 때, 고대의 양식은 프랑스의 고딕풍 조형예술의 변화에 대한 확실한 인식을 통하여 자연스럽게 건축 양식의 기준으로 정착되었다.

프리드리히 2세의 왕국에서 고전주의는 양식과 기술력의 회복만이 아니라, 젊은 황제가 유언을 통해 자신의 무덤에 남긴 장면에서도 볼 수 있듯이 일관된 통치 이념의 결과이기도 했다. 1215년에는 붉은색 반암으로 만든 로마 시대의 석관이 체팔루Cefalu에서 팔레르모로 옮겨졌는데, 이곳에는 황제의 아버지인 하인리히 6세(1165-1197, 1191년부터 황제)가 묻혀 있었다. 그는 루제로 2세(1095-1154) 때부터 시작된 전통에 따라 신성로마 제국의 문장이 수놓인 의복을 입고 있다. 석관을 옮기는 의식은 로마 유적을 선택하여 행한 고대의 회복과 오트빌 가문(루제로 2세가 속한)의 전통을 통해 노르만 기원에 대한 소명을, 자신과 함께 묻힌 권력의 문장에 대한 선택을 통해서는 황제의 역할을 확실히 재확립했다. 고대로의 회귀

채색 장식

건축과 조각품도 중요한 역할을 했다. 반면에 회화 작품 수는 매우 적었을 뿐만이 아니라 칼라브리아의 로세토Roseto 성을 장식했던 세속적인 내용의 작품들과 나폴리 황궁의 프레스코화와 모자이크 장식은 남아 있지 않다. 현재는 산 자와 죽은 자의 전설을 아트리Atri 대성당의 이웃한 두 벽면에 그린 프레스코화와 같은 소수만이 남아 있다.

이탈리아 남부에 남아 있는 프리드리히 2세 시대의 회화 유적이 이토록 적은 것은 황제의 의도적인 계획을 통해서도 설명할 수 있다. 노르만 군주들은 자신의 모습을 비잔티움 전통과의 의도적-직접적인 연결을 통해, 특히 모자이크 장식으로 꾸민 거대한 대성당에 남기려 했던 반면에 로마인들의 왕rex romanorum인 프리드리히 2세는 민간 건축과 조각을 장려했다.

반면 채색 장식과 1248년의 포르노보 전투 당시에 『새와 사냥하는 기술』을 빼앗겼던 일화에서도 알 수 있듯이, 그가 여행 시 지녔던 화려한 장서본 형태의 코덱스를 제작했다는 것은 전혀 다르게 설명할 수 있다. 조각과 마찬가지로 (성서와 달리 각자의 개성을 가지던) 학문용 필사본도 유기적인 관계를 구성했으며, 1240년대에 파리의 필사본 생산 전통과 밀접한 관련이 있었다. 필사본은 새로운 인식 체계인 현실을 기술할 때 적용되는 서식에 대한 연구로 여겨진 고전 전통의 용어를 부활시켰다. 그 결과 자연의 진실을 대변하기 위한 효율적인 수단을 제공했다.

학문과 서술

수렵 기술과 매 사냥에 대한 저술 『새와 사냥하는 기술』은 사냥에 동원되는 맹금류를 사육하고 훈련시키는 방식에 대한 많은 정보를 담고 있다. 다양한 판본으로 후대로 전달되었는데, 바티칸 도서관에 소장 중인 『팔라티노 라티노 1071 코덱스Codice Palatino Latino 1071』는 황제의 궁정이 얼마나 세련되었는지를 보여 주었다. 80종 이상의 새와 개를 묘사한 이 채색 장식은 자연에 대한 직접적인 관찰과 사실주의적인 묘사, 그리고 활발한 서술 취향에 기초한 당대의 학문을 확실히 대변하고 있다.

보석 세공 기술과 금은세공, 화폐 연구 부분의 성과는 매우 뛰어났다. 프리드리히 2세는 고대의 유물을 수집하는 데 깊은 관심을 가지고 있었다. 이와 관련해 1239년에 유명한 파르네세Farnese 컵을 구입했는데, 현재는 나폴리 고고학 박물관에서 소장 중이다. 황제는 제국의 인물과 상징을 세련된 방식으로 해석할 목적으로 고전 작품을 장려한 인물이었다. 아우구스투스 금화, 브린디시와 메시나에서 주조된 제국의 통화는 그것의 명칭과 성화를 통해 프리드리히 2세의 의미심장한 계획과 그가 품고 있던 고대와의 깊은 유대감을 드러냈다.

| 다음을 참고하라 |

역사 호엔슈타우펜 가문의 프리드리히 2세와 이탈리아 호엔슈타우펜 가문의 몰락(41쪽); 독일의 신성로마 제국(114쪽)

철학 대학과 학문 체계(359쪽)

문학과 연극 수사학: 대학에서 도시로(657쪽)
시각예술 니콜라 피사노(833쪽); 건축가이자 조각가 캄비오의 아르놀포(843쪽)

니콜라 피사노

| 마시모 메디카Massimo Medica |

니콜라 피사노는 '토스카나에서 기원했으며 13세기 말에 조토에 의해 완성된 예술적 혁명에 조금 앞서' 이탈리아 조형예술의 혁신을 주도했던 인물이다(F.네그리 아르놀디F. Negri Arnoldi). 풀리아에 있던 프리드리히 2세의 여러 제조장에서 교육받았던 그는 고전 시대의 로마에 대한 연구가 확산되어 있던 이탈리아 남부 지역에서 새로운 고전주의에 대한 경험을 쌓은 후에 토스카나 지역의 도시 피사로 옮겨 갔다. 피사 외에도 시에나와 페루자에서 다양한 작업에 참여했고, 유럽 고딕 조각의 '생기 있는 자연주의'를 조숙한 고전적 영감에 이식하여 이탈리아의 조형 문명을 위한 지평을 개척했다.

황제의 풀리아에서 친황제파의 토스카나로

1260년에 조각가 니콜라 피사노(1210/1220-1278/1284)는 피사에 있는 세례당 강론대에 서명을 남겼다("1260년에 니콜라 피사노가 이 놀라운 작품을 조각했다. 전문가의 손은 정당하게 칭송되었다"). 예술가로의 본격적인 시작을 의미하는 것으로 그는 이후 토스카나 지역의 여러 도시에서 왕성히 활동했다. 그의 작품에 대한 기록과 특징은 풀리아 출신임을 명백히 암시하지만(1266년에는 '아풀리아의 니콜라 피에트리Nichola Pietri de Apulia'로 불렸다) '피사인'이라는 서명을 통해서 도시 공동체에 대한 깊은 소속감을 드러냈다. 니콜라가 풀리아에 온 것은 오래전으로 거슬러 올라가는데, 남부에 위치한 프리드리히 2세(1194-1250, 1220년부터 황제)의 제조장에서 활동하다가 1240년 이후로 토스카나 친황제파 세력의 여러 중심지와의 연합을 희망하던 황제의 '위대한 정치적 유토피아와 문화적 구상'에 대한 명백한 증거로서의 성채 건축을 위해 프라토에 온 대가 무리를 따라서 이주한 것으로 보인다. 자체로 프리드리히 문화의 혁신 요인이 일찍이 이탈리아 중부 지역으로 확산되어 있었음을 나타내는 증거기도 했

프리드리히 문화의 확산

다. 1247년에 제작된 것으로 궁정의 고전풍을 연상시키는 피옴비노Piombino의 카날리Canali 가문 분수의 프로톰protome(고대의 유물 장식 요소*)이 증거였다. 풀리아 출신인 그가 북부로 이동한 것은 황제의 제조장이 문을 닫았기 때문이 아니라 고대의 위대함을 추억하면서 가장 근대적인 방식으로 황권의 위상을 되살리고자 강력하게 희망했던 호엔슈타우펜 가문의 군주 프리드리히 2세가 바랐던 정치적-이념적인 선전 활동이었다는 맥락으로도 이해할 수 있다. 카푸아의 작업실에서 작품 활동에 전념했던 예술가들의 고전주의와 관련하여, 당시에 젊은 예술가였던 니콜라는 조국 이탈리아에 머물며 프랑스와 독일 지역의 '고전적인 고딕 양식'을 수용한 풀리아 제조장의 고딕풍과 근대적 예술 활동에 매료되어 있었다. 그 영향은 그의 초기 예술의 성숙함을 보여 준 시에나 두오모의 둥근 천장과 두꺼운 벽을 이용해 제작된 세 부분의 난창의 대들보 나무 받침대를 대신하며, 인물 표현에서도 특징적으로 사용되었던 머리 부분에 집중되었다. 그가 머물렀던 토스카나의 첫 번째 도시는 시에나였으며, 이곳에서 1245년부터 시토회와 프리드리히풍의 건축 형태를 확산시키는 데 중심 역할을 했던 산 갈가노 수도원의 시토회 수도승들이 건축했던 대성당의 둥근 천장을 만드는 작업에 참여했을 것이다.

피사 세례당의 강론대

시에나 두오모 건축에 참여하여 건축가로의 명성까지 얻은 니콜라 피사노는 자치 도시 피사의 부름을 받고 피사 세례당의 제조장 책임자로 부임했다. 그리고 4년간의 작업 끝에 (1259-1260년에) 기념비적인 강론대를 완성했는데, 13세기 유럽 조각의 파노라마에서 최고 수준을 보여 주는 대표작으로 평가받는다. 그는 이 작품으로 '감성적이고, 도덕적이며, 신학적인 내용을 충분히 표현하는' 집약적이고 분절적인 도시에 활력을 불어넣었다. 동시에 맥락을 재구성한 고전적 원형의 복원을 통해 인간을 자연주의적-유기적인 대상으로 표현했다.

양식의 혁신

피사노가 제작한 강론대는 벽에 부착된 형태가 아니라 독립된 건축물처럼 자유로이 위치할 수 있었다. 또 고딕풍을 암시하는 여러 요인을 첨가하여 당시 토스카나와 이탈리아 남부에 존재했던 기존의 것들과 차별화되었다. 반면 그가 3개의 문서 장부에 육각형 구조의 도면으로 새롭게 설계한 것은 이전의 사례와 유사했다. 강론대 외부에는 세 잎사귀 장식의 홍문虹門 중앙에 그리스도 부조 장식이 있었다. 역시 사자의 모습 위로 잎사귀 장식의 주두와 그 중앙에 인물과 기괴한 동물들을 묘사한 다양한 종류의 돌과 대리석 기둥으로 지탱했다. 그가 제작했던 다른 강론대들에서 보듯이, 강론대의 5개 면 부조와 중앙의 조각에 그리스도의 구원을 주제로 조각된 성화도 혁신의 증거였다. 함께 묘사된 괴물과 배경의 사자들은 인간이 죄악에 빠진 상태를 암시했다. 강론대 제작에는 13세기의 몇 가지 핵심적인 시대정신이 처음으로 등장했다. 특히 프란체스코회의 영향으로 이전의 〈신전에 예수를 바치는 성모La Presentazione di Maria al Tempio〉에서는 보이지 않던 〈그리스도의 십자가 처형Crocifissione di Gesu Cristo〉과 〈최후의 심판Giudizio Finale〉이 등장했으며, 다시 한 번 중요성을 획득했다. 5개 장면은 수평 상태의 사각형으로 세분되지 않고 조각품 전체를 구성했다. 내부 공간 전체를 차지하는 기념비적인 장면들은 일련의 장대한 서술을 암시했으며 붉은 대리석의 테두리 때문에 제한받았던 공간적 한계를 거의 극복했다.

모든 부조는 견고하고 엄격한 규칙에 따라 만들어진 것처럼 보이며, 고대 로마의 동상을 원형으로 제작된 인간의 모습에서 확실한 영향이 느껴진다. 피사는 니콜라가 고대 로마의 것을 차용하여 제작한 다수의 작품을 보유했다. 단순 인용이 아니라 고대의 위대함과 고대 로마의 형태적-표현적 힘을 동기로 하는 새로운 접근을 뜻했다. 또한 베르됭의 니콜라Nicolas de Verdun(12세기)부터 13세기 프랑스 장인들에 이르기까지, 북유럽 고딕 예술가들이 제작한 대작들과의 만남을 의미했다. 그 결과 〈동방박사의 경배Adorazione dei Magi〉, 〈그리스도의 탄생Natività〉, 〈신전에 예수를 바치는 성모〉와 같이 과거에 고전적이고 비잔티움풍을 대표하던 작품 성향은 니콜라의 조각 양식이 고딕적인 감성이 잘 표현된 후자의 두 작품으로 옮겨 갔다. 로마식 원형

시에나 두오모 강론대에서 볼로냐 산 도메니코 성당의 석관까지

피사에서 제작한 강론대의 형태는 이후에 만들어진 시에나 두오모의 강론대에서 볼 수 있을 법한 높은 수준을 보여 주었다. 제작과 관련하여 니콜라는 두오모의 오페라 작업자인 시토회 소속의 보조 수사 멜라노 신부와 1265년 9월 29일에 계약을 체결했다. 이전 강론대 제작부터 함께 일했을 보조 인력의 존재는 아들 조반니 피사노(약 1248-1315/1319), 캄비오의 아르놀포(약 1245-1302/1310), 라포Lapo, 도나토Donato라는 4명의 이름이 언급된 문서를 통해 확인할 수 있다. 새로이 제작할 강론대는 피사의 강론대와 달리 장식 요인이 풍부했지만 구조는 후자의 작품에서 유래했다. 니콜 장식물로의 강론대

라는 새로운 해결책을 모색했다. 부조가 건축 요인에 의존하지 않고 성형 형태로 이루어져 장식 벽처럼 일련의 장면을 통한 서술을 가능하게 해 주는 팔각형 형태의 대야로 전환시킨 것이다. 성화 목록 역시 다양한 서사 장면으로 가득했다. 그중에는 덕성Virtù의 상징과 함께 중앙 기둥 하단에 위치했고, 괴기한 인물들이 죄를 상징하는 피사 강론대의 비관주의적인 이상을 대체하는 자유학예의 상징도 포함되어 있다. 피사 강론대의 마지막 부조에 이미 적용된 바 있는 방식에 따라서 축소된 크기의 다양한 장면은 (형태적으로) 사실주의적인 요인과 표식을 연출하는 수많은 인물로 채워졌다. 고전 문화의 층위를 넘어 고딕풍을 넉넉히 표현한 것으로 1268년에 완성되었다.

1267년에 성 도미니쿠스의 시신은 볼로냐에 위치한 동명同名의 교회 안에 새로 제작한 대리석 관에 안치되었다. 이 관은 1264년에 교단의 총장인 베르첼리의 조반니(?-1283)의 의지에 따라 니콜라가 자신의 작업장에서 직접 제작했다. 시에나에 있는 동시대의 강론대와 마찬가지로 많은 조각가가 동참했다. 도미니쿠스회의 보조 수사 피사의 굴리엘모(13-14세기)는 피사의 세례당 강론대 제작 당시부터 스승 니콜라 피사노 옆에서 일했을 것이다. 어쨌거나 북유럽의 금은세공사에 의해 만들어진 유골함의 자연스러운 진화는 니콜라의 지극히 독창적인 발상이었다. 그는 금은 보석을 이용해 도미니쿠스와 관에 더 큰 가치를 부여하려 했다. 개작과 이후의 보완 작업(아크라의 니콜로Nicolò[1435-1494], 미켈란젤로[1474-1564], 알폰소 롬바르디Alfonso Lombardi[약 1497-1537]) 이전에 격벽 전면에 있던 관(그중 단 2개만 현재 보스턴 미술관과 피렌체 국립미술관에서 확인 가능하다)은 여러 개의 조각들에 의지한, 분명한 고전적 취향으로 조각된 석관이었다. 석관 측면에는 도미니쿠스의 생애에 대한 일화들을 묘사한 6개의 부조가 장식되었다. 그 옆에는 (시에나 두오모의 강론대에서 보듯) 연속적으로 조각된 인물들이 등장하며, 조각의 양식과 구성의 관점에서 볼 때 석관의 부조들은 시에나의 그것과 흡사했다. 볼로냐에서는 수많은 볼거리로 연출된 고딕 감각의 성숙된 완성도를 공유했다.

니콜라의 마지막 작품: 페루자의 마조레 분수

시에나 두오모의 석관과 니콜라의 마지막 작품 사이에는 10년이라는 공백이 존재한다. 그의 비문에서 알 수 있듯이 니콜라는 아들 조반니의 도움으로 1278년에 마조레 분수Fontana Maggiore를 완성했는데, 여기에는 두 명의 조각가의 이름 말고도 페루자의 수도사 베비냐테Bevignate가 참여했다. 누군가에 따르자면 그는 '작업의 책임자 operis structur e per omnia ductur'로서 작업을 실질적으로 지휘한 인물이었다. 이 분수는 시에나와 피사의 강론대 일부에서 드러나는 것처럼 최고의 세련됨을 보여 주었다. 건축학적 구상은 니콜라의 발상이었을 가능성이 농후하며, 상당 부분의 부조 작업에는 아들의 도움을 받았을 것이다. 일련의 성화를 통해 표현된 도시민의 자긍심을 상징적으로 부각시키려는 기념비적인 의도 또한 명백하다. 분수 하단은 상단보다 크며, 인류의 역사와 인간의 활동을 강조하는 부조로 장식되었다. 윗부분은 2단의 다각형 대야로 이루어져 있다(아담과 이브의 일생Storie di Adamo ed Eva, 삼손의 일생Storie di Sansone, 12개월Dodici Mesi, 7개의 자유학예le Sette Arti Liberali, 철학la Filosofia, 교황당의 사자Leone guelfo, 페루자의 주둥이Grifo perugino). 반면에 중앙에 위치한 대야의 성화는 붉은색 대리석에 교차하는 24개의 조각품으로 장식되었다. 그것의 평범한 크기는 인류의 역사와 도시의 역사 간의 평행 관계를 교육시키기 위한 의도를 반영했기 때문으로, 특히 도시의 역사는 지역 성인들이나 도시 건설의 신화적 인물만이 아니라 행정관 사소페라토의 에르만노나 민중 대장 코레조의 마테오 같은 동시대 인물을 상기시켰다. 하단에 위치한 대야의 다양한 형태에서 여러 조각가의 작품을 구분하기는 쉽지 않지만, 부조의 바탕과 표면의 관계에서 구할 수 있는 공간성에 대한 연구를 통해 여기에 니콜라가 직접 개입했음을 짐작할 수 있다. 이 작품은 고딕 예술의 미래에 길을 제시한 니콜라 피사노의 마지막 유산으로 조토(1267-1337)의 탄생에 직간접적인 영향을 주었다.

| 다음을 참고하라 |
시각예술 성당 건축: 제조장과 기술(804쪽); 프리드리히 2세의 왕국(828쪽); 조반니 피사노(838쪽); 건축가이자 조각가 캄비오의 아르놀포(843쪽); 조토(865쪽)

조반니 피사노

| 마시모 메디카 |

조반니 피사노는 이탈리아 고딕 예술의 혁신을 이룩한 주역들 중 하나로, 아버지 니콜라 피사노의 작업장에서 일을 배우면서 아버지의 이름을 상속할 충분한 자격을 갖춘 예술가로 성장했다. 활력이 넘치면서도 때로는 반목적인 개성을 드러냈던 그는 근대 예술의 전형적 특징들을 시대보다 앞서 실천하며 자신과 자신의 일에 대한 명확한 의식을 보여 주었다. 시에나, 피스토이아, 피사에서 자신이 작업한 몇 가지 주요 작품에 남긴 글을 통해서도 잘 드러나 있다.

아버지 니콜라 피사노의 공방 교육

조반니 피사노(약 1248-1315/1319)의 이름은 부친을 도운 다른 협력자들의 이름과 함께 1265년에 니콜라에게 의뢰된 시에나 두오모의 강론대 제작을 위해 체결된 계약서에 처음 등장했다. 당시 조반니는 20대라는 젊은 나이에도 어느 정도의 명성을 얻고 있었는데, 같은 해에 부친의 작업장에서 그가 담당했던 역할과 다른 조력자들이 받는 것보다 많은 일당을 받았음을 통해 확인 가능하다. 조반니는 피사와 시에나 성당의 강론대 같은 부친의 주요 작업장에서 수습 활동을 시작했다. 피사의 외벽 장식에서는 〈예언자들Profeti〉, 〈복음가들Evangelisti〉, 〈성모와 아기 예수Madonna col Bambino〉(피사, 두오모 오페라 박물관)와 더불어 몇 개의 거대한 상반신 토르소torso(목, 팔, 다리 등이 없고 동체만 있는 조각품*) 조상彫像을 볼 수 있다. 풍부한 표현력과 양식을 고려할 때 조반니의 작품으로 보인다. 조르조 바사리(1511-1574)의 "불과 몇 년 만에 부친과 대등한 실력을 갖추었고, 몇 개의 작품에서는 부친의 능력을 뛰어넘었다. 부친은 고령으로 모든 일을 아들에게 전수한 후 은퇴하여 피사에서 조용한 삶을 살았다"는 것으로 조반니 피사노가 '고딕적이고 드라마틱한 감각'을 가진 최고 수준의 예술가 경지에 도달했으며, 함께 일한 부친의 고전적인 양식과 멀어졌고 부친이 사망할 때(1284년 이전)까지 중요한 역할을 수행했음을 추측할 수 있다. 부친과의 관계는 친밀했지만 때로는 이견도 있었다.

페루자의 마조레 분수

1277-1278년에 부친과 함께 완성한 페루자의 마조레 분수를 통해 부자간의 협력이 전혀 다른 차원에서 발전되었음이 드러났다. 조반니가 분수의 장식 형태와 조각

에 자신의 역할을 드러내기 위해 두 번째 비문의 중복 서명에 자신의 이름만 첨가한 점을 통해 그것이 밝혀졌다. 분수 장식은 전체적으로 한층 선명하고 역동적인 양식을 보여 주었는데, 그가 큰 변화를 맞이했음을 의미했다. 조반니는 분수의 물받이 상단에 몇 개의 작품을 남겼다. 물이 솟아 나오는 구멍 부분의 장식으로 힘 있고 풍부한 표현력을 볼 수 있다. 일부 평론가들은 조반니가 자신의 고딕풍 성숙함을 근거로 프랑스의 거대한 제조장에서도 일했을 것이라 추측했다. 규모는 작지만 알프스 이북의 작품들이 영향을 끼쳤을 가능성도 충분하다. 1270년경에 제작된 것으로 추정되는 그리스도상(개인 소장)을 포함한 조반니의 여러 작품에서 볼 수 있는 것처럼, 상아 조각에서 드러난 특별한 재능은 이 가정을 뒷받침했다.

시에나에서의 작품 활동

페루자에서의 작품 활동은 조반니 피사노의 초기 업적 가운데 가장 중요한 순간이었다. 부친의 영향에서 벗어나 공식적으로 대가로서의 위상을 추구한 기간이었기 때문이다. 피사로 돌아온 조반니는 부친의 사망 후에(어쩌면 도시의 정치 변화로 인해 시에나로 옮겨 갈 1284년까지) 시민권을 얻고 이에 따른 의무로 이곳에 거처를 마련했고, 성당 제조장의 수석 책임자 자격으로 작품 제작에 열중했다. 시에나 두오모 전면 건축 계획의 임무를 수행하면서 일련의 작품 구상에 몰두했지만 완성하지는 못했다. 그의 책임으로 추진된 작업은 두오모 현관의 고딕풍 정면 제작 단계에서 중단되었다. 완성된 대부분의 동상은 조반니가 피사로 돌아간 후인 대성당 완성기(1296–1297)에 맞추어 사전에 의도되었던 위치에 세워졌다. 조각 성형 및 건축에 몰두하던 초창기에 그는 조각상을 중심으로 이탈리아에서 자신의 창조성을 유감없이 발휘하면서 전례 없는 업적을 남겼다. 건축 영역에서 벗어난 후에는 조각 분야에서 엄격한 구조와 동작 표현에 몰두했으며, 알프스 이북에서 제작된 고딕 조각품의 특징들로부터 멀어졌다. 시에나에서 제작된 작품을 통해서도 이와 같은 특징이 드러났다. 중단되기는 했지만 시에나에서의 작품 활동을 통해 자신의 명성과 개인적인 특권을 확대할 수 있었다. 불화와 반목을 불사하던 시에나 정부가 그에게 각별한 대우를 제공했다는 것을 통해 확인할 수 있다. 그러나 대립을 다 극복하지 못한 채 1297년에 시에나를 떠나 피사로 돌아갔다.

시에나 두오모의 방

피사로의 귀환

1297년 12월 14일, 조반니 피사노는 피사로 돌아왔다. 그의 귀환은 자치 도시 피사의 경제적 재흥과 맞물리면서 이곳의 새로운 건축 활동과도 시기적으로 일치했다. 조반니는 두오모, 예배당 묘지, 머리 제작의 책임자caput magister로 임명되었다. 당시 그는 고향을 떠나 여러 가지 활동을 하고 있었다. 1298년 3월에는 작업 조율 책임자magister lapidum, 목수 오르셀로Orsello와 함께 기울어진 탑을 조사하는 작업에 투입되었다. 이 시기에 그들은 조반니의 성숙기 대표작으로 평가받는 피스토이아 자치 도시의 성 안드레아 교회의 강론대 제작에 착수하여 1301년에 완성했다. 조반니는 부친의 작품을 기념하는 의미에서 피사와 시에나의 강론대와 구조가 동일한 작품을 설계하면서 다각형 형태(피사에서는 육각형의 형태로 설계), 세 구역의 수평적 배치, 바닥을 여러 조각으로 연결하는 방식을 적용시켰다. 조형 분야에 대한 관심은 다른 형태로 드러났다. 전체적으로 볼 때 보다 날렵한 모습의 우아한 기둥과 세 갈래의 첨탑 아치를 특징으로 하는 용이한 건축 구조를 도입한 것이다. 그는 시에나 두오모의 전면 건축에서 축적한 경험을 바탕으로 성물함(에 그림으로 표현한 많은 이야기)과 여러 조각품에 자극적-선동적인 명암 대조를 극명하게 드러냈다. 처음에는 다양한 색과 금칠로 인물을 강조하는 효과를 주었다. '대학살Strage degli Innocenti'과 '그리스도의 십자가 처형', '최후의 심판' 등의 장면에서는 축소된 형태였지만 풍부한 동작과, '그리스도의 탄생'과 '동방박사의 경배'에서 보듯이 우아한 자태를 뽐내는 한 무리를 묘사했다. 프랑스 고딕 문화에 대한 피사노의 관심을 보여 준 것이었다. 그는 피사에 머물던 초기에 대성당 제단에 들어갈 작은 분할용 경첩을 주문했다. 현재는 두오모 오페라 박물관이 소장하고 있는 중앙부의 감실은 프랑스 고딕 작품에 맞서려는 의도에 따라 상아로 조각한 〈성모와 아기 예수〉를 배치하고자 설계되었다.

예술적 성숙을 보여 주는 대표 작품

자신의 역할과 능력을 잘 알고 있던 조반니는 피스토이아 성당 강론대에 쓰인 비문에서 자신이 부친보다 우월하다고 노골적으로 드러냈다("조반니는 결코 무가치한 것을 조각하지 않으며 니콜라의 아들로서 뛰어난 능력을 가진 것에 행복하다네. 피사에서는 전례를 찾아볼 수 없을 만큼 박식함을 상속했음을 선언하노라"). 그는 자신과 자신의 직업에 대한 확실한 의식을 가지고 있었고, 얼마 후에는 피사 두오모의 강론대 비문에도 이와 같은 의도를 드러냈다.

부친과의 비교

피스토이아에서 강론대를 완성한 이듬해에는 피사 두오모의 작업장에서 타도의 부르군디오Burgundio di Tado(13-14세기)로부터 굴리엘모가 만들었던 기존의 강론대를 대신할 새로운 강론대 제작을 의뢰받았으나 작업 도중 발생한 다른 작업들과의 반목과 오해로 인해 이 작업은 10여 년이나 지속되었다. 조반니는 자신이 제작한 강론대 비문에 작업 중 겪었던 수많은 어려움과 고통의 흔적을 남겼으며, 중세에는 드물었던 예술가의 개성을 찬양하는 사적인 성격의 변명을 통해 자신과 자신의 작품의 절대적 위대함을 주장했다[도판 36, 37].

부분적이기는 하지만 이 작품은 여러 차례의 이동과 재건축(가장 최근은 1926년이었다)으로 말미암아 구조적인 변화를 겪어야 했다. 이 작품이 보여 주는 혁신을 평가하는 데에 따른 어려움은 16세기에 조르조 바사리의 부정적인 견해를 통해서도 제기된 바 있다. 그럼에도 이 작품은 중세에 만들어진 가장 완벽하고 뛰어난 강론대다. 조반니 피사노는 이전의 경험을 반영하고 건축과 조각 분야의 요인을 새롭고 독창적으로 혼합했으며, (주변의 도움이 별로 없었음에도) 극도의 다면적인 표현력을 발휘했다. 피스토이아의 강론대와 비교할 때, 피사의 그것은 조형 요인과의 결합을 통해 구조적으로 한층 완성도를 높였다. 여기에는 여러 인물과 동상(〈복음가들〉, 〈신학의 덕성Virtù teologali〉, 〈7명의 자유주의자Sette Arti liberali〉, 〈추기경의 덕성Virtù cardinali〉, 〈대천사와 헤라클레스Michele e Ercole〉)이 있는데, 이들은 고전주의의 특징을 지녔다. 이는 성물함의 새로운 양식과 대조적이었는데, 성물함에 그려진 장면은 피스토이아의 사례에서 볼 수 있는 견고한 틀과는 거리가 멀었으며, 그의 열정적인 표현주의의 변형된 방식이었다.

논쟁을 불러일으킨 작품

말년의 활동

피사 두오모의 강론대 제작이 지연되었음에도 조반니는 다른 작품의 제작 의뢰를 받아들였다. 대표적으로 세례당 중앙 문의 반월창에 조각한 〈성모와 아기 예수〉와 1305-1306년에 엔리코 스크로베니Enrico Scrovegni(?-1336년 이후)의 주문으로 얼마 전 조토(1267-1337)가 벽화를 완성했던 파도바의 아레나 예배당(스코로베니 예배당)에 촛불을 들고 있는 두 천사의 모습과 함께 완성한 성모였다. 1312-1313년는 피사의 산 라니에리San Ranieri 교회 문에 조각 작품을 남겼다. 하지만 두오모 오페라 박물관에서 소장 중인 〈성모와 아기 예수〉의 일부와 〈피사의 알레고리Allegoria di Pisa〉의 일부만 현존한다.

하인리히 7세를 위한 작품

반면 당시 그림에서 성모 곁에 있던 룩셈부르크가의 하인리히 7세(약 1278-1313, 1312년부터 황제)의 모습은 소실되었는데, 토스카나 친교황파의 세력 확대에 따른 위험으로부터 도시를 지켜 낸 자들과 친황제파의 믿음에 대한 정치적 존경의 표시였다. 1311년에 조반니는 당시 피사에 머물던 황제가 제노바에서 흑사병으로 사망한 아내 브라반트의 마가렛의 장례식을 위해 부탁한 건축물 문의 다양한 조각품을 완성했다. 한때 제노바 카스텔레토Castelletto의 성 프란체스코 교회에 있던 이 조각품은 일부만 현존하는데, 최근에 복원 작업이 추진된 바 있다. 당시 조반니는 70대의 고령에도 불구하고 석관을 떠받치는 4개의 조각품에서나 세련된 의복을 차려입은 군주(불행히도 오늘날에는 잘려 나간)의 성체거양Elevatio에서나 전적으로 독창적인 구조의 장례용 건축물을 제안하는 등의 무한한 창작성을 발휘했다.

현존하는 소수의 작품으로도 조반니가 추구했던 궁극적인 양식의 숭고함을 느끼기에는 충분하다. 그는 '형태에 대한 보다 조화롭고 평화로운 개념'에 입각하여 이전 작품들의 표현 효과를 재구성하려 했던 것 같다. 말년에는 대리석으로 여러 개의 〈성모와 아기 예수〉를 남겼으며, 그중 프라토 대성당에 있는 〈신톨라의 성모Madonna della cintola〉와 베를린 달렘 미술관에 있는 〈신톨라의 성모〉에서는 상아 작품을 통해 자신이 폭넓게 경험했던 주제를 다시 한 번 반복했다. 여러 주제를 공존시키는 그의 능력은 피사 두오모의 강론대를 통해 확인할 수 있는데, 나무로 제작된 조각 작품이 보편적이었던 환경에서도 고유한 특징이 잘 표현되었다. 그는 현존하는 무수히 많은 '그리스도의 십자가 처형'을 조각했고, 뛰어난 능력으로 혁신을 주도했던 인물 중 한 명으로 평가받는다. "토스카나 고딕풍의 '십자가 처형'의 주제를 정형화시킨 창조자이자 14세기의 조각을 선도한 중요한 예술가였다." 조반니는 브라반트의 마가렛의 장례식 건축물을 완성한 직후 사망한 것으로 보인다. 1319년의 한 문서에 따르면 이미 사망했다고 나온다.

| 다음을 참고하라 |
시각예술 니콜라 피사노(833쪽); 건축가이자 조각가 캄비오의 아르놀포(843쪽)

건축가이자 조각가 캄비오의 아르놀포

| 마시모 메디카 |

니콜라 피사노의 공방에서 교육받은 캄비오의 아르놀포는 이탈리아 예술에 절대적인 역할을 했다. 조각가이자 건축가였던 그는 자신에게 여러 차례 작품을 의뢰한 앙주 가문의 궁정과 로마 교황청에서 창작 활동을 했다. 피렌체로 돌아온 이후 몰두했던 피렌체 두오모의 전면 건축은 그의 가장 중요한 작업이었으나 죽음으로 미완으로 남았다.

니콜라 피사노가 운영한 공방에서 초기의 독자적인 작품들까지

토스카나 출신의 캄비오의 아르놀포(약 1245-1302/1310)는 콜레 디 발 델사Colle di Val d'Elsa에서 출생했다. 그에 관한 첫 번째 소식은 니콜라 피사노가 시에나 두오모의 강론대 제작을 위한 계약을 체결하고 제자인 아르놀포와 라포, 다른 제자들과 이곳에 온 1265년이었다. 이 시기에 그는 스승의 공방에서 일하고 있었으나 주변의 평판도 얻고 있었다. 1266년에 시토회 수도승이자 시에나 두오모 작업장 책임자operarius였던 멜라노가 스승의 지시에 따라 다른 작업에 몰두하던 젊은 조각가 아르놀포를 시에나로 데려오기 위해 특별한 급여 조건을 제시했다는 것을 통해 확인이 가능하다. 급여는 조반니 피사노(약 1248-1315/1319)에 비해 현저히 낮았으나 당시의 문서는 아르놀포의 작업 참여를 증명한다. 아르놀포의 초기 활동은 시에나 두오모 강론대의 건축과 관련 있었는데, 우아함을 살리면서도 세밀한 촉감을 잘 구현하는 그의 특징이 잘 표현되었다. 스승 니콜라의 공방에서 일하면서 얻은 풍부한 경험을 통해 (어쩌면 이미 볼로냐 산 도메니코 성당 석관 작업에 투입되었던 시기[1264-1267]에 터득했을) 스승의 고전적 양식과 고딕적 자연주의를 독창적으로 해석했다.

몇 년 후의 (문서를 통해 확인된) 첫 작품은 1280-1281년에 페루자에 만든 분수였다[도판 32, 33]. 현재는 일부만 페루자 움브리아 국립미술관에 소장되어 있다. 원래는 도시 중심에 위치한 광장에 있었으나 완성된 지 얼마 후인 1308년에 철거되었다. 현존하는 일부를 근거로 구조에 대한 여러 가설이 제기되었다. 도시의 좋은 정부Buon Governo를 기념하기 위한 것이나 종교적 의미로 해석된 분수에 대한 독특한 그림도 고려 대상이었다. '유능하고 천재적인 장인subtilissimus et ingeniosus magister'으로 평가받 페루자의 분수던 그의 참여를 독려하기 위해 1277년에 페루자는 앙주의 샤를 1세(1266-1285, 1266년부터 왕)에게 청원서를 보내야 했다. 당시 아르놀포는 앙주 가문 궁정과 이탈리아 남부, 로마에서 작업 활동에 몰두하고 있었다. 지금은 로마 카피톨리니 박물관Musei Capitolini에 있는 샤를 1세의 동상은 아르놀포가 페루자에 오기 전에 완성된 것으로 보이는데, 시기는 카푸아 출신의 무명 조각가가 프리드리히 2세(1194-1250, 1220년부터 황제)의 동상을 제작한 직후로 추정된다. 순수한 고전주의의 특징을 보여 주는 대표적인 모델이었으나 신랄하고 효과적인 표현력을 발휘하면서도 엄격한 구조를 고집하던 아르놀포에 의해 재해석되었다. 이 작품을 통해 그는 다시 한 번 헬레니즘과 (어쩌면 에트루리아의 영향도 받았을) 로마 동상에 대한 풍부한 지식을 발휘했으며, 이들을 모델로 여러 인물의 동상이 제작되었다. 사실적인 단순함과 한층 자연주의적인 특징을 강조하면서 동시대 프랑스 파리에서 유행한 성형 사례를 통해 관례로 정착된 고딕 형태의 활력적인 틀은, 도상학적 관점에서 새로운 요인(단아한 모습의 늙은 여성, 손잡이가 달린 항아리 곁에 누워 있는 젊은 여성, 중풍에 걸린 노인)으로 평가받았다. 이는 아르놀포가 니콜라 피사노의 공방에서 수학했고, 이후 샤를 1세의 프랑스 궁정을 배경으로 작품 활동을 전개했으며, 역시 프랑스의 영향이 지배적이었던 교황 마르티노 4세(1210-1285, 1281년부터 교황)의 교황청에서도 활동했음을 고려할 때, 신빙성이 있다.

고전적인 모델들

오르비에토에서의 활동

아르놀포는 교황의 여름 거처였던 오르비에토에서 자신의 가장 중요하고 혁신적인 작품 중 하나를 완성했다. 프랑스인 추기경으로 1282년에 사망해 성 도미니쿠스의 지역 교회에 매장된 브레이의 기욤을 위한 장례 묘지였다. 스스로 "이것은 아르놀포가 만든 작품이다Hoc opus fecit Arnolfus"라고 서명했는데, 이후 여러 차례의 보수와 이전으로 본래의 형태가 바뀌었다. 현재 비테르보의 성 프란체스코 교회에 있는 교황 클레멘스 4세와 하드리아노 5세의 관에 새겨진 벽화도 그의 작품이다. 이후 12-14세기의 대리석 장식 기술인 코스마티Cosmati풍의 높은 대좌와 안치된 시신의 조각상을 제작했다. 이들은 이탈리아에는 전혀 알려지지 않은 도상학적 모델에 따라 두 명의 인물이 외벽을 떠받치고 있는, 시신을 안치한 '장례 공간' 내부에 위치했다. 두 명의 성인에 의해 구조물 상단에 모셔진 성모 마리아가 추기경을 만나고 있는 모습이 조각된 내부 벽면 장식도 아르놀포가 실현한 혁신의 결과로 평가되었다. 성모 마리아의 모습은 실제로는 고대 로마의 동상을 새 기능에 맞게 다시 조각해 활용한 것이었다. 당시의 관습에서 아르놀포의 작업은 특별한 의미를 가지는데, 고대 동상에 대한 그의 각별한 관심을 보여 주는 것이었기 때문이다. 본래 건축 구조의 상당 부분이 상실된 것은 기욤의 장례 유적이 (아르놀포가 로마에 장기간 머물고 있던 시기에 그가 몰두했던 작품들에서도 볼 수 있는) 보다 고딕풍의 특징을 반영하고 있다는 점을 희석시켰다.

로마에서의 작품 활동

아르놀포는 1285년 로마에서 수도원장 바르톨로메오의 요청에 따라 로마 성곽 밖에 위치한 성 베드로 대성당의 성체용 제단 제작에 몰두했다. 그는 자신의 작품에 "동료 피에트로 함께cum suo socio Petro"라는 말을 남겼는데, 이 인물은 학자들에 의해 오데리시오의 피에트로Pietro d'Oderisio(13세기 말에 활동)로 밝혀졌다. 아르놀포는 이제 성공의 정점에 도달했다. 작품 의뢰에 따른 높은 보수를 받았으며 고딕 양식의 전성기를 주도한 주인공으로 교황청과도 깊은 관계를 맺었다. 혁신적인 작품도 추진했는데, 일종의 예식용 가구로 이미 중세 로마에 널리 알려진 바 있는 성체용 제단이 그것이었다. 성체용 제단은 그를 통해 진정한 예술 작품으로 거듭났다. 또한 자신이 구상한 요인(삼각형 모양의 건축 장식, 크고 작은 형태의 첨탑)과 이를 장식하는 조각에서 프랑스 고딕 양식의 영향을 드러냈다. 아르놀포는 지역 전통과 소통하려고 했다. 이후의 작품에 조각품을 위한 배경이었던 코스마티풍 모자이크를 도입했고, 얼마 후인 1289년에는 교황청 공증인 리카르도 안니발디의 장례용 석관에 적용시켰다. 이 석관은 처음에는 라테라노의 산 조반니 대성당에 있었지만 현재 일부만 남아 있어 전체 모습을 상상하기 힘들다. 다만 벽이 높은 석관이었을 것으로 추정된다. 현존하는 것은 매장된 인물의 모습과 장례용 장식물로, 당시 그는 프랑스와 에스파냐에는 널리 퍼졌지만 이탈리아에는 전혀 알려지지 않았던 성화를 도입했다. 성화의 판은 서술 수준을 뛰어넘어 장식 요인으로만이 아니라 부드러운 성형 효과로도 활용된 모자이크 바탕에 자리 잡은 인물들의 탄탄한 볼륨감을 연출했다. 일부만 현존하는 이 유적의 특징은 무덤 속 인물의 얼굴이 지극히 사실적으로 묘사되어 있으며, 몸짓이 단호한 느낌을 준다는 것이었다.

인물의 모습에 드러난 사실주의

교황 니콜라오 4세(1227-1292, 1288년부터 교황)가 추진했던 복원 작업과 장식 작업을 진행하는 과정에서 본래의 모습을 재구성하는 데 따른 어려움은 1291년경에 아르놀포에게 의뢰된 산타 마리아 마조레 대성당의 예수 탄생을 형상화한 모형물에서도 반복되었다. 유골을 숭배하기 위한 '작은 기도당'을 만들기 위해 모인 전문가들은 제작 과정에서 여러 차례 교황의 간섭과 분실 사고를 겪었는데, 그 결과 당시의 건축 배경과 전체적인 상황에 대한 정확한 이해가 불가능해졌다. 그럼에도 원근법과 배경을 통해 드러난 새로움은 고딕풍을 반영한 고대 동상을 원형으로 하면서 등장인물의 다양한 몸짓과 활력적인 공간 배치를 드러내는 현존하는 소수의 조각품을 통해 알 수 있다.

트라스테베레의 산타 체칠리아 성당의 성체용 제단

건축과 조각의 관계에 대한 유사한 고찰은 1293년에 아르놀포가 트라스테베레에서 제작했던 것으로, 프랑스인이었던 마르티노 4세의 추기경 재임 기간에 새로운 장식으로 주목받은 성체용 제단에서도 찾아볼 수 있다. 하지만 이 작품은 그의 후임이자 대성당 책임자기도 했던 프랑스인 추기경 장 숄레Jean Cholet(?-1292)의 재임 기간에 완성되었다. 성 베드로 대성당의 예식용 제단과 비교해, 산타 체칠리아Santa Cecilia 성당의 성체용 제단은 많은 차이가 있었는데, 고대 황제의 말 유적을 재해석한 말을 타고 있는 티부르시오를 포함한 4명의 성인이 배치되어 있는 금실 덮개의 상단 구석에서 차이가 목격된다.

교황 보니파시오 8세를 위한 작품 활동

보니파시오 8세의 장례식

산타 체칠리아 성당의 예식용 제단은 1294년에 교황 보니파시오 8세(약 1235-1303, 1294년부터 교황)가 교황으로 선출된 후에 제작이 시작되어 장례 유적이 완성되기 직전에 완공되었다. 수많은 첨탑을 갖춘 건축학적 외형이 돋보이는 제단과 관련해 아르놀포는 자신의 주된 역할을 언급하면서 여기에도 건축가의 서명을 남겼다. 이 작품은 성 베드로 대성당 정면 뒤편에 위치한 건물 내벽에 맞닿아 있는 작은 예배당 안에 있었다. 교황의 의복은 야코포 토르리티Jacopo Torriti(1291-1300년에 활동)가 완성한 모자이크 아래에 있었다. 아마도 두 시종과 함께 죽은 자의 모습이 새겨진 벽감의 무덤 내부에 놓여 있었을 것이다. 이에 대해서는 부분적인 흔적만이 현존한다. 그중 오늘날 바티칸 지하 무덤에 있는 죽은 자의 동상은 세심한 마무리 작업 외에도 놀랍도록 현실적인 묘사로 유명하다. 죽어서 누워 있는gisant 얼굴은 마치 살아 있는 사람처럼 생생했으며 평온함을 드러냈다. 제작 당시에는 완벽한 색감이었을 것이다. 아르놀포는 건축과 성형, 그리고 회화의 특징을 동시에 보여 주는 공간을 상상했고, 관람자는 마치 자신이 직접 참여하고 있는 것 같은 느낌을 받았을 것이다. 우리는 오늘날 바티칸 궁에 보존되어 있는 축복 의식을 행하고 있는 교황의 흉상이 같은 예배당 내부이긴 해도 구체적으로 어디에 있었는지에 대해서는 잘 알지 못한다. 이 조각품은 아르놀포가 제작했을 것으로 추정되며, 생존 중인 교황을 대상으로 제작한 첫 번째 작품이었다. 앙주의 샤를 1세의 동상이 제작된 지 몇 년 후에 그는 다시 한 번 새로운 동상 제작을 시도했다. 이번에는 교황청의 세속적-영적인 권력의 메시지를 보여 주는 특별한 상징과 의미를 반영하려 했다. 토스카나 출신의 예술가인 아르놀포가 피렌체로 귀환하기 전에 제작한 최후의 작품은 동을 재료로 한 성 베드로의 흉상이었다.

피렌체에서의 마지막 작품 활동

자신의 이름을 언급한 교황의 묘지 비문에서 알 수 있듯이, 보니파시오 8세의 묘지 부속 예배당을 제작한 얼마 후에 아르놀포는 (공식적으로는 1296년의 건축으로 알려진) 새로운 성당의 건축을 위해 피렌체의 부름을 받았다. 그가 맡은 중요한 임무는 도시의 100인 위원회가 승인했다. 위원회는 아르놀포에게 '피렌체 교회 건축의 최고 책임자capud magister laborerii et operis ecclesie Beate Reparate maioris ecclesie fiorentine' 자격과 세금 면제의 특권을 제공했다. 이는 같은 날짜에 성당 건축이 시작되었다는 증거기도 하다. 그러나 작업은 얼마 후 급작스레 중단되었으며, 1302-1310년에는 그에 대한 언급을 찾아볼 수 없었다. 아르놀포는 이 작업을 끝내지 못했는데, 부분적으로만 건축된 성당 전면에는 1586년에 모두 철거될 많은 조각 작품이 새롭게 설치되었다. 이후 시대의 한 문서에 따르면 건축 작업은 여러 차례에 걸쳐 시도된 것으로 밝혀졌다. 또한 1300년의 한 문서에 의하면 '위대하고 보기 좋은 건축물magnifico et visibile principio'로 정의되었다. 아르놀포는 조각과 건축을 통한 소통을 고려하여 크고 작은 첨탑을 갖춘 첨두식尖頭式의 프로티룸prothyrum(현관 통로*)으로 장식된 3개의 반원형 채광창과 수많은 동상이 위치한 터널을 관통하는 성당 정면을 계획했다. 그 결과 피렌체에서는 처음으로 성모 마리아를 찬양하는 조각 작품들로 넘쳐 나는 (자치 도시의 의지에 따라 동시대의 다른 성당들에 비해 최고의 웅장함을 가져야만 했던) 전면부를 갖춘 건축물이 등장했다.

급작스러운 활동 중단

현관문 상단에 위치하고 있으며 각각 〈그리스도의 탄생〉과 〈성모와 아기 예수 사이의 성 자노비와 성녀 레파라타Vergine col bambino tra san Zanobi e santa Reparata〉(피렌체, 두오모 오페라 박물관), 〈성모의 안식Dormitio Virginis〉(베를린, 달렘 미술관)이 묘사되어 있는 반원형 채광창은 상당한 명성을 얻었다. 이를 통해 아르놀포의 가장 발전된 양식을 볼 수 있다. 그는 과거 로마에서의 예술적 경험(은 피렌체 두오모 오페라 박물관에 있는 보니파시오 8세의 큰 규모의 동상과 〈성모의 탄생Madonna della Natività〉에서도 반복되었다)으로부터 보다 사실적이고 한층 표현이 풍부해진 차원으로 옮겨 갔다. 그럼에도 공간성과 확실한 가시성의 효과를 유지했다. 그것은 아르놀포가 가진 예술적 표현의 기반이었으며, 곡선을 이용해 제작한 유일한 작품인 〈옥좌에 앉은 성모와 아기 예수Madonna in trono col Bambino〉(피렌체, 두오모 오페라 박물관)에서 찾아볼 수 있다. 부피감에서는 동시대의 조토가 제작한 〈성 조르조 알라 코스타 성당의 성모Madonna di san Giorgio alla Costa〉, 〈만성절의 성모Madonna di Ognissanti〉와 유사했다.

아르놀포의 말년의 예술성

피렌체 두오모에서 일을 시작하기 전에 아르놀포는 자치 도시의 건축가 자격으로 (조르조 바사리[1511-1574]가 언급했던 바와 같이) 프란체스코회의 산타 크로체Santa Croce 교회(의 건축은 1294년에 시작되었다)의 설계와, 나중에는 일련의 군사 방어 시설 건축을 위한 작업을 병행했다. 자치 도시의 새로운 시청사 건물인 베키오 궁전의 건축 말고도 도시와 콘타도의 다양한 시설물 건축에도 참여했을 것으로 보인다.

| 다음을 참고하라 |
역사 보니파시오 8세와 교회의 우월권(51쪽)
시각예술 니콜라 피사노(833쪽); 조반니 피사노(838쪽); 교황의 도시들: 로마와 아비뇽(907쪽)

"라틴어로 그리스를 그리다"

ARTI VISIVE

비잔티움 제국의 유혹

| 안나 오타니 카비나 |

라틴어가 여러 근대 속어로 거듭나고 로마 예술이 13세기 예술 문명의 창조적 가치를 고양시키며 서양에 흔적을 남겼던 기간에(로베르토 롱기) 1천 년 전통의 비잔티움 제국은 발칸, 이집트, 흑해, 캅카스, 소아시아의 지역에서 종교와 세속 모두에서 최전성기를 누렸다. 특히 이탈리아, 프랑스, 네덜란드 같은 서유럽 지역들은 아직도 동방 제국의 예술이 가진 매혹에 민감한 반응을 드러냈다.

비잔티움: 팔라이올로고스 왕조의 르네상스

2004년에 뉴욕 메트로폴리탄 미술관에서 열렸던 '비잔티움, 신앙과 권력 1261-1557' 전시를 통해 비잔티움 제국의 말기가 세상의 이목을 집중시켰다. 이 전시는 1204년의 제4차 십자군 약탈 이후 몰락의 길로 접어든 한 문명 세계의 역사를 증언했다.

미카엘 8세 팔라이올로고스(1224-1282)에 의한 비잔티움 제국의 중흥의 꿈은 이루어지지 않았다. 니케아 유배에서 돌아온 그는 1261년에 비잔티움 제국의 황제로 즉위한 이후 과거의 영광을 재건하려 했다. 또한 건축, 프레스코와 모자이크 장식을 장려하고 종교 유물과 보물, 채색 장식의 서적, 예식용 의상, 호데게트리아

Hodegetria(자신의 손으로 자비의 아들 예수 그리스도를 가리키는 성모)의 수호성인 성화를 근간으로 하여 그리스 정교의 신앙을 자극하는 귀중하고 희귀한 작품을 제작하려는 계획을 추진했다.

그러나 피로 물든 채 죽어 있는 시신들 사이로 백마를 타고서 용맹한 모습을 드러낸 술탄 메흐메트 2세Mehmet II(1432–1481)가 성 소피아 대성당Cathedral of St. Sophia 문턱에 도달했을 때 콘스탄티노플은 오스만 제국에게 정복(1453)되었고, 황제의 숙원은 결국 실패로 돌아갔다. 베네치아인 니콜로 바르바로Niccolò Barbaro(15세기)가 비잔티움 제국의 몰락을 긴장감 있게 서술한 일기가 당시의 상황을 증언했다. 알라Allāh의 이름으로 시작된 오스만 제국의 공격은 로마의 우수함을 상속한 그리스도교 도시인 콘스탄티노플을 파괴하고 문명적-종교적 차원에서 동방과 서방의 심각한 충돌을 예고했다. 두 문명의 충돌이 의미하는 시대적 성격과 전 세계에 가져올 돌이킬 수 없는 결과를 직감한 에네아 실비오 피콜로미니(1405–1464, 비오 2세Pius II의 법명으로 1458년부터 교황)는 이 사건을 호메로스와 플라톤의 두 번째 죽음처럼 묘사했다.

마누엘 2세가 목격한 비잔티움 제국의 몰락

비잔티움 제국의 황제 마누엘 2세 팔라이올로고스Manuel II Palaiologos(1350–1425, 1391년부터 황제)는 제국의 종말로 인한 고통과 소외감으로 큰 상실감에 빠졌다. 붕괴 직전의 아시아 도시들에 대항해 오스만 제국의 지원을 강요받은 가운데 (1391–1392년에 쓴) 한 서신에서 "신앙심이 깊은 한 인간에게, 헬레니즘 문명을 사랑하는 한 인간에게, 나의 믿음에 의하면 이것은 신화의 아틀라스Atlas(평생 하늘을 어깨에 메게 된 거인*)조차도 감당하기 힘든 중압감이다"라고 회고했다.

로베르토 롱기의 파문

예술 차원에서, 그리고 비잔티움 후기의 격식과 더불어 이미 여러 차례에 걸쳐 청산되었던 비잔티움 세계는 로베르토 롱기Roberto Longhi(1890–1970)가 1939년에 출간한 『13세기 비평Giudizio sul Duecento』에서 언급했던 것처럼 아무 도움도 받지 못한 채 심판에 직면했다. 유스티니아누스 대제(약 481–565, 527년부터 황제) 시대 이후로 비잔티움 예술이 발전했다는 연구 결과를 근거로, 오늘날에는 누구도 이 주장에 동의하지 않을 것이다. 학자들은 7세기 이후 비잔티움 예술이 창조성과 모든 독자성을 상실했을 것으로 본다. 비잔티움 예술은 서유럽 예술과 비교해 고전적이고 원시적인 것으로 폄하되었으며, 오랫동안 중세 유럽 예술과 동시대의 예술 수준보다 낮은 수준으로 평가절하되었다.

『13세기 비평』에 근거할 때 오늘날 누구도 그리스 메테오라Meteora 수도원의 묘비명epitaphios 위의 그리스도, 즉 수난의 예식에 사용되었던 호화롭게 수놓인 예식용 실크 천에서 보듯이, 별바다에 빠져 사망한 그리스도의 죽음 같은 기념비적 발명과 관련해 '불모'라는 어휘를 떠올리지 않을 것이다(약 1290).

뛰어난 예술적 표현

성화, 모자이크, 값비싼 천, 프살테리움psalterium(고대부터 중세 말까지 사용된 현악기*), 채색 장식의 교창 성가집 등은 실내에 보존되어 있으며, 은을 이용해 (인체 일부가) 성형된 성인의 유체, 에나멜, 보석, 상아 조각들은 파괴로부터 살아남은 여러 종교 대작의 일부였다. 또한 사회적-경제적인 시스템과 창조성 같은 시스템이 반드시 우발적인 결합을 통해 연결되지 않는다는 점을 다시 한 번 확인시켰다. 비잔티움 예술은 제국의 붕괴에서도 찬란하게 빛났으며, 권력의 휘장들은 마누엘 2세의 로로스loros(그리스도의 죽음과 부활을 암시하는 수의*), 즉 황제의 특권을 상징하는 루비로 빛나는 영대stole(제식 때 목에 걸고 앞에 드리우는 법의*)에서처럼 찬란하게 빛난 적은 없었다.

성화: 역사의 공간과 시대를 초월하여

성화는 역사의 시간에서 벗어나 예식의 순간에 적응하며 모든 행위가 지상의 모든 법을 초월하는 형이상학의 공간으로 들어가기 위해 실제 공간을 벗어나는 신학 이론의 진정한 실체였다. 다시 말해 영원을 향한 (계산된) 상징적 행위였다. 이러한 이유로 성화에서 신과의 만남은 금金의 추상적인 바탕 위에 묘사되었다. 웅장한 성화들은 주로 도판에 그려졌으며, 운반이 가능한 것들은 금, 은, 상아, 에나멜로 제작되었다. 예를 들면 피카르디의 랑Loan 대성당이 소장 중인 토템 신앙의 〈그리스도의 성안Volto Santo〉(13세기)에서처럼 유령처럼 보여 관람자로 하여금 두려움을 느끼게 만드는 성화들 또는 동방에서 옮겨진 후에 캉브레Cambrai의 프랑스 성당인 노트르담 드 그라스에 소장되어 있으며, 한 어린아이가 어머니에게 안기고자 망토 위로 기어오르는 〈자비의 성모Vergine della tenerezza〉(초기에는 '자비의 성모 엘레오우자Vergine Eleousa'로 불리었으며, 14세기 초반에 제작되었을 것으로 추정된다) 같은 기적의 성화들이 그것이었다.

그 외에도 모세와 관련된 성서의 장소이며 불타는 떡갈나무와 십계명의 장소이기도 했던 시나이 반도에 설립된 산타 카테리나 수도원도 많은 성화를 소장하고 있었다. 이 수도원 공동체는(실제로 가장 오래되었다) 지리적으로 고립된 사막에 세워졌기에 유스티니아누스 대제 때부터 그리스 정교 문명의 진정한 보물인 8-9세기의 성상들(과 다른 보물들)을 보호할 수 있었다(비잔티움의 성상 파괴 운동 기간에 모두 파괴되었다). 다행히 이슬람이 장악하고 있던 시나이 반도에서는 파괴를 면할 수 있었다.

유럽의 르네상스 예술에 남긴 비잔티움의 유산

비잔티움 제국에게 성화는 투자의 의미도 있었다. 비잔티움 제국은 정치적 실체로서의 권력을 상실한 후에도 문화유산을 통해 유럽의 정신과 성화에 지속적인 동력을 제공했다. 비잔티움 제국이 서서히 자신의 영향권에서 벗어나 근대를 향하던 유럽의 르네상스에 영향을 미친 것은 분명하다.

그리스도의 고난상(이마고 피에타티스Imago pietatis)을 그리거나 어린 예수를 품에 안고 있는 귀족풍의 성모 마리아를 묘사하고자 했던 예술가들은 얀 반 에이크Jan van Eyck(1390/1395-1441), 로히어르 판 데르 베이던Rogier van der Weyden(약 1400-1462), 조반니 벨리니Giovanni Bellini(1431/1436-1516)였다. 모두 르네상스 시대의 주역이다. 비잔티움의 마지막 영웅이자 크레타 출신의 화가 엘 그레코El Greco(1541-1614)는 거대한 방패(마드리드, 개인 소장품)에 고대의 전설적인 베로니카 베일인 만딜리온mandylion(갑옷 위에 입는 헐렁한 의복*)을 마치 멜 깁슨의 영화 〈패션 오브 크라이스트The Passion of the Christ〉(2004)에서처럼 진실하고 충격적인 그리스도의 얼굴과 함께 그려 넣었다.

시대의 위대한 예술가들

비잔티움 제국의 오랜 영향은 이전보다 창조적-활력적인 분위기의 유럽에 비잔티움의 정신과 탁월함을 전승했다. 서유럽 자연주의의 영향에서조차 성화는 인간과 신이 만나는 장소인 하늘을 향해 열리는 신비의 문을 의미하면서도, 감성과 진홍색 핏자국 때문에 쳐다보는 사람의 마음을 뭉클하게 만들었다.

| 다음을 참고하라 |
역사 비잔티움 제국과 팔라이올로고스 왕조의 몰락과 내전(182쪽)
시각예술 부오닌세냐의 두초(875쪽)

예술과 탁발 수도회

| 밀비아 볼라티Milvia Bollati |

탁발 수도회는 그들의 생각과 이념의 결합을 위해 종종 조형미술을 활용했다. 탁발 수도회의 확산은 새로운 유형의 실내장식과 특히 수도회를 설립한 성인과 관련 있는 특별한 성화 제작을 장려했다. 성인 전기는 종종 특정 가문 소유의 교회나 예배당 본체를 장식하기 위해 같은 주제를 연속적으로 묘사한 프레스코화로 만들어졌다. 특별한 장소였던 참사회 방들은 주제의 선택과 목적에서 한층 복합적인 프레스코화를 위한 공간을 제공했다.

12-13세기에 설립된 탁발 수도회는 세속인들도 전적으로 동감하고 있던 복음의 단순성을 회복해야 한다는 사회적 분위기 속에서 성립되었다. 성 프란체스코(1181/1182-1226)와 성 도미니쿠스(약 1170-1221)가 설립한 두 교단은 이탈리아와 유럽 전역에서 대도시의 수도원을 중심으로 빠르게 퍼져 나갔다. 두 교단이 중세의 교회와 사회 내부에 항상 활동적으로 존재했었다는 명백한 증거다. 탁발 수도회에 대한 지원은 새로운 교단의 성립과 수도원 교회 내부에 자신의 예배당을 설립하기 위한 사람들의 기증으로 이어졌다.

많은 세속인이 탁발 수도회 교회 내부에 자신의 무덤을 마련하려고 했다. 두 교단이 수행한 임무 중 최우선은 신자에게 교회 내부에서 자신이 담당하는 역할과 특별함을 적절히 홍보하는 것이었다. 이러한 배경에서 두 교단의 설립자를 중심으로 성립된 성인 전기 문학은 전설과 동등한 차원에서 (교단의 인상을 공적으로 유도하는 특별한 수단처럼 등장한) 조형미술을 동반했다. 성인의 일대기를 다룬 거대한 프레스코화들은 탁발 수도회 교회의 벽면과 참사회 거실 내부를 장식했다.

아시시에 있는 성 프란체스코 대성당이 가장 대표적이다. 이곳은 프란체스코회의 모교회였으며 장례 예배당이었기 때문에 설립 초기부터 교황청으로부터 법적 특권을 누렸다. 또한 성 프란체스코 사망 2년 후인 1228년에는 새 제조장이 설치됨으로써 13세기 전 기간에 걸쳐 탁발 수도회 교회의 원형으로 활용되었고, 상급 교회로서의 지위를 누렸다. 대성당의 밝은 공간은 정치를 위한 특별 장소로 활용되었다. 최초의 프랑스인 교황 니콜라오 4세(1227-1292, 1288년부터 교황)는 자신의 재임 기간에 대성당 본당에 구약과 신약의 줄거리로 회화 작품을 완성하겠다는 목적에 따라 조토(1267-1337)에게 회화 작품을 의뢰했다. 당시 그는 보나벤투라(약 1221-1274)가 저술한 『성 프란체스코 대전기』에 따라 섭리 차원에서 그의 생애를 성인의 신성 구도로 묘사했다. 이로써 프레스코화는 세대별로 예술가를 비교할 수 있는 기준이 되었으며, 우리의 기억에서조차 교회 본당에 그려진 벽화가 성 프란체스코에게 헌정된 가장 오래된 작품인지를 의심하게 만들었다.

조토의 프레스코화

성인 전기의 덮개

새로운 유형의 예식용 가구 제작과 확산에 결정적인 역할을 한 것은 새 교단들이었다. 교단을 설립한 성인의 초상이 그려진 성인 전기의 겉 덮개는 제단에 놓아두는 이동 가능한 장식으로, 일시적으로는 성인의 탄생일dies natalis을 기념하는 예식에 사용되었다. 대개 성인의 모습 전체를 포함하는 초상화는 신자들에게는 거의 알려지지 않은 소수의 일화를 선별적으로 포함한 성인의 생애에 관한 내용으로 완성되기도 했다.

문서화된 첫 번째 사례는 성 프란체스코와 관련된 것인데 13세기 내내 별다른 변화를 겪지 않았다. 초기에 등장한 것은 적당한 크기의 하드커버 겉장이었다. 현재 시에나 국립박물관과 아레초 교구박물관에서 소장하고 있는 아레초의 마르가리토네Margaritone(13세기)의 그림에서 보듯이, 초기에는 프란체스코회의 인물만 등장했지만 이후에는 하드커버 겉장에 성인의 생애가 등장했다. 초기에는 주로 성인이 생전과 사후post mortem에 행했던 기적에 대한 기억을 표현함으로써 성지순례에 관한 관심을 고조시키거나 치유 능력을 가진 성인을 향한 숭배를 확산시켰다. 대표적으로는 현재 아시시 대성당 박물관에 있지만 한때는 성당 안에 있었던 하드커버 겉장이나 준타 피사노Giunta Pisano(1236-1254년에 활동)의 작품으로 알려졌으며 피사의 프란체스코회 교회에서 발견된 후 현재 피사의 산 마테오 국립미술관에 소장되어 있는 하드커버 겉장을 들 수 있다. 13세기에는 새로운 유형으로 발전했는데, 이들은 성인의 생애에 관한 이야기를 우선적으로 다루었다. 피렌체 산타 크로체 성당의 바르디 예배당에 있는 바르디 하드커버 겉장은 시에나의 귀도의 작품으로 시에나 미술관에 있는 하드커버 겉장처럼 많은 이야기와 함께 서술 규모의 확대를 보여 주었다. 반면에 도미니쿠스회의 대표 사례는 프란체스코 트라이니Francesco Traini(1315-1348년에 활동)가 완성한 제단 뒷면의 폴립티크polyptych(세 폭 이상의 패널로 된 기도용 미술 작품,

성인의 생애에 대한 이야기

다폭 제단화*)로, 현재 피사의 산 마테오 국립미술관에 있다.

성인의 관: 볼로냐의 성 도미니쿠스, 밀라노의 순교자 성 베드로, 파비아의 성 아우구스티누스

교단 설립자의 생애를 주제로 하는 성화는 성인의 유골을 안치하기 위한 무덤에서 발전했다. 볼로냐의 산 도메니코 성당에 있는 대리석 관은 이를 조각한 니콜라 피사노(1210/1220-1278/1284)의 권위와 명성에 있어서나 그 목적과 맥락의 중요성에 있어서나 이후 많은 예술가가 성인의 관 제작을 계획할 때 참고했던 일종의 전형으로 여겨졌다. 대표적인 사례는 밀라노의 도미니쿠스회 교회로, 산타 에우스토르지오Sant'Eustorgio에 있는 장례 유적이었다. 이 유적은 코모와 밀라노 중간에 위치한 지역에서 1252년 4월 6일에 한 이단자에게 살해당한 후에 성인으로 추대된 성 베드로를 기념하기 위한 것이었다. 교황 인노첸시오 4세(약 1200-1254, 1243년부터 교황)의 성인 추대를 결정한 교서가 작성된 1253년 5월 25일로부터 수십 년이 지난 1355년에 개최된 도미니쿠스 사제회는 성인의 시신 안치를 위한 관 제작을 결정하고, 볼로냐의 도미니쿠스회 설립자의 무덤을 모델로 결정했다. 임무를 맡은 피사 출신 발두치오의 조반니Giovanni di Balduccio(1317-1349년에 활동)는 1339년에 계약서에 서명한 후, 어쩌면 도미니쿠스회 수도승 갈바노 피암마의 제안에 따라 순교자 성 베드로와 성 도미니쿠스가 성모 마리아와 아기 예수와 함께 있는 모습을 조각한 금관을 부조와 조각의 형태로 완성했다.

얼마 후 밀라노에서 얼마 떨어지지 않은 파비아의 아우구스티누스회 소속 교회인 산 피에트로 인 치엘도로San Pietro in Ciel d'Oro에서는 1362년부터 성 아우구스티누스의 무덤이 제작되었다. 당시 대가들은 수십 년의 제작 기간 동안 발두치오의 조반니가 제작했던 밀라노의 그것을 본보기로 작품을 수정했다. 6명의 부교들은 각자 장례용 천의 끝자락을 잡은 상태로 성인을 호위했다. 장례실의 외부에는 덕성Virtù과 사도의 모습을 한 조각이 표면의 운율을 맞추고 있으며, 성인의 생애는 부조 형태로 조각되었다.

교회 참사회의 방

수도원 내부는 회랑을 향하는 구조로, 참사회 정기 회의가 열렸던 교회 참사회 방들은 용도와 교단의 내부 질서를 고려하는 차원에서 각각의 성격과 목적을 반영했다.

수많은 사례 관련 사례는 수없이 많다. 피사의 산타 카테리나부터 피스토이아나 볼차노의 산 도메니코, 그리고 트레비소의 산 니콜로 교회가 대표적이다. 특히 후자는 모데나의 톰마소Tommaso(1326-약 1379)가 1352년에 그린 프레스코화 연작으로 유명하다. 도미니쿠스회 소속 성인의 초상화는 각자 책상에 앉아 책을 읽거나 연구를 하거나 혹은 기록을 하고 있는 모습이다. 벽지처럼도 보이지만 실제로는 인용문, 즉 교단의 역사와 지리에 대한 (기억술의 규칙에 따라 작성된) 일종의 요약문을 포함하는 포장지가 방 상단의 벽면을 따라 길게 둘러져 있었다. 교단을 홍보하는 데 회화가 차지했던 역할을 보여 주는 대표적인 사례는 피렌체 산타 마리아 노벨라Santa Maria Novella 성당에 위치한 도미니쿠스회 수도원의 스파뇰리 예배당의 프레스코화 연작이다. 피렌체의 안드레아(약 1320-1377)가 1366-1368년에 그린 이 벽화에는 부활, 승천, 오순절, 그리고 모자이크에 등장하는 교회와 함께 그리스도의 생애가 묘사되어 있다. 가장 보편적인 전통을 배제한 채, 십자가 모양의 반원창에 성서의 줄거리를 회화로 표현하는 방식은 피렌체에서만 볼 수 있는 것은 아니었다. 또한 그것을 별이 빛나는 푸른 하늘에 고립되어 있는 성인의 모습만으로 상정하지도 않았는데, 아시시의 성 프란체스코 대성당에 묘사된 교회의 배가 대표적이었다. 프레스코화의 진정한 새로움은 당시 건축 중이었던 산타 마리아 델 피오레 대성당에서 볼 수 있는 지상 교회의 모습과 지상 교회에 의해 도미니쿠스회 수도승들이 성 베드로가 기다리고 있는 천국의 문으로 통하는 진리의 길via veritatis로 군중을 인도하는 역할의 의미를 반영하는 두 벽면에서 드러났다. 반대편 벽면에는 신학의 덕목과 지상의 덕목 사이에서 승리를 거둔 성 토마스가 복음서 저자들과 예언자들의 호위를 받으며 발밑에는 사벨리우스Sabellius, 아베로에스, 아리우스Arius와 같은 이단과 도미니쿠스회에 패배한 거짓 교리의 인물들을 거느리고 지식의 세계 전체를 아우르는 신학, 의학, 법학과 더불어 자유학예를 거느린 채 강론대에 등장했다. 이 공간에서 토마스 아퀴나스의 교리 전체는 교회의 공식 교리로 제안되었으며, 도미니쿠스회 수도승들은 이를 올바로 해석하고 교육하며 영혼을 치유하는 신앙의 수호자로 묘사되었다.

| 다음을 참고하라 |
철학 토마스 아퀴나스(389쪽); 바뇨레조의 보나벤투라(398쪽); 요하네스 둔스 스코투스의 사상(416쪽); 오컴

의 윌리엄(424쪽); 에크하르트와 라인 강 신비주의(442쪽)
문학과 연극 토디의 자코포네와 종교시(670쪽); 신비주의 경향의 저술과 여성의 영성(675쪽)
시각예술 조토(865쪽)

'승리의 그리스도'에서 '고통의 그리스도'까지

| 파비오 마사체시 |

니케아 공의회(325), 콘스탄티노플 공의회(381), 에페수스 공의회(431)에서 확인된 인성과 신성으로 요약되는 그리스도의 신인 양성론은 신의 아들 예수가 인류의 죄를 사해 주고자 인간으로서 십자가에서 죽음을 맞이하는 장면을 묘사하는 데 동기를 제공했다. 십자가에 못 박힌 그리스도는 교회 교부에게 속죄의 보편성에 대한 상징으로 수용되면서 중세 예술의 중심에 위치했다. 여기에는 원시 그리스도교 시대부터 중요하게 여겨졌던 여러 개념이 공존했는데, 죽음의 십자가에 매달린 그리스도의 승리, 그 결과인 십자가의 숭배, 승리와 그리스도의 재림을 상징하는 십자가(최후의 심판의 날에 다시 올 그리스도), 끝으로 성체의 희생과 십자가에서의 희생 사이의 유사성이 그것이다. 한 가지 중요한 것은 '승리의 그리스도'와 '고통의 그리스도'에 대한 조형적인 표현이 일정 기간 공존했고, 또한 지속적으로 채택되었다는 것이다.

승리의 그리스도

십자가에 못 박힌 채 눈을 뜨고 있는 그리스도의 성화에는 부활을 통한 구원이라는 능력의 필수적 또는 부수적인 두 순간인 예수의 죽음과 부활이 공존했다. 십자가(나무 십자가, 채색화로 장식된 십자가 또는 하드커버 목판 십자가)는 가장 먼저 죽음에 대한 승리와 부활의 희망을 표현했다. 유형적으로 몇 가지 형상의 조각은 그리스도를 다발로 된 미개인의 모포를 입은 채로 눈을 뜨고 십자가에 두 팔 벌려 무엇인가를 기원하는 모습으로 묘사하면서(십자가에 못 박힌 그리스도의 경고Christus crucifixus vigilans) 신성의 상징을 연출했다. 몇 가지 작품에서는 승리triumphans의 그리스도가 십자가에 못 박힌 그리스도의 모습과 최후의 심판의 날에 지상에 돌아올 구원자의 모습을 함께 보여 주는 성화의 전통에 따라 빛의 십자가 위에 등장했다(아키텐의 페펭 1세Pepin 1의 유물, 9세기 중반, 콩크Conques, 수도원의 보물). 승리의 그리스도Christus triumphans는 오토 황제 시대의 예술에서 변화된 형태로 발전했는데 십자가에 매달린 최고 사제 그리스도로, 똑바로 선 채 튜닉을 입고 있으며 십자가에 손을 벌린 채 4개의 못으로 고정되어 있었다. 우타Uta 수녀원(뮌헨, 바이에른 국립도서관)에 있는 부제용 복음집에 따르면 그리스도는 머리에 왕관을 쓰고(왕 그리스도Christus rex) 몸에는 공식 사제의 상징인 성직자들이 제식 때 목에 걸고 앞에 드리우는 황금 영대Stola를 입고 있었다. 이렇게 그리스도는 왕이자 사제로서 유대인 공동체에 승리를 거둔 그리스도교 교회를 상징했다.

8세기가 끝날 갈 무렵에는 그리스도의 재림의 빛을 기념하려는 의도에 따라 진주와 값진 보석으로 장식한 황금 십자가crux gemmata에 등장했다(「마태오 복음서」 24장 4-31절, 25장, 31장). 11세기부터는 테트라모프Tetramorph(천사, 독수리, 황소, 사자의 4형상*), 즉 「요한 묵시록」에 언급된 '4명의 살아 있는 존재들'과 더불어 십자가의 가장자리에 풍부한 장식을 넣었다. 한 가지 사례는 13세기 전반기를 살았던 멜라네세Melanese의 아들로 추정되는 베를린기에로Berlinghiero의 십자가였다(루카, 빌라 귀니지 박물관Museo di Villa Guinigi). 성화의 전통은 교황청과 제국이 첨예하게 대립하던 시대를 살면서 성직 임명권을 둘러싼 싸움에 개입했고, 그리스도가 고통의 표시 없이 묘사된 점과 이상적인 아름다움에 대한 규정에 근거하여 십자가를 그리스도, 즉 사제의 승리를 보여 주는 상징이라고 주장했던 수도원장 도이츠의 루페르트Rupert von Deutz(약 1075-약 1130)를 선두로 하는 베네딕투스회의 해석을 통해 한층 구체화되었다. 라틴 십자가의 경우에는 12세기로 접어들면서 그리스도의 수난을 표현하기 위해 그리스도의 측면 공간과 도표들의 좌우상하 공간이 넓어지기 시작했다(십자가Croce n. 432, 피렌체, 우피치 미술관).

고통의 그리스도

사망한 그리스도의 모습을 나타내는 첫 사례는 평온한 얼굴에 두 눈을 감고 있는 모습으로 나자렛 예수를 묘사했던 시나이 산의 한 목판에서 보듯이, 8세기로 거슬러 올라간다. 하지만 12세기 말에서 13세기 초반부터, 즉 로마네스크 후기에서 고딕 초기로 넘어가던 시기부터는 그리스도의 육체적 고통이 강조되기 시작했다. 죽음과 부활에서 죽음의 우세가 결정된 것이다.

신학자 겸 교회학 박사인 캔터베리의 안셀무스(1033-1109)를 통해 이미 십자가에 매달려 고통받고 죽음을 맞이하는 그리스도를 표현하기 위한 교리적인 전제들이 등장한 바 있었다. 하지만 클레르보에 시토회의 수도원을 설립한 클레르보의 베르나르두스(1090-1153)가 등장하면서 십자가에 매달린 그리스도는 신비주의적인 명상의 출발점으로 받아들여졌다. 베르나르두스는 그리스도의 삶에서 십자가로 인도하는 고통의 길을 직시했다. 그 결과 고통과 십자가가 갖는 신비는, 특히 프란체스코회의 노력 덕분에 그리스도교적 성찰의 중심에 자리했다. 인간적인 신앙심에서 감동 요인을 중요시하던 프란체스코회는 이해 가능한 표현법을 통해 신자를 교회로 인도하며, 이들에게 감동을 줄 수 있는 표상에 더욱 의존했다. 이러한 이유로 나자렛 예수의 지상 수난passio 장면은 부상자들, 특히 늑골의 상처와 부상과 관련하여 다시금 큰 반향을 일으켰다.

프란체스코회의 그리스도

현재 피사의 산 마테오 박물관(inv. 5224)에 있는 작품은 고통의 그리스도Christus patiens의 십자가에 대한 첫 사례로 알려져 있다. 얼굴 표정의 평온함을 고려하여 잠자는 그리스도Christus dormiens의 모습을 그린 성화의 한 변형된 형태 또는 성 토요일의 예식에 따라 부활을 기다리는 그리스도라는 가설이 제기된 바 있었다. 이 작품에서 그리스도의 육신은 예수 강하로 시작하여 지옥으로 추락하는 것으로 끝맺는 6개의 사후post mortem 장면을 동반했다.

프란체스코회를 중심으로 다리에 박힌 1개를 포함해 3개의 못으로 십자가에 고정된 그리스도의 성화가 등장하여 널리 알려졌다. 고통의 그리스도는 머리를 어깨에 기댄 채 눈을 감고 있는 반면에 육신은 죽음의 무게에 눌려 축 늘어졌다. 새로운 성화의 등장을 초기에 감지한 인물 중 한 명은 준타 피사노였을 것인데, 그는 관련 자료로 1236년에 아시시의 성 프란체스코 대성당 아래층 성당Basilica inferiore을 위해 제작했지만 지금은 존재하지 않는 한 작품을 제시했다. 준타에 대해서는 볼로냐 산 도메니코 성당에 있는 〈십자가 처형Crocifisso〉(약 1250)이 현존한다. 이 작품에서 그리스도의 육신은 목판에 활처럼 구부러진 모습으로 그려졌다. 그리스도가 못 4개로 십자가에 매달린 성화도 있었는데, 여기에서는 그리스도의 고난 장면이 그의 육신을 따라 길다랗게 공간을 차지하고 있다(성 프란체스코 바르디의 마에스트로Maestro del San Francesco Bardi, 13세기 전반, 피렌체, 우피치 미술관).

그리스도에 대한 묘사의 자연주의적인 성향은 죽음을 전후ante e post mortem한 육신 묘사보다 점차 치마부에Cimabue(1230/1240-1302)의 〈아레초에서의 십자가 처형

Crocifisso di Arezzo〉(1260-1265)과 피렌체 산타 크로체 교회의 〈십자가 처형〉(약 1270) 처럼 초기의 줄거리 묘사 후에 십자가에 매달린 나자렛 예수만 나타내는 것으로 변화했다. 이러한 의미에서 조토가 만든 고통의 그리스도는 보다 사실주의적이며 가시적-감동적인 성향을 강조했다고 하겠다(피렌체, 산타 마리아 노벨라 대성당). 조토는 당시로서는 전혀 고려되지 않았던 베리즈모verismo(진실주의*) 경향을 통해 죽음의 극적인 순간을 효율적으로 연출하면서도 그리스도에 대한 고전적인 비율을 통해 구원자, 즉 진정한 인간이며 진정한 신의 모습에 대한 암시를 함께 보여 주었다. 근대에 들어 십자가가 의미하는 구원의 신비는 죽음과 부활의 독창적인 두 가지 모습의 합치를 궁극적으로 포기하면서 예술가와 맥락에 따른 선택으로의 죽음을 한층 부각시켰다.

| 다음을 참고하라 |

시각예술 예술과 탁발 수도회(853쪽); 치마부에(860쪽); 조토(865쪽); 부오닌세냐의 두초(875쪽)

치마부에

| 파브리치오 롤리니 |

치마부에는 이탈리아 회화의 혁신을 주도한 인물이었다. 그를 통해 비잔티움 예술의 '그리스 양식'은 새로운 자연스러움으로, 그리고 새로운 공간 묘사에 대한 관심으로 대체될 수 있었다. 1265년부터 치마부에가 사망한 1302년에 제작된 그의 작품들은 독자적인 전통의 시작을 의미했다. 치마부에의 창작 활동은 조토를 맞이하기 위한 준비 단계라고 평가되었다.

그리스 표현 양식과 이탈리아 회화

중세 시대의 비잔티움 제국 인근 지역에서는 색을 이용해 자연스러움과 자연의 모방을 강조하는 헬레니즘 회화가 보다 도식적이고 삼분된 체제를 추종하는 경향으로 바뀌었다. 색조는 주로 밝은 부분에 어두운 두세 개 음영을 명확하게 대비시키는 방식으로 사용되었다. 채색 판 위에 그려진 초기의 선은 조르조 바사리(1511-1574)의 정의를 들자면 '완성되지 않은 그림의 골격'이나 다름없었다. 하지만 대변된 것이 아니라 스스로를 드러낸 것이었다. 다시 말하자면 신학적 동기로 인해 형상은 곧 상징이어야 했으며, 인물은 현실을 해체하고 재구성하는 인체 모형처럼 '분명하게 표시된 연결 이음새와 조금은 기계화된 동작을 통해'(오토 데무스Otto Demus) 단순하고 암시적인 형태로 축소되었다. 아름다운 주름은 유동적이라기보다 견고했고 마치 풀칠된 것처럼 육체의 해부학적 선을 추종하기보다는 기하학 원리에 따라 직선과 장식용 필체로 표현되었다.

'그리스 양식'은 유럽의 서쪽 지역을 포함해 비잔티움 지역에서 확산되었는데, 종교적 권위의 이념에 상응하며 성화로서의 수용성(거의 모든 신성과 기적의 이미지는 비잔티움 지역에서 기원했다)과 단순한 회화 규정과, 재활용이 가능한 형태(어휘)에 근거하여 비교적 손쉽게 제작될 수 있다는 점에서 높이 평가되었다. 이외에도 서유럽을 크게 뛰어넘는 회화 기술도 중요한 평가 요인이었다. 반면에 그리스 양식이 기원한 지역에서는 발전적인 성향을 거의 드러내지 못했다. 이탈리아에서 그리스 양식은 13세기를 끝으로 (콘스탄티노플 함락〔1204〕과 라틴 제국 성립 이후의 교류 덕분에), 그리고 치마부에(1230/1240-1302)의 등장을 계기로 막을 내렸다. 바사리가 치마부에의 예술 활동을 (오늘날까지도 유효한) 기간별로 구분하면서 그를 이탈리아 예술의 기원으로 지적한 것은 우연이 아니었다. 치마부에는 근대 회화의 시작을 알리는 첫 번째 인물로 평가받는 조토의 혁명을 조금 더 앞서 실천한 인물이었다. 확산의 동기

의인화되어야 할 신화

19세기부터 20세기 초반까지 사람들은 치마부에가 실존 인물이 아니라 엄격한 그리스 양식으로부터 급진적으로 멀어지던 현상, 즉 형태가 다양하면서도 제국 내 몇몇 지역에서 동시적으로 드러난 현상을 정의하기 위해 예술사가들이 만들어 낸 편의상의 이름이었다고 생각했다. 그의 이름을 언급한 문서는 존재하나 수량이 매우 적었기에 개인 전기를 꾸리기에는 충분하지 않았다. 치마부에의 역할은 단테의 『신곡』에 등장하는 한 구절(「연옥편」 11장 94-96)에서 분명히 알 수 있다. 그러나 치마부에에 대한 단테의 기술은 일회성에 머물렀고, 오히려 조토에게 관심이 집중되었다. 피렌체 출생이라는 것 외에, 치마부에에 관해서는 단 두 가지 사실만 알려졌을 뿐이다. 역사 문헌과 전설

첫 번째는 1272년에 예술과는 전혀 무관한 이유로 로마를 방문했다는 것이고, 두

번째는 같은 시기에 작품 2개의 제작을 의뢰받아 피사에 머물렀다는 것이었다. 치마부에는 피사의 두오모 후진에 있는 모자이크와 산타 키아라 병원의 제단 뒷면을 장식하는 폴립티크를 그린 대가로 1301년 9월부터 1302년 2월까지 많은 돈을 받았다. 또한 1302년 3월 19일에 피사에서 사망한 것으로 알려졌다. 1230년에서 1240년 사이에 출생한 것으로 알려진 그는 오랫동안 왕성한 작품 활동을 했음에도 현존하는 작품은 극소수다. 그에 대한 연구는 상대적인 차원에서의 제작 연도 추정에 불과했으며, 확실한 연도 확인에는 어려움이 따른다. 특히 피렌체에서의 작품 활동과 관련된 소식은 거의 전무하다.

치마부에의 활동 여정

치마부에의 예술성은 그리스 양식에서 시작되었다. 바사리는 치마부에가 훌륭한 예술가가 거의 없던 시대에 피렌체에 초대된 그리스 대가의 제자였다고 주장했다. 이는 비잔티움 예술가들과 그들의 작품이 바닷길을 통해 왕래되던 토스카나 지역의 도시, 특히 피사를 중심으로 이탈리아에 확산된 복합적 현상을 간략하게 언급한 흥미로운 우화라고 할 수 있다. 치마부에가 아레초의 산 도메니코 성당에 그린 첫 번째 작품으로 알려진 십자가는 준타 피사노(1236-1254년에 활동)처럼 피사에서 활동했던 화가의 작품으로 볼 수 있다. 신新그리스 영향의 모체는 명암에 의한 구분으로 정의된 바 있는 회화적 감성에 녹아들었다. 엄격함은 여전했다. 고통받고 있는 인물을 성화에 배치한 것은 수난patiens의 순간을 고려할 때에는 전통에 안주했으나 색과 다른 기술적 해결 방안들은 변화했다. 이 작품은 1260년대 중반에, 준타 피사노가 볼로냐의 산 도메니코 대성당에 그렸던 〈십자가 처형〉 이후 10여 년이란 기간에 걸쳐 완성되었다. 이후 시기의 연대기와 작품에 대해서는 확실한 것이 거의 없다. 로마에 머무는 동안 치마부에는 비잔티움 예술가들의 작품이 다수 존재하던 교황청에서, 또 찬란한 도시 로마mirabilia urbis Romae의 몰락과 관련하여 변화의 필요성을 절감했다. 1278-1280년에 완성한 라테라노의 교황 전용 성소의 그림들은 표현 양식에서 치마부에의 영향을 보여 주었다.

피사 유입

그는 1280년 이전에 피렌체로 돌아와 두 번째 십자가인 산타 크로체 교회의 십자가(1966년 홍수로 복원 작업을 통해서도 사실상 회복 불능할 정도로 훼손되었다)를 완성했다. 루치아노 벨로시Luciano Bellosi는 양식의 변화와 관련하여 "더 이상 분명하게 경계 지워진 여러 부분으로 나누어질 수 없다는 느낌을 주지 못한다. 그리스도의 피부는 완벽하게 통제된 명암 덕에 투명함과 실크 같은 반짝거림을 보여 준다"고 했다. 성화는 이제 인간으로 거듭났다. 미개인의 모포는 금칠된 접목으로 장식된 덮개용 고급 직물이 아니라 얇은 베일일 뿐이며, 해부학적 형태를 본보기로 했다.

1290년대 초반에 피사의 프란체스코회 교회에 제작한 〈옥좌의 성모Madonna in maestà〉(파리, 루브르 박물관)는 성모 마리아, 아기 예수, 그리고 천사들의 얼굴 모두에 명암을 주었다. 밑부분의 군중은 주름 효과를 주었고, 나무로 된 옥좌는 형상과 목수의 조작 작업을, 상단을 장식하는 천의 형태에는 진정한 새로움을 보여 주었다. 공간 처리의 한계는 여전했다. 성모 마리아가 걸친 삼베를 시각적으로 처리함에 있어 분명하게 제3의 차원을 암시하려는 예술가의 의지는 비잔티움 전통에서처럼 대략 동일한 쌍을 이루어 높은 곳을 향해 세로로 대열을 형성한 6명의 천사로 표현되었다.

치마부에는 1280년부터 1290년까지 젊은 화가들에게 많은 영향을 주었다. 볼로냐의 산타 마리아 데이 세르비 교회에 있는 작품으로 장식이 풍부하고 요동치는 것 같은 의상의 주름이 특징인 〈마에스타Maestà〉는 부분적으로 제작에 참여했던 부오닌세냐의 두초Duccio di Buoninsegna(약 1255-1318/1319)와의 관계를 보여 주었다. 반면 육체의 물리적 특징과 투명한 효과에 대한 새로운 관심은 (치마부에의 공방에서는 아닐지라도) 학자들이 카스텔피오렌티노의 〈성모와 아기 예수〉에 치마부에와 조토가 함께 참여했을 것이라 주장한 것을 통해 알 수 있듯이, 치마부에의 영향력 범주에 있었을 것으로 보이는 조토의 초기 작품으로 거슬러 올라간다. 로마, 피렌체, 볼로냐

여기에는 아시시의 성 프란체스코 대성당의 위층 성당Basilica superiore의 프레스코화에 대한 복합적인 문제도 있었다. 제작 연도가 1270년대 말로 추정되는 이 벽화에 대해서 비평가들은 1280년대 작품이라는 주장을 제기했다. 이후 관련 자료들이 나오면서 이 작품이 프란체스코회 소속의 첫 번째 교황이자 (결국에는 중단되었지만) 알프스 이북 출신 예술가들의 시위 이후 교회의 초기 회화 및 장식 작업을 장려했던 니콜라오 4세(1227-1292, 1288년부터 교황)의 재임 기간 중에 제작된 것으로 밝혀졌다. 학자들은 13세기 말에 이탈리아 회화의 혁신 자체를 상징하는 회화의 주기 전체를, 과거 치마부에와 조토의 활동 사이에 20년의 시차가 있던 만큼 작업 시기와 공방의 관계를 좁히는 방식으로 고려해야 한다는 주장을 제기했다.

조토는 1290년대 초반에 치마부에가 작업한 바 있는 아시시 성 프란체스코 대성 아시시

당 본체 벽면 하단부에서 작업했기에 치마부에와 거의 같은 장소에서 활동한 것이나 다름없다. 처음에 치마부에는 교회 말단 구역에서 작업을 시작했다. 왼쪽 수랑에는 〈천사의 일생Storie angeliche〉, 오른쪽 수랑에는 〈사도의 일생Storie apostoliche〉, 교회당 제단 후방의 돌출된 반원형 또는 다각형의 옥실 후진에는 〈성모의 일생Storie della Vergine〉, 둥근 아치 천장에는 〈4명의 복음사가Quattro Evangelisti〉를 그렸고 계속해서 교회 본당 공간으로 옮겨 작업했다. 누군가는 부오닌세냐의 두초 역시 이곳에서 작업했다고 주장한다. 치마부에는 4개 경간徑間의 아치 내륜內輪(내호)과 인접한 둥근 아치 천장을 장식했지만(1997년 9월 26일에 지진으로 붕괴된다) 중단되었다가 이후에 야코포 토르리티(1291-1300년에 활동)와 그의 로마인 직공들이 완성했다. 작업의 두 번째 경간의 여러 장면은 마치 치마부에를 다시 보는 것 같은 느낌을 주면서도 조토풍으로 마무리되었다. 치마부에가 프레스코화 연작에 가졌던 관심의 동기는 수없이 많았다. 예를 들면 고전 문화와 중세 부활의 반향, 일련의 대들보 선반과 다른 장식용 건축 요인에서 공간을 설계하는 일에 대한 관심, 복음서 저자들이 호위하고 있는 세계를 구성하는 4개 부분의 풍경 효과, 비잔티움 전형과의 관계에서 드러난 변화된 감수성 등이다.

새로운 양식 새로운 양식에 자신의 기술을 적용시키고자 했던 화가는 시간이 지나면서 색이 사라져 흑백사진처럼 되는 납 백연이 검게 변색되는 현상과 안료顔料가 마르면서 분리되는 현상, 그리고 금 판금 같은 현상을 가져오면서 그림을 훼손시키는 여러 가지 물리적 문제에 직면하고 말았다. 현실에 대한 극적이고 새로운 감각은 프란체스코회의 정신과 연결되어 있었으며, 많은 일화, 특히 2개의 〈그리스도의 십자가 처형〉과 〈바빌론의 멸망Caduta di Babilonia〉에서 분명하게 드러났다. 아시시 이후의 작품들은 피렌체의 산타 트리니타Santa Trinità 교회를 거쳐 현재는 우피치 미술관에 소장되어 있는 〈마에스타〉인데, 천사에 대한 새로운 단축법적 묘사와 4명의 예언자가 머리를 내밀고 있는 옥좌 하단을 3차원으로 표현한 시도 등의 공간에 대한 실험이 인상적이다. 사색에 잠긴 것처럼 보이는 성모 마리아의 모습은 성인 에반젤리스타를 주제로 제작된 피사의 한 모자이크와 비교할 수 있다. 이것이 치마부에의 여정을 보여주는 유일한 문서이자 마지막 작품이다.

그밖에도 〈성모와 천사들Madonna e angeli〉(런던, 내셔널 갤러리)과 〈태형Flagellazione〉(뉴욕, 프릭 컬렉션Frick Collection)을 반으로 접히는 화첩 형태로 제작했던 성화와 피렌체 세례당의 모자이크 제작에 참여했는지에 대한 논쟁, 그리고 아시시 대성당의 아래층 성당에 프레스코화로 그린 마지막 두 작품인 〈아기 예수와 천사와 함께 있는 성모Madonna col Bambino e angeli〉와 현재 산타 마리아 델리 안젤리Santa Maria degli Angeli 성당에 소장 중이며 훼손과 복원 처리를 반복했던 하드커버 목판 작품인 〈성 프란체스코〉가 있다.

| **다음을 참고하라** |
시각예술 '승리의 그리스도'에서 '고통의 그리스도'까지(857쪽); 조토(865쪽); 부오닌세냐의 두초(875쪽); 모자이크, 프레스코화, 색유리 장식(880쪽)

조토

| 파브리치오 롤리니 |

피렌체 시민 조토는 치마부에의 상속자이며, 어쩌면 제자였을지도 모른다. 그는 13세기 말부터 14세기 초반까지 공간 구성, 해부학과 그 효과가 주는 효율성에 기초하는 회화를 최종적으로 확립시켰다. 또한 르네상스로 이어져 크게 발전하게 될 이상적인 경향을 개척했다. 조토의 삶에 대해서는 많은 부분에 추측이 무성하지만 몇 가지 확실한 사실에 근거할 때, 그가 동시대인들에게 가장 위대한 예술가로 인정받았으며 또한 신화적인 존재였음을 알 수 있다. 아시시, 파도바, 피렌체에 남긴 예술품들은 여러 공방에서 생산된 조토의 작품 중 가장 잘 알려진 일부에 지나지 않는다.

현실에 대한 관심: 단테와 조토

1267년에 무젤로Mugello에서 태어나 1337년에 사망한 것으로 추정되는 조토는 생전에 이미 절대적인 능력과 유명세를 얻었다. 단테가 일시적인 명성에 대해 언급하면서 조토를 이전 시대의 신화를 극복한 인물로 평가한 것에서 알 수 있듯이("그림을 그릴 때는 치마부에를 생각했다 / 이제 그것은 조토의 것이다 / 그것은 그의 명성의 단면이다", 『신곡』「연옥편」 11 vv. 94-96), 그는 근대 회화의 상징적인 존재였다. 토스카나 출신의 다른 화가들에 의해 시작된 전환의 여정을 완성하는 것이 조토의 임무였다. 첸니노

첸니니Cennino Cennini(14-15세기)는 이탈리아 회화의 가장 중요한 설명서로 조토에 많은 지면을 할애한 『예술서Libro dell'arte』에서 다음과 같이 말했다. "그는 그리스 예술을 라틴 예술로 교체했고, 이를 근대로 이끌었다." 다시 말해 조토는 비잔티움 세계의 그리스적인 방식에서 탈피해 진실을 직시하려 했다. 이러한 의미에서 단테와는 인용의 관계에 머무르지 않는다. 조토와 단테는 시각적으로 주어진 것을 보다 자연스러운 형태로 구체화시키는 여정에 열쇠를 제공했다. 사실주의가 아니라 심리적 움직임, 공간에 대한 직감, 구체적 질감이 새로운 가치를 획득하는 시공의 현실에 접근함을 의미했다.

공간, 질량, 심리학

공간, 질량, 심리학은 기괴한 새로움에 근거하는 세 가지 중요한 가치였다. 그러나 그 형태가 항상 급진적인 것은 아니었으며, 회화는 (과정에서) 2차원에서 3차원의 '공간 상자'로 옮겨 갔다. 표현에는 깊이가 더해졌고 인물은 구체적-안정적인 공간에 위치했다. 눈에 보이는 대상은 구체적인 거리감에 따라 다르게 연출되었다. 르네상스 시대의 수학적 원근법이 아니라 보이는 것을 있는 그대로 보여 주려는 보다 경험적인 차원에서의 시도였다. 어떤 경우에는 3차원, 즉 공간 연출에 시각적인 효과가 별로 중요치 않은 비주거 공간인 이를테면 스크로베니 예배당의 사람들이 등장하지 않는 거짓 건축인 유명한 소小성가대석(사람들에게 보이지 않으면서 예배 의식에 참여하기 위해 마련된 내진內陣의 작은 방)처럼 문자 이전ante litteram의 진정한 트롱프뢰유trompe-l'œil(눈속임 기법*)조차 멀리했다.

보다 '자연스러운' 시각

신체는 이전부터 밑그림 상태로 준비되었다. 해부학적으로 묘사된 인물들의 세련된 명암이나 아름다운 주름 선을 가진 모양새 전체로, 직선적이고 단조롭기보다 때로는 촉감적인 상태로 묘사되었다. 인간은 걷고, 먹고, 숨을 쉬었고, 그러면서도 울고, 웃고, 큰 소리로 노래했고, 냄새에 코를 막고, 잠을 잤는데, 이것은 영혼의 다양한 움직임을 사실적으로 분류하려는 시도나 다름없었다. 연대기 작가 조반니 빌라니(약 1280-1348)는 '행동을 자연스럽게 이끌어 냈다'고 기술했다. 우리가 조토의 그림에서 목격하는, 종교적인 현실 세계는 느껴지지 않거나 추상적인 것이 아니라 우리 가까이에 존재하며, 그리고 성 프란체스코를 전형으로 하는 동일화(또는 일체화)와 변화의 선에 효과적으로 동참했다. 화가가 성화의 새로운 경향에 확실히 의존하면서 프란체스코회를 위해 종종 적극적으로 작품 활동에 몰두한 것은 우연한 일이 아니었다.

피렌체에서 아시시로

로렌초 기베르티(1378-1455)와 훗날 조르조 바사리(1511-1574)는 처음에는 토스카나 들녘의 양을 소재로 그림을 그렸으며, 나중에는 스승의 공방에서 실력을 키운 치마부에(1230/1240-1302)의 제자인 젊은 조토에 대해 이야기한 바 있다. 그의 수많은 작품과 함께 우리의 기억 속에 남아 있는 이 이야기는 다음의 두 가지 특징을 분명하게 드러내는 피렌체의 예술 전통을 설명하는 데 도움을 준다. 현실에 대한 화가의 직접적인 접근과, 치마부에 밑에서 보냈던 수습 기간에 그가 지역 예술의 지속적인 발전을 일구었다는 것이다. 조토의 모든 경력에 비추어 볼 때 그의 행적은 기록으로는 거의 남아 있지 않으며 내용적인 면에서도 상당히 상충적으로 해석되었다(연대기와 다른 성격의 문서들). 그 예로 우리는 조토의 경력에 대해 아무 자료도 가지고 있지 않다. 보다 큰 설득력을 가지는 주장에 따르자면 카스텔피오렌티노의 콜레자타 박물관Museo della Collegiata에 소장 중인 〈성모와 아기 예수〉는 이전에는 1285년경에 조토와 그의 제자가 함께 제작한 작품이었다고 알려졌지만 최근 반박되었다. 반면 이후의 작품에서는 로마적인 요인(치마부에는 로마에서 왕성한 작품 활동을 수행했다)과의 강한 접점이 드러났는데, 그가 교황청이 있는 로마에서 이미 활동하고 있었다는 가장 그럴듯한 주장을 확인시켜 주는 것처럼 보인다.

현실과 전설의 사이에서

아시시와 '조토의 문제'

1253년에 완공되었으며, 이탈리아 회화에서 가장 중요하게 여겨지는 아시시의 성 프란체스코 대성당에서 볼 수 있는 장식은 니콜라오 4세(1227-1292, 1288년부터 교황)에 의해 시작되었다. 성당 내부 제단 양쪽 날개 부분인 수랑 작업에 참여한 치마부에와 더불어 교회당 제단 후방에 돌출된 반원형 또는 다각형 옥실 후진과 지붕 덮개의 아치형 천장에서의 작업 초기 단계가 끝나자 로마 출신 야코포 토르리티(1291-1300년에 활동)가 참여한 (치마부에와 함께 일한 적이 있는 카투라Cattura의 마에스트로와 치마부에 자신도 참여했을 것으로 추정되는) 팀équipe이 작업을 이어받았다. 하지만 벽면 상단에 프레스코화 〈신약과 구약의 이야기Storie del Vecchio e Nuovo Testamento〉가 그려지던 시기에 두 번째 경간의 공간에 그려진 〈이삭의 일생Storie di Isacco〉에는 과거와의 또 다른 단절과, 조토 자신이 비범한 능력으로 이끌어 낸 새로운 변화가 나타났다. 미클로시 보스코비츠는 "명암의 강조로 건축에서 볼 수 있는 합리성과 확고한 원근법, 두 요인 사이의 비율적인 관계, 그리고 이곳에 거주하는 인물, 그들의 구체적인 윤곽과 무언가를 이야기하는 듯한 근엄한 자태를 연출했다"고 했다. 조토는 석회 표면 상단의 같은 위치에 설치된 발 디딤판 작업에 그릴 수 있는 모든 면적을 사전에 고려하는 방법이 아니라, 오전 중에 작업을 마칠 수 있다는 판단으로 고운 회반죽을 칠한 부분에 프레스코 초안을 그리는 방식에 의존하면서 다른 기술을 적용시켰다. 대부분의 전문가들은 〈이삭의 일생〉을 그린 이가 젊은 조토일 것이라는 데에 동의한다. "설사 조토가 아니었다고 할지라도 그는 근대 회화의 선구자였다"고 밀라드 마이스는 말했다. 다른 가설 중에는 캄비오의 아르놀포(약 1245-1302/1310)의 솜씨일 것이라는 주장이 가장 신빙성 있다. 이에 대한 자료를 분석한 결과 표현 양식에는 로마 출신 대가들의 강력한 영향이 있었으며, 작업에 진정한 교감이 존재했음이 확인되었다.

비범한 능력의 새로운 인물

조토 자신이 감독했던 프레스코화 연작 작업은 계속되었다. 그중 몇 개 또는 프레스코화의 그림 일부는 조토의 작품으로 추정된다. 작업 시간이 짧았던 관계로 서로 다른 3개의 순간이 같은 이념의 점진적인 표현처럼 보이기도 했다. 이것이 다른 장소에서 각기 다른 예술가가 작업을 수행했음에도 작업자를 교체하는 것이 가능했던 이유다. 조토의 작품 가운데 보르고 산 로렌초Borgo San Lorenzo에 있는 〈콜레자타의 성모Madonna della Collegiata〉의 현존하는 일부를 고려할 때 이 그림의 제작 연도는 1290년경이나 이보다 조금 늦은 시기로 본다.

위층 성당의 벽면 하단에는 중세 이탈리아의 가장 유명한 프레스코화 연작인 〈성 프란체스코의 생애Vita di san Francesco〉가 있다. 이 연작은 보나벤투라(약 1221-1274)가 쓴 『성 프란체스코 대전기』를 주제로 제작한 28개 장면으로 구성된 성인의 공식 전기에 해당한다. 이를 조토의 작품으로 보는 전통에 대한 반론은 종종 전혀 알려지지 않은 인물을 언급하기를 선호하는 앵글로색슨과 로마 출신 화가 피에트로 카발리니Pietro Cavallini(1273-1308년에 활동)를 주목하는 이탈리아의 비평가들이 제기했는데, 연합주의자와 분리주의자의 대결이나 다름없었다. 전반적으로 당시의 그림들이 훼손된 데 따른 결과였다. 하지만 3차원적인 효과는 여러 그림에서 지속적으로 드러

저자에 대한 논쟁: 조토인가 카발리니인가

났다. 심지어 〈그레초의 말구유Presepe di Greccio〉에서처럼 회화적 가상이 관람객을 실제와는 반대되는 관점으로 이끌었고, 관람객에게 보통은 전혀 다르게 인식되던 예식 도구(십자가와 강론대)의 이면을 보여 주는 몇 개의 벽화에서도 반복되었다. 그림의 공동 주택은 견고해 보였지만 아직은 보편화되지 않은 것처럼 보였다. 자연은 넓게 펼쳐진 풍경으로 확산되었고, 인간의 신체는 대중에게 장소, 사물, 그리고 근처 사람들에 대해 이야기하는 역사 속에서 자신의 모습을 드러냈다. 처음 7개의 일화는 개종開宗에서 규정의 승인에 이르는 성인의 삶을 보여 주었다. 중앙에 위치한 무리는 성 프란체스코에게 승리를 안겨 준 교단의 발전과, 심지어 죽음마저 다루었다. 마지막 7개 벽화는 장례식, 성인 추대, 그리고 그가 사후에 행한 기적을 주제로 했다.

새로움은 즉시hic et nunc 화가의 의지에 그의 예술론의 근거를 제공하면서 프레스코화 연작을 '그리스 방식'이라는 진일보된 동시대의 노력과 분리시키는 결과를 가져왔다. 하지만 고대의 원형을 재활용한 것도 관심을 집중시켰으며, 일종의 전형으로 여겨졌다. 이는 결코 이전의 경향으로 돌아갈 수 없는 것이었다. 따라서 조토는 〈프란체스코회의 이삭의 일생Storie di Isacco e di Francesco〉을 완성한 인물이라고 볼 수 있다. 그림이 해당 인물에게 무슨 일이 일어났는지를 보여 주듯이, 세부 사항들까지 서로 관련이 있었다. 조토의 후기 작품과 양식이 이전과 차이가 있다거나 작품 제작에 두 명 이상이 참여했을 것이라는 가설에도 불구하고 (여러 예술가가 작성한 각종 문서에서 알 수 있듯이) 동시대의 인물로 확인된 조토의 역할에 대한 주장은 이제 의심할 수 없는 것이 되었다. 당대 공방에서 사용되었던 재료와 작업, 습관 등을 고려할 때, 공방은 복합적 실체임을 알 수 있다. 조토는 작품에 직접 참여하는 것 말고도 스승으로서, 그리고 작품을 구상하고 감독하며 통제하는 역할도 수행했다. 정확한 날짜를 아는 것은 불가능하지만 1292년경으로 추정된다. 1295년 이전인 것은 확실하다. 피렌체의 산 조르지오 알라 코스타 성당에 그린 〈성모와 아기 예수〉, 특히 산타 마리아 노벨라 성당의 십자가가 제작된 시기는 성인의 생애 훨씬 이전으로 추정된다. 여기서 조토는 그리스도를 물결처럼 휜 모습으로 묘사하는 혁신적인 방식으로 프레스코화에 관한 유형학적 규범의 문제를 해결했다. 또한 준타 피사노(1236-1254년에 활동)와 치마부에의 작품들에서 보듯이, 물리적인 노력과 해부학적인 세부 사항에 대한 내적인 고민을 보여 주었다. 예수는 군중 사이에 머물고 있는 인간으로서 자신을 바라보는 자에게 진정한 자비를 구했다. 이후 조토의 작품으로는 목판 작품인 〈성흔聖痕을 바라보는 성 프란체스코San Francesco riceve le stimmate〉와 제단 앞 대좌大佐에 그린 〈성인의 세 가지 이야기Tre storie del santo〉를 꼽을 수 있다. 후자는 현재 루브르 박물관에 있으나 본래는 피사의 프란체스코회 본부에 있었다. 여기에는 조토의 서명이 있으나 부분적으로나 또는 전체적으로 공방에서 제작되었을 것으로 추정되는데, 앞서 언급한 아시시의 일화를 다시금 떠올리게 한다.

아시시에서 파도바로

조토의 명성이 알려지자 토스카나와 움브리아 지역의 대부호들도 그에게 작품을 의뢰했다. 교황 보니파시오 8세(약 1235-1303, 1294년부터 교황)의 희년(1300) 선포 이전인 1297-1298년경에 조토는 로마 교황청을 위한 작품에 몰두하고 있던 것으로 보인다. 당시의 상황에 대해서는 거의 알려지지 않았다. 이 기간에 그는 모자이크로 된 커다란 작품 〈성 베드로의 배Navicella di san Pietro〉를 남겼을 뿐이다. 이 작품은 그동안 여러 차례 복원되었지만 현재는 두 부분에 대해서만 복원 작업의 주체가 알려져 있다(일단의 비평가들은 그 시기를 훨씬 이후로 추정한다). 얼마 후에 조토는 로마냐 군주였던 말라테스타Malatesta 가문의 요청을 받아들여 리미니로 향했다. 이 가문을 위해 제작한 커다란 신전의 십자가는 피렌체에서 제작했던 것에 비해 반곡선(의 부분은 오늘날에는 분실되어 존재하지 않는다)의 크기를 축소했고 한층 자연주의적으로 표현했다. 1300년경으로 추정되는 하나의 채색 장식 작품에 대해서는 이후 지역 예술가들이 모방하고 복제했다. 반면 같은 도시에서 프란체스코회를 위해 그린 프레스코화 연작은 파괴되었다. 아시시의 아래층 성당에 있는 산 니콜라 예배당 제작도 같은 시기로 볼 수 있는데, 대부분이 공방에서 완성된 것이었으나 제작자의 서명과 현재 우피치 미술관이 소장 중인 수도원의 제단 뒤쪽 장식을 포함한다.

로마와 리미니 대부호들의 작품 제작 요청

얼마 후 조토는 파도바로 갔다. 당시에 그는 프란체스코회를 위한 작품 활동에 몰두하고 있었다. 산토 성당에는 조토가 회랑 오른쪽 첫 번째 예배당에 그린 프레스코화 일부가 현존한다. 참사회의 많은 부분에 자필 서명이 남아 있는 것을 통해 그의 역할을 짐작할 수 있다. 관련 자료에 따르면 라지오네 궁에 점성술을 주제로 그린 프레스코화 연작(현재는 상실했다)은 상당히 유명했다고 한다. 파도바에는 스크로베니 예배당의 장식이 남아 있는데, 건축 공사가 마무리된 후인 1303-1304년에 그린 것으로 보인다. 스크로베니 예배당은 부유한 금융업자였던 엔리코 스크로베니(?-1336

스크로베니 예배당

년 이후)를 위한 것으로, 독자적인 예술 성향을 갖춘 평범한 예술가들을 자신의 자신의 작업에 참여시켰던 조토의 대표작으로 평가받는다.

그가 아시시로부터 멀어진 것은 분명해 보인다. 조토의 성향에 관한 분리주의적인 가설도 이에 근거하는데, 조토는 자신이 주도했던 작품들을 통해 이들의 수준을 크게 향상시켰다. 건축은 이미 언급한 '소성가대석'에 이르기까지 공간적으로 여전히 견고하고 정확했다. 인간의 모습은 특별한 물리적 힘과 모든 규격 혹은 양식으로부터 벗어났다. 〈비탄Compianto〉에서 보듯 영혼의 표현인 인물의 동작은 과학적이라고 할 정도의 세심한 관심(예를 들어 상반된 관계를 구성하는 가련함에서 〈최후의 심판〉의 폭력에 이르는 무한한 표현력)을 통해 애정과 고통을 재현했다. 〈그리스도와 성모의 일생Storie di Cristo e della Vergine〉처럼 벽 하단에 그려진 선과 악의 단색적인 순환과 여러 색의 모조 대리석으로 된 벽걸이 목판 같은 착시 효과를 주는 건축물이 연출하는 대조적인 상황에서 보듯이, 그는 세련된 기술로 재료적 가치를 드높였다.

파도바 이후

이후의 역사는 피렌체 체류 후로 집중되었다. 조토는 공방을 운영하면서 다양한 목판 작품과 몇 개의 프레스코화 연작을 제작했고 근대적 인간을 위한 새로운 양식의 선구자로 불렸다. 그러나 여기서도 부족한 자료 탓에 견해가 엇갈린다. 1309년의 한 문서에 따르면 그가 마지막으로 아시시에 머물렀을 것으로 보이는 시기에 유능한 보조 예술가들의 도움을 받아 피렌체 두오모 아래층 성당의 막달레나 예배당 장식과 (현재 우피치 미술관에 있는) 옥좌의 구조에서 이미 고딕풍의 선형성線型性을 드러낸 바 있는 거대한 〈옥좌에 앉은 성모Maestà di Ognissanti〉를 완성했다(1308-1310). 다작 기간

1320년대 초반에는 산타 크로체 교회의 페루치 예배당에 프레스코화 연작 〈성 조반니 바티스타와 에반젤리스타의 일생Storie dei Santi Giovanni Battista ed Evangelista〉을 그렸다. 각진 선은 조토의 공간 개념이 상당히 발전되었음을 드러냈고, 강하고 아름다운 모습의 인물들에 큰 활력을 불어넣었다. 이 기간의 다른 작품(페루치 예배당의 제단으로 확인되었다)으로는 롤리Raleigh 박물관에서 소장 중인와 폴립티크와 워싱턴 국립박물관에서 소장 중인 〈성모와 아기 예수〉, 샬리스Châalis 수도원 박물관의 〈성 조반니 에반젤리스타와 로렌초Santi Giovanni Evangelista e Lorenzo〉가 있다. 이와 관련된 비평의 핵심은 조토가 피렌체 두오모의 산타 레파라타Santa Reparata 예배당에 그린 제

단 뒤쪽의 폴립티크(약 1315)와 아시시 대성당의 아래층 성당 오른쪽 수랑에 그린 그림들(〈그리스도의 어린 시절Storie dell'infanzia di Cristo〉과 벽화 〈성 프란체스코 사후의 기적Miracoli post mortem di san Francesco〉) 같은 교회 제단 상단에 있는 돛 모양의 아치형 천장에 〈프란체스코회의 알레고리Allegorie francescane〉를 그리는 데 직접 참여했는가에 집중되었다. 일반적인 주장에 따르면 조토의 협력자들이 1315-1319년에, 즉 조토의 작품에서 (기존과 달리) 좀 더 연구되고 때로는 약해 보이며 고딕풍 암시가 보이는 양식의 선이 나타나기 시작했을 때에 완성된 것으로 여겨진다. 조토가 1320년경에 로마에 머물고 있었을 것이라는 짐작은 추기경 야코포 스테파네스키Jacopo Stefaneschi(약 1270-1343)가 제작을 의뢰한 제단 뒤쪽의 폴립티크를 근거로 제기된 주장이었다. 이 작품은 현재 바티칸 피나코테카 미술관에 있으며, 당시에는 성 베드로 성당 제단에서 사용하려던 것으로 보인다. 조토는 성 베드로 성당 후진에 프레스코화 〈그리스도의 일생Storie di Cristo〉을 그렸는데, 성당 재건축 작업 당시 한 개인의 수집 덕분에 일부가 현존한다. 용도를 알 수 없는 하나의 제단 뒤쪽의 폴립티크에서 해체된 것들로, 뉴욕 메트로폴리탄 미술관이 소장 중인 〈그리스도의 탄생-주현절Natività-Epifania〉을 포함한 작은 목판들은 1320년대 전반기의 것이었다. 또한 1320년대 말에는 〈프란체스코회 이야기Storie francescane〉와 더불어 산타 크로체 성당의 바르디 예배당에 있는 프레스코화들을 제작했을 것이다. 하지만 형태는 마치 조토가 젊은 시절로 돌아간 것 같은, 단순한 회화 기법을 사용했다. 이 때문에 누군가는 작품이 알려진 것보다 10여 년은 앞서 제작되었을 것이라고 주장했다. 같은 교회에 위치한 바론첼리 가문의 예배당 제단 뒤쪽에 그린 폴립티크는 1328년도 작품이지만 여러 예술가가 폭넓게 참여했다.

이후 조토는 앙주의 로베르(1278-1343, 1309년부터 왕)의 나폴리 궁정에 오래 머물렀다(1328-1332/1333). 하지만 지속적으로 나폴리에 있었다는 의미는 아니며, 당시 벽면에 그린 수많은 벽화에는 조토의 흔적이 별로 남아 있지 않다. 누오보 성 대예배당에 일부가 현존하며, 산타 키아라 교회에는 몇 마리의 고등어 그림이 남아 있다. 특히 후자는 조토가 아닌 다른 인물의 개입을 강하게 암시하고 있다. 조토는 피렌체로 돌아온 후에 폭넓은 활동을 전개했다. 리코르볼리Ricorboli의 산타 마리아 교회의 성모 마리아를 새긴 목판 작품들과 수도원의 작품들, 그리고 그의 사후에 완공된 바르젤로 저택의 또 다른 작품처럼 극히 일부 혹은 훼손 상태가 심한 프레스코화들이었다. 1332-1333년에 조토는 교황청 대사 푸제의 베르트랑(약 1280-1352)의 대사관이 머물고 있었다. 또한 교황청이 아비뇽에서 이탈리아로 옮겨 올 때 그 여정에 있던 볼로냐에서 작업을 계속했다. 반면 대제단 뒤쪽 장식은 지금까지 국립박물관에서 소장하고 있다. 서명을 참고할 때 작품 대부분은 공방에서 제작된 것으로 보이지만 조토의 말기 양식도 보인다. 피렌체 혼 박물관Museo Horne에 있는 〈성 스테파노Santo Stefano〉에 가장 잘 표현되어 있다. 조토는 마지막 여행으로 1335년경에 밀라노에 갔고 비스콘티 가문의 저택에 〈세속의 영광Gloria Mondana〉(지금은 분실된 한 문헌에서 놀라운 작품으로 평가되었다)을 그렸다.

이탈리아 예술의 발전을 위한 조토의 역할

조토는 위에서 언급된 작품들 외에도 언급되지 않은 수많은 작품을 통해 근대 회화로 나아가는 길을 개척했다. 피렌체의 역사만이 아니라 이탈리아 전체의 역사에서도 르네상스를 관통했으며, 16세기 초반에는 라파엘로(1483-1520)와 미켈란젤로(1475-1564)의 완벽한 기법으로 계승되었다. 피렌체는 수세기 동안 이탈리아 예술의 빛이라는 명성을 얻고 있었다. 특히 회화 분야는 공간, 해부학, 심리학적 분석과 같은 구체적인 가치로 평가받았다. 이 여정에서 일어날 수 있는 우연한 예외처럼 또는 그의 초기 활동에서 드러난 가장 숭고한 가치의 고딕 회화에서 보듯이, 조토가 사실의 흐름에 무관심했다는 비평은 이러한 평가에 근거한 것이다.

공방과 다양해진 전문성의 문제

조토에게 회화 활동은 부분적으로 색유리(피렌체, 산타 크로체 박물관)와 전문가들이 시도했던 모자이크의 이상화를 의미했다. 기술적인 측면보다는 연구와 양식에 대한 감독의 관점에서 볼 때, 그를 건축가라고도 할 수 있다. 1334년 4월 12일에 산타 레파라타 예배당 오페라의 수석 책임자, 즉 대성당과 광장에 설치될 제조장의 최고 책임자로, 그리고 자치 도시의 공공 건축을 감독하는 관리로 임명되었다. 빌라니에 따르면 같은 해 7월 대성당에 종을 설치하는 작업이 시작되었는데, 조토는 부조 장식이 있는 하단(〈작업의 기쁨Allegorie dei lavori〉, 〈성신星辰, Corpi celesti〉), 〈덕Virtù〉, 〈자유학예Arti liberali〉, 〈성사Sacramenti〉)이 완성될 때까지 감독 역할을 하면서 서체 중 몇 가지를 채택했다. 스크로베니 예배당 건축 계획에 참여했다는 주장도 있다.

건축, 색유리 장식, 모자이크

회화에서도 자신의 공방에서 제작된 모든 작품에 직접적으로 개입하지는 않았다. 벽화 연작과 대부분의 목판 작품에서 협력자들의 역할은 분명했다. 아틀리에 atelier 조직은 작품에 따라 복잡하고 다양했다. 규모가 큰 작품을 제작하는 공방에는 체계적인 조직이 존재했는데, 최고 책임자인 프로토마지스터protomagister에서 회화 책임자(수준과 전문성에 따라 세분되었을 것이다), 견습공, 심지어 단순 노동자까지 있었다. 조직적인 운영은 시간 부족, 기존 그림의 복사본 제작 등의 작업 대리인의 필요에 부응하기 위함이었다. 게다가 중세 시대의 자서전 개념은 우리 시대의 그것과 매우 달랐으며, 특히 노동에 대한 책임성과 최종 감수에 근거했다.

조토는 작업의 디자인과 유형을 제시했으며, 경우에 따라서는 일대일 비율로 다른 하나를 복제해야 할 때도 있었다. 아시시에서처럼 후원자는 중요 사항에만 개입하거나 작품 마감 때 작업 공정 전반을 감수하면서 작업자들의 임무를 세분하고 규정함으로써 (『예술서』 또는 이에 관한 다른 설명서) 초안의 작업 방식을 지시할 수 있었다. 조토는 예술가만이 아니라 하나의 상표, 즉 자신이 가진 명성에 상응해야 하는 상표brand 자체기도 했다. 따라서 누군가는 작품에 3개의 서명이 언급된 이유를 개인적인 책임보다는 (공방) 상표의 증명 때문이라고 설명했다. 다른 예술가들과 마찬가지로 비평에서는 개인 전기의 개념을 확대하려는 것과 모방의 경향이 지속적으로 드러났다.

다른 개념의 전기

조토, 조토적인 화풍, 조토주의

조토의 공방에서 다양한 역할을 맡았던 예술가들은 정규적으로 작품 제작에 참여하는 무리와 불규칙하게 참여한 무리로 구분되었다. 물론 피렌체를 벗어난 지역에서 작품을 제작한 경우에는 현지에서 작업자를 확보하기도 했다. 두 경우 모두 양식과 고유 명칭을 통하여 작업자들을 쉽게 확인할 수 있는데, 조토와 같은 공방에서 작업에 참여했던 이들 말고도 협력자의 제자 등의 외부 작업자도 있었다. 예를 들어 첸니노 첸니니는 아뇰로 가디Agnolo Gaddi(약 1350–1396)의 제자들, (아뇰로 가디의 아버지이자 조토의 제자인) 타데오 가디Taddeo Gaddi(약 1295–1366)의 아들과 제자, 그리고 조토의 제자들에 대해서는 이름을 전부 알고 있다고 확신했다. 작품을 통한 승계도 있었다. 조토의 공방과는 아무 관계가 없는 화가들도 그의 작품을 모방하거나 모방을 위해 노력했다. 굳이 그 이름을 길게 열거하지 않더라도 조토의 양식이 진화하는 것을 잘 알고 그것을 추종하는 자들과 그 순간의 모델만 취하는 자들 사이에는 차이가 존재함을 기억할 필요가 있다. 불충분한 자료 때문에 전후 관계가 확실하지는 않으나 롬바르디아에서 베네토까지, 볼로냐와 리미니로부터 움브리아까지, 나폴리에서 피렌체와 토스카나까지, 이탈리아 전 지역에서 이러한 현상은 공통적인 것이었다. 조토의 개인적인 인생 여정과 그가 수행했던 작업들, 그리고 명성과 평가에 근거한 이탈리아에서의 전체적인 획일화는 모두 조토에서 시작되었다.

| 다음을 참고하라 |
시각예술 예술과 탁발 수도회(853쪽); '승리의 그리스도'에서 '고통의 그리스도'까지(857쪽); 치마부에(860쪽); 모자이크, 프레스코화, 색유리 장식(880쪽); 조토 이후: 피렌체, 리미니, 볼로냐, 파도바(900쪽)

부오닌세냐의 두초

| 루카 리아르도Luca Liardo |

시에나의 회화 영역에서 비잔티움에서 고딕으로의 전환은 부오닌세냐의 두초 덕분에 가능했다. 당대의 어떤 화가보다 그의 여정을 통해 과정이 명확하게 드러났다. 아직도 치마부에의 '그리스 기법'에 머물고 있던 〈루첼라이의 성모〉(1285)로부터 14세기에 시에나 회화의 전성기가 시작되었음을 상징하는 시에나 두오모의 〈마에스타〉(1308-1311)로의 여정이 그것이다.

〈루첼라이의 성모〉: 치마부에와 두초

부오닌세냐의 두초(약 1255-1318/1319)는 역사적으로 9인 정부의 통치 기간인 정치적인 안정과 사회적인 평화, 그리고 대규모 공공사업이 이루어졌던 경제 번영기에 활동했다. 그의 예술가로서의 여정은 다음의 두 가지 확실한 자료에 근거하여 재구성할 수 있다. 1285년의 〈루첼라이의 성모Madonna Rucellai〉(피렌체, 우피치 미술관)와 1308-1311년에 시에나 두오모에 그린 〈마에스타〉(시에나, 두오모 오페라 박물관)다. 시에나 자치 도시의 재무 기관의 1279-1285년 입출금 장부 목판 겉장에 그린 장식과 1302년에 자치 도시의 시청사에 위치한 9인 정부 예배당에 그린 성모 마리아는 현존하지 않는다.

1285년 라우다lauda를 연주하는 단체의 조합은 그에게 피렌체의 산타 마리아 노벨라 성당에 설치할 탁자 제작을 의뢰했다. 1570년에 이 탁자는 루첼라이 가문의 예배당으로 옮겨지는데, 13세기에 이탈리아에서 제작된 것 가운데 현존하는 가장 큰 규모다. 하지만 조르조 바사리(1511-1574)를 비롯해 19세기까지는 치마부에(1230/1240-1302)의 작품으로 간주했다. 두초는 피렌체에서(어쩌면 아시시에서도) 성 프란체스코 성당 상단의 프레스코화를 그리고 있던 피렌체 화가 치마부에와 접촉했다. 현재는 루브르 박물관에 있는 치마부에의 〈마에스타〉(약 1285)는 〈루첼라이의 성모〉를 위해 이전 시기에 그린 것이었다. 두 작품에서 마주 보는 천사들이 떠받치는 의자에 비스듬히 앉아 있는 성모와 축복을 받고 있는 아기 예수의 구도, 금색 바탕, 액자의 둥근 가장자리 부분에 묘사된 성인과 예언자의 두상들, 심지어 좁고 휘감긴 주름이 있는 망토는 공통적이다. 하지만 두초는 달랐다. 그는 한층 세련된 효과를 추구했다. 에나멜의 색이 주는 품격과 선의 가치를 강조했고, 치마부에가 성모의 얼굴을 다소 냉정한 모습으로 묘사한 것과는 달리 성모를 부드럽게 표현했다. 이탈리아 회화가 보여 주는 절대적인 새로움은 성모 마리아의 얼굴을 감싸는 망토의 자연스러움에 있었다. 반원의 부자연스러운 형태로 표현된 비잔티움 전통의 전형적인 주름은 두초의 〈마에스타〉에서는 보이지 않았다.

유사점과 차이점

두초는 알프스 이북의 새로운 고딕풍에 한 발 더 다가갔다. 2개의 첨두식 창과 3개의 창과 함께 측면에 음각으로 새겨진 꽃 장식, 특히 곡선의 금빛 테두리가 늘어져 있는, 망토를 입은 채 옥좌에 앉아 있는 성모 마리아의 자태가 증거였다. 어떤 학자는 두초가 동시대의 프랑스와 영국 예술을 모두 알고 있었다고 주장한다. 그가 파리에 머물렀다는 점은 파리에서 작성된 두 문서에 두초를 가리키는 것으로 보이는 '시에나의 두초'(1296)와 '롬바르디아의 두초'(1297)의 이름이 발견된 것에 근거했다. 하지만 두초가 해외에 있었다는 증거를 굳이 찾을 필요는 없다. 아시시 대성당에서 활동하던 알프스 이북 화가들의 활동을 통해서나 영국이나 프랑스 출신의 예술가들이 제작한 산타 마리아 노벨라 성당의 순수 예배당에 있는 〈십자가 처형〉과 같은 작품을 통해, 특히 작은 조각품, 상아, 프랑스 도안과 채색 장식이 있는 수첩처럼 운반하기 쉬운 작품이 시에나 상인들을 통해 이탈리아에 소개되었기 때문이다.

성장 과정과 그리스 기법에 머물던 젊은 시절

두초의 고딕적인 특징은 〈크레볼레의 성모: 옥좌에 앉아 있는 성모와 두 천사Madonna di Crevole〉(시에나, 두오모 오페라 박물관), 〈성모 괄리노Madonna Gualino〉(토리노, 사바우다Sabauda 미술관), 〈부온콘벤토의 성모Madonna di Buonconvento〉(부온콘벤토, 성 예술 박물관), 그리고 오데스칼키Odescalchi 가문의 수집품인 〈그리스도의 죽음〉(로마)에서는 보이지 않는다. 모두 젊은 시절 작품들로, 조국 이탈리아에 먼저 도입한 데 이어 치마부에를 통해 피렌체에도 소개된 비잔티움 전통의 영향이었다. 또한 그리스풍을 반영했는데, 예를 들면 육체의 형체를 드러내기에는 역부족인 요약적인 명암 처리, 해부학적인 구조, 매부리코와 거친 손, 성모 마리아의 머리에 장식된 붉은색 두건maphórion과 금빛 줄무늬가 있는 의복(크리소그래피Chrysography, 황금색으로 장식하는 기법 또는 이를 통해 제작된 작품*) 같은 전형적인 특징 등을 지적할 수 있다. 그리스풍의 명암

초기의 작품들과 〈루첼라이의 성모〉를 이어 주는 가교는 동방의 성화와 서양의 고딕풍 중간에 해당하는 작은 크기의 〈프란체스코회의 성모Madonna dei Francescani〉(시에나 미술관)다. 3명의 프란체스코회 소속의 작품 의뢰인을 보호하기 위해 망토를 들추고 있는 성모 마리아는 이 기간에 오직 중동 지역에서만 확산되었던 성화의 주제인 '자비의 성모'를 예고한다고 하겠다. 반면에 푸른 바탕에 수놓은 금실, 옥좌 등받이 부분을 장식하면서 비현실적인 금빛을 대체한 회색 바탕의 푸른 사각형 타일 무늬가 있는 성모의 망토는 프랑스의 고딕풍을 나타낸다.

고딕 예술을 향한 두초의 성숙성

피렌체에서 〈마에스타〉를 제작한 두초는 1287년에 시에나 두오모 후진을 장식할 원형의 색유리 장식을 주문받았다. 1287-1288년에 작성된 문서에는 제작자가 언급되지 않았으나 2003년의 복원 이후에 그의 참여가 분명하게 드러났다. 색유리 장식은 두초가 피렌체와 아시시에 알려져 있던 조토(1267-1332)의 원근법이 적용된 3차원 회화에 관심을 가지고 있었음을 확인시켜 준다. 〈성모 승천Assunzione〉에서 천사의 날개와 발은 액자에 걸쳐 있어 환상적인 효과를 자아냈는데, 〈성모의 대관Incoronazione della Vergine〉과 〈4명의 복음사가〉에서는 조토의 색조와 나무를 대신한 대리석을 도입했다. 현재 베른 미술관에 있는 작은 크기의 〈마에스타〉가 그 사례다. 3차원 구도와 인물의 인간적 묘사

두초에게 조토의 작품은 인물을 좀 더 깊이 있고 인간적으로 묘사하는 것에 대한

보다 진지한 관심을 부추겼다. 아돌프 스토클레의 수집품(뉴욕, 메트로폴리탄 미술관)과 페루자 국립미술관에 있는 성모, 런던 내셔널 갤러리와 영국 여왕의 수집품에 포함되어 있는 폴립티크, 시에나 미술관의 폴립티크(n. 28)에 등장하는 인물에는 비잔티움의 비현실성을 찾을 수 없다. 성모 마리아가 머리에 쓰고 있는 붉은색 두건은 밝고 우아한 베일로 교체되었고, 이전의 작품에서 보였던 탁하고 투명한 색은 밝고 견고한 느낌의 색으로 교체되었다.

시에나 두오모의 〈마에스타〉

두초의 대표작은 1308년에 시작해서 1311년에 완성한 시에나 두오모의 〈마에스타〉다. 14세기의 한 연대기에 의하면 화가의 공방에서 시에나로 옮겨지는 과정에서 자치 도시의 최고 권력자가 참가했던 엄숙한 의식이 있었다고 한다. 두오모 제단 배후에 위치한 이 작품은 종교적-정치적인 의미를 가졌다. 1261년 9월 4일에 시에나가 승리할 몬타페르티 전투를 앞두고 시에나인들은 〈마에스타〉 앞에서 성모 마리아의 보호를 요청했다. "성스러운 신의 어머니시여, 시에나의 평화와 당신을 그린 두초에게 삶의 힘을 주소서."

양면에 그려진 그림

〈마에스타〉는 긴 회랑을 따라 신자들이 볼 수 있도록 2개의 목판 위에(높은 제단에) 양면으로 그려졌다. 앞 목판에는 옷을 갖춰 입고 아기 예수를 끌어안은 채 옥좌에 앉아 있는 성모가 무릎을 꿇고 있는 시에나의 수호성인들(성 안사누스San Ansanus, 성 사비누스San Sabinus, 성 크레센치오San Crescenzio, 성 비토레San Vittore)과 천사들의 호위를 받고 있다. 뒷면에는 모두 26개의 〈그리스도의 수난Storie della Passione di Cristo〉이 배치되었다. 이들은 1505년에 철수되었다가 1771년에는 결국 해체되었으며, 장식에 사용된 제단 장식 띠를 비롯한 패널들은 현재 시에나를 비롯하여 전 세계 박물관에 분산되어 있다. 책 읽는 방향으로 〈그리스도의 어린 시절〉(앞면, 제단 장식 띠)과 〈그리스도의 공적인 일생Storia della vita pubblica di Cristo〉(뒷면, 제단 장식 띠), 사후의 일화들(뒷면, 장식)과 〈성모의 생애Vita della Vergine〉(앞면, 장식)가 위치한다. 두 면은 예수의 육화와 수난을 보여 주면서도 상징적으로 구원을 의미했다. 1307-1317년에 시에나 주교였던 카솔레의 루제로가 작업에 참여했을 것으로 추정된다.

〈마에스타〉는 두초의 조형 문화를 대변한다. 전면부에는 비잔티움 사제가 등장하며, 수평적으로 위치한 세 무리에서 단순 대칭성에 따라 배치된 천사와 성인보다 성모와 성자를 더 크게 묘사한 것에서 비잔티움 사제의 모습이 드러난다. 장식과 강렬하고 귀중한 일련의 색채와, 더 이상 비스듬한 모습이 아니라 14세기의 근대적 조판에 근거하여 정면으로 묘사된 옥좌에는 고딕의 영향이 보인다. 비잔티움 성화의 도식적 요인은 〈그리스도의 수난〉에서도 조반니 피사노(약 1248-1315/1319)가 1284-1297년에 시에나에서 완성한 조각 작품들에 영향을 미친 강한 표현력을 통한 인물들의 자연스런 접촉과 〈그리스도의 예루살렘 입성Ingresso di Cristo a Gerusalemme〉에서처럼 그림의 배경이 동시대의 시에나라는 것을 어렵지 않게 짐작케 하는 공간의 복합적 구분을 통해 무뎌졌다.

다양한 문화적 영향

말기의 작품과 두초의 유산

〈마에스타〉 뒷면과 제단의 장식 띠가 보여 주는 확실한 질의 차이는 당시 두초가 운영했던 공방을 성찰할 필요를 동반한다. 외부로부터의 작품 의뢰가 많았기에 14세기 중반까지 수많은 제자가 그의 지시에 따라 작업에 몰두했다. 삼대에 걸쳐 두초의 화풍을 따랐던 화가 그룹에는 이솔라Isola의 바디아의 마에스트로(13세기 말-14세기 초에 활동), 보나벤투라의 세냐(1298-1326년에 활동), 네리오의 우골리노(1317-1327년에 활동), 바르톨로메오 불가리니(1345-1378년에 활동)가 있다. 스승의 공방에서 일하던 젊은 견습공들로는 시모네 마르티니Simone Martini(약 1284-1344), 피에트로 로렌체티Pietro Lorenzetti(약 1280-1348)와 그의 동생으로 추정되는 암브로조 로렌체티Ambrogio Lorenzetti(약 1290-1348)가 있는데, 모두 14세기 유럽 고딕 회화의 주역들이었다.

두초의 말기 활동으로는 1980-1981년에 시에나 시청사의 마파몬도Mappamondo의 방을 복원하던 중에 시모네 마르티니의 프레스코화인 〈폴리아노의 귀도리초Equestrian portrait of Guidoriccio da Fogliano〉 하단에 잔존해 있던 프레스코화의 일부가 발견되었다. 1314년의 한 고문서에서 언급된 역사적 일화를 다룬 〈준카리코 성의 위탁Consegna del Castello di Giuncarico〉이 있다. 이 그림에 등장하는 두 인물은 지역 영주와 성을 접수하기 위해 파견된 시에나 공화국의 밀사였다. 두초가 사망 직전에 프레스코화로 완성한 작품 중 유일하게 현존하는 작품이다.

| 다음을 참고하라 |
시각예술 '승리의 그리스도'에서 '고통의 그리스도'까지(857쪽); 모자이크, 프레스코화, 색유리 장식(880쪽); 시모네 마르티니(889쪽); 로렌체티 형제(894쪽)

모자이크, 프레스코화, 색유리 장식

| 클라우디아 솔라치니Claudia Solacini |

고대 전통의 예술 기법인 모자이크는 중세 시대의 바닥과 벽면 장식에 도입되었다. 하지만 제작 기간이 짧고 비용이 적게 드는 프레스코화의 확산으로 말미암아 활용 빈도가 줄었다. 프레스코화가 지중해 해안 지역을 중심으로 사용되었다면 모자이크는 기후 문제로 북부 유럽을 중심으로 색유리를 사용하여 내부를 밝게 만들 목적으로 선호되었다.

모자이크

모자이크 예술은 헬레니즘과 로마 시대부터 알려진 이후 폭넓게 확산되었지만 그리스도교의 등장을 계기로 신의 숭배를 위한 건축물 장식에 적용되었다. 예술가에 대한 정보는 드물고 부분적으로만 남아 있는데 수공인의 작업으로 제작되었기 때문이다.

다양한 재료

모자이크는 사용 재료와 크기가 서로 다른 여러 개의 조각을 맞춘 것이다. 돌이나 유리 반죽은 명암의 대조를 만들어 내는 반면에 금은 등의 귀금속은 주로 인물의 강조에 사용되었다. 예식이 거행되는 공간을 밝혀 주는 촛불은 모자이크의 표면에 반사되었는데, 특히 그것이 금빛일 때 상당한 암시를 주었다. 조명 효과의 연출에서는 (자연의) 빛이 관람자를 향하게 할 목적으로 모자이크 조각을 창문 근처에 비스듬하게 배치했다. 일반적으로는 주변에서 재료를 공수했지만 이미 사용된 적이 있는 것을 재활용하기도 했으며, 때로는 제조장 모자이크에서 뜯어낸 세공된 대리석 조각을 활용했다. 커다란 크기의 모자이크 조형물은 고대 로마와 비잔티움의 영향을 보여 주는 것이었다. 로마, 시칠리아, 베네치아가 중심지였으며, 고대 유적에서 지속적으로 흔적이 발견되었다.

13세기에 로마의 모자이크 예술가들은 그리스도교 이전 시대의 전통을 혁신적으로 활용했다. 대표 사례는 야코포 토르리티(1291–1300년에 활동)로, 그는 1295년 산타 마리아 마조레 대성당 후진에 〈성모의 대관〉을 완성했다. 여기에는 치마부에(1230/1240–1302)와 조토(1267–1337)의 영향을 엿볼 수 있는 세련된 색채주의가 나타나 있다. 1297년에 필리포 루수티Filippo Rusuti(13–14세기)가 같은 장소에 모자이크 작품을 완성했다. 그는 로마 학파를 대표하는 예술가로 트라스테베레의 산타 마리아 교회에 자연주의적 효과를 통한 조토의 새로운 기법으로 모자이크 작품을 남긴 피에트로 카발리니(1273–1308년에 활동)를 추종한 인물이었다. 대리석 장식은 코스마티풍으로 완성된 바닥 모자이크로도 유명하다. 모자이크는 고전의 전통과 유사하면서도 색대리석으로 제작된 기하학적인 동기를 보여 주었다.

피렌체의 세례당과 베네치아의 산 마르코 대성당의 모자이크 작품도 중세에 기원했다. 특히 후자는 전면의 빛 반사를 통해 반짝이는 금빛 바탕으로 오늘날까지도 매우 효율적인 채색법으로 유명하다. 14세기의 주요 모자이크 제조장 중 오르비에토 대성당 전면을 제작한 제조장에서 (현재는 원작의 일부만 현존하는) 성모에 관한 일련의 이야기를 표현한 작품을 완성했다. 모자이크 양식으로는 크고 암시적인, 이야기를 조형적으로 표현한 작품 제작이 가능했지만 극단적인 자연주의를 추구하는 조토의 혁명을 통해 모자이크 기술을 사용할 수도, 새로운 이야기 전개의 필요성에 부응할 수도 없게 되었다. 조토는 점진적으로 모자이크를 포기하고 대신 고딕 문화가 선호하는 프레스코화와 색유리 장식에 관심을 두었다. 벽면과 바닥의 모자이크

프레스코화

여러 지역을 중심으로 프레스코화가 확산되면서 고딕 예술의 발전은 건축과 건축 양식에도 변화를 가져왔다. 프레스코화는 빠른 완성과 방대한 표면을 장식할 수 있다는 장점으로 이탈리아에서 점차 모자이크를 대체해 나갔다. 모자이크보다 세밀하고 자연스럽게 주제를 전개할 수 있기 때문이다. 북유럽은 낮 동안 조명을 최대로 활용할 수 있다는 이유로 색유리 장식을 선호했는데, 상당한 높이에 위치함에도 충분한 가시성을 확보했다.

첸니노 첸니니(14–15세기)는 『예술서』에서 다양한 기술과 작업의 작은 속임수에 대해 설명하면서 프레스코화를 비중 있게 다루었다. 건조 과정에서 색을 흡수하고 지속적으로 색을 유지하는 특징을 가진 이 기법은 백회가 촉촉한 상태일 때 재빨리 기술

작업을 이어 가야 했다. 아직 백회가 마르지 않은 첫 단계에서는 시노피아sinopia(적색 안료*)로 프레스코화에 밑그림이나 백회의 표면을 대상으로 기본 도안을 그려 넣었다. 이는 프레스코화를 위한 중요 단계였으며 색을 완전히 가미할 때까지 굳지 않은 상태여야 했기에 신속함을 요했다. 이러한 이유로 백회는 오직 낮 동안에만, 작업이 가능한 부분에 칠했다. 백회가 완전히 마른 후에는 끝이 날카로운 펜으로 마무리했다. 건축에는 정확한 기하학적 선을 백회에 그려 넣었는데 여기에도 끝이 뾰쪽한 도구를 사용했다.

13-14세기에 조토는 아시시 대성당, 파도바의 스크로베니 가문 예배당, 그리고 인물 주변의 섬세한 표현들이 감성적으로 동참 의식을 강하게 자극하는 피렌체의 산타 크로체 교회에 프레스코화 연작을 완성했다. 실수했을 경우 수정 공정이 여의치 않은 건축물의 구조 자체와 해당 지역의 기후에 영향을 받는 만큼, 상당히 섬세한 작업이 필요했다. 백회는 습도에 약해 벽면에서 떨어질 수 있었으며 표면에서 분리될 수도 있었다. 이 때문에 프레스코 기법은 기온이 온화하고 건조하며 벽면에서 떨어진다거나 프레스코화가 붕괴될 가능성이 희박한 지중해 지역에서 보편화되었다.

거대한 면적에 일련의 이야기를 조형적으로 표현하는 프레스코화 연작은 그리스도교 신자들에게 성서와 신성한 역사 속의 장면을 쉽게 전할 수 있다는 장점이 있었다. 공공건물의 경우에도 알레고리와 상징을 통해 도시를 설립한 인물들의 행적과 의지를 묘사했다. 도시의 시민 권력이 제작을 의뢰한 작품으로는 시에나 자치 도시 시청사에 그려진 프레스코화인 시모네 마르티니(약 1284-1344)가 그린 〈폴리아노의 귀도리초〉와 당대 시민 권력이 추진한 최고의 프레스코화 대작인 암브로조 로렌체티(약 1290-1348)의 〈좋은 정부와 나쁜 정부의 알레고리Allegorie del buono e del cattivo governo〉가 있다.

프레스코화의 주제

모데나의 톰마소(1326-약 1379)가 트레비소의 도미니쿠스회의 산 니콜로 수도원에 그린 것도 있다. 화가는 풍속과 물리적 특징에 주목하면서 40명에 이르는 교단 소속 수도사들을 지극히 사실주의적으로 그려 냈다.

색유리 장식

색유리(스테인드글라스)로 창문이나 작은 문을 밀폐하던 관습은 오래된 것이었으나 11세기부터 용도가 확대되면서 신성 표현의 수단으로도 활용되었다. 빛은 교회 안

빛은 신성의 수단

으로 침투해 신자의 몸과 정신을 밝히는 신성의 수단으로 활용되었다. 따라서 건축 계획 단계부터 교회의 예식 공간을 특별히 강조하는 데 활용되기도 했다. 색유리 제작에 대한 첫 연구는 베네딕투스회 수도사였던 테오필루스(12세기)가 추진했다. 그는 『서로 다른 기예에 관하여De diversis artibus』에서 색유리를 건물 실내장식에 사용할 수 있다는 점을 강조했는데, 색유리의 발전과 놀라운 효과는 고딕 건축과 깊은 관련이 있었다. 고딕 건축물이 하늘을 향해 곧게 올라가는 구조에서도 한쪽만 열리는 창문과 양쪽 모두 열리는 창문을 위한 공간 모두를 넓게 확보할 수 있게 해 주었기 때문이었다.

전체 구조의 안정성을 위해 금속 고정판으로 감싸진 색유리는 납을 이용해 고정시킨 유리 조각으로 구성되었다. 납은 여러 개의 색유리를 고정시키고 인물의 테두리를 강조하는 두 가지 기능을 했다. 화가는 밑그림 판에 도안을 그려 넣고, 그 위에 유리 조각을 크기에 맞게 잘라 붙였다. 그리고 색유리 조각에 금속 산화물을 첨가하여 다양한 색조를 연출했다. 고딕 건축의 핵심에 해당하는 색유리 장식은 수도원장 생드니의 쉬제르(1081-1151)가 1130-1140년대에 재건축을 추진했던 프랑스 생드니 성당 건축에서 중요한 역할을 했다. 그는 색유리 장식을 신자들이 신성의 아름다움을 이해할 수 있는 영적인 경험이라고 여겼다. 색유리의 반투명한 색은 성당 내부를 귀금속처럼 빛나게 했으며, 그 화려함은 예식 공간의 신성함을 연출하면서 신자로 하여금 경외심을 가지도록 했다. 이러한 의미에서 샤르트르와 부르주의 색유리 장식과 아미앵 대성당 전면을 장식했던 거대한 크기의 원화창, 그리고 파리 생트샤펠(13세기)의 색유리 장식은 놀라움 자체였다. 특히 후자의 경우 빛은 단순한 테두리를 형성할 정도로 가벼웠기에 마치 건축 자체를 대체하는 것처럼 보였다[도판 7].

영적인 경험

13세기 말에는 색유리 가격이 매우 비쌌기 때문에 흰색 유리를 얇은 색으로 칠한 다음 경석이나 끝이 뾰족한 도구를 이용해 부분적으로 긁어내는 관행이 확산되었다. 같은 기간에 황색 안료를 사용하는 기술적 발전이 실현됨으로써 다양한 색을 실험할 수 있는 여지가 생겼다. 얇은 유리판 외부를 불에 구워 고정시키는 일종의 염색 과정으로, 색을 다양하게 표현할 수 있어 금속판을 합치는 마무리 금속 작업의 횟수를 줄여 주었다. 가장 유명한 색유리는 프랑스에서 제작된 것이었으나 자연주의를 추구하던 북유럽의 수준 높은 기술 덕분에 캔터베리 대성당, 요크나 스트라스부르에서처럼 주기적 전개의 조형 작품이 등장했다.

이탈리아의 경우

일반적으로 유리 세공 장인은 도안을 마련하고 작업이 종료될 때까지 모든 과정을 함께했지만 이탈리아에서는 이와 같은 역할이 분리되어 추진되었으며, 색유리 작업에서 회화적 효과를 담당하던 전문가들은 거의가 외부 출신이었다. 12-13세기에 색유리 장식은 반코의 마소Maso di Banco(1341-1346년에 활동), 타데오 가디(1295-1366), 아놀로 가디(약 1350-1396), 가디Gaddi 또는 필리네의 마에스트로(14세기 전반)와 같은 당대 최고의 예술가들이 기획했다. 13-14세기에 이탈리아에서 가장 잘 알려진 색유리 장식이 만들어졌다. 그것은 시에나 두오모(1287-1288)의 성가대석 색유리 장식으로 부오닌세냐의 두초가 도안을 짰다. 이 색유리 장식은 발과 날개를 이용해 색유리 작품의 테두리를 잡고, 성모 마리아를 향하고 있는 중앙 사각형 공간에 위치한 천사들 덕분에 진품으로 판명되었다.

| 다음을 참고하라 |

시각예술 예술과 탁발 수도회(853쪽); '승리의 그리스도'에서 '고통의 그리스도'까지(857쪽); 치마부에(860쪽); 조토(865쪽); 시모네 마르티니(889쪽)

다양한 주제와 주인공들

ARTI VISIVE

중세의 예술가들

| 마르첼라 쿨라티Marcella Culatti |

중세의 예술 작품들이 어느 정도는 익명으로 전해진 것이 사실이나 12세기부터는 상황이 바뀌어 수많은 예술가의 이름이 알려지기 시작했다. 그러나 화가와 조각가들이 수행했던 작업의 창조적-지적인 가치를 확인하는 데에는 큰 도움이 되지 못한다. 그들은 단순 수공업자로 여겨졌기에 지역 조합에 가입하여 관련 규정을 지킬 것을 강요받았다. 14세기 후반으로 접어들면서 시인과 작가들이 조토의 이름을 칭송한 덕분에 조형예술을 자유학예로 끌어올릴 수 있는 방안이 모색되었다.

이름과 서명

작품을 만든 예술가의 이름과 작품에 서명을 적어 넣는 것은 화가, 조각가, 건축가 등이 해당 시기에 누렸던 사회적 지위와 작품에 대한 평가, 그리고 예술가들에 대한 사고를 연구하는 데 필요한 두 가지 요인이다. 고대 로마 시대에는 예술가의 활동이 노예의 일이었기에 '시민의 자격'이라는 입장에서 극소수의 예술가만이 오늘날로 진승될 수 있었다. 반면에 중세는 익명의 시대였다. 몇 가지 예외를 제외하면 우리는 현존하는 코덱스를 제작한 사람들, 유럽 로마네스크 성당을 건설한 사람들, 성당 정문과 크고 작은 첨탑을 만든 조각가들의 이름을 알지 못한다. 이들은 고대 로마 또는 중세 건축 미술의 조각가, 목수, 건축가나 조각가를 위한 벽돌공을 구분하지 않았던 집단 노동자의 팀équipe에 속한 전체 구성원의 일부에 지나지 않았다.

하지만 12세기부터, 특히 13-14세기에 이탈리아를 비롯한 여러 지역에서 상황이 바뀌었다. 서명, 비문, 자료 등에 작품을 만든 사람의 이름이 남겨졌다. 란프랑쿠스와 모데나 두오모를 건축한 조각가 빌리겔무스부터 시작하여 니콜라 피사노와 조반니 피사노, 그리고 캄비오의 아르놀포에 이르기까지 일련의 유명한 인물(치마부에, 부오닌세냐의 두초, 시모네 마르티니, 조토, 피에트로 로렌체티와 암브로조 로렌체티)로부터 이름이 알려지지 않은 그들의 제자들까지 익명의 관습은 빠르게 사라져 갔다. 조반니 피사노는 1301년에 스스로를 '헛된 것을 시작하지 않는 자, 훌륭한 지식으로 행복한 니콜라의 아들'이라는 축원과 더불어 피스토이아 두오모의 (제단 관련) 양피지 문서에 서명했다. 예술가에 대한 사회적 개념과 고려가 급진적으로 변화되었음을 말해 주는 것이었으나 이것은 거대한 변화의 첫 단계였으며 현실은 또 달랐다.

기능인, 조합, 공방

중세의 조형예술은 계급적으로 자유학예보다 열등한 기계적인 기술이었다. 웅변가 마르티아누스 카펠라(5세기)가 규정했듯이 스콜라 철학이 수용했던 자유학예는 문법학, 수사학, 논리학의 3학과 산술, 기하, 음악, 천문의 4과였다. 모두 지적 영역의 활동으로 정신적인 노동과 주로 문헌을 통해 추진된 연구를 필요로 했다. 반면 기계적인 기술은 자연 철학과 실용 학문과 타협된 것이었다. 재능의 결과가 아니었기에 저급한 평가를 받았다. 예술가의 명칭은 화가, 조각가 또는 건축가를 가리키는 것이 아니라 박사와 지식인을 의미했다. 그들은 기능인artifices, 예를 들어 재봉사, 목수, 대장장이와 같이 구체적인 물품을 생산하는 사람을 뜻했다. 행성에 대한 천문학적인 표현과 관련하여 상인, 시계 수리공, 악기 제조인, 여관 주인 외에도 근면한 이들을 후원하는 신성인 수성水星의 아들로 묘사되었다.

예술가와 수공업자

예술가는 수공업자나 상공인과 마찬가지로 직업 조합이나 자신들의 조직 안에서 유형별로 모이는 다양한 협회에 가입했다. 그리고 이를 통해 자신의 활동을 스스로 통제했으며 자신이 속한 조직을 대변하기도 했다. 이들은 모든 시민 조직을 대상으로 했기에 다양한 명칭으로 불렸다(피렌체의 아르테Arte, 베네치아의 마트리콜레Matricole, 파도바의 프라글리에Fraglie, 독일 지역의 길드Gilde 등). 피렌체의 화가들은 의사와 향신료 조합(화가에게 필요한 재료를 기준으로)과 실크 조합에, 건축가와 조각가들은 돌과 목재, 벽돌공과 목수 조합에 가입했다. 이것은 사회 조직의 내부에서 이들에게 부여된 역할이 통합되었음을 의미했다.

조합과 예술가 양성

조합들은 교육 시기와 방법을 성문화하고 활동 과정에서 지켜야 할 규칙을 마련함으로써 예술가의 삶에 영향을 미쳤다. 예술가 양성은 10-13세기에 시작되었고, 공증인 문서를 통해 장인과 제자의 관계를 규정했다. 조합에 가입한 장인은 젊은 제자들에게 작업을 가르치고 필요에 따라 음식과 거처를 제공했다. 노동의 대가로는 합의한 금액을 제공했다. 교육 과정은 기본적인 활동(작업 환경을 청결하게 유지하고 접착제와 색소 등을 준비하는 일)에서 시작하여 도안을 그리고 대상을 복제하는 일을 거쳐 장인이 완성한 작품에 부수적인 작업을 수행하는 일로 나아갔다. 교육은 3-5년에 걸쳐 진행되었지만 보통 수습 기간으로 3-4년 정도 더 일했다. 조수 자격으로 일한 셈이다. 20-25세의 나이에 이르면 조합 가입을 전제한 시험을 통과하여 스스로의 능력으로 일할 자격을 획득했다. 조합 가입비는 장인 문하에 들어오는 자가 지불하는 정해진 금액에 비해 상대적으로 적었다. 왜 부친의 활동을 이어받거나 문하생을 두는 공방이 형성되었는지 이해할 수 있는 부분이다. 예술가로서의 활동을 선택하게 만드는 것은 (현재의 판단 기준인) 소질과 재능이 아니라 화가나 조각가를 다른 수공인들의 판단에 따라 평가한다는 개념에서 기원하는, 다른 유형의 관심이었다.

일단 조합에 가입한 예술가는 활동 수행에서 조합의 규정인 재료의 품질과 사용에 관한 규제, 축일에는 작품 활동을 금하는 것, 외부 예술가로 하여금 지역 예술가가 피해를 입지 않게 하는 보호주의 관행, 계약 조건에 따른 행정 양식 등을 준수해야 했다.

예술가와 작품 의뢰인의 관계

작품 구성에 대한 주요 사항은 예술가가 아닌 작품 의뢰인이 결정했다. 현존하는 당시의 계약 문서를 통해 작품 의뢰인이 작품 재료, 염료, 묘사할 인물 수, 성화 등을 결정하고 구체적인 모델을 어떻게 설정했는지를 알 수 있다. (그 이유가 궁금하기는 하지만) 협력자가 아니라 예술가가 직접 작품에 개입하기를 요구하는 경우는 드물었다. 한 가지 의미 있는 사례로, 1308년에 부오닌세냐의 두초(약 1255-1318/1319)가 시에나 두오모의 〈마에스타〉 제작을 위해 체결한 계약서를 들 수 있다(시에나, 두오모 오페라 박물관). 내용에 따르면 두초는 작품을 완성하기 전까지는 다른 작품을 맡을 수 없고 제작 도중 사망한 경우에는 그의 가족이 다른 공방에 의뢰하여 작품을 완성해야 했다. 계약서는 화가에게 일상으로 작업에 임할 것을 요구했지만 직접적인 개입을 강요하는 것이 아니라 작품 제작 기간 동안 공방에 있을 것을 규정했을 뿐이다. 오늘날과는 많이 다른 개념으로, 완전히 상반된 평가 또는 작업 품질에 대한 무관심을 보여 주었다. 게다가 중세에는 한 공방이 다른 공방에 자신이 의뢰받은 목판이나 프레스코화의 제작을 의뢰하는 하청 관행이 드물었고, 이 때문에 13-14세기의 작품에 서명이 들어간다고 항상 가치를 획득하는 것은 아니었다. '시에나 두오모의 〈마에스타〉에 두초가 서명을 적어 넣은 것Sancta mater Dei sis causa Senis requiei, sis Ducio vita quia te pinxit ita'은 화가가 고향의 시민들 곁에서 스스로를 성모의 봉납물로 바치는 방식의 하나였다. 볼로냐 미술관에 소장되어 있는 조토(1267-1337)가 서명한 폴립티크에 대해서 비전문가들은 조토가 작품 제작에 참여한 증거라 주장했다. 서명은 일종의 공방 직인과 같은 개념이었으며, 다른 수공업 생산품들과 유사하게 구체적으로 어느 공방에서 이 상품이 제작된 것인지를 보장하는 역할을 했다.

14세기 문예에서의 조토

예술에 대한 새로운 이상

조토는 생전에 이미 유명한 화가였으며, 14세기의 문예 문헌에서 수없이 인용되었다. 단테(1265-1321)는 『신곡』에서 치마부에와 조토를 언급하면서 명성의 허무함에 대해 다음과 같이 지적했다. "당신들은 치마부에가 회화에서 명성을 얻었다고 믿지만 조토는 이제 그의 명성이 암울한 것이라고 말한다네"(『신곡』 「연옥편」 11장 94-96). 단테는 상대적으로 중요성이 떨어지는 다른 두 명(구비오의 오데리시, 볼로냐의 프랑코)과 두 명의 시인(귀니첼리, 귀도 카발칸티)도 언급했다. 회화와 자유학예의 반열에 오르면서 이제는 시 영역까지도 포함하는 조형예술 전반의 달라진 위상에 대한 첫 번째 증거라 하겠다. 이러한 차원에서 페트라르카(1304-1374)와 보카치오(1313-1375)의 구절은 상당한 의미를 가진다. 1370년에 페트라르카는 자신의 후원자이자 친구인 파도바의 영주에게 조토의 목판 작품을 선물했다("지적이지 못한 무식한 자들은 이 작품의 아름다움을 이해하지 못하지만 대가들을 놀라게 한다cuius pulchritudinem ignorantes non intelligunt, magistri autem artis stupent"). 『데카메론』의 여섯 번째 날의 다섯 번째 이야기에서 보카치오는 조토를 "수세기 동안 현명한 지식인들을 즐겁게 해 주기보다는 무식한 자들의 눈을 즐겁게 하려는 소수 예술가의 잘못 때문에 땅 속에 묻혀 있던 예술을 다시 발굴해 낸" 인물이라고 정의했다. 교황 그레고리오 1세(약 540-

604, 590년부터 교황)는 회화를 가난한 자들의 성서로 정의하면서("읽을 줄 아는 자들을 위한 글은 교육을 받지 않은 자의 눈에는 회화다quod legentibus scriptura, hoc idiotis cernentibus praebeat pictura") 문맹인과 단순한 자들에게 이론적인 개념을 알려 주기 위한 도구로서의 회화의 가치를 인정했다. 반면에 14세기 후반 조토의 사례를 통해서 회화는 식자들, 즉 회화의 아름다움을 이해하는 유일한 자들을 위한 수단으로 승격되었다. 다시 말해 손이 가진 능력에 의한 결실이자 예술가의 재능에 따른 결과로 인정받았다. 또한 정신적인 사색의 결과며 지식인을 위한 음식과 다름없었다. 이로부터 르네상스를 거치면서 조형예술을 자유학예로 새롭게 거듭나게 할 여정의 첫 단계가 시작되었고, 예술가의 신분도 승격되었다. 첫 시도는 피렌체에서 시작되었다. 피렌체의 인문주의자인 필리포 빌라니(1325-약 1405)는 『피렌체의 기원과 이 도시의 유명한 시민들에 관하여De origine civitatis Florentiae et eiusdem famosis civibus』(1381-1382)에서 군인, 정치인, 시인 외에도 예술가를 도시의 영광을 위한 새로운 요인이라 칭송하면서 "어떤 화가들의 경우 자유학예의 대가들에 비해 결코 재능이 떨어지지 않았다"고 했다.

| 다음을 참고하라 |
시각예술 니콜라 피사노(833쪽); 조반니 피사노(838쪽); 조토(865쪽); 13-14세기 직인 조합의 역할(918쪽)

시모네 마르티니

| 루카 리아르도 |

14세기에 피렌체와 시에나는 중요 예술 도시였다. 피렌체 출신 조토는 형태와 공간에 대한 연구에 몰두한 반면에 시모네 마르티니는 알프스 이북에 확산된 고딕 예술의 영향으로 선의 리듬과 색상의 세련됨을 추구했다. 시에나 회화의 새로운 양식은 그를 통해 이탈리아의 여러 도시로 확산되며 프랑스 아비뇽까지 알려졌고, 시모네의 표현법은 이곳에서 국제 고딕 예술의 뿌리가 되었다.

시모네 마르티니의 예술 문화: 〈마에스타〉와 초기의 작품들

시모네 마르티니(약 1284-1344)의 활동에 관한 첫 증언은 1315년으로 거슬러 올라간다. 이 해에 그는 시에나 자치 도시 시청사의 마파몬도의 방에 프레스코화 〈마에스타〉를 완성하고 자신의 서명을 남겼다.

최근의 복원 작업으로 9인 정부가 의뢰했던 〈마에스타〉가 여러 시기에 나누어 완성되었다는 것이 밝혀졌다. 1312~1313년에 시작되어 1315년에 완성되었으며, 1321년에는 양식과 도상(화), 그리고 원래 기록한 문장을 수정하기 위한 복원을 마쳤다. 벽화의 가장 오래된 부분인 거대한 액자 상단에 위치한 초상은 시모네 마르티니가 부오닌세냐의 두초(약 1255~1318/1319)의 공방에서 교육받았음을 증명한다. 두초의 특징은 시에나 미술관에 있는 초기 작품 〈성모와 아기 예수〉(n. 583)와 〈자비의 성모Madonna della Misericordia〉(1308~1310)에서도 드러난다.

예술적 경험에 대한 관심으로 그는 일찍부터 두초를 추종했다. 〈마에스타〉는 조토(1267~1337)의 3차원적인 회화와 특히 알프스 이북의 고딕 예술이 보여 주는 예술적 표현의 영향을 받은 작품이다. 깊이에 대한 착각을 불러일으키는 발다키노baldacchino(교회 제단이나 옥좌에 고정된 영구적인 장식 천개*) 하단에 등장하는 비스듬한 선들로 묘사된 천상의 공간은 조토로부터 유래했다. 시모네는 알프스 이북의 고딕 예술에 대한 지식을 작은 크기의 물품(소형 조각품, 그림, 자수, 채색 장식)과 시에나의 귀금속 세공사들을 통해 이탈리아에 소개한 예술가였다. 교황 니콜라오 4세의 성찬용 술잔을 제작한 유능한 수공인 마나이아의 구치오Guccio di Mannaia(1291~1318년에 활동)의 재능은 일찍이 13세기 말에 세련된 필체와 고딕 양식의 표현을 대표하는 작품들, 이를테면 메트르-오노레Maître Honoré가 필리프 4세(1268~1314, 1285년부터 왕)를 위해 채색 장식한 『성무일과서Breviario』(1290~1295), 웨스트민스터 사원의 제단 배후에 그린 제단화retablo 또는 영국 자수인 오푸스 앙글리카눔opus anglicanum을 통해 알려졌으며, 자수로 인물의 모습을 수놓은 수많은 영국 옷감과 작품에서 생명력을 유감없이 발휘했다. 시모네는 귀금속 세공사들과의 접촉을 통해 몇 가지 실험을 추진했다. 프레스코화에 간단한 도안, 후광을 위한 꽃 장식과 특히 바탕과 후광 또는 금속 봉을 관통하는 의복에 장식 요인을 음각 틀로 색인하는 봉인 기술을 풍부하게 반영했던 것이다. 이탈리아 프레스코화에 처음으로 다양한 재료를 사용하는 특징이 나타났는데, 금속 재료 사용, 금칠된 얇은 판자, 성모 마리아의 망토를 닫는 브로치의 수정 보석, 왕좌와 종이에 잉크로 쓴 카르투슈cartouche(소용돌이꼴 장식*)를 들고 있는 어린 예수의 후광에 보이는 교회당église이 그것이었다.

고딕의 영향

시에나의 예술적 표현의 확산: 아시시와 나폴리에서의 시모네 마르티니

시모네는 유럽의 고딕 회화를 대표하는 〈마에스타〉를 통해 이탈리아의 여러 도시에서 작품을 의뢰받았다. 시에나 회화의 특징이 확산된 것도 그가 여러 도시에서 활동한 덕분이라고 할 수 있다.

시모네 마르티니가 아시시에 남긴 '이야기'

아시시의 성 프란체스코 대성당 아래층 성당 내부에 위치한 산 마르티노 예배당의 색유리 장식과 프레스코화는 1312년에 추기경 몬테피오레의 젠틸레 포르티노(1250-1312)가 제작을 의뢰한 것이었다. 그는 아시시에서 조토의 원근법을 접했고, 제작 과정에서 배경으로 야코부스 데 보라지네의 『황금 전설』과 술피키우스 세베루스Sulpicius Severus의 『생애Vita』에서 영감을 얻어 '투르의 성 마르티노의 일생Storie di San Martino di Tours'을 배경으로 삽입했다. 조토와 시모네는 현실의 이면에 관심이 있었다. 하지만 조토는 조각처럼 견고하게 인물을 삽입할 수 있는 공간을 표현하는 데 노력한 반면 시모네의 가시성에 대한 연구는 인물에 대한 세밀한 묘사와 직물, 대리석, 귀금속 같은 물품의 물리적 견고함의 표현에 집중되었다. 조토의 기하학적인 통일성은 인물과 그들이 걸친 아름다운 옷의 주름을 통해 표현되었고, 밝고 빛나는 색으로 품위를 유지하는 선들의 물결에 따라 형태가 변화되었다.

중세적 배경

성인 이야기는 시모네 마르티니가 관습과 풍속을 묘사하려 했던 중세 궁정의 세속성과 기사도에 침잠했다. 〈성 마르티노의 서임Investitura di San Martino〉은 성 마르티노라는 로마 군인을 신성화하려는 것이 아니라 지극히 다양해진 사회 여건 속에 등장하는 음악가와 성가대, 그리고 중세 기사들이 펼치는 예식을 통해 축원된 중세 시대 전사의 신성화였다. 같은 맥락에서 〈무기의 포기Rinuncia alle armi〉에는 14세기 헝가리 전통 의상을 입은 한 무리의 군인이 등장한다. 시모네의 초상화에 대한 관심은 의뢰인인 젠틸레 포르티노가 성 마르티노 앞에 무릎을 꿇은 채 자신의 육체적 단점(비만, 대머리, 곱슬머리, 촌스러운 외모 등)을 드러내는 〈제실의 봉헌Dedicazione della cappella〉에서 더욱 확실하게 나타났다. 여기에는 시에나의 〈마에스타〉와 비슷하게 간단한 초안들, 수지, 얇은 금속 판자와 그림 표면에 움직임을 부여하고 품격을 제공하는 봉인이 사용되었다.

아치의 내부 공간에 나폴리 왕 앙주의 로베르(1278-1343, 1309년부터 왕)와 형제이며 같은 해(1317) 성례에 가입한 툴루즈의 성 루이(1274-1297)의 모습이 그려졌다는 점을 고려할 때, 프레스코화 연작은 1317년에 완성되었을 것으로 추정된다. 몬테

피오레의 젠틸레 포르티노(1312)가 죽은 후에는 앙주 가문이 시모네에게 작품을 의뢰한 주체로 여겨졌으며, 이러한 이유로 그는 오른쪽 수랑에 성녀 엘리자베타에게 헌정된 제단(에서는 그녀가 앙주 가문의 수호성인들에 둘러싸인 모습으로 등장한다)을 그려 넣었다.

로베르의 대관식을 거행하는 툴루즈의 루도비코

시모네 마르티니는 왕을 위해 산 로렌초에 위치한 앙주 가문 예배당 목판에 〈자신의 형제인 앙주의 로베르에게 나폴리 왕의 왕관을 씌워 주는 툴루즈의 성 루이San Ludovico di Tolosa che incorona re Roberto〉를 완성했다(나폴리, 카포디몬테 국립미술관). 성직자가 되기 위해 왕위를 포기했던 성 루이는 그림 전면에서 두 천사로부터 천상의 대관을 받으며 지상의 대관은 동생에게 준다. 형의 왕권을 찬탈한 로베르에게 향했던 비난을 잠재우려는 의도로 제작된 성화였다. 시모네는 금칠과 많은 귀금속으로 장식한 폴리마테리카polimaterica에서 궁정의 호사로운 취향을 부수적으로 다루었다. 루이가 입은 프란체스코회 수도복도 화려했다. 진짜 보석들, 진주가 달린 주교의 두건을 쓴 그는 자수를 놓은 지팡이를 든 채 보석으로 치장된 왕관을 머리에 쓰고, 어깨에는 진짜 유리로 만든 브로치로 고정된 금빛 망토를 걸치고 있다. 시모네는 대조법을 사용했다. 그는 성 루이를 그림이 아니라 진짜 성인처럼 보일 수 있게 묘사함으로써 세심히 이목구비를 그려 넣은 로베르와 구분했고, '성인의 일생Storie della vita del santo'이 그려진 기저판은 회화적인 묘사법으로 처리했다.

나폴리에서의 활동 이후 1317-1326년에는 여러 의뢰인을 위해 자신의 공방에서 여러 폭의 제단화를 제작했다. 피사, 산 지미냐노, 시에나, 그리고 오르비에토, 피사의 산타 카테리나 교회(피사, 산 마르티노 국립미술관)의 제단화는 두초가 시에나에서 제작했던 다폭 제단화의 구조에 새로운 변화를 주었다고 평가되었다. 기저판을 도입한 덕분에 묘사할 수 있는 성인의 수는 증가했다. 금빛 바탕의 광도光度도 이로 인해 증가했으며, 장식은 펜덴티브pendentive 깃털 장식에 세 잎사귀 장식과 금빛 줄기의 반원이 추가되어 한층 풍부해졌다.

시모네의 세속 권력을 위한 작품 활동: 〈폴리아노의 귀도리초〉와 〈수태고지〉

민중 노선과 친교황파를 채택한 시에나의 9인 정부는 정치 홍보를 위한 도구로 도상을 활용했고, 시모네 마르티니는 그 통역을 담당했다.

1321년에 시에나로 돌아온 그는 〈마에스타〉 복원에 몰두했다. 성모의 옥좌에 속어로 적어 넣은 비문에서 그는 9인 정부에게 정의와 사회적 평등의 원칙에 따라 통치할 것을 권고했다. 그리고 『지혜의 서Libro della Sapienza』에서 인용한 동일한 주제를 어린 예수가 들고 있는 카르투슈에 적어 넣었다. "정의를 심판하라, 땅을 사랑하는 자들이여Diligite iustitiam, qui iudicatis terram." 이 격언은 얼마 후 암브로조 로렌체티(약 1290–1348)가 〈좋은 정부의 알레고리Allegoria del Buon Governo〉**[도판 11]**에 반복적으로 사용했다. 시모네 마르티니가 민중을 위해 제작한 (팔리오palio〔시에나의 전통 축제*〕의 말 경주 승자에게 주어지는) 휘장, 깃발, 장식 가구, (입출금 장부) 하드커버 겉장, 스칼라 병원의 프레스코화, 도시 성문 대부분은 현존하지 않는다. 오늘날에 주요 작품 2개만 남아 있는데, 시에나 자치 도시 시청사 건물의 마파몬도의 방에 그린 〈폴리아노의 귀도리초〉와 시에나 두오모에 제작한 〈수태고지Annunciazione〉가 그려진 탁자(피렌체, 우피치 미술관)다.

분실된 작품들

프레스코화 〈폴리아노의 귀도리초〉는 9인 정부가 마렘마Maremma 지역으로 세력을 확장하는 것을 기념한 현존하는 유일한 작품이다. 시선이 민중 대장에서 그의 어깨를 거쳐 자연 경치로 확장되는 것은 9인 정부가 노골적으로 요구한 것으로, 생생한 자연 풍경에 대한 참구를 의미했다. 이러한 이유로 시모네는 자연 배경의 초상을 시도한 첫 번째 인물로 거론되었다.

1333년에 시모네와 처남 리포 멤미Lippo Memmi(?–1356)는 시에나 두오모에 〈수태고지〉를 완성하고 공동으로 서명을 남겼다. 예술가가 서명을 남겼다는 것은 이 작품이 역사적 사실로 남게 됨을 의미했다. 화가에게는 협력자가 있었지만 이름이 기재되지는 않았다. 공방 책임자의 의무는 완성품의 품질과 동질성을 보장하는 것이었기에 리포의 서명이 예외적으로 등장한 것으로 다양한 가설이 제기되었다. 리포 멤미가 측면 구획에 성인을 그려 넣었을 것이라는 주장, 액자 틀에 음각을 남겼다는 주장, 기술적–장식적인 부분을 담당했을 것이라는 주장 등이다. 가장 신빙성이 높은 가설은 작품 전체에 두 대가의 협력이 있었을 것이라는 주장이다.

예술적 협력

그림에서 천사가 성모 마리아에게 "마리아여, 주님께서 당신과 함께 하십니다Ave gratia plena dominus tecum"라고 속삭인다. 놀란 그녀는 몸을 뒤로 물린다. 원근법의 효과로 바닥이 가깝게 느껴지고 옥좌가 사선에 닿아 있기는 하지만 화가는 복잡한 공간 구성을 거부했다. 이야기의 신성한 효과는 금의 찬란함과 품격 있는 선으로 연출되었다.

아비뇽의 시모네: 국제 고딕 예술의 서막

1336년에 시모네는 아비뇽으로 갔다. 당시에 여러 예술가가 새 교황청이 있는 아비뇽으로 옮겨 갔다. 대부분은 교황청 건물 내부 공사를 위해 한 팀으로 작업에 참여했는데, 그를 비롯한 일부 예술가들은 이탈리아 추기경들과 긴밀한 관계를 유지하고 있었다. 시에나의 화가들은 추기경 야코포 스테파네스키(약 1270-1343)의 의뢰로 노트르담의 반구형 교회(기둥만 있고 벽이 없는 복도로 둘러싸인) 정원에 프레스코화를 그렸다. 이렇게 성모가 옥좌가 아닌 땅에 앉아 아들에게 젖을 먹이는 〈겸허의 성모Madonna dell'Umiltà〉가 탄생했다.

노트르담의 반구형 교회

아비뇽의 대도시적인 분위기는 예술가, 문학가, 인문주의자, 그리고 신학자의 교류를 촉진시켰다. 시모네 마르티니는 페트라르카를 위해 그의 연인 라우라의 초상(지금은 분실되었다)을 완성했다. 그녀에 대해서는 『칸초니에레』의 두 소네트("물론이죠 나의 시모네 마르티니는 천국에 있어요"와 "그가 높은 이상을 품고서 시몬에게 왔을 때")와 세르비우스Servius(4세기)가 집필한 베르길리우스의 작품이 담긴 페트라르카의 코덱스 전면에 채색 장식한 〈베르길리우스의 알레고리Allegoria Virgiliana〉(밀라노, 암브로조 도서관)가 현존한다. 이것은 그의 현존하는 유일한 채색 장식화로, 수채화 기법과 용해제를 사용한 템페라 화법(주로 계란 등을 용매로 사용해 안료와 섞어 물감으로 만든 기법*)을 통한 투명함과 색채 떨림의 효과를 보여 준다[도판 27].

| 다음을 참고하라 |
시각예술 조토(865쪽); 부오닌세냐의 두초(875쪽); 모자이크, 프레스코화, 색유리 장식(880쪽); 중세의 예술가들(885쪽); 로렌체티 형제(894쪽)

로렌체티 형제

| 루카 리아르도 |

피에트로와 암브로조 로렌체티 형제는 시모네 마르티니와 함께 14세기의 시에나 회화를 대표한다. 피에트로의 예술 경험 중심에는 강한 감성적 충동을 불러오는 격정적인 이야기와 이상적인 것에 대한 세심한 복원이 자리했다. 암브로조가 피렌체에

머물던 시기에 제작한 작품들은 도시와 농촌의 풍경이 지배적이었다. 그것은 복합적인 원근법과 고전 예술에 대한 깊은 존경을 의미했다.

피에트로 로렌체티의 예술성

14세기 예술의 가장 두드러진 특징을 꼽자면, 특히 조토(1267-1337)의 영향으로 자연주의가 회화에 다시 등장한 것이다. 이것은 자연 현상을 사실적으로 표현하면서 현실을 폭넓게 모방하려는 경향으로 해석될 수 있다. 다수의 역사학자에 따르면 시각에 대한 연구에 매진하던 옥스퍼드 대학의 학자(로저 베이컨, 오컴의 윌리엄, 둔스 스코투스)에 의해 자극되어 성립되었다. 시에나의 화가 피에트로 로렌체티(약 1280-1348)의 공로는 원근법, 특히 인위적이지 않게 기술된 극적인 감성을 표출하는 차원에서 사물을 세심하게 재현하려고 노력한 것이었다.

아시시 대성당의 프레스코화를 통해 본 초기와 말기 활동

부오닌세냐의 두초(약 1255-1318)의 공방에서 교육받은 피에트로 로렌체티의 성숙함은 아시시의 성 프란체스코 대성당 아래층 성당에 그린 프레스코화에서도 발휘되었다. 왼쪽 수랑에 그려진 프레스코화 연작은 2개의 3폭 제단화 〈그리스도의 수난〉과 〈그리스도의 사후Storie post mortem di Cristo〉로 구성되었으며, 1310년경에 시작되어 친황제파인 프란체스코의 무치오Muzio가 친교황파로부터 완전히 추방된 1319-1322년에 완성되었다.

피에트로 로렌체티가 완성한 3폭 제단화 〈세례 요한과 성 프란체스코에 둘러싸인 성모와 아기 예수Madonna col Bambino tra san Giovanni Battista e san Francesco〉(1310-1315)는 오르시니 가문 예배당에 그린 작품으로 그의 고유한 화풍이 잘 드러나 있다. 그는 성모를 해부학적인 전형으로 고찰했으며, 두초의 목판에서 볼 수 있는 깊은 비애감을 연출했다. 반면 측면에 묘사된 성인들에는 조토의 명암법과 조각가 조반니 피사노(약 1248-1315/1319)의 영향이 잘 드러났다. 두초와 조토의 사이에서

〈그리스도의 수난〉과 〈그리스도의 사후〉(1315-약 1322)는 사실적 소명이라는 특징을 가지고 있었다. 피에트로는 별의 위치를 바꿈으로써 낮밤의 시간 흐름을 그림에 묘사하는 데 성공한 최초의 중세 화가였다. 〈최후의 만찬〉에서 막 떠오른 달이 높

은 곳에 위치하고 있다면 〈그리스도의 포박Cattura di Cristo〉에서의 달은 무수한 별자리와 떨어지는 별을 배경으로 지평선 아래로 지고 있다. 시간은 별들도 없는 푸른 하늘과 천사들의 비행을 배경으로 멈추어 있다.

조가비 형태와 유사한 육각형 정자 위에 그려진 〈최후의 만찬〉은 조토의 새로운 원근법이 반영된 결과였다. 더욱 놀라운 것은 용기에 대한 주제의 세심한 묘사와 일상생활의 단면이었다. 노예들이 그릇을 닦고, 개는 남은 음식을 먹고 있고, 고양이는 휴식을 취하고 있는데, 여기서 그림자(음영)가 처음 등장했다. 화덕의 불이 부엌을 밝히자 사물과 동물의 그림자가 벽과 바닥에 나타난다.

그림자의 등장

피에트로는 트롱프뢰유를 그렸다. 수랑의 안쪽 벽면에는 모피 안감의 천을 씌운 나무 의자가 있고, 그 앞의 두 번째 3폭 제단화인 〈성 프란체스코와 성 에반젤리스타 사이에 위치한 성모와 아기 예수Madonna col Bambino tra I santi Francesco e Giovanni Evangelista〉 아래에는 제단에서 사용되는 물품들인 둥글고 목이 가는 병과 책, 그리고 가리비 조개가 함께 놓여 있다. 학자들은 '정물'이 15세기 플랑드르의 계몽주의적인 회화를 이끈 전례로 간주했다.

목판 작품들

중세 예술에 '아기 예수와 성모'나 '그리스도의 십자가 처형' 같은 몇 가지 주제가 반복적으로 등장한 것은 새로움을 거의 수용하지 않는 성화의 속성과 관련 있었다. 화가의 창조성은 사전에 구상된 구도를 새롭게 하는 것으로만 드러날 수 있었다.

피에트로가 서명한 첫 작품은 아레초의 산타 마리아 교회 교구당에 그린 폴립티크(1320)였다. 세례 요한이 눈빛으로 어머니와 대화를 나누고 있는 아기 예수를 엄지손가락으로 가리키는 모습은 전례가 없는 것이었다. 〈수태고지〉의 액자는 성모의 집 일부로 사용되었고, 성모 마리아는 천사가 그려진 공간과는 다른 깊이로 묘사된 방에 있다.

시에나의 〈성모의 탄생〉

피에트로의 목판 작품에서 드러난 특징은 1335년에 시에나 두오모를 장식할 목적으로 제작이 의뢰되어 1342년에 완성된 3폭 제단화 〈성모의 탄생〉(시에나, 두오모 오페라 박물관)에서 보다 발전된 형태로 반복되었다. 액자는 두가지의 배경으로 착시 효과를 내는 건물의 핵심 부분을 차지했다. 3폭 제단화의 가운데와 오른쪽 부분은 신생아인 성모와 두 산파가 함께 있는 성모의 어머니 안나의 방을 가리키고 있다.

반면 성모의 부친 요아킴이 기다리던 소식을 듣기 위해 어린아이에게 귀를 기울이고 있는 왼쪽 부분은 그림 안쪽을 향하고 있는 정원 덕분에 깊이가 강조되었다. 가재도구에 대한 묘사는 보다 세밀했다. 바닥의 자개 장식 벽돌, 꽃무늬 대야, 산파의 손에 들려 있는 물병, 마름모꼴로 접은 수건과 안나가 깔고 앉은 스코틀랜드산 담요 등이 그렇다.

피에트로는 고대 예술에 관심을 가졌다. 그 관심은 동생 암브로조(약 1290-1348)가 계승했다. 예를 들어 (지금은 존재하지 않지만) 시에나의 성 프란체스코 대성당에 그린 프레스코화 연작의 일부인 〈그리스도의 재림Cristo risorto〉에서 예수는 고대 로마인과 같은 모습으로 석관 앞 하단에서 땀을 닦는 데 사용하는 주름이 잡힌 마 수건을 들고 서 있다. 1348년 이후로 피에트로의 회화 작품이 없는 것은 시에나 주민 상당수를 죽음으로 몰고 간 흑사병 때문으로 보인다.

암브로조 로렌체티의 활동: 시에나와 피렌체

암브로조 로렌체티의 활동은 형의 그것과 뒤늦게 접점을 형성했다. 두 사람의 관계는 1355년에 시에나의 산타 마리아 델라 스칼라 병원에 그려졌으나 지금은 파괴되어 없는 프레스코화에 형제가 의도적으로 남긴 서명을 통해 짐작할 수 있다(서명은 1649년에 우구르지에리 아촐리니Ugurgieri Azzolini가 쓴 『번영의 시에나Le pompe sanesi』에서 볼 수 있다). 형제는 이런저런 일을 하고자 함께 공방을 운영했을 것으로 추정하나 예술적 개성은 달랐다.

다른 예술가들과의 비교

전문가로의 성장에 있어 암브로조는 두초, 피에트로, 시모네와는 달랐다. 두초의 제자로 예술가 교육을 받은 그는 수차례 피렌체에 머물렀다. 그의 개인적인 재능은 두초와 조토에 대한 연구에서 기원했다. 조토 덕분에 공간 연구에 관심을 가졌지만 피렌체 화가였던 조토와는 달리 암브로조는 인물에 입체감을 부여하기 위한 방법으로 명암보다는 색칠된 부분을 진하게 처리하는 굵은 외곽선 효과를 활용했다. 이 방법은 인물을 부풀리고 확대된 모습으로 보이게 했는데, 시에나의 전통을 따라 활기차고 빛나는 색으로 마무리했다. 초기작인 〈성모와 아기 예수〉(1319)와 1330-1340년에 제작되어 현재는 대부분을 시에나 미술관이 소장 중인 예수와 성모의 끈끈한 모자 관계를 특징적으로 보여 주는 수많은 〈성모와 아기 예수〉 같은 목판 작품에서 특징이 잘 드러난다.

성 프란체스코 대성당의 프레스코화

하지만 많은 작품이 소실된 탓에 암브로조의 활동을 판단하는 데에는 한계가 있다. 훗날 조각가 로렌초 기베르티(1378-1455)는 그를 "완벽한 스승, 위대한 재능의 화가perfectissimo maestro, huomo di grande ingegno"로, 시모네 마르티니는 "매우 훌륭한 molto migliore" 인물이라고 평가했다(로렌초 기베르티, *I commentarii*, 1447-1455). 특히 성 프란체스코 대성당과 수도원 회랑에 그린 (현재는 단 2개의 일화만 남아 있는) 프레스코화 연작(1336-1337)에 찬사가 집중되었다. 〈세우타에서 7명의 프란체스코회 수도사의 순교Martirio dei sette francescani a Ceuta〉의 등장인물들은 각각의 물리적인 특징, 즉 인물들의 다양한 심리 상태를 보여 주는 여러 몸짓으로 구분되었다. 중앙 부분에는 엄숙한 눈빛의 술탄이 칼을 무릎에 올려놓은 채 왕좌에 앉아 있고 아래에는 동방의 의상을 입은 귀족들이 자리 잡고 있다. 고문을 당해 불안에 떨고 있는 수도승들부터 공포에 질린 타타르족 여성들, 몇 명의 프란체스코회 수도승들의 머리를 자른 군인의 잔인한 동작에 이르기까지, 여러 종류의 절망이 그림 첫 줄에서 교차했다. 잘린 머리들 중 하나는 입이 닫혀 있다. 원근법적 묘사로 고대의 조각 작품들로부터 암시된 것이라고 추정할 수 있다. 화가는 사원을 그가 고전 시대의 동상에 대해 갖고 있는 관심을 시각적으로 보여 주는 7대 죄악을 뜻하는 작은 조각상으로 장식했다.

시에나 자치 도시 시청사 건물의 프레스코화

1338-1339년에 암브로조 로렌체티는 시에나 자치 도시 시청사 건물의 9인 정부의 방에 〈알레고리Le Allegorie〉와 〈좋은 정부와 나쁜 정부의 영향Effetti del Buono e Cattivo Governo〉을 그린 대가를 받았다. 프레스코화 연작은 역사, 천문학, 고전(아리스토텔레스의 저술들), 그리고 중세(성 토마스)의 다양한 자료를 총망라하는 복잡한 이론적 장치에 의존했다. 정부의 두 가지 유형에 대한 비유는 각각 선과 악의 의인화로 표현되었다. 한편에서는 정의와 올바른 정부의 자치 도시가, 다른 한편에서는 사악한 정부의 악마적인 독재가 대조를 이루는 구도였다. 그림의 상징들은 작품 의뢰 때부터 설정된 것이지만 구상은 전적으로 화가의 몫이었다. 〈도시와 농촌에서 볼 수 있는 좋은 정부의 영향Gli Effetti del Buon Governo in città e in campagna〉은 창문을 통해 들어오는 자연광을 활용하기 위하여 방의 긴 벽면들 중 하나에 그려졌다[도판 12, 13].

세밀한 묘사

시에나 두오모의 첨탑, 귀족 가문의 탑이 있는 저택, 수공업 공방, 학교에 가는 아이들, 일하고 있는 벽돌공, 앞줄에서 소녀들이 둥근 원을 그리며 춤추는 모습 등은 도시의 화합을 암시했다. 콘타도의 안전을 보장하는 날개 달린 안전Securitas의 상징도 등장했다. 매사냥을 하는 아이들, 씨를 뿌리는 농부들, 달리는 동물들, 암브로조의 수준 높은 시詩를 증언하는 목가적인 장면과 상상의 표현도 연출되었다. 노동은 관련 없는 계절을 배경으로 하며, 농촌에는 수많은 물줄기가 흐르고, 심지어 바다로 향하는 출구도 보인다(중세에 시에나는 바다로 진출하지 못했다). 이 프레스코화 연작은 서양 예술에서 세속적인 주제의 첫 작품이었으며, 도시와 농촌의 풍경을 함께 묘사한 최초의 사례였다.

암브로조의 마지막 작품에 반영된 공간 연구

공간에 대한 관심은 1340년대의 암브로조 작품의 핵심이었다. 착각을 일으키는 깊이에서는 피에트로보다 한층 엄격하게 내면을 되살리는 전문성을 가지고 있었다. 시에나 두오모에 그린 〈신전에 예수를 바치는 성모〉(1342)는 기둥이 후진을 향해 원근법적으로 배치된 교회와 잘 어울렸다. 1344년에 완성한 〈성모 승천〉(시에나, 국립미술관)에서 정점에 도달했다. 바닥의 벽돌은 비현실적인 금빛 바탕에 의해 사라져 버리기는 했지만 처음으로 멀어지는 한 점을 따라 배치되었다. 이는 화가들이 내부의 회화적 공간이라는 관점에서만 기능한 르네상스 시대 원근법의 서막을 알렸다. 형 피에트로처럼 암브로조 또한 1348년에 흑사병으로 사망했다. 죽음에 임박한 그는 양피지에 속어로 유서를 작성했으나 외출을 두려워하여 공증인의 공증을 받지는 않았다. 유서에 따르면 모든 재산은 부인과 딸들에게 남겨졌다.

| 다음을 참고하라 |
시각예술 조반니 피사노(838쪽); 조토(865쪽); 부오닌세냐의 두초(875쪽); 모자이크, 프레스코화, 색유리 장식(880쪽); 중세의 예술가들(885쪽); 시모네 마르티니(889쪽)

조토 이후: 피렌체, 리미니, 볼로냐, 파도바

| 파비오 마사체시 |

이탈리아 회화 전체에서 조토의 작품은 과거로의 회귀가 불가능한 진일보를 의미한다. 14세기 말에 첸니노 첸니니는 "그리스로부터 라틴 세계로"라는 말로 전환을 강조했다. 이것으로 비잔티움 예술과의 관계를 청산하고 르네상스로 계승될 근대적 예술로의 여정을 개척했던 만큼 진정한 의미의 혁명이나 다름없다. 르네상스의 주역들인 마사초Masaccio와 미켈란젤로도 조토에게서 이상적인 변화의 원천을 찾았고, 그를 새로운 회화의 '아버지'로 평가하기에 주저하지 않았다. 조토가 남긴 위대한 유산의 무게는 이탈리아에서는 여러 방식으로 측정될 수 있지만 중심지가 어디인가에 따라 다른 평가가 나올 수도 있다.

피렌체

조토(1267–1337)의 공방이 엄격하게 조직된 계급 구조를 바탕으로 세속과 종교 주체 모두에게 폭넓은 작품 요청을 받은 덕분에 피렌체는 이탈리아에서 예술품 생산의 중심지 중 하나로 도약했다. 조토가 초기에 (그의 리더십을 의심하게 만든) 몇 차례의 의견 대립에 휘말렸다면(베니비에니의 리포Lippo di Benivieni[1296–1327년에 활동], 14세기 전반기에 활동한 필리네Figline의 마에스트로, 부오나미코 부팔마코Buonamico Buffalmacco[1314–약 1351년에 활동]) 1330년대에는 피렌체를 중심으로 회화는 물론 조각과 건축 영역에서도 자신의 존재감을 확실하게 드러냈다. 조토의 가르침을 통해 드러난 회화적 흐름의 일관성은 뚜렷했다. 조르조 바사리(1511–1574)는 그것을 세 가지 경향으로 구분했다. 첫 번째는 일찍부터 있었던 학문적 차원에 대한 관심(타데오 가디[약 1295–약 1366])이었고, 두 번째는 보다 즉각적인 소통의 결과에 대한 관심(베르나르도 다디Bernardo Daddi[약 1290–약 1348]), 세 번째는 가장 야심찬 것으로 명암과 색 혼합에 대한 관심이었다. 세 번째 경향은 조토의 조카 스테파노(14세기)가 아시시 대성당의 아래층 성당에 제안해 얻은 결과 중 가장 우선적인 것이었다. 스테파노에 대해서는 잘 알 수 없으나 바사리가 "매우 부드럽고 질서 정연하게 그리는 것"이라 평한 것에 대한 성찰은 반코의 마소(1341–1346년에 활동)와 특히 조티노Giottino(1350–1370년에 활동)에게서도 나타났다. 흑사병(1348) 이후인 1350년경에 그

조토주의

는 피렌체의 예술적인 환경에 중대한 혁신을 제공했다. 여기에는 조국 피렌체에서 조토와 신비의 인물 스테파노가 남긴 사례들을 바탕으로 교육받은 밀라노의 조반니(1346-1369년에 활동)도 자연스럽게 포함되었다. 보수적인 관점에 대한 집착은 시간이 흐르면서 치오네의 안드레아Andrea di Cione(1343-1368년에 활동, '오르카냐Orcagna'라고도 함*)와 같은 예술가들의 노력을 통해 드러났다. 안드레아는 조토의 회화에 대한 자신의 의도적인 모방을 통해 '고전적 조토주의를 가장 진지하게 부활시킨'(M. 보스코비츠) 첫 번째 인물이었다.

리미니

조토의 표현법이 토스카나 지역 밖으로 확산되었음을 보여 주는 거시적인 사례 중 하나는 13세기가 끝날 무렵에 조토가 아드리아 해의 도시 리미니에서 활동했던 것을 계기로 형성된 '리미니 학파'였다. 조토는 리미니의 프란체스코회를 위해 프레스코화 연작을 제작했으나 안타깝게도 르네상스 시대의 화가 시지스몬도 판돌포 말라테스타(1417-1468)가 그 위에 다른 그림을 그리면서 훼손되었다. 다행히 교회 칸막이벽에 설치하고자 제작했던 십자가는 현존한다(리미니, 말라테스타 사원). 피렌체에서 시작된 새로운 예술은 리미니의 예술가들에게 퍼졌다. 1300년이라는 날짜가 기록된 교회 성가집의 한 면(베네치아, 조르조 치니 재단)에서 리미니의 네리Neri(1300-1320년에 활동)는 프란체스코회의 십자가에 자연주의적이고 조밀한 입체적 조형미술을 보여 주었다. 조토가 리미니에 미친 영향은 회화에 집중되었다. 이 회화에서는 팔라이올로고스 왕조의 비잔티움 문화에 대한 성찰이 3차원적 공간 활용과 자연에 대한 세심한 관심과 조화롭게 공존했다. 문서를 통해 1292년부터 화가로 활동했음이 확인된 예술가 조반니가 성 아우구스티누스 교회의 산타 마리아 예배당에 프레스코화를 그렸다. 조반니는 조토의 회화적 성향을 추종한 인물로 14세기 초기의 전문가였으며, 형제인 줄리아노(1307-1324년에 활동)와 잔골로(는 성 아우구스티누스 교회의 성가대석을 제작한 또 다른 장인일지도 모른다), 후에는 피에트로(약 1324년부터 활동)와 리미니의 프란체스코(1333-1348년에 활동), 그리고 조반니 바론치오Giovanni Baronzio(자료에는 1345년부터 1362년까지)가 속한 학파의 수장과 다름없었다. 50년이 지난 후에 리미니 출신 화가들은 독창적인 표현법을 개척했다. 지리적으로는 이탈리아 북부의 베네토에서 중부 지역의 마르케에 이르는 아드리아 해의 해안 지역과

리미니의 조반니 학파

볼로냐와 파도바까지 포함하는 방대한 지역으로 자신들의 영향력을 확대했다. 얼마 후에 조반니의 방식들(메르카텔로Mercatello의 십자가, 1309)은 성 아우구스티누스의 코로Coro의 마에스트로와, 특히 피에트로(우르비노의 십자가, 톨렌티노의 프레스코화)를 통해서 보다 인간적이고 근접된 흐름으로 발전했다. 겉으로 보기에 리미니의 조토 추종자들 중에 (고대에 만들어진 동상에 대한 관심과 그의 고딕 예술에 기원하는 자연주의를 고려할 때) 비교적 덜 정통적인 성격의 리미니의 피에트로는 조토의 작품을 가장 흥미롭게 해석한 인물로 평가되었다. 조반니 바론치오 이후에 조토가 파도바에서 작품 활동을 했다는 사실이 알려지자, 14세기 중반경 리미니 화가들의 독창적 제안들은 평작(몬테피오레 콘카의 마에스트로) 수준으로 떨어졌고, 1348년에 흑사병이 창궐하자 몰락 위기에 직면했다.

볼로냐

볼로냐의 상황은 독특했다. 산 도메니코 성당에 '열병의 성모'를 주제로 하여 그린 프레스코화의 현존하는 일부에서 보듯이, 조토는 아시시에서 작품을 제작하던 때에 이미 이름이 알려졌다. 또 1330년경에 (현재 볼로냐 미술관에 소장되어 있는) 조토의 서명이 들어간 제단 뒤쪽의 폴립티크를 의뢰한 교황 요한 22세(약 1245-1334, 1316년부터 교황)의 교황청 특사인 푸제의 베르트랑(약 1280-1352)이 설립한 갈리에라의 성채에서 활동했다는 것도 사실이다.

그럼에도 지방의 회화는 대체로 조토의 표현법에 무관심했다. 14세기 초반의 볼로냐 화가들(1333년의 마에스트로, 위 달마시오, 위 자코피노)은 조토의 영향과 무관한 환경에서 자신들의 작품 활동에 전념했다. 메차라타Mezzaratta 교회의 프레스코화들과 〈수도원장 성 안토니오의 일생Storie di Sant'Antonio Abate〉(볼로냐, 국립미술관)에서 이상의 합리적 요소들을 동원하여 대상을 기술하려는 열정을 보여 준 볼로냐의 비탈레Vitale(약 1309-1359/1361)도 이러한 방향으로 나아갔다.

볼로냐 학파의 새로움

14세기 중반에 다시 등장한 조토풍은 '신新조토주의'로 정의되었다. 바르톨리의 안드레아Andrea(1355-약 1367년에 활동), 야코포 아반치Jacopo Avanzi(14세기 후반에 파도바에서도 활동), 그리고 파올로의 야코포Jacopo(1371-1426년에 활동)의 활동을 통해서 증명되었다. 당대의 저명한 예술가들은 공간 구성과, 견고하고 정상적인 표현을 수용함에 환상적이고 비합리적인 지역 전통의 확산에 반대했다. 이러한 맥락에서

로마 콜론나 미술관에 소장 중인 야코포 아반치의 〈그리스도의 십자가 처형〉이나 파올로의 야코포의 아고스티-멘도자Agosti-Mendoza 컬렉션으로, 조토의 작품에 대한 직접적인 연구를 통해서 부피감을 살린 〈성모와 아기 예수〉와 같은 대작이 등장했다.

파도바

조토는 파도바 성당의 산타 카테리나 예배당과 거실에 프레스코화를 그렸다. 1303-1305년에는 파도바에 머물면서 성모 마리아에게 헌정된 스크로베니 예배당 장식을 완성했다. 이것을 계기로 일련의 화가군이 등장했는데, 파도바 영주인 카라라Carrara 가문이 아끼던 베네치아 화가들 외에도 고딕풍의 우아함과 조토풍의 특징을 대체하는 절충주의적인 성향의 예술가인 아르포의 과리엔토Guariento di Arpo(문서에 따르면 1338-1370년에 활동)가 있었다. 조토풍 회화에 대한 경험은 롬바르디아 출신으로 조토 자신과 스테파노 피오렌티노(비볼도네Viboldone 수도원의 프레스코화)가 남긴 사례들을 통해 화가로 성장한 메나부오이의 주스토Giusto de' Menabuoi(1320/약 1330-1391년 이전)에 의해 보다 독창적인 방식으로 동화되었다. 그는 파도바에 머물며 에레미타니Eremitani 교회와 카라라 가문의 작품 의뢰를 받아 세례당(1376)에 작품을 남겼다. 반면에 볼로냐 출신 야코포 아반치와 베로나 출신 알티키에로Altichiero(1369-1384년에 활동)는 소라냐의 후작이며 카라라의 프란체스코Francesco(1325-1393)의 인척인 보니파초 루피Bonifacio Lupi(1320-1390)를 위해, 성당의 산 자코모 예배당에 작품을 제작했다. 특히 알티키에로는 산 조르조San Giorgio의 기도당(1384)에서도 작품 활동을 했다. 두 인물 모두 세심한 묘사와 더불어 큰 규모의 건축에 종사하면서 근대적 성향을 추구했다. 아반치는 인물에 대한 극적 표현으로, 알티키에로는 롬바르디아 기원의 보다 부드러운 모델로 주목받았다.

과리엔토와 메나부오이의 주스토

| 다음을 참고하라 |
문학과 연극 조반니 보카치오(757쪽)
시각예술 조토(865쪽); 모자이크, 프레스코화, 색유리 장식(880쪽); 피렌체, 1348년의 흑사병(928쪽)
음악 14세기 이탈리아와 프란체스코 란디니(981쪽)

권력의 중심지: 성과 자치 도시의 시청사들

| 클라우디아 솔라치니 |

봉건 영주의 거처이자 정치와 경제의 중심지였던 성城은 건축학적 관점에서는 방어가 목적이었다. 유럽 북부의 성이 주거 중심지이자 주민 공동체의 상징이었다면 이탈리아의 성은, 자치 도시들이 성립하면서 점차 시민 권력의 중심지이자 도시의 상징인 자치 도시의 시청사로 대체되었다.

성

팔라티움palatium은 로마 시대의 군주가 거처하던 공간이었지만 9세기 이후부터 귀족의 저택도 근본적으로 요새화되었으며 방어를 위한 공간으로 건축되었다. 권력을 상징하는 건축물로서의 팔라티움은 요새화된 공간인 성(성채castrum의 축소형)과 구분되었다. 과거에는 집단적 상상 속에서 동화적-로마네스크적인 외형을 유지하던 성은 시간이 흐르면서 많은 변화를 겪었다. 그 결과 현재에는 중세 시대의 모습을 간직하고 있는 건축물을 발견하기란 쉽지 않으나, 오늘날 박물관 혹은 공공기관 용도로 사용되고 있는 성에 거주했던 사람들의 삶은 여전히 기억되고 있다.

성은 지방 영주의 거주지 외에도 군사, 정치, 경제의 중심이었다. 나중에는 지역 영주들도 성을 보유했지만 초기에 성을 건축할 권리는 왕의 특권에 속했다. 중세 전반기의 성들은 종종 언덕이나 자연 해각 위에 세워졌으며, 방어 목적과 거처로서의 기능을 구분했다. 이후 시대의 인구 밀집지들은 요새화된 모습으로 변화되었다. 농민들의 주거지는 성의 유무와 무관했으나 지역 영주들의 사정은 달랐다. 결과적으로 마을의 형성은 소위 '성벽 구축'을 불렀으며, 사회 질서와 평화를 필요로 한 증거이기도 했다. 11세기 이후로 고립된 주택들이 사라지고 대신에 방어 지역을 중심으로 주거 밀집 지역이 만들어졌다. 성은 요새화된 마을과 봉건 영주의 거주지라는 두 가지 기능을 획득했다.

성은 중세 건축의 두 가지 가치를 보여 주는 대표 사례였다. 방어는 건축 계획의 기본이었지만 내부에는 주거를 위한 익면翼面이 있었고, 종종 내부에 주거지를 마련했다. 성 안에는 수많은 공간이 있었다. 영주의 거처를 포함한 핵심 주거지(궁정으로 사용되는 경우 계급 구조로 구분되어 있으며, 거주하는 자의 권위를 상징했다), 노예와 군인들의 숙소, 식량 창고와 예배당, 외부의 공격을 방어할 목적으로 작은 탑과 순찰을 위한 좁은 통로를 갖춘 성벽, 그리고 성 안에 건축된 탑은 전략적으로 유리한 위치를 제공하여 넓은 시야를 확보함으로써 포위 공격을 당할 때 방어를 위한 마지막 보루 역할을 했다. 이 전체는 언덕 위에 세워지거나 점진적으로 거대한 낡은 목재 울타리를 대체했으며, 성곽 주변에 거대한 해자垓字를 파고 물로 채운 다음 그 위에 성과 육지를 연결하는 교량을 갖추었다. 독일 바르트부르크Wartburg 성은 바위 돌출부에 위치했는데, 카스텔그란데Castelgrande(스위스 벨린초나Bellinzona 유적의 일부)의 경우처럼 높은 곳에서 계곡 전체를 한눈에 내려다볼 수 있었다. 성의 진화는 봉건주의의 발전과 밀접한 관련이 있었다. 영주들은 삶의 편의와 안락함을 가능하게 해 주는 새로움을 적극적으로 수용했다. 웅덩이 방향으로 배수구를 만들었으며 방에는 기초 보온 시설과 벽난로를 마련했다. 추운 겨울이 되면 열을 가두는 양탄자로 실용성과 장식성을 두루 갖추었다.

지역 영주들은 자신의 관할 영토에 대한 사법권 행사의 대가로 주민들을 보호했다. 성 내부에 거주하는 자들의 노동 활동은 대개 성 주변의 농촌에서 전개되었던 반면 성의 내부에서는 직무의 전문화를 가능하게 하는 예술과 수공업 활동이 집중되었다. 또한 도자기류와 가구에 대한 수요와 더불어 축제와 창 시합 등의 예식에 사용되는 직물류와 도구 생산을 병행했다.

프랑스 남부의 카르카손은 유럽의 가장 요새화된 도시 중 하나였다. 진정한 의미의 성은 '난공불락의 요새'라는 명성에 어울리는 이중 성벽으로 보호되었다. 영국 보매리스Beaumaris와 할렉Harlech의 성은 13세기의 군사 건축을 보여 주는 좋은 사례다. 성을 둘러싸고 있는 마을이 요새화된 도시로 성장한 경우에는 성채 도시라고 불렀다. 파도바와 베네치아 중간에 위치한 몬타냐나는 지금까지도 유럽 내에서 가장 보존이 잘된 사례의 하나에 해당하는 방어용 성벽으로 둘러싸여 있다. 14세기 중반에 친교황파를 상징하는 구조의 협간(또는 총구멍이 있는 흉벽)을 갖추었으며, 군사적으로도 안전을 보장할 수 있는 이상적인 요새로 건설되었다. 주민들은 성 안으로 피신할 수 있었고 성의 보수가 있을 때나 필요시에는 군인으로서 봉사했다. 로마냐와 마르케 주 경계의 언덕 위에 위치한 그라다라Gradara 성채는 이중 성벽을 갖추었는데 그뿐 아니라 적의 공격 시에 위로 끌어 올려지는 3개의 다리가 있었다. 1240년경에 사냥을 위한 거처로 건축된 몬테 성은 프리드리히 2세(1194-1250, 1220년부터 황제)

성의 진화

의 의지에 따라 이탈리아 남부에 세워진 일련의 성 중 하나였다. 프랑스의 샤를 5세 현왕(1338-1380, 1364년부터 왕)이 특별히 아꼈으며, 12세기 후반에 건축이 시작된 이후로 여러 차례 개축을 거친 뱅센Vincennes 성 역시 그 기원에서는 사냥을 위해 추가로 만든 건축물이었으며, 현재도 큰 정원으로 둘러싸여 있다(뱅센 공원).

이탈리아에서는 자치 도시의 성립으로 점진적으로 성들이 쇠퇴했지만 북유럽의 경우에 여전히 전성기를 유지하면서 다양한 성격을 획득했다. 화약이 등장하면서 성의 방어적인 기능은 정지되었고 건축물은, 예를 들어 프랑스의 경우 외벽이 없으며 건축학적인 관점에서 가벼운 형태들로 전환되면서 귀족들의 거처로 전환되었다.

자치 도시의 저택들

초기의 자치 도시들은 지방 귀족들이 도시의 정치를 관장하는 권리를 쟁취하던 11세기경에 이탈리아 중북부 지역에서 성립되었다.

'도시의 성'

성의 유형은 공공건물, 특히 도시 정부와 행정의 중심지인 자치 도시의 시청사palazzo로 재탄생했다. 시청사는 권력을 쟁취하려는 귀족층의 분열을 종식시키기 위한 일종의 중재 역할과 함께, 때때로 황제가 임명한 집정관 같은 지도부가 상주했다. 13세기에 이탈리아 북부의 거대한 자치 도시들은 (1281년에 건축이 시작된 피아첸차 시청사처럼) 고딕 양식을 대표하는 비교적 가벼운 건축물을 건설하기 시작했다.

건축물의 중요성은 도시의 맥락에서 성당에 자주 비교되었다. 실용성, 장식, 합리성은 중세 시민 건축의 지침이었으며, 도시의 상징인 시청사 건축 규정도 마련되었다. 북부 도시들처럼 1층에 넓은 공간을 확보하려 했던 것은 고딕 형태가 그다지 확산되지 않았고 자치 도시의 제도 또한 거의 발전하지 못했던 이탈리아 남부의 시민 건축과는 무관했다. 반면에 모든 자치 도시 시청사의 공통적인 점은 내부 공간을 공적 업무 수행에 활용했다는 점이었다. 도시 역사의 중요 사건을 소재로 이야기하거나 알레고리를 이용한 프레스코화 연작이 있는 거대한 회의실이 그것이었다. 페루자 프리오리Priori 궁의 공증인의 방에는 집정관의 문장과 나란히 피에트로 카발리니 학파의 프레스코화들이 그려져 있다.

공공 생활을 위한 내부 공간

13-14세기에 자치 도시 예산의 일부를 시청사를 꾸미기 위한 비용으로 사용할 수 있다는 규정이 마련되었다. 통치위원들의 문장으로 장식된 시청사 전면에 깃발과 표장標章을 전시했는데, 도시의 번영을 반영하는 것이었다. 자치 도시 시대의 조형예

술이 차지하던 중요성은 시에나 시청사(1288-약 1342)를 예로 들 수 있다. 이 건축물은 시민 고딕 양식의 원형으로, 세속적(다시 말해 비종교적)인 프레스코화들에는 도시의 수호성인들에 의해 선출된 지역 성인들의 모습이 등장했으며, 권력을 장악한 자들에게는 정치적인 홍보 수단을 제공했다. 내부의 방들에는 암브로조 로렌체티(약 1290-1348)의 〈좋은 정부와 나쁜 정부의 알레고리〉와 1328년에 몬테마시 요새를 공격하고 있는 시에나 군대의 지휘관을 그린 시모네 마르티니(약 1284-1344)의 〈폴리아노의 귀도리초〉가 그려져 있다.

자치 도시의 시청사에는 종종 시에나 캄포 광장을 내려다보는 만자의 탑Torre del Mangia 또는 피렌체 시뇨리아 궁의 탑처럼 자치 도시의 상징인 탑을 함께 설계했다. 종교 기관의 탑에 장착된 종이 전통의 시간(종교의 시간)을 나타내기 위함이었다면 세속 기관의 종은 특별한 사건이나 자치 도시 전체를 대상으로 위험을 알리는, 이른바 시민의 시간을 가리켰다. 자치 도시의 성립을 통해 도시 건축은 상당히 상징적인 성격을 획득하며 진화를 거듭했고 광장 역시 중요한 의미로 발전했다. 고대 로마 시대의 광장이 외딴 공간에 위치하는 것이 보통이었던 것과 달리 이제는 소통과 만남의 장소기도 했던 만큼 도시의 중심부에 자리했다. 광장 주변은 교회, 시청사, 시민 저택들의 경계를 구성했기에 시민 권력과 종교 권력의 연합을 의미하기도 했다. 탑

| **다음을 참고하라** |
역사 호엔슈타우펜 가문의 프리드리히 2세와 이탈리아 호엔슈타우펜 가문의 몰락(41쪽)
시각예술 중세의 예술가들(885쪽); 시모네 마르티니(889쪽); 로렌체티 형제(894쪽)

교황의 도시들: 로마와 아비뇽

| 루카 리아르도 |

중세 후반기에 교황들은 조형예술을 활용하여 교육적-정치적인 메시지를 전하려 했다. 13세기 말 로마에서 부활한 고전 예술과 그리스도교 이전 시대의 예술은 황제에 대한 교황의 우월함을 재확인하는 데 활용되었다. 1309-1377년에 교황이 머물렀던 아비뇽 교황청은 그들의 실용적이고 이념적이며 또한 심미적인 요청에 따라 재건축됨으로써 문화 중심지이자 다양한 예술 전통의 접점이 되었다.

13세기의 로마: 교황과 예술

중세 로마 시대에 교황은 예술 작품의 제작을 의뢰하는 주요 고객이었다. 그들은 성화 제작을 결정하고 예술가를 섭외했으며, 건축 양식에서는 과거의 주제와 유형의 복원을 장려했다.

13세기 전반기에 호엔슈타우펜 황가의 프리드리히 2세(1194-1250, 1220년부터 황제)가 교황청의 영적이고 세속적인 권위를 위협했다. 이에 13세기 후반 교황들은 교황이 그리스도의 유일한 대리인이자 성 베드로와 성 바오로의 계승자임을 다시금 확립하고자 했다. 니콜라오 3세(1210-1280, 1277년부터 교황)는 두 사도를 주제로 한 2개의 프레스코화를 제작했다(오늘날에는 각각의 부분만 남아 있다). 첫 번째 프레스코화는 성 베드로의 옛 대성당 주랑 현관(또는 회랑)에, 두 번째는 가톨릭 세계에서 가장 숭배받는 성물이 보존되어 있는 교황의 개인 예배당에 위치했다. 성화와 성화의 장면들의 건축학적 테두리와 관련하여 공방의 작업자들은 고대와 그리스도교 이전 시대의 내용과 형태를 활용하여 장식 체계와 인물들의 새로운 부피감을 복원했다. 이 프레스코화 연작은 2차원적이고 추상적이며 당시까지만 해도 로마 회화를 지배하던 비잔티움 예술과 처음으로 단절되었다.

비잔티움 예술과의 단절

교황 개인 예배당의 프레스코화에는 수도승 출신이자 최초의 프란체스코회 소속 교황으로 아시시의 성 프란체스코 대성당 위층 성당의 프레스코화 제작을 의뢰한 바 있는 교황 니콜라오 4세가 애정을 주었던 화가 야코포 토르리티(1291-1300년에 활동)도 참여했다. 교황은 그에게 라테라노의 산 조반니(1291) 대성당과 산타 마리아 마조레 대성당(1295)을 장식할 프레스코화 연작의 제작을 의뢰했다. 하지만 그것의 설계와 화가가 채택한 상징 요인들을 통해 드러나는 것처럼, 토르리티는 육체의 형태를 부자연스럽게 늘렸고 엄격한 표현과 등장인물들이 걸친 의복의 풍부한 금빛 조명이 나타내듯 아직도 비잔티움 양식의 공식에 의존하는 고대 후기의 전통을 답습했다.

산타 마리아 마조레 대성당 후진의 〈성모의 대관〉은 〈성모의 영면Dormitio Virginis〉 상단에 위치했다. 알프스 이북의 전형적인 고딕 성당의 모습에 근접한 것으로, 이러한 문화 수용을 장려할 목적으로 로마를 방문한 프랑스 추기경은 수없이 많았다. 고딕 양식은 마지스터 니콜라우스Magister Nicolaus의 「아나니의 의식서Sacramentario di Anagni」(13세기 후반) 또는 파리에서 완성된 것으로 교황 니콜라오 3세가 프란체스코회 소속 산타 마리아 인 아라코엘리Santa Maria in Aracoeli 성당에 기증한 성서와 같은 채색 장식화가 포함된 서적들에서처럼, 교황들이 선호하던 고전 세계를 복원하기 위한 대안으로 여겨졌다.

고전 시대와 그리스도교 이전 시대의 전통을 복원하려 했던 피에트로 카발리니는 비잔티움 예술과의 단절을 시도했다. 트라스테베레의 산타 마리아 성당에 그려진 〈성모의 일생〉(1291)과 트라스테베레의 산타 체칠리아 성당 정면에 그려진 프레스코화 〈최후의 심판〉(약 1293)에는 미간에 자연주의적 경향을 풍기는 개성 있는 얼굴들이 등장했다. 3차원의 건축과 폭넓은 색채 초벌 작업을 통한 다양한 농도와 진폭으로 가능해진 새로운 조형력으로 묘사된 인물이 처음 등장했던 것이다. 이사코의 마에스트로Maestro di Isacco와 조토(1267-1337)의 공간 연구와 같은 시기에 카발리니는 이탈리아 회화가 '그리스 방식'을 완전히 극복하는 데 기여했다.

첫 희년(1300)을 단행한 보니파시오 8세(약 1235-1303, 1294년부터 교황)의 예술에 대한 애정을 보여 주는 작품 수는 많지 않고, 교황의 문화 정책도 고대 양식의 재등장에 집중되었다. 교황은 자신의 무덤(교황청 지하 무덤, 1295-1300) 설계와 제작을 고딕 양식으로 작업하는 조각가 캄비오의 아르놀포(약 1245-1302/1310)에게 의뢰했다. 아르놀포는 고전풍의 조상이 제공하는 암시에 민감했고, 바티칸 대성당에 있는 동으로 제작된 〈성 베드로 조상彫像〉에서 보듯이 고대 조각의 주체들과 자세, 권위를 고딕 예술의 활력적인 우아함과 공존시키시는 능력을 발휘했다.

교황 보니파시오 8세의 작품 의뢰

보니파시오 8세의 재임 기간인 1295-1341년 당시에 추기경이었던 야코포 스테파네스키(약 1270-1343)도 작품을 의뢰했다. 그는 조토에게 성 베드로 대성당 제단 뒷면을 장식할 폴립티크(바티칸 미술관, 약 1330)와, 대성당 전면을 장식할 모자이크 작품으로써 성 베드로가 물 위를 걷는 데 어려움에 처하자 예수에게 도움을 요청하는 장면의 제작을 요청했다. 즉 교황청을 로마에서 프랑스 아비뇽으로 옮긴 순간에 로마 교회에 대한 그리스도의 지지를 분명하게 암시한다는 이유로 〈나비첼라Navicella〉(1313-약 1313)의 제작을 의뢰했다. 오늘날에는 각각 교황청 지하 무덤과 보빌레 에르니카Boville Ernica의 산 피에트로 이스파노 교회에 소장되어 있는 천사와 방패 2개만 남아 있다.

로마 예술의 관점에서 조토의 작품은 중세의 전성기와 몰락을 동시에 상징했다. 13세기 말, 교황청이 아비뇽에 있던 기간에 로마는 도시의 조형미술이 발전하는 것을 방해했으며, 작품을 의뢰하고 예술가를 장려하는 도시로부터 멀어졌다.

아비뇽 교황들의 작품 의뢰

1309년 3월 9일에 클레멘스 5세(1260-1314, 1305년부터 교황)는 자신의 의도와 무관하게 아비뇽에 입성했다. 교황청의 최종 이전은 그의 후임 교황 요한 22세(약 1245-1334, 1316년부터 교황)가 결정했다.

이미 아비뇽의 주교였던 새 교황 요한 22세는 자신의 거처를 도시로 옮기고 낡은 주교구를 새단장할 것을 결정했다. 작업은 프로방스 건축가인 퀴퀴롱의 기욤Guillaume de Cucuron에게 위임하고 화가들의 책임자로 툴루즈 출신의 포디오의 페트루스Petrus de Podio를 임명했다. 페트루스는 영국의 존 올리비에Joan Olivier 같은 유럽 고딕 예술을 대표하는 유명 화가들과 함께 일한 바 있었고, 허약한 성격이긴 했지만 풍부한 표현력으로 에스파냐 나바라 주에 있는 팜플로나Pamplona 수도원에 프레스코화를 그렸다. 교황은 민간 건축물 복원에 힘쓰며 교회, 성, 수도원의 복원에도 개입했다. 세무 체계 개혁 덕에 신학자, 문인, 음악가, 법학자, 예술가들이 모이는 장소가 된 새 교황청을 유지하기 위한 막대한 돈을 확보할 수 있었다. 1309-1314년에 아비뇽에 머물렀던 추기경 야코포 스테파네스키의 요청으로 채색 장식된 미사 전서를 제작한 것을 계기로 이름이 붙여진 '산 조르조의 코덱스의 마에스트로'와 시모네 마르티니(약 1284-1344)가 아비뇽에 왔다. 채색 장식 화가인 코덱스의 마에스트로는 아비뇽에 머물며 피렌체의 자연주의를 접했고, 시모네는 노트르담 사원의 프레스코화와 〈베르길리우스의 알레고리〉, 그리고 페트라르카(1304-1374)를 위해 제작된 라우라의 (현존하지 않는) 초상화가 대표 작품으로 남아 있는 시에나 고딕 예술의 섬세한 우아함에 심취했다.

부유한 교황청

교황 베네딕토 12세(1280/1285-1342, 1334년부터 교황)는 예술에 대한 의지를 바탕으로 아비뇽에 새로운 교황청을 건설하려는 계획을 추진하면서 프로방스 출신 건축가인 피에르 푸아송Pierre Poisson에게 책임을 위임했다. 교황은 그에게 탑, 거처(아파트), 예배당, 거실을 건축하게 하고 오래된 주교구 일부를 철거했다. 푸아송은 거대한 난공불락의 건물을 설계하고 버팀벽의 높은 탑들이 솟아 있는 일련의 부속물을 추가했다. 그중 하나는 천사의 탑으로 불렸는데, 함께 작업하며 역할도 분담했던 이탈리아와 프랑스 화가들이 장식한 교황의 개인 거처였다. 알본의 자크를 책임자로

교황 베네딕토 12세의 새로운 궁정

한 프랑스 화가들이 떡갈나무, 넝쿨과 동물 등으로 자연을 2차원적으로 묘사한 반면 시에나 화가로 보이는 필리포와 두초 등의 이탈리아 화가들은 벽에 빈 새장이 매달려 있는 환상적인 고딕 양식을 추구했다.

교황 클레멘스 6세의 예술 후원: 화가 마테오 조반네티

아비뇽 교황의 예술 후원 운동은 클레멘스 6세(1291-1352, 1342년부터 교황)가 시작했다. 그는 프로방스 백작에게 도시를 구입하고 이곳을 종교적이고 경제적이며 예술적인 성격의 수도로 변화시켰다. 교황으로 선출되기 이전에는 아라스, 상스, 루앙 같은 중요 도시들의 대주교로 있었으며, 신학자 자격으로 소르본 대학에서 교수를 역임했다. 프랑스의 필리프 6세(1293-1350, 1328년부터 왕)를 보좌하기도 했다. 당시 아비뇽에서는 신학자, 철학자, 과학자, 문학가, 예술가 사이에서 문화와 예술의 상징적인 가치에 대한 의식과 함께 예술 후원 활동에서 기원하는 특권에 대한 의식이 확산되고 있었다. 대도시의 분위기에 젖은 교황은 세련된 작품이 필요함을 절감했다. 수많은 귀중품(의복, 귀금속, 양탄자, 아라스산 천, 벽 장식, 가구와 자개 장식)을 가지게 된 그는 거대한 뜰과 법정(이후에 여러 차례 보수하기는 했지만), 그리고 세련된 장식으로 넘쳐 나는 예배당을 갖춘 궁전을 새로 짓도록 지시했다. 예배당은 2개의 창문에서 볼 수 있는 천사의 형상과 식물이 장식된 문을 통과하여 입장할 수 있었다.

궁전 건설은 일드프랑스 출신으로 새로워진 고딕 양식의 영향을 받은 루브르의 장Jean이 수행했다. 피에르 푸아송이 건축한 옛 궁전이 엄격한 구조였던 것과 달리 장이 건축한 새 궁전은 날렵한 윤곽, 건축과 조각의 여러 요인들(주두柱頭와 기둥에 부착되는 선반 등), 아치나 원개 천장을 받치는 돌출석, 아치형 돌담의 돌(쐐기돌)과 문짝(덧문)이 합쳐진 형태였다.

방들 중 하나는 푸른 바탕에 낚시하는 사람들을 묘사한 프레스코화가 있는 '의상실'이었다. 다양한 식물에 대한 연구를 바탕으로 세심하게 재연된 배경은 북유럽 화가들의 공로였다. 이탈리아 출신 화가들은 어쩌면 비테르보 출신으로 1343-1367년에 아비뇽에서 활동한 마테오 조반네티Matteo Giovannetti(?-1369)의 참여로 가능해진 3차원적인 효과를 연출하는 데 기여했다.

기록에 의하면 교황은 마테오를 좋아했다. 그는 가장 중요한 회화 영역의 일들을 주관하고 자재를 구입했으며 동료들에게 급료를 지불한 주체이기도 했다. 마테오가 참여한 첫 번째 작업은 산 마르치알레 예배당의 프레스코화 〈성 마르스의 일생Le Storie di san Marziale〉(1344-1346)이었다. 이 그림은 교황이 아비뇽을 그리스도교 세계의 새로운 수도로 정당화시키려는 첫 시도라는 점에서 의미를 가진다. 리모주의 성인으로 어떤 면에서는 그리스도의 열세 번째 사도에 해당하는 그는 갈리아 지방을 복음화하라는 그리스도의 청을 받았다고 한다. 이 전설은 아비뇽을 새로운 로마

새로운 로마 nova Roma로 선택한 것을 정당화했다. 마테오가 그린 프레스코화는 시모네 마르티니의 선과 색의 우아함과 피에트로 로렌체티(약 1280-1348)의 공간 설계, 그리고 인물의 모습이 암브로조 로렌체티(약 1290-1348)의 조형적인 형태를 떠올리게 한다는 점을 고려할 때, 그가 시에나에서 교육받았음을 짐작할 수 있다. 세련된 색감, 세밀하게 묘사된 초상, 건물의 다양성, 천과 귀중품의 정확한 복원으로 아비뇽에서 크게 주목을 받았다.

이후의 두 차례 작업은 프랑스 화가들과의 접촉을 통해 변화했다. 산 조반니 예배당에 그린 프레스코화 〈세례 요한의 일생Storie di san Giovanni Battista〉과 〈성 요한san Giovanni Evangelista〉(1346-1348)에서 마테오는 산 마르치알레 예배당 건물과 사람들의 군집과 비교할 때 한층 강화된 보측 경향을 드러냈다. 알현실(1352-1353)에 〈예언자들과 왕, 그리고 구약의 여러 선조들Profeh, re e patriarchi dell'Antico Testamento〉을 프랑스풍의 밝은색을 이용하여 희미하고 날렵하게 그려진 밑그림을 바탕으로 묘사했다. 북유럽과 이탈리아 예술의 접촉은 아비뇽에 머물던 교황들의 작품 의뢰에서 가장 의미 있는 결과였다. 얼마 지나지 않아 유럽의 수많은 궁정으로 확산되면서 국제 고딕 양식의 발전을 위한 토양을 제공했기 때문이다.

| 다음을 참고하라 |
역사 아비뇽의 교황청(57쪽); 도시들(213쪽)
시각예술 건축가이자 조각가 캄비오의 아르놀포(843쪽)

쉬제르와 교회의 신성한 금은세공

| 라파엘라 피니Raffaella Pini |

언제나 인간의 상상을 자극했던 금은세공 또한 중세에 새롭고 중요한 발전을 경험했다. 종교적 헌신의 특별한 도구로 숭배를 장려하고 시민들 사이의 반목을 해결했던 것이다. 또한 기관과 제도의 중요성을 재확립하기 위한 효율적인 수단으로도 정착했다.

금과 종교

반짝이는 금, 보석의 광택, 진주의 순백함, 이들의 찬란함은 연금술적이고 거의 마술적인 함의에서 이미 고대부터 인간에게 큰 매력으로 작용했다. 지중해 세계의 (그리스의 불의 신인) 헤파이스토스 또는 (로마의 불의 신인) 불카누스와 북유럽의 빌란트Wiehand 같은 신성들이 이런 물질을 만든 최초의 인물들이었다. 그리스도교 세계에서 금은 그 역할이 중대했으며, 현명한 금은세공사인 그리스도가 정당함과 속임수를 구분하며 천상의 예루살렘에 대한 이상을 강화시켰다. 시간이 지나면서 금은세공의 성인들이 나왔다. 예를 들어 성 엘리지오San Eligius(590-660, '엘로이Eloi' 라고도 함*)는 금속과 관련된 여러 직업과 조합의 수호성인이 되었다. 성인 전기에 따르면 그는 젊은 시절에 리모주의 귀금속 세공사를 도와 견습생으로 일했으며, 후에는 파리에서 클로타르 2세(584-629)와 다고베르트 1세(약 600-639)의 금은세공과 통화 주조에 종사했고, 말년에는 누아용Noyon의 사제이자 주교로 활동했다. 중세 후반기에 가면 귀금속과 보석이 금은세공사와는 전혀 별개의 독자성과 중요성을 획득한다.

12세기 중반 프랑스에서 금은세공이 새로운 의미를 획득하면서 귀금속을 신의 묵상을 위한 수단으로 여기기 시작했다. 변화를 주도한 인물은 1122-1151년에 생드니 수도원장을 지냈던 쉬제르Suger(1081-1151, '수제리오Sugerio' 라고도 함*)였다. 외교관이자 심미주의자였던 그는 놀라운 명민함을 지닌 인물로 생드니 수도원의 세력을 확장하고 프랑스 왕권과의 동맹을 강화하기 위한 두 가지 목표를 위해 노력했다. 이러한 상황에서 그는 생드니 대성당의 개축을 시작하여 불과 10여 년 만에 서유럽에서 가장 환상적인 교회를 탄생시켰다. 하지만 생드니의 모든 사람의 동의를 얻지는 못했다. 클레르보의 베르나르두스(1090-1153)는 생드니 대성당의 과도한 화려함과

생드니 수도원장 쉬제르

클레르보의 베르나르두스의 비판

장식을 신랄하게 비판했다. 쉬제르는 비난으로부터 스스로를 방어할 목적으로 당시 생드니 수도원의 설립자로 잘못 알려진 위 디오니시우스 아레오파기테스(5-6세기)의 글에서 효과적인 수단을 발견했는데 물질 세계로부터 비물질 세계로 옮겨 갈 가능성을 발견하고, 그가 교회 제단에서 찬란하게 빛나는 보석과 장식을 바라보면서 자신이 겪은 무아지경trance의 경험을 설명하는 데 필요한 논리를 찾았다. "하느님의 아름다운 집에 머무는 나의 커다란 즐거움으로 다양한 색상의 보석이 보여 주는 매혹이 나를 외모에 대한 관심에서 벗어나게 해 주었을 때, 정당한 묵상은 물질적인 것을 비물질적인 것으로 바꾸면서 나를 여러 신성한 덕목에 대한 성찰로 인도해 주었다. 이에 나는 우주의 한 낯선 곳, 즉 지상의 진흙으로 닫혀 있지도 천국의 순수함 속에서 균형을 갖추지도 않은 어느 낯선 곳에 있는 나 자신을 발견한다. 그리고 나는 신의 은총으로, 낮은 세계에서 신비한 길을 따라 높은 세계로 옮겨 갈 수 있을 것 같다."

예술 작품의 화려함이 감상자의 정신을 밝게 비춘다고 판단한 쉬제르는 이를 기념했으며, 금은세공은 신의 명상에 도달하기 위한 길로 여겨졌다. 쉬제르의 생각은 생드니 수도원에서부터 빠르게 확산되었고, 그의 예술 후원은 12세기에 베르됭의 니콜라를 배출한 라인 강과 뫼즈 강의 두 학파를 통해 최고 전성기를 맞이할 북유럽의 금은세공 발전을 촉진시켰다. 니콜라는 투르네, 쾰른, 빈을 무대로 여러 개의 초를 꽂을 수 있는 샹들리에 촛대, 성찬용 잔, 성골함 등을 만들었으며 때로는 보석과 에나멜 유약으로 장식하여 완성했다. 1181년에는 대표작인 클로스터노이부르크 수도원의 제단을 만들었다. 제단은 신약과 구약의 여러 장면과 51개의 작은 푯말로 장식되었는데 니엘로 상감처럼 얇은 에나멜 유약 칠은 중세 예술의 중요 여정이었으며 고딕 양식을 기념하는 고대로의 환원을 예고했다. 금은세공은 수도원의 작업장(공방)과 궁정의 공작소, 그리고 조형예술품을 제작하는 도시의 공방들에서 최우선적인 역할을 했다. 금은세공의 기여가 없었다면 종교 예식은 찬란함을 드러내지 못했을 것이며, 권력은 덜 효과적이고 우아하게 표현되었을 것이다. 심오한 상징과 무게감에서 이들은 중세 실용 예술의 전 영역, 즉 귀금속의 상징적인 매력에 주목하던 종교적-세속적 영역에 보석의 가치와 희귀성, 그리고 이들이 가진 예방과 치료 효과에 적용되었다. 시간이 흐르면서 금은세공은 종교와 정치 메시지를 순환시키는 강력한 수단으로서의 궁극적인 전환을 경험한다.

예술과 종교를 위한 금은세공

중세의 성골함

이와 같은 임무에 가장 적합한 중세의 성물은 성골함이었다. 성인이나 복된 자의 육신, 의복이나 물품을 담아 두는 용기로, 초기에는 단순한 상자 형태였으나 시간이 흐르면서 구조가 복잡해지고 내부 공간도 세분화되었다. 성골함은 동시대 건축물의 채색 장식을 모방했으며, (유골 상자에 담아) 유골의 모습을 재현하고 성인과의 접촉을 즉각적-직접적으로 유도하고자 그 형태가 사람의 것과 비슷해 보이는 '말하는 자'처럼 알려진 유인원의 유골 상자도 있었다.

성 갈가노의 성골함

성 갈가노의 머리를 담은 유골 상자는 팔각형 모양의 호화로운 건축학적 구조를 가졌다. 성골함은 수많은 도상으로 장식되었고, 위를 향해 좁아지는 탑 형태였으며 구조적으로는 지붕이 높고 둥근 형태였다. 로마네스크 전통과 관련 있는 견고한 설계는 당시에는 고딕적인 표현법이라는 착각을 줄 수 있었다. 제작을 의뢰한 주체는 자치 도시 시에나 인근의 치우스디노Chiusdino에 위치한 (1260-1270년경에 성인의 유골을 담을 귀중한 상자를 확보하기 위해 권위 있는 금은세공사, 아마도 발렌티노의 파체Pace〔문서에 따르면 1257-1296〕에게 제작을 의뢰한) 시토회 소속의 갈가노 수도원이었다. 성인의 유골을 보여 주려는 의도에 따라 유골 상자 제작이 최우선 작업이 되었다. 성상聖像을 안치한 감실龕室은 성인의 머리를 보이게 하면서도 내부에 끈이 삽입될 수 있게 하는 구조였다. 성인의 머리를 잘 보이게 하는 용기를 최우선 기준으로 선택한 것은 유골을 신자들에게 공개하는 의식을 지원하고 금은세공사가 유골 상자 하단에 서사적인 장면을 제작하는 데 영향을 준 작품 『성인 갈가노의 생애Vita Sancti Galgani』 때문이었다. 성화 제작자의 의지, 작품을 구상한 영적 건축가, 그리고 직접 제작을 주도한 금은세공사의 숙달된 솜씨는 성 갈가노가 시토회에 속해 있음을 반복적으로 확인시키려는 의도에 따라 성인의 삶을 완벽하고 종합적으로 보여 주었다. 성인 숭배를 최우선으로 하는 것은 계속해서 격한 논쟁의 대상이었으며, 시토회와 아우구스티누스회는 노골적으로 대립했다. 하지만 수십 년 후 시토회 수도승들은 성골함위원회가 제안한 성골함 제작에 우위를 차지했고, 14세기 초반부터는 갈가노에 대한 숭배가 시토회의 특권으로 정착되었을 것으로 추정된다.

시에나 금은세공사들의 성공

같은 기간에 시에나로 금은세공의 권력 이동이 시작되었다. 조반니 프레비탈리는 "시에나는 예술의 영역 중 적어도 세 분야에서 거의 독점적인 지위와 국제적인 명성을 가졌는데, 그 사례는 반투명의 에나멜, 인장 원부原簿, 그리고 장식 음각 틀이다. 이 모두는 금은세공에서 우선적으로 고려된다"고 했다(조반니 프레비탈리, *Il Gotico a Siena, miniature pitture oreficerie oggetti d'arte*, 1982). 기술적 재능과 창조적 능력, 새로운 예술에 대한 즉각적-지적인 인식 덕분으로 시에나의 대가들이 큰 명성을 획득하자 처음에는 로마에서 발렌티노의 파체의 활동과 이후에는 아비뇽의 교황청, 추기경 아콰스파르타의 마테오(약 1240-1302), 몬테피오레의 젠틸레 포르티노(1250-1312), 자치 도시들(볼로냐), 앙주의 로베르(1278-1343, 1309년부터 왕), 아라곤의 하이메 2세(약 1267-1327)로부터 작품 의뢰가 집중되었다. 유럽 최초로 색과 빛의 매력을 드러내면서 은 부조 위에 반투명 에나멜을 칠한 새로운 기술을 시험한 마나이아의 구치오(1291-1318년에 활동)도 시에나 출신이었다. 그의 대표작으로 이후의 금은세공사들을 위한 비교 모델은 아시시의 성 프란체스코 대성당을 위해 제작한 후 1290년경에 서명을 적어 넣어 완성한 니콜라오 4세의 잔이었다. 찬란한 인물 묘사가 비잔티움 전통과는 무관한 에나멜 폿말들은 13세기 후반에 놀라운 혁신을 가져오면서 프랑스 채색 장식과 영국 회화에도 영향을 미쳤다.

신성과 세속의 사이에서

금은세공이 당대의 유일한 예식 용품은 아니었으나 작품 생산은 다양성과 수에 있어 압도적이었다. 도자기류, 식기류, 의복이나 허리띠용 장식, 귀금속으로 장식된 수제 칼, 브로치, 그림에 자주 등장하던 보석과 인장 같은 평범한 용품도 제작되었다. 인장 제작에는 마나이아의 구치오 같은 최고 수준의 기술자들이 참여했다. 금은세공 기술은 종종 독창적인 형태로 전설, 문장, 형상을 제작하는 실험의 산실이나 다름없었다. 엔리코 카스텔누오보에 따르면 인장은 "뛰어난 명성의 물품이며 제작 의뢰인과의 긴밀한 관계와 자신의 모든 작업에 자신의 표식을 남기는 것을 통해 마술처럼 여겨졌다"(엔리코 카스텔누오보, "Arte delle città, arte delle corti tra XII e XIV secolo", in *Storia dell'arte italiana*, vol. 5, 1983). 인장은 14세기에 폭넓게 사용되었으며, 종종 가장 효과적인 수단으로서 문서를 공증하는 유일한 수단으로 작용하기도 했다. 개인들에게는 권위auctoritas를 부여하고 이를 통해 서명이 추가된 문서들의 효력을 보장할 수 있었다. 때로는 전문성을 갖춘 자의 사회적인 지위status를 보장했다. 대표 사례는 볼로냐의 저명한 교회법 학자인 안드레아의 조반니의 인장(약 1298)이다.

인장들

몇 년 후 볼로냐에서 강력한 정치적 의미가 반영된 위대한 금은세공의 대작 〈보

볼로냐의 〈보니파시오 8세의 조상〉

니파시오 8세의 조상彫像)이 제작되었다. 볼로냐 자치 도시와 에스테 가문의 아초Azzo(?-1308)가 사비냐노Savignano와 바차노Bazzano 성의 소유권을 놓고 벌인 오랜 분쟁을 도시에 우호적으로 해결해 준 교황에게 존경을 표하고자 제작이 의뢰된 작품으로 시에나의 금은세공사 반디노의 만노Manno di Bandino(1287-1316년에 활동)의 걸작이다. 보니파시오 8세(약 1235-1303, 1294년부터 교황)를 기념하는 아나니, 오르비에토, 피렌체, 로마에 있는 일련의 조상 중 하나였지만 대리석 대신 택한 구리는 지역의 특징을 보여 주는 것으로, 제작자도 조각가가 아니라 금은세공사였다. 예외적으로 금은세공사에게 작품을 의뢰한 것은 이 특별한 임무가 볼로냐에서 그들의 사회적 명성과 자치적 직업 조합 결성(1299)이 실현되는 10여 년간의 전성기를 맞이했음을 의미했다. 만노에게 주어진 명예는 그가 속한 조합 전체의 것이기도 했다.

결론적으로 중세에 금은세공의 개념은 쉬제르가 신비한 무아지경에 빠져들게 할 수 있는 방안으로 직감한 이후, 수십 년을 거쳐 궁극적인 발전에 이르기까지 지속적인 변화를 거듭했다. 귀금속 기술은 새로운 숭배를 장려하기 위한 권력의 효율적인 수단을 뛰어넘어 민중의 숭배를 표현했으며, 시민들 사이의 분쟁을 해결하고 공권력과 제도의 중요성을 재확립하기 위한 수단 이상으로 계속하여 발전했다.

| 다음을 참고하라 |
시각예술 이탈리아의 고딕 건축(818쪽); 모자이크, 프레스코화, 색유리 장식(880쪽); 중세의 예술가들(885쪽)

13-14세기 직인 조합의 역할

| 파브리치오 롤리니 |

중세에는 '직인 조합'이라는 개념이 존재하지 않았다. 오히려 회화, 조각, 건축을 대체하는 작품들이 귀중한 재료의 빈번한 사용과 맞물리면서 특별한 명성을 누렸다. 그리고 이들이 기원한 지역의 양식을 먼 지역으로 확산시키는 데 기여했다.

직인 조합의 개념과 성공에 대하여

중세 전 기간 동안 그랬듯이 13-14세기에는 직인 조합이 존재하지 않았다. 오히려 회화, 조각, 건축의 삼분법과는 무관한 작품들이 중요한 역할을 했다. 색유리 장식과 상아 또는 프랑스의 금은세공처럼 기술적인 지침으로 활용된 경우도 있었고, 양식의 발전과 형태의 선택에서 다른 기술에 우선하기도 했다. 이러한 유형의 수제품을 낮은 수준으로 보는 것은 르네상스 기간에 단순한 기계 기술에서 자유학예(3학 4과)의 반열에 오르는 3대 조형미술(회화, 조각, 건축)이 문화적으로 높이 평가되는 과정에서 형성된 편견의 결과다. 직인 조합의 저급한 역할에 대한 분명한 판단은 16세기에야, 특히 동시대의 마지막 수십 년에 만들어졌다.

직인 조합의 계층 구조에 대한 논쟁

'기술적'인 것과 '지적'인 것의 구분, 신플라톤주의 철학에 근거한 직인 조합의 계급 구조에 대한 논쟁, 그리고 이들을 제도적으로 교육하는 기관의 설립은 둘 중 하나를 양자 선택하는 작품 제작을 가장 아래 단계에 위치시켰다. 직인 조합의 역할은 수공업적인 것으로 또는 수세기 동안 여러 차례 변화를 반복하던 예술적 수공업으로 정의될 수 있었다. 이것은 근대사 대부분의 기간에 '기술적' 또는 '산업적'으로 불렸으며 지금은 '자유학예가 되지 못한' 또는 '장식적인 것'으로 불린다. 그 평가는 19세기 초반이나 19-20세기에 때로는 권위의 전통이 지배적이었던 현실에서 영국의 '예술과 기술Arts and Crafts' 또는 이탈리아의 '에밀리아 예술 조합Aemilia ars'처럼 신新중세적인 현실을 포괄하는 맥락에서, 그리고 새로운 수공인 세대를 교육시키려는 목적에서 이들을 연구하고 박물관에서 그 가치를 높게 평가하기 시작했던 기간에도 유지되었다.

동시대에 중세 직인 조합은 관련 기록이 거의 남아 있지 않은 관계로 조형미술을 보조하는 역할로 평가받았다. 예술의 역사를 기술한 지침서들에서 카롤링거 왕조

시대의 채색 장식은 회화에 상응하는 위치를 차지했다. 이러한 의미에서 13-14세기의 작품들은 회화와 조각에 비해 수준이 조금 떨어졌다. 근대적 '산업 기술'의 탄생으로, 즉 디자인의 개념과 함께 결정적으로 기술보다 개선된 평가를 받을 수 있는 수준으로 성숙했다.

예술가, 재료, 재능에 대한 고찰(유용성에 대한 찬사)

중세에 '직인 조합'과 여기에 종사하던 기술자에 대한 관심은 조형미술만큼이나 높았다. 우리가 알고 있는 유명한 예술가 중 회화 분야의 성 루카와 동등한 수준에 해당하는 성 엘리지오의 성스러운 전형에서 보듯이, 많은 금은세공인이 이 부류에 포함된 것은 우연이 아니었다.

금은세공, 채색 장식, 그리고 값비싼 직물을 이용한 작품들은 자신들의 신학적이고 정치적이며 철학적인 지식을 과시하려는 높은 신분에 있는 이들이 의뢰했기에 문화적 중요성도 높았다. 직인 조합이 이따금 사용했던 값비싼 재료들은 평범한 것이 아니었기에 자체로 사람들에게 특별한 감상 기회를 제공했다. 세속적인 환경에서 (13-14세기에도) 상징적으로 지위를 드러내는 황제나 왕의 휘장insignia 사용을 통해서도 나타난다(고대 말기와 비잔티움 시대, 카롤링거 왕국과 오토 제국의 진홍색, 프랑스 군주들이 사용한 황금빛 백합fleur de lys 문장의 푸른색에 이르기까지). 값비싼 재료는 자체로 귀중했지만 예술가가 자신의 재능을 통해 이를 더욱 값지게 만들었다. "(작품을 통해 드러나는) 재능이 재료를 압도한다materiam superabat opus"는 말은 직인 조합에 대한 높은 평가를 잘 설명하는 두 가지 현실 인식을 보여 준다. 구체적인 활용의 가능성은 또 다른 가치를 구성했는데, 오랜 기간 유용성utilitas의 개념이 부정적이지 않았다는 것과 실용적 기능이 아름다움의 순수함을 훼손하기보다 부각시켰다는 것이었다.

예술가의 재능의 가치

사치와 기능의 가치는 종종 작품의 긴 수명에 기여했다. 값비싼 재료들은 카롤링거나 오토 제국 시대의 채색 장식 코덱스의 상아로 된 부조에 재활용되거나 수많은 금은세공에 다시 사용되었다. 유용한 재료는 채색 장식이 된 코덱스들처럼 종교적 메시지와 무관하게 계속 쓰였다. 더 지적이고 덜 기계적이라는 이유로 회화나 조각이 한층 고차원적일 것이라는 견해는 구체적인 용도(적용된 기술)를 목적으로 상아나 금과 에나멜로 장식된 십자가와 달리 아직 조성되지 않았었다. 14세기 초반에 오면 큰 조각상과 작은 조각상을 함께 세우는 것은 채색 장식 경향과 함께 명백하게 나타난 특징이었다.

양식 확산의 수단들: 국제 시장과 산업 예술로의 직인 조합

함축적인 의미에서의 직인 조합은(편의상 부른 것이지만) 종종 작품 제작의 실질적이고 정확한 절차에 따라 일정 재료들을 구체적인 방식으로 작업하는 전문성을 발휘했을 뿐만 아니라 작품 제작에 기술적이고 때로는 예술 양식의 문제를 해결할 수 있는 주체로, 일종의 직업적 비밀을 보유한 유일한 주체였다. 예를 들면 금은세공 분야에서 에나멜 칠보champlevé를 사용하던 자치 도시 리모주, 오푸스 앙글리카눔으로 정의된 영국 자수에서의 영국 남부, 다양한 색유리 장식의 프랑스 북부가 그러했다. 방식은 비슷하지만 다른 동기로 채색 장식된 서책들의 경우 문서의 독창적-혁신적인 전형, 즉 볼로냐 대학의 활동과 관련된 법학 서적들은 생산과 무역에 특권을 형성했다.

지역의 전문화

이와 같은 상황은 구체적으로 두 가지 중요한 사실을 보여 주었다. 조형미술에서와 달리 한편에서는 작품 의뢰의 주체가 없는 산업적인 생산 형태가 나타났다. 다량 생산을 요청받는 물품들은 동시대의 후원 형태가 아니라 근대 시장에 한층 근접된 방식으로 많은 소비 대중에게 공급되었다. 다른 한편으로 자신만의 고유한 예술 양식을 보유한 주체의 경우 생산의 필요성은 독창성 차원에서 벗어나 특별한 예술 형태의 확산을 촉진시켰다. 영국의 자수를 수놓은 전례 의복, 일드프랑스의 유골함, 볼로냐의 채색 장식된 법학 서적(코덱스)은 먼 지역에서 구입하거나 기증을 받지 않았다. 형태가 아니라 재료 또는 문화적 단일성이 이유였다. 종종 수단의 의미로도 활용되었는데 이를 통해 서유럽 전체와 다른 지역들로 예술 양식들이 확산되었으며, 이들을 구입하는 지역들의 예술가들에게 참고할 만한 사례를 제공했다. 조반니 피사노(약 1248-1315/1319)와 발두치오의 조반니(1317-1349년에 활동)를 통해서도 알 수 있다. 이들의 작품에서는 뛰어난 수준으로 서양 전 지역에서 인기 높았던 (종교와 세속 사회 모두가 사용했던) 상아 제품의 생산지인 프랑스 파리에서 생산된 상아가 이탈리아에서 유통되면서 고딕 양식이 영향력을 확대했다. 국제 시장은 국제 고딕 양식처럼 동질성에 근거하는 역사 연구의 세부 영역을 위한 근거를 제공했다.

산업적 생산과 특별한 양식의 확산

특별한 경우: 채색 세밀화

13세기는 새로움과 함께 시작되었다. 얼마 전에 있었던 파리 대학 개혁에 따라 재구성된 성서 판본이 시중에 판매되기 시작한 것이다. 역사적으로 가장 많이 읽힌 것은 수도원용의 거대한 판본이 아니라 공부를 위한 보조 자료로써 학생들이 소지할 수 있는 작은 형태였다. 서책은 쪽수와 크기가 각기 달랐으며 (장식가가 새로운 현실에 적응하면서) 더 이상 큰 지면에 펜으로 작업되지 않았다. 책은 지역에 상관없이 확산되었다. 채색 장식된 서책은 거대한 크기의 그것들과 다른 형태로 발전했고, 로마네스크 양식은 고딕 양식으로 바뀌었다. 13-14세기에 유사 기술들 간의 변화된 관계를 보여 주는 하나는 다음과 같다. 일반적으로 19세기의 결정적인 재평가 이전의 직인 조합은 기술의 역사에서는 크게 고려되었지만 대부분은 조형미술을 위한 기능적 사례에 머물렀다. 16세기 중반에 조르조 바사리(1511-1574)는 『생애』에서 채색 장식과 상아 조각처럼 회화와 조각의 '유사한 기술'에 대해 언급하면서 이러한 유형의 작품 제작을 높이 평가하는 두 가지 이유를 지적했다. 첫 번째는 몇 가지 공통의 예술에 근거해 그것이 형태에 미친 영향이었으며(많은 조각가를 양성한 귀금속 세공 기술), 두 번째는 색유리 장식, 나무상감 세공 또는 직물 작업을 위한 원형을 제공하거나 채색 장식가로 활동하는 화가들처럼 뒷면에 적어 넣은 자필 서명의 가능성이었다. 중세 예술의 중요 순간 중 하나인 비잔티움 예술로 정착된 '그리스 방식'으로의 전환은 서유럽에 알려진 비잔티움의 채색 장식 필사본에 근거했다. 13세기 말에 이르러 자기 시대의 다른 화가들이 따라 했던 취향과 함께 세련되고 성숙된 문화의 콘스탄티노플에서 기원한 사례들을 의도적으로 수용했던 익명의 인물인 헤로나의 마에스트로 같은 채색 장식가들은 소위 볼로냐의 '두 번째 예술 양식'을 주목했다.

조형미술과 직인 조합의 관계

가장 흥미로운 사례는 조토(1267-1337)가 벽과 테이블 그림에서 보여 준 혁신이었다. 공간적 제약으로부터 벗어나 대상의 영혼과 해부학적인 움직임을 정확하게 반영하고자 한 의지는 다른 화가들의 채색 장식에도 영향을 주었다. 일부 서적 장식 분야 예술가들도 망설임 없이 토스카나 출신 예술가인 조토를 복제했다. 자치 도시 리미니에서 활동한 네리(1300-약 1320년에 활동) 또는 파도바의 안티포나리Antifonari의 마에스트로는 조토를 자신의 기준으로 택했다. 동시에 조토의 작품에서 가장 혁신적인 부분을 받아들이는 것에 대한 어려움, 즉 3차원적인 그림의 구현에 따른 어려움도 있었다. 그것은 즉각적인 이해에 따른 어려움 때문이기도 했다. 이러한 현상은 독서를 위한 수단, 2차원의 면 구성을 유지하려는 의지와 무관하지 않아 보였다.

조토의 영향

| 다음을 참고하라 |
시각예술 조반니 피사노(838쪽); 조토(865쪽); 중세의 예술가들(885쪽); 쉬제르와 교회의 신성한 금은세공(913쪽)

자연에 대한 인식

| 파브리치오 롤리니 |

중세의 자연에 대한 인식은 신의 모습이 자연을 통해 드러난다는 믿음에 근거했다. 우리 눈에 보이는 모든 것은 신과 그의 권력을 반영한 것이었다. 다만 시간이 지나 과학이 발달하고 현실을 있는 그대로 보고자 하는 인식이 빠르게 퍼졌다. 월별 주기와 『건강 전서』는 자연을 재생산하는 최선으로 여겨졌다.

현실과 상징, 물질 세계와 정신 세계

중세에 자연의 아름다움에서 느끼는 감동은 인간으로 하여금 자신을 창조한 신에게 존경을 표하고 그의 전지전능함을 찬양하게 만들었다. 감동은 가시적인 현실로부터 보이지 않는 현실로, 물리적인 현실에서 정신적인 현실로 옮겨 갔다. 자연은 창조의 거울이었으며 인간은 신이 창조한 모든 것에 감격했다. 식물, 동물, 자연의 경치가 예술적으로 드물게 기술記述된 것은 동식물의 표본과 오늘날에도 적지 않게 찾아볼 수 있는 고전 시대의 몇 가지 유형처럼 세밀한 방식으로 묘사되었기 때문이다.

자연은 종말론적 기능에서도 가치가 있었다. 우리에게는 지상계에 해당하는 예루살렘이 세상의 종말에서 천상의 예루살렘으로 열릴 것이었다. 12세기 말부터 알려지기 시작한 교훈적인 경향에도 설명을 제공했다. 예술은 자연의 모습 전체를 눈으로 볼 수 있는 교육적이고 교육학적이며 거의 교리 문답적인, 분명한 목적을 가진 백과사전으로 여겼다. 따라서 모방을 통해 자연의 다양성을 재생산하는 것이 아니라 관람자들이 종교적 감각을 바탕으로 자연을 이해할 수 있게 이끌어 주기 위한 (고정된 틀에 따라 자연을 재구성하는) 상징적 구도를 만들려 노력했다.

이에 따라 상징적이고 착각하기 쉬운 형태가 아니라 현실을 있는 그대로 드러내려는 느리지만 지속적인 의지가 급진적으로 증가했다. 과학적 설명은 13-14세기에

과학적 설명

완성될 여정에서 중요한 역할을 담당하며 비현실을 공식화하려는 것으로까지 확장되었다. 이 시기에 제작된 동물 표본에서 우리는 세밀하고 정확하게 묘사된 환상적인 실체를 종종 목격하는데, 가장 잘 알려진 사례는 유니콘이다. 당시에 유니콘은 존재하지 않는 대상이 아니라 발견되지 않은 것이며 아직 탐험되지 않은 지역에 사는 괴물이었다.

위장에 대한 지각, 암시, 재창조

자연의 현실도 위장, 암시, 재창조 같은 다양한 방식으로 묘사가 가능했다. 위장은 목록이나 백과사전 유형의 기술에 필요한 정확성을 요구했다. 암시는 대상이 상징이나 목록으로 가치 있는 경우, 재창조는 이미 확정된 구조가 재사용되는 상황에서 다양한 요점을 제공하는 일종의 해결책이었다.

동식물 묘사에는 직접적인 접근이 거의 필요하지 않았다. 14세기 말에서 15세기 초에 그라시의 조반니노(1350-1398)나 피사넬로(약 1395-약 1455)가 곰, 말, 새, 토끼, 사자를 그린 도안은 이미 자연주의 경향의 출판을 암시했다. 그럼에도 이들은 14세기 초반까지 권위 있는 예술가의 목록에서 반복적으로 언급된, 문헌에서 확인할 수 있는 것들이었다. 식물 표본과 동물 표본이 들어간 동식물학 목록은 의사였던 디오스코리데스Dioscoridés(1세기) 또는 『동물 우화집』을 쓴 무명의 저자를 통해 전승되었다. 중세에 이르러 상상을 통해 표현된 바 있는 이러한 문헌들이 와전된 시각 유형으로 채택되거나 부자연스럽게 바뀌었다. 당시의 스케치들은 수세기 동안 조금만 변화(혹은 변형)되어 재활용되었다.

권위 있는 문헌에서 참고한 유형들

이를테면 사자를 묘사한다고 하여 반드시 사자를 봐야 할 필요는 없었다. 복사하거나 예술가들 사이에서 통용되던 목록을 참고하는 것으로 충분했다. 12세기 말에서야 자연 관찰에 관심을 드러내기 시작했다. 현실과 스케치, 즉 대상의 형태와 상징 사이의 애매모호한 관계는 건축가이자 조각가인 온느쿠르의 빌라르(13세기)의 도안에도 잘 드러나 있다. 1230-1240년경에 만화적으로 묘사된 실제 사자와 유사한 형태의 사자는 실물에 근거하여 그려진 것을 의미하는 '위조된 실물contrefais al vif'로 불렸다. 대상이 양식적으로 표현된 것은 로마네스크 조각을 떠올리게 하지만 예술가가 진짜로 동물을 본 다음에 예술가적 전통의 코드화 작업을 통해 그것을 그렸을 개연성도 배제하지는 않았다.

12세기의 절정기에 모호한 형태가 아니라 실제와 매우 흡사한 모습의 코끼리를 오네Aulnay 교회 본당 주두에 그린 조각가 역시 마르코 폴로(1254-1324)의 『동방견문록』의 가장 잘 알려진 판본으로 평가받는 『세계 불가사의의 서livres de merveilles du monde』에서처럼, 멀고 이국적인 장소에 사는 창조물을 보여 주는 동물 표본의 영향을 받은 것이 분명했다. 팔레르모의 팔라티나 예배당에 있는 〈천지 창조Creazione〉에 등장하는 새들은 모두 흰색으로 묘사되었을 뿐, 다른 특징은 보이지 않았다. 이들은 단지 '새'일 뿐이지만 1180-1190년에 인근 몬레알레 대성당에 그려진 천지 창조의 다섯 번째 날에는 백로와 푸른 왜가리 등과 함께 실제 자연의 것이 아니라 상상된 많은 형태의 새가 등장하는데, 백과사전 목록과 다름없었다.

자연을 인식하는 형태들, 다시 말해 재활용의 형태에는 거의 독립적이지 못한 형상들이 지속적으로 나타났다. 부분적으로는 과학적인 사례로 동물이나 숲 또는 풍경이 그 첫 주제가 될 수 있었다. 그럼에도 상징으로 평가되거나(선과 악 또는 그리스도 연구에 등장하는 동물들) 성화에 등장할 수 있었다. 예외는 거의 없었다.

채색되고 조각된 달력

중세에는 세속적인 삶에 대한 대부분의 감각이 신앙에 기초했으며, 이에 근거하여 예식용 서적의 내용과 종교 건축물 외벽에 조각된 성화에 질서가 부여되었다. 그러나 또 다른 현실도 등장했는데, '다른 시기'에 대한 생각, 자연에 대한 관찰이 가장 정확한 형태로 또 적어도 겉으로는 직접적인 형태로 나타나는 소수 중 하나인 중세 예술에서 월별 주기 같은 인간 활동을 묘사하는 장면으로 구성되었다. 도시인들이 가진 직업의 안정적 성향과는 달리 삶의 흐름을 가시적으로 드러내는 것, 1년의 기후와 풍경 변화에 직접적으로 관련된 농촌 세계가 그 주제였다. 이는 고전적인 기억과 자연주의적이며 신화적인 유형에 근거하여 현실에 대한 직접적인 관찰에서 시작했으나 나중에는 진정한 목록으로서 역할을 담당했으며, 아울러 수많은 변수를 동반하는 전형적으로 정착된 새로운 관찰(구도)이 등장했다.

인간 활동의 시간

농촌의 풍경과 식품을 연구하는 역사학자들은 이를 경작, 농기구 등에 대한 출처로 활용했다. 하지만 이 경우에도 다소 심하게 변형된 예술적 표현이 있었다. 지리적으로 먼 지역들에서도 동일하게 묘사된 작품들을 통해, 그리고 같은 상점에서 동일하게 생산된 제품들을 통해 증명되었다.

현존하는 회화 가운데 월별 주기를 다룬 것은 그다지 많지 않다(이탈리아의 경우 15세기 초반에 리히텐슈타인의 조르조를 위해 트렌토의 부온콘실리오 성의 독수리 탑에 그려진 월별 순환이 있다). 반면 예식용 문서나 개인을 위한 기도서의 서책 장식에는 여러 사례가 등장했다. 가장 잘 알려진 하나는 포를리 피안카스텔리 도서관이 소장하고 있는 『시간의 서Libro d'Ore』인데, 볼로냐 예술의 자연주의적인 표현 경향을 보여 주는 대표 사례로 모데나 출신 화가 세라피니의 세라피노의 소유였다. 추운 지역에서 순무를 수확하는 것, 돼지를 도살하는 것, 그리고 씨를 뿌리는 것은 14세기에 드러난 자연주의에 대한 관심의 절정을 (적어도 겉으로는) 사실주의적으로 보여 주는 장면의 하나였다. 월별 순환의 적용에 우호적이었던 또 다른 배경은 교회와 세례당들의 월별 순환을 보여 주는 기념비적인 조각품들이었다. 이탈리아 출신 베네데토 안텔라미(약 1150-약 1230) 또는 페라라의 달의 마에스트로(13세기)의 대표작들은 13세기 초반에 프랑스와 영국에서 유행했던 성화의 흐름을 추종한 것이었다. 지금은 페라라 대성당 박물관에 소장 중인 〈9월Settembre〉의 추수 장면은 가벼운 모자, 호주머니에 들어간 튜닉 끝자락, 그리고 (포도)송이들과 함께 자연에 대한 새로운 인식을 보여 주었다. 이 작품은 당시까지 지배적이었던 암시의 엄격함과는 다른 문화와 양식의 변화를 예고했다. 월별 순환이라는 지상의 우주는 모자이크 같은 다른 형태의 예술 작품에서 다시금 발견되었다. 대표 사례는 1165년에 오트란토Otranto 판탈레오네Pantaleone 성당의 바닥 모자이크다. 그중 〈6월Giugno〉에서 농부는 밀을 수확하고 자신의 발밑에서 밀 다발을 묶고 있다. 쌍둥이자리의 상징이 보이고 황도대 표시는 달력에 빈번히 등장하는데, 지상과 천상의 관계와 주제의 고전적인 기초들을 떠올리게 했다.

월별 주기 회화, 조각, 모자이크

의학 지침서 『건강 전서』

자연 세계에 대한 직접적인 관찰과 정확한 묘사를 보여 주는 대표작은 14세기 후반부터 15세기 초반까지, 특히 이탈리아 북부의 롬바르디아 지역을 중심으로 확산된 채색 장식된 장면이 포함된 의학 지침서인 『건강 전서Tacuinum Sanitatis』다. 간단한 처방과 함께 채소와 과일, 그리고 다른 식재료들의 의약적 효과와 계절에 따라 인체에 미치는 영향, 자연의 변화, 심지어 심리적인 내용까지 기술되어 있다. 이 내용은 수정과 변화를 거치면서 11세기의 서양, 그중에서도 이탈리아 남부 지역에서 활동했

의학 지침서의 기원

던 아랍인 이븐 부틀란Ibn Butlan의 업적에 근거했다. 이 저술이 방대한 지역으로 확산된 것은 학문적 수준 때문이 아니라 저술에 사용된 용어들이 재력은 있으나 전문성은 갖추지 못한 대중에게 적합했기 때문이었다. 알려진 사본들은 풍부한 채색 장식을 포함했고 장식적이었으며, 적어도 기원에 관해서 내용에 대한 시각적인 설명을 포함했다. 책에 나오는 과실, 채소, 그리고 다른 식재료 거의 대부분은 방부 처리가 되지 않은, 자연 토양에서 이제 막 수확한 싱싱한 상태를 연출했다. 각 종의 견본이 아니라 음식을 준비하고 요리하는 세계의 정제된 모습은 종류와 형태가 계획된 것이기는 하나 음식의 역사를 위한 출처로, 또 공식적인 수정의 원인이 될 수 있는 풍부하고 세밀한 사항을 제시했다. 고딕 후기의 채색 장식가와 화가는 종교적인 성화에서처럼 때로는 보다 평범한 성화 작품이나 월별 순환의 장면에 사실적인 관심을 집중시켰다.

풍경

오랫동안 '지방'은 '영토' 또는 '지역'을 의미했다. '자유로운' 풍경은 15세기를 지나면서 자신만의 전조를 드러냈다. 중세, 특히 13-14세기에 발견된 사례들은 항상 정치적-행정적인 성격의 정확하고 기능적인 동기를 가졌으며, 지식과 영토의 목록화와도 밀접한 관련이 있었다. 사람이 아니라 배경의 초상이었던 것이다. 암브로조 로렌체티(약 1290-1348)가 시에나 시청사에 그린 도시와 시골 풍경이 도시와 그 밖의 지역 간 또는 좋은 정부와 사악한 정부 간의 반목을 가리키는 프레스코화처럼 비유적인 목적을 가질 수 있었으며, 그밖에도 과거에는 암브로조 로렌체티의 작품으로 생각되었으나 지금은 15세기의 화가 사세타Sassetta가 그린 것으로 판명된 〈바다 위의 도시Città sul mare〉와 〈호수 위의 성Castello sul lago〉에 관한 두 가지 논쟁인 그림이 전체의 일부인가 아니면 일부 전문가들이 계속해서 주장하는 바와 같이 독자적인 것인가에 대한 의문이 현존한다.

배경의 초상

교황과 황제들은 근대적인 형태의 지도가 등장하기 이전인 중세 전반기부터 자신의 통치 구역을 그린 그림 또는 알려진 세계의 모습을 담은 그림을 소유했다. 고전적인 여정itineraria에서 기원하여 진정한 세계 지도mappae mundi로 발전하는 개념은 수비아코Subiaco에 위치한 산타 스콜라스티카Santa Scholastica 성당의 (현재는 일부만 남아 있는) 14세기 프레스코화에 남아 있는 수도원 소유지를 대상으로 작성된 그림 목록처

독자적이지는 않았지만 기능적이었던 주제들

럼 풍경을 인식 가능한 요인의 전체로 정의했다. 1290년경에 치마부에가 아시시에 그린 〈이탈리아Ytalia〉의 경이로운 로마의 모습에서처럼 도시는 사진적인 효과가 아니라 기능적인 방식으로 인식될 가능성을 가진, 보다 직접적인 실마리의 기호로 묘사되었다. 또 다른 사례는 구체적인 특징이 없는 작은 풍경을 (1330년대에 볼로냐에서 화가로 이름이 알려진 한 인물의 작품을 통해) 법학 채색 장식 코덱스에 삽입한 것이었다. 하지만 제작자가 그것의 독자적인 가시성을 언급하려는 것은 아니었다. 삽입한 그림들은 토지 소유와 경영에 관한 내용이 기록된 측면 공간에 위치했다. 주제가 없는 것들은 그렇게 보이는 것일 뿐이었다.

이외에 수많은 그림의 풍경, 채색 장식화, 그리고 조각 작품이 '시각적인 용기用器' 역할을 했으며, 종종 공방 관행의 순수한 도식화에 따른 결실이기도 했다. 14세기의 관습적인 방법론은 작은 돌이나 작은 크기의 토지를 취해 디자인하고, 산악 풍경을 그리기 위한 것으로 활용하는 것이었다. 인식의 형태라기보다는 관습으로, 조토(1267-1337)가 파도바에 완성한 프레스코화들에 이르기까지 다양한 수준의 작품에서 찾아볼 수 있다. 따라서 화가의 수준에서 보면 페트라르카와 레온 바티스타 알베르티Leon Battista Alberti(1406-1472)가 언급한 꿈속에서 본 청정의 자연을 기술한 아름다운 곳locus amoenus, 즉 중세의 평범한 장소에 대한 진정한 확인은 존재하지 않았다.

혜성들과 눈의 휘날림

때로 (비정상적인 것이지만) 자연에 대한 몇 가지 표현은 인물 묘사에도 흔적을 남겼다. 조토가 스크로베니 예배당에 그린 〈그리스도의 탄생〉에 등장하는 혜성이 그것이다. 한때의 주장처럼 파도바의 아리스토텔레스 철학 전통에 성서 외전의 복음서들을 접목시킨 영국의 천문학자 핼리Halley(1656-1742)의 혜성, 또는 훗날 하나의 가설로 설정된 또 다른 별이나 오로지 정신적인 연구로서 14세기 초반의 회화에 반영된 자연에 대한 지식에서 중요한 요인을 구성했다. 특별한 사건을 포착하거나 현실에서는 관습적이지만 별로 드러나지는 않는 상황이 작품을 특별한 것으로 만들었다. 눈 덮인 풍경처럼 필요한 경우에는 목록처럼 사용되었지만 호기심 많은 수집가의 시선을 집중시키는 대화 형식의 일화집이었다. 15세기 초반에 트렌토에 위치한 부온콘실리오 성의 프레스코화 연작에는 남녀 무리가 설경을 배경으로 놀이에 열중하고 있는 반면 랭부르Limbourg 형제가 그린 장 베리 공작(1340-1416)의 〈아주 호화로운 달력Les Très Riches Heures〉 연작 가운데 〈2월Febbraio〉에서의 눈 덮인 풍경은 소리와 움직임을 부드럽게 연출하고 있다.

| 다음을 참고하라 |
과학과 기술 이탈리아의 의학과 외과(600쪽)
시각예술 모자이크, 프레스코화, 색유리 장식(880쪽); 13–14세기 직인 조합의 역할(918쪽); 최후의 심판과 죽음의 무도(932쪽)

피렌체, 1348년의 흑사병

| 안나 오타니 카비나 |

서양에 출현한 끔찍한 전염병인 1348년의 흑사병은 피렌체의 문화적 중흥을 좌절시켰다. 조토의 새로운 조형예술을 통해 회화 분야에서 증언된 도시의 예술적인 활력은 반코의 마소, 베르나르도 다디, 안드레아 피사노(시에나에서는 로렌체티 형제가 사망했다)와 같은 위대한 예술가들을 사망하게 만든 전염병의 파괴적인 힘 때문에 위기에 직면했다. 흑사병은 하나의 분수령으로 작용했다. 14세기 후반에는 비이성적이고 신정 정치적인 충동이 예술에 영향을 미치기 시작했지만 최근의 연구에서 교회와 토스카나의 묘지에 그려진 프레스코화 〈죽음의 승리〉에서 드러난 표현주의적 묘사로 그것의 결과론적 관계가 부정되었다.

1348년, 서양에 재출현한 흑사병

피사, 피렌체, 프라토, 볼차노의 공동묘지와 교회에 거대한 크기로 제작된 프레스코화 〈죽음의 승리Trionfi della Morte〉의 등장이 끔찍하고 집단적인 전염병의 해인 1348년 이전에 그려진 것이 알려짐으로써, 중세사 연구를 이끌었던 여러 이념 중 하나가 설득력을 상실했다. 요한 호이징가와 밀라드 마이스의 연구 이후로 끔찍한 죽음의 도래를 역사적 사실과 더불어 「요한 묵시록」의 검은 죽음의 유령과 같은 성화로 설명했다. "신성한 공동묘지로는 무덤이 충분치 않았기에 교회를 공동묘지로 활용하여 이곳에 수백 구의 시신을 묻었다. 마치 배에 물품을 가득 쑤셔 넣듯이 한 줌의 땅에 수많은 시신이 넘쳐 났다." 보카치오(1313–1375)는 흑사병의 비인간적이고 끔찍한 모습을 폭로하고 절망적인 죽음을 이야기하면서("죽어 가는 사람들을 염소를 다루듯 취급했다"), 피렌체에서만 10만 명 이상의 사망자가 발생했음을 토로했다. 훗날의 역사는 흑사병에 걸린 사람들의 검게 변한 육신을 전염 때문이라고 간주했지만 엄밀히 말해 이것은 문서에 기록된 수치가 아니라 감정적인 평가 결과였다. 실제로는 4만 5천여 명 정도가 사망했을 것으로 추정한다. 가장 오래된 문헌들에서 주민의 5분의 4가 죽었다고 언급했던 것과는 달리 전체의 절반 정도였다. 어쨌든 1630년에 피렌체를 휩쓴 흑사병이 두 차례의 발병만으로 대략 1만 명의 희생자를 발생시켰던 것을 고려할 때, 상상을 초월한 피해임은 분명했다.

오늘날의 학자들은 흑사병의 예외적인 성격을 재차 규명하며 기근과 전염의 순환적인 도래로 재앙의 원인을 설명하려 한다. 하지만 14세기의 사람들은 죽음에 익숙했다. 그들은 인간의 짧은 수명을 거부감 없이 수용했다. 그럼에도 흑사병이 전설이 되었음은 부정할 수 없다. 흑사병의 폭력성은 3~8월 사이에 확산된 이후 엄청난 공포심을 유발했다. 서양에 재등장한 임파선 염증을 동반한 이 병을 예방할 능력이 없었던 관계로 주민들은 "첫 해에는 길거리에 널려 있는 수많은 시체와 여름의 태양 밑에서 악취를 풍기며 부패하는 장면에 대한 기억으로 고통을 받았다"(밀라드 마이스, 『흑사병 이후After the Black Death』, 1951). 대니얼 디포Daniel Defoe(1660~1731), 알렉산드로 만초니Alessandro Manzoni(1785~1873), 알베르 카뮈Albert Camus(1913~1960)가 그들의 작품에서 소개한 바 있는 흑사병의 엄청난 전염성에 대해 당시에는 어떠한 예방조치도 없었다. 1403년에 이르러(베네치아를 중심으로 몇 가지 예방책이 소개되었다) 취해진 격리 조치, 격리 병원, 흑사병 유행 시 병자 운반과 사체 매장을 담당했던 사람들, 그리고 전염병에 걸린 환자가 있음을 알리고자 선박에 매단 노란색의 깃발 등이 경험에 기초하여 마련된 최초의 예방책이었다. 전설적인 흑사병

콘스탄티노플에서 출항한 제노바 갤리선 12척이 지중해 항구들에 확산시킨 흑사병의 놀라운 전염성에 취약성을 드러냈던 14세기의 도시들은 어떠한 저항도 할 수 없었다. 극심한 공포가 전부였다. 14세기의 한 연대기 작가는 자신의 연대기에 "그라소Grasso란 별명으로 불리던 투라의 아뇰로는 자신의 손으로 다섯 아들을 땅에 묻었다"고 기록했다. 오래전에 발생했던 끔찍한 흑사병에 대한 기억이 거의 망각된 상태에서(동방에서 기원하여 이탈리아에 확산된 마지막 전염병은 570년이었다) 사람들은 악성 종기의 검은빛 농포를 무서워했으며, 귀밑샘 세포가 사과나 계란 크기 정도로 크 절망과 공포

게 부풀어 오른 것을 목격했다. 보카치오는 『데카메론』에서 이것이 임파선 염증의 시작이라고 했다. 부풀어 올라 닫히지 않는 눈, 피가 섞인 타액, 구토 증세, 고열로 "그 누구도 채 4일을 버티지 못했으며 의사, 약, 아무런 치료도 소용없는 것 같다"고 했다. 동시대 작품 『피렌체 연대기』에 따르면 흑사병 확산으로 보건 영역에서 끝없는 불안감을 동반한 저항이 시작되었으며, 무조건적인 항복인 도망(과 그 결과로 전염병 확산이 가속화되었다)과 공격성이 노골적으로 드러났다고 한다.

어느 정도 시간이 흐른 후에 규칙적인 주기로(6-13년을 한 주기로) 흑사병이 창궐하자 자연(분노, 심각한 결투, 잔인한 전쟁)과 신체(과도한 열, 탁한 소변, 입천장 피부의 벗겨짐, 거머리, 홍진 등)를 대상으로 전염병 예방을 위한 증후학(징후학) 연구가 활성화되었다.

초기의 치료

15세기 말에 이르자 불가피하게 피를 흘려야 하는 가혹한 방식의 첫 치료가 시작되었다. 먼저 임파선 염증을 진정시키고(뜸을 뜨는 지짐술) 나서 배설물, 겨자, 쐐기풀, 석회(모르타르), 암염, 유리 조각과 테레빈(합성 수지의 일종*)을 함께 섞은 것과 통째로 익힌 후 다시 끓인 양파를 부풀어 오른 환부 위에 올려놓았다. 마르실리오 피치노(1433-1499)의 『흑사병에 관한 충고Consiglio contro la pestilenza』에 따르면 (영국 철학자 베이컨[1561-1626]이 비위생적이고 미신적인 것이라 지적했음에도) 이러한 방법은 장기간 지속되었다.

흑사병, 〈죽음의 승리〉, 14세기 후반의 신정 정치적인 회화

흑사병과 삶 혹은 흑사병과 예술의 상관관계에서 풀어야 할 매듭은 역사가 아닌 역사 연구에서 찾아야 한다. 1951년에 프린스턴 대학에서 출판된 흑사병에 대한 종합적인 연구인 밀라드 마이스의 『흑사병 이후』가 대표 사례다. 저자는 1348년의 흑사병을 14세기 후반 피렌체 회화의 급속한 몰락을 부추긴 결정적인 요인으로 지목했다. 이 책과 관련하여 어떤 학자는 미국인 학자의 주장이 진정 옳은 것인지 혹은 흑사병이 진정된 지 얼마 지나지 않아 세계적 분쟁에 의해 시사된 암시들이 그 자신에 의해 반영되지는 않았는지에 의문을 제기했다. 마이스가 피렌체 회화에서 추적하던 이해하기 힘들고 신정 정치적이며, 신중세적이고, 반조토적인 경향이 흑사병에 의한 한계를 넘어서 그와 동시대 조형예술의 경향을 무의식적으로 반영한 것으로 읽혀서는 안 된다는 것이다. 어쩌면 전후 미국 회화의 추상적인 소명이 마이스가 유사성 때문에 치오네의 안드레아와 그를 추종하던 피렌체 동료들의 초역사적인 회화(그리고 이론적-보수적인 회화)를 해석하는 데 영향을 주었을지도 모른다. 이러한 설명은 1343-1368년에 건축가, 조각가, 화가로 왕성한 활동을 했고, 피렌체 고딕주의를 장식이 화려하고 과장되었으며 예식적인 것으로 해석한 치오네의 안드레아의 주장이었다.

어쨌든 신비의 인물 조티노Giottino(마에스트로 스테파노의 조토, 1350-1370년에 피렌체에서 활동)부터 시작해 이후의 위대한 아름다움을 창조한 유명 화가들을 평가 절하시키는 것은 물론이고, 새로운 연대기적 사실들로 여지없이 깨진 연관 관계(흑사병의 비극으로 〈죽음의 승리〉에 나타난 악령 추방 의식)에 근거하는 것이었다. 부팔마코(1314-약 1351년에 활동)가 피사의 공동묘지에 그린 프레스코화 대작 〈죽음의 승리〉는 1340-1343년에 완성되었다[도판 18]. 그러나 최근의 역사학자들은 (보카치오가 언급한 바와 같이) 흑사병으로 인한 끔찍한 충격이 사치, 삶과 허영(의복, 말, 지나치게 화려한 결혼식)에 대한 무절제한 집착의 원인이 되었다고 주장했다.

흑사병의 '은혜' 효과

대량 학살은 흑사병에 걸린 친척을 돕고자 음식을 찾아 나섰던 기억을 퇴색시키면서 수도首都와 상당한 재력을 갖춘 지역에 집중되었다. 약국에서 환자들에게 처방하던 설탕, 꿀, 그리고 과자류의 값은 무섭게 치솟았다. 그리스도교 성인으로 묘사된 아폴로처럼 찬란한 모습의 성 세바스티아누스는 남녀 양성의 모습으로 흑사병의 재앙에 대항했다. 그는 구름 화살(아폴로가 발사한 치명적인 화살 같은 상징적인 화살)을 붙잡아 방패로 삼으면서 창백한 몸으로 도시에 무방비 상태로 남아 있는 주민들을 위해 병에 개입했다. 하지만 이 장면은 줄리오 카를로 아르간Giulio Carlo Argan이 수호성인이 묘사된 그림에 대해 농담했듯이, 바늘방석처럼 몸의 털을 곤두서게 만들기도 했다.

| 다음을 참고하라 |
역사 흑사병과 14세기의 위기(83쪽)
과학과 기술 흑사병(605쪽)
문학과 연극 조반니 보카치오(757쪽)
시각예술 조토 이후: 피렌체, 리미니, 볼로냐, 파도바(900쪽)

최후의 심판과 죽음의 무도

| 키아라 바살티Chiara Basalti |

제2의 지상으로 정의된 저승은, 특히 14세기 중반부터 죽음에 직면한 중세인들이 느끼던 공포와 희망이 반영된 공간이었다. 당시의 그리스도교 신자들은 개인의 감성적인 변화에 초점 맞춘 비유적인 이미지들과 고딕 자연주의의 발전 속에서 자신의 운명을 구하고 보호받고자 했다.

죽음과 구원에 대한 전망

모든 인간은 죽음을 궁금해 한다. 다른 시대와 달리 중세인들은 당시의 교회가 정의하려 했던 구원의 여정에서 그 답을 구했다. 12-14세기의 신학자들은 구원의 필수 절차를 신자들의 상상에 맞추려고 애썼다. 이를 통해 저승은 분명하고 잘 정의된 지형을 갖춘, 살아 있는 자들의 거울이 되었다. 사회 구조는 자체로 죽은 자들의 세계에서 정당성을 발견했으며, 인간적 정의에 대한 감각은 천상에 대한 기대감으로 사실이 되었다. 모든 공적에 합당한 보상이 따르듯이 모든 죄는 저승에서 상응하는 벌을 받았다. 두 세계의 관계는 14세기 중반에 흑사병 확산으로 아무 예고 없이 다가오는 죽음 앞에 인간이 완전히 무기력함을 드러낸 순간 강화되었다. 이 시점에서 육신과 결별한 직후의 영혼이 어떤 변화를 겪는지 이해할 필요가 제기되었다.

설교와 교리로 어느 정도 해답을 구했지만 충분하지 않았다. 로마 교회는 여기에 예술을 동원했다. '최후의 심판'을 주제로 성화를 그리도록 하면서 죽음을 의인화했고 (민중적 기원에도 불구하고) 주제를 전달하는 전설의 확산에 주력했다.

최후의 심판

「마태오 복음서」(25장 31-46절)와 「요한 묵시록」에 기술된 '최후의 심판'은 인류 역사의 마지막 순간의 (신의 정의가 승리하는 만큼) 죽음을 숭고하게 대변했다. 그러나 이와 관련된 조형품은 9-10세기에서야 비잔티움 제국과 서유럽에 등장했다. 동방에서는 11세기가 지나서야 성립될 유형학의 부재를 뜻했다. 유럽에서는 특히 12세기 초반에 이와 관련된 도상들이 등장하면서 비로소 표준화되었다. 따라서 주제를 단순화시키고 상징적 가치에 따라 장면과 인물을 세분화시킬 필요성이 생겼다. 13세기에

11세기 이후 재등장한 주제

이르러 고딕 조각이 전성기를 맞이하면서 죽음의 주제는 동방의 해석과는 무관한 유형으로 표현되었다. 비잔티움 세계가 최후의 심판(특히 최후의 순간 발생할 사건)을 활성화하면서 신성을 지상 세계와는 거리가 있는 요정의 모습으로 그렸다면 서양은 각 개인의 감성에 주목했다. 파리의 노트르담 사원이나 샤르트르 대성당 전면에 그려진 그리스도는 고딕 양식의 묘사 대신 자연주의적인 모습으로 표현되었다. 박공벽牔栱壁 상단 공간에는 십자가에 매달린 수난patiens의 그리스도와 동일시된 심판자 그리스도가 등장했다. 수난의 그리스도는 옆구리의 상처를 드러내고 성흔聖痕이 남아 있는 손바닥을 펼쳐 보이고 있다. 그리스도의 수난은 중요한 상징을 지닌 천사, 성모 마리아, 그리고 성 요한과 수적으로 동일한 규모를 구성할 수 있는 인물들에 둘러싸여 있다.

순교자의 고통을 드러내려는 성향은 제롬 바셰Jérome Baschet가 '이탈리아의 전형'(*Les Justices de l'audelà*, 1993)으로 정의한 피사의 세례당 강론대에서 볼 수 있듯이, 최후의 심판 중인 그리스도와 그리스도의 수난을 결합시키려는 선택이 연관된 주제의 단순화와 함께 이탈리아에서 폭넓게 수용되었다. 조각가 니콜라 피사노(1210/1220-1278/1284)는 선택된 영혼의 무리를 성스러운 이미지로 집중시키면서 천국의 이미지를 제거했고 저주받은 자들의 행렬이 향하고 있는 지옥은 반대편 구석에 묘사했다. 또 샤르트르 대성당과 파리 대성당 정면은 정직한 자들에게 그리스도의 모습을 볼 수 있는 특권을 보장했으나 지옥의 공간과 동등한 차원에서 비유될 수 있는 천국의 공간은 찾아볼 수 없었다. 고딕 예술이 자신의 모든 영감을 동원해 묘사했던 어둠의 세계는 13세기 말부터 시작해, 특히 이탈리아에서 새로운 조형미술의 동기를 발견했다. 피렌체 세례당의 모자이크 장식과 파도바 스크로베니 가문 예배당에 있는 조토풍의 프레스코화들은 영원한 형벌을 묘사하기 위해 죽음을 세밀하게 묘사했다. 하지만 피사의 공동묘지에서 볼 수 있는 〈최후의 심판Giudizio universale〉의 지옥은 하나의 전환점을 보여 주었다. 사탄 주변, 바위 암석으로 여러 공간으로 세분된 저주받은 자들의 왕국은 분명한 형벌의 논리를 나타냈고, 죽음의 장면은 도덕적인 교훈으로 해석되었다.

지옥을 상징하는 취향

저승에 대한 구체적인 지형 묘사와 죄와 형벌의 명백한 상응 관계에 대한 관심은 단테의 작품에도 반영되었으며, 천상을 중재하는 성직자의 설교와도 긴밀한 관계를 가졌을 것으로 추측된다. 그리스도교 신자들은 적어도 1년에 한 번은 고해성사를 통해(1215년부터는 의무가 됨) 죄를 씻을 수 있는 기회를 가졌다.

'최후의 심판'의 주제는 죽음과 관련한 가장 숭고하고 완전한 성화로 여겨졌다. 일상적 상상에 가까운 성화 덕에 사람들은 자신이 죄를 지을 경우 어떤 일이 벌어질지와 올바른 삶에 대한 정당한 보상을 알게 되었다. 천국은 지옥의 끔찍한 모습과 균형을 맞추기 위해 새롭게 도입되었다. 예를 들어 14세기 말에 피렌체의 산타 마리아 노벨라 대성당에 위치한 스트로치Strozzi 예배당에는 전생에 대한 묘사가 등장한다. 이 작품에서 치오네의 나르도Nardo(1346-1366년에 활동)는 삼분된 형태의 엄격한 구도를 도입했는데, 세밀하게 기술된 형벌에 대한 관심이 줄어들던 15세기에 폭넓게 수용되었다.

'무시무시한' 전설들

논쟁의 중심이던 신학적 문제들과 깊은 관련이 있는 최후의 심판을 묘사한 성화 말고도 신자들의 죽음에 대해서도 동일하게 대처하려는 성향을 보여 주는 민중적 기원의 성화도 존재했다. 그 하나는 '3명의 산 자와 사자死者의 만남'을 주제로 한 것이었다.

3명의 산 자와 사자의 만남

유럽 초기의 그리스도교에서 제작된 죽음의 성화들을 고려할 때, 3명의 귀족 청년들이 사냥 중 해골 3구와 만나는 줄거리는 남자의 운명에 세속적인 이해관계가 얽힌 허영을 명확히 보여 주는 전설이었다. 이 일화의 첫 몇 가지 증언은 1275년에 콩데의 보두앵이 쓴 프랑스 시와 아트리 대성당 프레스코화들(1260-1270), 그리고 멜피의 산타 마르게리타 교회에 있는 프레스코화(약 1290년)와 관련이 있다. 세속 문학과 종교적인 장소에 이 주제가 함께 등장한 것은 놀라운 일이 아니었다. 13세기 중반의 경제적 중흥은 수도원 교단과 이단 운동의 신랄한 비판을 받게 될 궁정의 생활 양식을 촉진시켰다. 귀족들의 사치와 해골들의 잔인한 모습이 확실한 대칭 관계를 형성했던 전설들에서 중세의 인간이 종교 재판과 전염병 확산으로 공존을 강요받았던 죽음의 주제에 대한 즐거움이 표출되었다.

죽음의 무도

프랑스에는 이 이야기가 널리 퍼지지 않았다. 대신 14-15세기에 산 자와 죽은 자의 대조를 줄거리로 하는 죽음의 무도가 발전했다. 동시대 문학에서 성립되었을 것으로 추정되는 죽음의 무도는 동시대 문학에 비해 기괴한 광경에 대한 열정을 드러냈던 프랑스 취향에 따라 장기간 지속되었을 것으로 보인다. 잘 알려진 첫 번째 사례는 1424년에 설립된 파리의 이노첸티Innocenti의 묘지이며, 이전의 사례들은 가설에 불과했다. 프레스코화들은 17세기를 거치며 파괴되었지만 1485년에 〈죽음의 무도

Danse macabre〉의 텍스트에 포함된 조판을 통해 재구성이 가능하다. 인류 전체가 저승과 중복된 존재인 해골과의 춤에 휘말린 것이었다.

프레스코화로 그려진 '3명의 산 자와 사자의 만남'에 비해 '죽음의 무도'의 주제는 묘사에서 등장인물 모두의 일체화를 시도했다. 하지만 같은 시대에 해골들이 산 자들을 향할 때 드러내던 냉소적인 표정은 이탈리아의 전설과 비교할 때, 별다른 의미를 지니지 않았다. 3명의 산 자와 사자의 만남의 전설은 이탈리아 반도에서는 폭넓게 확산된 반면 14세기를 거치면서 교회의 상상력 속으로 전부 흡수되었고 전달해야 할 주제를 강화하는 데 필요한 다른 주제들과 합쳐졌다. 마찬가지로 피사의 공동묘지에 그려진 프레스코화의 오른쪽 부분에는 말을 탄 젊은이들이 죽음의 신이 곧 도착한다는 사실을 모른 채 즐거운 모습을 연출했다.

죽음의 승리

피사에서는 죽음의 승리를 핵심 주제로 하는 보다 복합적인 성화 프로그램의 일부로 3명의 산 자와 사자의 만남이 그려졌다. 화면 중앙에 노파의 옷을 입고 자신을 부르는 신체장애자 무리를 외면한 채 낙원처럼 아름다운 정원에 있는 젊은 귀족들의 무리를 바라보는 모습으로 의인화된 '죽음'은 조반니 보카치오(1313-1375)의 단시 「피에 솔라노 요정 이야기」 또는 소설 『데카메론』에서 기술한 것과 완벽히 일치했다. 하지만 프레스코화들은 문학 작품들과는 다르게 도덕적인 경고에 초점을 맞추었다. 이 프레스코화 역시 궁정의 삶에 맞서는 폭력적인 소책자pamphlet 역할을 했다. '죽음의 승리'라는 주제는 일반적으로 14세기 사람들이 죽음에 구체적인 형태를 부여하려는 노력으로 성립되었으며, 맑고 자극적인 언어를 통해 감상자들을 혼란스럽게 만들려 했다. 더불어 프랑스의 죽음의 무도 또는 저승의 장소들을 현실적인 특징들로 묘사하는 최후의 심판을 닮으려 했다.

피사의 공동묘지의 프레스코화들

페트라르카(1304-1374)는 『승리』 중 「죽음의 승리」(1356-1371)에서 과도한 충동이나 죽음과는 거리가 멀고 인문적인 문화를 향하는 새로운 성화를 제안했다. 파리 국립도서관의 필사본 545에 등장하는 채색 장식이 보여 주듯이, 죽음으로부터 벗어나려는 인물들로 북적이는 장면들에서는 사람들의 고함 소리가 약하게 들리는 것 같다. 긴 낫을 들고 있는 해골이 군중을 추적하거나 쫓지는 않으나 죽음의 행렬의 조용한 애도 속에서 사람들을 혼란스럽게 하는 검은 물소들이 끄는 영구차를 조용하고

보다 고전적인 이미지

냉정하게 인도했다. 이는 드라마로 꾸며진 상상과 함께 기술된 장면들을 뒤로 한 채, 도덕으로 무장한 고전 세계를 직접적으로 직시하는 형식의 가치를 보여 주었다.

| 다음을 참고하라 |
과학과 기술 대학 의학과 스콜라 의학(591쪽)
시각예술 자연에 대한 인식(922쪽)

중세에 대한 향수

ARTI VISIVE

중세에 대한 향수

| 파브리치오 롤리니 |

18세기 중반에 이르러서야 중세를 다시 평가하고 연구하기 시작했다. 그로부터 얼마 후에 진정한 부활이 실현되었는데, 여기에는 민족주의적 관점에서의 정치적인 가치도 내포되었다. 북유럽 국가들은 중세를 독립적인 양식으로 여겼기에 근본적으로는 반고전주의적이라고 할 수 있는 고딕 예술에 관심을 집중했다. 중세에 대한 향수는 지극히 다양하게 드러났고, 그중 몇 가지는 오늘날까지도 이어지고 있다.

16-18세기의 중세 예술

15세기의 르네상스는 고대와 의식과 학문의 재흥 사이에 위치하는 중간 시대media aetas를 뜻하는 '중세'라는 개념을 만들어 냈다. 페트라르카(1304-1374) 등의 식자들이 지적한 바 있는 이러한 관점으로부터 문화의 블랙홀, 즉 중세를 문명에 대한 야만인들의 승리에 뿌리를 둔 암울한 시기로 여기던 불행이 기원했다. 전쟁과 파괴, 그중에서도 문화의 방기放棄, 그리고 예술 영역에서 역시 옛것의 방기가 이어졌다. 조르조 바사리(1511-1574)는 『생애』에서 "중세인들은 로마가 약탈, 파괴되고 화재로 불탄 이후에 활이나 거대한 동상 혹은 흉상, 고대 로마의 창, 그림이 그려진 기둥의 흔적을 목격했다. 하지만 누구도 가치를 발굴하거나 어떤 이익을 얻어 낼 줄 몰랐다"고

적었다. 사례가 없었던 것은 아니나 활용할 지적 능력이 전무했다. 18세기에 이르기까지 중세와의 결별은 예술 작품과 비평을 통해 드러났다. 고대 후기부터 인문주의 초기에 이르는 시기의 예술은 다듬어지지 않은 칙칙한 것으로 간주되었다.

건축물의 복원

낭만주의는 그것이 세계적으로 확산되었던 19세기 건축에 중세를 부활revival시키는 결정적인 역할을 했다. 냉철한 이성과 고전 양식에 대한 거부와 비교해 감성의 재발견은 정신력과 지역적 소명을 높이 평가하는 고딕 예술의 재평가를 촉진했다. 한편에서는 16세기와 부분적으로 17세기까지도 영국에서 장기적인 해결책 없이 활성화된 전통과 결합했고, 다른 한편에서는 영국, 이탈리아, 독일 등에서 기존의 건축이나 주변의 문화적 맥락과 구조적-시각적으로 지속성을 유지할 필요성 때문에 보편적으로 활용되거나 개별적으로 사용된 고딕 형태의 불규칙한 사용과 결합했다. 17세기에 볼로냐의 산 페트로니오San Petronio 성당 전면부터 중세의 건축 형태를 세심히 연구했던 크리스토퍼 렌(1632-1723)의 옥스퍼드 크라이스트 처치 칼리지Christ Church College(1682)에 이르기까지 사례도 다양했다. 이들은 신고딕 양식이라기보다 오랫동안 생명력을 유지한 고딕이었다.

불규칙하고 회화적인 것을 선호하는 취향은 18세기 전반의 공원과 정원 건축 같은 영국 신고딕 양식의 초기 건축물들이 세워지기 위한 기반이었다. 또한 오랫동안 지속될 것이었다. 영국 솔즈베리 근교(1795년부터, 현재는 일부 흔적만 남아 있다)에 위치한 윌리엄 백퍼드와 제임스 와이어트의 스트로베리 힐Strawberry Hill(약 1750)과 폰트힐 수도원Fonthill Abbey이 대표적이다. 템스 강을 따라 런던 서부에 들어선 스트로베리 힐은 중세 시대에 혼을 부르던 영적 공간을 상정할 때의 이유였던 감수성과 다른 세계에 대한 암시를 공유했다. 상상력이 풍부하고 토착적이며 자유로움을 보여 주는 고딕 양식은 합리적이고 외인外因적이며 또 지나치게 강제적인 고전 규칙들과 대치되었다. 이후에도 자주 반복될 모습으로 작품을 의뢰했던 소설가 호레이스 월폴의 글을 통해서도 알 수 있듯이, 왜곡이 아니라 여전한 쇠락의 모습이었다. 그는 중세의 직인 조합을 부활시킬 목적으로 이곳의 (물론 과학적이지는 않지만) 구조와 (사람들의 관심이 조화를 이루는) 실내 가구 선택에 관여했다.

영국의 신고딕 양식

이후 민족적 자긍심이 발현되면서 그동안 외적 영향으로 일시적이나마 중단되었던 고딕 양식의 부활이 재고되었는데, 건축가 찰스 바리와 오거스터스 웰비 퓨진이 1840년부터 공공 기관인 의회를 재건축하면서 고딕 형태를 강조했다는 점을 통해서도 확실히 드러났다. 신고딕 양식은 빅토리아 왕조의 절충적인 취향에서도 외적인 자극과 교차되고 제도화되었는데, 교량(호레이스 존스와 존 울프 베리가 건축한 타워 브리지Tower Bridge[1894]) 또는 철도역(조지 길버트 스코트와 윌리엄 발로우의 세인트 팽크라스St. Pancras 기차역[1868]) 같은 대규모 공공건물의 건축에 적용되었다. 문화적으로는 식민지와 이전 식민지 지역에 전달되어, 특히 미국에서 상당한 성과로 이어졌다. 뉴욕의 세인트 패트릭 대성당Saint Patrick's Cathedral(1853–1878)이 대표적이다.

고전 전통과 비교할 때 자긍심 차원에서 전혀 다른 성격인 민족주의적인 동기는 프랑스와 독일에서도 나타났다. 프랑스에서는 중세의 장소들, 그중에서도 프랑스 혁명 기간 중에 파괴되었거나 손상된 종교 유적 같은 방대한 건축물의 복원과 중세의 지역적 특징을 반영한다는 의미에서 중요한 의미를 지니는 기념비적 조각품에 관심이 집중되었는데, 이는 강력한 정치적 의지였다. 외젠 비올레르뒤크(1814–1879)는 1835년부터 국가 문화재를 대상으로 집필된 『리스타일링Restyling』의 저자였다. 자료 조사를 근거로 그는 건축물의 최초 설계 당시의 이념을 해석하려 하면서 건물을 리모델링하고, 통합하고, 심지어 활동이 중단된 공방들을 재건했다. 때로는 '완벽한 형태'의 회복을 위한 해석적 의미에서의 복원을 추구하면서 진정한 모조품을 만들기도 했다. 베즐레Vézelay부터 파리 노트르담 사원까지 생드니에 있는 프랑스 군주들의 무덤, 툴루즈의 생세르냉Saint-Sernin 성당, 루앙 대성당, 카르카손과 아비뇽의 대성당까지 다양하다. 그의 활동은 이론 정립과 학문적 성과를 모두 가져왔다. 대부분이 성채와 종교 건축물로 제한되기는 했으나 이들로부터 엑스 노보ex novo 실현에도 영향을 미친 신중세의 취향이 기원했다. 대표 사례인 메닐몽탕Ménilmontant의 노트르담의 십자가(벨빌Belleville, 파리, 앙투안 헤렛Antoine Héret, 1863–1880)나 폴 아바디Paul Abadie의 유명한 작품으로 파리에 있는 사크레쾨르Sacré-Coeur 대성당은 앙굴렘 대성당과 폴 아바디가 복원한 페리괴Périgueux 대성당을 참고하여 로마네스크-비잔티움 양식으로 건축되었다.

프랑스의 경우

독일의 고딕 양식은 1770년부터 괴테(1749–1832)에서 슐레겔Schlegel(1772–1829)에 이르는 문학과 철학의 문화를 통해 복원되었다. 심오한 특성의 로마네스크적 암시에 민족주의적인 해석이 결합된 것이 특징으로, 이 지역의 천재들은 이를 통해 민

독일의 경우

족주의적인 성향을 드러냈다. 카를 싱켈Karl Schinkel, 게오르크 몰러Georg Moller, 그리고 많은 예술가가 미완으로 있는 건축물을 완성시키기 위한 계획을 수립하고 초혼招魂의 회화 작품들을 제작하면서 시청사 건물이나 종교 기관들에서 드러나는 신중세적 틀에 새로운 건축학적 움직임을 출범시켰다. 가장 상징적인 사건은 1892년에 문학가와 예술가들이 벌인 수많은 소요를 끝으로 시작되었다. 몇 가지 독창적인 프로젝트와 1248년에 시작되었으나 16세기 중반에 중단된 쾰른 대성당 건축 작업 재개는 양식만이 아니라 특히 문화적으로도 재활용이란 상징성을 지녔다.

이탈리아의 경우

이탈리아에서도 신고딕이 등장했지만 12–14세기의 지역 행정이 중세 건축의 전형을 채택하는 데 수동적이었기 때문에 다른 방식으로 전개되었다. 이탈리아에도 정치적 요청(지역 자치의 기능을 담당했던 지방 자치 도시의 시민적 자긍심의 회복과 이후에는 통일 이탈리아와 로마 교회 사이의 논쟁), 전통을 거짓된 철학으로 복원하려는 욕망(중세의 건축 세계에 근대를 첨가하려는 시도를 좌절시키는 것은 의무나 다름없었다), 그리고 유럽에서 진정한 유행으로 정착된 새로운 양식을 추종하려는 의지가 개입된 몇 가지 건축물을 완성해야 할 필요성이 강력히 작용했다. 이탈리아의 신중세적 건축을 대표하는 초기 작품 중 하나로 1833년에 복원 작업이 시작된 폴렌초Pollenzo 성은 피에몬테에 위치했다. 건축을 의뢰한 사보이 왕가와 프랑스의 관계는 왜 이 성이 여러 이질적인 양식을 혼합하고 절충식으로 복원되었는지를 설명해 준다. 외젠 비올레르뒤크와 유사한 역할은 복원 작업에 참여한 다른 예술가들과 함께 밀라노에서는 벨트라미Beltrami(1854–1933), 볼로냐에서는 알폰소 루비아니(1848–1919)가 담당했다. 19–20세기에 두 건축가는 피에몬테에서 안드라데의 알프레도Alfredo d'Andrade(1839–1915)가 많은 원본 건축물에 초기의 영광을 재현하면서 피에몬테, 발레 다오스타Valle d'Aosta, 그리고 리구리아에서 했던 것과 마찬가지로 해석적 복원의 개념에 따라 각각의 건축물(스포르체스코 성) 또는 도시 내 구역들(대부분이 중세 볼로냐의 중심지로 추정된다)을 리모델링했다. 그 밖에도 건축, 건설, 회화, 그리고 중세 장식 예술 선집 제작의 목적에 따라 토리노의 보르고 메디에발레Borgo Medievale를 1884년의 국제 박람회를 목적으로 새롭게 단장했다. 또 19세기 내내 작업이 계속되었던 밀라노 두오모, 피렌체의 산타 크로체 교회와 산타 마리아 델 피오레 대성당(파브리스의 에밀리오Emilio de Fabris[1866–1887]의 설계) 전면, 그리고 이탈리아에서 산업 건축물에 고딕 양식을 적용시킨 극소수의 사례에 해당하는 베네치아의 물리노 스터키Mulino Stucky가 있었다.

장식 요인에 집중된 관심은 주목할 만하다. 조각, 회화, 색유리 장식, 가구 등은 상상에 결정적인 역할을 했으며, 종종 여러 형태를 혼합하려는 성향이 드러난 건축과 영향을 주고받았다. 건축 설계는 근본적으로 다양한 양식을 절충한 것이라 할 수 있었다. 소수기는 하지만 1840년에서 20세기 초반에 적지 않은 성공을 거둔 신로마네스크 양식의 이념을 혼합시킨 것도 있었다. 하지만 여기에는 과도한 일관성, 즉 규칙적이고 질서 있게 설계된 형태에 선택된 요인을 부여하려는 경향이 더해졌다. 로마네스크 양식과 고딕 양식의 전형에서는 실현되지 않던 것이다.

중세와 회화

회화는 건축처럼 각 요인에서 취해야 할 전형보다는 하나의 목록이나 이상적인 자극으로 남았다.

벤저민 웨스트Benjamin west(1738-1820) 같은 화가들은 1780년대부터 중세의 굵직한 사건들에 대한 재구성을 근거로 철학적 방식으로 재건축된 건축물 내부에서 최초의 진정한 역사 회화를 실현하고자 했다. 재건축된 건축물은 후에 라파엘전파 시대에 통용되었던 원시적 비평의 재발견을 근거로 새로운 미화 작업을 거쳐 절충된 중세로 나아갔다.

나폴레옹 시대의 프랑스

프랑스에서는 나폴레옹(1769-1812)에 의한 신가톨릭 경향의 도래로 중세를 단순함의 세계로 간주하는 전통적인 형태로 성화를 복원하려는 경향이 출현했다. 트루바두르troubadours 운동으로, 종종 (영국에서처럼) 중요한 일화를 강조하며 국가 차원의 변화를 홍보하는 공식적인 전통으로 활용되었다. 이러한 노선은 플뢰리 프랑수아 리샤르Fleury François Richard(1808, 앙티브, 나폴레옹 박물관)의 〈성 루이의 어머니의 겸손Deferenza di san Luigi per la madre〉에서, 1874-1875년에 피에르 퓌뷔 드 샤반Puvis de Chavannes, 장 폴 로랑스Jean Paul Laurens, 성녀 즈느비에브St. Geneviève로부터 클로비스 1세, 성 루이와 잔 다르크에 이르는 파리 판테온에서, 나폴레옹 제국으로부터 왕정복고와 공화정으로 옮겨 간 취향과 함께 프랑스의 그리스도교적인 근원을 드러내는 인물들의 그룹에 속한 다른 인물들에 이르기까지 18세기 말의 아방가르드가 시작될 때까지 지속되었다.

19세기 독일의 경우

독일에서는 1809년부터 나자렛파가 고대 독일의 회화를 베아토 안젤리코Beato

Angelico(약 1395~1455, '프라 안젤리코Fra Angelico'라고도 함*)나 피에트로 페루지노Pietro Perugino(약 1450~1523) 같은 15세기 이탈리아 화가의 수준으로 여기면서 먼 훗날의 '순수한' 정신을 수용하려는 세련된 방식을 통해 윤리적인 단순함을 재건하고자 노력했다. 구체적인 계획에 따라 진정한 '운동'으로 발전시키려 했던 초기의 여러 단체 중 하나였던 이 그룹의 지배적인 종교성은 초기에는 세속적-역사적인 것을 배제하는 주제 선택에서도 여실히 드러났다. 요한 프리드리히 오베어베크(1789~1869)를 포함한 중요 구성원들은 일찍부터 로마로 옮겨 지역 예술과의 관계를 연구하고 자신들의 관심을 단테(1265~1321)의 독창적인 문학과 아리오스토(1474~1533)와 타소Tasso(1544~1595)의 소설 같은 중세 문학으로 확대했다.

이탈리아에서도 순수 회화, 민간 역사, 종교사의 거대한 사건들에 대한 명제들이 중세, 특히 단테 이후의 중세 문학에서 다루었던 주제와 교차된 신원시적이고 순수한 회화를 통해서 수용하려는 움직임이 있었다. 대표 사례로 1819년에 〈성 바오로와 성 프란체스코Paolo e Francesca〉(앙제, 미술관)를 완성한 앵그르(1780~1867)는 과거에 대한 비철학적이지만 감성적인 성향을 드러냈다. 그는 중세를 이탈리아 르네상스와 라파엘로(1483~1520)에 대한 로마에서의 연구와 결합시켰는데, 1814년에 〈라파엘로와 포르나리나의 약혼Il fidanzamento tra Raffaello e la Fornarina〉(볼티모어, 아트 갤러리) 같은 그림에 영향을 주었다. 하지만 1854년 작품으로 현재 루브르 박물관이 소장하고 있는 후기작 〈랭스에서 샤를 7세의 대관식의 잔다르크Ritratto di Giovanna d'Arco alla consacrazione di re Carlo VII a Reims〉에서처럼 민족주의적인 의미에서 높이 평가받았다.

수용된 향수

중세에 대한 향수는 19세기에 출현했는데, 예술 작품의 제작과 직접 관련되지는 않았으나 영향력은 상당한 문화적 사실로 구성되었다. 예술 비평은 르네상스 이전의 회화 자체로 평가되었다. 또한 더 이상 이전의 의무처럼 여겨지지 않은 '원시적'인 회화로 빠르게 확대되었다. 영구 수집 품목에서나 이후의 초기 중세 예술 전시회에서나 이전에는 거의 평가되지 않은 대상에 대한 가치가 박물관을 통해 평가의 대상이 되는 것으로 이어졌다. 중세 대작들의 사본을 제작하려는 경향은 확고해졌다. 일대일의 비율로 모자이크, 회화 작품, 색유리 장식 또는 건축물 전체의 사본을 제작하는 것은 박물관의 여러 전시실이나 아카데미에서 대중과 예술가의 취향을 형성했으며, 국가적 전통의 의미로 정착되었다. 프랑스 문화재 박물관에서 한 가지 사례를 볼 수 있는데, 이들은 18세기 말부터 파리에서 다양한 방식으로 각각의 지역적 특징들을 집중시키려는 강력한 의미로 교체되었다.

신중세의 유행으로부터 풍부한 자료 목록을 확보한 윌리엄 모리스(1834-1896)가 이끈 영국의 아트 앤 크래프트 운동에서 보듯이, 직인 조합에서 중세 미학을 재발견한 것은 신뢰할 수 있는 내력을 제공하면서 현대적 생산에 지대한 영향을 미쳤다. 아트 앤 크래프트 운동은 대중적인 인기를 얻었고, 20세기 초반부터 중세는 서양의 수준 높은 문화사에서 경쟁력을 획득해 나갔다.

무가치한 향수와 새로운 미디어에 대한 향수

암울한 중세는 신비로 가득하고 평범하지 않은 이야기와 암시적인 장소를 제공했다. 모두 18세기 중반을 역사적 배경으로 하는 초기 소설에 등장한 것으로, 저속하고 서민적이며 최하층의 상상 속에 존속했다. 중세는 암흑의 성, 끔찍한 비밀, 비교秘敎적 의식만이 아니라 비현실적인 음유시인이 살았던 문란한 중세 혹은 사람들의 관심을 집중시키는 신뢰할 수 없는 요소들로 재구성된 세계였다. 19세기 말의 신고딕 양식의 성을 떠올리게 하거나 유사 사극이나 성당 기사단을 주제로 하는 영화의 텔레비전 중계, 문학 작품 등을 떠올리는 무대 장식을 갖춘 '무모한 모험' 유형의 중세, 혹은 새로운 미디어를 통해 다양한 결과를 발생시켰다. 예를 들어 비세속적이고 강제되지 않은 방식으로 신전의 기사와 고대 이집트인들, 그리고 미국 혁명을 혼합시킨 중세였다(Jon Turteltaub, *Il Mistero dei Templari*, 2004). 그 출발점은 중세를 신비하고 비합리적인 모든 것들로 간주하는 것이었다. 그리고 그것이 주는 메시지는 비과학적인 것으로, 규칙과도 상응하지 않는 '다른' 시대의 것이었다. 만약 연대기의 한계를 넘어 이상한 것과 멀리 있는 것을 강조하려고 한다면 낭만적인 것과 더 나아가 고딕적인 것은 그 결과를 얻기 충분했다. 『반지의 제왕The Lord of the Rings』이나 『해리 포터Harry Potter』 시리즈는 이러한 사실로부터, 즉 원전보다는 영화 줄거리에서 시각적인 효과를 연출했다. 하층과 최하층의 문화

물론 오늘날 의사소통의 형태에는 시각적인 것인가 아닌가에 관계없이 중세에 대한 정확하고 문헌학적인 판본이 존재한다. 피에르 파올로 파졸리니(1922-1975), 칼 테오도르 드레이어(1889-1968, 잔 다르크의 전기를 쓴 근대적 인물들 중 한 명으로 중세에

대한 성향은 플레밍으로부터 로베르 브레송, 필립 베송까지 다양하다)를 사례로 지적할 수 있다. 하지만 '고딕'풍의 소설로 쓰인 중세에 대한 향수에는 아직도 접점이 없는 평행선 같은 견해들이 존재한다. 이것은 헤비메탈을 비롯해 록 음악을 하는 음악 그룹들(블랙 메탈, 둠 메탈 같은) 혹은 고객들로부터 무언가 색다르고 이상한 것을 요구받는 문신가의 이야기와 다르지 않다.

| 다음을 참고하라 |

시각예술 자연에 대한 인식(922쪽); 최후의 심판과 죽음의 무도(932쪽)

음악
Musica

음악 서문

| 루카 마르코니Luca Marconi, 체칠리아 판티Cecilia Panti |

아르스 무지카

도시와 이를 대표하는 공적 기관인 성당과 대학이 발전하면서 음악은 수학 영역의 교육 과정curriculum에 속한다는 전통에 따라, 그리고 음악이 예식이나 민간 의식에서 필수 기능의 역할을 가진다는 이유로 육성되기 시작했다. 궁정과 도시의 전위적인 환경에서 배양된 새로운 종류의 음악들, 특히 다성 음악은 이 영역의 새로운 개념을 동반하는 음악 이론에 영향을 주었다. 새로운 기보 체계로 리듬의 길이를 측정하는 것, 음구音溝 현상에 대한 실질적인 관심, 대학을 중심으로 확산된 새로운 학문적 사고는 음악이 인간의 창조성에 의해 만들어졌으며, 점차 '예술'로 인식되었던 지식과 기술의 모든 것이라는 이념을 가져왔다.

음악 연구서에서 음악의 관습에 대한 내용은 거의 찾아볼 수 없지만 다른 출처, 특히 문학 작품에서 이들이 자주 언급되었다. 음악 언어는 단성 음악과 다성 음악을 위한 시의 (중세 중기에 발전된) 다양한 형태를 통해 시 언어와 합쳐졌다. 그렇다고 음악 언어가 음악과 문학의 만남을 위한 유일한 장은 아니었다. 음악과 관련하여 중세의 문학 작품은 노래하는 것과 연주하는 것, 음악 언어를 통한 새로운 오락물로의 형태들, 그리고 작곡가의 사회적 대중성에 대해 기술했다. 이탈리아의 프란체스코 란디니Francesco Landini(약 1335-1397)와 프랑스의 마쇼의 기욤(약 1300-1377)이 그 대표 사례다. 이와 같은 텍스트들은 이미지를 활용하기도 했다. 아르스 무지카Ars musica(자유학예에서 음악을 상징하는 소녀*)는 성화의 지속적인 주제였으며, 이로부터 '새롭게 음악을 느끼는 것'이라는 개념이 기원했다. 음악은 더 이상 음音의 과학을 전달하는 딱딱한 느낌이 아니라 노래하고 연주하면서 예술의 새로운 상징적이고 은유적인 의미를 전달하는 부드러운 인상을 획득했다.

시와 음악

아르스 노바

라우다lauda(종교적 성격의 운문, 찬가*)의 확산을 통해서도 알 수 있듯이 초기에 예식과 수도원 생활에 주로 사용되었던 성가는 속어가 단가 형식에 도입되면서 (유사 예식과 특별한 예식을 계기로) 발전했다. 세속과 시민으로 중심이 이동된 문화의 정신적 필요에 부응하기 위해서였다.

중세의 전성기에 해당하는 13-14세기의 음악에서 가장 뚜렷하게 드러난 특징은 다성 예술의 발견이다. 이것이 모테트motet(성서의 구절에 곡을 붙인 다성 음악*), 즉 성대한 예식을 거행하고 보다 수준 높은 지적 환경에서 얻어지는 문화적 결실이라는 데에는 의심의 여지가 없으나 모테트가 자발적이고 비非기록적인 형태로 수세기 전부터 육성되었기 때문에 세속적으로도 예술의 한 갈래로 빠르게 자리매김했다. 아르스 안티쿠아Ars antiqua(13세기 유럽 음악, 그중에서도 프랑스 음악*)는 음의 길이가 가지는 가치에 근거한 첫 리듬 기보 표기법을 구상했다. 이는 13세기에 발전된 관계로 12세기 말부터 그레고리오 성가의 다성 음악에 적용된 (선법 또는 음계의) 측정 기보법을 제안한 노트르담 전통을 계승했다. 반면에 아르스 노바Ars nova(13세기에 아르스 안티쿠아의 대안으로 등장했으며, 어휘적으로는 1320년경에 비트리의 필립이 쓴 논문 제목에서 유래*)는 마쇼의 기욤 같은 시인이자 작곡가들의 활동을 지원한 예술 후원 운동이라는 새로운 음악 현상을 불러온 (14세기 초반에 파리의 엘리트 지식인들이 고안한) 새로운 시스템으로, 유럽의 궁정들에서 혁신을 주도했다.

리듬 기보 표기법의 극복

새로운 기보법인 아르스 노바로 확보된 무한한 가능성은 대성당, 왕궁, 새로운 문화를 주도했던 중심지들에서 그들의 예술을 실험해 보려는 작곡가들 덕분에 실험기를 맞이했다. 이들이 추구하던 비전통적인 기보 형태와 동일한 기보 장식, '프랑스 방식으로 노래하기de cantar frances'의 유행, 그리고 리듬 표기의 복잡함은 13세기 말에 발전한 아르스 노바를 위해 (기교와 취향을 드러내는 요인 전체와 세련됨과 관련하여) 아르스 숩틸리오르Ars subtilior(보다 미묘하고 정교한 기술more subtle art)라는 용어의 성립에 기여했다. 14세기 초반부터 이탈리아에서 놀라운 음악적 발전이 시작되었다. 소위 이탈리아의 아르스 노바는 모두 이탈리아의 중부와 북부의 여러 궁정에서 배양된 제도적인 모테트 외에도 발라타ballata(14세기경에 이탈리아에서 많이 사용된 시와 음악의 형식*)와 마드리갈madrigal(14세기와 16세기에 번영했던 3성부 이상으로 이루어진 비종교적 합창곡*)과 같은 세속 음악 갈래에서 표현된 최신의 음표 표기 방식이었다.

음악의 새로운 기능

음악학은 복잡해지고 다양해진 음악의 방대한 영역에서 도구 음악과 당시까지만 해도 구전 전통과 즉흥적인 관습의 불명료하고 재구성이 불가능한 환경에 머물던 춤을 예술적으로 해방시키는 초기 징후들과 마주했다. 이와 같은 증언은 중세 문명의 노래, 춤, 연주의 관습에 대한 작은 표현이었으며, 인문주의 문화 전체의 일부로 복원된 춤과 도구 음악의 문화가 당대의 여러 궁정에서 확립되는 현상과 더불어 15세기의 '사회적 해방'을 누리게 될 관행이었다.

중세 후기의 음악과 사회

MUSICA

대학 시대의 음악 교육

| 체칠리아 판티 |

13세기의 대학은 새로운 문화를 생산하고 확산시키기도 했지만 한편으로 중세 전반기의 주교좌 수도원 학교의 발전과는 상이한, 새로운 기술技術과 방식을 제시하는 지식 계층의 제도로의 대학도 번영했다. 음악은 중세 4과(기하학, 산술학, 천문학, 음악학)를 가르치는 대학 교육의 일부를 구성했다. 교수들은 보에티우스의 가르침에 따라 음악을 수학 분야와 연결시켰다. 가장 관심 높던 주제는 음악의 학문적 규약, 시간 측정, 음의 성격, 그리고 음악 지식의 일부 또는 전체의 일부로 간주되기 시작한 음악의 '실행'이었다.

산술과 자연 철학의 중간에 위치한 음악

음악에 대한 보에티우스(약 480-525?)의 가르침은 13세기 초반부터 중세 대학의 4과의 교과 과정에 포함되었다. 음악은 여전히 4과quadrivium(기하학, 산술학, 천문학과 더불어)로 분류되었으며 그중에서도 수학을 기반으로 했다. 대학에서 작성된 문서는 충분하지 않지만 4과의 쇠락에 대한 내용이 기술된 것들로 추론하자면 음악과 인접 학문에 대한 관심에 한계가 있었던 것처럼 보인다. 중세에 과학과 자연 철학에 대한 아리스토텔레스(기원전 384-기원전 322)의 글들이 서양에 소개됨으로써 학문적 고찰은 상당한 활력과 혁신을 달성했다.

아리스토텔레스는 『분석론 후서』에서 자신의 주제 중 하나로 수학이 분명한 공리(원칙)에 근거한 엄격한 증명과 확실한 인식을 보장하는 만큼 인과因果의 보편적인 학문이라는 가정을 제시했다. 하지만 모든 수학 관련 학문의 원리가 그들의 공리로부터 유래하는 것은 아니라고 했다. 예를 들면 자연의 실체에 적용된 학문으로 각각 소리와 천체의 움직임을 연구하는 음악학과 천문학의 경우가 그러했다. 중세의 지식인들이 보에티우스로부터 물려받은 (음악에서의) 수학은 아리스토텔레스 덕분에 '매개적인' 학문적 규칙을 획득했다. 토마스 아퀴나스(1221-1274)가 『분석론 후서에 관한 주석Commento agli Analitici Secondi』에서 주장했던 바와 같이 음악은 대상과 목적이 서로 다른 학문인 산술학과 자연 철학의 중간에 위치했기에 중간(적인 기능의) 지식scientia media이었다. 산술학이 일반적인 공리로 시작해 특별한 결론에 도달하는 연역적 추론에 따라 양에 대해 연구한다면 자연 철학은 특별한 경우에서 출발해 보편적인 결론에 도달하는 귀납적 추론을 통해 구체적인 실체에 집중했다. 아리스토텔레스의 저술에 주석을 시도한 다른 대가들도 음악이 부분적으로는 산술학에, 부분적으로는 자연 철학에 예속되었음을 강조하면서 토마스 아퀴나스와 유사한 결론에 도달했다. 음악의 예속성에 대한 인식은 다양한 음악 연구서에서도 발견되었다. 이론가인 리에주의 자크Jacques de Liège(13-14세기)는 자신의 대작 『음악의 거울Speculum musicae』(약 1325)에서 아르스 안티쿠아ars antiqua의 표기 방식을 가리키는 종속subalternatio 관계가 천사들의 합창의 신성 음악 외에도 보에티우스가 정의한 음악의 세 부류(세속 음악mondana, 인문 음악humana, 도구 음악instrumentalis) 모두에 적용되었다고 했다. 하지만 도구 음악은 산술학에 속했고 다른 부류는 자연 철학에 예속된 반면에 신성 음악은 '숭고함'을 이유로 형이상학에 속했다.

음의 예술로의 음악

13-14세기의 연구서에서 지적된 다른 이론들은 음악의 이론과 실제 사이의 통합이 점진적으로 중요성을 획득했음을 보여 주었다. 도미니쿠스회 소속의 이론가이자 토마스 아퀴나스의 철학에 영향을 받은 모라비아의 지롤라모(13세기)가 1280년경에 쓴 『음악 연구서Tractatus de musica』에서 음악의 진정한 대상은 보에티우스가 말한 숫자가 아니라 분리된 소리sonus discretus, 즉 인간이 음을 높이와 길이로 정의된 숫자와

의 관계를 이용해 '번역한' 물리적인 음이라고 했다. 13세기 중반 파리에서 활동하며 『음악 연구서Tractatus de musica』를 집필한 바 있는 마에스트로 람베르토Lamberto(12세기 중반에 활동) 등의 연구가들은 예술을 완벽하게 이해하는 데 유익한 음악의 이론적인 순간과 실제적인 순간의 통합을 주장했다.

파리 출신으로 13세기 말에 실습서practica를 집필한 바 있는 그로케오의 요하네스Johannes de Grocheo(약 1255-약 1320)의 저술 『음악 연구서Tractatus de musica』는 매우 중요하게 평가되었다. 그에 따르면 음은 음악 연구의 진정한 대상이며, 음악의 학문적인 측면은 예술의 '원리'인 노래의 예술을 전달하는 데 있었다. 아리스토텔레스는 『윤리학』에서 이론적인 지식과 실용적인 지식의 차이를 지적했는데, 이에 따라 요하네스는 연구 대상 분야에서 음악을 배제했고, 이것이 신을 칭송하고 풍속을 바로잡는 데 (인간과 사회에) 유익하다는 결론에 도달했다. 당대에 음악을 통해 예술로 표현된 음의 세계에 대한 관심은 보다 구체화되었으며, 그의 이론이 이것을 대변했다. 요하네스의 연구서는 근대 음악학에 매우 중요했다. 해당 시대의 음악 현실에 대한 관심 때문이지만 그것은 즉흥적인 것이 아니라 음악 분야의 새로운 개념에 의해 다듬어진 것이었다. 그로케오의 요하네스

음악의 측정 언어와 기록을 위한 기술로의 기보

14세기에 음악의 학문적 성격에 대한 논쟁이 가열되었다. 아리스토텔레스 이론의 여러 측면이 새로운 철학적 정립으로 위기에 직면한 것이 그 이유 중 하나였다. 프랑스 철학자 오컴의 윌리엄(약 1280-약 1349)의 철학적 원리에 의해 고무된 '오컴 운동'의 맥락에서 보자면 학문이란 각각의 주어진 사실의 명백함에 근거하며, 논리적-분석적인 특별한 절차를 통해 수용된 지식의 전체로 간주되었다. 이것은 학문적 명제들의 진실이 자체의 논리적 가치에 대한 평가로 교체됨을 의미했다. 이러한 맥락에서 수학은 더 이상 '원인에 대한 학문'이 아니라 측정을 통해 경험적인 현실을 연구하는 분야였다. 중세 후기의 측정calculationes은 '측정 언어'를 통해 연구된 궤변과 논리적인 연습이었으며, 이에 대한 관심은 음악 연구서에서 지배적으로 드러났다. 측정의 주제

파리 출신의 문학 박사magister artium로 프랑스 아르스 노바ars nova의 새로운 표기 방식을 주장한 무리스의 요하네스(약 1290-약 1351)는 『음악 예술에 관한 지식Notitia artis musicae』(1320년대에 집필)에서 음악 이론(수학)은 다성 음악을 포함한 음악의 실

행인 만큼 예술인 동시에 학문임을 강조했다. 하지만 예술과 학문 모두 음과 관련된 사실적 경험experimentum에 기초하며, 이것이 없으면 어떤 인식도 불가능하다고 했다. 학문-예술로서의 음악에서는 한 번 설정되면 일률적이고 각각의 모든 청각적인 경험에 항상 적용이 가능한 측정 원칙이 보편적이었다. 이와 유사한 합리화는 이탈리아 아르스 노바의 대가인 파도바의 마르케토Marchetto(약 1274-약 1319)에게서도 찾아볼 수 있는데, 그에 따르면 음악 악보는 높이와 길이의 측정 도구를 통해 음악의 진정한 본질을 드러냈다.

중세 전기의 음악 연구서들과 달리 13-14세기의 연구서들은 음악이 음악 악보, 즉 높이와 길이가 측정된 음과 작곡가의 의도를 드러내는 데 항상 세심하게 다루어진 음 기호 체계를 통해 표현된 음으로 말하는 언어라는 인식을 가졌다. 14세기 말의 연구서들은 이미 음악 '창조'가 작곡가의 기술과 능력에 의해 조형된 인위적인 산물이라는 인식을 지녔다. 요하네스 치코니아Johannes Ciconia(1340-1411)가 15세기 초반에 집필한 『신新음악Nova musica』에서 소개한 '새로운 형식'에 대한 이념에 드러나 있다. 그에게 음악과 언어 사이의 유사한 관계를 명백하게 드러내는 요소를 음악 작곡을 위한 혁신적인 방식으로 정의하는 것은 필수적이었다. 또한 그로케오의 요하네스가 한 세기 전에 주장했듯이, 3학(문법학, 논리학, 수사학)의 용어를 빌려 악보에 '진정한 쓰기 기술'을 구현했다.

치코니아의 '새로운 형식'

음악의 박자: 물리적인 '연속'인가 수학적인 '계산'인가

13세기 중반부터 15세기 초반까지 출간된 음악 연구서들의 흥미로운 주제 중에는 음표의 길이를 측정하는 것과 관련된 것들이 포함되어 있었다. 이것은 다성 음악 언어의 발전을 통해 제기되었는데, 아르스 안티쿠아(13세기에)와 아르스 노바(14세기 초반부터)의 표기에서 각 음과 쉼표 길이의 개별적인 가치와 각 가치 사이의 측정 단위로 선택된 한 음에 부여된 길이에 근거하는 관계를 예상한 것이었다.

최근 연구에서 시간의 성격에 대한 철학적인 문제가 아르스 안티쿠아 지지자들과 아르스 노바 지지자들 간에 벌어진 '논쟁'을 통하여 (음악의 시간에 대한 이견이 논제의 핵심으로 부각된 상황에서) 어떻게 중요한 역할을 하게 되었는지가 분명하게 드러났다. 두 개의 관점에 대한 사례는 리에주의 자크와 무리스의 요하네스의 연구서에서 이미 언급되었다. 다른 이론가들과 마찬가지로 그들도 아리스토텔레스의 『자연학』

시대의 두 개념

에(이 저술에 따르면 시간은 운동을 처음과 끝으로 나누어 측정하는데, 마르케토의 『포메리움Pomerium』이 그 사례다) 기술된 시간에 대한 아리스토텔레스의 정의에서 출발했다. 하지만 시간을 측정하는 방식은 다르게 드러났다. 기하학처럼 음악 이론에 토대를 제공하는 철학적-신학적 이유를 옹호했던 자크는 수가 시간의 필수 형태라고 주장했는데, 이것은 시간을 우연한 형태로 여겼던 요하네스의 주장과는 상치되는 것이었다. 자크에게 음 길이의 삼분법은 숫자 3의 완전함을 통해 드러나는 신이 주관하는 속성을 보여 주는 특징이었고, 요하네스에게는 관습적으로만 완전할 뿐이었다. 요하네스에게 음악 시간의 측정 단위는 (『음악 예술에 관한 지식』에서 주장했던 바와 같이) 시간의 '그 어떤 경과'이기 때문에 측정 단위는 2, 3 또는 다른 어떤 숫자, 나아가 무한대까지 나누어질 수 있는 것이었다. 또한 오컴의 윌리엄의 원리와 일치하는 것으로, 시간은 '물리적인 현실'이 아니라 움직임(음악의 경우 음의 길이를 무한대로 구분할 수 있는 과정)을 감지하는 데 적용된 정신적인 작용을 '함축하는' 개념이었다. 반대로 자크에게는 음 자체의 필수적인 특성이기에 '하나'이고 완벽한 것이었던 만큼 둘의 구분은 전혀 달랐다. 따라서 음악 시간의 개념은 '구체적인 그 무엇', 즉 단음nota brevis의 삼분법에서 가장 자연스러운 최소를 가지고 있어 무한대로 구분될 수 없는 수량이었다. '구체적인 시간'의 이념은 천사, 복된 자들과 같은 영적 존재가 어떻게 길이를 측정하는지에 대한 문제, 즉 자크에게 영향을 주었을 것으로 보이는 강의 헨리쿠스(약 1217-1293)와 같은 파리의 대가들이 집필한 연구서들에서 집중적으로 조명된 주제에 답변하기 위한 신학적 배경에서 발전했다.

음악의 청각적이고 미학적인 문제들

아리스토텔레스의 자연 철학에 대한 지식의 결과로 대학 교수들 사이에서 음향 문제가 논쟁의 대상으로 등장했다. 그 주제는 음의 성격(물物인가 질質인가), 확산, 청취와 관련 있었다. 더불어 다른 문제들은 음 길이를 불안정하고 제한된 존재라는 질적인 현상으로 인식하게 만들었다. 일부는 도미니쿠스회 소속의 보베의 뱅상(약 1190-1264)이 1260년에 집필한 『자연 총람』에서 다루었던 주제다. 음音은 물物인가 질質인가

이와는 다른 접근을 시도한 주장들도 있었다. 그 하나가 음악 이론과의 관련을 강조한 것으로 1220년경 영국의 로버트 그로스테스트(1175-1253)가 연구했으며 13세기 중반에 옥스퍼드에서 활동했을 것으로 추정되는 보에티우스의 『음악의 원리De 음으로서의 빛

institutione musica』에 주석을 붙인 무명의 학자에 의해 심도 있게 연구된 음의 밝음, 즉 빛의 자연 과학적인 기반으로부터 기원된 가설이었다. 그는 이것이 어떻게 음향과 음악-수학 간의 연결고리를 일관되게 만드는지를 보여 주려고 했다. 협화음을 표현하는 숫자의 비율은 협화음을 만드는 공기의 서로 다른 두 진동에 의해 발생된 빛의 양들 사이의 관계에서 모색되었다. 각각의 이론은 공기 분자 속에서 합쳐지면서 하늘의 빛도 음의 형태로 지상에 비추어짐을 암시했다. 보에티우스의 천구의 음악은 이를 더 이상 행성의 회전 속도에 의해 만들어지는 것(아리스토텔레스의 자연학과는 정반대의 이론)으로 여기지 않았다. 이는 어느 정도 동의를 얻는 데 성공했다. 보에티우스의 연구서들에 주석을 붙인 무명의 저자와 영국 프란체스코회 대가들의 지지 외에도 1245년에 대학 교재로 활용된 『철학 규율Philosophica disciplina』에서 로저 베이컨(1214/1220-1292)의 『제3의 저작』, 그리고 1250년경에 프로방스의 아르날도Arnaldo(13세기)가 쓴 『학문의 분류Divisio scientiarum』에서 지지받았다.

음의 성격에 대한 관심은 새로운 측정 기술로 아리스토텔레스의 『자연학』과는 다른 기초에 근거하여 이를 재정립할 수 있게 된 14세기에 더욱 높아졌다. 파리 출신의 철학자 오레슴의 니콜라스(1323-1382)는 자신의 중요 저술인 『성질과 운동의 위치De configurationibus qualitatum et motuum』에서 음악에 대한 미학적 연구와 함께 음에 관한 연구를 기술했다. 이는 그가 시간의 음악적 실행에 대해 관심이 있었음을 증명하는 것으로, 시간의 음악적 실행은 비트리의 필립(1291-1316) 같은 작곡가들과의 친분으로 더욱 다듬어졌다. 니콜라스의 관심은 질적으로 측정 가능한 음의 특징에 집중되었다. 음의 긴장intensio은 높이, 강도, 수, 진동의 혼합이라는 4가지 척도로 측정이 가능했다. 그는 공명을 4가지 등급으로 정의했는데 공기에 가해진 한 번의 충격, 한 번의 음, 멜로디 즉 '마치 단조로운 노래나 합창(성가)에서처럼' 번갈아 가며 울리는 음의 전체, 그리고 '기분 좋은 합창이 부드러운 전조와 섞일 때' 나타나는 다성곡多聲曲이다. 모든 등급은 각각의 특징을 가지며, 이들의 비율 차이가 음악의 아름다움을 연출했다. 따라서 음의 물리학은 음악적 미학 유형을 중요하게 고려할 때 가능한 것이었다.

음의 질質 측정

| 다음을 참고하라 |

철학 대학과 학문 체계(359쪽)

과학과 기술 대학 의학과 스콜라 의학(591쪽); 수사학: 대학에서 도시로(657쪽)
문학과 연극 이탈리아 속어 찬미가 모음집과 라틴 비극의 재등장(787쪽)

문학과 사회에서의 음악 묘사

| 알렉산드라 피오리Alessandra Fiori |

중세가 포함된 1천 년 동안 출간된 음악 연구서들이 간과했던 것은 음악의 관습 측면이었다. 여러 차례 언급했던 바와 같이 음악 이론가들의 연구는 음악을 이론적인 학문으로 보는 이념을 발전시키는 데 주력했다. 이론적인 연구로서의 주요 대상이 음악-수학, 우주 음악, 음 예술의 신화적인 발명이었다면 구체적인 음악은 성악의 경우 '노래', 기악의 경우 '소리'였다. 이러한 측면에서 음악 연구서들은 일상의 관습에 대해 언급했고, 문학 문헌들은 예술과 관련된 음악의 이념과 성향을 재구성하는 데 필요한 중요 지적 사항들을 제공했다.

궁정 소설과 기사 문학

기사 서사시의 음악

중세에 인기 많았던 문학 영역 가운데 시와 산문 형태로 쓰인 아서 왕 전설에 관한 이야기 문학은 서양에서 쓰인 오락 문학의 초기 작품들 중 음악에 관한 흥미로운 몇 가지, 특히 트리스탄과 이졸데에 관한 새로운 사실을 보여 주었다. 트리스탄은 훌륭한 기사라는 점 외에도 3학trivium 4과quadrivium의 학문을 교육받았고 많은 언어를 구사하면서도 사냥에도 능했고 체스도 잘 두었다. 무엇보다 스스로 시를 쓰고 하프 연주를 하며 노래도 한 그야말로 다재다능한 인물이었다. 이야기에서 콘월에 있는 마르케 왕의 궁정에 도착한 그는 탄트리스Tantris라는 가명을 쓰면서 광대인 척 행동했다. 영국에서 제작된 어느 채색 장식화에서는 다윗 왕에 기원하는 성화 모델에 따라 악기 연주 장면에 등장하기도 했다. 트리스탄이 음악을 즐기고 작곡을 한 유일한 인물은 아니었다. 연인에게 시를 짓는 방법trobar을 배우는 카에딘Kahedin(이졸데의 남자 형제*), 팔라메데스Palamedes(트로이 전쟁의 그리스 용장*), 그리고 다른 인물들도 있다. 과거가 되어 버린 봉건 시대 궁정의 이상에 안주하면서 새롭게 출현한 부르주아의 가치와 반목되는 중세 전 유럽의 감성 교육을 자극하고 이끄는 데 기여한 문학 작품에서, 고귀하고 용감한 전사였으며 동시에 예술과 향연을 즐기던 귀족의 초상은 완벽한 군주와 '궁정인'에 대한 마키아벨리(1469-1527)와 카스틸리오네Castiglione(1478-1529)의 말기 작품들보다 시기적으로 앞서 있었다. 노래로 불리어질 목적으로 쓰인 시구를 포함하는 문서들이 존재하며, 오스트리아 국립도서관에서 소장하고 있는 『트리스탄과 이졸데』의 필사본 ms. 2542 버전은 악보를 포함하고 있다. 서사 문학과 기사도 문학 작품에 많이 남아 있는 음악과 관련해서는 자기 보증적인 가치도 존재했는데, '무훈시chansons de geste'('geste'는 한때 서사적인 기원과 영웅적인 위업을 가리키는 것이었다*)의 구전을 통한 확산이 궁정과 광장들에서 악기를 연주하며 방랑하는 노래꾼들 덕분에 가능했기 때문이다.

음악이 사적이고 내적인 것으로만 알려진 것은 아니다. 중요한 공적 역할도 수행했고 그 목적성은 문학 작품 집필에도 동일하게 반영되었다. 여러 궁정 소설의 전형적인 기술에서 음악은 의상과 가구의 화려함이나 음료의 질과 마찬가지로 봉건 영주, 정권의 권력과 위대함을 대변하는 현실을 충실하게 반영했다.

우의시와 『신곡』

이전 시대의 프랑스 작품들

음악은 내적 순간을 강조하기 위한 목적에서 기사 소설에 부여된 기능과 비슷하게 혹은 매우 높게 평가된 다른 문학 유형인 우의시에서 중요한 역할을 했다. 이 범주에는 13세기의 한 무명작가가 쓴 이후 14세기에 널리 알려진 『장미 설화』가 포함되었다. 마쇼의 기욤(약 1300-1377)이 썼으며 음에 부여된 중요성에 특별한 의미를 가지는 『진실한 이야기Le voir dit』(1360-1363)와 『행운의 약』(약 1342)도 인용 가치가 있다. 동일한 저자가 작곡한 음악 전체를 포함하는 후자의 작품에서 성악은 인물의 내적 몸짓을 명백하게 드러내고 확대하는 역할을 했으며 이와 관련하여 애매한 어휘로 기술된 이야기의 결말까지 보여 주었다.

최고의 우의시는 단테의 『신곡』(약 1304-1321)으로, 환상적인 기술이나 신을 향한 정신적인 여정(『신을 향한 정신의 여정』)의 비유와 인간이 지각할 수 있는 모든 것들에 대한 요점을 의미하는 대작이었다.

『신곡』의 음악적 형상

단테의 시에서 시청각적인 암시는 서술의 효율성을 높여 주었다. 어둠과 혼란의 장소를 상징하는 지옥처럼 연주를 위한 유일한 악기는 니므롯Nimrod의 뿔이었고 들을 수 있는 유일한 목소리는 죄지은 자들의 고함과 슬픈 울음소리였다. 반대로 천국의 찬란함에는 노래와 정신 속에 담아 둘 수 없으며 서술할 수도 없을 정도로 지극히 부드러운 소리가 함께할 것이었다. 하지만 『신곡』에서 음악은 서술 행위의 내면에 존재할 뿐만 아니라 때로는 시 형태로 이야기를 전개하려는 단테의 의도로 인하여 배제되지 않았다. 음악 연주의 구체적인 경험은 류트lute(중세의 음유시인들이 사용하던 현악기*) 연주자의 경험처럼 트라야누스 대제와 트로이의 영웅 리페우스의 불꽃(『신곡』「천국편」, XX, 142-144)을 묘사하기 위해 활력적인 이미지를 암시했다. 그리고 숭고한 목소리가 멜리스마melisma(한 음절에 다수의 음표를 붙이는 장식적 성악 양식*)를 소화하는 동안 테너tenor의 목소리가 보다 길게 늘어진 음을 이끌어 가는 다성 음악의 경험은 영혼의 움직임을 표현하기 위함이었으며(『신곡』「천국편」, VIII, 17-20), 춤추는 여인들이 발을 땅에서 거의 들지 않은 채 걷는 것은 마텔다가 꽃들 사이로 의젓하게 걸어가는 것을 묘사하기 위함이었다(『신곡』「천국편」, XXVIII 52-56).

음악이 중심을 담당하는 곡曲은 두 번째 연옥이다. 단테는 음악가 친구인 카셀라를 만나 그에게 〈내 마음에 자리 잡은 사랑Amor che nella mente mi ragiona〉을 불러 줄 것을 부탁했다. 음악을 통해 정신 속에서 깨어나는 감동은 지혜로운 인용의 줄거리와 모든 기술된 행위의 완벽한 구성에서 (조금 과장해서 말하자면) 불과 얼마 전에 지상의 모든 즐거움을 포기했던 육신의 향수와 결합되었다.

주석 문학

단테의 『신곡』이 완성된 지 몇 년 지난 후에 이 작품을 대상으로 하는 주석 문학이 방대한 문학적 부류로 발전하기 시작했다. 야코포 알리기에리Jacopo Alighieri(단테의 아들*)의 초기 주석에 이어 밤바그리올리의 그라치올로, 라나의 야코포, 피사의 귀도, 안드레아 란치아, 조반니 보카치오 등이 쓴 주석집이 완성되었다. 이들의 저술들은 단순 해석에 머물지 않고 과거의 권력들auctoritates에 대해 쓴 글들에서처럼(성서, 교회의 성부들), 일상생활로부터 무차별적으로 취해진 수많은 왜곡, 사례와 더불어 중세 지식의 다양한 측면에 대해서도 자동적으로 언급했다. 단테의 주석가들은 『신곡』에서 자신들이 알고 있거나 접해 온 음악에 대한 모든 언급에 주목하면서 당대의 음악적인 사고에 대한 정보를 제공했다. 같은 방식으로 아리스토텔레스(기원전 384-기원전 322)가 음악의 도덕성과 인간의 영혼에 대한 결과에 대하여 이야기를 이끌어 가는 『정치학』 제8권에 대한 주석이 시도되었다.

『데카메론』과 이야기 모음집

14세기에 쓰인 가장 유명한 이야기 모음집인 『데카메론』(1348-1353)을 생략한 채 음악과 문학을 이야기하는 것은 무의미하다. 이 작품은 7명의 여성과 3명의 남성으로 구성된 피렌체 젊은이들이 흑사병을 피해 시골로 피신하여 함께 지내면서 나눈 이야기다. 음악적 관습에 대한 조사에 따르면 『데카메론』의 이야기가 전개되는 틀 또는 '한 평범한 무리'가 소일거리를 위해 나누는 담소는 좁은 의미에서 그들이 하루에 하나씩 이야기하는 내용만큼이나 중요하게 평가되었다. 이야기에서 시간은 춤, 기악, 독창이나 합창 같은 향연과 보조를 맞추었으며, 종종 제목이나 당대에 잘 알려진 음악 구절이 함께 나왔다. 『데카메론』과 유사한 구조는 프라토의 조반니Giovanni(약 1367-1445)의 『알베르티가家의 낙원Paradiso degli Alberti』에서도 볼 수 있다. 이 저술은 15세기 초반의 것이지만 내용적으로는 14세기 말의 피렌체 문화를 기술했으며, 여기 등장하는 예술가와 지식인에는 프란체스코 란디니(약 1335-1397)도 있다.

음악과 관련된 인물들의 직업

다른 문헌들

앞서 언급했듯이 중세 사회에서 음악과 음악이 수행한 수많은 역할이 (그것이 이야기 형식이 아닐지라도) 다양한 유형의 글로 존재했었다는 점을 기억할 필요가 있다. 음악 연주의 공적인 기능에 대한 강조는 중세에 유행했던 많은 민간 연대기에서도 찾아볼 수 있다. 예를 들어 시민 축제나 종교 축제를 엄숙하게 거행하기 위한 준비가 기술되어 있었다. 마찬가지로 입법과 같은 성격의 문집들은 음악 연주와 관련된 행동 규정에 대한 연구에 유익하다. 이들은 특별히 도시 법령집에 소개된 금지 규정이나 심야의 거리 통행을 금하는 것을 비롯하여 허가받지 못한 향연을 금지하는 법안이었다.

음과 이것이 인간의 정신과 육체에 미치는 효과에 대한 흥미로운 내용은 여러 사본에서, 예를 들면 이븐 시나의 『규범』(아바노의 피에트로, 폴리뇨의 젠틸레, 토레의 야코포Jacopo della Torre), 그리고 이븐 부틀란의 『건강 전서』와 같은 약초학 혹은 약학 분야의 평범한 글에 이르는 의학 관련 문학 작품들에서도 찾을 수 있다. 음악이 병자에게 줄 수 있는 효과와 건강하고 균형 잡힌 삶을 이끌기 위한 목적에서 저자들은 춤을 포함한 모든 음악 활동의 긍정적인 행위에 관심을 집중했다.

| 다음을 참고하라 |

음악 새로운 음악: 비非예식적인 신성 단가와 세속 단가(962쪽); 아르스 안티쿠아(967쪽); 프랑스의 아르스 노바와 마쇼의 기욤(972쪽); 14세기 이탈리아와 프란체스코 란디니(981쪽)

음악적 관습

MUSICA

새로운 음악: 비非예식적인 신성 단가와 세속 단가

| 카를라 비바렐리Carla Vivarelli |

11세기 초반이 끝날 무렵에 성가가 특별한 방식으로 종교 예식과 결합했다. 성가는 10세기부터 교회-수도원, 세속-시민의 문화를 대변했던 세속적 성격의 단성 음악 초기 사례와 자치 도시의 성립으로 이어지는 역사적인 사건을 배경으로 라틴어와 속어로 된 유사 및 특별 예식의 형태로 등장하기 시작했다.

라틴어 세속 단가

9-10세기 이전의 세속 음악 목록과 관련된 음악 기록은 알려지지 않았지만 고대 말기와 중세 전반기 내내 노래와 춤에 대한 구전 전통이 존재했다. 그럼에도 고대 말과 중세 전반기에 대해서는 간접적인 성격의 역사와 법 분야 자료만이 현존할 뿐, 음악에 대한 언급을 찾아볼 수 없다. 고전 작가들(오비디우스, 베르길리우스, 호라티우스 등)의 저술에서 볼 수 있는 네우마neuma(중세의 기보記譜에 이용된 하나 또는 4개의 음부音符를 나타내는 부호符號*) 발성법 외에도 세속 음악 작품의 첫 사례에는 플랑투스planctus(슬픔을 표현하거나 애도하는 내용의 시나 노래*) 또는 저명인사 특히 군주나 영웅(9세기의 〈샤를마뉴 대제의 죽음Planctus de obitu Karoli〉)의 죽음을 위한 장례식 애도에

서 여성의 목소리로 고통을 표출했던 서정적이고 드라마틱한 슬픔까지 다양한 애도가 있었다. 최고最古의 플랑투스는 10세기 산 마르치알레 수도원(파리, BNF, lat. 1154)의 한 필사본에서 발견되었다. 비록 세속적인 내용이었지만 애가는 여전히 수도승과 성직자에 의해 쓰였으며, 예식 음악과 긴밀한 관계(특히 각 악기별로 작곡된 14곡이 연속으로 하나의 이야기를 구성)를 유지했는데, 이에 따라 멜로디는 새로운 텍스트(콘트라팍타contrafacta, 종교적인 가사를 비종교적인 가락에 맞추어 만든 곡*)로 바뀌었다. 12세기부터 플랑투스는 성모 마리아의 극적이고 적당히 극적인 애도(13세기부터 성모 마리아 플랑투스planctus Mariae가 하나의 장르로 인식된다)가 되었으며, 사랑의 불평을 늘어놓는 줄거리가 많아졌다. 이와 관련하여 프랑스의 신학자이자 철학자, 그리고 시인이었던 피에르 아벨라르(1079~1142)는 중요 인물이다. 성서를 통해 드러난 엘로이즈에 대한 불행한 사랑을 표현한 아벨라르가 쓴 6개의 플랑투스는 시절詩節적이고 운율적인 구조에 있어서나 음절적인 음악 억양에 있어서나 독창성과 다양성을 보여 주었다.

콘둑투스

라틴어로 쓰인 세속 단가의 주요 형태 중에 콘둑투스conductus(하나 이상의 목소리를 위해 작곡된 신성하지만 비非예식적인 유형의 중세 음악*)도 있었다. 이는 11세기 말에 멜로디와 텍스트를 예식용 음악이나 문학 작품의 일부 구절에 삽입하여 (공식적인 예식 행사의 순간들을 연결하기 위해) 독자적인 부분을 구성하는 것에서 시작하여 점차 발전된 리듬 시구의 시절詩節을 구성했다. 콘둑투스는 12세기에는 장엄한 성격을 유지하면서 세속적인 주제를 수용했지만 13세기에 오면 다성적이고 동일한 리듬을 받아들이면서 본래의 기능을 상실했다.

끝으로 아벨라르(이름이 알려진 소수의 작가 중 한 명) 역시 작곡한 바 있는 중세의 편력서생 노래에 대해 언급할 필요가 있는데, 『카르미나 부라나Carmina Burana』('보이렌의 시가'라는 뜻*)로 불리며 현재 뮌헨 국립도서관(lat. 4660)에 보관되어 있는 작품집이다. 대부분의 작곡가 이름은 알 수 없으며 사랑, 영웅, 포도주에 대한 언급을 거부하는 거의 판독 불가한 네우마 음표로 쓰였거나 13세기의 사회적-종교적 프레스코화를 통해 로마 교황청의 부와 부패를 비난하는 도덕적인 형태로 쓰인 풍자시들이었다. 이 시가집의 마지막 부분은 방랑 성직자들 또는 규칙적이지 못한 삶과 비도덕적인 행위를 일삼으면서 유럽의 여러 대학을 옮겨 가며 공부한 학생-방랑 수사들과 결부되어 있었다.

유사 예식의 단가: 성모 마리아 찬가

12세기에 『성모 마리아의 기적Miracoli della Beata Vergine Maria』이라는 문집으로 수집되어 널리 확산될 성모에 대한 민중 전설들은, 11세기 초반에 궁극적으로는 민중의 깊은 종교적 감성을 일깨우고 특별히 이탈리아에서 세속 형제애 단체들의 설립을 가져온 신비주의적 복음주의를 추구했던 프란체스코회와 도미니쿠스회에 의해 강조된 성모 숭배가 빠르게 확산되던 상황에서 글로 편집된 것이었다. 이를 계승한 시적-음악적인 현상 3가지는 프랑스의 『성모 기적담Les Miracles de Notre Dame』, 이베리아 반도 『성모 마리아 송가집Cantigas de Santa Maria』, 이탈리아의 찬가lauda로, 성모 마리아의 표상, 유사 예식의 목적, 그리고 토착 속어의 채택이라는 공통점을 가졌다.

『성모 기적담』

『성모 기적담』은 지방 속어로 된 가장 오래된 성모 마리아 찬가를 폭넓게 수집한 80권 이상의 필사본을 통하여 세상에 전해졌다. 수도승이자 음유시인이었던 쿠앵시의 고티에Gautier de Coincy(약 1177-1236)가 1214-1233년에 성모 마리아의 기적을 주제로 작곡한 프랑스 시며, 성가에 시 텍스트를 적용한 것이 특징이다. 그중 22개의 필사본이 음악적인 음조를 동반했고 일부는 콘둑투스, 연속적인 노래, 그리고 특히 음유시인들의 노래chansons를 모방(동시대의 『장미 설화』처럼)한 것이었다.

『성모 마리아 송가집』

『성모 마리아 송가집』은 음유시인들의 운동이 피레네 산맥 너머로 확산된 결과로, 이베리아의 종교적 자비를 보여 주는 가장 중요한 증거다. 이 노래들은 1252년부터 카스티야와 레온의 왕이었던 알폰소 10세(1221-1284)의 이름과 관련 있는데, 그가 400개 이상의 노래가 화려하게 채색 장식된 4권의 필사본을 수집했기 때문이었다. 현존하는 필사본 중 13-14세기에 쓰인 것으로 추정되는 3권에 담긴 곡들의 멜로디는 각형보(노트르담 악파의 기보법으로, 모드 기보법 등이 속함*)로 기록되었다. 당대 이베리아의 서정시 언어인 북부 에스파냐의 갈리시아-포르투갈어 방언으로 된 성모 마리아 찬가들로, 시절 직후 동일하게 반복되는 반복구(후렴estribillo)를 가졌으며, 프랑스의 비를레virelai(1절 2운체의 프랑스 단시로 본래는 무도가며 론도에서 발전*)와 유사한 시적 형태를 갖추었다. 텍스트에 음을 맞추는 멜로디는 부분적으로는 음유시인들의 세속적인 멜로디와 동일했다(콘트라팍타contrafacta). 당대에 한두 명의 노래꾼에 의해 추종되었을 것이며, 텍스트를 장식하는 채색 장식 그림에서 보듯 하나 이상의 악기와 춤꾼의 춤을 포함했다.

찬가

찬가lauda는 이탈리아 자치 도시의 시대에 이탈리아 민중이 품었던 종교성의 표현이었다. 종교 행렬과 다른 지역들보다 토스카나와 움브리아에서 회개, 기도, 내면의 행위를 통해 시민 정신을 고취시키던 세속 형제애 단체의 모임에서 자치 도시의 지배 구역과 순례 길을 따라 걸을 때에 속어로 불리면서 종교적인 노래로 탄생했다. 찬가를 창작하고 연구하는 사람들인 시에나의 라우데시Laudesi(1267)와 페루자의 고행승들의 시도가 이것의 공식적인 첫 번째 예시다. 후자와 관련해서는 1260년에 시민들에게 가죽 채찍을 이용한 회개를 외치며 공개적으로 자학을 부추기던 은둔자 파사니Fasani(?-1281)가 제기한 정신적인 봉기 와중에 출현했다. 성주간聖週間의 의식과 회개 절차에 등장하던 고행승들의 찬가는 이탈리아 속어로 이루어진 종교 무대극이 기원하게 될 극 형식 찬가의 서막을 알리는 것이었다. 반면에 찬미시 작가들에게 노래와 찬가를 배우는 푸에리pueri(수도 봉원 아동*)들을 교육시키는 것은 그것의 기술적-형식적 측면에 대한 관심과 기록 전승을 촉진하면서 형제애 활동의 중요 부분을 차지했다. 형제애 단체의 찬미시 작가들로부터 각형보로 표기된 음악을 갖춘 가장 오래된 종교 음악 작품집 두 권이 기원했는데, 코르토나 시립도서관의 필사본 ms. 91(13세기 말)과 피렌체 국립중앙도서관(Banco Rari 18)에 소장된 채색 장식 필사본이 그것이다.

다양한 기능

찬가의 주요 형태는 음악 도식이 ABA인 발라타 형식이었다(멜로디의 음절과 기억하기 쉬운 것이 특징인 모티프 A는 합창곡을 위한 [후렴에 해당하는] 반복구ripresa와 [마감 부분인] 종행volta을 대표하며, 카덴차cadenza[독주자나 독창자의 기교를 보여 주기 위해 악곡이 끝나기 직전에 삽입했던 화려하고 장식적인 부분*]가 한층 풍부한 모티프 B는 솔로에게 맡겨진 절mutazioni[바탕음의 배음倍音에 해당하는 음*]을 대표한다). 또한 예술과 공식적인 정의의 최고 수준에 도달한 찬미시 형태의 텍스트가 전성기를 누리는 데 기여했는데(대표적으로 15세기까지의 전형으로 자리한 토디의 자코포네[1230/1236-1306]의 찬미가 가사들), 여기에 정조법(정확한 음높이나 음조로 연주나 노래하는 것, 즉 음의 정조법*)과 유사한 곡들은 해당하지 않았다. 찬가의 음악 목록 자체가 더 이상 찬가 작곡가들의 요구를 충족시키지 못할 때에서야 세속적-민중적인 목록에서 멜로디의 변화와 함께 코덱스 『코르토나의 찬미가Laudario cortonese』에서 보듯이 모방(필사본에서 기존 텍스트의 첫 구절incipit로 이어지는 '모방하여 노래하기cantasi come'라는 제목으로 표시되었다) 현상이 나타났다. 그 내부에는 2개의 선택 기준이 존재했다. 정상적인 모방 유형인 공식 구조의 일치와 원본의 '영적인 덧씌우기'에 활력을 불어넣는 시적인 내용과 관련된 모방이다. 14세기 이탈리아에서 아르스 노바ars nova의 등장이 다성 찬가의 발전에 기여했다.

리듬 해석의 문제

11-13세기의 단성 음악은 세속적이건 종교적이건 라틴어로 쓰였건 속어로 쓰였건 상관없이 학자들에게 리듬의 해석이라는 어려운 과제를 주었다. 이러한 구성을 비슷하게 보여 주는 테트라그램tetragram(또는 사선괘四線掛)의 각형보는 곡의 멜로디를 정확하게 재구성할 수 있게 해 주었지만, 리듬 전개와 음길이에 대해서는 아무 정보도 제공하지 않았다. 후에 정률定律 표기법으로 작성된 사례는 드물었다. 다른 사례들로는 음정이 붙여진 텍스트 운율 자체를 음악에 적용한 것에서 선법적 리듬 도식의 합성(아르스 안티쿠아ars antiqua에 적용된 첫 번째 리듬 방식), 그리고 이진 측정과 삼진 측정으로 조합된 특별한 정률주의의 채택에 이르는 다양한 해결 방안이 제안되었다. 하지만 이 문제를 미해결 상태로 남겨 놓은 관계로 모든 형태의 방대한 결의론에 적용시키기에는 역부족이었다.

| 다음을 참고하라 |
문학과 연극 이탈리아 속어 찬미가 모음집과 라틴 비극의 재등장(787쪽)
음악 아르스 안티쿠아(967쪽); 프랑스의 아르스 노바와 마쇼의 기욤(972쪽); 14세기 이탈리아와 프란체스코 란디니(981쪽)

아르스 안티쿠아

| 카를라 비바렐리 |

안티쿠아antiqua(오래된)라는 용어는 음길이 표기 방식에 기초한 다성 음악 발전의 첫 단계를 가리킨다. 시기적으로는 1230/1250-1300/1310년에 이르는 기간이며, '측정' 음표의 등장, 모테트의 발전과 동일시되었다. 아르스 안티쿠아는 노트르담 시대의 서막이며, 시기는 1160/1180년경으로, 그레고리오 성가 목록의 다성 음악과 '모드'라고 불리던 표기법을 특징으로 했다.

노트르담 시대

노트르담 시대는 음악 예술이 프랑스에서 시작되어 도시의 영광을 대변하던 고딕 성당의 전유물이었던 12세기를 상징한다. 이 시대의 음악은 근본적으로 예식을 위한 것이었기에 다성 음악의 효과(폴리포닉polyphonic[동시에 여러 개의 음을 내는 것*])를 동반한 엄숙한 축제의 미사곡(승계송과 할렐루야 성가)과 성무 예식의 응창이 기본이었다. 하지만 그것이 9-11세기의 대성부vox organum에서처럼 원본 그레고리오 성가와 비교하여 근본적으로 대위성부對位聲部(한 음표 대 한 음표, 또는 멜로디 대 멜로디를 유지하는 대성부)를 추가하기 위함은 아니었다. 다시 말해 12세기의 대성부는 스스로 멜로디와 리듬을 진행하면서 다소 많은 음표와 각 음을 장식하는 대성부와 동등한 위치를 유지했다.

노트르담의 『오르가눔 대곡집』

1270-1280년대에 당대의 파리 음악에 대해 잘 알고 있었으며 아노니모 4세Anonimo IV(13세기)로 알려진 익명의 한 젊은 영국 학생은 (파리에 살던 그의 스승이었을지도 모르는) 갈란디아의 요하네스Johannes de Garlandia(약 1195-약 1272)의 가르침에 관한 음악에 대한 연구서를 집필했다. 이 저술에서 저자는 음악의 방식과 종류의 발전과 함께 각각의 주역들에 대해 언급했다. 그는 마지스터 레오니누스Magister Leoninus(1180-1201년에 노트르담 사원의 주교좌 참사회원이었다)가 위대한 오르가눔organum(9-13세기에 불린 초기 다성 음악의 총칭*) 작곡가(최고의 오르간 연주자optimus organista)였으며, 미사와 성무 예식을 위한 『오르가눔 대곡집Magnus Liber Organi』의 저

레오니누스의 오르가눔 연주곡들

자(혹은 필경사)라고 했다. 그뿐만 아니라 (책에 따르면 성가대원 베드로[?-1197]나 성가 대장 베드로[?-1238]와 동일 인물일 수도 있는) 페로탱Pérotin의 시대에도 파리의 대성당에서 사용 중이었다. 페로탱은 최고의 작곡가optimus discantor로 알려진 인물로, 9개의 다성 음악 클라우줄라clausula(단조로운 성가에 변화를 주기 위하여 새로 작곡하여 오르가눔 중간에 넣는 악곡*) 또는 종지終止(특히 르네상스 초기 음악에 등장하는 꾸밈음을 동반한 종지의 선율 정형*), 4중창과 3중창을 위한 오르가눔, 그리고 1성부, 2성부, 3성부의 콘둑투스conductus를 작곡했다.

아노니모 4세에 대한 증언은 13세기에 쓰인 3개의 필사본(관습에 따라 필사본, 피렌체 라우렌치아나 도서관, 책장 29.1 ; W1과 W2, 각각 볼펜뷔텔 헤르조그 어거스트 도서관, Helmst. 628과 Helmst. 1099로 표기됨)으로 확인되는데, 이들은 『오르가눔 대곡집』의 각기 다른 판본들인 만큼 당대의 음악에 관한 중요한 증언으로 간주되었다. 이상의 3개 필사본은 시기적으로 늦게 제작된 것이기에 원전은 현존하지 않는다. 또한 어느 필사본이 가장 오래된 판본인가에 대한 열띤 논쟁을 불러일으켰다.

『오르가눔 대곡집』의 연주 목록은 1160-1190년에, 과거(1125-1190년에)에 만들어졌던 오르가눔 3성聲 미사곡organa triple과 오르가눔 4성 미사곡organa corpus을 재검토하여 확대한 오르가눔 (이중창의) 2성 미사곡organa dupla의 독창적인 내용을 중심으로 발전했다. 전통적으로 오르가눔 2성 미사곡은 기록 형태로 전승된 다성 음악의 첫 집성으로 여겨졌다. 중세 음악의 구전과 기록의 관계를 조사한 최근의 한 연구에 따르면 음악 목록 작곡과 전승에서 기억의 역할을 재평가하고, 기억에 의한 연주보다는 보존을 위하여 판본이 존재했다는 것에 더 큰 신빙성을 두고 있다. 이외에도 노트르담 대성당의 예식용 다성 음악은 프랑스의 주요 도시와 영국의 섬들, 에스파냐, 이탈리아, 독일, 그리고 독일 언어권의 스위스 지역으로 확산되면서 국제적인 명성을 획득했다.

구전과 기록

형태와 방식

노트르담의 예식용 다성 음악 연주 목록은 근본적으로 오르가눔, 클라우줄라(명확한 최후의 마침을 가졌다), 콘둑투스로 구성되었다. 오르가눔 2성은 악곡이나 악장이 끝나기 직전에 독주자나 독창자가 연주하는 기교적으로 화려한 카덴차 방식으로, 이 때문에 그레고리오 성가의 멜로디를 담당하는 주요 부분은 테너tenor가 담당했고

2성duplum의 목소리는 자유롭게 흘렀다. 반면 즉흥적으로 다른 성부를 불러 다성화하는 디스칸투스discantus 방식은 클라우줄라로 불렸으며, 긴 저음을 가진 테너의 성부와 조금 빠른 중간 음역의 2성으로 구성된 오르가눔의 대체 가능한 부분을 구분했다. 텍스트의 모든 음절마다 필수적으로 한 음이 붙여지는 방식은 콘둑투스와 차이가 난다. 콘둑투스는 기존 그레고리오 성가의 멜로디를 필요로 하지 않았다. 오히려 카덴차를 이용해 각 시절詩節 단위를 짜 맞추면서 시절의 텍스트를 여러 목소리를 이용하여 새롭게 음을 맞추었다. 콘둑투스는 사제가 교회 내부로 이동할 때 동반되는 단시가로 만들어졌다. 하지만 노트르담 악파의 연주 목록이 세속적-영적 주제의 라틴 성가ex novo가 되면서 부분적으로만 예식과 관련 있게 되었다(꼬리caudae). 이와 달리 처음에는 2성(2부)으로 노트르담 악파의 예식용 다성 음악에서 부차적인 위치를 차지했던 모테트는 높은 음역의 목소리로 조율된 텍스트를 주해하는 시적인 텍스트가 적용된 다성 음악 악곡에서 기원된 만큼 예식용 멜로디의 구분에 근거했다. 복수의 목소리로 조율된 텍스트들의 관계는, 첫 사례들이 W_2와 2개 언어의 모테트에 남아 있는 프랑스의 세속적인 모테트에서도 유지되었다(라틴어 테너 성부보다 조금 빠른 중간 음역대의 2성부와 최고 음역대면서도 가장 빠르게 변화되는 프랑스 3성부). 라틴어 노래

모드 기보법

3성과 4성의 음절 텍스트가 없는 멜리스마 부분을 리듬적으로 조직해야 할 필요성은 모드 기보법modal notation(모드 리듬의 6개의 정형을 리가투라ligatura〔'모인 것'이라는 뜻으로 연결표를 가리킨다〕 결합에 의해 지시하는 기보법*)으로 불리는 고정된 리듬의 음악 악보가 만들어지는 데 영향을 미쳤다. 모든 리듬 방식은 길고 짧은 길이(2 대 1 관계의)의 최소 계열을 반복한다는 특징을 가졌으며, 연속적인 리가투라를 통해 완성되었다. 아노니모 4세와 13세기 초반의 음악 이론가인 갈란디아의 요하네스의 이름으로 대변되는 13세기의 이론적 전통은 길고 짧은 삼진 단위들로 다양하게 결합하는 6개의 리듬 도식을 확정했다. 일련의 이진 리가투라로 이어지는 삼진 리가투라(3 2 2 2…)는 첫 번째 방식을 대변했으며(길고, 짧고, 길고, 짧고 등으로 교차되는 장단격〔강약격〕 음보의 리듬에 상응한다), 삼진 리가투라로 마감되는 일련의 이진 리가투라(2 2 2 … 3)는 두 번째 방식을 대변했다(짧고, 길고, 짧고, 길고 등의 교차에 근거하는 단장격〔약강격〕 리듬에 상응한다). 이 방식은 계속되었지만 관습에서 음계 도식은

지속되지 않았으며 구성 요인은 때로 다르거나 동일한 음표의 다의성으로 해석되면서 작은 가치들로 분할되거나(파기 방법fractio modi) 또는 보다 큰 가치(확대 방법extensio modi)로 합쳐질 수 있었다.

아르스 안티쿠아: 시간 측정과 모테트의 발전

1270년대에 모테트의 유행은 정률 표기법 또는 모든 표상으로 인정되면서 일련의 반복 표기 내부에서 정확한 음 길이의 가치가 가지는 위치와 도표 형태에 기초하여 리듬 방식의 고정성을 극복한 음악 악보의 발전을 가속화시켰다. 텍스트의 음절을 클라우줄라의 2성에 적용할 경우 리가투라는 음계 리듬으로 여길 수 없는 각각의 음으로 쪼개졌다. 즉 오리지널 클라우줄라 악곡을 통해 초기의 모테트에 다시 등장했던 음절 리듬은 독자적인 곡의 일부처럼 간주된 이후 시대의 모테트에서 완전히 사라졌다.

정률 기보법의 첫 단계는 중요 이론가이자 파리 대학 교수, 그리고 『정량 음악의 기법Ars cantus mensurabilis』(약 1280)을 통해 기보법의 새로운 방식을 제안한 쾰른의 프랑코Franco를 기념하여 '프랑코 기보법'으로 불린다. 그는 3가지 가치로 기본 음표인 롱가longa(중세의 정량 기보법에서 두 번째로 긴 음표*), 브레비스brevis(정량 기보법에서 사용되는 음표 또는 쉼표*), 그리고 세미브레비스semibrevis(브레비스의 1/2〔2분할〕, 1/3〔3분할〕, 미니마의 2배 또는 3배의 음가*)를 제안했다. 그중 세미브레비스는 겹온음표인 브레비스를 세분한 것으로, 독자적인 가치와 조율된 시구의 한 음절로 유지될 가능성이 없었다. 각 음이나 리가투라로 그룹화된 것들은 완벽한 롱가longa perfecta(3브레비스)로 대표되는 측정의 토대 구성을 위해 다양하게 조합되었다. 프랑코의 이론 일부가 리가투라에 관한 것이기에 엄밀한 의미에서는 독창적인 것도 혁신적인 것도 아니었으며, 음계의 의미가 상실되었다는 한계도 있었다. 프랑코는 리가투라의 관계를 조절하는 단순 기호와 규정에서 프랑코 기보법 이전의 대표 이론들(마지스터 람베르투스Magister Lambertus와 에메람의 아노니모Anonimo가 있다)을 수집하고 정리했다.

프랑코 기보법

당시에 모테트(중복 모테트나 2성이 더 큰 서로 다른 두 텍스트를 갖춘 모테트)는 큰 성공을 거두었으며, 롱가보다는 브레비스에 기초하여 보다 복잡하고 잘 구분된 문장 구조로 진화하면서 세미브레비스 그룹으로 대표되는 좀 더 빠른 리듬을 촉진했다. 크루아의 피에르Pierre de la Croix(약 1270-1347년 이전)의 모테트는 프랑코 기보법의 단위를 3개에서 7개로 확대했다.

호케투스와 카논

아르스 안티쿠아에서 한 성부가 노래하는 동안 다른 성부가 침묵하거나 다양한 성부에서 음과 쉼표를 반복하는 호케투스hoquetus(중세 다성 음악에서 성부와 성부 사이나 음과 음이나 음의 두 그룹 사이를 오가는 기법으로 딸꾹질과 비슷한 효과*)의 작곡 기술은 특별한 것으로 평가되었다. 프랑코도 자신의 연구서에서 이를 언급하며 다성 음악의 최상 성부인 절단truncatus된 데스캔트descant(소프라노*)로 분류했다. 노트르담 악파의 모테트, 콘둑투스, 3성 오르가눔, 클라우줄라 악곡에서 볼 수 있듯, 일반적으로 텍스트 없이 (프랑코도 대표 사례로 〈아미앵의 긴 거울In speculum d'Amiens Longum〉을 지적한 악기의 지정 가능성 없이) 곡 전체가 호케투스 기법으로 인식된 동명의 곡들에 활력을 불어넣었다. 각각 몽펠리에(인터유니버시티 도서관. 의학 섹션, H. 196)와 부르고스(산타 마리아 라 레알 데 라스 우엘가스의 모나스테리오, 코덱스 『라스 우엘가스Las Huelgas』)에 소장 중인 두 권의 필사본과 함께 13세기 후반의 주요 모테트 문집 중 하나인 밤베르크 코덱스(국립도서관, lit. 115)의 목차에서 그룹 7에 수록되었다.

호케투스 이외에도 대위법의 가장 복잡한 절차에서 카논canon(규칙을 뜻하는 그리스어로 음악에서는 모방에 의한 대위법을 가리킨다*) 또는 여러 성부가 계속해서 멜로디의 동형 진행을 보여 주는 모방 다성 악보가 새로워졌다. 현존하는 규범의 최고最古 사례는 6성부로 구성된 익명의 영국 돌림노래인 로타rota(돌림노래를 가리키는 중세 용어*), 〈여름이 왔도다Sumer is icumen in〉(13세기)이다.

| 다음을 참고하라 |

음악 새로운 음악: 비非예식적인 신성 단가와 세속 단가(962쪽); 프랑스의 아르스 노바와 마쇼의 기욤(972쪽); 14세기 이탈리아와 프란체스코 란디니(981쪽)

프랑스의 아르스 노바와 마쇼의 기욤

| 제르마나 스키아시Germana Schiassi |

1320년대에 파리에서 이론화 작업을 거쳐 완벽해진 새로운 기보법은 프랑스 음악에 혁명을 가져왔다. 유럽 주요 궁정들의 후원 덕분에 위대한 작곡가, 특히 마쇼의 기욤과 같은 인물이 활동할 수 있었으며, 이후 주요 궁정들을 중심으로 음악적 삶이 활발하게 전개되었다.

비트리의 필립과 『포벨 이야기』

아르스 노바ars nova는 비트리의 필립(1291-1361)의 것으로 추정되는 한 저술에서 기원했으며, 14세기 프랑스 음악에 혁신을 예고했다.

샹파뉴 출신인 그는 동시대의 인물, 특히 친구였던 페트라르카(1304-1374)와 서로를 최고의 작곡가, 위대한 시인이라고 칭송했다. 필립은 정치적으로도 왕성하게 활동했으며 프랑스 왕 샤를 4세(1294-1328, 1322년부터 왕)의 서기관으로 임명되어 의회에서 활동하면서 청원 심사관maître des requêtes의 직무를 수행했다. 또한 그는 왕을 위해 클레멘스 6세(1291-1352, 1342년부터 교황)의 아비뇽 교황청에서 외교관으로 활동했다. 1351년에는 모Meaux 주교로 임명되었으며, 1357년에는 국민전체회의의 아홉 명의 위원 중 한 명이 되었다. 필립의 명성에도 불구하고 현존하는 작품은 소수에 불과하다. 그의 것으로 추정되는 몇 개의 모테트는 『포벨 이야기Roman de Fauvel』에 수록되어 있다.

시구에 대한 정치적인 비평

『포벨 이야기』는 1310년부터 약 1314년까지 두 권으로 작성된 풍자시집으로, 왕궁 서기관이던 뷔스의 제르베(14세기)는 자신의 저술에 필리프 4세 미남왕과 그의 자문위원이었던 마리니의 앙게랑Enguerrand de Marigny(약 1260-1315)의 부패와 남용에 맞서 3천 개 이상의 신랄한 정치적 비평을 수록했으며, 교황 클레멘스 5세(1260-1314, 1305년부터 교황)를 오랫동안 아비뇽에서 이루어졌던 모든 악행의 책임자로 몰아붙였다. 주인공 이름인 짐승 포벨(반은 말이고 반은 당나귀로 『여우 이야기』에 등장하는 여우 르나르에서 영감을 받았다)은 시대 악惡을 가리키는 약어였다. 아첨Flaterie, 탐욕Avarice, 비열함Vilenie, 변덕Varieté, 질투Envie, 음탕Lascheté이 그것이다. 포벨과 바나 글로리아Vana Gloria(헛된 영광)의 결혼으로 프랑스와 전 세계에 번영하면서 자신이 사는 지역을 회복 불능으로 타락시킬 한 종족이 태어난다.

이 저술은 현재 12권의 필사본이 존재하는 만큼 당시에 상당한 대중적 인기를 누렸을 것으로 보인다. 그중 파리 프랑스 국립도서관에 소장 중인 필사본(fr. 146)은 음악적 관점에서 매우 흥미롭다. 화려한 채색 장식 외에도 169개의 삽입곡을 포함하는데, 그중에서 새로운 방식으로 쓰인 34개의 모테트는 음악 형태의 여러 발전 단계를 보여 주는 일종의 선집, 즉 노트르담 학파의 방식으로 쓰인 모테트부터 프랑코 기보법으로 된 아르스 안티쿠아ars antiqua의 모테트를 거쳐 비트리의 필립의 아이소 리듬isorhythm(동형 리듬)의 모테트로 전환되었다.

아이소 리듬의 모테트

13세기에 논쟁 대상으로 등장한 폴리텍스츄어polytextual(테너보다 높은 성부를 지칭*) 모테트는 14세기를 거치면서 보다 완전해졌으며, 최고 수준의 작곡 기교에 도달했다. 비트리의 필립은 『포벨 이야기』에 포함된 모테트인 '수탉 개릿-인 노바 페르-네우마Garrit Gallus-In nova fert-Neuma'에서 아이소 리듬 기술을 사용했다.

아이소 리듬은 문자 그대로 리듬의 규칙적인 반복을 의미했으며, 특히 기본 리듬을 일정한 수의 반복 에피소드로 세분된 모테트 테너 성부에 적용했다(탈레아talea). 기존 멜로디(음색color) 역시 아이소 리듬의 연속을 통해 여러 차례 등장할 수 있었다. 탈레아 기법은 대개 충분히 짧기에 기존 멜로디보다 훨씬 적은 기보법을 포함하여 구성되었다. 탈레아 기법이 다시 등장할 때마다 (멜로디의 다른 리듬에 상응하는 만큼) 다양한 리듬의 음색이 반복되었다. 아이소 리듬은 모테트의 다른 목소리로 확대될 수 있었다. 14세기 초반의 모테트 대부분이 3성이었음을 기억할 필요가 있다. 상음의 2성은 두 개의 서로 다른 텍스트를 노래하고(대부분 라틴어지만 프랑스어로 쓰이기도 했다), 텍스트가 없는 테너 성부는 (추정하자면) 악기를 위한 것이었다. 이후 모테트는 4성의 고전적인 형태로 발전했는데, 네 번째 성은 (어쩌면 악기를 위한 것으로) 카운터테너counter tenor(테너보다 높은 남성의 최고 음역*) 성부로 불리는 만큼 테너 성부 이상의 음역을 가졌다. 두 쌍의 유사한 목소리 사이에 일종의 계층화가 형성되었는데, 그것의 기교적인 특징에서 아이소 리듬에 속했다. 리듬의 변화

모테트는 14세기 말경부터 서서히 쇠퇴했다. 예를 들어 필사본 『샹티이 564』(14세기 후반 프랑스 음악의 주요 자료)를 살펴보면, 89개의 노래chanson에 13개의 모테트

가 포함되었음을 알 수 있다. 15세기 초반에 오면 모테트가 꼭 필요한 경우에는 사용되었지만 노래chanson나 론도rondeau(2개의 운으로 10행 또는 13행으로 된 단시*)처럼 보다 쉽고 즉각적인 유형을 선호하게 되었다. 게다가 아이소 리듬의 기술은 발라드ballade(8행의 구 3절과 4행의 시의 결구로 된 프랑스 시형, 서사가 또는 담시곡*) 같은 다른 유형들로 빠르게 확산되었고 성스러운 음악에도 적용되었다. 마쇼의 기욤은 〈노트르담 미사곡Missa de Notre-Dame〉의 여러 부분에서 아이소 리듬을 사용했다.

아르스 노바에 대한 논쟁

비트리의 필립의 모테트가 들어 있는 『포벨 이야기』의 중요성은 이 작품이 포함하는 모테트가 기보법 영역에서 몇 가지 혁신에 근거하여 만들어졌으며, 그의 작품과 무리스의 요하네스(약 1290-약 1351)에 의해 이론화되었다는 데에서도 찾을 수 있다. 1290년경에 프랑스 북서부에 위치한 리지외Lisieux에서 출생한 요하네스는 파리에서 공부한 후 1321년에 문학 박사magister artium를 취득했다. 또한 파리 지식인의 전형적인 인물인 비트리의 필립, 요하네스 부리다누스(약 1290-약 1358)와 오레슴의 니콜라스(1323-1382) 등과도 접촉했다. 음악 이론가이자 수학자, 또 천문학자였던 그는 중요 저술인 『신新음악Ars novae musicae』 또는 『음악 예술에 관한 지식』(1321)에서 새로운 양식의 기보법(아르스 노바)과 관련된 문제를 다루었으며, 『음악 실습 개요서Compendium Musicae Praticae』나 대학 교육을 위한 지침서로 여겨진 『음악의 역할에 관한 문제들Questiones super partes musice』(1323)에서 아르스 노바의 기보법과 그것의 전형적인 정률定律 개념과 관련된 이전 저술들의 주제를 심도 있게 분석했다. 그의 또 다른 저술인 『보에티우스의 사색적 음악Musica speculativa secundum Boethius』(1323)은 음악의 이론과 철학을 다룬 일종의 선집Summa이었다. 무리스의 요하네스는 『정량 노래 연구Libellus cantus mensurabilis』와 『대위법 기술Ars contrapuncti』도 집필했으나 집필 시기는 분명하지 않다.

무리스의 요하네스

14세기의 새로운 음악 흐름인 아르스 노바에 관한 문제는 특히 기보법과 긴밀하게 연관되었다. 크루아의 피에르는 음표의 관점에서 프랑코 기보법에 포함되지 않은 가장 짧은 음길이의 가치를 분명하게 구분해야 할 필요를 느끼고 있었다. 이때 아르스 노바 덕분에 가장 짧은 음들에 해당하는 음악 기호가 만들어지면서(미니마minima와 세미미니마), 프랑코 기보법에서 길고 짧음(롱가와 브레비스)을 조율하던 동

프랑코 기보법 외의 방식

일한 관계는 새로운 음악 기호로 확대되었다. 이후로 가장 짧은 시가時價가 채택되면서, 짧지만 그렇다고 길지도 않은 가치가 음악의 시간 측정 단위로 채택되었다.

가장 큰 혁신은 3분할제와 마찬가지의 중요성을 가지는 2분할제의 도입이었다. 프랑코 기보법은 엄격한 3박자 구조에 기초한 리듬의 계층적 가치에 근거했다(분명한 상징계). 최장 음표maxima는 3개의 롱가(1개의 롱가는 3개의 브레비스로, 1개의 브레비스는 3개의 세미브레비스로 구성되었다)를 포함했다.

아르스 노바와 더불어 겹온음표인 브레비스는 맥락에 따라 3개의 세미겹온음표(정확한 때tempus perfectum)와 2개의 세미 겹온음표(불완전한 때tempus imperfectum)를 포함할 수 있었으며, 보다 작은 시가의 경우 1개의 세미겹온음표 역시 맥락에 따라 3개의 미니마(메이저 박자 기호prolatio major) 또는 2개의 미니마(마이너 박자 기호prolatio minor)를 가졌다. 무리스의 요하네스가 『신음악』에서 주장한 바처럼 이후 하나의 음을 가리키는 음표는 음 자체보다 우선시되지 않았다. 음에 음표를 합치시키는 것은 일종의 관습이었다. 음의 완전함과 불완전함을 정의하는 것은 리듬적 맥락이지 고립적인 음표가 아니었다.

이는 혁신가들과 보수주의자들 사이에서 신랄한 논쟁을 야기시켰다. 여기에 리에주의 자크도 있었다. 그는 파리에서 신학을 공부했으며 리에주 성당 참사회의 회원이자 성서의 대가였다. 그의 이름은 13세기 말까지의 아르스 안티쿠아 다성 음악을 집중적으로 다루면서 음악의 이론을 집대성한 『음악의 거울』의 서문 이합체시(각 행의 처음과 끝의 글자를 맞추면 어구가 됨*)에서 찾아볼 수 있다. 자크는 음악의 극히 '실용적' 차원을 위해 '이론적' 차원이 빠른 속도로 방치되는 것을 탄식했다. 그는 음악이 (프랑코 양식〔13세기〕에서 확실하게 강조된 바와 같이) 하느님과 내적으로 연결되어 있으며, 창조의 일부라고 주장했다. 음의 '불완전함'과 보다 짧은 시가時價의 활용, 새로운 음악 양식의 허약함과 그에 적응하는 데 따른 어려움에 대한 공격은 분명했지만 더 이상 구체적으로 드러나지는 않았다. 리에주의 자크

아르스 노바의 기보법 논쟁은 교황 요한 22세(1249-1334, 1316년부터 교황)마저 보수주의자들을 지지하며 가담할 정도로 상당했다. 학자들은 요한 22세가 1324년에 교서 「신실한 식자Docta Sanctorum」를 발표하면서 아르스 안티쿠아 지지자들을 지원했을 것이라고 주장하지만 오늘날 이 문집의 성격과 목적에 대한 논쟁은 실로 방대하다. 교황은 '근대적인' 관습에 따라 노래되었던 성스러운 텍스트들이 이해가 불

가능하게 되는 것을 신랄하게 비판했다. 논쟁의 핵심은 빠른 음 사용, 예식에서 보다 많은 텍스트들을 테너의 음으로 처리하는 모테트 기술, 호케투스hoquetus 기법 사용이 (기능적으로) 듣는 사람들로 하여금 신의 메시지를 전파하는 멜로디의 순수함을 전달하지 못하게 만든다는 것이었다. 따라서 교회 행사에서 아르스 노바는 엄격하게 금지되었다.

교회는 왜 그토록 음악의 질서에 집착했는가? 아르스 노바 이론이 몇 가지 중요한 철학적-신학적인 성격을 가지고 있음은 분명했다. 교회에서 음악의 역할에 대한 성찰은 창조에서 음악이 차지하는 지위와 동일시되었다. 음악학자 올리비에 컬린Olivier Cullin이 비트리의 필립과 무리스의 요하네스의 연구서들에 대한 글에서 말한 것처럼 음악은 신학의 시녀ancilla theologie에서 이제 예술ars로 격상되었다. 음악이 인간의 삶의 물리적인 차원과 밀접하게 관련된 하나의 학문으로 정착한 것이었다(기분 좋은 이해delectabilis in intellectu, 쾌활한 소리amabilis in auditu). 이를 계기로 하느님의 영광을 드높이기 위해 음악을 예식에 적용한 것이 음악 종류의 하나가 되었지만 그것을 존재론적으로 정의하는 것은 제외되었다. 음악이 신학으로부터 자유로워진 것은 새로운 기보법의 적용 덕분이었다. 기록된 음표는 신학적인 의미를 상실했고, 작곡가는 자신의 기호에 따라 음표를 바꾸거나 조합할 수 있는 기호로 전환했다. (무리스의 요하네스의 말을 빌리면) 아리스토텔레스(기원전 383-기원전 322)의 『형이상학』에 의존했다. "감성적인 것과 관련된 경험이 예술을 만들어 낸다Experientiam circa res sensibiles artem facere manifestum." 감성적인 음은 개별적이거나 실체의 범주에 머무는 반면에 이들을 표시하는 기호인 음표와 쉼표의 상징은 작곡가의 선택에 따라 표시된 음길이의 매개 변수를 표현했다. 오컴의 윌리엄(약 1280-약 1349)의 사상과 유사한 특징은 특히 시간의 기보법과 관련하여 무리스의 요하네스 같은 학자들의 음악 시간에 대한 연구를 통해 분명하게 드러났다.

음악 후원의 초기 형태들

새로운 양식은 조금씩 자신의 척도, 특히 리듬의 매개 변수가 다듬어지면서 복잡한 해결책을 모색했다. 아르스 노바의 마지막 단계는 아르스 숩틸리오르ars subtilior라 불렸으며, 시기적으로는 1370년대에 해당했다. 파리 대학에서 시작되어 전 유럽으로 확산된 이후 아르스 노바와 아르스 숩틸리오르 (근본적으로는 세속적인) 작품들은 보드 코르디에Baude Cordier(약 1380–약 1440), 셍레쉬의 야곱Jacob de Senleches(14세기 중반–1395), 술라주Soulage(14세기 후반–약 1403년 이후), 그리마스Grimace, 카세르타의 안토넬로Antonello(1390–1410년에 활동), 페루자의 마테오Matteo(?–약 1418)와 같이 유럽 궁정의 예술 후원을 받는 작곡가들에 의해 전성기를 맞았다. 예술 후원의 주체들은 장 베리 공작(1340–1416), 푸아 가스통 페뷔스Foix Gaston Phébus(1331–1391), 아라곤 왕 페드로 4세(1319–1387, 1336년부터 왕), 키프로스 왕 뤼지냥의 피에르 1세Pierre I de Lusignan(약 1328–1369, 1356년부터 왕), 그리고 특히 교황 클레멘스 6세(1291–1352, 1342년부터 교황)였다. 클레멘스 6세의 재임 기간은 아비뇽 유수의 절정기였다. 그는 새로운 양식을 대표하고 추종하는 예술가들을 교황청으로 초대하여 자신의 권위를 정당화했다. 유럽 권력가들의 예술 후원으로 음악가들과 예술 후원가들 사이의 긴밀한 관계, 즉 이후에도 지속될 권력의 합법화를 위한 수단으로 음악을 바라보는 인식이 강화되었다. 당대의 가장 위대한 시인이자 음악가였던 마쇼의 기욤 역시 그 영향을 받았다.

유럽의 대표적인 음악 후원가들

시–음악의 주요 종류들

아르스 노바의 작품들은 아이소 리듬적인 모테트를 동반하는 다양한 음악 유형에서 두각을 나타냈다. 그 하나인 발라드ballade는 14세기에 서정적–안무적인 본 기능을 포기하고 성악에 집중했는데, 동일한 길이와 절의 마지막 구절과 동일한 운율을 보여 주는 후렴을 가진 3개의 절로 구성되었다. 마쇼의 기욤은 아르스 노바의 모든 기교를 활용하여 4성의 발라드를 작곡했고, 이것은 아르스 숩틸리오르 작곡가들이 가장 애용하는 장르가 되었다.

발라드와 론도

발라드가 삼분된 구조의 외부로 드러나는 특징뿐 아니라 강력한 서정성을 발산하는 특성으로 이론적인 사상과도 연결되었다면 론도rondeau(2개의 운과 10행이나 13행으로 된 단시로, 시의 최초 단어가 후렴으로 두 번 쓰이는 것*)는 반복적이고 쉽게 기억할 수 있는 고정된 구조에 근거한 춤곡으로, 순환적인 특성을 유지했다. 기욤은 론도도 다수 작곡했다. 대부분은 3성이었으며 다양한 톤과 그의 창작 능력 덕분에 가능한 작업이었다.

비를레virelai 역시 초기의 서정적–서술적인 기능을 상실했으며, 14세기에 성악과 애가 형태로 정착되었다. 론도와 마찬가지로 후렴은 지속적으로 반복되었지만 시

비를레

연(또는 시절)의 구조와 리듬의 구성은 복잡했다. 마쇼의 기욤은 음악을 동반하지 않는 7개의 비를레를 작곡했지만 곡을 붙인 비를레를 가리키는 38개의 샹송 발라데 chansons balladée가 등장했다.

레lai 역시 복합적-분절적 형태였으며 길이가 12개의 시연에 이르기도 했다. 각각은 운율의 구조와 다양한 멜로디를 동반하거나 평범함을 뛰어넘는 구성상의 현명함과 수사학을 필요로 했고, 어쩌면 이러한 이유로 시인과 음악가들은 의도적으로 (론도의 곡들처럼) 폐쇄적이고 접근이 용이한 형태를 강화했을 것이다.

마쇼의 기욤

1300년경에 마쇼의 기욤은 프랑스 랭스 인근 샹파뉴의 한 마을에서 출생했다. 그는 교단에 가입하여 1323년에 보헤미아의 요한(1296-1346)의 궁정 비서가 된 후 왕이 리투아니아, 폴란드, 슐레지엔의 수많은 마을과 농촌을 방문할 때 동행했다. 1335년에는 보호자인 왕의 도움을 받아 랭스 참사회 회원이 되어 랭스에 오랫동안 머물면서 창작에 몰두했다. 그러나 왕은 1346년에 크레시 전투에서 전사했다.

1348년에 유럽을 휩쓴 흑사병에도 살아남은 기욤은 작곡가로서 새로운 경험을 시작하면서 나바라 왕 카를로스 2세(1331-1387)와 장 베리 공작, 그리고 1364년에 샤를 5세의 이름으로 프랑스 왕에 오르게 될 노르망디의 샤를(1338-1380)과 같은 군주와 귀족들을 위해 봉사했다. 기욤은 음악가로 랭스에서 말년을 보내다 1377년에 죽음을 맞이했다.

시와 음악 분야의 주요 작품들

그는 시와 음악 분야에서 대작이라고 할 수 없는 작품도 많이 남겼는데, 가장 오래된 것은 1350년경에 만들어진 것으로, 5권의 주요 필사본에 수록되어 있다. 반면에 완벽하고 신뢰할 수 있는 필사본(파리, 프랑스 국립도서관 fr. 1584)은 1370년경에 제작된 것으로 추정된다. 이 필사본이 매우 중요하게 평가받는 것은 작곡가가 제작 당시 생존하고 있었음은 물론이고 후대에 이것을 전승하고자 하는 집필 의도에 따라 질서와 형태를 직접 설정하는 등, 출판에 직접 개입했기 때문이다.

그가 쓴 작품들의 최초 판본은 작은 멜로디로 시작하는데, 대부분 찬미가였다. 대표작은 여러 개의 음악을 포함하는 『행운의 약』(1341)이다. 같은 부류의 대표작은 『진실한 이야기』(1364)로 프랑스 문학의 첫 번째 서간문 소설이다. 기욤은 이 저술에서 젊은 귀부인을 향한 늙은 시인의 사랑을 서술했으며, 몇 개의 서정적인 곡을 포함시켰다. 시인이자 음악가였던 그는 여러 측면에서 마지막 음유시인으로 볼 수 있었지만 역설적이게도 같은 시기에 음악과 시의 결별을 선언한 첫 번째 근대적 시인이기도 했다.

반목적인 상황은 기욤의 작품을 관통하는 특징이었다. 그의 순수 서정적인 작품들은 음악이 없는 필사본에서 '귀부인 찬미가La louange des dames'로 제목 붙여진 한 부분에 집중되었는데, 여기에는 200개의 발라드, 60개의 론도, 7개의 비를레, 7개의 궁정 찬트chants royaux가 있었다.

작곡된 곡도 있었다. 22개의 레, 약 40개의 발라드, 30여 개의 비를레, 그리고 19개의 론도다. 주제는 궁정 사랑의 전통으로부터 얻어졌는데, 사랑에 빠진 자가 젊은 여성에게 머리를 숙이는 것이 지배적인 구성이었다. 그럼에도 기욤의 작품 대부분에 음악이 없었고, 곡이 붙여진 텍스트와 확실하게 구분되었다는 점은 향후 시에서 확실하게 자리 잡게 될, 음악으로부터 시가 분리되는 현상을 암시했다. 마쇼의 기욤의 조카이자 제자인 시인 외스타슈 데샹Eustache Deschamps(1346–약 1406)은 『시문의 길Art de dictier et de faire chansons』(1392)에서 시가 마치 하나의 '자연 음악' 같아야 한다고 했다. 음악과 시의 결별

기욤은 프랑스어로 쓰인 3성과 4성의 23개 모테트를 작곡했다. 모테트와 관련된 기술, 예를 들어 아이소 리듬이나 호케투스 기법은 모테트의 전유물이었을 뿐만 아니라 그의 대표작인 〈노트르담 미사곡〉의 작곡에도 사용되었다.

다성 음악 미사: 마쇼의 기욤의 〈노트르담 미사곡〉

여러 측면에서 높은 평가를 받는 마쇼의 기욤의 〈노트르담 미사곡〉은 하나의 작곡 단위였으며 또한 4성의 첫 미사곡이었다. 이것은 14세기에 작곡되었으나 현존하는 대부분의 다성 음악 미사곡들은 독립적이며 (소수의 예외를 제외한다면) 다성을 완벽하게 실현하기 위한 목적으로 작곡된 것은 아닌 듯하다. 아프트Apt 필사본과 이브레아Ivrea 필사본 등에서 볼 수 있다. 이들은 통상 미사문(기도송Kyrie, 대영광송Gloria, 신앙 고백Credo 등)으로 분류되었다. 예외도 있었는데 대표적으로 (마쇼의 기욤의 미사곡보다 조금 앞서 작곡되었지만 작곡자를 알 수 없으며 여러 부분에서 드러나는 고전적인 방식이 여러 시대의 것이라 여겨지는 만큼 혼성적인 것으로 추정되는) 3성의 〈투르네의 미사Messa di Tournai〉가 있다. 4성의 첫 미사곡

〈노트르담 미사곡〉은 1364년 5월 10일 랭스에서 거행된 샤를 5세의 대관식을 위해 작곡되었다고 알려졌지만 봉헌 미사곡일 가능성이 높다. 학자들은 미사곡이 성모 숭배와 관련된 예식용 곡들을 근거로 했기에 '노트르담의de Notre-Dame'라는 명칭이 유래했을 것이라고 주장한다. 기욤은 세속적인 작품에서도 성모 숭배에 대한 애정을 드러냈다. 성모 마리아를 위해 쓴 모테트 23번(〈노트르담 미사곡〉과 동시대 작품) 또는 〈노트르담의 레Lai de Nostre Dame〉가 대표적이다. 자신이 사랑하는 귀부인을 지칭하는 모든 아름다운senhal Toute Belle 역시 성모에 대한 최고의 라틴어 칭호인 온통 아름다운tota pulchra을 반영한 것이다. 이것이 전부가 아니다. 미사곡은 그가 자신과 자신의 형제인 마쇼의 장Jean을 기념하기 위해 작곡한 것으로 추정된다. 지금은 존재하지 않는 한 묘비명이 이를 증명하는데, 기욤은 숭배 대상인 성모 마리아의 도상이 있었을 것으로 보이는 랭스의 노트르담 대성당 측면 제단에서 매주 토요일마다 미사곡이 연주되기를 당부했다. 따라서 미사곡은 일종의 음악 유언인 셈이었으며, 날짜는 그가 왕성하게 활동했던 1360년 이후로 추정된다.

음악 유언

획일적인 개념의 결과기는 했지만 〈노트르담 미사곡〉의 형식은 부분적으로 변화를 거듭했다. 키리에Kyrie(불쌍히 여기소서), 상투스Sanctus(거룩하시도다), 아그누스Agnus(하느님의 어린 양)에 기욤은 아이소 리듬의 모테트(형식) 서체와 매우 흡사한 서체를 사용했다. 리처드 호핀이 강조한 바와 같이 텍스트가 모든 성부에서 동일하지 않다면 진정한 모테트로 여겨질 수 있었다. 반대로 대영광송과 신앙 고백의 글들은 상당히 직선적이었으며 콘둑투스conductus를 떠올리게 하는 음절 양식을 보여 주었다. 특히 (여러 장구章句가 〈투르네의 미사〉의 영향을 받았음을 알고 있는 만큼) 〈투르네의 미사〉의 신앙 고백에 대해 잘 알고 있었다. 대영광송과 신앙 고백은 아이소 리듬의 아멘Amen으로 끝난다. 신앙 고백의 아멘은 전체가 아이소 리듬이거나 (작곡가의 가장 복합적인 모테트에서 보듯) 4성 모두가 아이소 리듬적이었다.

변화 가능한 스타일

이것이 얼마간이나 두 형제를 위해 랭스의 노트르담 대성당에서 불렸는지는 알 수 없다. 어떤 문헌에 따르면 마쇼의 기욤의 미사곡은 적어도 1411년까지 매주 토요일마다 불렸다고 한다. 이 작품의 중요성은 15세기까지 발전 흔적이 남아 있는 미사곡의 두 유형인 성모 마리아 미사곡과 추모 미사곡을 보여 준다는 것에서 찾을 수 있다. 앤 월터 로버트슨의 말처럼 기욤의 미사곡에서 처음으로 자신의 음악 작품이 이후에도 오랫동안 살아남을 것임에 대한 작곡가의 분명한 확신이 반영되어 있던 것 같다.

| **다음을 참고하라** |
문학과 연극 유럽의 서정시(689쪽)
음악 새로운 음악: 비非예식적인 신성 단가와 세속 단가(962쪽); 아르스 안티쿠아(967쪽); 14세기 이탈리아와 프란체스코 란디니(981쪽)

14세기 이탈리아와 프란체스코 란디니

| 티치아나 수카토Tiziana Sucato |

프랑스와 마찬가지로 이탈리아에서도 14세기 초반에 놀라운 음악적 발전이 이루어졌다. 이탈리아 아르스 노바 또는 14세기 이탈리아 음악은 역사학자인 파도바의 마르케토가 쓴 이론 연구서 『포메리움』의 초고가 완성된 1318년부터 이탈리아 아르스 노바가 고유한 특징을 드러내던 15세기 후반까지 활동했던 이탈리아 다성 음악가들의 창조적인 활동을 지칭하는 용어였다.

장소와 주인공들

이탈리아의 아르스 노바ars nova는 처음부터 성직자와 교회 오르간 연주자로 구성된 지식인 그룹이 독점했다. 이탈리아 북부에 위치한 영주들의 궁정은 궁정 광대의 예술을 접했던 만큼 '새로운 (음악) 예술'의 성립과 확산에 특별한 장소였다. 밀라노와 파비아의 비스콘티 가문(과 이후 스포르체스코 가문)의 궁정, 베로나와 파도바의 스칼리제라(와 이후 카르라레세)의 궁정을 들 수 있다. 반면에 북부의 궁정들과 부차적인 자료를 통해서만 전성기를 맞이했을 것이라는 추측을 해 볼 수 있는 이탈리아 남부의 앙주의 로베르(1278-1343, 1309년부터 왕)의 궁정 말고도 14세기 후반 피렌체에서는 아르스 노바가 전성기를 맞이했으며, 이 과정에서 연주곡 목록이 기록된 중요 코덱스들이 작성되었다. 레오나르드 엘린우드가 1960년대에 제안한 바와 같이 다성 음악가들은 3세대로 구분할 수 있다. 첫 번째 세대는 주로 2성과 3성으로 쓰인 세속 음악인 마드리갈madrigal(14세기 이탈리아에서 일어났던 자유로운 형식의 세속 성악곡*)과 카치아caccia(14세기 이탈리아에서 존재했던 독립 테너를 붙인 카논에 의한 음악 형식*)와 같은 유형을 발전시켰고, 새로운 주역들로 마에스트로 피에로Maestro Piero(약 1300-약 1350년에 활동), 카시아의 조반니Giovanni(1340-1350년에 활동), 볼로냐의 야코포Jacopo(1340-1360년에 활동), 리미니의 빈첸초Vincenzo(14세기 중반에 활동)가 등장했다. 두 번째 세대의 활동은 다성 발라타의 확립과 일치했으며, 대표 인물은 피렌체의 게라르델로Gherardello(약 1325-약 1364), 프란체스코 란디니(약 1335-1397), 파도바의 바르톨리노Bartolino(약 1365-약 1405)였다. 세 번째 세대는 첫 번째 세대의 기술과 유형의 발전에 기여했지만 부드러운 음향 효과와 반음계를 자주 사용하는 작곡 기법 활용에서 후대 음악의 감수성을 예고했다. 대표적으로 파도바의 그라치오소Grazioso(14세기 말에 활동), 카세르타의 안토넬로Antonello da Caserta(1390-1410년에 활동), 요하네스 치코니아(1340-1411), 테라모의 안토니오 자카라Antonio Zacara da Teramo(?-약 1413), 피렌체의 안드레아Andrea(?-1415), 파올로 테노리스타Paolo Tenorista(약 1355-1436), 조반니 마추올리Giovanni Mazzuoli(약 1360-1426)가 있었다.

음악의 증인들과 부차적인 자료들

필사본을 통해 전승된 아르스 노바 연주 목록은 세속적인 내용과 속어 텍스트로 구성된 600여 개의 곡을 포함하고 있다. 그 대부분은 14세기 말에서 15세기 초반에 주로 피렌체에서 기록된 과거 지향적인 작품들에 수록되어 있었다. 가장 유명한 필사본은 안토니오 스콰르치알루피Antonio Squarcialupi(1416-1480)의 것으로, 1620년대에 작성되었으며, 작곡가를 기준으로 수집되었고 연대기순으로 기술했다. 이 필사본은 역사의식과 마지막 세대 작곡가들이 가지는 고유한 가치에 대한 인식을 상징적으로 증언했다. 아르스 노바의 세속적인 다성 음악에 대한 최고最古의 증언은 1360년 이전에 쓰인 필사본 『로시아노Rossiano 215』였다.

스콰르치알루피의 필사본

필리포 빌라니(1325-약 1405)는 『피렌체의 기원과 이 도시의 유명한 시민들에 관하여』에서 영주들의 저택을 중심으로 음악이 실생활에 적용된 방식과 장소에 대한 종합적인 모습을 보여 주었다. 빌라니는 음악이 주로 연주를 통해 기억되었으며, 작곡을 통해서는 소수만 기억되었다고 회상했다. 그럼에도 귀중한 필사본들 덕분으로 음악은 기록을 통해 현재까지 전해지며, 그 사이에 추진된 음악 사상의 공식화를 통하여 마드리갈, 발라타, 카치아를 집대성한 당시 음악가들의 창조적인 노력을 알 수 있다. 빌라니는 라틴어로 쓴 자신의 저서를 통해 베로나 군주인 스칼라 가문의 마스티노 2세(1308-1351)의 궁정에서 카시아의 조반니와 볼로냐의 야코포가 스칼라가와 상금을 놓고 경합을 벌였음을 이야기했다. 다른 궁정들에서도 있었을 법한 개연성 높은 '개별적인 경쟁'의 흔적은 저자가 사용한 특별한 용어나 동일한 여성 인물에 대한 존재를 통해서도 구별이 가능하다. 예를 들어 조반니와 야코포, 이들보다 연장자인 마드리갈의 조반니가 모두 안나Anna라는 이름의 여인을 언급한 것이나, '페를라토perlato'(베네토 방언으로 잘 익어 벌어진 팽나무 열매*)라는 용어의 사용 등 4개의 공통점이 존재했다.

프란체스코 란디니

프란체스코 란디니는 14세기 이탈리아를 대표하는 작곡가였다. 니노 피로타Nino Pirrotta는 "란디니는 이탈리아 다성 음악가 중 가장 유명했으며 전임자들과 비교해 확실히 음악을 전문으로 하는 인물이었다"고 했다. 음악 분야에서 그의 이름은 작곡가, 오르간 연주자, 그리고 철학과 점성술의 재능을 증언한 당대의 수많은 문서로 증명이 가능하다. 빌라니에 따르면 1368년 9월에 베네치아를 방문한 란디니는 뛰어난 연주 실력으로 키프로스 왕 피에트로 1세Pietro I(약 1328-1369, 1359년부터 왕)로부터 월계수 관을 수여받았다. 피렌체의 산 로렌초 교회에서 오르간 연주자로 활동했다는 사실도 전해진다. 14세기 이탈리아 다성 음악을 대표하는 그의 가장 유명한 작품 대부분은 스콰르치알루피의 필사본을 통해 오늘날에 전해진다. 알렉산드라 피오리는 "오르간을 모르는 자의 예술은 기록의 명료함과 음악 이야기의 절제된 자연스러움과 음과 말로 표현된 음의 완벽한 균형을 통해 드러난다"고 밝혔다(알렉산드라 피오리, *Francesco Landini*, 2004).

전문 직업인으로의 음악가

음악 이론과 유럽적 배경

13세기 말에 프랑코(13세기 중반)의 작품 덕에 소리와 기록의 관계에 급진적인 변화가 나타났다. 이전의 기보법은 내적 멜로디를 재구성하기 위해 전적으로 기억에 의존했으나 이제 각각의 작곡 구상을 지면에 기록하게 되었고, 다시 연주하기 위한 목적으로 코덱스에 독자적이고 정확한 기초를 기록하기 시작했다. 유럽의 지식인들은 새로운 음악 기록 방식을 이해하고 이를 발전시켜 각자 자신의 방식으로 응용했

새로운 악보 기록 방식

는데, 14세기 초반에 가면 작곡 방식이 다양해지면서 악보 기록이 작곡의 필수 과정으로 정착된다. 이것은 프랑코 기보법과 동시적으로, 그러면서도 프랑코 기보법이 여러 지역 공동체에서 보여 준 발전 결과와는 다르게 공시적으로 드러났다. 당대에는 문화 공동체들 사이의 교류가 빈번했음에도 한 세기 동안 다양성이 유지되었다. 파리에서는 『음악 예술에 관한 지식』(1321)의 저자 무리스의 요하네스(약 1290–약 1351)와 비트리의 필립(1291–1361)이 전문 음악가에게 음악을 쓰기 위한 근대적인 방식을 교육시키는 임무를 수행했다. 반면에 이탈리아에서는 파도바의 마르케토(약 1274–약 1319)가 『포메리움』(1318–1319)에서 새 기보법의 사용을 '학문적'으로 설명했다. 영국에서는 『삼각형자리와 방패자리에 관한 선언Declaratio trianguli et scuti』(1330)을 쓴 요하네스 토르케세이Johannes Torkesey가 같은 역할을 담당했다. 그들은 프랑코의 도움이 결정적이었다는 점과 자신들이 새로운 예술(아르스 노바)의 공헌자임을 잘 알고 있었다.

이탈리아의 아르스 노바 이론가: 파도바의 마르케토

현존하는 소수의 문서에 근거한 가설에 따르면 파도바의 한 재봉사의 아들이었던 마르케토는 파도바 주교좌 성당 학교에서 문법과 음악을 공부했다. 성당 내부에서 합창대 지휘자로 활동(1305–1307)한 덕분에 프리울리의 치비달레Cividale del Friuli의 성당 학교 교수magister scolarum 경합에 참여하여 선발되었다(1316). 하지만 다른 경쟁자를 후원하는 세력 때문에 1317년 직위 포기의 압력을 받았다. 그러나 마르케토는 용기를 잃지 않고 1318년 5월에 나폴리의 앙주 가문 예배당에서 활동하면서 왕의 행렬을 따라 아비뇽으로 옮겼다. 최근 카를라 비바렐리가 언급한 것처럼 이 해에 그는 국제적인 환경에서 풍부한 자극을 받으면서 『포메리움』을 집필했다. 마르케토는 파도바 대성당을 위해 3개의 곡을 작곡했지만(〈아름다운 사람이여Iste formosus〉, 〈자애로워 보이는 당신Quare sic aspicitis〉, 〈이 사람은 누구인가Quis est iste〉) 하나의 모테트만 현존한다(천상의 여왕 만세Ave Regina caelorum / 순수한 어머니Mater innocencie / 요셉을 보내고Ite missa est Joseph). 마르케토가 이 곡을 작곡했다는 증거는 이합체시에 그의 서명이 남아 있기 때문이다. 누군가는 스크로베니 예배당 건축 기념식이 있던 1305년에 작곡된 것이라 주장하지만 확실하지 않다. 형식을 고려해 1310년 이후에 작곡되었다고 주장하는 이도 있다. 이 곡은 다양한 목소리의 조화로운 교차를 가능하게 해 주는

파도바에서 앙주 가문 궁정까지

새로운 방식, 8번째의 음을 넘는 음 영역의 선택과 불완전한 자음의 해방에서 두 음의 혼합에 부드러움과 유연함을 제공했다.

『포메리움』과 『루치다리움』

파도바의 마르케토는 이탈리아에서 전문 성악가들과 신진 교수들이 새로운 음악을 작곡하기 위해 사용하던 규칙을 가장 먼저 세밀하게 정리한 인물로 평가받는다. 그 근거는 시간의 측정 단위로, 세 부분(완벽한 박자) 또는 두 부분(불완전한 박자)으로 나누어졌다. 이는 가장 작은 전체로 간주되었으며, 내부에서 분단divisiones된 박자가 각자의 전형적인 리듬 특징을 보유한 채 형태를 유지했다. 기본 원리는 각 단위 또는 각각의 전체를 제한하기 위해 폰텔루스pontellus, 즉 근대적인 (악보의 종선을 나누는) 소절 종선과 유사한 기능을 가진 부점(한 점un punto)을 삽입했음을 통해서도 드러났다. 각각의 단위는 완벽한 박자를 위한 진동과 불완전한 박자를 위한 진동으로 분단되었으며, 내부적으로는 완벽한 박자를 위한 3-12개의 음 또는 3박자 구분, 완벽한 6박자, 9박자, 그리고 12박자가 매겨졌다. 반면 불완전한 박자에는 2-8개까지의 박자, 즉 불완전 4박자, 불완전 6박자, 불완전 8박자로 분단되어 구성되었다. 측정 단위는 음악에서 가장 작은 감각의 단위기 때문에 음악 박자로 불렸다. 철저하게 경험에 근거한 이와 같은 접근은 마르케토가 그레고리오의 이름으로 불리는 방식이 어떻게 정리되어야 하고, 어떻게 노래의 특정한 선을 정의해야 하는지, 그리고 이들을 어떻게 찾을 수 있는지 언급했음을 설명하면서 칸토canto 피아노에 대해 기술한 『루치다리움Lucidarium』에서도 확실하게 드러났다.

폰텔루스의 기능

이탈리아와 프랑스의 아르스 노바 비교

프랑스와 이탈리아의 아르스 노바 전통의 공통점은 새로움을 불러왔다는 점과 빈번한 불완전 음들(3박자, 6박자)로 연출된 음향 효과, 반음계의 교차를 통해 소리의 즐거움을 추구하는 과정에서 (토착적인 전통 양식에 입각하여) 감지되는 새로운 미학에 대한 인식이다. 이탈리아의 아르스 노바에는 박자의 측정 단위에 대한 다양한 성찰이 있었으며, (프랑스 방식으로 작곡된 것으로 명명된) 단순 리듬의 애용과 프랑스식보다 한층 직감적-즉각적인 표기법을 가졌다. 14세기 말에 이탈리아에서 정착된 이탈리아 아르스 노바는 (아이소 리듬의 모테트에서 보듯이) 프랑스 전통에서 잘 드러나는 복합적인 작곡 구조를 발전시키지 않은 반면에 모테트에서도 칸투스cantus의 선 멜로디 도입과 선명한 윤곽, 그리고 (니노 피로타가 강조한 것처럼) 청취자의 지성이 아니라 자연스러운 직감을 이끌고 장려하기 위한 음악 소재의 성형화를 선호했다.

마드리갈

불확실한 기원 마드리갈의 기원과 관련하여 학자들은 다양한 가설을 제시했다. 귀도 카포빌라는 소네트Sonnet와 발라타의 한층 간결하고 직선적인 시절 구조를 활용해야 할 필요성이 제기된 이후에야 출현했을 것이라고 했다. 반면에 엔리코 파가누치는 1976년에 14세기 베네토 음악에 대해 쓴 저서에서 초기의 마드리갈은 결혼식에서 불리던 저속하고 풍자적인 노래였을 것이라 했다. 한편 브루노 미글리오리니는 베네토 방언의 형용사로 '착한', '꾸밈없고 자연스러운' 등을 의미하는 단어 마드리갈madregal에서 기원했을 것이라고 주장했다. 이론가들은 아르스 노바의 혁신과 마드리갈이 밀접한 관계를 가졌을 것으로 봤다. 마드리갈에 대한 '궁정의 숭배'가 '거창한' 기원과 바르베리노의 프란체스코Francesco da Barberino(1264-1348)가 약 1313년에 지적한 '세련되지 못한 사람들의 무질서한 노래하기rudium inordinatum concinium'와 무관했을 것이라는 추정에 근거할 때, 민중적 배경의 주장과는 별개였기 때문이다.

마드리갈은 음악으로 감정을 표현한다는 목적에 따라 성립된 시적 형태였다. 템포의 안토니오(?-약 1339년)가 쓴 『오페라 간행물 전집Summa artis rithimici vulgaris dictaminis』의 요약본에 해당하는 『세속 리듬 연구서Tractato de li rhîthimi volgari』(1381-1387)에서 솜마캄파냐의 지디노Gidino di Sommacampagna(13세기)는 마드리갈이 일련의 3중주곡(2-5중주)과 반복 기호의 기능을 가진 이행시절로 구성되었다고 했다. 여기에 사용된 절은 11음절이었으며 때로는 7음절과 혼합되었다. 귀도 카포빌라는 대략 190개의 마드리갈을 포함하는 아르스 노바 연주 목록에서 음절을 어떻게 조직하는가에 따라 달라지는 64개의 구도를 확인했는데, 가장 흔하게 쓰인 2개는 ABB CDD EE와 ABA SDC EE였다. 지배적인 주제는 목가적인 환경과 서사적인 진행을 배경으로 '사랑에 빠진 목자들'이 이야기하는 사랑이었다(『세속 리듬 연구서』 V, 3). 사랑은 '보다 가볍고 온화한' 말로 속삭여졌으며(같은 책), 관습적인 사랑 언어의 봉건적-기사도적 독창성은 세속적인 표현으로 변화되었다.

익명의 저자들이 쓴 『절에 적용된 목소리Voces applicatae verbis』는 마드리갈을 다성 음악처럼 서술했다. 지디노는 마드리갈이 '3명의 노래꾼이나 적어도 2명의 노래꾼'에 의해 불렸다고 전한다(『세속 리듬 연구서』 V, 5). 템포의 안토니오만이 단일음의 마드리갈을 암시하는 듯했지만(『오페라 간행물 전집』 LI, 21-25) 증언된 바는 없다. 대부분은 3성처럼 들리는 2성이었다. 2성의 마드리갈에서 테너tenor로 분류된 부분이 장음으로 구성되었던 반면 칸투스cantus는 텍스트의 각 음절에 맞추어 멜로디가 교차하는 폭넓은 고음 창법(발성법)이나 멜리스마melisma로 확대되었다. 일반적으로 3중주(테르체토terzetto, 목소리의 높낮이가 서로 다른 음역으로 세 사람이 동시에 노래 부르는 것*)는 반복 기호에 의해 달라지는 박자(분할된divisio)로 노래되었다. 반복 기호는 명칭이 무색하게 마지막 3중주 이후 1번만 등장했다. 음악은 두 부분으로 구성되었는데, A 부분은 3연 음부의 음조를 B 부분은 반복 기호의 음조를 위한 것이었다.

이중창 또는 삼중창의 마드리갈

마드리갈은 14세기 이탈리아의 초기 다성 음악에서 가장 빈번하게 등장했다. 마에스트로 피에로의 알려진 9개 가운데 5개가 마드리갈이었다. 조반니가 만든 19개 곡 중 18개가 마드리갈이었으며, 볼로냐의 야코포(14세기)의 현존하는 33개 곡 가운데 30개가 마드리갈이다. 2세대 작곡자 그룹에 속하는 로렌초 마시니Lorenzo Masini, 도나토Donato, 게라르델로의 곡들에서는 발라타보다 우세했을 정도다. 하지만 페루자의 니콜로Niccolò가 작곡한 발라타 수는 (1360-1370년대부터 작곡가들이 다성 음악 발라타를 선호했던 관계로) 마드리갈보다 많았다(19곡 대 16곡). 이탈리아 아르스 노바의 마지막 기간에 이르러 마드리갈은 (표기법보다 유형에서 프랑스 음악이 대대적으로 유입되는 가운데) 이탈리아의 전형이자 '고전적'인 음악 형태였던 만큼 다성 음악가들에게 다시금 주목받았다. 란디니의 〈사랑을 보여 주오Mostrommi amor〉, 테라모의 안토니오 자카라의 〈신 중의 신Deus deorum〉, 〈플루토Pluto〉처럼 자서전적인 이야기와 란디니의 〈다른 사람을 심판하길 원하는 당신Tu che l'opre altru vo' giudicare〉처럼 도덕적인 이야기를 새로운 주제로 수용했다. 특히 롬바르디아-베네토 지역에서는 파도바의 바르톨리노의 〈새벽 비둘기Alba colomba〉처럼 1388년에 비스콘티 가문의 파도바 입성 축하를 목적으로 사용되었다(그럼에도 모테트의 기능으로 남게 될 것이다). 마지막으로 복수의 마드리갈 텍스트에서 각 성聲은 서로 다른 악보를 노래했는데, 대표적으로 볼로냐의 야코포의 '저 정상에 머물고 있는 독수리Aquila altera, ferma in su la vetta / 하느님의 새가 정의를 가르치네Uccel di Dio insegna di giustizia / 친절한 창조물이여, 명예로운 동물이여Creatura gentil, animal degno'와 스콰르치알루피의 코덱스에서 프란체스

새로운 주제들

코 란디니에게 헌정된 도입부를 포함하는 '음악은 나를 고통 속에서 울게 하네Musica son che mi dolgo piangendo / 이미 상냥함은 사라진 지 오래되었네Già furon dolcezze / 모두가 이야기하기를 원하네Ciascun vuoli narrar'가 마드리갈이었다.

발라타

발라타의 운율 형태의 기원에 대한 가설은 무수히 많다. 발라타는 종종 드러나는 자잘zajal(레바논의 낭송이나 가창되는 민속시*)과 성모 마리아 칸티가Cantigas de Santa Maria(13-14세기에 에스파냐와 포르투갈에서 만들어진 서정시*), 프로방스의 단사dansa(춤의 노래*)나 프랑스의 비를레virelai와 개별적으로 유사해 보이기는 하지만 어느 것도 발라타처럼 운율 구조를 확고하게 결합시키지 않았다. 반면에 형태학적 특징이 (시칠리아-토스카나인들과 청신체stilnòvo주의자들 덕분에) 13세기에 등장했다는 주장은 충분한 설득력을 가진다.

진정한 새로움 발라타는 반복 기호 또는 모든 절과 연(또는 스탠자stanza) 끝부분에서 반복되는 재현부로 이루어졌다. 각 시절은 절과 음절의 숫자와 재현부, 그리고 길이가 같고 음절이 동일한 '피에디piedi'(또는 반복) 수와 동일한 '피에데piede'(또는 변화)로 구성되었다. 7음절이나 11음절을 반복적인 재현부로 갖는 가장 짧고 작은 발라타들은 14세기의 음악을 위한 시를 배경으로, 14세기 초반에 처음 등장했다. 다성 음악가들이 제일 빈번하게 활용했던 구도는 발라타 메차나(3절의 재현부)로, 언어적 혼합은 강력하지 않았으며 마드리갈과 카치아에 비해 회화적이었다. 템포의 안토니오는 발라타의 주제로 사랑을 선호했지만 유명한 주제(도덕적이고 잘 알려진 이야기)도 채택했다.

음악적으로는 발라타는 2개의 멜로디로 구성된다. 멜로디 A는 재현부를 위한 것이고, 볼타와 멜로디 B는 피에데의 음조를 위한 것이다. 일반적으로 두 번째 피에데의 텍스트와 볼타의 텍스트, 때로는 다른 절과 연의 텍스트는 오선 하단이 아니라 동일한 지면의 빈 공간이나 인접한 곳에 복사되었으며, 나머지residuum를 구성했다. 『절에 적용된 목소리』에 따르면 익명의 한 저자는 춤을 위한 발라타가 사실은 춤을 위한 것이 아니었다면서 그것의 서정적인 성격과 분절적인 멜로디의 '소네트가 없는 노래'와 구분했다.

필사본들에 따르자면 초기에는 단성 음악이었던 발라타가 1360년이 지나면서 2성이나 3성을 선호하게 되었다. 필사본 『로시아노 215』에 포함된 무명의 단성 음악 발라타 말고도 게라르델로(5개), 로렌초 마시니(5곡), 페루자의 니콜로(1곡) 등의 2세대 다성 음악가들에 의해 조율된 발라타가 존재했다. 1360년 이전에 작곡된 유일한 다성 발라타는 볼로냐의 야코포의 〈영원한 이 여인에 관한 나의 이야기Nel mio parlar di questa donn'eterna〉다. 1360년부터는 다성 발라타가 2-3세대의 다성 음악가들이 선호하는 유형으로 등장했다(란디니가 141개의 발라타와 11개의 마드리갈을 작곡한 것을 보면 알 수 있다). 발라타 역시 라틴어와 속어의 2개 언어로 쓰인 곡일 수 있는데, 대표적으로 프란체스코 란디니의 '왜 나를 모욕하느냐Perché di nove sdegno / 왜 나를 너의 종으로 삼으려 하느냐Perché tuo servo e soggetto mi tengo / 나는 복수를 하고야 말 것이다Vendetta far dovrei'와 테라모의 안토니오 자카라가 여러 개의 텍스트와 언어로 쓴 발라타 '진정 유감이네 / 울화가 치밀어 오르네'를 들 수 있다.

카치아

카치아caccia는 전형적인 이탈리아 음악 유형의 하나로 기원은 확실하게 알려지지 않았다. 학자들은 유럽의 여러 지역에 훗날 카치아의 전형으로 발전하게 될 기술인 카논canon으로 연주된 음악의 구전 전통이 존재했을 것이라는 데에 동의한다. 니노 피로타에 따르면 카치아라는 용어는 어느 정도는 사냥이나 수렵에 관한 주제나 운율 형태에서 유래된 것이나, 여러 성부聲部 간의 엄격한 멜로디 모방(하나의 성부는 이끌고 다른 성부는 뒤쫓는)이 있었다는 것에 기원했다. 이외에도 카치아에서 카논이 "(장면에서 드러나는) 조밀한 대화, 외침, 시각적인 것이 아니라 소리의 표현 효과를 감소시키면서 (공개적으로) 자극적인 장면을 보다 효율적으로 서술했다"고 주장했다. 카논의 기술

음악적 외형과 관련하여 카치아는 독자적인 텍스트 전통이 없다. 그뿐만 아니라 카치아가 사라진 것은 문자 그대로 카치아가 독자적인 것으로 인식되지 않았기 때문이라고 추측된다. 카치아에서 의도적으로 음조를 위한 것으로 인식된 텍스트는 다양한 방식으로 조합된 7음절과 11음절로 구성되었으며, 운율 선택으로 문학성이 추가되었다. 고정된 형식적 특징은 각 시절 끝부분에 연속 압운의 이행시절(대구)이 존재했음을 통하여 알 수 있다. 숲이나 바다를 배경으로 때로는 에로틱한 주제에 대한 암시와 함께 사냥의 주제는 점차 쇠퇴했다(조반니의 〈많은 사냥개와Con brachi assai〉와 란디니의 〈깊이 생각하여Cosí pensoso〉). 하지만 자카라의 〈먹기 위해 사냥하네Cacciando per gustar〉는 음식 문화와 관련하여 사냥의 주제를 제시했다. 주제: 사냥과 암시

카치아에는 높은 음의 2성이 등장하는데, 이를 중심으로 카논과 모방에 개입하지 않으며 중심 역할을 수행하고, 이들보다 장중한 음역에서 움직이는 테너 영역이 두드러졌다. 마지막 이행시절의 음조는 고음의 멜로디 확장과 박자의 전환을 위한 것과 분리되었다. 대략 1360년 이전에 작곡된 카치아 중 현존하는 것은 9개다. 피에로가 작곡한 2개, 조반니가 3개, 야코포가 3개, 그리고 익명의 인물이 작곡한 〈끈을 좇다Segugi a corda〉다. 2세대 다성 음악가들이 작곡한 것으로 추정되는 카치아는 7개로 마시니 1개, 게라르델로 1개, 빈첸초 2개, 니콜로가 3개다. 자카라는 마지막 세대의 작곡가 중 이와 같은 유형의 카치아를 재평가한 유일한 인물로, 연속 압운의 마지막 이행시절이 없어 고전 사례들과 구별된 카치아를 작곡했다. 마드리갈과 마찬가지로 카치아도 14세기 이후 사라졌다.

| 다음을 참고하라 |
문학과 연극 이탈리아의 서정시(695쪽)
시각예술 조토 이후: 피렌체, 리미니, 볼로냐, 파도바(900쪽)
음악 새로운 음악: 비非예식적인 신성 단가와 세속 단가(962쪽); 아르스 안티쿠아(967쪽); 프랑스의 아르스 노바와 마쇼의 기욤(972쪽); 기악 음악(994쪽)

눈을 위한 음악: 샹티이 코덱스

| 카를라 비바렐리 |

14세기에 아르스 노바로 대표되는 다성 음악이 보여 준 마지막 발전 단계에는 알프스 이북의 문화 중심지들과 예술 활동의 전위를 담당했던 주요 이탈리아 궁정 작곡가들이 행했던 실험적인 열정이 자리했다. 악보상의 표기와 관련된 복합적인 구성은 기보 표기의 형태와 기보 장식을 비정상적인 형태로 과도하게 사용한 것부터 실행 방식의 (다소 암호화된) 시각적 표기까지 다양한 특징을 드러냈다. 이 시기의 곡들에 '프랑스 방식으로 노래하기' 유행의 흔적이 있으며, 오늘날에 아르스 숩틸리오르로 평가받는 당시의 작품들은 같은 시대의 많은 연구서 덕분에 세속적인 가치와 한층 다양한 수의 조합을 적용한 리듬 전환 횟수 증감 기술이 적극 적용되었다.

음악의 청각 차원과 시각 차원

하프의 현과 관련하여 1391년에 작성된 파비아 필사본을 통해 알려진 셍레쉬의 야곱(14세기 중반-1395)의 유명한 발라드ballade 작품 〈멜로디의 하프La harpe de melodie〉에서 발라드 자체와 이것이 속하는 14세기 말의 음악 유형(오늘날의 아르스 숩틸리오르Ars subtilior)은 '느끼고, 연주하고, 보는' 것의 조화로 정의되었다. 음원의 보완성 차원에서 자신을 최대로 표현하는 음악은 연주된 음악, 보는 음악, 그리고 기록된 음악으로 간주되었다.

연합음보聯合音譜 악보에 시 텍스트의 내용을 반영하는 것은 (의심의 여지 없이) 음악 영역에서 시각적인 효과의 감성적인 표현을 보다 신속하고 분명한 형태로 나타내는 일이었다. 야곱의 발라드가 그것의 유일한 사례는 아니다. 콩데 미술관Musée Condé, 564(올림olim 1047)에 소장 중인 샹티이 코덱스를 통해 전승된 보드 코르디에(약 1380-약 1440)의 작품도 2개 있기 때문이다. 첫 번째 곡인 '나는 컴퍼스로 모든 것을 작곡했다'를 의미하는 〈컴퍼스로 된 론도-캐논Rondeau-canone Tous par compas〉은 시 텍스트를 내용에 반영하면서 둥근 모양으로 쓰였다. 심장 모양으로 쓰인 두 번째 론도는 〈아름답고 선량하고 현명한Belle, Bonne, Sage〉인데, 사랑을 주제로 한 글에 음을 붙인 것이다. 이외에도 익명의 인물이 쓴 〈정교한 집에서의 발라드Ballade En la maison Dedalus〉가 있는데, 크레타 섬의 미궁 모양 형태로 다시 제작된 이론서로, 현재는 미국 캘리포니아 대학교 음악 도서관 744로 지정되어 버클리 필사본으로 분류되어 있다.

위에서 인용된 모든 곡이 속하는 아르스 숩틸리오르ars subtilior 연주 목록은 자기 보증의 유형을 보여 주었는데, 예를 들어 시 텍스트에서 볼 수 있는 관습적인 표기나 교훈에 대한 것이다. 때로는 작곡이 어떻게 이루어져야 하는가를 설명하는 수수께끼 같은 형태(카논canon)로 드러나기도 했다. 이것이 동일한 곡의 의미를 분명하게 드러내는 데에는 기여했지만 시 텍스트에만 관계된 것은 아니었다. 최근 앤 스톤은 표기의 선택에서도 (중세 독자들이 단순 청취자 입장보다는 필사본에서 더 많은 정보를 얻었던 만큼) 곡에 대한 정확한 해석에 도움을 주었다는 것을 지적했다. 자기 보증

아르스 숩틸리오르: '프랑스 유행'의 확산과 유용화

14세기 중반에 아르스 숩틸리오르는 특히 14-15세기 프랑스 남부와 중북부 지역

의 여러 도시에서, 피레네 산맥과 알프스 너머까지 확산된 음악적 흐름을 가리킨다. 프랑스 궁정(아비뇽 교황청, 앙주와 베리 가문 궁정) 외에도 유럽 중세 문화의 수도이자 대학과 수도원의 학문 전통을 보유한 파리에도 유행이 확산되었다. 새로운 경향의 음악을 수용, 발전, 확산시킨 중심지는 이베리아 반도의 아라곤, 나바라, 카스티야 궁정이었으며, 프랑스의 경우 키프로스의 뤼지냥 프랑스 궁정, 파비아의 비스콘티 가문 궁정, 교회 대분열 기간(1378-1417)의 로마와 볼로냐 교황청, 끝으로 박자 측정에 학문적-수학적으로 새로운 개념을 수용했을 뿐만 아니라 프란치노 가푸리오Franchino Gaffurio가 활동하기 이전에 음악을 가르쳤던 중요 대학 도시인 파도바가 있다. 이탈리아의 숩틸리오르subtiliores(기교, 정밀, 정교) 중심지는 남부 지역으로, 특히 '프랑스 방식으로 노래하기de cantar frances'의 유행을 수용하고 확산시킨 나폴리 앙주 가문 궁정으로 확대되었다. 앙주 궁정의 경우 14세기 후반의 여러 기록에서 왕조들과의 관계와 전위적인 음악에 대한 전통적인 관심(앙주의 로베르의 통치 기간인 1309-1343년에 발전했다), 숩틸리오르의 관행을 기술한 이론서의 확산(과 기원), 카세르타의 필리푸스Phillippus(약 1350-약 1435)와 카세르타의 안토넬로 또는 이들보다는 덜 알려진 아베르사의 니콜라Nicola di Aversa와 같은 여러 작곡가에 대한 언급을 찾아볼 수 있다. 숩틸리오르가 이탈리아에 끼친 충격은 토착적인 아르스 노바ars nova 전통이 견고했던 피렌체마저도 그 매력에 빠졌을 정도로 강력했다. 작곡가 피렌체의 로렌초Lorenzo(?-1372)와 피렌체의 파올로Paolo(약 1355-1436)를 통해 확실하게 드러났다.

이탈리아 남부

'프랑스에서 기원한 유행'은 사람(특히 음악가와 노래꾼cantores), 이념, 텍스트의 순환과 역사적인 변천의 기반에서 거대한 구심점을 중심으로 지속적이고 다양하게, 그리고 불안정하게 움직이는 거대한 정치적, 경제적, 문화적 관계의 방대한 체계에 크고 작은 정치 세력이 참여하는 당대 정치의 마그마적인 융합으로 촉진되고 확산되었다. 프랑스어는 음악 텍스트의 기본 언어였으며, 시-음악의 형태(발라드, 론도, 비를레)도 마찬가지였다. 아르스 숩틸리오르의 정체성과 리듬적 함의는 알프스 이북에서도 수용되었다. 하지만 정률 규정과 음악 기록 체계의 코드가 정의되기도 전에 확산됨에 따라 전위적인 경향을 받아들였던 중심지들을 전통의 주변적인 목적지로부터 동일한 성향의 정의와 진보를 촉진하는 중심지들로 변모시켰다.

이탈리아에서는 프랑스의 아르스 노바 형식과는 다른 토착적인 정률과 표기를 원칙으로 규정하고, 이것을 숩틸리오르로 교체할 필요성, 즉 동일한 프랑스 형식을 빌려야 할 필요성이 제기되었다. 게다가 14세기 전반기에 수용되어 정착된 이탈리아의 아르스 노바는 아르스 숩틸리오르에 밀리지 않았으며, 변화 속에서도 자신에게 우호적인 토양을 확보했다. 따라서 이탈리아는 근거를 정의해야 할 필요로 이론 연구서 분야에서는 최고 지위에 올랐지만 작곡 분야는 프랑스와 양분했다. 알프스 이북 지역의 저명한 숩틸리오르 작곡가로는 아라곤 궁정에서 카스티야 여왕 엘레오노르를 위해 활동했으며 나중에는 루나의 페드로 추기경을 위해 봉사했던 셍레쉬의 야곱(14세기 중반), 트레버Trebor(1390-1410년에 활동), 술라주(14세기 말에 활동), 보드 코르디에(약 1380-약 1440), 그라시안 레이노(약 1390년에 활동) 외에도 이탈리아의 저명한 음악가로 카세르타의 필리푸스, 카세르타의 안토넬로, 야누아의 요하네스Johannes de Janua(15세기 초반에 활동), 테라모의 안토니오 자카라(?-약 1413), 그리고 대립 교황 요한 23세의 개인 예배당 책임자magister capellae, 밀라노 두오모 예배당의 마에스트로로 추기경 피에트로 피라르고Pietro Pirargo와 에스테 가문의 코덱스 작성과 관련 있는 페루자의 마테오(?-약 1418)가 있었다. 이탈리아의 이론적 우월성

숩틸리오르의 특징

숩틸리오르의 특징은 복잡한 리듬적 구성에 있다. '소리로 표현될 수 있는 것은 기록될 수 없다'는 인식의 불안과 불편은 카세르타의 필리푸스의 『형상 연구Tractatus figurarum』에서 알 수 있듯이 작곡가로 하여금 (후에 시각적 기록으로 표현하는 결과로 나타날) 표기에 대한 실험에 집착하게 만들었다. 이를 계기로 숩틸리오르는 작곡가마다 다르고, 종종 동일한 저자의 곡마다 다른 형태가 등장하면서, 더 이상 획일적이고 보편적인 코드화가 나타나지 않게 되었다.

프랑스 아르스 노바의 체계에 나타난 리듬 조합 범위의 확대는 음악의 수평적인 차원과 수직적인 차원에 모두 영향을 주었다. 한편에서는 프랑스 아르스 노바 이론에서 이미 감지되었던 강한 절분 현상이 (처음에는 수용 불가능해 보였지만) 확산된 데 이어 새로운 표기법(붉은색 음표, 음표의 독특한 모양)을 통해 확인되었다. 다른 한편으로 프랑스 아르스 노바 체계와는 다른 길이가 채택되기도 했다. 2박자와 3박자의 관습적인 관계와는 다른 비율의 관계로, 복합 리듬의 효과와 더불어 가장 전통적인 것을 대신할 특별한 리듬 강세를 얻기 위함이었다. 또한 프랑스 아르스 노바 형식에는 잘 알려지지 않은 것으로 리듬의 의미에 설득력을 부여할 수 있는 새로운 기호가 확대와 실험

필요했다.

인용 그럼에도 숩틸리오르의 개념은 리듬-표기 측면에 국한되지 않았다. 복잡한 인용, 되돌아오기와 암시가 (텍스트의 어휘와 음악이 반드시 청중을 수반하면서 다양한 소통 차원에서 상호작용하는) 음부音部에 삽입되는 것이 추가되었다. 이러한 인용은 작곡자의 박식함을 드러내는 첫 번째 수단이었으며, 긴밀하고 복잡한 상호 관계에서 제작된 곡들인 카세르타의 필리푸스의 〈발라드에 수반되는 고통Ballades En attendant soufrir〉과 야곱의 〈그간의 기대En attendant esperance〉, (정체가 알려지지 않은) 갈리오의 〈달콤한 인생을 사랑하기 위해En attendant d'amer la douce vie〉에서 보듯 종종 시적-음악적 긴장의 근거로 작용했다.

독창적인 리듬 기호에 대한 연구가 작곡을 단순한 수학 계산으로 전락시켜 작곡의 가치를 빈약하게 만드는 숩틸리오르의 인위적 형태와 다르게 이탈리아의 취향은 근본적으로는 곡에 동반된 모음 라인 구조에서 멜로디를 단순하고 자연스럽게 하는 것이었는데, 풍부한 절분 현상과 복합적인 비율로의 전환에도 불구하고 이탈리아 숩틸리오르를 특별히 듣기 즐겁게 해 주는 특징이기도 했다.

| 다음을 참고하라 |

음악 새로운 음악: 비非예식적인 신성 단가와 세속단가(962쪽); 아르스 안티쿠아(967쪽); 프랑스의 아르스 노바와 마쇼의 기욤(972쪽)

기악 음악

| 파비오 트리코미Fabio Tricomi |

13세기부터 등장하기 시작했던 기악 음악의 주요 출처는 당대의 음악 연구서 가운데 가장 중요한 요인으로, 이로부터 중세 춤곡의 재연주가 가설로 제기되었다. 하지만 '문헌학적'으로 이행 관습을 설정하는 것은 다른 주요 징후들에 대한 언급을 필요로 한다. 오늘날까지도 그 부분적인 흔적은 구전 전통의 음악과 민중 악기의 제작을 통해 유지되고 있다.

춤을 위한 음악과 출처들

13세기부터 이론가들은 기악에 관심을 집중시켰다. 파리 출신으로 중세 음악 이론가 중 최고로 평가받는 그로케오의 요하네스(약 1255-약 1320)는 『음악에 관하여De Musica』에서 기악를 높이 평가하고, 지역 관행의 도구적instrumentalis 차이까지 언급하면서 세속 음악의 형태에 대해 기술했다. 13-14세기에 음악에 대한 고찰을 통해 언급된 춤곡에 대한 적지만 귀중한 사례는 세속적일 뿐만 아니라 당시만 해도 연주practica와 연관되어 있었으며, 기록을 독점하던 종교인과 지식인이 외면했던 기악 연주 목록이 존재함을 암시했다. 현존하는 46개의 곡 중 몇 개는 무명의 작곡가(또는 필경사)가 언급한 형태가 아니었다. 리듬의 진행을 근거로 어떤 것이 무용법적 유용성이었는지를 가설로 설정할 수 있었던 반면 다른 춤들과의 구조 비교로 유형을 구분할 수 있었다. 반면에 몇몇은 15세기 이후에서야 서술되었다. 요하네스는 애매한 해석이기는 하나 춤의 유형을 3가지로 기술했는데 그것은 에스탕피estampie, 둑티아ductia, 노타nota다.

에스탕피의 구조

이탈리아에서는 에스탕피(기악 형식의 하나로 성악의 반복 진행에서 비롯된 4-7구로 이루어지며 각각 2번씩 되풀이된다*)를 이스탐피타istampitta라고 불렀다. 이것은 중세에 가장 확산된 춤으로, 오늘날까지 20개의 예시가 있다(프랑스 8개, 이탈리아 10개, 영국 2개). 이후 푼타puncta라고 불리는 4개 혹은 5개 부분으로 발전했는데 각각 2번씩 반복되었다. 첫 번째는 정지된 카덴차로 끝났으며(아페르토aperto), 두 번째는 종료 카덴차로 끝났다(치우소chiuso). 이스탐피타는 런던 대영도서관 어디셔널Additional 29987에 소장된 한 코덱스를 통해 존재가 알려졌는데, 프랑스와 영국의 에스탕피와는 다른 특징을 가졌으며 멜로디와 리듬이 풍부했다.

둑티아는 에스탕피와 동일한 구조지만 비교적 짧은 문장과 규칙적인 운율을 가졌다. 둑티아로 명명된 곡은 현재 남아 있지 않지만 3개의 프랑스 곡은 요하네스의 서술에 상응하는 것처럼 보인다. 하나는 제목이 없고, 다른 2개는 각각 당스danse와 당세 리얼dansse real로 불렸다. 마지막으로 노타는 4개의 영국 춤곡이 현존하는데, 8분의 6박자와 합치되는 2성 춤곡으로 영역과 분절법(또는 구절법)에서 2개의 백파이프로 연주되었다.

이탈리아의 춤곡들

런던 코덱스 29987에서 4개의 살타렐로saltarello(중세에 궁정에서 유행했던 춤*)가 발견되었다. 살타렐로는 르네상스 말기에 사라진 것으로 알려졌지만 이탈리아 중부 지역의 전통 춤으로 지금까지 이어져 온다. 아마트리체Amatrice 백파이프(또는 목동의 피리)로 연주되는 살타렐로는 라치오 지역에서 14세기의 다른 곡들과 유사성을 가졌다. 3개의 이탈리아 춤곡은 느린 첫 부분과 빠른 두 번째 부분(트리스탄의 탄식lamento di Tristano / 만프리나의 패전la rotta, manfredina / 만프리나의 비극, 슬픔의 춤la rotta della manfredina, dança amorosa / 트로토troto)으로 구성되었는데, 아펜니노 산맥 인근의 볼로냐 지역 춤곡들이 만프리나manfrina(피에몬테 지방의 춤*)와 토레스카tresca(농민들이 추는 움직임이 격한 민속 무용*)로 나뉜 것과 유사했다. 이탈리아 춤곡은 느린 부분이 없었던 것으로 추정된다. 꽃의 단사dança로 불린 바사단차bassadanza의 사례인 오래된 (짧은) 독일 노래chançoneta tedescha 혹은 오래된 독일 노래chançona tedescha라고 불렸으며, 지탱 성부(테너tenor)에 근거하여 만들어졌다. 이탈리아의 춤곡에 대한 독일 악기 연주자들의 영향력을 증명하는 4개의 춤곡이 현존한다. 3성의 모테트를 구성하기 위해 사용된 서로 다른 4개의 프랑스 지탱 성부의 명칭이 의미하듯, 기원은 춤을 위한 멜로디로 중세의 노래인 〈초세 타신Chose tassin〉과 〈초세 루아제Chose loyset〉다. 요하네스는 타시누스Tassinus를 7푼타의 에스탕피estampies con 7 puncta를 연주할 수 있는 뛰어난 기억력을 가진 최고의 악기 연주자라고 언급했다. 마지막으로 찰디 왈디czaldy waldy로 불렸으며, 체코슬로바키아에서 유래된 두 춤곡은 동유럽의 악기 연주 목록에서 음악 기록이 오랫동안 지속되었음을 증명했다.

15세기 이전의 기악 음악은 당시의 음악 표기법으로 기록된 것의 극히 일부며, 유럽의 악기 연주자들이 실제로 연주한 것의 극소수였다고 보는 것이 타당하다. 춤곡을 기록한 자(필경사)는 현대 민족 음악학자의 그것과 유사한 보존 본능에 따라 행동했을 것이다. 전통적으로 전적으로 구전에 의존하던 연주는 기록이라는 강력한 수단 덕에 고정된 형태(악보)로 남겨졌는데, 기록은 다시 연주하기 위한 의도보다는 연주의 질을 최고 수준으로 보존하기 위한 것이었다.

악기, 중세 기악의 재구성, 그리고 해석에 관한 가설들

기악 연주 목록과 관련 있는 악보에 대한 문서가 거의 없다는 점은 풍부한 간접 정보로 어느 정도 보완되었다. 덕분에 우리는 당대의 기악 음악에 대해 알게 되었으며 몇 가지 관련 자료도 있다. 이에 근거하여 과거에 쓰인 음악에 대한 몇 가지 놀라운 사실을 알 수 있다. 그리스와 로마의 음악 문화는 고대의 문화와 혼합된 상태였고, 유럽이 음악의 영향과 인접한 지역의 민족들로부터(아시아로부터 비잔티움 문화를 거쳐 유럽 남동부 지역으로부터 이슬람의 영향권에 있던 북아프리카로, 그리고 발칸 반도를 따라 북동부 지역으로) 유래된 악기들을 받아들인 근거로 간주되었다. 유럽에 정착된 악기 대부분은 해당 지역에서 음악의 필요성 때문에 급진적인 변화를 경험했다. 따라서 유럽 안에서도 악기의 유형 차이가 컸다. 성화와 문학적인 기술을 고려할 때 두 그룹으로 구분이 가능한데, 강력한 음을 내는 것과 약한 음을 내는 것이다. 오르간은 (음색과 다른 표현 방식의 소리가 지닌 특별함을 고려하여) 사용 목적에 따라 선택되었다. 앙상블ensemble로 연주(표현)하는 관습에 따른 구분은 15세기에 높은 카펠라cappella와 낮은 카펠라의 표현으로 정착되었다. 높은 음량의 악기는 리드 부분을 입에 대고 음의 반향을 이용하는 트럼펫이었다. 저음의 악기는 활과 손끝으로 뜯으면서 연주하는 류트, 프살테리움psalterium(고대부터 중세까지 사용하던 현악기*), 하프, 그리고 플루트가 있었다. 소리의 강도를 기준으로 악기를 폐쇄적인 것과 그렇지 않은 것으로 구분하는 것은 잘못된 것이다. 문서에 따르면 두 범주의 경계를 엄격하게 구분하지 않고 혼합적으로 사용했기 때문이다.

현대의 물질문화 중에서는 근본적인 구조와 목록, 그리고 연주 방식에서 (적어도 부분적으로 전승된) 중세 악기와 관련된 진정한 의미의 '살아 있는 화석'이 존재한다. 오늘날 서양 고전 음악의 상징인 현악기다. 이것은 에스파냐와 시칠리아를 통해 아랍인들이 들여옴으로써 유럽에 소개되었다. 15세기까지는 본래의 구조적인 전통을 추종하면서 활로 연주되는 악기의 몸체와 손잡이가 하나의 나무로 제작되었으며, 여기에 침엽수 목재로 만든 화성 음계 부분만 추가되었다. 통으로 제작하는 것이 바닥, 현, 피아노, 그리고 손잡이를 각각 조립한 악기와 비교하여 훌륭한 음색을 내기에 당대 현악기 연주자들에게 수용되었다. 그리고 당시의 절차가 오늘날까지 이어지고 있는 것도 이 때문이다.

아랍인들의 현악기

여러 인종이 어느 정도 지속적-연속적인 음악 습관을 갖고 있었다는 사실은 새롭지 않다. 르네상스 기간 동안 피에르 블롱Pierre Belon(1517–약 1564)이 동방을 여행하면서 쓴 여행기에는 "고대의 기악 음악에 대해 이해하기를 원한다면 기록에서 찾을 수 있는 악기와 그리스와 터키의 악기에 대한 경험이 최선일 것이다"라고 쓰여 있다(피에르 블롱, *Les observations de plusieurs singularitez*, 1555). 16세기의 터키는 유럽에서 가까웠다. 오스만 제국이 지금의 부다페스트 지역까지 세력을 확장했던 것이다.

런던 코덱스 29987에서 유래된 15개의 춤곡에 대한 오늘날의 연주는 재즈에 대한 모든 기록이 사라지게 될 경우 발생하게 될 동일한 문제를 보여 준다. 아마도 『리얼 북Real book』으로 불리는 유명한 요약본을 이용하여 연주하게 될 것이다. 우리는 기록된 재즈 멜로디의 플롯들이 정확한 연주에 대한 충분하지 않은 정보를 담고 있다는 점을 알고 있다. 두 경우 모두 표기는 하나의 흔적으로 여겨졌으며, 구전으로 전해졌다. 자신이 연주하는 악기의 형식과 특징을 알고 있는 음악가만이 이것을 해석할 능력을 가졌다.

과거의 음악을 연구하는 학자는 그에 관한 구체적인 사실을 거의 알지 못한 상태에서 연주법을 모색해야 한다. 한편으로 중세 음악을 연구하는 여러 학파는 악기를 선택한 후에 (15세기 이전의 음악에 대해) 요하네스가 제공한 소수의 해석 관련 정보를 이해하며, 출처와 표기에 대한 연구에 집중하는 콩세르바투아르conservatoire(음악원)에 의해 변화된 원형을 제안했다. 다른 한편으로 음악학자들의 이서 작업을 활용하면서, 보다 단순하게는 CD를 들으면서, 다양한 출신의 음악가들은 때로는 아랍형이고 때로는 자신들의 민중적인 신중세에서 벗어났다. 그러나 모두 만족스럽지 않다. 새로운 '중세학파'에 대한 부정확한 정보에 접하게 될 때 두 가지 실수에 대한 공포 때문에 표기에 타협하지 못하고 표면적으로만 접한 음악 문화를 흉내 내는 것에 반대하며, 또한 타협은 종종 충분하지 않은 인식에 의한 규칙으로 간주되기 때문이다.

해석상의 문제들

시칠리아 출신의 무명작가가 쓴 것으로, 1887년에 공개된 문서에는 이서된 몇 가지 민중 노래를 부르는 것에 대한 기록이 있다. "만약 시칠리아에서처럼 노래할 수 있다고 믿는다면 당신이 속은 것이다. 어느 날 나는 매우 유능한 음악가에게 읽을 것을 주었다. 그는 나에게 그의 달콤한 목소리로 노래해 주었다. 음은 같았지만 멜로디의 유형은 그렇지 않았다. 음의 이곳저곳을 어떻게 강조해야 하는지, 얼마나 길게 끌어야 하는지, 어떻게 한 마디에서 다른 마디로 옮겨 가야 하는지와 같은 세부 사항들은 이와 같은 전통을 형성한 민중의 입장에서 이해할 필요가 있다."

출처에 대한 구체적인 연구가 기술, 형식, 중세를 지난 후에 일부분만 전승된 몇 가지 음악 전통의 관습에 대한 깊은 이해와 결합된다면 (모두가 진실이라고 할 수는 없겠지만) 어느 정도는 덜 거짓되었다고 확신하는 부분을 만나게 될 것이다.

| 다음을 참고하라 |
음악 대학 시대의 음악 교육(951쪽); 프랑스의 아르스 노바와 마쇼의 기욤(972쪽); 14세기 이탈리아와 프란체스코 란디니(981쪽)

13–14세기의 춤: 춤과 시

| 스테파노 토마시니Stefano Tomassini |

말이 소용없는 곳에서의 육체의 움직임은 신이 원하는 환희의 표현으로, 몸짓과 동작에서 표출되는 주체할 수 없는 기쁨과 엄청난 희열을 대신했다. 프란체스코회 수도사들은 이를 통하여 자신들이 행하는 설교의 감동적인 측면을 강조했다. 반면에 원을 그리며 추는 카롤라는 궁정 소설에도 나타났으며 서술적 가치를 발전시키면서도 중세와 르네상스 시기에 신플라톤주의적인 세계와의 조화를 표현했다.

프란체스코회 정신에서 드러난 형언할 수 없는 환희

중세에 환희와 관련된 정신 물리학적 경험과 이를 증명하는 언어의 만남은 앞서 아우구스티누스(354-430)가 언급한 바 있다. 그는 「시편 32」(『해설Enarratio』 II, I, 8)에서 '입이 아니라 삶으로non lingua, sed vita' 표현된 '새로운 성가cantet canticum novum'의 필요성을 지적하면서 환희가 소리와 말로 표현할 수 없는 차원의 '말로 드러나지 않는 기쁨'(감정을 언어와 두지 마라gaudeat cor sine verbis)이기에 환희를 음절의 한계를 뛰어넘는(기쁨의 엄청난 숨소리를 나타내는 것은 음절뿐이다immensa latitudo gaudiorum metas non habeat syllabarum) 유일한 것이라고 말한 바 있다. 교황 그레고리오 1세(약 540-604, 590년부터 교황)도 순교자 세바스티아누스의 축일에 행한 설교에서 어떤 언어도 춤에 참여하는 즐거움을 대신할 수 없으며, 춤으로는 천사의 합창이 표출하는 환희를 표현할 수 없다고 했다(『강론Homilia』 XXXVII, 1). 이는 신을 칭송함에 환희와 주체할 수 없는 즐거움에 대한 물리적 표현과 관련 있는 것으로, 중세를 거치면서는 프란체스코회 정신의 맥락에서 의미 있는 주제로 정착되었고 시에 직접적인 영향을 미쳤다. 특히 토디의 자코포네(1230/1236-1306)의 『천국의 발라타Ballata del Paradiso』가 이를 대변한다(발라타는 천국에서 행한 신성한 모든 것, 우리 주 예수 그리스도의 사랑Quod

자코포네의 『천국의 발라타』에 등장하는 춤곡

omnes sancti faciunt Baladam in Paradiso, amore Domini nostri Jesu Christi). 여기서 청취를 권하는 모든 수동적인 표현은 (변화시킬 능력이 있는 수행성에 관한 아우구스티누스의 신비주의 신학의 사고에 따르자면) 춤의 활동적인 행위("모두 춤을 추러 간다 / 하느님의 사랑을 위해")를 통해 신과의 연합에 도달하는 것처럼 보였다. 자코포네에게 춤은 신을 위한 사랑의 광란과 방종에 대한 부정적인 비유기도 했다. "이 춤을 추는 자는 / 무한한 사랑을 발견하게 된다"(*De stultitia perfectorum*, "무한의 지혜는 그리스도의 사랑을 위한 것이다", 87, 19-20).

교황 앞에서 춤춘 프란체스코

안토니오 아티사니는 역사적으로 배제되고 소외된 프란체스코(1181/1182-1226)의 춤 행위를 (20세기의 몇 가지 혁신으로 다시 등장하게 될 서양 무대극 분야로 전승된 무대극과 같은 동작의 이념을 강조하면서) 프란체스코회의 희극적인 성격을 연기자와 관객의 육체와 정신을 변화trasforma시키는 시적 행위로 기술한다. 한 무명작가의 라틴어 작품인 『완벽한 거울Speculum perfectionis』(IX, 100)에서는 프란체스코를 찬미가 구상에 몰두하며 자리에 앉아 있는 것으로 기술했지만("그는 자리에 앉아 깊은 생각에 빠져들었다") 레나토 토르니아이의 말처럼 천상의 리듬에 심취한 노래꾼 프란체스코가 부동자세로 있었다는 것은 불가능해 보인다. 프란체스코는 '지붕 주변을 원을 그리며 돌며 달콤하게 노래하는 것이 마치 하느님을 찬양하는 것처럼 보였던' 종달새의 둥근 비행 리듬을 따라하는 신비주의적인 춤에서 드러난, 물결치는 것 같은 리듬을 좋아했다(『완벽한 거울』, XI, 113). 유사 사례는 첼라노의 톰마소Tommaso(약 1190-약 1260)의 『기적 연구Trattato dei miracoli』(IV, 32)에서도 볼 수 있다. 하지만 프란체스코가 역사적 인물에서 이단과 반란의 성화적 신화로 변형된 인물임을 잘 보여 주는 예시 역시 톰마소(73, 5)의 『복된 자 프란체스코의 삶Vita Beati Francisci』이다. 프란체스코는 교황 호노리오 3세(?-1226, 1216년부터 교황)와 추기경들 앞에서 "기쁨을 주체하지 못한 채 말을 하면서도 마치 뛰는 듯이 발을 움직이고 있었다"(그는 발을 뛰는 듯이 움직였다pedes quasi saliendo movebat). 이는 그의 몸짓에 대한 드문 증언으로, 프란체스코가 내적으로(감정적으로) 하느님과 나눈 내적 대화의 기쁨으로 크게 고무된 결과였다. 또한 음유시인 전통의 유입 덕분에 자신이 행하는 설교에서 육체적인 행위가 차지하는 정신적인 명분을 정확하게 인식하고 보여 주었는데, 이로부터 복음 선교의 임무를 수행하는 수도승들을 환희와 칭송의 감성적인 차원을 통해 사람들의 마음에 감동을 주고 개종시켜야 하는 순회 설교의 원형에 근거하여 그들이 자신들을 '하느님의 광대들'로 여기는 발상이 유래되었다.

마지막으로 프란체스코회 수도승들이 종교적인 타협주의와 부르주아적인 이해 사이에서 추구했던 가장 중도적인 정신에 근거할 때, 단테가 멸시의 의미로 '쾌락을 즐기는 수도승들'로 표현했던(『신곡』「지옥편」, XXXIII, 103) 아레초의 귀토네(약 1235-1294)의 개종(관습적으로 1265년으로 알려져 있다)을 이야기하는 구절처럼, 춤은 아직도 하느님과 신비주의적으로 하나가 될 것에 대한 권고였다(*Canzoni ascetiche e morali*, XXXIX, *Invito alla mistica danza*). 하지만 이와 같은 이론적인 임기응변(대책)들은 육체적인 움직임으로 표현된 주체할 수 없는 즐거움에 대한 권고를 운율의 엄격함과 근엄한 톤이 춤을 하느님에 대한 특별한 사랑의 긍정적인 비유로 전환시킨 찬미가로 바꾼 것처럼 보였다.

이야기를 포함한 춤

이탈리아의 경우 여러 연구서와 학파의 춤 문화가 당시의 궁정들에 확립되기 이전에 특히 시 영역에서 춤을 우주의 조화와 별의 움직임에 대한 이부로 보는 신플라톤주의적인 사상이 유지되었다. 중세를 지나면서도 사라지지 않은 피타고라스 정리의 영향으로 (알렉산드로 아르칸젤리의 사례에서 보듯) 15-17세기의 르네상스 시대에 신플라톤주의가 춤을 수용한 것은 자체로 예술 이론에 대한 성찰과 무용의 관습에 영향을 미친 숫자의 상징주의를 명확하게 드러내는 것이었다. 단테(1265-1321)의 『신곡』「천국편」 제18장(vv. 73-81)에서 보듯이 여러 복된 영혼은 하늘에서 날며 춤추고 노래하고 알파벳 문자 형태를 그리면서 바로크풍 발레 동작, 즉 어휘를 마치 위로부터 시작된 것처럼 읽어 낼 평면 측량적인 이미지를 형성했다. 「천국편」에서 춤은 정신적 즐거움의 표현처럼 인용되었는데, 원의 완벽한 형태로(「천국편」 VII, 4-7), 춤추는 동안 하나의 시절과 다른 시절을 구분하고 다음 순간에 음악과 춤을 재개시키는 음의 화음에 관심을 집중하는 적절한 순간(「천국편」, X, 75-81), 그리고 초현실적인 동작을 나타내는(「천국편」 XIII, 19-21) '이중적인 춤'(동작은 2개의 원 속에서 묘사되었다)으로 표출되었다. 단테는 「연옥편」(XXIX, 121-129)에서 신비주의적 예식의 상징적인 절차와 관련 있는 교회 마차를 따르는 3개의 신학적 덕목의 춤(XXXI, 131-132)과 관련하여 오직 노래로 춤의 리듬 진행을 맞추는 솔리스트의 결정적인 역할을 확인시켜 주었다. 반면 「천국편」(XXIV, 17)에서 복된 자들의 신비주의적인 열정에 대

『신곡』에서의 춤

한 표현으로 기술된 카롤라carola(또는 둥글게 원을 그리며 추는 춤)는 이 춤을 '카롤라 춤을 그토록 다르게 추면서'라고 규정하는 격언에서 그림으로 재생되었기 때문에 곧바로 구절의 리듬에 연결되었다.

프랑스 카롤라

카롤라는 『여우 이야기』부터 『장미 설화』(에서 주인공은 사랑, 아름다움, 손을 맞잡는 다른 덕목의 〔원을 그리며 추는〕 춤에 참여한다)에 이르는 궁정 소설들에서도 빈번하게 언급되었다. 합창 리듬에 따른 움직임을 이끌면서 참여자들의 사교를 암시하는 이 춤은 반복 구도에 따라 성스럽고 세속적인 것을 대변하는 후렴 반복구로 화답하는 안내자의 노래 리듬을 변화시킨다. 리모주의 『성 마르샬 연대기Chronique de Saint-Martial』를 통해서 우리는 이 춤이 1215년에 십자군 출정을 배웅하고자 계획되었으며, 모든 공동체가 참여했음을 알 수 있다. 하지만 마우리초 파도반은 특히 궁정 사랑의 새로운 개념을 배경으로 카롤라가 14세기의 출처를 가지며 궁정과 귀족, 신흥 상인인 부르주아를 중심으로 새로이 정착되었다고 지적했다. 템포의 안토니오(?-약 1339)와 솜마캄파냐의 지디노(14세기)의 연구서에서 언급된 것은 노래와 춤의 이항식이었지만 춤추는 것에 대해서는 어떠한 정보도 언급되지 않았다.

『데카메론』

보카치오(1313-1375)의 작품에서의 춤(특히 『데카메론』)은 작가의 수사학(이야기를 시작하고 끝내는)과 춤이 속한 사회의 문화적인 근대성을 보여 주는 표식으로 구성된 정체성과 상징적인 주제와 형식으로 변형되면서 이탈리아 문학의 진정한 서술적 가치를 지닐 수 있었다. 하지만 같은 시기에 춤은 한시적인 사회 현실로 정착되었다(환대 그리고〔혹은〕 구애). 『데카메론』에서 춤에 대한 이탈리아의 가장 오래된 문서 중 하나인 13세기의 춤곡으로 소설 속 여덟 번째 날의 두 번째 이야기에 〈물은 보라나로 흐른다L'acqua corre alla borrana〉가 인용되었다. 파도반은 익명의 소유자가 갖고 있던 28번째 판본 여백에 남겨진 증언 덕분에(1527년 피렌체 준티 출판사 판본) 그것이 1552년에 토스카나 로베차노에서 보관되고 있었다는 것과 전개 과정이 브리엔의 장(1148-1237)이 쓴 (바티칸에 소장되어 있는 유일본 lat. 3793) 『여인이여, 들어 보세요 Donna, audite como』의 '위대한 왕'처럼 부조화(프로방스 기원의 노래로 스탠자stanza는 서로 부조화를 이룬다)로 삼분된 춤곡에서와 같이 (진정한 무용 동작의 구도를 예시하면서 때때로 동반자 중에서 춤추는 자를 선택해야 하기 때문에) 참여자들의 교활한 공격과 저항을 암시한다고 지적했다.

어쨌거나 (특히 르네상스 시대의 궁정들에서) 춤은 마치 제도처럼 사람들의 행동을 통제하고, 조화를 지향하는 이념을 통해 욕망의 공간처럼 기능하기 시작했다. 근본적으로는 자코포 산나차로Jacopo Sannazaro(1455~1530)가 쓴 『아르카디아Arcadia』의 중요 구절에서처럼 대화, 즉 재홍의 가장 적절한 문학 형태와 동일한 방식으로 반목을 중재하고 열정을 통합된 것으로 유도하는 황금시대의 신화적 시절에 존재하던 춤에 대한 기억이 존재했다. "질투심이 아니라 체트라의 연주에 맞추어 부드러운 춤을 춘다 / 그리고 비둘기가 날 듯 명예를 드높인다"(VI, 106~108).

| 다음을 참고하라 |

문학과 연극 토디의 자코포네와 종교시(670쪽); 유럽의 서정시(689쪽); 이탈리아의 서정시(695쪽); 단테 알리기에리(712쪽); 조반니 보카치오(757쪽); 유럽의 종교극과 민중극(783쪽)

찾아보기

Indice analitico

ㄱ

ㄴ

ㅅ

ㅍ

ㅎ

부록 I : 도판과 지도
Tavole & Mappe

구조

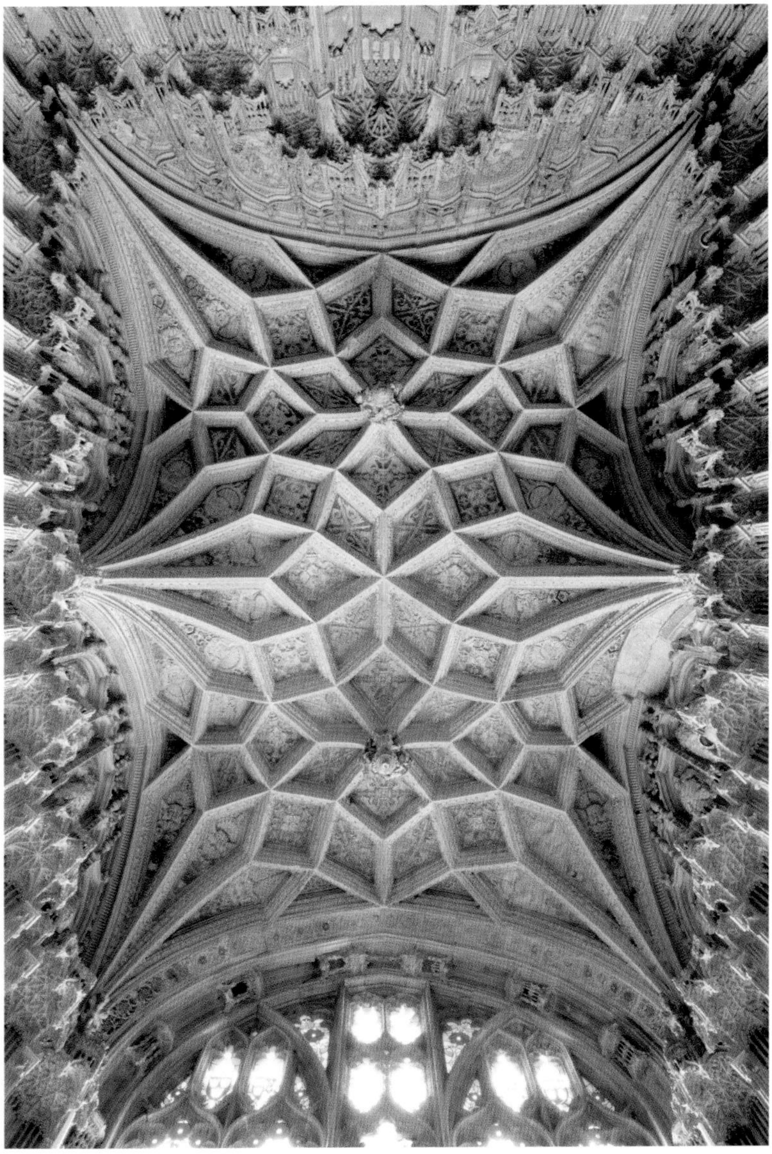

1

1. 〈성 에델드레다 대성당 측면에 위치한 아치형 천장〉, 11세기, 일리(잉글랜드)

2

2. 〈성 베드로 대성당 수도원 회의실 천장〉, 12세기, 요크(잉글랜드)

3

3. 〈대성당 모사라베 문양〉, 1221-1567, 부르고스(에스파냐)

4

4. 〈성 펠리체와 마우로 교회 정면 장미창〉, 12세기, 성 펠리체 성, 페루자(이탈리아)

5. 〈아순타 대성당 장미창〉, 1093-1125, 트로이, 포자(이탈리아)

6. 〈두오모 장미창〉, 13-14세기, 오르비에토, 테르니(이탈리아)

5

6

7

7. 〈노트르담 대성당 내부 횡단부 북쪽에 위치한 스테인드글라스와 장미창〉, 1220-14세기, 아미앵(프랑스)

8

8. 〈성 베드로 대성당 부채형 천장, 베드로와 안드레아〉, 약 1238, 피터버러(잉글랜드)

9

9. 〈성 나자렛 대성당 내부 천장과 서까래〉, 10-14세기, 카르카손(프랑스)

10

10. 〈성 안드레아 대성당 내부 가위 형태 아치〉, 1180-약 1490, 웰스(잉글랜드)

도시와 주변 농촌 지역을 통치하는 자치 정부

11

11. 암브로조 로렌체티, 〈좋은 정부의 알레고리〉, 1338-1340, 프레스코화, 시에나, 시청사

SPES
MAGNANIMITAS
TEMPERANTIA
IVSTITIA

12

13

12. 암브로조 로렌체티, 〈농촌에서 볼 수 있는 좋은 정부의 영향〉, 1338-1340, 프레스코화, 시에나, 시청사

13. 암브로조 로렌체티, 〈도시에서 볼 수 있는 좋은 정부의 영향〉, 1338-1340, 프레스코화, 시에나, 시청사

14

14. 〈아라스 천에 『묵시록』을 주제로 제작한 도시를 포위한 사탄〉, 약 1378, 앙제, 성

흑사병과 죽음의 승리

15

15. 루앙의 행정관échevin의 마에스트로, 〈피렌체의 흑사병 확산(1348)과 보카치오의 『데카메론』에 등장하는 이야기꾼들의 대화 프랑스 필사본〉, 15세기, 세밀화, 파리, 아르세날레 도서관

16. 〈투르네의 흑사병, 질 리 뮈지의 『연대기』에서 인용〉, 1349, 세밀화, 브뤼셀, 왕궁도서관

17. 〈흑사병, 세르캄비Sercambi 사본에서 인용〉, 14세기, 세밀화, 루카, 루카 국립기록물보존소

16

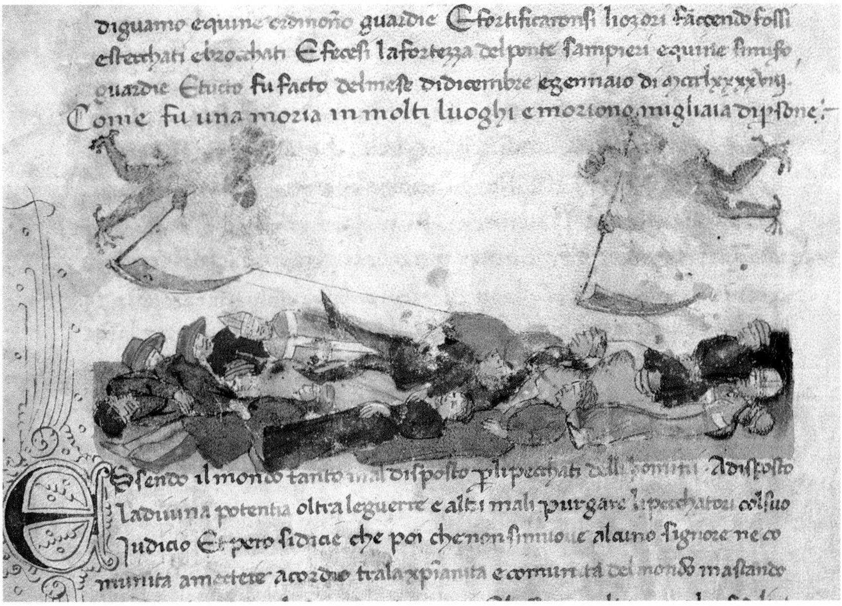

17

18. 부오나미코 부팔마코,
〈죽음의 승리〉, 1340-1343,
프레스코화, 피사, 캄포
산토

18

19. 〈죽음의 승리〉, 약 1450, 프레스코화, 팔레르모, 아바텔리스 궁의 지역 미술관

19

열정과 영혼의 상태

20

20. 〈미소 띤 천사〉, 13세기, 랭스, 대성당

21

21. 조토, 〈불안정〉, 1304-약 1306, 프레스코화, 파도바, 스크로베니 예배당

22

22. 조토, 〈분노〉, 1304-약 1306, 프레스코화, 파도바, 스크로베니 예배당

23

23. 조토, 〈절망〉, 1304-약 1306, 프레스코화, 파도바, 스크로베니 예배당

24

24. 마리아노 로마넬리, 〈수태고지의 성모 마리아〉, 매듭이 있는 목각, 카스텔피오렌티노, 산타 키아라 교회

25

25. 코스탄차의 마에스트로 하인리히, 〈예수의 가슴에 기대어 쉬는 성 조반니〉, 14세기 초, 목각에 채색, 앤트워프, 마이어 반 덴 베르그 박물관

26

26. 〈십자가에서 내려지는 그리스도, 살로니코의 묘비명〉, 14세기, 자수, 아테네, 비잔티움 박물관

대성당의 고대인들

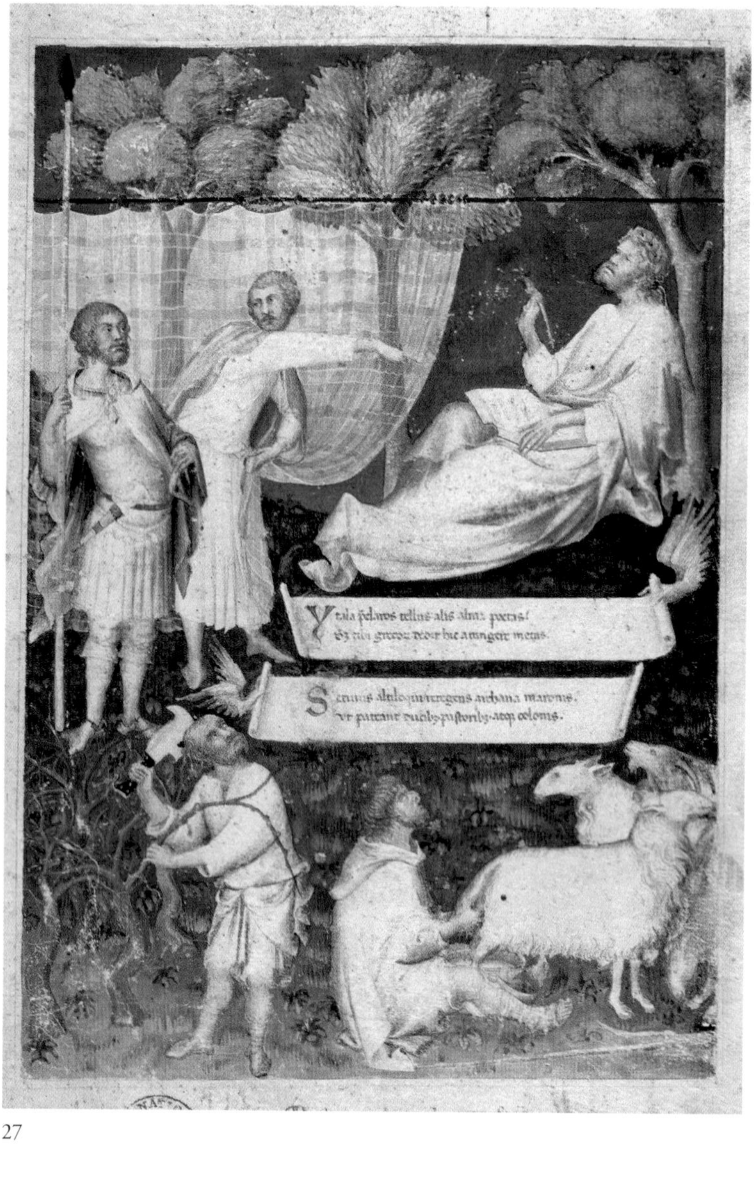

27

27. 시모네 마르티니, 〈프란체스코 페트라르카가 소유한 세르비우스의 『베르길리우스 주석서』 겉장에 그린 알레고리〉, 약 1335, 세밀화, 밀라노, 암브로시오 도서관

28

28. 〈교단에 앉은 베르길리우스〉, 약 1320, 만토바, 포데스타 궁

29

29. 프리드리히 주변의 조각가, 〈고대의 흉상 조각(프리드리히 2세의 흉상으로 추정)〉, 13세기, 바를레타 성

30

30. 〈헤라클레스와 네메아의 사자가 조각된 카메오〉, 프리드리히 2세 시대에 제작된 것으로 추정(이탈리아 남부), 약 1220, 뉴욕, 메트로폴리탄 박물관

31. 〈아물리오에게 체포된 레아 실비아〉, 약 1410, 프레스코화, 폴리뇨, 트린치 궁

31

32

32. 캄비오의 아르놀포, 〈분수대의 병든 자〉, 1280–1281, 페루자, 움브리아 국립박물관

33

33. 캄비오의 아르놀포, 〈분수대의 여인〉, 1280-1281, 페루자, 움브리아 국립박물관

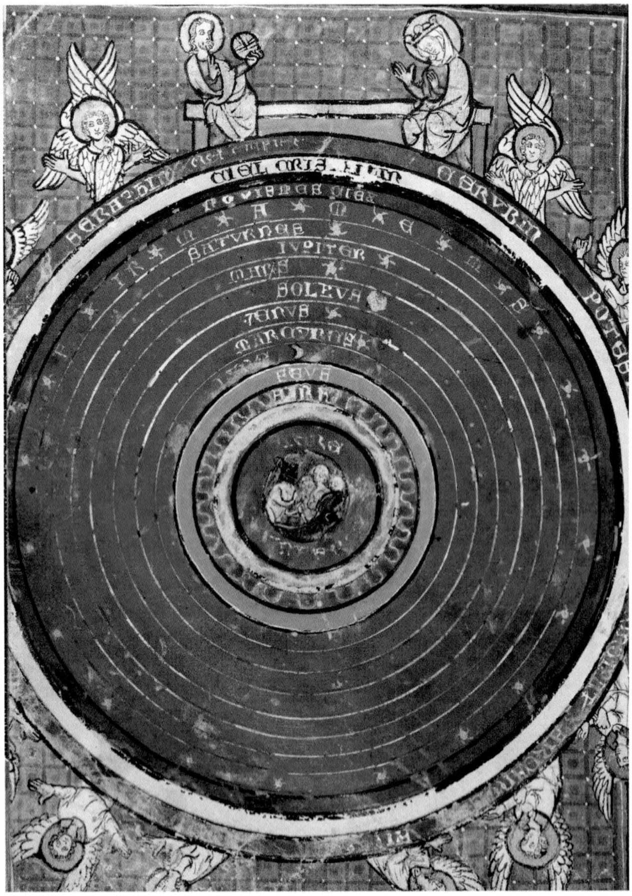

34

34. 〈아리스토텔레스의 우주, 콩슈의 기욤의 『세상의 철학에 관하여』에서 인용, ms. 2200, f. 115v〉, 세밀화, 파리, 성 주느비에브 수도원

35

35. 〈알렉산드로스 대왕을 교육시키는 아리스토텔레스, 브루네토 라티니의 『보전』에서 인용〉, 14세기, 세밀화, 카르팡트라, 국립도서관

36

36. 조반니 피사노, 〈강론대〉, 1302-약 1312, 피사, 두오모

37

37. 조반니 피사노, 〈강론대 일부에 조각된 헤라클레스〉, 1302-약 1312, 피사, 두오모

38

38. 〈정문 외관의 수태고지와 방문〉, 1211-약 1275, 랭스, 대성당

강의: 대학의 확립

39

39. 야코벨로 달레 마젠네, 〈수업 중인 학생들, 레냐노의 조반니의 무덤 부조〉, 약 1386, 볼로냐, 시립 박물관

MATHEUS : IURE : PROBATUS :
DOCTOR : HONORATUS :
GANDONUM : SANGUINE :
NATUS.

40

41

42

40. 〈수업 장면, 법학자 마테오 간도니의 무덤 부조〉, 약 1330, 볼로냐, 시립 박물관

41. 〈지리학 수업, 바스의 아델라르드가 번역한 유클리드의 『원론』에서 인용〉, 약 1310, 세밀화, 런던, 브리티시 도서관

42. 볼톨리나의 로렌초, 〈대학 수업, 알레만니아의 하인리히의 『윤리학』에서 인용〉, 14세기, 세밀화, 베를린, 주립도서관

『신곡』의 심판

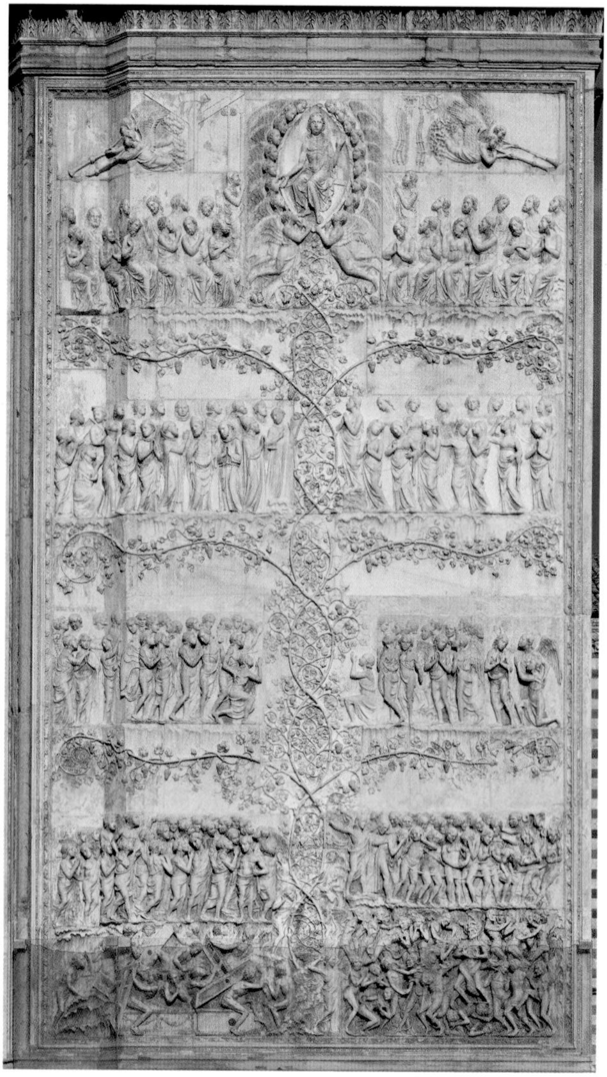

43

43. 로렌초 마이타니, 〈최후의 심판의 기둥〉, 1310-약 1330, 오르비에토, 두오모

44

44. 〈단테의 땅의 구조, ms.br 215 c. IIIv〉, 14세기, 세밀화, 피렌체, 국립중앙도서관

45

45. 〈단테와 사이렌(『신곡』 「연옥편」 19곡)〉, 14세기, 세밀화, 런던, 브리티시 도서관

46. 〈단테와 베르길리우스(『신곡』 「지옥편」 4곡)〉, 14세기, 세밀화, 런던, 브리티시 도서관

47. 〈화성에서 출연한 피렌체의 기사 카치아구이다가 단테에게 십자가 형태로 정렬한 무리를 불에 태우고 있는 성인 전사들을 손으로 가리키는 모습(『신곡』 「천국편」 18곡)〉, 14세기, 세밀화, 런던, 브리티시 도서관

46

47

애정 소설

48

49

48. 〈용들의 공격을 받는 랜슬롯과 강을 가로지르는 랜슬롯, 『호수의 랜슬롯』에서 인용, ms.805f. 139〉, 14세기, 세밀화, 뉴욕, 피에르폰트 모르간 도서관

49. 〈랜슬롯과 마술 장기, 장기를 받는 기네비어와 아서, 그리고 장기를 두는 기네비어, 『호수의 랜슬롯』에서 인용, M. 806f. 253〉, 14세기, 세밀화, 뉴욕, 피에르폰트 모르간 도서관

50

50. 〈트리스탄과 이졸데 덮개, 항해 중인 트리스탄의 부분〉, 13세기, 피렌체, 다반차티 궁

51

51. 〈여성에게 접근하여 껴안기〉, 13-14세기, 프레스코화, 피렌체, 다반차티 궁

52

52. 〈알스테텐의 콘라드의 사냥꾼과 희생물, 『마네세의 필사 시가집』〉, 약 1300, 세밀화, 하이델베르크, 대학도서관

53

53. 성 마르티노의 마에스트로, 〈6명의 전설적인 인물들로부터 숭배를 받는 비너스, 피렌체에서 제작된 접시〉, 약 1360, 파리, 루브르 박물관

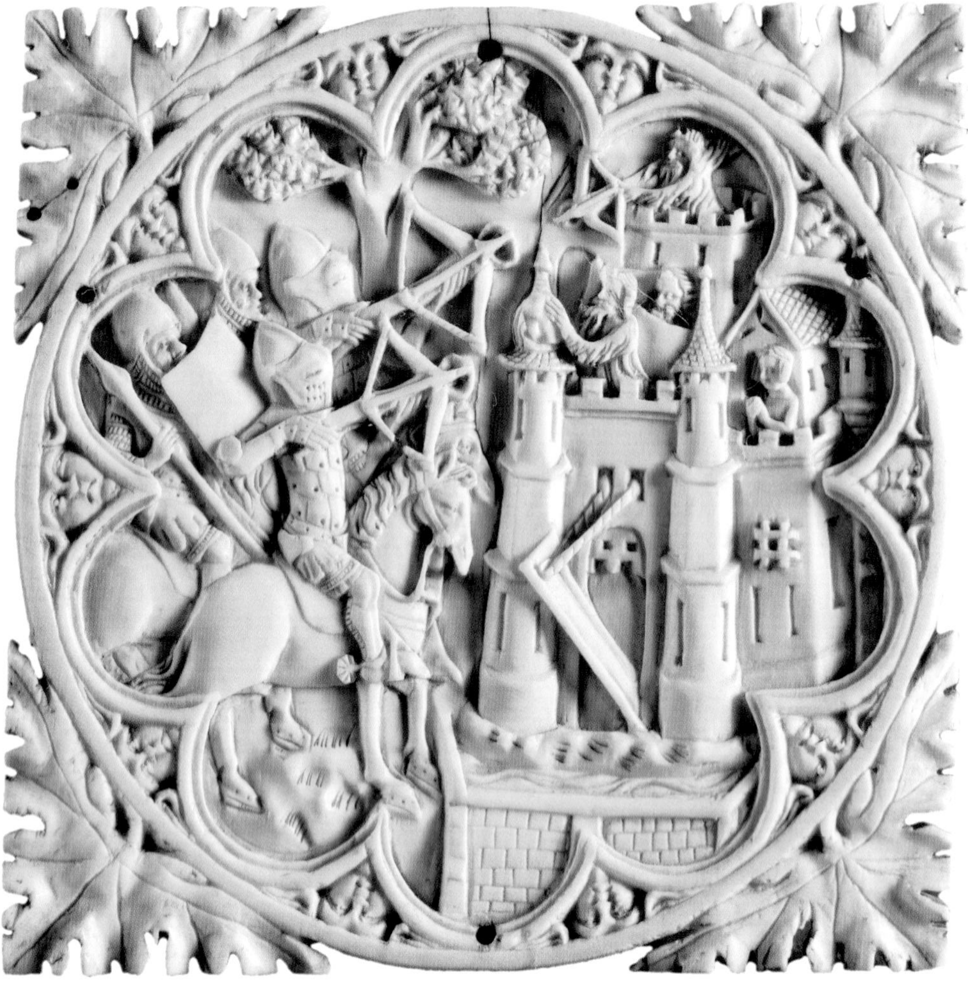

54

54. 〈사랑의 성을 공격하는 장면이 새겨진 거울의 반쪽 부분〉, 약 1350, 상아로 제작, 피렌체, 바르젤로 국립박물관

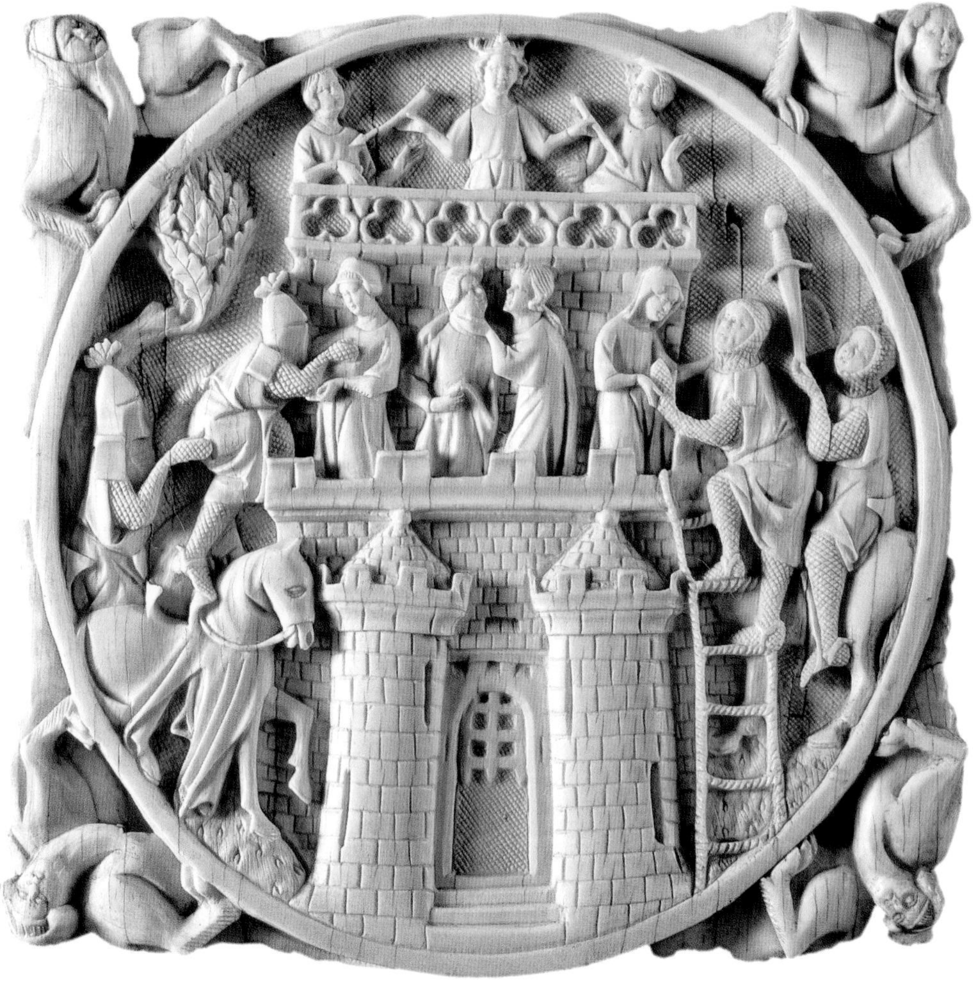

55

55. 〈사랑의 성을 공격하는 장면이 새겨진 거울의 반쪽 부분〉, 약 1350, 상아로 제작, 피렌체, 바르젤로 국립박물관

56

56. 〈한 쌍의 남녀가 장기를 두고 있는 거울〉, 약 1350, 상아로 제작, 개인 소장품

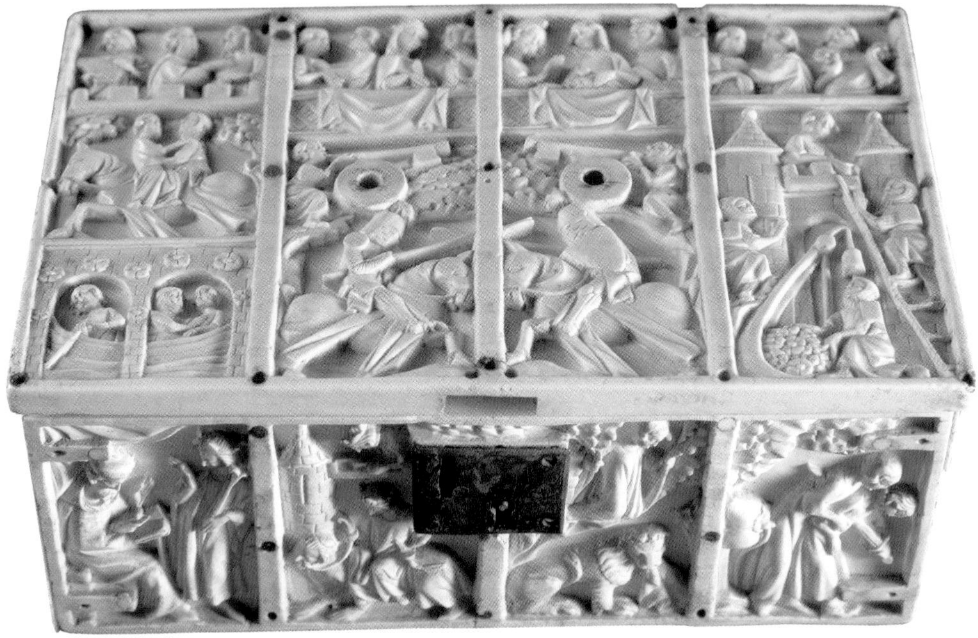

57

57. 〈결투 장면과 사랑의 알레고리가 묘사된 금고〉, 14세기, 상아로 제작, 개인 소장품

1250년대의 정치 상황

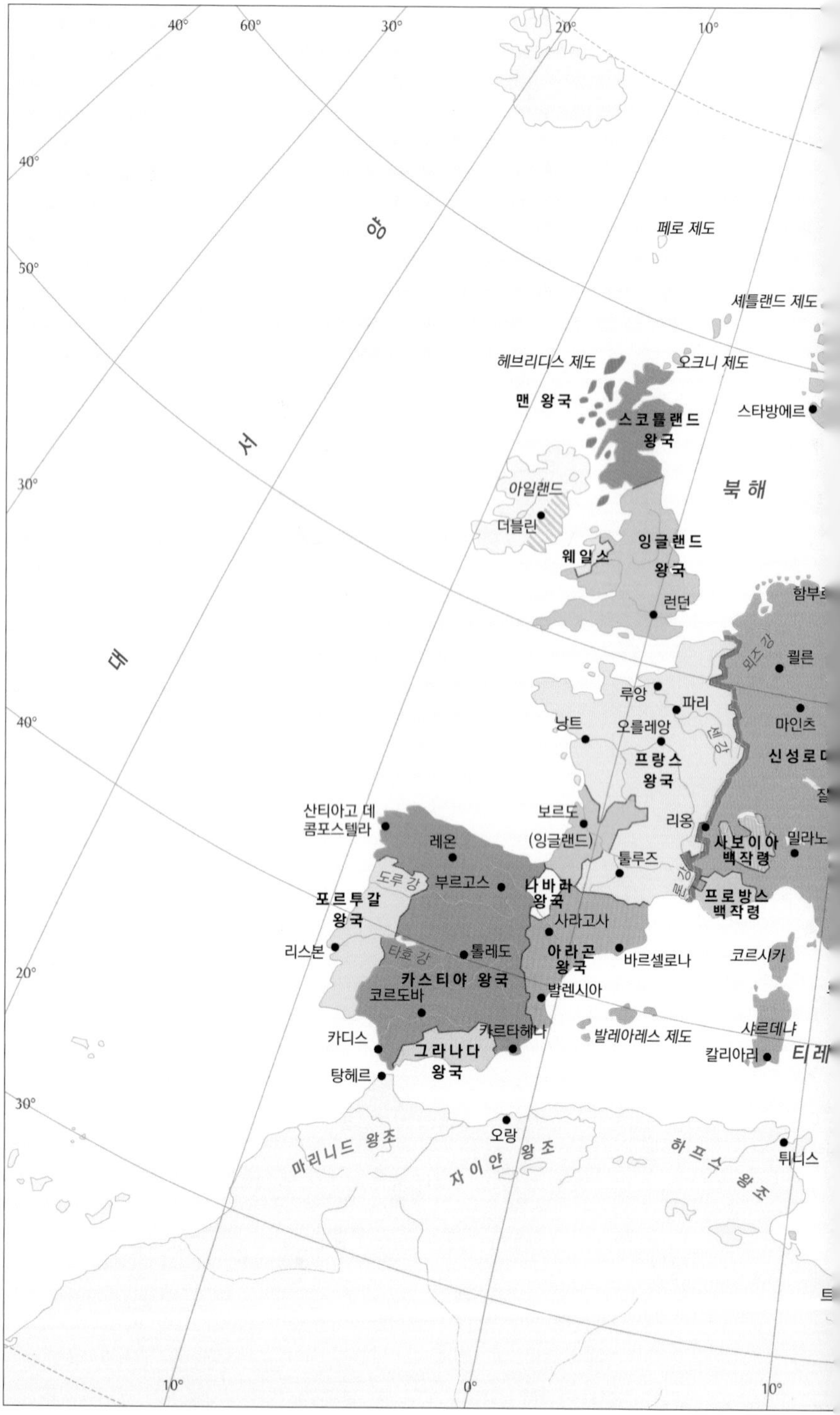

프리드리히 2세가 사망할 무렵에 신성로마 제국의 행정 및 입법 상황은 멜피 헌법의 공포로 상당히 공고해 보였다. 그럼에도 보편 제국을 건설하려는 황제의 시도는 제국을 구성하는 인물들이 각양각색이었던 이유로 저항에 직면했다. 1204년에 콘스탄티노플이 함락되고, 아르파드 왕조가 막을 내렸다. 새로 왕권을 장악한 앙주 가문의 정책으로 헝가리 왕국이 세워졌고, 이를 계기로 훗날 유럽에서는 동방의 라틴 제국이 건설된다.

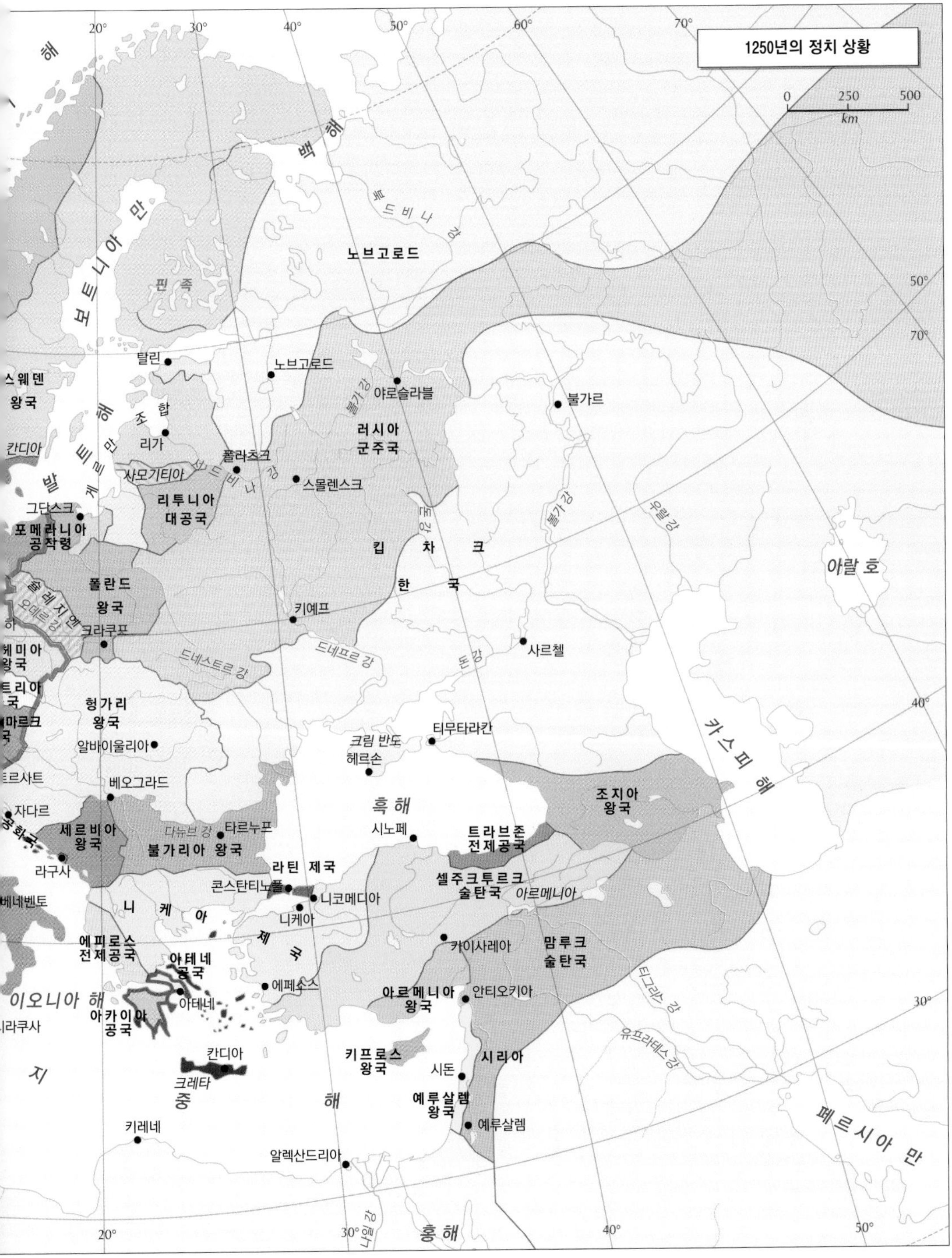
1250년의 정치 상황
0 250 500
km
백 해
보트니아 만
핀 족
노브고로드
북드비나 강
탈린
노브고로드
야로슬라블
불가르
스웨덴
왕국
발트 해
리가 만
조 합
리가
칸디아
폴라츠크
사모기티아
서드비나 강
스몰렌스크
러시아
군주국
그단스크
리투아니아
대공국
포메라니아
공작령
볼가 강
돈 강
우랄 강
킵 차 크
한 국
아랄 호
폴란드
왕국
슐레지엔
오데르 강
키예프
크라쿠프
드네프르 강
사르첼
드네스트르 강
헝가리
왕국
알바이울리아
크림 반도
티무타라칸
헤르손
카스피 해
베오그라드
흑 해
조지아
왕국
자다르
세르비아
왕국
다뉴브 강
타르누프
시노페
트라브존
전제공국
불가리아 왕국
라구사
라틴 제국
셀주크투르크
술탄국
콘스탄티노플
니코메디아
아르메니아
베네벤토
니케아
니 케 아 제 국
에피로스
전제공국
카이사레아
맘루크
술탄국
아테네
공국
에페소스
아르메니아
왕국
안티오키아
이오니아 해
아테네
아카이아
공국
티그리스 강
유프라테스 강
칸디아
키프로스
왕국
시리아
크레타
시돈
지 중 해
예루살렘
왕국
예루살렘
페르시아 만
키레네
알렉산드리아
나일 강
홍 해

1360년대의 정치 상황

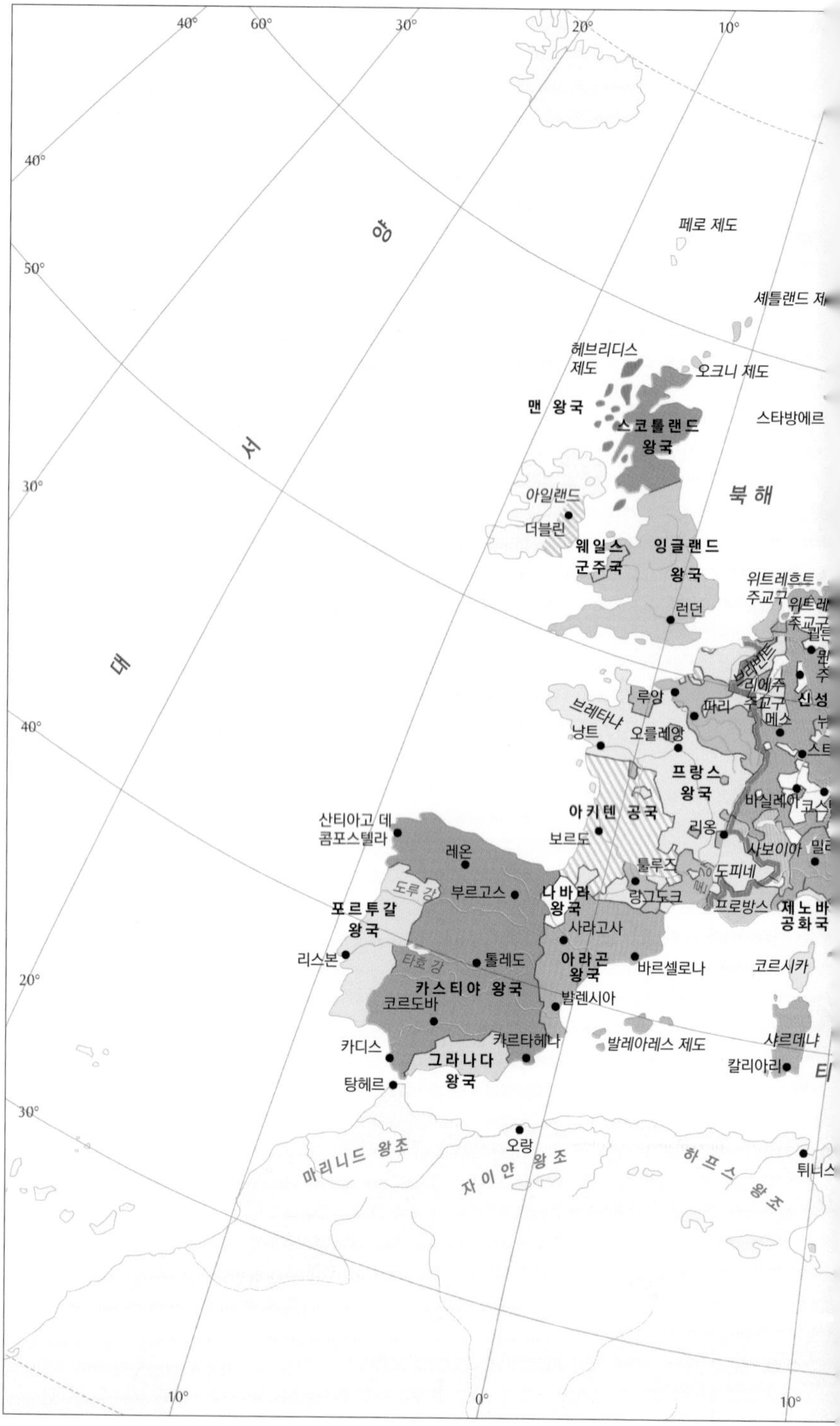

14세기 중반에 신성로마 제국은 황제의 역할이 줄어들었고, 제국을 중심으로 하는 보편주의에 대한 저항으로 부침을 겪었다. 하지만 여전히 유럽에서 가장 중요한 지위를 누렸다. 유럽 각 국가의 통치자들이 권력 강화에 성공하면서 영토가 구체적으로 구분되었다. 이탈리아 반도만이 예외적으로 분열 상태에 빠졌으며 내부 세력들은 치열하게 대립했다.

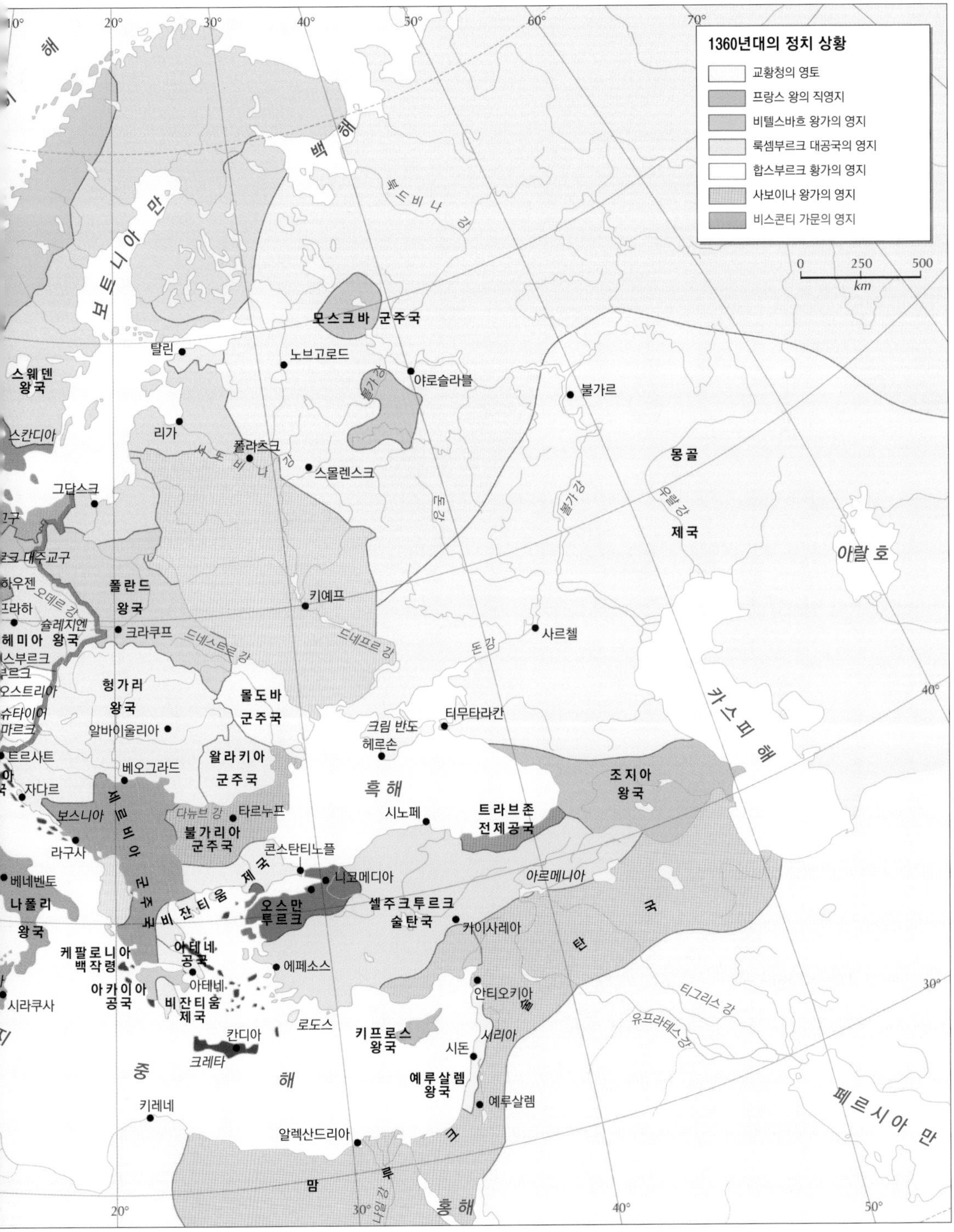
1360년대의 정치 상황
교황청의 영토
프랑스 왕의 직영지
비텔스바흐 왕가의 영지
룩셈부르크 대공국의 영지
합스부르크 황가의 영지
사보이나 왕가의 영지
비스콘티 가문의 영지
0 250 500
km
보트니아 만
백해
북드비나 강
모스크바 군주국
탈린
노브고로드
야로슬라블
불가르
스웨덴 왕국
리가
폴라츠크
서드비나 강
스몰렌스크
볼가 강
몽골
우랄 강
제국
아랄 호
그단스크
돈 강
폴란드 왕국
키예프
오데르 강
슐레지엔
프라하
크라쿠프
사르첼
드네스트르 강
드네프르 강
돈 강
헝가리 왕국
몰도바 군주국
카스피 해
오스트리아
슈타이어마르크
알바이울리아
크림 반도
티무타라칸
헤르손
트르사트
베오그라드
왈라키아 군주국
흑해
조지아 왕국
자다르
세르비아 군주국
보스니아
다뉴브 강
타르누프
시노페
트라브존 전제공국
불가리아 군주국
라구사
콘스탄티노플
니코메디아
아르메니아
베네벤토
비잔티움 제국
오스만 투르크
셀주크투르크 술탄국
나폴리 왕국
카이사레아
케팔로니아 백작령
아테네 공국
에페소스
아테네
아카이아 공국
비잔티움 제국
안티오키아
티그리스 강
시라쿠사
유프라테스 강
로도스
키프로스 왕국
칸디아
크레타
시리아
시돈
중해
예루살렘 왕국
예루살렘
페르시아 만
키레네
알렉산드리아
맘루크
나일 강
홍해
술탄국

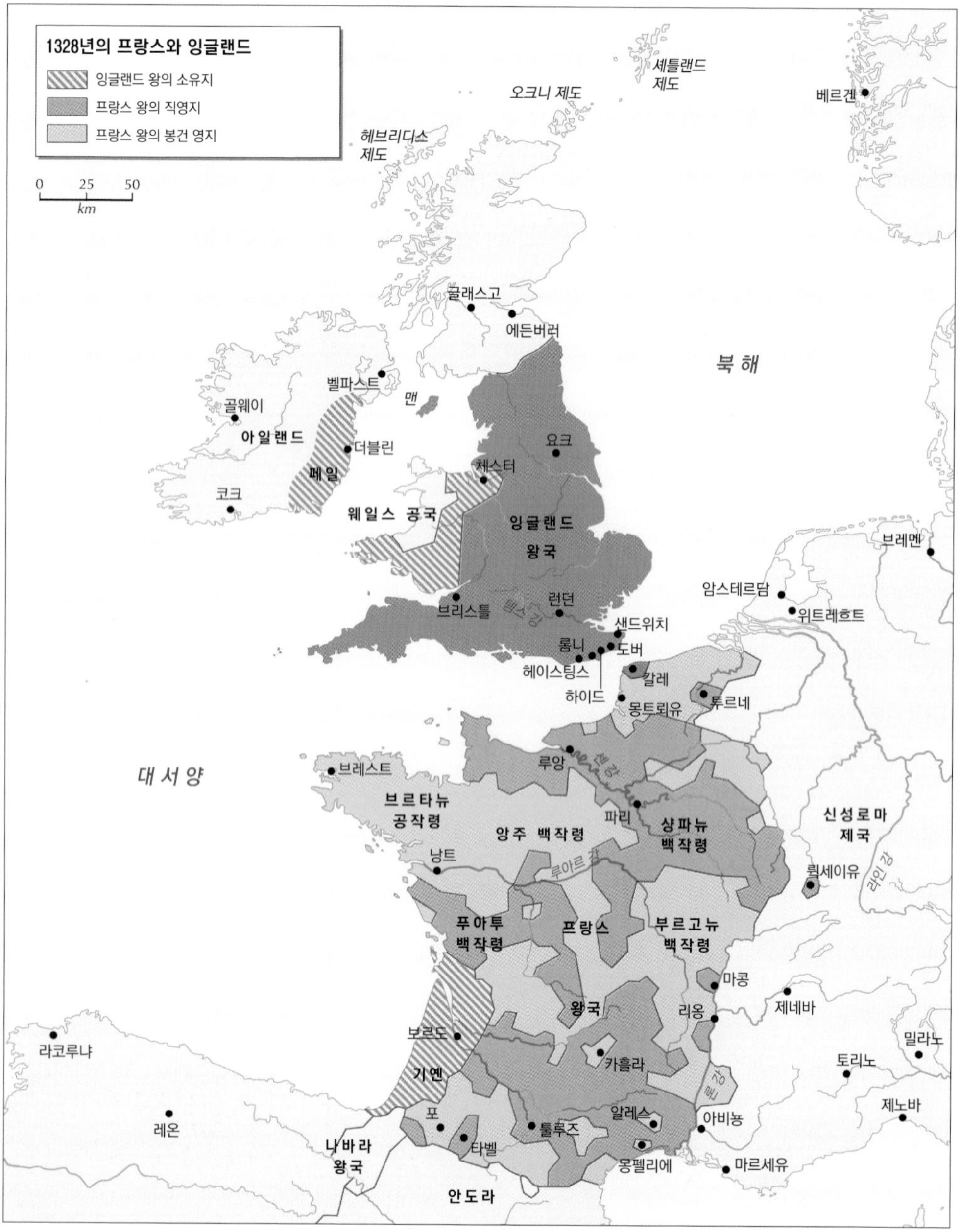

1328년의 프랑스와 잉글랜드

프랑스의 왕위 계승 문제로 프랑스와 잉글랜드 사이에 백년전쟁이 발발했다. 전쟁 초기였던 14세기에 프랑스는 흑사병의 확산과 극심한 내분으로 급격하게 약화되었다. 영토에 관련해서도 서부 지역 대부분이 에드워드 3세가 통치하는 잉글랜드에 정복되었다.

부록 II : 연표

Cronologie

1200 | 1225 | 1250 | 1275

역사

1198-1216
인노첸시오 3세가 교황으로 등극

1202-1204
제4차 십자군이 일어남

1217
유럽에 기근이 발생

1220-1250
프리드리히 2세가 황제로 등극

1226
탁발 수도회가 승인됨

1228
그레고리오 9세가
프리드리히 2세를 파문함

1236-1280
이탈리아의 많은 자치 도시들에서 시뇨리아 정부가 설립

1282
시칠리아 만종 사건:
시칠리아에 아라곤 왕국이
등장함

1278
합스부르크 왕가의 루돌프 황제가
오스트리아를 정복함

1294-13
교황 보니파시오 8세가 재임

1280
피렌체에서 친교황파
친황제파의 분쟁이

철학, 과학과 기술

1202
레오나르도 피보나치가
「산반서」 저술

약 1200
해상 공화국 선박들의 항해에 나침반이 도입됨

1212
라스 나바스 데 톨로사
전투에서 그리스도교인들이
무슬림에 승리함

1230
마이클 스콧이 아베로에스의
주석서들과 아리스토텔레스의
저술들 번역

네모레의 조르다누스가
「무게에 관하여」 저술

1235
온느쿠르의 빌라르가
「건축도집」 저술

1248
바뇨레조의 보나벤투라가
「명제집 주석서」 저술

1245
사크로보스코의 요하네스가
「세계의 차원들」 저술

1265-약 1273
토마스 아퀴나스가 「신학대전」 저술

1267
로저 베이컨이 「기호론」 저술

로저 베이컨이 「큰 저작」 저술

로저 베이컨이
「제3의 저작」 저술

약 1280
안경이 발명됨

1271
마르코 폴로가 동방 원정을 시작

시각예술

1210
랭스 대성당 재건축

1228
성 프란체스코 대성당(아시시) 건축

1240
몬테 성(안드리아) 건축

1255
니콜라 피사노가 피사 세례당의 강론대 제작

1260
성 갈가노의 성물함 제작

1255-1260
니콜라 피사노가 피사 세례당의
강론대 제작

1275
라이문두스 룰루스가
「위대한 기술Ars magna」 저술

1294-약 1
캄비오의 아르놀포가
보니파시오 8세의 석관(로마)

문학과 연극

1215
시나의 본콤파뇨가 「본콤파뉴스Boncompagnus」
혹은 「고대 수사학Rhetorica antiqua」 저술

1224
아시시의 프란체스코가 「피조물의 노래」 저술

약 1230
로리스의 기욤이 「장미 설화」 제1부 저술

1240-약 1250
프리드리히 2세가 「새와 사냥하는 기술」 저술

1260-1266
브루네토 라티니가 「보전寶典」 저술

약 1270
귀도 귀니첼리가 〈부드러운 가슴은
늘 사랑으로 기우니〉 저술

약 1280-1306
토디의 자코포네가 찬미가 저술

음악

1190-1230
미네젱거의 전성기

약 1250
토디의 자코포네가 프란체스코회의 찬미가 저술

1260-1280
쾰른의 프랑코가 「정량 음악의 기법」에서
아르스 안티쿠아의 규칙을 정량 기보법으로 나타냄

1283
아당 드 라 알이 〈로뱅
마리옹의 유희〉와 다른
품들을 저술

1325 1350 1375 1400

1309-1377
교황 클레멘스 5세가 교황청을 아비뇽으로 옮김: 아비뇽 유수

니파시오 8세가 희년을 선포

1337-1360
백년전쟁 초기

1364-1380
샤를 5세가 프랑스 왕으로 등극

1311
룩셈부르크의 하인리히 7세가 밀라노에서
황제로 등극

1347
리엔초의 콜라가 로마에 공화정 정부를 설립

1348
유럽에 흑사병 발생

1378-1402
밀라노의 시뇨리아 세력이 확대

1356
푸아티에에서 잉글랜드가
프랑스에 승리

1378-1414
교회 대분열

1328
발루아의 필리프가
프랑스 왕으로 등극

1378
피렌체에서 치옴피의 난 발생

298-1311
크하르트가 『삼부작』 저술

1325
오컴의 윌리엄이 『논리학 대전』 저술

:바의 아르노가 『젊음의 유지Sulla
vazione della giovinezza』 저술

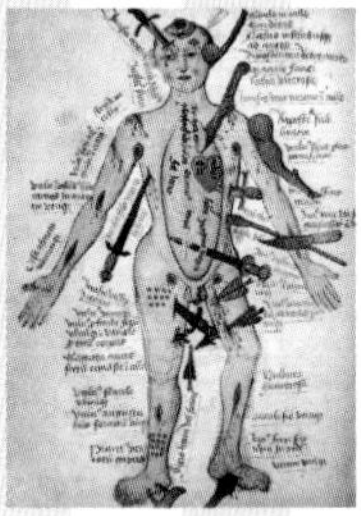

약 1350
요하네스 부리다누스가
추동력 이론을 발전

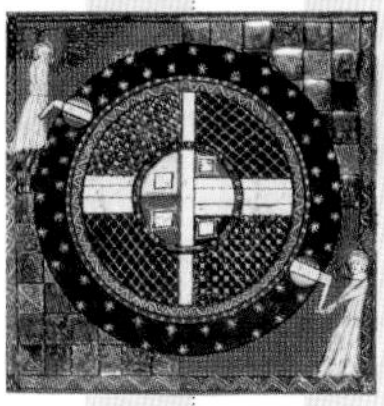

1391
제프리 초서가
『아스트롤라베에
관한 소고』 저술

1305
요하네스 둔스 스코투스가
『옥스퍼드 강의록』 저술

1316
리우치의 몬디노가 『해부학
Anatomia』 저술

1350
유럽에서 종이가 양피지를
대체함

9-1314
오의 아르놀포가 베키오 궁전(피렌체) 건축

1330-약 1350
글로스터 대성당의 남쪽 익랑과 성가대석 재구성

1364
알카사르(세비야) 건축 개시

1370
페터 파를러Peter Parler가 오니산티 교회(성)
건축(프라하) 개시

03-1304
:가 스크로베니 예배당(파도바)에
리스도와 성모의 일생〉 제작

1338-약 1339
암브로조 로렌체티가 〈좋은 정부와 나쁜 정부의
알레고리〉(시에나) 제작

약 1384
알티키에로가 〈성 조르조의
일생〉(파도바) 제작

약 1330
시모네 마르티니가 〈폴리아노의 귀도리초〉(시에나) 제작

1349-1351
조반니 보카치오가 『데카메론』 저술

1306-약 1321
단테 알리기에리가 『신곡』 저술

1346-1371
프란체스코 페트라르카가 『고독한 삶에 관하여』
저술

1381
콜루초 살루타티가 『세계와
종교에 관하여』 저술

1300
:케오의 요하네스가
악 연구서』 저술

1321
무리스의 요하네스가 『음악 예술에
관한 지식』에서 프랑스 아르스
노바의 표기법을 주장

1341
마쇼의 기욤이 『행운의 약』 저술

1365
마쇼의 기욤이 〈노트르담 미사곡〉 저술

약 1320
최초의 다성 음악 미사곡 〈투르네의 미사〉

1200 1225 1250 1275

1214
필리프 2세 존엄왕이 부빈 전투에서
오토 4세를 물리치다.

1282
시칠리아 만종 사건:
시칠리아에 아라곤 왕국이
등장하다.

1217
유럽에 기근이
발생하다.

1228
아시시의 프란체스코가
성인으로 추대되다.

1278
합스부르크가의 루돌프 황제가
오스트리아를 정복하다.

1210
최초의 프란체스코회
규정이 마련되다.

1226
튜턴 기사단이 프로이센을
정복하다.

1257
제노바에서 민중 대장이
권력을 장악하다.

1204
비잔티움 제국이 몰락하고
라틴 제국이 설립되다.

1236-1280
이탈리아의 많은 자치 도시들에서 시뇨리아 정부가 설립되다.

1228-1229
프리드리히 2세가 십자군을
이끌고 예루살렘을 정복하다.

1268
슈바벤의 콘라딘이
나폴리에서 참수되다.

1
베네치아에서 대평의
개최

1245
피안 델 카르피네의 조반니가 동방으로 진출하다.

1198-1216
인노첸시오 3세가 교황이 되다.

1220-1250
프리드리히 2세가 황제가 되다.

1294-13
보니파시오 8세가 교황이 되

1202-1204
제4차 십자군이 일어나다.

1225-1274
독일 세력이 동방으로 확대되다.

1271-1295
마르코 폴로가 중국에 가다.

역사

1209-1229
알비 십자군이 결성되다.

1240-1241
몽골 군대가 키예프와 크라쿠프를 정복하다.

1255
밀라노에서 민중 봉기가 일어나다.

1209
최초의 프란체스코회 공동체가 설립되다.

1266
베네벤토 전투에서 앙주의 샤를이 만프레트에
승리하다.

1212
라스 나바스 데 톨로사 전투에서 그리스도교 군대가
무슬림 군대에 승리하다.

1274
제2차 리옹 공의회: 그리스 정교와 로마
가톨릭의 일치를 선언하다.

1221
몽골 군대가 러시아를 공격하다.

1226
도미니쿠스회 교단이 재인정받다.

1280
피렌체에서 친교황파
친황제파가 권력 투
벌이다.

1228
교황 그레고리오 9세가 프리드리히 2세를 파문하다.

1229
프랑스 왕 루이 9세와 툴루즈 백작이
파리 협정을 체결하다.

129
인장 교서 「성직자에게서
평신도를」이 발표되다

1234
구즈만의 도미니쿠스가
성인으로 추대되다.

1325 1350 1375 1400

1397
노르웨이 왕국, 스웨덴 왕국, 덴마크 왕국이 덴마크의 마르그레테에 의해 통합되다

1356
잉글랜드가 푸아티에 전투에서 프랑스에 승리하다.

1377
교황 그레고리오 11세가 위클리프의 주장을 단죄하다.

1347
헝가리 군대가 나폴리 왕국으로 원정을 단행하다.

1380
영국에서 롤라드파의 반성직자 운동이 시작되다.

1346
크레시 전투에서 잉글랜드 군대가 프랑스군을 격파하다.

1366
오스만투르크가 아드리아노플을 공격하다.

1343
앙주의 로베르가 사망하다.

1364-1380
샤를 5세가 프랑스 왕이 되다.

서 「거룩한 하나의
발표되다.

1328
발루아의 필리프가 프랑스 왕이 되다.

1343-1346
페루치 가문과 바르디 가문의 금융업이 파산에 직면하다.

1378-1402
밀라노 공국의 시뇨리아가 세력을 확장하다.

1307
돌치노 수사가 화형을 당하다.

1337-1360
백년전쟁이 시작되다.

1395
스위스에서 그라우뷘덴 동맹이 결성되다.

1309-1377
교황 클레멘스 5세가 교황의 거처를 아비뇽으로 옮기다: 아비뇽 유수

니파시오 8세가 희년을 선포하다.

1378-1414
교회 대분열이 일어나다.

1340
잉글랜드 해군이 슬로이스에서 프랑스에 승리하다.

3
보니파시오 8세가 필리프 미남왕에 의해 투옥되었다가 아나니의
에 의해 풀려나다.

1345
헝가리의 언드라시가 살해되다.

1347
리엔초의 콜라가 로마에 공화정 정부를 설립하다.

1311
룩셈부르크의 하인리히 7세가 밀라노에서 황제로 등극하다.

1348
유럽에 흑사병이 창궐하다.

1356
룩셈부르크의 카를 4세가 황금 칙서를 발표하다.

1358
파리에서 자크리의 난이 일어나다.

1369
엔리케 2세가 카스티야의 왕이 되다.

1378
피렌체에서 치옴피의 난이 일어나다.

1392
부르고뉴 공작과 오를레앙 공작의 분쟁이 시작되다.

1396
헝가리의 지기스문트가 나폴리의 투르크 군대에 패배하다.

1200 | 1225 | 1250 | 1275

철학과 신학

1200
옥스퍼드 대학교의 로버트 그로스테스트가 아리스토텔레스 저술들에 대한 주석서를 집필하다.

1220
헤일즈의 알렉산더가 페트루스 롬바르두스의 「명제집」을 연구하다.

1230
마이클 스콧이 아베로에스와 아리스토텔레스의 주석서들을 번역하다.

1236
헤일즈의 알렉산더가 「보편 신학대전」을 저술하다.

1240-1280
로버트 그로스테스트, 메시나의 바르톨로메오, 뫼르베케의 기욤이 그리스어 번역에 매진하다.

1245-1247
알베르투스 마그누스가 파리에서 신학 강의를 하다.

1248
바뇨레조의 보나벤투라가 「명제집 주석서」를 저술하다.

1253
토마스 아퀴나스가 「존재와 본질에 관하여De ente et essentia」를 저술하다.

1254-1257
바뇨레조의 보나벤투라가 「소고」를 저술하다.

1259
바뇨레조의 보나벤투라가 「신을 향한 정신의 여정」을 저술하다.

1260
토마스 아퀴나스가 「대이교도 대전」을 저술하다.

1265-약 1273
토마스 아퀴나스가 「신학대전」을 저술하다.

1267
로저 베이컨이 「기호론De Signis」을 저술하다.

1270-1277
스웨덴의 보에티우스가 「세상의 영원성에 관하여De aeternitate mundi」를 저술하면서 신학의 절대론적인 주장에 반대하며 철학하는 자유를 옹호하다.

1270
토마스 아퀴나스가 「아베로에스 비판을 위한 지성 단일」과 「세상의 영원성에 관하여」를 저술하다.

1273
라이문두스 룰루스가 「진실을 구하기 위한 위대한 학문Ars magna seu ars compendiosa inveniendi veritatem」을 저술하다.

1277
에디지우스 로마누스가 「군주 통치
저술하다.

1280
레온의 모세스가 「영광의 서」를

철학과 정치적 사건들

1206
도미니쿠스가 도미니쿠스회를 설립하다.

1209
아시시의 프란체스코가 프란체스코회를 설립하다.

1210
상스 공의회: 아리스토텔레스의 자연학과 형이상학에 관한 저술을 비판하다.

1214
인노첸시오 3세가 옥스퍼드 대학교를 공식적으로 승인하다.

1215
쿠르송의 로베르는 파리 대학의 초기 법령을 제정하고, 아리스토텔레스의 자연 관련 저술들에 대한 수업을 금지하다.

1222
파도바 대학이 설립되다.

1224
프리드리히 2세가 나폴리 대학을 설립하다.

1229
레몽 7세가 툴루즈 대학을 설립하고 파리 대학에서 금지된 아리스토텔레스에 관한 저술들과 주석 작업을 허용하다.

1231
교황 그레고리오 9세가 교서 「학문들의 아버지」를 발표하여 아리스토텔레스의 저술들을 개인적으로 읽는 것을 허용하다.

1248
알베르투스 마그누스가 라틴 학교의 중심인 쾰른 일반 학원을 설립하다.

1260-1280
뫼르베케의 기욤이 아리스토텔레스의 논리학 저술 모두를 새롭게 번역하고 검수하다.

1269-1272
지롤라미의 레미지오가 「고리대금업의 죄악에 관하여De peccato usure」를 저술하다.

1270
에티엔 탕피에가 이단으로 간주된 아리스토텔레스의 13개 저술을 검열 비판하다.

1277
에티엔 탕피에가 그리스-아랍의 아리스토텔레스주의와 관련한 219개 항목에 대한 단죄를 공포하면서
확산과 교육을 금하다.

1325 1350 1375 1400

298-1311
크하르트가 『삼부작』을 저술하다.

1303
르트가 『파리 문제집Quaestiones
ses』을 저술하다.

1311-1313
에크하르트가 『요한 복음서 주해서Expositio Sancti Evangelii secundum Johannem』를 저술하다.

1313-1314
에크하르트가 『존재에 관한 문제집Quaestiones de esse』을 저술하고, 교황 요한 22세는 에크하르트가 사망한 뒤인 1329년에 그를 단죄하다.

3
알리기에리가 『속어론』을
하다.

1305
요하네스 둔스 스코투스가 『옥스퍼드 강의록』을 저술하다.

1313
단테 알리기에리가 『제정론』을 저술하다.

1328
파도바의 마르실리우스가 『평화의 옹호자 Il difensore della pace』를 저술하다.

1325
오컴의 윌리엄이 『논리학 대전』을 저술하다.
요하네스 부리다누스가 『의미와 진리에 관한 궤변들Sophismata』을 저술하다.

약 1325
토머스 브래드워딘이 『펠라기우스에 대항한 하느님의 원인과 원인들의 힘에 관하여』를 저술하다.

1338
토머스 브래드워딘이 『비율에 관한 연구』를 저술하다.

1370
시에나의 가타리나가 『서한들』을 저술하다.

1375
존 위클리프가 『신의 주권에 관하여De dominio divino』를 저술하다.

1378
존 위클리프가 『성서의 진실에 관하여De veritate scripturae』와 『교회론De Ecclesia』을 저술하다.

1328
오컴이 체세나의 미켈레와 함께 아비뇽에서 이탈리아로 피신하여 루트비히 4세의 보호를 받다.

1317
열광파, 프라티첼리파, 영성파를 비판하는 교서가 만들어지다.

1318
(1208년에 옥스퍼드 대학에서 분리된)
케임브리지 대학이 공식적으로 인정되다.

1337
파리 대학이 오컴주의를 단죄하다.

1347
이단으로 간주된 미르쿠르의 장이 쓴 40여 개의 글이 단죄되다.
오트르쿠르의 니콜라우스는 자신의 저서 『질서를 요구하다Exigit Ordo』를 공개적으로 불태우다.

1200 | 1225 | 1250 | 1275

천문학, 지리학, 연대학

1201
알렉산더 네캄이 『사물의 본성에 관하여』(나침판에 대한 기술)를 저술하다.

1217
마이클 스콧이 아부 이샤크 알-비트루지의 『천문학 연구』를 라틴어로 번역하다.

1245
사크로보스코의 요하네스가 『세계의 차원들』을 저술하다.

1247
피안 델 카르피네의 조반니가 『몽골인의 역사』를 저술하다.

1267
로저 베이컨이 『큰 저작』을 저술하다.

1269
페레그리누스가 『자석에 관한 서한』을 저술하다.

1272
알폰소 도표가 제작되다.

약 1276
최초의 항해 지도인 피사의 지도가 제작되다.

1282
아레초의 레스토로가 이탈리아 속어로 쓰인 최초의 과학 연구서인 『세계의 구성』을 저술하다.

의학

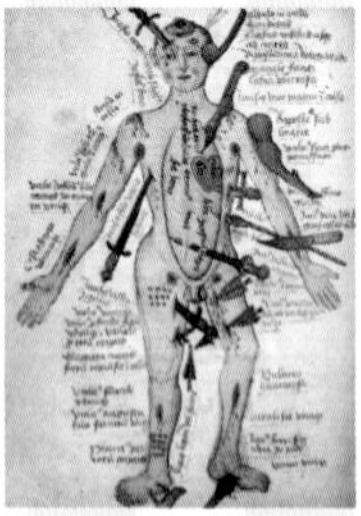

1258
살리세토의 윌리엄이 『외과 수술』 초판을 저술하다.

1270
밀라노의 란프랑코가 『외과학 대전』을 저술하다.

1275
살리세토의 윌리엄이 『외과 수술』 2판을 저술하다.

1277
뫼르베케의 기욤이 갈레노스의 저술을 번역하다.

1292
에디지우스 로마누스가 『자궁에서 인간이 만들어지는 것에 관하여 De formatione corporis humani in utero』를 저술하다.

1296
밀라노의 란프랑코가 『외과학 소론집』을 저술하다.

수학, 기하학, 논리학

1202
레오나르도 피보나치가 『산반서』를 저술하다.

1220
레오나르도 피보나치가 『실용 기하학』을 저술하다.

1240
사크로보스코의 요하네스가 『알고리즘』을 저술하다.

1247
진구소가 『수서구장』을 저술하다.

12
주세걸이 4원술을 사용한 『사원옥감』을 저술하

화학, 자연학, 광물학

1200
에스파냐에서 철을 생산하기 위해 용광로를 사용하기 시작하다.

1230
네모레의 조르다누스가 중력에 관한 연구인 『무게에 관하여』를 저술하다.

약 1257
로저 베이컨이 『기술과 자연의 신비로운 작업과 마술의 무가치함에 관하여 De secretis operibus artis et naturae et de nullitate magiae』에서 화약을 처음으로 서양에 소개하다.

1260
알베르투스 마그누스가 『광물학』을 저술하다.

1267
로저 베이컨이 『큰 저작』을 저술하다.
로저 베이컨이 『제3의 저작』을 저술하다.

1275
라이문두스 룰루스가 『위대한 기술』을 저술하다.

1278
로저 베이컨이 『천문학의 거울』을 저술하다.

1279
알폰소 10세 현명왕이 『라피다리움 Lapidarium』을 저술하다.

동물학과 식물학

기타 사건들

약 1200
해상 공화국들의 선박에 나침반이 도입되다.

1235
온느쿠르의 빌라르가 『건축도집』을 저술하다.

1271
마르코 폴로가 동방 여행을 시작하다.

약 1280
안경이 발명되다.

1294
라이문두스 룰루스가 『학문의 나무』를 저술하다.

1325 1350 1375 1400

1311-1320
주사본朱思本이 『여지도與地圖』를 제작하다.

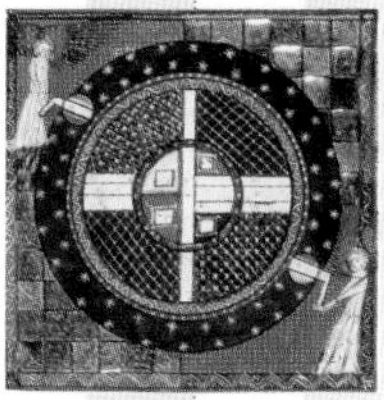

1391
제프리 초서가 『아스트롤라베에 관한 소고』를 저술하다.

바의 아르노가 『젊음의 유지』를
다.

나나의 바르톨로메오가 볼로냐에서 공식적으로
의 해부를 실시하고 이를 기록으로 남기다.

1316
리우치의 몬디노가 『해부학』을 저술하다.

1320
몽드빌의 앙리가 프랑스 최초의 외과 수술 문헌인 『외과 수술』을 저술하다.

1345
비제바노의 귀도가 『해부학 연구Trattato di anatomia』를 저술하다.

1363
숄리아크의 기가 『외과학 대전』을 저술하다.

300
토의 파올로가 게베르라는 가명으로
술과 관련한 『완전성의 총체』를
하다.

1328
토머스 브래드워딘이 『비율에 관하여 Tractatus de proportionibus』를 저술하다.

약 1350
요하네스 부리다누스가 추동력 이론을 발전시키다.

1305
크레센치오의 피에트로가 농업에 관한 연구인 『농업서Ruralium commodorum』를 저술하다.

1317
마테오 셀바티코가 살레르노에서 최초의 식물원을 열다.

00
국에서 화약 제조 방식이 전해지다.

1350
유럽에서 종이가 양피지를 대체하기 시작하다.

1380
키오자 전투에서 서양 최초로 화재용 폭죽이 사용되다.

1200 | 1225 | 1250 | 1275

논문집

1200-1202
뱅소프의 조프루아가 「새로운 시학Poetria nova」을 저술하다.

1202
레오나르도 피보나치가 「산반서」(초고)를 저술하다.

1215
시냐의 본콤파뇨가 「본콤파뉴스」 혹은 「고대 수사학」을 저술하다.

1219-1223
하이스터바흐의 케사리우스가 「기적의 대화」를 저술하다.

약 1220
갈란디아의 요하네스가 「파리의 여류 시인; 오비디우스의 외피 Parisiana poetria; Integumenta Ovidii」를 저술하다.

1228-1229
첼라노의 톰마소가 「비타 프리마Vita prima (혹은 교황 그레고리우스의 전설)」를 저술하다.

1235
시냐의 본콤파뇨가 「최후의 수사학Rhetorica novissima」을 저술하다.

1240-약 1250
프리드리히 2세가 「새와 사냥하는 기술」을 저술하다.

1247-1259
보베의 뱅상이 「대거울」을 저술하다.

1254-1263
야코부스 데 보라지네가 「황금 전설」을 저술하다.

1260-1266
브루네토 라티니가 「보전」을 저술하다.

1281-약 1288
아담의 살림베네가 「연대기」를 저술하다.

1282
아레초의 레스토로가 「세계 구성」을 저술하다.

1288
리바의 본베... 「도시 밀라노 위대함에 관... De magnalibu... Mediolani」를 저술하다.

산문

1208-1228
삭소 그라마티쿠스가 「데인인의 사적」을 저술하다.

1210
틸베리의 거베이스가 「황제를 위한 오락」을 저술하다.

1220-1230
스노리 스털루손이 「에다Edda(스노리의 에다 Snorra Edda)」를 저술하다.

약 1250
푸르니발의 리샤르가 「사랑의 동물 설화집」을 저술하다.

약 1264
「무함마드의 계단의 서」(라틴어 판본과 프랑스어 판본)가 저술되다.

1269-1306
마르게리트 포레트가 「소박한 영혼의 거울」을 저술하다.

약 1270
카푸아의 조반니가 「인생의 지침서」를 저술하다.

1280-약 1300
「노벨리노」가 저술되다.

약 1290-...
폴리뇨의 ...가 「회고록」을 저술하다.

1293-약 1295
단테 알리기에리가 「새로운 인생」을 저술하다.

마르코 폴로가 「동방견문록」을 저술...

시

1180-1210
「내가 당신에게 예속되어 있을 때」(이탈리아 속어로 사랑의 주제를 노래한 가장 오래된 시)가 저술되다.

1210-1211
기욤 르 클레르가 「신의 동물 우화집」을 저술하다.

1217-약 1222
장 르나르가 「그림자의 시」를 저술하다.

1224
아시시의 프란체스코가 「피조물의 노래(혹은 태양의 찬가)」를 저술하다.

약 1230
로리스의 기욤이 「장미 설화」 제1부를 저술하다.

약 1237
고이토의 소르델로가 「블랑챗의 죽음을 슬퍼하네」를 저술하다.

1250-약 1285
뤼트뵈프가 파블리오를 저술하다.

1260-1266
브루네토 라티니가 「보전」을 저술하다.

약 1265
아레초의 귀토네가 「이제 노래할 수 있다네Ora parrà s'eo saverò cantare」를 저술하다.

1270-약 1290
루스티코 필리피가 소네트를 저술하다.

약 1270
귀도 귀니첼리가 〈부드러운 가슴은 늘 사랑으로 기우니〉를 저술하다

약 1274
리바의 본베신이 「세 작품이 실린 책」을 저술하다.

약 1280-1306
토디의 자코포네가 찬미가를 저술하다.

1280-약 1310
체코 안졸리에리가 소네트를 저술하다.

연극

1200-약 1210
장 보델이 〈성 니콜라우스의 놀이〉를 저술하다.

약 1228
〈아라스의 궁정〉이 저술되다.

약 1265
뤼트뵈프가 〈테오필의 기적〉을 저술하다.

1276
아당 드 라 알이 〈잔디밭의 연극〉을 저술하다.

약 1283
아당 드 라 알이 〈로뱅과 마리옹의 유희〉를 저술하다.

1325 | 1350 | 1375 | 1400

약 1308
ˀ리기에리가 『향연』을 저술하다.

ˀ4-약 1307
알리기에리가 『속어론』을 저술하다.

1310-약 1312
디노 콤파니가 『나의 시대의 문물에 관한 연대기』를 저술하다.

1338
프란체스코 페트라르카가 『위인전』 저술을 시작하다.

1346-1371
프란체스코 페트라르카가 『고독한 삶에 관하여』를 저술하다.

1348
조반니 빌라니가 『신연대기』를 저술하다.

1355-1373
조반니 보카치오가 『저명한 인물들에 관하여』를 저술하다.

1354-1366
프란체스코 페트라르카가 『두 운명의 치유에 관하여』를 저술하다.

1367
프란체스코 페트라르카가 『나와 다른 사람들의 무지에 관하여』를 저술하다.

1370-1400
장 프루아사르가 『연대기』를 저술하다.

1381
콜루초 살루타티가 『세계와 종교에 관하여』를 저술하다.

1385
코포의 마르키오네가 『피렌체 연대기』를 저술하다.

1309-1310
바르베리노의 프란체스코가 『연대와 귀부인의 풍습』을 저술하다.

-1309
ˀ 조르다노가 『속어 설교집Prediche in volgare』을 ˀ다.

1320-약 1330
도메니코 카발카가 『성부들의 삶』을 저술하다.

1337
돈 후안 마누엘이 『파트로니오의 유쾌한 이야기 책 또는 루카노르 백작』을 저술하다.

1343-1344
조반니 보카치오가 『마돈나 피아메타의 비가』를 저술하다.

1349-1351
조반니 보카치오가 『데카메론』을 저술하다.

1354-1355
파사반티가 『진정한 회개의 거울』을 저술하다.

1355-1367
조반니 보카치오가 『코르바치오』를 저술하다.

1361-1374
프란체스코 페트라르카가 『만년 서간집』을 저술하다.

1370-1380
시에나의 가타리나가 『서한집』을 저술하다.

1378
시에나의 가타리나가 『신의 섭리와의 대화』를 저술하다.

1385-1392
프랑코 사케티Franco Sacchetti가 『300편의 이야기Trecentonovelle』를 저술하다.

1309-약 1317
산 지미냐노의 폴고레가 「월의 소네트Sonetti de' mesi」와 「주의 소네트Sonetti de la semana」를 저술하다.

1306-약 1321
단테 알리기에리가 『신곡』을 저술하다.

약 1320-1327
아스콜리의 체코가 『고통』을 저술하다.

1314
바르베리노의 프란체스코가 『사랑의 문건들』을 저술하다.

약 1330
『리폴의 노래집』(카탈루냐의 시 모음집)이 저술되다.

1335-1339
조반니 보카치오가 『일 필로스트라토』를 저술하다.

약 1343
프란체스코 페트라르카가 『승리』를 저술하기 시작하다.

약 1345-1367
우베르티의 파치오가 「디타몬도」를 저술하다.

1345-1346
조반니 보카치오가 『피에솔라노 요정 이야기』를 저술하다.

1355-약 1362
라날로의 부치오가 『라퀼라 연대기』를 저술하다.

약 1365
마쇼의 기욤이 『진실한 이야기』를 저술하다.

1369
제프리 초서가 『공작 부인의 서』를 저술하다.

약 1382
제프리 초서가 『새들의 의회』를 저술하다.

1386-1389
메지에르의 필리프가 『늙은 순례자의 노래』를 저술하다.

1387
제프리 초서가 『캔터베리 이야기』를 저술하기 시작하다.

1314
알베르티노 무사토가 『에케리니스』를 저술하다.

약 1377
루도비코 로마니가 〈체세나 학살의 비극〉을 저술하다.

약 1390
안토니오 로시가 〈아킬레스〉를 저술하다.

1200 | 1225 | 1250 | 1275

회화

1210-약 1220
베를린기에로 베를린기에리가 채색 십자가를 제작하다.

1235
보나벤투라 베를린기에리가 〈성 프란체스코의 일생〉(페샤)을 제작하다.

약 1250
준타 피사노가 〈십자가 처형〉(피사)을 제작하다.

1288-약 1292
치마부에가 성 프란체스코 대성당(아시시)의 후진과 수랑에 프레스코화를 제작하다.

1290-
치마부에가 산타 트리니타 교회(피렌체)에 〈마에스타〉를 제

1292-약 1295
조토가 성 프란체스코 대성당(아시시) 천장에 프레스코화를 제작하다

약 1280년 이전
치마부에가 산타 크로체 교회(피 〈십자가 처형〉을 제작하다.

1285
부오닌세냐의 두초가 〈루첼라이의 성모〉(피 제작하다.

조각

1234-약 1239
카푸아의 문의 조각이 제작되다.

약 1230
페라라의 달의 거장이 〈치클로 데이 메시(달의 순환)〉(페라라)를 제작하다.

약 1240
산 마르코 대성당 입구에 〈치클로 데이 메시〉(베네치아)가 제작되다.

1255-1260
니콜라 피사노가 세례당의 강론대(피사)를 제작하다.

1264-1267
니콜라 피사노의 작업장(볼로냐)에서 성 도미니쿠스의 석관이 제작되다.

1265-1268
니콜라 피사노가 두오모의 강론대(시에나)를 제작하다.

1294-약
캄비오의 아르놀 교황 보니파시오 8세의 기념물(로마)을 제작

약 1277
캄비오의 아르놀포가 앙주의 샤를 1세 조각상(로마)을 제작하다.

1278
니콜라와 조반니 피사노가 마조레 분수(페루자)를 제작하다.

건축

1210-1270
랭스 대성당이 재건축되다.

1220-1258
솔즈베리 대성당이 지어지다.

1228-1253
성 프란체스코 대성당(아시시)이 지어지다.

1240-약 1250
몬테 성(안드리아)이 지어지다.

1243-1248
생트샤펠 성당(파리)이 지어지다.

1220
아미앵 대성당 재건축이 시작되다.

1226
시에나 대성당 건축이 시작되다.

1245
웨스트민스터 사원 건축이 시작되다.

1255
레온 대성당 건축이 시작되다.

약 1290
오르비에토 대성당 건축이 시작되다.

약 1278
산타 마리아 노벨라 성당(피렌체) 건축이 시작되다.

약 12
캄비오의 아르놀포가 산타 크로체 교회(피렌체, 건축을 시작하

기타 예술

1260-약 1270
성 갈가노의 성물함이 제작되다.

1287-1288
부오닌세냐의 두초가 도안한 시에나 두오모 성가대석의 색유리 장식이 제작되다.

1295
야코포 토르리티가 산타 마리아 마조레 대성당 후진(로마)에 모자이크를 제작하다.

1325 1350 1375 1400

-1304
가 스크로베니 예배당(파도바)에 〈그리스도와
마리아의 일생〉을 제작하다.

1308-1311
부오닌세냐의 두초가 시에나 두오모에
〈마에스타〉를 제작하다.

0
〈십자가 처형〉(리미니)을
다.

1315
시모네 마르티니가
〈마에스타〉(시에나)를
제작하다.

약 1330
시모네 마르티니가 〈폴리아노의
귀도리초〉(시에나)를 제작하다.

1338-약 1339
암브로조 로렌체티가 〈좋은 정부와
나쁜 정부의 알레고리〉(시에나)를
제작하다.

1353-1355
마테오 조반네티가 알현실에 프레스코화를 제작하다.

약 1350
볼로냐의 비탈레가 〈성 조르조와 용〉(볼로냐)을 제작하다.

1352
모데나의 톰마소가 도미니쿠스 수도회
유명 인사들의 초상화(트레비소)를 제작하다.

1375-1378
메나부오이의 주스토가 세례당(파도바)에
프레스코화를 제작하다.

1366-1368
보나이우토의 안드레아가
〈성 토마스의 승리〉(피렌체)를 제작하다.

약 1384
알티키에로가 〈성 조르조의
일생〉(파도바)을 제작하다.

1301
피사노가 성 안드레아 교회
이아)의 강론대를 제작하다.

1310
피사노가 두오모
의 강론대를 제작하다.

1330-1336
안드레아 피사노가 피렌체 세례당의 문을 제작하다.

1335-1339
발두초의 조반니가 순교자 성 베드로의
석관(밀라노)을 제작하다.

98-1310
나 시청사가 지어지다.

9-1314
오의 아르놀포가 베키오 궁전
체)을 건축하다.

1340-1404
두칼레 궁전(베네치아)이 지어지다.

1330-약 1350
글로스터 대성당의 성가대석과 남쪽 수랑을 재구성하다.

1334
산타 마리아 델 피오레 대성당(피렌체)의 종탑
건축이 시작되다.

1344
성 비투스 대성당(프라하) 건축이 시작되다.
(1356년부터 아라스의 마티유와 페터 파를러)

1364
알카사르(세비야) 건축이 시작되다.

1370
페터 파를러가 오니산티 교회(성)
건축(프라하)을 시작하다.

1377
울름 대성당 건축이 시작되다.

1386
밀라노 두오모 건축이
시작되다.

1390
산 페트로니오 성당
(볼로냐) 건축이
시작되다.

1396
체르토사(파비아) 건축이
시작되다.

1323-1326
장 퓌셀Jean Pucelle이
〈벨빌의 성무일과서〉를
제작하다.

01
부에가 피사 두오모 후진에 모자이크를 제작하다.

1337-1338
비에리의 우골리노가 오르비에토 대성당의 성물함을
제작하다.

약 1338
시모네 마르티니가 세르비우스가 의뢰한 베르길리우스의 작품이 담긴
페트라르카의 코덱스 전면을 장식하다(아비뇽).

1200 | 1225 | 1250 | 1275

음악 이론

1260-1280
쾰른의 프랑코가 아르스 안티쿠아의 규칙을 정량 기보법으로 표기한 『정량 음악의 기법』을 저술하다.

1270-1280
아노니모 4세가 『디스칸투스 측정법 De mensuris et discantu』에서 1180년과 1280년경 사이의 음악 형식과 장르의 발전을 연구하다.

1250
크루아의 피에르가 모드 리듬을 연구하여 구분점을 도입하고, 갈란디아의 요하네스는 모드 리듬의 원칙을 확정하다.

1280
도미니쿠스회 소속의 모라비아의 지롤라모가 『음악 연구서』를 저술하다.

음악 실천

1190-1230
미네젱거가 전성기를 맞이하다.

1226-1270
루이 9세의 통치 기간에 음유시인 2세대가 발전하다.

1250-1280
음유시인 3세대가 발전하다.

1214-1233
쿠앵시의 고티에가 프랑스에서 가장 오래된 성모 마리아 찬가 모음집인 『성모 기적담』을 저술하다.

1240
폰세테의 존(?)이 가장 오래된 카논으로 알려진 〈여름이 왔도다〉를 제작하다. 이를 계기로 다성 음악 모테트가 확산되다.

1283
아당 드 라 알이 〈로뱅과 마리옹의 유희〉와 다른 곡들을 작곡하다.

1248
프란체스코회의 첼라노의 조반니(?)가 부속가 〈분노의 날 Dies irae〉을 제작하다.

1209
아시시의 프란체스코가 프란체스코회를 설립하다. 라우다(찬가)가 발전하기 시작하다.

약 1250
프란체스코회의 토디의 자코포네가 라우다를 제작하다.

1325 1350 1375 1400

0
오의 요하네스가 『음악 연구서』를
여 음악 실천의 중요성을 지적하다.

약 1325
리에주의 자크가 『음악의 거울』을 저술하여 아르스 안티쿠아의 표기법을 옹호하다.

1316
비트리의 필립(?)이 아르스 노바의 프랑스 정량 체계를 담은 『아르스 노바』를 저술하다.

1318
파도바의 마르체토가 이탈리아의 아르스 노바 표기를 설명한 『포메리움』을 저술하다.

1321
무리스의 요하네스가 프랑스 아르스 노바의 표기법이 담긴 『음악 예술에 관한 지식』을 저술하다.

1323
무리스의 요하네스가 『보에티우스의 사색적 음악』에서 보에티우스의 음악-수학에 관한 기초를 성립시키다.

1324
교황 요한 22세가 예식에서 아르스 노바 다성곡을 금지하는 교서 「신실한 식자」를 발표하다.

1332
템포의 안토니오가 이탈리아의 아르스 노바 마드리갈과 카치아의 시-음악 유형을 연구한 『오페라 간행물 전집』을 저술하다.

1310-1314
아르스 안티쿠아와 아르스 노바의 다성 음악 구성이 포함되어 있고 비트리의 필립의 아이소 리듬이 담긴 풍자시 『포벨 이야기』가 저술되기 시작하다.

1340-1360
1세대 음악가들(마에스트로 피에르, 카시아의 조반니, 볼로냐의 야코포)과 함께 이탈리아 아르스 노바가 전성기를 맞이하다.

1360년 이전
가장 오래된 세속적인 다성 음악 수집 선집인 『로시아노 215』가 제작되다.

1350-1380
이탈리아 아르스 노바의 2세대 음악가들 사이에서 프란체스코 란디니가 만든 다성 음악 발라타가 확립되다.

300
간에 페달이 도입되다.

1360-1400
아르스 숩틸리오르가 전성기를 맞이해 중부 유럽으로 확산되다.

1329
최초의 건반악기 악보인 〈로버츠브리지 코덱스 Robertsbridge Codex〉가 제작되다.

스에서 아르스 노바가 발전하기 시작하면서
리아의 아르스 노바'로 정의되다.

약 1350
음악에 대한 후원이 시작되면서 발라드가 모테트보다 더욱 확산되다.

1365
마쇼의 기욤이 〈노트르담 미사곡〉을 작곡하다.

1305
파도바의 마르체토는 스크로베니 예배당 건축을 기념하여 〈천상의 여왕 만세〉 모테트를 작곡하다.

약 1370
더블 리드 관악기인 봄바르드가 확산되다.

약 1320
최초의 다성 음악 미사곡인 〈투르네의 미사〉가 제작되다.

1341
마쇼의 기욤은 등장인물들의 내적 갈등을 노래로 표현하는 시-음악인 『행운의 약』을 제작하다.

1377
마쇼의 기욤이 사망하다.

약 1400
아르스 숩틸리오르 목록을 모아 놓은 샹티이 코덱스 초안이 제작되다.

중세 Ⅲ

초판 1쇄 발행일 2016년 11월 17일
초판 4쇄 발행일 2022년 2월 17일

기획자 움베르토 에코
옮긴이 김정하
감수자 차용구, 박승찬

발행인 박헌용, 윤호권
편집 이경주 **디자인** 박지은
발행처 ㈜시공사 **주소** 서울시 성동구 상원1길 22, 6-8층(우편번호 04779)
대표전화 02 - 3486 - 6877 **팩스(주문)** 02 - 585 - 1755
홈페이지 www.sigongsa.com / www.sigongjunior.com

ISBN 978-89-527-7424-8 04080
ISBN 978-89-527-7421-7 (set)

400 | 500 | 600 | 700 | 800 | 90

역사

395
테오도시우스 1세의 죽음과 제국의 분열

476
서로마 제국의 종말

493
테오도리쿠스 대왕에 의해 라벤나를 수도로 하는 동고트 왕국의 탄생

527-565
유스티니아누스 대제가 콘스탄티노플의 동로마 황제로 재위

약 610
무함마드가 설교를 시작

643
〈로타리 칙령〉

711
아랍인들이 서고트족의 첫 번째 왕국을 정복

722
에스파냐가 재정복을 시작

726
이사우리아 왕조의 레오 황제가 성상 파괴 칙령을 내림

771-814
카롤루스 대제의 재위

800 (12월 25일)
카롤루스 대제와 더불어 서로마 제국이 부활

843
베르됭 조약

철학, 과학과 기술

397-401
성 아우구스티누스가 「고백록」 저술

413-약 425
성 아우구스티누스가 「신국론」 저술

485
프로클로스가 「유클리드의 원론에 대한 주석서」 저술

524
보에티우스가 「철학의 위안」 저술

550
유럽 최초로 앞바퀴가 달린 무거운 쟁기를 사용

615
세비야의 이시도루스가 「사물의 본성」 저술

약 740
유럽에서 등자를 사용

789
요크의 알퀴누스가 궁정 학교를 지도

790
게베르가 「화학의 서」 저술

851
요하네스 스코투스 에리우게나가 「예정론」 저술

시각예술

450
갈라 플라키디아의 마우솔레움(라벤나) 제작

525-547
산 비탈레 성당(라벤나) 건축

532-537
성 소피아 대성당(콘스탄티노플) 건축

603
테오델린다의 전례서 제작

799-805
팔라티나 예배당(아헨) 건축

약 825
「위트레흐트의 시편」 제작

835
부올비노가 산탐브로조 성당(밀라노)에 황금 제단 제작

91
제

문학과 연극

390-405
성 히에로니무스가 성경을 번역

약 622
세비야의 이시도루스가 「고트족, 반달족, 수에비족의 역사」 저술

725
가경자 베다가 「세계의 6단계 연대기」 저술

약 787
파울루스 부제가 「랑고바르드족의 역사」 저술

음악

494
젤라시오 1세가 「젤라시오 전례서」 저술

500
보에티우스가 「음악 입문」 저술

600
그레고리오 1세가 첫 번째 합창단 창단

약 850
「무지카 엔키리아디스」 저

약 90
오르간